昌江黎族自治县志

（1991—2010）

昌江黎族自治县地方志编纂委员会　编

方志出版社
Publishing House of Local Records

图书在版编目（CIP）数据

昌江黎族自治县志 ：1991—2010 / 昌江黎族自治县地方志编纂委员会编 . -- 北京 : 方志出版社，2019.12

ISBN 978-7-5144-4106-2

Ⅰ. ①昌… Ⅱ. ①昌… Ⅲ. ①昌江黎族自治县—地方志—1991-2010 Ⅳ. ①K296.64

中国版本图书馆 CIP 数据核字（2020）第 012612 号

昌江黎族自治县志（1991—2010）

编　　者： 昌江黎族自治县地方志编纂委员会
责任编辑： 朱　姝　李晓晓

出 版 者： 方志出版社

地址　北京市朝阳区潘家园东里 9 号（国家方志馆 4 层）
邮编　100021
网址　http://www.fzph.org

发　　行： 方志出版社图书经销中心
电话（010）67110500
经　　销： 各地新华书店
印　　刷： 河南匠心印刷有限公司

开　　本： 889 × 1194　1/16
印　　张： 75.2
字　　数： 1493 千字
版　　次： 2019 年 12 月第 1 版　2019 年 12 月第 1 次印刷
印　　数： 0001~3000 册

ISBN　978-7-5144-4106-2　**定价：** 395.00 元

昌江黎族自治县地方志编纂委员会

昌江黎族自治县地方志编纂中心
（县地方志编纂委员会办公室）

《昌江黎族自治县志（1991—2010）》编辑部

主　　编： 谢志勇

副 主 编： 孙唐康

编　　辑： 黄安雄、符少亨、郭承志、杜朝栋、胡健伟

《昌江黎族自治县志（1991—2010）》历任修志机构领导及编纂人员名单

一、昌江黎族自治县地方志编纂委员会

顾　　问： 关进平（县委书记 2007.03—2007.09）
何西庆（县委书记 2010.08—2013.03）
严朝君（县委书记 2013.03—2014.11）
林　东（县委书记 2014.11—2017.07）
黄金城（县委书记 2017.07—　　）

主　　任： 符礼伟（县委副书记、县政府县长 2009.09—2014.05）
林　安（县委副书记、县政府县长 2014.05—2017.12）
林谟谐（县委副书记、县政府县长 2017.12—　　）

常务副主任： 王　青（县委副书记 2007.03—2009.10）
杨俊元（县委副书记、县委政法委书记 2013.10—2016.10）
支红彬（县委副书记、县委政法委书记 2016.10—2019.09）
卢　义（县委副书记、县委政法委书记 2019.9—）

副 主 任： 霍巨燃（县委常委、县政府常务副县长 2007.03—2008.05）
陈业贵（县委常委、组织部部长 2007.03—2010.06）
蔡国杰（县委常委 2010.06—2012.08）
杨俊元（县委常委、县政府常务副县长 2008.12—2014.10）

文开能（县委党史研究室主任 2009.11—2016.5）
谢志勇（县志办主任 2012.08— ）
林汉明（县委常委 2012.09—2013.09）
卓上雄（县政府副县长 2011.12—2016.07）
杨广泉（县委常委 2014.01—2015.10）
符　旺（县委常委 2015.10—2016.09）
王春天（县委常委、县政府常务副县长 2016.10— ）
王小荣（县委常委、统战部部长 2016.10—2017.11）
许艳军（县委常委 2017.11—2019.12）
黄胜卫（县政府副县长 2019.04— ）
符明雄（县志办主任 2007.03—2012.03）
周文奇（县志办正科干部 2007.03—2011.04）

二、昌江黎族自治县地方志编纂中心
（县地方志编纂委员会办公室）

主　　任： 符明雄（2007.03-2012.03）
谢志勇（2012.08— ）
副 主 任： 叶文民（2007.03—2008.07）
孙唐康（2007.03— ）
龚定勋（2008.08—2014.09）
符声聪（2014.09—2015.09）

三、《昌江黎族自治县志（1991-2010）》编辑部

主　　编： 符明雄（2007.03-2012.03）
谢志勇（2012.08— ）
副 主 编： 叶文民（2007.03—2008.07）
孙唐康（2007.03— ）
龚定勋（2008.08—2014.09）
符声聪（2014.09—2015.09）

编　　辑：黄安雄（2016.09—　　）
　　　　　符少亨（2007.03—　　）
　　　　　郭承志（2007.03—　　）
　　　　　杜朝栋（2013.12—　　）
　　　　　胡健伟（2016.09—　　）
　　　　　邱星竹（2011.12—2015.09）
编　　务：羊国花（2007.03—2012.05）
　　　　　李秀珍（2007.03—2017.03）
县委抽调人员（2014.7—2015.12）：符小艾　林昌尾　黄唯秀　付交喆　钟声璇
揭小琴　傅云雷　黄彬

县志资料撰稿人名单

（按姓氏笔画顺序排列）

马利隆　马龄龄　王　琛　王子繁　王君君　王宗莉　王贻信　王梓林
王墩山　韦　莉　韦丽英　韦晓东　文　季　文　晓　文承彬　文善敬
尹爱民　邓世东　邓永强　卢明天　付晶晶　刘建全　羊　波　许军生
许治飞　孙　佳　孙宇阳　孙唐康　麦兆堂　麦明新　苏江强　苏卓琦
李　传　李　华　李才刚　李仁坚　李志慧　李其本　李国辉　李高成
李德乾　杨跃俊　杨福果　吴　慧　吴立群　吴权亨　吴国珍　吴景影
吴翠雯　邱文相　邱青英　邱星竹　何　丽　何　瑶　闵英冠　宋　旋
张　菁　张玉珠　张金玲　张秋菊　陈　冰　陈　江　陈　科　陈文辉
陈华全　陈何豫　陈钒钒　陈学良　陈倩煜　陈朝华　陈谢娟　林　杰
林小花　林方秀　林立悦　林琼壮　罗华玲　罗宏恩　周　宁　官发文
官献有　赵训斌　赵典修　赵胜民　钟士浪　钟文辉　钟承辉　钟前机
钟海珍　钟教宇　姜垂超　洪　丹　钱　江　郭江地　郭承志　郭周林
郭祖萱　郭智刚　容金帅　黄　坤　黄　悟　黄　韬　黄秋鹏　曹传龙
符少亨　符长宏　符发雄　符许燕　符红日　符恩铭　符祥东　梁美机
梁海珊　蒋福吉　韩　激　韩宏光　覃　玲　谢　燕　谢玉娇　谢志勇
谢晓文　蒙玉辉　蔡小华　漆振兴　谭唐雄　黎增山　戴积发

《昌江黎族自治县志（1991—2010）》
审稿机构及人员

初 审 会

初审单位： 昌江黎族自治县地方志编纂委员会

初审人员： 许艳军　谢志勇　梁成武　黄　彪　符德龙　曾令康　文开能　张周胜　林朱辉　谢来龙　孙树华　庞大海　柳南雄　陈朝强　王　斌　姚振英　陈　青　罗　东　李　政　孙唐康　黄安雄　符少亨　郭承志　杜朝栋　胡健伟

专家评审会

专家评审人员： 陈家传　符思权　张贵松　邢维雄　王海云　周文奇

复 审 会

复审单位： 昌江黎族自治县地方志编纂委员会

复审人员： 许艳军　黄胜卫　谢志勇　梁成武　钟家梁　符德龙　曾令康　文开能　张周胜　陈有强　杨　戬　谢来龙　王吉强　庞大海　柳南雄　陈朝强　王　斌　姚振英　陈　青　罗　东　李　政　孙唐康　黄安雄　符少亨　郭承志　杜朝栋　胡健伟

参会专家： 陈家传　符思权　邢维雄　周文奇

终审验收单位

海南省地方志办公室

审稿人员： 秦武军　陈家传　符思权

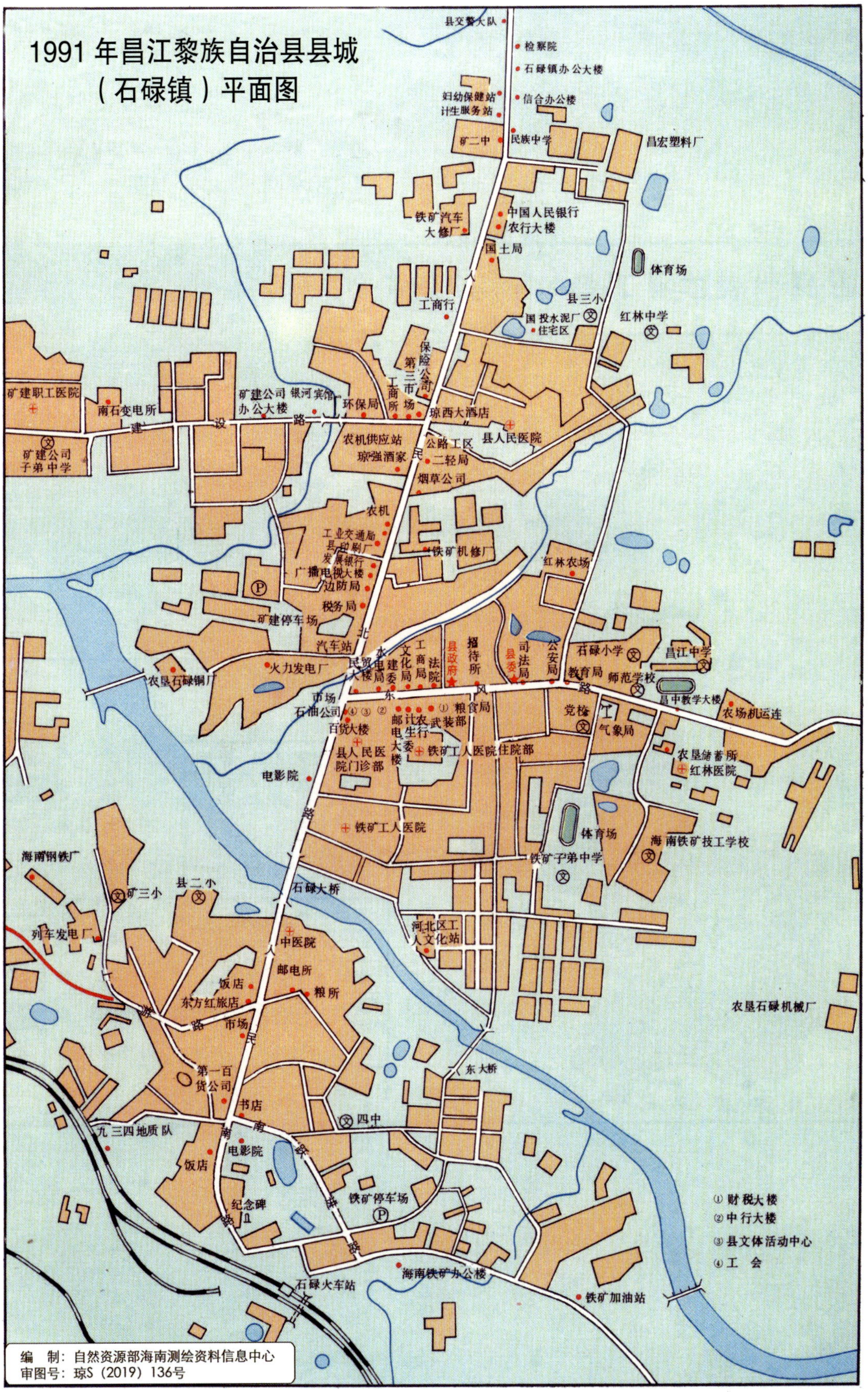
1991 年昌江黎族自治县县城
（石碌镇）平面图
县交警大队
检察院
石碌镇办公大楼
妇幼保健站
计生服务站
信合办公楼
矿二中
民族中学
昌宏塑料厂
铁矿汽车大修厂
中国人民银行
农行大楼
国土局
体育场
工商行
县三小
红林中学
国投水泥厂住宅区
保险公司
第三市场
工商所
环保局
琼西大酒店
县人民医院
矿建职工医院
南石变电所
矿建公司办公大楼
银河宾馆
建
设
路
矿建公司子弟中学
农机供应站
琼强酒家
公路工区
二轻局
烟草公司
农机
工业交通局
县印刷厂
发展银行
广播电视大楼
边防局
税务局
铁矿机修厂
红林农场
矿建停车场
汽车站
火力发电厂
农垦石碌铜厂
民贸大楼
水电局
建委
文化局
工商局
法院
县政府
招待所
县委
司法局
公安局
石碌小学
昌江中学
教育局
师范学校
县中教学大楼
农场机运连
市场
石油公司
百货大楼
县人民医院门诊部
邮电局
计生委
农行
武装部
粮食局
铁矿工人医院住院部
党校
气象局
农垦储蓄所
红林医院
电影院
铁矿工人医院
体育场
海南铁矿技工学校
铁矿子弟中学
海南钢铁厂
矿三小
县二小
石碌大桥
河北区工人文化站
列车发电厂
中医院
邮电所
饭店
粮所
东方红旅店
市场
农垦石碌机械厂
第一百货公司
东大桥
书店
四中
九三四地质队
饭店
电影院
铁矿停车场
纪念碑
海南铁矿办公大楼
石碌火车站
铁矿加油站
① 财税大楼
② 中行大楼
③ 县文体活动中心
④ 工 会
编 制：自然资源部海南测绘资料信息中心
审图号：琼S（2019）136号

（本图扫描自《昌江县志》）

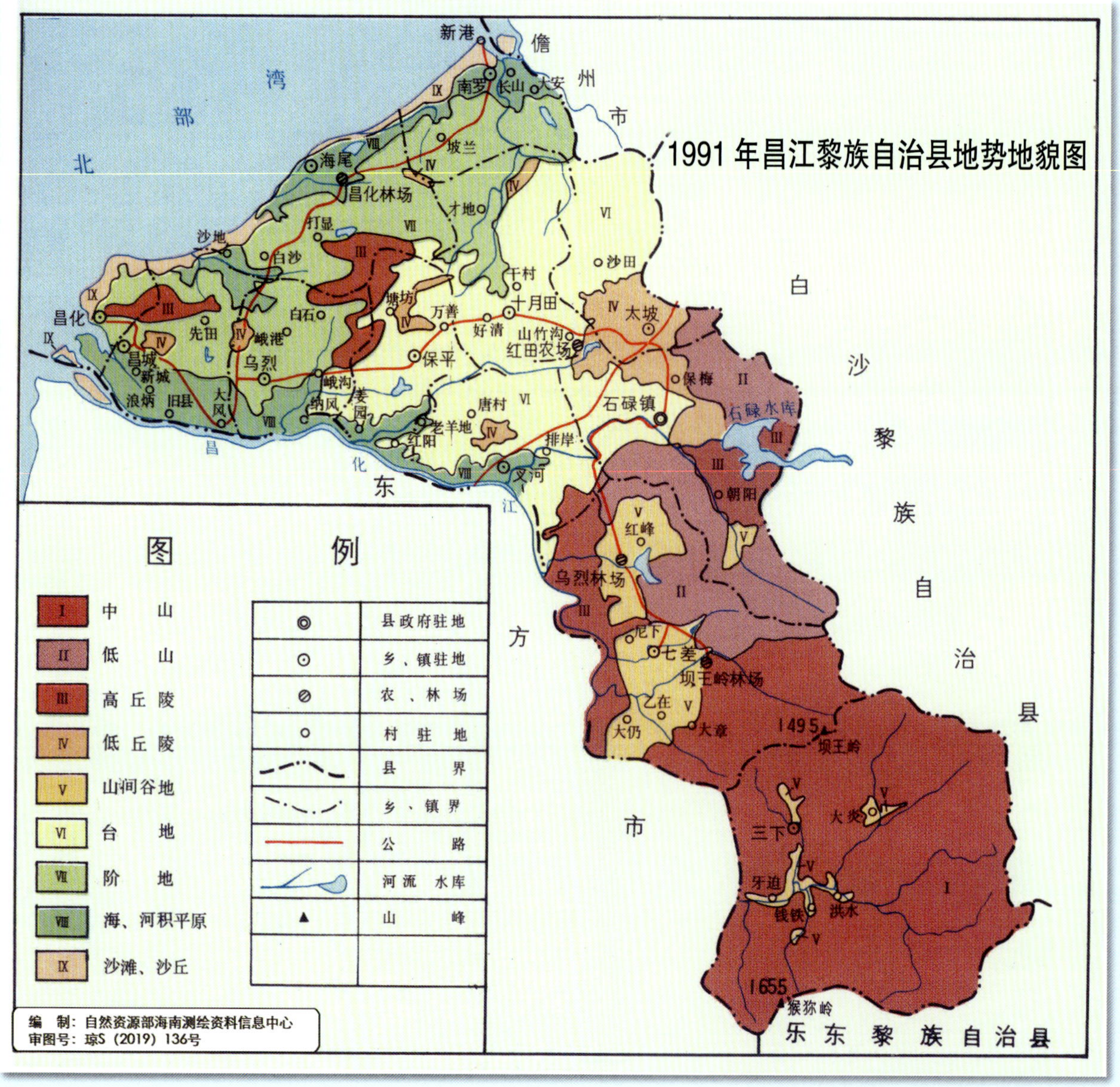
1991年昌江黎族自治县地势地貌图
北部湾
儋州市
白沙黎族自治县
东方市
乐东黎族自治县
昌化江
新港
南罗
长山
大安
海尾
昌化林场
坡兰
才地
打显
沙地
白沙
昌化
昌城
先田
峨港
白石
塘坊
万善
十月田
干村
沙田
太坡
好清
山竹沟
红田农场
保平
乌烈
新城
浪炳
旧县
大风
峨沟
纳凤
姜园
唐村
老羊地
红阳
排岸
叉河
石碌镇
保梅
石碌水库
朝阳
红峰
乌烈林场
尼下
七差
坝王岭林场
乙在
大仍
大章
1495
坝王岭
三下
大炎
牙迫
钱铁
洪水
1655
猴猕岭
图例
Ⅰ 中山
Ⅱ 低山
Ⅲ 高丘陵
Ⅳ 低丘陵
Ⅴ 山间谷地
Ⅵ 台地
Ⅶ 阶地
Ⅷ 海、河积平原
Ⅸ 沙滩、沙丘
县政府驻地
乡、镇驻地
农、林场
村驻地
县界
乡、镇界
公路
河流 水库
山峰
编 制：自然资源部海南测绘资料信息中心
审图号：琼S（2019）136号

（本图扫描自《昌江县志》）

经济发展

芒果（2009 年 5 月 28 日　摄）

香蕉（2008 年 6 月 2 日　摄）

哈密瓜（2007 年 3 月 3 日　摄）

圣女果（孙唐康 2010 年 2 月 8 日　摄）

水稻（2003 年 6 月 12 日　摄）

本页照片除署名外，由县委宣传部提供

石碌铁矿

（冯推德 2007 年 8 月 1 日　摄）

《长臂猿》特种邮票首发式

（2002 年 2 月 20 日　摄）

海矿北一地开采建设

（2008 年 9 月 10 日　摄）

庆祝昌江黎族自治县成立 20 周年大会场

（冯推德 2008 年 12 月 29 日　摄）

环海南岛国际自行车赛昌江段赛事　（2010 年 10 月 15 日　摄）

本页照片除署名外，由县委宣传部提供

海尾渔港　　（2005年7月18日　摄）

海尾镇新港抗风浪深水网箱养殖　　（2010年12月3日　摄）

本页照片由县委宣传部提供

旅游建设

棋子湾　（2005 年 8 月 9 日　摄）

海尾湿地公园　（2010 年 9 月 2 日　摄）

王下乡南尧河十里画廊　（谢志勇 2007 年 11 月 8 日　摄）

霸王岭长臂猿　（2009 年 6 月 5 日　摄）

王下乡皇帝洞　（2005 年 6 月 6 日　摄）

本页照片除署名外，由县委宣传部提供

七叉镇红棉梯田　　（冯推德 2006 年 2 月 13 日　摄）

昌化江畔木棉红　　（孙少明 2009 年 2 月 5 日　摄）

峻灵王石　　（2006 年 12 月 10 日　摄）

霸王岭　　（冯推德 2007 年 3 月 8 日　摄）

洪水村船型茅屋　　（冯推德 2007 年 3 月 8 日　摄）

本页照片除署名外，由县委宣传部提供

城乡建设

俯瞰石碌镇　　（2009 年 6 月 2 日　摄）

石碌镇桃李家园　　（2010 年 6 月 11 日　摄）

昌江县行政办公大楼　　（2010 年 8 月 4 日　摄）

本页照片由县委宣传部提供

昌江市民广场　（2010 年 1 月 9 日　摄）

昌江大道　（2009 年 9 月 6 日　摄）

石碌镇环城东路　（2008 年 1 月 2 日　摄）

石碌镇东风路　（孙唐康 2008 年 3 月 1 日　摄）

本页照片除署名外，由县委宣传部提供

县财政局大楼 （孙唐康 2008 年 1 月 2 日 摄）

国营红林农场 （2008 年 1 月 12 日 摄）

海南钢铁集团职工娱乐休闲广场 （2010 年 1 月 10 日 摄）

昌江中学主教学楼 （2008 年 3 月 7 日 摄）

昌江思源实验学校 （2010 年 1 月 18 日 摄）

本页照片除署名外，由县委宣传部提供

县人民医院门诊部　（2004 年 7 月 7 日　摄）

县人民医院住院部　（2004 年 1 月 11 日　摄）

县中医院

（2006 年 12 月 3 日　摄）

塘兴新村生态文明村

（孙唐康 2009 年 9 月 16 日　摄）

中国银行昌江支行

（孙唐康 2008 年 2 月 19 日　摄）

石碌河夜景

（2010 年 2 月 19 日　摄）

本页照片除署名外，由县委宣传部提供

县文化综合大楼　　（2009年1月19日　摄）

石碌水库　　（2008年7月16日　摄）

本页照片由县委宣传部提供

文化教育

"三月三"活动　　（2009年3月29日　摄）

县农民体育运动会　　（谢志勇2009年2月8日　摄）

本页照片除署名外，由县委宣传部提供

海尾镇龙舟赛 （2007 年 6 月 13 日 摄）

黎族制陶

（2009 年 2 月 2 日 摄）

县教育移民 （2006 年 8 月 31 日 摄）

本页照片由县委宣传部提供

县青少年活动中心　　（2010年6月13日　摄）

昌江思源学校与美国俄亥俄州天道成功学校友好学校签订仪式　　（2010年7月19日　摄）

本页照片由县委宣传部提供

特产美食

峨港毛豆　　（2009年6月12日　摄）

海鳗　　（2008年2月23日　摄）

本页照片由县委宣传部提供

天和霸王黑鸡养殖基地　　（2010年9月13日　摄）

红鱼干　　（戴建伟2008年8月26日　摄）

本页照片除署名外，由县委宣传部提供

文物古迹

钱铁洞遗址 （2010 年 5 月 6 日　摄）

信冲洞遗址 （2010 年 5 月 6 日　摄）

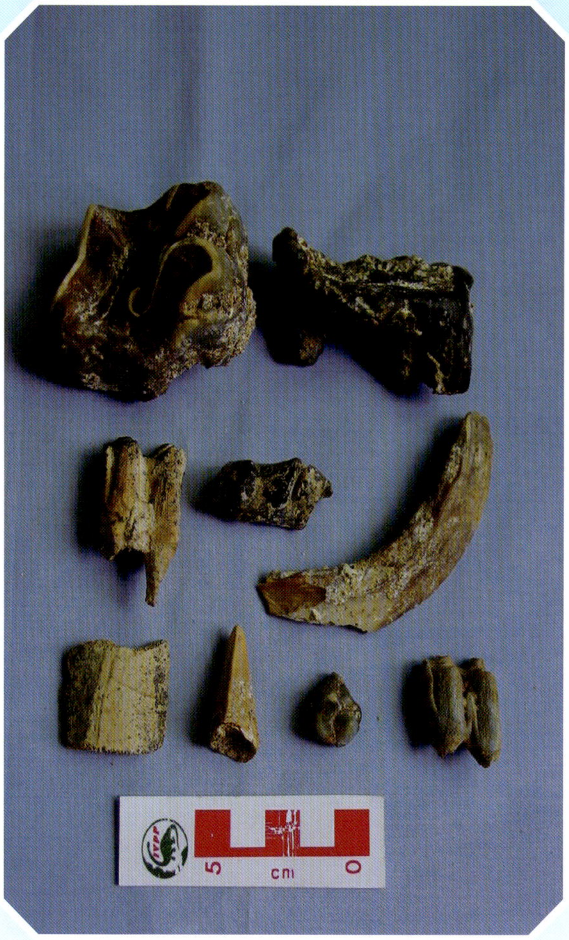

信冲洞遗址部分出土化石 （2010 年 5 月 6 日　摄）

死难矿工纪念碑

（2010 年 4 月 4 日　摄）

道隆革命烈士纪念碑 （2010 年 4 月 5 日　摄）

本页照片由县委宣传部提供

峻灵明王庙　　（孙唐康 2009 年 8 月 6 日　摄）

赵鼎墓　　（孙唐康 2009 年 8 月 6 日　摄）

治平寺碑　　（孙唐康 2009 年 8 月 6 日　摄）

昌化县城遗址
（孙唐康 2009 年 8 月 6 日　摄）

禁采石碌碑
（孙唐康 2010 年 7 月 2 日　摄）

马地村敬字亭（谢志勇 2010 年 8 月 25 日　摄）

大安村恩荣坊　（谢志勇 2010 年 8 月 25 日　摄）

序　言

盛世修志，志载盛世。1998年6月，中华人民共和国成立后的首轮志书《昌江县志》出版发行。2005年，昌江黎族自治县地方志编纂委员会及其办公室着手准备第二轮县志的编修工作。现在，记载昌江黎族自治县发展历程的第二轮《昌江黎族自治县志（1991—2010）》终于定稿付梓，这是昌江黎族自治县文化建设的又一可喜成果。在此，昌江黎族自治县地方志编纂委员会，谨向默默无闻、埋头工作的全体修志人员，向所有关心、支持修志工作的有关单位及人士，向海南省地方志办公室的领导、同志们，向方志专家们，表示衷心的感谢。

地方志是“一方之全史”“地方百科全书”。编修地方志是中华民族优秀文化传统，是承上启下、继往开来、服务当代、有益后世的千秋大业。1991年至2010年，正是昌江黎族自治县改革开放迈进新步伐，经济建设取得新成果，各项事业发展取得巨大成就的20年。写好这20年的历史，是对昌江黎族自治县发展历程的尊重，是推动当前发展的需要，也是对未来负责任的表现。为此，2005年7月，中共昌江黎族自治县委、昌江黎族自治县人民政府按照上级有关修志工作的要求，全面启动了《昌江黎族自治县志（1991—2010）》的编修工作。这次出版的《昌江黎族自治县志（1991—2010）》九易其稿，是1998年6月出版的《昌江县志》的续志，系统记录了昌江黎族自治县改革开放和现代化建设的历程，反映了全县政治、经济、军事、文化、民族、社会和自然等各方面的历史与现状，是一部直观地了解认识昌江黎族自治县之地情书。它的出版发行，必将有力地发挥存史、资政、教化的功能，成为服务当代、惠及后世的志书。

以史为鉴，可以知兴替，可以明得失。我们将和全县各族人民在中国共产党的领导下，同心同德，把握全局，开拓进取，为加快建设昌江“山海黎乡大花园”续写新的历史篇章。

是为序。

昌江黎族自治县地方志编纂委员会

2019年12月

凡　例

一、本志以马克思列宁主义、毛泽东思想、邓小平理论、“三个代表”重要思想、科学发展观、习近平新时代中国特色社会主义思想为指导，坚持辩证唯物主义和历史唯物主义的立场、观点和方法，坚持实事求是、求真务实的编纂原则，全面系统地记述昌江黎族自治县自然、政治、经济、文化和社会等的历史和现状，努力做到思想性、科学性和资料性统一，突出时代和地方特色。

二、本志系第一轮《昌江县志》的续志，上自1991年1月1日，下至2010年12月31日。为保持事项记述的完整性，以及一些统计数字无法剥离等原因，部分内容酌情上溯。

三、记述的地域范围为1991—2010年昌江黎族自治县行政区域。

四、记述机构、单位等名称，在文中首次出现时使用全称，并加简称括注。以后则用简称或缩称，如“昌江黎族自治县”简称为“昌江县”“昌江”或“县”“党的”“党组织”“党和国家”“党员”“入党”的“党”指中国共产党，“国家”指中华人民共和国。“省”指“海南省”“省委”“县委”指“中共海南省委”“中共昌江黎族自治县委”“省政府”“县政府”指“海南省人民政府”“昌江黎族自治县人民政府”。政区、机构、单位均用当时名称，随更名时间而变。

五、行文采用规范的现代语体文，记述体。文字按照2001年施行的《中华人民共和国国家通用语言文字法》规定，使用规范简化汉字。标点符号用法遵循2011年施行的《标点符号用法》（GB/T 15834—2011）的规定，数字用法遵循2011年施行的《出版物上数字用法》（GB/T 15835—2011）的规定，计量单位名称和符号使用遵循《国际单位制及其应用》（GB 3100—93）和《有关量、单位和符号的一般原则》（GB 3101—93），固定用计量单位。转换后难以表述的计量单位沿用历史习惯单位，如“亩”。

六、统计数据，以县统计部门正式公布的数据为准，统计部门没有的，使用主管部门提供的数据。

七、纪年方式，在中华人民共和国成立前，采用历史纪年括注公元纪年方式。中华人民共和国成立之后，采用公元纪年。

八、人物篇，主要收录上下限内对昌江黎族自治县经济社会发展有影响的县籍和客籍在昌江黎族自治县工作的人物，高级知识分子和全省、全国劳动模范等。

九、所用资料，来自各部委办局、部门、单位和乡（镇），以及有关书籍、报刊、杂志，特别是县档案局（馆）、县统计局为本志提供资料，给予了大力支持。记述时一般不注明出处。

目 录

第一编 政 区

第二编 自然环境

第三编　人　口

第四编 国土·环保

第五编　工　业

第六编 农业农村

第七编　水利 · 电力

第八编 交 通

第九编 邮政·电信

第十编 城乡建设·建筑业

第十一编 商 贸

第十二编 财税·金融

第十三编 经济管理

第十四编 中国共产党昌江县组织

第十五编 政权·政协

第十六编 民主党派·社会团体

第十七编 军 事

第十八编 政 法

第十九编 综合政务

第二十编　教育·科技·气象

第二十一编 文化·体育

第二十二编　医疗·卫生

第二十三编　人物

总 述

一

昌江黎族自治县位于海南岛西北偏西部，东与白沙黎族自治县毗邻，东北部隔珠碧江同白沙黎族自治县、儋州市相望，南与乐东黎族自治县相接，西南与东方市以昌化江为界，西北濒临北部湾。地理坐标在北纬18° 53'~19° 30'，东经108° 38'~109° 17'之间，总面积1596平方千米，海岸线长52.2千米。北距省会海口市180千米，南距三亚市190千米，南北县境分别由昌化江和珠碧江夹持，地形狭长。地势为西北低东南高，西北海拔30米，东南高达1654米。地貌西北平原、中部台地、东南山区，背山面海。海拔千米以上山峰24座，大小河流12条。

昌江历史悠久，是古人类的发源地之一。王下乡钱铁洞遗址采集的旧石器证明在2万年前就有人类在昌江活动，钱铁洞遗址也是目前海南发现的最早的人类活动遗址之一，比之前发现的三亚落笔洞遗址早了1万年。在县境内共发现5个旧石器时代旷野遗址，1个洞穴遗址。新石器时代遗址在昌江有较多分布，其中具有代表性的有七叉镇白石遗址、叉河镇叉河口遗址、乌烈镇乌烈村遗址、昌化镇棋子湾遗址等。在七叉镇燕窝岭的信冲洞，考古队还发现了距今40万年— 60万年的巨猿牙齿化石，从而为海南几十万年前的地质变迁提供了重要资料。

昌江古称至来，西汉元封元年（公元前110年）置至来县，隶属儋耳郡。后叫昌化和昌江。1961年6月，县政府设在石碌镇至2010年不变。1987年年底设立昌江黎族自治县。经过建设，石碌镇如今成为昌江政治、经济、文化和交通中心，成为海南省重工业基地。世居着汉族、黎族、苗族等民族。2010年年底，全县共有8个乡（镇），93个村（居）委会，188个自然村，618个村民小组。全县户籍总户数71386户，户籍总人口265025人，其中黎族人口97774人。

昌江依山傍海，地处热带季风边缘，属热带季风气候，干湿明显，阳光充足，热量丰富。全年日照时数为2000~2600小时，年均温度24.1℃~25.1℃，1月份均温度17.5℃~19.7℃，7月份均温度28.1℃~29.5℃，极端最低气温为1.5~4.2℃，最高气温37.5℃~41.5℃。年降水量902~1805.4毫米。东南部和中部山区，宜林宜胶，西北部沿海，滩涂多，宜水产养殖，中部丘陵区，宜种水稻、果蔬花木。肥沃的土壤和良好的气候，为发展农、林、牧、副、渔各业提供了优越的条件。

昌江矿物资源丰富，主要有铁、铜、钴、金、铅、石灰岩、石英砂、花岗岩等。石碌铁矿是亚洲第一露天富铁矿；石灰岩，储量大，品位高，雄居海南90%石灰岩资源。2010年年底止，已开采利用的矿藏有铁矿、铜矿、金矿、石灰岩、磺砂等。开采业成为昌江工业经济发展的一个重要产业，工业经济撑起了昌江经济半边天。

二

昌江立足资源优势，调整产业结构，发展特色产业，20世纪90年代初期提出"以芒果为龙头，推动两高一优农业全面发展"发展思路；20世纪90年代中末期提出"发展昌江特色农业，大力推动科技农业、绿色农业、定单农业"发展思路；2005年提出"两条腿走路（工业和农业）、四轮驱动（旅游、海洋、畜牧、服务业）"的发展战略；2007年确定"三化一业"（工业化、农业化、城镇化、旅游业）的总体发展战略。每一次确定发展思路，都推动优化和升级工农业经济结构，促进全县经济发展。全县农业总产值由1991年的17928万元，增加到2010年的147804万元，增长8.24倍（按可比价格计算，全书同）。在抓好第一产业的同时，加快工业建设步伐，深化国有企业改革，实现"工业强县"战略，发展资源工业和循环工业。以采矿、冶炼、制糖、水泥、食品加工为重点，传统手工业并举，国有、私营多种经济实体并存的大中小型工业体系。2004年，中共海南省委、海南省人民政府定位昌江工业区为循环经济工业园后，引进华盛水泥、铜钴冶炼等一批企业落户。海南昌江核电项目于2010年4月开工兴建。截至2010年底，全县境内建有工业企业48家，其中规模以上工业企业20家。全县工业总产值由1991年的37575万元，增加到2010年的553361万元，增长14.73倍。国有商业深化体制改革，呈现多种经济成分共同发展格局，个体商业、饮食业、服务业队伍活跃在城乡市场上，新的商品组织形式基本形成。2010年，全县商业销售网点2130个，集贸市场18个，营业总面积1.98万平方米，从业人员1.05万人，2010年社会消费品零售额从1991年的10536万元增加到62973万元，增加5.98倍；接待过夜游客从2005年的62964人次增加到2010年的175065人次，增加2.78倍，旅游客房开房率76.9%，实现旅游收入1.23亿元；全社会公路水路货运量172万吨，客运量279万人次，邮电业务总量5491.6万元（不含移动、联通、网通和铁通业务）；全年社会固定资产投资总额从1991年的8188万元增加到437370万元，增长53.42倍；年末国家银行存款余额566785万元，贷款余额122264万元。全县第三产业生产总值由1991年的5886万元，增加到2010年的104914万元，增长17.82倍。截至2010年底，全县生产总值由1991年的43565万元增加到2010年的608369万元（含农垦），增长13.96倍。全县人均国内生产总值由1991年的2123元提高到2010年的23163元，增长10.91倍。地方财政收入由1991年的1936万元，增加到2010年的79928万元，增长41.29倍。农村人均纯收入由1991年的643元，增加到2010年的4423元，增长6.88倍。

从20世纪90年代起，昌江坚持打基础、强功能、增后劲，实施石碌城区“一轴两翼、南连北扩”的建设蓝图，拓宽了东风路和人民北路、昌江大道至太坡高速公路出口路段。2005年起，新建县城环城东路，环城东一、二横路；环城西路，环城西一、二横路，石碌城区道路骨架形成。建成昌江大道“绿色风景线”，综合整治石碌河，相继建成了市民广场、文化公园等，城区绿化面积逐年增加，城市功能增强，城乡面貌改变，生态文明村建设跃上新台阶。2010年年末，全县行政村基本实现“村村通”水泥路，农村安全卫生饮用水普及率达90%，城乡居民住房条件提高。

三

昌江致力于经济建设，提高人民群众物质生活水平的同时，双管齐下，抓好文化教育卫生等社会事业，社会各项事业蓬勃发展。

全面实施千里文化长廊建设工程，一批农村文化设施得到完善，乡（镇）村文化活动上台阶。按照“一手抓文化建设，一手抓文化活动”的工作思路，县城相继建起文体活动中心、青少年活动中心、老干部活动中心、文化公园等文化设施场、馆、所。坚持先进文化前进方向和“二为”“双百”方针，开展文化“三下乡”活动，送文艺、图书、电影进乡村进社区。2009年，昌江被国家文化部授予“全国文化先进单位”称号。2010年年末，全县有乡（镇）文化站8个，农村文化室85间，文化站及文化室实现楼房化，基本能满足日益增长的文化生活需求。建设一支有1500人的业余文艺队伍。现有影院2个，影剧台58个，电影放映队5个；有县歌舞团、昌化江爱乐合唱团、家家乐团等文艺团体；有昌江作家协会、音乐家协会、美术家学会、书法家协会、舞蹈家协会、摄影家协会、乡土文化研究协会、诗词楹联等协会，拥有会员230余人；出版发行《昌江文艺》《昌江诗联》《昌化江歌声》《昌江党史文汇》《昌江史志》《昌化江畔木棉红》《昌江黎族自治县年鉴》《昌江统计年鉴》等期刊；新华书店1家，文化个体经营户51家，电子、网吧、互联网上网服务场所29家，茶座歌舞厅9个；县文化馆1个。全县共创作文艺作品123个。其中，县歌舞团创作的舞蹈《扒海蚬》获省第十届东西南北中广场文艺会演一等奖；歌舞《同饮昌化江水》获二等奖，并同获创作奖；歌舞《贺新居》获第三届全省少数民族文艺会演一等奖和编导二等奖。独唱《斗牛调》获二等奖。文化馆创作的《棋子湾》《昌江是个好地方》，表演唱《警嫂心中的他》，舞蹈《打柴舞》《陶之魂》，民歌对唱《你像我家的猫》等作品获得国家级一、二等奖，不少歌曲、舞蹈获得省级和地区奖。一批书法、摄影作品获得省级以上奖。县图书馆总藏书11.3万册，实行全年制开放和计算机自动化管理，被国家文化部评定为国家一级图书馆和“全国全民阅读先进单位”。全县有国家级文物保护单位1处（信冲洞动物化石地点）；省级文物保护单位2处（钱铁洞旧石器遗址和昌化故城）；县级文物保护单位13处。县博物馆共收藏各类文物771件，其中，一级品2件，二级品7件，三级品36件，展出文物400余件，库存300多件。

昌江非物质文化遗产保护项目众多。2006年6月，“黎族原始手工泥条盘筑法制陶技艺”被国务院列入第一批国家级非物质文化遗产名录，石碌镇保突村黎族妇女羊拜亮是传承人。2006年5月，黎族传统织染绣技艺经国务院批准列入第一批国家级非物质文化遗产名录，2009年被联合国教科文组织列入人类急需保护的非物质文化遗产保护名录。2010年，昌江黎族传统纺染织绣技艺被列入省级保护名录。至2010年年底，被列入省级保护名录的有6项：黎族原始手工泥条盘筑法制陶技艺、军话民歌（2007年）、黎族纺染织绣技艺、黎族民间故事、黎族絣染技艺、黎族传统游艺与体育竞技；县级20项：峻灵王文化空间、黎族渡河器具、黎族木棉纺织技艺、竹磨制作技艺、黎族民间歌谣、黎族民间舞蹈、军话秋千民歌、昌城民歌、传统渔船制作技艺、黎族鱼茶制作技艺、村话民歌、黎族文身技艺、黎族传统音乐、传统民间谚语、汉族（昌城）求雨舞、汉族舞龙舞狮、黎族船型屋制作技艺、棋子湾传说、黎族山兰酒制作技艺、皇帝洞传说。

昌江教育事业坚持教育优先和“科教兴县”战略，不断深化改革，加大教育经费的投入，改善教学设施建设，促进教育事业发展。1998年，全县实现普及九年义务教育。从2005年起，全县实现教育资源共享，实施教育扶贫移民，全面免收九年义务教育阶段学杂费；在全省率先实行免除昌江籍高中生学费；在全省率先实行在职业教育实行“四免一补”（免除学杂费、课本费、住宿费、信息费，补助生活费）政策；在全省率先试点推行农村适龄儿童学前免费教育。昌江的“教育扶贫移民”经验在全国推广。2000年后，昌江完成接收海南钢铁公司、叉河水泥厂、霸王岭林业局、红林农场、红田农场等厂矿（场）子弟中小学移交地方政府管理。2010年年末，全县拥有中小学校95所，其中，普通高中2所，职教中心1所，普通初级中学9所，九年一贯制学校12所，完全小学69所，民办中小学5所。各类幼儿园19所（含民办幼儿园16所），其中，县镇17所、农村2所。小学在校生2.07万人，普通中学在校生1.68万人，其中普通高中在校生3705人，职业高中在校生1214人，初中在校生1.31万人；全县在园幼儿4452人。在校教职工2957人，其中专任教师2571人，有高级职称教师216人，中级职称教师1732人，初级职称教师623人。适龄儿童入学率99.8%，小学在校生巩固率99.8%，初中入学率97.3%。2010年，全县有1633人高中毕业参加高考，被录取1475人，录取率90.3%。

昌江科技事业，围绕“科技兴县”的发展战略，针对昌江的资源状况及发展特点，抓好县域主导产业的培育、支柱产业的提升和新技术的推广应用。2010年，全县建有芒果、橡胶、香蕉、瓜菜、甘蔗、兰花等科普示范基地10个，引进、推广新技术、新品种50多项。实施工农业科技项目25项，推广节能减排、资源综合利用、清洁生产技术取得效果。华盛水泥有限公司承担国家发改委下达高科技创新项目——华盛水泥一期工程高温余热发电项目建成投产并被联合国CDM执行理事会批准注册，每年节约用电费6000万元；昌江糖业有限公司，进行冷却水循环利用，每榨季可节约新鲜用水86.8%；金林橡胶加工分公司，改变生产工艺，使每吨干胶排水约3吨，较传统的每吨干胶排水约10吨大为降低，年节约用水约5.6万吨。全县科技成果转化率达41.3%，曾先后获得“全国芒果产业十强县特别奖”“全省科技成果转化奖”等。全县有科研机构4个，各类科技学会19个，科普协会78个，科普活动站8个。县城建有青少年科技活动中心，实现农业科技110服务站全县覆盖，形成了一个比较健全的农业科技服务网络。拥有各类科技人员3965人，其中，高级职称158人，中级职称1360人，初级职称2447人。

昌江深化卫生体制改革，医疗卫生建设步伐加快，城乡医疗设施得到加强，人民群众的卫生医疗条件得到改善，重大疾病救治和防治能力水平增强。已建立县级医院、乡（镇）卫生院、村级卫生室三级卫生服务网络。2010年，全县共有各类医疗卫生机构63个，县人民医院和第二人民医院是国家二甲医院。其中，医院（含乡镇卫生院）17个，门诊部、所41个，疾控中心1个，幼儿保健站2个，专科防治所、站2个。有各类卫生专业技术人员1077人，其中，执业医师223人，执业助理医师289人，药剂员49人，检验员37人，注册护士377人，其他技术人员102人。村级卫生室78个。新型农村合作医疗和城镇医疗保险制度改革全面落实，率先在全省推行农村看病“一卡通”。全县行政村卫生室规范化建设覆盖率达100%。全县农民看病难问题得到缓解。

昌江群众体育活动活跃，内容丰富，逢年过节都开展球类、棋类、田径、粉枪、射箭、划龙舟、摔跤、爬竿、跳竿、项棍和拔河等形式多样的群众体育活动。2010年年底，全县有标准田径运动场2个，游泳池2个，门球场3个，篮排球场、乒乓球桌遍布城乡和学校。体育场地总面积58.28万平方米，拥有各种群众性协会14个，已形成具有广泛群众基础，门类齐全，具有地方特色的体育事业体系。叉河镇和昌化镇被国家体委授予“全国群众体育先进单位”。

昌江广播电视事业发展迅速，以石碌镇为中心的广播电视网覆盖到各乡（镇）村。电视广播以其图文并茂的优势逐步取代了有线广播和调频广播。城镇居民已使用数字化有线电视，节目频道有60余套。2010年年底，全县有广播电视台2座，电视发射台2座，有线电视站1个，电信宽带电视站1个。广播电视综合覆盖率达95%，全县达到村村通广播电视的目标。

昌江不仅是海南西部的工业走廊，而且还是海南芒果的主要生产区，素有“中国芒果之乡”“钢铁之城”“水泥之都”“中国木棉之乡”之美誉。这里，有亚洲品位第一的露天富铁矿、全省最大的水泥生产基地；有风景秀丽的热带原始雨林霸王岭、世界四大类人猿之一的黑冠长臂猿；有传说迷人的黄金海湾棋子湾；有浓郁的黎苗风情；有洞内钟乳石千姿百态的皇帝洞；有峻灵王石和峻灵王庙。有首办黎族学校被称“海南教育第一人”的唐代官员王义方；每年春天的“昌化江畔木棉红”、夏天的“芒果飘香昌江情”、秋季的“激情玩海棋子湾”和冬季的“热带雨林休闲游”，成为昌江著名的旅游活动。在这一块古老美丽而又神奇的乐土上，勤劳、智慧、勇敢的昌江人民，团结奋进，共同开创美好的未来。

大 事 记

1991 年

4 月

26 日 《昌江黎族自治县“八五”精神文明建设规划》颁布实施。

5 月

28 日 《昌江黎族自治县人民政府“八五”扶贫规划》颁布实施。

同日 总投资 243.70 万元（其中中央、省投资 140.47 万元、县投资 39.31 万元）面积 733.3 公顷的乌烈红岭农业综合开发区建成，实现“同年投资，同年见效”。

7 月

15 日 《昌江黎族自治县土地资源详查工作方案》颁布实施。

10 月

13 日 中共中央政治局常委、全国人大常委会委员长乔石考察石碌铁矿生产情况。

11 月

12 日 县实行统一国家标准 JJG17-86 公制计量单位。

同月 县政府修建白沙斗农区渠配套工程，斗农渠配套 13 条，总长 4.5 千米，总投资 97.5 万元，其中中央、省投资 73.55 万元、县投资 14.71 万元；石碌水库干渠配套工程动工。3 年时间完成总投资 300 万元。其中，中央、省水电局投资 100 万元，省开发办投资 100 万元，县地财投资 100 万元。

1992 年

1 月

8 日 昌江县籍武警战士符永友在深圳市执行任务中牺牲。国家公安部授予一等功，广东省政府批准为革命烈士，深圳市政府授予“特区忠诚卫士”，共青团广东省委授予“模范共青团员”称号。

5月

10日 海南省防汛防风防旱办公室拨款93万元兴建昌城乡杨柳村、昌化镇咸田村防潮堤。杨柳村土堤1.5千米，咸田村防潮石堤6千米；县建材厂投入资金138万元，新建一条年产1000万块红砖20门轮窑生产线。

同月 省政府投资230万元兴建南罗镇新港防潮堤，堤长0.95千米。

7月

27日 叉河镇引进四川罗天旭投资500万元，在叉河镇地区成片开发芒果基地360公顷。

8月

17日 乌烈镇政府在省财税厅的大力支持下，在交通方便的太坡金三角开发区内，兴建乌烈食品厂，总投资109万元，年加工优质米20万千克、榨纯食油30万千克。

9月

县政府决定由县卫生学校招收培训少数民族乡村医生40名，学习时间一年。

11月

海尾镇白沙分渠配套工程动工。

12月

5日 县政府降低农村电价，把乡（镇）所在地电价降到每千瓦时0.5元，农村电价降到每千瓦时0.7元。

同月 乌烈镇整治六纳田洋。

同月 昌江县开始实行社会养老保险制度。

同月 昌江糖厂、大风糖厂进行扩建和技术改造。

同年 全国妇联书记处书记王淑贤、全国妇联妇女问题研究所副所长李静之考察昌江县。

1993年

1月

20日 乌烈镇乌烈田洋高效农业生产基地建设完工。

同日 县政府在保平管区田洋建立20公顷水稻制种基地，实现全县杂优博优64号品种自给。

2月

28日 昌江县3630门程控电话割接成功。

3月

6日 全省第一个环境保护目标责任制签字大会在昌江县召开。

30日 县政府在县委五楼会议室举行给县公安机关干警授衔仪式，首批授衔的有二三级警督19人，一、二、三级警司77人，一、二级警员19人。

4月

12—15日 中共昌江黎族自治县第七次代表大会在县委礼堂召开，会议代表193人。选举产生中共昌江县第七届委员会和中共昌江县纪律检查委员会，县委委员21名，候补委员3名。七届县委第一次会议选举常务委员10名。符炳信（黎族）为书记。县纪委第一次全会选举刘南雄为书记。

20日 王下乡普降暴雨，并随降冰雹，持续几十分钟，是昌江县自1979年之后下的又一次较大的冰雹。

21日 国家科委批准昌江农业局油柑大面积人工栽培及深加工为国家级星火计划。

27—28日 政协昌江黎族自治县第五届委员会第一次会议在石碌召开，参加会议委员110名。选举产生第五届政协常委会，韦允文当选县政协主席。

28—30日 昌江黎族自治县第十届人民代表大会第一次会议在石碌召开。选举产生第十届县人大常委会组成人员和县政府领导人，刘益忠（黎族）当选为县人大常委会主任。符炳信（黎族）当选为县政府县长。

6月

14日 县企业供销公司有机复合肥厂建成投产。

28日 县政府颁发《昌江黎族自治县水利工程供水收费标准和水费征收及管理使用暂行规定》。

6—7月 昌江县发生东亚飞蝗灾，密度高为32头/平方米。

7月

4日 海南招商芒果饮品厂建成投入试产。

12日 县政府颁发《昌江黎族自治县儿童少年事业发展“八五”计划和十年规划》。

16日 县政府颁发《昌江黎族自治县计划外生育费管理办法实施细则》。

同月 历经3年多试验，淡水白鲳在县鱼苗场引种试养人工孵化育苗获得成功。

8月

8—9月 南罗镇杨文强一家两个月内采用灯光捕捞鱿鱼、鲭鱼、水公鱼和青鳞鱼共

14250 千克，产值达 72000 多元。

同月 昌江境内 1—8 月无明显降雨，12 条河溪断流，126 宗小型水库干涸，亿立方米库容的石碌水库仅存 700 多万立方米，全县近 5833.3 公顷甘蔗及 666.7 公顷番薯、玉米枯死。

9 月

3 日 全国妇联书记处书记王淑贤率领全国“双学双比”“巾帼建功”检查团一行 22 人考察昌江黎族自治县“双学双比”活动开展情况。

18 日 县人大常委会按照法律程序任免干部的原则，第一次给县人大办事机构负责人、县政府各部门领导、县人民法院副院长等 51 名领导干部颁发任命书。

25 日 国投海南水泥厂动工兴建。

同月 昌城红岭一带甘蔗及水稻遭遇东亚飞蝗危害，受损面积 1066.7 公顷；从广东省农科院引进的水稻新品种“长丝占”，在乌烈镇试种获得高产，平均单产达 360 千克；县政府投资 7 万元，修通叉河至水尾 10 千米公路。

10 月

县文体活动中心举行竣工剪彩。

11 月

中旬 七差乡南雅水库灌区配套工程兴建。

同月 乌烈镇峨沟分渠配套工程动工，总投资 110 万元，配套渠道总长 8 千米，灌溉面积 393.3 公顷，填挖土方 3.03 万立方米，石方 0.39 万立方米，其中中央、省投资 91.6 万元，县投资 18.4 万元。

12 月

1 日 昌江益昌公共汽车有限公司开设市内公共汽车正式营运。

20 日 县政府决定取消公证费、技改费、修路费、双层地租费等收费项目。

28 日 县在乌烈镇召开为期一天的全县第二轮消灭脊髓灰质炎强化免疫工作会议。

31 日 七差乡利用地理和资源优势招商引资搞土地开发，共有 14 家企业前来投资，投资总额 1458 万元，开发土地 518.7 公顷。

月底 全县共完成省财税厅下达国库券 430 万元任务。其中，三年期国库券 250 万元，五年期国库券 180 万元。

同月 海钢公司露天采矿部汽运车间机械技术员曾贤研制的更换重型汽车电瓶升降车成功。

1994 年

1 月

20 日 昌江县开通磁卡电话。

2 月

县委、县政府举办石碌地区元宵节花灯大展赛。

3 月

29 日 昌江县在全县范围内开展街道门牌整顿工作。

4 月

20 日 县商业系统民贸、百货、商贸、食品等公司，相继实行经理公开竞聘制。

5 月

12 日 县政府转发县技术监督局《关于改革土地面积计量单位工作方案》，自发布之日起执行。

19 日 石碌镇和叉河镇总体规划通过专家评审。

6 月

24 日 县政府给石碌地区的海南钢铁公司、九三四地质队、昌江工商银行等 8 个单位和梁其武、李畅敏等 12 户居民颁发县第一批“国有土地使用证书”。

同日 乌烈镇白石管区向国家销售稻谷 515 吨。

同月 县境内自 1 月份以来雨水稀少，全县降雨量不足 79.9 毫米，水稻受旱 2000 公顷，早造受旱 1666.7 公顷，15 个村庄 4500 人饮用水困难。

8 月

1 日 昌化镇发现 6 名遇险越南渔民，经救助及时送往县人民医院抢救，6 名遇险船员全部脱离危险。

2 日 县首次组织人大代表评议“一府两院”工作。

同月 省政府拨款 260 万元，铺设王下至霸王 3 千米公路水泥混合路面。

9 月

8 日 新亚公共汽车有限公司开通石碌城区四条公共汽车线路。

同月 昌江县自 6 月以来，处于高温多雨天气，导致晚稻中后期多种病虫害发生，有 6333.3 公顷晚稻受到不同程度危害。

11 月

5 日　全县开始民主评议中共党员活动，评议分两个阶段进行，6 个内容，历时半个月，全县 80% 党员参加评议。

25—26 日　全省扶贫工作现场会在昌江县召开，县扶贫办向全省各市县介绍开发扶贫基地的经验。

29 日　叉河水泥厂 2 号、3 号机立窑技改项目通过省工业厅和省建材局的验收。

12 月

月底　昌江利用彩票留成资金和省回赠的彩票资金兴建的公益事业项目有县民族中学教学大楼、县医院外科大楼和妇产科大楼、县图书馆、县文体活动中心等公共设施。

1995 年

1 月

1 日　昌江在 11 个乡（镇）（除王下乡外）开始实行县财政包干。

同月　投资 250 万元，高 6 层，总建筑面积 2100 平方米的昌江图书馆大楼落成开放。

3 月

1 日　全县开展农转非户口人员责任田转包清理工作。

8 日　建在石碌镇的海南芒果饮品厂芒果汁生产线投产。

10 日　昌江实施城镇街道门牌整顿工作。

15 日　以宽树企业股份有限公司董事长曾青泉为团长的台湾农业考察团一行 16 人到昌江县考察农业生产和开发。

18 日　王下乡政府至“皇帝洞”全长 6 千米的公路开通。

4 月

23 日　昌江县花生新品种“湛油汉”1 号引种成功。

25 日　县图书馆被中华人民共和国文化部评定为国家“三级图书馆”。

28 日　县城人民北路改建工程动工。

6 月

1 日　昌江县全面推行劳动合同制；昌江县首次在海口举办优质芒果品尝会；县委实施领导干部外出报告请假制度。

7 日　南罗镇试种哈密瓜成功。

9 日　乌烈镇峨沟村引种香料烟获丰收，全村共收入 15 万元。

20—21日 全省渔港建设工作会议在昌江县召开。

7月

13日 王下乡水泥公路修成通车。

15日 昌江县完成撤销管理区设立村委会工作。全县设有村委会72个。

20日 全县完成县直党政机构和乡（镇）机构改革。

8月

22日 县职业中学，从保平乡搬迁到县城与县民族中学合并，实行“一校两牌”，统一管理模式。

26日 南罗镇新港居委会成为全县第一个户户安上有线电视的村庄。

9月

4日 昌江县开始征收水土保持设施补偿费和水土流失防治费。

29日 十月田镇5位青年，代表省农运代表队赴云南省昆明市参加全国农运会龙舟比赛。

10月

22日 《昌江黎族自治县军人优待实施细则》颁布实施。

23日 完成石碌镇城区街巷命名、楼门户编码登记工作。

11月

1日 省政府召开秘书长办公室会议，专题讨论昌江县王下乡扶贫工作有关问题。

14日 县天然气贮配厂开业供气。

15日 县委按照新设立的单位行业，将原来的7个口党委合并为3个党委，即县委直属机关党委、政府直属机关党委、企事业直属机关党委，同时单设公安局党委。

12月

11日 全县12个乡（镇）有11个（除王下乡）开通程控电话，成为全省第一个实现农村本地网交换程控化、传输数字化的县份。

同月 七差镇保由村村民符益民发现信冲洞化石地点。

1996年

1月

4日 县人民医院首次选派4名医护人员赴西沙值班。

2月

1日 县政府筹资10万元在王下乡建起35千瓦功率的柴油发电厂。结束了王下乡政府及附近村民点煤油和蜡烛照明的历史。

8日 王下乡建有线电视差转台。

3月

28日 昌江县第一所希望小学——太坡希望小学落成。由省希望工程基金会投入21万元、县政府配套资金30万元建成。

4月

1日 县人民武装部收归军队建制。

18日 县政府出台乡（镇）财政包干实施方案对全县各乡（镇）（除王下乡外）实行财政包干。

同日 昌江出台提高农村基层干部待遇决定。

21日 昌江开始实行农村社会养老保险制度。

22日 《昌江黎族自治县依法治县工作方案》颁布实施。

6月

1日 县政府发布严禁捕杀国家一级保护动物海南长臂猿公告。

8—9日 昌江县举办首届海南昌江芒果节。

30日 全县停止收缴单位住房租金，实行出售公有住房制度。

7月

1日 昌江县决定建立4个农业综合开发生产基地。分别是：十月田3万亩农业综合开发基地；南罗万亩甘蔗生产基地、石碌水库干渠沿线农业综合开发基地、七差万亩芒果生产基地。

8月

全县开始进行土地变更调查工作，时间3个月。

22日 12号台风袭击该县，平均风力9级，阵风12级，造成全县直接经济损失1727.9万元，经济损失1140多万元。

9月

8日 海尾镇农民利用土地入股与外商联营开办1333.3公顷优良腰果生产基地。

19—21日 18号强热带风暴袭击昌江县，县境内连降暴雨，雨量达704.8毫米，降雨量之多历史罕见，多处山洪泛滥，大小河流暴满。全县遭受百年未遇的大洪灾，昌化江和珠碧江沿岸的18个村庄，均遭不同程度的淹没，14000多人被洪水围困达一昼夜。

海尾、新港、沙渔塘、昌城等渔港有155艘入港避风的渔船被洪水冲入大海。新港居委会被洪水切分成两部分，使靠江100多米沙包变成孤岛，65户人家300多人被洪水围困，230间民房被洪水卷入大海。全县被冲毁公路180多处、桥梁渠道1600处，水冲沙埋农田1000多公顷，受破坏农作物5000公顷，冲走牲畜家禽约15万只，全县直接损失2.3亿多元。

28日 县政府拨出50万元，并从全县干部新增工资截留下来的30%中提取5%共60万元用于救灾。

10月

9日 县政府筹集22.5万元，为南罗镇新港居委会平整土地2公顷建新村，安置无家可归渔民；设立30万元助学基金，资助死难失踪者子女免费上学。

11月

16日 县城东风路扩建工程动工。县城市综合治理稽查队成立。

25日 县政府下发《关于消化粮食政策性财务挂账的通知》。

12月

5日 县人民医院被国家卫生部评定为“二级甲等”医院。

18日 昌江最偏僻的黎族村庄——王下乡钱铁村开通公路。公路长8千米、宽3米，结束了村民进城徒步跋山涉水的历史。

21日 昌江县最后一个未开通程控电话的乡（镇）——王下乡开通程控电话。

26日 县委、县政府制定并通过《昌江黎族自治县1996—2000年精神文明建设规划》。

同年 经省计划生育工作年终考核小组检查，昌江的计划生育工作被省委、省政府“黄牌警告”。

1997年

1月

15日 全县农村第二轮农村土地承包登记工作启动。

3月

17日 知名农业专家、马来西亚籍华人谢幕华到昌江县传授芒果栽培技术。

6月

1日 大风糖厂被海口海红实业有限公司托管运营，时间为5年。

7月

20日 全县开始实施“九五”期间农村改水改厕工作。

9月

20日 昌江县开始在全县农村建造地名标志工作。

10月

15日 被“96·18”号强台风冲坏而重新修建的南罗镇新港渔港竣工。该工程投资447万元，建成防潮堤110米、防波堤260米。

11月

15日 海南国投水泥厂举行大窑点火仪式，标志该厂建成投产。

1998年

1月

7日 县政府颁布《关于农村教育事业费附加征收管理的实施细则》，自颁布之日起执行。

3月

9—10日 中共昌江县第八次代表大会在石碌召开。会议选举产生中共昌江县第八届委员会和纪律检查委员会，县委委员21名，候补委员4名。八届县委第一次会议选举龚旭光为县委书记，纪委第一次会议选举王桂月为纪委书记。

11—13日 政协昌江县第六届委员会第一次会议在石碌召开，出席会议的政协委员120名。大会选举林芝栋为县政协主席。

12—14日 县第十一届人民代表大会第一次会议在石碌召开，到会代表172人。选举龚旭光为县人大常委会主任；选举许邦朝（黎族）为县长。

18日 海南西线高速公路昌江出口路出口处至太坡路段动工。全长5.77千米，宽度为24.5米，工程投资2010万元。

20日 来自北京、天津两名优秀教师在县石碌电影院讲授小学语文教学示范课，除该县的部分小学教师外，东方市、白沙黎族自治县、临高县和洋浦管理局等部分小学语文教师共1300多人观摩听课。

同日 县开展党风廉政建设和反腐败工作活动。

同月 县对6家国有工业企业进行改制。

4月

11日 在1998年海南芒果产销洽谈会暨省优质芒果评选会上，昌江有27个品种获省优质农产品金色标签。

12日 在北京举行的海南建省十周年成就图片展览会上，中共中央政治局常委、国务院副总理李岚清，中共中央政治局委员、全国人大常委会副委员长田纪云到昌江展馆观看。

5月

4日 全省村镇建设工作现场会在昌江召开。

5日 全省农村妇女科技致富奔小康暨“双学双比”活动表彰会在昌江召开。

9—10日 来自广东、广西、云南、海南、四川五省(自治)区和农业部及中国农业大学、中国热带农业大学等15名芒果栽培、保鲜、加工行业的专家，参加在昌江举行的98海南昌江全国专家芒果品评会。昌江有8个芒果品种被评为优质产品。

18日 县委、县政府在北京举办中国芒果之乡——昌江县昌香牌芒果新闻发布会和芒果品尝会。

29日 昌江环境保护“九五”计划和2010年规划颁布实施。

6月

29日 县政府公布县第一、二批文物保护单位名单。第一批单位11个，第二批单位2个。

同月 《昌江县志》出版发行。

7月

24日 昌江县开始发放全国统一房屋权属证书。

8月

月初 省文物保护管理办公室和县博物馆的考古人员对信冲洞化石地点实地调查，采集动物化石约30千克。

5日 全省农村改厕改水工作现场会在昌江召开。

18日 昌江实施农村合作医疗工作。

21日 昌江实施深化粮食流通体制改革方案。

26日 昌江教育系统实行竞争上岗制度改革，首先在县城中小学校中进行教师选拔录用工作。

27日 全县实施新的生猪屠宰管理规定。

9 月

1 日 全县对国有中小型工业和商贸企业实施改革。

15 日 昌江糖厂全部产权转让给洋浦南华糖业有限公司。

中旬 受环境气候影响，县境内出现数以万计的东亚蝗虫团群，严重危害农作物的成长。全县农作物受害面积达 4333.3 公顷，其中达到防治指标有 3200 公顷，乌烈、保平、昌城、十月田、太坡和叉河等乡（镇）受害严重。

28 日 太坡至乌烈通信光缆工程建设开工，总长 31 千米，总投资 206 万元。

10 月

25 日 县“海上 110”报警服务系统开通。

26 日 昌江首次对县政府副科级的 5 个职能部门部分领导岗位实行竞争上岗。

11 月

6 日 昌江“普九”“普实”教育工作通过省级验收。

12 月

16 日 县昌茂海江养殖开发有限公司投资 680 万元开始在海尾镇沙渔塘村开发高位池养虾基地。

25 日 全省社会经济发展研讨会在昌江县举行。

同月 县文物考古人员发现位于王下乡钱铁洞的钱铁洞旧石器遗址。

1999 年

1 月

1 日 县委、县政府实施车改制度。

19 日 海南省优质农产品专家评审会在县政府礼堂举行。县报送的优质农产品样品黑美人西瓜、香水菠萝、台农一号芒果等 12 个瓜菜品种，通过了初级评审。

30 日 南罗镇长山田洋农业综合开发项目整治竣工。被评为全省农业综合开发项目第一名。

3 月

月初 全县农村电网改造“民心工程”项目开工，实现全县 12 个乡（镇）村村通电。

17 日 海尾镇五大水库一带，1992 年世行林地发生森林火灾，过火面积 32 公顷，受灾面积 321.3 公顷，直接经济损失 10 多万元。

18 日 由国家投资 330 万元，全长 66 千米的王下乡高压电路动工架设。

26日 世界银行专家认定组到昌江县考察工作，听取了县和霸王岭林业公司有关领导的情况汇报并深入省扶贫点七差乡两个行政村和霸王岭腹地实地考察。

4月

8日 省首家法律咨询电话在昌江县开通。

5月

26日 县城生态街竣工通车。

6月

28日 昌江颁布实施《昌江黎族自治县自治条例》。

7月

28日 世界卫生组织专家到石碌水头村为110户500人做了沙眼检查。

8月

24日 乌烈镇油岭甘蔗基地出现第二代东亚飞蝗虫害。

10月

上旬 全县农村电力改革，撤销乡（镇）电管站，取消多家供电站，实行全县城乡电网统一经营管理。农村生活照明用电从1.6元/千瓦时降到0.8元/千瓦时，下降50%。

25日 在三亚市举行的全省第二届残疾人运动会中，昌江县残疾运动健儿，以5金、4银、1铜的成绩名列全省团体总分第九名，射击团体总分第五名，田径团体第七名。

11月

30日 乌烈镇道隆田洋整治工程开工兴建。

12月

16日 昌化镇棋子湾海防林被毁，占用林地2.3公顷建养殖场，受到省政府通报批评。

23日 县遭受罕见寒潮袭击。县委、县政府调运防寒物品棉被358张，男女装730件，童装416件，赶赴王下乡、七差乡、太坡镇、叉河镇发放给贫困户和孤寡老人。

28日 县委、县人大、县政府、县政协及县纪委、县法院、县检察院、县公安局等领导干部开展为期3个月的“三讲”（讲学习、讲政治、讲正气）教育活动。

2000年

2月

17日 由县文体局组织参加全国迎接新世纪“亚农杯”农民读书征文活动揭晓，选送的作品《当支书必过百姓关》获一等奖，《读书使我走出困境》《在中国地图面前》和《知识就是力量》《读书有感》分获二、三等奖。

5 月

12 日 昌江荣获省 1999 年度人口与计划生育工作目标管理一等奖。

16 日 国际儿童基金会领导实地考察消除新生儿破伤风项目终期评审工作情况。

29 日 县歌舞团成立，属社会文化团体，不定级别，不定编制，隶属县文化体育局领导，系独立的会计预算单位，县财政每年下拨包干经费 20 万元。

8 月

29 日 昌江举行“九大项目”动工典礼。

9 月

8 日 县城遭受 16 号台风“悟空”袭击。

21 日 全县乡（镇）首次推广无公害瓜菜生产塑料软盘育苗技术。

12 月

19 日 G98 环岛高速公路昌江出口路竣工通车。

2001 年

2 月

2 日 全县开展第一批农村“三个代表”重要思想学习教育活动。

18 日 昌城乡浪炳中央林地（第二代荫林）发生火灾，过火面积 4.9 公顷，有林面积 4.7 公顷。

3 月

5 日 十月田镇才地村世行林地发生火灾过火面积 8 公顷，有林面积 6 公顷。

6 日 县委制定《昌江黎族自治县科级以下国家公务员、机关工作者待岗制度暂行规定》颁布实行。

同日 全县党政机构改革结束。

8 月

28—31 日 全县遭受 14 号热带风暴的袭击。

11 月

14 日 昌江县与河北省三河市缔结友好市县。

12 月

30 日 棋子湾被省政府纳入《海南省旅游发展总体规划》，并确定为棋子湾旅游圈。

2002 年

1 月

22 日 石碌机械肉联屠宰厂建成投产。

2 月

21 日 中共昌江县委八届七次全体（扩大）会议在县政府礼堂召开，会议推选出王桂月、吉廷军、张同秋、郑坚毅、钟文秋、秦醒民、豹爱芳、黄驹等为出席省第四次党代会代表。

4 月

9 日 世行考察团到昌江县考察改水Ⅳ项目工程。

30 日 海南省芒果协会成立暨评优品尝展示会在昌江县召开。

6 月

2 日 县境内发生一起特大道路交通事故，13 时 45 分，一辆琼 C2309 号乘龙牌大货车从王下乡满载芒果返回石碌（车上人货混载）至 33 千米处转弯时滑出公路，翻落到 9.5 米深的山沟，8 人当场死亡，12 人受伤，车辆报废。

7 月

15 日 全县乡（镇）撤并，12 个乡（镇）撤并为 7 个。王下乡并入七叉镇，太坡镇并入石碌镇，保平乡并入十月田镇，昌城乡并入昌化镇，南罗镇并入海尾镇，叉河镇、乌烈镇不变，同时，七差镇改为七叉镇。

9 月

23 日 县委、县政府在石碌影剧院召开全县农村致富能手表彰大会。

27 日 海尾镇遭受特大洪灾。

28 日 昌江广播电视发射塔建成开播。

11 月

27 日 《长臂猿》特种邮票首发式暨昌江优势资源新闻发布会在海口举行。

12 月

7 日 由昌江县和国家邮政局及省邮政局等单位联合举办的《长臂猿》特种邮票首发式暨昌江优势资源推介会在昌江中学运动场举行。并为《长臂猿》特种邮票揭幕。

2003 年

3 月

25—27 日 中共昌江县第九次代表大会在石碌举行。选举产生了中共昌江县第九届委员会和中共昌江县纪律检查委员会，县委委员 21 名，候补委员 4 名。九届县委第一次会议选举县委书记。县纪委第一次会议选举黄驹为纪委书记。

3 月 31 日—4 月 2 日 政协昌江县第七届委员会第一次全体会议在县政府礼堂举行，到会政协委员 126 名。会议选举钟文秋（女）为主席。

4 月

1—3 日 县第十二届人民代表大会第一次会议在县政府礼堂举行，与会代表 172 人。选举产生第十二届县人大常委会组成人员和县人民政府领导人，吴清毅当选为县人大常委会主任；吉廷军（黎族）当选为县长。

13 日 石碌镇保梅岭突发火灾，县委、县政府及时组织县直机关干部职工以及三警部队官兵共 5000 多人奔赴火灾现场灭火救灾。

6 月

10 日 智源钢铁有限公司在石碌钢铁厂举行 35 万吨生铁达标技术改造工程开工庆典。

18 日 县在政府大院举行“告别八大陋习”倡导“五不新风”万人签名活动。

8 月

12 日 省政协在昌江召开儋州市、白沙黎族自治县、昌江黎族自治县三市县政协提案工作座谈会。

14 日 人民医院筹资 288 万元购进一台美国生产的螺旋 CT 机投入使用。

24 日 受台风“科罗旺”的影响，越南籍运输船“防港 10 号”在新港附近海面触礁漏水，县委、县政府组织人员将 19 名越南籍船员救助上岸。

9 月

12 日 省委组织部和省国税局联手扶贫为片石小学捐资 50 万元兴建教学楼。

10 月

8 日 县人民医院 120 急救直拨电话投入使用。

12 日 在香港嘉道路农场植物园的资助下，省野生动植物自然保护中心、霸王岭林业局等单位发起并主办了正式启动“霸王岭海南长臂猿保护行动”的活动。

28日 在全省第二届党员教育电视片观摩评比会上，县委组织部摄制的专题片《接力》被评为一等奖。

12月

9日 东方富岛公司向昌江灾区无偿捐赠200吨“富岛牌”复合肥。

16日 儋州市—昌江黎族自治县、东方市—昌江黎族自治县海域行政区域界线协议书签订仪式在昌江举行。

20日 中海油配重砂加工基地在昌江建成投产。

22日 昌江华盛天涯水泥厂在昌江动工兴建。

同年 昌江县财政收入首次突破亿元大关。

2004年

1月

10日 全省工业产业结构调整汇报会在叉河工业开发区召开。

17日 王下乡牙迫村108户共538名黎族村民迁出大山，搬进了国家为他们新建的新村——离县城仅5千米的水富村。

3月

9日 全省计划生育、生殖保健巡回服务活动现场会在昌江召开。

4月

14—15日 全省民房改造现场会在昌江召开，昌江黎族自治县、乐东黎族自治县和保亭黎族苗族自治县三个县作了经验介绍。

20日 全国人大民族工作委员会调研组一行6人调研昌江农村扶贫工作。

同日 省西部广场文艺会演在昌江文体活动中心举行，来自儋州黎族自治县、东方市、昌江黎族自治县三市县代表队参加会演。

25日 县政府对全县超编的中小学教师进行竞岗考试，共有399名教师参加，最后有32名教师被分流。

27—30日 县政府组团参加在澄迈县举行的全省广场文艺会演，获得一等奖1个、二等奖3个、创作奖2个和组织奖1个。

5月

9—12日 县四套班子领导组团分别在上海、杭州举办热带名优水果推介活动，重点推介昌江的优质芒果、香蕉、香水菠萝和木瓜等热带果品，共签订5.3万吨水果购销合同，签约金额达 2.57 亿元。同时，在上海、杭州设立海南昌江热带名优水果经销处。

6 月

8—11 日 省林业局调查人员在昌江境内发现大面积受国家保护的珍贵树种野生龙血树林，面积达 666.67 公顷。

30 日 全县有 80 名学生首获希望工程明德奖学金。

7 月

23 日 由海南移动公司投资兴建的王下移动基站正式开通投入使用。至此，昌江所有的乡（镇）实现了移动通信。

12 月

3 日 50 只海南坡鹿从东方市大田保护区迁移昌江保梅岭野外放养。

18 日 全省第四届合唱艺术比赛在三亚举行，昌江合唱艺术团获得比赛银奖。

22 日 县政府组团参加中国（海口）冬季农副产品交易会北京交易周。

25—27 日 中欧天然林受理项目参与式资源评估培训班在昌江举行。

27 日 县政府召开农村土地确权登记发证会议，标志着经过两年工作的全县农村土地确权登记工作完成。全县土地登记发证面积 14.79 万公顷，占确权总面积的 96.43%。

2005 年

1 月

18 日 总投资 2200 万元的昌江磊鑫烧结选矿厂建成投产。

3 月

22 日 海南钢铁公司发生一起山林火灾，过火面积约 1 万平方米，大量林木和铁轨枕木被烧毁。

4 月

2 日 昌化镇旧县村村民自筹资金 5000 元，重新修建宋代被贬海南的宰相赵鼎衣冠墓并举行揭碑仪式。

22 日 来自全县各中小学的 300 名教师在昌江中学进行笔试，竞聘 45 个校长职务，其中中学 5 个，中心学校和完全小学 40 个。

5 月

25 日 中共中央政治局常委、全国政协主席贾庆林到石碌镇山竹沟村视察调研。

同日 中央督导组到昌江督导共产党员先进性教育活动。

27日 县委出台《公开选拔党政领导干部暂行规定》《党政机关竞争上岗暂行规定》《县委常委会任用党政主要领导干部表决办法》《县委关于在全会闭会期间任用党政领导干部征求意见办法》《民主推荐领导干部制度》《民主测评领导干部制度》《党政领导干部差额考察暂行办法》等制度。

6月

10日 根据省委巡视组的反馈，县纪检监察机关对审计发现的7个单位或个人拥有、截留、乱收费共469万元进行通报批评，警示和教育领导干部。

29日 总投资5亿元的昌江华盛天涯水泥有限公司日产5000吨新型干法水泥熟料生产线投产。

7月

6日 中共中央宣传部组织中央电视台、《人民日报》、中央人民广播电台、旅游卫视等12家媒体组成的"全国绿色海疆万里行"采风团赴昌化镇棋子湾考察海防林建设。

8日 在省联手扶贫单位的支持和帮助下，石碌镇香岭村成立全省第一所希望农校——香岭希望农校。

8月

12日 全省纪检监察案件审理工作现场会议（昌江片）在石碌召开，来自儋州市、白沙黎族自治县、临高县、东方市、昌江黎族自治县、乐东黎族自治县、五指山市等市县纪检监察主要负责人参加会议。

9月

21日 经省级自然保护区评审委员会评审通过，保梅岭林区被列为省级自然保护区。

同日 韩国泰林食品有限公司水果深加工项目正式投产。

26日 遭受第18号台风"达维"袭击，全县损失严重，直接经济损失达2.3亿元。

10月

14日 县委、县政府组团参加首届全国扶贫项目经贸洽谈会。参展团在洽谈会上介绍了昌江县扶贫工作取得的成绩、自然资源优势和品种多样的热带水果，推出一系列扶贫项目产品的开发和招商引资项目。

24日 县政府向遭受台风"达维"严重破坏的万宁市、琼海市、定安县三市县捐献900吨水泥（价值30万元），支援重灾区的灾后重建工作。

11月

11日 全省中小学危房改造"攻坚"工程现场会在昌江召开。

24日 七叉镇七叉田洋整治工程动工兴建。

26日 乌烈、昌化、叉河三镇自动气象站设备安装完毕并运行。标志着昌江县镇级中天度气象观测站正式启动。

28日 总投资4587万元的石碌水库除险加固工程通过省水利专家组验收。

30日 中国红十字总会给昌江捐赠44000千克大米，总价值12万元。

2006年

1月

1日 县政府出台《新型农村合作医疗实施办法（试行）》，在全县范围内实施新型农村合作医疗制度。

3月

13日 县国土环境资源局与海钢公司在石碌钢铁厂车队附近查处一处非法铁矿石收购点，缴获铁矿石10152吨。

31日 海南省第三轮党员先进事迹巡回报告会在县政府礼堂举行，全县近千名党员干部参加听讲报告。

同月 投资335万元，高3层，建筑面积2635平方米，位于东风路昌江中学内的昌江县青少年活动中心交付使用。

4月

2日 县城石碌建设西路改造扩建工程动工。

18—21日 县政协开展“名人与故居”文史线索调查活动，对昌江人文历史进行全面摸底普查。

5月

11—12日 昌化江流域防洪安全研讨会在昌江召开。省政府办公厅、省水务局、省海洋渔业厅、省国土环境资源厅及昌江黎族自治县、东方市、乐东黎族自治县、五指山市等市县的水利专家领导参加了研讨会。

同月 由海南省文物考古研究所、中国科学院古脊椎动物与古人类研究所和昌江县博物馆组成的考古队，对位于七叉镇保由村约2千米的信冲洞化石地点进行抢救性发掘。发现有巨猿牙齿、犀牛、象、熊猫、貘、鬣狗和豪猪等哺乳动物化石。中国地震局地质研究所电子自旋共振（ESR）法测定信冲洞化石地点绝对年代为距今40万年至60万年前，地质年代中更新世。

同月 石碌镇人民南路（石碌大桥至老邮电段）改造工程开工。

6月

7日16时40分，乌烈镇第一小学六年级8名女生在昌化江长塘河段意外溺水身亡，为昌江县有史以来最大的意外溺水身亡事故。

20日 《昌江黎族自治县突发性地质灾害应急预案》颁布实施。

同月 王下乡南尧河电站动工兴建。

7月

9日 海南西环铁路提速改造工程叉河至八所段正式投入运营。

12日 昌江华盛（天涯）水泥有限公司200万吨水泥熟料出口西班牙签字仪式在海口举行。

25日 昌江华盛（天涯）水泥有限公司矿山部发生山体滑坡事故，1人重伤，2人死亡，1人失踪。

8月

5—6日 第二十一届全国青少年科技创新大赛在澳门举行，昌江一小的《石碌铁矿探究与调查活动》获得全国优秀科技实践活动三等奖。

27—31日 县残联组织开展"光明行"白内障免费复明手术活动，为全县80名参加新型农村合作医疗白内障患者免费复明手术。

31日 王下地区的269名初中生迁移入县城民族中学免费就读。

9月

21日 县地税局石碌税务所获国家级"青年文明号"称号揭牌仪式在县地税大楼举行。

29日 2006年海南热带森林旅游新闻发布会在霸王岭举行。

同月 昌江从秋季起免除昌江籍高中生学费。

10月

24—27日 海南省第三届少数民族传统体育运动会在五指山市举行。昌江组团参加5个项目比赛，获1个第一名，2个第二名，1个第三名。

同月 县公安局被评定为"全国二级刑事科学技术室"，成为全省唯一通过的全国二级刑事科学技术室等级考核评定的县级公安刑事科学技术室。

11月

9日 石王公路（石碌——王下）乌烈林场至王下段改建工程动工仪式在霸王岭举行。

12月

昌江地方财政收入完成2.19亿元，同比增收3600万元，增长20%，全县地方财政收入首次突破 2 亿元大关。

同月 王下从七叉镇分开，复立王下乡。

2007 年

1 月

11—13 日 中共昌江县第十次代表大会在县政府礼堂举行。会议选举产生中共昌江县第十届委员会和中共昌江县纪律检查委员会，县委委员 29 名，候补委员 6 名。十届县委第一次会议选举关进平为书记，县纪委第一次会议选举陈家江（黎族）为书记。会议还选出关进平等 11 人人为出席省第五次党代会代表。

15—17 日 政协昌江县八届一次会议在县政府礼堂举行，到会的政协委员 122 名。会议选举钟文秋（女）为主席。

16—18 日 县第十三届人民代表大会在县政府礼堂举行，代表 172 名，到会代表 168 人。选举产生第十三届县人大常委会组成人员和县政府领导人，选举县人大常委会主任，选举县政府县长。

29 日 昌江图书馆荣获文化部“全国文化设施管理先进单位”称号。

31 日 昌江工业园区叉河工业组团工业大道工程动工兴建。

2 月

3 日 石碌镇环城西路、县广播电视发射塔、县人民医院门诊大楼工程动工兴建。

25 日 昌江工业大道动工兴建。

3 月

31 日 香港中国探险学会会长兼创办人、探险家黄效文一行 3 人，到王下乡洪水村考察黎族居所、文化资源的保护和挖掘工作。

同月 昌江从春季起免除中小学生学杂费和课本费。

4 月

2—3 日 县政府捐资 100 多万元支援东方市、乐东黎族自治县、三亚市等市县新农村建设。

16 日 台湾慈善基金会捐资 30 万元人民币给十月田卫生院和七叉卫生院建设工作用房。

5 月

17—18 日 全省民房改造工作现场会在昌江召开。

同月 昌江职业中学迁入太坡中学，更名为职业技术学校，实行“四免一补”（免除学杂费、住宿费、信息费、课本费，补助住宿生生活费用）“一联”（与省内外中专学校联合办学）“一包”（包干发动入学）“一帮”（指导帮助学生就业）的优惠政策。

同月 县拨出专项资金100多万元对居住在霸王岭周边的王下乡村民进行生态补偿。

6月

8—12日 昌江经贸代表团一行20多人赴长沙市参加第四届泛珠三角区域合作与发展论坛经贸合作洽谈会。

14日 省农业科技“110”十大标兵巡回报告会在县政府礼堂举行。

27日 海尾镇海尾一级渔港一期工程正式动工兴建。

同月 县政府为全县农民代缴参合金，参合率达100%，在全省率先推行农合“一卡通”。

8月

5日 在云南昆明举行的第22届全国青少年科技创新大赛中，昌江一小的“节能在我身边”科学调查体验活动获全国二等奖。

29日 由明珠汽车服务公司统一购买的8辆无人售票公交车正式在县城石碌投入运营。

30—31日 全省联手扶贫工作座谈会在昌江召开。白沙黎族自治县、临高县、东方市、儋州市、澄迈县等市县和省联手扶贫单位的领导参加。

31日 海南钢铁公司社会职能移交昌江县政府管理签约仪式在海钢公司会展中心举行。海钢公司子弟学校、职工医院、矿区公安局正式移交昌江管理。

9月

13日 县政府实施教育移民工程，安排王下乡中心小学121名小学毕业生全部进入昌江民族中学读书，并实行“三包”（包吃、包住、包入学）。

17—19日 省委理论研讨会在霸王岭举行。省领导以及省各部门领导、各市县领导、中央驻琼媒体负责人共70多人参加。

10月

15日 在广东省中山市举办的全国首届社会主义新农村合唱比赛中，昌江昌化江爱乐合唱团荣获全国首届社会主义新农村合唱大会金奖。

11月

4日 昌江50名青年科级干部到中国人民大学参加为期两个月的进修学习。

同日 全省城市环境卫生协会年会暨现场工作交流会在昌江召开。

14 日 参加全国农村民居地震安全工程会议的代表到七叉镇机保村观摩当地农村民居地震安全工程，学习先进经验。

12 月

16 日 位于昌江大道的县行政办公大楼投入使用。总投资 5200 万元，建筑面积 3.5 万平方米。

16—18 日 中国国民党副主席章仁香率领台湾考察团一行 12 人到昌江考察工作。

28—29 日 县委、县政府在石碌市民广场举办“庆祝昌江黎族自治县成立 20 周年暨昌江行政办公大楼落成典礼”大型活动。

同月 经国务院同意，国家发改委、国家环保总局、国家科技部、国家财政部、国家商务部、国家统计局确定了第二批国家循环经济示范试点，昌江循环经济工业园区被列为产业园区示范试点之一，成为海南唯一的国家级循环经济工业园区。

2008 年

3 月

1 日 中国核工业集团公司和华能核电开发有限公司在海口喜来登大酒店与昌江签订合作建设核电项目框架协议。

6 日 央视“小丫跑两会”节目主持人王小丫在北京就昌江教育扶贫移民方式专访省委书记卫留成和王下乡牙劳村村民韩经忠夫妇及其女儿韩雪艺。

4 月

10 日 昌江首批扶持渔民建造的 5 艘示范渔船在海尾渔港下海生产。

21—23 日 中国工程院院士及专家一行 19 人到昌江考察工矿企业。县委、县政府给中国工程院院士颁发聘任书，聘任他们为昌江经济发展顾问。

24 日 中国科协 3 名老科学家科普报告团到昌江作科普报告。

29 日 昌江首批 600 多户村民领取林权证。

5 月

8—9 日 全省海防林造林技术培训班在昌江举办。昌江黎族自治县、文昌市、三亚市、东方市四市县林业局分别在会上介绍当地海防林种植情况。

6 月

昌江最后一条通村路王下乡大炎村公路建成通车。

7月

4日 全省海防林建设现场会议在海尾镇召开。

18日 国家发改委正式同意海南昌江核电项目开展前期工作。

8月

18—22日 县代表团参加在香港举行的“2008海南（香港）经贸活动周”活动，作“昌江——海南岛西部投资热点”专场推介会，播放《昌江永远的邀请》电视专题片和发放《印象昌江》招商宣传册。

10月

16日 全省黎族古籍整理工作汇报会在昌江召开。

同月 昌江集体林权制度改革工作通过省集体林权制度改革检查验收组的验收。

同月 总投资1600多万元的县城环城西路建成通车。

同月 县委、县政府出台《昌江黎族自治县教育系统引进人才优惠政策》。

11月

3—6日 全国关爱女孩行动综合治理出生人口性别比偏高问题工作会议在昌江召开。

5日 省政府举行大会，表彰“全国公安系统一级英雄模范”“身残志坚的模范人民警察”“全国五一劳动奖章”获得者，被誉为当地“保尔”的黎定琦。

10日 首届中国农民文艺会演大赛在苏州举行。海南代表团选送的由昌江农民自编自导的大型歌舞《陶之魂》摘得大赛金穗奖。

12月

3日 海南省“群艺大舞台”走进昌江文明生态村文艺会演在石碌镇片石村“三月三”广场举行。

29日 县文化公园、县经济适用房、县廉租房第二小区和县污水处理厂四个重点民生项目开工建设。

30日 全省文明生态村建设现场经验交流会在昌江召开，昌江黎族自治县、海口市、三亚市和省农业厅、省文体厅分别在会上作经验介绍。

同月 昌江循环经济工业区《循环经济试点实施方案》在北京通过专家评审。

2009年

1月

21日 昌江广播电视综合频道正式开播。

2月

8日 首届昌江农民迎春运动会在石碌镇片石村举行，来自全县8个乡（镇）的800多名运动员参加插秧比赛、种地瓜比赛、背媳妇比赛等各种全新的比赛项目。

9日 中央电视台《新闻联播》播出昌江举办迎春农民运动会的新闻。

13日 县城石碌三条主轴道路昌江大道、人民北路、东风路等扩建改造工程动工。

16日 霸王岭十字路监测点发现2号雌性长臂猿怀抱幼仔出现在无名岗上，这是继2007年度产仔后再添新丁。

27日 石碌河县城段综合整治工程动工。

3月

3日 昌江新闻网在南海网上线开通运行。

4月

9日 全国海防林建设经验交流会与会代表到海尾镇参观学习“沿海防护林”种植经验。

10日 商务部、中国砂石协会、省政府办公厅、省商务厅有关单位负责人一行到昌江勘察天然砂项目。

15日 省博物馆考古专家及昌江文物普查队到昌化镇进行水下文物走访调查。

29日 海南省首届芒果擂台赛在石碌镇片石村举行。

6月

18日 昌江邀请省委宣传部、海南日报社、海南出版社、省作家协会、省电视台等单位编辑和作家参加《黎族故事》编审会。

7月

2日 亚洲水泥行业最长的胶带输送长廊——昌江华盛天涯水泥厂长距胶带输送长廊举行开通剪彩仪式。

20日 全省社会治安综合治理基层建设经验交流会在昌江召开。

同月 县出台《昌江城乡环境卫生综合整治考核暂行办法》和《昌江“门前三包”管理暂行办法》，把环境卫生整治工作列入各单位领导干部的考核内容，每两月进行一次考核，一年内累计四次获得黄旗的，对单位主要负责人进行就地免职处理。

8月

7日 热带风暴“天鹅”袭击昌江。

8日 被困于石碌河的3名施工人员，在县消防武警、边防武警官兵的救援下成功获救。

17日 由海南新闻广播策划，FM 88.6牵头的“风雨彩虹”爱心赈灾物资捐助仪式在县行政办公大楼举行。

18日 昌江在全省率先完成2009年农垦中小学校移交地方政府管理工作。共移交中小学校9所，其中九年一贯制学校2所，完全小学2所，教学点5个，教职工215人，小学在校生1455人，初中在校生304人；房屋、土地、配套设施设备等全部资产账面原值1653万元。

9月

8—11日 第十三届中国国际投资经贸洽谈会在厦门举行。昌江县作为海南省代表团的具体承办单位，负责筹备，承办等工作，成效显著。全县共推出41个招商项目，占全省项目的48%，举办了以旅游和循环经济工业园区为内容的专场推介会，成功对接了58家企业，进行了68场次的项目对接洽谈。签约项目9个，总金额78.83亿元。

10日 海南省文物普查领导小组普查及评定，确定了66处海南省第二批省级文物保护单位，昌江的七叉镇混雅岭信冲洞更新世纪晚期洞穴遗址和昌化镇昌化古城文化遗址榜上有名。

10月

22—24日 全省林区护林员骨干培训班在昌江举行，来自尖峰岭、吊罗山、黎母山、霸王岭等13个重点天然林区的200多名骨干护林员参加了培训。

26日 海南省西部市县·省属企业投资合作恳谈会在霸王岭雅加度假中心举行，100多名代表参加会议。

11月

17日 总投资35亿元的海南昌江雨润·棋子湾旅游度假区一期项目开工典礼在昌化镇举行。

20日 昌江农村宅基地确权登记发证仪式在十月田镇举行。

30日 在海南省第四届党员教育电视片观摩评比活动中，县委组织部摄制的党员电教片《今天我坐班》获全省评比一等奖。

31日 昌江首对钢质渔船起航仪式在三亚港务局码头举行，两艘钢质渔船正式下海捕捞作业，改写了昌江渔业有史以来无钢质渔船的新历史。

12月

9日 全省南片区中学物理教师说课评比活动在县青少年文化宫举行，全省20名物理教师参加了说课评比。

30日 昌江中学首次举办学校18周岁学生成人宣誓仪式。

同月 海尾湿地公园项目一期工程完成，并于同月正式开业迎客。

2010 年

1 月

11 日 县委在行政办公大楼二楼会议室举办“清华大学政府管理大讲堂——海南昌江报告会”。邀请华高莱斯国际地产顾问北京有限公司董事总经理李忠作《国际旅游岛建设与城市规划布局》专题讲座。

13 日 国家农业部热作产业调研组到昌江检查工作，详细了解橡胶种苗基地概况和种苗培育情况。

15 日 记录黎族社会组织和经济组织的《黎族三峒调查》一书在七叉镇尼下村举行首发仪式。

20 日 国家文化部督查组到石碌镇孔车村黎族陶罐艺术馆督查非物质文化遗产保护工作，详细了解非物质文化遗传保护传承的情况及存在的问题。

31 日 《海南日报》“南海网”评出琼州百景名录 155 个，昌江入选 6 个：棋子湾、霸王岭、皇帝洞和南尧河十里画廊、洪水茅屋群落、七叉镇木棉、昌江地下宫。

4 月

11—13 日 全国政协副主席白立忱到棋子湾、霸王岭考察。

12 日 中共中央政治局常委、国家副主席习近平到昌江思源实验学校考察，并与县四套班子成员合影留念。

25 日 由中国核工业集团公司和中国华能集团公司共同出资建造的海南能源一号工程——海南昌江核电工程举行开工仪式。

6 月

18 日 由省工信厅和昌江县政府主办、省节能监察大队协办的海南省循环水系统冷却塔节能技术现场推广会在昌江召开。

23 日 昌江污水处理厂运行。

7 月

19 日 昌江思源实验学校和美国俄亥俄州天道成功学校在昌江思源实验学校成功签约，结成友好学校。

8 月

25 日 县总工会 2010 年“金秋助学”活动为 96 名品学兼优的大学生发放助学金共 17.3 万元。

9 月

1 日 县政府与海南恒盛元国际旅游发展有限公司签署“加快棋子湾旅游度假项目建设”协议。

2 日 昌江华盛教育基金会助学金发放仪式在县行政办公大楼九楼会议室举行。

20 日 投资 2800 多万元建设的昌江垃圾无害化处理场投入试运营。

10 月

20 日 由县纠风办、县委宣传部、县监察局、县广播电视台共同主办的“昌江政风行风热线”正式开播。

25 日 在首届“中国十大百岁夫妻排行榜”中，全省共有 6 对夫妻入选，其中乌烈镇乌烈村的李昌富和钟红妹夫妇榜上有名。

11 月

9 日 昌江综合应急救援大队揭牌仪式在县消防大队举行，标志着昌江应急救援工作进入具体实施阶段。

14 日 中共中央政治局委员、中央书记处书记、中组部部长李源潮在省委副书记、省长罗保铭的陪同下到昌江思源实验学校调研教育扶贫移民工作。

21 日 海南省能源一号工程，海南昌江核电工程 2 号机组正式开工。

12 月

4 日 海南农垦石碌水泥厂一百货仓库发生火灾，经过近 3 个小时的奋力扑救，火势得到全面控制。

22 日 中国—联合国人口基金艾滋病与生殖健康服务合作项目终期总结会议在霸王岭雅加会议中心举行。会议对海南省昌江黎族自治县、贵州省凯里市、吉林省东辽县 3 个项目点的第六周期项目实施以来取得的成绩和经验进行总结。

28 日 昌江 2010 年长寿保健补助金发放仪式在十月田镇保平村委会举行，标志着全县长寿保健补助金发放工作全面启动。

第一编 政 区

第一章 建置区划

第一节 位置·面积

昌江黎族自治县位于海南岛西北偏西部，地跨北纬 18° 53′ ~19° 30′、东经 108° 38′ ~109° 17′之间。东与白沙黎族自治县毗邻，南与乐东黎族自治县相接，西南与东方市以昌化江中间线为界，西北濒临北部湾，东北部隔珠碧江同儋州市相连。版图狭长，南北长 75 千米，东西宽平均 21.5 千米，辖区总面积 1596 平方千米。距省会海口市 180 千米，距洋浦经济开发区 100 千米。

第二节 建置沿革

西汉元封元年(公元前 110 年)，设立至来县，属儋耳郡管辖。治所在今昌化镇旧县村。

西汉始元五年（前 82 年），废儋耳郡，并入珠崖郡，至来县隶属珠崖郡。

梁大同年间（535—546 年），原西汉儋耳郡千余峒归顺冯冼夫人，置崖州，今昌江黎族自治县地属崖州管辖。

隋大业三年（607 年），改梁崖州为珠崖郡。昌化、吉安 2 个县在今昌江县境内。大业六年（610 年），珠崖分设珠崖、儋耳、临振 3 个郡，儋耳郡管辖的昌化、吉安 2 个县在今昌江县境内。

唐武德五年（622 年），置儋州，治义伦，管辖义伦、昌化。撤销吉安县，区域划入昌化县。贞观元年（627 年），又析昌化县复置吉安县，归儋州管辖。天宝元年（742

年），改儋州为昌化郡。乾元元年（758年），复昌化郡为儋州，废吉安县置洛场县（驻地今儋州市中和镇），归儋州管辖。

五代十国南汉，昌化县归儋州管辖。

北宋开宝五年（972年），废洛场县，昌化县属儋州管辖。北宋熙宁六年（1073年），以琼州置琼管安抚司，总领今海南地域。改儋州为昌化军，废昌化县并入藤桥镇，隶宜伦县管辖。元丰三年（1080年），复置昌化县。南宋端平二年（1235年），改昌化军为南宁军，昌化归南宁军管辖。

至元十七年（1280年），昌化县隶属南宁军管辖。

明洪武元年（1368年），废军复州，昌化县仍属儋州管辖。

明初至清光绪三十一年（1905年），昌化县归儋州管辖，清光绪三十一年（1905年）后，昌化县归崖州直隶州管辖。

民国3年（1914年），昌化县改名为昌江县，隶属广东省琼崖道管辖。民国26年（1937年）昌江、感恩2个县合署办公，保留两个县的行政建置。1949年，隶属海南特别行政区管辖。

1949年12月，琼崖临时人民政府决定撤销昌江县政府和感恩县政府，在原2个县的行政区域内设立昌感县，归琼崖临时人民政府南区专员公署管辖。

1950年5月，昌感县解放，隶属海南军政委员会管辖。1951年4月，昌感县隶属广东省人民政府海南行政公署管辖。

1958年12月，撤销昌感县，原昌感县的行政区域和白沙县西部划归东方县（时称东方大县）。隶属广东省海南行政公署和海南黎族苗族自治州管辖。

1961年5月，东方县分置东方、昌江、白沙3个县。白沙县管辖原有的行政区域，东方县、昌江县的区域以昌化江为界，南岸归东方县，北岸属昌江县管辖。昌江县政府驻石碌镇。昌江县归属海南黎族苗族自治州管辖。

1987年9月，撤销海南黎族苗族自治州，12月31日，停止办公，昌江县改设昌江黎族自治县，隶属广东省海南行政区和海南建省筹备组领导。1988年4月13日，海南建省，昌江黎族自治县归海南省直辖，至2010年政区隶属关系不变。

第三节 行政区划与勘界

一、行政区划

1991年，昌江县辖4个乡（昌城乡、保平乡、七差乡、王下乡）、8个镇（石碌镇、太坡镇、叉河镇、十月田镇、乌烈镇、海尾镇、南罗镇、昌化镇）。全县乡（镇）下辖72个管理区，21个居民委员会，1个街道办事处。

1995年7月，撤销管理区，设立村（居）民委员会，全县下设村（居）民委员会77个。

2002年7月，乡（镇）行政区划调整撤并，全县12个乡（镇）调整撤并为7个镇，分别为石碌镇、十月田镇、叉河镇、七叉镇、乌烈镇、昌化镇、海尾镇。其中，原太坡镇并入石碌镇，原保平乡并入十月田镇，原南罗镇并入海尾镇，原昌城乡并入昌化镇，原王下乡并入七叉镇。同年，有个别行政村归属略有调整，原保平乡的红阳村委会划归叉河镇辖，原十月田镇山竹沟村委会划归石碌镇辖。2006年10月，王下从七叉镇析出恢复设立王下乡。

2010年，全县设有1个乡、7个镇。下辖73个村民委员会、20个居民委员会，有188个自然村，618个村民小组。

1991年昌江县行政区划一览表

表1-1-1

乡（镇）名称	下辖村委员会（管区）	下辖居民委员会
石碌镇（含铁矿）	保梅、水头、牙营	石碌、人民北路、人民南路、东风路、新东区、东区、中区、西区、河北东、河北西、大修厂、矿建办事处、钢铁厂
十月田镇	沙田、万善、好清、南岭、王炸、才地、山竹沟	十月田
叉河镇	老宏、叉河、排岸、坎头、唐村、老羊地	叉河
乌烈镇	乌烈、乌东、乌西、峨港、峨东、峨西、道隆、白石、峨沟、长塘、纳凤	乌烈
昌化镇	昌农、咸田	昌化、昌田
海尾镇	海农、沙地、白沙、打显、进董、五大	海尾、沙渔塘
南罗镇	南罗、长山、大安、三联、五联	新港
太坡镇	保突、片石、尖岭、香岭	太坡
保平乡	保平、塘坊、姜园、红阳	

表 1-1-1 续 1

乡（镇）名称	下辖村委员会（管区）	下辖居民委员会
昌城乡	昌城、杨柳、新城、浪炳、光田、旧县、黄姜、耐村、大风、先田	
七差乡	重合、七差、尼下、乙洞、乙劳、乙在、大章、大仍、红峰	
王下乡	三派、钱铁、大炎、牙迫、洪水	

2010 年昌江县行政区划一览表

表 1-1-2

县辖行政区乡（镇）名称	下辖村委员会	下辖居民委员会
石碌镇（含铁矿）	保梅、鸡心、牙营、水头、孔车、片石、尖岭、保突、香岭、山竹沟、水富	儋州村、人民北路一、人民北路二、人民南路、东风路、新东区、东区、中区、西区、河北东、河北西、大修厂、矿建、钢铁厂
十月田镇	沙田、万善、好清、南岭、王炸、才地、保平、塘坊、姜园、青山、五丰	
叉河镇	老宏、叉河、排岸、坎头、唐村、老羊地、红阳	叉河
乌烈镇	乌烈、峨港、道隆、白石、峨沟、长塘、纳凤	
昌化镇	昌农、咸田、昌城、杨柳、新城、浪炳、旧县、大风、光田、黄姜、耐村、先田	昌化、昌田
海尾镇	海农、沙地、白沙、打显、进董、五大、三联、五联、南罗、长山、大安、高石塘	海尾、沙渔塘、新港
七叉镇	七差、乙劳、乙在、重合、红峰、大仍、大章、乙洞、尼下	
王下乡	三派、钱铁、大炎、洪水	

二、勘界工作

1999 年，按照全国地名设标、勘界工作会议精神，开始与相邻市县协同开展工作。同年完成昌江县与白沙黎族自治县 98.6 千米、昌江县与乐东黎族自治县 46 千米、昌江县与儋州市 49 千米等边界线的勘定任务，并设立区域界桩。2000 年，完成与东方市的界碑图片的拍摄工作。2002 年，完成与东方市、乐东黎族自治县、白沙黎族自治县、儋州市的行政区域界线协议书的报批工作。2004 年，与相邻市县进行市县联检工作，对原有的界桩进行联合检查，对界桩重新上色、拍照，对丢失的界桩重新制作、重新埋设、造册登记。

第二章 乡 镇

第一节 石碌镇

一、位置与政区

石碌镇，因镇区地处石碌岭脚下而得名。位于北纬 19° 12′ 38"~19° 22′ 50"，东经 108° 58′ 19"~109° 06′ 13" 之间。地处昌江县东部，石碌河中游。东与白沙黎族自治县相接，南至七叉镇，西与叉河镇交界，北与十月田镇相邻。为县政府所在地，是全县政治、经济、文化、交通中心。境内有国道 G225 公路、G98 高速公路和粤海铁路、石（碌）—八（所）铁路贯穿其中，交通便利。距省会海口市 210 千米。县城石碌交通网相互贯通。东风路、人民北路、人民南路、昌江大道、环城东路、环城西路互联成网。县城石碌为中心可通达县内所辖乡（镇）及县省际互通。工业基础较好，已发展成海南重工业和建材工业基地。

1991 年，石碌镇下辖保梅、水头、牙营 3 个管理区和石碌、东风路、人民北路、人民南路 4 个居委会。1995 年 7 月，撤销管理区设立村委会，村（居）委个数不变。2002 年 7 月，乡（镇）行政区划调整撤并，原太坡镇并入石碌镇。同年，原十月田镇的山竹沟村划归石碌镇管辖。2004 年 1 月，原王下乡的牙迫村实施移民搬迁入驻石碌镇境改称“水富村”。2010 年，石碌镇下辖（不含海南矿业股份有限公司、海南钢铁公司、海南钢铁厂、农垦系统等）保梅、鸡心、牙营、水头、孔车、片石、尖岭、保突、香岭、山竹沟和水富 11 个村委会和人民南路、东风路、人民北路一、人民北路二、儋州街 5 个社区居委会。有 34 个自然村、106 个村民小组。全镇总人口 58002 人，其中农村总人口 23896 人。全镇行政区域面积 216.5 平方千米，全镇耕地面积 4746.7 公顷，其中水旱田 733.3 公顷，坡园地 4013.3 公顷，林地 6213.3 公顷，其中商品林有 2200 公顷，森林覆盖率 67%。

镇境内矿产资源丰富，储量大的矿产资源有铁矿、石灰岩、白云石等矿产。亚洲最大富铁矿——石碌铁矿就在其境内。海南建省后，镇区被定位为海南西部工业重镇及工业高科技园区。2010年，镇境内大型工业企业有海南钢铁公司、海南矿业股份有限公司、华润水泥有限公司、华盛水泥有限公司4家。

二、经济建设

1991年，石碌镇农业仍以粗放式生产为主，主要经营传统农业种植，经济基础较薄弱。1992年起，农业生产和经营方式有所改变，提出以芒果为龙头，推动“两高一优”（高产量、高效率、优质产品）的发展方向，逐步改善农业产业结构，推动农村经济发展。1993年，全镇芒果种植为124.7公顷、香蕉38.1公顷。1995年，农业优化产业结构调整逐年提升，在稳定粮食种植的基础上，大力发展橡胶、热带水果等特色作物产业，农民增产增收明显。2002年，全镇农民人均纯收入1295元。2005年始，采取“公司＋合作社＋农户”的生产模式，大力发展“一村一品”的区域特色经济，发展特色高效热带农业，推进农业产业化和规模化经营。2010年，建有保梅、水头、片石瓜菜种植基地3个共8333.3公顷，尖岭香蕉种植基地1个400公顷，民营橡胶基地1个2000公顷。全镇农业产业化和规模化初步成形，农村经济发展逐年增长。2010年，全镇农村经济收入实现7935.7万元，农民人均纯收入2822元。全镇财政收入完成1265万元。

三、商业贸易

1991年，石碌城区有大型集贸市场3处，各类商店2014家，年商品零售额10536万元。1995年，商业经营管理体制深化改革与城乡经济发展，推进商业贸易逐年增长。2000年，城区有商业贸易批发机构149家，批发网点1536个，年社会消费品零售总额29346万元。2005年，城乡一体化经济发展，石碌城区商业贸易加快。2010年，县城石碌有集贸市场4个，年成交额1.6亿元。有商业网点5353个，年社会商品零售总额6.24亿元。城区设有金融机构7家，各类金融机构存款余额52.21亿元，各类贷款余额11.25亿元。

四、新农村建设

1991年海南建省之初，镇境内基础设施落后，村容村貌脏、乱、差。1996年，山竹沟村作为文明生态村示范点。1999年，全县实施文明生态村建设后，城乡面貌逐年改观。2000—2010年，石碌河整治工程、自来水厂改扩建、旅游公厕、公交候车亭、停车场等项目建设完成，县城东风路、人民北路、昌江大道和环城东路全线贯通，文化公园建成使用。至2010年，共筹集资金600万元，为保梅、鸡心、水头、牙营、水富5个村委会修建办公楼，配备用水用厕等基础设施；筹措资金1350万元，修建太坡至尖岭、昌江剑麻厂至红林十一队、孔车至片石、水头村道、青坎村道、鸡实村道、南靠村道以及县电视塔到香岭等8条主要农村公路及各村次干道10余条，基本实现了村村通水泥路，完成总长34千米。大大改善了石碌镇农村交通落后的面貌。为进一步丰富文明生态村建设创建内涵，扩大创建规模，坚持高起点规划、高标准建设、高效能管理，集中精力将孔车、片石打造成具有浓郁黎族风情的文明生态村。同年，修建了山竹沟、片石和水头3个文化广场。筹资93万元资金，完善水头、水富村2个村的村级办公及文化场所建设，配套建设了农村戏台、图书室、运动场。此外，争取县扶贫资金，为片石新村、保突、保老和尼下4个自然村修建了环村路。

五、社会事业

1991—1996年，全镇农村社会事业发展缓慢。1998年，镇政府落实国家农村社会事业发展政策，全镇社会事业逐年发生改变。2002年以来，石碌镇在县委、县政府和省联手扶贫单位的大力支持下，累计调入600多万元，新建和改造校舍，美化校园，改善教学环境，规划建设了香岭、尖岭、水头小学教学楼1500平方米，教师工作间350平方米及校道、球场、排水、绿化等配套工程。筹集资金60万元，巩固、建设牙营小学、片石小学、五七小学篮球场和围墙、文化戏台等各项硬件设施，不断改善农村小学的教学环境，提高办学条件。“普九”工作不断得到巩固和发展，全镇适龄儿童入学率达99%，适龄少年入学率达98%。2010年，镇党委、镇政府确保教育的投入，率先成立镇教育督导办。将35万元的教育附加费全部用于义务教育，坚持“扶贫先扶志”的发展战略，从镇财政挤出资金，按本科3000元、专科2000元，资助考取大学的农村贫困学生。镇区在校学生未有一人因家庭贫困而辍学，在籍学生巩固率达100%。城区设有中、小学校31所，其中小学20所、初中9所、高中2所，在校生6326人。职业学校1所，在校生240人。九年义务教育覆盖率100%。文化设施建设齐全完善。有公园1处、电影院2家、体育场10个、游泳场1处、文化广场1处。

2000—2010年，在加大镇、村两级卫生室建设投入的同时，每年组织送医、送药下乡活动。开展白内障、妇科病等义诊，十年间共受益人数达8000人次。城区设有各级医疗卫生机构12个，个体门诊24个，共有床位694张，医务人员791人。2010年，全镇人口出生率达7.6‰，孕情管理准确率95%，性别比119。全镇新农合参合率达90%，城镇医保参保率达85%，“新农保”参保率达83%。

2010年年底，全镇共投入资金1000余万元，完成7个行政村的环村路硬化建设，实现了村村通水泥路；投入230万元建设水头、保突、山竹沟、尖岭4宗饮水工程，解决了8000余人的安全用水问题；确认农村低保200户，城市低保254户，年均发放低保金 114.4 万元；完成民房改造工程建设 1250 户；发放救灾大米 14 万公斤，冬令棉被 1750 张、衣服 5000 套；提供临时困难补助 30 万元，医疗救助 60 万元；发放残疾人慰问金和补助金 13 万元，困难党员慰问金 2 万元。

全镇建立起镇、村（居）委会、村小组三级治安管理联防体制，有效维护农村社会治安综合治理稳定发展。全镇民事纠纷调解率达 99%，治安案件查处率达 98%，刑事案件破案率达 90%。

1991 年石碌镇下辖村（居）委会一览表

表 1–2–1

村（居）委会名称	下辖自然村名称	村民小组个数（个）
水头	新村、老村、椰子	6
牙营	牙营、鸡实、木孔	5
保梅	保梅	8
鸡心	鸡心	1
儋州村	儋州	1
人民北路第一		
人民北路第二		
河南		
东风		

2010 年石碌镇下辖村（居）委会一览表

表 1–2–2

村（居）委会名称	下辖自然村名称	村民小组个数（个）
香岭	香岭、基龙、建安、保森、雅山	9
水头	老村、新村、椰子、昌信	16
孔车	孔车、昂便	6
保梅	保梅	8
鸡心	鸡心	3
尖岭	尖岭、老古地、公更、新村、南靠、东方	16
水富	水富	4
山竹沟	新村、老村、青坎	8
片石	大村、老村、新村、芭蕉	15
保突	保突、尼下、保新、保老	14

表 1-2-2 续 1

村（居）委会名称	下辖自然村名称	村民小组个数（个）
牙营村	牙营、鸡实	6
儋州村	儋州村	1
人民南路		
东风路		
人民北路第一		
人民北路第二		

附：原太坡镇

太坡原称大坡，因地处在一块宽广平坦的沙质坡地而得名。后因与琼山县、陵水县的“大坡村”同名，而改太坡村。1980 年，镇政府驻地太坡村故称太坡镇。

太坡镇为黎族聚居镇。位于县城北部，东临白沙黎族自治县，西与十月田镇交界，南和石碌镇毗邻，北与白沙黎族自治县邦溪镇相接。镇境内有国道海榆西线公路、西线高速公路和粤海铁路贯穿其中，省道石昌线沿镇区而过，为县内交通枢纽，交通便利。镇政府驻地太坡村，距县城 6 千米。

1991 年，太坡镇下辖保突、片石、尖岭、香岭 4 个管理区。1995 年 7 月，撤销管理区设立村委会，村居委个数不变。2001 年，全镇下辖保突、片石、尖岭、香岭 4 个村委会，设有香岭村、基龙村、建安村、保森村、雅山村、尖岭村、老古地村、公更村、新村、南靠村、东方村、大村、老村、新村、芭蕉村、保突村、尼下村、保新村、保老村 19 个自然村。2001 年，全镇总面积 96.1 平方千米，总耕地面积 966.67 公顷。总户数 2116 户，总人口 10156 人，其中农业人口 9236 人、非农业人口 920 人。2002 年 7 月，乡镇行政区划调整撤并，原太坡镇行政区并入石碌镇。

镇境内土地资源丰富。大多属丘陵半丘陵地带，土地广阔，山坡连片，土质肥沃。气候温和，雨量充足，农业生产条件优越，是昌江县重点发展商品生产基地之一。1991 年，全镇农业主要以种植甘蔗、水稻为主，发展芒果、木棉等作物为辅。全年甘蔗种植面积 1200.9 公顷，产量 45035 吨；水稻种植面积 621.3 公顷，产量 1849 吨；芒果种植 140 公顷。全镇农村经济总收入 773.4 万元，农民年人均收入 527 元。1995 年，实施农业结构优化调整，在稳定粮食种植的基础上，大力发展橡胶、热带水果等特色热作产业。农村经济不断提升，全镇农村经济总收入 1032.3 万元，农民人均纯收入 728 元。2000 年，国家扶贫政策得到全面落实，镇政府结合实际，推进农业产业结构调整，大力发展橡胶、香蕉、芒果、甘蔗等热带高效农业产业。全镇农村经济规模发展壮大，农民人均纯收入快速增长。2001 年，全镇农村经济总收入达 1968 万元，农民人均纯收入 1130 元。

新农村建设发生较大改变。1996 年，全镇新农村建设开始实施，乡村建设逐步发展成效，村容村貌焕然一新。2000 年，全镇完成村道改造 12 条 16 千米，乡村文化室 4 间，片石村黎族"三月三"文化广场建成投入使用。镇区环境治理显现，生态环境整洁优美。公共设施齐全完善，有职业中学、小学、卫生院各 1 间，有农贸市场 1 处，还有文化娱乐设施等。2001 年，太坡经济开发区初步形成，进驻企业 6 家。另有商店、饮食店、碾米厂、木材加工厂、果菜储藏加工厂、收购站等 25 家。

1991 年太坡镇下辖村（居）委会一览表

表 1-2-3

村（居）委会名称	下辖自然村名称	村民小组个数（个）
香岭	香岭、基龙	3
尖岭	东方、公更、老古地、老村、新村	9
片石	老村、大村、芭蕉、新村	6
孔车	孔车、昂便	3
保突	保突、保老、保新、尼下	9

第二节 十月田镇

一、位置与政区

古时候十月田地区水利设施不足，田地干旱，稻田一年一造，十月收获，故有十月田之称。镇政府驻地所属领地，故而得名。位于北纬 19° 14′ 48.36"~19° 25′ 41.80"，东经 108° 50′ 19.30"~108° 59′ 21.81" 之间。地处昌江县中部，东邻石碌镇，南依叉河镇，西与乌烈镇相连，北靠海尾镇。镇政府驻地王炸新村，距县城石碌 12 千米。交通便捷，现有石昌公路东西横穿，十新公路南北相连，东面临海南西线高速公路太坡出口仅 3 千米。

1991 年，十月田镇下辖王炸、好清、沙田、山竹沟、才地、万善 6 个管理区和十月田居委会。1995 年 7 月，撤销管理区设立村委会。同年 7 月，南岭农场实行村民自治成立南岭村委会。全镇所辖村委会增加为 7 个。2002 年 7 月，乡镇行政区划调整撤并，原保平乡并入十月田镇，镇区行政区域扩大。下辖沙田、才地、南岭、王炸、好清、万善、塘坊、保平、姜园9个村委会。2004年3月，青山农场实行村民自治成立青山村委会。2008年10月，保平五料场实行村民自治成立五丰村委会。2010年，十月田镇下辖沙田、才地、南岭、王炸、好清、万善、塘坊、五丰、保平、姜园、青山共11个村委会，有25个自然村，68个村民小组。全镇总土地面积204.2平方千米，其中，耕地面积8775.7公顷，占土地面积的42.97%，水田面积为308.9公顷，草地858.1公顷，坡地面积为1119.7公顷，旱地70.7公顷，人均耕地面积为0.36公顷/人。总人口24343人，其中农业人口23048人。

二、经济建设

镇境内土地资源丰富，土质肥沃，气候温和。丘陵地带，发展橡胶、香蕉、菠萝等热带经济作物条件优越。1991—1996年，全镇经济以传统农业种植为主，主要农作物有水稻、甘蔗和林木、果菜等。1997年镇委、镇政府因地制宜，调整农业产业结构，将传统甘蔗种植转向热带高效农业方向发展。形成以香蕉、芒果、木瓜、番石榴、大枣、菠萝等10多个热带水果品种为主，以冬季瓜菜、甘蔗、淡水养殖等为辅的经济发展模式。1999年冬，试种冬季辣椒，全镇种植面积达333.3公顷。2002年年底，全镇热带水果种植面积2400公顷，主要有香蕉、芒果、水果型木瓜、番石榴、大枣、菠萝蜜等10多个品种。冬季瓜菜种植面积800公顷，主要品种有辣椒、西瓜、青瓜、冬瓜、南瓜等。2003年，姜园村开始引进高效作物——“圣女果”作为反季节瓜菜经济作物，喜获丰收。同年种植面积200公顷，年产值2300多万元。2006年，全村人均纯收入近5000元。南岭村大力种植香蕉、香水菠萝、芒果等热带水果，经济效益量好，同年，村民年人均收入达7000元。高效热带农业逐步成为全镇主要支柱产业。名优农产品有香蕉、香水菠萝、圣女果等。

十月田镇是省国土环境资源厅批准建设的5个省级基本农田保护示范区之一。2008年，省级基本农田保护示范区在十月田镇建立，实施土地整理项目4个，其中国家级项目1个，省级项目3个，共投入资金4368万元，建设规模1410公顷，新增耕地238.7公顷。同年年底，全镇耕地保有面积9438.4公顷、基本农田8862.2公顷，分别占全县承包耕地、基本农田面积的25.28%、29.64%。全镇基本农田保护共计91片块，保护率达92.1%。此外，实施金牌基本农田整理项目（二期）工程1个，项目建设规模419.1公顷，资金投入1093.33万元，新增耕地12.9公顷。2010年，全镇基本农田保护共计91片块，保护率达92.1%。农田保护、土地复垦、开发建设成果显著。

2010年，全镇经济协调发展，产业结构调整明显。农业生产和经营模式有所改变，“公司+农户”、经济合作社等模式不断增加，截至12月底，镇内驻有外来农业企业10多家，多渠道促进农民增收。同年，水稻种植1280公顷，甘蔗种植1686.7公顷，香蕉种植1926.7公顷，橡胶种植726.7公顷，香水菠萝种植400公顷，芒果种植485公顷，毛豆种植400公顷，圣女果333.3公顷。全镇农业总产值10140万元，村民年人均纯收入2924元。

三、社会事业

1991年，海南建省创办经济特区后，地方政府逐年加大文化教育事业的投入，全镇文化教育基础设施建设逐年提高。1992年，十月田镇政府以改善办学条件为抓手，加大投资力度，改善教学环境。1992—2002年，全镇共新建6栋教学楼，改造9所村级小学校舍，达到“普九”验收标准。2003年，在镇委、镇政府的倡议下，设立教育扶贫基金会及出台奖励优秀高考生制度。各村委会和企业踊跃参与，支持和帮助地方教育事业，同年获捐助贫困生88人，获奖励优秀高考生30人，共资助资金4万多元。2008年，又有3所学校新教学楼建成并投入使用，建筑面积1200平方米。同年，获资助贫困生88人，获奖励优秀高考生38人，共资助奖励资金达5万多元。2009年，为了改善学生与教师的住宿环境，投入110多万元，新建了五层学生宿舍大楼，建筑面积898.88平方米；投入资金230多万元，建设四层教师工作休息间，建筑面积1007平方米；一栋四层教学大楼，建筑面积2643.22平方米。2010年，全镇有11所完全小学，2所一贯制中学。全镇小学拥有65个教学班，学生人数1432人，其中教室78间，图书阅览室8间，图书3258册。全镇年初拥有16个教学班，学生人数845人，图书阅览室3间，图书4786册，电脑107部。十月田学校有校舍面积1670396平方米，设有标准物力实验室、标准化学实验室一间，设有计算机室并配备50部计算机、多媒体教室2间等；专任教师93人，其中本科学历30人，大专学历30人。2007年十月田学校荣获“省级教育系统先进集体”“海南省现代远程教育工程应用优秀学校”称号。

1992年，随着医疗体制改革不断深化，形成以公办医疗机构为主体，集体和个体办医为补体的多种所有制办医格局，农村医疗卫生初步有了改善。2006年，开始实行农村合作医疗制度改革后，全镇农村医疗卫生事业取得较大改观。村镇2级医疗卫生机构建立健全，医疗设施逐年完善。2006—2008年，县政府先后投入资金，改造十月田和保平2所卫生院，并恢复8个村级卫生室（门诊），基本解决农村群众看病难、医疗费高的问题。2010年，全镇参加农村新型农村合作医疗保险19997人，参保率95%。有镇级卫生院2所，农村合作医疗网点8个，共有床位25张。有专业卫生人员36名，其中执业医师3人，执业助理医师5人，注册护士14人，其他技术人员14人。全镇人口出生率16.57‰，人口自然增长率13.09‰。2005年获全国婚育新风进万家活动先进乡镇及国家协会工作先进单位。

四、新农村建设

1991—1995年，才地、新村、王炸等村实行村容村貌整治。1996年，全县农村文明生态村建设始兴，山竹沟村（现属石碌镇）、南岭村为试点。2001年，镇政府实施县、镇、村三级联动和社会力量多方投入共建的方式，加快推进创建文明生态村。2006—2007年，共投入资金530万元，对才地、波兰沟、山村、高地、新村、干村、南岭二队、南岭三队、南岭四队共9个文明生态村的连片创建。在此期间，农村文化基础建设进一步提高完善。2年间，先后完成王炸、沙田、塘坊、才地、青山、南岭、好清、万善、姜园等9个村文化楼新建和改造，为农村文体活动及“科技下乡”活动，提供便利场所。2007年度，十月田镇政府荣获“全国服务基层服务农村基层文化建设先进集体”。2008年，县政府投入730万元，加大连片文明生态村创建，并通过以工代赈方式修建起了军营村公路及沙田村公路共18千米，新创建了保平和塘坊两个文明生态村。同年，投入260多万元，新建和改造波兰沟、保平、才地、五丰、姜园5个村委会办公楼。投入100多万元新建镇政府办公大楼。全镇镇村二级实现办公场所楼房化。

2009年，镇村筹集资金196万元，在塘坊村、大芬村、好清老村修建篮球场3个，在王炸村、万善村修建水泥路和安装路灯，在姜园村修建水沟、村大门，在军营村建环村路、中心路、排水沟和文化室等。同年共计修建硬化村级公路18.5千米。农村民房改造逐年推进，村民居住条件明显提高，基本实现瓦房或平顶房。

截止2010年，全镇共建成文明生态村（自然村）27个，文明生态村建设率达87%。年底，11个村委会全部实现村村通水泥路，基本形成完善的农村交通网络。才地、万善、王炸、保平4个村庄道路装上路灯。

五、综治维稳

1991年，持续推行社会治安综合治理责任制。1992年，全面落实社会治安各项措施，推行“谁主管谁负责”的管理规则，镇村相继建立治安会、调解会、保安队、护村队等农村社会组织，共同维护和管理社会治安。1999年4月，昌江“148”法律服务热线在全省率先开通和“安全文明村”的创建，全镇社会治安综合治理工作取得成效。2006年荣获“全省社会治安综合治理工作先进单位”称号。2008年，全镇共有治保会11个33人，调解会12个40人，治安联防护村队11支110人，农村综治信息员11人，帮教队员55人。同年先后在才地、波兰沟、好清等17个自然村创建平安文明示范点。2009年，全省社会治安综合治理现场会在昌江召开，十月田才地村成为现场会参观观摩点。2010年，全镇共化解各类民间矛盾纠纷48宗。有效维护辖区的社会治安稳定。

六、社会新风

1984 年十月田敬老院创建，为全县第一所乡（镇）敬老院。设有平房 1 栋 4 间，入住孤寡老人 11 人。1991 年后几经改造装修，2001—2007 年政府投入 53 万元对敬老院进行修复重建。2010 年敬老院拥有平房 3 栋 9 间，院内设施配备完善。入住孤寡老人 7 人。敬老院院长（专职员）豹爱芳，关爱院内孤寡老人，其敬老爱院无私奉献精神得社会肯定，1998 年当选为海南省人大代表，2000 年被授予海南省劳动模范称号，2002 年当选为中国共产党第十六次代表大会代表，2003 年获全国十大杰出青年称号，2003 年被共请团中央、全国青联授予中国青年“五四”奖章，2005 年 5 月荣获国务院授予全国劳动模范最高荣誉称号，并出席北京 2005 年全国劳动模范、先进工作者表彰大会；2006 年被全国敬老爱老助老活动组委授予“中华孝老爱亲之星”称号，2006 年授予中华人民共和国民政部最高荣誉奖（孺子牛奖），2007 年荣获省道德模范奖和全国道德模范提名奖。

1991 年十月田镇下辖村（居）委会一览表

表 1-2-4

村（居）委会名称	下辖自然村名称	村民小组个数（个）
王炸	山村、干村、新村、老村、三拉、高地	6
才地	波兰沟、军营、才地	3
南岭	南岭一队、南岭二队、南岭三．四队、南岭五队、南岭六队	5
沙田	南村、北村	2
好清	保满、椰子、老村	3
万善	万善、大芬	2
山竹沟	青坎、山竹沟	2

2010 年十月田镇下辖村（居）委会一览表

表 1-2-5

村（居）委会名称	下辖自然村名称	村民小组个数（个）
才地	才地、军营、波兰沟	3
南岭	南岭	6
王炸	山村、干村、新村、老村、三拉高地	5

表 1-2-5 续 1

村（居）委会名称	下辖自然村名称	村民小组个数（个）
沙田	南村、北村	2
好清	好清、保满、椰子	3
万善	万善、大芬	2
保平	保平、则宁	24
五丰	五丰	1
姜园	新村、北村、老村	14
塘坊	塘坊、里表	7
青山	青山	1

附：原保平乡

原村址住有 4 个小村，因村小人少，后来小村合并为大村，百姓和睦，日子平安，故而得名保平村。1974 年，成立乡政府驻地保平村故有保平乡。

保平乡，位于昌江县域中部，东接十月田镇，西北和西南与海尾镇、乌烈镇毗邻，南隔昌化江与东方市三家镇相望，距县城石碌 20 千米。乡境内有省道石昌公路，东西横穿过，连接县域东南山区与西部沿海必经之地，交通便捷。

1991 年，保平乡下辖保平、塘坊、姜园、红阳 4 个管理区，11 个自然村，黎族汉族聚居。1995 年 7 月，撤销管理区设立村委会，村居委个数不变。2001 年，乡政府下辖保平、则宁、青山、五料场、塘坊、里表、新村、北村、老村、红阳、红薯地、坊塘 12 个自然村，59 个村民小组。2002 年 7 月，全乡总面积 83.721 平方千米，总耕地面积 1537 公顷。总户数 2438 户，总人口 15011 人，其中农业人口 14368 人，非农业人口 643 人。2002 年 7 月，乡镇行政区划调整撤并，原保平乡行政区并入十月田镇。

境域大多属丘陵和低山平地。地势平坦，土壤肥沃，水源充足，发展种养业条件优越，是昌江县主要粮食产区之一。1991 年，农业主要以种植水稻、番薯、甘蔗、花生、水果等为主。水稻种植面积 1456.7 公顷，番薯种植面积 553.3 公顷，甘蔗种植面积 625.3 公顷。香蕉、菠萝、芒果、柑桔等水果 298.5 公顷。全乡农村经济总收入 1061 万元，农民年人均纯收入 607 元。1995 年，乡政府实施农业结构调整，大力发展橡胶种植，引进推广瓜菜种植，全乡农村经济得到增长。全乡农村经济总收入 2508.2 万元，农民年人均收入 795 元。2000 年，乡政府加快优化农业产业结构调整，鼓励发展热带高效农业，橡胶、芒果、香蕉等产业发展壮大，辣椒、圣女果、毛豆等冬季瓜菜种植基地普遍推广。全乡农村经济提速增长，农民年人均收入显著提高。

农村精神文明生态村建设取得发展。1998 年，乡政府筹集资金加快农村道路改造。2000 年，全乡建成水泥村道 4 条，环村路及村间小巷 10 条，革命老区里表村实现整村水泥平房改造，农村面貌有了较大改观。乡区驻地公路铺上柏油路面，街道两旁实现绿化。乡区内有店铺 20 多间，贸易市场一间，每日集市人数 800 人次，成交肉类、豆类、米类、菜类、鱼类、百货等。市场繁荣。乡内设有卫生院、保平中学、小学，还有机关事业、企业等 12 所。

1991 年保平乡下辖村（居）委会一览表

表 1-2-6

村（居）委会名称	下辖自然村名称	村民小组个数（个）
保平	保平、则宁、青山、五料场	24
塘坊	塘坊、里表	7
姜园	新村、北村、老村	14
红阳	红阳、红薯地、坊塘	14

第三节 叉河镇

一、位置与政区

因镇政府地处昌化江和石碌河交叉口处北岸的叉河村而得名。位于北纬 19° 21′ 26"~19° 28′ 09"，东经 108° 85′ 64"~109° 02′ 09" 之间。地处昌江县西南部，离县城石碌 13 千米。东至县城石碌镇，西、北与十月田镇相邻，南以昌化江为界与东方市交界。境内交通便利，有环岛高速公路、粤海铁路、海榆西线公路等南北横穿而过。系岛西工业基础较发达的地区之一。

1991 年，叉河镇下辖排岸、老宏、叉河、坎头、老羊地、唐村 6 个管理区和叉河居委会。1995 年 7 月，撤销管理区设立村委会，村（居）委总数不变。2002 年 7 月，乡镇行政区划调整撤并，将原保平乡的红阳村委会（辖红薯地村、坊塘村、大洋基村 3 个自然村）

划归入叉河镇。2010 年，全镇下辖排岸、老宏、叉河、坎头、老羊地、唐村、红阳 7 个村委会和叉河社区居委会，有 14 个自然村，33 个村民小组。全镇总面积 98.9 平方千米，耕地总面积 2533.3 公顷。总 2814 户，总人口 14070 人，其中黎族 8712 人，占总人口的 61.9%。

地处热带北缘，属热带岛屿季风气候，光照充足，雨量充沛，土地肥沃。境内自然资源丰富，矿产有花岗岩、河沙等，水力资源有昌化江河段和石碌河水系 29 千米。20 世纪 50 年代以来一直是岛西工业重镇。

二、经济建设

1991 年，采取有效措施推动农业发展和农民增收，实现粮食生产连年增产，农村经济逐年提高。1992 年，全镇粮食总产量 3252 吨，工农业总产值 2364 万元，人均纯收入 782 元。1994 年，全镇粮食总产量 3906 吨，工农业生产总值 2516 万元，人均纯收入 962 元。1995 年，全镇粮食总产量 3824 吨，工农业生产总值 2745 万元，人均纯收入 1065 元。1998 年，全镇粮食总产量 4156 吨，工农业生产总值 3283 万元，人均纯收入 1161 元。2000 年，实施农业产业结构调整，在保持粮食总产基础上，拓展发展热带高效农业，引进种植香蕉、菠萝、木瓜等新品种。农村经济总量大幅度提升，2001 年，全镇粮食总产量 4750 吨，工农业生产总值 3641 万元，人均纯收入 1420 元。2005 年，全镇粮食总产量 4890 吨，工农业总产值 1899.8 万元，农民人民纯收入 1470 元。2007 年，全镇粮食总产量 5000 吨，工农业总产值 2043 万元，农民人均收入 1790 元。2007 年，叉河工业园区被列入国家循环经济示范园区，镇区工业发展加快。2010 年，镇委、镇政府大力引进外来资金和技术，带动当地农业的发展。引进了宁发花卉公司，在老羊地村发展花卉种植基地约 33.3 公顷，带动当地农户发展花卉产业。全镇全年种植水稻 667.1 公顷，甘蔗 670 公顷，芒果 126.7 公顷，香蕉 603.3 公顷，全年冬季瓜菜 200 公顷；牲畜年末存栏量 2000 头，猪存栏量 1.3 万头，山羊存栏量 1200 只，家禽 4.7 万只。农民人均纯收入 3822 元。

2010 年，镇境内有工业企业 12 家。其中鸿启水泥有限公司、海矿铜鼓冶炼厂、金林天然橡胶加工厂和昌江废弃物处理厂等大企业 6 家，水泥砖厂 3 家，矿石加工厂 3 家。

三、新农村建设

20 世纪 90 年代末，开始实施农村文明生态村建设，初步解决部分农村农民的行路难、饮水难、居住条件差等问题。1999 年，农村文明生态村建设铺开。2000 年后，全镇农村文明生态村建设逐年加大投资力度。2002 年，投入资金 50 万元，建设叉河中心大道。2003 年，投入资金 62 万元，建设老宏漫水桥。投入资金 9 万元，建设老宏村公路。投入资金15万元，在老烈村、红薯地村、大洋基村修建3座自来水塔，解决了3个村2500多人的饮用水。2005年，水尾村水泥村道建成。同年完成硬化青山左渠11千米，恢复农田灌溉面积约33.3公顷。2006年，兴建坎头村、池头村、坊塘村、大洋基、红薯地、唐村6个自然村饮水工程。2007年，完成叉河工业园区道路2条，总长4.2千米。完成海榆西线至老羊地村村道6千米。此外，完成叉河村铁路桥、硬化水尾水陂12千米。2009年，完成排岸村、老羊田村、老烈村、老宏村、老羊地村的饮水工程。2010年，坊塘文明生态村建成后，全镇14个自然村实现文明生态村全覆盖。2000—2010年，共投入资金1300万元，建成入村水泥公路12条、环村公路11条、村小巷48条。投入资金100多万元安装了镇区太阳能路灯50盏。2010年，为全县第一个实现文明生态村创建全覆盖的镇。全镇7个村委会办公场所实现二层楼房化，并配有图书室、文化室等设施。

群众文体活动活跃，被国家体委评为“全国群众体育先进单位”。2006年荣获国家“全民健身优秀单位”。2007年获“全国服务农民服务基层文化建设先进集体”称号。农村文化室、文化活动中心相继建成，群众广场舞，节假日活动如期举行，农村少数民族文化活动内容丰富多彩。2010年，镇文化站、广播电视站各1处，村级文化活动中心7处，85%的村委会装置健身器材。

四、社会事业

1991年，实施科教兴镇战略，明确教育优先发展，投入资金完善优化教学环境。1996年，农村社会养老保险制度开始实施，部分村委会试行。2005年，新型农村合作医疗制度和农村社会养老保险制度在叉河镇全面铺开。农村卫生医疗服务网点建设逐年健全，镇级卫生医疗服务条件明显改善。2000年，完成对全镇11所中小学校的教室和教学设备及校园环境进行全面调查摸底。

2002年投入资金156万元，改造11栋教学楼和师资教育培训，改善教学提高师资教学水平。2005年，全面实行“普九”教育，投入资金在3所小学建设3栋两层教学楼、在叉河中学建设一栋三层的教学楼。2006年实现了全镇中、小学无危房，全镇适龄儿童入学率达99.8%，适龄少年入学率97.7%。同年，占地面积750平方米的叉河卫生院综合大楼建成，3个村委会卫生室设立，充实配备医务人员9名。群众看病难、看病贵问题基本得到解决。同年年底，落实教育体制改革，整合教育资源，把生源较少的6个小学并校合班组成新的叉河镇中心学校。

2010年，叉河中心学校和叉河中学建设标准化教学楼和学生宿舍楼，配置教学实验设备和室外健身器材。同年，全镇中小学教师163人，在校学生1752，入学率99%。同年，全镇列入低保对象137户，政府扶持改造民房46间。农村社会养老保险5211人。农村村民参加新型农村合作医疗10472人，参合率92.6%。

五、综治维稳

1991年，持续实行“党政一把手亲自抓、负总责”的工作机制，做好计划生育工作。2002年，建立健全计划生育机构和组织网络，每个村委会配齐计生专干，在全县最早建立中心户长管理责任制。被评为省计划生育先进一类乡镇。2005年落实流动人口计划生育“一盘棋”工作机制，2008—2010年，连续三年被评为县人口计划生育目标管理先进单位。

2006—2008年，协调开展全国第二次农业普查工作，调查统计农业生产、农村水利和农村基础设施建设及劳动力转移等基本信息，为研究制订农村经济发展战略提供科学依据。2008年被评为“全国第二次农业普查先进集体”。其间，参与全省林权制度改革，做好辖区林权登记。2008年，测量规划林地1080块，1802.3公顷，解决矛盾纠纷140起，发证1629块地，发证率99.8%。为实现经济增长、农民增收、生态良好、社会和谐的经济社会效益和全面建设现代林业产权制度奠定了基础。

1991—2010年，治保会、调委会、护村队建立健全形成网络，设立领导接访日制度，及时处理民事纠纷，化解社会矛盾，社会治安综合治理工作稳步提升。2005年，结合村务公开，每个村委会都统一制度上墙，普遍推行村委、政务、财务公开，搞好法律教育，提高公民素质。2010年发生治安事件26起，成功处理26起，成功率100%；受理民间纠纷事件21起，成功调解21起，调解率100%。2006—2008年连续三年被评为昌江县社会治安综合治理工作先进集体。

1991年叉河镇下辖村（居）委会一览表

表1-2-7

村（居）委会名称	下辖自然村	村民小组个数（个）
排岸	水尾、排岸、老羊田	4
叉河社区	叉河	
老宏	老宏、老烈	4
叉河	叉河、范地	2
唐村	唐村	2
老羊地	老羊地	2
坎头	坎头、池头	3

2010 年叉河镇下辖村（居）委会一览表

表 1-2-8

村（居）委会名称	下辖自然村名称	村民小组个数（个）
老羊地	老羊地	2
排岸	老羊田、排岸、水尾	4
老宏	老宏、老烈	4
红阳	坊塘、红薯地、红阳	14
坎头	坎头、池头	3
叉河	叉河、范地	2
唐村	唐村	2
叉河（居）		2

第四节 乌烈镇

一、位置与政区

古时此地有很多大树，树上有许多“乌鸦”在鸣叫，因而得名乌烈村。海南解放后，镇政府驻地于乌烈村故得名。位于北纬 19° 28′ 92"~19° 15′ 29"，东经 108° 49′ 77"~108° 47′ 15" 之间。地处昌江县西北部，东邻十月田镇，西与昌化镇相接，西北与海尾镇毗邻，南临昌化江与东方市三家镇相望，距县城石碌镇 38 千米，距棋子湾旅游区 25 千米。镇境内有省道石昌公路和棋子湾旅游专道，东西横穿而过，离西线高速公路 30 千米。交通便捷，现已成为昌江西北地区较大商品集散地和瓜菜种植基地。

居民为汉族黎族聚居区。1991 年，乌烈镇下辖乌烈、乌东、乌西、峨港、峨东、峨西、峨沟、白石、道隆、长塘、纳凤 11 个管理区和乌烈居委会。1995 年 7 月，撤销管理区设立村委会，原乌烈、乌东、乌西合并为乌烈村委会，原峨港、峨东、峨西合并为峨港村委会。镇下辖乌烈、峨港、峨沟、白石、道隆、长塘、纳凤 7 个村委会。2010 年，全镇辖区总面积 89 平方千米，全镇总人口 30623 人。下辖乌烈、峨港、峨沟、白石、道隆、长塘、纳凤 7 个村委会，有 8 个自然村，其中峨港、峨沟、白石 3 个为黎族村庄，共有 139 个村民小组。其中峨港村总人口 9725 人，是海南最大的黎族村庄。

自然资源丰富，地理环境优越。地处热带北缘，属热带季风气候，日照时间长，气候温和，降水充足。年均日照时数为2000—2600小时，年平均气温为24.1~25.1℃。土地开阔，土质肥沃，大部分属深层红壤土。耕地开发早，农业基础设施完备。1991—2010年，农田整治逐年推进，田洋规划初现成形。至2010年，镇境内已建成乌烈田洋、峨港田洋、道隆田洋、利来田洋、交界田洋、真稻田洋等6大田洋，连片集中，面积达1333.3公顷。素有“昌江粮仓”之称，现为昌江县的农业生产基地大镇。

二、经济建设

1991—1995年，以传统农业为主，主要种植水稻、甘蔗、玉米、花生、番薯等。水稻种植面积和产量占全县二分之一，年均总产量9800吨以上。1996年，为了提升农田利用率，提高水稻产量，大力推广农业先进适用技术，农业产量有了明显提高。同年，全镇水稻总产量9870吨。1998年起，六大农业万亩田洋高产示范区兴建，首期投入120多万元，建设了6条机耕路和两条硬底化渠道，农田基础设施进一步改善。2000年，镇委、镇政府顺应社会经济发展，调整农业产业结构，因地制宜，多举并进，拓展种植业养殖业。在稳定保持粮食产量下，开始推广和引进热带高效农业，香蕉、芒果、哈密瓜、毛豆、辣椒等产业并举。同年，全镇哈密瓜种植14.3公顷、毛豆220公顷和反季节瓜果菜120.7公顷。2003年，全镇种植香蕉140公顷、名优水果26.7公顷、冬季瓜菜7333.3公顷。同年，全镇粮食产量达19047吨。2005年，镇政府在白石村推广白石黑米种植项目获得成功，产品包装外销倍受青睐。2008年，镇党委、政府扶持和引领农民开展集约化和产业化生产，农业专业合作社开始呈现。之后，农业种植专业合作社和养殖专业户不断趋向规模产业化发展。2009年，全镇共有专业养殖场9个，养殖大户252户。2010年，全镇共有种植专业、养殖专业、农产品加工等农业专业合作社16家，其中注册资金100万元以上的专业合作社有5家。农林畜牧业各项经济稳步有升。2010年，水稻种植面积2500公顷，产量14318吨；薯类种植面积297.2公顷，产量1421吨；瓜菜种植面积1848公顷，产量29391吨；香蕉种植面积594.1公顷，产量3439吨；种植菠萝蜜、杨桃、龙眼、黄皮、石榴、莲雾、芒果等经济果树979公顷，年产水果4652吨；猪年末存栏量16232头，羊年末存栏量4608只，家禽99086只。全镇农业总产值3912万元，农村人均收入2786元。

随着农村经济发展，镇区商业贸易不断发展壮大。2010年，镇区有农贸易市场2个，年成交额1252.8万元。瓜果菜批发市场2个，商店、小商铺、餐饮店等100多家。年末社会商品零售总额194.4万元。此外，运输业收入768万元，餐饮业收入289万元，服务业收入287万元，外出务工收入996万元，建筑收入20万。镇区已成为昌江西部地区的重要商品集散地。

三、社会事业

1991—1992年，全镇11所中小学校教室陈旧，设备不全。1993年，全镇中小学学校仅有乌烈中学设有图书室。1994年，镇委、镇政府落实“两基发展目标”，实施“科教兴镇”战略，增加基础教育投入，校园环境有所改观。同年，乌烈中学获全省中小学校容校貌评比三等奖。1998年后，全镇教育投入逐年增加，1998—2008年，十年间完成全镇7所小学和乌烈中学、峨港中学2所中学两层到三层教学楼房化改造，教学设施明显提升。九年义务教育阶段适龄少年儿童入学率、毕业率均达100%，省级教育“普九”达标。2010年，全镇教育事业步入新发展。全年投入资金2334.94万元，分别兴建乌烈中学示范性学校2栋高标准教学楼和1栋学生宿舍楼，添置了各种实验设备和室外健身器材；改善7所小学校园环境。截至2010年，全镇中小学共有图书阅览室11间，其中小学9间，初中2间。共有图书72292册，光盘2050个，其中小学共有图书28274册，生均15.3册。初中适龄人口入学率99.7%，九年义务教育覆盖率达100%。

医疗卫生事业稳步发展，农村卫生条件大有改善。1991—1995年全镇农村医疗设施依然薄弱，仅有1家镇卫生院和7家个体诊所。2000年农村文明生态村建设后，农村开始改水改侧，农村卫生条件发生改变。2006年，全面实行农村合作医疗制度，农村医疗有保障。2008年，镇卫生院1栋1000平方米的综合门诊大楼建成使用，新购置12万元全自动血液分析仪及一批医疗设备。群众看病就医难状况得到缓解。2010年，全镇有村镇卫生医疗机构8个，其中镇级1家、村级7个，个体卫生室16家。农村卫生厕所普及率98.6%，新型农村合作医疗参合率93.65%。

农村养老问题基本得到解决。2010年全镇16~59周岁参保人数7492人，参保率达89.95%。人口与计划生育工作稳定发展，2006年上半年，全省计划生育现场会在乌烈镇召开，各市县计生部门组队前来参观学习。民政救助、社会敬养得到落实。同年8月，镇政府投资35万元，在乌烈村东南办起该镇第一所敬老院，占地1.2公顷，建筑面积271平方米。2010年，全镇农村最低生活保障户312户875人，“五保”供养户106人。

四、新农村建设

20世纪90年代，农村文明生态建设，大力发展农村交通，推进村村通工程。1996年，全镇7个村道整治植树绿化。2000年，镇政府号召，美化村庄植树造林，部分有条件村庄，庭前屋后村中巷道进行植树绿化。2001年在创建农村文明建设过程中，对峨港、道隆、白石、峨沟等村道进行中心路和环村路水泥硬化。2001—2002年，全镇共投资300万元，修建村道18千米。农村饮水工程同步推进，2003年，乌烈、长塘、纳凤等一批饮水工程竣工投入使用。2006年，全镇7个村委的8个自然村文明生态村创建完成。农村起居条件发生明显改变，2010年，全镇农村楼房化率达40%。农民生活水平大幅度提高，农民人均纯收入3016元。

1995年，镇文化站投入3万元，添加音响1套、影视机3部。1997—1998年投入102.46万元，建设7个村文化室。2002年后，村文化室正常开展系列活动，丰富农村文化生活。2008年实施农村广播电视村村通工程，2010年，有线电视入户率60%，广播覆盖率100%。

2010年，全镇乡村绿树成荫，农村居住环境极大改善。多名乌烈镇村民致富领头人筹集善款，从2004年起为纳凤村5户贫困家庭子女上学，每人每个学期资助1000元。2010年集资35万元，为乌烈村修建一条宽5.5米，长800米的水泥村道。

五、综治维稳

1991年后，全面落实社会治安综合治理责任制，违法案件率逐年减少。2000—2010年，10年间发案25宗，比前10年的76宗减少51宗。

2010年乌烈镇下辖村（居）委会一览表

表1-2-9

村（居）委会名称	下辖自然村名称	村民小组个数（个）
乌烈	乌烈	67
峨港	峨港	46
道隆	道隆	14
长塘	长塘	4
纳凤	纳凤老村、纳凤新村	4
白石	白石	4
峨沟	峨沟	4

第五节 昌化镇

一、位置与政区

因镇政府驻地于昌化港，故而得名。位于北纬19° 15′ 14"~19° 2′ 25"，东经

108° 40′ 6"~108° 46′ 15" 之间。地处昌江县西南部，昌化江入海口的北岸。东与乌烈镇相接，南隔昌化江与东方市相望，北与海尾镇相邻，西南、西北濒临北部湾。境内有陆路水路，石昌公路贯穿全境，昌化为石昌线终点，距环岛西线高速公路 50 千米，交通便利。镇政府驻地昌化居委会，距县城石碌 58 千米。

1991 年，昌化镇下辖昌农、咸田 2 个管理区和昌化、昌田 2 个居委会。1995 年 7 月，撤销管理区设立村委会，镇下辖昌农、咸田 2 个村委会和昌化、昌田 2 个居委会。2002 年 7 月，乡镇行政区划调整撤并，原昌城乡并入昌化镇，镇政府驻昌化港。2010 年，全镇下辖昌化、昌田 2 个居委会和昌农、咸田、昌城、杨柳、新城、浪炳、旧县、大风、光田、耐村、黄姜、先田 12 个村委会。有 23 个自然村，107 个村民小组。全镇总面积 125.78 平方千米，总人口 30864 人，其中，男性 15787 人，女性 15077 人，总户数 8097 户。

镇境为滨海沙地平原地带，地势东高西低，东北为昌化大岭，向西、南倾斜至沿江沿海。属典型的热带季风气候区，年平均气温 25℃，全年无冬，光照充足，年平均降水量为 900~1200 毫米，蒸发量大，系县域内较干旱地区。但沿昌化江地带，地下水资源丰富。镇境内有先南水库、靛村坝、光田水陂等 3 宗蓄水工程，可灌溉面积 200 公顷。

全镇土壤大部分属滨海沙土类型，质地沙性，土层深厚，白色土体，有机质含量低。全镇有耕地 1672.6 公顷，水田 292.7 公顷，旱田 327.6 公顷，坡地 1052.4 公顷；另有林地 4460 公顷，其中海防林 1066.7 公顷，森林覆盖率 48%。镇域海岸线长 14.216 千米，可开发利用的浅海、滩涂面积 300 公顷；可开发利用的淡水面积 398.2 公顷。海洋资源丰富，主要鱼类有马鲛、石斑、海鳗、红鱼、带鱼、青鳞鱼等，昌化渔场是华南四大渔场之一，海洋捕捞业和海水养殖业较发达。镇境内矿产资源以石灰石、大理石、花岗岩、铅锌矿为主。境内旅游资源丰富，有棋子湾、昌化大岭自然景观，昌城、新城人文景观及名胜古迹。

二、经济建设

海洋渔业和种植业并重是昌化镇农村经济的一大特色。1991 年后，农村经济结构逐年调整转变，加快实施科技兴农名牌战略。2005 年，随着全县大力调整农业产业结构，结合区域实际，充分利用资源优势，加快推进农业产业结构优化。种植业方面，在保有传统水稻、花生和甘蔗的基础上，大力发展热带高效农业，推广无公害瓜果菜基地种植，引导农民实现“三个转变”，即生产规模形式从小而全向区域化、产业化、规模化、效益化转变；经营方式从传统耕作方式向依靠科技、依靠新品种转变；思想观念从过去依赖政府、依赖帮助和等待观望向依靠自己、面向市场转变。2010 年，建有“万亩无公害瓜菜”基地 1 个。主要农产品有芒果、香蕉、西瓜、辣椒、西红柿、圣女果等。渔业方面，加大对渔业投入，引导渔民改造渔网渔具，造大船，闯深海作业，提高渔业生产效益，发展海洋捕捞业和海水养殖业。1991年，全镇有机动渔船82艘，2010年，增加到186艘，增长2倍，总动力达到1159千瓦，海洋捕捞量达6.67万吨。海水养殖量1.5万吨，渔业产值为1.176亿元。林业是昌化镇又一大特色产业，20世纪90年代后，沿海防护林建设从未间断。2002—2005年，造林力度加大，截至2005年，全镇造林面积2000公顷，林业收入1865.5万元。镇农林渔业齐发展，2010年全镇国内生产总值24430万元，农村居民人均纯收入3306元，比2005年增长9.2%。

三、新农村建设

1991年，昌化镇乡村道路薄弱，不少村庄仅以小土路便道相通。1995年后，乡村道路建设略所改观。1999年，农村文明生态村建设开始试点。2000年贯彻实施农村道路"村村通"工程，2001年昌化居委会被列为全县第一批文明生态村建设6个示范点之一。同年，筹集资金60万元，首次硬化昌化镇区海丰、昌平、富民、警民4条巷道共长4.2千米。同年，开通通往网箱养殖场的3.8千米水泥硬化路和通往棋子湾的4.5千米柏油路。

2003年，伴随农村文明生态村建设全面落实实施，乡村公路交通建设明显改变。同年，昌化居委会被评为省级文明生态村。2003—2007年，共投入资金265万元，兴建桥梁1座，修建连村路2条长18.5千米，修建环村路10条长8.2千米，硬化入村道1条长500米，硬化中心街及村中街（巷）9条长5.4千米。街道美化亮化1000米，植树3058棵。与此同时，昌化港口第一期输港工程和咸田便民码头相继建成。2008年，县文明办投入资金80多万元，支持咸田村文明生态村建设，修建环村路1条，小巷4条。2009年，全镇14个村（居）委会生态文明村建设规划的编制工作基本完成。2008—2009年，两年间，硬化美化昌田社区、昌化社区街道共11条，总长1860米。兴建昌城村环村路、杨柳环村路和浪炳环村路3条，总长6580米。另完成浪炳村中心大道及一横、二横路长共3.9千米的硬化建设。镇区街道改造工程同期完成，改造彩砖道路1650平方米，安装太阳能路灯16盏，亮化率达100%。

2010年，投入资金380万元。用以硬化先田村委会先锋、先东、先中、先西4个自然村道路长3.1千米，昌化至昌城乡村公路长1.8千米，石昌公路至大风糖厂路段800米，大风车站至大风渡口1千米，耐村、黄姜、靛村、旧县、浪炳、新城等6个村庄的通畅工程建设共20千米。此外，投入资金300多万元。新建改造大风、耐村、黄姜、昌田等8个行政村文化楼，总面积2210平方米。全镇12个行政村基层设施建设进一步提高，农村精神文明建设明显改观。同年，昌城村主街道改造工程全面完工，并安装太阳能路灯20盏。农家书屋、文体活动中心也建成投入使用。

四、社会事业

1991年起，昌化镇逐年加强校舍建设。针对辖区内学校校舍危房多、教室少又简陋等实际，多方筹集资金，有计划分步骤，逐步扩建修缮各个学校教学楼，改善办学条件。1991—2002年，共投入资金200多万元，扩建昌化中心小学、昌城中学教学楼，修建大风、先田、耐村等14个村的教学楼。2003年，乡镇合并后，普及九年义务教育深入落实，教育优先发展战略地位得到提升。2003—2007年，在县级财政帮助下，投资35万元，翻新旧县村教学楼260平方米；投入1.23万元，加强先田小学生态文明学校建设；投资50万元，用于对昌化中学教学楼的建设，新建课室668平方米；投资8万元，用于改造教师住房160平方米。全镇19所中小学校危房改造基本完成。2010年，有小学11所，在校学生1447人，专任教师136人，小学适龄儿童入学率100%；初中3所，初中在校学生301人，专任教师57人；初中适龄人口入学率96%，小升初升学率、九年义务教育覆盖率均达100%。镇村文化建设大步提高。2010年，有文化站、广播站各一个，村级文化活动中心14处，各类文化专业户12户，图书室18间。有县级文物保护单位6处。

1992年，全镇农村三级医疗预防保健网初建形成，共设有14点。1996年，儿童计划免疫“四苗”（卡介苗、脊髓灰质炎疫苗、百日破三联疫苗、麻疹疫苗）接种率达85%。1998年，农村初级卫生保健工作达到省级标准。2004—2005年，利用中央国债资金和县级专项资金改造昌化镇中心卫生院大楼及购进一批先进医疗设备，如X光机、心电图机等。期间，县政府投资兴建40平方米的大风门诊室，配备B超机1台、化验仪器1台、产房观察桌1张等医疗设备。全镇医疗设施明显提高。

2006年，全县新型农村合作医疗制度实施后，农村合作医疗经办机构和定点医疗机构相继建立，配备完善。2007年，全镇有行政村（居）委卫生室14家，实现村村有卫生室，小病不出村的医疗救治工作。随新农村建设，农村卫生安全饮水质量有了保障。2003—2007年，共投资近200万元，先后修建昌化、杨柳、新城、小寨自来水工程和浪炳饮水站及旧县、昌城、先南饮水井工程。全镇农村卫生饮水难问题得到有效解决。

2010年，全镇有各级卫生医疗机构15个，门诊部（所）20个，共有床位50张。专业卫生人员29名，其中执业医师3人，执业助理医师5人，注册护士8人。2010年，全镇参加新型农村合作医疗24003人，农民参合率为93.2%；参加新农保10909人，参保率为91%。

1991—1995年，计划生育工作效率低。1996年，全县计划生育工作被省委、省政府“黄牌警告”。1997年4月，确立计划生育目标管理责任制，计生工作走上制度化。同年，全镇人口出生率11.4‰。1998年，落实镇、村两级计生专干工作，共配齐村级计生专员

14个，达到村村有计生专员。镇级计生工作，配备专用吉普车1部和摩托车1辆。1999年，全镇实施计划生育信息化建设，从大中专毕业生竞岗计生电脑管理员，同年，配备电脑管理员1名，电脑1部，并开始全镇育龄妇女信息录入工作，至此，计划生育服务进入网络化和规范化管理。2001年8月，昌化居委会被定为全县计生中心户试点单位之一，试行计划生育村级自治，效果明显。2002年，与全县一同进入全省计生工作先进行列。2007年，全镇人口自然增长率13.09‰，计划生育工作由2003年达标乡镇跨入一类乡镇。2008—2009年，加强计生队伍建设和基层组织工作，建立健全计划生育机构和组织网络，做好育龄妇女普查工作，强化思想宣传教育，提高人民群众计划生育理念。2010年，全镇人口出生率19.60‰，人口出生性别比116.6，人口自然增长率15.1‰。

五、综治维稳

1991年，落实“谁主管谁负责”的社会治安综合管理责任制，镇、村二级相继成立保安队、治保会、调解会等农村治安管理机构。全镇共有保安队1个、治保会调解会14个。1993年，实施社会治安综合治理“一票否决制”，农村社会治安工作得于加强，全镇农村治安趋向稳定。1994年，镇政府及昌化居委会、昌城村委会被县委评为全县社会治安综合治理先进集体。1995—1997年，在“严打”行动中，镇、村二级治安组织配合县治安工作组，清查各类犯罪活动，维护一方平安。1998年，全县开展创建“安全文明小区（村）”活动，全镇14个村（居）会参与，并响应县委创建“无毒县”的号召，协调配合清查禁毒工作。1999年7月，县综治委组织公安、检察、司法等部门，对昌城、大风、耐村涉毒违法犯罪进行整治，清除贩毒团伙1个，共同维护社会治安稳定。2000年，在加大打击力度的同时，加强法律宣传，推行普法教育。同年，法律进村宣传15场次，受教育率达86%。2002年，贯彻“打防结合、预防为主、标本兼治、重在治本”的社会治安综合治理方针，从严落实《社会治安综合治理责任书》，组织镇、村综治委，开展矛盾纠纷排查调处工作，严厉打击违法犯罪活动。同年，全镇违法犯罪案件率得到有效控制。

2003年起，全镇社会治安综合治理工作始终把保护人民的利益和维护社会的安定作为根本任务，坚持“打防结合”的原则，采取教育和打击相结合的办法，全面执行社会治安综合治理各项措施，切实担负起保一方平安的责任，并以对人民高度负责的态度，加强普法教育。截至2007年，5年间，共投入经费12.5万元，印发禁毒手册和各类资料8500份，张贴宣传单2.4万张，法治宣传教育进村入户。其间，还结合全县创建“无毒县”工作，组织各村委会创建无毒镇工作，开展“1+1”跟踪帮教活动，执行目标到村，责任到人管理机制，全镇禁毒工作取得新的突破，2005年、2006年、2007年，连续3

年没有新增吸毒人员，2006年和2007年被评为全县社会治安综合治理先进单位。

六、农村基层组织建设

1991年，在开展农村社会主义思想教育过程中，农村基层组织建设得于加强。基层党组织建设，不断吸收先进知识青年加入党组织队伍，1991—1993年，全镇发展新党员18名。1994年，实施县、乡（镇）两级党员电化教育网络，昌化、昌城设有电教室2间，年内举办党员教育学习培训4期，112人次。1995年，撤销管理区，设立村民委员会和居民委员会，全镇（包括昌城乡）共设有居委会2个、村委会12个。

1996年，落实中共中央《关于加强农村基层组织建设的通知》和省委《关于加强农村基层组织建设的意见》，加大农村干部队伍建设，整顿后进党支部。历时3年，全镇农村基层组织建设显著提升，相继建立村级集体经济实体13个，整顿后进支部4个。1999年，实行村务公开和民主管理制度，14个村（居）委会建立村务公开栏和各项民主管理制度，村务民主监督和管理初见显现。2000—2001年，“三讲”“三个代表”教育活动深入农村，全镇农村基层组织建设得到进一步完善。2003年，基层党建推行“三级联创”活动，旧县村被定为全县3个后进党支部整建示范点之一。经抓示范促推广，农村基层组织建设出成效。至2005年，全镇14个村（社区）党支部，一类支部有5个，二类支部有6个，三类支部有3个。昌化社区党支部、杨柳村党支部被省委分别评为先进基层党建单位、先进基层党组织；浪炳党支部、昌化社区党支部、昌城中学党支部、昌化学区党支部、杨柳村党支部等被县委评为先进基层党组织。全镇有48名党员被县委评为优秀共产党员和优秀党务工作者。2006年，保持共产党员先进性教育活动在基层农村深入开展，全镇农村基层党组织参与，98%的党员受教育。2008年，县委推行农村“两委”干部坐班制在镇辖14个村委会开始实施。2008年，镇党委被省委评为全省先进基层党委。

2009年，全县农村文明生态村全面推进，农村基层组织基础设施建设步伐加快。同年年底，全镇14个村（居）委会行政大楼实现楼房化，总建筑面积2510平方米，集办公、文化、会议为一体的综合性大楼。

2010年，镇委把民主政治建设与党建工作同步实施，推行政务公开，建立健全村民代表制度，推行村财镇管，严查公款吃喝、财务混乱、违法施政等问题，深化各项基层组织建设，做到了群众满意。

七、旅游开发

棋子湾位于昌化镇政府以北3千米处，东倚昌化岭，西连大海，东西长约20千米，呈“S”状，弯如新月。棋子湾独有特点是石多沙白浪静，海岸奇峰林立，怪石嶙峋多姿，色彩各异。如祭海石、观鱼石、怪石群、仙娘洞、火焰石等。水清见底，沙细质软，洁白如银。周边林木苍翠，山花烂漫，绿草如茵，银色的沙滩与湛蓝的大海连成一片。

2006年6月，在第三届“泛珠三角区域经贸合作洽谈会”海南昌江专场推介会上，首次推出棋子湾休闲旅游区开发项目。下年，完成棋子湾旅游度假区总体规划，规划面积18.4平方千米。

2008年10月，成立昌江县棋子湾旅游区开发建设管理委员会，推进棋子湾旅游区项目建设。同年，招商引资，雨润集团——海南雨润地华旅游发展有限公司进驻棋子湾旅游开发区，成为第一家进驻棋子湾开发旅游项目的大型企业。之后，浙江恒盛元集团、海南盛木置业、海南省旅游投资集团控股有限公司等大企业随之而至。2010年12月，雨润·棋子湾旅游度假项目一期工程已完成高尔夫球场A球场球道及铺种草皮，酒店、会所等项目也已开工建设。恒盛元棋子湾滨海度假区和天元高尔夫度假区选址完成，进入地块走界打桩、用地建设规划阶段。同年，县政府配套设施建设加快。境区内，长2.9千米，宽20米的旅游专线通道征地完成，两条分别长700米宽8米、长900米宽6米的项目建设交通便道建成，昌城110千伏变电站工程落成投入使用，供水工程开工建设，“三通一平”工作基本完成。全程29.84千米的棋子湾旅游专用公路项目前征地拆迁工作已完成，正步入工程施工阶段。

1991年昌化镇下辖村（居）委会一览表

表1-2-10

村（居）委会名称	下辖自然村名称	村民小组个数（个）
昌化	昌化	4
昌田	昌田	4
昌农	昌农	4
咸田	咸田	4

2010年昌化镇下辖村（居）委会一览表

表1-2-11

村（居）委会名称	下辖自然村名称	村民小组个数（个）
昌化	昌化	4
昌田	昌田	4
昌农	昌农	4

表 1-2-11 续 1

村（居）委会名称	下辖自然村名称	村民小组个数（个）
昌城	昌城	11
咸田	咸田	4
先田	小寨上、小寨下、江门坑、先锋、先东、先中、先西、先南、畜牧场	14
光田	光田、靛村	6
杨柳	杨柳	4
新城	新城	5
旧县	旧县	12
大风	大风	12
耐村	耐村	16
黄姜	黄姜	3
浪炳	浪炳	8

附：原昌城乡

昌城，古称昌化城，又称大河村，因明正统十年(1445 年)以其地置县治，筑城池，故称昌化城。中华人民共和国成立后，因乡人民政府驻地昌城村，故称昌城乡。

昌城乡，位于昌江县西部，西邻昌化镇，东连乌烈镇，南起昌化江，北至昌化大岭。置昌化江入海口，依江傍海。乡境内有省道石昌公路穿过，有临江航运，交通便利。距县城石碌 54 千米。

1991 年，全乡下辖昌城、杨柳、新城、浪炳、光田、旧县、黄姜、耐村、大风、先田 10 个管理区，9 个村民小组。1995 年 7 月，撤销管理区设立村委会，辖 10 个行政村，18 个自然村。2001 年，全乡总面积 98 平方千米，耕地面积 3449.7 公顷；总人口 20684 人，总户数 3921 户，其中农业人口 19348 人、非农业人口 1336 人。2002 年 7 月，乡镇行政区划调整撤并，原昌城乡政区并入昌化镇。

乡境处于昌化江沿岸下游，地势平坦，沙质深厚，水源丰富。是昌江县主要粮食、花生、甘蔗和瓜菜生产基地。1991 年，乡政府鼓励农民发展生产，增创增收。水稻种植面积 1304.7 公顷，番薯种植面积 1246 公顷，花生种植面积 278 公顷，甘蔗种植面积 688.3 公顷。全乡农村经济总收入 1820.2 万元，农村人均收入 575 元。1995 年，乡政府大力推进农业结构调整，发挥地方资源优势，引进瓜菜、玉米等高效农业产业种植，发展基地化生产，农村经济大步提升。1996年，全乡农村经济总收入3950万元，农村人均收入1021元。2000年，乡政府全面推进农业产业化结构调整，采取“公司+农户”“带头人帮农户”的生产模式，发展特色农业产业，促进农民增收。2001年，全乡农村经济总收入达9507.75万元，农村人均收入为1277.5元。

农村精神文明建设不断提高。1998年，浪炳村农村精神文明村建设后，逐步在全乡推广。群众文化活动丰富多彩，“哥隆话”情歌对唱、昌城荡秋千等活动时常举办。2001年，全乡修建农村村道公路10条，村内小巷12条。建成村级文化广场2处。农村改水改厕稳步推进，农村居住环境明显改观。境内有“洞天仙境”“峻灵王”“治平寺碑”“赵鼎衣冠墓”“南园墓群”“神山庙”“古昌城遗址”“新城旧址”等旅游资源。

2001年，乡区有简易农贸市场1处，集市贸易较为繁荣，节假日大集，日赶集人达600~1000人次，农贸产品有肉、鱼、大米、瓜菜、蛋等。主街道两旁建有供销社、食店、邮电所、粮店、个体商店等，建筑多为砖瓦钢筋水泥结构楼房。乡境内有大风糖厂、昌化铅锌矿两家国有企业。土特产有西瓜、甘蔗等，昌城“猪肚粉”为海南岛西部著名小吃。

1991年昌城乡下辖村（居）委会一览表

表1–2–12

村（居）委会名称	下辖自然村名称	村民小组个数（个）
昌城	昌城	11
大风	大风	12
耐村	耐村	16
黄姜	黄姜	3
光田	光田、靛村	6
旧县	旧县	12
浪炳	浪炳	8
新城	新城	5
杨柳	杨柳	4
先田	小寨上、小寨下、江门坑、先锋、先东、先中、先西、先南、畜牧场	14

第六节 海尾镇

一、位置与政区

因地处古州府南下海滨之尾端，并与儋州市海头镇南北呼应，故名海尾。因镇政府驻海尾村称海尾镇。

位于北纬19° 50′ 21"~19° 34′ 67"，东经108° 73′ 81"~108° 99′ 10"之间。地处昌江县西北部，东与十月田镇相接，南与乌烈镇、昌化镇相连，西濒临北部湾，北依珠碧江与儋州市海头镇隔江相望。镇境内有省道乌新线和县道十南线贯通，总长49千米。另有海尾、新港港口2个，水路可通往省内海口、广东湛江、广州、广西北海等沿海港口，陆路和水路交通便利。镇区距县城石碌50千米，海尾渔港是国家一级渔港和北部湾中心港口。境内有海南昌江核电站以及昌化林场、海南西海岸海尾湿地公园等自然生态景区。

1991年，海尾镇下辖海农、五大、打显、白沙、进董、沙地6个管理区和海尾、沙渔塘2个居委会。1995年7月，撤销管理区设立村委会，海尾镇下辖海农、五大、打显、白沙、进董、沙地6个村委会。2002年7月，乡镇行政区划调整撤并，原南罗镇并入海尾镇，镇政府驻地海尾村。下辖海农、五大、打显、进董、沙地、白沙、大安、南罗、长山、五联、三联11个村委会和海渔、沙渔塘、新港3个居委会。2005年5月，原南罗农场改制为高石塘村委会。2010年，全镇下辖海农、五大、打显、进董、沙地、白沙、大安、南罗、长山、五联、三联、高石塘12个村委会和海渔、沙渔塘、新港3个居委会，有42个自然村，114个村民小组。全镇总面积196.7平方千米。总人口32400人，总户数6567户。

海尾镇西临北部湾，处热带北缘，属亚热带气候。年平均气温24℃，最高气温达32℃，最低气温10℃，正常年降雨量为900毫米。地势由滨海沙滩逐渐向平原台地递增，为半山区平原地貌。土壤由滨海平原及沙滩地带向燥红土地带过度。地势平坦，土壤肥沃，农业生产条件优越。海岸线长38.6千米，具有丰富的海洋资源及淡水养殖资源，海洋捕捞业发达。现有渔船486艘，主要捕鱼种类有马鲛、红鱼、石斑鱼、螃蟹、虾等优质海产品。浅海养殖江漓菜、麒麟菜、海菜等。全镇陆地耕地总面积3697公顷，其中水旱田面积1375公顷，坡地面积2322公顷。镇域海防林面积2233公顷。

二、经济建设

以农业为主，渔业为辅，农业和渔业并举的镇。1991—1996年，农业主要以水稻、甘蔗、西瓜、番薯等传统作物为主。1998 年，引种香蕉、芒果和辣椒等。2000 年，镇政府推进农业产业结构调整，因地制宜大力发展热带高效农业。2007—2010 年，先后引进昌江永兴、昌盛、佳富、昌缘等 12 家农业龙头企业，采取政府扶持，“公司 + 农户”入股的经营方式，在五大、白沙、五联等村发展哈密瓜大棚种植 35.3 公顷和优质香瓜 8 公顷。其间，在海南昌江核电项目移民搬迁之机，成立橡胶、西瓜等经济专业合作社 5 家。2003 年，全镇总产值 8860 万元，比上年增长 8.6%，粮食总产量 6100 吨，农民人均纯收入 1800 元。

至 2010 年，全镇建起大安村甘蔗套种玉米技术示范基地和无公害青枣种植基地、长山村超级水稻示范基地、南罗村无公害瓜菜示范基地、五大红地岭香水菠萝种植基地、石港塘万亩西瓜种植基地等，设施农业达 1266.7 公顷。

渔业以海洋捕捞为重。主要捕捞种类有马鲛、红三、鲤鱼、红鱼、海鳗、石斑鱼、螃蟹、虾等优质海产品。海水养殖为螃蟹、虾、江漓菜、麒麟菜、海菜等。海水养殖始于 1990 年。1991 年，首次招商引资在南罗开办养虾场 33.3 公顷。1995 年，新增海水养虾场 33.3 公顷。1998 年，开发建设牧草基地 666.7 公顷。2000 年起，利用滩涂海域资源发展海水养殖，同年创办新港高位池养殖基地 20 公顷，至此海水养殖业起步。2003—2007 年，招商引资，发展高位池养虾基地 8 家，深海网箱养鱼 3 万千克。2008 年，政府补贴 520 万元扶持“造大船、闯深海”项目，共建造百吨位大渔船 24 艘、钢板船 2 艘。2009 年，海尾港万亩麒麟菜养殖基地、新港海虾养殖基地相继建成，养殖规模达 333.3 公顷。2010 年，深海捕捞年纯收入 8800 万元。浅海养殖创收 4000 多万元。

三、新农村建设

1991—1995 年，拓宽海尾桥至镇政府公路长 380 米。1996 年，硬化海农文明大道 480 米。1997 年，硬化海尾中心道路长 430 米，拓宽、硬化新港村主街大道长 700 米。1998 年，夯实白沙至沙渔塘村路长 4 千米。1999 年，硬化南罗村中心大道 300 米。2000 年，拓宽进董村至白沙车站公路长 2 千米，拓宽、修通五联至三联道路长 2 千米，拓宽、维修南罗至大安公路长 5 千米。2003 年，镇委、镇政府投入资金 50 万元，硬化镇卫生院至海尾桥的路段，长 380 米，宽 8 米。2004 年，建成红地岭水库渠道长 5 千米，投入 20 万元建设干部职工宿舍楼，解决干部职工居住难的问题。投入 17 万元支持海农村委会建设办公室文化楼。2005 年，投入 34 万元支持五大村委会和沙地村委会建设办公室文化楼，投入 20 万元支持海尾村硬化海楼街道长 300 米。2006 年，硬化修复沙地深滩渠道长 3.2 千米，整治利来田洋 200 公顷，改善农田水利基础设施建设。投入 80 万元支持进董、打显、高石塘、海尾社区、五联建设村委会办公楼，不断改善村干部办公条件。

2007 年，建成南罗至大安长 4.2 千米的硬化公路。投入资金 35 万元，用于水库加固，水利渠道硬化和维修。2009 年，新修通村公路 15 千米，率先实现了公路通村到组目标；完成 15 个村（居）委会 34 个自然村的文明生态村连片创建任务和农村饮水安全目标。新建沼气池 320 个。投入 90 多万元，建筑面积 700 多平方米的集食堂和干部职工宿舍为一体的干部职工楼，投资 19 多万元建成的塑胶篮球场竣工投入使用。多方筹措资金 1380 万元，建设国家一级渔港——海尾港。

随着社会主义新农村建设覆盖面的扩大和昌江核电项目落成，抢抓机遇，跟进步伐，特别是建设塘兴新村以及周围村落，全力打造生态建筑景观和新农村示范点。2004 年，投入 42 万元支持沙渔塘社区建设文明生态村。2005 年，投入 58 万元支持五联新村建设文明生态村，投入 20 万元支持海尾村硬化海楼街道 300 米长，2006 年投入 43 万元支持五大梧高村建设文明生态村，2007 年投入 688 万元，支持大安、五联、打显、白沙等村委会建设文明生态村，生态环境不断改善。2004—2007 年，投入资金在五大、梧高、大安、海尾兴建 4 座自来水厂，解决部分村庄 17060 人饮水问题。2009 年新建 3 个村的农家书屋，新建 1 栋老年人公寓和 3 个大戏台。白沙村委会、海渔居委会、五大村委会等全面完成连片村庄整治、绿化村级主干道等，成了全县新农村建设的示范村庄。2010 年全镇 15 个村（居）委会文明生态村建设全覆盖。

1991 年至 2002 年 6 月，海尾、南罗 2 个镇合并前农村基层组织未变。2002 年 7 月，海尾、南罗 2 个镇机构撤并成立海尾镇。2005 年原南罗农场经县政府批准，改制为高石塘村委会。2006 年海尾热作场改由海农村委会管辖，作为一个经济合作社管理。2007 年积极发展基层党组织的战斗堡垒作用，切实加强和改善党对“三农”工作的领导，团结和带领党员干部群众谋发展、奔小康。2009 年全面实行“两委”干部坐班制，让群众“找得着人、说得上话、办得成事”，方便群众，增进干群关系。建立农村党员干部现代远程教育终端站点 11 个，累计培训党员干部 9379 人次。组织党员干部观看杨善洲同志事迹电教片 11 场 729 人次。创新在海渔社区建立了海上流动党支部。

四、社会事业

20 世纪 90 年代，全镇科教文卫社会事业相对落后，学校教学设施陈旧，镇卫生院相对简陋。2000 年后，全县农村文明生态村建设推广和科教兴镇战略实施，科教文卫社会事业发生变化。2003 年全镇共建 8 栋教学楼，不断地改善办学条件。2003 年把“防非典”工作提到重要议事日程，作为全镇一项首要工作任务来抓。做到全镇干部群众真正地认识到预防“非典”工作的重要性和紧迫感，自觉地投入到防“非典”工作中来。2004 年投入 30 万元修建镇卫生院内诊楼，解决“看病难”问题。2007 年进一步落实义务教育“两免一补”（免杂费、免书本费，补助寄宿生生活费）政策，适龄儿童入学率达100%。新型农村合作医疗参合农民达3.1万人，参合率100%，累计2682人次获得补偿，补偿费用达137万元。全镇人口出生调查统计率达98%，人口自然增长率5.96‰。2010年，有幼儿园4所，有小学8所，中学2所，在校生1809人，九年义务教育普及率达100%。有各级医疗机构13个，其中镇级1个，村级12个。另有个体诊所10个。有文化站、广播站各1个，村级文化活动中心15处。有县级文物保护单位3处。

五、农业基础设施建设

1992年，硬化白沙分渠渠道长4千米。1996年，硬化白沙滚水坝渠道长3.5千米。1997年，在省农综办和县农综办的支持下，整治长山田洋257.3公顷；硬化高石塘水陂大小分渠长2千米；大安分渠及主渠长1.5千米，修建渡槽4条，长400米。1998年，硬化打显水库渠道长1.5千米，硬化红地岭水库渠道长2.5千米，硬化东水库渠道长3千米。1999年，硬化沙地深滩坝渠道长3.2千米，硬化大安分渠800米。2004年，投入资金支持五大北方村、梧高村建设自来水工程，收益户136户，受益人数760人。2005年，投入资金支持大安上村、中村、下村、大村、新村5个自然村建设自来水工程，受益户396户，受益人2300人。通过世行贷款修建自来水厂工程，同年还投入资金支持打显村建设自来水工程。2007年，海尾自来水厂配套设施建设初步完成，解决了1.4万人的饮水困难和饮水不安全问题。2007—2010年，全面完善农田标准化建设和水利配套设施。除险加固了打显水库、红地岭水库、东边水库、五拱坝水陂等，灌溉设施进一步完善。大广坝（戈枕水库）引水工程完工，全镇农业基础设施大有提升，农业防御自然灾害的能力得到增强。

1991年海尾镇下辖村（居）委会一览表

表1-2-13

村（居）委会名称	下辖自然村名称	村民小组个数（个）
五大	木曲、甘塘、老村、北方、梧高	6
五联	永安、林好、波兰、新村、里仁	5
进董	进董	4
海农	新海、柯来、中间、海尾市、西边、盐丁、上头	11
打显	打显	9
白沙	白沙	4
沙地	沙地	13
海渔社区	海楼、海三保、海底、海井	8
沙渔塘社区	沙渔塘	2

2010年海尾镇下辖村（居）委会一览表

表 1-2-14

村（居）委会名称	下辖自然村名称	村民小组个数（个）
五大	木曲、甘塘、老村、北方、梧高	6
南罗	南罗、双塘	10
五联	永安、林好、波兰、新村、里仁	5
进董	进董	4
海农	新海、柯来、中间、海尾市、西边、盐丁、上头	11
长山	长山、水牛塘、长田	6
三联	唐兴、马地	8
打显	打显	9
沙地	沙地	13
大安	大村、中村、上村、下村、新兴、流水地、三加	19
海渔	海楼、海三保、海底、海井	8
沙渔塘	沙渔塘	2
新港	新港	6
白沙	白沙	4
高石塘	高石塘	3

附一：原南罗镇

明嘉靖年间（1522—1566年）有儋州、临高等地居民徙迁定居而成南罗墟。后置南罗都。清时建有南昌街1条，从事手工作坊，日杂摊铺，甚为兴盛。中华人民共和国成立后，设立人民公社（后为镇政府）驻地南罗村故而称南罗镇。

南罗镇，汉族聚居。位于昌江县西北部，东接十月田镇，西临北部湾，南与海尾镇相连，北隔珠碧江与儋州市海头镇相望。镇境内有省道石（碌）新（港）公路和县道十南公路贯通，水路从新港可通达省内海口、广东湛江、广州，广西等沿海各港口，陆路水路交通便利。距县城石碌73千米，离洋浦港约30千米。

1991年，南罗镇下辖南罗、长山、大安、五联、三联5个管理区和新港居委会。1995年7月，撤销管理区设立村委会，下辖南罗、长山、大安、五联、三联5个村委会和新港居委会，26个自然村，31个村民小组。2001年，全镇总面积77.362平方千米，总耕地面积1139公顷。总户数2016户，总人口10300人，其中农业人口9836人，非农业人口464人。2002年7月，乡镇行政区划调整撤并，原南罗镇行政区并入海尾镇。

镇境地处珠碧江入海口南岸，多为河流冲积平原，土层丰厚，土地肥沃。临海面积广阔，海洋资源丰富，全镇农业农渔业并举。1991 年，全镇农业主要种植水稻、花生、芝麻、甘蔗。渔业以海洋捕捞为主，捕捞各种鱼类产品，名贵水产品有鱼肚、鱼翅等。全镇农村经济总收入 711.6 万元，农村年平均人均收入 602 元。1995 年，镇政府实施农业结构调整，推广发展良种甘蔗种植，发展香蕉、芒果、西瓜等热带高效农业。全镇农村经济总收入 1434 万元，农村年平均人均收入 863 元。1996 年，“96 · 18”台风后，县政府及时扶持新港渔业生产自救，筹集资金、发放贷款，鼓励渔民造大船，发展深海捕捞作业。2000 年，镇政府加快推进农业产业结构调整，发展一批热带高效农业基地和海水养殖基地，种植业及海水养殖业同步发展。甘蔗种植面积 68.9 公顷，瓜菜种植面积 206.5 公顷。海水养殖面积 12.1 公顷。2001 年，南罗镇有机动渔船 80 艘，总吨位 1465 吨，总动力 3884 千瓦。全镇农村经济发展壮大，农村年人均收入大步提高。

农村文明生态村建设明显成效。1996年，南罗镇实施农村文明建设，以新港村委试点。1998 年，农村生态村建设在全镇农村全面铺开。2001 年，建设村道水泥路 5 条，环村路、巷道 13 条，实现“村村通工程”。农村饮水工程、农户户厕改造等取得较大改观。部分农村用上清洁自来水，户厕改造达 50%。社会新风逐步取代旧陋习，捐资助学、互利互助等社会新风尚得于兴起。居民区内街道清洁整齐，绿树成荫。新港村已建设成为时代特色新渔村。

2001 年，镇区设有农贸市场 1 处，逢节假日大集，农贸产品有海鲜、山货、粮油、肉、瓜菜、“三鸟”等，年农贸产品成交额达 150 万元。鱼肚、鱼翅、芝麻等农产品著称岛内外。有国营集体商店、水产收购站、渔具销售店、电器维修处、粮店、个体小商店、小食店等数十家铺店。有中学、小学、卫生院等公共设施及电影院、文化室、歌舞厅等文化娱乐场所。

1991 年南罗镇下辖村（居）委会一览表

表 1–2–15

村（居）委会名称	下辖自然村名称	村民小组个数（个）
五大	木曲、甘塘、老村、北方、梧高	6
南罗	南罗、双塘	10
五联	永安、林好、波兰、新村、里仁	5
长山	长山、水牛塘、长田	6
三联	唐兴、鸡地、马地	8

表 1-2-15 续 1

村（居）委会名称	下辖自然村名称	村民小组个数（个）
大安	大村、中村、新兴、流水地、下村、上村、三加	19
新港社	新港	6

附二：海南昌江核电项目

2009 年，海南一号能源工程——海南昌江核电厂落户海尾镇塘兴村。海尾镇积极有效地开展动员、征地、拆迁、安置和维稳等工作，造就了昌江大项目“依法征地、和谐拆迁、科学安置”模式，推进速度创出同类项目建设中用时最短的先例，被省称之为“海尾速度”。全面完成项目主场区用地 153.3 公顷、安置区用地 33.3 公顷等征迁任务；拆除房屋 300 多间，新建安置房 286 套，安置移民 311 户 1447 人；完成长 17.3 千米、宽 18 米的快速通道征地任务。完成长 8.9 千米的核电专用淡水管道通建任务，化解矛盾纠纷 23 起，租用土地 7.1 公顷，发放租金 40.04 万元。

附三：台风灾后生产自救

1996 年 9 月，“96 · 18”强热带风暴给海尾镇经济和人民财产造成重大损失，新港 45 户房屋被卷入大海，渔船淹没 45 艘。全镇直接经济损失 300 万元。海尾镇党委、政府组织镇干部及村民开展生产自救，灾后重建，渡过难关。海尾居委会自筹资金 550 万元，新造渔船 11 艘，550 吨位 3300 匹马力，维修损坏渔船 30 艘，新造流刺网 10500 张。

2009 年 8 月的强热带风暴“天鹅”灾害中，海尾镇党委坚持以人为本，及时组织广大干部群众开展卓有成效的防风抗灾、灾后重建和生产自救工作。共投入资金 15.8 万元，安全转移群众 5570 人次，抢修公路 16 千米，排除房屋积水 244 处，清洁水井 224 眼，消毒环境 17 处，抢救农作物 800 多公顷，修复受损渔船 75 艘，开沟清渠 16 千米，渠道防渗加固 2 千米，补扩种农作物 891.3 公顷，确保了群众灾后有饭吃、有衣穿、有房子住和病有所医。

第七节　七叉镇

一、位置与政区

因镇政府驻地坐落于七叉盆地，故而得名。位于北纬 18° 53′ 35"~19° 30′ 15"，东经 108° 38′ 56"~109° 17′ 13" 之间。地处昌江县东南部，东临白沙黎族自治县，西濒昌化江，南与王下乡交界，北与石碌镇相邻。处霸王岭腹地，镇政府驻地重合村，距县城石碌23千米。有县道石王线，自北而南横穿，有霸七线与镇政府相连。距离国道海榆西线18千米，离西线高速公路20千米，村际道路交通便捷。

七叉镇为黎族聚居镇。1991年，七叉镇（1991年至2002年6月称七差乡）下辖七差、乙劳、乙在、重合、红峰、大仍、大章、乙洞、尼下9个管理区。1995年7月，撤销管理区设立村委会，村委会个数不变。2002年7月，乡（镇）行政区划调整撤并，原王下乡并入七差乡，改称七叉镇。镇政府驻地重合村。下辖七叉、乙劳、乙在、重合、红峰、大仍、大章、乙洞、尼下、三派、钱铁、大炎、牙迫、洪水14村委会。2006年10月，恢复设立七叉镇和王下乡，所辖的村委会建制恢复乡（镇）行政区划调整撤并前原样。2010年，七叉镇下辖七叉、乙劳、乙在、重合、红峰、大仍、大章、乙洞、尼下9个村委会，有32个自然村，74个村民小组。总面积254平方千米（含霸王岭林地），总户数5104户，总人口20691人，其中黎族总人口18208人，占辖区总人口的87.99%。

七叉镇地处县境东南山区，地形复杂多变，四周高山峻岭环绕，中为盆地，七叉盆地就在其中。辖区平均海拔500~700米。气候温和，水热充足，年平均气温24℃~25℃。土地肥沃，资源充足。境内山岭矿产蕴藏丰富，有铁矿、金矿、石灰石等，其中尼下的石灰岩储藏量大，品位高，是特制级水泥的原料。气候条件和土地环境优越，为该县水稻和热带经济作物的重要基地。盛产水稻、橡胶、芒果和木棉等，是昌江县“芒果之乡”和“木棉之乡”的重要组成部分。燕窝岭是黎族“三月三”的发源地之一。境内旅游景点有雅加瀑布、七叉温泉、母娘洞（也称革命洞）、昌化江畔木棉红观景台、保山和大章木棉观景台及霸王岭国家森林保护区7处。

二、经济建设

1991—1993年，全镇以传统农业为主，主要种植水稻、甘蔗、玉米、番薯、木薯等，仅有少量橡胶、芒果热作种植，经济收入低，年人均327元。1994年，镇政府招商引资，大搞土地综合开发，先后引进恒泰、宝丰、华超、天和、县烟草、红应热作等14家企业及个体，承包土地1333.3公顷，种植芒果和龙眼。带动农户发展热带水果种植产业，2000年，全镇农户芒果种植达1360公顷。2003年，农业产业结构调整，镇政府在稳定粮食生产的基础上，因地制宜，退耕还林，发展热带高效农业。同年，万昌林业公司等承包土地1333.3公顷，种植香蕉、橡胶和经济林。在政府的扶持下热带高效产业兴起，橡胶、香蕉种植逐年增加。2007年，全镇橡胶种植1600公顷，香蕉66.7公顷。橡胶渐成新兴支柱产业。2009年，引进罗牛山3万头生猪养殖项目，带动农户发展生猪养殖业，同年，农户生猪存栏量8122头，为农民增创增收。花梨树种植也成为新兴产业，种植面积达 155.9 公顷。2010 年，甘蔗产量 26153 吨，橡胶产量 164 吨，芒果产量 1612 吨，香蕉产量 10105 吨，生猪存栏量 12935 头，家禽年饲养量 41500 羽。农村经济收入 3685.5 万元，人均收入 1670 元。

自 1991 年始，农田水利基础设施建设得到发展。1993 年，硬化南雅水库灌渠 8 千米，改善灌溉面积 100 公顷，恢复灌溉面积 53.3 公顷，增加灌溉面积 33.3 公顷。1995 年，在省扶贫资金的支持下，硬化南雅渠道 6 千米，解决尼下村革命老区的农业生产用水问题。1997 年，通过群众投工投劳，硬化了南洋渠道 4 千米，缓解了沿线基本农田的用水问题。1998 年，在省口岸办的资助下，投资 30 多万元改造南在水库，提高了南在水库的蓄水能力。2000 年，筹集资金 20 多万元硬化重合渠道 2 千米。2003 年，筹措资金 14.7 万元，修复了大章水库渡槽、红峰渡槽、南在水库放水涵和南雅渠道，在省直工委、海口海关、省检验检疫局的资金扶助下，投资 11 万元硬化七叉水陂 800 多米，恢复了七叉水陂的灌溉功能。七叉有工劳河、郎代河、南在河、七叉河和南阳溪 5 条大小河道，有 5 宗水库，其中王化水库、南雅水库、南弄水库为小（1）型水库，南在水库、大章水库为小（2）型水库。2003 年以来，共筹资 244 万元修建镇政府至尼下村，重合村至大仍村、乙在村至乙劳村、白石村至大章村，大章村出口硬化、七叉大村出口路，硬化重合村至石霸公路出口段等农村公路，改善了七叉镇村庄道路差的状况。2010 年，全镇有效灌溉面积达 1737.2 公顷。

三、新农村建设

20 世纪 90 年代初，全镇大部分农村居民依然住茅草房，起居简陋。1991 年，民房改造工作启动，最初在重合村开始。同年因遭火灾，40 户村民茅草房被毁，村民无处可住，为了解决农民住房困难的问题，民政部门专门拨出 8 万元，为群众修缮房屋 90 户，从此开始少数民族地区民房改造工作。1996 年，国家民族地区民房改造政策全面落实和新农村建设的不断发展，农村面貌发生改变。1997 年，少数民族地区民房改造步入常态化，同年在大章、乙洞和七叉村民房改造 56 户。2001 年，在省直工委、海口海关、省检验检疫局的资金支持下，投资 40 余万元，改造大章村群众居住条件，兴建民房 64 户。2002 年，昌江县农村文明生态村建设全面推广，少数民族地区民房改造加快。完成保营 57 户、尼下 187 户、金炳 18 户和七叉大村、牙劳、红峰田头 187 户民房改造。2003 年，又完成昂托 57 户，致牧 57 户，大仍 100 户的民房改造。2010 年，全镇已实现 1961 户农户住上平房，占总户数的 57.8%。

2002 年以保由村为试点推广 13 户农村沼气池，生态能源有效利用，净化农村环境。2003 年，保营、尼下、大章等硬化环村路及自来水工程建设，在新农村建设中产生一定影响。保营、尼下2村被县政府列为省级文明生态村。2005年，完成改水改侧254户。2006年，对金炳、昂托、大仍、致牧等8个村庄文明生态村建设，硬化村道12千米。2007年，七叉、乙在、重合村道改造硬化，总长22千米，并路两旁植树绿化。2008年投入资金200万元，兴建霸王岭水厂引水工程，解决尼下、昂托、保湾、七叉、重合、万顶、苗村等6000名群众饮用水困难。2010年，硬化只荨至白石、白石至南在2条村道4.4千米。截至2010年，全镇32个自然村实现水泥路村村通，新农村建设取得发生较大改变。

四、社会事业

1991年，七叉镇文教卫生事业比较落后，医疗设施简陋，教学设施陈旧。1995年，贯彻《中华人民共和国义务教育法》，全面实施普及九年义务教育，全镇文教工作得到了长足的发展，1998年中小学生入学率达93.2%。同年，为巩固"普九"工作成果，推动"两基"(基础教育和素质教育)工作的开展，地方政府教育资金投入向少数民族贫困地区倾斜。1999年，七叉中心小学和红峰、乙洞、尼下、大仍、乙在、大章、乙劳、七叉8所农村小学教室及设备得到改善。并添加田头、玉地、王化、保湾、昂托、机保、保由、乙件、苗村9个教学点，促进全镇教育事业的提升。2010年，有中学1所，在校生609人；有完全小学6所，在校生1534人，小学适龄儿童入学率95%。有幼儿园1所。

1991年，七叉（差）镇有镇卫生院和9个村级卫生室，在职职工18人，开设单一中医内科门诊及9间农村个体诊所。设施简陋陈旧，力量单薄，群众"看病难"问题依然存在。1998年新农村建设时，该镇农村卫生条件初有改善。2002年，建设农村文明生态村时，进一步完善农村医疗条件，镇卫生院大楼得于改造更新，设有综合门诊科、计免室、检验室、产房和公共卫生组。其中卫生院门诊房面积达到120平方米。2000年12月，七叉镇（时称七差乡）计生工作显著，被国家计划生育协会授予"计划生育协会乡级先进单位"。2006年，新型农村合作医疗制度全面落实，全镇农村医疗卫生发生巨大变化。2010年，七叉镇卫生院下辖9个村室，在职职工35人，设有综合门诊科、住院科、计免室、检验室、B超室、化验室、心电图室、疟疾防治组、产房和公共卫生室，设备有黑白B超机、彩超机、全自动生化分析仪、重症监护仪、新生儿恒温箱、X光机、洗胃机、显微镜。卫生院门诊房面积达到250平方米，住院病房300平方米，职工宿舍550平方米。全镇参加"新农合"人数为14849人，参合率91.4%，农村医疗问题得到保障。

五、林权制度改革

2007年，七叉镇为昌江县林权改革试点镇，历经调查摸底，全镇完成天然林258.8公顷，人工林409.3公顷，非林作物地569.5公顷，外包林地13.3公顷，其他0.7公顷。

勘测集体商品林地规划面积共2103.1公顷，符合条件的林权申请登记面积为1983.6公顷，确权发证的面积为1850.9公顷，完成集体生态公益林共计92个林班，1251.6公顷。2008年，按照林改工作的总体部署，召开镇、村委会、村民小组三级工作会议，严格按照工作程序，层层分解工作任务，确保措施到位，责任到人。同年年底，完成了9个村委会32个自然村的外业勘测，集体商品林地勘界面积为2103.1公顷，其中符合发证面积为210.3公顷，不符合发证面积为1251.6公顷；完成公益林的勘界面积为1251.6公顷。符合发证的集体生态公益林、集体商品林和村民小组林地及个体承包林地等全给予发证。对权属地不清待勘查澄清后，再发证。同年，共与农民签订林地合同2085份。进一步明晰产权，实现了山有其林、林有其主、主有其责、责有其利。

1991年七差乡下辖村（居）委会一览表

表1-2-16

村（居）委会名称	下辖自然村名称	村民小组个数（个）
七叉	七叉大村、保营、万顶、苗村	15
重合	重合	6
大仍	大仍	6
尼下	机保、尼下、昂托、保湾	11
大章	大章、宝山	5
乙洞	致牧、乙洞、保由	8
红峰	玉地、田头、王化、乌烈大村、新村二队	7
乙在	乙在、只蓴、白石、南在	8
乙劳	乙劳、金炳村、乙件、机	8

2002年7月至2006年10月七叉镇下辖村（居）委会一览表

表1-2-17

村（居）委会名称	下辖自然村名称	村民小组个数（个）
红峰	玉地、田头、王化、乌烈大村、新村二队	7
乙洞	致牧、乙洞、保由	8
大章	大章、宝山	5
重合	重合	6

表 1–2–17 续 1

村（居）委会名称	下辖自然村名称	村民小组个数（个）
大仍	大仍	6
尼下	机保、尼下、昂托、保湾	11
七叉	七叉大村、保营、万顶、苗村	15
乙在	乙在、只葶、白石、南在	8
乙劳	乙劳、金炳、乙件、机构	8
三派	三派、椰子、牙劳四队、牙劳五队	4
钱铁	康驼、番丁	2
洪水	俄力、南力、南方、桐才	4
大炎	浪论、新村、老村	3

2010 年七叉镇下辖村（居）委会一览表

表 1—2–18

村（居）委会名称	下辖自然村名称	村民小组个数（个）
红峰	玉地、田头、王化、乌烈大村、新村	7
乙洞	致牧、乙洞、保由	8
大章	大章、宝山	5
重合	重合	6
大仍	大仍新村、大仍老村	6
尼下	机保、尼下、尼下新村、昂托、保湾	11
七叉	七叉大村、保营、万顶、苗村	15
乙在	乙在、只葶、白石老村、白石新村、南在	8
乙劳	乙劳、金柄、乙件、机构、苗圃	8

第八节 王下乡

一、位置与政区

因乡政府驻地于霸王岭之下，故而得名。位于北纬 19° 03′ 48"~9° 30′ 65"，东经 109° 08′ 53"~109° 17′ 85" 之间。地处昌江县东南部的霸王岭腹地的最偏远山区。东南与乐东黎族自治县交界，西靠俄贤岭与东方市邻隔，北与白沙黎族自治县相接，西北与七叉镇相邻。乡政府驻三派村。有县道霸王岭至王下公路 1 条 26 千米，连接省道石霸线与县城相通，距县城石碌 53 千米。

王下乡为黎族乡，是海南省贫困黎族乡（镇）之一。1991 年，乡政府下辖三派、钱铁、洪水、大炎、牙迫 5 个管理区，16 个自然村。1995 年 7 月，撤销管理区设立村委会，村委会个数不变为 5 个。2002 年 7 月，全县乡（镇）行政区划调整撤并，王下乡并入七叉镇。2004 年 1 月，牙迫村实施移民搬迁，迁入石碌镇水尾村附近，称“水富村”。2006 年 10 月，复设王下乡建制。2010 年，乡政府下辖三派、钱铁、洪水、大炎 4 个村委会，有 14 个自然村，19 个村民小组。全乡行政区域总面积 345 平方千米，约占全县土地总面积的四分之一。林地总面积 5306.9 公顷，其中集体公益林 3297.2 公顷，集体商品林 770.1 公顷。总户数 707 户，总人口 3265 人。

王下乡自然资源丰富。境内山深林密，地广人稀，有世界珍稀濒危保护动物黑冠长臂猿，有国家一级保护动物海南孔雀雉，还有猕猴、野猪和果子狸等；有被国家重点保护的珍贵树种见血封喉和油丹、油楠、黑格等。此外，还盛产海南黄花梨木、沉香、松香、红白藤等，尤其黄花梨闻名遐迩，故有“花梨木之乡”。矿藏资源主要有黄金、水晶石、石灰岩等。境内森林覆盖率达 99%，空气清新，自然环境优越，又被称为“昌江肺腑”。

二、经济建设

1991—2000 年，农业主要以传统种植业为主，主要种植水稻、玉米、山兰稻和木薯。经济作物为少量橡胶。2001 年，全县农业产业结构调整，国家扶贫资金投入加大。同年，乡政府把握时机，主动引导，转变传统观念；动员群众，发挥当地自然优势，发展橡胶、芒果、龙眼等种植业，农村产业调整初步显现。2006 年，乡政府本着“调高、调优、调精”的原则，立足地区优势，调整优化农业产业结构，橡胶成为当地农民的支柱产业。2007 年 1 月，为保护好王下乡青山绿水，昌江县开始对王下乡实施森林生态效益补偿，率先在全省启动生态补偿机制，补助标准为每人每月 33 元。同年王下乡符合补助条件的共有2968人，户数615户，每月补助金总计9.8万元，全年共约118万元。2008年全乡橡胶种植1044.5公顷，已开割25%。2009年，橡胶开割面积达45%，年产干胶片100多吨，产值约140多万元。同年，全乡有生态补偿694户3186人受益，年发放生态补偿金126.2万元。至此，砍山毁林现象得以制止。2010年，农村新兴产业，即林下特色经济出现。林下发展养蜂、养鸡等已在钱铁、大炎2个村实现，并成立钱铁和大炎养蜂经济合作社，共养蜂700箱，取得良好经济效益。2010年12月，经济结构呈现出巨大改变，橡胶产业种植，面积达1044.5公顷，人均0.3公顷。橡胶开割面积约486.7公顷，产值约600万元，人均产值1800多元。农村经济收入大步提升，农民人均纯收入2609元。

三、新农村建设

1991年，王下乡依然贫困落后，交通闭塞，起居简陋，群众生活水平低下，1991—1996年，农民人均纯收入为200元。1998年，国家扶贫政策加大和新农村建设推进，农村面貌发生变化。同年，对钱铁村100户，大炎、浪沦村46户，三派村100户进行民房改造，掀起当地新农村建设的热潮。2001年完成牙迫村102户民房改造，村民居住条件有明显改善，大部分村民告别茅草房，入住砖瓦房。2002年，全县推进文明生态村建设时，新农村建设步伐加快。2006年11月，投资1600万元，连接霸王至王下主体道路硬化工程开工建成，为王下乡新农村建设打开方便之门。2008年，以优化农村基础设施为主，推进新农村建设。修通洪水村委会俄力至桐才10千米和大炎至浪论2.9千米村道，解决当地村民行路难问题。投资23.4万元，疏通三派村和大炎村引水管道5.3千米，改善村民饮用水问题，有913人受益。2009年，在县交通、扶贫、发改委等部门支持下，推进乡政府至各个行政村“通畅工程”建设和饮用水工程。全年，建成三派至洪水11.6千米、钱铁村路2.86千米、大炎新村路3.5千米、俄力村路0.4千米、南方村路0.38千米及明望河至皇帝洞3千米的水泥路面改造工程。投资58万元，改造牙劳村、椰子村2村饮水管道4.42千米，有70户358人饮用水困难得到解决。下年投资3.8万元改造俄力村和牙劳村的饮水管道1.2千米。2010年4月，县投资近1000万元开工建设全长11.4千米的大炎村公路。同时，海南矿业有限公司支持援建洪水俄力村至南方村公路2.3千米公路。5月，县政府投入950万元建成乡政府至钱铁、洪水村水泥公路，公路全长14.8千米。县发改委支持援建南方至桐才村公路1.1千米。截至2010年12月，全乡13个自然村实现水泥公路通车，全乡4个行政村实现村村通水泥路，村民出行难问题彻底解决。2008—2010年，完成洪水村163户和俄力村、南方村、南力村等130户的民房改造。民房改造卓有成效，截至2010年年底，共有707户村民入住砖瓦房，民房工作改造率100%。同时，乡辖的4个村委会办公条件实现楼房化，各项设施配套齐全，新农村建设显现出新的模样。

四、社会事业

1991年，王下乡因地域条件影响，文化教育事业发展缓慢，在校生巩固率低，群众看病就医难问题依旧。2000年，国家扶贫政策在少数民族地区贯彻落实和地方政府对边远少数民族地区资金投入加大，该乡文教卫生事业发展始有初显。实行“一费制”收费，减轻学生负担，适龄儿童入学率和巩固率达90%。2006年秋，昌江县在全省率先实行“教育移民”惠民举措，将王下中学271名初中生整体迁入昌江民族中学就读，并实行寄宿制免费补贴教育，从而促使王下民族地区基础教育的发展。同年，全乡小学在校生517人。2007年9月，“教育移民”搬迁56名初中毕业，除了2名上高中外，其余54名被三亚职业技术学校录取。2008年4月，在完成初中阶段的教育移民工作的基础上，全面启动小学阶段的教育移民，整合王下教育资源，撤销教学环境差的5个教学点，将分散的110名小学生全部迁到中心校进行寄宿制学习。全乡小学基础教育得到提升。2009年，全乡设有完全小学1所，在校学生193人，教师39人。2010年，县政府加大王乡基础教育投入，新建教学楼1100平方米，宿舍楼660平方米。同年，在校学生229人，教师39人，适龄儿童入学率达99.8%。

1995年之前，因地处边远贫困山区，经济条件落后，医疗卫生事业停滞不前，各种疾病时有发生，群众看病就医难问题存在。1996年，农村初级卫生保健得到重视，该乡卫生状况初步得到缓解，儿童计划免疫“四苗”接种率85%。1997年起，县级卫生部门每年组织送医送药下乡义诊活动，王下乡每年有50名群众得到免费治疗。1999年，全县农村妇幼卫生保健得到改善。乡卫生院医疗设备得到更新及添加，农村妇幼卫生保健工作有所提升，新生儿接生率为84.6%。2003年，农村文明生态村建设在王下乡实施，农村卫生环境发生变化，村庄“脏乱差”现象得到有效治理。2005年，新型农村合作医疗制度在全县铺开，村民踊跃参与。2007年，全乡参加新型农村合作医疗人数3155人，参合率达98.13%。同年，儿童疫苗接种率达98%以上，儿童的疾病防预得到有效控制。2008年，参加新型农村合作医疗人数2817人（原牙迫村搬至石碌镇水富村），参合率达93%。2009年，参合农民2734人，参合率达91.2%。同年，实施“光明行动”，为7名患有白内障村民实行复明手术。2010年该乡有各级卫生医疗机构5个，其中，乡级中心卫生院1个，村级卫生室4所，共有医疗卫生医务人员14名。参合农民2740人，参保率93.4%。全乡医疗卫生事业显著提高，群众看病难问题基本得到解决。

1992—1996年，王下乡人口与计划生育工作处在低迷和涣散状态。1997年起，全乡人口与计划生育工作始有起色。1998年，乡政府设有计划生育服务所，配有计生专干

1人，村计生员4人及服务医疗设备，全乡人口与计生管理工作走向正轨。次年，增加计生服务网络建设，配2台电脑等设备，完善规范化管理。2000年王下乡人口出生率为10‰。2006年，全乡人口自然增长率6.67‰。2007年，人口出生率8.08‰，出生人口自然增长率3.73‰，出生人口性别比136。2008年，全乡人口出生率8.05‰，出生性别比为114.05。截至2009年10月，全乡总人口3229人，自然增长率7.7‰，人口增长率12.25‰，综合节育率96%。2010年年底，全乡总人口3265人。

20世纪90年代初，王下乡大部分村民生活贫困，衣食住行仍然未得到保障。1996年，国家对边远少数民族地区基础投资扶持加大，全乡村民得到受益，住房和出行初步有保障。2005年全县新型农村合作医疗制度和农村医疗救助管理政策实施，全乡“五保”户、特困户得到150~1000元的医疗救助保障。2006年全面实施农村“五保”供养制度，建立“五保”供养机制，为“五保”户提供年生活费910元，农村“五保”对象基本生活有了保障。2010年，该乡享有农村低保户136户441人，有医疗救助45人，民政部门资助参加新农合145人，有“五保”户66人。有参加农村养老保险2751人，参保率为92.1%。农村社会保障事业在王下乡得到全面落实，群众起居、医疗和生活等有了保障。

五、综治维稳

1991年，王下乡全面落实社会治安综合治理责任制，5个村委会相继建立起治安队、护村队、治保会和调解会等社会组织，共同维护社会治安管理，社会治安环境好转。1993年，王下乡被省列为“车匪路霸”专项整治重点乡，打击以刘某荣为首的犯罪团伙13人。后王下乡社会治安趋向稳定。2000年，国家“三五”普法教育深入农村，村民法治意识有所提升，遵纪守法思想初步形成，违法犯罪案件率逐年下降。2006年，实施构建平安和谐昌江活动，王下乡从严落实社会治安综合治理各项措施，建全配齐乡村2级管理机构和管理人员，形成乡村社会治安网，共同管理社会治安工作。2010年，该乡社会治安稳定和谐，陈旧陋习革除，社会新风尚在广大农村流传。

1991年王下乡下辖村委会一览表

表1–2–19

村委会名称	下辖自然村名称	村民小组个数（个）
三派	三派一、三队，三派二队、牙劳四队、牙劳五队	5
洪水	俄力、南方、桐材、南力小村	7
钱铁	康驼、潘丁	4

表 1-2-19 续 1

村委会名称	下辖自然村名称	村民小组个数（个）
大炎	大炎新村、大炎老村、浪论	3
牙迫	牙迫上村、牙迫下村	2

2010 年王下乡下辖村委会一览表

表 1-2-20

村委会名称	下辖自然村名称	村民小组个数（个）
三派	三派一队、三派二队、三派三队、牙劳四队、牙劳五队	5
洪水	俄力、南方、桐材、南力小村	7
钱铁	康驼、潘丁	4
大炎	大炎新村、大炎老村、浪论	3

第三章 国有农林场

第一节 红林农场

一、位置与区域

因场部驻地置原农垦师部红林连部，故而得名。地处昌江县东南部，东邻白沙黎族自治县境内的国有龙江农场金波分场，西接十月田镇、叉河镇，南邻霸王岭林业局、七叉镇，北靠海尾镇，中间与石碌镇、十月田镇相间。场部驻地石碌镇内环路。

1991 年，红林农场设有机关科室 20 个，下辖商贸公司、机运公司、基建公司和波纹面厂、粮油加工厂、米粉厂、水泥砖厂、塑料编织袋厂、红砖厂、胶厂、石料厂等 11 个企业。下设生产连队 25 个及畜牧队 1 个。农场有土地面积 10928.6 公顷，已开发利用 3788.9 公顷，其中种植橡胶 2663.7 公顷（内开割面积 1758 公顷）。直属单位和生产队职工总数 2257 人（不包括离退休人员）。隶属海南省农垦总局管理。1992—2008 年，隶属关系沿袭不变。2008 年 10 月，海南农垦实行政企分开，原红林农场拆为红林农场、海南橡胶红林分公司 2 个经济实体。2009 年 2 月，海南农垦体制改革，实行撤并重组，原红田农场并入红林农场，场部设在红林农场场部。以农、商、运建并举的全民所有制正处级企业，隶属海南省农垦总局（公司）管辖。2010 年，红林农场机关设有党委办、行政办、工会、计生办、国土办、发改办、财务办、社保办共 8 个科室。直辖红林医院、红田医院、基建公司、机运一公司、机运二公司、机械厂、红林幼儿园、红田幼儿园、红林物业中心、红田物业中心、招待所 11 个单位。下辖原红林农场一队、二队、三队、四队、五队、六队、七队、八队、十队、十一队、十二队、十三队、十四队、十五队、十六队、十七队、十八队、十九队、二十队、二十一队、二十二队、二十三队、二十四队、二十五队、二十六队、二十七队、二十八队、二十九队、三十队和原红田农场一队、二队、三队、四队、五队、六队、七队、八队、十队、十一队、十二队、十三队、十四队、十五队、十六队、十七队、十八队、十九队、二十队、二十一队、二十二队、二十三队、二十四队、二十五队、二十六队、二十七队、二十八队、二十九队共58个生产连队。辖区（含红田）总面积105.3平方千米，总户数3968户，总人口11771人。

红林农场地域分布较为掺杂而广阔。地处典型热带季风气候区，年平均气温24.3℃，全年无冬，四季如春。位于东南山区，日照充足，年平均降水量1676毫米，生态环境良好。土地类型丰富，大多为丘陵和台地，土质肥沃，发展热带经济作物具有得天独厚的优越条件。

二、经济建设

1991年，农场以种养业为主，以橡胶种植为本，其他热带经济作物为辅。同时兼营橡胶加工、食品加工、其他加工和商业贸易。1992年，橡胶种植面积2787公顷，开割面积1879公顷，干胶产量2141吨；水稻种植面积126公顷；糖蔗种植180公顷；鱼塘24公顷，其他作物面积24公顷。全场工农业总产值2522万元，比1991年增长14.5%。其中农业总产值完成2370万元，比1991年增长11.4%。职工年劳动人均收入3036元（含自营经济158元），比1991年增长12.2%。

1995年，持续发展橡胶产业，拓展多种经营。橡胶种植面积为2991.4公顷，干胶产量2897吨；水稻种植面积177.7公顷，产量1518.8吨；糖蔗种植面积210公顷，产量9450吨；果园35.7公顷，生产水面（鱼塘）36.3公顷，其他用地330公顷。全年工农业总产值3386.6万元，其中农业总产值3022.6万元；工业总产值364万元，与上年相比增长20%。职工年劳动人均收入5214元（其中自营经济收入1810元），与上年相比增长19.9%。

1997年，橡胶种植面积3307.3公顷，干胶产量3058吨；水稻种植面积168.7公顷，产量963吨；糖蔗种植190公顷，产量9120吨；林地844.5公顷，耕地144.7公顷，果菜园39.7公顷，生产水面（鱼塘）39.2公顷，其他用地334公顷。全年工农业总产值3350万元，其中农业总产值3212万元；工业总产值138万元。职工劳动人均收入7095元（其中自营经济收入3100元），与上年相比增长1171元。

1998年，农场经济受国际金融危机影响，经济状况有所下滑。橡胶种植面积3413.9公顷，干胶产量2312吨；水稻播种面积100.7公顷，产量576吨；蔗糖种植192.3公顷，产量10098吨；林地，面积871.8公顷，耕地144.7公顷，鱼塘50公顷，其他用地334公顷。全年工农业总产值2666万元，其中农业总产值2568万元，工业总产值98万元。

2000年，农场因地制宜，调整产业结构，在稳固橡胶主产业的同时，采取试点推广发展热带瓜果种植。同年，橡胶种植面积3558.2公顷，干胶产量183.7公顷；瓜果种植864.5公顷，水稻播种面积68公顷，产量490吨。耕地144.7公顷，鱼塘52公顷，其他用地356.7公顷，可垦荒地158.7公顷，其他宜胶地158.7公顷，其他土地5623.1公顷。全年工农业总产值5616万元，其中，工业总产值511万元。国内生产总值完成3663万元，实现利润214.13万元，职工劳动人均收入9524元。

2008年4月，农场落实农垦管理体制改革，全面实行胶园家庭长期承包责任制，将胶园分成小块，由职工家庭承包，农场与职工家庭签订长期承包责任，胶园经营管理权落实到职工手中。改革过去以劳取酬的传统模式，引入市场管理机制，激发农场职工生产活力，农场、职工共赢。同年10月，红林农场与红田农场合并，实行政企分开，社企分离，形成农场和橡胶企业公司2个独立实体。年底，农场种植养殖，其中橡胶地3551.9公顷，干胶产量2580吨；水稻种植面积36公顷，产量190吨；鱼塘41.7公顷，总产351吨；瓜果菜种植面积587.7公顷。全场工农业总产值9200万元，国内生产总值7211万元，职工劳动人均收入16127元。

2010年，农场根据省委、省政府和省农垦总局部署，把握建设海南国际旅游岛机遇，拓展经济发展途径，实施经济转型升级。1月，成立昌江红林投资有限公司，开发房地产、高效农业、生态观光农业3大产业。同年，还引进公司及企业发展花卉种植和香蕉种植等，扩大产业经营增收。2010年，农场国内生产总值6208万元，职工劳动年人均收入19800元。

三、社会事业

1991年，红林农场有中小学校12所，其中中学1所、小学11所。设有卫生医疗机构33家，其中场办医院1家，卫生所32间，医务人员112名。中级职称6名，初级职称47名。建立基层工会组织32个，全场会员2541名，其中离退休364个。场办工厂有波纹面厂、粮油加工厂、米粉厂、水泥砖厂、塑料编织袋厂、红砖厂、胶厂、石料厂等8个，解决部分职工家属就业问题。

1993年，红林农场筹集资金在华侨连队创办侨队小学，校舍面积551平方米，解决侨队小学教育问题。

1995—1998年，场部医院逐年进行更新改造，医疗条件得到提高。建筑面积达4833平方米，医务人员91人，其中，主治医师5人、医师13人。医疗设备有X光机、B超、心电图、脑血流图、显微镜、万能手术台、CT机、救护车等一批医疗机械设备。

2000年，随着社会保障事业的建立健全，农场社会事业不断发展。2008年，全面落实教育优先发展战略，投入250万元，在红林中学兴建1栋4层2000平方米教学楼和400平方米学生食堂，进一步改善学校教学环境。同年，全面落实农场职工社会医疗保险。

2009年，农场稳妥推进改善民生。建设570套职工安居工程和80户危房改造工程，解决职工住房后顾之忧。同年，落实农场体制改革，学校教育全面移交地方管理。农场九年义务教育教师职工215人平稳移交。同时，有3884名农场退休人员移交昌江县，由县社会保障局统一管理。

2010年，农场在红林机关社区及4个单位建设保障性住房300套，缓解职工住房难问题。同年，还在红林区十四队（归侨连队）建职工住房58套，改善职工居住条件。与此同时，协同县民政局落实孤儿、寡老、低保等对象130户364人。登记优待抚恤军人7人，伤残军人4人，军烈属1人，由县民政局统一管理。12月底，共慰问困难职工301人，大病救助12人金额1.37万元，金秋助学14人金额6.4万元。

四、社会综治维稳

1991年，农场继续沿袭各连队治安联防队和护林队参与社会治安管理方式。全农场设有治安联防队和护林队50个。1995年，治安联防队和护林队建设不断加强。治安队伍实行统一着装，配备摩托车、安全器械等，社会治安综合管理工作有所提升。2000年，为了深入落实社会治安综合治理，全面推行警务工作下沉，各个连队相继建立警务室。全农场共建立警务室25间。

2008年，红林农场根据“创建平安红林”主题活动，全面开展治安综合治理行动。利用广播、宣传车、黑板报、横幅、标语等形式进行宣传教育，出黑板报45板、广播宣传15场次、发放宣传册1800份、挂横额12条。同年，调整群防群治社会治安综合治理管理机制，建立场乡联防治理机制，完善基层治保会和调解会。同时在场部办公区、生活区安装26个网络监控器，全天网络系统监控，实行群防群治治安网络全覆盖。同年，成功调处各类矛盾纠纷13起。举办专题普法、禁毒讲座2场次。红田社区荣获“海南省社会治安综合治理先进单位”称号。

2009年，贯彻全国社会综合治理工作会议精神，开展预防为主、标本兼治、打防并举的方针，主动化解各种社会矛盾。同时实施领导干部大接访活动，及时排查和化解社会矛盾。

2010年，以红林、红田2个派出所为主体，强化治安防范和打击力度，建立“四位一体”的群防群治防控网络体系，有效预防和及时打击各种犯罪活动。同年，场领导开展大接访48批次，接待群众来访259人次。解决历史遗留问题4宗，受理各类信访52宗，处理51宗。

五、新农场建设

1991年，除场部外，各个生产连队生产、生活条件较差，交通闭塞，住旧瓦房。全场住房面积72929.89平方米，其中危房6980平方米。职工人均住房面积20平方米。1992年，为了改善农场基础设施条件，农场开始投资基础设施建设，同年，新建住房1935平方米，改建住房2954平方米。新建、维修公路15.7千米，建设桥梁75米，架设、改造线路19.7千米。新建1所幼儿园300平方米。1993年，农场筹资38万元，投入农田设施建设，改善农田灌溉条件。

1995—2000年，农场全面实施连队公路队队通工程。2000年12月，全场连队间公路实现互通。部分公路铺设水泥路面。

2008年，农场开展创建“共建美好家园”活动，推进农场生态文明建设。在红林区24队和红田区29队作文明生态队示范建设，共建住房7栋2600平方米。在场部投资83万元，进行美化绿化改造。同年，分别在红林区的8队、10队、14队、28队、29队、30队和红田区4队、5队、6队、21队等进行道路硬化共25.54千米。此外，投资80万元，对红田区3队、4队、20队、23队农田水渠标准化建设改造。

2009年，对农场原机械厂危房进行改造，修建平房20栋80套。投资170.12万元，解决11个基层连队5179人饮水困难。投资77.1万元，维修红田区3队、4队等生产队水利设施。投资30万元，修缮红林和红田2个社区老干部活动中心及社区环境设施。

2010年，农场落实保障性住房建设，完成保障性住房300套，解决300户职工困难。同年，筹集资金150万元，在红林区14队建设58套归侨职工住房。此外，年内全场完成道路建设9.41千米。截至12月底，全场职工住房基本上得到保障，人均住房面积达18平方米。

附：原国有红田农场

红田农场位于十月田镇境内，场部在省道石昌线13千米处的山竹沟村东南。东部临石碌镇，西部于十月田镇相邻，距石碌10千米，离省会海口市180千米。东有225国道、粤海铁路，均距离4千米左右，西有海南西线高速公路，距离1千米，公路铁路四通发达，交通便利。

1991年，红田农场场部机关设有行政办、财务科、劳资科、生产科、经营计划科、审计科等8个科室，有供销公司、机运公司、商贸公司3个专业公司。有1所完全中学，

7所小学，1家职工医院。下辖4个作业区，22个生产队，其中橡胶种植生产队17个，农业生产队3个，综合生产队2个。2008年10月，海南农垦体制改革，红田农场并归红林农场，原红田农场所属机构一同并入红林农场。原红田农场场部仅作为一个工作站（社区）。2008年9月合并前，红田农场土地总面积13906.7公顷，已开垦面积3313.3公顷。橡胶种植面积2274.7公顷，开割面积1635.1公顷。总户数1653户，总人口5288人，在岗职工1478人。

红田农场地处昌江县中部腹地丘陵地带，地势平坦，自然条件优越。土层较厚，土地肥沃，气候温和，雨量充足，适宜橡胶和其他经济作物种植。为昌江境内第二大国有农场。

1991年，农场主要以橡胶、剑麻种植为主，水稻、甘蔗等热作和热带水果及加工商贸为辅。1992年，橡胶种植发展到1472公顷，开割面积达937.2公顷，年产干胶1110吨。剑麻种植面积达78公顷，年产鲜叶片3070吨。

1993年，农场开始调整产业发展思路，转变经营机制。在持续稳定橡胶种植为主业前提下，大力发展多种经营，逐步发展市场化、集约化生产，提高经济效益。1995年，全农场年人均工资收入1650元。

2000年后，农场实行农业产业大调整，充分发挥资源优势，稳妥推进种植和养殖业，形成以农、牧、渔与种业为中心的农业综合经营体制，农场经济效率大有提升。期间，农场基础设施建设和生态文明建设步伐加快。截至2005年，场部主干道1千米水泥路面拓宽修缮完工，4个作业区、22个生产连队间际交通水泥路贯通总长90千米。农场职工居住条件得到相应提高。同年，在场部及部分连队开始实施危房改造，危房改造面积达15000平方米。

2000年，红田农场社会保障体系建立健全，社会事业稳步发展。2001年，职工社会保障制度全覆盖，职工的养老保险、医疗保险、失业保险、计划生育保险等4项保险有着落。2004年5月，实行统一的职工医疗保险制度。交费标准为：单位交纳6%，个人交纳2%。农场低收入居民始于被纳入昌江县城镇居民低保范围，实行最低生活保障。2008年，原红田农场的养老保险、医疗保险参保率分别为95%、98%。农场社会保障管理归并昌江县社会保障局统一管理，签发统一职工医保证和医保卡。教育卫生事业同步提升。有幼儿园1所，完全小学1所，九年一贯制学校1所，在职教师120人；有职工医院1所，在职员工35人。

2008年，红田农场地区生产总值4693万元，人年均生产总值8875元。全年劳动者人均收入13820元，其中在岗职工平均工资8451元，自营经济人均年收入5369元。全场年人均纯收入 6120 元。

2009 年 2 月 12 日，海南农垦体制改革，企业重组，红林农场和红田农场（社区）重组为红林农场（社区），场部设在红林农场（社区）。农场（社区）主要职能是以农、商、运、建并举的全民所有制企业。

第二节 霸王岭林业局

霸王岭林业局（公司）地处昌江县境，位于北纬 18° 53′ ~19° 20′，东经 108° 53′ ~109° 12′ 之间。距县城石碌镇 26 千米。下辖的林区地跨白沙、昌江 2 个黎族自治县。西与东方市毗邻，南面与乐东黎族自治县相接。2010 年，土地面积为 42866.7 公顷，其中有林地 32933.3 公顷。管理天然林面积管护天然林面积 120160 公顷，其中国家重点生态公益林面积 49533.3 公顷（含国家级自然保护区 3 万公顷、国家森林公园 8466.7 公顷），城乡共管面积为 69800 公顷。

1991 年 2 月，恢复为海南省霸王岭林业局，与海南省霸王岭林业公司两块牌子同时存在。1994 年又加挂“海南省霸王岭森林自然保护区”（省级）牌子。2003 年，海南省霸王岭森林自然保护区升格为海南省国家级自然保护区管理局。2006 年 12 月经国家林业局批准设立为国家森林公园，总面积 8466.7 公顷。2010 年，霸王岭林业局下辖乌烈林场、东一林场、东二林场、东四林场、东五林场、东六林场、东七林场、雅加林场、白晶林场等。下属经营单位有家属农场、经济作物场、南叉河水果基地、橡胶加工厂、木材加工厂、霸王松香厂、子宰松香厂、南叉河水电站、雅加河水电站、车队、房地产公司等。同年 12 月，林区常住人口 3000 余人，其中在册职工（含离退休）1188 人。

霸王岭属热带季雨林、雨林区域。林区主要由雅加大岭、猕猴岭和黄牛岭三大山脉组成，现保存 5733.3 公顷，天然南亚松林 4800 公顷，活立木总蓄积量 504 万立方米，森林覆盖率 78.08%。

林木资源丰富，种类繁多，140 余科近 2000 种类。主要有禾本科、蝶形花科、大戟科、茜草科、莎草科、樟科、山毛榉科、龙脑季科、山榄科等。成群落分布的有天然南亚松林、青梅林、荔枝林。霸王岭林区位于海南岛的西南部，气候比其他林区干燥，木材质量相对较优，特种木材有花梨、母生、坡垒、子京、荔枝。一类木材有油丹、陆均松、油杉、红椆、骞胭脂等，这些木材材质坚硬、耐腐、纹理美观。经济适用活立木总蓄积为 597 万立方米（未计经济林），年平均活立木生长量为 172232 立方米，年蓄积净增量104589立方米，总共生产商品材原木844107立方米。除丰富的林木资源外，非林木资源如草本植物、动物、昆虫、菌类等资源十分丰富。

霸王岭林区内野生珍稀植物有39种。如鸡血藤、杜冲、沙羌、益智等。观赏植物有鸟巢蕨、万年青、棕竹、野生花卉、兰花等，菌类有灵芝菌、集毛菌、齿菌、银耳、木耳等。珍稀动物有30多科50多种，如海南黑冠长臂猿、水鹿、云豹、豹猫、蟒蛇、孔雀雉、白鹇鸡、猫头鹰、啄木鸟、虎纹蛙等。其中属国家一级保护的野生动物有17种，省级保护的野生动物有12种。昆虫百余科数千种，大型真菌数百种。2010年，霸王岭林区海南黑冠长臂猿存有数量19只。

林区内林业种植业较发达。主要种植荔枝、松香、橡胶等，种植面积分别为46.7公顷、28000公顷、533.3公顷。

林区内水力资源丰富。昌化江支流有雅加河、通天河、南叉河、南尧河、王下河、乙劳河、斧头岭河、子宰河、戴密河等9条。落差大，水能丰富，初步探明总蓄藏量在1万千瓦以上。截止2010年共开发建设利用4200千瓦。

旅游资源丰富。林区内有全国保存最为完好的热带雨林，闻名遐迩的海南长臂猿、奇特的水文景观、奇石怪岩、神秘洞穴、满山遍野四时烂漫的各种花卉和浓郁的黎族风情，是集旅游观光、猎奇探险、休闲度假、运动健身、考察实习、体验少数民族风情等为一体的生态文化型国家级森林公园。2007年，雅加度假中心建成，设有别墅2栋，豪华套房20套，标准客房85间。2010年，度假区内建有集雨林景观观赏、探奇、科考为一体的“情道”“霸道”“天道”“钱道”“王道”5条长达7千多米的旅游、科考木栈道。

第三节 保梅林场

保梅林场位于石碌镇东北处，1958年成立，原隶属海南行政公署，1962年下辖地方管理称保梅采伐场。1991年，划归昌江县管辖，称为保梅林场。为海南省11个森工企业之一。林场地跨保梅岭、太坡岭和牙营岭，总面积3844.3公顷，林木蓄积量9.6万立方米。

1994年，保梅林场落实《海南省森林保护管理条例》规定，实行封山育林和封山护林，全面停止天然林采伐。其间，企业经济来源主要靠政府财政补贴和银行贷款，企业的经营活动主要是保护森林资源和发展种养业。1998年，林场实施天然林试点保护工程。2000年，天然林保护工程全面铺开。同年，保梅岭被海南省列为省级森林自然保护区。

2006年5月18日，经省政府批准，在天然保护工程区内建立保梅岭省级自然保护区，面积3807.7公顷。属海南岛热带林区之一，常年四季如春，树木葱郁，峰峦叠嶂，一派浩瀚而幽静、神秘而险峻的自然风光，素有地球上同一纬度的一颗“绿色明珠”之美誉，保护区内有蕨类植物23科75种，种子植物149科1219种，其中海南地区特有种122种；昆虫有15目97科360种；鱼类5目9科18种；陆栖脊椎动物27目73科238种，其中海南特有种8种，特有亚种57种。保护区内动植物资源具有丰富性和典型性，是海南省海南山鹧鸪、穿山甲的栖息地，也是海南坡鹿的一个重要野放地。由于保梅岭特殊的地理位置，它既是海南省西部工业走廊的重要绿地，又是石碌水库重要的水源涵养林，具有很高的保护价值。

截止2009年，林场营造生态公益林920公顷，如加勒比松林木，成活率达85%。林场已逐步向旅游观光、登山运动方面转型发展。林场作业区内已开通铺设混凝土沥青路1条，总长5千米。

2010年，保梅林场有职工105人，其中在职职工55人，其中行政、技术干部13人，退休职工44人。场部下设办公室、行政股、营林股、材政股等机构。下辖4个工区，林场总人口220人。林区内设有护林人员8个，配备摩托车8辆和对讲机8部，实施24小时林区管护。

第四节 昌化林场

昌化林场场部位于海尾镇东2千米处，林场地跨昌化、海尾2镇，经营总面积2353.3公顷。原先归属岛西林场，隶属海南林业处。20世纪80年代初，下放昌江县管辖，隶属海南林业局。下辖海尾分场和昌化分场。20世纪90年代合并昌化林场，住地海尾镇。

1991年，林场林权确权发证面积2353.3公顷。主要经营树种有桉树、木麻黄等。全林场干部职工103人，其中干部9人，固定工人66人。

2000年，林场经营管理体制有所改变。林区内发展多种经营，除林木种植木麻黄、小叶安、大叶桉外，始有瓜果种植。主要种植芒果、哈密瓜、冬季瓜菜等。

截止2010年，共造林3373.3公顷，抚育再生林1793.3公顷。有育苗基地146.7公顷，林木蓄积量6.7万立方米。主要树种有木麻黄、小叶安。成为县内较大的三大林场之一。场部内设有办公室、财务股、生产技术股、机械股4个机构。全林场有在册职工117人，其中退休人员58人，在岗职工26人，待岗人员33人。

第二编　自然环境

第一章 地质·地貌

第一节 地 质

昌江地质属南海岛屿海南岛地层区西北分区。露出地层分为下古生界、上古生界、中生界、新生界等四大类。县域内地质构造属海西地槽的昌江坳陷，褶皱构造属海西构造层，断裂构造十分发育。地层内部岩浆岩活动十分强烈，大部分岩石同位素年龄约为128百万年，属燕山期产物。

一、地层

县境内露出地层分为下古生界、上古生界、中生界、新生界共4大类。

下古生界。县境内系报板群变质岩，厚变大于1000米。分布在土外山金矿区的戈枕断裂带上下盘。岩性特征分为两大类，即区域变质岩和混合岩，并大致以戈枕断裂为界，区域变质岩主要分布在戈枕断裂下盘的蜗同山至戈枕岭一带，呈北东向展布，倾向东南，倾角平缓，一般为33°~46°。岩系为一套浅海、滨海相泥质碎屑沉积物，经区域变质作用而形成中一浅变质岩系；混合岩主要分布在戈枕断裂上盘，与区域构造线基本一致，呈北东向展布，倾向北西，倾角变化大，一般在50°~75°，含眼球条纹条带状混合岩是土外山金矿区含矿的主要围岩，以含金蚀变岩，含金硅质岩透镜体出现。

上古生界。县境内石炭系下统的各岩系由石碌群变质岩系、岩关阶、三棱山组、大塘阶青天峡组等组成，总厚度大于2000米。主要分布在石碌矿区，岩系为正常机械屑、化学与化学胶体的混合沉积，属海湾—泻湖相陆屑——碳酸盐建造，石碌群自下而上可分为七层，其中第六层是石碌矿区北一区铁、铜、钴矿体的主要赋存层位。岩关阶厚度大于3000米，分布在南部的王下，中部石碌水库的南部，军营地区等。为浅海——海湾相的碎屑—含碳酸盐建造。三棱山组厚度大于380米，仅分布于石碌矿区的三棱山地段，为浅海—— 海湾及滨海机沉积，零星分布于王下、大仍村、石碌水库南部等地区。石炭系中统石岭群厚度 320~665 米，以碳酸盐为主，少量泥砂质的浅海相沉积。分布于王下及保由地区，王下地区的石岭群下亚群是王下金矿的主要含矿地层，金异常带均分布其内，石炭系中上统厚度大于 300 米，以泥砂质为主，碳酸盐次之的浅海相沉积，仅在石碌矿区东部的 7 号断层以东有所出露，二叠系下统的峨查组、鹅顶组厚度大于 3600 米，为浅海相沉积。分布在石碌矿区东部及保由地区段，保由、尼下、芸红岭、白石岭、便通山、大仍村等铅矿点或含铅矿化破碎带均分布在该岩系中，二叠系上统南龙组厚度 358~420 米，分布在石碌水库的西南部，以泥质、砂质为主的浅海相沉积。

中生界。县境内系中生界白垩，下统鹿母湾群下亚群厚度 950~2000 米。分布于王下地区的东南部，以泥、砂质为主的浅海相沉积。上统报万群厚度大于 2145 米，在保平南部呈残留零星块中呈残留零星块体出露，以沙质及砂砾为主，少量泥质的滨海相沉积。

新生界。县境内为新生界第四系，中更新统的海相与陆相等四级及第三级阶地厚度各 5~15 米，岩性均为土砂卵石等，属古洪积层。分布在保平—乌烈以北的低平地区。全新统的现代河床冲积厚度 5~30 米，岩性为沙砾层，沿河床及其两岸低平地区分布，较发育的地区在昌化江下游。

二、构造

县域内的地质构造属海面地槽的昌江坳陷，断裂构造十分发育。按方向分组主要有东西向深断裂，北东向断裂，南北向断裂，北西向断裂。其余的均规模较小，北东向与北西向两组断裂互相配合，在局部地区的组成棋格状断裂，地层褶皱构造层，主要褶皱构造是石碌复式向斜。其余地段的地层绝大部分呈单斜构造产出，仅在保由地区的二叠系地层中有一南北向的芸红岭、燕窝岭向斜。

三、岩浆岩

地壳运动过程中，昌江岩浆岩活动十分强烈，形成四周均被大片花岗岩环绕地表。东南部有黑岭岩体，西部有三狮岭岩体，北部有保梅岭岩体，其岩性主要为花岗斑岩、花岗岩。同位素年龄约为 128 百万年，属燕山期产物，昌化铅锌矿是与燕山期花岗岩有关的热液型脉状矿床。此外，县内尚发育有锤斑岩、辉绿岩、闪长岩、细粒花岗岩、花岗斑岩、伟晶岩等脉岩。

第二节 地 貌

昌江地处五指山余脉的西北侧，地势东南高西北低，由东南海拔1654米向西北逐级递减达30米，形成背山面海的地理环境。地形地貌复杂多样，可分为山地、丘陵、山间谷地（谷地）、台地、平原阶地、沙滩等六个类型。

一、山地

山地分布在东南的王下乡、七叉镇及石碌镇等地区，总面积54600公顷，占全县土地总面积的33.75%。山脉走向是从南到北伸延，高端从与乐东黎族自治县交界的猕猴岭（海拔1654.8米）起，经雅加大岭（1518米）、黄牛岭（1202米）到七叉大岭，这一带属于中山地带，面积有41186.7公顷。其余山脉延续向北伸延，经七叉岭、昂牙岭、金牛岭、马岭到保梅岭，这一带属于低山地带，面积有13413.3公顷。王下乡地域属中山地带，山高坡陡，河溪短促，河床比降大，坡度在30°以上，但原始森林保存较好，气候湿润，云雾甚多，在这种良好的水热条件下发育而成的土壤，土层深厚肥沃，从南打岭，南抱岭到红松岭一带700米以上的山腰脊山顶分布着大片的天然草地，有利于开发利用。七叉镇属低山地带，坡度一般20° ~30°，陡坡处也有35°以上的，这一带海拔500米以下，由于人类活动，森林多被砍伐。山脚下部，土壤肥力高，有机质含量为2.1%~3.6%，水热条件较好，多为宜胶地，耕地很少。

2010年昌江县山岭一览表

表2-1-1

山岭名称	所属乡镇	海拔高度（米）	山岭名称	所属乡镇	海拔高度（米）
猕猴岭	王下乡	1655	毫肉岭	王下乡	1530
雅加大岭	七叉镇	1519	高岭	石碌镇	845
黄牛岭	石碌镇	1202	金沟岭	石碌镇	1104
霸王岭	七叉镇	1395	土坛岭	十月田镇	370
石碌岭	石碌镇	615	长岭	昌化镇	256
燕窝岭	七叉镇	487	宝岛岭	王下乡	894
保梅岭	石碌镇	782	荔枝岭	乌烈镇	480
俄毛岭	石碌镇	253	白石岭	乌烈镇	284
昌化大岭	昌化镇	419	金牛岭	石碌镇	615
三架岭	海尾镇	397	太坡岭	石碌镇	694

表 2–1–1 续 1

山岭名称	所属乡镇	海拔高度（米）	山岭名称	所属乡镇	海拔高度（米）
七叉大岭	七叉镇	1267	马鞍山岭	石碌镇	231
昂牙岭	石碌镇	688	鸡心岭	石碌镇	466
马岭	石碌镇	755	玉翁岭	石碌镇	568
金松岭	石碌镇	282	胡羊山	王下乡	1049
金鸡岭	十月田镇	309	蝴蝶岭	王下乡	1102
峨沟岭	乌烈镇	348	台杠山	王下乡	1012
军营岭	十月田镇	176	南木嘎岭	王下乡	1058
狗岭	王下乡	1550	戈枕岭	七叉镇	255
头通针山	王下乡	1162	斧香岭	七叉镇	632
坡伦岭	王下乡	1217	芸红岭	七叉镇	376
南发岭	王下乡	1012	俄崖岭	七叉镇	536
南枣岭	王下乡	1070	巴贤岭	七叉镇	791
乌烈山	七叉镇	441	圆号岭	七叉镇	780
针蜂岭	王下乡	1056	打端岭	王下乡	1291
红地岭	海尾镇	177	分界山	王下乡	1039
娥运岭	海尾镇	103	戴炎岭	王下乡	872
乌兰盖岭	石碌镇	196	空艾岭	王下乡	970
俄爬卡	王下乡	1042	上岭藤山	王下乡	1260
指一岭	王下乡	1257	仑岭	王下乡	1415
南峰山	王下乡	1223			

二、丘陵

丘陵地貌面积 18833.3 公顷，占全县土地总面积的 11.6%。其分布有两种情况：一类是分布在山地周边，是从山地过渡到台地的中间地带，即昌化江东侧，南从燕窝岭（483 米）起，向北经戈枕岭到金牛岭，坡度在 12° ~25° 之间，海拔高一般为 150~400 米，属高丘陵地带，从金牛岭沿石碌岭向东到牙营、鸡心、鸡实，再转北经金松岭，马鞍山到保梅岭西北，坡度一般为 10° ~20°，海拔高度 100~350 米，属低丘陵地带，这一带河沟两岸的山坡中下部地区，土地较深厚肥沃，这类土地多开垦为橡胶地。另一类是分布在中部台地之间，大多数山丘为不连续成片的孤独山头，一般坡度较大，在 12° ~18° 之间，海拔 100~400 米，面积较大的有昌化岭、三架岭、白石岭、塘坊岭、峨沟岭等。分布在十月田、乌烈、昌化、海尾等镇，这些山丘由于相对高度大，坡度较陡，森林被破坏后，水土流失严重，丘陵中上部，多裸露岩石，土层浅薄，土地瘦瘠，开发利用价值差。灌丛草地零星利用为放牧地，坡脚多开垦为蔗地和旱坡地。

三、台地

台地地貌面积大，仅次于山地，面积33066.7公顷，占全县土地总面积的20.4%。主要分布在县中部的叉河镇、十月田镇、石碌镇、乌烈镇，坡度小，在2° ~5°之间，海拔多在40~80米，土地平缓，土壤肥力较高，属石碌水库灌区。土地开发利用率高，耕地面积大，是该县主要粮产区。

四、谷地

从七叉镇到昌化江东侧形成一条丘陵地带，向东与霸王岭，昂牙岭、鸡山岭低地相望，南从南在村起，直到金牛岭脚止，中间形成一个山间谷地，素称之为七叉盆地，面积9573.3公顷，占全县土地总面积的5.9%。七叉盆地地形坡度平缓，在5°上下，海拔高度为100~160米，土地肥沃，宜种水稻等粮食作物，是该县的主要产粮区。

五、平原

平原地貌多属海岸地貌，分布在沿海地区的海尾、昌化等镇，面积36040公顷，占全县土地总面积的22.2%，地势平坦，土壤含沙量大，肥力低，适于营林，是该县种植哈密瓜、西瓜、腰果等的主要基地。

六、沙滩

主要分布在昌化、海尾、乌烈、十月田、叉河等镇，面积3820公顷，占全县土地总面积的2.36%。

七、水域

主要分布在石碌、七叉、十月田、乌烈、海尾等镇，面积6126.7公顷，占全县土地总面积的3.79%。

第二章 土壤·植被

第一节 土 壤

昌江县的土壤形成过程，由于自然成土因素复杂，各个地域的土壤类型也复杂多样。适宜不同土壤环境，植被种类丰富多样。

一、成因及分布

县境内由于自然成土因素复杂，各个地域的土壤中含化学元素及化合物异样，形成土壤类型不一。依其成因，全县有三个不同类的土壤分布特点，即东南部山地黄壤、砖红壤性红壤；中部丘陵的砖红壤、褐色砖红壤；沿海干旱地带的燥红土、滨海沙土。

东南部山岭地区。包括王下乡、七叉镇以及石碌镇的东部，由海拔1655米的猕猴岭和1519米的雅加大岭山脉构成的山地，成土母岩为第四期花岗岩、第二期花岗岩、石英内长岩、寒武系下统粉砂岩、硅质页岩、粉沙质页岩、夹沙砾岩。自然植被为常绿阔叶林、热带季雨林，年降雨量1600毫米以上，4—10月为雨季，其余月份为旱季，年辐射量为123242卡/平方厘米，具有高温、多湿和旱季明显的气候特点。随着地形起伏，海拔高低、水热条件的不同，气候又有显著的变化，气湿随高度的升高而降低，雨量随高度的升高而增加，气候的垂直变化引起植被与土壤类型的垂直变化。在海拔800米以上的地方，自然植被为山地常绿阔叶林，云雾较多，日照少，相对湿度大，土壤水热状态较稳定，土层经常保持湿润，土壤中氧化铁、铝水化，使土壤变为黄色，呈强酸性，形成山地黄壤；海拔400~800米的地方，自然植被南亚热带山地雨林，水热变化差异大，高温多温和干、湿季明显，土壤富铝化作用强，大量铁、铝胶体脱水积聚在深厚的土层中，使土壤变红色，呈酸性反应，为砖红壤。

中部丘陵地区。从保梅岭、石碌岭以西、三架岭、白石岭、峨沟岭以东，包括石碌、叉河、十月田和乌烈等镇的一部分地区。土壤的成土母岩，主要是第二期花岗岩、花岗元长岩、石英内长岩，第四期花岗岩、粉砂岩、沙质页岩、石英砂岩等。自然植被为次生的热带季雨林，年降雨量在1300~1500毫米之间，旱季较长，5—10月为雨季，其余月份雨量稀少，雨季和旱季十分明显，年辐射量为133512卡/平方厘米。区东部和西部略有差别，雨量由东向西减少，东部年雨量为1500毫米，旱季较短，西部降雨量为1300毫米，土壤的富铝化用强，呈酸性反映，形成的土壤类型为砖红壤、褐色砖红壤。其分布的规律随水热状况而定，干旱期较长的西北部为褐色砖红壤，东南部雨量较多，自然植被覆盖度较大，为砖红壤。

西北部沿海地区。从三架岭、白石岭、峨沟岭以西至北部湾，包括昌化、海尾和乌烈镇大部分。成土母岩及母质主要是沉积岩、沙质黏土、砾土、砂烁、砂黏土、淤泥沙。这一带地温较高，雨量较少，干旱期较长，年平均降雨量为960毫米，而且大部分集中于7—9月份，5月、6月、10月次之，其余月份雨量较少，干旱期长达6个月之久，蒸发量大于降雨量为138647卡/平方厘米，这一地带天然林已被全部破坏，只有稀疏灌木丛，人工造林和草丛覆盖度小。由于温度高，旱季长，使这一地区形成明显的干热生物气候，形成的土壤类型为燥红土、滨海沙土。同时由于受海潮及昌化江、珠碧江河水冲积的影响，沿海还有部分的盐渍沼泽土和冲积土。

此外，还有分布在各个地带的水稻土，这是由原来土壤经水耕熟化农业生产活动，使其性质受到不同程度的改变而形成的，具有特殊剖面形态、理化性质和生物特性的土类。由于它主要受人的生产活动和水条件影响，因此，其分布特点与这两个条件密切相关。

二、土壤类型

昌江县土壤分为10个土类、19个亚类、46个土属、122个土种，土类主要有山地黄壤、砖红土壤性红壤（赤红壤）、砖红壤、沉积燥红土、滨海沙土、水稻土、盐渍土等。

山地黄壤。山地黄壤划分为山地黄壤和灰化黄壤两个亚类。分布在王下乡及七叉镇内的中山山地，在海拔750~1200米之间，主要岩性为花岗岩和砂页岩，面积14460公顷，植被为热带山常绿阔叶林，气候湿润、质地疏松、土体黄色、土层肥活，有机质含量2.11%，含氨量为0.03~0.078%，含磷量为0.104~0.118%，含钾量为0.22~0.40%，PH值为4.8~5.1，海拔1200米以上山地出现灰化黄壤，灰化黄壤水湿条件高于山地黄壤，植被残落被微生物分解，产生强酸性的富里酸，对土壤矿物起剧烈的分解作用，硅、铁、铅发生分离，碱金属、碱土金属遭到淋溶，形成灰白色的灰化层，土层酸化，养分淋失。

砖红壤性红壤（赤红壤）。分为砖红壤性红壤和黄色砖红壤性红壤两个亚类。分布在石碌镇、七叉镇和王下乡境内，海拔400~800米的山地，总面积24666.7公顷，在森林覆盖度大的地方，水湿条件尚好，肥力较高，有机质含量达3.64%，砖红壤性红壤土层发育完整，土体棕红色，土层黏实紧密，含氨量为0.05%~0.10%，含磷量为0.038%~0.064%，含钾量为0.14%~0.15%，PH值为5.2~6.3，土层深厚，宜植林。黄色砖红壤理化性质为两类：一是砂页岩黄色砖红壤，含氨量为0.06~0.11%，含磷量为0.04%~0.06%，含钾量为0.08%~0.2%，PH值为5.2~5.7；二是耕作型砂页岩黄色砖红壤，土层深厚，大部分被开垦，含氨量为0.07%，含磷量为0.091%~0.111%，含钾量为0.19%~0.12%，PH值为5.5~6.1.

砖红壤。分为砖红壤和褐色砖红壤两个亚类，分布在保梅岭以西，三架岭、峨沟岭以东的石碌、十月田、叉河等镇内的低丘地带，总面积52333.3公顷。成土母岩主要是花岗岩，土层深厚，晴红棕色，森林多已被破坏，但灌木林较多，覆盖度较好，土壤疏松，土力肥活，有机质含量在3.2%左右，但土壤冲刷严重的地方，土层浅薄，土质瘦脊，有机质含量仅有1.3%左右，氨、磷、钾含量低，PH值在5.5~6.2范围，多开垦为橡胶地。在县中部的台地，海拔高度为60~150米的低丘陵地带，多为褐色砖红壤，本土地区森林已被破坏，地势较平缓，土层较深厚，一般在60厘米以上，多为沙壤土，肥力有高有低，本类土壤多为农耕地，是该县主要粮产基地。

燥红土。主要分布在沿海地区的海尾及昌化等镇海拔20~50米之间的地带，总面积20333.3公顷，成土母质为浅海沉积物和少量的花岗岩，土体表层量灰棕色，深土层为红褐色，土质疏松，含沙量大，有机质含量在0.4%~0.8%，含氨量为0.03%~0.5%，含磷量为0.06%~0.072%，含钾量微，PH值为6.2~6.3，土层深厚，肥力很低，植被覆盖度小，多为旱坡地，宜种水稻、甘蔗、西瓜等。

滨海沙土。分布在海尾、昌化等镇的滨海平原及沙滩地带，海拔高度在20米以下，总面积9800公顷，质地沙性，土层深厚，白色土体，有机质含量为0.294%~0.838%，含氨量0.01%~0.04%，含磷量为0.043%~0.059%，PH值为7.2~7.4宜植林。

水稻土。属耕作熟化土壤，全县各乡镇均有，主要有如下6个亚类：渗育型、潜育型、潴育型、沼泽型和盐渍型水稻土。潴育型水稻土面积较大，肥力较高，有机质含量为0.481%~3.516%，含氨量平均为0.07%，速效磷平均含量11.77499米，速效钾平均含量为70.9399米。

潮砂泥土。分布在昌化江和珠碧江下游出海口处，靠江近海，包括昌化镇的旧县、浪炳、杨柳、咸田，叉河镇的红阳，十月田镇的姜园，海尾镇的大安、长山等村，面积共4133.3公顷，土壤结构多为棱状和粒状，土层深厚，土质疏松，质地均一，有机质含量丰富，含氨量为0.05%~0.11%；含磷量为0.089%~1.08%；含钾量为0.51%~1.32%；pH值为6.0~6.4；宜植水稻、花生、番薯、甘蔗等农作物。

第二节 植 被

昌江县自然植被群落以森林植被为主，人工植被为辅，但原始森林存有量不多，现存多为次生天然体，森林植被群落有热带雨林、季雨林、灌木丛、草原等。

热带雨林。分山地雨林和沟谷雨林。热带雨林属于垂直带状分布群落，沟谷雨林是受地形影响而成的植被群落，保存较完好的原生性热带雨林多分布在猕猴岭、雅加大岭650米以上的山地及沟谷地带，林木高大，植物种类繁多，珍贵用材树种有陆均松、竹叶松、海南油杉、油丹、荔枝、绿楠、红椤、红绸等。林下遍生棕榈科植物、蕨类植物、兰科植物、草本和木质藤类植物，群落热带性显著而且稳定，是昌江县仅存在的热带珍贵林基地。2010年，县内热带雨林中原始野生珍贵树种略所减少，多数现存为次生林。

季雨林。分常绿季雨林和落叶季雨林。常绿季雨林其植物组成以常绿树种为主，多分布在七叉岭、昂牙岭、鸡心岭、金松岭、马岭、保梅岭等70米以下的山地及丘陵地。植物群落层次结构一般可分为三层：上层为高大的乔木，主要树种有荔枝、油楠、青梅等；中层为密度较大的灌木林；下层多为草本植物，覆盖度稀疏。落叶季雨林其群落组成以落叶树种为主，在旱季大部分乔木树种落叶，季节变化明显，本群落多为常绿季雨林被破坏而出现的次生林，多分布在水尾、叉河、鸡实、马岭、尖岭、军营岭、塘坊岭、三架岭等。海拔500米以下低丘陵地，乔木树种有鸡尖、厚皮、白格、麻栎、乌墨等。林下灌木层也较密，有刺植物较多，下层植物以旱生性禾本科植物为主，飞机草也很多。2010年，县境季雨林中存有的原始荔枝、油楠、青梅等树种不多，现有林木多为次生林。

灌木丛林。分为稀树灌丛、灌木草丛及多刺矮灌丛三个类型。均为原始森林遭受破坏后演变而成的次生植被类型。稀树灌丛多分布在海拔300米以下的七叉盆地周围的山脚，水尾、长岭一带的低丘陵地，鸡实至石碌水库北面一带的低丘陵地，尖岭、香岭、军营岭、塘坊岭周围的低丘台地等地区。主要植物有麻楝、白格、厚皮、大沙叶、扁担木、老人皮、余甘子、桃金娘、黑牡丹、白茅、扭黄茅、飞机草等；灌木草丛，分布在海拔200米以下低丘陵台地地带，该群落植物多由旱生性植物组成，以禾本科草本植物占有优势。植物种类有山芝麻、扁担木、白茅、大芒、芒箕、飞机草等；多刺矮灌丛，多分布在沿海地区，海拔80米以下的台阶地及沿海地带，海拔250米以下的山丘，植物群落由旱生多刺植物组成，有刺葵、刺篱木、刺竹、仙人掌、兜筋、坡柳、飞机草、扭黄等。2010年，历经多年山坡开垦，灌木丛林地带遭到不同程度破坏，灌木丛林面积减少近一半。

草原。全县山地、丘陵地、台阶地及沿海平原均有分布，以王下乡黄牛岭山脊草原成片，面积最大，其草种多为禾本科草本植物；丘陵台地多为稀树草原，成片面积不大，分散分布在县中部丘陵台地地区，植物以旱生性禾本科草本植物为主，并散有落叶性乔木及矮灌丛草地及沙荒草原，植被多为旱生性植物，有白茅、扭黄茅、野香茅、蜈蚣草、芒箕等。截止2010年，全县草原利用率较低。

第三章 气候·水文·灾害

第一节 气 候

昌江地处热带北缘，属于典型的干湿交替热带季风气候区。但又紧接东亚大陆南缘，受大陆性气候的影响，具有明显的大陆性岛屿气候特点。冬季盛行东北风，夏季盛行东南风。阳光充足，蒸发量大，热量丰富，干湿季节明显。每年5—11月为雨季，12月至翌年4月为旱季。同时，县境处于五指山脉的西北侧，冬春季偏东气流不能进入，造成雨量稀少，干旱明显。夏秋季则是偏西气流的迎风面，使东南部山区形成明显的雨水季节。西北部滨海地区，地势平坦，缺少地形雨，仅有明显的降水系统入侵影响才有明显的降水过程。

一、气温

1991—2010年，昌江县年平均气温为24.1℃~25.1℃之间，变幅约1℃。南罗经才地—红田—保梅—朝阳—霸王岭、俄贤岭一线以东地区，年均气温低于24℃。西北至进董经道隆—峨港—长塘一线以西的地区年均气温高于25℃。年平均气温的分布由东南向西北递增。6月、7月为最高温度月，平均日气温28℃~29.5℃，极端最高气温为39.5℃。全年平均最高温度为28.6℃~31.7℃，平均最低温度为17.1℃~20.6℃。由于受海洋气候调节，平均温差较小，一般在8.6℃~10.2℃之间。但山区一些谷地和七叉盆地及十月田地区的盆地，因地下垫面性质差异大，相对气温日较差也大。

气温日际变化。气温的日变化具有一规律，在不同的季节和不同天气状况下，气温日变化规律亦有差异。2月上旬至7月上旬，气温从22.5℃上升到33.1℃，平均每天升高0.07℃。7月上旬至下年1月，气温由33.5℃下降到21.8℃，平均每天降低0.067℃。日平均气温升降大致相同。

气温年际变化。一般在 23.5℃ ~25.5℃之间，最高年平均气温为 25.5℃，其余年份在 23.7℃ ~25.0℃之间。最低年平均气温为 23.5℃，其余年份在 23.7℃ ~25.0℃之间。气温年际变化较小。

2008 年昌江县部分地区气温平均温度一览表

表 2-3-1　　单位：摄氏度

月份 地点	1	2	3	4	5	6	7	8	9	10	11	12	年均
红江	19.3	19.9	23.5	26.7	29.2	29.4	29.5	28.4	27.0	25.4	22.7	20.5	25.1
红泉	18.3	18.9	22.3	25.8	28.3	28.5	28.6	27.5	26.1	24.5	21.7	19.5	24.2
大岭	17.5	18.0	21.4	24.1	27.9	28.0	28.1	27.2	25.8	23.9	20.8	18.6	23.5
红田	18.1	18.3	21.9	25.3	28.2	28.3	28.4	27.5	26.2	24.3	19.7	17.7	24.1
海尾	18.9	19.5	23.0	26.0	28.4	28.6	28.7	27.7	26.3	24.8	22.2	20.1	24.5
七叉	19.7	20.3	23.3	26.0	28.0	28.2	28.3	27.4	26.2	24.9	22.6	20.7	24.6
石碌	18.8	19.4	22.8	25.8	28.1	28.3	28.4	27.4	26.1	24.6	22.0	19.9	24.3
五百米地	16.4	17.0	20.4	23.4	25.7	25.9	26.0	25.0	23.7	22.2	19.6	17.5	21.9

二、日照

1991—2010 年，昌江县年平均日照为 2000~2600 小时。年日照分布，王下东侧为 2000 小时，太坡的尼下村经保梅岭、朝阳至霸王岭、图号等地区一线为 2200 小时；新港经才地、万善、老羊地一线为 2400 小时；海尾进董经乌烈、先锋至大风一线为 2600 小时。一年之中 5 月、7 月份日照时数最多，1 月、2 月份日照时数最少。石碌地区年平均日照时数为 2309 小时，日照百分率为 52%，最大月 5 月为 240.5 小时，百分率为 60%。最小月 2 月为 142.9 小时，百分率为 44%。其各月均大于 170.0 小时，百分率在 50%~59% 之间。

年际变化，最多年份为 2596.6 小时，年日照百分率为 52%；最少年份为 1943.6 小时，百分率为 44%。

2010年昌江县各月日照时数百分率表

表 2-3-2

项目＼月份	1	2	3	4	5	6	7	8	9	10	11	12	年均
日照时数小时	170.6	142.6	188.0	198.1	240.5	213.4	238.0	199.5	184.0	178.8	178.1	177.7	2309.0
百分率 %	50	44	50	53	60	54	59	51	50	50	53	50	52

三、太阳辐射

昌江县年太阳辐射总量达122044~138647卡 / 平方厘米。西北沿海太阳辐射总量大于东南部山区。沿海地区海尾镇沙渔塘—沙地—昌化镇的先锋—大风以西地区为138647卡 / 平方厘米以上。中部丘陵地区十月田镇军营—好青—叉河镇的唐村—叉河一线为133512卡 / 平方厘米。东南山区王下乡大炎—霸王岭—石碌镇的朝阳—马岭一线为128377~123242卡 / 平方厘米。太阳辐射总量以每年5月、7月份居多，1—2月和11—12月较少。

四、蒸发量

1991—2010年，年平均水量蒸发量为2244毫米。地区分布而言，东南山区蒸发量小，西北沿海地区蒸发量大。从山区向沿海递增，年内5—7月蒸发量最大，占全年32%。极大蒸发量1992年5—7月达2456.1毫米。极小蒸发量1996年为2027.5毫米。

年平均干燥度分布如同日照时数与蒸发量的分布大致一样。由东南山区向西北沿海逐渐增加，王下地区小于1.0，其余地区大于1.0，较大区域是海尾、昌化等干燥度大于1.8。

五、降水

昌江地形地貌复杂多样，致各地降水差异明显。降水时空分布别异，年际变化较大。年平均降雨量为1646.9毫米。

降水年际变化。1991—2010年，最多雨量年份为2002年，年降雨量达2416.8毫米。最少雨量年份1998年为1106.1毫米，二者相差1310.7毫米，年际变化大。季节降雨不均匀，时间差异极大。通常是冬春少，夏秋多。雨汛期为5—10月，降水量占年总降水量的90%，11月至翌年4月的降水量仅占年总降水量的10%。降水月际变化呈单峰型。一般以8月为峰，以1月为谷，雨量由345.1毫米降到7.6毫米。全县平均降雨日数（≥0.1毫米）为100天，9月达18.8天最多，其次为8月17.6天，最少为12月仅有3.3天。

降水地域分布。全县年降雨量大致在902.6~1805.4毫米之间，大部分地区在1200~1700毫米之间。降水量由西北部沿海向东南部山区逐步递增。石碌、七叉、王下等乡镇，年降水量为1600毫米以上，海尾、昌化、乌烈等镇，年降水量为1100毫米以下。东南部山区雨季早，5月中旬或6月上旬开始，10月或次年1月结束。西北部沿海6月下旬才始有雨季，10月或11月结束。县气象资料显示，雨季开始最早的年份为2008年3月中旬。

雨季期间受气流影响带有强降雨过程，时有出现暴雨和大暴雨。县气象监测全县日最大降水量是1996年9月16日的特大暴雨396.6毫米。1991—2010年，年均暴雨次数为5.3次，大暴雨次数为1.3次，特大暴雨次数为0.6次。

1991—2020年昌江县降雨量级频率统计表表

表2-3-3

量级	降水量特征值	频数（M）	频率%	累计频率%	保证率%
特少	≦988.0	0	0		100.0
偏少	988.1~1317.4	5	218	21.8	100.0
正常偏少	1317.5~1482.1	2	8.7	30.5	78.2
正常	1482.2~1811.6	8	34.8	63.3	69.5
正常偏多	1811.7~1976.3	2	8.7	74.0	34.7
偏多	1976.4~2635.0	6	26.0	100.0	26.0
特多	≧2635.1	0	0	100.0	0

第二节 水文

县境内水资源丰富，地表径流量大。多年平均年降水总量为22.31亿立方米，年总径流量达9.2亿立方米。县域内有大小河流14条，河流总长244.37千米，集雨面积为1675.75平方千米。年平均降雨量为1395毫米，集雨面积在100平方千米以上河流有4条。100平方千米以下有10条。水能理论蕴藏量达38546千瓦时。

一、地表水

昌江县背山面海，河流遍布全境。昌化江和珠碧江分别从该县南北边界流入北部湾。境内主要河流还有南尧河、七叉河、郎代界河、乙劳河、石碌河、青山河、纳凤河、沙地河、卡叉河、靛村河、南罗河、保突河共12条。年径流量9.2亿立方米，年平均径流深582毫米，人均年径流量5733立方米，高过全省人均5250立方米的水平。丰水年（P=10%）17.66亿立方米，平水年（P=50%）7.81亿立方米，枯水年（P=90%）2.592亿立方米。因地形差异，山区与平原降雨量有差别，河流径流量也不同，山区径流量大，平原径流量小。南罗河集雨面积 212 平方千米，年径流量 0.754 亿立方米。七叉河集雨面积 145 平方千米，年径流量 1.085 亿立方米。全县理论水能蕴藏量 38546 千瓦时，可开发量 2900 千瓦时。

二、地下水

县境内地下水资源丰富，主要集中分布在昌化江和珠碧江下游入海处附近地区，其余地区相对贫乏。昌化镇的杨柳、咸田 2 个村较为丰富。孔隙潜水天然降水渗入量一般每天 15.3 万立方米，年 5600 万立方米，均布井水可采资源量每天 4.34 万立方米，年 1584 万立方米。基岩裂隙水天然资源地下径流量每天 21.654 万立方米，年 79030 万立方米。地下水资源水质良好，符合国家“TI20—76”规定的卫生标准。

三、昌化江水系

昌化江系海南岛第二大河，发源于五指山北麓的琼中黎族苗族自治县空尔岭。干流流经琼中黎族苗族自治县、乐东黎族自治县、东方市 3 个市（县）后注入昌江县南部边界，于咸田港和东方市英潮港入海。全长 232 千米，其中在昌江县境内 62 千米。流域面积 5150 平方千米，其中昌江境内 1237 平方千米。总落差 1614 米，其中在东方市的广坝处河床下跌约 40 米，广坝跌水以下至叉河长 30 千米，平均坡降 1.21，叉河以下至咸田港长 32 千米，平均坡降为 0.41%。年降雨量 1436 毫米，年径流量 39.04 亿立方米，水能蕴藏量达 29 万千瓦时。全县注入昌化江的主要水系有石碌河、南尧河、南阳溪、郎代界河、乙劳河、青山河、长塘河、靛村河共 8 条。集雨面积共 921.44 平方千米。

四、珠碧江水系

珠碧江发源于白沙黎族自治县的南高岭，全长 84 千米。其中在昌江县与儋州市交界河段为 11.5 千米。平均坡降 0.002，总落差 598 米。水系支流 7 条，其中白沙黎族自治县境内 5 条，儋州市境内 1 条，昌江县境内 2 条（即南罗河和保突河）。总流域集雨面积 1105.6 平方千米，其中昌江境内集雨面积为 231.2 平方千米。

县境内除昌化江和珠碧江 2 大水系河流外，还有同发源于三架岭的沙地河、卡叉河 2 条。总长 18.5 千米，集雨面积 82.29 平方千米。

第三节 自然灾害

一、旱灾

昌江县属于典型的干湿交替热带季风气候区，年际间降水时间和空间不均，春旱和夏秋旱灾害时有发生。

春旱，一般为2—5月份。据海南省气象局确定的“实际干旱日数”标准的5个等级统计，1991—2010年，无旱年数为零，小旱年数为5年，中旱年数为7年，大旱年数为8年，无特大旱年。

夏秋旱，一般为6月和10月。县气象部门统计，1991—2010年，夏季无旱年数为8年，小旱年数为7年，中旱年数为4年，大旱年数为1年。

二、热带气旋及暴雨

热带气旋所带来的暴雨天气为昌江县主要灾害天气之一。1991—2010年，年均出现达到影响标准的热带气旋个数为3个，达到严重影响标准的台风10个。最为严重影响的热带气旋为1996年9月19~21日出现的“96·18”号台风和2005年9月出现的18号台风“达维”，两个台风瞬间风速34米/秒（相当12级），最大风力12级以上，日降雨量为704.8毫米。

三、西南干热风

西南风是春夏之交出现的干而热的西南风。县境西南干热风一般出现在2—6月份，通常西南半部早于东北半部，沿海早于山区，对早稻影响较为严重。1991—2010年，出现较有影响的3次，最为严重的出现于1993年6月，时间长达25天。

四、低温阴雨

低温阴雨天气通常出现在冬春季，是受北方冷空气南下影响而出现的一种灾害性天气。按标准：1.日平均气温≦13℃，持续≧3天；2.日平均气温≦15℃，日照时数≦2小时，且持续≧4天；3.日极端最低气温≦8℃，持续≧3天；4.日极端最低气温≦6℃，持续≧2天。达到其中之一测算为一次达程。如遇上这种天气，常导致烂种死苗，耕牛阴冷致死，早稻生产受严重影响。史上最为严重的是2008年12月，低温阴雨天气持续长达13天。

五、清明风和寒露

1991—2010年，县气象部门资料显示，20年间影响昌江县的清明风频率最大一般在3月初，为34%；其次是3月底，频率为19.2%，4月1—20日清明风80%已通过。影响昌江县的寒露风天气一般在10—11月中旬，11月中旬频率最大，为23.8%，10月底频率为11.9%。80%保证率稳定通过寒露风天气期是10月1—20日。

第四章 海 洋

第一节 海 域

昌江县西北濒临北部湾，海域面积广阔。南自咸田港，与东方市海域交界，北至儋州市海头港为邻，西面迎北部湾。浅海域总面积为866.736平方千米。1海里以内海水深15~20米。海岸线内主要障碍物有昌化港西南的四更沙，昌化大角对开7壬水处的公案石，新港西南开18壬水处的要寿石等。

第二节 港口·港湾

县境内海岸曲折，海岸线长52.2千米。县境内海港、海湾较多，主要海港有昌化港、海尾港、新港、咸田港、马容港、双塘港、沙渔塘港等。海湾有棋子湾、昌化湾、双塘湾等。

一、昌化港

昌化港位于昌化江入海口北岸，古称乌泥港、大港等，既是海南岛西海岸较大的海港，也是昌化渔场主要渔港之一。现为昌化镇政府所在地。港口呈喇叭形，港门向西南敞开，湾内泥沙淤积较严重，浅滩面积较宽，有许多小岛屿。港池西北向东南狭长，长3500米，最宽1000米，水域面积3.5平方千米。落潮时港池仅有1条长500米、宽80米的水域区，港口航道狭窄水浅，水深为0.6米，10吨以上船只乘潮进出，涨潮时50吨渔船可以进出。2006年开始渔港疏通工程，渔船进出吨位提升。港口内设有县内、岛内、岛外共3个泊位，可停泊50吨以下的船只3000艘。港潮位变化较大，最低潮为0.5米，最高潮为3.3米。2010年，年吞吐量10000吨。

二、海尾港

海尾港古称大员港，亦称海尾老港。位于卡叉河入海口，距海尾村1千米处。是昌化渔场主要渔港之一。是渔船停泊及货物集散之港口。最低潮位0.00米，最高潮位3.00米。其形状呈八字形，进口狭窄，港内面积宽阔，可停泊68吨以下机帆船。离岸650米外有一航道，水深6米以上，从海岸伸向外海100~200米处为浅水珊瑚礁盘，港内两侧礁石林立，低潮时10吨以下船只可进出。因泥沙逐年淤积，港池变浅。2007年海尾渔港整治工程开工建设，清理泥沙淤积，筑堤固沙，渔港容貌提升，渔港可停泊吨位及数量增长。2010年，海尾港可停泊渔船1000艘。

三、新港

新港古时也称海头港。位于珠碧江入海口处，距双塘湾3千米。系琼西较大的渔港之一。港池长3000米，最宽处1500米。水域面积4.5平方千米，水深1米左右，可泊船只1500艘，是昌化渔场主要渔港之一。最低潮位0.00米，最高潮位3.30米。港口航道狭长水浅，进港航道约1千米，港向西北开口，口面宽150米，入口处有沙滩3处。东北至西南排列成行，底部为泥沙，无暗礁。四周为白色沙滩，沿岸有珊瑚带，航道因受洪水及潮流和季风影响经常变化。1996年，受第18号强台风影响，港口受损严重，后政府拨款修复加固。港口内，高潮时可进80~100吨位船只，低潮时仅小渔船可进出。2010年年底，每天有大小渔船168艘停泊于港。

四、咸田港

咸田港位于昌化江入海口，位于昌化港西南方1千米。1991年后，因河沙淤积，河流变道，港池变浅。2010年，仅有少量小船只靠停，涨潮时10吨以上渔船可进出。

五、马容港

马容港古时也称“小员港”。位于沙地河入海口，距海尾镇沙渔塘西南1.5千米。港池东西走向，长1000米，宽200米，面积为0.2平方千米。港内水深可用避风，可停泊船只200艘，涨潮时船只可进出。港口属沙港，海滩广大。因长年流沙失修，加交通不便，2010年，此港仍未得于开发利用。

六、沙渔塘港

沙渔塘港旧称“沙地港”。位于海尾港西南7.8千米，昔日港内常有鲨鱼，故得名“鲨渔塘港”。后因“鲨”字难读写，渔民改为“沙”。港池长300米，宽200米。港口水深2米，面积0.06平方千米，港内可停泊船只100艘。2000年，港区始有海鲳、海鲤、石斑等海水养殖。2010年，海水养殖面积达66.7公顷。

七、双塘湾

双塘湾位于新港西南3千米处。湾长950米，水深3~4米，港湾地形险要。因地处沿海边陲，交通不便，一直未得到开发利用。

八、昌化湾

昌化湾 位于昌化江入海处，东临昌化港、咸田港及东方市旦场港，西接北部湾。湾长5千米，水深10~15米。该湾鱼类品种繁多，为浅海生产的良好场所。退潮时大小渔船不能进入昌化港，多停泊于此港。该湾临近昌化港，交通便利。20世纪90年代中期始，利用浅海滩涂发展海水养殖，主要养殖虾、螃蟹及鱼类等。

九、棋子湾

棋子湾位于昌化港东北3千米处，湾内水深10~15米，底质细沙为主。西北与昌化大角相连。每年11月至下年5月，盛产马鲛、青鳞等鱼类。湾内海静水青，沙质细软，洁白如银。海域光温条件好。海岸奇石林立，怪石嶙峋多姿，色彩各异，风光独特。湾内自然景观有祭海石、观鱼石、怪石群、仙娘洞、火焰石等。2008年10月招商引资，第一家入驻雨润集团——海南雨润地华旅游发展有限公司。2010年已入驻开发建设的企业有浙江恒盛元集团公司、海南盛木置业、海南省旅游投资集团控股有限公司等。

第三节 海水·潮汐

一、海水

昌江境内海区表层流和低层流均属南北流向。表层水温平均25.25℃，海水盐度在15‰至35‰之间，PH值在7.6~8.5之间，海底坡平缓，不超过1。海域冬春两季有雾，多在清晨4时至上午9时，年平均雾日32天。海湾外海域宽阔，波浪浦大受波浪作用强，每当刮5级风左右时波浪高1米，8级时波浪高2.6米，海底形成的波浪流对海底与海岸线产生侵蚀作用。波浪流也近海岸，侵蚀和破坏作用愈强烈。波浪后复作用逐渐形成沙质浅滩与沙坝海岸。

二、潮汐

县境内海区大多以日潮为主，属不正规日潮型。每月约有14天为日潮，其余天数为不正规半日混合潮。半日潮的天数在1个月中占5~14天不等，最多半个月，平均为11天。日潮时一天涨潮时间1~14小时。海尾港最低潮位为0.00米，最高潮位为3.00米。

新港最低潮位为0米，最高潮位为3.30米，涨潮时自西北外海流向港内，退潮时相反。昌化港最低潮位为0.50米，最高潮位为3.30米。

第四节 滩 涂

县境内浅海滩涂面积大，滩涂面积为1106.7公顷。分布在新港、海尾、昌化等港湾，以海尾镇新港滩涂最大，面积达86.7公顷。2000年后，浅海滩涂始于发展养殖鱼虾，养殖规模逐年增加。2010年全县滩涂利用533.3公顷。

第五章 自然资源及保护

第一节 土地资源

全县土地面积162057.30公顷，其中耕地总面积37323.75公顷，占土地面积的23.03%。常用耕地面积16504.53公顷，占土地面积的10.18%。园地（包括橡胶园及其它热带作物园地）面积13000公顷，占土地面积的7.7%；宜林地面积82000公顷，占土地面积的50.3%；牧草地面积15000公顷，占土地面积的9.38%。2010年，全县农业人口人均耕地面积0.3公顷。

第二节 矿产资源

昌江县境内矿产资源丰富，种类繁多。主要矿藏有铁、铜、钴、铅、金、石灰岩、石英砂、花岗岩等。

一、铁矿

石碌铁矿探明有原生铁矿38个，主矿体位于石碌镇南部，以北一主矿体为中心。累计矿石探明储量4.404亿吨，含铁平均品位48.81%，最高平均品位达68%。石碌铁矿被誉为“亚洲第一富铁矿”。经历年开采，至2010年已探明的储量仅剩二分之一。

二、钴铜矿

在石碌镇南1千米的石碌矿区（北一区段），铜钴地质储量360吨，含硫量高，是制造硫酸的原料。原矿含硫12%~15%，选矿后含硫35~36%。在冶炼金属钴的过程中产生的气体含大量二氧化硫，经吸收处理后即可用来生产硫酸。另有B+C+D级钴金属储量11165吨，平均品位0.308%。经历年开采，至2010年已发现的储量仅存三分之一。

三、金矿

主要分布在昌江县东南部山区的叉河、石碌、七叉、王下等乡镇内。探明储量为5.41吨。最高品位7.6克，最低品位0.62克。经历年开采，至2010年，县境内已探明的黄金储量仅存有3.5吨。

四、石灰岩

县境内石灰岩储量大、品位高。主要分布在石碌、七叉等镇。据勘测，七叉镇尼下村石灰岩储量约1亿吨，不仅储量大，而且品位优质，为制造水泥上佳原料。在石碌镇195° 方向15千米的芸红岭，B+C+D级储量9800万吨，属大型规模。经历年开采，至2010年，已探明的储量还剩二分之一。

五、花岗岩

花岗岩储量丰富，主要分布在县境东南部和中部地区。

六、白云岩

冶金辅助原料矿产，位于石碌镇南1千米的白云岩矿床，在勘探铁、钴、铜的同时所控制的储量达12.5亿吨，镁含量达19%~20%，矿床为大型规模。

第三节 动植物资源

昌江县地形复杂，山地、草坡面积广阔，毛面积达12000公顷。森林覆盖率为54%。山地动植物种类繁多，资源丰富。境内有野生动物种类达1000多种，有野生植物种类1400多种。

一、野生动物

分为禽类、哺乳类、两栖类、爬行类、混虫类、无脊椎类6大类。

禽类。野鸡、孔雀雉、白鹇、山椒鸟、鹦鹉、鹧鸪、群鹤、大雁、燕子、布谷鸟、麻雀、白头翁、杜鹃、黄莺、鹌鹑、野鸭、八哥、了哥、啄木鸟、喜鹊、白鹭、小毛鸡、乌鸦、斑鸠、猫头鹰等。

哺乳类。黑冠长臂猿、坡鹿、云豹、水鹿、水獭、黑熊、山马、野猪、野兔、穿山甲、黄猄、猕猴、椰子猫、巨松鼠、灵猫、海南飞鼯、果子狸、狐狸、刺猬、飞狐等。

两栖类。黑眶蟾蜍、沼蛙、细刺蛙、花细狭口蛙、大绿蛙、无声裹树蛙、花姬蛙、海南湍蛙、斑退树蛙、眼斑小树蛙、黑耳蛙、长趾蛙、青皮蛙等。

爬行类 。巨蜥裸耳飞蜥、斑飞蜥、细鳞树蜥、变色树蜥、捷蜥、麻蜥、石子龙、草龟、平胸龟、凹甲陆龟、海南闭壳龟、地龟、眼斑水龟、金钱龟、福建丽纹蛇、繁花林蛇、蟒蛇、白唇竹叶青蛇、巨型烙铁头蛇、黑眉锦蛇、海南闪鳞蛇、金环蛇、银环蛇、紫灰锦蛇、赤链蛇、过树蛇、眼镜蛇、翠青蛇、眼镜王蛇、海南脆蛇等。

昆虫类。黄蜂、蜜蜂、螟虫、蝉、地老虎、金龟子、夜蛾、小蜂、松毛虫、赤眼蜂、天牛、叶蝉、稻飞虱、椿象、蛱碟、石蠹、吉丁虫等。

无脊椎类。山马蝗、蜘蛛、蝎子、蚯蚓、蜈蚣、田螺、蚌、田蟹、虾、蚬、飞蜞、水蛭等。

二、野生植物

分为蕨类、木类、竹类、果类、草类、藤类、药物类、花卉类共 8 大类。

蕨类 。芒箕、卷柏、狗脊、凤尾草、乌毛蕨、鸟巢草、大桫罗、铁钱蕨、海金沙、里白等。

木类。陆均松、竹叶松、竹柏、海南油杉、南亚松、桢楠属、红椎、青皮、赛胭脂、黄杞、苦梓、红裯、油丹、山荔枝、绿南、红罗、母生、子京、坡垒、鸡占、猫尾、菜豆树、乌墨、白格、黄牛木、麻栎、旱毛栎、三角枫、野牡丹、白榄、黑榄、黄榄、高山榕、青果榕、鸡毛松、海南石梓、加冬、无花、馒头果、罗汉松、红壳松、乌格、青梅、毛丹、香果、花梨、翠柏、香楠、野枇杷、海南粗榧、思毛松、白椎、黄椎、鸡尖、苦楝、山苍子、五针松、白木香等。

竹类。刺竹、青皮竹、楠竹、麻竹、藤竹、水竹、龙骨竹等。

果类。芒果、香荔枝、龙眼、芭蕉、菠萝、石榴、油柑、人心果、杨桃、酸梅等。

草类。大芒、白茅、黄茅、香茅、五节茅、飞机草、千斤拔、旱莲草、蛇舌草、鸡骨草、含羞草、黄花稔、雷公笋、野香茅、竹节草、鸭舌草、牛筋草、狗胆草、蜈蚣草、蟋蟀草、金丝草、象鼻草、绉面草、五月艾、犁头草、车前草、仙茅、芒花草、金钱草、落地生根、虎尾草、山芋、防风草、马鞭草、虎耳草等。

藤类。红藤、白藤、竹藤、鸡屎藤、葛藤、过山龙藤、黄莲腾、白粉藤、杜仲藤、蛇王藤等。

药用类 。松脂、茅花、苍子、降香、沉香、益智、良姜、青天葵、砂仁、木棉、灵芝、马勃、伸筋草、崖姜、桓子仁、粗榧、菱叶、山胡椒、白胶香、桑白皮、桑叶、榕树须、见血封喉、千日红、土人参、威灵仙、宽筋藤、黄梓、阴香、牛大力、望江南、过龙江、葛根、黄皮、琥珀、苦楝树、山芝麻、半枫荷、剑花、了哥王、紫薇、桃金娘、鸟不企、鸭角木、七叶莲、白花茶、马钱子、鸡蛋花、单根木、益母草、夏枯草、独脚草、广防风、洋金花、穿心莲、板蓝根、巴戟、胆木、九节、金银花、木鳖子、半边莲、芦根、青蒿、艾叶、露儿根、芦荟、天冬、土茯苓、砂姜、郁金、白雪花、野牡丹、一点红、五色梅、白花子、臭茉莉、仙人掌等。

花卉类。兰花、菊花、荷花、野牡丹、四季、山茶、杜鹃、鸡冠花、木棉花、九里香、鸡蛋花、长春花、一点红等。珍类品种为冬风兰、安诺兰、美冠兰、火焰兰、珊瑚兰、虎头兰、象牙兰、万带兰、五唇兰、独占春等。

第四节 旅游资源

昌江县坐山面海，既有山区风貌，又有海边特异，旅游资源丰富。山区风貌有皇帝洞、地下宫、革命洞（爱情洞）、十里画廊、霸王岭热带原始森林、黑冠长臂猿自然保护区、七叉温泉、雅加大岭瀑布、燕窝岭、石碌水库、石碌矿山、七叉木棉红等。沿海胜境有昌化大岭、棋子湾、峻灵王庙、海尾湿地等。此外有黎族非物质文化遗产的王下洪水村船形屋、石碌镇保突村的黎族制陶及黎族特有的黎锦和传统文化习俗等。

一、棋子湾风光

棋子湾位于昌化镇境内，东倚昌化岭，南邻昌化港，西连北部湾，北接沙渔塘，海岸线呈“S”形。海滩有郁郁葱葱木麻黄海防林，岸边礁石遍布，千姿百态。海湾平静，水清见底，沙细质软，洁白如银。四周绿茵，花繁碟舞，四季如春，景色诱人。湾内有天然十景：

帆船石 。因形状似船帆而得名。位于深海与浅海交接处。帆船石高出海面，站在此可观望到湾外波浪，湾内却水平如镜的奇观。正如古人云“一掌划开二重天”之意。

海湾大角。俗称昌化大角，位于棋子湾南侧，为湾内海岸线的制高点。大角沿岸古铜色和深褐色的石林连成一片，犹如少女的裙幅。石窝中各色各样的热带鱼成群嬉游，海鸟飞翔，盘旋其间，别具一番的海湾特色。

海湾小角。位于海岸南端。小角内布满层层叠叠的风化石，井然有序，姿态各异。角南有一大石壁，高达6米，状似帐篷，激急海浪撞击石壁，发出闷雷般的巨响。海水咆哮，浪花飞溅，气色壮观，令人心旷神怡。

治癣沟。位于湾内腹地，沟中泉水终年不息，泉水里含有丰富的硫黄矿物质。患有皮肤病人常到沟里洗澡泡脚，不治而愈，故曰“治癣沟”。

祭海石。位于西侧海中，退潮时隐约可见。石长10米，宽2米。石板面有石槽、石牙、石杯，状如香案。以往渔船进出昌化港，经过该石时，渔民总要到该石前朝拜一番，以求出海平安，捕捞满仓。

观鱼石。位于西南侧。横卧湾中，石下有一石槽，长10多米，槽内水色清澈。四周石壁上从生瑰丽的各色珊瑚花。水中各类鱼儿游荡，令人目不暇接。

盼郎滩。又称观音滩。位于大角和小角之间。沙滩平坦、洁白。四周长满山花。人们可在此滩游泳、阳光浴和沙疗。传说古时这一带的渔家女，每天夕阳西下时，便成群结队到此，各采一束山花，拿在手中，面向大海祈祷，盼望出海捕鱼的郎君平安归来，故此得名。

仙娘洞。位于峨岭南悬崖临海处。涨潮时，海水滚滚而入；退潮时，海水缓缓而出。洞中可行小船，边上有路可绕。传说仙女所造，故而得名。

怪石群 。位于海湾内，在烟波中隐约可见，海水昼夜撞击，浪花四溅。远眺如钱塘江中的一群铁牛挡住滚滚而来的海潮，溅起满天飞沫。若驾轻舟一叶，临近石群，则涛声灌耳，让人胸襟豁然。

棋子篮。位于大海湾西南角。沿岸方圆约5000平方米的沙滩上，布满红、蓝、绿、黑、白等各种各色的卵石，光艳净洁，类似棋子，故而得名。

二、昌化岭胜景

昌化岭，位于昌化镇昌化港东北方1千米处。昌化岭古称落脯岗、大陈山，宋改封峻灵山，又称神山，现又称海军岭。海拔400米。山上有石池、石峰、石船，以林秀、石奇、甘泉、花香而闻名。十里九峰，风光瑰丽，气派雄伟。昌化岭不但风景独特，而且山间动植物珍稀特有，如野荔枝、黄柑、龙血树等植物，猴子、山鸡、黄猄、飞鸟等动物。可供游人观赏。

三、峻灵王

峻灵王坐落于昌化岭半山腰300米处，巍峨直立在一块30多平方米的平石上。古籍记载："有一巨石，似人直立，坐镇神山。"又载："后汉改封镇海广德王，宋元丰五年又改封峻灵王。"石高10米，上部围长12米，下部围长16米余，顶端盖着一块薄石，宛如皇冠，形态庄严，气派雄伟，标奇览胜，璀璨夺目。在峻灵王的坐殿前面有3个如碗大的石臼，盛满清水，长年不涸，人称之为"酒盅"。左侧有石池，内产紫鳞。距离东6米处，又站立着另一块似人的石头，如同神将。被人们称之为兄弟石。宋代苏东坡《记峻灵王庙碑》云："此山之上，上帝赐宝以奠南极。"昌化明代知县张三光云："为帝守宝。"苏东坡较为信奉峻灵王。他在元符三年（1100年）敕令渡海北归时，被风雨阻止，面对西南，祈祷默念峻灵王。自南汉以来，人们为纪念峻灵王，在古昌化城西修建"峻灵王庙”。该座庙宇历代均受人敬仰。至1952年，庙宇被毁坏。1984年临高、儋州及昌江渔民，又出于“结草衔环’之意，在原址上重建峻灵王庙，恢复旧观，供游人览胜抒怀。

四、洞天仙境

洞天仙境坐落于昌化岭之巅。由六块石头垒叠而成，自底层拔地而起，直指苍穹，周长140米，高12米，溶洞直径6.3米，底层有2块厚1米、长6米、宽5.6米的长形岩石横卧其间，平整光滑，如同卧床。洞内异草悬生，绿茵倒映，四季常青。洞底有一块圆形井洞，深4米，直径5.6米，终年湿润。一条长20米，直径1~1.8米的间道，直通井洞。洞内一块巨石从中一分为二，中间形成一道相距仅40厘米的裂缝，人们称之为“一线天”。洞外西南角，还有一座“篷来亭”，高3米，宽5.6米，长11.5米，内置一块石桌，可供游人避雨和闲憩。

五、怪石群

昌化岭西北部200米高处，有成群怪石，形态各异。较为独特的有夫妻石、宫廷金鼓石、和尚念经石、雄狮石、香炉鼎石、摩天金龟石、蜈蚣化树石、南彝石船及恶龙石等。

六、皇帝洞

皇帝洞位于王下乡原牙迫村东面山脚下，属石灰岩溶洞。南尧河从洞前缓流而过。洞穴由西向东延伸，长122.5米，宽47米，高15米，总面积约5657.5平方米，可容纳近万人。洞外群山环抱，层峦叠嶂，流水潺潺。洞内钟乳石成群，形如柱、笋、钟、观音、菩萨、猴子、和尚、仙女等，组成千姿百态、妙趣横生的自然景观。洞顶栖息着成群的蝙蝠和飞燕。洞内东北方，有一处自然通天口，阳光直照洞底，称之为“一洞天”。由一洞天往上爬，右拐数米至“洞王”，洞口朝东北。洞庭宽敞平坦，正常石阶拾级而上，仿佛是皇宫宝殿。上下洞口前有一道石墙，高约3米，似如古代防御工事。洞内曾发现石斧、石网堕以及汉代印纹硬陶残片等器物。1985年7月，洞内挖掘出土一副较为完整的少年骨架。据考古鉴定，很久以前曾有人在该洞栖身繁衍。洞外景色旖旎，气候适宜，犹如仙境，有不少专家学者、文人墨客及游人慕名而去观赏。

七、霸王岭黑冠长臂猿保护区

位于霸王岭林区东北部的斧头山境内。跨昌江、白沙黎族自治县2个县，面积2133公顷。1988年7月，升格为国家级自然保护区。

黑冠长臂猿属于猿科较高等级的灵长类，是世界四大类人猿中中国唯一的种类，也是中国生物资源的无价之宝。据权威部门和霸王岭林业局对保护区长臂猿进行联合调查，确定黑冠长臂猿的数量有8群19只，但常见的只有1群8只。保护区建立后，为黑冠长臂猿创造了繁衍栖息的天然条件，也为科学工作者研究人类的进化提供了理想的实验场所。日本、美国、瑞士等国有关组织和学者曾经到访考察研究，中外摄影师多次到现场拍摄纪录片。20 世纪 90 年代，该区建立完善自然保护区的管理条例和各项规章制度，除保护自然生物物种资源外，还开展对黑冠长臂猿的生态观察和驯化科研工作。区内是热带山地雨林保存较完整的一块天然绿洲，四季常春，鸟语花香，山清水秀，空气清新，生物种类繁多。2010 年，自然保护区内保护措施得力，生态环境适宜，黑冠长臂猿发展到 21 只。

八、雅加大岭瀑布

雅加大岭瀑布位于霸王岭林区东面，直悬于雅加大岭西侧。落差 110 米，平均流量 0.3 立方米 / 秒。雨季最大流量 1.5 立方米 / 秒，旱季最小流量 0.1 立方米 / 秒。四周峰峦叠翠，云雾缭绕，景色壮观迷人。远眺瀑布，犹如飞流自天上飙洒而下，十分壮丽。

九、风流山瀑布

风流山瀑布也称马岭瀑布，位于石碌镇东 8 千米，昌江县与白沙黎族自治县交界的马岭南侧。源于保梅山脉高岭东南山麓，流经马岭西南山坡汇入石碌水库。落差 605 米，最大流量 2 立方米 / 秒，最小流量为 0.4 立方米 / 秒。周围群山环抱，怪石嶙峋，古木葱郁，风景宜人。到此游览，如临仙境，让人流连忘返。

十、七叉温泉

七叉温泉位于七叉镇政府驻地东北方 100 米处。总面积为 70 平方米，温泉池长 10 米，宽 7 米，深 0.6 米。日本侵琼时发现，早年建有简易沐浴池，日可沐浴约 400 人次。七叉温泉水中含有硫黄矿物质，平常水温 30℃ ~40℃，可供开发成温泉疗养所。2010 年，温泉池四周有农田环绕。

十一、燕窝岭

燕窝岭位于七叉镇西南临昌化江东岸，主峰 487 米。之前终年有成千上万的金丝燕在此岭悬空洞穴内吐沫造窝，故而得名。燕窝岭山体岩石为石灰岩，山峦奇异，峭石险峻，在逶迤清静的昌化江水映衬下，景色诱人。2005 年，水泥企业采掘原料对山体矿石开采，自然景观受到破坏。

十二、海尾湿地

海尾湿地位于海尾镇石港塘，是海南保护较好的滨海湿地之一。面积约 267 公顷，植被覆盖率 80%。湿地自然资源丰富，有维管束植物 225 种、鸟类 69 种，被誉为“野生鸟类天堂”。湿地周边有一条绿色木麻黄海防林环绕，守护着湿地的生态环境，成为湿地一道独特美景。地上布满木麻黄针叶，如同铺上了一层地毯，赤脚踩在上面，松软而舒适。

湿地内可休闲慢步湿地和海滩，可观赏荷花盛开，芦苇摇曳，白鹭起舞。湿地内生态环境保护较好，为多种珍稀鸟类栖息提供条件。每到冬季，有成群的候鸟不远千里迁徙而至，此地成为观鸟听涛的好去处。

第五节 资源保护

一、森林资源保护

1994年1月《海南省森林保护管理条例》颁布实施，全县森林资源保护始走上正轨。县境内禁止天然林采伐并转向为培育和保护。2000年，落实海南省天然林保护管理工程项目，霸王岭建立天然保护区面积120160公顷。2002年，实行护林管理责任制，各乡镇及林场配备护林员，设立护林站（点）实施日常护林工作。2010年全县天然林保护主要为霸王岭林区和保梅岭林区，总面积达123960公顷。

霸王岭国家森林自然保护区 位于昌江县七叉镇东部。自然保护区内气候温和，雨量充沛，空气负氧离子含量高，每立方厘米10万个。已建设为以森林保护为主，旅游观光，休闲度假，科考探险，登山攀险等为副的全方位保护区。林区有白石潭、雅加瀑布等景点，可供观赏。

1988年，经国务院批准设立为国家级自然保护区。森林自然保护区面积6600公顷。1994年，霸王岭停止森林资源采伐。2000年，霸王岭林区实施天然林保护工程，保护天然林总面积74380公顷。2003年，设立海南霸王岭国家级自然保护区管理局。2006年12月，国家林业局批准设立霸王岭国家森林公园。

自然保护区内现存有最为完好的热带原始森林，林区面积达49333.3公顷，森林覆盖率为96.7%。动物种类有365种，其中珍稀动物有黑冠长臂猿、云豹、黑熊、水鹿、金钱龟、巨蜥等60多种。植物种类达2213种，被列国家级重点保护的珍贵树种有黄花梨、见血封喉、陆均松、红椎、马桐、柚丹、竹子松、绿南、桢南、红罗等27种。

2010年，国家林业局及海南省政府拨付专项资金134万元，建设保护区基础设施10处。

保梅岭森林自然保护区 位于石碌镇东北部。1994年，实行封山育林，封山护林。1998年开始试点天然林保护工程。2000年正式实施天然林保护工程。2006年5月18日，经海南省人民政府批准设立为省级自然保护区，保护区总面积3844公顷。2010年隶属海南省林业厅直属林场。保护区以热带雨林生态系统为保护对象。自然保护区内有国家和省级重点保护的珍稀濒危野生动物 18 科 46 种。主要有蟒蛇、眼镜蛇、穿山甲、水鹿、坡鹿等。

历经十多年封山育林，封山护林的天然保护工程，保梅岭森林自然保护区已建设成为四季如春，树木葱郁，峰峦叠嶂，浩瀚幽静，神秘险峻的热带雨林自然风光。

二、矿产资源保护

1991—1996 年，根据国家矿产资源开发和利用的法律、法规，加大对矿产资源勘查开发。2000 年，落实国家国土环境保护措施，实施保护性开采，对地方特色需要保护矿种及开发技术条件不成熟的矿区禁止勘查和开采。全县查封小金矿点 6 个。2005 年，贯彻国家自然生态保护法规，对王下乡石灰岩与昌化、海尾沿海一带砂石及海域砂矿进行限制勘查。2008 年，依照国家矿产资源管理法，实施《昌江县矿产资源规划》和《昌江县矿产资源整合优化布局方案》，科学规划合理开发和保护矿产资源。其间，落实国家国土资源部和海南省《关于全面整顿和规范矿产资源开发秩序的通知》精神，在全县范围内开展整顿和规范矿产资源开发秩序工作，对全县矿产资源开采进行规划保护。

截止2010年,全县共查处无证开采15起,越界开采7起,限期整改停产整顿矿山6个，关闭非法矿点和不合格矿山 6 个，吊销采矿许可证 4 个，取缔违法选矿厂、加工点 5 家，没收矿产品 10.15 吨。

三、水资源保护

昌江为海南岛西部工业区，水质污染较大。一直以来水资源保护是地方政府的一项工作之重。1996 年，在石碌河建立 3 个监测断面站，对县城饮用水源地——石碌水库水质进行监测，确保居民生活安全。

2000 年，对石碌水库饮用水水源地保护区进行定界立碑，并集中整治石碌水库上游及一级保护区范围内的排污口。

2002 年，石碌水库饮用水水源地保护区、石碌河、昌化江等所测项目（PH、溶解氧、高锰酸盐指数等）均达到国家《地表水环境质量标准》（GB3838~2002）中Ⅱ类标准，其中对昌江县饮用水源地石碌水库水质按国家《生活饮用水卫生标准》（GB5749~85）进行全项目分析，每月监测分析一次，水质综合达标率为 97%。昌江县管网水监测点位共 4 个，水质分析按《生活饮用水卫生标准》（GB5749~85）进行全

水源保护区标碑 （生态保护局供稿）

项目分析，水质综合达标率为 100%。

2006 年，对近岸海域、昌化港口区水质质量进行监测，除昌化港口区海水水质质量劣于《海水水质标准》（GB3097—1997）中的第三类标准的要求外，其余年度水质质量均符合《海水水质标准》（GB3097—1997）中的第三类标准的要求。2006—2010 年，昌化港口区主要污染因子为化学需氧量、活性磷酸盐、固体悬浮物。在水质监测项目（pH、活性磷酸盐、化学需氧量、SS、溶解氧、粪大肠菌群）中，所有监测项目均符合《海水水质标准》（GB3097—1997）中的第二类标准的要求。

2006—2010 年，两个测点平均污染指数逐年递减，除 2006 年度昌化港口区大于 0.70，属轻污染外，其余年份均小于 0.50，昌江近岸海域和昌化港区水质综合污染程度均为未污染。

石碌水库水源保护区标碑（生态保护局供）

2010 年，全省开展海南省农村饮用水水源地调查监测工作。昌江县在石碌河及昌化江流域开展了 9 个集中或分散式地下水型水源地（石碌镇牙营村、水头村，海尾镇大安村、沙地村等）的监测，地下水环境质量评价不太乐观。超标因子主要为总大肠菌群超标，原因是受到农村生活污水、垃圾以及养殖的污染。

同年 12 月，城镇饮用水源地石碌水库水环境质量已达到《地表水环境质量标准》（GB3838—2002）Ⅱ类标准，水质达标率为 100%；昌化江水环境质量达到Ⅲ类标准，水质达标率为 100%；石碌河水环境质量达到Ⅲ类标准，水质达标率为 100%。

附：石碌水库饮用水水源保护区

位于石碌镇东南部。处于昌江县、白沙黎族自治县和金波农场交会地。石碌水库水源地是昌江县的重要城市饮用水水源地，承担着石碌地区 10 多万名居民生活饮用水作用。2006 年，昌江从地方财政安排 10 万元专项经费，组织编制《昌江县石碌水库饮用水水源保护区规划》。2007 年，与省农垦总局、白沙黎族自治县政府商定后上报省政府，并经省政府批准划定石碌水库饮用水水源保护区。

石碌水库饮用水水源保护区划分为一级保护区、二级保护区和准保护区，保护区总面积 37.78 平方千米。为了有效保护和管理石碌水库饮用水水源保护区，昌江设立保护区管理机构，由县水库工程管理局作为保护区的专门管理单位。制定并颁布实施《昌江黎族自治县石碌水库饮用水水源保护区管理规定》和《昌江黎族自治县石碌水库饮用水水源保护区环境污染事故应急预案》。

2008年，昌江县政府安排预留资金50万元进行保护区标志牌、界桩和宣传警示牌建设。2006—2010年，昌江县环境监测站对石碌水库进行常规水质监测，水质总体良好，所监测的14个项目的监测结果年平均值均符合《地表水环境质量标准》（GB3838—2002）中的Ⅲ类标准。

四、野生动物保护

1991年，县林业部门执行国家林业法规及野生动物保护法规，对全县存在破坏森林资源和捕杀野生动的乱象进行法律和法规宣传教育，对乱砍滥伐和捕杀野生动物等违法行为进行严厉打击。1991—1992年将没收到的水獭、金钱龟、果子狸、蟒蛇、穿山甲等一批国家珍稀野生保护动物放归霸王岭自然保护区。1996—2001年，制作森林和野生动物保护广告牌1800块，扣留非法运输车辆25台，没收木材34立方米，没收并放生野生动物1650条（只）。

2008—2010年，野生动物保护进入法规化。捕猎野生动物的现象得到遏止。

五、海洋资源保护

1991—1998年，县渔业主管部门宣传海洋资源保护，禁止一切违法炸鱼捕抓行为。2000年起，落实国务院伏季休渔期并作伏季休渔工作宣传，张贴《伏季休渔通告》，派出宣传车进行巡回宣传，让广大渔民知晓。

2007年，县政府注重海洋环境治理对沿海废弃物和生活污水进行排查整治，禁止废弃物和生活污水直接排放入海，改善近海海洋环境。2007年7月的“7·18”世界海洋日，通过广播电视宣传片及宣传单进行全民宣传，提高全县人民海洋资源保护意识。

同年，按照省海洋厅《关于开展养殖用海普查登记和专项执法工作的通知》要求，开展昌江县养殖用海普查登记。全县共完成养殖用海普查登记34宗，总面积233.3公顷。

2010年，昌江县落实《中华人民共和国海岛保护法》《中华人民共和国海洋环境保护法》，严禁违法乱纪捕捞，规范海水养殖。实行海洋综合执法，加强海洋环境保护。同年，查处违规带电作业渔船2艘，涉嫌非法占用建设排水口违法案件28宗。配备海监执法车1辆，海监执法艇1艘。

第三编　人　口

第一章 人口状况

第一节 总量分布

1990年第四次人口普查全县总人口205547人。2000年第五次人口普查全县总人口219502人。2010年第六次人口普查全县总人口223839人。1991年后，全县总人口年平均增长率大幅度下降。2000年降为0.64%，2010年降到0.2%。同时家庭户规模也逐步缩小，1990年为5.02人/户，2000年为4.35人/户，2010年缩小至3.55人/户。全县人口密度为每平方千米165人。

全县人口总量分布极不平衡。西北部沿海地区人口较稠密，东南山区人口较稀少。西北沿海地区海尾镇、昌化镇、乌烈镇等3个镇，人口密度每平方千米分别为167人、218人、384人。东南山区七叉、王下2个乡（镇），人口密度每平方千米分别为15人、9.5人。中部地区的十月田镇、叉河镇有厂（场）矿企业，人口较为集中，人口密度分别为每平方千米143.3人、145.5人。石碌镇为县城所在地，随着城镇化的发展，城镇人口不断增长，人口密度有所提高，2010年全镇人口密度为每平方千米341人。

1991—2010年昌江县人口变化情况统计表

表3-1-1

年份	总户数（户）	总人口数（人）	其中		总人口中非农业人口（人）	非农业人口占总人口比重‰
			男（人）	女（人）		
1991	42844	206509	107135	99374	62041	30.04
1992	43625	209130	108752	100378	62736	30.00
1993	47762	212787	110592	102195	63631	29.90
1994	49283	216994	111807	105187	64641	29.79

表 3-1-1 续 1

年份	总户数（户）	总人口数（人）	其中		总人口中非农业人口（人）	非农业人口占总人口比重‰
			男（人）	女（人）		
1995	49951	220067	114308	105759	65575	29.80
1996	50453	219039	113942	105097	66493	30.36
1997	51289	221737	115033	106704	66988	30.21
1998	51809	222841	116718	106123	67601	30.34
1999	53679	225131	117499	107632	67811	30.12
2000	52758	225790	117162	108628	68552	30.36
2001	53188	227169	118177	108992	69040	30.39
2002	54758	227736	124912	102824	69229	30.40
2003	56600	232126	121256	110870	69859	30.10
2004	60106	234310	122928	111382	84032	35.86
2005	62970	241299	126684	114615	85587	35.47
2006	64140	243367	128039	115328	87259	35.85
2007	65429	247023	130097	116926	89420	36.20
2008	67625	254692	134293	120399	90564	35.56
2009	70416	260280	136809	123471	91400	35.12
2010	71386	265025	139053	125972	92959	35.08

第二节 人口结构

一、民族构成

1990 年全县总人口 203796 人，其中汉族人口为 133928 人，占总人口的 65.72%；黎族人口为 67671 人，占总人口的 33.20%；其他民族为 2097 人，占总人口的 1.03%。

2000 年全县总人口 225790 人，其中汉族人口为 144084 人，占总人口的 63.81%；黎族人口为 79438 人，占总人口的 35.18%；其他民族为 2268 人，占总人口的 1.01%。

2010 年全县总人口 265025 人，其中汉族人口为 165057 人，占总人口的 62.27%；黎族人口为 97774 人，占总人口的 36.89%；其他民族人口为 2194 人，占总人口的 0.82%。与 2000 年相比，汉族人口增加 20973 人；黎族人口增加 18336 人。

昌江县第四次、第五次、第六次人口普查民族人口构成表

表 3–1–2

普查年份	总人口（人）	汉族		黎族		其他民族	
		人口（人）	占总人口比重 %	人口（人）	占总人口比重 %	人口（人）	占总人口比重 %
1990	205547	135359	65.85	67880	33.02	2308	1.13
2000	219502	137639	62.71	79529	36.23	2334	1.06
2010	223839	135251	60.42	83863	37.47	4725	2.11

二、性别构成

1990 年全国第四次人口普查，昌江县总人口性别比（以女性为 100，男性对女性的比例）开始高出正常值（103~107）。2000 年全国第五次人口普查，昌江县总人口性别比为 112.99，比 1990 年高出 5.82 个比值。2010 年全国第六次人口普查，全县总人口为 223839 人，其中男性人口为 119793 人，占 53.52%；女性人口为 104046 人，占 46.48%，总人口性别比为 115.13，比 2000 年高 2.14 个比值。人口性别比在升高。

从人口普查情况看，人口性别比偏高情况多数出现在低年龄组。2010 年，昌江县低年龄组性别比：0~4 周岁人口性别比高达 134.11；5~9 周岁人口性别比为 129.26；10~14 周岁人口性别比为 127.22。从 2010 年第六次人口普查数据看，叉河镇、七叉镇、王下乡等山区少数民族乡（镇）的总人口性别比均超过 120，较其他乡（镇）高。

1990—2010 年昌江县人口普查人口性别构成表

表 3–1–3

普查年份	男（人）	女（人）	性别比（以女性为 100）
1990	106330	99217	107.17
2000	116444	103058	112.99
2010	119793	104046	115.13

1990—2010 年昌江县人口普查年龄结构性别比表

表 3–1–4

年龄	性别比（女 =100）		
	1990 年	2000 年	2010 年
总计	107.17	112.99	115.13
0~4	107.3	129.6	134.11

表 3-1-4 续 1

年龄	性别比（女 =100）		
	1990 年	2000 年	2010 年
5~9	107.23	114.4	129.26
10~14	108.6	112.88	127.22
15~19	109.39	114.08	112.50
20~24	107.72	114.97	111.72
25~29	113.59	120.67	107.50
30~34	112.87	115.63	117.70
35~39	102.99	116.93	124.66
40~44	109.03	114.79	119.63
45~49	93.73	104.33	122.42
50~54	113.84	104.22	117.90
55~59	131.76	91.83	104.36
60~64	109.72	103.11	101.89
65~69	84.84	114.62	84.89
70~74	65.7	95.06	89.69
75~79	60.22	84.81	92.64
80~84	44.57	57.14	77.40
85~89	38.06	43.02	57.29
90~94	28.89	51.47	51.60
95~99	—	77.78	32.58
100~		100	22.22

2010 年昌江县第六次人口普查各乡（镇）及企业人口性别比表

表 3-1-5

乡（镇）及企业	总人口		
	男（人）	女（人）	性别比（女 =100）
昌江县	119793	104046	115.13
石碌镇	32634	28624	114.01
叉河镇	6662	5303	125.63
十月田镇	10822	9562	113.18

表 3–1–5 续 1

乡（镇）及企业	总人口		
	男（人）	女（人）	性别比（女 =100）
乌烈镇	13057	11147	117.13
昌化镇	11346	9665	117.39
海尾镇	13588	11980	113.42
七叉镇	8189	6748	121.35
王下乡	1628	1314	123.90
国有红林农场	6445	5524	116.67
国有霸王岭林场	966	852	113.38
海南矿业联合有限公司	14456	13327	108.47

三、年龄构成

2000年第五次全国人口普查，昌江县人口年龄构成，0~14周岁人口的比重下降了7.91个百分点；15~59周岁人口的比重上升5.43个百分点；60周岁及以上人口的比重上升2.48个百分点；65岁及以上人口的比重上升2.73个百分点。2010年第六次全国人口普查，全县人口年龄构成，0~14周岁人口为46363人，占20.71%；15~59周岁人口为152349人，占68.06%；60周岁及以上人口为25127人，占11.23%，其中65周岁及以上人口为18293人，占8.17%。2010年昌江县已经进入老龄化社会（国际上通常把60周岁以上的人口占总人口比例达到10%，或65周岁以上人口占总人口的比重达到7%作为国家或地区进入老龄化社会的标准）。

1990 年、2000 年、2010 年昌江县各年龄段人口结构状况统计表

表 3–1–6

普查年份	0~14		15~59		60 岁及以上人口		其中 65 岁及以上人口	
	人口（人）	比重 %	人口（人）	比重 %	人口（人）	比重 %	人口（人）	比重 %
1990 年	71712	34.89	121891	59.3	11944	5.81	7303	3.55
2000 年	62828	28.62	137473	62.63	19201	8.75	11946	5.44
2010 年	46363	20.71	152349	68.06	25127	11.23	18293	8.17

1990 年、2000 年、2010 年昌江县各年龄段人口比重统计表

表 3-1-7

年龄	1990 年		2000 年		2010 年	
	人口（人）	比重 %	人口（人）	比重 %	人口（人）	比重 %
总计	205547	100	219502	100	223839	100
0~4	22239	10.82	15002	6.83	15973	7.14
5~9	24940	12.13	22855	10.41	13955	6.23
10~14	24533	11.94	24971	11.38	16435	7.34
15~19	24369	11.86	22997	10.48	20538	9.18
20~24	22546	10.97	19182	8.74	16453	7.35
25~29	18832	9.16	20961	9.55	19426	8.68
30~34	11465	5.58	21011	9.57	18816	8.41
35~39	11197	5.45	18699	8.52	20208	9.03
40~44	9076	4.42	10718	4.88	20623	9.21
45~49	8214	4.00	9483	4.32	17725	7.92
50~54	9339	4.54	8036	3.66	9934	4.44
55~59	6853	3.33	6386	2.91	8626	3.85
60~64	4641	2.26	7255	3.31	6834	3.05
65~69	2976	1.45	5196	2.37	5410	2.42
70~74	1995	0.97	3478	1.58	5554	2.48
75~79	1285	0.63	1776	0.81	3741	1.67
80~84	626	0.30	968	0.44	2221	0.99
85~89	341	0.17	379	0.17	895	0.40
90~94	58	0.03	103	0.05	332	0.15
95~99	21	0.01	32	0.01	118	0.05
100~	1	0.00	14	0.01	22	0.01

四、文化程度构成

2000 年第五次人口普查，昌江县每 10 万人中具有大学文化程度 2375 人，具有高中文化程度 11120 人，具有初中文化程度 27828 人，具有小学文化程度的有 38435 人。2010 年第六次人口普查，昌江县每 10 万人中具有大学文化程度 4596 人；具有高中文化程度 12866 人；具有初中文化程度的 38833 人；具有小学文化程度 27386 人。其中，6 岁及以上人口中，大学（大专及以上）文化程度的 10224 人；高中（含中专）文化程度

的人口为28799人；初中文化程度的人口为86923人；小学文化程度的人口为61300人；未上过学的人口为17175人。

2010年全县15周岁及15周岁以上人口中，文盲人口为15800人；同比2000年第五次人口普查，文盲人口减少了1873人，文盲率由11.28%下降为8.90%，下降2.38个百分点。

2010年昌江县6周岁及以上人口文化程度统计表

表3-1-8 单位：人

单位	合计	未上过学	小学	初中	高中（含中专）	大学专科	大学本科	研究生
昌江县	204485	17175	61300	86923	28799	7471	2753	64

1990—2010年昌江县每十万人拥有的各种受教育程度统计表

表3-1-9

普查年份	大学（大专及以上）（人）	高中（含中专）（人）	初中（人）	小学（人）
1990	1160	10450	19520	34270
2000	2375	11120	27828	38435
2010	4596	12866	38833	27386

1990年、2000年、2010年昌江县文盲人口统计表

表3-1-10

普查年份	15周岁及15周岁以上人口（人）	文盲人口（人）	文盲率%
1990年	133835	34226	25.57
2000年	156674	17673	11.28
2010年	177476	15800	8.90

说明：文盲人口为15周岁及15周岁以上不识字人口，文盲率为文盲人口占15岁及15岁以上总人口的比重。

五、职业构成

2010年，第六次全国人口普查，昌江县在20大类95种行业抽样调查的16周岁以上在业人员11489人中，从事农、林、牧、渔业的职业人员比例最大，达66.84%；其次是批发和零售业，占5.80%；采矿业占5.27%，制造业占4.18%，交通运输、仓储和邮政业占2.73%，教育占2.59%，建筑业占2.31%，公共管理和社会组织占2.28%，住

宿和餐饮业占2.25%，其他各职业从业人口占5.75%。在抽样调查的11489人的16周岁及以上在业人员中，受教育程度为初中及以下人口占79.94%，高中（含中专）人口占13.38%，大学专科及以上人口仅占6.7%。

2010年昌江县百分之十人口中16周岁及以上人口文化程度、行业就业状况统计表

表3-1-11

行业类别	合计		未上过学（人）	小学（人）	初中（人）	高中（含中专）（人）	大学专科（人）	大学本科（人）	研究生（人）
	人数（人）	占抽样在业人口比重%							
总计	11489	100.00	814	3113	5256	1537	525	235	9
一、农、林、牧、渔业	7679	66.84	764	2800	3695	359	49	9	3
二、采矿业	605	5.27		19	218	287	56	23	2
三、制造业	480	4.18	5	44	203	181	33	14	
四、电力、燃气及水的生产和供应业	91	0.79	1	2	29	32	23	4	
五、建筑业	265	2.31	7	39	124	43	26	25	1
六、交通运输、仓储和邮政业	314	2.73	4	25	175	92	14	4	
七、信息传输、计算机服务和软件业	48	0.42		2	18	15	8	5	
八、批发和零售业	666	5.80	17	86	363	167	26	7	
九、住宿和餐饮业	259	2.25	4	37	173	40	4	1	
十、金融业	43	0.37			2	18	16	7	
十一、房地产业	23	0.20		2	14	7			
十二、租赁和商务服务业	38	0.33		4	22	6	4	2	
十三、科学研究、技术服务和地质勘查业	2	0.02					1	1	
十四、水利、环境和公共设施管理业	43	0.37		6	20	14	3		
十五、居民服务和其他服务业	201	1.75	10	37	113	35	5	1	
十六、教育	298	2.59		5	22	71	133	65	2
十七、卫生、社会保障和社会福利业	142	1.24		2	20	65	39	16	

表 3-1-11 续 1

行业类别	合计		未上过学（人）	小学（人）	初中（人）	高中（含中专）（人）	大学专科（人）	大学本科（人）	研究生（人）
	人数（人）	占抽样在业人口比重%							
十八、文化、体育和娱乐业	30	0.26	1	2	14	12	1		
十九、公共管理和社会组织	262	2.28	1	1	31	93	84	51	1
二十、国际组织									
各类教育程度就业人口在抽样总就业人口中的比重	100		7.09	27.10	45.75	13.38	4.57	2.05	0.08

说明：抽样人口总数为 21642 人，约为总人口 223839 的 10%；表中各类数据为按户抽样并进行登记获得；表中空项表示无数字

第三节 人口普查

1991—2010 年昌江县进行过 2 次人口普查，即第五次全国人口普查和第六次全国人口普查。

一、全国第五次人口普查

1999 年 1 月，成立昌江县第五次人口普查领导小组，下设办公室。各乡（镇）和场、矿企业相应成立人口普查小组，组织指导普查工作。全县选调普查指导员 400 名，有普查员 800 名。3—10 月，经宣传发动、人员培训、调查摸底、入户登记等过程。2000 年 11 月 1 日 0 时正式人口普查登记。全县划分 17 个乡（镇）级普查单位，105 个普查区，722 个普查小区。2001 年 10 月进行人口数据录入。2003 年，第五次人口普查资料汇总并编印成《昌江县第五次人口普查资料汇编》。

二、全国第六次人口普查

2010 年，根据国务院《关于开展第六次全国人口普查的通知》文件，2010 年 11 月 1 日零时为标准时点在昌江县范围进行第六次全国人口普查。

2010 年 1 月，昌江组建起县、乡（镇）及村级普查工作领导小组，具体分级负责全国第六次人口普查指导工作。2—6 月，通过广播电视等媒体及巡回宣传车进行宣传发动，

并选调820名普查员下乡入户，发放宣传标语6000份。制作宣传光碟25张发放到乡（镇）、场矿企业，进行播放。7—8月完成普小区划分及普查小区分布图。全县共划分110个普查区，860普查小区。10月，全县普查员分别深入普查小区作调查排查、核查确认。11月1日零时标准点，全县普查员挨家入户进行人口登记。2011年6月全面完成数据录入。同年12月，编制《昌江县第六次全国人口普查资料汇编》。

1990—2010年昌江县人口普查总人口数表

表3-1-12

普查年份	1990	2000	2010
总人口（人）	205547	219502	223839

1990—2010年昌江县人口普查年平均增长率表

表3-1-13

普查年份	1990—2000	2000—2010
人口年均增长率%	0.64	0.2

1990—2010年昌江县人口普查家庭户规模表

表3-1-14

普查年份	1990	2000	2010
家庭户规模（人/户）	5.02	4.35	3.55

1990—2010年昌江县人口普查城镇人口比重表

表3-1-15

普查年份	1990	2000	2010
城镇人口比重%	32.2	45.12	47.78

2010年昌江县乡（镇）、厂（场）矿企业人口数及比重表

表3-1-16

乡（镇）厂（场）矿	总人口（人）	占全县总人口比重%
石碌镇	61258	27.37
十月田镇	20384	9.11
乌烈镇	24204	10.81

表 3–1–16 续 1

乡（镇）厂（场）矿	总人口（人）	占全县总人口比重 %
昌化镇	21011	9.39
海尾镇	25568	11.42
叉河镇	11965	5.35
七叉镇	14937	6.67
王下乡	2942	1.31
海南矿业	27783	12.41
红林农场	11969	5.35
霸王岭林场	1818	0.81
合　计	223839	100

第二章 计划生育与人口管理

第一节 机 构

一、计划生育管理机构

1991至1995年10月，设县计划生育委员会，负责全县人口和计划生育工作，隶属县政府机构，正科级行政单位。1995年11月，县级行政机构改革，撤销卫生局、计划生育委员会，设立卫生与计划生育局。1996年4月，因工作所需，又撤销卫生与计划生育局，分设卫生局和计划生育局。此时，县计划生育局机关行政编制11人，领导职数一正三副。内设机构：办公室、政策法规股、人口规划统计股、宣传教育股、计生协会办公室。下辖计划生育服务站、药具管理站。1997年，设立昌江黎族自治县计划生育协会，属社会群团性质，编制4人，协同县计划生育局负责全县计生工作。同年，12个乡（镇）设立计划生育办公室，负责辖区计生工作，每个乡（镇）配有计生专干3~5人。2009年12月，县计划生育局改称昌江县人口与计划生育委员会，人员编制不变。

2010年，县人口与计划生育委员会在编人员11人。内设办公室与宣传教育岗、政策法规岗、发展规划岗、流动人口管理岗、科学技术服务岗等5个职能岗，下辖计划生育服务站、药具管理站及7个乡镇计划生育办公室。全县乡（镇）人口与计划生育管理人员86人。

二、人口管理机构

1991年，县公安局内设户政股为人口管理行政主管部门，下辖的15个派出所负责户口登记及管理。2000年后，农村常住人口发展规范化管理及流动人口，县公安局在内设的治安管理大队里下设户政中队及17个派出所协同人口管理，负责全县人口的常住、暂住、出生、死亡、迁出、迁入和变更等人口管理工作。

第二节 生育管理

1991 年，昌江实施国家、省计划生育条例，按省计划生育条例的有关规定进行计生管理，严格执行国家生育政策规定。

1993—1995 年，全县人口计生工作基础差、底子薄且依靠行政手段推行计划生育，计生工作效率较低。

1997 年，县委、县政府着力建设计划生育基层管理工作，12 个乡（镇）设立计划生育办公室，每个乡（镇）配计生专干 3~5 人，每个村（居）配有计生专员 1~3 人。1997 年，从大中专毕业生中公开选拔录用 55 人，分配到各乡（镇）计划生育办公室任计生专干，乡（镇）计生专干队伍发展为 62 人，村级计生员 86 人。镇村 2 级计生员，宣传国家计划生育的方针、政策和法规，普及优生优育等婚育科学知识，引导群众计划生育，少生优生。

1998 年 4 月，县城石碌的东风路、人民南路、人民北路一、人民北路二 4 个居委会各配 1~2 名计生专员，协调辖区内计生工作。

1999 年，昌江在全省率先启动计划生育信息化管理。同年，公开竞岗 14 名计划生育电脑管理员，配置予县局及各乡（镇）计生办，全县计划生育管理始步入科学管理化。育龄妇女信息开启使用系统信息管理，计划生育工作大步提升。2000 年 11 月，全省计划生育工作现场会在昌江召开，县领导在会上作经验介绍。

2002 年 4~5 月，全县开展流动人口计划生育综合整治工作，共检查流动人口婚育证 9468 人次，持证率达 82%。

2003 年起，昌江县连续 8 年获“全国计划生育优质服务先进县”称号。

2005 年，昌江县实行农村孕妇住院分娩补贴政策，推行出生实名登记制度。2006 年，全县农村孕妇住院分娩率达 80.5%。2006 年，昌江县人口与计生委被国家人口计生委评为“全国人口与计划生育科技工作先进集体”。

2008 年，全面推行“四核对、三登记、两反馈、一督察”工作制度。“四核对”，即各计生办每月根据各助产单位提供的孕产妇住院分娩信息从四个方面进行认真核对：一是与人口和计划生育信息系统的信息进行核对；二是与各派出所、公安局办证中心的新生婴儿入户登记住处进行核对；三是与新型合作医疗住院分娩报销信息进行核对；四是进村入户与农户、居民进行面对面核对。“三登记”，即经过认真核对后，将孕产妇住院分娩信息中三类人员的信息进行造册登记：一是对确认查无此人或无法判断的人员信息进行造册登记；二是对外省及省内外市县在该县住院分娩的人员信息进行造册登记；三是对漏报人员（有住院分娩信息，且经过面对面对核实确有此人，但人口信息系统中没有信息的人员）的信息进行造册登记。“两反馈”，即将核对整理好的信息分类进行反馈。一是把外省在该县和省内跨市县生产的产妇个人信息，报县人口和计生局，并通过流动人口信息平台和发函等形式告知其户籍地市县人口计生局；二是将该县跨乡（镇）分娩的产妇的出生信息提交其户籍所在乡（镇）计生办。“一督察”，即县人口计生部门定期派相关人员到各助产单位进行督察，主要查看各助产单位每月是否按时将出生情况分类统计报送当地的人口计生部门；是否规范、完整填写《海南省出生医学登记册》信息，并按规定每季度将复印件报送当地的人口计生部门；是否严格执行“出生医学证明”的发放管理制度，只给持有齐全证件的产妇发放“出生医学证明”，全面有效利用出生实名登记信息完善人口计生基础数据库信息。同年，11月3—5日，全国关爱女孩行动工作会议在昌江县召开，向全国推广海南昌江出生实名登记工作经验。2008年，县人口计生委再次被国家人口计生委评为“全国人口与计划生育科技工作先进集体”。

2010年，全县8个乡（镇）都建有独立的计划生育办公室，设施建设完善。各个乡（镇）配备两台电脑、一台打印机、一部专线电话、一条专用宽带；其中5个乡（镇）按国家“六统一”（建设规划、建筑设计、外观形象、站内外标识、人员服装、宣传模式）标准建有两层楼计划生育服务所。全县84个村（居）委会办公楼全部设有专门的计生员办公室，配备档案柜、档案盒和办公桌椅，工作制度、工作程序规范上墙；设有一间人口学校，一个人口计生知识角，一块集计划生育宣传栏、计划生育墙报栏、计划生育村务公开栏为一体的宣传版面。43个村委会建有新家庭文化书屋，设有计划生育服务室。保证了乡（镇）、村两级计生干部工作有场所，服务、宣传有阵地；乡（镇）、村（居）两级人口计生工作记录、统计报表和相关文件资料做到分年度、分类存档，得到妥善保管。同年底，全县乡（镇）人口与计划生育服务管理人员达86人。全县已婚育龄妇女44933人，人口出生率为14.87‰，农村孕妇住院分娩率为98.72%，出生人口性别比为115。

1991—2010年昌江县计划生育工作情况统计表

表3-2-1

年份	年平均人口（人）	已婚育龄妇女数（人）	出生数（人）	死亡数（人）	出生率‰	死亡率‰	人口自然增长率‰
1991	21.01	32557	4728	949	22.50	4.49	18.01
1992	21.34	34159	4271	844	20.02	3.96	16.06

表 3-2-1 续 1

年份	年平均人口（人）	已婚育龄妇女数（人）	出生数（人）	死亡数（人）	出生率‰	死亡率‰	人口自然增长率‰
1993	21.34	37393	4212	1085	19.73	5.08	14.65
1994	21.60	37549	4044	891	18.72	4.12	14.60
1995	21.75	37366	4636	892	21.31	4.10	17.21
1996	21.95	37914	3955	955	18.02	4.35	13.67
1997	22.30	39601	3785	919	16.97	4.12	12.85
1998	22.40	38738	3041	938	13.58	4.19	9.39
1999	22.92	41437	2911	880	12.70	3.84	8.86
2000	23.45	42804	3008	885	12.82	3.77	9.05
2001	23.66	43567	2907	806	12.29	3.41	8.88
2002	23.71	44160	2704	816	11.41	3.44	7.97
2003	23.72	43477	2698	864	11.37	3.64	7.73
2004	23.83	43782	3162	1146	13.27	4.81	8.46
2005	24.19	44611	3861	1143	15.96	4.72	11.23
2006	24.61	44748	3192	971	12.97	3.95	9.02
2007	25.02	45386	3359	1091	13.42	4.36	9.06
2008	25.27	44808	3613	962	14.29	3.81	10.49
2009	25.19	44166	3703	883	14.70	3.51	11.20
2010	25.05	44933	3726	997	14.87	3.98	10.89

第三节　计划生育宣传

1991 年，县计生部门出动宣传车在全县范围内宣传海南省计划生育条例。1992—1997 年，全县各乡（镇）以人口学校为阵地，开展人口与计划生育基础知识普及宣传教育，逐步转变群众生育观念。1997 年 9 月，成立县计划生育协会。广泛宣传人口科学理论，宣传国家计划生育的方针、政策和法规，宣传优生优育等婚育科学知识，引导和帮助群众实行计划生育。

1998 年起，结合全国城乡开展婚育新风进万家活动，宣传科学文明进步的婚育观念，建设社会主义生育文化，增强广大群众实行计划生育的自觉性。县计生部门大力宣传晚婚晚育、少生优生、生男生女一样好、女儿也是传后人、男女平等和计划生育丈夫有责等新型婚育观念，大力普及计划生育和生殖保健知识，增强群众生殖保健能力，提高家庭生活质量和健康的生活方式，满足人们多层次的需求。通过墙体标语、人口学校培训和广播、电视媒体及电影巡播、宣传折页、宣传小册子等多种形式进行宣传。

2001年，昌江开展婚育新风进万家宣传访谈活动，推行计生专干和计生员进村入户与群众进行面对面宣传。2003年，按照国家和省人口计生委的部署，启动旨在保护妇女儿童合法权益，消除性别歧视，倡导男女平等，弘扬科学、文明、进步的婚育观念，采取得力措施，从根本上解决出生婴儿性别比升高问题的“关爱女孩行动”试点工作。县人口计生委与县教育局联合以集中宣传、知识讲座、知识竞赛、演讲比赛、作文竞赛等形式大力开展“关爱女孩进校园”活动5场，受教育人数达1.5万人次。

2005年，中宣部、国家人口计生委等12个部门联合向全国下发《关于2006—2010年继续深入开展婚育新风进万家活动的意见》后，昌江县开展倡导科学文明进步的婚育观念，普及计划生育、生殖健康、独生子女教育等科学知识，弘扬家庭美德和社会公德，促进生育文明。县教育局将人口国情及青少年性与生殖健康教育纳入中学教学计划，在全县中学开展人口国情及青少年性与生殖健康教育；县电视台开设人口计生栏目等进行宣传。

2008年，昌江县把和谐计生建设融入生态文明示范村建设工作中，投入132万元，用于人口计生宣传的软硬件设施建设，统一标准，统一模式创办具有示范性意义的10个计划生育新农村暨婚育新风进万家示范基地和十月田婚育文化园。与此同时，组织编写电视短剧本《出生登记管理协奏曲》，并拍成宣传短片《出生登记管理——医院篇》进行展播；组织开展10场专题广场文化活动；制作装有印制精美、温馨的优生优育、出生缺陷干预、生殖健康、关爱女孩、计划生育利益导向知识宣传折页的已婚育龄妇女资料袋等。

2008年11月，国家人口计生委“全国关爱女孩行动”工作会议在昌江召开，国家人口计生委主任李斌、副主任赵白鸽及各省市代表出席会议。会议期间，参观了昌江县10个计划生育新农村和县人民医院，并观看参与人口文化广场专题活动。

2009年始，昌江县各类人口计生大型宣传牌、宣传长廊、宣传栏、宣传折页、宣传册、宣传礼品等全部标注阳光计生服务热线，大力向群众推介“12356”阳光计生服务热线。

至2010年12月，昌江县按标准创建婚育新风进万家活动示范基地乡（镇、街道）级4个，村（居）级29个，计划生育新农村88个，建立起“镇—行政村—自然村”三级示范基地。

2006年—2008年，县人口与计划生育委员会被国家人口计生委评为“全国人口与计划生育科技工作先进集体”。

第四节 计划生育服务

1991年，昌江县计划生育服务工作沿袭往年做法，每年掀起春、秋两季计划生育月高潮，集中服务。1995年，全县已婚育龄妇女37366人，1997年起，全县注重计划生育服务建设。同年，投入210万元，在县民族中学对面建设县计划生育服务站大楼（高三层，总建筑面积1200平方米）。集宣传教育、技术服务、药具管理、业务培训与计划生育综合服务为一体，计划生育服务设施得于改善。同年，开始面向大中专毕业生招录基层计划生育服务专干。

1997—1999年，县政府投入400多万元，在全县12个乡（镇）中创建9所计划生育服务所。给12个乡（镇）各配备一辆计生专用吉普车和一部摩托车。并给每个服务所配备医疗设备和1~2名计划生育技术服务人员，全县计划生育服务逐步向乡（镇）一级引申。1999年6月，全省计划生育服务站（所）管理现场会在昌江召开。

2002年，县计划生育服务站被省计划生育局授予“避孕药具管理服务工作二等奖”。

下年，昌江推出了“孕前孕情随访服务模式，将服务端口前移，将孕后服务改为孕前就开始提供服务。同年被国家人口和计划生育委员会授予“全国计划生育科技先进集体”称号。

2004年开始，全县出生人口性别比在115左右。2005年在省计划生育局首次进行的县级服务站等级评定中县计划生育技术服务站被评为“甲级服务站”。

2006年，以宣传预防艾滋病知识为主要内容的百分之百安全套使用项目开始在昌江实施。同年，昌江孕前孕情随访服务模式始向全省推广。

2007年，县人口计生委组织开展“关爱妇女生殖健康”行动，以流动服务的方式，为全县15000多人次的妇女进行了规范的妇女常见病免费检查，85%以上的妇女患者得到优惠治疗。同年被海南省人口计生局评为“计划生育避孕药具管理服务工作优秀单位”。

2008年，县计生服务部门落实省政府《关于加强出生登记管理工作意见》，采取“四核对、三登记、两反馈、一督查”工作方法，将孕产妇住院分娩信息进行造册登记，后与人口和计划生育系统信息进行核实，确保出生人口信息准确无误。

2009年，昌江利用国债资金和县配套资金共204万元，按照“六统一”（建设规划、建筑设计、外观形象、站内外标识、人员服装以及宣传模式统一规范）标准，对县计划生育服务站和王下乡、乌烈镇、十月田镇等三所计生服务所进行改造，对叉河镇、昌化镇2所计划生育服务所进行重建。

同年，海南省人口计生委开始将6个月内孕情掌握率作为一项重要考核指标纳入年终考核，充分肯定了昌江孕前孕情随访服务模式对人口计生基础工作的积极影响。

2010年5月，联合国人口基金项目官员彭炯和国家人口计生委药具管理中心副主任米国庆分别到昌江县进行考察和指导工作，对昌江县、乡（镇）两级计划生育技术服务机构的环境建设特别是洁净手术室的建设及开展咨询服务所取得的成效果给予高度评价。

2010年12月底，全县有县级计划生育服务机构1个，乡（镇）计划生育服务机构8个，村级计划生育服务室43个。设有药具固定发放点158个，开放式药具发放点45个。2010年，县计划生育技术服务站被国家人口计生委评为“全国计划生育优质服务示范站”。

附1：县计划生育技术服务站

1983年，县计划生育技术服务站成立，原址位于石碌镇东风路的县计生委大楼一楼。县计划技术生育服务站是人口和计划生育部门的重要组成部分，为全县计生工作的服务窗口和桥梁。1990年，县计划生育技术服务站在编人员10人，设有宣传教育、技术服务、药具管理、业务培训与计划生育综合服务等科室。

1997年，县政府投入210万元，在石碌镇人民北路的县民族中学对面修建昌江县计划生育技术服务站大楼，高三层，总建筑面积1200平方米。集宣传教育、技术服务、药具管理、业务培训与计划生育综合服务为一体的计生综合服务站。

1998年，县计划生育技术服务站落实县委、县政府的有关规定，组织人员下村入户，作政策宣传等工作。主动为农村计划生育服务，同年，被省妇联授予“三八红旗集体”称号。

1999年，县计划生育技术服务站办公设施得到相应改善。同年，全县计划生育信息化建设开始启动，配备信息管理员14人。县计划生育技术服务站组织乡（镇）计划生育服务所进行计划生育信息采集，为计划生育信息化管理打好基础。

“十一五”期间，利用国债资金119万元和县财政的配套资金85万元，依照“能改造的进行改造，不能改造的予以重建”的原则，按照“六统一”（建设规划、建筑设计、外观形象、站内外标识、人员服装以及宣传模式统一规范）标准，对县计划生育技术服务站和王下乡、乌烈镇、十月田镇等三所计生服务所进行了改造，并重建了叉河镇、昌化镇2所计划生育服务所。县计划生育技术服务站在原三层楼的基础上加建了一层，总面积180平方米。作为多媒体培训基地，能容纳120名学员。

2002年，被省计划生育局评为“避孕药具管理服务工作二等奖”单位。

2003年，县计划生育技术服务站参与推行孕前孕情随访服务模式，落实“四核对、三登记、两反馈、一督查”工作制度。为孕前孕情随访服务模式作表率。为落实出生人口实名登记制度，有效提高出生人口性别比统计准确率奠定基础。同年，县计划生育技术服务站被国家人口和计划生育委员会授予“全国计划生育科技先进集体”称号。

2005年，在省计划生育局首次进行的县级服务站等级评定中被评为“甲级服务站”。

2007年，县计划生育技术服务站机构编制重新被核定为财政全额拨款副科级事业单位。核定财政预算管理事业编制13名，其中领导岗位3个（正职1名、副职2名），专业技术人员岗位7个，其他管理人员岗位2个，工勤人员岗位1个。

2009年，县计划生育技术服务站结合婚育新风进万家活动，有计划、有意识地开展宣传优生优育、避孕节育、生殖健康、性传播疾病防治等科普方面的知识，适时宣传计划生育政策法规。普及计划生育和生殖保健知识，增强群众生殖保健能力，提高家庭生活质量和健康生活方式，满足人们的多层次需求。至2010年，县计划生育技术服务站逐步发展成为计生综合服务齐全、医疗设施完备的计划生育服务机构。基本承担为全县育龄妇女提供妇科病检查及治疗、乳腺疾病检查及治疗、生殖保健咨询及出生缺陷一级干预和生殖道感染干预等项服务。日门诊接诊人数达30~50人。

2010年，内设科室有门诊、妇检室、优生咨询室、洁净手术室、观察室、康复室、治疗室、药具室等诊疗室和化验室、B超室、红外乳腺检查室等医技室，并配备消毒室、库房、卫生间（沐浴）、车库等辅助室以及多媒体培训基地、会议室和行政办公室。有医务人员13人，其中主治医师5人、医师1人、护理师4人、检验士1人、助产士1人、护士1人。

附2：实施中国/联合国人口基金第五、第六周期生殖健康/计划生育项目

2003年4月启动中国/联合国人口基金第五周期生殖健康/计划生育项目，昌江县是全国30个项目县（市、区）之一。项目执行期为三年（2003—2005年）。同年，子项目是以宣传预防艾滋病知识为主要内容的百分百安全套使用项目开始在昌江县立项实施。项目宗旨是通过提供生殖健康和计划生育优质服务，促进男女性别平等，保护公民合法权益，加强母亲安全，预防生殖道感染和艾滋病等活动，提高公民的生殖健康水平。在第五周期项目执行期该县率，推出孕前孕情随访服务模式，开展关爱女孩行动，出台第一部完整的地方人口计生利益导向规定和《农村孕妇住院分娩补贴规定》。2004年昌江县孕产妇死亡率十万分之32.94，婴儿死亡率25.36‰，安全检查套使用率5.2%，出生人口性别比112.4。

2005年11月联合国人口基金记者到昌江采访，2005年联合国人权报告首次正面评价了中国昌江的计划生育工作。2006年4月启动中国/联合国人口基金第六周期生殖健康/计划生育项目，继续在第五周期的30个项目县（市、区）开展，执行期为五年（2006—

2010年），要求继续完善现有标准服务规范，向妇女、男子、青年和流动人口提供更多的、以服务对象为中心的、优质的、综合的生殖健康/计划生育信息和服务；同时，要注重社会性别权利，加强服务对象的咨询，加强艾滋病病毒/艾滋病预防方面的工作。第六周期项目提出，项目县（市、区）2010年孕产妇死亡率比2000年降低1/4，5周岁以下儿童和婴儿死亡率下降1/5。在第六周期项目执行期间，昌江县修订了县人口计生利益导向规定、将农村孕妇住院分娩补贴纳入合作医疗推行免费住院分娩，推行出生实名登记制，开展关爱妇女生殖健康行动，按照"六统一"标准新建或改造县、镇级人口计生技术服务机构，加强人口计生干部培训，提高服务能力。

2010年，昌江县孕产妇死亡率为10万分之28.56，与2000年的10万分之43.59相比下降了1/3；5周岁以下儿童死亡率为15.13‰，与2000年的36.27‰相比下降了约4/7；婴儿死亡率为11.42‰，与2000年的26.58‰相比下降了约4/7，2010年，昌江《取消生育间隔，保障群众权益》这一实践经验入选联合国人口基金第六周期项目最佳实践案例。

2000—2010年昌江县妇女儿童发展纲要规划妇幼卫生相关指标表

表3-2-2

年份	住院分娩率%	孕产妇保健管理率%	出生缺陷发生率(1/万)
2000年	33.62	49.45	83.26
2001年	37.52	39.53	70
2002年	47.38	42.99	32
2003年	51.54	58.97	118
2004年	60.02	74.57	117
2005年	66.9	76.54	54
2006年	79.31	79.44	63
2007年	88.95	77.07	56.26
2008	95.47	96.26	66.31
2009	98.61	97.2	60.23
2010	98.72	99.17	60.68

附3：昌江县级计划生育利益导向建设

为落实和推进计划生育工作方针，昌江县在引导群众自觉实行计划生育的过程中，结合各阶段计划生育工作实际，不断改进和完善计划生育相关规定，致力解除群众存在的后顾之忧。1998年中共昌江黎族自治县委办公室昌江黎族自治县人民政府办公室发布《关于1998年计划生育工作及有关规定》。2004年，县委、县政府出台了第一部人口和计划生育利益导向机制《昌江黎族自治县实行人口和计划生育利益导向机制的若干规定》。

2007年，县委、县政府对2004年出台的计划生育规定进行了修订，主要从关爱女孩和提高人口素质两方面出发，新增了对流动人口的优惠项目。

第五节 常住人口管理

1991年，县户政管理部门依照国家户口管理条例，对全县人口进行登记和统计。同年全县常住人口206509人（本节以公安户政管理数据为主，下同）。其中非农业常住人口62041人，农业常住人口144468人；出生人口4691人，出生率22.71‰；死亡956人，死亡率4.62‰。1995年，全县常住人口220067人，其中非农业人口65575人，农业常住人口154492；出生人口4619人，出生率20.98‰；死亡人口890人，死亡率4.04‰。

1995年，海南省流动人口管理条例实施，常住人口管理进一步规范化。农村常住人口始有较为完善的登记注册，以家庭户为单位颁发农业户口簿。1996年年底，全县常住人口219039人，其中非农业常住人口66493人，农业常住人口152546人；出生人口4471人，出生率20.41‰；死亡人口1068人，死亡率4.87‰。1998年，全县常住人口222841人，其中非农业常住人口67601人，农业常住人口155240人；出生人口3097人，出生率13.89‰；死亡人口951人，死亡率4.26‰。

2000年后，计算机科学技术上始于应用在人口管理，人口登记、人口档案管理逐步实行科技化。2001年，全县常住人口227169人，其中非农业人口69040人，农业常住人口158129人，未落常住户口人员802人；出生人口3144人，出生率13.83‰；死亡人口782人，死亡率3.44‰。

2005年，全县常住人口241299人，其中非农业常住人口85587人，农业常住人口155712人；未落常住户口人员372人；出生人口3861人，出生率16.00‰；死亡人口1143人，死亡率4.73‰。

2010年，全县常住人口265025人，其中非农业常住人口92959人，农业常住人口172066人，未落常住户口人员618人；出生人口3726人，出生率14.05‰；死亡人口997人，死亡率3.76‰。

第六节 流动人口管理

1991—1994 年，流动人口管理制度沿袭以往。截止 1994 年，全县办理流动人口登记 3000 多人。1995 年 11 月，海南省流动人口管理规定出台，对流动人口实行暂住登记和申领暂住证制度，流动人口管理始于规范化。

2000 年，全面落实流动人口属地管理原则，坚持以基层管理为主，服务与管理相结合，以服务促管理。同年，建立流动人口信息平台，服务于流动人口管理和计划生育工作。2002 年 4 月，县户政管理部门协同计生委对全县流动人口婚育证专项检查，共检查 9468 人，检查率 96%，持证率达 82%。

2010 年，全县登记流动人口 3107 人，符合条件办理居住证的 3100 人，已办理居住证 3080 人。

第三章 居民生活

第一节 农村居民生活

1988 年海南建省之初，昌江农村居民的经济来源单一，收入水平较低。1991 年，全县农民人均纯收入 581.7 元。1992 年后，农业生产条件持续提高，产业结构始于调整，农村经济略有增长，农村居民生活水平逐年稳步提升。1993 年，农村居民人均纯收入提高到 778 元。1996—1998 年，农村居民人均纯收入增速加快。1996 年，农村居民人均 1050 元，1998 年增加到 1289 元。

2000 年，农村居民人均收入 1634 元。2002 年，农村居民人均收入 1908 元。1992 年，农村居民人均纯收入由 728 元增加到 2002 年的 1908 元，增长了 2.6 倍。

2003 年起，深化农业产业调整，发展热带高效农业，热带水果、冬季瓜菜、水产养殖等高效农业效益显著，农村经济稳步增长。加之粮食直补、渔业贴息、退耕还林、取消农业税等一系列国家支农惠农政策的落实实施和外出打工收入等，农村居民生活水平显著提高。2003 年全县农村人均纯收入 2051 元，2004 年，全县农村人均纯收入 2246 元。2005 年，全县农村人均纯收入达到 2437 元。2008 年，全县农村人均纯收入 3638 元。2010 年，全县农村人均纯收入 4423 元。

随着农村经济逐年发展壮大，农村居民居住条件明显改善，生活质量进一步提高。农村居民人均居住面积由 1992 年的 6.8 平方米提高到 2010 年的 23 平方米，增长了 3.4 倍。民房改造楼房化率占 30%，70% 住户建有户厕。商场、超市、服装店、饮食店在乡村兴起，大宗商品如：电视机、电冰箱、空调、洗衣机等在乡村始有销售。乡村社会消费零售总额由 1992 年的 879 万元提高到 2010 年的 6990.1 万元，增长了 7.9 倍。

第二节 城镇居民生活

1991 年，昌江城镇居民大部分家庭收入略有结余，但储蓄较少，居民生活水平不高。职工年人均工资 1728 元。1992 年，全县国民经济持稳发展，地方财政收入增加。其间，国家实施工资体制改革，职工工资收入得到提升。城镇居民生活逐年改善，同年，全县职工工资总额为 10848.9 万元。

2002 年，全县职工工资总额增加到 19808 万元，比 1992 年增长了 1.8 倍，年均递增 6.2%。职工年均工资由 1992 年的 3626 元上升到 2002 年的 9691 元，增长了 2.6 倍，年均递增 10.1%。城镇居民人均可支配收入由 1992 年的 3626 元增加 2002 年的 6201 元，增长了 1.7 倍，年均递增 5.5%。

2003 年后，国民经济迅速发展，城镇居民收入快速增长，生活水平同步提高。全县职工年均工资由 2003 年的 10266 元增加到 2010 年的 34396 元，增长了 24130 元。城镇居民人均可支配收入由 2003 年的 6950 元增加到 2010 年的 14723 元，增长了 2.1 倍。

随着城镇居民家庭收入逐年提高，加之国家惠民政策和社会保障体系落实实施，城镇居民的生活质量不断提升，居住条件明显改善。全县城镇居民人均住房总建筑面积由 1992 年的 6.1 平方米增加到 2010 年的 25.8 平方米，增长了 4.2 倍。全县城镇居民社会消费品零售额由 1992 年的 10654 万元增加到 2010 年的 55982.9 万元，增长了 5.3 倍。城镇居民在饮食、穿着、居住、交通工具等始有讲究，饮食消费由温饱型向营养、优质型转化，穿着上以成衣、配套、时尚新潮为主流。家用电器彩电、洗衣机、电冰箱、空调等走进城镇居民千家万户，以上四大家用电器拥有量由 1992 年的 704 台，到 2010 年的每百户拥有彩电 118 台、洗衣机 54 台、电冰箱 66 台、空调 58 台。交通工具中，私家小轿车兴起，2010 年每百户私家小轿车拥有量 2 台。居民生活逐步向休闲、健康、舒适方向发展。

第四章 姓氏·婚姻·家庭

第一节 姓 氏

县境内黎族先民无姓氏，后汉族人口迁入，黎族汉族融合始有姓氏。史书记载昌江县较早的姓氏为符、王两姓。唐宋时，内地人口南迁，昌江县姓氏有所增加。明清以后，有福建、两广及海南岛内东部、北部的汉族人口迁入，姓氏人口增多。1950 年海南解放后，尤其是改革开放海南建省办经济特区后，内地各省人才流动和经商定居，迁入昌江县姓氏人口增加。1990 年第四次人口普查时全县有姓氏 246 个。2010 年第六次人口普查时全县有姓氏 268 个。其中单姓 266 个，复姓 2 个。

单姓　按笔画顺序列如下：

丁、刁、马、万、卫、孔、王、戈、韦、文、尹、贝、区、牛、尤、毛、邓、方、云、仇、扎、书、元、甘、宁、左、白、艾、代、卡、丘、布、叶、记、卢、司、归、冯、史、龙、伍、付、田、邝、石、占、申、冉、由、平、吉、邢、刘、羊、庄、米、农、成、毕、匡、刑、伊、老、闭、季、华、关、纪、孙、许、朱、吕、乔、花、阮、奴、曲、江、任、陈、何、吴、李、杨、巫、欧、陆、余、利、汤、步、屈、言、陀、苏、劳、芦、张、麦、沈、连、邱、学、时、盏、佘、肖、杜、汪、闵、闰、宋、芮、辛、严、邹、邵、金、官、庞、房、易、洗、冠、武、虎、练、岳、罗、周、林、郑、范、卓、招、赵、段、郝、姜、柯、饶、封、顾、柳、相、宫、胡、尚、施、洪、钟、俞、洗、贺、姚、骆、徐、高、唐、苗、侃、项、幸、袁、郭、夏、翁、莫、浦、殷、荣、岭、娄、彦、涂、宣、栾、候、钱、秦、聂、奚、凌、柴、桂、祝、涂、常、耿、倪、栗、豹、陶、寇、荷、海、敖、盛、贾、符、黄、梁、龚、菅、章、雪、樊、曹、逻、崔、游、萧、康、清、阎、梅、盘、盛、戚、温、解、曾、楼、斯、韩、程、谢、舒、童、彭、傅、罩、揭、辜、董、蒋、鲁、葛、超、赖、蓝、勤、浦、简、满、鲍、路、雷、蒙、詹、颜、源、鄞、甄、蔡、廖、谭、管、裴、熊、翟、黎、截、樊、潘、薛、魏。

复姓

欧阳、司徒。

第二节 婚 姻

1991 年，全县准予办理登记结婚手续的有 960 对，办理离婚手续的有 18 对，办理涉港澳地区和外国结婚登记的 11 对，离婚登记的 2 对。1996 年，婚姻登记管理体制，将全县乡（镇）、街道办事处办理婚姻登记集中到县民政局办理，婚姻登记规范化。同年 4 月，开始在全县范围内用 3 年时间全面开展清理违法婚姻补办婚姻登记工作。截至 1999 年 4 月，3 年间按政策共补办结婚登记 7497 对。

2000 年，全县办理结婚登记手续 975 对，办理离婚手续 45 对，办理涉中国港澳地区和外国结婚登记 7 对，离婚登记 2 对。第五次全国人口普查，全县 20 周岁以上适婚人口 12890 人。未婚人口 2313 人，占 20 周岁以上适婚人口的 17.94%。已婚人口 9599 人，占 20 周岁以上适婚人口的 74.46%。丧偶人数 651 人，占 20 周岁以上适婚人口的 5.05%。离婚 102 人，占 20 周岁以上适婚人口 0.79%。

2010 年，第六次全国人口普查，全县 20 周岁以上适婚人口 15050 人。未婚人口 2794 人，占 20 周岁以上适婚人口的 18.56%。已婚人口 11215 人，占 20 周岁以上适婚人口的 74.5%。丧偶人数 605 人，占 20 周岁以上适婚人口的 4.01%。离婚人数 150 人，占 20 周岁以上适婚人口的 0.99%。全县有准予登记办理结婚手续的有 1527 对，办理离婚手续的有 131 对。

1991—2010 年昌江县婚姻登记情况统计表

表 3-4-1　　单位：对

年份	国内婚姻登记		涉中国港澳地区和外国婚姻登记	
	结婚登记	离婚登记	结婚登记	离婚登记
1991	960	18	11	2
1992	1000	14	15	2
1993	1016	17	10	1

表 3-4-1 续 1

年份	国内婚姻登记		涉中国港澳地区和外国婚姻登记	
	结婚登记	离婚登记	结婚登记	离婚登记
1994	840	27	10	2
1995	817	43	11	2
1996	952	40	12	2
1997	1136	42	9	3
1998	858	33	5	3
1999	1335	41	7	1
2000	975	45	7	2
2001	963	46	5	2
2002	954	47	8	1
2003	1190	79	9	1
2004	769	85	11	3
2005	1100	87	7	1
2006	1200	110	9	2
2007	1695	124	12	2
2008	1390	128	—	—
2009	2210	220	—	—
2010	1521	131	6	—

第三节 家 庭

昌江县家庭结构组成随着社会事业的发展和计划生育国策的落实，家庭结构状况发生变化。户均人口减少，多代同堂家庭稀少，家庭户发展趋势以夫妻俩小家庭或父母子女两代为主，家庭规模向小型化模式方向发展。1991 年，全县有家庭户 42844 户，总人口 206509 人，平均每户 4.82 人。2000 年，全县有家庭户 52758 户，总人口 225790 人，平均每户 4.28 人。

2010 年，全县有家庭户 71386 户，总人口 265025 人，平均每户人口 3.71 人。

第五次人口普查与第六次人口普查相比，昌江县各种规模家庭户均人口发生较大变化，2~4 人的小家庭逐步增多。其中 2 人户 9797 户，占全县总户数的 16.27%；3 人户

11655 户，占全县总户数的 19.35%；4 人户 13432 户，占全县总户数的 22.31%。

2010 年与 2000 年相比，6 人户下降 34.0 个百分点，7 人户下降 42.9 个百分点，1~4 人户呈增加趋势，1 人户增加幅度最大，增加了 161.4 个百分点，次之是 2 人户，增加了 93.8 个百分点，4 人户，增加了 50.8 个百分点，3 人户，增加了 17.4 个百分点。

2000 年、2010 年昌江县家庭类型与规模结构对照表

表 3-4-2

年份	总户数	家庭类别				家庭规模									
		1 代户（%）	2 代户（%）	3 代户（%）	4 代户（%）	1 人户（%）	2 人户（%）	3 人户（%）	4 人户（%）	5 人户（%）	6 人户（%）	7 人户（%）	8 人户（%）	9 人户（%）	10 人以上户（%）
2000 年	52758	15.0	65.3	18.9	0.6	6.7	10.1	19.9	17.9	19.8	12.2	6.7	3.3	1.5	1.4
2010 年	71386	27.6	54.7	16.9	0.6	14.7	16.2	19.3	22.3	14.8	6.6	3.1	1.4	0.6	0.6
增长率（%）	21.2	12.6	−10.6	−2	0	8	6.1	−0.6	4.4	−5	−5.9	−3.6	−1.9	−0.9	−0.8

第五章　老龄人口

第一节　管理机构

1991年之前，老龄人口工作由县人口与计生局负责登记管理。1991年1月，成立县老干部工作领导小组（后称老干局）负责机关事业单位的离退休老干部人口登记和管理工作。1995年3月，县农村社会养老保险局成立，开始负责农村老龄人口登记。2003年，农村养老保险制度实施后，农村老龄人口工作由县民政局负责，乡（镇）民政部门协调管理。2010年，全县老龄人口工作形成了多个部门相互协调综合管理的新模式。2010年第六次人口普查时，全县60岁以上人口为25127人，占全县总人口的11.23%。

第二节　老龄人口登记

1991年，全县老年人口登记，60~69周岁的老人7617人，占全县总人口的3.71%；70~79周岁的老人3280人，占全县总人口的1.6%；80~89周岁的老人967人，占全县总人口的0.47%；90岁以上的老人80人，占全县总人口的0.04%。

2000年，第五次人口普查，全县老年人口登记。60~69周岁的老人12451人，占全县总人口的5.68%；70~79周岁的老人5245人，占全县总人口的2.39%；80~89周岁的老人1347人，占全县总人口的0.61%；90周岁以上的老人80人，占全县总人口的0.04%。

2010年，第六次人口普查，全县老年人口登记。60~69周岁的老人12244人，占全县总人口的5.47%；70~79岁的老人9295人，占全县总人口的4.15%；80~89周岁的老人3116人，占全县总人口的1.39%；90周岁以上的老人472人，占全县总人口的0.21%。

第三节 老年人活动

1991年，县委、县政府在老龄人口工作中，根据老年人工作生活和身心健康所需，常年组织开展系列老年人活动，丰富老年人生活。发挥老干部余热，参与地方经济和社会各项事业活动。全年县老干局首次组织县机关老干部开展门球、地掷球、乒乓球、拳剑、游园等项目活动，有300名老年人参加活动。

1992年，县老干部响应县委、县政府号召，参与地方经济建设。同年，有89人参与各项经济建设。有72人办实体经济，其中服务业30人、个体摊点3人、书画展1人等。同年，石碌镇供销社离休干部（果树种植户）苏文义被省评为老干部发挥作用先进个人，并出席在屯昌召开的全省老干部发展农村经济经验交流会并作经验介绍。

1993年，海南省第二届老年人运动会。昌江县老年人首次组队参加体育赛事。同年，开展关爱老年人身心健康，组织4名老红军到内地健康疗养。

1995年，县政府投资154万元，兴建老干部活动中心，建筑面积1748.09平方米。集学习教育、文化娱乐为一体，为老年人活动提供便利。此后每逢节假日，老年人常在该中心举办系列赛事活动。

1997年起，以老同志为主体的关心下一代工作委员会（以下简称关工委）每年分2批次到基层关工委，对全县中小学校进行革命传统教育和爱国主义教育，引导造就青少年树立正确世界观、人生观、价值观。年均6~10场次，受教育人数达1万人次。

1999年，县老干局组织县老年人口团队参加第四届海南省老年人运动会。

2000年后，每年对全县老年人口进行健康检查。同年，为175名离休干部体检，并建立健康档案。同年，组织县处级离休老干部4批120人次参观县内外瓜菜基地和精神文明建设。

2001年，为促进老年人口学习交流，组织老干部分3批次到儋州、东方、白沙3个市县参观学习，并与3市县老干部进行球类友谊赛等活动。

2003年，加强老干部党组织建设，制定《党支部生活会制度》《“三会”制度》《学习活动制度》等，全县有老干部党支部17个，党员553人。年内，落实《昌江黎族自治县关于企业离休干部医疗统筹管理办法》，督促企业单位上缴统筹金，解决企业离休干部医疗费报销难问题，全年共为离休老干部报销医疗费151.6万元。

2005年9月，在全省第六届老年人运动会中，昌江老年人代表队参加7个项目比赛，其中柔力球和健身操2个项目分别获得第五名与第七名。

2006年，为弘扬长征精神，组织10名革命老同志到全县中小学，开展红军长征精神演讲。共10余场次，受教育师生6000多人。

2007年，昌江县全面实施老年人优待工作，对昌江县户籍60周岁以上老年人或居住满一年以上年满60周岁的外籍老年人均可申请领取“老年人优待证”。凭“老年人优待证”可免费乘坐市内公交车等优惠政策。

2008，昌江老年人大学始于筹办。2009年，昌江老年人大学在县老干部活动中心成立。老年人大学开设书法、柔力球、健身球、太极拳（剑）、交际舞、时事政治、电脑等课程。首批学员600人。

2008—2009年，为了让全县农村老年人老有居老有养，县政府在原有十月田镇敬老院的基础上分别在乌烈、海尾、白沙修建3所敬老院（老年人公寓）。缓解农村老年人社会养老问题，并且起到示范作用。

2010年4月，在纪念海南岛解放60周年活动期间，县委组织部组织县老干部前往临高角和省博物馆参观解放军渡海登陆纪念园和渡海登陆大型图片展。同年，中秋、国庆节期间，县关工委特邀省关工委、省老年人书画协会联合开展书画进景区观景画景和书画进校园关爱行动，共送出书画168幅。

截止2010年，县老年人体育协会组织昌江代表队参加省老年人开展的各项体育运动会共8次（届）。获取奖项成绩为：健身球第一名2次、柔力球第四名5次、乒乓球第三名2次、地掷球第四名5次。

第六章 方言·风俗

第一节 方 言

昌江是一个语言繁杂的县份，居民使用的方言有海南话、黎话、哥隆话、儋州话、临高话、军话、苗话、白话（广州话）等20多种。一般来说都是一个村（地区）一种方言，但有个别较大村庄同时有几种方言存在。如昌化镇政府的所在地昌化，有村话、海南话、军话和儋州话，昌城村有军话、海南话，峨港村有黎话和哥隆话等。

一、海南话

全县操用海南话的居民主要分布在石碌镇，叉河镇政府所在地的叉河，昌化镇的昌化、昌城、先田、小寨，红林农场的一部分连队等。因历史、地域等因素，海南话在不同的地区有着“音”和“调”上的差异，如昌城、先田、小寨的海南话，很多词汇的读音与石碌等地的海南话的差异比较大，与东方感城话、乐东话比较接近。2010年，全县操用海南话的人口约5万人。

二、黎话

全县操用黎话人口较多，分布较广。主要分布在石碌镇的保梅、水头、牙营、保突、山竹沟、水富、片石、尖岭、香岭、鸡心、鸡实等村，叉河镇的叉河、老羊地、排岸、老宏、唐村等村，十月田镇的王炸、保平、塘坊、好清、沙田，才地、万善等村，乌烈镇的峨沟、峨港、白石等村，七叉镇的重合、七叉、尼下、乙洞、乙劳、乙在、大章、大仍、红峰等村，王下乡的三派、钱铁、大炎、洪水等村。2010年，全县操用黎话的人口约9.77万人。

黎话中不同的支系又有几种不同地方方言。一是侾方言。侾黎是黎族五大支系中人口最多的一支，侾黎使用的方言通行面最广，在黎话中最有代表性，分布范围在昌江县的中部和南部，如十月田、石碌、叉河等镇。二是杞方言。使用人数仅次于侾方言，主要分布在昌江县的东南部，如王下、七叉等乡（镇）的乡村。三是美孚方言。操用美孚方言的主要分布在石碌镇的水头、牙营，七叉镇的重合、红峰，十月田镇的保平、塘坊，乌烈镇的峨港、峨沟、白石等 15 个自然村。2010 年总人口约 4.5 万人。

三、哥隆话

哥隆话又名村话。全县操用村话的居民主要分布在昌化江下游昌化镇的昌化、浪炳、旧县、光田、黄姜、耐村、大风，叉河镇的红阳，海尾镇的白沙、进董等村庄。2010 年，全县操用村话的人口约 2.5 万人。

四、儋州话

全县操用儋州话的居民主要分布在石碌镇的儋州村，海尾镇的海尾、海农、沙鱼塘、五大、长山、大安、三联、五联、南罗、新港等村（居）委会。2010 年，全县操用儋州话的人口约 2.68 万人。

五、临高话

全县操用临高话的居民主要分布在海尾镇的海渔、沙鱼塘等村（居）委会，昌化镇的昌化村。2010 年，全县操用临高话的人口约 8000 人。

六、军话

全县操用军话的居民主要分布在乌烈镇的乌烈、纳凤、长塘、道隆等村，昌化镇的昌化、昌城、杨柳、新城、咸田、靛村等村，海尾镇的沙地，打显等村，十月田镇的姜园村。2010 年，全县操用军话的人口约 3.8 万人。

七、苗话

全县操用苗话的居民只有七叉镇的苗村。语言与岛内各地的苗族完全相同。2010 年，操用苗话人口 272 约人。

八、白话（广州话）

全县操用粤语的居民主要分布在石碌铁矿、霸王岭林业局、海尾镇的新港及农场的部分生产队。2010 年，全县操用白话人口约 3700 人。

第二节 汉族习俗

一、节庆习俗

春节 与其他市县汉族地区习俗基本相同。沿海汉族地区过年习俗存有不同之处。沿海汉族地区除夕日，在农村，家家户户都要蒸年糕，以示新的一年步步高。家家户户院子大门、屋子门口和所有房间门口都贴上春联，表示除旧布新，祈求在新的一年里纳福安康。有的人家还在院子门口贴一小幅“开门大吉”“百无禁忌”春联。有的还在家里的树、水缸、猪圈等处贴一些巴掌大小的“利是”。下午全家祭拜祖先，供品有猪头或整只小乳猪、鸡、红鱼干、年糕等，由家里辈分最大的长辈主持祭祖。祭祖完毕，全家吃团圆饭，已经分家也要参加。晚上，厅堂的灯彻夜通明，直到次日初一才可以关灯。到了夜间十一点左右，开始接神。各家各户在神龛或神台前摆上一张桌子，放上水果、年糕等供品，家中所有成员排列在堂屋的神台前，由家里的长者主持，祭拜列祖列宗，保佑合家安康。祭拜结束后，燃放鞭炮烟花。大年初一，家人起床后，晚辈向长辈拜年，要说“恭喜发财，发财发福”，大人给小孩发红包。这一天，全家团圆，一般都不外出，可以打牌娱乐。这一天不杀生，吃的猪肉、鸡肉都是除夕宰杀好的。这一天忌打扫，直到初三才可以打扫庭院。大年初二，不互相拜年，但已婚的妇女要和丈夫、孩子回娘家拜年。大年初三、初四，亲戚朋友之间拜年请客。大年初五，开展各种公共的活动。海尾地区一些村庄举行闹春活动。如南罗等村庄流行拜年大宴宾客的习俗，叫吃年酒。一般都是一天，提前通知朋友，朋友带朋友去参加，主人也非常欢迎，客人来得越多主人就越有面子，有时来的客人无法预计。互相宴请，一直延续到正月十五为止。

元宵节 元宵节也叫上元节。汉族地区习俗在正月十二为上灯日。这一天，各村的村庙都举行上灯酒宴。村头公是主持人。村头公派人到敬奉村庙的神灵的人家，按每一户（凡成家就是一户）缴纳灯油钱，用于祭祀活动和众人喝酒。然后，举行过火山娱神活动。过火山，也叫“排火山”。过火山在昌化镇的昌城村、新城村尤为隆重热闹。这一天，喝过上灯酒之后，在各村庙前堆起大堆的木柴，把木柴点燃后，人们就把神公抬出庙外，绕着火堆巡游。木柴烧成了火炭之后，把炭火摊开成宽 1 米长约 4 米的长方形火堆，这就是“火山”。四个男子抬着神公从“火山”上快速奔跑通过，来来回回过火山，一直到火炭渐渐变成火灰为止。观看的人也可以跟着神公过火山，年轻人拽着已经点燃的鞭炮跟着神公奔跑，甚至可以把正在燃放鞭炮扔到神公身上。火山渐渐熄灭的时候，人们赶紧捡拾火炭，拿回家里放到猪栏、鸡笼里，传说这样的火炭能够祛除温病保护家里的猪牛鸡鸭不得病。正月十三，活动继续。正月十四，比较大的村庄，还举行“请火”。大村庄的各个自然村的村头公们事先商量好，选定一处比较开阔的场所，每个村自行安排烧一堆火。天黑后，各村庙把庙里的神公抬到那里，继续过火山。过火山时不限于自己烧起的那堆火山，可以抬着自己村庙的神公到其他村烧好的火山上去奔跑。如昌化镇的昌化村、昌城村，海尾镇的沙地村。

小年 农历二月初二，俗称“小年”。在农村家家户户都包果蒸糕，亲戚亲友之间互相赠送。

闹春节 昌江西部沿海一带都承传过年闹春的习俗，尤其是海尾居民。海尾居民多是省内儋州、临高、琼山，广东移民，一直以来传承有原住地风俗。较为特色有海尾闹春。每年正月初十，是海尾一带居民非常热闹的一天。渔港泊船红旗招展，街道两旁彩旗飘飘，彩门高矗。各个船家都摆上桌子，堆上水果饼干，高挂鞭炮，迎接闹春的队伍。在震耳欲聋的鞭炮锣鼓声中，游春的队伍开始，道路两旁是列成纵队的渔家女，穿着本地彩服，敲着有节奏的乐声，唱着哩哩美渔歌和儋州调声。道路中间，游龙舞狮表演，盘、游、翻、滚、缠、穿、腾、戏等技术动作一气呵成。彩车台上是“妈祖贺汛”，装扮妈祖的是村里公推的美少女，形象逼真，活灵活现。接着是彩车“观音济世”。观音菩萨相貌端庄慈祥。供奉迎游“观音菩萨”，就是借助观音的无量智慧神通，祈盼国泰民安，普济众生。紧接着是二连海三保“乾隆下江南”的彩车和“神山英灵”腮帮穿银簪（即穿杖）的活佛公、祖母，相貌神肃威风，给人一种至高无上的尊严。意象送福祈寿，风调雨顺。紧接着是彩车“灵蛇显瑞”和渔港里最大的渔船的造型。闹春的队伍中还有很多丑角，如土地公背娘、上班元帅巡海、公仔戏春、渔翁进城、三姐卖鱼，还有一些叫不出名的丑角，都是男扮女装，挑着渔筐、鸡笼，拎着海宝赶集，人物装扮惟妙惟肖，夸张的动作，娱笑欢唱，叫人忍俊不禁。还有鱼灯、虾灯、蟹灯、孔明灯，来回穿梭。

清明节 每年清明节外出工作的人们纷纷回归故里扫墓祭祖。有的提前一两天清理杂草，清明节当天祭祖。扫墓挂色纸开始祭祖。通常以猪、羊、鸡、糕果、点心等祭祀，焚香化宝（冥币）放鞭炮。扫墓完后就在自家坟山地聚餐。宗族祭祖，俗称“上祖”。同姓宗亲杀猪宰羊拉到先祖坟前祭祀，祈求先祖神灵庇护后代子孙荣华安康。

端午节 又称包粽子节。每年农历五月初五，百姓家家都有包粽子传统习俗。花样色品种繁多，馅料以猪肉为主，配以虾仁、蛋黄、干红鱼片、红豆、绿豆等。沿海地区昌化、海尾、乌烈等地，用粽叶子包，内陆山区多用芭蕉叶、荷叶包等。端午节除了吃粽子外，小孩们还有佩香囊戴彩绳习惯。另有悬艾叶、洗艾叶澡等习俗。沿海最为热闹就是当日赛龙舟。2000—2010 年，县、镇政府或当地村民组织每年在昌化、海尾 2 镇个举办龙舟赛，供群众观赏。

七月节 农历七月十四为昌江地区中元节，称“七月节”，又称“鬼节”。系祭祀祖宗的节日。旧时乡村请道公念经做斋超度，全国解放后做斋超度等迷信活动逐渐减少。节日时仅在祖宗灵坛前焚烧纸衣、纸钱、元宝等祭祀祖先。

中秋节 农历八月十五为中秋节。家家户户都买月饼拜月或用塘果点心等拜月，求花好月圆。赏月时，一般在月饼上插一柱香火，面对月亮祈祷，以视求得花好月圆，情义圆满。

重阳节 农历九月初九为重阳节。旧时当地百姓有登高、放风筝等活动。现大多以文艺活动为主，以祝愿健康长寿为主要内容。

冬至节 农历十月二十一、二十二为冬至节。旧时冬至节之重要，有“冬至大如年”说法。现如今冬至节仅当一般节日。

二、婚嫁喜庆习俗

婚嫁 汉族婚姻持一夫一妻制。一般都经过认识、交往、两相情愿方可成婚。旧时婚嫁礼俗较烦琐，随着时代的发展，婚嫁习俗逐渐革新从简。“说亲”到“娶亲”一般经过下列程序：（1）提亲。男方托媒向女方提婚。（2）合八字。女方同意后，将年庚给媒人带于男方，请道士合八字。（3）报命。男女年庚八字合上，方可遣媒人带上礼品到女方家，婚事可成。（4）定亲。男方已有迎亲意向，即请媒人或长老者持礼物到女方家说亲，商议聘礼和有关事宜。（5）定婚期。男方请道公择出结婚吉日，即派人持礼品、聘金送达女方家郑重告知女方准备婚期。（6）娶亲。婚日男女双方各自搭彩门，宴请宾客，男方迎亲队伍按良辰到达女方家去迎亲。新娘梳妆打扮等待男方上门接亲。至男方家，男女依次拜天地、祖宗、父母，后双方对拜婚嫁礼仪才告结束。女子出嫁，一般礼仪如下：（1）筹姊妹。女子在出嫁之前几天，即邀女同伴聚集女家作客，唱嫁歌。出嫁歌大都是抒发别离之情，情调悲切，一连几晚都是如此，直至出嫁那天为止。（2）送亲。新娘之时，须由妹妹、弟弟、哥哥、伯父、叔父等亲戚陪伴，挑着陪嫁送到男方家。（3）回娘家也叫回门。在男方家住上一晚，次日即与送亲人一同回娘家。待过几日后，新郎才来将其接回。20世纪80年代后改为三日回门。时代不断发展，婚嫁陋习逐步革除，婚嫁向文明、简朴方向发展。但在农村仍然存在聘礼过多的现象。

生育 女子分娩的当天或次日，女婿往外家报喜，并带一只鸡。生女孩的带母鸡，生男孩带公鸡。岳母立即前往探望和照顾女儿。家主砍一颗野菠萝用红布或红纸包着悬挂门外，以示告知“人禁”，俗称‘禁腊’。腊期不准外人入室，室内外不许大声喧哗。7日后解腊，请接生婆给婴儿洗浴。满12天，俗称“上坡”或“小满月”。这天早上8~9点，即祭祀告祖宗，并设宴庆贺。亲戚朋友送贺礼。满月时，设宴请客。女孩简单些，男孩子则大摆宴席隆重欢庆。这一天婴儿要剃满月头。剃头时接生婆边剃头边唱口彩。接着由父母抱着婴儿与宾客见面，并给宾客分送红蛋。亲朋好友皆送些红包、衣被、布料等礼物。岳父岳母送银质麟、足圈、项圈等。婴儿满1周岁称为“对岁”。这一天，选择良辰，孩子换上新装，由父母抱到桌子前，让婴儿自抓桌上的笔、钱、糖果、书、玩具等器物，视婴儿捡到何物，即意为孩子未来事业的象征。有的家庭设酒席宴请，图个热闹。

庆寿　60 岁以上老人，生日的那天举行寿礼称为“做寿”。昔时，有钱人家 60、70、80 寿诞均举行寿庆，设宴席请亲朋好友一起庆贺。亲友们均送些寿联、寿镜、寿糕及银钱等。出嫁女儿必备糕、果、猪心、猪肝等前来贺寿。时代变迁，社会进步，寿礼的物品较为实惠而意义为主。如手表、手机、健康药品等。有些富裕家庭为老人做寿时还有大摆宴席现象。

盖新房　农村盖新房，先请道士择出吉日开工。领头木匠驾马锯 1 根大梁和 2 根中柱后，木匠们开始动工修整木料。数日后，择黄道吉日，摆酒设宴请亲友和邻里近居，欢庆盖新房，俗称“起宅”。兄弟姐妹及亲戚们蒸糕包果、送钱送米，祭拜祖宗。好友赠送镜子、匾、钱、米等礼物，共庆一番。良辰起宅，木匠立大柱时，家主给木匠红包，同时在每根柱子底下放铜钱、硬币及米，示意“五谷丰登，财源茂盛”。柱子上均有红对联，一般是“立柱喜逢黄道日，上梁巧遇紫微星”等联句。上梁时，梁上中贴“福星高照”大红纸，并在正梁中央悬挂铜钱或硬币和红绸米袋及红绸布。上梁前，木匠要祭拜鲁班祖师，而后站在抛梁台上，边抛梁边唱“大吉大利，发财发福”等口彩。此时鞭炮锣鼓齐鸣，众人大声唱“恭喜”等吉利话。新房盖好后，择吉日入住新房，俗称“入堂或进香火”。入堂之日，立神位，同时摆上酒席宴请亲朋好友恭贺新居。如今农村大都盖混合结构楼房，但盖新房的习俗一直在沿袭。

寄名　即把小孩过继他人。攀亲之日，孩子家办鱼肉、糖糕等大礼，送去寄父母家。寄父母邀集亲友，盛筵招待，并给孩子取名字，俗称“寄名”。此类习俗至今仍在尚存。

升学参军　20 世纪 90 年代后，改革开放促进农村经济发展，农民生活大为改善。子女考取大中院校，通常家长邀请亲戚朋友，设宴聚餐表达庆贺。在农村青年应征入伍为光荣之事，入伍后有的还可以图个前程。于是新兵离家前，亲友来赠送钱物等，家长时常设宴款待，表示谢意。2000 年后，兴起社会文明新风，政府禁止大办宴请，宴席逐年从简。

三、生活习俗

衣着　20 世纪 90 年代后，人们衣着的布料和样式都发生较大改变。男士穿唐装几乎消失，中山装也极少人穿，取而代之的是西装、休闲装及舒适四季便装。青年妇女时装化，以紧身贴体为时髦，以宽松柔软为洒脱。佩戴耳环、戒指、项链较为流行。学生有学生装，以校服为主。

饮食　主食以大米为主，以红薯、玉米、木薯等杂粮为辅，均一日三餐。20 世纪 90 年代，人们物质生活水平不断提高，餐桌上主食有了变化，除了大米饭、红薯、玉米等粗粮深受人们喜爱。百姓菜肴丰富多样，多以疏菜瓜豆为主，辅以肉鱼等。

点心 昌江传统点心有年糕、粽子、果子、白糕、汁水糕、包子、煎堆、猪肚果等。一般传统节日，家家户户都有蒸糕包米果的习惯。20世纪90年代后，外来点心品种逐步增多如蛋糕、冰淇淋、牛排、蛋卷、炸饺子、馄饨等，受到人们的喜爱。

酿酒 昌江农村常年有自酿酒的习惯。在农村用自种地瓜自酿地瓜酒，常备饮用。因其清纯可口，酒味香醇，人们称之为“昌江茅台”。还有用甘蔗自酿甘蔗酒的。

酒席 昌江农家逢年过节，婚丧喜庆等都有必办酒席的习惯。20世纪70年代末至80年代初，宴席规模大，菜肴简单，但花式多样。20世纪90年代末以后，城乡居民生活水平不断提高，办酒席规格逐年升级。1995年每桌约400元，2005年提高到500~600元。办酒席成为一种盈利现象，同时赴宴红包成了群众的一项额外负担。2010年，讲文明，树新风，开展移风易俗，禁止大办宴席起到一定作用，但大操大办宴席的不良现象还时有发生。

民宅 昌江居民民房一般为正屋、旁（厢）屋和天井，正屋三间，中间为厅堂，上设神龛，左右为房，傍屋为厨房。昔日，厅堂摆设，中等人家有八仙桌、太师椅等，普通百姓摆设较为简陋。改革开放后，农村经济条件大有改善，普通家庭厅堂都摆设有沙发等。1990年前，居民房屋多为土木结构，20世纪90年代后，大多为楼房混凝土结构，样式各异。

出行 20世纪90年代，城乡道路交通不断改善，群众出行较为方便。交通工具以公交车和摩托车及电动车为主。2000年后，城乡家庭小轿车逐年增加，群众出行更加便利快捷。

四、丧葬习俗

昌江汉族实行土葬。人死后，一般由亲人向村内外的亲戚朋友报丧，子女备办安葬后事，葬仪过程较为复杂。

入殓 人死后由一长老者持水浴尸，换寿衣梳理头发，后从床上移尸于正厅堂的殓床，待道士择出时辰入棺。

戴孝 丧期间，死者的子孙、亲戚好友都要披麻戴孝。孝布皆为白色，亲子女穿白衣，其他亲戚朋友以数尺白布缠头、绑左臂。亲戚朋友待死者入殓后方可脱孝，但子女须断“七”后才能脱孝。

守灵 入殓后，直系子女及亲人在旁过祭丧。夜间在棺前守灵，亲戚好友到灵台烧香、鞠躬，表示寄托哀思，围在棺前评赞死者功过，并写挽联悼念。

做七做八 人死后，根据死者生前的经历，组织数名道士，写数文祭天地。特别是非正常死亡者或死在外头的更注重于做七做八，一般在出葬前一晚上进行。

送葬 安葬之日，兄弟姐妹，亲戚朋友全都到齐，扶柩出葬，叫“送葬”。有名气的死者除家祭、儿女祭外，亲友还进行拦路祭。生前好友戴黑纱以寄托哀思。

安葬 出殓之前，一般由道士举行送葬仪式。老者持幡引路，长子次子分别双手捧灵牌与香炉走在棺前，送葬者围棺哭送，一路燃放鞭炮，八音锣鼓吹打送葬，至葬地时，按所定的时辰下葬。县内除了土葬外，还有砖石墓葬、合棺葬、一次葬、二次迁移复葬等习俗。

复土 下葬三天后，孝男孝女们再到墓地培土扫墓，上香祭拜。

断七 死者葬后置灵屋或灵牌位于家中一侧，早晚烧香供奉，每隔七天一祭，直至49天。最后一个“七”日要大祭，由孝男孝女们聚于一起经道士念祭文，火化灵屋或灵位牌，恭敬新故考（妣）正位于家神龛时为止，孝男孝女脱孝布。此序称为“断七”。

第七章 少数民族

第一节 黎族习俗

昌江黎族支系主要有杞黎和美孚黎，黎胞相互称为“哈人”“哈应人”“杞人”“美孚人”。哈人方言群，主要聚居在石碌、七叉、叉河、十月田等镇的56个自然村寨，人口最多。哈应方言群，主要聚居在十月田、石碌、七叉等镇的15个自然村寨，受汉文化的影响较大，妇女服饰有很明显的汉装款式特征。杞人方言群，主要聚居在王下山区及七叉、石碌镇的少数边远村寨，人口较少，受汉文化影响较小。美孚方言群，主要聚居在石碌、七叉、十月田、乌烈等镇的15个自然村寨，人口集中，其中部分村寨与汉族村庄无异。2010年黎族人口97774人，占全县人口的36.89%。20世纪90年代后，黎族生活方式与汉族基本相同，衣、食、住、行差异不大，黎族的传统习俗逐渐变化。自行车、摩托车、拖拉机、小轿车、冰箱、电视、沙发等已十分普及。

一、婚嫁

旧俗为黎族男女成年后和父母分开，自搭1间小茅屋居住，这种面积小、陈设简陋的小茅屋黎语称为“隆闺”。夜晚，青年男女们便三五成群到别村姑娘的隆闺中去，邀请姑娘到村庄附近的树林或空地上对话、对歌，有意者继续交往，恋爱时间长短不一，短则一两个月，长则一两年。经双方家庭同意后，男方一家的父母兄弟就要选定吉日，带上聘礼订婚。婚礼当天，新郎家的亲戚、邻居，甚至附近的小伙子纷纷到新郎家里，和伴娘喝喜酒、对情歌，通宵达旦。婚礼结束后设“收席酒”，以答谢亲友。现在的风俗除“隆闺”外，其他基本保留。

二、丧葬

旧俗为亲人病逝，死者家属鸣枪报丧，通知邻近各村的亲戚朋友，同时派出人员到远处亲戚家去报丧。人死后，死者亲属用清水给死者洗脸和手脚，梳整头发和穿戴寿服。灵柩两旁放着草席，作为守灵人员的座位，守灵约3日。亲属按照辈分次序坐在灵柩两旁痛哭并呼唱悼歌，前来吊祭的亲友，携带的礼物有米、肉、钱等。出殡时间只能选择下午，葬在家族墓地。黎族有公共墓地，一般以村为单位，村内墓地中又按姓氏分区，每个家族有固定的地方，墓地内还分男墓区和女墓区。王下、七叉等地，有树木荫翳的墓山，即同一个祖宗谱系共有的墓山。平时墓山树木不许砍伐，埋葬死人时才砍树开路。黎族丧葬的守孝从人死时开始算起，在丧事期间，死者亲属要穿孝服，哈方言和美孚方言的黎族身穿黄色麻衣孝服；不许外出参加红喜事和各种娱乐活动。

三、黎族文身

中华人民共和国成立后，黎族文身逐渐减少，现在只能在极少部分老人妇女身上看到文身。文身是黎族特有的习俗，是世界民族中一种罕见的原创性文化现象。文身，在黎语叫"打登"或是"模欧"，海南汉语叫"秀面"和"书面"，西文则叫"打都"。黎族文身、纹面习俗自古就有，是一种民族的标志。如果生时不文身绣面文上本家或本支系的特定标志，死后则祖先因子孙繁多，难以遍观尽祖。倘若"祖宗不认其为子孙，则永为野鬼"。再则，在上古时代，种族之间常发生互相残杀的悲剧，把俘虏妇女作为战利品。由于种种原因，妇女将成年时，务必进行文身，易于辨识，亦借免为俘虏。所以，"黎家男女周岁即文其身"。可以很清晰地看见文身的颜色以几何方形纹作为主要图案文身时不仅图有定形、谱有法制，连施术年龄亦有所规定。各族按祖传之图案进行文身，绝不能假借紊乱。

四、黎族絣染技艺

絣染是我国古老的印染方法，黎族称结染、扎染，是先絣染后织布的独特手工技艺。2010年，昌江申报的黎族饼染技艺被列入省级非物质文化遗产保护名录（详见第二十一编第一章第八节）。

五、黎族织锦

2009年，木棉纺织技艺被昌江县列入县级非物质文化遗产保护名录加以保护。数千年来，黎族人民就用木棉作为纺织的重要材料，制成衣被御寒。和其他纺织技艺相似，木棉纺织主要有以下几道工序：摘下木棉棉桃晒干，开裂后取出棉絮；脱去棉籽后用木棍搅动使之蓬松，然后上纺轮捻成棉线；捻好的线团放入开水中熬煮，使之更具韧性；煮过的棉线晒干后呈天然的米黄色，一般无须另外染色，上腰织机织成棉布即可。在昌江黎族地区，这一古老的技艺得以活态传承，从未间断。这和昌江丰富的原材料有关。昌江是中国木棉之乡，木棉树种植数量较多，黎族群众可就地取材。每年4月，木棉吐絮，掌握纺织技术的黎族群众家家户户都会去采集棉絮。昌江木棉种植面积之广，还与当地的一种习俗有关。在昌江黎族地区，广泛流传着父母为儿子种植木棉的习俗。每逢黎家有男孩分家，父母都要在孩子新家的房前屋后种上几株木棉树，以备孩子将来有衣穿。进入新时代后，这种习俗仍被作为一种美好的祝愿在许多地方保存下来。

六、黎族制陶

昌江的黎族制陶术源远流长，石碌镇保突村至今依然传承“泥条盘筑法”制陶技艺，它犹如一部“活历史”，真实地再现着古时黎族特定的生产方式、生活方式和民族特征。黎族手工艺制陶工艺流程复杂且讲究：第一步，选取黏性泥土，放在阳光下晒干；第二步，将晒干后的泥土舂碎，用米筛筛 5 次至 7 次成泥粉；第三步，用水调匀细泥粉拌成泥团，水与泥粉的比例约为 1：2。水多或少都不行，需恰到好处，这一步是制作陶器的关键；第四步，制陶皿。先捣泥直至完全均匀后，将泥团铺成薄饼状做器底，并移到一个倒扣的粗孔竹筛上，然后用螺壳和小木拍等工具，将陶坯做成各种生活用具，如碗、钵、锅、罐、盆、蒸酒器、水缸等。制作好的陶坯置晒 6 天至 8 天完全晾晒干后，才择日烧陶。经过两个多小时的烧制，方可小心翼翼地从火堆里慢慢挑出烧好的陶器。为了增加陶器的坚硬度，黎族妇女立刻用一种黎语叫“塞柴涯”的植物树皮捣烂后，取其汁液与一种叫“柴构仁”的植物放在一起浸泡，并用树叶淋在刚出火的陶器上，使之起到加固作用。经过淬火后的陶器马上变声，陶器即制作成功。

2006 年，黎族原始制陶技艺经国务院批准列入第一批国家级非物质文化遗产名录，申报和保护单位为昌江黎族自治县。传承人为羊拜亮。

七、洪水村的金字形茅草屋

王下乡洪水村位于昌江东南部，西靠俄贤岭北接白沙黎族自治县，是黎族杞人聚居的村落，有南放、桐才、南力、俄力四个自然村。村委会行政机构在俄力村。洪水村最大的特色是茅草屋民居，有 158 间，大多数是金字形木结构，保存得较为完整。洪水村的金字形茅草屋是迄今海南最完整的茅草屋村落之一，是黎族传统文化的“活化石”。2010 年，该村的金字形茅草屋已被列为省、县文化保护单位。

八、黎族民间故事

2009 年，昌江申报的黎族民间故事被列入省级非物质文化遗产保护名录。

黎族民间故事是黎族人民群众在漫长的历史进程中创作出来的口头文学。黎族长期过着原始社会生活，创作了很多反映原始崇拜、刀耕火种、祖先来源等和生产生活习俗的传说和故事。汉代以后，汉族迁入海南，中原文化随之传入，昌江黎族民间故事中有的染上中原文化色彩。（详见第二十一编文化·体育）。

九、黎族传统体育与游艺

2010年，昌江申报的黎族传统体育与游艺被列入省级非物质文化遗产保护名录。（详见第二十一编第一章文化艺术）。

第二节 苗族习俗

苗族主要分布在七叉镇苗村，2010年，苗族有272人，占全县总人口的0.08%。苗族有自己独特的服装，妇女下身穿的似裙非裙的裙服；上身穿的是“贯首式”领的衣服，扣子是用线打成小结的，衣服领上绣着花，头上戴着有花纹的尖顶帽，帽尖上有鲜红的花穗、花摆，帽的后面留有二尺长的后摆。苗族妇女的发式是把头发缚髻在头顶上，便于戴帽子。妇女盛装时，还佩多种银饰。

20世纪70年代前，苗族住房结构极为简陋。房屋的形状酷似黎族的船形屋，又低又矮，房子里用竹篾织成作为间隔房，屋顶用芳草或葵叶盖，睡床只用四支杈木插到地里做个木架，上面再铺上竹篓或木板，再垫上草席或树皮。2000年，落实国家扶贫政策，推进少数民族地区民族改造苗村生产生活条件改善，住的是平房和瓦房，有的还住上楼房。2010年，完成生态文明村建设，建成村道水泥路1条，长0.4千米。巷道3条，长1千米。危房改造达80%。

苗族的喜好是围山打猎，每年秋天，就是狩猎的季节。他们善用枪、弓箭、设陷井，弓箭一般装置自动发射。如射中猎物，主人可以请几个人抬回去，宰杀后，留一些肉给主人。剩下的肉多则按人则按户平均分配。分配时如果遇上路过者或者碰上，也同样分给一分，谓之“见者有份”。20世纪70年代后严禁打猎活动。

第八章 宗 教

第一节 道 教

道教在昌江历史悠久。宋代，苏东坡谒拜后，峻灵王享负盛名，古昌化县成为海南历代道教圣地之一。笃信道教者，有事均请道士超亡、禳斋、斋醮、祈福等。道教曾一度偏离教义教规，演化为一种迷信活动。土地改革和“文化大革命”以及破“四旧”时，拆毁许多庙宇神像，迷信之风被扫荡。20世纪80年代开始复燃，至2010年，民间道士达200多人。求神拜庙在农村汉族地区比较盛行。以峻灵王庙、昌化古庙为代表，全县寺庙已发展到30多处。

峻灵王生日活动 峻灵王是道教文化的产物，是海南岛富有海洋文化特色的民间海神。最初是由位于昌江县昌化镇昌化岭上的一块石头，因民间传说神化并受膜拜和三朝皇帝诏封。五代南汉（905—971年）乾亨元年（917年），诏封昌化大岭山神为镇海广德王，俗称二月二十四日出生，六月六日成道。北宋元丰五年（1082年）七月，经彭次云之请，诏封山神为峻灵王。清光绪十二年（1886年）八月十八日，又奉诏加封为昭德明王，逐渐发展成为一种民间信仰。五代时，官民就建庙祭祀峻灵王。宋代，峻灵王庙香火极盛。明代崇祯年间，昌化知县张三光主持重修，香火终年不断。昌化县及周边地区以至两广地区渔、农民笃信道教的人，经常来烧香祀拜，历久不衰。中华人民共和国成立初，全县有庙堂17处，道士124人，其中香火最盛、求神抽签人数最多者为峻灵王庙，时有住堂道士23人。1952年峻灵明王庙被飓风摧毁。1984年，昌江及临高、儋州、东方等地沿海渔民自筹资金重建。1989年，峻灵王庙被列为县级文物保护单位。

清代的《昌化县志》载：“凡旱涝灾难疾病，往祷辄应。”千百年以来，峻灵王是百姓心中的偶像和保护神，备受崇拜。古时逢天旱，村民在神庙前设坛，祈求峻灵王布云行雨救苍生。每年的农历二月二十四日前，庆祝峻灵王诞辰的活动十分隆重，成为一种重要民俗。二月二十四日定为公期，二月二十三日即起斋，道士在峻灵明王庙前设置神坛，安排神位。吹起号角唢呐，敲锣打鼓奏起乐曲，带领民众祭拜。民众祭拜后，可在神坛前许愿，并过火山、过平安桥。道士用笔在善男信女额头上点红，以示吉利。各家各户均在家门前摆起神席祭拜，一直到二月二十五日才结束。

海南岛沿海乃至两广地区等地的渔民和商人聚集到此，祭拜祈愿。人山人海，场面壮观。夜晚，信众通宵达旦烧香放鞭炮，唱琼剧、临高哩哩美、儋州调声等西部各地民歌。一些有经济实力的信徒自愿捐款请来琼剧团演戏。庙会活动把拜神与商贸、旅游相结合，有歌舞、游戏、竞技和体育活动，成为民间的盛会。

第二节 基督教

1996 年 6 月，石碌基督教聚会点成立，教士 1 人，管理人员 3 人，信徒 184 人，定每周日做礼拜。

2004 年 8 月石碌基督教堂（述恩堂）落成开堂，教士 1 人，管理人员 3 人。每周三、五、六、日为信徒读经祈祷唱诗日。2008 年年底，“述恩堂”有信徒 142 人。至 2010 年，维持不变。

第三节 宗教管理

昌江历来严格按照党的宗教政策来管理、重视宗教工作。1991—1996 年，落实党的宗教政策，方便信教群众的宗教活动，保护合法、制止非法，打击违法犯罪，依法对宗教活动场所进行管理。县政府批准设立石碌镇矿建路基督教聚会点。1997 年，县成立宗教管理领导小组，由主管民族宗教工作的县政府领导担任组长，县政协副主席和县民宗局长担任副组长，县委统战部、县公安局、县民政局领导为成员，领导小组办公室设在县民宗局。1998 年，对宗教活动场所进行依法登记，内容有场所设置、信徒活动、神职人员、规章制度等。经检查、登记，宗教活动场所基本符合《宗教活动场所管理条例》

和《宗教活动场所登记办法》的规定和设立宗教活动场所的条件，但在组织、人员、经济、制度、活动管理等方面，存在问题，改正后，1999 年予以登记。2000 年，通过对宗教活动场所的年度检查工作，促进宗教活动场所自身管理的制度化和规范化。乡(镇)对所在地宗教活动场所进行管理每年主管部门深入到宗教活动场所，进行检查验收，确定格次，即“合格”“不合格”。2002 年，根据十月田镇、七叉镇群众反映，有外来人员，租用民房进行地下宗教活动，然后向群众收取钱财。县民宗局等部门采取措施果断处理，遏止了非法宗教势力向农村蔓延的现象。2003—2007 年的 5 年，做好宗教活动场所管理工作，提高宗教活动场所自身管理能力，同时对宗教人士和信徒群众进行思想教育。2008 年，对“述恩堂”活动场所的管理以提高该堂自身管理水平为重点。2009 年，全县有非法传教 1194 人，主要分布在七叉镇、叉河镇、十月田镇等乡镇。同时加强农村法制建设和科学教育，丰富农村文化生活。至 2010 年，全县未出现邪教活动。2010 年，在七叉、叉河、十月田等乡镇 12 个自然村庄，有非法传教人员 1395 人，非法传教活动有继续扩大的趋势。会同县有关部门各镇政府及公安派出所共同清理传教活动窝点。用 5 个月时间，对七叉地区非法传教人员进行宣传教育，从原有的 13 个聚会点减少到 4 个，人数从 1375 人减少到 62 人。

第九章 少数民族事务

第一节 少数民族村庄民房改造

1991年前，少数民族地区住房基本上是简陋的茅草房。1991—2010年，县委、县政府重视茅草房和危房改造工作。制定方案措施，精心组织，统筹安排，有序推进，民宗委具体落实。经过连续多年农村茅草房和危房改造建设工作，大部分农村农民住房条件得到改善。

一、茅草房改造

1991—2010年，县大力进行茅草房改造，取得成绩。特别是从以下年度数据可反映改造成效：2007年投入资金409.2万元用于民房改造，其中589户茅草房户，按每户6000元的标准补助给予材料12000块砖，63户残疾人危房改造，按每户的标准给予12000块红砖和3412元的现金补助；30户“五保”户危房改造，按每户标准给予6000元现金补助。2008年茅草房改造，按每户标准给予材料16000块砖和3吨水泥补助；残疾人危房改造按每户标准给予材料16000块砖和4887元现金补助，“五保”户危房改造，按每户标准给予6000元现金补助。共改造803户，投入资金614.28万元，其中：653户茅草房，100户残疾户，50户“五保”户。2009年茅草房改造953户，投入资金372.5万元，其中803户茅草房和50户“五保”户危房改造，按每户标准给予材料16000块砖补助100户残疾人危房改造，按每户标准给予材料15000块砖和2655元现金补助。

二、危房改造

1991年投入民房改造资金8万元，建房90户，受益人口450人。1992年投入资金12万元，建房140户，受益人口700人。1994年投入资金100万元，建房580户，受益人口2900人。1995年投入资金115万元，建房640户，受益人口3200人。1996年投入资金160万元，建房760户，受益人口3800人。1997年投入150万元，建房710户，受益人口3550人。1998年投入110万元，建房640户，受益人口3200人。1999年投入77万元，建房480户，受益人口2400人。2000年投入90万元，建房4510人，受益人口2500人。2001年投入99万元，建房560户，受益人口2700人。2002年投入100万元，建房680户，受益人口3300人。2003年投入120万元，建房680户，受益人口3400人。2003年，投入120万元，建房680户，受益人口3740人。2004年，投入166万元，建房670户，受益人口3685人。2005年，投入资金170万元，建房689户，受益人口3789人。2006年，投入170万元，建房680户，受益人口3740人。2007年，各乡（镇）政府、各部门、各社会力量捐助资金购置红砖1110万块，瓦9000块，水泥2766吨，钢筋205吨，全县共完成民房改造740户，建房面积59200平方米，有4070名黎族同胞住上新瓦房。2008年，全县完成民房改造803户，建房面积64240平方米，有4416名黎族同胞住上新瓦房。2009年，全县完成危房改造803户，面积64240平方米，受益人数4416人。2010年农村危房改造401户，面积32080平方米，受益人数2005人。投入资金317万元，其中125户危房改造，每户按标准给予材料16000块砖和4吨水泥补助；145户残疾人危房改造，每户按标准材料给予16000块砖和4827元现金补助，30户五保户危房改造，每户按标准6000元现金补助。

第二节　少数民族教育

一、少数民族地区教育

1991—2010年，县委、县政府及县教育局对少数民族地区教育事业发展非常关注和重视，每年增拨少数民族地区教育办公经费，加强中小学校基础设施建设。全县6个少数民族乡（镇）都办有完全普通中学，石碌镇办有8所完全小学；七叉镇办有9所完全小学；王下乡办有1所完全小学；叉河镇办有9所完全小学；十月田镇办有4所完全小学；乌烈镇办有5所完全小学。全县少数民族乡（镇）的六所中学均修建教学大楼，配齐教学设施；18所小学建有教学大楼、中小学平顶房宿舍。为提高少数民族地区教育质量，培养少数民族地区人才，县每年都安排部分大中专毕业生到少数民族地区任教，少数民族地区普九验收合格。2005年，县委、县政府开始实施教育扶贫移民政策。2006年安排王下乡全部中学生集中到县民族中学寄宿读书，生活、住宿费、学杂费由政府全包。

2007年，县加大教育扶贫移民力度，将教育扶贫移民模式深化完善为“三段式”：小学从村里移到乡（镇），初中移到县城，高中与职业教育衔接。全县少数民族地区的教育事业得到了推进和发展，1991—2010年，少数民族地区学生考上大学1593人，少数民族地区有很多大中专毕业生走上工作岗位，有的已走上各级领导岗位。

二、文化技术培训

1991年，全县农村少数民族技术培训215人。1992年10月，在县委党校增设昌江黎族自治县民族干部学校，少数民族干部教育培训系统化、正规化。培训农村少数民族赤脚医生。1993年，培训268人。2000年，在县委党校内设省农村致富技术函授大学昌江分校，举办了6期农业经济作物技术轮训班，少数民族干部与汉族干部一样参加轮训，掌握了经济作物技术基本知识和技能。

2003—2007年的5年间，对全县少数民族群众进行民族法律知识讲座，同时，对少数民族农民进行法律宣传教育，送法律书16万本，使广大黎族农民受到法律教育。在2005年举办了1期全县中青年少数民族干部专修培训班。2009年，为提高全县农村少数民族劳动力的科学文化素质，培养有文化、懂技术、会经营的新型农民，促进农业增产、农民增收，提高农民群众的生活水平。省民宗委拨款10万元，分别在王下、七叉、石碌、十月田等乡（镇）举办橡胶“割胶”、芒果管理、香蕉管理等技术培训班，参加培训班人员共1000人。2010年，为提高农村少数民族地区干部理论素质，增强干部辨别能力，在县民族干部学校举办农村黎族干部和基层黎族妇女干部培训班。培训班课程设置有“关于民族法律、法规、民族团结进步等问题”的专题报告，王下、七叉、叉河、石碌、十月田、乌烈等乡（镇）的相关村委会党支部书记和妇女主任共230人参加培训。

第三节 少数民族经济社会发展

1991—2003年，省政府下拨专项资金共916.7万元，主要用于少数民族地区农村基础设施建设（文教、卫生、饮水、照明、公路、桥梁、配管干部培训、科技等项目）。其中，1991年投入14.5万元，建水井8口，拉照明电路5千米，农村技术培训215人。1992年投入17万元，建七叉小学教室170平方米，拉照明电4千米，培训农村赤脚医生。1993年投入56万元，建民族中学运动场一个。创办芒果基地。干部培训268人。1994年投入43.5万元，七叉乡重合村、大章村、乙在村打井3口。老羊地村拉照明电4千米。十月田小学拉照明电。县民族干部学校建教学楼480平方米。1997年投入9.6万元，民族干部培训。少数民族干部生活困难补助。1998年投入100万元，修建王下乡洪水村引水工程和七叉大章拉照明电。1999年投入110万元，七叉保由村建桥梁。石碌至水头公路建设。王下乡大炎村引水工程。2002年投入120万元，解决保平乡里表村饮水配套工程、石碌至水头公路继建工程、尖岭村饮水、老羊地村级公路5千米、七叉镇卫生院霸王岭门诊部。2003—2006年，省政府下拨专项资金578万元，主要用于少数民族地区农村卫生、饮水、公路、桥梁等项目基础设施建设。2007年，县民宗局派出4人调查组赴全县农村调查，并立项上报3个项目，获得省民宗厅、省财政厅的批准。其中，七叉镇乙在村饮水工程，投资45万元，解决当地群众1460群众饮水难问题。七叉镇南弄水库道路化，投资39万元，解决1200公顷农田用水灌溉。石碌镇香岭村建桥工程，投资45万元，解决1046人行路难问题。2009年，七叉镇保由村饮水工程，投资40万元，解决500多人饮水难问题；十月田镇沙田村桥梁工程，投资48万元，解决3个自然村文化生活；黎族织锦培训基地工程，投资25万元；叉河镇老烈村饮水工程，投资40万元，解决127人"饮水难"问题。2010年，完成扶贫项目3个：王下乡三派村饮水工程，投资46万元，解决三派村及王下乡居民近2000人"饮水难"问题；保平村公路硬化工程，投资30万元，解决3750人"行路难"问题；少数民族农村农民技术培训项目10万元，培训人员共1500人。全县少数民族地区的6个乡镇42个村委会316个村民小组，家家户户通电，铺设村庄大道水泥路，有95%以上村巷环村路水泥硬化，有294个村民小组建水塔，拉自来水管，饮上安全水。全县创建民族文明生态村91个，投入资金1.9亿元。其中石碌镇片石村、孔车村、香岭村、保突村、山竹沟村，七叉镇尼下村、大章村，王下乡浪伦村，十月田镇才地村、波兰沟村，叉河镇排岸村，乌烈镇峨沟村等创建成绩突出。

第四编　国土·环保

第一章 国 土

第一节 机 构

1991 年，称县国土局。1994 年 8 月，县国土局改称为县土地管理局。内设机构有行政股、地籍股、用地股、监察股和规划股 5 个股室。1995 年 11 月，县土地管理局挂靠县建设与环境资源局。实行一个一个机构、两块牌子，各司其职。2001 年 4 月，县建设与环境资源局和县土地管理局合并，改称为县建设与国土环境资源局。2005 年 9 月，县建设与国土环境资源局重新析分，成立县国土环境资源局和县城乡建设局，均属县政府正科级工作部门。2005—2010 年，县国土环境资源局，行政隶属省国土环境资源厅垂直管理。2010 年，内设机构有综合办公室、土地利用岗、耕地保护岗、地籍管理岗、规划法规监察岗、矿产资源开发管理岗、地质环境与储量管理岗、环境监督与生态保护岗、污染防治岗、核应急岗管理、测绘管理岗 1 办 10 岗。下设县国土环境资源监察大队（副科级）、县土地储备整理交易中心（副科级）、县核应急技术支持中心（副科级）、县环境监测站 4 个事业单位（另外挂县测绘地理信息局）及 8 个乡（镇）国土环境资源管理所。

第二节 土地规划

1991—1992 年，昌江开始全县土地利用现状调查，初步征集土地规划资料。1994—2010 年，先后制定石碌县城总体规划、乡（镇）用地总体规划和全县土地利用总体规划等。

一、土地利用总体规划

1994 年秋，根据 1992 年昌江县土地利用现状调查的相关资料，首次制定《昌江县土地利用总体规划》（以下简称《总体规划》）。总体规划分为基期年（1992 年）、目标年（2000 年）、展望年（2010 年）三个期限。规划年内耕地面积稳定在 42506.7 公顷，力争每年耕地减少数与开发数基本平衡。规划到展望年（2010 年）园地面积比 1992 年的 9877.4 公顷增加 4428.5 公顷，目标年（2000 年）园地面积达 1400 公顷。总体规划到 2010 年林业用地面积比 1992 年的 83433.3 公顷增加 2003.6 公顷。

1996 年，对全县编制土地利用总体规划作了调整。以 1996 年为基期年，1997—2005 年为近期规划年，2006—2010 年为远期规划年。规划确定到 2010 年全县耕地总量达到 37320.00 公顷，其中基本农田保护面积 30426.70 公顷。建设用地面积控制在 8262.70 公顷以内，新增建设用地面积 1189.10 公顷，占用耕地面积控制在 197.70 公顷内。

1997—2005 年，随着全县工业化、城镇化、农业产业化进程发展，建设用地指标等已不能满足社会经济发展对土地利用的客观要求。2005 年，县政府结合全县社会经济发展对土地利用的总体要求，坚持以严格保护耕地为前提，以控制建设用地为重点，以节约集约用地为核心，实施制订第二次土地利用总体规划，即《昌江黎族自治县土地利用总体规划（2006—2020 年）》（以下简称《规划》）。《规划》确定了 2006—2020 年昌江县土地利用战略目标，对土地利用结构和空间布局调整以及重点产业项目用地做出规划及安排。

2005 年昌江县土地用途分区面积规划表

表 4-1-1　　　　单位：公顷

行政单位	基本农田保护区	一般耕地区	林业用地区	木本园地区	草本园地区	其他农用地区	城镇允许建设区	村镇允许建设区	工矿允许建设区	旅游用地允许建设区	特殊用地区
合计	29257.44	7703.27	87855.23	14179.22	3935.71	3133.23	1920.00	1403.65	1910.21	506.09	23.27
石碌镇	4709.76	2083.89	9228.79	3160.73	331.16	455.91	1359.89	250.84	711.25	50.34	4.26
叉河镇	2041.14	840.84	2176.66	375.06	1024.85	248.49	76.65	102.01	814.50	0	0
十月田镇	8059.71	996.11	3610.19	1181.49	870.44	572.97	50.13	174.76	0	0	0
乌烈镇	3770.20	608.48	3937.13	260.23	11.21	247.99	148.46	121.79	15.37	0	0
昌化镇	2242.46	466.54	6031.21	347.19	0	448.44	74.74	196.63	27.54	291.08	0.79

表 4-1-1 续 1

行政单位	基本农田保护区	一般耕地区	林业用地区	木本园地区	草本园地区	其他农用地区	城镇允许建设区	村镇允许建设区	工矿允许建设区	旅游用地允许建设区	特殊用地区
海尾镇	3548.89	1810.59	12125.31	786.59	111.76	626.16	103.41	223.43	188.23	17.00	4.54
七叉镇	3577.13	704.89	15758.41	2435.60	398.99	239.55	15.47	204.70	114.99	116.39	13.68
王下乡	0	122.59	32934.84	1056.75	0	5.85	4.29	24.06	4.94	15.24	0
红林农场	1308.14	69.35	2052.68	4575.58	1187.30	287.87	86.95	105.43	33.38	16.05	0

2005 年昌江县土地利用规划结构表

表 4-1-2　　单位：公顷、%

规划地类			基期年		2010 年		2020 年		规划期间面积增减
			面积	比重	面积	比重	面积	比重	
合计			161770.19	100.00	161770.19	100.00	161770.19	100.00	0
农用地	小计		133711.29	82.66	142211.17	87.91	146100.13	90.31	12388.84
农用地	耕地		36997.16	22.87	37349.87	23.09	36960.71	22.85	-36.45
农用地	园地		13029.51	8.05	16878.97	10.43	18114.93	11.20	5085.42
农用地	林地		80999.48	50.07	84901.00	52.48	87855.23	54.31	6855.75
农用地	牧草地		36.03	0.02	36.03	0.02	36.03	0.02	0
农用地	其他农用地		2649.11	1.64	3045.30	1.88	3133.23	1.94	484.12
建设用地	小计		6683.48	4.13	7188.37	4.44	8130.97	5.03	1447.49
建设用地	城乡建设用地	小计	4711.34	2.91	4854.65	3.00	5233.86	3.24	522.52
建设用地	城乡建设用地	城镇用地	1064.32	0.66	1158.25	0.72	1920.00	1.19	855.68
建设用地	城乡建设用地	农村居民点用地	1483.64	0.92	1445.85	0.89	1403.65	0.87	-79.99
建设用地	城乡建设用地	工矿用地	2163.38	1.34	2250.55	1.39	1910.21	1.18	-253.17
建设用地		小计	1930.86	1.19	2074.86	1.28	2322.91	1.44	392.05
建设用地		铁路用地	43.61	0.03	43.61	0.03	48.61	0.03	5.00

表 4–1–2 续 1

规划地类			基期年		2010 年		2020 年		规划期间面积增减
			面积	比重	面积	比重	面积	比重	
建设用地	交通水利用地	公路用地	591.89	0.37	662.89	0.41	765.09	0.47	173.20
		机场用地	0	0	0	0	0	0	0
		港口码头用地	33.59	0.02	33.59	0.02	56.44	0.03	22.85
		管道运输用地	0.47	0	0.47	0	0.47	0	0
		水库水面	1246.93	0.77	1267.93	0.78	1359.93	0.84	113.00
		水工建筑用地	14.37	0.01	66.37	0.04	92.37	0.06	78.00
	其他建设用地	小计	41.28	0.03	258.86	0.16	574.20	0.35	532.92
		旅游建设用地	10.10	0.01	219.80	0.14	506.09	0.31	495.99
		特殊用地	18.27	0.01	20.27	0.01	23.27	0.01	5.00
		独立建设用地	0	0	18.79	0.01	44.84	0.03	44.84
		盐田	12.91	0.01	0	0	0	0	–12.91
未利用地	小计		21375.42	13.21	12370.65	7.65	7539.09	4.66	–13836.33
	水域		1274.20	0.79	1374.20	0.85	1474.20	0.91	200.00
	滩涂沼泽		4277.74	2.64	4134.25	2.56	3900.12	2.41	–377.62
	自然保留地		15823.48	9.78	6862.20	4.24	2164.77	1.34	–13658.71

2005 年昌江县规划前后各类用地面积表

表 4-1-3　　单位：公顷

行政单位	类别	合计	耕地	木本	草本	林地	牧草地	其他农用地	城镇用地	农村居民点用地	工矿用地	铁路用地	公路用地	机场用地	港口码头用地	管道运输用地	水库水面	水工建筑用地	旅游建设用地	特殊用地	独立建设用地	盐田	水域	滩涂沼泽	自然保留地
合计	现状	161770.19	36997.16	9661.93	3367.58	80999.48	36.03	2649.11	1064.32	1483.64	2163.38	43.61	591.89	0	33.59	0.47	1246.93	14.37	10.10	18.27	0	12.91	1274.20	4277.74	15823.48
	规划	161770.19	36960.71	14179.22	3935.71	87855.23	36.03	3133.23	1920.00	1403.65	1910.21	48.61	765.09	0	56.44	0.47	1359.93	92.37	506.09	23.27	44.84	0	1474.20	3900.12	2164.77
石碌镇	现状	24078.63	6294.44	1922.56	235.16	8004.03	36.03	332.83	510.26	267.45	1119.23	30.16	133.54	0	0	0	762.91	9.20	0	3.35	0	2.03	110.58	67.36	4237.51
	规划	24078.63	6793.65	3160.73	331.16	9228.79	36.03	455.91	1359.89	250.84	711.25	30.16	170.47	0	0	0	896.64	30.30	50.34	4.26	23.91	0	108.76	83.19	352.35
叉河镇	现状	8565.82	2676.70	477.57	2035.71	1804.16	0	136.25	55.83	107.88	410.49	13.45	55.55	0	0	0	70.72	1.20	0	1.32	0	0.85	166.16	133.70	418.28
	规划	8565.82	2881.98	375.06	1024.85	2176.66	0	248.49	76.65	102.01	814.50	13.45	72.79	0	0	0	20.53	0.98	0	0	5.05	0	182.25	174.44	396.13
十月田镇	现状	16073.42	6773.63	2402.79	333.29	2977.48	0	344.80	47.13	196.61	8.86	0	63.43	0	0	0	77.57	0.55	0	0	0	0.24	39.39	117.10	2690.55
	规划	16073.42	9055.82	1181.49	870.44	3610.19	0	572.97	50.13	174.76	0	4.50	81.48	0	0	0	96.05	3.32	0	0	0	0	33.31	199.74	139.22
乌烈镇	现状	9497.75	4636.92	35.05	0	2841.15	0	236.03	102.08	152.66	11.62	0	33.65	0	0	0	6.96	0.27	0	0.78	0	0.47	71.25	230.45	1138.41
	规划	9497.75	4378.68	260.23	11.21	3937.13	0	247.99	148.46	121.79	15.37	0	43.23	0	0	0	8.44	4.24	0	0	0	0	78.04	213.48	29.46
昌化镇	现状	12066.46	3703.12	46.55	84.34	6008.76	0	465.71	49.61	226.07	46.81	0	50.02	0	0	0	62.66	0.60	10.00	1.54	0	2.08	347.90	892.37	68.32
	规划	12066.46	2709.00	347.19	0	6031.21	0	448.44	74.74	196.63	27.54	0	63.74	0	9.00	0	30.66	44.57	291.08	0.79	2.64	0	441.63	1143.01	204.59
海尾镇	现状	21887.34	6925.84	226.74	431.56	9338.60	0	710.41	70.41	218.91	10.33	0	62.29	0	33.59	0.47	144.60	1.32	0	4.27	0	2.51	124.91	2418.19	1162.39
	规划	21887.34	5359.48	786.59	111.76	12125.31	0	626.16	103.41	223.43	188.23	0.50	88.34	0	47.44	0.47	46.56	0.10	17.00	4.54	8.65	0	211.79	1884.59	52.99
七叉镇	现状	24528.35	4283.03	1337.15	19.34	15269.24	0	218.95	14.44	217.01	450.87	0	60.65	0	0	0	86.89	1.09	0.10	7.01	0	4.73	178.64	161.51	2217.7
	规划	24528.35	4282.02	2435.60	398.99	15758.41	0	239.55	15.47	204.70	114.99	0	77.91	0	0	0	261.06	8.87	116.39	13.68	0	0	188.73	16.73	395.25
王下乡	现状	34594.96	110.64	371.88	27.79	32244.56	0	5.63	3.43	22.66	1.94	0	59.26	0	0	0	0	0	0	0	0	0	194.11	195.48	1357.58
	规划	34594.96	122.59	1056.75	0	32934.84	0	5.85	4.29	24.06	4.94	0	76.12	0	0	0	0	0	15.24	0	0.59	0	172.87	125.61	51.21
红林农场	现状	10477.46	1592.84	2841.63	200.39	2511.50	0	198.49	211.13	74.41	103.24	0	73.50	0	0	0	34.62	0.15	0	0	0	0	41.25	61.59	2532.72
	规划	10477.46	1377.49	4575.58	1187.30	2052.68	0	287.87	86.95	105.43	33.38	0	91.00	0	0	0	0	0	16.05	0	4.01	0	56.82	59.33	543.57

二、基本农田保护规划

1991—1995 年，全县基本农田未开展过保护区划定。1996 年，首次在全县范围内开展基本农田保护区划定工作。除王下乡外，全县 11 个乡（镇）、2 个国有农场共划定基本农田保护区 178 个，保护田块 340 块，总面积 10076.2 公顷。2005 年，全县基本农田保护区规划重新调整，全县划定基本农田保护区为 2 个国有农场和县属 79 个权属单位，总面积 36997.16 公顷。2010 年，全县设立基本农田保护区界桩 375 块。

昌江县耕地与基本农田保护面积表

表 4-1-4　　单位：公顷

行政单位	2005 年耕地面积	2005 年耕地面积占土地总面积的比重（%）	2010 年耕地保有量	2020 年耕地保有量	2006—2020 年基本农田保护面积
合计	36997.16	22.87%	37349.87	36960.71	29257.44
石碌镇	6294.44	3.89%	6558.86	6793.65	4709.76
叉河镇	2676.70	1.65%	3118.54	2881.98	2041.14
十月田镇	6773.63	4.19%	8570.22	9055.82	8059.71
乌烈镇	4636.92	2.87%	4129.81	4378.68	3770.20
昌化镇	3703.12	2.29%	3182.19	2709.00	2242.46
海尾镇	6925.84	4.28%	5339.48	5359.48	3548.89
七叉镇	4283.03	2.65%	4355.78	4282.02	3577.13
王下乡	110.64	0.07%	128.47	122.59	0
红林农场	1592.84	0.98%	1966.51	1377.49	1308.14

说明：规划期内，省级规划下达给昌江县的基本农田保护义务量为 29023 公顷

三、村镇建设用地规划

1994 年首次对全县土地利用总体规划时，同时对叉河和石碌 2 个镇，划定截至 2000 年与 2010 年近期与远期的村、镇建设用地规划。2005 年，全县土地利用总体规划调整时，村、镇建设用地规划得到进一步完善。

十月田镇。发展目标定位为农业中心镇。2010年，村、镇建设用地规划。建设用地总规模控制410.24公顷以内，其中城镇用地规模为50.13公顷。耕地保有量为9055.82公顷，其中基本农田面积为7995.13公顷。

乌烈镇。发展目标定位为农贸中心镇。2010年，村、镇建设用地规划。建设用地总规模控制在341.54公顷以内，其中城镇用地与工矿用地分别为148.46公顷、15.37公顷。耕地保有量为4378.88公顷，其中基本农田面积为3739.99公顷。

昌化镇。发展目标定位为旅游镇。2010年，村、镇建设用地规划。建设用地总规模控制在731.38公顷以内，其中城镇用地与工矿用地分别为74.74公顷、27.54公顷。耕地保有量为2709.00公顷，其中基本农田面积为2224.49公顷。

海尾镇。发展目标定位为渔业镇。2010年，村、镇建设用地规划。建设用地总规模控制在728.67公顷以内，其中城镇用地与工矿用地分别为103.41公顷、188.23公顷。耕地保有量为5359.48公顷，其中基本农田面积为3520.45公顷。

七叉镇。发展目标定位为旅游镇。2010年，村、镇建设用地规划。建设用地总规模控制在813.07公顷以内，其中城镇用地与工矿用地分别为15.47公顷、114.99公顷。耕地保有量为4282.02公顷，其中基本农田面积为3548.47公顷。

王下乡。发展目标定位为生态保护乡。2010年，村、乡建设用地规划。建设用地总规模控制在125.25公顷以内，其中城镇用地与工矿用地分别为4.29公顷、4.94公顷。耕地保有量为122.59公顷。

四、县城建设用地规划

1994年，随着城镇化不断发展，县城建设用地科学规划得于凸现。县政府成立城镇总体规划领导小组，并委托辽宁省城乡建设规划设计院海南分院，具体制订《石碌镇总体规划》（以下称为《总体规划》），其规划期限：近期1993—2000年，远期2001—2010年。同时，首次对石碌县城建设用地作明确规划和布置。

规划控制范围：东起石碌水库，西至水头村，南靠石碌岭，北接太坡橡胶林，总用地面积31.5平方千米。根据国家规划建设用地指标，近期规划用地815.7公顷，人均125.5平方米。远期规划用地842.3公顷，人均105.3平方米。

2005年，县政府对中心城镇石碌镇和叉河镇发展规划做出调整。两地发展目标为：建设成为昌江县政治、经济、文化的中心区、循环经济示范区、统筹城乡协调发展的引领区，全面提升城镇土地利用价值。2020年中心城镇建设用地总规模为4634.00公顷。其中，城镇用地面积为1436.54公顷。规划期内新增城镇建设用地1078.60公顷。2010年石碌旅游用地规模达到10.00公顷。

1993—2010 年石碌镇现状与规划建设用地平衡表

表 4-1-5

序号	代号	用地性质	现状（1993 年）			近期（至 2000 年）			远期（至 2010 年）		
			面积（公顷）	比重（%）	人均（平方米/人）	面积（公顷）	比重（%）	人均（平方米/人）	面积（公顷）	比重（%）	人均（平方米/人）
1	R	居住用地	288.9	38.1	48.9	295.2	36.2	45.4	230.9	27.4	28.9
	R	一类居住用地							12.7		40
	R	二类居住用地	288.9		295.2				218.2		28.4
2	C	公共设施用地	90.9	12.0	15.4	102.3	12.5	16.4	144.44	17.1	18.0
	C1	办公用地	15.3		2.6	17.5		2.7	18.1		2.3
	C2	商业金融用地	25.2		4.3	28.8		4.4	55.6		6.9
	C3	文化娱乐用地	3.1		0.5	5.1		0.8	14.2		1.8
	C4	体育用地	2.7		0.4	2.7		0.4	3.7		0.5
	C5	医疗卫生用地	14.6		2.5	15.8		2.4	14.2		1.8
	C6	教育科研用地	30.0		5.1	32.4		5.0	38.6		4.8
3	M	工业用地	127.8	16.9	21.7	135.4	16.6	20.8	141.5	16.8	17.7
4	W	仓储用地	88.1	11.6	14.9	95.1	11.7	14.6	75.7	9.0	9.5
5	U	市政设施用地	10.5	1.4	1.8	11.5	1.4	1.8	19.3	2.3	2.4
6	T	对外交通用地	24.2	3.2	4.1	25.8	3.2	4.0	25.5	3.0	3.2
7	S	道路广场用地	54.5	7.2	9.2	75.1	9.2	11.6	90.4	10.7	11.3
8	G	绿化用地	69.9	9.2	11.8	71.9	8.8	11.1	110.3	13.1	13.8
	G1	公共绿地	8.8		1.5	21.2		3.3	65.7		8.2
	G2	防护绿地	60.6			50.2			36.5		
	G3	苗圃	0.5			0.5			8.1		
9	D	特殊用地	3.6	0.5	0.6	3.4	0.4	0.4	4.2	0.5	0.5
10		城市建设用地	758.4	100	128.5	815.7	100	125.5	842.3	100	105.3

第三节 土地利用

1991—1993 年，贯彻国务院文件精神，在全县范围内开展土地资源利用现状调查。聘请湖北省荆州地区土地利用技术服务中心承担完成。时限为一年零 8 个月。历经外业调查、内业调查、外业调绘、内业工作、统计汇总、编绘图表等一系列过程。共完成了全县乡（镇）的面积结合表、全县耕地坡度级别统计表、全县乡（镇）土地利用现状类别表，绘测比例尺为 1: 10000 的县及乡（镇）土地利用现状图、权属界线图、图幅面积接合表图等 18 幅图表。土地利用现状调查工作资料归档汇总，包括有关文件、外业调绘记载表、调绘航片、土地权属协议书、各类土地面积汇总统计表、清绘图等资料共计 46 个体系。

调查数据统计，全县土地利用总面积为 161770.2 公顷，其中耕地面积 37558.7 公顷，园地面积为 12503.1 公顷，林地面积为 81398.5 公顷，牧草地为 36 公顷，交通用地面积 1141.3 公顷，水域面积 8467.7 公顷，城镇村及工矿用地 4655.8 公顷。未利用土地 16009 公顷。

昌江县耕地坡度分级统计表

表 4-1-6

名称	级别	耕地（公顷）	灌溉水田（公顷）	望天田（公顷）	水浇地（公顷）	旱地（公顷）	菜地（公顷）
合计	0° ~2°	30805.9	10400.8	279.3	1.1	19917.3	207.5
	2° ~6°	5494.0	1842.8	107.6		3537.2	6.3
	6° ~15°	121.8	86.5	3.1		32.2	
南罗镇	0° ~2°	3190.2	700.7	39.8		2440.9	8.8
	2° ~6°						
海尾镇	0° ~2°	1824.9	738.2	16.2		1067.8	2.6
	2° ~6°	827.8	162.5	6.4		658.9	
昌化镇	0° ~2°	299.6	62.2	9.4		228.0	
	2° ~6°	27.8	19.0	0.5		8.3	
昌城乡	0° ~2°	3381.5	1022.6	48.7		2308.2	2.0
	2° ~6°	310.2	60.8	18.2		231.2	
乌烈镇	0° ~2°	5030.5	2451.3	58.7		2494.3	26.3
	2° ~6°	561.2	136.9	6.1		418.2	

表 4–1–6 续 1

名称	级别	耕地（公顷）	灌溉水田（公顷）	望天田（公顷）	水浇地（公顷）	旱地（公顷）	菜地（公顷）
保平乡	0°～2°	3451.1	1381.3	4.0		2058.1	7.8
	2°～6°	667.8	176.9	1.5		489.4	
十月田镇	0°～2°	5774.4	916.8	13.3	0.4	4824.1	19.9
	2°～6°	855.3	387.4			467.9	
太坡镇	0°～2°	3675.4	870.3	42.9		2761.9	0.3
	2°～6°	663.0	41.2			621.8	
叉河镇	0°～2°	1344.3	673.1	16.1		6490.0	6.1
	2°～6°	351.5	46.1	2.9		302.4	
石碌镇	0°～2°	1383.4	612.6	16.2	0.7	624.7	129.2
	2°～6°	365.7	196.1			163.2	6.3
七差乡	0°～2°	1294.3	844.2	9.8		435.7	4.5
	2°～6°	803.8	609.1	18.7		176.0	
	6°～15°	110.5	78.2			32.2	
王下乡	0°～2°	156.4	127.6	4.3		24.6	
	2°～6°	59.9	6.6	53.3			
	6°～15°	11.4	8.2	3.2			

2008 年 4 月至 2009 年 4 月，落实全国第二次农村土地调查工作精神，开展第二次农村土地调查。由海南农垦设计院承担完成。时限为一年。这次农村土地调查采用现代化科技设备，配备电脑、绘图仪等。历经资料收集、外业调查、内业数据处理、成果汇总和图件编制等系列过程。共编写完成昌江县第二次农村土地调查工作报告、技术报告、数据库建设报告和成果分析报告。绘制 1：10000 万标准分幅的昌江土地利用现状图，1:10000 万乡（镇）土地利用现状图和 1：50000 万昌江县土地利用现状图等。

调查结果，昌江县行政辖区土地总面积 1620.51 平方千米（162050.58 公顷），其中耕地 37817.17 公顷，占全县土地总面积的 23.34%；园地 19911.77 公顷，占全县土地总面积的 12.29%；林地 86362.51 公顷，占全县土地总面积的 53.29%；草地 366.22 公顷，占全县土地总面积的 0.23%；城镇村及工矿用地 5472.58 公顷，占全县土地总面积的 3.38%；交通运输用地 2596.5 公顷，占全县土地总面积的 1.60%；水域及水利设施用地 9182.61 公顷，占全县土地总面积的 5.67%；其他土地 341.22 公顷，占全县土地总面积的 0.21%。

一、耕地

2010 年，全县有耕地面积 37817.17 公顷，其中水田 13526.4 公顷，占耕地面积的 35.77%；旱地 24290.8 公顷，占耕地面积的 64.23%。

耕地主要分布在北部和中部地区。耕地面积在 5333.3 公顷以上的乡（镇）有十月田镇、石碌镇、海尾镇，其余各乡镇的耕地面积均少于 5333.3 公顷。耕地面积最大的乡（镇）为十月田镇，耕地面积为 9630.4 公顷；面积最小的乡（镇）为王下乡，耕地面积为 132 公顷。

二、林地

2010 年，全县有林地面积 86362.51 公顷，其中有林地 82741 公顷，占林地总面积的 95.81%；灌木林地 158.5 公顷，占林地总面积的 0.18%；其他林地 3463.1 公顷，占林地总面积的 4.01%。

林地主要分布在南部山区。林地面积在 13333.3 公顷以上的乡（镇）有王下乡、七叉镇，其余各乡（镇）的林地面积均少于 13333.3 公顷。其中王下乡面积最大，林地面积为 32428.2 公顷；面积最小的乡（镇）为叉河镇，林地面积为 2355 公顷。

三、园地

2010 年，全县有园地面积 19911.77 公顷，其中果园 4615.9 公顷，占园地总面积的 23.18%；其他园地 15295.9 公顷，占园地总面积的 76.82%。

园地主要分布在北部、中部和南部地区、北部和中部平原地带。主要种植果园，而南部山区主要种植橡胶，其中园地面积在 4000 公顷以上的乡（镇）有石碌镇和十月田镇，以上乡（镇）的园地面积总和为 11576.9 公顷，占园地总面积的 58.14%，其余乡（镇）的园地面积均低于 4000 公顷。园地面积最大的乡（镇）为石碌镇，园地面积为 7325 公顷；面积最小的乡（镇）为乌烈镇，园地面积为 252 公顷。

四、草地

2010 年，全县有草地面积 366.22 公顷。大多为山间草地，草地面积最大的乡（镇）为七叉镇，面积为 175.2 公顷；草地面积最小的乡（镇）为乌烈镇，面积仅有 4.8 公顷。

五、城镇村及工矿用地

2010 年，全县城镇村及工矿用地面积 5472.58 公顷。其中建制镇面积 2322.8 公顷，占城镇村及工矿用地总面积的 42.44%；村庄面积 1713.1 公顷，占城镇村及工矿用地总面积的 31.30%；采矿用地面积 1002.5 公顷，占城镇村及工矿用地总面积的 18.32%；风景名胜及特殊用地面积 434.2 公顷，占城镇村及工矿用地总面积的 7.93%。

城镇村及工矿用地面积较大的乡（镇）有石碌镇、七叉镇，面积均在 666.7 公顷以上，以上 2 个乡（镇）的城镇村及工矿用地面积总和为 3066 公顷，占城镇村及工矿用地总面积的56.02%，其余各乡（镇）的城镇村及工矿用地面积均小于666.7公顷。城镇村及工矿用地面积最大的乡（镇）为石碌镇，城镇村及工矿用地面积为2384.9公顷；面积最小的乡（镇）为王下乡，城镇村及工矿用地面积为42.6公顷。

六、交通用地

2010年，全县交通运输用地面积2596.5公顷，其中铁路用地面积66.5公顷，占交通运输用地总面积的2.56%；公路用地面积359.6公顷，占交通运输用地总面积的13.85%；农村道路面积2160.5公顷，占交通运输用地总面积的83.21%；管道运输用地面积9.9公顷，占交通运输用地总面积的0.38%。

交通运输用地面积在400公顷以上的乡（镇）有石碌镇、十月田镇，2个乡（镇）的交通运输用地面积总和为1011.1公顷，占交通运输用地总面积的38.94%，其余各乡（镇）的交通运输用地面积均低于400公顷。交通运输用地面积最大的乡（镇）为石碌镇，面积为582.8公顷。交通运输用地面积最小的乡（镇）为王下乡，面积为127.1公顷。

七、水域及水利设施用地

2010年，全县水域及水利设施用地面积19182.61公顷，其中河流水面面积3345.3公顷，占水域及水利设施用地面积的36.43%；水库水面面积1179.8公顷，占水域及水利设施用地面积的12.85%；坑塘水面面积1123.6公顷，占水域及水利设施用地面积的12.24%；沿海滩涂面积1940.3公顷，占水域及水利设施用地面积的21.13%；内陆滩涂面积1250.9公顷，占水域及水利设施用地面积的13.62%；沟渠面积299.7公顷，占水域及水利设施用地面积的3.26%；水工建筑用地面积43.1公顷，占水域及水利设施用地面积的0.47%。

水域及水利设施用地主要分布在北部。面积在2000公顷以上的乡（镇）有海尾镇、昌化镇，2个乡（镇）的水域及水利设施用地面积总和为4478.3公顷，占水域及水利设施用地总面积的48.77%，其余各乡（镇）的水域及水利设施用地面积均低于2000公顷。水域及水利设施用地面积最大的乡（镇）为海尾镇，面积为2372.3公顷；面积最小的乡（镇）为乌烈镇，面积为436.1公顷。

八、其他用地

2010年，全县其他用地面积341.22公顷，其中设施农用地171.3公顷，占其他用地总面积的50.19%；沙地44.8公顷，占其他用地总面积的13.14%；裸地125.1公顷，占其他用地总面积的36.67%。

其他用地主要分布在海尾镇、石碌镇和七叉镇3个镇。其他土地面积最大的乡（镇）为海尾镇，面积为190.8公顷。

第四节 土地制度

1991年，土地制度实行集体所有制和全民所有制并存，农村集体土地实施合同承包制，城镇国有土地实行土地使用权出让和转让改革，城镇国有土地始于逐步走向市场化。1998年，国家新的土地管理法颁布实施，土地制度建设进一步完善。2001年，全民所有制国有土地推行土地有偿使用，2004年，推行经营性土地行使招标、拍卖、挂牌出让。2010年，全县招拍挂公开出让土地9宗，总面积674703.5平方米，成交金额19416.45万元。土地二级市场转让42宗，面积61518.09平方米，金额2060.18万元。

一、全民土地所有制

1991—2010年，县内全民土地所有制单位包括各城镇区、全民所有制农场（林场）、其他等。全民所有制土地总面积共计103226.67公顷，其中城镇区国有土地面积4653.3公顷，农场（林场）国有土地面积82933.3公顷，其他国有土地面积15640公顷。

二、集体土地所有制

1991年，全县集体土地所有制一直沿袭。一般为村级所有，统一管理，农户承包，自主经营。2010年，全县8个乡（镇）集体土地面积为91194.4公顷，其中耕地面积33448.6公顷，园地面积5393.2公顷，林地面积40559.9公顷，牧草地面积26.7公顷，农村交通用地面积522.3公顷，水域面积2672.7公顷，村庄建设用地1908.2公顷，荒草、盐碱地、沼泽地等其他未利用土地6662.8公顷。

石碌镇。全镇有集体土地面积12896.02公顷，其中耕地面积5704.1公顷，园地面积812公顷，林地面积4116.72公顷，农村道路用地96.9公顷，水域面积241.6公顷，村庄建设用地245.9公顷。此处有荒草、盐碱地、沼泽地等其他未利用土地。

十月田镇。全镇有集体土地面积13662公顷，其中耕地面积8109.2公顷，园地面积1042.1公顷，林地面积2701.2公顷，农村道路用地71.9公顷，水域面积329.3公顷，村庄建设用地180.9公顷。此处有荒草、盐碱地、沼泽地等其他未利用土地。

叉河镇。全镇有集体土地面积7229.6公顷，其中耕地面积1482.6公顷，园地面积1193.4公顷，林地面积3578.8公顷，农村道路用地37.1公顷，水域面积200.4公顷，村庄建设用地47.3公顷。此处有荒草、盐碱地、沼泽地等其他未利用土地。

乌烈镇。全镇有集体土地面积8897.28公顷。其中耕地面积5563.4公顷，园地面积67.6公顷，林地面积2483.1公顷，农村道路用地70.3公顷，水域面积125.5公顷，村庄建设用地155.5公顷，荒草、盐碱地、沼泽地等其他未利用土地327.8公顷。

昌化镇。全镇有集体土地面积 11288.87 公顷，其中耕地面积 4364 公顷，园地面积 372.6 公顷，林地面积 4326.7 公顷，农村道路用地 98.2 公顷，水域面积 335.7 公顷，村庄建设用地 261.5 公顷。此处有荒草、盐碱地、沼泽地等其他未利用土地。

海尾镇。全镇有集体土地面积 17120.02 公顷，其中耕地面积 5942.3 公顷，园地面积 944 公顷，林地面积 8396 公顷，农村道路用地 73.2 公顷，水域面积 657.6 公顷，村庄建设用地 191.1 公顷，此处有荒草、盐碱地、沼泽地等其他未利用土地。

七叉镇。全镇有集体土地面积 9077.7 公顷，其中耕地面积 2111.4 公顷，园地面积 836.5 公顷，林地面积 1692.3 公顷，农村道路用地 50.7 公顷，水域面积 352.7 公顷，村庄建设用地 174.7 公顷，此处有荒草、盐碱地、沼泽地等其他未利用土地。

王下乡。全乡有集体土地面积 11025.87 公顷，其中耕地面积 171.5 公顷，园地面积 125 公顷，林地面积 9395.8 公顷，农村道路用地 7.2 公顷，水域面积 360.8 公顷，村庄建设用地 37 公顷，此处有荒草、盐碱地、沼泽地等其他未利用土地。

三、土地使用制度改革

1991 年，全县实行土地承包合同制，全县承包书 4.5 万份。1992 年，落实新的土地法，开始实行城乡国有土地有偿出让、转让。同年，石碌第一号新村 4.4 公顷土地，转让给国投水泥厂和个体做建设用地，收取土地转让金 400 多万元。

1994 年始，深化土地使用制度改革，把长期以来国有土地“无偿、无限期使用和限期流转”改为“有偿、有限期、允许流转”的使用制度。农村集体土地用于农业开发的也在部分乡镇开始推行有偿出让、转让的使用制度。1994—1997 年，全县国有土地、集体土地共出让及转让 218 宗 1593.3 公顷，出转让金额 1280 万元。

2000 年，落实国家《中华人民共和国土地管理法》（以下简称《土地管理法》），全县开始实行土地使用权的申报登记发证和证书年检工作。同年，办理土地申报发证 94 宗，办理土地使用权转让 18 宗，办理抵押贷款 2 宗，办理土地证书年检 650 宗。

2002 年，进一步规范农村土地流转，确保农业开发用地权益管理，全县开展农村土地确权登记发证。全年完成地籍调查、地籍测量 20466.7 公顷，其中农垦土地 13333.3 公顷，农村集体土地 13800 公顷。土地确权后发土地证书 10 宗，面积 3933.3 公顷。

2004 年，县内国有经营性土地使用权实行公开招标挂牌拍卖有偿取得制度。首次对太坡景街 2 宗地块进行公开挂牌出让，面积 1.84 公顷，出让价款 404.59 万元。

2005-2007 年，全县国有经营性使用招标挂牌拍卖有偿土地及土地使用权转让 61 宗，面积 94529.73 平方米，出转让金 1376.5 万元。其间，2006 年始，在农村实施农村宅基地确权登记发证工作。石碌镇山竹沟村为首批试点，有 162 户宅基地确权登记并发证。

2010 年，全县招拍挂公开出让土地 9 宗，总面积 674703.5 平方米，成交金额 19416.45 万元。土地二级市场转让 42 宗，面积 61518.09 平方米，金额 2060.18 万元。

第五节 地籍管理

一、土地利用现状调查

1992—1993 年，第一次土地利用现状调查。对全县地籍状况进行一次全面调查摸底。主要对全县耕地、园地、林地、牧草地、居民点及工矿用地、交通用地、水域、未利用土地等八大类的面积和分布情况详细调查。该次地籍调查核实，全县土地总面积 1621.79 平方千米（162179.1 公顷），比 1983 年农业区划总面积多 2592 公顷。查清耕地面积为 38335 公顷，占总面积的 23.6%；林地面积为 83433.4 公顷，占总面积的 51.4%；园地面积为 9877.4 公顷，占总面积的 6.1%；草地面积 15340.1 公顷，占总面积的 9.5%；交通用地 1111.5 公顷，占总面积的 0.7%；水域面积 8818.1 公顷，占总面积的 5.4%；居民点及工矿用地面积 4349.5 公顷，占总面积的 2.7%。鉴定土地权属界线核定书 942 份及土地争议原有书 24 份。地籍调查 2860 宗，编绘地籍图 61 幅，绘制宗地草地图 8680 宗。

2008—2009 年，第二次土地利用现状调查。对全县辖区内地籍状况进行第二次调查摸底。该次地籍调查核实结果，全县土地总面积为 1620.51 平方千米（162050.6 公顷），其中耕地 37817.2 公顷，占全县土地总面积的 23.34%；园地 19911.8 公顷，占全县土地总面积的 12.29%；林地 86362.5 公顷，占全县土地总面积的 53.29%；草地 366.2 公顷，占全县土地总面积的 0.23%；城镇村及工矿用地 5472.6 公顷，占全县土地总面积的 3.38%；交通运输用地 2596.5 公顷，占全县土地总面积的 1.60%；水域及水利设施用地 9182.6 公顷，占全县土地总面积的 5.67%；其他土地 341.2 公顷，占全县土地总面积的 0.21%。

2010 年，全县 8 个乡（镇）地籍测量 33 平方千米，权属调查全覆盖。建立宗地档案 9178 宗。农村宅基地地籍测量 1578.9 公顷，权属调查 12641 宗，登记发证 6402 宗。村庄确权 65 个。

二、土地登记

1992 年，贯彻国务院颁发《关于进一步开展土地利用现状调查》，5 月在全县范围内进行土地详查登记，全县有集体和个人使用国有土地申报登记 20816 宗（户），面积

18551.6公顷，其中单位345宗，面积9125.8公顷，个人用地20471户，面积9425.8公顷。

1994年，全县国有土地房地产登记发证33户（宗），建房用地13543.6平方米。其中单位13宗，建房用地7430平方米，个人20户，建房用地6113.6平方米。

1996年，根据省政府《关于加快办理房地产产权证的通知》要求，对全县土地产权登记工作进一步加强。凡用地单位必须向县土地管理局申报登记，进行土地确权定界，领取国有土地使用证后，才能用地。

1997年，石碌地区地籍测量13平方千米，土地登记和发证1324宗，占申报宗地的66.2%，发证面积985万平方米，占申报发证面积的61.6%。

2002年，开始农村土地确权登记发证工作。至2004年，全县农村土地确权登记总面积为154491.1公顷，其中城镇土地439.1公顷，交通与特殊用地681.2公顷，农村土地（含场矿企业）153370.8公顷。

2009年，贯彻落实海南省农村宅基地确权登记发证工作会议精神，按照"产权明晰、用途管制、节约集约、严格管理"的原则，全县开始实行农村宅基地确权登记发证工作。

2010年12月，全县完成农村宅基地地籍调查25924宗28719户，确权签章25199宗27973户，登记发证20832宗22813户。

三、土地评估

1991年，全县土地利用率低，土地评估工作开展迟缓。1995年8月，昌江首次在城镇规划区范围内，对现状利用条件下不同级别或不同均质地域的土地开展土地资产评估。评估范围为石碌、叉河、太坡、乌烈、南罗、昌化共6个镇。评估类别为商业、居住、工业等。土地用途，分别评估确定的某一估价期日上法定最高年期土地使用权区域平均价格。同年9月，地价区线的划分和测算基准地价工作完成，其中石碌镇共划分99个区线，叉河镇72个，乌烈镇23个，太坡镇21个，昌化镇24个，南罗镇27个。石碌镇平均每线13公顷，叉河镇平均每线11公顷。评估面积共计37平方千米，其中石碌镇13平方千米，叉河镇8平方千米，太坡镇4平方千米，乌烈镇4平方千米，南罗镇4平方千米，昌化镇4平方千米。

1995年土地评估基准地价。石碌镇基准地价：（1）商业用地基准地价，特级商业用地地价为每平方米690元，一级商业用地地价为每平方米612元，二级、三级商业用地地价分别为470元、408元。（2）住宅用地基准地价，石碌镇二级住宅用地地价为每平方米228元，三级、四级住宅平均地价分别为190元、142元。（3）工业用地基准地价，石碌区线工业用地地价最高为每平方米179元，最低为每平方米63元。二级工业用地地价为每平方米154元，三、四级工业用地地价为每平方米90.6元。其他乡镇用地基准地价：叉河、太坡、乌烈、昌化、南罗5个镇由于缺乏足够的土地市场资料，而且评估区域中大部分还是生地。根据各镇经济发展水平，宏观区位条件，基础设施完善程度等因素，计算宏观区位修正系数。1995年，用地地价评估计算结果为叉河镇0.41，太坡镇为0.32，乌烈镇为0.23，昌化镇0.23，南罗镇为0.18。

1996年，县政府聘请北京师范大学对石碌、叉河、昌化3个乡（镇）34平方千米范围内国有土地，进行土地地价评估。同年，对驻昌江地区中央、省属和县属企业的133宗土地进行地价评估。面积为722.7公顷，总估价11.2亿元。

2002年，县政府委托县国土环境资源局与海南正理不动产评估有限公司组织实施昌江县城镇土地基准地价更新评估工作。2002年3月至2004年5月，全县地价大调查完成，并对全县各镇的基准地价进行更新。该次基准地价更新评估的区域包括石碌、海尾、乌烈、叉河、昌化、七叉、十月田共7个镇。分为商业用地、住宅用地和工业用地三个用途进行评估，全县共划分172个单元，其中石碌镇70个、海尾镇35个、乌烈镇12个、叉河镇26个、昌化镇16个、七叉镇7个、十月田镇6个。全县商业用地共划分六个级别，住宅用地共划分六个级别，工业用地共划分两个级别。其中，商业用地级别地价区间分别为Ⅰ级680元/平方米、Ⅱ级526元/平方米~617元/平方米、Ⅲ级419元/平方米~515元/平方米、Ⅳ级367元/平方米~410元/平方米、Ⅴ级192元/平方米~264元/平方米、Ⅵ级137元/平方米~167元/平方米；住宅用地级别地价区间分别为Ⅰ级350–379元/平方米、Ⅱ级281元/平方米~314元/平方米、Ⅲ级211–279元/平方米、Ⅳ级163元/平方米~217元/平方米、Ⅴ级101元/平方米~158元/平方米、Ⅵ级26元/平方米~98元/平方米；工业用地级别地价区间分别为Ⅰ级63元/平方米~89元/平方米、Ⅱ级53元/平方米~61元/平方米。评估基准日为2003年12月31日。该轮基准地价更新通过对不同用途地价影响因素进行分析，建立了商业用地、住宅用地和工业用地宗地地价修正体系。2005年，经省国土资源厅审批开始实行。

2008年，随着土地开发利用迅速加快，土地市场不断发展，土地市场价格随之调整。同年，县政府再次委托县国土环境资源局与海南正理不动产评估有限公司对在县城镇土地级别与基准市场地价进行调查、更新、评估。评估基准日为2008年12月31日。该次更新评估的区域总共有14个，分别为石碌镇、海尾镇、乌烈镇、叉河镇、昌化镇、七叉镇、十月田镇、棋子湾、霸王岭、红田农场。具体为商服用地、住宅用地和工业用地三个用途进行评估，增加旅游区商服用地基准地价。全县共划分296个单元，其中石碌镇92个、海尾镇43个、乌烈镇16个、叉河镇26个、昌化镇22个、七叉镇28个、十月田镇8个，昌城乡17个、王下乡5个、保平乡5个、红田农场6个、南罗办事处5

个、霸王岭 10 个、棋子湾 13 个。全县商业用地共划分五个级别，住宅用地共划分五个级别，工矿仓储地共划分两个级别，旅游区商服划分一个级别。其中，商服用地级别地价区间分别为Ⅰ级 958 元 / 平方米 ~1056 元 / 平方米、Ⅱ级 817 元 / 平方米 ~882 元 / 平方米、Ⅲ级 651 元 / 平方米 ~816 元 / 平方米、Ⅳ级 420 元 / 平方米 ~650 元 / 平方米、Ⅴ级 150 元 / 平方米 ~418 元 / 平方米；住宅用地级别地价区间分别为Ⅰ级 476–510 元 / 平方米、Ⅱ级 383 元 / 平方米 ~437 元 / 平方米、Ⅲ级 337 元 / 平方米 ~380 元 / 平方米、Ⅳ级 222 元 / 平方米 ~335 元 / 平方米、Ⅴ级 100 元 / 平方米 ~212 元 / 平方米；工矿仓储用地级别地价区间分别为Ⅰ级 108 元 / 平方米 ~165 元 / 平方米、Ⅱ级 96 元 / 平方米 ~104 元 / 平方米；旅游区商服用地级别价区间为Ⅰ级 140 元 / 平方米 ~150 元 / 平方米。该轮基准地价在商服用地、住宅用地和工矿仓储用修正体系的基础上增加了旅游区商服用地的修正体系。2009 年，经省国土环境资源厅审批实施。

同年 12 月 31 日，落实国务院《关于推进海南国际旅游岛建设发展的若干意见》，依照省国土环境资源厅《关于整顿和规范土地市场秩序的通知》《关于印发城镇基准地价更新工作实施方案的通知》文件精神，对全县基准地价和土地市场，实施宏观调控，加强地价监管。

2010 年，全县土地评估工作规范化，基准地价和土地市场管理得到有效监管。

第六节　建设用地管理

一、国家建设用地管理

1991 年，昌江按照《中华人民共和国土地管理法》和《海南经济特区土地管理条例》对县内国家建设用地进行有效管理。凡是国家建设征用的土地，必须持有县级以上地方人民政府按照国家基本建设程序批准的设计任务书或其他批准文件，向县政府土地管理部门申请选址，初步拟定用地面积和范围；由县政府土地管理部门组织有关单位签订征用、划拨土地协议书（含土地、青苗、附着物补偿费、多余劳动力安置方案等），建设单位向县政府土地管理部门提交申请征地报告和建设项目的批文及计划部门下达的年度基建计划、征用、划拨土地地形图，设计部门绘制的项目平面布置图、征用划拨土地协议书、城市规划、环境保护等有关部门提出的书面审查意见，经县以上人民政府批准后，由县土地管理部门划拨土地，办理用地登记、核发土地使用证。根据《土地管理法》规定县政府的审批权限是征用耕地 0.2 公顷以下，其他土地 0.7 公顷以下，超过以上审批权限的，上报上一级人民政府审批。

建设征用土地的补偿标准，应按照《海南经济特区土地管理条例》的标准执行。征用耕地，按其征用前三年平均年产值的6倍补偿；征用菜地、旱地、园地和鱼塘，按其征用三年平均年产值的5倍补偿；征用已种植但尚未收益的园地，可按长势与邻近同类作物地前三年平均年产值的2~4倍补偿；征用林地，按被征林地平均年产值的5~10倍补偿；征用其他土地，按不超过当地旱地前三年平均年产值50%的数额内补偿；青苗补助标准，视其生长期长短而定，属短期作物，按一造产值补偿；属多年生作物，根据其种植期和生长期长短给予合理补偿；人工林地和零星树木按实际价值补偿。如需要拆除单位或私人的房屋设施，由建设单位按当地统一产价标准补偿。房屋所有者要收回房屋产权的，建设单位按原有建筑面积补回质量相当的房屋。

1992年，昌江第一次实行土地开发交易市场。转让国有土地4.4公顷，供于海南昌江国投水泥厂为住宅区建设用地。土地转让金额400万元。

1994年，根据海南昌江国投水泥厂用地申报，县政府有偿出让叉河水尾村土地41.9公顷，供国投水泥厂厂区建设用地。土地出让金、补偿金及青苗费等共计840万元。

1995—1996年，为叉河工业区、太坡工业区、棋子湾旅游开发区和西线高速公路、西环铁路等重点项目建设提供土地保障，全县出让建设用地372公顷。

1999年，为海钢公司钴铜冶炼厂建设项目，昌江县在叉河出让土地13.8公顷。

2000年，为了有效做好建设用地管理，成立县土地整理开发中心。此后，建设用地管理工作得到进一步规范。

2003年，为大广坝二期建设项目，全县范围内耕地后备资源3910.6公顷，保障建设项目用地。

2008年，海南省危险废物处置中心、城市文化公园、昌江污水处理厂、昌江生活垃圾填埋场、太坡职教中心等14个项目，提供建设用地66.2公顷。

2009年，海南昌江核电项目在海尾镇塘兴村开工建设，昌江县为工程建设项目搬迁、出让建设用地231.9公顷，各项补偿款7043.49万元。

2010年，海南西环高铁（昌江段）建设项目5个，全县共出让建设用地219.13公顷。

二、乡（镇）企业用地管理

1991年，乡（镇）企业迅速发展，企业建设用地逐年增加。为了有效管控乡（镇）企业用地管理，县国土管理部门实行《中华人民共和国土地管理法》和《海南经济特区土地管理条例》，对乡（镇）企业用地进行管理。企业建设用地应当符合土地利用总体规划，严格控制、合理利用和节约使用土地，凡有荒地、劣地可以利用的，不得占用耕地、好地。创办乡（镇）企业使用农村集体所有的土地的，应当依照法律、法规的规定，办理有关用地批准手续和土地登记手续。乡（镇）企业使用农村集体所有的土地，连续闲置两年以上或者因停办闲置一年以上的，应当由原土地所有者收回该土地使用权，重新安排使用。

1992 年，四川罗天旭公司在叉河镇联营开发芒果基地 360 公顷。

1993 年，海南华超实业有限公司在七叉镇乙在村获得土地出让 53.7 公顷，为农业发展基地。年内全镇共招商引进企业 14 家，用地出让 518.7 公顷。

1995 年，海南综合开发科技园在南罗获得土地出让 133.3 公顷，作为农业综合开发科技园用地。同年，海南海昌农业开发有限公司在保平白山马获土地出让 200 公顷，开发特优品种芒果基地。1995 年，海南瑞丰实业投资有限公司在叉河镇排岸村征地 666.7 公顷，其中种植芒果 533.3 公顷，芦荟 133.3 公顷。其间，海南跃农农业有限公司在十月田镇开发香蕉生产基地。

1996—1997 年，海南恒泰实业有限公司先后在七叉镇征地 306.2 公顷，开发种植芒果基地。

2003—2004 年，全县开展农村土地确权登记，乡（镇）企业用地实行确权登记后发证，企业用地权益和管理得到保障。全县土地登记发证面积 14.79 万公顷，占确权总面积的 96.43%。

2007 年，贯彻《全国土地执法百日行动方案》通知精神，在全县范围内开展执法检查行动，打击土地违法违规行为，共查出各类违法用地企业 28 家次，梳理土地违法案件 7 宗，“以租代征”土地违法 2 宗。用地管理工作得到进一加强。

2010 年，在完成农村第二次土地调查的基础上，进一步规范土地登记发证工作。对全县 8 个乡（镇）33.2 平方千米土地及地上附属物的权属调查核地籍测量。土地权属关系得到完善。

三、农村宅基地管理

1991—2000 年，农村宅基地管理仍沿袭生产队时划分为主，自留地为己有。

2004 年，根据国务院《关于深化改革严格土地管理的决定》文件，开始改革完善宅基地审批制度和审批程序，全县农村宅基地实行制度化管理。

2008 年，中共十七届三中全会后，逐步健全规范农村土地管理制度。根据国家国土部门工作要求，全县各乡（镇）设立乡（镇）国土所，负责实行农村宅基地确权、登记、颁证工作。

2009 年，全县农村宅基地确权工作开始。同年 12 月底，全县完成农村地籍测量

1578.9 公顷，权属调查 12641 宗，面积 848.6 公顷，登记发证 6402 宗。

县国土局送政策下乡（县国土局 摄）

2010 年，贯彻落实新的国家土地管理法，实施农村“一户一宅”制。农村村民一户只能拥有一处宅基地，每户用地面积不得超过 175 平方米。农村村民建住宅需要使用宅基地，应向集体经济组织提出申请，并在集体经济组织或村民小组张榜公布。公布期满无异议的，报经乡（镇）审核后，再报县审批。县、乡（镇）将宅基地申请条件、申请审批程序、审批工作年限、审批权限等相关规定和年度用地计划向社会公告。从此，全县农村宅基地管理走上规范化和法制化管理。

2009—2010 年，全县完成农村宅基地地籍测量 2032.6 公顷、25924 宗 28719 户；权属调查 1855.8 公顷、23435 宗 26048 户；公告 592.5 公顷、18932 宗 20659 户；审批 589.6 公顷、18845 宗 20659 户；颁发证书 615 公顷、19925 宗 20619 户。发证率为 73.3%。

第七节 土地法制管理

一、法规宣传

1991 年 6 月，全国土地日期间，县国土部门利用宣传车在全县范围内巡回宣传，采用广播、电视等媒体进行土地法规宣传讲座。举办各类学习班 12 期，参加学习人数达 4500 人次。在城区主街道开展土地法律咨询，解答群众咨询 1000 人次。

1999 年，国家新的土地管理法颁布实施。8 月 26—27 日，县政府举办《国土地管理法》基本知识培训班，县级机关、乡（镇）及企业主要领导 100 多人参加学习。

2006 年 6 月全国土地日期间，县土地管理局印发国土环境资源法律法规和相关规定以及便民措施的宣传材料 1000 份。并开展宣传车下乡、媒体报道、挂横幅等形式进行宣传。共出动宣传车 136 车次，悬挂过街横幅 63 幅，张贴宣传标语 1400 张。

2007 年，昌江县联合省国土厅组织开展“法律进乡村”活动，会同县司法局组织开

省、县国土环资等部门到乡（镇）宣传 （县国土局 摄）

展“农村基层干部法律讲座”活动。与此同时，编辑印发《土地管理实用知识111问》宣传手册600份。广大干部群众对土地管理的法律法规得到更加深入了解。

2008年，县土地管理部门围绕中心工作开展宣传教育，提高国土环境资源意识。联合《中国环境报》制作《海南昌江循环经济试点县专版》，在《中国环境报》刊发。同时在中国环境网、人民网海南视窗、中国海南生态省网、省厅局域网等转载，广泛宣传土地法规及环保治理效果。同年，举办县、乡、村三级国土环境资源法律知识培训，培训人员400多人次；组织矿山企业负责人参与省厅培训1次共20多人；组织参与省国土厅举办的“认识地球，和谐发展”为主题的演讲活动。利用“4·22”世界地球日、“6·5”世界环境日、“6·25”全国土地日等，采取制作宣传画、发放宣传单、报刊宣传、电视报道、设定永久性标志牌等多种形式进行法律法规宣传教育，共发放《国土资源报》500份，电视报道5期，《海南日报》报道2篇，简讯上报5篇，出动宣传车10台次，发放宣传材料65份，厂矿、村悬挂横幅40多条，喷刷永久性标语80多条、设立永久性标志牌8个。

2009年，加强土地法规宣传教育力度，提高全民国土环境资源意识。开展农村宅基地确权登记发证等专项工作宣传，在“4·22”地球日、“6·5”环境日及“6·25”土地日，县领导发表主题电视讲话；联合县教科局举办中小学生征文比赛；联合司法部门以及有关乡（镇）在石碌镇牙营村、水头村，昌化镇浪炳村和海尾镇南罗村开展法律知识讲座。共出动宣传人员70人次，主持法律知识讲座6次，散发法律知识手册874余册，宣传资料1600余份。

2010年，深化普法和宣传教育工作，在“4·22”地球日、“6·5”环境日、“6·25”土地日期间，在县城区向广大群众、教师学生及各工矿企业大力宣传国土环境资源保护知识，发送有关资料，张贴画报；并在县城主街道设立宣传和咨询点宣传国土环境资源法律法规。在思源学校开展保护臭氧层宣传校园行活动，发放宣传资料400多份，悬挂横幅8条，组织校园保护臭氧层签名活动，针对中学组18个班放映了臭氧层知识影像资料。共出动宣传车50车次，人员190人次，挂有关生态建设、矿业整合、集约节约用地等宣传横额30条，张贴宣传画和标语200条幅。

二、土地执法

1992 年，全县遗留的土地纠纷案件达 189 宗，面积 16666.7 公顷。经立案调查解决 118 宗，面积 6459.7 公顷。其中单位与单位之间 81 宗，面积 6443.3 公顷；个人与单位之间 10 宗，面积 13.4 公顷；个人与个人之间 27 宗，面积 2.9 公顷。

1993 年，调查处理各类土地纠纷案件 108 宗，面积 643.3 公顷。其中单位与单位之间 61 宗，面积 630 公顷；个人与单位之间 12 宗，面积 7 公顷；个人与个人之间 35 宗，面积 6.3 公顷。

1994 年，在清理整顿土地“隐形”市场时，处理乱建乱占土地案件 45 宗，面积 7 公顷；非法出让、转让、联营等案件 35 宗，没收或补交土地出让金 7 万元。

1997 年，调处土地纠纷案件 25 宗，涉及土地面积 773 公顷。

2005 年，县国土环境资源监察大队成立。国土环境资源监察工作始于专业化执法。同年，检查企业用地 28 次，查处土地违法案件 7 宗，处罚面积 0.8 公顷，处罚金额 34864 元。

2006—2007 年，全县开展土地市场治理秩序整顿，共查出国土环境资源违法案件 105 宗，已结案件 57 宗。共处罚款 23.5908 万元，收回土地面积 5.2 公顷。

2008—2010 年，全县开展土地执法“百日行动”“双保行动”“城中村”土地调研。对项目的批后监管、未批先建、边报边建等违法违规行为进行查处。共检查用地企业 28 次，乡镇 16 次。其间，组织召开专项行动联席会议，联合县城建、公安、工商等部门对城区 4 起非法占用农用地建房行为强制拆除。对县思源实验学校周边及昌江大道两侧的顺宏水泥环保砖厂、水头村村民等 14 户非法占地行为强制拆迁。对涉嫌 3 起非法买卖农村集体土地面积 206.70339 公顷，合同价款 1576.8963 万元的违法行为进行追究查处。

2010 年，全面提升土地监察工作，实施土地卫片监测。同年，通过卫星遥感图片确认，2009—2010 年，全县新增建设用地图斑 108 个，涉及用地宗数 125 宗。其中违法用地 26 宗，面积 13.8 公顷，立案 26 宗，已结案 7 宗，撤案 5 宗，申请人民法院强制执行 14 宗，没收违法建筑面积 12832.77 平方米，强制拆除违法建筑物面积为 391.00 平方米，罚款 155904 元。

三、清理滥占耕地

1991 年，全县开展非农业用地清查，查出非法占用耕地案件 2389 宗，面积达 1308.2 公顷。

1997 年，贯彻落实国务院《关于进一步加强土地管理切实保护耕地的通知》精神，全面清查 1991—1997 年县域内非农业建设用地的单位和个人。全县清查出违规占用耕地 148 宗，面积为 259.7 公顷。

2005年起，昌江国土部门在每年开展的土地执法百日行动中，对非法占用耕地进行清理。年内，清查出“以租代征”违法占用耕地2宗，面积7565.91平方米。

2006—2010年，全县土地执法百日行动中，对非法占用耕地进行清理。全县共有247.9公顷耕地被非法占用。土地整理、土地开发增加耕地总面积1170.3公顷。

至2010年12月，全县耕地保有量实有39599.5公顷。共设立基本农田保护标志牌16块、宣传牌19块。设立界桩629块。

第二章 环境保护

第一节 环境质量

一、水环境

1991—1995 年，县环保监测站对石碌饮用水源地石碌水库进行监测，水质良好。石碌河 3 个监测断面未出现超标。1996—2000 年，县城石碌饮用水源地石碌水库水质良好，石碌河 3 个监测断面未出现超标。2002 年，石碌水库水源地、石碌河、昌化江三地监测，PH、溶解氧、高锰酸盐指数等均达到国家《地表水环境质量标准》（GB 3838—2002）中Ⅱ类标准，水质综合达标率为 97%。

2006年，对近岸海域、昌化港口区水质质量监测，除昌化港口区海水水质质量劣于《海水水质标准》（GB 3097—1997）中的第三类标准的要求外，其余年度水质质量均符合《海水水质标准》（GB 3097—1997）中的第三类标准的要求。

2006-2010 年，昌化港口区主要污染因子为化学需氧量、活性磷酸盐、SS。在水质监测项目（pH 值、活性磷酸盐、化学需氧量、固体悬浮物、溶解氧、粪大肠菌群）中，所有监测项目均符合《海水水质标准》（GB 3097—1997）中的第二类标准的要求。

2006—2010 年，两个测点平均污染指数逐年递减，除 2006 年度昌化港口区大于 0.70，属轻污染外，其余年份均小于 0.50，昌江近岸海域和昌化港区水质综合污染程度均为未污染。

同年，在石碌河及昌化江流域开展 9 个集中或分散式地下水型水源地（石碌镇牙营村、水头村，海尾镇大安村、沙地村等）的监测，地下水环境质量评价不太乐观。超标因子主要为总大肠菌群超标，原因受到农村生活污水、垃圾以及养殖的污染。

二、大气环境

1991—1995 年，县环境监测站监测数据显示，全县各区域环境空气主要污染中，二氧化硫和二氧化氮日均值符合国家一级标准。

1996 年，全县各区域环境空气主要污染中，二氧化硫和二氧化氮日均值符合国家一级标准；可吸入颗粒物浓度日均值中石碌水库符合国家二级标准，石碌城区日均值超标率为 33.3%。

1997—2000 年后均未出现超标现象，年平均值符合《环境空气质量标准》（GB 3095—1996）中的二级标准；自然降尘年平均值达标率 100%，年平均值符合参照标准 8 吨 / 平方千米；5 年间，未出现酸雨现象。

2001—2005 年，昌江县环境空气质量总体好转，各区域环境空气主要污染中，二氧化硫和二氧化氮日均值符合国家一级标准；可吸入颗粒物浓度日均值符合国家二级标准，未出现超标现象。

2006—2010 年，各区域环境空气主要污染中，二氧化硫和二氧化氮日均值符合国家一级标准；可吸入颗粒物浓度日均值中石碌水库符合国家一级标准，县城区有 11% 日均值符合二级标准，其余日均值均符合一级标准。

三、噪声环境

1991—1996 年，县环境监测站对石碌县城交通噪声进行监测，数据（平均等效声级）全部超过《城市区域环境噪声标准》(GB 3096—93) 中规定的昼间 70 分贝的标准限值。

1997—2001 年，5 年间县城区石碌镇交通噪声污染依旧，监测数据（平均等效声级）全部超过《城市区域环境噪声标准》(GB 3096—93) 中规定的昼间 70 分贝的标准限值。

2002 年，县城交通干线噪声昼夜间平均等效声级为 70.35 分贝；区域环境噪声平均等效声级为45.2分贝，所有城区环境噪声平均值达到《城市区域环境噪声标准》（GB3096—93）中的 2 类功能区标准，县城区域环境噪声达标区域覆盖率 100%。

2004 年，石碌城区交通车辆增多，环境噪声加大。交通干线噪声昼夜间平均等效声级达到 73.5 分贝，超标比较严重，超过国家《城市区域环境噪声标准》(GB 3096—93) 中规定的 70 分贝的标准限值；区域环境噪声评价等效声级无明显变化，达到《城市区域环境噪声标准》（GB 3096—93）中的 2 类功能区标准。

2006—2008 年，道路交通噪声昼间监测结果年均值超过国家标准限值规定的 70 分贝。

2009 年，县环保部门落实国家道路交通噪声污染治理，道路交通噪声有所降低。昼间平均等效声级降低到 68.3 分贝。

2010 年，道路交通噪所有测点夜间等效声级值为 60.2 分贝。

第二节 环境监测

一、水污染监测

1991年，全县完成常规水质监测、石碌河及污染源数据360个。1993年，全县水质监测数据640个。1994—1995年，全县取得水质常规监测数据396个，水污染源监测数据一大批。1996—2000年，平均每年工业废水排放量为766.21万吨。主要污染行业是采掘业、食品、饮料制造业，主要污染物是化学需氧量和悬浮物。

2004年1月，县环境监测站对昌江糖业有限公司废水排口进行监测，分析显示：化学需氧量每升25毫克，悬浮物每升138毫克，pH值6.83。同年12月，对大地矿业公司废水处理设施排口监测分析。结果显示：化学需氧量每升25毫克，悬浮物每升175毫克，pH值7.28。

2005年1月，对昌江糖业有限公司废水排口进行监测，分析显示：化学需氧量每升109毫克，悬浮物每升103毫克，pH值7.63，化学需氧量、悬浮物均超过相应的国家排放标准1.0倍。

2006年11月，对大地矿业公司废水处理设施排口监测分析。结果显示：化学需氧量每升16毫克，悬浮物每升108毫克，pH值7.21。同年8月，对县人民医院废水治理设施排口进行监测分析，结果显示：化学需氧量每升163毫克，悬浮物每升43毫克，pH值7.46，粪大肠菌群数每升大于24000个，其中粪大肠菌群数、化学需氧量均超过相应的国家排放标准1.0倍以上。

2007年11月，对县人民医院废水治理设施排口进行监测分析，结果显示：化学需氧量每升25毫克，悬浮物每升18毫克，pH值6.78，粪大肠菌群数每升大于230个，各项指标均符合相应的国家排放标准。

2008年9月，对昌江中稷大地矿业公司（原大地矿业公司）尾矿废水沉淀池溢流口进行监测分析，结果显示：化学需氧量每升10毫克，悬浮物每升43毫克，pH值8.26。

2010年1月，对昌江糖业有限公司废水排口进行监测分析：化学需氧量每升152毫克，悬浮物每升79毫克，pH值7.10，氨氮1.83，其中化学需氧量指标超过相应的国家排放标准1.0倍。平均每年榨季期间完成监测3至4次，取得监测数据60多个。同年2月，对昌江中稷大地矿业公司尾矿废水沉淀池溢流口进行监测分析，结果显示：化学需氧量每升22毫克，悬浮物每升30毫克，pH值6.86。同年，中央拨减排能力建设资金174万元，在昌化镇建设昌化江昌化国家水质自动监测站。

2010 年对华润水泥（昌江）有限公司、华盛天涯水泥有限公司、海南矿业联合有限公司排放的废气、废水进行采样监测，取得数据 5248 个。

2006—2010 年昌江县废水排放监测统计表

表 4–2–1

年份	企业数（个）	非农业人口（万人）	废水排放量（万吨）	生活污水（万吨）	工业废水（万吨）	化学需氧量排放总量（吨）	生活化学需氧量（吨）	工业化学需氧量（吨）	氨氮排放量（吨）	生活氨氮（吨）	工业氨氮（吨）
2006	9	8.62	1192.99	629.26	563.73	4310.22	2831.67	1478.55	228.11	220.24	7.87
2007	14	8.94	1292.68	652.62	640.06	4036.57	2936.79	1099.78	249.92	228.41	21.51
2008	14	9.05	1251.25	660.65	590.6	4156.41	2972.92	1183.49	247.06	231.22	15.84
2009	17	9.14	1495.15	667.22	827.93	4266.84	3002.49	1264.35	254.96	233.52	21.44
2010	12	9.30	1425.23	678.9	746.33	3688.25	277.55	910.7	217.35	203.92	13.43
合计	66	45.05	6657.3	3288.65	3368.65	20458.29	14521.42	5936.87	1197.40	1117.31	80.09

二、大气污染监测

1991 年，全县大气污染源数据 36 个。同年，投入 1.3 万元，购置大气采样仪 1 套。1994—1995，全县取得大气常规监测数据 81 个、降尘数据 12 个。1996—1999 年，全县平均每年工业废气排放量为 388871.6 标立方米。其中水泥制造业是工业废气的主要污染源。

2000 年，全面实施国家“一控双达标”（污染物总量控制、工业污染源达到中国规定污染排放标准、空气和地面水达到国家规定环境质量标准）的治污排放标准，重点废气污染源工业废气经处理达标排放，排放达标率 100%。

2002 年，全县工业废气排放总量为 919642 万标立方米。工业二氧化硫排放量 1578.45 吨，烟尘排放量 247.43 吨，粉尘排放量 2405.4 吨。海钢公司机修厂、国投海南水泥有限公司、农垦石碌水泥厂、叉河水泥厂、昌江糖业有限责任公司、海红糖业有限公司等重点废气污染源企业，达到国家排放标准，排放达标率 100%。

2004 年，全县重点工业企业废气排放总量 781677 万标立方米。工业二氧化硫排放量 516.25 吨，烟尘排放量 89.67 吨，粉尘排放量 2946.35 吨。同年，县环境监测站对国投海南水泥有限公司（华润水泥（昌江）有限公司前身）、海钢公司（海南矿业联合有限公司前身）排放的废气、废水进行采样监测，取得数据 112 个。

2001–2005 年五年间，全县工业废气排放量分别为 1030283 万标立方米、1146685 万标立方米、948027 万标立方米、786794 万标立方米、1154517 万标立方米。其中水泥制造业年度废气排放量分别为248816万标立方米、1099670万标立方米、846737万标立方米、746767万标立方米、1053135万标立方米，分别占废气排放总量的24.2%、95.9%、89.3%、94.9%、91.2%。系昌江工业废气主要污染行业。工业二氧化硫的排放量分别为203.53吨、1373.67吨、2045.51吨、1813.68吨、459.95吨。工业烟尘排放量为239.79吨、214.35吨、628.34吨、132.59吨、359.58吨。工业粉尘排放量分别为8874.74吨、8116.15吨、6036.36吨、3000.74吨、2505.48吨。

2006—2010年，全县工业能源有燃煤、天然气、甘蔗渣等。工业废气排放总量为1101.7245亿标立方米。其中水泥制造行业，废气排放总量为10575616万标立方米，占工业废气排放的95.99%。制糖业，废气排放总量为161478万标立方米，占工业废气排放总量的1.47%。其他行业，废气排放量280151万标立方米，占总排放量的2.54%。

2006—2010年昌江县工业废气、污染物排放量监测统计表

表4-2-2

指标 年份	废气排放（万标立方米）	其中：燃烧排放（万标立方米）	生产工艺排放（万标立方米）	二氧化硫排放（吨）	氨氮化物排放（吨）	烟尘排放（吨）	工业粉尘排放（吨）
2006年	1593175	362955	1230220	1193.64	855.14	287.42	2552.78
2007年	1723837	748542	975295	1420.07	812.6	179.11	4036.11
2008年	1796775	1152023	644752	1462.06	2941.36	86.09	4321.34
2009年	2720954	1616378	1104576	1601.93	1564.75	921.35	4479.31
2010年	3182504	1749450	1433054	1680.8	6371.9	700.89	5405.38
合计	11017245	5629348	5387897	7358.5	12545.75	2174.86	20794.92

三、固体废弃物污染监测

1991年，县环保局对海南铁矿、农垦水泥厂、叉河水泥厂等企业固体废弃物及粉尘进行监测，收集有效数据一批。1995年，全县工业固体废弃物产生量15万吨，综合回收利用量12万吨。

昌江县固体废弃物的主要来源于采掘业和水泥制造业。1996—2000年，矿山采掘业，每年平均产生固体废弃物34.7万吨。

2000年，水泥制造业产生固体废弃物为16.5万吨，占总量的29.7%。2002年，全县工业固体废弃物产生量33.44万吨。综合回收利用量28万吨，综合利用率83.7%；贮存量15.39万吨，处置量0.04万吨，综合处置率100%。

2004 年，昌江县工业固体废弃物产生量 31.73 万吨，处置利用率 100%。

2001—2005 年，工业固体废弃物产生量分别为 26.85 万吨、28.78 万吨、32.15 万吨、31.15 万吨、27.96 万吨。其中采掘业，占总量的 98% 以上。

2006—2010 年，全县工业固体废弃物产生总量为 130.18 万吨。工业固体废弃物以尾矿为主。工业固体废弃物回收利用总量为 75.28 万吨，综合利用率 57.83%；贮存量和处置量分别为 54.61 万吨和 0.29 万吨。

2006—2010 年昌江县工业固体废弃物利用和处置统计表

表 4–2–3

年份	企业数	工业固体废物利用量（万吨）	危险废物利用量（万吨）	冶炼废渣利用量（万吨）	粉煤灰利用量（万吨）	炉渣利用量（万吨）	煤矸石利用量（万吨）	尾矿利用量（万吨）	脱硫石膏利用量（万吨）	其他废物利用量（万吨）	工业固体废物综合利用率（%）	工业固体废物综合利用率（万吨）	工业固体废物处置量（万吨）
2006	9	19.6	0	0	0	3.01	0	16.1	0	0.5	64.26	10.86	0.05
2007	14	15.97	0	0	0	0.06	0	15.03	0	0.88	59.28	10.93	0.04
2008	14	10.94	0	0	0	0.08	0	9.33	0	1.52	52.72	9.57	0.06
2009	17	13.35	0	0.23	0	0.06	0	12.16	0	0.91	53.37	11.6	0.07
2010	12	15.42	0	3.08	0	0.04	0	10.81	0	1.49	57.22	11.47	0.07
合计	66	75.28	0	3.31	0	3.25	0	63.43	0	5.3	286.85	54.61	0.29

四、噪声污染监测

1991 年，全县道路交通噪声污染较小，县城石碌夜间噪声污染主要来自石碌铁矿的企业生产。同年，噪声污监测工作始于步入正轨。

进入 21 世纪后，各类车辆逐年增加，道路车流量大，道路交通噪声污染逐年提升。噪声污监测数据丰富、精准。

2005 年，噪声污染达到 78.7 分贝，超过国家《城市区域环境噪声标准》（GB 3096—93）中的 70 分贝限值。2008 年，交通干线噪声虽逐年下降，但仍高于国家 70 分贝限值。

2009—2010 年，昼间年均值低于标准值 70 分贝。汽车及其排放的废气对环境造成的污染开始显现。

第三节 环境治理

一、环境保护宣传

1991年起，利用每年“4·22”地球日、“6·5”世界环境日及“12·4”法制宣传日等节日，围绕宣传主题开展形式多样、丰富多彩的宣传活动，将国土环境资源法律法规政策宣传到田间地头、大街小巷，做到了“电视有影、广播有声、报纸有文，村村有标语”，收到了良好的宣传效果。

2006年6月5日，《昌江黎族自治县石碌水库饮用水水源保护区管理办法》宣传（县生态保护局供稿）

2006年，在“6·5”世界环境日举办“倡导节能，创建环境友好型社会”大型签名活动，县长发表《共建环境友好型社会》主题讲话；开展“珍惜资源，从我做起”地球日主题教育系列活动，组织参加全省世界“地球日”征文比赛。

2007年，组织全县机关单位、中小学生及社会群众在县政府大院开展“世界环境日”环境保护签名活动。

2008年在《中国环境报》开辟专版，使社会公众较好了解昌江县污染控制、水源保护、节能减排等工作状况。

2009年，开展中小学生“世界地球日”征文比赛；在石碌水库饮用水水源保护区周边的鸡实村和红林农场五队开展《昌江黎族自治县石碌水库饮用水水源保护区管理办法》宣传。制作环保专题片《保护青山绿水，托起一片蓝天》。共出动宣传人员70人次，主持法律知识讲座6次，散发法律知识手册874余册，宣传资料1600余份。

2010年，结合新农村建设，开展“法律进乡村”活动。组织编写国土环境资源法律知识读本、画册共计430余册，发放到群众手中。同时设立咨询处，采取面对面交流的形式向群众讲解国土环境资源相关的法律法规，解答群众关心的问题；面向社会、深入基层，开展以全国土地日、世界地球日、世界环境日为主题的征文比赛。

二、水污染治理

1991年，县食品公司筹集资金31万元，在石碌的河南、河北2个屠宰厂对粪便和污水进行治理。6月，县环保部门组织环境保护评估验收。

1993年，贯彻海南省环境保护目标责任制，率先在全省推行县长环境保护目标责任制试点工作。环境污染防治工作始有起色，并已走在了全省的前列。

1994年，贯彻实行“环保一票否决权”环保治理制度，严格执行环境影响评价制度及“三同时”制度，有效控制新污染源。1994—1996年，报建项目28家，总投资5987.5万元，其中环保投资314.84万元，占总投资的5.3%。

1995年起，全面实行国家环保治理“一控双达标”标准，严格治理污染物排放。同年，对县人民医院、昌江糖厂、县食品公司屠宰厂、海钢选矿厂、海南叉河水泥厂等进行治理染水废物排放。

1996—1997年，取缔保梅文光造纸厂，搬迁红林农场胶厂，限期整改县中医院、县食品公司、海钢公司机修厂等。

2000年，全县7家工业废水污染源、6家废气污染源全部实现达标排放，12种主要污染物排放总量控制在省下达的指标之内，并比1995年的排放量大大削减，其中二氧化硫削减27%、化学需氧量削减40%、烟尘削减29%、粉尘削减6.3%，使全县环境质量得到进一步改善，生态环境得到有效保护，促进了国民经济的持续健康发展，达到了社会效益、经济效益、环境效益的协调统一，为昌江县调整产业布局，优化产业结构提供了充足的环境容量，被省政府评为“一控双达标”工作先进县。

1996—2000年，全县“一控双达标”污染源治理投入资金9697.7万元，其中海钢公司投资4600万元，进行选矿废水富粉溢流工程建设，为昌江县在环保治理投入当中树立了典范；红林农场橡胶厂投入2500万元进行搬迁。

2001—2002年，全县各企业污染治理累计投入资金1100万元。2004年，污染治理投入总额为1412.9万元，其中海钢公司投入322万元进行废水治理及工业固体废物治理；国投海南水泥有限公司投入100万元进行废气治理；农垦红林橡胶厂投入370万元用于废水治理；昌江糖业有限公司投入70.9万元进行废水治理；昌江海红糖业有限公司投入300万元用于污水、废气治理。

2003年，省政府在昌江、澄迈、屯昌等10个市（县）实行的环境保护目标责任制综合考核，昌江县荣获第二名。

2003年起，全县开展整治违法排污企业保障群众健康的环保专项行动。全面治违理法排污企业，至2005年，解决全县饮用水源地污染、大气烟尘污染、城市噪声超标、包含娱乐环保投诉等环境污染问题，取得了较大的成绩。全县的主要污染源海南钢铁公司、国投海南水泥有限公司、昌江糖业有限公司、金林橡胶加工分公司、海红糖业有限公司、海南农垦石碌水泥厂等重点监管企业稳定达标率达到95%以上。重点项目（编制环境影响报告书、环境影响报告表）昌江糖业有限公司技改建工程、海红糖业有限公司技改扩建工程、昌江华盛天涯有限公司5000吨/日新型干法水泥熟料生产线项目、国投海南水泥有限公司2500元/日新型干法水泥熟料生产线项目、昌江雄伟淀粉有限公司淀粉生产项目等全部实行了环保“三同时”制度（污染防治设施与主体工程同时设计，同时施工，同时投入使用），“三同时”执行率达到100%。

2004年，加强工业污染源现场监督管理，确保污染治理设施正常运转，督促重点污染源安装自动监控系统（其中国投海南水泥有限公司是全省第一家安装自动监控系统的企业），建立“管理规范化、运行社会化、监督自动化”的工业污染源监管机制。同年，县内共有4家重点企业安装8套自动监控系统，提高环境现场监督能力。

2005年，报建项目15家，总投资8180万元，其中环保资金投入382.4万元，占总投资的4.7%。

2008年，强化监督管理，环境污染得到有效控制。据环境监测，全县污染物化学吸氧量和二氧化硫排放量分别为4188.98吨、1567.97吨，均控制在年度计划指标值4350吨、2000吨范围内。2008年，执行环境执法监察动态巡查责任制度，对3个国控污染源、6个省控污染源进行定期或不定期巡查，每周巡查2次，全年862人次。加大环境违法企业整改力度，规范企业环保行为，责令限期补办环评2家，限期治理1家，处罚2家。开展重点监控污染企业环境监督员制度试点工作，规范企业环境管理体制与机制建设，确保重点工业企业污染物稳定达标排放。

2009年，昌江县开启“十一五”期间污水处理厂、垃圾填埋场建设项目。全面推进石碌河流域及昌化江流域污染整治，实施重点减排工程、昌江南华糖业责任有限公司，大风南华糖业有限公司却水末端治理工程，昌江华盛水泥有限公司和华润水泥（昌江）有限公司余热发电站工程，全面完成省政府下达的减排任务。在全面开展第一次污染源普查中，完成工业源、生活源和集中式污染治理设施普查表的填报，普查数据审核、录入。其中工业源61家、生活源186家、集中式污染处理设施2家，农业源631家。在第一次全国污染源普查的基础上，组织开展污染源普查动态更新调查工作，全县调查工业源（重点）26家，其中新增6家，改建1家（鸿启叉河水泥分公司）；农业源：规模化养猪场8家，其中新增1家；规模化水产养殖4家，其中网箱、围栏养殖1家，新增水产养殖专业户27家，养殖面积24.6公顷。

至2010年12月，全县环境监测累计投入建设资金120万元，其中中央财政100万元，地方财政配套资金20万元。购置主要仪器设备75台（套），可开展地表水、地下水、环境空气、废气、噪声、机动车尾气等领域监测。主要污染物化学吸氧量和二氧化硫排放量分别为3994.49吨、1754.88吨，均控制在省政府下达的污染物控制指标4000吨、2200吨范围内。

三、大气污染治理

1991年，县环保部门遵照国家环境保护法规对县境内大气污染进行整治。分别在海南铁矿矿区、叉河水泥厂等大气污染源重点区域实施数据监测，为大气污染治理提供有效数据。

1996年，贯彻国务院《关于环境保护若干问题的决定》，对海钢公司机修厂等重点废气污染企业下达了限期整改通知。1998年，海钢公司投资100多万元对机修厂干燥炉、退火炉烟尘排放进行治理。

2000年，全面落实国家"节能减排"的治理环境发展目标，昌江水泥厂生产线采用了无烟煤，降低了废气的含硫量，并逐步更新脱硫脱硝设施，降低了二氧化硫，氮氧化物的含量。按照全省"十一五"淘汰落后水泥生产能力计划表，县先后关闭石碌农垦水泥厂和叉河水泥厂两家立窑式水泥生产企业。

2006年，昌江循环经济工业区列入国家第二批循环经济示范区。昌江华盛天涯水泥有限公司投入6000万元配套建设了纯低温余热发电项目，利用烧结系统向外排放的中低温余热进行回收发电，取得较好的经济效益和环境效益，在全省企业中树立了典型。该项目在概念数据模型交易中，获得了国外合作方瑞典碳资源管理有限公司给予的每年300多万元的补偿资金，填补了海南概念数据模型项目的空白，也是全国水泥行业第三个获联合国注册的概念数据模型项目。国投海南水泥有限公司等单位也相继注册概念数据模型项目，为减少温室气体排放做出了积极贡献。

2008年，执行环境执法监察动态巡查责任制度，对3个国控污染源、6个省控污染源进行定期或不定期巡查，每周巡查2次。加大环境违法企业整改力度，规范企业环保行为，责令限期补办环评2家，限期治理1家，处罚2家。

2009年，根据环境保护部《建设项目环境影响评价分类管理名录》，做好建设项目的环评审批，控制污染增量。同年，国投水泥厂三期生产线、华盛水泥厂二期、三期生产线和鸿启叉河水泥厂200万吨技改项目的环境监督管理，确保污染防治设施与主体工程同时设计、同时施工、同时投入使用。重点项目环评执行率达到100%，"三同时"执行率100%。

2010年，主要污染物化学需氧量和二氧化硫（SO_2）排放量分别为3994.49吨、1754.88吨，均控制在省政府下达的污染物控制指标范围内。

四、噪声污染治理

1993 年，县城石碌镇交通噪声监测总路长为 2.35 千米，平均等效声级在 70~75 分贝之间，超过 70 分贝的路长为 1.81 千米，占总路长的 73.9%。1997—2000 年，平均等效声级全部超过《城市环境质量标准》（GB 3095—1993）中规定的昼间 70 分贝的标准。城镇道路交通噪声污染严重，石碌镇道路单一，车流量大（主要是摩托车）及乱鸣喇叭，是道路环境噪声超标的原因。

2001—2005 年，平均等效声级全部超过标准。2005 年的平均值为最高，达到了 78.7 分贝，超过国家《城市区域环境噪声标准》（GB3096—93）中的 70 分贝限值。2008 年交通干线噪声虽逐年下降，但仍高于国家 70 分贝限值。

2009 年，石碌镇区环城路建成通车，对车流量起到分流作用，交通噪声质量状况得到改善。2009—2010 年昼间年均值低于标准值 70 分贝。

至 2010 年 12 月，全县设有环境噪声监测点 53 个。县环境监测站，按规范开展昼间、夜间区域环境噪声监测。等效声级年均值均符合国家《声环境质量标准》（GB3096—2008）中 2 类区标准（昼间 60 分贝、夜间 50 分贝）。

第五编　工　业

第一章 工业体制与门类

第一节 工业经营体制改革

1991年，昌江县在继续完善工业企业内部岗位责任制和经营承包责任制的基础上，巩固提高承包经营责任制，加快经营体制改革。1992年，在县属国有工业企业中，率先对县水泥厂实行改制，与江苏江都市化建工业局联营合作。1994年，昌江糖厂率先实行厂长承包法人制，改变经营方式，实行产权有偿经营，将法人代表、中层领导、工人按责任大小如期如数地向县国有资产局每年缴交目标风险抵押金250万元，做到从厂长到干部、职工人人有责任。

1996年起，按照《全民所有制工业企业转换经营机制条例》精神，不断深化县属国营工业企业改革，发展非公有制经济，逐步向市场经济体制过渡。1997年，大风糖厂委托给股份制民营企业运营，更名为海南昌江海红糖业有限公司，公司投资金1000万元组建大风糖业有限责任公司。同年，县水泥厂在与江苏省江都市化建工业局联营合作期满后，接着又将县水泥厂委托给海昌公司和广西鹿寨水泥有限责任公司进行运营。1999年，委托运营失败，县水泥厂停产关闭。

第二节 产权制度改革

1998年，全县开始实施企业产权制度改革。3月，由昌江糖厂改制成为南华洋浦糖业有限公司，成为一家民营企业。

2003年8月，大风糠业有限责任公司以3515万元整体拍卖改制，由海红糖业有限公司（原托营方）中标接管经营。

2005年11月，海南叉河水泥厂在激烈的市场竞争中，由于设备陈旧、管理滞后等原因，企业发展陷入困境，最后依法破产实行拍卖，由鸿启实业有限公司接管经营。

2007年8月，经省委、省政府批准，上海复星高科技（集团）有限公司参与海南钢铁公司重组改制，成立海南矿业联合有限公司。海南钢铁公司持股40%，上海复星产业投资有限公司持股40%，上海复星高科技（集团）有限公司持股20%。12月，海红糖业有限公司由南华洋浦糖业有限集团公司兼并，更名为昌江大风南华糖业有限责任公司。

2009年10月，国投海南昌江水泥有限责任公司进行重组，由华润集团注资并购国投水泥厂，成立华润水泥（昌江）有限公司。

至2010年年末，在昌江境内的全部工业企业因企制宜的原则，调整产业结构和所有制结构，盘活存量资产，以公司重组、企业兼并、产权交易为主要形式进行改制。完成2家国有中型企业和2家县属小型企业股份制改制重组，1家国有小型企业采取破产、出售等形式进行改制，改制率达到100%。改制后，促进企业自主经营、自负盈亏、自我完善、自我发展。如海南矿业、华润水泥（昌江）有限公司、南华昌江糖业有限责任公司、昌江鸿启实业有限公司叉河水泥分公司等一些非公有制企业得到了发展。

第三节 工业构成

20世纪90年代后，全县利用资源优势，发展工业产业，广泛招商引资，推动工业化进程。1991年，全县有工业企业128家，其中国营工业企业38家（含省属在内），完成工业总产值40500万元，利润6404万元。其中省属工业5家，完成工业总产值31910万元，利润5905万元。职工19030人，其中省属工业企业14852人。县属工业总产值占县工农业总产值的51.33%。

1995年5月，海南国投水泥有限责任公司（原名昌江水泥厂）正式动工兴建，一期工程投资12亿元，设计年产水泥81.42万吨，是海南规模最大、工艺装备最先进的水泥生产企业。经过“九五”时期，加快县属国有企业改制，大力发展非公有制经济，引进一批龙头企业，全县工业企业所有制结构发生重大变化，股份制公司工业经济发展迅速，个体私营企业迅速崛起并初具规模。2002年，海南钢铁集团钴铜冶炼厂开工建设。2003年12月，昌江华盛天涯水泥厂获国家批准破土动工兴建，总投资4.8亿元，年产水泥、熟料155万吨。2005年12月，中海油配重砂加工基地建成投产，项目总投资500万元，年生产配重砂30万吨。国投海南昌江水泥有限责任公司二期100万元扩建工程投产。2004年，全县工业企业总数60家，规模以上工业企业24家，规模以下36家。完成工业总产值205579万元，其中国有经济97334万元，集体经济2078万元，其他类经济106167万元。

2005年，县境内有中央和省、县属厂矿企业59家，规模以上工业企业25家，其中，国有控股企业5家，股份制企业11家，集体企业2家，其他经济体7家，完成工业总产值24.57元。规模以上工业企业上缴的税收收入从2005年的11232万元增加到2006年的14273万元，增长27%，工业税收占地方财政收入的比重由2005年的61.6%提高到2006年65.2%。资源型工业效应明显，铁矿石和水泥产生税收为14234万元，其中：海南钢铁公司年均上缴税收1亿元以上，占地方一般预算收入的68.1%。2009年，国投海南水泥厂、昌江华盛天涯水泥厂二、三期扩建工程相继投产。2010年，海南昌江核电站、海矿北一地采厂和200万吨贫矿选矿厂、华盛四期400万吨水泥等一批工业项目开工在建，为昌江工业后续发展奠定了基础。

至2010年底，全县有工业企业48个，其中规模以上工业20个（其中国有2个、股份制企业2个、集体企业1个、其他经济体15个），规模以下28家。从业人员9362人，固定资产原值46.18亿元。主要有采矿、制糖、水泥、食品、橡胶加工、纺织、石英砂、金属机械加工等门类。“十一五”时期工业总产值年平均递增15.1 %。工业总产值是1987年的22倍，年均递增15.8 %。工业总产值占全县国内生产总值90.95 %。工业税收一直是昌江财政收入的主要来源，工业对全县经济增长的贡献率达67%，对地方财政的贡献率达70%以上，聚集效应逐年显现。

第四节　采矿工业

昌江矿产资源较为丰富，主要矿藏有铁、铜、钴、金、铅锌矿、石灰岩、石英砂、花岗岩等。1991年，昌化铅锌矿最后一次开采完成铅精矿148吨、锌精矿396吨。1992年闭坑停产。海南钢铁公司三期扩建按设计全部建成投产，已形成年综合生产能力460万吨的规模。1992年，生产铁矿石（成品矿）320.4万吨，铜精矿含铜量完成665吨。1994年，完成铜精矿含铜量979吨，完成石灰石5万吨。“八五”期间，海南钢铁公司完成采剥总量7223.4万吨，铁矿石1903.8万吨，为国家输出商品铁矿石1433.2万吨。采剥总量平均每年1444.7万吨，采出原矿平均380万吨，按比控在2.05~2.6吨以内。2000年，生产铁矿石（原矿）417.9万吨，黄金完成487千克。2001—2003年，国内铁矿石市场持续低迷，矿石采剥量下降。2004年后，矿石采剥量逐年增加。2006年，完成铁矿石（原矿）402.21万吨。2004—2007年，黄金完成511.7千克。2010年，生产铁矿石（原矿）477.9万吨，黄金生产141千克。

第五节 建材工业

1991年，全县有全民、集体、个体建材工业企业26家。年产红砖1394万块，瓦片835万片，石灰860吨，花岗岩板材5142平方米，生产水泥51766吨，其中省属企业生产水泥4.78万吨。1992年，县建材厂投入资金138万元，新建一条年产1000万块红砖20门轮窑生产线。8月，县水泥厂与江苏江都市化建工业局共同投资联营合作，10份恢复生产，年底，生产水泥2560吨，销售收入60.48万元，盈利23万元。1994年，全县建材企业生产产品有红砖1695万块，花岗岩板材1193平方米，石灰石5万吨，水泥20.74万吨，木材（原木）6653立方米。1996年，县建材厂和中外合资企业海江花岗岩石料厂受市场的冲击，产品销售不畅，彻底关闭停产。1998年12月，海南国投水泥有限责任公司建成投产。

20世纪90年代末期，昌江城乡建设的快速发展，基础设施建设规模的不断扩大，对石料（碎石）、水泥预制品涵管、水泥砖等的需求逐年增加。城乡住宅趋向楼房化，环保砖发展迅速。2003年12月，昌江华盛天涯水泥厂获国家批准破土动工兴建，总投资4.8亿元，年产水泥熟料155万吨。2005年，全县有水泥企业4家，从业人员年平均人数1393人，年生产水泥142.6万吨，熟料日产5000吨，完成工业总产值4331.8万元，固定资产原值9198.94万元，上缴利税3822.7万元。2009年，海南昌江鸿启实业水泥公司应用科技拆除2条20世纪80年代建设的立窑水泥生产线，新建日产2500吨新型干法回旋生产线投产。至此，全县水泥生产从土窑改转（立）窑到旋窑、旋窑发展到新型干法，生产技术、工艺流程逐步提高，已形成了从石灰岩的开采、运输、生料的粉磨化及均化、熟料的烧成、水泥粉磨及包装出厂等全过程实现机械化生产线。华润（昌江）水泥有限公司、华盛水泥有限公司分别建有石灰石运输皮带长廊18.2千米。

2010年，全县水泥制造企业4家，年产水泥达187.35万吨，水泥熟料694.65万吨，完成工业总产值94073万元，从业人员年平均人数1812人，固定资产原值244067万元。水泥制造业生产水泥是1987年的13倍，水泥熟料是1993年的39.79倍，昌江水泥产量占海南水泥生产总量的46.7%以上，昌江已成为海南省最大的水泥生产基地，有“水泥之都”的美称。

第六节　制糖工业

20世纪90年代，昌江制糖工业企业进行扩建和技术改造。1991年，昌江糖厂进行扩建和技术改造，投入资金1400万元，日处理甘蔗生产能力从原来的1000吨提高到2200吨，增加1.1倍，酒精生产能力从8吨/日提高到25吨/日。1992年，大风糖厂投入资金3000万元，进行扩建和技术改造，由原来日处理甘蔗生产能力500吨提高到1000吨，生产日榨能力增加1倍。

1994年后，深化县属国营2家制糖工业企业体制改革。制糖工业企业通过改制后，凸显集团的优势，呈现良好的发展态势。2000年，昌江制糖工业有限责任公司投入资金106万元，进行水气污染治理，通过海南省国土环境资源厅组织的专家组验收。2003年，昌江糖业有限责任公司进行扩建和技术改造，从原日处理甘蔗生产能力2200吨扩大到日处理甘蔗生产能力平均4000吨。2004年，制糖工业企业共投入资金370.9万元，进行制糖工业废水等工程和技术改造，厂区内环境污染得到了遏制。制糖工业生产成品糖创历史最高水平，年产白砂糖达6.61万吨。2007年，制糖工业榨蔗量38万吨，年产成品糖5.19吨，其中昌江糖业有限责任公司生产成品糖3.48吨，甘蔗糖蜜生产在14196.9吨。

2010年，制糖企业生产能力达5500吨/日，其中，昌江糖业有限责任公司日处理甘蔗生产能力平均4000吨。制糖工业企业从业年平均人数866人，年产成品糖4.62吨，实现工业总产值22484万元，工业销售产值21881万元，应缴费所得税1007万元，固定资产原值23491万元。制糖工业企业不断更新技术及设备，生产工艺流程逐步提高，已形成了以甘蔗原料运输、起吊、压榨、煮炼、成品包装等全过程实现机械化生产线。

第七节　冶炼工业

1991年，有海南石碌钢铁厂1家，从业人员平均人数779人，年产生铁产量11384吨，完成工业总产值713.04万元，固定资产原值1510万元。1993年，生铁产量30053吨，其中炼钢生铁1093吨。完成工业产值1602万元，工业销售产值4130万元。1998年，生铁生产量1901吨，完成工业产值7409万元，产品销售收入12351万元。海南石碌钢铁厂因高能耗、高污染进行治污，经济效益低下，生产时断时续，同年关闭停产。后由海南裕莱钢铁有限公司经营海南石碌钢铁厂。2000年，生产铁1543吨，完成工业总产值4705万元，售销产值4733万元。2005年1月，总投资2200万的昌江磊鑫烧结选矿厂建成投产。冶炼工业从业人员年平均人数405人，生铁产量45032吨，完成工业总产值89424万元，主营业收入8823.8万元。2007年年底，由海南钢铁公司投资23000万元，兴办的昌江钴铜冶炼厂建成试生产，2009年，生产产品有氯化钴、电解铜。2010年，贯彻落实国家节能减排有关政策而被停产淘汰。

第八节 电子工业

昌江电子工业起步较晚。2003年始，由海钢公司和国内4家企业投资3000元，成立海能达电池股份公司，同年，建成并投产。年生产能力达到日产2.5万只电池芯。同年，生产原电池及原电池组（折R20标准只）181.2万只，产品销售值1158万元。2005年，从业人员年平均人数646人，生产原电池及原电池组（折R20标准只）850万只，产品销售值4252万元。2006年，生产原电池及原电池组（折R20标准只）659万只，产品销售值3048万元。2007年，生产原电池及原电池组（折R20标准只）393万只，工业总产值13669万元。2008年，实施国家节能减排政策而被淘汰关停。

第九节 纺织工业

1991年，有纤维原料（剑麻）加工企业1家，以剑麻为原料，生产107厘米×74厘米和52厘米×37厘米麻袋和麻绳麻绒，年产黄、红、青麻麻袋191万件。1993年，从业人员年平均人数354人，工业产值525万元，产品销售收入525万元。2005年，从业人员年平均人数160人，实现工业总产值1463.7万元，工业销售产值10773万元，固定资产有值1095.6万元。2010年，实现工业总产值2044万元，工业销售产值1910万元，利润总额118万元，固定资产原值170万元，从业人员年平均人数83人。企业所有的生产、运输、加工实现机械化。有剑麻种植基地866.67公顷，年可收割566.67公顷。生产主要产品有抛光布、麻沙、麻条、麻绳和直径6~24毫米的剑麻绳。产品主要销往国内广东等地，出口远销俄罗斯及欧美与东南亚国家和地区，产品销售供不应求。

第十节 橡胶制品工业

20世纪90年代后，海南钢铁公司橡胶衬板厂不断投入资金进行技术改造和更新设备，产品产量逐年提升。1998年，实现工业总产值859.7万元，产品销售收入945.8万元，从业人员年平均人数170人，固定资产原值871万元。2002年，实现工业总产值1052万元，工业销售产值1236万元。2006年，工业总产值达1966.4元，从业人员年平均人数178人，上缴利税159万元，固定资产原值1012.9万元。2003—2006年，年平均工业产值递增28％。2008年，完成工业总产值4752万元，工业销售产值5925万元。2010年，橡胶制品工业实现工业总产值5443万元，工业销售产值5830万元，固定资产原值1634万元，从业人员年平均人数193人。主要产品有各类磨机高耐磨橡胶衬板、工业橡胶杂件砂泥浆泵、橡胶衬板套及叶轮、橡胶筛网、橡胶管道弯头以及各类液压密封圈等。

第十一节 机械工业

昌江机械业主要以机械修造、金属加工、设备零部件加工、铁制农具等为主。1991年，有省、县属全民、集体机械修造业有县农业机械制造厂、二轻配件厂、石碌农械厂、国营海南农垦石碌机械厂、省属企业海南钢铁公司矿山机械大修厂5家。县属工业总产值222万元，产品销售收入203万元，固定资产原值337万元，从业人员年平均人数406人。

20世纪90年代后，县属机械修造业通过合资、租赁、承包等形式，优化资本结构。1993年，县农业机械制造厂进行产权制度改革，组建机械工业总公司。1995年10月，海南钢铁公司矿山机械大修厂对外使用“海南冶金矿山机械厂”牌子，是县境内唯一技术、设备齐全的机械制造企业，主要生产矿山、冶金、水泥、化工、港口、制糖等行业成套设备及配件。同年，县机械工业总公司与上海电焊条总公司联营，设计生产能力年产422型焊条3000吨。1996年生产电焊条117吨，1998年停止生产。1996年，县属机械修造、金属加工业完成工业总产值261万元，产品销售259万元，从业人员年平均人数134人。同年，石碌农垦机械厂停产关闭。1998年，县机械工业总公司完成工总产值227万元，产品销售29万元。2004年，在原县农业机械制造厂的基础上进行扩大生产规模，成立昌江金源设备制造有限公司。公司主要以机械设备制造、钢铁、铜、铝、铸造加工、铆焊和工业设备配件加工成品。2007年，海南钢铁公司改制，矿山机械大修厂更名海南矿业股份有限责任公司机械厂。2010年，完成工业产值3199万元，年平均职工244人，其中正式职工147人，劳务派遣工97人，固定资产新增原值233.40万元。

2010年年末，全县机械制造、金属加工企业有海南矿业股份有限责任公司机械厂、昌江金源设备制造有限公司、昌江富达实业有限公司、昌江二轻配件厂4家。

2007—2009年海南矿业股份有限公司机械厂产量产值完成情况统计表

表5-1-1

产品名称	计量单位	2007年	2008年	2009年
机械产品总产量	吨	2466.66	3183.52	3555.08
（一）机加工产量	吨	379.36	351.44	299.57
其中，加工备件	吨	316.19	324.21	258.07
（二）大宗消耗件	吨	84.38	61.71	109.35
（三）商品件	吨	2002.92	2770.37	3146.17
总产值	万元	2452.52	3126.75	2936.07

2007—2010年海南矿业股份有限公司机械厂对外产品销售额及货款回笼统计表

表5-1-2　　单位：万元

年份	对外产品销售额	货款回笼	备注
2007年	478.6	441.1	—
2008年	1192.2	13267.9	—
2009年	875.5	9047.8	—
2010年	692.7	6603.1	—

1991—2010年昌江县工业企业基本情况一览表

表5-1-3

年度	工业企业单位数（个）			从业人员年末人数（个）	全县工业总产值（万元）		产品销售产值（万元）	固定资产原值（万元）
	总计	其中			总计	其中		
		规模以上	规模以下			规模以上		
1991	29	—	—	19690	37575	—	34519	60200
1992	30	—	—	20997	44401	—	41035	65182
1993	37	—	—	21510	59914	—	51925	41702
1994	34	—	—	22437	72658	—	58734	45673

表 5-1-3 续 1

年度	工业企业单位数（个）			从业人员年末人数（个）	全县工业总产值（万元）		产品销售产值（万元）	固定资产原值（万元）
	总计	其中			总计	其中		
		规模以上	规模以下			规模以上		
1995	42	—	—	23905	54425	—	52401	—
1996	30	—	—	18620	69770	58189	51150	64431
1997	18	—	—	16386	63409	61901	56264	132268
1998	95	17	42	16309	65824	62517	51490	245482
1999	57	15	42	14641	69770	66442	72757	251267
2000	59	15	40	13933	89146	85793	78277	254093
2001	51	14	37	12770	75514	73027	72008	232438
2002	45	13	32	11834	72655	70017	72550	253160
2003	47	14	33	12426	101785	99565	94743	244322
2004	60	24	36	12869	205579	201225	200028	248343
2005	59	25	34	13395	250665	245752	247525	388082
2006	56	26	30	13633	264809	264809	250142	459028
2007	49	22	27	17043	327577	319601	314026	579827
2008	53	21	32	10799	431374	420415	482810	329358
2009	51	20	31	10799	370848	362941	365108	394637
2010	48	20	28	9362	553361	553361	539380	461756

说明：1997 年，“规模以上工业”以前统计口经为乡及以上企业，“规模以下工业”为农村村办、城乡合作及个体工业，此表不统计在内。1998 年后，全部国有及年销售收入 500 万元以上（含 500 万元）的非国有工业企业列入规模以上工业统计，其余列入规模以下工业统计。2007 年起，规模以上工业统计范围改为年销售收入 500 万元以上（含 500 万元）的工业企业，规模以下工业统计范围包括年销售收入 500 万元以下的工业企业和个体工业。

第二章 工业管理

第一节 管理机构

1991年，设昌江黎族自治县经济委员会，为县政府主管工业经济工作的部门，负责县属工业企业宏观管理。1995年11月，全县党政机构改革，县经委与县交通局合并成立县工业交通局。2001年3月，撤销县工业交通局、县贸易局，成立县经济贸易交通局。2003年，设立昌江县工业开发区管理委员会。同年9月，成立县工业开发办公室。2008年6月，将县乡镇企业局合并到县工业开发办公室，成立县工业经济与信息产业局，加挂“县乡镇企业局”牌子，实行一个机构、两块牌子。隶属县政府，为正科级事业单位，核定财政全额预算管理事业编制12名，设局长1名、副局长2名。其主要职能：负责全县工业管理工作；负责信息产业管理工作；负责指导、协调、促进中小企业的改革与发展；负责循环经济工业区的日常事务工作，协助工业开发区管理委员会管理、监督、协商工业区的行政事务；负责乡（镇）企业和农产品加工业项目的核准等工作。2009年12年，更名为县工业和信息化局，为正科级政府组成部门。内设有办公室、工业经济、中小企业、信息技术、乡（镇）企业共5个职能岗位，有干部职工9人，设局长1名、副局长2名。

第二节 质量管理

1991年后，昌江各工业企业设有产品质量管理科，车间设有化验室，配有专职技术化验和质检员，依照国家法律法规和国家标准及行业标准对产品生产执行严格的化验、检验和抽查。1993年9月，《中华人民共和国产品质量法》颁布实施，昌江工业企业加强产品生产质量的管理，提高产品质量水平，企业生产、销售建立健全内部产品质量管理制度，严格实施岗位质量规范、质量责任以及相应的考核办法。各企业普遍建立三级质量管理网络，原材料入库、生产过程、产品出厂有严格的检验手段，依据《中华人民共和国计量法》对每种产品都有明确的计量和质量标准。同时不断加强技术改造，开展工艺技术研究，严格化验、检验规程，不合格产品不允许出厂。各工业企业对化验员、质检员进行岗位培训，提高技能素质，不断改善技术科和化验室办公条件，引进配备先进的检验设备。

2010年末，昌江工业企业根据国际通用的质量管理标准，建立健全全面质量管理体系，推行企业质量体系认证制度，大部分工业企业通过ISO 9001：2000质量管理体系认证。主要以铁矿石、水泥、橡胶、制糖、纺织、机械零部件制造和加工为主体。

一、铁矿石

1991—2010年，海南钢铁公司设有质量管理科，下设有原矿管理站、胶带取样组和验矿三大组，分布于矿石生产与质量管理流程的各个阶段。矿石质量管理按成品矿配矿细则规范进行采样，从原矿生产、成品矿进仓、火车配矿转运等不同品种矿石的质量管理工作。矿品的化验，采取12小时三班制上班，每班配置4~5人（不同时期由于工作量和劳动力资源状况，配备成员人数）。截至2010年年末，为武钢、首钢、南钢联、韶钢和安阳钢铁等国内多家钢铁企业提供优质矿成品，客户满意度达95%以上。主要设备有1台TAS—900型原子吸收分光光度仪、1台T6紫外可见分光光度仪、1台美国力可S230高频红外碳硫分析仪、1台上海德凯HCS—140高频红外碳硫分析仪、6台万分之一Y高精度天平以及常规标液点滴法试具等。

二、水 泥

有“海岛”“椰树”“石鹿”牌和水泥熟料产品。产品被广泛用于国内和岛内机场、公路、铁路、码头等基础设施建设和国家重点工程的首选，重点工程水泥市场占有率达60%以上。“海岛牌”系列水泥，是海南省唯一获得“国家免检产品”和“海南省名牌”称号的水泥品牌，2000年12月通过ISO 9001：2000质量体系认证，2002年通过换版认证；“石鹿牌”水泥曾连续16年获国家级产品质量认证证书，2004—2009年，获国家级质量管理体系认证证书，曾荣获国家质量免检产品、质量信得过产品，海省名牌产品；“椰树牌”水泥，2007年起，连续3年被中国中轻产品质量保障中心评为“中国优质产品”。2008年，通过ISO 9001：2000质量管理体系认证，2009年，获海南省质量技术监督局“用户满意产品”荣誉称号。

三、机制糖

有“青竹”“昌城”牌白砂糖。产品畅销全国各地，出口日本、韩国等国家。1996年，“昌城牌”一级白砂糖荣获中国海南国际糖烟酒食品博览会金奖和1996年中国质量万里行活动产品质量优质奖。“青竹牌”和“昌城牌”白砂糖，2007年通过ISO 9001：2000质量管理体系认证。

四、橡胶制品

有耐磨橡胶衬板等系列产品，产品在全国26个省市区100多家黑色金属、有色金属、化工矿山和黄金矿山，冶炼厂、钢铁厂、燃煤电厂、有色金属加工厂以及湿法水泥、陶瓷、化肥等企业中广泛应用。同年，通过ISO 9001：2000国际质量体系认证，被海南省评为“海南省名牌产品”“海南省用户满意产品”。

1991—2010年昌江县主要工业产品产量一览表

表5-2-1

项目 年份	铁矿石（原矿）（万吨）	水泥（万吨）	泥水熟料（万吨）	白砂糖（万吨）	生铁（万吨）	黄金（千克）	发电量（万千瓦时）
1991	392.1	12.76	12	1.98	3.24	—	5137
1992	451.3	15.78	14.17	2.90	1.75	—	5222
1993	418.5	18.60	17.8	3.15	3.01	14	4217
1994	413	20.75	—	1.99	3.79	—	2048
1995	231	18.35	—	1.36	0.81	—	1543
1996	315	15.08	—	2.24	1.29	—	1819
1997	272	17.02	—	3.80	0.84	—	17903
1998	399.1	35.38	—	3.29	0.46	—	1852
1999	393.5	69.34	—	1.72	2.37	400	1980
2000	417.9	92.17	—	6.01	—	487	3215
2001	367.7	103.4	—	3.43	—	374	3235
2002	396.9	102.1	—	4.42	—	255	5534
2003	316.4	114.8	—	5.77	6.39	234	10178

表 5-2-1 续 1

项目 年份	铁矿石（原矿）（万吨）	水 泥（万吨）	泥水熟料（万吨）	白砂糖（万吨）	生 铁（万吨）	黄金（千克）	发电量（万千瓦时）
2004	473.6	106.7	76.15	6.61	2.96	175	7196
2005	421.2	125.3	130.9	3.85	4.50	136	3711
2006	402.2	193.8	297.2	2.86	—	85	3712
2007	310.2	197.0	301.8	5.19	—	115	3697
2008	413.1	121.5	328.9	6.37	—	106	2650
2009	480.5	150.1	568.7	6.07	—	148	2767
2010	477.8	187.4	694.5	4.62	—	141	1332

第三节 产品销售

20 世纪 90 年代，昌江主要工业产品有铁矿石、水泥、水泥熟料、机制糖、橡胶制品 、纺织、发电等。全部工业产品生产实行市场经济调节，产量和销售值增长较快。1992 年，全部工业产品销售值达到 4.13 亿元，其中省属企业 3.64 亿元，县属企业 0.49 万元。1994 年，全部工业产品销售值达到 6.34 亿元、采掘业产品销售值达 4.12 亿元。1995 年后，采掘工业产品销售下滑，1996 年，销售产值仅 3.10 亿元。2003 年，全部工业产品销售值突破 10.25 亿元大关，2004 年起，采掘工业产品销售猛增，突破 10 亿元大关，达到 13.83 亿元。全部工业企业产品销售值翻一番，达到 20.93 亿元。其中，水泥工业产品销售值 3.16 亿元，制糖业产品销售值 1.41 亿元，其他产品销售值 2.53 亿元。2008 年，按统计口径，昌江规模以上工业企业产品销售值 39.2 亿元，其中国有企业工业产品销售值 6810 万元，集体企业工业产品销售值 1925 万元，有限责任公司工业产品销售产值 133932 万元，股份有限公司工业产品销售值 7876 万元，私营企业工业产品销售值 241039 万。2010 年，昌江规模以上工业企业工业产品销售值达 55.1 亿元，其中国有企业工业产品销售值 19892 万元，集体企业工业产品销售值 1910 万元，有限责任公司工业产品销售值 267906 万元，股份有限公司工业产品销售值 239257 万元，私营企业工业产品销售值 21881 万元。

1992—2000 年昌江县主要工业产品销售值一览表

表 5-2-2 单位：万元

年份 名称	1992	1993	1994	1995	1996	1997	1998	1999	2000
黑色金属矿采选业	27949	32178	41248	31865	31022	34763	36417	37522	37282
水泥业	4252	7629	7241	7349	5105	5651	9398	15395	20401
机制糖业	4426	6406	4870	6603	8812	11138	7320	6415	9211
电力、热力生产和供应业	41	220	190	187	144	1298	2352	2491	1403
纺织业	207	522	270	722	868	639	9580	585	926
橡胶制品业	—	—	—	—	—	—	1103	1111	1237

2001—2010 年昌江县主要工业产品销售值一览表

表 5-2-3 单位：万元

年份 名称	2001	2002	2003	2004	2005	2006	2007	2008	2009	2010
黑色金属矿采选业	30877	30794	38355	139093	171462	142895	—	275509	290168	290168
水泥业	23196	23602	29200	31637	35913	58524	—	74510	209504	209504
机制糖业	11782	10354	13246	14171	14342	8680	—	19823	21881	21881
电力、热力生产和供应业	1262	1195	1432	5862	8093	1984	—	7599	19892	19892
纺织业	1174	1480		1456	1077	1232	—	1925	1910	1910
橡胶制品业	1194	1236	1714	2181	2367	3684	—	5925	5830	5830

第四节 主要企业简介

一、华润水泥（昌江）有限公司

华润水泥（昌江）有限公司前身为国投海南昌江水泥有限公司，始建于 1995 年。位于昌江县循环经济工业园区内。1998 年 12 月 24 日，国投海南昌江水泥有限公司一期工程竣工投产，“海岛”牌旋窑水泥面市，改变了海南“旋窑水泥贵如油”的局面。1999—2000 年，“海岛”牌水泥连续两年荣获全省水泥销量第一，产品质量达标，企业稳居行业龙头。2002年实现工业总产值17071.7万元（现行价），工业销售产值17068.8万元（现行价），有职工413人。2003年，公司一方面给企业迅速输血，注入资金；另一方面针对企业面临的各种困境，在人力、生产、财务、销售等方面大力改革，建立科学的现代化企业管理制度，使企业迅速焕发生机和活力。公司生产连续两年产量突破100万吨大关，产品市场走俏。2004年年底，国投海南昌江水泥有限公司投资3亿元人民币的二期技术改造扩建工程投产。2005年公司生产水泥115万吨，实现利税5000万元。

2009年10月，国投海南昌江水泥有限公司重组，由华润集团注资52075万元并购国投海南昌江水泥有限公司，成为华润水泥控股有限公司旗下的控股子公司。主厂区建有三条窑外分解新型干法熟料生产线，分别是一条2000吨/天、一条2500吨/天、一条5000吨/天熟料线；昌江厂区配建有一条100万吨水泥和熟料生产线，年产水泥400万吨，年产熟料325万吨。

公司利用水泥生产线排放废热资源，配套建设纯低温余热发电机组，利用窑头窑尾排除废气进行发电。一期的发电机组设计能力为8兆瓦，二期的发电机组设计能力为12兆瓦，两台发电机组可实现年供电量1.20亿瓦时，相当于节煤4.85万吨，减少二氧化碳排放量13.86万吨，满足1/3的生产用量。公司生产的“海岛”牌水泥是省重点保护的名优品牌，主要有3种产品：分别是PO42.5R（水泥强度指标等级）、PO42.5低碱、PC（水泥强度指标等级）32.5水泥。“海岛牌”水泥质量稳定，被广泛用于省内国家和省重点工程项目。自投产以来一直位列海南工业50强。2003年7月，被国家环境保护总局授予“国家环境保护百佳工程”称号。

二、昌江华盛天涯水泥有限公司

昌江华盛天涯水泥有限公司是省内著名的现代化重点工业企业之一，坐落在县循环经济工业园区，主要从事水泥及商品熟料的生产和销售，是目前海南岛规模最大的水泥、熟料供应商。公司总投资3.45亿元，全厂占地面积18.5公顷。2003年12月，获国家批准并破土动工兴建，2005年6月，建成投产。2009年，建成矿石长胶带输送长廊一条长18千米。公司拥有3条日产5000吨和1条日产12000吨新型干法水泥熟料生产线，年水泥生产能力突破500万吨，入选中国水泥企业熟料产能50强。旗下“天涯”牌高等级水泥和商品熟料是公司的核心产品，被国家质量监督检验检疫总局批准为免检产品，广泛应用于省内重点建设项目。水泥熟料出口东南亚、澳大利亚地区及西班牙等国家。公司先后荣获“全国建材企业先进单位”“全国再就业工作先进单位”等光荣称号；先后被省人民政府授予“文明诚信企业”“节能攻坚优秀单位”“安全生产工作责任目标考核先进单位”称号。2010年年末，公司生产水泥熟料1014.9万吨。有员工500多人，技术人员25人，高级技术人员6人，中级技术人员19人。

三、南华昌江糖业有限责任公司

昌江糖业有限责任公司的前身是海南省昌江县地方国营昌江糖厂，位于石碌镇山竹沟村附近，工业用地面积25.5公顷，建筑面积38971.26平方米。1984年筹建，1985年3月建成投产，日榨蔗能力为1000吨，酒精生产能力为1200升/日。1991年，扩建生产能力为日处理甘蔗生产能力2000吨/日，酒精生产能力为2900升/日（1998年停产），经过逐年的技术改造及扩建，1993年9月步入国家统计局发布的“中国500家最大食品工业企业”的行业，按税利排序居第338名，被国家统计局认定为中型二档企业。

1994年后，昌江糖厂率先实行厂长承包法人制，改变经营方式，实行产权有偿经营，将法人代表、中层领导、工人按责任大小如期如数地向县国有资产局每年缴交目标风险抵押金250万元，做到从厂长到干部、职工人人有责任。1995年，实现工业产值3918万元（现行价），工业销售产值5235万元（现行价），有职工1007人。1996年跨1997年度榨季生产实现工业总产值4956.84万元，榨季利润1742.12万元，比上榨季增长1299.58万元。

1998年3月26日，昌江糖厂改制，产权转让给广西洋浦南华糖业集团股份有限公司，组建昌江糖业有限责任公司，成为一家民营企业。同年，实现工业产值64787万元（现行价），工业销售产值61936万元（现行价），有职工860人。2000年，公司投入资金16万元，进行水气污染治理，同年，实现工业产值11083.3万元，工业销售产值7974.9万元。2003年6月，进行扩建和技术改造，在原有生产能力的基础上扩建到生产能力平衡4000吨/日，成为海南省第一大甘蔗原料制糖企业，被国家列为轻工业中一型制糖企业。2006年，公司投入213万元，对锅炉冲灰水、汽轮机冷却水、工艺冷却水进行技术改造。2006年跨2007年度榨季生产工艺冷却水实现86.5%以上的循环使用，减少了污水的排放，年节约用水费开支49.15万元，减少污水排放总量及环保收费5.42万元，该环保项目获得国家专项治理返还资金23万元。2008年，公司工业总产值11526.0万元，销售产值13408.4万元。公司主要生产技术指标：产糖率均在13%左右，白砂糖一级品率均在90%以上，白砂糖的产品合格率达98.24%以上，甘蔗糖分总回收率品均在86%以上。产品通过ISO 9001：2000管理体系认证。产品畅销全国各地，出口日本、韩国等国。

截至2010年年底，昌江糖业有限责任公司，形成以甘蔗原料运输、起吊、压榨、煮炼、成品包装等全过程实现机械化生产线。有固定资产13476.13万元，企业在册员工536人，其中在岗员工 439 人，退休员工 71 人，内退、工伤、承包人员 26 人。

四、海胶集团昌江红林分公司

位于石碌镇东风路。2005 年 4 月海南橡胶红林分公司成立。2008 年 11 月，实行社企分开，社企分离，分公司从原海南省国有农场分离开始独立经营。2009 年 3 月，红林分公司与红田分公司重组。公司机构设有经理办公室、人力资源部、财务结算部、生产技术部、经营管理部、橡胶收购部、护林保胶等办公室。下辖 2 个收胶站，2 个生产作业片区，共 53 个生产队。

红林分公司以经营种植天然橡胶为主，现有土地面积 5946.7 公顷，其中：橡胶面积 5453.3 公顷、约 194.7 万株，其中已开割面积 4453.3 公顷、开割树 147.75 万株，中小苗面积 1000 公顷，47 万株，人工防护林面积 427.1 公顷，年均生产干胶 4000 多吨。红林分公司已有 50 多年的橡胶种植、管理、生产的历史，技术、经验非常丰富，长期以来注重利用高新技术，与海南大学儋州校区（原“两院”）及农垦科学院有良好的合作，利用最新的技术及管理经验，打造一流企业。

截至 2010 年，分公司在岗在册员工 1565 人，其中，管理人员 197 人，胶工 1131 人，生产辅助人员 157 人，林管工 60 人，其他人员 20 人。先后荣获国家、省（部）级表彰奖励 15 项，地、市（县）级各项奖励和荣誉称号达 200 多个。

五、昌江大风南华糖业有限责任公司

昌江大风南华糖业有限责任公司前身为地方国营昌江县大风糖厂。位于昌化镇大风村东侧，距县城石碌镇 44 千米，全厂占地面积 16.7 万平方米。1976 年建成投产，设计生产规模日榨甘蔗量 500 吨，采用亚硫酸制糖工艺。办厂初期连年亏损，直至 1983 年扭亏为盈，1986 年，完成工业产值达 1070 万元，生产一级白砂糖 9540 吨，工业酒精 11080 吨，有固定资产原值 887.8 万元。办厂至 1988 年共计上缴税利 15883.41 万元，相当于国家投资的 3 倍。1992 年进行扩建和技术改造，生产日榨能力从 500 吨提高到 1000 吨。1993 年 9 月，被国家统计局认定为中型二档企业。1995 年荣获中国企业最佳形象 AAA 级称号。下年，昌江大风糖厂投入资金 3000 万元，进行扩建和技术改造，由原来日处理甘蔗生产能力 500 吨提高到日处理甘蔗生产能力 1000 吨，生产日榨能力增加 1 倍。1995 年，实现工业产值 2473 万元（现行价），工业销售产值 1368 万元（现行价），有职工 792 人。

1997 年 6 月，大风糖厂委托给股份制民营企业运营，改名为海南昌江海红糖业有限公司，注入资金 1000 万元。1998 年，实现工业产值 42022 万元（现行价），工业销售产值 111268 万元（现行价）。2000 年，公司投入资金 90 万元，进行水汽污染治理。

1999年跨2000年度榨季生产白砂糖15079吨，实现工业产值6256.5万元（现行价），工业销售产值1236万元（现行价），有职工387人，创利润492万元。2003年8月，县委、县政府将大风糖业有限公司以3515万元整体拍卖改制，继由原海红糖业有限公司（原托营方）中标经营。2004年，公司投入300万元进行制糖工业废水等工程和技术改造，环境污染得到明显改善。2006年，公司投入213万元，对锅炉冲灰水、汽轮机冷却水、工艺冷却水进行技术改造，通过改造治理“三废”排放达标率提高到国家环保标准。

2007年12月，由广西洋浦南华糖业集团股份有限公司兼并，2008年6月更名为昌江大风南华糖业有限责任公司。

经1991年、2004年、2008年技改后，现设计生产规模为日榨蔗量1000吨。2010年，生产白砂糖14122.45吨，赤砂糖230.4吨，工业总产值7602.63万元，上缴税利909.58万元。有固定资产原值14459.1万元，固定资产净值10004.5万元，职工288人、专业技术人员27人，其中中级3人，主要产品有白砂糖、赤砂糖。

六、昌江鸿启实业有限公司叉河水泥分公司

海南昌江鸿启实业有限公司叉河水泥分公司的前身为海南叉河水泥厂，始建于1958年，是海南省水泥行业建厂最早的生产企业。厂区位于叉河镇，毗邻海南西线高速公路和粤海铁路，距海口市200千米，八所港约42千米，交通运输便利。

20世纪90年代初，海南省叉河水泥厂，不断进行技术改造，加强企业管理，企业效益持续稳产。1995年，职工年平均人数1340人，实现工业总产值5671万元（现行价），工业销售产值6050万元（现行价）。1998年，职工年平均人数1082人，工业总产值55898万元（现行价），实现工业销售产值53633万元（现行价）。

进入21世纪后，随着经济体制改革的不断深入，水泥市场竞争更加激烈。2002年，实现工业总产值3370.7万元（现行价），工业销售产值3332.2万元（现行价）。2004年后，叉河水泥厂由于生产设备陈旧，技术薄弱，受市场因素制约等原因，连年亏损，处于停厂状态。2005年11月，叉河水泥厂通过企业产权公开拍卖，由海南昌江鸿启实业有限公司叉河水泥分公司中拍。

改制后，公司筹资4.8亿元，加快技术改造，引进先进设备。2007年、2010年，淘汰高耗能的3条机立窑和1条中空干法窑生产线，建成年产200万吨水泥线。2007年、2008年连续两年被中国中轻产品质量保障中心评为“中国优质产品”，2008年获得海南省质量协会颁发的“海南省用户满意产品”荣誉称号，同年，公司通过ISO 9001：2000质量管理体系认证。2009年3月，建设第一条2500吨/天新型干法水泥生产线竣工投产，同时关停淘汰落后的立窑水泥生产线，实现了从立窑小水泥企业到新型干法旋

窑水泥企业的历史性跨越，是海南省三大水泥生产企业之一。同时，启动二线项目建设，于2010年11月建成投产。同年12月，年产9万瓦余热发电项目，正在动工建设。

截至2010年年底，公司资产总值8.5亿元，有两条2500吨/天熟料生产线，三条年水泥生产能力260万吨水泥磨生产线，形成年产260万吨的水泥生产规模。主导产品有“椰树”牌PO52.5（水泥强度指标等级）普通硅酸盐水泥、PO42.5（水泥强度指标等级）普通硅酸盐水泥和PC32.5（水泥强度指标等级）复合硅酸盐水泥。有员工578人，员工中大学学历22人、大专学历92人、中专学历110人。

七、司克嘉橡胶制品有限公司

位于石碌镇海钢矿区，占地面积4124平方米，1987年年底建成投产。注册资本为1500万元。该公司原冶金工业部定点生产制造各类磨矿机用耐磨橡胶衬板的专业厂家，拥有引进瑞典SKBGA（司克嘉）公司具有国际先进水平的全套磨矿机用耐磨橡胶衬板设计，并引进英国、瑞点、美国等国家制造的具有国际先进水平的生产设备和检测仪器，工艺装备好、测试手段完备和产品质量高的现代化专业厂家，并通过了ISO 9001：2000国际质量体系认证。

公司主要经营生产选矿磨机橡胶衬板及矿山设备；耐磨橡胶制品、橡胶垫、密封圈及来料加工及橡胶制品销售；轮胎翻新。1998年实现工业总产值859.7万元（现行价），工业销售产值1103.7万元（现行价），有职工170人。2000年实现工业总产值1067.9万元（现行价），工业销售产值1237万元（现行价）。公司主要经营生产选矿磨机橡胶衬板及矿山设备；耐磨橡胶制品、橡胶垫、密封圈及来料加工及橡胶制品销售；轮胎翻新。

2010年，公司耐磨橡胶衬板等系列产品已在全国26个省市区的1000多家黑色金属矿山、有色金属矿山、化工矿山和黄金矿山选、冶炼厂、钢铁厂、燃煤电厂（脱硫环保工程）、有色金属加工厂以及湿法水泥、陶瓷、化肥等企业中广泛应用，同时也为国内大型机械制造厂提供配套部件。产品已出口蒙古、澳大利亚、伊朗、缅甸、南非、赞比亚、秘鲁、马来西亚、新加坡等国家。曾被评为“海南省名牌产品”“海南省用户满意产品”“海南省用户满意企业”“海南省工业行业排头兵企业”。

八、海矿设备检修厂

汽车大修厂位于石碌镇人民北路197号，中国人民银行昌江支行正对面。1991年，继续为海南钢铁公司下属二级单位，下设办公室、生产安环室、经营室、质检室、机动室共5个职能科室和修理、锻铆焊、金工、小车等4个生产车间，另有维修公司、机动车辆检测站，高压胶管厂等3个对外经营机构。汽车大修厂占地面积75083平方米，建筑面积8253平方米。至2006年年底，有固定资产约1048.26万元，各种生产设备163台。在册职工73人，其中干部17人，女职工18人；各类工程技术人员21人其中工程师3人，助理工程师6人，技师12人；专业技术人员6人，其中助理政工师4人，助理经济师2人。

2007年1月，公司机构改革，汽车大修厂与设备检修厂和机动处二保厂3厂合并，成立新的设备检修厂，设备检修厂在原汽车大修厂的基础上成立了新的设备检修厂汽车修理车间。

九、农垦石碌水泥厂

位于石碌镇。原为广东省通什农垦石碌水泥厂，1988年建省后，更名为海南省农垦石碌水泥厂。农垦体制改革后，2010年4月，为海南省农垦总局管辖的直属副处级单位，5月后，由海南省农垦集团管理，土地面积27.7公顷，在岗职工240人。

1996年，进行扩建和技术改造，扩建2条机立窑水泥生产线，水泥产量从5万吨达到18万吨。2010年7月31日，实行国家产业政策调整，关停2条水泥机立窑生产线。同年生产水泥17.2万吨，销售水泥17万吨，盈利206万元。在岗职工240人。

农垦石碌水泥厂主要生产“石鹿牌”32.5R、42.5R（水泥强度指标等级）等级普通硅酸盐水泥。“石鹿牌”水泥具有“早期强度高、凝结快、色泽好、抗酸、抗碱、耐腐蚀、抗冲击、弹性系数大”的特点，以质量第一、价格合理、服务周到，赢得广大用户的信任和好评。1989年，被国家建材局评为水泥产品质量“全国计量先进单位”。同年，被海南省建设厅评为“质量优胜奖”。1990年，在水泥行业检查评比中，被海南省建设厅评为“标兵企业”（金杯奖）。1991年，被海南省建材局评为水泥质量管理工作“先进单位”，农垦首届产品展销会上，“石鹿牌”水泥获“金鼎杯”奖。1992年1月，全国水泥企业产品质量行业检查工作研讨会及表彰会在海南省农垦石碌水泥厂隆重召开，会上总结和表彰了先进单位，被评为全国水泥企业产品质量行业检查评比“优胜企业”，受到表彰，是海南建材史上零的突破。1992—1996年连续5年被海南省工业厅评为水泥质量管理“标兵企业”。1997—2000年连续4年被海南省工业厅评为产品质量管理工作“先进单位”，1998年9月，在全国第六次水泥化学分析大对比中，经国家水泥质量监督检测中心验证，获得“全合格单位”。2002年4月，被中国建筑材料企业管理协会授予“2002年产品质量信得过单位”称号；6月，“石鹿牌”水泥为海南省消费者委员会推荐商品。1993—2010年，连续17年获得国家产品质量认证证书。

第三章 园区工业·乡镇企业

第一节 管理机构

一、县工业开发区管理委员会

2004年8月31日，为加快海南工业经济步伐，推动昌江工业可持续发展，省委、省政府《关于加快海南省新开工业发展的指导意见》决定设立昌江循环经济工业园区。2005年3月，从县工业开发办公室分离，单设昌江工业开发区管理委员会，定编为县政府派驻机构，正科级事业单位。编制6人，设主任1人、副主任2人。其职能是负责循环经济工业园区的规划，基础设施建设、土地开发和储备，招商工业基金融资、管理、服务、协调、监督等工作。2010年，工业开发区管理委员会内设有办公室等股室，配有正主任1名，副主任2名，有干部职工若干人。

二、县乡镇企业管理局

1991年，县设乡镇企业管理局，是县政府管理全县乡（镇）企业工作的部门管理机构，担负全县乡（镇）企业的管理、规划、指导、监督、服务、协调等职责。1996年，乡镇企业管理局与热作局合并，同年，乡镇企业管理局与热作局分设。2008年6月，成立县工业经济与信产业局，乡镇企业管理局挂靠工业经济与信产业局，其职能不变。

三、乡（镇）企业办公室

1991年，乡（镇）设有企业办公室和农公商公司负责对乡（镇）企业实行具体领导和管理。1994年，乡（镇）企业办和农工商公司进改革，实行政企分开，各乡镇指派一名副乡（镇）长主管企业，加强乡（镇）企业的领导，并配齐乡（镇）企业办和农工商公司工作人员。中共十六大以后，随着经济体制的调整，乡（镇）企业办和农工商公司随之解体。

第二节 园区规划与基础建设

一、规 划

2004年，设立昌江循环经济工业区。2006年，按照省发改厅的要求，昌江县政府，做好工业园区的规划和产业规划，由海南中元市政工程设计有限公司对工业区进行了编制详细的规划，并上报国务院。2007年12月，经国务院批准同意，由国家发改委、环保总局、科技部、财政部、商务部、国家统计局确定为全国第二批国家循环经济示范试点，昌江循环经济工业园区是海南省唯一的国家级循环经济示范区。

昌江循环经济工业园区规划区域：东自昌江火车站、西至环岛西线高速公路，南起昌化江北岸、北抵昌江大道。园区分叉河园区和太坡园区两个园区。太坡园区：东起昌江火车站、鹅毛岭变电站西200米处，南自太坡水库（二坝）、北抵昂变村南则，建设用地总面积2.27平方千米。主要发展包装、高新技术、果品保鲜和农产品加工等无污染项目。叉河园区：东起海钢建设用地西侧、西至环岛西线高速公路西100米处，南自昌化江北水头新村，建设用地总面积55.20平方千米。主要发展矿石采掘、冶炼深加工、水泥建材、新型墙体材料、橡胶制品等产业。

二、基础设施建设

2005年起，昌江不断加快循环工业园区的基础设施建设，逐年改善投资环境。2006年，扩建改造和新建园区内石霸公路16千米，新建成6.5千米工业大道和矿建西路的水尾路段。2009年，完成5.53千米的工业大道和西线高速叉河出口路立交桥、叉河园区3千米二纵路和623米发展一纵路建设，完成太坡园区728米工业五路建设。至2010年年底，园区内220千伏鹅毛岭变电站建成，太坡110千伏变电站和叉河220千伏变电站正在建设。燃气管道已投入运行，为钴铜冶炼厂、金林橡胶加工厂提供工业生产用气。叉河供水工程和污水处理厂工程已开展前期工作。工业园区基础设施逐渐改善。

第三节 乡（镇）企业发展概况

20世纪90年代后，政府重视发展乡（镇）企业，省、县都拨给一定的资金，以扶持乡（镇）企业的发展。乡（镇）企业贯彻“走出去、引进来”的方针，搞好外引内联工作，集体、个体、联合体多种经营形式并举，以市场为依托和本地资源矿、石料、水果、橡胶、剑麻、食品加工等优势为基础，发展有一定技术含量、附加值的企业项目。1991 年 4 月，县乡镇企业局与红田农场联营在海尾港建设一座新型冷冻冰厂——海红冰厂，总投资 160 万元，日产旱冰 20 吨，11 月份投产后的 3 个月共生产冰块 120 吨。1992 年，四川客商独资兴办昌江汇通芒果场；海口客商与县农业银行合资兴办昌江鸿昌公司，开发商品房；乌烈镇政府在省财税厅的支持下，在太坡金三角开发区内兴建乌烈食品厂，总投资 109 万元，年加工优质大米 20 万千克、榨纯食花生油 30 万千克。

1994 年后，昌江乡（镇）企业坚持“积极扶持，合理规划，正确引导，加强管理”的方针，乡镇企业开始进行体制改革，企业内部实行政企分开和厂长经理集体承包责任制，给企业自主，企业有了长足的发展。1995 年，企业总数增至 1250 个，从业人员 7311 人，总产值 13054 万元，利润 1180 万元，上缴税金 185 万元。“八五”期间，对老企业进行技术改造项目 6 个，总投资 573.5 万元，企业立项建改项目 22 个，总投资 573.5 万元，招商引资 3 个，投入资金 3932 万元。

随着社会主义市场经济体制的逐步建立，对乡（镇）企业进行产权制度改革，实现资本优化配置的同时，对企业进行从市场需求出发，调整产业和产品结构，发展适销对路的产品。在市场竞争中，有些个体、私营粗放型小企业退出市场，有些企业在市场竞争中崛起。1997 年，乡（镇）企业达 1256 个，总产值突破 1 亿元大关，达 1.51 亿元，上缴税金 275 万元。

2000 年后，建筑装饰业的兴起，联营、个体石材、铝型材等新型装饰材料企业得到快速发展。2005 年，昌江宏伟淀粉有限公司建成投产，日榨木薯 400 吨，日产淀粉 80~100 吨。2007 年，昌江浦兴公司冷库动工建设。2008 年，全县有乡（镇）企业 57 个（不含工商户），从业人员年末数 687 人，完总产值 6359 万元，利润总额 637 万元，上缴税金 183 万元。其中，集体企业 29 个，从业人员年末 361 人，总产值 3274 万元，利润总额 329 万元，上缴税金 96 万元；私人企业 28 个，从业人员年末 326 人，总产值 3085 万元，利润总额 308 万元，上缴税金 87 万元。全年出口产品交货值 450 万元，与上年同期比增 2.0%。2009 年，全县乡（镇）企业 13 个（不含工商户），从业人员年末 687 人，总产值 6359 万元，利润总额 637 万元，上缴税金 183 万元。

2010 年，有乡（镇）企业 13 个（不含工商户），其中农业 5 个，工业（制造）8 个，从业人员 528 人，营业收入 11897 万元，实现利润 702 万元，上缴税金 76 万元。

1991—2010 年昌江乡（镇）企业经济效益情况一览表

表 5-3-1 单位：万元

年份	营业收入	总利润	上缴税金
1991	2790	271	109
1992	3786	435	146
1993	1671	286	124
1994	10110	500	128
1995	13054	1180	185
1996	14020	1268	225
1998	5158	695	245
1999	3638	1681	182
2000	3764	1745	187
2001	2794	1815	785
2002	4570	2173	785
2003	17168	2282	884
2005	20784	2776	1012
2006	20967	2825	1032
2007	25166	2938	1042
2008	26038	—	1075
2009	15467	—	336
2010	11897	702	76

第四节 乡（镇）企业门类

一、农 业

1988 年海南建省后，昌江县乡（镇）企业的发展逐步走上农业、林业、牧业、渔业发展经营的道路。1993 年，乡（镇）农业企业 36 个，其中乡办 22 个、村办 14 个，从业人数 1432 人，营业收入 8113 万元。20 世纪 90 年代中期，乡镇企业局立足全县优势资源和自然条件的特点，主要从土地资源开发热带经济作物生产基地、农副产品深加工；海洋资源开发海洋捕捞、海水养殖、海产品等立项。1995 年，海南瑞丰公司投资 2000 万元在叉河镇创办 1 个水果基地和国家扶贫办投资 1500 万元在十月田镇创办芒果基地，热带水果基地崛起。至 1997 年，引进内联企业 6 个，投入资金 432 万元，开发种植热带水果。年底，集体农业企业个数25个，从业人员1100人，营业收入8940万元，利润710万元。

20世纪90年代末至21世纪初，农业产业优化结构，农业企业逐渐全面发展，尤其是海水养殖（对虾）、深海抗风网箱养殖、苗圃、花卉、橡胶、大棚农作物等种植企业初具规模。如全农开发有限公司在十月田镇种植热带高效农作产品，产品有香水菠萝、台湾木瓜销往日本及中国台湾等国家地区。2008年，有农业企业35个，从业人数209人，总产值3356万元，利润总额336万元，上缴税金97万元。2009年，有农业企业5个，总产值2041万元，利润总额163万元，上缴税金3万元。2010年，农业企业个数5个，从业人数209人，总产值1215万元，利润总额177万元，上缴税金695万元。

二、工 业

20世纪90年代初，昌江县乡（镇）工业企业大部分由个人承包经营，且规模较小，技术含量低，生产工艺落后，利润微薄。1991年，乡（镇）工业企业106个，实现工业总产值627万元（1990年不变价）。1993年，乡（镇）工业企业148个，其中乡办37个，村办3个，合办52个，个体办56个，从业人数1763人。实现工业产值2412万元，上缴税金124万元。1995年后，乡（镇）工业企业逐渐得到发展，采矿、食品加工、木材加工、造纸、印刷、机电维修、铝合金门窗制造等行业迅速兴起。1995年，石碌镇投入100万元创办纸箱；县企业局供销公司投入90万元扩建肥料厂和建材石料厂投入15万元新增生产线。

1997年起，随着市场经济体制的深入改革，产品竞争日趋激烈，个体、联合体，私营工业企业由于管理不善，产品质量不稳定，原材料紧缺，有些企业关闭停产。2000年，乡（镇）工业企业主要生产品大米9180吨，食用植物油125吨，砖1420万块，黄金487克。全年实现工业总产值2780万元，上缴税金263万元。2003年后，在提升传统产业的同时，加大招商力度，新上一批民营、个体工业企业，如昌江弘怡建材公司、昌江恒宇沙砖厂、昌江得龙刨花板厂、昌江宏昌环保建材厂等陆续投产。形成新型建材、农产品加工等较为优势的产品，工业企业的发展，促进了城乡经济的繁荣，市场的活跃。2008年，有工业企业18个，从业人员268人，完成产值2757万元，利润总额270万元，上缴税金79万元。2010年，乡（镇）工业企业7个，从业人员319人，实现工业总产值10681万元，实现利润总额525万元，上缴税金65万元。

二、建筑业

20世纪90年代初，昌江县、乡（镇）、村有建筑队，各建筑企业都独自承揽工程。1991年，有建筑企业37个，从业人数685人，完成产值487.8万元。此后建筑工程趋向高、多层方向发展。1994年，乡（镇）建筑企业个数46个，其中乡办15个，联户25个，个体6个，从业人数685人，完成产值1357万元。1996年，乡（镇）建筑企业个数56个，其中乡办14个，联户39个，从业人数1361人，完成产值1588万元。随着经济建设的快速发展，城乡基础设施建设规模的不断扩大，私有住房和商品房的开发，建筑装饰业的兴起，给建筑业注入了生机，特别是从20世纪90年代后期至21世纪初，联营、个体的建筑、装修队随之增多，建筑工程质量逐步提高，施工基本实现机械化，建筑业劳务成为部分城乡居民致富的途径。

三、交通运输业

20世纪90年代后，乡（镇）交通运输持续稳步发展。1993年，全县有各类交通运输企业382个，其中乡办1个、个体381个，拥有各种运输车辆860辆，其中载客汽车141辆，客位3282个，普通载货车682辆，吨位2967吨；手扶拖拉机及胶轮拖拉机209辆，摩托车1475辆。从业人数497人，营业收入635万元。1995年，有各类交通运输企业个数221个，其中乡办1个，联办9个，个体211个，从业人员458人，总产值897万元。1992—1997年，乡（镇）交通运输企业总产值年平均递增18.2%，个体拥有各种机动运输车辆（不含胎式拖拉机、摩托车，下同）年平均递增48.9 %，其中载客汽车年平均递增20.8%。

21世纪初，农业、工业和社会各项事业发展再次驰入快车道，工农业原材料及产品和城乡市场商品需求量大增。尤其是采矿业和绿色农产品“冬季瓜菜”“热带水果”等农产品运输出岛销往全国各地，给运输业注入了生机，联营、个体运输业逐渐增多。2001年起，相继有六龙、明珠、金龙等公司从事城乡公路交通客运和出租运营。2010年，全县拥有各种运输机动车辆3731辆，其中载客汽车187辆，客位3597个，普通载货车3608辆，吨位5965吨。

四、商贸饮食服务业

20世纪90年代起，城乡商贸饮食服务业繁荣，行业种类繁多，门类齐全。1991年，有乡（镇）商贸饮食服务点533个，从业人数785人，完成产值590.4万元。1993年，有乡（镇）商贸批发饮食服务点773个，其中乡办9个、个体486个，从业人数1887人，完成产值1915万元，营业收入3695万元。其中个体完成产值1034万元，营业收入3010万元。20世纪90年代中期开始，商贸业呈现多种经济成分共同发展的新格局，新的商业组织形式如仓储、自选超市商场、商店连锁经营店、批发、宾馆、家用电器、手机、摩托车、茶艺棋牌等行业发展迅猛。1998年，有乡（镇）商贸零售批发饮食服务点1290个，从业人数2916人。乡（镇）社会商品销售总额6836万元。2005年，有乡（镇）

商贸零售批发饮食服务点2613个，从业人数4505人。乡（镇）社会商品销售总额6884万元。2010年，全县乡（镇）商贸零售批发饮食服务点2875个，从业人数5742人，社会商品销售总额7689万元。

五、其 他

1991年，全县乡（镇）有铁门窗制造企业2家，年生产铁门窗1.3万余件。有木材加工厂3家，年加工木材675立方米。1992年，石碌镇农械厂铁门窗制造业完成工业总产值21万元，销售产值21万元，有职工29人。乡（镇）企业体制不断改革，乡（镇）铁门窗制造、木材加工（锯木）企业相继实行承包，城乡个体铁门窗制造逐年增加，木材加工（锯木）业由于政府实行封山育林，禁止林木砍伐，木材加工（锯木）逐渐关停。1996年，全县有乡（镇）和个体铁门窗制造业15家。20世纪90年代末期，建筑住宅装饰不断改进，铁门窗逐渐被淘汰，铝合金门窗取代了铁门窗。至2010年年末，全县城乡个体铝合金门窗制造业20余家，年总产值200余万元。

六、主要民营企业简介

海南昌江剑麻综合加工厂 1984年，经海南黎族苗族自治州政府批准筹建，1985年，由十月田镇农工商公司与广东徐闻县一个体户联营兴建，厂房占地面积为33.34公顷（含晒加工鲜麻场地）。1986年投产，以黄麻为原料，生产10厘米 ×74厘米和52厘米 ×37厘米麻袋。20世纪90年代初，转产剑麻绳和麻绒。1994年，产品滞销，企业面临困境，企业向农行贷款100万元，恢复生产。1998年，从业人数286人，实现工业产值958万元，产品销售收入9430万元，销售利润2712万元，固定资产原值1168.2万元。2005年，完成工业产值1464万元，产品销售收入1077.3万元，利润876万元。

2010年末，有剑麻种植基地有866.67公顷，年可收割566.67公顷。主要生产设备有切割机、抛光机械等，拥有各种运输车辆38辆，有1间单班日产处理剑麻鲜叶片150吨的剑麻纤维加工厂，加工产品机械齐全。生产品有剑麻、剑麻抛光布、剑麻纱、剑麻条和直径6~24毫米的剑麻绳，单班年产能力1000吨，能纺织0.4支~0.8支剑麻纱，单班年产能力为300~1200吨，织布机单班年产能力为2000吨。年均从业人数83人，年实现工业产值2044万元，产品销售产值1910万元，利税123万元，固定资产170万元。产品主要销往国内广东等地，出口远销俄罗斯及欧美与东南亚国家和地区，产品销售供不应求。

海南海顺实业开发有限公司 海南海顺实业开发有限公司是民营企业，2003年3月登记注册，注册资本2100万元，前身是昌江海顺实业开发有限公司。

公司总部设在石碌镇南钢路4号，公司旗下全资控股昌江宏远水业有限公司、海南琼中海源水电开发有限公司，参股海南中力实业贸易有限公司、海南昌江长江村镇银行、海南澄迈长江村镇银行、海南儋州新岩建材有限公司等。公司从事矿山工程开采、爆破工程、建筑工程施工、汽车运输及工程咨询和建材销售，参与房地产开发、城区居民供水等行业。具有矿山工程总承包二级和建筑工程总承包三级资质，公司持有营业性爆破作业许可证（四级）和公路运输资格证。

截至 2010 年年末，公司先后承建工程项目达 250 多项。较大项目有海南矿业股份有限公司北一矿区采掘，南矿区扩帮、采掘、正美山矿区采掘，枫树下采场开拓运输；海南矿业股份有限公司铁路大修工程、矿山防洪、维筒工程施工程、南矿挂帮矿开采矿石回采工程（地下开采）、地采主副井工业场地电缆桥架、候罐室、车场轨道、排洪箱涵、厂区道路、沉淀池、给排水等；昌江县生态街改造、人民北路改造、东风路延长段工程、“三所一队”场平挡墙工程和供水管网改造、石碌镇河北水厂扩建、石碌水库取水泵站改建、二场泵站改建、钢厂泵站改建、海矿新选二车间供水管道等项目。

公司拥有阿特拉斯矿山钻机、小松挖掘机、装载机、日产矿用汽车和东风自卸汽车、压路机、刮路机、凿岩台车、井下专用运矿汽车、空压机等矿山工程机械设备 80 多台套以及配套的设备维修车间；公司的制水、供水、检测等生产过程基本实现自动化，拥有城镇供水管网施工、维护机械设备等 40 多台（套）。公司固定总资产达 3 亿多元。有员工 300 多人，其中中共党员 46 人。拥有高级职称人才 10 人、中级职称人才 25 人、初级职称人才 42 人，有一、二级建造师 12 人，工程爆破作业人员 25 人，公司还拥有一批技术力量过硬的各专业操作中级工队伍。

2000—2002 年度公司先后获省政府“非公有制就业先进企业”；2005—2010 年，公司连续 6 年荣获省级“诚信纳税先进企业”称号。

第四章 海南铁矿

第一节 海南铁矿发展建设

一、矿山发展

1991年后，海南铁矿三期扩建工程项目建成投产，形成年综合生产能力460万吨的规模。“八五”期间，完成采剥总量7223.4万吨，铁矿石1903.8万吨，为国家输出商品铁矿石1433.2万吨，完成工业总产值160862.4万元（现行价），实现利税24291.4万元。采剥总量平均每年1444.7万吨，采出原矿平均380万吨，按比控在2.05~2.6吨以内。1991—1993年连续名列中国黑色金属采选业最佳经济效率企业第一名，1992年、1995年分别入选“国有企业500强”。

1995年，海南铁矿首次出现亏损。亏损主要原因是经营管理滞后和税赋过重。国家实行宏观调控，钢铁企业限产压库，矿石需求减少，加上进口矿石冲击，粉矿严重滞销，铁矿石单位成本直线上升，使企业陷入亏损的困境。

1996—1999年，海南钢铁公司深化企业改革，学邯钢，降成本，开展生产经营责任制，实施工效工资挂钩全员风险抵押考核和减员增效，采取鼓励职工辞职、调动、停薪留职等一系列措施。与此同时，从计划经济进一步走向市场经济，参与竞争，从转变观念入手，变“坐商”为“行商”，充实营销队伍，及时调整营销策略，稳住老客户，开辟新市场，粉矿用户从原来武钢1家，增加上钢一厂、梅山、马鞍山、柳钢、涟钢等6家。铁矿石年产销量从1996年的211万吨，增加至1998年的266万吨。1998年，粉矿销量36万吨。1996—1998年基本实现同年货运款同年回收。3年输出成品矿量720万吨，亏损逐年下降。

至1998年年底，海南钢铁公司在册职工8912人，比上年年末减少2003人，减员幅度18%，比1995年年末减少3065人，3年年均减员1000人。公司机构由1995年的63个调整为43个，其中机关机构由原来的26个减至15个，机关工作人员由原来1031人减少至470人。通过分离辅助，有1700人不再吃铁矿大锅饭。

2003年6月后，受内需拉动，国内各钢厂矿石需求量大幅度增加，矿石市场供不应求，价格不断上涨，海南钢铁公司控亏扭亏，摆脱困境，连续8年亏损得到扭转。同年矿石销售量和销售收入创下近10年来的新高。2003年年末与2000年年初相比，企业资产负债率由78.1%降低到65.3%，应收账款余额减少22723万元。2004年开始，海南钢铁公司矿石销售快速增长，利润逐年上升，并屡创历史新高。截至2005年，资产总值16.2亿元，总销售量1.17亿吨，上缴税利30多亿元。

2007年9月，海南矿业联合有限公司正式运营后，生产经营平稳正常，各项工作开展顺利。2008年，完成选矿厂新选车间进行调试和工艺攻关；尾矿回收工业试验，并通过海南省科技厅验收；200万吨新贫矿选矿厂建设开展选矿研究试验，取得阶段性成果。全年完成生产铁精粉36.07万吨，实现销售收入3.78亿元。2009年上半年，海南矿业股份有限公司经济效益综合指数在冶金行业排名第二，其中成本费利润排名第一，总资产贡献率排名第二。2008—2009年，海南矿业股份有限公司连续两年利润等各项经营指标创历史新高，老海钢50年共实现利税39亿元，海南矿业股份有限公司成立仅2年实现净利润和缴税费25.98亿元。2009年，被评为全国钢铁工业先进集体、全国“安康杯”竞赛优胜企业、海南省工业经济发展十大功勋企业。2010年，实现营业收入24.81亿元，上缴税利8.32亿元。获评海南省年度纳税信用等级A级企业。

截至2010年年末，海南矿业股份有限公司先后开拓、技改工程56项，投入资金113393.3万元。其中，1991—1995年，公司完成投资38573万元，其中维简费20055万元，维简补助费4982万元，自筹资金13626万元（含35万吨钢铁厂的前期工程8882万元）。1996—1999年，公司完成投资22314万元，其中维简资金19346万元、自筹资金2968万元。2000—2004年，公司完成投资18039万元，其中维简资金12935万元、自筹资金5104万元。2005—2008年，公司安排维简资金34467.3万元。

二、重点工程建设

1991—2010年，海南矿业股份有限公司（海南钢铁公司）先后完成矿山重点建设工程5个。

钴铜冶炼项目建设工程。1998年10月，海南钢铁公司钴铜冶炼项目经省发展计划厅批准建设，2003年开工建设，2007年6月，钴铜冶炼项目主体工程建成，正式投入试生产。至2007年12月底，项目总投资33205.62万元。

尾矿回收项目建设工程。2006年1月，海南钢铁公司与赣州金环磁选设备有限公司签订了《应用elon—2500强磁—离心分离新技术从海钢选厂微细粒级尾矿中回收铁金属资源》的工业合同，开始了尾矿回收厂系统建设，共同探索微细粒级赤铁矿选矿新工艺。尾矿回收系统年设计回收铁精矿3.6万吨/年。项目占地面积40000平方米，包括选矿和浓缩过滤系统，精矿仓储系统。2006年4月开始安装建设，采用“磁选—重选”联合流程，2007年3月开始生产调试和进行工艺改造。整个项目投资3500万元，项目获得2009年省科学技术进步奖一等奖。2010年年末，安装尾矿回收系统设备正在进行中。

地下开采项目建设工程。2007年，地下开采建设项目获国家发改委审批，建设周期为5年，中冶北方工程技术有限公司设计单位。2009年12月31日开工建设，项目总投资212990万元，资金来源企业自筹，设计指标采剥（采掘）总量540万吨，原矿产量480万吨，采出品位40.26%，服务年限27年。

110万吨/年铁矿选矿扩建工程。2005年，为扩大矿石处理能力，创造更好的经济效益和安排就业，公司委托中冶长天国际工程有限公司进行项目设计。工程设计的建设规模为年处理原矿110万吨。其中高硫矿20万吨/年、贫矿47万吨/年、杂矿3万吨/年、富粉矿量40万吨/年。产品为铁精矿，年产品位为64.5%的铁精矿61.71万吨。工程计划投资额为17418.28万元。

项目施工分为两个标段，第一标段的施工单位为中国第六冶金建设公司，第二标段的施工单位为十一冶金建设有限公司。5月5日开工建设，项目建设主要有：主厂房、精矿浓缩过滤间、精矿仓、磨矿仓、中间仓库、中细碎间、筛分间、2号、3号转运站、锅炉房、低压配电室、回水泵房、回水池、尾矿泵房、中矿浓缩池、尾矿浓缩池及配套的辅助生产项目、公用工程项目、服务型工程项目。2006年11月30日竣工。

新建贫矿选矿厂项目。2010年，获得省工信厅正式批准立项。公司委托鞍钢集团矿业设计研究院进行可行性研究、初步设计、施工图设计等设计工作。

选矿厂设计规模年处理原矿400万吨，其中，一期年处理原矿200万吨，二期年处理原矿200万吨，后期主要处理地采矿石。设计指标为：一期原矿处理量200万吨/年，达产年铁精矿产量80万吨/年，原矿品位40.00%，精矿品位63.55%，尾矿品位24.30%，铁金属回收率63.55%，选矿比2.5倍，精矿水分<10%，环水利用率94.28%。选矿厂磨选流程为“原矿磨矿—弱磁—强磁—离心机重选—离尾再磨—弱磁—强磁—离心机重选”流程。

项目投入总资金58289.51万元，建设投资53260.51万元，可年产铁品位63.55%的铁精矿80万吨。铁精矿加工费242.53元/吨，铁精矿成本342.49元/吨，达产年税后年利润10644万元，项目投资回收期5.37年（税后），项目资本金投资回收期4.27年（税后），同时可解决197人就业。

200万吨贫矿选厂破碎、球磨、旋流器分级、强磁、重选、浓缩等工艺选用了21世纪初国内赤铁矿选矿最为先进的设备，选厂设计单位鞍钢集团矿业设计研究院也是国内赤铁矿选厂设计经验最为丰富的设计院。选厂选用的“磁—重”流程也是21世纪初国内先进的赤铁矿选矿工艺，极为清洁、环保，工艺过程稳定。至2010年年末，项目还在建设中。

三、企业重组改制

2003年开始，海南钢铁公司根据省委、省政府的统一部署，在省国资委的直接指导下，按照“以存量换增量，以增量促发展”和“大企业进入，大项目带动”的工作思路，与国内多家有实力的企业集团重组改制洽谈。最后经省委、省政府批准，选定上海复兴高科技（集团）有限公司作为参与海钢重组改制的合作伙伴，2007年6月5日，双方签订《关于海南钢铁公司重组改制的框架协议书》。8月15日，上海复兴高科技（集团）有限公司与海南钢铁公司签订《海南矿业联合有限公司合资经营合同》，成立海南矿业股份有限公司，当天在海口召开海南矿业股份有限公司首届一次股东会、第一届董事会第一次会议、第一届监事会第一次会议，确定新公司的法人治理结构。9月6日，海南矿业股份有限公司正式揭牌成立。

四、社会职能移交

2007年，海南钢铁公司争取省政府、上级有关部门及地方政府的大力支持，加快社会职能移交工作。3月，由省国资委牵头，昌江县政府和海南钢铁公司三方共同成立海南钢铁公司社会职能移交工作领导小组，正式开始分离海南钢铁公司社会职能工作。8月31日，顺利完成海南钢铁公司子弟学校、职工医院和矿区公安处整体移交昌江县政府管理。

在进行重组改制的同时，海南矿业股份有限公司继续推进辅业改制，先后顺利完成海钢海口分公司、昌江水业有限公司、冶矿联合公司分离、改制工作。2007年年底，海钢电视台微波发射、有线电视网络资产及微波发射、线路维修组的13名职工移交中国有线海南分公司（海南文投）；陵水和盛实业有限公司资产整体划拨给海南金城资产管理公司管理。

第二节 矿山开采

海南矿业股份有限公司矿区面积11平方千米，分为北一、南矿、枫树下、保秀和正美大英山5个矿区。原生铁矿38个，坡积铁矿6个。表内外储量31437.1万吨，其中工业储量28270.9万吨，远景储量3166.2万吨，平均地质品位51.15%。

1991—2010年，海南矿业股份有限公司采场为露天采场。露天采场主要对北一采场、南矿采场、枫树下采场以及枫树顶、石灰沟、正美山、北西坡积矿等矿体进行不同程度的开采。

一、北一采场

1991—1993年，按设计北一采场开拓运输划分为上部水平（460~412米）、中部水平（400~240米）、深部水平（240~0米）。1994年，采场正式进入深凹露天开采，2005年，进入168米封闭圈以下生产。2009年12月，地采工程开始施工。

二、南矿采场

1991—1997年开采，1998年停止生产，已结束448米、436米、424米、412米 、400米、388米、377米、366米、355米 、344米、333米层面，正在开采的有322米、311米。2004年5月，南矿恢复生产。

三、枫树下采场

1993年停止生产，1993—2006年由服务公司捡矿大队开采，年产铁原矿石约20万吨，同年停止生产。

四、正美山采场

正美山采场属于小矿体开采，2005年进行前期开拓，先后对红北、红西、红东、正三、正四、正八采场进行生产。

截至2010年年末，海南矿业股份有限公司分别累计生产采剥总量28321.85万吨，年平均1490.62万吨，剥离量20303.16万吨，年平均1068.58万吨，销售铁矿石5706.12万吨（含平规矿14.61万吨，重晶矿393.44万吨）。其中，2007年公司改制重组，实行积极预算考核和精细化管理，企业的生产经营指标不断刷新，矿山生产进入快车道。2007—2010年采剥量4734.59万吨，年平均1183.64万吨，剥离量2951.72万吨，年平均7379.3万吨。销售铁矿石1275.05万吨（含重晶矿39.34万吨），年平均销售318.76吨。年销售铁矿石平炉矿、高炉低硫矿、高炉高硫矿 、粉矿质量均在54% ~56% ，铁精矿均在56% ~63%。

1991—2010年海南矿业股份有限公司矿山开采计划完成一览表

表5-4-1 单位：万吨

名称 年份	采剥总量	剥离量
1991	1409.97	1032.65
1992	1416.88	980.39
1993	1466.95	1077.63
1994	1413.76	1025.50
1995	1515.87	1203.48
1996	1616.49	1301.38
1997	1521.47	1140.19
1998	1537.18	1138.11
1999	1505.50	1112.00
2000	1475.91	1057.91
1996	1616.49	1301.38
1997	1521.47	1140.19
1998	1537.18	1138.11
1999	1505.50	1112.00
2000	1475.91	1057.91
2001	1325.80	958.00
2002	1225.00	828.00
2003	1225.00	827.00
2004	1767.89	1317.69
2005	1731.95	1320.23
2006	1431.61	1031.25
2007	1238.88	787.35
2008	1202.23	784.30
2009	1133.95	667.98
2010	1159.53	712.09

1991—2010 年海南矿业股份有限公司销售铁矿石矿量一览表

表 5-4-2

年份	平炉矿（万吨）	高炉低硫矿（万吨）	高炉高硫矿（万吨）	粉矿（万吨）	铁精矿（万吨）	合计（万吨）	备注
1991	36.3473	221.2743	—	39.68	10.65	307.95	
1992	27.5403	228.4902	—	48.95	14.34	319.32	
1993	30.96	231.81	—	39.26	8.79	310.81	
1994	24.82	231.45	—	16.89	7.96	281.12	平规矿
1995	14.56	175.62	—	15.76	8.23	214.17	5.44
1996	7.19	195.82	—	7.99	—	211.01	3.75
1997	4.59	218.78	—	19.59	—	242.97	5.41
1998	1.91	228.14	—	36.08	—	266.13	
1999	0.59	231.07	—	50.59	0.56	282.81	
2000	0.98	227.23	—	54.43	0.51	283.15	
2001	—	184.63	—	45.48	—	230.11	
2002	0.87	194.32	—	31.21	6.68	233.08	
2003	1.02	215.23	—	55.57	13.64	285.46	重晶矿
2004	0.06	242.65	—	89.80	19.84	352.35	17.77
2005	—	171.10	56.17	56.59	21.78	305.65	8.87
2006	—	150.65	58.31	38.25	27.07	274.27	2.62
2007	—	131.42	94.79	43.73	33.16	303.09	4.11
2008	—	163.98	32.89	35.34	46.78	278.99	5.00
2009	—	195.24	51.19	41.52	48.64	336.59	9.79
2010	—	163.89	70.76	55.17	56.47	346.29	

第三节　开采运输

1991—2010 年，电机车担负铁矿石及大部分剥离运输任务。采场汽车运输是海南矿业股份有限公司矿辅助运输系统，担负北一采场边坡及西北角、枫树下、南矿的矿岩运输任务。北一、枫树下、南矿等采场进入深凹露天开采以后，采场运输方式以汽车运输为主，电机车转运为辅。

汽车运输车间是负责汽车运输的生产单位（以下简称汽运车间），是采矿部属下的三级单位。1995年以前车间办公室地址枫树下修理房，1996年12月，枫树下修理房车位的高度和宽度难于满足TEREX3307自卸汽车尺寸的需要，再次迁移到距离修理房200多米的新厂房。

在北一采场进入168米封闭圈以下生产后，矿山开始采用公路—铁路联合开拓，采场内矿岩由汽车运输，倒装台矿岩由电机车运输。北一采场、南矿采场、枫树下采场内部主要采用TEREX3307自卸汽车运输。北一采场采出的富矿石采用汽车直接运往169米原矿槽，采出的贫矿采用汽车运往169米倒装台，采出的岩石采用汽车运往126米振动倒装台或169米倒装台。枫树下采场采出的矿岩采用汽车运往中央站倒装台，再通过电机车运输系统运往排土场或169米原矿槽。南矿采场采出的矿岩采用汽车运往291米倒装台，再通过电机车运输系统运往排土场或169米原矿槽。正美山采场采出的富矿石采用汽车直接运往169米原矿槽，采出的贫矿采用汽车运往169米倒装台。

截止2010年底，海南矿业股份有限公司使用有国产K4—60吨矿石自卸车100台，TEREX3307型自卸汽车7台、TEREX 3307A型自卸汽车10台、TEREX TR50型自卸汽车6台和小松HD325—6型自卸汽车1台。

第四节 生产管理

1991—2010年，海南钢铁公司（海南矿业股份有限公司）继续设矿山总调度室办公，地址设在公司办公大楼。总调度室在公司分管生产副总经理直接领导下代表公司进行日常生产指挥、负责下达生产调度指令。下设值班室和作业计划科，实行24小时不间断工作制，每日二班，实行值班主任负责制。在生产组织过程中，总调度室与采矿部、选矿厂、地测处（原资源部）、营销部八所办、八所铁路、港务局等内外单位密切联系，协同工作，力求每个环节顺畅，提高效率，确保按质按量完成生产任务。

20世纪90年代，总调度室每月召开2次会议，分为中旬生产会和月底生产会。1996年起，公司全面开展了“学邯钢、降成本”的活动，进一步完善以“模拟市场核算，实行成本否决”的核心经济责任管理办法，加强成本核算和考核。至2000年，年年完成省政府下达的减亏目标。

进入21世纪初，总调度室每月召开2次会议改为每月月底召开1次会议，由分管生产的领导主持主体生产单位和主要职能部门，分别汇报单位月或旬生产进展情况和存在问题以及下月或下旬生产安排。最后由分管生产领导对本月的矿山生产情况总结，对完成生产指标好的部门进行表扬，对生产指标执行不到位的单位进行指正，并对下个月或下旬做重要指示。2006年12月1日，机构重新设置，原总调度室、原安全环保处与原地质测量处所属的质量科合并成立生产部。成立后的生产部设总调度室、质量科、综合科、安全科和环保科，其职责范围包括矿山的日常生产管理；采场原矿生产、矿石质量管理、成品矿进仓、火车配矿的质量管理工作。有干部职工73人。其中，拥有工程技术人员25人，包括高级工程师1人，工程师10人，技师4人。

2007年，公司改制重组后引进上海复星先进管理理念，实行积极预算考核和精细化管理。根据国务院国资委《中央企业负责人经营业绩考核暂行办法》的要求，公司执行经营业绩考核，公司制定年度经营目标，并向单位部门分解下达指标，根据单位部门的年度目标值完成情况进行考核。2010年年末，生产管理制度逐步建立健全，在生产管理、计划管理、生产调度、生产技术管理、设备管理、安全管理、物资供应、矿石质量管理、销售管理、财务管理等实行科学化的管理，矿山生产逐年发展。

第五节　矿区多种经营

1991—2010年，海南钢铁公司（海南矿业股份有限公司）一直按照“一业为主，多种经营”的方针，在抓好主业发展建设的同时，继续加强多种经营的管理，提高经济效益。

1991年，有海南钢铁公司建设公司、海南铁矿集团企业公司、海南钢铁公司实业开发总公司等。1993年9月9日，集体企业公司合并入实业开发总公司，原集团企业公司各职能科室撤销，下属各经济实体保留，对外仍保留集团企业公司牌子。1994年，海钢建设公司与维简工程处合并，成立维简工程处（海钢建设公司）。1995年6月4日，集体企业公司从实业开发公司中划分出来，成为海钢公司二级正处级单位。1998年成立橡胶农业管理科，负责统一管理265胶场、半岛胶场、十月田胶场、农业胶场、橡胶加工厂。

2007年8月31日，海南钢铁公司与上海复星高科重组，改制为海南矿业联合有限公司。同年9月，成立昌江欣达实业有限公司，关停橡胶加工厂、服装厂、汽车队、石米厂、机械加工厂等。2008年海钢建设公司更名为海南鑫盛建设有限公司，正美山捡矿队、枫树下捡矿队、460捡矿队合并成立捡矿队。2009年8月，根据海南矿业的管理工作需要，鑫盛建设公司并入昌江欣达实业有限公司，保留其施工企业资质，成为正科级的三级单位。2010年4月，海南鑫盛建设有限公司申请并注销施工企业法人资质。年底，多种经营主要技术经济指标完成经营收入4190.25万元，人捡矿产量149543吨，橡胶产量109.81吨，

至2010年年末，有昌江欣达实业有限公司、橡胶衬板厂、板簧厂、中锰铁球厂、复合袋编织厂；热带水果园有琼海烟塘、万泉荔枝种植；半岛农场、十月田农场、265农场橡胶种植533.3公顷；280排土场种植火龙果、石榴、木瓜，陵水黎安镇鲍鱼养殖场。实业公司有广州大酒店、珠海琼州大酒店、海口滨海大酒店、三亚度假村、矿业迎宾馆等。

第六编　农业农村

第一章 农业农村改革

第一节 农业管理机构

1991年，设县农业委员会，指导和管理全县农业生产。农业委员会下设办公室、会计辅导站、监察组、生产组、集镇组、调研组、土地开发组、经管组等内设机构，行政编制15人。1995年，县机构改革，撤销县农业委员会，成立县农业局，原县农委行政职能归属县农业局管理。县林业中心、畜牧总站、热作中心、农机总站、水产事业中心、农技中心、农综办等行政职能归口农业局管理。1996年，县农业局内设行秘股、生产股、经营管理股、热作股、农机股、畜牧股、调研股等，行政编制21人。

2001年8月，县农业局内设机构调整为办公室、生产股、市场信息股、政策法规股、科技教育股5个股室。2005年，机构改革，县农业局原归口管理的林业中心、畜牧总站、热作中心、水产事业中心、农机总站剥离独立分设，仅保留下辖农技中心行政管理。

2007年，县农业综合开发办公室行政归属县农业局管理，为县农业局二级副科级事业单位。同年4月，成立昌江县农业执法大队隶属县农业局辖。2009年9月，县科学技术局与县教育局分离后并入农业局，改称县农业与科学技术局（以下简称县农科局）。

2010年，昌江县农科局内设机构有办公室、政策法规岗、农村经营管理岗、市场与经济信息岗、计划财务岗、宏产品质量安全监管岗、种植业管理岗、科技教育管理岗等8个岗（室）和农业执法大队，公务员编制13人，在岗职工31人。直辖农业综合开发办、农技服务中心2个副科级事业单位行政管理。

第二节 经营体制改革

1991 年，昌江农村经营体制继续沿袭，实行联产承包责任制。推行生产资料所有权和经营权分离，将生产的责、权、利结合在一起，充分体现社会主义按劳分配原则，革除过去社会弊端。农业生产持续发展，农村经济体制改革成效显著。1992 年全县农业总产值达 7092.32 万元 (1980 年不变价），比 1990 年的 5692.5 万元（同年价）增加了 1399.82 万元。

1995 年，随着农业产业结构调整，农村经济体制围绕社会市场经济规律而发生变化，从而农村产生一种新的经济联合体——合作股份制。农民出承包土地入股企业（公司）发展农业生产即“公司（企业）+ 农民”的生产模式，年底分红。广大农村的闲置土地得到有效开发和利用，农业得到增产增收。截至 2000 年，全县有股份制合作经营企业（公司）58 家。全县农业总产值为 73045 万元 (1990 年不变价），比 1990 年的 5692.5 万元 (同年价）增加了 767352.5 万元。

2005 年，以农业增效和农民增收为目标，深化农业和农村经济结构调整，提高农业综合生产能力，加快农业产业化、标准化发展。农村经济体制略有所变化，农村新型的经济联合体——农村经济专业合作社。农民自愿集资合伙入股，效益分红的方式。此后农村经济合作社体制在农业生产中发挥作用，引领农村经济快速增长。

2010 年全县农业总产值 19.9 亿元，实现农业增加值 12.6 亿元。

第三节 农村土地制度改革

1991 年，全县农村土地使用制度继续沿袭第一轮土地承包合同制。落实山林、荒地、荒滩的使用权，同时延长土地承包期 15 年不变。

1992 年，国家新的土地法颁布实施，全县农村国有土地正式实行有偿出让、转让。长期以来国有土地“无偿、无限期使用和限期流转”改为“有偿、有限期、允许流转”的使用制度。农村集体土地用于农业开发的也在部分乡镇开始推行有偿出让、转让的使用制度。

1994—1997 年，全县国有土地、集体土地共出让及转让 218 宗 1593.3 公顷，出转让金 1280 万元。

2000 年，落实国家《土地管理法》，昌江县始实行土地使用权的申报登记发证和证书年制度。截至 12 月，土地申报发证 94 宗，土地使用权转让 18 宗，办理土地证书年检 650 宗。

2002 年，对全县农村土地确权登记发证。全年完成地籍调查、地籍测量 20466.7 公顷。其中农垦土地 13333.3 公顷，农村集体土地 13800 公顷。土地确权后发土地证书 10 宗，面积 3933.3 公顷。

2006 年始，全面落实实施耕地保护制度，确立基本农田保护区。全县划定基本农田保护区 4 个，基本农田整合面积为 30000 公顷。并在农村实施农村宅基地确权登记发证制度。石碌镇山竹沟村为首批试点，有 162 户宅基地确权登记并发证。2009 年，实行耕地“占补平衡，先补后占”制度。同年，新增开垦耕地面积 411.9 公顷。

2010 年，全县完成农田整治项目 2 个，新增耕地面积 43.2 公顷。在建开垦整理项目 1 个，面积 644.2 公顷。

第四节　农业结构调整

1991—1994 年，昌江县农业以传统农业种植为主，主要种植水稻、玉米、甘蔗等作物。1995 年，昌江县农业生产开始调整，实施“以芒果为龙头”、发展“两高一优”（高产量、高效率、优质产品）热带农业，打造“中国芒果之乡”品牌。1996 年，全县芒果种植 5196.3 公顷，产量 4090.5 吨。1998 年，实施发展特色农业，推广科技、绿色、订单农业，大力发展优质、绿色、环保、健康的冬季瓜果菜等农产品。从此标志着昌江农业产业由传统农业向现代农业转变。

2000 年，全县农业产业结构调整力度加大。同年，全县创办十大农业产业生产基地。即芒果、香蕉、菠萝、瓜菜、菠萝蜜、杨桃、柚子、甘蔗、海水养殖、畜牧养殖等 10 个基地。农业产业逐步趋向集约化和专业化方向发展。

2006 年，全面实施农村经济结构调整战略，以发展瓜菜、香蕉、甘蔗为主，发展养殖猪、羊、家禽为辅，发展麒麟菜、对虾养殖、网箱养殖及捕捞业并举。创办了杨柳村、姜园村、才地村、椰子村、高石塘、南岭二队、南岭三队、老宏村、山竹沟新村、基龙村、南岭六队、坎头村、海尾社区、昌化社区、香岭村、牙营村、水头村、昌城村、大章新村、长塘村等结构调整增收的 20 例典型示范村。同年 12 月，20 个典型示范村农民人均纯收入均比上年增加 4 个百分比。

2008 年，全县农业产业结构调整初显成效，全县农林牧渔业总产值达 170289.9 万元。

2010 年，昌江抓住海南国际旅游岛建设机遇，深化农业产业结构调整，加快香蕉、芒果、橡胶、甘蔗、瓜菜等基地改造升级，扶持渔民深海捕捞，引进推广优良畜牧家禽品种。东南山区新种橡胶 2000 公顷，白沙、乌烈发展哈密瓜示范基地 20 公顷，姜园、保平等圣女果示范基地 66.7 公顷，七叉、王下等林下养蜂 3000 箱。农业产业效益骤增，同年全县农林牧渔业总产值达 211569 万元。

第五节 农村综合改革

一、社会服务改革

1991 年，全县农村社会化服务水平较低。各个职能部门各自为政，缺乏协调与沟通，社会效率不高。1997 年全县计划生育服务体系建立，并向乡（镇）、村下沉。县、乡（镇）、村三级服务平台建立和协调运作，社会服务效率大步提高。这是昌江农村社会化综合服务改革的先例。

2000 年，随着农村社会服务工作的发展需要，农村社会化服务体系逐步形成。农村养老保障、医疗保障、住房保障、人口管理等一系列服务管理机构在乡村建立健全，且发挥作用。2005 年，全县有计划生育服务站 10 个，农村社会保障服务所 9 个，农村土地管理所 8 个，农村人口管理所 13 个。同时，配备各类村级管理员 120 人。

2008 年，全县农村村级组织办公条件进一完善，率先在全县 84 个村（居）委会实行农村“两委”（村民委员会、村党支部委员会）干部坐班制。此举激活农村基层政权，提高农村社会综合服务能力。获海南省委组织部组织工作“创新成果”一等奖。

2010 年，全县农村社会化服务体系建设更加完善。县设立了县、乡（镇）、村三级政务服务中心，将社会服务窗口单位集中统一办公，统一管理，采取一站式服务。农村社会综合服务便利快捷，工作效率提升，截至同年 12 月，全县有县级政务服务中心 1 个，乡（镇）级政务服务中心 8 个，村（居）级便民服务所 84 个。

二、农村税费改革

1991 年，全县农业税费一直沿袭不变。由承包户户交户结，各自缴库。全年全县农业税（折合人民币）95.3 万元。1995 年，县政府鼓励投资者兴办农业综合开发，出台一些相关农业税费优惠政策。对规模 66.7 公顷以上的土地出让金或地租可下浮 30%。1996 年全县农业税为 778 万元。

2003 年，昌江落实国家减轻农民的农村税费改革，取消农业特产税和农业税。执行镇财县管改革，规范乡（镇）财政管理，完善农业税费的征管。全县取消农业特产税后的头一年，农民和农民企业减负 980 万元，降低农业税率 1 个百分点。以 2001 年为农民负担测算基期年，农业税后全县总额为 354.1 万元，较改革前的农民负担总额减少 560.6 万元；减幅达 61%，人均农业税减免 25 元，亩均负担为 54 元，较改革前的 139 元减少了 85 元。基本告别“皇粮国税”的历史。

2005 年，全县开始实行会计委派制度改革，乡（镇）落实会计委派管理，农业和农村税费管理更加完善。2007 年，县政府持续国家惠农税费减免政策，落实国家农业农村各项补贴。如实的按标准发放粮食直补、良种补贴、繁殖母猪补贴、农机购置补贴、生态效益补偿等惠农补贴资金，保障农民生产增收，促进农村经济发展。同年，全县各类补贴资金达 2526.8 万元。

2010 年，持续落实各项涉农惠农补贴政策。对家电、汽车及摩托车下乡销售活动实施税费减免补贴。同年，全县共销售下乡补贴产品 7754 件，税费减免补贴资金 374.4 万元。

三、农村财务管理制度改革

1991 年，县对全县 11 个乡（镇）（除王下乡外）的乡（镇）政府实行收入包干、超收分成、支出定额、超出不补、节余留用的管理体制。村级财务管理制度依然不变。1999 年，全县农村基层组织落实党风廉政建设责任制，实行财务公开。乡（镇）和行政村的财务按月或季度进行张榜公布，接受群众监督。农村财务管理始公开透明。2000 年全县乡村设有财务公开栏 78 处。

2002 年，全县开展减轻农民负担“两费”大检查活动，重点检查农业用地流转清理整顿，共清理违规用地 205 宗，6055.1 公顷，追缴地加款 110 万元。

2008 年，全县乡（镇）财政管理体制改革进一步深化。将财政管理划分县和乡（镇）事权范围，制定乡（镇）财政管理体制。乡（镇）财政预算管理权、资金所有权、财务审批权不变，推行“乡财县管乡用”的管理模式。由乡（镇）自定年度收入目标，乡（镇）收入缴入乡（镇）国库，保持乡（镇）财政收支基本平衡。同年，石碌、十月田、昌化和海尾等乡（镇）的部分村委会，实施村财民理乡监管试点改革。农村财务管理制度更加趋向民主监督化。

2009 年，全县本级预算县级财政对各乡（镇）政权正常运转的转移支付比上年增长 80%，保证了乡（镇）转移性支出和乡（镇）财政收支稳定。

2010 年，农村财务管理制度再次实行重大改革，全面推行“一卡通”制度。将农村农民的各项财政惠农补贴，通过农信社将资金直接划拨入补贴对象（农民）“一卡通”账户。彻底改变以往农村惠农惠民补贴资金由主管部门或乡（镇）、村分发的落后管理模式，减少资金发放中间环节，确保补贴资金安全到农民手中。同年，全县“一卡通”信息采集对象20344户，开通办理开卡业务7029张，采用“一卡通”方式发放惠民补贴1176.7万元，惠及群众6074户。

四、减轻农民负担

1991年，采取了一系列保护农民利益、减轻农民负担和落实惠民政策等多项措施。1993年，全县开展农村乱收费、乱摊派、乱集资的三乱治理，减轻农民负担。全县共清理有关单位多收费，乱收费项目14个，计款72.59万元。1995年，开展“三清一查”专项治理工作。对县交警部门代替上级交警部门收取“搭车费”和推销交通安全资料费、多收劳务费、代办费等进行治理，共计收回违规费4.27万元，全部上缴财政入库。

1997—1998年，重点抓好“减负”专项治理，解决群众反映强烈的问题。共清理涉及减负文件3个，取消项目51个，其中每年减轻蔗农负担共19.9万元。全县清理农村提留“两费”提取比例为人均纯收入2.5%降低到1.5%，减轻农民承担乡统筹费，农村生活照明用电由原来的1.5元/千瓦时，降低到1.06元/千瓦时。2000年，加快全县城乡同价步伐，开展对农村电力“两改一同价”（改造农村电网、改革农电管理体制、城乡用电同价）的工作，农村生活用电由原来的1.06元/千瓦时降至0.8元/千瓦时，下降24.%，全县共减轻农民负担398万元。2002年，继续清理农村“两费”提留，减轻农民负担，全年农民人均承担“两费”18元，占上年人均收入1.3%，减轻农民负担235.5万元。

2003年，中共十六大以后，县委按照中央提出的“多予、少取、放活”的方针，进一步减轻农民负担，使农民真正得到减负和实惠。在全省率先实行农业税费改革试点，全年减轻农民负担633.2万元。2004年，税费改革，全县取消农业特产税，降低农业税率一个百分点，共减轻农民负担560.6万元。2006年起，在全县范围内取消农业税。通过免征农业税，减轻农民负担354.1万元。同年，逐渐落实对农机、造大船、设施农业、能繁母猪、水稻、甘蔗、橡胶、农副产品运输等一系列“直补”政策，“直补”资金逐年增加。同年，实行“三补”（种粮农民实行直接补贴、良种补贴、农机具购置补贴）政策，减轻农民负担210万元。2007年，全额发放粮食直补、良种、能繁母猪、农机具购置补贴、生态效益补偿等10项补贴资金达2526.8万元。

2008年、2009年连续两年累计发放粮食直补、农资综合直补、农机具购置补贴和家电下乡补贴等资金达9270.89万元。其中，2008年，粮食直补92.15万元，农机具购置直补274.5万元，能繁母猪直补231.4万元，甘蔗下水田直补439万元，橡胶苗直补373.2万元，造船直补90万元，水稻良种直补50万元。

2010年，全县涉及惠民补贴项目24项，累计发放粮食直补等各项惠民资金达5780万元，比2009年增长8%。

第二章 农业综合开发

第一节 机 构

1991年，设县农业开发领导小组，下设办公室为临时机构，人员配备5人。负责全县农业综合开发和整治。重点对县域内农业综合开发治理和完善农田水利、田间道路等基础设施建设，实现粮食增产、农民增收。1997年7月，县农业开发领导小组办公室为隶属县政府常设副科级事业单位。领导职数配备主任和副主任各1名，编制12人。2007年8月，县编委办重新核定为编制，事业编制8人。隶属县农业局二级副科级事业单位。2008年8月，称为县农业综合开发办公室。内设文秘股、工程股和财务股。

2010年，全办有职工18人，干部编制8人。其中主任1名，副主任1名。

第二节 农业区划

一、制定区划

1991—1992年，昌江县在第一次全县土地利用调查基础上完成综合农业发展区划。全县划为4个农业综合区，分别为东南山地林胶牛区、中部台地丘陵胶粮果蔬区、西南台地粮糖猪区、西北滨海平原糖渔林油区等。

东南山地林胶牛区。位于县域东南部。包括王下、七叉、石碌3个乡（镇）及霸王岭林业局等，土地面积71971.8公顷，占全县土地面积的45.1%。地广人稀，山地积占98%，气候温合湿润，森林资源丰富，水利条件差，作物产量低，农业生产单一，山区林牧优势欠发。农业区划后的发展方向：以林、胶、牛为重点，兴修水利，扩大水田面积，提高粮食单产；发展淡水养鱼，广辟工副业门路。主要措施：发挥地区优势，发展林业生产；扶助乡村，发展橡胶产业；利用草地资源，发展养牛业；搞好水利建设、大种绿肥，提高粮食产量；利用山塘水库发展淡水养殖。

中部台地丘陵胶粮果蔬区。位于县域中部，濒临县城。包括叉河、十月田、石碌（大部分）3个乡(镇)及国营红林、红田农场等，土地面积38102公顷，占全县土地面积的23.9%。该区人口密集，劳动力充裕；雨水丰富，热量充足；土地资源潜力大，开发力量不足；生产单一，欠缺发挥橡胶及多种经营；水利条件好，但耕作粗放，广种薄收，劳动生产率低。农业区划后发展方向：以发展橡胶为重点，提高粮食产量，开展多种经营，大种蔬菜、香蕉、芒果、柑桔等水果。主要措施：政府扶助，加快橡胶种植；实行科学种田，提高粮食产量；建立蔬菜基地，满足市场需要；发展种养业为主的多种经营，增加经济收入。

西南台地粮糖猪区。位于县域西南部。包括保平（现归十月田）、乌烈2个乡(镇)及白山马农场，土地面积15556公顷，占全县土地面积的9.7%。该区热量丰富，阳光充足，气候干燥，常年风大，年均气温24.6C°；地势平坦，水田集中，土质较好，灌溉方便，千亩以上田洋较多；水稻栽培面积大，单产高贡献多；栽培技术水平尚低。另外，人口密度大，传统农业发达，水稻产量大，商品至多，小手业较普遍。农业区划后发展方向：以水稻为主，大种甘蔗、花生等，同时发展养猪业。主要措施：调整农业结构合布局，发展多种农业产业；搞好生产建设，改善生产条件；积极营造农田防护林，改善生态环境。

西北滨海平原糖渔林油区。位于县域西北部滨海。包括昌化、昌城（现归昌化）、海尾、南罗（现归海尾）4个乡(镇)及乌烈镇纳凤、长塘和国营昌化林场，土地面积33957.3公顷，占全县土地面积的21.3%。该区热量高阳光强，旱季长风力大，长年积温8900~9100C°；土壤沙瘦，水利条件差，粮食产量低；海域广阔，渔港优良；以粮唯一，优势尚未发挥。该区历史上渔农结合，有人工榨糖、榨油习惯，小手工作坊也较普遍。农业区划后发展方向：以甘蔗、花生为主，积极发展海洋渔业，利用旱地发展腰果、籽西瓜，大力植树造林，提高粮食单产。此外，大力发展商品糖、鱼、油基地。主要措施：大种甘蔗、花生，发挥温光优势；做好渔业资源的利用和保护，合理开发海洋资源；植树造林，改善生态环境，大力发展海防林建设；大种绿肥和豆类作物，培养地力；发展工副业生产，解决劳力剩余出路。

1994年，全县农业发展区划作相应调整。全县农业区划：农业种植区、园地区、林业区、牧业区、水产养殖区5个区。

农业种植区。主要分布在乌烈镇、十月田镇、保平乡（今归十月田镇）、南罗镇（今归海尾镇）、昌城乡（今归昌化镇）。种植水稻、甘蔗、花生等。

园地区。主要分布在七差乡（今为七叉镇）、叉河镇、十月田镇。以发展芒果、剑麻为主。

林业区。主要分布在霸王岭、七叉、王下乡（镇）、场及沿海镇。以原始森林和人造防护林为主。

牧业区。主要分布在石碌、保平、七叉、王下等地。以发展畜牧业为主。

水产养殖区。主要分布在昌城、昌化、南罗、十月田、保平、七叉等。以发展海水养殖和水库水面养殖。

2000—2010年，全县农业产业结构逐年调整和完善，各个农业规划区内作科学规划，协调布置，因地制宜，发挥地区功能。

二、基本农田保护

1996年，昌江县落实国务院《基本农田保护条例》和省基本农田保护区划区定界工作精神。1997年，全县11个乡（镇）、2个国有农场，64个村（居）委会915村民小组完成基本农田保护划区定界。全县划定基本农田保护区178片、保护田块340块，面积10076.2公顷。其中，一级基本农田保护区粮田9742公顷、菜田315.1公顷、科研田19.1公顷。乌烈镇基本农田保护面积最大，面积为2284.3公顷。

2005年后，全面推进基本农田保护区建设，调整规范农田保护区红线。全县划定基本农田保护区范围包括2个国有农场和县属79个权属单位，基本农田保护区红线内面积达36997.1公顷。

2005—2010年，全县基本农田保护区确界定桩375块。历经数年农田改良整治、水利设施建设，基本农田保护区数量稳定，土壤质量得到提升。

第三节 农田整治及农田水利建设

1991-1992年，县政府投入资金271万元，在乌烈镇的乌烈六纳田洋和红岭田洋开始大面积田洋整治。修建机耕路、牛车路12条长8千米，硬化配套各斗、农渠25条长13.5千米；完成土方5.5万立方米，混凝土2895立方米，浆砌石2310立方米，批荡1530平方米，铺种草皮4.6万平方米；建成桥、涵闸等各类建筑物1150宗。项目完成后，改善灌溉面积133.3公顷，恢复灌溉面积60公顷，增加灌溉面积40公顷。

1993—1995年，投入资金471.6万元，配套整治和改造保平、十月田两地低产田。

项目硬化配套峨沟分渠4.5千米、王炸分渠6千米；田洋整治333.3公顷；南雅水库渠道防渗680米；修建机耕路、牛车路17条长16.8千米；硬化配套各斗、农渠30条长24.2千米。完成土方17.2万立方米，混凝土4155立方米，浆砌石2398立方米，批荡1824平方米，铺种草皮11.5平方米。建成桥、涵、闸等各类建筑物1750宗。项目完成后，改善灌溉面积226.7公顷，恢复灌溉面积136.7公顷，增加灌溉面积60公顷。

1996—1998年，投入资金875.5万元，配套建设尖岭支渠16千米，整治大保佑田洋、农田长山田洋380公顷。修建机耕路、牛车路20条26千米。完成土方23.8万立方米，混凝土3873立方米，浆砌石3030立方米，批荡2965平方米，铺种草皮21.1平方米。完成桥、涵、闸等各类建筑物2625宗。改善灌溉面积406.7公顷，恢复灌溉面积213.3公顷，增加灌溉面积110公顷。

1999年，随着农业机械化不断推广应用，农田基本建设同步推进。投资395万元，对道隆田洋266.7公顷进行整治。修建机耕路、牛车路12条13千米，田间配套各斗、农渠22条27千米。建成土方22万立方米、混凝土2759立方米，浆砌石1927立方米，批荡1025平方米，铺种草皮8.2万平方米。项目完成后，改善灌溉面积133.3公顷，恢复灌溉面积80公顷，增加灌溉面积53.3公顷。

2000—2004年，基本农田保护区确立与完善，农田整治规模扩大、速度加快。5年间，分别投入资金422万元、496万元、570万元、749万元、957万元，整治峨沟田洋、山村田洋、姜园田洋、利来田洋、交界田洋5大粮食基地，总面积1826.7公顷。修建机耕路、牛车路119条121.4千米；扩建并硬化配套石碌水库王炸分渠6千米；田间配套各分斗、农渠148条87.28千米。完成土方93.98万立方米、混凝土15546立方米、浆砌石10708立方米，批荡10474平方米，铺种草皮41.1万平方米。建成桥、涵、闸等各类建筑物6211宗。项目完成后，改善灌溉面积1006.7公顷，恢复灌溉面积506.7公顷，增加灌溉面积306.7公顷。

2005年，投入资金1198万元，在七叉镇七叉田洋533.3公顷进行农田综合整治。修建简易公路1条长1600米，建设机耕路11条长18.25千米，手扶车路5条长6.12千米。田间配套斗渠27条长29.75千米，配套农渠80条长30.15千米，毛渠22条长4.28千米。主排沟防崩衬砌580米，斗排沟14条长13.71千米，土地平整及田块方格化66.7公顷，完成桥、涵、闸等各类建筑物近3000宗。累计完成土方46万立方米，浆砌石2273立方米，混凝土5278立方米，批荡3928平方米铺种草皮7.7万平方米。项目建成后，增加灌溉面积153.3公顷。进行超级水稻示范133.3公顷，推进全县超级水稻的普及推广，农民致富奔小康的步伐加快。

2006年后，为配套粮食主产区基地和热带高效农业基地建设，发挥利用有限耕地，促进农民增产增收。2006—2008年三年间，全县农业综合开发项目向基地化和标准化发展。

2006—2008年，全县共投入资金2769万元，在乌烈镇真稻田洋、十月田镇万善田洋、石碌镇干校田洋、昌化镇靛村田洋4大田洋进行整治，总面积为1666.7公顷。修建简易公路9条长15.64千米，机耕路41条长60.74千米。田间配套支渠8条长18.4千米，配套斗渠123条长78.44千米，配套农渠190条长62.66千米。累计完成土方91.01万立方米，浆砌石5796立方米，混凝土10691立方米，批荡7114平方米，铺种草皮16.9万平方米。完成桥、涵、闸等各类建筑物6676宗。项目建成后，增加灌溉面积340公顷，恢复灌溉面积466.7公顷，改善灌溉面积1200公顷。在项目区推广超级水稻种植，实行稻—稻—菜轮番耕作制，试点农业机械化种植。

2009年，县政府筹资1055万元，对乌烈镇峨港田洋农田进行整治，整治田洋面积600公顷。峨港田洋是全县水田面积最大的田洋之一，也是县主要粮食生产基地。修建简易公路3条长7500米，配套建筑物15宗；新建斗渠32条建筑物323宗；新建毛渠硬化16条，农渠硬化84条，配套建筑物84宗；新建排沟3条建筑物28宗；疏浚、清淤排沟12条长28.1千米；机耕路12条长8.24千米，配套建筑物2宗；手扶机路7条长1.3千米。此外，新建田间支渠3条，配套建筑物56座；新建斗渠30条，配套建筑物251宗；新建农渠32条，配套建筑物197宗；新建支排沟3条，浆砌石、预制块梯形防崩衬砌1980米，配套建筑物89宗，疏浚、清淤排沟3条长3.56千米。累计完成土方32万平方米，石方1759立方米，混凝土4033立方米，批挡3340平方米，铺种草皮9万平方米。建成桥、涵、闸等各类建筑物2136宗。项目建成后，增加灌溉面积346.7公顷，恢复灌溉面积208公顷，改善灌溉面积621.3公顷。为确保粮食稳定，良种繁育项目实施经费提高保障。

2010年，县政府筹资1532万元，对乌烈镇高地田洋、十月田镇塘坊田洋2大农田进行整治，面积达800公顷。累计建成渠道218条长50.2千米，采用混凝土U型槽硬化防渗铺设；开通排沟10条长10.93千米，其中标准土排沟4条长6.89千米，浆砌石和U型槽防崩硬化6条长4.04千米。修建机耕路26条长26千米，手扶车路13条长6.8千米；填土方9万立方米、石方6848立方米，混凝土6313立方米，其中钢筋砼1290立方米；批荡5606平方米，铺种草皮6.75万平方米。建设桥、涵、闸等各类建筑物2900宗。新增灌溉面积200公顷，改善灌溉面积780公顷，新增除涝面积53.3公顷，改善除涝面积100公顷，新增机耕面积800公顷，年节约用水325万立方米。田洋整治后，可为优质水稻种植、冬季瓜菜种植、农业科技推广提供有利条件。截至2010年12月，全县三分之二农田得到有效整治利用，基本农田利用率达98%。

第四节 综合开发效益

1991—1992年，乌烈镇六纳田洋和红岭田洋整治完成。1993年，六纳田洋水稻种植单产400千克/亩，比之前提高100千克。红岭田洋种植玉米亩产达375千克。农户经济收入有所增长。1996年，十月田镇尖岭田洋综合整治，配套硬化尖岭支渠12千米。项目建成，改善灌溉面积153.3公顷，恢复灌溉面积136.7公顷，区域农民人均耕地增加0.02公顷。

1998年，长山田洋整治，开挖农渠14条，疏通内涝排灌。改善低产田面积186.7公顷，增加灌溉面积113.3公顷。整治后长山田洋300公顷望天田变成旱涝保收良田。同年在全省农田整治评比中获得第一名，赢得200万元项目奖。

2000年，峨沟田洋整治，修建纵横交错机耕路、牛车路24条，兴修农渠18条27.5千米，田间配套各分斗渠。300公顷长年荒废耕地得到有效整治利用。2001年，峨沟田洋种植热带作物200公顷，种植冬季瓜果菜300公顷。成为全县农业产业重点基地之一，是当地农民发展农业种植收入的主要来源。

2002年，姜园田洋整治，开建机耕路、牛车路25条，改善当地田间地头的道路难问题。配套修复青山水陂渠道防渗和新建老爷岭水陂工程姜园田洋300公顷农田防涝抗旱起到作用。为姜园村发展圣女果产业提供水源保障。

2003年，乌烈镇利来田洋综合整治，投入资金749万元，整治面积386.7公顷。项目建完后，改善恢复灌溉面积306.7公顷，增加灌溉面积80公顷。第二年，项目区年增产粮食350吨，瓜菜增产58吨，增加产值102万元，农民人均增加收入55元。

2005年，七叉镇七叉田洋综合整治，投入资金1198万元，综合整治面积533.3公顷。修建简易公路、机耕路、手扶车路等17条，田间配套斗渠、农渠、毛渠、主排沟、斗排沟等63条。土地平整及田块方格化66.7公顷。项目建成后，水利灌溉畅通，耕地发挥有效作用。增加灌溉面积153.3公顷，年增产粮食400吨，瓜菜增产120吨，增加产值125万元，农民人均增加收入70元。

2006年，乌烈镇真稻田洋综合整治，投入资金932万元，综合整治面积533.3公顷。项目建成后，灌溉面积增加，排涝抗旱能力大步提高。增加灌溉面积106.7公顷，恢复灌溉面积160公顷，改善灌溉面积266.7公顷。超级水稻大面积种植，瓜菜种植示范基地、农业机械化示范区在项目区得于实施。

2008年，石碌镇干校田洋和昌化镇靛村田洋综合整治，投入资金955万元，综合整治面积533.3公顷。干校田洋和靛村田洋，新建支渠、农渠、斗渠、排沟等水利设施，提高田洋排灌能力。2处田洋整治后，增加灌溉面积100公顷，恢复灌溉面积106.7公顷，提高排涝农田面积666.7公顷。2个项目建成后，年增产粮食680吨，瓜菜增产2100吨。年增加产值475万元，农民年人均增加收入149元。

2009年，乌烈镇峨港田洋整治，投入资金1055万元，整治面积600公顷。疏通田间公路、机耕路，新建斗渠、排沟、支排沟、毛渠等系列水利设施，田洋综合排灌能力提升，土壤改良增强。

2010年，乌烈镇高地田洋和十月田镇塘坊田洋整治，投入资金1532万元，整治面积800公顷。项目建成后，新增灌溉面积200公顷，改善灌溉面积780公顷，其中，提升改善防涝面积153.3公顷。至此，新增机耕面积800公顷。年节约用水325万立方米。项目区内，年人均增加收入110元。

第三章 种植业

第一节 粮食作物

1991年，昌江粮食作物以水稻、番薯、旱粮三者并举。1992年，全县水稻种植面积11414.3公顷，总产量50501吨；番薯种植面积5804.9公顷，产量14616吨；玉米种植面积1196.1公顷，产量2056吨。1996年后，农业产业结构逐年调整，粮食生产转向优质高效发展。种植面积略有减少，但产量保持平稳增长。

2000年，粮食种植面积15448公顷，总产60069吨，其中水稻面积占65.6%，产量占80.7%，亩产相比1988年亩产提升49.3%；番薯面积占29.6%，产量占21.6%。此外薯类作物有木薯、大薯、毛薯、芋头等，均属零星种植。

2005年，粮食种植技术、良种繁育技术的提升，化肥使用量的增加，粮食单产逐年增加。同年，全县粮食总产量为51882吨。

2010年全县粮食作物种植面积10278公顷，产量51202.9吨。

1991—2010年昌江县主要粮食作物种植情况统计表

表6-3-1　　单位：公顷、千克/公顷、吨

年度	水稻			番薯			玉米		
	面积	单产	总产	面积	单产	总产	面积	单产	总产
1991	11300.9	275	46561	5519.7	150	12426	1244.4	77	1431
1992	11414.3	295	50501	5804.9	168	14616	1196.1	115	2056
1993	9743.2	283	41371	6030.0	171	15489	749.3	81	913
1994	11163.0	292	48964	5957.9	167	14954	705.9	96	1013

表 6-3-1 续 1

年度	水稻			番薯			玉米		
	面积	单产	总产	面积	单产	总产	面积	单产	总产
1995	10996.9	304	50155	6069.4	177	16080	806.9	106	1285
1996	10948.7	312	51209	6132.5	186	17113	616.7	111	1024
1997	11234.3	306	51583	6618.9	190	2849	765.3	131	1505
1998	11223.7	311	52338	6793.9	201	20455	645.3	162	1570
1999	11239.0	317	53494	6538.0	201	19714	683.0	158	1621
2000	10137.0	318	48494	4573.0	189	12980	484.0	194	1410
2001	9955.0	297	44317	4293.0	172	11068	423.0	420	2029
2002	10107.0	298	45188	4331.0	177	11477	447.0	317	2123
2003	10043.0	301	45373	4565.0	175	12012	439.0	318	2066
2004	9888.0	301	44648	4589.4	196	13511	482.7	304	2201
2005	8183.1	296	36342	4264.2	196	12508	698.7	240	2517
2006	8744.3	312	40917	3748.1	133	13120	523.9	248	1946
2007	8672.8	310	40345	2964.4	258	11460	562.1	261	2201
2008	8232.0	321.5	39695	2323.0	235.2	8195			
2009	6580.0	295.4	29155	1853.0	209.1	5812			
2010	7902.0	328.7	38957	1886.0	242.9	6871			

第二节　经济作物

1991 年，全县经济作物种植主要以甘蔗、花生、西瓜籽、剑麻为主。1996 年，国家扶贫政策进一步落实，县内东南部贫困地区的王下、七叉、石碌等开始有零星发展橡胶种植，此后橡胶种植规模逐年增加。2000 年，全县农村橡胶种植增加到 89.3 公顷。

2005 年，全县农业产业结构调整时经济作物种植和发展方向也有了自我调整，甘蔗、花生、橡胶等种植面积持续扩大增加，西瓜籽、剑麻等逐年减少。

2010 年，全县甘蔗种植 8482 公顷，总产量 452151 吨；花生种植 464 公顷，总产量 1966 吨。橡胶种植面积 5976 公顷，总产量 770 吨。

1991—2010 年昌江县经济作物种植情况统计表

表 6-3-2　　单位：公顷、千克 / 公顷、吨

年度	甘蔗			花生			西瓜籽		
	面积	单产	总产	面积	单产	总产	面积	单产	总产
1991	6941.1	2510	261331	945.6	87	1237	2340.5	10	364
1992	7165.9	2450	263346	985.9	100	1471	2552.3	12	460
1993	5416.7	2237	181736	894.6	102	1364	2756.7	14	578
1994	4555.8	2578	175922	862.9	108	1392	2740.4	11	440
1995	5193.0	2783	216808	1036.5	115	1783	2679.3	11	443
1996	5388.0	3083	249180	1183.7	120	2129	2773.9	11	451
1997	6243.0	3274	306603	1281.7	119	2289	2347.6	15	538
1998	6132.5	2714	212294	1417.4	127	2696	2841.9	16	679
1999	7280.0	3113	341022	1506.0	129	2925	2955.0	19	847
2000	6137.0	3133	288434	1538.0	135	3110	2636.0	22	876
2001	5842.0	3415	299256	1456.0	131	2851			
2002	6839.0	3957	405971	1389.0	137	2856			
2003	7196.0	3943	425566	1213.0	195	3542			
2004	8435.9	4174	528241	1390.2	177	3687			
2005	6861.7	3677	378502	1190.9	147	2624			
2006	7813.5	3682	431583	913.5	134	1841	17700	22	389
2007	7489.2	3500	393128	593.8	164	1458			
2008	8555.0	3543.7	454740	827.0	190.4	2362			
2009	9202.0	3566.6	492301	648.0	211.8	2059			
2010	8482.0	3553.8	452151	464.0	282.5	1966			

第三节 蔬 菜

1991—1994 年，昌江县蔬菜瓜果种植面积少，自产自销。1995 年，农业基础设施的改善，冬季瓜菜种植的引进推广，全县蔬菜生产逐年提升。全县蔬菜种植面积自 1995 年的 3339.2 公顷提升到 2000 年的 6857 公顷，增长了 105.3%。2005 年后，蔬菜瓜果种植面积平稳增长，种类和品种丰富有加。引进的新品种有圣女果、黄秋葵、毛豆、哈密瓜、杨桃等。2010 年，全县蔬菜种植面积达 8099 公顷，总产量为 142755 吨。瓜类种植面积 825 公顷，总产量 20588 吨。

1991—2010年昌江县瓜菜种植情况统计表

表 6-3-3　　　　单位：公顷、千克/公顷、吨

年度	蔬菜（含菜用瓜）			瓜类（含果用瓜）		
	面积	单产	总产	面积	单产	总产
1991	1940.3	247	7201	207.7	1301	4054
1992	2462.7	244	9003	784.8	1051	12373
1993	2705.9	270	10950	749.7	1040	11702
1994	3122.7	300	14041	487.5	672	4913
1995	3339.2	305	15266	368.2	780	4309
1996	3635.8	356	19439	298.7	511	2288
1997	4024.8	383	5741	386.3	657.5	3876
1998	4543.6	687	46791	333.6	783	3917
1999	4471.0	670	44928	501.0	866	6505
2000	6857.0	912	93850	266.0	887	3539
2001	5606.0	1082	90984	287.0	933	4018
2002	5545.0	1078	89695	726.0	1317	14340
2003	6129.0	1086	99876	517.0	1350	10472
2004	5780.3	1084	94031	524.3	1300	10227
2005	6293.3	1076	101619	316.2	1164	5523
2006	6822.9	1114	114013	306.2	1188	5456
2007	6736.7	1131	114292	360.8	1330	7200
2008	7283.0	1129.4	123387	955.0	1505.5	21566
2009	7674.0	1134.2	130558	406.0	2217	13501
2010	8099.0	1175.1	142755	825.0	1663.7	20588

第四节　水果·花卉

一、水果

1991年，昌江县水果种植较为单一，主要以种芒果、香蕉为主。1995年，昌江全面实施科技兴农战略，并通过招商引资引进了天华、华超、海昌、宝丰、权农等大公司（企业）参与开发建设，带动全县水果产业发展。2000年全县芒果种植达5435公顷，总产量达19547吨；香蕉种植达2334公顷，总产量达1810吨。2005年，水果种类有芒果、

香蕉、香水菠萝、荔枝、龙眼、番石榴、木瓜、火龙果等10个品种。2010年，芒果种植面积3059公顷，总产量17114吨；香蕉种植面积3981.7公顷，总产量101287吨；菠萝种植面积416公顷，总产量7434吨。

1991—2010年昌江县水果种植情况统计表

表6-3-4 单位：公顷、吨

年度	芒果		香蕉		菠萝	
	种植面积	总产量	种植面积	总产量	种植面积	总产量
1991	1033.3	763	233.9	1222	129.9	687
1992	1126.1	1265	227.5	1296	121.7	515
1993	1279.6	1854	218.4	965	93.5	406
1994	2604.9	2362	268.3	994	121.9	402
1995	4674.1	3573	269.1	1127	69.0	287
1996	5196.3	4091	240.1	1243	61.5	226
1997	6777.0	3669	248.8	1312	44.7	208
1998	6875.5	12703	278.1	2090	25.3	148
1999	6679.0	19996	318.0	1743	86.0	402
2000	5435.0	19547	2334.0	1810	834.0	450
2001	5568.0	20267	2413.0	65020	713.0	7798
2002	5647.0	20495	2336.0	63546	586.0	8299
2003	5414.0	22071	2175.1	66596	543.0	8739
2004	5385.1	22043	2058.1	64850	347.5	6229
2005	5404.0	21706	2143.0	72403	361.0	6191
2006	4895.3	21706	2276.4	72403	367.0	6191
2007	4878.0	23050	2383.0	81037	356.0	6672
2008	4128.0	20243	2727.0	88168	366.0	7067
2009	3785.0	18448	2945.0	92861	366.0	7218
2010	3059.0	17114	3981.7	101287	416.0	7434

二、花卉

1991—1995年，昌江县仅有家庭零星花卉种植。主要品种为象牙白兰、冬凤兰、墨兰、五指兰、虾背兰、玉唇兰等。1998年，海尾镇招商引资在海农、五大、打显3个村，开发建设牧草基地兼种植花卉，总面积为666.7公顷。2008年，海南兰源热带兰花产业有限公司，投资130.65万元，在十月田镇发展热带兰花产业。建设兰花基地庶阳棚14966平方米、网棚喷淋系统3689平方米、网棚苗床3689平方米，培育文心兰种苗3万株。

2010年，叉河镇调整农村产业结构，在老羊地村委会老羊田村招商引资开发菊花种植基地33.3公顷。至此，全县花卉种植呈现品种多、面积大、基地化的景象。

第五节　芒果基地

1991年，昌江县芒果种植以个体种植为主，零星分散。一般种植0.2~0.3公顷，面积小不成规模。1992年，全县种植面积1126.1公顷。1995年，县委、县政府立足资源和区位优势，实施了“科技兴芒、芒果强农”的发展战略，芒果产业得到迅速发展。1996年，省内外一大批客商到昌江投资芒果生产，建立了天和、华超、海创、海昌、宝丰、全农等三十多个芒果生产基地。1998年，全县基地种植面积5196.3公顷，芒果生产进入规模化、基地化生产。

1999—2002年，在北京、上海、天津等一些大中城市成功举办芒果、香蕉、香水菠萝等热带名特优水果促销会，主要芒果品种有椰香、吕宋、黄玉、白玉、白象牙、青皮、金煌、台农一号等8个品牌。

2008年，昌江县推进农业特色产业，以芒果主产地区为重点，采取和芒果种植专业户进行合作的方式，选择具有一定种植能力和管理水平的芒果种植专业户、大户及企业的生产基地作为科技示范基地，在石碌镇保梅等地建立科技示范基地6个，面积达152公顷。其中石碌镇的鸡实村（种植红贵妃芒、金煌芒、澳芒等品种）20公顷，保梅村（种植凤凰芒、红玉芒、台农1号等品种）6.7公顷；十月田镇的保平村（种植红玉芒品种）10公顷；乌烈镇的乌烈村（种植金煌芒、台农1号等品种）8.7公顷；七叉镇的天和农场（种植凯特芒、金煌芒、澳芒、台农1号等品种）100公顷；叉河镇老洋田村（红玉芒、台农1号等品种）6.7公顷。

2010年，全县有芒果生产基地种植面积达6666.7多公顷，其中规模66.7公顷以上的有6个，33.3公顷以上的有5个；6.7公顷以上的有62个。另有农户小规模不等零星分散种植居多。

第六节 农业良种与技术推广

一、良种推广

水稻

1991—1994年，水稻早造以七桂早25、三二矮、高普汕等常规稻为主。同时引进汕优63、汕优6号、博优64、博优903、博Ⅱ优964等系列新品种。1998年后，以广优4号、博优903、博Ⅱ优961、博Ⅱ优964、博Ⅱ优15取而代之。2002年后，早造推广Ⅱ优128、特优128、特优248、特优009、博Ⅱ优15、博Ⅱ优938。至2010年仍在推广。

芒果

1991年，芒果品种以秋芒、紫花芒、红玉芒、象牙芒、吕宋芒、鸡蛋芒、小青皮芒为主。1996年后，引进效益较高的贵妃芒和金煌芒，换冠陶汰价低质差的秋芒。1999年后，又引进台农1号芒、台牙芒、澳芒、凯特芒、凤凰芒等优良品种的砧木，换冠取代价格低廉的紫花、红芒等，所引进的新品种与红玉芒，换冠面积不断扩大成为主导品种。

甘蔗

1991年，全县甘蔗品种较为少，大多沿袭过去品种。主要品种海糖4号、桂糖63/237等。1998年，始于引种新台糖2号、16号、20号、22号、23号、24号和桂糖16号、17号。

2001年开始引进新台糖22号试验示范，生物性状表现突出，含糖量高达14.15%，平均亩产量5.62吨。2002年引种示范推广13.3公顷，2003年引种示范推广20公顷，2004年引种示范推广33.3公顷，2005年引种示范推广53.3公顷，2006年引种示范推广66.7公顷。2007年引进甘蔗新品种新台糖22号、粤糖93/159种植面积100公顷，2008年引种示范推广333.3公顷。2009年引种示范推广666.7公顷，甘蔗平均亩产6.01吨，比常规甘蔗平均亩产3.575吨，亩增产2.46吨。县农技中心2009年在甘蔗新品种新台糖22号、粤糖93/159引种试验及推广工作中做出突出贡献，荣获海南省科技转化奖一等奖。

二、杂交水稻基地

1991年，昌江县为加强良种繁育，解决生产用种，提高种子质量，培育高产稳产高效优质的良种，用于大田生产，提高总产。由县农技中心下属单位县种子公司、农科所、良种场，组建三位融合为一体的制种专业技术队伍，经考察选择天然隔离条件良好的红林农场1队、2队等农田33公顷，作为杂交水稻良种繁育基地。1992年，又面向红林农场 11 队、12 队扩展面积 26.7 公顷，从此巩固稳定大田生产种源。2010 年是制种产量较高的一年，全年生产优质水稻杂交种子 44.75 万千克，除满足昌江县用种外，还向外地供种 17 万千克。

三、农业科技服务

1991–1998 年，昌江县每年组织农技部门农技员下乡开展农业技术指导，做好农业生产服务。

2000 年后，县农业部门开始设立农业科技 110 县指挥中心。下设 2 个农业科技 110 专业服务站、11 个农业科技 110 省级标准服务站和 18 个农业科技 110 服务点。

2006 年，实施农业科技入户、新型农民培训、农村劳动力转移培训工程。制订实施《新型农民培训方案》《农村劳动力转移培训方案》，县农业局、县扶贫办、县农综办、县农技中心、县畜牧局共投入 50 万元，培训新型农民 5000 人。完成阳光工程培训 800 人，转移 680 人。同年，为建立健全昌江县农业科技 110 服务网络，制定《昌江县农业科技 110 服务体系建设方案》，全县农业科技 110 服务站占地总面积 7590 平方米，配备服务交通工具摩托车 24 辆、汽车 12 辆，专业技术人员 71 人，科技示范基地 28 个 295.1 公顷。各服务站开通了全省农业科技 110 统一服务电话“963110”，配置了电子显示屏、远程电脑网络视频系统，部分服务站还配置了测土配方仪、显微镜和农药残留检测仪。各服务站积极开展科技咨询、科技培训、科技示范、科技推广、农资销售和电子农务等科技服务活动，并根据农业生产的不同季节，发送电子农务信息，及时指导农业生产，做到了快速反应，科学实用。

2008 年，昌江县实施农业部测土配方施肥项目，全县区划图定点、土壤分布图采样和“3414”田间试验。2009 年，建设数据库，野外采样 2419 个，土壤化验分析 2000 个。下年，全县 8 个乡（镇）73 行政村累计推广测土配方施肥 17533.3 公顷。

2010 年，全县农业科技服务实现全覆盖。实现面对面与农业专家进行咨询交流，为帮助农民群众快速解决生产中遇到的胡椒栽培技术难题提供了有效的科技服务平台。农业科技 110 已成为新时期科技服务“三农”的有效平台。

第四章 畜牧业

第一节 畜禽养殖

1991年，全县畜禽养殖以农村散养为主。1994年，全县畜禽养殖业始有变化，专业养殖户始兴，畜禽饲养量稳步发展。生猪饲养量由1991年年末7.9万头增加到1995年年末的10.2万头；牛饲养量由1991年末3.5万头减少到1995年末的3.2万头；山羊饲养量由1991年年末3.8万只增加到1995年年末的4.4万只，家禽饲养量由1991年年末38.7万只增加到1995年年末的42.5万只。肉类总量由1991年年度的3825吨增长到1995年度的4550吨。

1994—1995年，在石碌镇、叉河镇建立起家禽养殖基地，县畜科所引进樱桃谷鸭、良凤花鸡进行示范推广。

1996—2000年，昌江县以海南省建立无规定动物疫病区为机遇，加快调整畜牧业产业结构，引导农民根据当地自然资源，利用果园大力发展养猪、家禽，大搞立体化农业。具体情况：1998—1999年进行牛人工授精技术推广，引进辛地红和利木赞优良种牛，在全县范围内进行黄牛人工授精配种。在王下乡建立养牛、羊基地，畜牧业发展上了新台阶，生猪饲养量由1996年年末10.58万头增加到2000年年末的14.35万头；牛饲养量由1996年年末3.2万头增加到2000年年末的3.4万头；山羊饲养量由1996年末4.1万只增加到2000年末的4.8万只，家禽饲养量由1996年末45.9万只增加到2000年年末的73.5万只。肉类总量由1996年度的4900吨增长到2000年度的6021吨。

2001—2005年，国家和省投入资金建设海南省无规定动物疫病区，昌江县动物防疫基础设施建设得到巩固和提升，促进昌江县畜牧业发展，全县猪、牛、羊、禽死亡率分别降低到5%、1%、1%、13%以下，生猪饲养量由2001年年末15.3万头增加到2005

年年末的 16.2 万头；由于农业机械规模化扩大生产和退耕还林，能放牧的荒山野岭面积减少，牛饲养量生产由 2001 年年末 3.5 万头减少到 2005 年年末的 3.0 万头；山羊饲养量由 2001 年年末 4.4 万只减少到 2005 年年末的 3.7 万只；家禽饲养量由 2001 年末 99.5 万只增加到 2005 年年末的 113.6 万只。肉类总量由 2001 年度的 6235 吨增长到 2005 年度的 8754 吨。

2006 年，国家实施农业补贴政策。2007 年开始对饲养的能繁母猪给予补贴。2009 年开始对开展人工授精的母猪给予补贴，昌江县生猪规模化养殖和品种改良得到巩固和提升，生猪饲养量由 2006 年年末 16.7 万头增加到 2010 年年末的 21 万头；牛饲养量生产由 2006 年年末 2.9 万头增加到 2010 年年末的 3.9 万头；山羊饲养量由 2006 年年末 3.6 万只增加到 2010 年年末的 4.8 万只，家禽饲养量由 2006 年年末 114.9 万只增加到 2010 年末的 135.4 万只。肉类总量由 2006 年度的 9148 吨增长到 2010 年度的 11916 吨。

2010 年年末，家禽养殖始于专业化，全县发展各类养殖大户 750 多户，其中规模养猪大户 152 户、规模养禽大户 210 户，其他饲养户 338 户。

附：山羊养殖

1991 年，西部沿海地区昌化、海尾、乌烈等乡（镇）始兴山羊养殖。2000 年，农业结构调整，实施“一村一品”农业产业发展战略，山羊养殖个体专业户兴起发展。乌烈、峨港、海尾、昌城、先田、道隆、白石、保平、耐村、南罗等地出现山羊养殖专业户或合作社。2010 年，全县山羊养殖达 4.8 万只。山羊养殖成为农民发家致富产业之一。

第二节　品种改良

1991 年起，昌江县畜科所每年都投入 10 万元，引进文昌鸡、石岐杂鸡、岭南黄鸡等 3 万只优良品种在全县范围内示范推广，扶持养鸡专业户 154 户，引导农民走向规模养殖道路，取得良好的经济效益。

1998—2000 年，昌江县三年共投入 30 万元先后引进辛地红和利木赞牛冰精液在乌烈镇、昌化镇、海尾镇、十月田镇开展人工授精杂交为地黄牛，改良该地品种。

2000 年，昌江县设一个黄牛冷配改良点，引进辛地红、利木赞冻精颗粒 1.5 万粒，对全县主要养黄牛的乌烈镇、海尾镇、昌化镇、十月田镇饲养的黄牛进行人工授精配种，性期受胎率达 72%，产仔达 1 万头左右。

2003 年，在乌烈镇畜牧站兴办 1 个生猪人工授精配种点。

同年，从海南罗牛山引进杜洛克良种公猪在乌烈畜牧站饲养配种，改良该地猪品种。2009年，县政府投资20万元建设昌江县良种公猪配种站，推广二元或三元杂交商品猪，全县良种覆盖率达75%以上。

2008—2010年，全县共有15家种猪场获得省农业厅颁发的“种畜禽生产经营许可证”，并在全县范围内设立15个良种公猪精液供应点，开展母猪人工授精配种改良，每年提供优良公猪精液8万头份，配种母猪4万胎次。

第三节 疫病防治

一、综合防治

1991年，昌江县实施国家家禽防疫条例、动物预防法等法律、法规，组织开展畜禽疫病防治工作。坚持以预防为主，强化依法防疫，加强防疫队伍和设施建设，防检结合、综合防治，防疫效果大大提高。

1996年，海南建立无规定动物疫病区，昌江县强化以法治牧，进一步构建完善动物防疫体系，家畜家禽流行病得到控制。

2000年，海南省开始实施无重大动物疫病区建设，昌江县动物疫病防治工作得到进一步健全。同年，全县共检疫活畜禽83.1万头（只），检疫肉类9870吨，检出病畜禽1.04万头（只），占检疫总数的1.25%，检出病害肉13.1吨，占肉检总量的0.13%，有效保障了畜牧业发展和人民群众身体健康。

2006年，全县聘用乡村兽医员82名，达到村村都有一名防疫员。同年，县出台《昌江县高致病性禽流感应急管理条例》，全县动物疫病防治工作走上法治化。

2007年，开始实施动物防疫工作责任制，实行县、乡（镇）、村（居）三级负责制。2008年6月，县动物卫生监督检验所更名为县动物检疫站。同时，成立县动物疫病预防控制中心和县动物卫生监督稽查队。全面加强执法队伍建设，提高执法手段，强化监督执法。

2009年，海南省无疫区正式通过农业部评估验收。通过无疫区的建设，健全了昌江县兽医工作、动物防疫技术、动物卫生监督、动物疫情监测、动物防疫屏障、无疫区法规的“六大体系”，建立强制免疫、免疫抗体效果考核、动物疫情监测报告、申报检疫和产地查询“四大机制”。

2010年，全县共设有动物检疫站10个，动物检疫覆盖8个乡（镇）2个农场。动物检疫率 100%。

二、主要疫病

口蹄疫。被国家列为一类传染病中第一号病，自 1991 年后，昌江县口蹄疫病例未现复发。

H5N1 高致病性禽流感。被国家列为一类传染病，属于人畜共患病，2000 年开始，由于实施强制免疫，昌江县没有 H5N1 高致病性禽流感发生。

猪瘟。被国家列为一类传染病，对养猪业影响最大。1991 年后，县兽医部门进行猪瘟疫苗全面接种预防，使猪瘟得到有效控制，至 2010 年，县境内没有出现猪瘟病例。

猪高致病性蓝耳病。2008 年后，被列为强制免疫的重大动物疫病，至 2010 年未出现猪高致病性蓝耳病病例。

鸡新城疫。由鸡新城疫病毒引起的急性高度接触性传染病，被国家列为一类传染病。通过疫苗免疫，至 2010 年未出现鸡新城疫病例。

犬狂犬病。被国家列为二类传染病，属于人畜共患病。1991—2000 年，在昌江县少数农村偶尔突发。2008 年，昌江县开始进行犬狂犬病强制免疫，至 2010 年未出现狂犬病病例。

第四节　畜牧机构

一、县畜牧兽医局

1991—1994 年为县畜牧局。1995 年，机构改革，改称县畜牧技术服务中心。2007 年，改为县畜牧兽医局。2010 年，县畜牧兽医局内设机构有动物防疫股、疫病诊治股、疫情监控股、畜产品质量安全股、兽药饲料监管股和畜牧业生产指导等。人员编制 10 人。

昌江罗牛山畜牧养猪场有限公司规模化生产
（罗牛山畜牧有限公司　摄）

二、养殖企业

昌江罗牛山畜牧有限公司 昌江罗牛山畜牧有限公司猪场坐落在七叉镇玉地村东侧，公司隶属海南罗牛山农工贸股份有限公司控股企业，注册资金 1000 万元，公司占地面积 86.7

昌江天和霸王黑鸡养殖基地
（昌江天和霸王黑鸡基地 摄）

多公顷，猪场建设占地面积10多公顷，项目总投资2000万元，2008年11月由县委书记剪彩开工奠基仪式，2009年10月正式投产，2010年生猪出栏达到1.6万头。公司现有中高级职称人员6人，饲养工人25人，是一个有丰富养猪经济的大型养猪场，是昌江县生猪养殖规模最大、档次最高的企业。公司以“诚信、品质、服务、创新”的理念，作为不断追求的目标。

昌化镇大风田园养鸽专业合作社　该合作社鸽场位于昌化镇大风村北侧，注册资金300万元，合作社占地总面积2公顷，1999年10月，鸽场建成投产，经过10年的发展，鸽场建设占地面积1公顷，总投资达600万元。鸽子品种为美国银王鸽，2010年存栏种鸽1.5万对，出栏乳鸽达25万只，合作社成员为5户，饲养工人18人。2009年，合作社鸽场是昌江县2009年规模最大的鸽子场，合作社秉承“顾客至上、信誉第一”的原则服务于广大消费者。2004年3月，合作社法人钟香伟被县政府授予首届“昌江十大杰出青年”荣誉称号；2006年10月被海南省人民政府授予“海南农村致富带头人”荣誉称号。

1991–2010年昌江县畜禽饲养情况统计表

表6–4–1　　　　单位：头、只、吨

年份	生猪存栏	出栏	母猪存栏	牛存栏黄牛	水牛	出栏	山羊存栏	出栏	家禽存栏	出栏	肉产量	蛋产量	畜禽规模场数
1991	41050	38172	9658	12896	9785	12560	20341	18147	156510	231254	3825	214	131
1992	44572	39854	9857	12473	9687	11789	21014	18876	158950	247841	3924	220	147
1993	48524	42140	10587	11285	9358	12547	20145	18273	148792	254430	4157	256	157
1994	51875	45257	11289	11789	9412	11045	19541	18750	154875	257820	4325	274	164
1995	54767	47874	11457	12187	9651	9865	22878	19152	162511	263520	4550	258	187
1996	55457	50828	12589	12567	9587	10272	21478	19792	187850	271413	4900	298	217
1997	61540	55784	12584	12884	9478	9997	19863	19845	197841	301253	5358	305	221
1998	63541	59742	13570	12461	9584	9828	20451	19789	205426	358413	5587	321	254

表 6–4–1 续 1

年份	生猪存栏	出栏	母猪存栏	牛存栏黄牛	水牛	出栏	山羊存栏	出栏	家禽存栏	出栏	肉产量	蛋产量	畜禽规模场数
1999	68780	65470	15240	12520	10658	9987	21470	20875	224500	417450	5789	336	265
2000	71741	71410	14780	12877	11243	10110	21189	20978	255879	479270	6021	384	271
2001	74210	78540	16540	14415	10732	9851	23140	21410	341200	654520	6235	358	287
2002	73511	81254	15471	12864	9214	9521	22145	19857	354710	710214	6587	408	311
2003	72510	85452	16541	13108	8973	9254	20170	22145	375411	778451	8154	411	321
2004	72451	87474	17458	12430	8611	8521	19841	21010	384510	765840	8420	421	351
2005	72781	89124	18752	12309	8795	9025	18742	18412	395410	741010	8754	455	374
2006	73864	93584	22438	12193	8754	8545	18194	18693	388200	760885	9148	478	357
2007	80543	104068	19682	11452	8641	9331	18244	20181	363894	831659	10121	510	382
2008	84123	117893	25038	11876	8597	10093	20545	22096	373908	916365	11497	557	388
2009	88029	121278	21625	12728	8803	9012	23918	22862	320502	1003059	11414	729	411
2010	88782	121382	19654	18026	12413	8893	26288	22053	350383	1003734	11916	769	424

第五章 林 业

第一节 森林资源

昌江县属热带雨林区。雨量充沛（年降雨量过1800~2000毫米），阳光充足，长年无霜，土壤肥沃，为物种生息繁衍提供了良好的自然环境。县域林区内拥有乔灌木树种1400多种。其中经济价值较高的有76个科属460多个品种。主要有壳斗科、龙脑香科、无患子科、樟科、罗汉松科、木兰科、松科、番荔枝科、杜英科、梧桐科、桃金娘科、桑科、冬青科、楝科、灰木科等。一类至三类材有120多种，属热带雨林区独有A类商品材有坡垒、子京、母生、花梨、荔枝5种。特类材、一类材、二类材、三类材的活木蓄积量占林区原始林木总蓄积量的50%以上。其中属一类材的有陆均松、红椎、马桐、油丹、竹叶松、绿楠、苦梓、桢楠、麻楝、红罗等20多种；属二类材的有南亚松、乌墨、黄椎、毛丹、菠萝蜜、油楠、胭脂、香楠、香椿等30多种；属三类材的有黄杞、鸡毛松、苦楝、白格、黑格、稠木、青岗栋、乌榄、酸枣、黄檀、黄胆、黄牛木、无患子等50多种。

昌江县经济林木树种主要有芒果、木棉、橡胶、菠萝蜜、腰果、椰子、石榴、龙眼、人心果、荔枝等。引进树种有木麻黄、小叶桉、窿缘桉、大叶相思、泰国木棉、杉树、柠檬桉、马占相思、非洲楝、马尾松、油木、新银合欢、刚果桉12号、樟树、凤凰木、南洋杉、枇杷树、圆柏等。

一、珍贵林木

坡垒。坡垒为霸王岭林区特有树种，属龙脑香科绿乔木，树干高大，在猴弥岭、雅加大岭中有零星分布。树干挺直圆满，木质坚韧、硬度大，结构紧密，无开裂，材色美观，抗腐力强，耐日晒水浸，无虫蛀。属特种用材，适用于码头、造船、桥梁、建筑、防空坑道等建设用材。为国家二级保护树种。

母生。母生属天然木科常绿乔木，树干通直，分枝多，材质坚硬细致，抗虫耐腐，坚固耐用，是造船、车辆、建筑、桥梁用的优质原材料。为海南特类用材之一。在霸王岭林区、保梅岭均有分布。其特点再生力强，为林场重点繁殖树种。

降香黄檀。俗称花梨木。属蝶形花科半落叶乔木，为该省特有树种，是国家重点保护树种之一。主要分布在昌江县东南部高丘山冈和山腰开阔地带。经济价值高，实用广泛，心材坚硬，有光泽，呈紫色或紫褐色。结构紧密细致，横切面纹理清晰、美观。并有芳香气味，不变形，无干裂，无虫蛀，耐腐力强，是制造高级家具、乐器、嵌边等工艺品的理想用材，同时也具有药用价值。

青皮（青梅）。青皮为昌江县典型热带雨林树种，属龙脑香科常绿乔木，分布于霸王岭林区高山的中下部，在湿度大、土质较肥、坡度小的林区，成林较集中。木质坚硬、结构致密，耐腐力强，树干挺直，干燥后稍有开裂。但不变形，心材抗腐耐浸，常作造船、桥梁、车辆、建筑、枕木、坑道等用材。

竹柏。竹柏属罗汉松科常绿乔木，主要分布在霸王岭林区雅加大岭650米以下的山地及沟谷地带。枝干通直，纹理纵行，结构细致，干燥无裂缝，不变形，横切面平滑且有光泽，材色淡黄美观。可作门、窗、地板、家具、乐器、雕刻等。果子含油丰富，可作工业用油。

海南油杉。属松科常绿尖叶乔木，枝干圆直，高大。年轮清晰明显，纵切面呈花纹状，美观雅致，是高级家具及房屋建筑用材，为国家保护树种之一。主要分布在霸王岭林区深山密林中。

雅加松。松科，为常绿尖叶乔木，20世纪60年代在雅加大岭一林区发现而命名。枝干高大通直，纹理细密均匀美观，是家具及建筑理想用材，喜生长于湿度较大的深谷中。

黄杞 属山毛举科，多分布在半山腰，海拔600米以上的地带，适应性强，径级小，一般为40厘米左右，70厘米以上的少见，是林区特有树种，受国家保护。

海南粗榧。别名红壳松，属粗榧科常绿乔木，在霸王岭林区中分布较广，喜生于深山幽谷地带，纹理通直，结构均匀细致，木质较松软，适用于制作天花板，高级箱盒、家具、文具、雕刻等。

荔枝。荔枝属果材两用树种。昌江县荔枝多属野生，在霸王岭林区有成片林地，东部及东南部高丘地带也有分布。木质坚硬致密，比重大，不变形，切面平滑，有光泽，是制造仿古家具理想用材，广泛适用于车辆、建筑、船舶等。20世纪90年代，被划定为禁伐区，实施林木保护。2010年，是保存较好的一片天然荔枝林有40公顷左右。

二、经济树种

芒果。在昌江县种植历史悠久，主要分布在东南部的七叉、王下 2 个乡（镇）和中部的叉河，十月田及东部的石碌等镇。散生在各个村落，其中有不少百年树。截至 1991 年，全县已种植良种芒果 965.1 公顷，收获面积 58 公顷，鲜果年产量为 732.3 吨左右。截至 2010 年，全县种植良种芒果 3351 公顷，同年收获鲜果产量为 17114 吨。

腰果。腰果是热带四大香料作物之一，经济价值高。腰果树耐旱耐脊，有防风固土作用，适宜在沿海沙质土壤生长。20 世纪 60 年代初期开始引种，主要分布在海尾镇白沙、进董两个村，面积 242 公顷。1991 年，全县已种植腰果 2224.9 公顷，收获面积 205.5 公顷，年产仁量 15 吨。外贸部门历年组织收购出口创汇，是昌江县对外贸易的主要农产品。2010 年，全县腰果面积 101 公顷，年产仁量 19 吨。其果壳及种仁含油较高，果仁营养丰富，风味独特，经济价值高，是制作高级糕点，饮料的主要原料。直接油炸，香脆可口，品味独优。

木棉。木棉是昌江县传统经济林林，栽培历史悠久。分布在昌江县东南部的七叉、王下，东部的石碌，中部的叉河、十月田等乡（镇），其余地区也有零星分布。木棉树粗生易种，树干高大，可直接插条繁殖。主要产品木棉花絮柔软质轻，弹性好，商业上广泛应用于床上用品，是当地黎族同胞，世代衣裙、被褥的主要原料。其花瓣可供药用。历年国家组织收购棉絮及花瓣，为黎族同胞开辟了经济门路。20 世纪 80 年代后期，昌江县引进泰国木棉品种，进行成片种植。2010 年，全县共有木棉树 1000 公顷（以株折公顷），年产量达 50~100 吨左右。

橡胶。昌江县种植面积最大的一项经济林木，主要分布在县东部的石碌，中部的叉河、十月田等镇，乌烈也有少量种植。1990 年年底，全县有橡胶面积 4030.6 公顷，其中县属部分 1110.7 公顷，占全县橡胶面积的 27.5%。2010 年，全县有橡胶面积 14498.3 公顷，其中县属部分 6514.1 公顷，占全县橡胶面积的 44.9%。

椰子。中华人民共和国成立前，昌江县椰子仅局限在黎族同胞居住的屋前、屋后和村落旧址零星种植。至 1990 年，全县实有面积 163 公顷（以 450 株为 1 公顷计），同年总产椰子 55.7 万个。2010 年，全县实有面积 82 公顷（以 450 株为 1 公顷计），同年总产椰子 33.8 万个。

第二节 植树造林

一、义务植树

1991 年，全县持续开展全民义务植树活动，全年全县义务植树 25000 棵。

1997年6月，县在昌化小角、大角流动沙地组织防止荒漠化万人签名活动。同年9月，县四套班子领导成员、机关干部和沿海乡（镇）干部、学校师生、公安干警、人民群众等1000人参加在昌化小角进行流动沙地义务植树。共植树造林36000棵。

1999年后，参加义务植树的人数越来越多，平均每年3万人次。1999—2000年全县植树20万株。主要植椰子树、菠萝蜜等树种。分别在城区街道、公路两旁及部分村庄。

2002年4月13日，组织机关干部职工，在矿建直通水头村约4千米长的公路两旁种植椰子树16000株。9月份又组织全县机关、企事业、公安干警到昌化镇棋子湾进行椰子树套种，县四套班子领导和全县机关单位职工共2200人参加义务植树活动，种植椰子树5650株。

2001—2010年，全县义务植树429万株。

二、成片造林

1991年实施世界银行贷款造林项目，贷款金额397.92万元。1993年，全县世行林造林面积2975.7公顷，其中桉树造林面积1944.5公顷，加勒比松造林面积1031.2公顷。

1994—1996年，全县围绕全省灭荒这一目标进行造林，县林业局对全县的土地进行调查落实，并实行规划、测量、绘图、制定灭荒造林措施和方案，积极指导各乡（镇）、林场、农场查荒，把每年省下达全县的造林任务分解到各乡（镇）。截至1996年，全县完成灭荒造林2040.1公顷，其中农综林1935.1公顷，中央林105公顷，合格率分别为92%、85%。

1999年，昌江开发浆纸林建设项目。1999—2003年，引进金华林业公司、建昌公司、三大壮公司等一批专业造林企业，共营造浆纸林面积2605.7公顷。

2007年起，昌江县在全国率先实行森林生态补偿，补偿标准每亩每年4.5元。进一步促进全县植树造林工作发展。

2008年，全县加强实施海防林工程，2003—2008年，5年间共营造海防林1356.7公顷。同年，昌江进一步扩大了森林生态效益补偿范围，将石碌镇水富村、七叉镇大章村、宝山村、白石村、南在村455户2119人列入补偿范围，每人每月33元，全年补偿84万元。

2009年。全县营造海防林41.4公顷，全面实施继带合拢、窄带加宽、残带增强，沿海基干林带得到恢复和发展，林分的生态功能明显提高的预期目标。同年4月，全省和全国海防林现场会先后在昌江召开。

2010年，全县共培育造林苗木110万株，着力做好育苗工作，其中，木麻黄种子苗木60万株，桉树苗木50万株。同年，全县植树造林733.3公顷。护林工程造林526.7公顷，中幼林抚育面积1000公顷。

1991–2010年昌江县植树造林情况统计表

表6-5-1　　　　　　　　　　　　　　　　　　　　　　　　单位：公顷、株

年度	用材林（公顷）	防护林（公顷）	经济林（公顷）	合计（公顷）	“四旁”植树（株）
1991	275.8	—	—	275.8	310000
1992	899.9	—	—	899.9	320000
1993	935.5	—	—	935.5	380000
1994	332.1	—	—	332.1	414000
1995	539.7	—	—	539.7	200000
1996	908.5	218.3	179.0	1305.8	26100
1997	661.7	586.6	—	1248.3	30000
1998	395.5	47.5	13.3	456.3	50000
1999	962.5	318.5	47.3	1328.3	138000
2000	1286.8	449.1	34.0	1769.9	187000
2001	79.1	475.2	1521.6	2075.9	532000
2002	52.6	1100.6	810.1	1963.3	171100
2003	—	6284.6	305.8	6590.4	305000
2004	2221.6	1396.9	92.8	3711.3	225000
2005	3920.7	454.6	340.9	4716.2	830000
2006	2689.7	—	214.3	2904.0	32000
2007	903.9	915.1	—	1819.0	42600
2008	751.9	74.5	—	826.4	44000
2009	1593.6	—	267.0	1860.6	550000
2010	—	733.3	—	733.3	510000

第三节　森林防病与防火

一、病虫害防治

1991—1998年，森林防治以防为主、防治结合，人工防治与药物并举的方针。引进种苗、种子都经过严格的检疫工作。

2003年，县森林植物检疫站首次海尾镇、昌化镇进行森林病虫害防治监测，对木材运调检疫12350立方米、苗木检疫103045株。

2004 年 4 月，昌江县发生椰心叶甲虫害，受灾 5337.3 公顷。县森林植物检疫站采取措施进行防治，对昌江县棕榈科植物发生的椰心叶甲虫害生物防治 88 公顷，化防治 1080.9 公顷。同时，对天然林监测病虫害 1534.1 公顷，人工林监测 3020.6 公顷。

2005 年，加强对外调入的木材、苗木实行严检。2005—2007 年，对调入检疫木材 17459 立方米，对调入苗木检疫 1675907 株。

2008 年，放寄生蜂 1504.15 万头，挂药防治椰树 2000 株，苗木检疫 600 万株，木材调运检疫 8062 立方米，监测人工林 8666.7 公顷，天然林 7333.3 公顷，开展桉树瘿姬小蜂虫害调查 966.7 公顷。

2009 年，防治棕榈科植物 3.5 万株，释放姬小寄生蜂 800 万只，木材调运检疫 6000 立方米。苗木检疫 529 万株。对新发生的桉树枝瘿姬小蜂监测面积 8000 公顷。

2010 年，防治棕榈科植物 4 万株，释放寄生蜂 900 万只，木材调运检疫 7000 立方米。苗木检疫 529 万株。对新生桉树枝瘿姬小蜂防治 1333.3 公顷。

二、森林防火

1991—1996 年，全县森林防火工作措施不全，设施短缺，林区随处都可见到火烧痕迹。1996 年在全省森林防火工作年终考核列为倒数第一。1997 年，县成立森林防火领导小组，各乡（镇）政府相应成立领导机构，至次始于扭转全县森林防火工作的落后局面。为了落实森林防火工作责任，县政府并与各乡（镇）签订《昌江县森林防火责任书》，镇与村委会、自然村签订“责任书”。

1998—1999 年，全县加大森林防护，先后出台《昌江县森林防火工作方案》《昌江县扑救森林火灾预备工作方案》，在各林区、路口书写森林防火宣传标语，竖立宣传牌，利用电影、电视、广播宣传，做到家喻户晓。同时成立应急防火队和群众性义务救火队。通过采取一系列的科学防火措施，使全县森林防火工作取得显著的成绩，森林防火受害率低于国家指标的要求。1998—1999 年连续两年被评为全省森林防火先进单位。

2003 年，由省森林防火指挥部出资，在县林业局办公楼顶上加盖起县森林防火指挥部办公室，共 60 多平方米。2006 年，组建县护林防火专业队，共招 25 人，每个乡（镇）成立地方火灾应急扑火队伍，人员有 15~25 人。2008 年起，森林火灾发生率逐年减少，天然林保护得到有效控制。2010 年，全县共发生零星森林火灾 11 宗，总过火面积 125.3 公顷，有林受害面积 104 公顷。

三、固沙造林

1991 年，昌化、海尾等沿海乡（镇）有个体户在沿海沙滩种植木麻黄树、大叶桉等防护林。

1996年年初，昌江县沿海造林治沙开始起动。县林业局贯彻“先易后难、先内后外、先造固定沙地后造流动沙地”的营造海防林原则，年底重新拟定了《昌江县沿海防护林海岸基干林带规划方案》，省林科所成立流动沙造林试验课题组到昌江县昌化小角流动沙地进行试验，提出先固沙、后造林、大片成块地进行治理措施。用生命力强的露兜做固沙带，培育大营养袋、壮苗深栽。同年9月省林科所在流动沙地内种露兜400公顷，并在下年造林获得成功。1998年，县林业局根据国务院办公厅《关于把沿海基干林带划为特殊保护带》的精神。划定昌江县沿海防护林区宽度自海岸线起内定为500米，外线定为500米。县林业局在沿海基干带47.6千米的海岸线上立下100块林带标志碑。1997年至1998年共投入治理资金500万元，营造46.27千米沿海防护林，造林3160公顷（含补植），种植固沙露兜34.5万株、荆藤1万公顷。1999年初调查1997—1998年的治沙造林，保存率在90%以上。

2002年，昌江县推进治沙造林和海防护林工程，投入资金500万元，在昌化、海尾等镇滨海沙地实施海防林和生态林套种，种植海防林、生态林分别为133.3公顷和112.3公顷。2010年海防林套种完成133.3公顷，生态林建设完成124.3公顷。

第四节 林业管理

一、机构

1991年，县林业局隶属县政府直属工作部门，内设行政办公室、林政股、营业股、防火办、绿化办共5个股室，下辖8个林业工作站。1996年6月成立县公安局林业公安分局，事业单位，副科级建制，编制9人，隶属于县林业局。2005年12月，增设林业生态办公室。2010年，县林业局编制25人，正科级事业单位，其中行政编制20人，事业编制15人，内设机构及工作职能不变。下辖县森林防火指挥部办公室、县森林公安局及石碌、太坡2个木材检查站。

二、林权制度改革

1991年之前，昌江县林木权属有国有、集体所有的山林和个体所有的自留地林木。权属清楚的地方政府予以认可。1991—1995年，实施世行贷款造林工程，农村林业权属范围有所扩大。1995年12月，全县世行造林面积3103.9公顷。1997年，全县实行第二轮土地承包合同，农村林权制度持续完善。首次对集体、个体承包林地进行制图标注、定桩划界、发林权证。

1999年，昌江引进浆纸林开发项目。全县第三代林木、残次林木、荒山荒坡及灌木林地等纳入开发范围。2000 年，全县浆纸林种植面积 4120.9 公顷。林地权属不变，集体和个体林地（山地）所有权仍归承包者所有，以出租或转让方式与开发公司合作经营。

2002 年，落实国家退耕还林政策，实施治理坡耕地、沙化土地和荒山荒坡地。全县 8 个乡镇、红林农场、霸王岭林业局等列入退耕还林范围，共计 126 村 5800 户。同年，昌江县引进企业，实施合作经营，土地权属不变，发展林业生产。省林业总公司、建昌公司、海口三大状公司、三亚木片厂、昌江万达公司 5 家企业进驻，共造林面积 988.9 公顷。

2007 年 11 月，落实党中央、国务院和省委、省政府深化农村集体林权制度改革有关决定，昌江县作为省农村集体林权制度改革的 4 个试点县之一。全县纳入林权制度改革区域范围，包括 8 个乡镇、红林农场和红田农场，面积达 46066.7 公顷。

2008 年 12 月，全县完成规划内林地勘界测量面积 45466.7 公顷，涉及农户 2 万户，人口 10.3 万人，分别占全县农村总户数和农业总人口数的 66.7% 和 67.3%。

2010 年，全县农村集体林地权属确权发证 201 户。农村集体林业管理步入正规化。

三、林政管理

1991 年，县林业局设立林政股，专门负责全县林业法律法规宣传，对森林资源数据统计管理，森林资源调查，编制森林采伐限额和年度木材生产计划，林木采伐管理。2000 年，林木采伐和木材运输实行许可发证。队木材经营（加工）与运输实行行政执法管理。2005 年 3 月，全县招聘 78 名国家重点生态公益林护林员，2006 年 12 月，再招聘 79 名省级重点公益林护林员。

2007 年底，全县生态公益林 52946.8 公顷，占有林地面积 65.4%。执行林木防护林面积 38361.4 公顷，其中特种用途林面积 14585.4 公顷。商品林面积 27972 公顷，占用林地面积 34.6%，其中防护林面积 38361.4 公顷。特种用途林面积 14585.4 公顷，其中用材林地面积 11588.4 公顷，经济林面积 16383.6 公顷。2008 年始，从严按照省林业厅年度计划进行采伐。

2009 年，省林业局下达人工林木材采伐指标总采伐量 13.8 万立方米，总出材量 10.1 万立方米。同年人工林总采伐量 4.5 万立方米，占采伐限额的 32.6%；总出材量 2.9 万立方米，占采伐限额的 28.7%；采伐面积 934.1 公顷。林地征收占用审核审批 3 宗，面积 43.22 公顷。

2010 年，省林业局下达人工作林木材采伐指标总采伐量 13.8 万立方米，总出材量 5.4 万立方米。同年人工林总采伐量 73826 立方米，采伐面积 554.9 公顷。

四、林业案件查处

1991—1995 年，县委、县政府组织 3 批次清理石碌地区的非法木材加工厂，没收木材 56 立方米，取缔 24 间木材制品加工厂，扣留非法偷运木材 12 车，收缴赃木赔偿费 2600 元。

2002 年，破获林业案件 57 起，抓获各种违法犯罪嫌疑人 106 人，扣押非法车辆 41 辆，没收非法木材 143.9 立方米，野生动物 4857 条（只）。2005 年，共查破各种林业案件 35 起，其中刑事案件 1 起，治安案件 2 起，林业行政案件 32 起；抓获各种违法犯罪嫌疑人 42 人，林政处罚 49 人；收缴风景树 46 株，人工林木 233.46 吨，花梨木树根 91 千克，查扣非法运输木材汽车 26 辆，查获放生野生动物 93 条（只）。

2010 年，全县发生各种林业案件 32 起，查破刑事案件 1 起，刑事拘留 2 人。查破治安案件 3 起，治安拘留 5 人，查处率 100%；查破林业行政案件 23 起，林政处罚 34 人，林政罚款 62300 元，查扣非法运输木材汽车、拖拉机共 21 辆，收缴人工森林 52.57 立方米，榕树 1 棵、重阳树 1 棵、木棉树 4 棵、木棉树树苗 952 株，查处率 100%。

第六章　渔　业

第一节 机 构

1991 年，设县水产局，下辖水产公司、3 个乡镇水产站、1 个鱼苗场。全县水产系统职工 218 人，其中工程师 1 人，助理工程师 8 人，助理经济师和助理会计师 17 人，技术员 4 人。直至 1999 年县水产局机构不变。

2000 年，县水产局与县海洋局合并成立为县海洋与渔业局。2008 年，成立县海监大队，为县副科事业单位，隶县海洋与渔业局管理。

2010 年，海洋与渔业局有行政编制 11 人，领导编制为一正二副。内设机构有办公室、养殖岗、捕捞岗、渔政与电信岗、渔港监督与船舶检验岗、海域与环境保护岗。下辖县渔政管理站、渔港监督站、海尾昌化新港渔政渔监分站、水产技术推广站、渔业电信站、鱼苗场 6 个单位。

第二节　渔港建设

昌江县西临北部湾，海岸线蜿蜒曲折，港湾较多。天然渔港有昌化港、海尾港、新港、咸田港、马容港、双塘港、沙渔塘港等。

1991—1995 年，县境的天然渔港河道、防潮堤得到不同程度修复建设。1994 年，海尾镇利用省政府下拨资金，修建海尾渔港东北、西南防波堤 200 米及港池挖深、扩容工程。同年，修筑昌化港挡沙堤 200 米，扩建昌化港护岸堤 500 米。

1996 年 9 月，“96 · 18”台风，新港渔港严重受损。台风过后，省县两级筹集资金对渔港进行修复，并对防潮堤进行拓宽加固。

2004年，海尾渔港获国家项目建设资金3508.3万元，其中中央预算内专项资金1200万元，地方自筹资金2308.3万元，改造建设防陂堤一期工程。第二期工程为港池疏浚。工程包括位于海尾港西南、东北防波堤共计1500米、渔港码头200米、渔港海防执勤码头400米。2008年，部分项目工程完成投入使用，但有些项目因资金短缺、不到位等原因而停工。

2008年8月，昌化渔港避风池工程动工修建，工期5年。项目总投293万元，其中省厅下拨120万元，县政府配套173万元。项目包括护岸堤140米、疏浚港池面积3公顷，挖深港池2米，可停泊中小型渔船250艘。至2010年，已完成岸堤工程。

2010年，县境内昌化、海尾、新港3大渔港配套设施建设得到进一步完善。

第三节 渔业设施

一、通信设施

1991年起，昌江县注重海洋渔业设施建设，逐年增加投入资金更新完善基础设备。1992—1998年，投入资金150万元，更新改造渔业通信设备。

2000年，全县渔业设施有渔业通信电台，下设岸台短波电台1座，昌化鱼汛流动岸台短波电台1座，新港、海尾短波电台1座，共配备报务人员7名。其间，部分渔船引进短波对讲机50部，进一步加强昌江县渔业通信设备。昌江县渔船通信基本形成网络。

2005年，县海洋与渔业局配备给渔业电讯管理站渔船、对讲机和“9069号”渔政船。配备50瓦短波电台1座。同时增设县局岸台、中国渔政船各配置点频单边带电台1座，渔船安全设备进一步完善。2009年，为全县大、中型远海捕捞渔船配备北斗卫星导航终端190台。

2010年，全县海防安全通信网络已经形成，渔场、鱼汛、渔情、天气和海况等信息，得到及时准确的传递。同年，在昌化、海尾设岸台单边带电台各1座，并设有昌化、海尾跟帮指挥台25瓦单边带电台各2座，与县局渔船电台保持联系，由县统一指挥、调度。部分渔船陆续备置超短波对讲机共80台。实行渔港整治，对暗礁和航道障碍物进行治理，炸暗礁2处，设海上浮标4座。有渔政监督车辆1台。有昌化、海尾、新港3座冷冻库。

同年，海南省海洋监察总队配备海监执法车1辆，作为县海洋渔业监察管理专用。

二、渔业机械

1991 年，昌江县渔业机械相对单薄陈旧。捕鱼工具有拖网、刺网、围网、流刺网、定刺网、灯光围网等。

1997 年，全县新增大船 18 艘，新增网具 1800 张。1998 年后，渔船吨位逐年增加，捕捞区域逐步向深海发展，捕鱼具趋向底流刺网、浮刺网、延绳钓和曳绳钓。2000 年，全县有机动渔船 514 艘，总吨位 8066 吨，总动力 20719 千瓦。绝大部分渔船有收音机、对讲机、发报机、经纬仪、探鱼仪器等配套设备。部分机动船还装置起网机，改变人工收网的落后方式。随着渔业机械化的发展，全县海洋渔业产量大幅度增长。2002 年，全县机动渔船 545 艘，总吨位 8938 吨，总动力 28988 千瓦。

2010 年，全县渔业机械发展速度加快。至 2010 年 12 月，全县机动渔船 688 艘，总吨位 14527 吨，总动力 63303 千瓦。其中 200 吨以上的大船有 16 艘，435 匹马力钢质渔船 14 艘。

第四节 海洋捕捞

昌江县 12 海里以内的浅海面积有 866.736 平方千米，渔场水深一般 20~35 米，透明度好，底质为细沙泥。海区表层水温适宜，平均 25C°，海水盐度不高，为 15‰~35‰之间。海区表层流和底层流一致成东西流向，近海域有暖流经过昌化江、珠碧江、南罗河、沙地河及卡叉河等陆地河流汇入海区，给近海区带来丰富的有机物质，海区藻类和浮游生物繁多，为鱼类提供丰富的食料，鱼类种类繁多，蕴藏量十分丰富。主要鱼类品种有乌鲳、中国鲳（白鲳）、康氏马鲛、斑点马鲛、鲨鱼、中华青鳞（青鳞)、金色小沙丁（横泽）、青干金枪（青甘）、蓝园参（池鱼）、大甲（铁甲）、宝刀鱼（西刀）、鲔鱼（白卜）、斑条野、水公鱼、海鳗（麻鱼）、红鲭笛、鲷（红鱼）、截尾白姑鱼（白或）、带鱼、银牙或（三牙或）、红三、红线、海鲶（赤鱼）、曹白鱼、蛇鲻（九棍）、长尾大眼鲷、银方头鱼（马头鱼）、眼镜鱼（才刀）、石斑、头鲂等。此外，软体类的有鱿鱼、墨鱼、章鱼、海参、牡蛎、蚶、蛏、蛤、海胆、海星、日光贝；甲壳类的有对虾、毛虾、龙虾、青蟹、花蟹、鲍鱼；哺乳类的有海豚；腔肠类的有海蜇；藻类的有马尾藻、红蕃、石花菜、方麒麟菜；爬行类的有海龟等。

鲳鱼。南海海域普遍有鲳鱼，昌化海区尤为最多。1991 年始，近海捕捞产量减少。2000 年后，大多以深海捕捞为主。年产量一般为 100~150 吨，流刺作业单船最高日产 2.9 吨。

马鲛鱼。常年春季，盛产于昌化海域，昌江县境内的 442~490 海区较多，年产量较稳定，一般为 250 吨左右。流刺作业单船最高日产 1 吨。

海鳗。南海常见鱼类，每年 3—5 月为昌江县旺季，集中于境内 443~490 海区，以刺网、拖网捕捞。年产 200–300 吨，流刺作业单船最高日产 3 吨。

红鱼。昌江县昌化海域为产区，一般 3—12 月份，在 442~490 海区，以钩业捕捞，年产 75~100 吨，单船日产 2.5 吨。

带鱼。海尾、昌化海域为产区，20 世纪 90 年代起产量逐年增长，440 至 490 海区常年可以捕捞。

石斑鱼。南海常见鱼类，昌江县海尾、昌化、新港等海区产量尤为丰富，常年 3—7 月为汛期，以钩捕和刺网捕捞，单船日产 0.2 吨。

鲨鱼。昌江县 442~490 海区出产，以钩捕为主。1991 年后，捕捞技术提高，网具改进，产量增长，单船日产 1.5 吨。

青鳞鱼。昌江县 442~490 海区出产，以灯光围网、拖网捕捞。常年年产 600 吨以上。

红三鱼。昌江县昌化、海尾、新港等海域常年春秋两季可捕捞，单船最高产量 0.75 吨。

鲍鱼。昌江县昌化角海区一带有出产，产量不多。

青蟹。昌江县沿海海区均可捕捉，河口海区产量最多，年产 150 吨。

珍珠贝。昌江县新港、海尾渔场 18 米水深的海区均有分布，年产量甚少。

鱿鱼。昌江县昌化棋子湾及新港一带海区均有捕捞，一般年产 150 吨。

1991—2010 年昌江县海洋捕捞生产情况统计表

表 6-6-1　　单位：人、艘、吨

年份	劳力（人）	渔船（艘）		产量（吨）
		船只	吨位	
1991	4126	428	6012	10224
1992	4321	439	6410	12029
1993	4625	448	6512	13987
1994	4895	474	6766	18285
1995	5239	489	7122	20316
1996	5018	458	6595	19345
1997	5108	498	7168	21499
1998	5324	518	7792	23368

表 6-6-1 续 1

年份	劳力（人）	渔船（艘）		产量（吨）
		船只	吨位	
1999	5564	508	7420	22256
2000	5766	514	8066	24728
2001	5688	526	8402	27476
2002	5816	545	8938	30529
2003	5875	574	9409	33184
2004	6098	588	9801	35478
2005	6150	605	10209	36898
2006	6246	612	10746	37896
2007	6383	624	11312	38957
2008	6514	648	12296	40568
2009	6785	650	13365	42468
2010	6924	688	14527	46161

第五节　水产养殖

一、海水养殖

昌江县海洋滩涂面积辽阔，总面积 446.3 公顷（不包农业用地），适宜建池养殖的滩涂有 200 公顷，可采养的品种有 20 种。主要有鲻鱼、鲈鱼、遮目鱼、墨吉对虾、白虾、红须虾、斑节虾、青蟹、花蟹、珍珠、鲍鱼、蚝蚶、浅蒿、马尾藻等。沿海滩涂多处在江河入海口的港湾，底为沙质，浅平，坡度较小，海水透明度好，是鱼类、虾类、蛋类等海洋生物饲饵、产卵、孵化较为理想的场所。鱼、虾、蟹、贝类等幼苗品种繁多，发展近海养殖具有得天独厚的优越条件。

1991 年，随着市场经济发展，渔业产品价格的提高，海水养殖兴起，主要养殖对虾、海藻类等。1992 年，全县海水养殖面积 53.2 公顷，年产量 1169 吨。

2000 年，县政府加快推进产业结构调整，大力发展海水养殖业。全县沿海地区利用浅海滩涂发展海水养殖，同年，海水养殖面积达 249.7 公顷，总产量达 2548 吨。

2010 年，海水养殖业快速增长。全县有高位池基地 533.3 公顷，改造低位池面积达 66.7 公顷。深水网箱养殖 3 组共 12 口。浅海麒麟菜养殖 366.7 公顷。水产养殖业逐步趋向基地化和产业专业化。2010 年，全县海水养殖产量 6150 吨。

1991—2010 年昌江县海水养殖生产统计表

表 6-6-2

年份	面积（公顷）	产量（吨）	养殖品种
1991	37.2	988	虾、藻、蟹、贝
1992	53.2	1169	虾、藻、蟹、贝
1993	66.5	1285	虾、藻、蟹、贝
1994	83.1	1423	虾、藻、蟹、贝
1995	97.8	1566	虾、藻、蟹、贝
1996	115.1	1796	虾、藻、蟹、贝
1997	143.8	1985	虾、藻、蟹、贝
1998	179.8	2145	虾、藻、蟹、贝
1999	199.8	2365	虾、藻、蟹、贝
2000	249.7	2548	虾、藻、蟹、贝
2001	277.5	2754	虾、鱼、藻、蟹、贝
2002	346.9	2987	虾、鱼、藻、蟹、贝
2003	433.6	3259	虾、鱼、藻、蟹、贝
2004	542.1	3562	虾、鱼、藻、蟹、贝
2005	677.5	3872	虾、鱼、藻、蟹、贝
2006	769.9	4129	虾、鱼、藻、蟹、贝
2007	855.5	4568	虾、鱼、藻、蟹、贝
2008	950.6	4989	虾、鱼、藻、蟹、贝
2009	1056.2	5535	虾、鱼、藻、蟹、贝
2010	1173.6	6150	虾、鱼、藻、蟹、贝

二、淡水养殖

1991 年，全县农村贯彻执行“一业为主，多种经营”的方针，鼓励发展淡水养殖业，并在资金和技术上给予大力扶持，全县淡水养殖得到发展。1995 年，全县有养鱼专业户 865 户，放养水面 999.8 公顷，年产量 1178 吨。鱼类品种有鳙鱼、罗非鱼、胡子鲶等品种。

1995 年，杭州西湖水域管理局与石碌水库工程管理局联营，投资 30 万元，在石碌、太坡、山竹沟 3 宗水库，进行淡水网箱养鱼，共投放鱼苗 42 万尾，经济效益良好。带动全县淡水养殖业，1998 年，全县淡水养殖面积增加到 1039.1 公顷，年产量为 1426 吨。

2010 年，以白山马水库为示范，发展现代化科学养殖。全县水库精养面积 133.3 公顷，共投放鱼苗 100 多万尾，全年内陆捕捞产量 2687 吨。2010 年底，全县淡水养殖面积 2014.3 公顷，年产量 3910 吨。其中，罗非鱼产量达 3128 吨。

1991—2010 年昌江县淡水养殖生产统计表

表 6–6–3 单位：吨、万元

年份	面积（公顷）	产量（吨）	养殖鱼类
1991	973.3	514	罗非、鲶、鲢、福寿
1992	977.2	624	罗非、鲶、鲢、福寿
1993	984.5	768	罗非、鲶、鲢、福寿
1994	991.7	988	罗非、鲶、鲢、福寿
1995	999.8	1178	罗非、鲶、鲢、福寿
1996	1000.6	1235	罗非、鲶、鲢、福寿
1997	1017.1	1325	罗非、鲶、鲢
1998	1039.1	1426	罗非、鲶、鲢
1999	1065.6	1569	罗非、鲶、鲢
2000	1077.1	1754	罗非、鲶、鲢、鲳、
2001	1132.5	1869	罗非、鲶、鲢、鲳
2002	1169.8	2208	罗非、鲶、鲢、鲳
2003	1200.4	2155	罗非、鲶、鲢、鲳
2004	1263.7	2346	罗非、鲶、鲢、鲳
2005	1332.4	2547	罗非、鲶、鲢、鲳
2006	1439.2	2758	罗非、鲶、鲢、鲳
2007	1577.7	2985	罗非、鲶、鲢、鲳
2008	1704.9	3145	罗非、鲶、鲢、鲳
2009	1853.1	3597	罗非、鲶、鲢、鲳
2010	2014.3	3910	罗非、鲶、鲢、鲳

1991—2010 年昌江县水产品销售统计表

表 6–6–4 单位：吨、万元

年度	销售	
	数量（吨）	金额（万元）
1991	9045	8156
1992	11698	10654
1993	13426	12564

表 6-6-4 续 1

年度	销售	
	数量（吨）	金额（万元）
1994	15462	14356
1995	16987	15759
1996	19858	18459
1997	22147	20145
1998	24358	22856
1999	26478	24013
2000	27958	25112
2001	30456	26956
2002	32156	28164
2003	35784	30478
2004	38987	31587
2005	40658	32156
2006	44587	34897
2007	47895	36598
2008	50258	38968
2009	54176	40138
2010	58887	43926

1991—2010 年昌江县水产品上调销售统计表

表 6-6-5　　单位：吨、万元

年度	销售	
	数量（吨）	金额（万元）
1991	9045	8156
1992	11698	10654
1993	13426	12564
1994	15462	14356
1995	17548	16452
1996	19858	18459
1997	22147	20145

表 6-6-5 续 1

年度	销售	
	数量（吨）	金额（万元）
1998	24358	22856
1999	26478	24013
2000	28754	25687
2001	30456	26956
2002	32156	28164
2003	35784	30478
2004	38987	31587
2005	41654	33102
2006	44587	34897
2007	47895	36598
2008	50258	38968
2009	54176	40138
2010	58887	43926

第七章 农业机械化

第一节 机 构

1991—1994 年，县农机局延续农机服务业务管理，直辖县农机监理站、农机学校、农机研究所（农机推广站）、各乡（镇）农机站、农机公司等。1995 年机构改革，撤销农机局，设立县农机技术服务中心，为县属正科级事业单位，职能不变。主要负责全县农机管理、农机化统计、农机安全监理、农机人员培训、农机推广、农机维修等业务工作。农机中心内设机构有：办公室、业务股。下辖农机安全监理站、县农机学校、县农机研究所 3 个股级单位及 8 个乡（镇）农机站。2007 年 7 月，县农机中心事业编制重新审定，核定编制 9 人，在职人员 9 人。2008 年，县农机学校和农机研究所合并，成立县农业机械培训站，人员编制 4 人。2009 年，乡（镇）事业单位机构改革后，原乡（镇）农机站并入乡（镇）的农业综合服务站。

2010 年，县乡（镇）在编农机管理人员 26 人，其中县级 13 人，乡（镇）13 人；全县有农机从业人员 8651 人。有各类农机总动力 131422 千瓦。

第二节 农业机械化水平

1991 年，全县大中型拖拉机 128 台 4141 千瓦，小型拖拉机 536 台 5304 千瓦，农用排灌电动机 34 部 832 千瓦，农用排灌柴油机 214 台 2024 千瓦，农用运输车 8 辆 242 千瓦，农副产品加工机械用电动机 624 千瓦，柴油机 3366 千瓦。

1995 年，全县农机总动力 24914 千瓦。大中型拖拉机 90 台 3165 千瓦；小型拖拉机

591台，6353千瓦；排灌用电动机22台171千瓦；排灌用柴油机520台3174千瓦。

2000年后，国家实施农机购置补贴，全县农业机械化得到普及和推广，全县农业机械化程度进一步提高。2005年，全县农机总动力61053千瓦。大中型拖拉223台7063千瓦；小型拖拉机1188台8318千瓦，排灌机械5950台28797千瓦；农用运输车510辆11329千瓦。水稻联合收割机23台；水稻插秧机2台。

2010年，全县大中型拖拉机754台20883千瓦，小型拖拉机936台11308千瓦，耕整机6365台，机动插秧机79台158千瓦，大中型拖拉机配套农具1254部，小型拖拉机配套农具13700部，农用排灌动力6302台31210千瓦，渔业机械2950台4542千瓦，水稻机动插秧机79台158千瓦，动力喷雾机607部1214千瓦，农用基建机械21台1155千瓦，挖掘机8台400千瓦。

第三节　农机供应

1991年，县农机公司在县城人民北路矿建路口设门市，开展农机经营销售服务。并在乡（镇）设立代销点12个。主要经营拖拉机和打谷机等。

1997年，农机经营市场开放，农机销售除了国有农机销售点外，还有个体经销商、合伙人经销，并逐步取消财政补贴。计划经济转向市场经济，农机销售市场开放，取消统一价格。销售企业实行自主经营，自负盈亏。

2004年，昌江县落实国家农机购置补贴政策，激发农民群众购置农机积极性。同年11月，《中华人民共和国农业机械化促进法》颁布实施。昌江县在乌烈镇乌烈村建立了昌江首个“机械化示范村”和“农机安全村”，并在示范村组织召开机耕、机插、机收作业现场演示会。农机购置率大步提高。

2005年，昌江县获取省农机购置补贴资金15万元。全县44个符合购机条件的农户受益，补贴金额149812元。购置农机具44台（套），其中大中型拖拉机3台（套），水稻联合收割机4台，小型拖拉机37台（套）。同年下半年，省农机化管理局下拨购机补贴资金35万元，全县有152个农户直接受益，补贴机具149台，其中大中型拖拉机8台，水稻联合收割机8台，耕整机131台，农机具2台。

2007年，全县获取中央和省购机补贴专项资金130万元。全年享受购置农机具483台（套）464人（户），其中大中型拖拉机26台，水稻联合收割机22台，耕整机426台，施耕机9台。

2009年，中央和省财政对购置水稻插秧机重点补贴，即对购置水稻插秧机的农户执行30%的补贴政策。昌江县在中央和省两级补贴的基础上，对购置水稻插秧机的农户再给予20%~50%的累加补贴。全县完成购机补贴资金451.789万元，补贴农机购置2187台（套）。其中：手扶拖拉机1111台套，手扶收割机31台（套），大中型收割机20台（套），大中型拖拉机7台（套），割晒机14台（套），增氧机987台（套），铧式犁3台（套），旋耕机5台（套），割灌机4台（套），茶树修剪机4台（套），挖抗机1台（套）。

2010年，全县有农机经销点12个。共补贴各类农机具1250台（套），补贴设施农业喷灌设备2624件，受益农户905户。

第四节　农机监理

1991年，县农机局主要为农用机械的拖拉机、农用车等进行安全监理。1992年，全县有农机在册数622台。

1997年初，昌江县农机局根据公安部、农业部《关于启用、换发“九二”式拖拉机号牌及行驶证有关问题的通知》精神，核（换）发全国统一的道路行驶牌证，全年核（换）牌证共计943副。

1999年，实施《海南省农业机械管理条例》，明确农机管理部门的职责范围，规定农用运输车及其驾驶员考核，核发全国统一的行驶牌证由公安机关委托农机主管部门负责实施。实现了农机管理、监理、服务的一体化。

2005年，根据《中华人民共和国道路交通安全法》的有关规定，对农业机械实行行业管理，实施对农业机械及其驾驶操作人员的全权管理，核发全国统一的农业机械行驶牌证和驾驶证。昌江县按农业部《拖拉机登记规定》《联合收割机及驾驶人安全监理规定》规定，同年共核（换）发新拖拉机行驶牌证1053副，驾驶证1080本。

全县有8个村庄农机手利用三轮低速汽车、小四轮和拖拉机从事客运经营，客运农用机车多达62台，由于当时农村道路不畅通，村民外出不便，乘搭农机车既经济实惠又方便快捷，深受村民喜欢，但事故隐患时有存在，2006年前，累计发生农用机车载人交通事故4起，死亡1人，重伤2人，轻伤4人，直接经济损失5.2万元。2006年后，农机监理站与公安交警联手行动，先后办理8台拖拉机登记上牌，8台拖拉机年检，10名驾驶人参加驾驶资格培训学习。

2006年，根据省农业厅、省安全生产监督管理局《关于印发海南省“创建平安农机，促进新农村建设”活动工作方案的通知》（以下简称《平安农机》）和《农业部、国家安全生产监督管理总局关于“创建平安农机、促进新农村建设”活动实施方案》精神，县全面部署开展创建“平安农机”工作，荣获全国“平安农机示范县”称号。

2007年，县农机中心共举办各类农机培训班11期，学员达916人，基本满足了昌江县农民机手的农作需求。

2008年，昌江县完成各类拖拉机新上户挂牌201台，新办各类拖拉机驾驶证230本，完成拖拉机、联合收割机年检1561台，检验率达到90%。

2010年，拖拉机在册数1555台，上牌率为95.3%，联合收割机在册数95台，上牌率为100%，拖拉机和联合收割机年检率分别达到90%和88%，驾驶员1697人，持有驾照人数1629人，驾驶人持证率为96%。

截至2010年年底，全县共计创建“平安农机”示范乡（镇）3个、示范村11个、示范户110户。

第五节 农机服务

1991年，县农机局推广应用小型柴油机配套烤烟烘干机和打谷机技术。1992年，呈现出农民独家独户购置小型拖拉机、小型柴油座机的发展趋势。1995年，县农机管理部门首次引进4台背负式水稻联合收割机，开启昌江县水稻联合收割机推广应用。1996—1997年，在全省率先引进10台背负式水稻联合收割机，在乐东黎族自治县、三亚市等开展跨区域收割水稻200多公顷，创收12万元。

1998年，县农机中心引进手扶机驱动圆盘犁30套和施耕机20台，在十月田镇召开新机具耕作现场演示会。同年，又引进自走式水稻联合收割机2台。

1999年，推广应用水稻育秧机械新技术，共推广应用55台（套）。与此同时为满足蔬菜产业对小机械的需要，实现蔬菜田地及大棚内的机耕机耙作业，完成了多种机型的对比试验。

2000年，县农机中心投资60多万元，引进美国凯斯公司生产的当时世界最先进的牧草收割机和牧草打捆机各2套，为农业生产提供服务。

2002年，引导个体农民投资30多万元，购置桂林6号自走式水稻联合收割机6台，服务当地水稻收割面积400多公顷，跨区域收到水稻面积333.3多公顷。同年，县农机中心引进菠萝茎叶粉碎机1台，引进先进东洋牌机动水稻插秧机1台，其中，机动水稻插秧机在乌烈、保平、十月田等乡（镇）示范机插近20公顷水稻，每亩增产稻谷近100千克。

2007—2010年，获争取中央及省、县3级财政农业机械购置补贴项目资金1414万元，补贴购置各种农机具4438台（套），受益农户3000多户。其中在2008年，县农机技术服务中心承担的农业部水稻育插秧机械化技术示范推广项目，在十月田、石碌、乌烈3个乡（镇）11个村委会，新增示范点6个，共示范面积147.1公顷，新增示范面积74.7公顷。经组织验收测产亩产556千克，比人工手插亩产496千克增产60千克。同年接受机插秧示范户386人，投入手扶式插秧机15台。同年，昌江县购机补贴资金共计274.5万元，共补贴各类农机1269台，其中，大中型拖拉机11台，耕整机1226台，水稻联合收割机10台，水稻插秧机11台，配套农机具11台，受益农户达1258户，拉动农民投入购买农业机械资金920万元。

第七编　水利·电力

第一章 水 利

第一节 管理机构

一、机构

县水务系统包括县水务局（含县三防办）和4个下属单位：石碌水库工程管理局、坝后电站、山竹沟电站和县水电接待中心。其中：县水务局为行政主管部门；石碌水库工程管理局为水利工程管理事业单位；县水电接待中心为事业性质企业管理；坝后电站、山竹沟电站为下属企业单位。

（一）县水务局

1991—2000年，称昌江县水利电力局。2001年3月6日，县水利电力局更名为县水利局（正科），隶属于县政府事业单位。6月4日，定编县水利局事业编制数18人，领导职数一正三副。2003年12月12日，更名为县水务局。

2007年，县机构编制委员会核定县水务局（含县三防办）财政编制23人，自筹编制（股级）：排灌总站18人、抗旱服务站6人、水电勘察设计室7人、水政监察大队15人。县水务局内设6个股室为：办公室、规划计划股、水资源水土保持股、建设与管理股、供水节水股、水库移民股和县防汛防风防旱总指挥部办公室（副科级，挂靠机构），核定财政预算管理事业编制23名（含县三防办编制5名）。2008年9月3日，县水务局被批准为参照公务员管理事业单位，参照公务员管理人员编制17名。

（二）县三防办

1993年12月10日，成立县三防（防汛、防风、防旱）指挥部办公室，为事业单位编制，定编5人。1996年8月8日，县三防指挥部办公室不再挂靠县水电局，隶属县政府和县三防指挥部直接领导，全额拨款事业性质和副科级不变。1999年10月12日，县三防指挥部办公室挂靠县水电局。

（三）县水政监察大队、县抗旱服务站

1997 年 12 月 19 日，县水政监察大队成立，属县水电局领导事业单位，定编 15 人，办公经费和人员工资由水电局从征收的水资源费中解决。

1998 年 5 月 20 日，县抗旱服务站成立，隶属于县三防指挥部办公室，定编 6 人，为事业性质企业管理，2008 年 7 月 21 日，县抗旱服务站撤销。

二、人员队伍

1991 年，全县水利系统职工 410 人，其中：县水电局 83 人（固定职工 49 人、合同制职工 7 人、临时职工 27 人）、石碌水库工管局 119 人（固定职工 103 人、合同制职工 16 人）、水库指挥部 17 人（固定职工 9 人、合同制职工 2 人、临时职工 6 人）、水电站 68 人（固定职工 34 人、合同制职工 10 人、临时职工 24 人）、小水电公司 87 人（固定职工 42 人、合同制职工 15 人、临时职工 30 人）、排灌站 30 人（固定职工 17 人、合同制职工 3 人、临时职工 10 人）、知青大楼 26 人（固定职工 6 人、合同制职工 9 人、临时职工 11 人）。

1994 年，职工 616 人，其中：县水电局 67 人、石碌水库工管局 138 人、水库指挥部 7 人、小水电公司 237 人（包括南石变电站、叉河电站、七差电站、坝后电站、山竹沟电站、供电所）、排灌站 45 人、知青大楼 32 人、明河宾馆 90 人。

1995 年，全县水利系统职工年末人数 309 人，其中：县水电局 76 人、石碌水库工管局 126 人、水库指挥部 7 人、水电站 62 人、知青大楼 38 人。9 月，小水电公司和供电所从县水利系统分开，划归省电业公司管理。

2010 年，全县水务系统在职人员 322 人。其中：水务局机关（含三防办）62 人，石碌水库工程管理局 156 人，企事业单位共有 104 人。

第二节　管理体制改革

一、水务一体化管理

1993 年 10 月，全县实施取水许可登记制度。1995 年，对全县取水单位核实并登记发证 106 份。从此，县境内实行水资源统一管理。1996—2000 年，逐年加大水利设施建设，探索水务科学管理。2002 年，实行建设项目水资源论证制度、取水许可制度和水资源有偿使用制度，水资源管理得到了加强。2003 年 12 月 12 日，全县实现辖区内供水、排水、节水、污水处理等涉水事务一体化管理。

2004年，县政府根据水利部《水利工程管理体制改革实施意见》和《海南省水利工程管理和投融资体制改革实施方案》精神，县水利工程管理局完成石碌水库工程管理局的调查摸底、“三定”及“两费”测算工作，编制《昌江黎族自治县水利工程管理单位体制改革实施方案》。2006年12月30日，昌江县水利工程管理单位体制改革方案在全县实施。

2007年，昌江县以《海南省水利工程管理体制和投融资体制改革实施方案》为依据，昌江县实施开放水利投融资市场，建立多元化的投资体系，鼓励社会投资，允许跨地区、跨行业对水利工程进行投资建设、经营管理。随着水市场的开放，县城供水水厂建设及管理由昌江水业有限责任公司负责，小水电的开发建设以国有投资为主转向以非财政资金投资为主新模式。

2008年，昌江县水务部门深化灌区管理体制改革，推广农民用水户参与管理的灌区管理模式，农村建立起规范的农民用水户协会22个。“一事一议”成为各地发动群众参与农田水利基本建设新的主要组织形式。

二、涉水事务社会管理

20世纪90年代，昌江县开始实施农村饮水规划、昌江县水务规划等，为昌江县的水务建设打下了基础，为开展项目前期、审批工程立项、安排投资计划、加强社会管理等提供重要依据。

2000年，实行建设项目水资源论证制度，完善取水许可制度。实施水资源保护，开展水质监测工作，对石碌水库生活用水功能区进行规划，加强水功能区管理，改善和保护江河湖库水生态环境提供制度保障。2005年起，全面推行项目法人制、招标投标制、工程监理制、合同管理制的建设管理“四项制度”。2008年后，建立应急管理机制，制订《昌江黎族自治县防御台风预案》《昌江黎族自治县防汛防风防旱应急预案》《农村安全饮水应急预案》和各宗水库防洪预案。在防风防汛和抗旱救灾工作中依据预案做到早部署、抓落实、保安全，全县的防风防汛抗旱工作有序开展。

2010年，全县发放取水许可证21套，总取水许可量为25516万立方米。

三、水资源管理和水法制宣传教育

1991年起，每年的“世界水日”“中国水周”及“12·4”全国法制宣传日等活动期间，加强依法治水普法宣传，利用广播媒体、宣传车、悬挂横幅、张贴标语等，开展水法律法规的宣传。结合“四五”“五五”普法和水行政执法，发挥新闻媒体舆论导向作用，争取社会各界对水政管理工作的支持与配合，提高涉河建设单位、取用水单位依法建设、取水、节水的法制意识和法制观念。

1993 年 10 月，实行取水许可登记工作，1997 年，全县共核发取水许可证 121 件。

2005 年，加强对河道建设项目监督管理和水行政执法工作。按照水资源河道管理制度要求，县水政监察加强河道巡查，加大重点河段监管力度，开展水行政专项执法检查。同时对昌化江、石碌河、保梅河、东海河等河道进行水事纠纷排查化解活动，掌握水事活动基本情况，预防水事纠纷的发生。2007 年，征收水资源费 55 万元。

2010 年，全县登记取水单位及个人 77 个，其中，县以上工业企业 10 个，乡镇企业 67 个，另外农业个体户、果园灌溉单位 4 个。2010 年，征收水资源费 120 万元。全年年审取水许可证 21 件。

1994—2010 年水资源费征收情况表

表 7-1-1

年度	征收金额（万元）
1994	17.7
1995	18
1996	20
1997	21.8
2007	55
2008	96
2009	93
2010	120

第三节　水资源

一、地表水

全县多年平均降雨量 1427 毫米，年降水量 227700 万立方米，多年平均径流深 621 毫米，年径流量 98000 万立方米，人均年径流量 4182 立方米（2003 年）。丰水年（P = 10%），年径流量 167000 万立方米；平水年（P = 50%），年径流量 89000 万立方米；枯水年（P = 90%），年径流量 41000 万立方米。

二、地下水

县境内地下水资源较为丰富。主要集中在西北沿海河流冲积平原地带的昌化、海尾2个镇及山谷盆地。全县地下水年径流量7903万立方米，年存有量5600万立方米，年可采量4584万立方米。

昌江县地下水资源情况表

表7-1-2

地下类型	天然资源量				可采资源量	
	动储量				可采储量	
	降水渗入量		地下径流量（旱季）		均匀布井水量	
	万立方米/天	万立方米/年	万立方米/天	万立方米/年	万立方米/天	万立方米/年
孔隙潜水	15.3	5600			4.34	4584
基岩裂隙水			21.654	7903		

2001—2010年昌江县行政分区水资源总量情况表

表7-1-3　　单位：亿立方米

年度	年降水量	地表水资源量	地下水资源量	重复计算量	水资源总量	产水系数
2001	34.04	19.95	2.62	2.62	19.95	0.59
2002	26.6	12.93	2.05	2.05	12.93	0.49
2003	24.1	12.54	1.37	0.19	12.73	0.53
2004	20.7	9.42	1.33	0.18	9.6	0.46
2005	19.5	8.46	1.16	0.16	8.62	0.44
2006	19.6	8.62	1.19	0.16	8.78	0.45
2007	20.15	8.94	1.23	0.17	9.11	0.45
2008	26.88	15.32	2.11	0.29	15.61	0.58
2009	34.65	16.92	3.63	0.63	17.55	0.51
2010	16.66	6.06	0.82	0.18	6.2	0.37

二、河流水系

境内河流较多，除有昌化江和珠碧江两大河流从边界流出北部湾外，境内集雨面积100平方千米以上的河流有4条，50~100平方千米的有5条，20~30平方千米的有3条。

2010 年昌江县河流基本情况表

表 7-1-4

序号	河流	发源地	集雨面积（千米）	河长（千米）	落差（米）	平均陂降 %
1	南绕河	白沙尖木岭	371	41	1347	0.0096
2	七叉水	昌江七叉岭	145	20	560	0.0521
3	石碌河	白沙爷头岭	546	60	1094	0.00561
4	南罗溪	昌江石头岭	212	24	69	0.00339
5	郎代界河	昂牙岭	16.27	9.7	103	0.011
6	青山河	荔枝岭	60	17.5	68	0.004
7	靛村河	白石岭	60	12.6	27	0.002
8	沙地河	三架岭	59.29	12	29	0.024
9	卡叉河	三架岭	30	6.5	14	0.002
10	工劳河	昂牙岭	66.57	13.4	120	0.008
11	保梅河	保梅岭	19.12	4.15	123	0.031
12	长塘河	金鸡岭	60	17.5	68	0.004

三、水资源开发利用

县境内大小河流 12 条，河流总长 244.35 千米，集雨总面积 1675.75 平方千米，海南第二大河流昌化江流经县境入海，过境流水量 39 亿立方米，水能蕴藏量达 290 兆瓦。昌化江在该县境内长 62 千米，集雨面积 1237 平方千米，有 8 条一级支流，在昌化江干、支流上水能资源丰富。全县境内可开发利用装机容量 62.2 兆瓦，现已开发利用 23.68 兆瓦，待开发 38.52 兆瓦。

至 2010 年，全县共建成水电站 19 宗，装机总容量 17680 千瓦。南尧河水电站于 2005 年由海南润大水电公司建设，总装机容量 3 台共 8000 千瓦，设计年发电量为 2621 万千瓦时。

四、农村小水电

1991 年后，昌江县小水电站较快发展。1993—1996 年，通过个体集资、入股等形式融合资金，发展一批小水电站。2000 年，全县共建成水电站 12 宗机组 31 台，总装机容量 10.04 兆瓦。2005 年开始兴建的南绕河水电站是全县装机容量最大的一宗水电站，装机容量 6 兆瓦，设计年发电量为 2621 万千瓦时，电站由海南润大水电开发有限责任公司投资兴建，工程总投资3892万元。

2010年，全县农村水电站19宗机组46台，总装机容量17.68兆瓦。其中，1兆瓦以上的水电站有坝后电站、桐才电站、东六一级、东六二级、雅加二级、雅加三级、雅加二级一、雅加一级一B、南叉河一级等9宗25台，装机容量11.61兆瓦；1兆瓦以下的水电站共有10宗21台，装机容量6.07兆瓦。年发电量约4000万千瓦时。

2010年昌江县农村小水电站基本情况统计表

表7-1-5

序号	电站名称	所在河流	装机容量（兆瓦）	年发电量（万千瓦时）	调节性能（年）	工程投资（万元）	竣工时间（年）	备注
1	石碌水库坝后电站	石碌河	1	340	调节	55	1979	
2	山竹沟电站	石碌河	0.6	180	调节	60	1970	1983年更换机组 1992年增加一台200千瓦
3	塘坊电站	石碌河	0.45	110	调节	250	2001	
4	白石电站	石碌河	0.16	60	调节	30	1973	1983、1992年更换机组
5	风流山电站	石碌河	0.8	250	调节	400	2000	
6	保梅电站	石碌河	0.72	70	调节	200	2002	
7	大炎电站	南绕河	0.96	230	调节	300	2001	
8	桐才电站	南绕河	1.5	430	调节	520	2003	
9	东六一级	南绕河	1	220	调节	550	2001	
10	东六二级	南绕河	1.89	330	调节	1050	2001	
11	七差电站	南阳河	0.52	120	调节	16	1969	1992年更换机组
12	雅加一级	南阳河	0.4	90	调节	90	1992	
13	雅加二级	南阳河	1.2	250	调节	270	1993	
14	雅加三级	南阳河	1.64	350	调节	450	1994	
15	雅加二级一	南阳河	1.26	260	调节	300	1998	
16	雅加一级一A	南阳河	0.5	90	调节	150	1999	
17	雅加一级一B	南阳河	1	210	调节	250	1999	
18	南叉河一级	南阳河	1.12	240	调节	300	2001	
19	南叉河二级	南阳河	0.96	200	调节	250	1997	
合计			17.68	4030		5491		

第四节　水利工程

一、灌溉工程

1991—2010年，全县水利工程333宗，其中蓄水工程143宗，引水工程169宗，提水工程21宗。其中：大（2）型水库1宗、小（1）型水库10宗、小（2）型水库6宗、小（2）型以下蓄水工程126宗，重点引水工程7宗、其他引水工程162宗，提水工程6宗。总灌溉面积共13212.7公顷，其中石碌水库8333.3公顷。蓄水工程1306公顷。引水工程2666.7公顷。提水工程906.7公顷。全县灌溉工程共有干渠471条，总长648.47千米，其中，已防渗衬砌的仅有61，45千米。支渠（分渠）308条，长424.94千米。防渗衬砌的105.5千米，斗渠1948条，长537.47千米，农渠1747条，长705.12千米，斗农渠防渗衬砌的337.2千米，渠建筑物设计共有18383宗，已配套7092宗。

农田灌溉（按水源）主要分为二大块。一是石碌水库灌区，主干渠一条，长46.5千米，有9条分渠，总长145千米，可灌溉水田3333.3公顷、坡地2000公顷；二是面上小型水利工程灌区，主要由各小型水库、水陂、山塘水源工程灌溉，可灌溉水田2000公顷、坡地2666.7公顷。

石碌水库灌区包括石碌、叉河、十月田、乌烈、昌化、海尾6个镇，最远的距石碌水库超过60千米。由于主干渠放水渗漏严重，渠道利用率低，抗洪能力差，为保证石碌水库整体灌溉效益，从1991年起对石碌水库主干渠进行防渗加固，至2000年46.5千米主干渠全部硬化配套。

石碌水库灌区工程共有各类渠道1377条，长1178.9千米。其中：主干渠1条长46.5千米，支渠9条长146千米，斗渠508条长327.9千米，农渠491条长450.5千米，排水渠368条长208千米。共有各类渠系建筑物5273宗，其中：渡槽39宗，公路桥93座，机耕桥468座，牛车桥817座，渠下涵230座，排洪闸115座，溢流堰56处，纳水堰284处，分水闸118个，斗门2921个，其他建筑物132个。区内有33.3公顷以上的田洋27个，面积4713.3公顷。设计灌溉8333.3公顷；设计年灌溉需水量1.1亿立方米，现灌面积5646.7公顷，年灌溉水量7300万立方米。

1991—2010年，昌江通过多方集资，对灌区各渠道进行防渗配套加固。灌区内完成各级防渗加固1575条，长873.04千米，其中：干渠24条、长116.99千米，分支渠52条、长127.5千米，斗农渠1388条、长575.53千米，排水渠91条、长52.43千米，配套建筑物9850宗。

二、蓄水工程

1991—2007年，昌江县多方筹集资金，对13宗水库和重点水陂工程进行除险加固，其中，大（2）型水库水利工程1宗为石碌水库；小（1）型水库1宗为白山马水库；小（2）型水库6宗为尼下、大章、大芬、新田坝、塘兴、南在等水库；重点水陂工程进行除险加固有：沙田、东边、白沙、靛村、深滩等5座。通过以上工程除险加固，增加蓄水能力5200万立方米，增加农田灌溉面积21733.3公顷。2009、2010年，投资4035万元，对王化水库、南弄水库、南雅水库、打显水库、先南水库、山竹沟水库、鹅毛岭水库、老羊田水库等8宗小（1）型水库进行除险加固。

石碌水库灌区工程干、支渠现状基本情况表

表7-1-6

序号	渠道名称	渠道					设计流量（立方米/秒）	灌溉面积（公顷）			备注
		设计长（千米）	现状长（千米）	已防渗（千米）	建筑物（宗）			原设计	本次调整	现灌	
					设计	已配套					
一	石碌干渠	46.5	46.5	23.5	444	346	11.0	10000	8333.3	5649.5	斗渠508条 327.9千米。农渠491条 450.5千米
二	干渠直斗渠							2916.7	1568	1077.8	
三	支渠小计	146	117.5	89.7		676	8.03	7083.3	6765.3	4571.7	
（一）	尖岭支渠	24.0	21.0	16.2	153	125	0.65	872	866.7	260.7	
（二）	叉河支渠	14.0	14.0	11.5	46	37	0.58	605.3	600	323	
（三）	王炸支渠	14.0	7.0	6.0	56	50	0.65	660	660	366.7	
（四）	万善支渠	23.0	18.0	6.5	115	46	1.29	1033.3	1000	233.3	
（五）	保平支渠	11.0	7.0	7.0		9.0	0.73	566	566	308.3	
（六）	峨沟支渠	10.0	7.5	7.5		46	0.57	511.3	511.3	511.3	
（七）	白沙支渠	10.0	9.0	9.0		65	0.64	477.3	476.7	476.7	
（八）	乌烈支渠	15.0	10.0	10.0		61	1.44	1000	866.7	833.3	
（九）	昌城支渠	25.0	24.0	16.0	200	156	1.48	1358	1218	1258.4	
合计		192.5	164.0	113.2		1022		10000	8333.3	5649.5	

1991—2010年昌江县水利工程建设主要项目统计表

表7-1-7

年度	建设工程项目
1991	1. 石碌水库安全加固工程；2. 石碌水库主干渠硬化配套；3. 白沙分渠；4. 人畜饮水工程18宗；5. 红岭开发区工程；6. 白沙分渠续建工程
1992	1. 继续硬化配套石碌水库主干渠；2. 白沙分渠续建工程；3. 防潮工程4宗：新港、杨柳、咸田、新城等防潮堤；4. 人畜饮水工程11宗；5. 红岭开发区工程
1993	1. 继续硬化配套石碌水库主干渠套；2. 南雅水库干渠配套加固；3. 峨沟分渠配套加固；4. 海尾防潮堤工程；5. 人畜饮水工程3宗
1994	1. 继续硬化配套石碌水库主干渠；2. 峨沟分渠配套加固；3. 人畜饮水工程4宗；4. 水毁工程15宗；5. 面上水利工程维修12宗
1995	1. 继续硬化配套石碌水库主干渠；2. 水毁工程10宗；3. 人畜饮水工程5宗
1996	1. 渠道配套工程2宗：昌城分渠、尖岭分渠、高石塘水陂；2. 水毁工程4宗：七差水陂、靛村水陂、高石塘水陂、东边水库；3. 人畜饮水工程6宗；4. 继续硬化配套石碌水库主干渠；5. 峨港田洋整治
1997	1. 新溢洪道出口右侧护岸工程；2. 打显水库渡槽工程；3. 乌烈和昌城分渠硬化；4. 人畜饮水工程；5. 南雅水库和南弄水库除险加固工程；6. 峨港田洋农田整治工程；7. 继续硬化配套石碌水库主干渠
1998	1. 石碌水库除险加固开始；2. 继续硬化配套石碌水库主干渠；3. 除险加固工程6宗：油岭水陂、东边水库、南在水库、红地岭水库、先南水库、基龙水陂；4. 农田整治2宗：峨港田洋、长山田洋
1999	1. 继续硬化配套石碌水库主干渠；2. 修复加固3宗水陂：塘坊水陂、深滩水陂、基龙水陂；3. 道隆田洋整治
2000	1. 继续抓好石碌水库除险加固工程；2. 继续硬化配套石碌水库主干渠；3. 修复加固山竹沟水库、青山水陂；4. 姜园田洋整治
2001	1. 全面修复石碌水库主干渠及九条支渠；2. 水尾水陂及渠道修复加固；3. 尖岭分渠修复加固；4. 昌城修复分渠修复加固；5. 深滩水陂及渠道修复加固；红地岭水库和打显水库修复工程；6. 硬化配套五炸支渠；7. 山村田洋整治
2002	1. 继续硬化配套石碌水库主干渠；2. 硬化配套渠道3宗：叉河分渠、万善分渠、部队支渠；3. 除险加固水库2宗：白山马水库、大芬水库；4. 姜园田洋整治；5. 乌烈村供水厂工程
2003	1. 硬化配套4条渠道：昌城分渠、保平分渠、尖岭分渠、青山分渠；2. 除险加固水库3宗：山竹沟水库、塘兴水库、尼下水库；3. 修复水毁渠道；4. 利来田洋整治；5. 农村饮水工程14宗
2004	1. 硬化配套4条渠道：尖岭分渠、七叉水陂、红地岭左渠、保平分渠；2. 水库险库除加固2宗：大芬水库、大章水库；3. 整治交界田洋；4. 建设农村饮水工程39宗

表 7–1–7 续 1

年度	建设工程项目
2005	1. 硬化防渗配套工程 1 宗：青山水陂左渠；2. 渠道加固维修 3 宗：万善分渠、王化水库渠道、高石塘水陂；3. 水库险库除加固 2 宗：东边水库、新田坝水库；4. 水库维修 2 宗：鹅毛岭水库、南在水库；5. 七差田洋整治；新建农村饮水工程 2 宗：白沙村、进董村自来水工程
2006	1. 水库险库除加固 2 宗：白山马水库、尼下水库；2. 渠道防渗工程 3 宗：白山马水库渠道、塘兴水库渠道、大芬水库渠道；3. 渠道配套加固工程 2 宗：深滩水陂渠道、南蛇水陂渠道；4. 提灌工程 3 宗：纳凤抽水站渠道防渗加固、旧县抽水站渠道防渗加固；5. 防洪楼建设：咸田和杨柳防洪楼；6. 农田整治工程：真稻田整治工程、浪炳田洋整治；7. 建设农村饮水工程 22 宗
2007	1. 水库加固 2 宗；靛村水陂、沙田水陂；2. 渠道防渗工程 4 宗：水尾水陂干渠、油岭水陂渠道、沙田水陂渠道、太坡抽水站渠道；3. 小型农田水利建设工程 4 宗：大风抽水站渠道、靛村水陂左渠渠道、白沙水陂渠道、海尾田洋整治；4. 修复提水工程 2 宗：大风抽水站和太坡抽水站；5. 安全饮水工程：新建水厂 20 宗；6. 农综工程 1 宗；7. 土地工程 2 宗：十月田镇国家和省级土地整理
2008	1. 水库加固 3 宗；鸡心水陂、海尾水陂、老古地水陂；2. 渠道防渗工程 3 宗：王化水库渠道、塘坊支渠、保平市场支渠；4. 小型农田水利建设工程 2 宗：先南水库渠道、纳凤田洋；5. 堤防工程：新港防潮堤；6. 农村安全饮水工程：兴建农村安全饮水工程 23 宗；7. 农综工程：靛村田洋整治、干校田洋整治；8. 土地整理工程：金牌基本农田整理、十月田镇土地整理
2009	1. 病险水库加固工程 8 宗：山竹沟水库、王化水库、南雅水库、先南水库、南弄水库、峨毛岭水库、老羊田水库、打显水库，工程于 2008 年底前陆续开工；2. 山塘水陂 3 宗维修加固工程：池头山塘、南蛇水陂、三道水陂；3. 渠道防渗配套工程：池头山塘渠道、南妙水陂渠道；4. 小型农田水利建设工程 3 宗：杨咸节水灌溉工程、打显水库灌区渠系配套改造工程、石碌水库末级渠白石片配套工程；5. 海堤工程：杨咸防洪堤工程；6. 石碌河整治工程；7. 农综工程：峨港田洋整治；8. 土地整理工程：金牌基本农田整理、十月田耕地占补项目；9. 农村安全饮水工程 12 宗
2010	1. 小型农田水利重点县建设项目 4 宗：红地岭水库补水渠系续建配套及节水改造项目、七叉镇小型灌区渠系节水配套改造工程、老羊田水库灌区渠系续建配套及节水改造工程、水尾水陂修复及渠道配套加固工程、光田节水灌溉（旧县片区）一期示范工程；2. 面上水利工程渠道防渗 7 宗：光田水陂右干渠、青山水陂左干渠、七叉保弯水陂、大风田洋排水沟、王下三沛渠道、乌烈林场沟斗渠、重合水陂渠道；3. 海尾防潮堤工程续建；4. 中小河流治理：保梅溪整治；5. 农村安全饮水工程 16 宗：新建 4 宗、维修 12 宗。6. 农综工程 2 宗：高地田洋和塘坊田洋整治；7. 土地整理：保平田洋整治

1991—2010 年昌江县农田水利建设项目投资况统计表

表 7-1-8

年度	资金投入情况（万元）					
	总投资	其中				
		中央	省	县	乡镇	群众投劳自筹
1991	1200.2		884.69	261.4		54.1
1992	851.1		701.1	135		15
1993	724.6		588.6	108		28
1994	473.5		302.5	133	38	
1995	1206.6		173.6	450	350	
1996	1117.7		487.7	400	230	
1997	682.1		172.1	390	50	70
1998	1451	427	549	355	120	
1999	1080	260	440	200	180	
2000	2018	1435		563	110	
2001	893	563		180	120	30
2002	1181	698		403	80	40
2003	1446.8	873.3		446	80.7	46.8
2004	1696.2	847		494.8	20	334.4
2005	2860	1350	170	410	130	620
2006	3153.41	1864		808.41	140	341
2007	4755.64	2128	944.3	1291	75	317.34
2008	5621.35	2770.4	1202.71	1229.49	60	358.75
2009	19493.78	5024.25	3720.83	10237.21	70	441.49
2010	9969.18	3648	3662.17	2229.01	80	350

1991—2010 年昌江县农田水利建设项目效益情况统计表

表 7-1-9

年度	工程量（万立方米）			效益（公顷）						
	土方	石方	混凝土	改善	增加恢复	新增节水灌溉面积	新增、改善排涝面积	改造中低田	新增蓄水能力（万立方米）	治理水土流失（平方千米）
1991	161.45	14.26	0.61	1733.3	2020					

表 7-1-9 续 1

年度	工程量（万立方米）			效益（公顷）						
	土方	石方	混凝土	改善	增加恢复	新增节水灌溉面积	新增、改善排涝面积	改造中低田	新增蓄水能力（万立方米）	治理水土流失（平方千米）
1992	118	6.32	0.88	153.3	213.3					
1993	111.9	1.68	0.33	366.7	426.7					
1994	176	1.95	0.42	433.3	280					
1995	202.9	2.2	0.9	733.3	626.7					
1996	213.2	2.93	1.08	1033.3	566.7					
1997	133	1.35	0.91							
1998	288.7	2.31	1.04							
1999	115	1.45	0.76	改善 1500	增加 80 恢复 86.7					
2000	118	0.74	1.47	改善 1100	增加 700 恢复 786.7					
2001	65	1.31	0.66	改善和恢复 7353.3	增加 53.3	306.7		306.7	240	1.2
2002	71.72	1.11	1.0	改善和恢复 1000	增加 413.3	846.7		360	106	1.5
2003	72.39	1.41	1.15	改善和恢复 2833.3	增加 620	620		1266.7	218	0.8
2004	64.6	1.64	0.89	改善和恢复 2186.7	增加 466.7	420			145	
2005	60.72	1.34	1.08	200	920	533.3		1200	60	
2006	133.5	1.9	2.1	880	1073.3	673.3		1666.7	125	2.1
2007	89.44	2.04	1.89	1053.3	966.7					
2008	70	3.24	1.54	653.3	2200					
2009	228.73	13.52	8.23	2253.3	1593.3		500			
2010	57.23	2.45	2.92	1893.3	4846.7	1006.7				

昌江县小（1）型以上水库工程基本情况统计表

表 7-1-10

序号	工程名称	类型	集雨面积（平方米）	灌溉面积		竣工时间	除险加固竣工时间
				设计（公顷）	有效（公顷）		
1	石碌水库	大 (2) 型	353.63	8333.3	4820	1976 年 12 月	2007 年

表 7-1-10- 续 1

序号	工程名称	类型	集雨面积（平方米）	灌溉面积		竣工时间	除险加固竣工时间
				设计（公顷）	有效（公顷）		
2	王化水库	小(1)型	18.8	160	133.3	1981年8月	2009年
3	南弄水库	小(1)型	10	153.3	133.3	1971年12月	2009年
4	南雅水库	小(1)型	11.7	66.7	66.7	1971年8月	2009年
5	打显水库	小(1)型	7.5	133.3	133.3	1984年5月	2009年
6	红地岭水库	小(1)型	5.48	53.3	28.7	1985年12月	未加固
7	先南水库	小(1)型	14.4	173.3	166.7	1973年9月	2009年
8	山竹沟水库	小(1)型	4.94	石碌水库灌区	石碌水库灌区	1979年9月	2010年
9	鹅毛岭水库	小(1)型	7.61	石碌水库灌区	石碌水库灌区	1960年2月	2009年
10	白山马水库	小(1)型	11.6	93.3	66.7	1977年11月	未加固
11	老羊田水库	小(1)型	1.04	63.3	43.3	1974年7月	2009年

附：石碌水库维修工程

石碌水库是以灌溉为主，结合防洪、供水和发电为一体的大（2）型水利工程。总库容1.42亿立方米，正常库容9888万立方米，水库集雨面积353.63平方千米，设计灌溉面积10000公顷，年供工业和生活用水1600万立方米。石碌水库主干渠全长46.5千米，是昌江农田水利灌溉的供水源，担负着全县80%以上的农田灌溉面积。枢纽建筑物主要有：主坝一座，副坝三座，均为均质土坝；溢洪道二座，最大泄洪量6290立方米/秒；坝后电站一座，装机容量为1000千瓦，年发电量400万千瓦时。由石碌水库工程管理局管理。

石碌水库1958年4月动工兴建，1962年建成中型水库并发挥效益，1966年扩建。1976年扩建成大（2）型水库。由于石碌水库大坝和三座副坝存在安全隐患，未能达到蓄水设计库容。1998年3月，由省水利局组织专家对大坝进行安全鉴定，为三类危险工程。同年9月，水利部珠江水利委员会审批后拨付资金，进行除险加固。2000年2月1日，省发展计划厅再次对石碌水库及附属工程维修项目申报获批，总投资为5309.49万元，其中，中央补助资金3860万元，省非经营基金780.49万元，县自筹669万元。调整概算为5093.60万元，其中，中央投资3869.3万元、省配套1024.3万元、县配套200万元。维修工程建设项目：（1）主坝工程。采用混凝土防渗墙对坝体及坝基进行防渗加固；（2）南副坝工程。下游坝坡采取贴坡排水和棱体排水相结合的综合排水处理；（3）北副坝工程。坝体灌浆防渗，下游坡采用棱体排水；（4）新涵坝工程。采用灌浆防渗处理；（5）新、旧溢洪道工程。新、旧溢洪道均增设检修闸门，并对旧溢洪道工作闸门进行更新；（6）新、旧溢洪道连接坝段工程。采用帷幕灌浆对岩基进行防渗处理，坝体则采用充填式灌浆进行防渗加固；（7）溢洪道左岸挡土墙及泄水渠开挖工程。采取衡重式挡土墙护岸方案，下游河床岩石开挖至设计高程；（8）输水涵管进水渠及渠首加固工程；（9）上坝公路工程；（10）水情、工情自动测报系统工程；（11）管理局生产生活用房及库貌整治工程，包括防汛调度大楼、库区水土保持项目以及库容库貌整治、职工宿舍等项目。2007年3月竣工。此后，水库蓄水位可达127.6米的设计水位，增加库容1548万立方米，增加灌溉面积5000公顷，提高雨情水情预报的准确性，方便水库的运行管理。石碌水库主干渠全长46.5千米，设计流量11立方米/秒，设计灌溉面积10000公顷，担负着全县80%以上的农田灌溉任务。有9条分渠，总长145千米。由于渗漏严重，利用率低，抗洪能力差。为保证石碌水库整体灌溉效益，1991年起对主干渠进行防渗加固，至2000年主干渠全部硬化配套完成。

三、引水工程

1991—2010年，全县有蓄引水工程312宗，其中蓄水工程143宗，引水工程169宗，提水工程21宗。设计年供水量3151万立方米，设计灌溉面积3966.7公顷，现灌1813.3公顷。面上水利工程有各级灌溉渠道2829条，总长1058.75千米，已防渗配套204.75千米，配套建筑物3738宗。

2010年昌江县小(1)型以上蓄水工程基本情况统计表

表7-1-11

序号	工程名称	工程规模	总库容（万立方米）
1	石碌水库	大(2)	14128
2	鹅毛岭水库	小(1)	392
3	山竹沟水库	小(1)	980
4	白山马水库	小(1)	261
5	先南水库	小(1)	372
6	打显水库	小(1)	208
7	红地岭水库	小(1)	185
8	南弄水库	小(1)	353
9	南雅水库	小(1)	221
10	王化水库	小(1)	513
合计			17613

2010 年昌江县重点引水工程基本情况统计表

表 7–1–12

编号	工程名称	所在乡（镇）	引水流量（立方米 / 秒）	设计灌溉面积（公顷）
1	七差水陂	七叉镇	1.0	800
2	水尾水陂	叉河镇	0.5	100
3	青山水陂	十月田镇	0.4	266.7
4	南蛇水陂	十月田镇	0.2	100
5	高石塘水陂	南罗水陂	0.4	266.7
6	鸡心水陂	石碌镇	0.4	20
7	靛村水陂	昌化镇	0.3	166.7
8	光田水陂	昌化镇	0.2	100
9	南除水陂	石碌镇	0.1	20
10	头角岭水陂	乌烈镇	0.1	33.3
11	峨沟水陂	乌烈镇	0.1	66.7
12	白沙水陂	海尾镇	0.03	20
13	大炎水陂	王下乡	0.1	6.7
14	洪水水陂	王下乡	0.1	6.7
15	深滩水陂	海尾镇	0.3	133.3
	合计		4.23	2106.8

四、提水工程

1991—2010 年，全县有 19 宗电灌站，装机 42 台，装机容量 1592 千瓦，设计灌溉面积 1340 公顷，灌溉面积达 763.3 公顷。

2010 年昌江县电灌站基本情况统计表

表 7–1–13

序号	乡（镇）名称	站名	台数	装机容量（千瓦）	设计灌溉面积（公顷）	现达灌溉面积（公顷）
1	叉河	老宏	2	115	53.3	53.3
2	叉河	排岸	2	40	13.3	13.3
3	叉河	坎头	1	55	26.7	20
4	叉河	高石塘	1	55	40	13.3
5	保平	红阳	3	165	13.3	100

表 7-1-13 续 1

序号	乡（镇）名称	站名	台数	装机容量（千瓦）	设计灌溉面积（公顷）	现达灌溉面积（公顷）
6	保平	姜园	1	28	20	20
7	乌烈	纳凤	2	110	13.3	53.3
8	乌烈	长塘	2	34	13.3	13.3
9	昌城	老范田	1	40	20	20
10	昌城	大风	3	223	100	100
11	昌城	大风二级	1	40	13.3	13.3
12	昌城	光田	1	28	6.7	6.7
13	昌城	黄姜	7	385	666.7	266.7
14	昌城	旧县	1	28	6.7	6.7
15	昌城	新城	1	20	6.7	6.7
16	昌城	浪炳	3	62	33.3	22
17	昌城	杨柳	6	102	20	21.3
18	昌城	昌城	2	34	20	0
19	石碌	牙营	2	28	13.3	13.3
合计			42	1592	1340	763.3

五、县城供水工程

1991 年，县城石碌镇供水由海南铁矿水厂供给。分别有河南水厂和河北水厂供水。2000 年，企业改制成立昌江县水业有限责任公司，接管河南水厂和河北水厂。日供水规模 2.0 万吨。以石碌水库为供水水源，供水范围为石碌镇河北地区和县城居民生活用水厂。2010 年，日供水量扩大到 3.5 万吨。

昌江县饮用水水源保护区基本情况表

表 7-1-14　　单位：平方千米

水源保护区名称	省政府批复时间	一级保护区				二级保护				准保护区			
		水域面积	陆域面积	小计	水质目标	水域面积	陆域面积	小计	水质目标	水域面积	陆域面积	小计	水质目标
石碌水库	2007 年 11 月 12 日	2.73	2.22	4.95	Ⅱ	4.12	13.49	17.61	Ⅲ	2.88	12.30	15.18	Ⅲ

2010年昌江县供水企业基本情况统计表

表 7–1–15

<table>
<tr><th rowspan="2">水厂名称</th><th rowspan="2">建成时间（年）</th><th>设计规模</th><th>供水量</th><th>售水量</th><th rowspan="2">DN75以上管道长度（千米）</th><th colspan="3">人口普及率</th><th rowspan="2">漏损率（%）</th><th rowspan="2">固定资产（亿元）</th><th rowspan="2">职工（人）</th><th rowspan="2">专业人员（人）</th><th rowspan="2">水质监测能力（项）</th><th colspan="4">供水价格（元/吨）</th></tr>
<tr><th colspan="3">万立方米/日</th><th>普及率（%）</th><th>城市人口（万人）</th><th>用水人口（万人）</th><th>居民生活用水</th><th>工业用水</th><th>经营服务用水</th><th>特种行业用水</th></tr>
<tr><td>河南水厂</td><td>1965</td><td>1.5</td><td>0.7</td><td>0.5</td><td rowspan="2">110</td><td rowspan="2">95.5</td><td rowspan="2">9.0</td><td rowspan="2">8.6</td><td rowspan="2">24</td><td rowspan="2">0.39</td><td rowspan="2">137</td><td rowspan="2">19</td><td rowspan="2">29</td><td rowspan="2">1.18</td><td rowspan="2">1.48</td><td rowspan="2">2.08</td><td rowspan="2">2.28</td></tr>
<tr><td>河北水厂</td><td>1979</td><td>2</td><td>1.8</td><td>1.8</td></tr>
</table>

六、农村供水工程

1991年，全县农村供水工程发展缓慢，仅有少数村庄用上自来水，广大农村饮用水较为困难。1998年，全县农村文明生态村建设兴起，配套建设农村供水工程，改善部分农村饮用水困难，农村供水工程得到发展。

2002—2004年，全县农村饮水工程投资939.1万元，其中：中央及省资金843万元，县财政配套资金45.6万元，受益群众自筹资金50.5万元。完成各类饮水工程89宗，解决89个自然村60311人饮水困难。其中：自来水工程34宗，覆盖34个自然村49732人。分散式供水工程55宗，覆盖55个自然村10579人。全县农村饮水困难初步得到解决。

2005年后，各级政府逐年加大投资，完善农村饮用水供给。兴建了十月田水厂、乌烈水厂、峨港水厂、昌城水厂等一批农村饮水工程。大部分村庄采取集中式管理模式，按供水范围、供水人口和工程所在地实行两大类型管理。一类为供水范围大，供水人口多和工程所在地为乡（镇）政府驻地的集中式供水工程。其管理方式由乡（镇）企业经营管理，管理人员一般2~4人，水费收取均以用户水表的用水记录计算收费，每吨1.1~1.5元。如乌烈镇乌烈水厂，日供水1400吨/日，年供水50.4万吨，受益人口1.1693万人，管理人员4人，水费收取按用户水表的用水记录计算水费，每吨1.1元。昌化镇自来水厂，日供水300吨/日，年供水10.95万吨，受益农村人口0.4467万人，管理人员2人，水费收取按用户水表的用水记录计算水费，每吨1.1元。另一类是供水范围为单个自然村，供水人员少的集中式供水工程。管理方式为村级经营管理，管理人员一般1~2人，水费收取均以用户水表的用水记录计算收费，每吨0.5~1.8元，最低的是引用山泉水，如七叉镇浪沦村、南方村等引用山泉水，每吨 0.5 元，最高的海尾镇进董村自来水厂，每吨 1.8 元。

2010 年 3 月，昌江县贯彻落实国家、省政府关于饮用水水源保护区划精神，全县划定乡（镇）集中式饮用水水源保护区划有 4 个，分别为昌江石碌河饮用水水源（保护总面积 1.871 平方千米）、山竹沟水库（保护总面积 1.971 平方千米）、乌烈镇峨沟河饮用水水源（保护总面积 0.972 平方千米）、杨柳村地下水水源（保护总面积 0.54785 平方千米）。2010 年，全县已建有供水工程 102 宗，较大的水厂有石碌镇水厂、十月田水厂、乌烈水厂、峨港水厂、昌城水厂等。覆盖全县 151 个村庄，农村受益人口 15.6 万人。大部分农村人口用上干净清洁的自来水。

七、污水处理工程

1991—1995 年，县城没有完整的排水系统，污水仅经简单处理或直接排入河道。1998 年，在城区道路改造过程中，始于铺设污水管道，大多排水管渠为合流制。2000 年，石碌镇年用水总量 1825 万立方米，年污水排放量 756 万立方米 / 年。

2008 年 12 月 27 日，在石碌河北岸水头村附近兴建县城污水处理厂，占地面积约 4 公顷，总规模为 7 万吨 / 日，总投资 10145 万元。其中：中央预算资金 1000 万元、省财政资金 5500 万元、县财政及贷款资金 3645 万元。工程分一期、二期。第一期工程按 3 万吨 / 日规模实施，采用 A_2O（厌氧缺氧好氧）处理工艺，执行一级 B 标准排放，工期为一年，工程投资 10145 万元，工程主要包括污水处理厂构、建筑物土建施工，机械、电气、自控设备安装以及厂外配套管网工程 26 千米管道安装施工。工程设计单位为天津市联合环保工程设计有限公司，工程施工分三个标段进行公开招标。工程分为厂区建设和管网建设两部分。其中：厂区建设投资 4052.2 万元、管网工程投资为 3753.5 万元。

2008 年，实施《昌江黎族自治县城镇污水处理费征收使用管理办法》，委托水业有限责任公司对城镇污水处理费进行征收，征收标准按《昌江黎族自治县城镇污水处理费征收使用管理办法》执行。2009 年共征收城镇污水处理费 127 万元。

2010 年，昌江县城污水处理厂工程厂区建设完成，管网工程完成 80%。同年，征收城镇污水处理费 265 万元。

八、防洪工程

1991—2010 年，昌江县为防海潮和沿江低洼洪涝，在沿海及沿江地带修建防潮土堤和防洪涝等一系列防洪工程。县内主要防洪工程分为海堤工程和城市防洪工程。

海堤工程有新港、杨咸、海尾 3 个防潮堤工程，总长 7.64 千米，投资 3210 万元。

新港防潮堤工程。2004 年开始修建，工程投入资金 600 万元，属国债资金。新港防潮堤工程设计标准为十年一遇，5级堤防工程。工程保护新港居人口2368人与新港码头。珠碧江流域面积957平方米，河长98千米，坡降1.2%，设计洪水标准10%，洪水流量3350立方米/秒。2005年工程完成投入使用。防潮堤建设全长712米，全部为石堤，堤后填土通路，主要工程量：土方开挖1.22万立方米、土方回填1.7万立方米、浆砌石0.52万立方米、混凝土573立方米、土工布189万立方米、护坡批挡3828平方米、抛石3387平方米、铺草皮2848立方米、泥结石路面2663立方米。

杨咸防洪（潮）堤工程。2009年2月修建，工程总投资为1410万元，其中中央资金465万元，省配套资金945万元。工程新建防洪（潮）堤3.628千米杨咸防洪（潮）堤为5级堤防工程。主要建筑物为5级建筑物，临时性建筑物5级，防洪标准为十年一遇，设计洪峰流量为10640立方米/秒。全部为土堤，堤顶宽3米；迎水坡坡比为1：2.25，采用C20砼六角砖护坡；背水坡坡比为1：2.0，采用草皮护坡；堤身主要采用砂、砾土填筑，背水坡面铺填种植土，厚0.3米，堤顶两侧设路缘石，中间铺填泥结石路面厚0.2米。2010年建成投入使用，与原防潮防洪堤连接，形成封闭体系。保护杨柳、咸田两个自然村，耕地168公顷、林地100公顷。

海尾防洪防潮堤工程。2010年1月修建，总投资1200万元。工程场地震动峰值加速度为0.05克，相应地震基本烈度为Ⅳ度。防洪防潮工程防护对象等级为Ⅳ等。新建卡叉沟左右两岸防洪堤工程长3300米，其中，左岸防洪堤长1741米，右岸防洪堤长1559米；修复加固出海口两岸防潮长848米，其中，左岸防潮堤长483米，右岸防潮堤长365米。防洪防潮堤部长4148米；新建配套建筑物12座及上堤步若干座，其中，人行桥1座、排水闸1座、排水涵11座。该工程防洪、防潮标准为十年一遇，堤防级别为5级，允许越浪。主要建筑物级别为4级，次要建筑物级别为5级。主要工程量：管径1.0米有9座，管径0.8米及管径1.2米各1座；闸室设2孔，每孔净宽3.7米；闸顶设人行桥，桥宽3.5米；水闸进出口为M7.5浆砌石八字翼墙；闸门采用铸铁平板闸门，手电两用启闭；桥梁与堤身步级工程。完成土方开挖12.65万立方米、土方回填11.85万立方米、浆砌石0.88万立方米、批挡0.73万平方米、混凝土0.37万立方米，钢筋41T、草皮护坡4.28万平方米、抛石0.52万立方米。2010年12月，工程完成投入使用。保障沿岸农田及海尾村等3个自然村庄人民群众生命财产安全，保护耕地约86.7公顷，养殖池塘20公顷。

城市防洪工程主要有石碌河县城段综合整治工程和石碌河保梅溪治理工程。

石碌河县城段综合整治工程。2009年2月27日，石碌河县城段综合整治第一期工程开工建设。石碌河县城段综合整治工程分为第一期和第二期工程。第一期工程主要是水利工程，第二期工程主要是市政工程。是集防洪、休闲、娱乐三大功能为一体的综合性工程，由防洪工程和滨河公园工程2大体系组成，工程概算总投资1.9亿元。一期工程施工包括：（1）石碌河的南、北两岸三级护坡，长度分别为2663米和3620米。主要功能防止河道两岸因洪水、排洪造成的崩塌与滑坡；（2）一、二级坝拦水。其中一级坝为橡胶坝，高4米，长165米，总挡水高度9.5米，设计洪水位标准为20年一遇，校核洪水为50年一遇。二级坝为浆砌石重力坝，设计洪水标准为20年一遇，校核洪水为百年一遇；（3）码头3个，栈道7个。主要功能为居民、游人游玩平台；（4）一、二级护坡顶部设置亲水平台，功能主要为居民、游人休闲、散步；（5）灯光工程，在一级平台上设置庭院灯及走珠灯；（6）保梅溪整治两岸长度共1800米；（7）东海河整治两岸长度约600米；（8）在一、三、五号码头、四、六、七号栈道设置膜结构张拉棚。完成河内及两岸青苗核实、补偿工作，补偿农户560户，补偿金额320万元，第一期被拆迁户60多户，补偿金额500万元。2010年12月，石碌河县城段综合整治工程投入资金1.02亿元，已完成工程量和资金的80%。

石碌河保梅溪治理工程。2009年1月开工兴建，工程总投资2575万元，建设工期两年。其中中央资金1100万元、省财政资金275万元、县级配套资金1200万元。河段整治工程建设主要为：河两岸整治护岸长度为2400米、建设彩虹桥1座，配套沿岸护栏等。2010年年底，完成工程量的80%。建成后，起到河段防洪和排涝作用，改善县城河道环境。

第五节　抗洪抗旱纪实

1991年至2010年的20年间，昌江县常年遭遇台风、洪涝、干旱等自然灾害影响，给全县人民的生命财产和经济发展造成了损失。每当灾害来临时，各级地方党组织和政府及时组织人民群众奋勇抗灾，生产自救，将灾害损失降到最低。

一、抗洪

抗击“91·11号”强台风。1991年8月5—6日，昌江遭受第11号强台风袭击，昌化江和珠碧江水位上涨，下游的咸田、杨柳、长山等3个村庄335户，2286名群众被洪水围困。133.3公顷水田被浸，全县经济损失达3400万元。

台风登陆当日，县委、县政府召开三防工作会议，明确部署抗灾防洪的具体方案和措施，并要求县四套班子成员和县直各单位、乡（镇）奔赴抗风一线指挥。灾情发生后，立即组织全县机关企事业单位干部600多人奔赴12个乡（镇）74个管区与当地干部一起组织动员2万多名群众投入抗灾救灾和生产自救。并制定了5项抗灾自救措施：一抓水利设施修复建设；二抓种子抢播；三抓交通道路、电讯抢修恢复建设；四抓社会治安及防治瘟疫；五抓民房修复建设。县政府还从地财中拔付10万元作为救灾专款，并发动各界人士捐款捐物，共募捐救灾款8万多元，衣物1496件。县民政局将省下拨的20万元救灾款和8万多元募捐款及一批衣物、药品等及时发到各乡镇受灾群众，县政府组织慰问团到各乡（镇）进行救灾慰问。

霸王岭林区公路遭严重破坏，涵洞被毁，林业公司武装部迅速组织民兵进行护林、抢险公路和涵洞，使林区生产及时得到恢复。

抗击“96·12”号强台风。1996年8月22日，12号台风袭击该县，“96·12”号台风平均风力9级，最大风力12级，全县倒塌房屋2300间，损坏6300间；冲毁塘坝3宗，冲坏水利渠道32处；受灾农作物5561公顷；大风刮倒电杆压死一人。农林牧渔方面损失196.7万元，工业交通损失143万元，水利设施损失45万元，民营橡胶折断129800株（占全县民营橡胶的21.6%）经济损失1140多万元。全县经济损失2254万元。

灾情发生后，全县上下迅速掀起了抗灾自救行动。县政府拨付机动财政资金和专项资金，及时投入恢复生产自救。历时半个月，灾区群众生产生活得到恢复。

抗击“96·18”号强热带风暴。1996年9月19—21日，18号强热带风暴袭击昌江，全县境内连续下暴雨，雨量达704.8毫米，降雨量为历史罕见。山洪泛滥，大小河流爆满，加上上游的大广坝、珠碧江和石碌水库大量泄洪，溢洪达11400个流量，使下游的昌化、南罗、海尾和昌城四个沿海乡（镇）水位高涨，大大超出了警戒水位，与历史最高洪峰水位相比，昌化江高出1.2米、珠碧江高出1.8米。昌化江和珠碧江沿岸的18个村庄，均受到不同程度的淹没，特别是下游出海口附近的新港、大安、长山、咸田、杨柳、新城、旧县等14个村庄，有14000多人被洪水围浸长达一昼夜。海尾、新港、沙渔塘、昌城等渔港有155艘入港避风的渔船被洪水冲入大海。新港村被洪水切分两部分，使靠江100多米沙包变成孤岛，65户人家300多人被洪水围困，230间民房被洪水卷入大海。取而代之的是宽为140多米、深为3米的河床。停泊在新港港湾避风的100多艘渔船（共中海尾村73艘）被洪水卷翻冲入大海。全县78人下落不明。翻沉和毁坏渔船155艘，冲毁公路180处，桥梁16座，渠道1600多处，冲毁农田1000公顷，破坏农作物5000公顷，冲走牲畜家禽15万只，全县直接经济损失达2.3亿元。

洪涝发生时，县委、县政府及时研究部署防风抗洪工作，县四套班子成员奔赴在抗洪的第一线，组织指挥群众抗洪，做好灾区群众安全转移。根据灾情的变化，紧急动员全县机关干部，预备役部队，三警部队，那大部队官兵和公检法干部2000多人奔赴新港，咸田、杨柳等村庄营救被洪水围困群众。县预备役都在重灾区，县武装部长谭由仔一方面组织他们抢险救灾，另一方面调整向灾区增援。在道路冲毁，车辆无法通行的情况下，冒雨强渡来到海尾镇，组织预备役连投入抢险救灾。县人武部部还组织预备役官兵，县政府通过省政府请求部队协助打捞沉渔船，抢救遇难渔民，赶往昌化、南罗等灾区，抢救被洪水围困群众，转移群众财产，打捞沉船和尸体。奋战两昼夜，把灾害造成的损失降低到最低限度。

洪涝灾害后，民政部副部长范宝俊，省委书记、省长阮崇武，省委副书记杜青林，副省长陈苏厚等领导到昌江县考察灾情，指导恢复生产，重建家园。县委、县政府采取果断措施，动员全县全力以赴开展抗灾自救。一是组织群众抢修水毁工程，开展生产自救，及时做好农作物的抢管、抢播、抢种工作，全县共投资1409.9万元（包括中央省下拨），投入劳动工日270万个，完成土方213.2万立方米，石方2.93万立方米；完成各类水利渠道810条，总长1080千米，新建水毁工程12个，整治农田457公顷，恢复灌溉面积396公顷。二是抽调1500多名干部职工组成抗灾工作队进驻重灾区，切实安排好灾民生活，对经济损失严重的受灾户，采取“三个一点”（国家拨点，社会捐点，个人筹一点）的办法，帮助他们尽快恢复生产和生活秩序，给119名死难者家属补助款共11.9万元。给新港居委会45户无家可归的灾民建房补助款共计22.5万元。三是帮助灾区解决生产和生活中存在的困难问题， 县政府筹集22.5万元，为南罗镇新港居委会平整土地2公顷建新村，安置无家可归渔民；设立30万元助学基金，资助死难失踪者子女免费上学。县政府拨出50万元，并从全县干部新增工资截留下来的30%中提取5%共60万元用于救灾。支出6万元购新衣物1200多件，发放给受浸灾民。拨出救济粮6万千克折款18万元。四是9月25日在石碌召开全县赈灾动员大会，号召全县各族人民及社会各界人士捐款捐物支援灾区群众。全县共收到捐款140万余元，衣服11585件，大米58150千克，全部分期分批送往灾区，分发给了灾民，全县没有出现一户灾民无粮、无房住、无衣穿的情况。五是成立重灾区重建家园、恢复生产协调小组。负责组织和协调灾民搬迁安置、造船和建港工作，全县共投入1430万元新造渔船25艘，8320吨位，6790马力，修复损坏渔船57艘，1184吨位，增添四指深脚流刺网2985张，全县海洋渔业生产逐渐恢复至原有水平，抗洪救灾取得阶段性胜利。县水电局组织机械、人员对石碌水库主干渠道及重点面上工程进行抢修，经过十多天的苦战，主干渠全面通水。动工修建石碌水库尖岭支渠续建配套工程，长18.9千米，灌溉面积达5867.7公顷。同时，县卫生部门迅速组织35人医疗队奔赴沿海受灾乡（镇）救治伤员和疫情防治，确保大灾之年无疫情。

海尾镇新港村被洪水冲成两半，45户民房被卷入大海，取而代之的是宽140多米、深为3米多的河床，渔船被洪水冲毁淹没45艘、渔民被洪水冲人大海淹死88人，全镇经济损失300万元。镇党委、政府及时确立自救为主、争取外援为辅的方针。一方面组织镇干部分成2个工作组，分头在新港村口的海滩做善后工作，另一方面组织全镇人民不等不靠、艰苦奋斗，自力更生，生产自救，度过难关，把“96·18”号强热带风暴摧毁的渔船、网具等生产工具修复投入生产，新港村委会组织群众重建家园。年底至次年初，受灾最严重的海尾居委会，自筹资金550万元，新造渔船11艘，550吨位3300匹马力，维修损坏渔船30艘，新造流刺网10500张。全镇渔业生产逐渐恢复至原有水平，抗灾自救工作取得胜利。

昌化镇经济损失达到1800多万元，使刚刚摆脱贫因解决温饱问题的1000多户村（居）民一夜之间成为特困户。在极大的困难面前，全镇人民不屈不挠、自强自立，迅速兴起“三通”“四修”热潮。灾后第5天，全镇14个行政村基本上达到“三通”，在修复水利设施面前，全镇上下形成合力，有钱出钱，有力出力，奋战5个月终于将流经镇内的各条渠道全部修复。

抗击“2001·14”热带风暴。2001年8月28—31日，全县遭受14号热带风暴的袭击。普降暴雨，降雨量高达864毫米。交通、供水、供电中断，县城石碌至太坡通往外界公路的保梅大桥被冲毁。通信线路中断2小时左右，县城与外界交通联系中断。全县受灾乡（镇）12个，受灾人口16万人，被洪水围困村庄17个，围困群众2.6万人，房屋倒塌560间，受灾农作物面积1.25万公顷。绝收面积0.25万公顷，死亡牲畜2.6万头（只），水产养殖损失面积0.0256万公顷，造成停产工矿企业90家，543家商贸企业（店）被水淹10多小时，冲走部分商品，冲断公路3条，桥梁5座，毁坏公路83千米，损坏小型水库9宗，堤防5.6千米，全县直接经济损失17200万元。

灾情发生后，县委、县政府组织全县人民上下一心，奋起抗灾，掀起生产自救热潮。公安民警奋力抗洪救灾，县公安民警充分发挥了中流砥柱作用，广大民警始终战斗在抗洪救灾第一线，奋斗在群众最需要的地方。共出动警力860多人次，车辆100多辆次，救生船12艘次，投入救灾物资费用8000多元，抢救群众286人次，抢救、转移物质价值86万元。局领导带领和指挥民警做好抗洪抢险各项工作。（1）超前部署，精心安排抗洪靠前救灾，8月29日抗洪抢险通知后，局党委立即成立领导小组，全面调动民警，提前部署，扎实做好防汛防风各项工作，从思想上、组织上、物质上做好充分准备。（2）舍身抗洪，抢救群众和物质。在抢险中，所有民警团结一致，无一退缩，无一喊苦，奋斗至洪水消退的那一刻，赢得洪灾中人、财、物的安全转移，副局长文于虹既是阵前指挥长又是战斗员，凭其长期以来锻炼出的优良水性，亲自游入洪水中救出群众3名、小孩5名，尤其在政府桥河水急流中以顽强的意志背游解救瘫痪老人张亚翁、符亚佑脱险。

（3）全力做好灾后保障和社会治安维护工作。灾后，县公安局组织民警150多人参加路面抢修和清理道路，填沙包、搭桥架，保证道路交通的尽快恢复和安全畅通，派出所民警全力协助受灾群众恢复生产等各项善后工作，组织刑侦、治安、巡警、派出所等警力日夜加强安全巡逻，保证了灾后社会治安的稳定和各项洪灾善后恢复生产等工作的顺利开展，同时研制抢险救灾预案，确定抢险救灾组织，建立抢险救灾机制。

县交通局广大干部职工投入抗洪抢险第一线，及时向省交通厅汇报灾情，争取省交通厅派出工程队，连续奋战三昼夜，用最短的时间架设起保梅铁架桥和人行便道。恢复县城与外界的联系。同时发动干部职工捐款1900多元，捐物192件，10多人被县委、县政府评为抗洪抢险先进个人。

为确保大灾之后无大疫，县卫生局迅速启动救灾防病紧急预案，组织180名医务人员组成的救灾防病队伍紧急奔赴灾区开展救灾防病工作。一是以义诊形式开展医疗救护，诊治患者600多人次；二是消毒灾区污染水井和污染环境，共消毒村庄158个，消毒村民（居民）住宅34769户，消毒水井4342口，消毒外环境、公共场所4815处，受益人口181188人；三是协助灾区政府开展清理垃圾、消灭蚊蝇、净化环境等爱国卫生运动，预防肠道传染病的发生和流行；四是普及预防保健知识，开展卫生防疫知识的宣传活动，提高灾区群众自我防病意识和能力；五是严密监测全县疫情动态，实行零病例报告制度，同时认真做好灾区儿童计划免疫工作，预防相应传染病的发生。通过全县卫生系统广大干部职工的艰苦奋战，确保了昌江大灾之后无大疫，县卫生防疫站因成绩突出被县委、县政府评为"2001年救灾防病先进单位"。

昌化镇及昌化卫生院采取六项措施：（1）加强卫生宣传防疫，强化卫生防病意识；（2）加强饮水消毒管理，集中力量对被污染饮用水源进行消毒，尽早让群众吃上洁净的水；（3）对畜禽等动物尸体及时消毒深埋，以防污染环境和饮用水；（4）加强食品卫生监督管理，尤其教育群众不吃淹死、病死的禽畜肉；（5）加强肠道疾病的防治，搞好疫情监测报告，及时发现和治疗各种传染病人，对疑似霍乱病人要有怀疑必检，做到早发现、早隔离，早治疗；（6）做好乙脑预防工作，对易感人群进行预防接种。

石碌镇在财力紧缺的情况下，争取县和社会各界的大力支持，全面组织资金、劳力，抢修道路25条长34千米。修复水毁工程8处，水陂4宗，恢复水稻生长186.7公顷，甘蔗100公顷，香蕉53.3公顷，秋种甘蔗46.7公顷，确保大灾之年保产保收。

抗击第18号台风"达维"。2005年9月26日，昌江遭受第18号台风"达维"袭击。全县从9月25—26日连续两昼夜刮风下雨，海面风力10级~11级，阵风12级，陆地风力8–9级，阵风10级，降雨量144毫米。全县被洪水受浸和围困的村庄达10多个。受灾人口105000人，倒塌房屋168间；停产工矿企业20家，冲断铁路一条共700米，冲断公路25条共3300米，毁坏通信线路100米；损坏小型水库3座、堤防2处共1.2千米、水闸22座、灌溉设施250处、水电站2座，冲毁塘坝7座；农作物受灾面积24670公顷，成灾面积20507公顷，绝收面积13267公顷，水产养殖损失1820公顷40950吨。香蕉损失3200公顷，橡胶损失1733.3公顷。全县经济损失2.3亿元。

台风到来之前，县委、县政府紧急部署和安排，及时组织、督促机关各部门人员深入各自的联系点，动员群众做好防风救灾工作。26日晚上，机关干部1500多人坚持战斗在第一线，组织群众转移，确保人民群众生命财产安全。

灾情发生后，县立即召开全县机关干部紧急动员会，组成77个工作组，深入包点镇（村）带领群众抗灾，会后全县共1300名机关干部进驻包点村指导群众抗风救灾。抗洪救灾工作中，县领导班子坚持在抗洪第一线，连续3天奔走在受灾各村之间，帮助群众做好抗洪救灾工作。全县各部门主要领导都坚守岗位，带领单位的党员干部深入包点村，组织群众防风抗灾；三警部队出动警力1200人次，电力部门成立了抢险小分队，抢修受损线路；公路部门组织人员抢修道路，确保交通畅通；三防、气象部门全体人员坚守岗位，及时准确监测和报告台风动向和险情；各镇各村党员干部都能发挥战斗堡垒作用，为群众着想，灾险情面前，冲锋陷阵。26日晚23时，由于大广坝和石碌水库泄洪，为紧急转移昌化江沿岸村庄的群众，县委、县政府从大局出发，组织力量全力增援，紧急动员全县机关干部，组织群众安全转移，使受淹村庄无一人伤亡。县农业局紧急动员全体干部，紧急赶赴昌化江沿岸的红阳、姜园、杨柳等10个村庄和珠碧江沿岸的长山、大安等6个村庄组织群众转移，奋战一昼夜，安全转移16000人。

灾后，县组织科协、农技中心等农口部门成立两个科技服务小组，深入到各镇、各村进行农业科技服务和指导，帮助农民灾后恢复生产。共出动车辆3部，指导和培训农民800多人次。2005年，昌江县荣获全省防风救灾先进集体称号。

二、抗旱

1993年1—8月，昌江境内无降雨，12条河溪断流，126宗小型水库干涸，亿方库容的石碌水库仅存700多万立方米，全县近4666.7公顷甘蔗及666.7公顷番薯、玉米枯死。大小型水库严重缺水，早造严重失收，晚造插秧普遍推迟。石碌水库已达死水状况。

县委、县政府积极应对，采取各种措施抗旱。封江堵河，开挖水井，动用抽水机进行抗旱。为了让石碌水库更好地发挥效用，组织县直机关干部500多人到水库向下开挖2米深，近200米长的导流渠，以便使水库已达死水位的水能够流出，从而缓解下游乡（镇）生产生活用水。硬化配套5千米主干渠。

2003—2005年，昌江县连续三年旱情严重，全县的18宗水库总蓄水量6583.2万立方米，有效库容为5363.8万立方米，比往年同期减少25%，已经干枯的水库有10宗，面临放不出水的水库有3宗，维持正常放水的水库有石碌水库、山竹沟水库、红地岭水库、打显水库、塘兴水库5宗水库，其中石碌水库蓄水量为4492万立方米，水位120.92米。全县大小河流12条，断流的就有8条，全县受旱面积22666.7公顷。受影响的农作物近13333.3公顷，其中：水稻受旱面积933.3公顷，甘蔗受旱面积8000公顷，瓜菜受旱面积1333.3公顷，芒果受旱面积5333.3公顷，香蕉受旱面积2666.7公顷，橡胶受旱面积2666.7公顷，其他作物受旱面积1133.3公顷。全县7个镇的旱情极为严峻，其中海尾、昌化、乌烈、七叉等更为明显，个别村庄出现饮水困难的问题，如昌化镇的先东村、先南村、先锋村和七叉镇的重合村，由于大口井出水量有限，村民要到远离村庄3千米的水井运水。

为把旱灾损失降到最低限度，确保增收目标，县委、县政府召开全县抗旱救灾工作动员大会后，立即组织和督促机关党员干部深入各自的联系点了解灾情和组织村民开展抗旱救灾工作。各单位动员党员捐款25140元支援抗旱，部分单位则利用党员捐款购买柴油机和柴油送到所在联系点抗旱。5月19日，再次动员机关干部下乡配合镇政府和村委会干部搞好早稻管水工作，确保早造水稻获得好收成。

全县各镇投入抗旱劳力达7.9万人次，投入抗旱抽水机3630台，投入资金达48.6万元，挖塘26口。2004年年底，省拨给昌江县抗旱资金155万元，其中水利抗旱资金127万元，种苗补助资金28万元。2005年昌江县早造计划任务4000公顷，已完成早造生产5085.3公顷，其中完成插秧3666.7公顷，完成水田改种面积1418.7公顷，超额完成了早造计划任务。

县农业局深入乡村采取有力措施，发动群众积极抗旱，取得显著效果。2003年共发动农民23600人次，抽调抽水设备100台，同时配合省气象局、县气象局做好人工降雨工作。共发射火箭炮12枚，有了3~4次降雨，昌江的旱情得到缓解。2004年，县财政拨出资金58万元，投入提水设备工具2457台，购买抗旱用油14吨，抗旱人数达2.9万人次，扶持农民打田头井351口，以增加水源抗旱，解决抗旱面积2933.3公顷和0.45万人的饮水困难。2005年，全县投入抗旱劳动力51700人次，抽水机1807部，抗旱资金75.7万元，挖田头井23口，封沟贮水25处，解决抗旱浇灌面积2533.3公顷和5000人的吃水困难。

三、抗洪抗旱工程建设

1992年5月，省政府投资230万元，建新港防潮堤，堤长0.95千米。同年5月10日，省三防拨款93万元兴建杨柳、咸田防潮堤。杨柳土堤1.5千米，咸田防潮石堤6千米。1993年11月中旬，兴建七叉南雅水库灌区配套工程，投资90万元，配套渠道6.1千米，填挖土方1.98万立方米，石方0.1万立方米，有效灌溉面积123.3公顷，其中中央及省投资73万元，县投资17万元。

1997年4月28日，被“96·18”号强台风冲毁的新港修复建设工程动工。工程由省计划厅批准立项，总投资950万元。第一期工程投入447万元，建设防潮堤140米，防洪堤220米，填充土石方3.6万立方米，硬化水泥路面185平方米。10月15日一期工程完成。后期工程投入503万元，配套码头、饮用水、电力工程、民生项目等，于1999年完成。1998年，石碌水库大坝除险加固工程，石碌水库主干渠硬化8千米。

1999年，石碌水库大坝除险加固工程；防渗配套加固石碌水库主干渠5千米；修复加固塘坊水库、深滩水陂、基龙水陂；修复加固水毁塘坝3宗，完成大小渠道清淤维修528条，总长710千米，其中硬化配套防渗总长35千米。

2003年，对塘兴水库和尼下水库2宗小型水库进行除险加固。塘兴水库除险加固工程总投资80万元，水库总库容60万立方米，设计灌溉面积53.3公顷；尼下水库除险加固工程总投资30万元，水库总库容95万立方米，设计灌溉面积30公顷。

2004年，对大芬水库、大章水库2宗小型水库进行除险加固。大芬水库总库10万立方米，设计灌溉面积13.3公顷，除险加固工程总投资53万元；大章水库建于1958年，总库容10万立方米，设计灌溉面积13.3公顷，除险加固工程总投资64万元。

2004年，全省遭遇历史上罕见的干旱灾情，给全县农业生产、各种瓜菜和农村饮水带来了严重威胁。全县各镇共投入抗旱10.8万人次，投入抗旱抽水机3642台，支持群众抗旱柴油70吨，挖塘131口，封江堵河蓄水75处，投入资金160万元。由于抗旱工作措施得力，有力地保证了农业生产和农村饮水用水。

2005年，全县小型水库除险加固工程3宗。新田坝水库建于1952年，总库容32万立方米，设计灌溉面积22.6公顷，除险加固工程总投资97.8万元；东边水库建于1973年，总库容18万立方米，设计灌溉面积200公顷，除险加固工程总投资67万元；南在水库建于1973年，总库容10万立方米，设计灌溉面积18.6公顷，除险加固工程总投资30万元。除险加固配套工程后，恢复了灌溉面积。

2006年，除险加固白山马水库、尼下水库工程。白山马水库1977年5月建成，总库容237万立方米，设计灌溉面积226.6公顷。干渠总长12千米，设计灌溉面积流量1.0立方米/秒，除险加固枢纽工程包括库区安全加固和12千米干渠防渗加固配套。项目工程总投资368万元，其中：县财政投入300万元，省水务局支持30万元、乡镇投入38万元。

尼下水库建于1958年3月，总库容95万立方米，设计灌溉面积37.3公顷，除险加固工程总投资80万元。2006年新建杨柳村、咸田村防洪楼2栋，面积982平方米。

2008年，水陂加固3宗为鸡心水陂、海农水陂、老古地水陂。鸡心水陂新建一座，渠道防渗3.8千米，工程投资228.30万元。鸡心水陂建于1965年，1982年扩建加固，由于工程严重老化，现选址新建，建成后灌溉面积增至119.1公顷，为鸡心村人口530人受益；海农水陂新建一座，渠道防渗2.0千米；老古地水陂加固58米。

2008年5月，经海南省水利电力建筑勘测设计院鉴定为三类工程，峨毛岭水库、王化水库、南弄水库、老羊田水库、打显水库、山竹沟水库、南雅水库、先南水库8宗小型水库为病险水库，除险加固工程于年底前陆续动工，主要建设包括坝体护坡加固，建防渗墙，改建原溢洪道以及放水涵等。工程总投资4035万元，其中：中央资金2400万元、省级资金280万元、县级资金1355万元。

第二章 电 力

第一节 农村小水电

1991年后，昌江县小水电得到较快发展。先后采取集资入股等形式融资，对水利工程进行投资建设和经营管理。全县小水电的开发利用从以往国有投资为主转向非财政资金投资为主。至2000年，全县共建成水电站12宗31台，总装机容量10.04兆瓦。2005年兴建的南绕河水电站是全县装机容量最大的一宗水电站，装机容量6兆瓦，设计年发电量为2621万千瓦时，电站由海南润大水电开发有限责任公司投资兴建，工程总投资3892万元。

2010年，全县现有农村水电站19宗46台，总装机容量17.68兆瓦，其中：1兆瓦以上的水电站有坝后电站、桐才电站、东六一级、东六二级、雅加二级、雅加三级、雅加二级一、雅加一级一B、南叉河一级等9宗25台，装机容量11.61兆瓦；1兆瓦以下的水电站共有10宗21台，装机容量6.07兆瓦。

气候干旱，降雨量少的年份，发电量明显减少，年发电量约为4000万千瓦时。

1991—2010年农村小水电站基本情况统计表

表7-2-1

序号	电站名称	所在河流	装机容量（兆瓦）	年发电量（万千瓦时）	调节性能	工程投资（万元）	竣工时间	备注
1	塘坊电站	石碌河	0.45	110	年调节	250	2001年	
2	风流山电站	石碌河	0.8	250	年调节	400	2000年	
3	保梅电站	石碌河	0.72	70	年调节	200	2002年	

表 7-2-1 续 1

序号	电站名称	所在河流	装机容量（兆瓦）	年发电量（万千瓦时）	调节性能	工程投资（万元）	竣工时间	备注
4	大炎电站	南绕河	0.96	230	年调节	300	2001 年	
5	桐才电站	南绕河	1.5	430	年调节	520	2003 年	
6	东六一级	南绕河	1	220	年调节	550	2001 年	
7	东六二级	南绕河	1.89	330	年调节	1050	2001 年	
8	雅加一级	南阳河	0.4	90	年调节	90	1992 年	
9	雅加二级	南阳河	1.2	250	年调节	270	1993 年	
10	雅加三级	南阳河	1.64	350	年调节	450	1994 年	
11	雅加二级一	南阳河	1.26	260	年调节	300	1998 年	
12	雅加一级一（A）	南阳河	0.5	90	年调节	150	1999 年	
13	雅加一级一（B）	南阳河	1	210	年调节	250	1999 年	
14	南叉河一级	南阳河	1.12	240	年调节	300	2001 年	
15	南叉河二级	南阳河	0.96	200	年调节	250	1997 年	
合计			15.4	3330		5330		

附：海南霸王岭林业局水电站

海南省霸王岭林业局 1992—2002 年建有小水电站 10 座，即雅加二加一站、雅加一级一(A)站、雅加一级一(B)站、南叉河二级站、雅加一级站、雅加二级站、雅加三级站和东六一级站、东六二级站、南叉河一级站，总装机容量 10970 千瓦，总投资达 6734 多万元。其中：雅加二加一站、雅加一级一(A)站、雅加一级一(B)站、南叉河二级站为霸王岭独资经营，雅加一级站、雅加二级站、雅加三级站和东六一级站、东六二级站、南叉河一级站为合资经营。

雅加一级站，1992 年建站，1993 年 2 月建成投产，装机容量 400 千瓦；雅加二级站 1993 年年初建站，1993 年 10 月建成投产，装机容量 1200 千瓦；雅加三级站 1995 年建站，1996 年 3 月建成投产，装机容量 1640 千瓦。

南叉河二级站，1996 年建站，1997 年 1 月建成投产，装机容量 960 千瓦；雅加二加一站，1997 年建站，1998 年 3 月建成投产，装机容量 1260 千瓦；雅加一级一(A)站，1998 年建站，1999 年 8 月建成投产，装机容量 500 千瓦；雅加一级一(B)站，1998 年建站，1999 年 8 月建成投产，装机容量 1000 千瓦。

南叉河一级站，2000 年建站，2001 年 3 月建成投产，装机容量 1120 千瓦；东六一级站，2000年建站，2002年6月建成投产，装机容量1000千瓦；东六二级站，2000年建站，2002年6月建成投产，装机容量1890千瓦。

第二节 电力设施

1995年，全县输电线路重新升级改造和引申，变电站新增扩容，全县电力设施建设逐年增强完善。1999年农网改造后，县内电力设施建设发生巨大变化。2010年，全县有110千伏输电线路1条、35千伏输电线路5条，有220千伏变电站1座、110千伏变电站2座、35千伏变电站6座。各种配变压器364台，总用量约20000千伏。

一、输电线路

鹅毛岭至南石110千伏输电线路。1993年架设并投入使用，总长约12千米，南北走向，由220千伏鹅毛岭变电站出线，跨越G225国道、大坡水库，进入110千伏南石变电站。

新北至昌城110千伏输电线路。2010年建成投入使用。总长60余千米，南北走向，总投资123万元，由220千伏新北变电站出线，途经平岭、四更、先田，跨越昌化江，进入110千伏昌城变电站。

南石至叉河35千伏输电线路。2004年1月建成投入使用。总长12.377千米，总投资73.8万元，由南石110千伏变电站出线，途经老村、红林农场、老羊田，跨越G225国道，进入35千伏叉河变电站。

南石至霸王岭35千伏输电线路。2001年12月建成投入使用。总长23.18千米，总投资153.9万元，由南石110千伏变电站出线，途经石碌岭、金牛岭、玉地，进入35千伏霸王岭变电站。

南石至十月田35千伏输电线路。2000年12月建成投入使用。总长12.34千米，总投资91.58万元，由南石110千伏变电站出线，途经红田十五队、山竹沟、红林农场，跨越G98高速公路，进入35千伏十月田变电站。

昌城至叉河35千伏输电线路。2000年12月建成投入使用。总长29.762千米，总投资160余万元，由110千伏昌城变电站出线，途经光田、长塘、姜园，跨越G98高速公路，进入35千伏十月田变电站。其中昌叉乌线45#“T接”45–1#，南北走向，进入35千伏乌烈变电站。

十月田至海尾35千伏输电线路。2000年11月建成投入使用。总长14.07千米，总投资72.5万元，由35千伏十月田变电站出线，途经山地、波兰沟村、才地村，进入35

千伏海尾变电站。

二、变电站

220千伏鹅毛岭变电站。位于石碌镇西北5千米处鹅毛岭西侧，占地面积22632平方米，建筑面积1932.5平方米，系岛西枢纽形变电站，隶属海南中心调度室。1992年7月始建，1993年10月建成投入联网运行。首期安装主变压器1台，容量为12000千伏安。设有220千伏和110千伏两极配电装置构成T字形布置，分别向东、南出线。主变压器出线电压有220千伏、110千伏、10千伏三级。主机为美国SCT公司生产的系统产品，数据采集装置仪器，以便对调度中心系统运行进行监视、控制、报警和制表等。220千伏主要设备为瑞士ABB公司全封闭组合电器，组合电器为双母线机构，5个间隔分两批、一母联。线路保护及故障录波均采用国内外先进的微机型计算机检测仪。电站与马村电厂、大广坝水电站、三亚南山电厂并网。供电范围有儋州市、石碌镇、海南铁矿、石碌钢铁厂、叉河水泥厂及三亚、八所等地，年供电量约3.5亿千瓦时。

110千伏南石变电站。位于石碌镇建设西路与环城西路交界处，占地面积0.25公顷，由海南省电力公司出资兴建，2000年11月建成投入运行。站内有生产性建筑132平方米，生活性建筑51平方米，安装变压器1台，真空断路器1台，隔离刀闸2组，主要供石碌县城和太坡及周边地区用电。

110千伏昌城变电站。位于昌化镇昌城村东1千米处，占地面积0.08公顷，由海南电网公司出资800余万元兴建，2010年10月建成投入运行。站内设有生产区和生活区，安装三卷变压器1台，容量20兆伏安。主要供昌化、昌城及棋子湾旅游开发区等地用电。

35千伏乌烈变电站.位于乌烈镇乌烈村北1千米处，占地面积0.088公顷，由海南省电力公司出资43.37万元兴建，2000年11月建成投入运行。站内有生产性建筑28平方米，生活性建筑20平方米，安装变压器1台，真空断路器1台，隔离刀闸2组，主要供乌烈镇、昌化镇等地用电。

35千伏海尾变电站。位于海尾镇五联村南1千米处，占地面积0.084公顷，由海南省电力公司出资40.22万元兴建，2000年12月建成投入运行。站内有生产性建筑24平方米，生活性建筑18平方米，安装变压器1台，断路器1台，隔离刀闸2组，主要供海尾镇用电。2004年7月，增容变压器1台，断路器1台，隔离刀闸2组，主要供海尾镇、湿地公园、新港等地用电。

35千伏霸王岭变电站。位于霸王岭林业局北1千米处，占地面积0.083公顷，由海南省电力公司出资38.34万元兴建，2000年12月建成投入运行。站内有生产性建筑25.7平方米，生活性建筑19.2平方米，安装变压器1台，真空断路器1台，隔离刀闸2组，主要供霸王岭用电。2010年7月，增容变压器1台，真空断路器1台，型隔离刀闸2组，主要供霸王岭、王下、雅加、七叉等地用电。

35千伏十月田变电站.位于十月田镇王炸新村东1千米处，占地面积0.085公顷，由海南省电力公司出资42.7万元兴建，2000年10月建成投入运行。站内有生产性建筑27平方米，生活性建筑20平方米，安装变压器1台，真空断路器1台，隔离刀闸2组，主要供霸王岭用电。2010年7月，增容变压器1台，真空断路器1台，型隔离刀闸2组，主要供十月田镇、保平、山竹沟等地用电。

35千伏叉河变电站 。原址位于叉河镇北1千米处，占地约0.07公顷，由县水电局出资兴建，1977年建成投入运行。1998年海南省电力公司接管后出资32.7万元迁到新址，占地面积0.087公顷。2000年10月建成投入运行。站内有生产性建筑24平方米，生活性建筑18平方米，安装变压器1台，真空断路器1台，隔离刀闸2组，主要供霸王岭用电。2010年7月，增容变压器1台，真空断路器1台，隔离刀闸2组，主要供叉河镇、叉河工矿企业等地用电。

35千伏南石变电站。原址位于110千伏南石变电站旁，占地约0.12公顷，由昌江小水电公司出资兴建，后因海南省电力公司规划，将110千伏南石变电站归于昌江供电公司管辖，改建为物资仓库。

第三节　电网改造

1991年，全县12个乡（镇）52个村架设输电线路，总长274千米。其中，35千伏输电线路2条长32千米，10千伏输电线路20条，长242千米。乡村电网均属地区一级管，地域分散，尚未联成整体。七差、王下等乡（镇）的边远山区少数民族村落及部分农场连队仍未通电。全县农网维护管理和电费收缴沿袭旧例。线路维护管理质量低，农村电费收缴标准混乱，按用电时间或按人口均摊，很不规范。1993年，220千伏鹅毛岭变电站建成，增设1条长12千米的输电线路，城乡输电稍有改观。1995年，在石碌、叉河、乌烈3座35千伏变电站升级改造过程中，农村输电线路初步得到改造，解决石碌、昌化、海尾、南罗等地长期电压低的落后局面。1996年，石碌县城人民北路和东风路改造，增设10千伏配电线路2条，长7千米，提升城区安全供电质量和可靠率。

在农村电网改造前，由于电力设施长年老化，输电线路受损严重，电网的发、输、变、配、限电等各个环节的运行中都有不同程度的电损耗，即称为线损。至1998年，农户线损率56%左右。1999年开始农网改造。由海南电力公司出资2400万元，实施昌江第一期农网改造项目。主要针对尚未不通电的边远山区线路问题，尤其解决王下、七叉等少数民族地区用电难问题。同年底，农户线损率降到31%。2000年，全县农村电网改造加快，全县建设改造35千伏变电站5座、搬迁整改输电线路30多条总长641千米，其中35千伏线路81千米，10千伏新走线路560千米。第一期农网完成改造后，以35千伏为主网供电，配电线路安全可靠，供电可靠性由过去的70%提高到98%。电能质量明显改善，末端电压由过去的70%提高到99%。农网改造后农户线损率为15.7%。降低15.3个百分点。接近达到国家批复海南省低压15%线损率目标，同时降低了供电成本。全县实现村村通电，且执行城乡统一电价。农村电价由原来0.9元/千瓦时降到0.7元/千瓦时。县电力公司对农村配备电工做了调整。全县各乡（镇）供电所都设立了专职或兼职线损管理人员，从上至下建立了线损管理网络，并分电压等级分析线损率。根据电力设备、用电量和所在村的条件，明确每个村委会配1名电工，电工人均供电量须在3500千瓦时以上，1名电工须管理用户400户以上。电工负责办理增容用电申请手续，宣传安全用电，做好计划用电，整修低压电网，处理人身、设备触电事故和线损管理，收缴电费等。农村电工的资历有明确要求，电工班长、中级以上职称。农村电工享受农村责任田、宅基地等待遇不变，工资从农村低压维护管理费中列支。随着农村电网改造逐年推进，农村配电设施逐步科学合理。配电用户原则上也按统一图纸施工，变压器架高度和尺寸符合规定，配线整齐，出线合理，防雨、防潮并加锁，设备完好率达95%以上，一类设备超过60%。2002年10月起，全县农村照明电价降到0.6元/千瓦时，实现了农村电网“两改一同价”的目标。电价下降，供电量逐步增长，农民负担减轻。同年开展了全县用电大普查，对6个乡（镇）供电所供电设备进行全面制图统计。

2003年，海南电网公司投入585.6万元进行第二期农网建设与改造，重点解决全县网架薄弱“卡脖子”问题。对部分10千伏和低压线路进行改造，共改造线路长124.6千米。

2006年，对10千伏线路进行理论线损计算，为管理线损提供了依据。加强关口计量管理与现场校验工作，为了加强内部控制管理，规定所有专变用户和考核关口的安装和铅封一律由计量室负责。在5座35千伏变电站及2座110千伏变电站都安装电力电容器，保证电压合格率。公共配电变压器上安装防窃电计量箱。

2009年，海南电网公司出资370.4万元，进行第三期农网改造。重点解决35千伏主变过载与10千伏以下线路供电半径长、线径小等“卡脖子”问题，对用户计量装置全面改造。新开通10千伏线路54千米，改造用户计量装置18798户。

2000—2010年，全县新建和增容升压改造35千伏变电站5座及110千伏变电站2座，缩短了配电线路供电半径，有效降低了线损，提高了用电效率。2010年，全县低压线损率下降到6.31%。

1991—2000年降损节能措施及效果统计表

表7-2-2

效果 措施 / 年份	无功补偿设备			改造高耗变或购置低损变			线路定时送电和经济运行		营业普查			修校调换表计		装计量箱和计时钟	
	新增（千瓦）	累计（千瓦）	节电量（万千瓦时）	台数	容量（万千瓦时）	节电量（万千瓦时）	实施线路条数	节电量（万千瓦时）	普查户数	追补电量（万千瓦时）	追补电费（万元）	电能表（块）	互感器（只）	累装计量箱（个）	累装计时钟（个）
1991		9128	2.5	85	6610	211.3	29	12	2130	35.4	9	4500	515	850	95
1992	1836	10964	3.4	80	4080	200	29	14	2130	40	10.8	4000	600	1135	108
1993		10964	3.5	95	4300	250	41	23	2500	30	10	5400	650	1224	108
1994		10964	3.5	119	6680	250	41	23	3000	30	10	1196	3622	1235	113
1995	1836	12800	5.5	51	2010	110	41	23	4500	35	11.5	1255	3663	1255	118
1996		12800	5.5	86	4050	180	41	23	4650	25	9	1395	384	1285	118
1997		12800	5.5	23	1100				4400	10	5	2824	2701	1308	
1998		12800	5.5	8	20200				4500	3.5	11	1951	1740	1328	
1999		12800	5.5	25	1150				5100	4	13	14350	1852	1353	
2000	1350	12800	6	18	1040				3250			315931	1805	1371	

第四节 电力供应

1991—1992年，昌江县用电靠110千伏南石站供给（个别大型企业设有火力发电厂），海南铁矿为用电大户。十月田、乌烈、昌化、海尾、保平等乡（镇）皆由地方小水电站供给，全县电力供给时有短缺。1993年10月，海南岛西变电枢纽工程220千伏鹅毛岭变电站建成与南石变电站联网运行后，全县电力供应有限保障。1994年，全县电力供应为4695.35万千瓦时。随后，为满足日益增长的用电需求，利用地域水利资源优势，发展和改造小水力发电站。1995年起，雅加二级水电站、风流山电站、塘坊水电站等相继建成，县内小水电站增加到15座，总装机容量由1360千瓦增加到12450千瓦。其间，南石变电站和叉河变电站扩容改造完成，提升供电能力，1999年全县用电量为4042.55万千瓦时。2000年后，110千伏南石变电站、35千伏十月田变电站、35千伏霸王岭变电站、35千伏海尾变电站、35千伏乌烈变电站、昌城变电站等建成并网投入使用，全县电力供应加速提升。2005 年全县用电量 11050.94 万千瓦时。2010 年，全县共有 35 千伏变电站 9 座，主变容量 62400 千伏安，55 条 103 千米 35 千伏输电线路、2097 千米 10 千伏线路、3689 千米 0.4 千伏线路组成的电网构架。全县年用电量 33415.7 万千瓦时，平均负荷 3.87 万千瓦时。年供电量达 35664.4 万千瓦时，比 2005 年的 12048.4 万千瓦时增加 1.96 倍。

1999—2010 年昌江县供电情况统计表

表 7-2-3 单位：千瓦时

年份	供电量	其中	
		网电供电量	县电厂供电量
1999	46953500	34251600	12701900
2000	44537500	37604500	6933000
2001	59083800	52533200	6550600
2002	58047300	47895400	10151900
2003	85123600	75534200	9589400
2004	92967168	85458168	7509000
2005	120484103	115277110	5206993
2006	104794602	98366190	6428412
2007	113209200	107081680	6127520
2008	126279396	113625040	12654356
2009	279701738	266240728	13461010
2010	356643962	348625912	8018050

一、工业用电

海南建省后，昌江县被确定为海南岛西重工业区，工业用电年持续增长。1996 年起，工业用电量激增。1999 年，全县有各类工业企业 34 家，工业用电量 2433.02 万千瓦时，占全县用电总量的 60.19%。到 2005 年，全县各类工业企业达 229 家，工业用电量达 7296 万千瓦时，占全县总用电量 11050.94 万千瓦时的 66.03%。其中农垦水泥厂年用电量 1608 万千瓦时，占全县总用电量的 14.55%。海南智源钢铁厂年用电量 996 万千瓦时，占全县用电量的 9.02%；昌江光大矿业有限公司年用电量 865 万千瓦时，占全县用电量的 7.83%。2010 年，工业用电量上升到 22538 万千瓦时，占全县总用电量 33415.7 万千瓦时的 67.45%。

二、农业用电

1991—1994年农业用电以电灌站为主。时有大风电灌站、红阳电灌站和黄姜电灌站。年均用电量为30万千瓦时。1995年，石碌、叉河和乌烈35千伏变电站升压改造后，农村电力供给提升，农业用电量逐年增加。2000年，全县农村电网改造完成，通电涵盖全县12个乡（镇），76个行政村。农业年用电量109万千瓦时，占全县总用电量4042.55万千瓦时的2.7%。此后，用电量伴随农业现代化程度迅速提高，农业电力提水灌溉面积和农产品储藏设施逐年倍增。2003年，全县农业用电量达472万千瓦时，占全县总用电量的6.19%，比2000年增长4.1倍。2010年全县农业用电量达3026.16万千瓦时，比上年的1645.25万千瓦时增长83.93%。

三、城乡居民用电

1991–1992年，昌江电力供给有限，仅限于地方小水电站及火力发电，因电力不足，城乡居民用电量较少。1993年后，昌江输电线路与海南并网，城乡电网改造升级完成，家用电器在城乡居民家中推广应用，城乡居民用电量逐年快速增长。1999年，城乡居民用电量达1356.96万千瓦时，人均用电61.68千瓦时。2003年，农村电网改造完成，全县7个镇、76个行政村、182个自然村及2个国有农场实现村村通电。至2010年，城乡居民生活水平不断提高，空调、电冰箱、电视机、电饭煲等家用电器在城乡居民家庭普遍应用，城乡居民用电量猛增。

2010年昌江县全社会用电分类统计表

表7–2–4

项　　目	电量（万千瓦时）		年增长（%）
	本年累计	上年同期累计	
全社会用电量总计	79506.19	63013.75	26.17
全行业用电	75470.96	59632.10	26.56
第一产业	3026.16	1645.25	83.93
第二产业	68187.49	54803.03	24.42
第三产业	4257.31	3183.82	33.72
城乡居民生活用电	4035.23	3381.65	19.33
城镇居民	2069.60	1861.50	11.18
乡村居民	1965.63	1520.15	29.31
各行业用电分类	75470.96	59632.10	26.56
农、林、牧、渔业	3026.16	1645.25	83.93

表7-2-4续1

项目	电量（万千瓦时）		年增长（%）
	本年累计	上年同期累计	
农业	424.05	185.01	
林业	3.88		
畜牧业	3.61	4.30	-16.05
渔业	1990.88	1159.40	71.72
其他服务业	603.74	296.54	103.59
工业	67761.63	54655.06	23.98
轻工业	939.95	1123.07	-16.31
重工业	66821.68	53531.99	24.83
采矿业	21118.35	19116.42	10.47
煤炭开采和洗选业			
石油和天然气开采业			
黑色金属矿采选业	19343.69	17676.50	9.43
有色金属矿采选业	556.85	514.54	8.22
非金属矿采选业			
其他采矿业	1217.81	925.38	31.60
制造业	44342.05	33845.78	31.01
食品、饮料和烟草制造业	331.26	425.68	-22.18
纺织业		58.29	-27.38
服装鞋帽、皮革羽绒及其制品业			
木材加工及制品和家具制造业	28.76	31.23	-7.91
造纸及纸制品业	0.42	0.22	90.90
印刷业和记录媒介的复制			
文教体育用品制造业			
石油加工、炼焦及核燃料加工业			
化学原料及化学制品制造业			
医药制造业			
化学纤维制造业			
橡胶和塑料制品业	115.03	141.46	- 18.77
非金属矿物制品业	42759.36	32482.70	31.64
黑色金属冶炼及压延加工业			
有色金属冶炼及压延加工业			

表 7–2–4 续 2

项　　目	电量（万千瓦时）		年增长（%）
	本年累计	上年同期累计	
金属制品业			
通用及专用设备制造业			
交通运输、电气、电子设备制造业			
工艺品及其他制造业	1064.88	706.05	50.82
废弃资源和废旧材料加工回收业			
电力、燃气及水的生产和供应业	2301.23	1692.86	35.94
电力、热力的生产和供应业	2248.67	1634.55	37.57
燃气生产和供应业			
水的生产和供应业	52.56	58.31	–9.86
建筑业	425.86	147.97	187.80
交通运输、仓储、邮政业	91.23	83.40	9.36
交通运输业	22.39	27.77	–19.37
仓储业			
邮政业	68.84	55.63	23.75
信息传输、计算机服务和软件业	346.09	262.11	32.04
电信和其他信息传输服务业	346.09	262.11	32.04
计算机服务和软件业			
商业、住宿和餐饮业	2607.29	2014.17	29.45
批发和零售业	1211.15	960.75	26.06
住宿和餐饮业	1396.14	1053.42	32.53
金融、房地产、商务及居民服务业	150.06	143.32	4.70
金融业	150.06	143.32	4.70
房地产业			
租赁和商务服务、居民服务和其他服务业			
公共事业及管理组织	1062.64	680.82	56.08
科学研究、技术服务和地质勘探业			
水利、环境和公共实施管理业	226.78	171.51	32.23
教育、文化、体育和娱乐业	188.22	147.21	27.86
卫生、社会保障和社会福利业	267.63	165.73	61.49
公共管理和社会组织、国际组织	380.01	196.37	93.52

说明：此表数据来源于海南电网公司

2010年昌江县电力收支情况统计表

表7-2-5

指　　标	电量（万千瓦时）	
	本年累计	上年同期累计
收入电量总计		
本地区发电量（6000千瓦及以上电厂）		
6000千瓦以下电厂上网电量		
由外省及国外（外电力系统输入电量）		
全社会用电量总计	79506.19	63013.75
农、林、牧、渔业	3026.16	1645.25
工业	67761.63	54655.06
建筑业	425.86	147.97
交通运输、仓储、邮政业	91.23	83.40
信息传输、计算机服务和软件业	346.90	262.11
商业、住宿和餐饮业	2607.29	2014.17
金融、房地产、商务及居民服务业	150.06	143.32
公共事业及管理组织	380.01	196.37
城乡居民生活用电	4035.23	3381.65
城镇	2069.60	1861.50
乡村	1965.63	1520.15

说明：此表数据来源于海南电网公司

第五节　电力管理

一、机构

1991年设有县小水电公司，隶属县水电局。1995年5月，海南省电力体制改革，成立海南电业股份有限公司，昌江小水电公司以股份制加入海南电业股份有限公司后，更名为昌江电业公司。1999年海南电业股份有限公司进行改组，将各市县电业公司归属为海南省电力公司管理，此时昌江电业公司改称为昌江供电公司。2002年5月又改为昌江供电分公司。2004年9月29日，随着国家电力体制改革，海南电网公司并入中国南方电网公司后，改称海南电网昌江供电公司。2010年，称为海南电网公司昌江供电局。局下设办公室、人力资源部、财务部、市场营销部、安全监察部、生产技术部、计划建设部、党群工作部8个职能部门和输电管理所、变电管理所、电力调度控制中心、物资仓储配送站4个二级单位及昌江恒信电力检修有限公司、昌江恒源小水电开发有限公司、昌江供电局后勤服务中心4个辅助单位。

2010年，全局在岗职工226人，下辖石碌、霸王岭、乌烈、叉河、海尾、十月田6个供电营业所。每个所配有干部职工12~33人，其中所长1人，副所长1人，内设营业班、抄表班、抢修班。

二、电力调配管理

1991年，发挥调度职能，主动争取用电负荷，满足灯峰用电需求，工业自觉让电，压掉能够维护生产以外的负荷，安装计量器和定时开关钟，做到限电不拉闸，保证让电于高峰，使有限的电力充分发挥效能。

1995年，根据省、县计划用电管理暂行办法，在缺电情况下，视轻重缓急、产品销售情况、经济效益高低等，对企业进行择优供电。在用电高峰期，适当照顾人民群众生活照明用电。对企业本着"不超不限，谁超限谁"的原则，制定了主要企业的让峰用电指标和限电拉闸序位表，确保工农业生产计划用电。

1999年7月撤销用电管理办公室，成立农电管理总站，各乡（镇）设立分站共12（站）所，具体管理辖区内乡村用电事宜。2000年，在计划用电管理方面，坚持"平时保工业，季节保农业，灯峰保照明，后夜照顾乡镇企业"的"三保一照顾"方针，加强电力调度，合理调配负荷，确保有限的电力发挥较高的效益。

2000年12月，海南电网公司昌江供电公司电力调度所（简称：昌江县调所）成立，负责调管110千伏南石变电站所属10千伏线路、35千伏十月田、叉河、霸王岭线及35千伏十月田、海尾、叉河、霸王岭、乌烈变电站35千伏、10千伏设备。同年，县启动电力调度自动化系统标准化建设。采用集中采集式综合自动化系统，调度主站系统为烟台东方电子信息产业股份有限研制的DF8002型电力调度自动化主站系统。1997年，调度室通讯方式主要采用一部有线电话机进行调度。2000年底，在电力调度所安装RD-80型数字程控通信调度录音总机和-48V高频开关直流电源，35千伏十月田、海尾、叉河、乌烈、霸王岭变电站共安装5对CZ-II型电力载波机，分别对110千伏南石变电站，并通过电力通信电缆转接至昌江县调所通讯调度总机，实现电力载波通讯、自动化远动通道采集。同月，调度室增设两部有线电话机，各变电站增设一部有线电话机。

2007年12月调度室搬迁后，调度主站通信系统升级改造为河北远东哈里斯通信有限公司生产的harris20-20型通信交换总机及数据化录音系统，昌江县调所至南石变电站采用光纤通信，各35千伏变电站通信及自动化远动信号汇集至110千伏南石变电站后，通过邮科光端机及设备转接昌江县调度。2010 年 8 月 22 日 110 千伏昌城变电站通过光纤通道接入调度主站。

2010 年 12 月，调度配网终端通过电信移动公网实现自动化配网通信采集将信号送至调度主站，提高各站间信息采集通道运行率。同年，昌江供电局与国电南瑞科技股份有限公司共同研发调配一体化监控主站系统，将昌江调度主站技术应用推广到 10 千伏配网上，解决 10 千伏线路、配电台区监控调度，规范配网的调度管理，在全省首次实现主配网监控调度。

第八编 交通

第一章 公 路

第一节 高速公路

1995年动工兴建海南岛西线高速公路（G98高速公路的一部分），1999年10月竣工通车。西线高速公路县境内从K427+120至K460+628千米，全长33.508千米。自北向偏西南横穿昌江中部的石碌、十月田、叉河3个镇地域。路基宽24.5米，路面宽21.5米，路面属沥青混凝土高等级路面。全线实行全封闭、全立交、双向四车道高速公路。主要设有邦溪、太坡立交桥出口。2010年，增建叉河立交桥，并对昌江境内路段路面进行维修改造。年底，西线高速公路昌江境内有永久性大桥667/1延米/座，中桥1207.7/22延米/座，小桥986/55延米/座，涵洞2332.8/68延米/道。其中，互通立交桥161.1/3延米/座。桥梁均通车载重量汽－20吨，挂－80吨。

第二节 公路改造建设

1991年后，昌江努力改善提高公路质量，利用国家和省公路建设资金先后对国道、省道、县道和乡公路进行扩建改造，公路等级、质量逐年得到改善和提高。

一、国道225线

县境内国道225线K202+100千米至K224+100千米段，全长22.1千米。自东北向偏西横穿昌江县中部，沿途经石碌、叉河镇地域。全路段同粤海铁路交叉并行，同其他公路线的交会点有4处，自东而西是：在K205+600千米处在太坡和石昌线相交；在K215+385千米处同工业大道相交；在K214+700千米处同专用公路水叉线相交；在K220+100千米处同叉河镇相交。1992年、1994年，投资50万元，分别对国道K202+000至K225+000千米处超期老化油路进行维修和K211+800至K219+000千米处铺设水泥路。2009年，省交通厅对225国道昌江段全面改造，主线为双向车道，采用二级公路标准，路基宽度12米，一般路段为沥青混凝土路面结构，城镇及重载路段为水泥混凝土路面结构。全线绿化里程率达90%。

二、省道

石昌线公路起点石碌，终点昌化港，全长58千米。石昌线公路自东向西北部贯穿大部分乡（镇），沿途经过十月田镇、乌烈镇、昌化镇等3个镇。沿线有南华昌江糖业有限责任公司，海南农垦红田农场（社区），南华大风糖业有限责任公司。经石昌线出国道225线、G98高速公路，公路运输可通往海南岛内各市县。终点昌化港有水路航线通往省内海口，广西北海、广东湛江、广州等地。

1993年，投入38万元，对省道石昌线乌烈镇路段进行改造加宽、降坡、拓直。2000年，投入2300万元，其中省交通厅拨款1300万元，对大坡至山竹沟修建高速公路出口，路基为水泥路面宽24.5米，路段全长5.77千米。同年9月，争取到国家建设资金3200万元，对石昌线进行砂土路面第一期改造，全线44千米铺设沥青柏油路面，11月6日完成。2003年4月，省交通厅拨款2000万元进行第二期改造，从K15+000至K57+000千米原基础上对路面加固、加宽、加厚，公路两边防水沟用片石浆砌，10月底，完成全线通车。

三、县道

2010年年末，县境内有县道6条，总长96.8千米。新建县道1条，对县道5条进行扩建和改造。

石松线 起点石碌镇，终点水尾村，全长8千米。1988年，从K 0+240千米改造铺设水泥混凝土路面，宽8米，K3+ 300至K8+000千米改造加固砂土路面。2003年4月，对石松线进行改造，全线8千米铺设沥青路面，路面宽8米，公路两边水沟用片石浆砌。

石水线 起点石碌镇，终点石碌水库，全长6.3千米。是重点物资专用线路之一。1996年，投入650万元，对石水线公路改造，将原四级路基扩宽到24米路基，把沥青路面改为水泥路面，扩宽总长度1.7千米。2007年，投入3000万元，对石水线K0+000至K5+320千米改造成7米宽的水泥路面。

石白线 起点水尾村，终点王下公路2号桥，全长30.5千米，是通往少数民族地区王下乡的唯一公路。2005年4月，省交通厅拨款5000万元，对石王线K0+000至K16+200千米（红峰段）进行改造，铺设水泥路面，路面宽9米，公路两边防水沟用片石浆砌。2008年，又对石王线进行技术改造全长51千米。分两个路段改造，从K0+000

至K18+000千米改造铺设沥青路面；K25+000至K51+000千米改造成水泥路面。

乌新线 起点石昌线K40+500千米处乌烈交叉路口，终点海尾镇的新港村，全长35千米。2005年，对乌新线砂土路面进行全面改造，全线铺设沥青柏油路35千米，路基宽12米，公路两边防水沟用石片浆砌。

海海线 又称林海线，起点于乌新线K18千米交叉路口处，终点海尾镇政府，全长3千米，是海尾镇陆路对外沟通的唯一公路线。2005年4月，对海海线进行改造，全线3千米铺设沥青柏油路面，路基宽12米，公路两边防水沟用片石浆砌。

十南线 起点石昌线K17千米处，终点乌新线K25千米处，全长14千米。1992年兴建通车，沿线通过6个村庄。2005年4月，省交通厅拨款111万元，对十南线进行改造扩建，全线14千米铺设沥青柏油路，路基宽12米，公路两边防水沟用片石浆砌。

四、乡村道路

1991年，全县有乡村公路21条，总长126.6千米。乡村公路等级较低，大多数属于简易和等级外公路，仅可为山区乡村农民外出提供方便。20世纪90年代初起，县委、县政府围绕“要致富，先修路”的导向，开展交通扶贫，发展乡村公路建设，致力改善贫穷乡村的交通状况。1992年，投资90万元，改造新建霸王岭至王下乡公路24.1千米。1993—1999年，利用省交通厅、省扶贫办、省民宗厅等资金约371万元，以工代赈新建扩建七差乡至乙洞村，乌烈镇至峨港村，王下乡至明旺村、钱铁村、牙迫村、洪水村，石碌镇至水头村等四级乡村公路。

“十五”期间，将农村公路“村村通工程”作为工作目标，分步实施，有序推进。2002年，省交通厅投资68万元新建叉河至红阳村四级乡村公路9.5千米。次年，省交通厅投资397万元，修建农村水泥面公路8条，总长44.84千米。同年，被省交通厅评为地方公路建设先进单位。2005年，省交通厅拨款900多万元，改建沙渔塘、大章、长塘、老羊地、杨柳、先田、沙田等村级公路等12条，总长92.8千米。“十一五”时期，贯彻落实省交通厅将农村公路“通达工程”和“通畅工程”由市县政府组织实施的决定后。通过理顺农村公路建设管理体制，政府建设农村公路的积极性大增，把提高乡村公路的通达深度和等级作为重点，2007年，投资700万元，对王下公路K16+200至K26+000千米改造铺设沥青柏油路面。2008年，续建王下公路K26+000至51+000千米混凝土水泥路面，年底，建成通车。至“十一五”时期末，利用国家及省、县资金1.16亿元，修建改造乡村水泥公路34条，全长247.1千米，桥梁4座，涵洞87座。

截至2010年，全县187个自然村共有172个自然村通公路，乡村公路101条，总长410.66千米。其中，乡公路12条，全长62.15千米；村公路89条，全长343.31千米。

全县乡村公路通达率96%以上，基本实现了农村“村村通”水泥混凝土道路工程。乡村公路总数、里程分别是1990年的4.8倍、3.2倍。

2010年昌江县乡（镇）、村（居）公路情况一览表

表8–1–1　　　　单位：千米

乡(镇)	序号	路线名称	里程	行政级别	路面类型	建设时间	备注
石碌镇	1	片石新村至香岭村	7.99	乡道	水泥	2008年	乡道2条，10.68千米；村道12条，31.35千米；总长42.03千米
	2	电视塔至东方村	8.7	村道	水泥	2010年	
	3	牙营村至鸡实村	3.94	村道	水泥	2008年	
	4	石碌水库至鸡心村	4.4	村道	水泥	2008年	
	5	石碌镇至椰子村	0.68	村道	水泥	2009年	
	6	石碌水库至金波	6	村道	水泥	2010年	
	7	矿建小学至水头村	2.69	乡道	水泥		
	8	海榆西线至保突村	1.9	村道	水泥		
	9	太坡至芭蕉村	1.6	村道	水泥		
	10	海榆西线至水富村	1.65	村道	水泥		
	11	海榆西线至保老村	1.2	村道	水泥		
	12	海榆西线至尼下村	1.28	村道	水泥		
十月田镇	1	十月田至沙田村	5.7	村道	水泥	2007年	乡道0条，村道12条，41.54千米
	2	石昌线至青山村	4	村道	水泥	2008年	
	3	青坎至剑麻厂	4.2	村道	水泥	2008年	
	4	石昌线至姜园村	6.54	村道	水泥	2008年	
	5	十南线至南岭村	6.1	村道	水泥	2009年	
	6	石昌线至保平村	2	村道	水泥	2009年	
	7	石昌线至塘访村	7.1	村道	水泥	2009年	
	8	石昌线至五料村	0.8	村道	水泥	2009年	
	9	南岭村至波兰沟村	3.3	村道	水泥	2010年	
	10	绑和线至高石塘	0.5	村道	水泥	2010年	
	11	十南线至波兰沟村	0.5	村道	水泥		
	12	十南线至才地村	0.8	村道	水泥		

表 8-1-1 续 1

乡（镇）	序号	路线名称	里程	行政级别	路面类型	建设时间	备注
乌烈镇	1	峨沟村至纳凤村	6	村道	水泥	2007 年	乡道 3 条，16.57 千；村道 2 条，9.37 千米；总计 25.94 千米
	2	乌烈镇至长塘村	4.6	乡道	水泥	2007 年	
	3	乌烈市场至峨港村	3.37	村道	水泥	2007 年	
	4	石昌线至白石村	7.2	乡道	水泥	2009 年	
	5	乌烈市场至道隆	4.77	乡道	水泥	2009 年	
昌化镇	1	昌化至先田村	16.6	村道	水泥	2006 年	乡道 1 条，5.4 千米；村道 14 条，58.56 千米；总计 63.96 千米
	2	昌化镇至昌农村	2.44	村道	水泥	2007 年	
	3	大风糖厂至耐村	2.18	村道	水泥	2009 年	
	4	光田村至旧县村	2.88	村道	水泥	2009 年	
	5	光田村至新城村	1.64	村道	水泥	2009 年	
	6	石昌线至耐村	2.74	村道	水泥	2009 年	
	7	石昌线至昌城村	4.48	村道	水泥	2009 年	
	8	昌化镇至靛村	4.16	村道	水泥	2009 年	
	9	石昌线至黄姜村	0.92	村道	水泥	2009 年	
	10	昌城至杨柳村	3.2	村道	水泥		
	11	乌新线至先锋村	2.8	村道	水泥		
	12	昌城至小载	5.42	村道	水泥		
	13	乌新线至江门坑	5.4	村道	水泥		
	14	乌新线至先南	3.7	村道	水泥		
	15	昌化镇至棋子湾	5.4	乡道	沥青		
海尾镇	1	南罗至大安公路	4.5	乡道	水泥	2006 年	乡道 3 条，21.31 千米；村道 18 条，46.40 千米；总计 67.77 千米
	2	海尾至沙渔塘	4.5	乡道	水泥	2007 年	
	3	乌新线 K9+900 至沙地村	2.78	村道	水泥	2007 年	
	4	乌新线 K0+500 至进董村	1.19	村道	水泥	2007 年	
	5	海尾镇至海井村	3.25	村道	水泥	2008 年	
	6	五联村至石鸡地村	5.42	村道	水泥	2008 年	
	7	乌新线至湿地公园	3.36	村道	水泥	2009 年	
	8	老村至梧高村	3.16	村道	水泥	2009 年	
	9	乌新线至长田村	1.6	村道	水泥	2009 年	
	10	白沙村至打显管区	1	村道	水泥	2009 年	

表 8-1-1 续 2

乡(镇)	序号	路线名称	里程	行政级别	路面类型	建设时间	备注
海尾镇	11	新港村至双塘村	5.48	村道	水泥	2009 年	乡道 3 条，21.31 千米；村道 18 条，46.40 千米；总计 67.77 千米
	12	永安村至高石塘	6.04	村道	水泥	2009 年	
	13	乌新线至里仁村	0.8	村道	水泥	2009 年	
	14	乌新线 21.9 至北方	1.08	村道	水泥	2010 年	
	15	柯来村至海海线	1.2	村道	水泥	2010 年	
	16	乌新线至马地村	2.9	村道	水泥		
	17	五联至林好	1.6	村道	水泥		
	18	乌新线 K22+100 至老村	1.8	村道	水泥		
	19	乌新线至白沙村	1.3	村道	水泥		
	20	大安至三联村	2.5	村道	水泥		
	21	梧高至新港居委会	12.31	乡道	水泥		
叉河镇	1	昌江工业大道	5.2	专用	水泥	2007 年	乡道 1 条 2.36 千米，专用通道 1 条 5.2 千米；村道 12 条，48.06 千米；总计 55.62 千米
	2	叉河至老羊地村	6	村道	水泥	2007 年	
	3	叉河村至红阳村	6.06	村道	水泥	2007 年	
	4	海榆西线至塘坊	4.04	村道	水泥	2009 年	
	5	叉河镇至老烈村	4.16	村道	水泥	2009 年	
	6	海榆西线至排岸村	1.8	村道			
	7	海榆西线老羊地村	2.9	村道			
	8	海榆西线范地村	3.1	村道			
	9	海榆西线池头村	4.1	村道			
	10	海榆至叉河工业区	1.35	村道	水泥		
	11	叉河工业区公路	5.13	村道	水泥		
	12	排岸至水尾村	7	村道			
	13	叉水泥厂至叉河村	2.36	乡道			
	14	海榆西线至叉河村	2.42	村道			
七叉镇	1	七南线至大章	6.2	村道	水泥	2008 年	乡道 1 条 2.33 千米；村道 15 条，54.7 千米；总计 56.9 千米
	2	七叉镇至乙在村	6.1	村道	水泥	2008 年	
	3	石王线至红峰	8.35	村道	水泥	2009 年	
	4	七叉尼下村	2.33	乡道	水泥	2009 年	
	5	七叉镇至七叉大村	1	村道	水泥	2009 年	
	6	七叉镇至乙劳村	0.48	村道	水泥	2009 年	

表 8–1–1 续 3

乡（镇）	序号	路线名称	里程	行政级别	路面类型	建设时间	备注
七叉镇	7	重合至大仍村	5.38	村道	水泥		乡道 1 条 2.33 千米；村道 15 条，54.7 千米；总计 56.9 千米
	8	七南线至乙件村	3.71	村道	水泥		
	9	七叉镇至保湾村	3.6	村道	水泥		
	10	石王线至王化村	5	村道	水泥		
	11	七叉至保由村	2.94	村道	水泥		
	12	石王线至基报	4.6	村道	水泥		
	13	七叉至南在村	6.94	村道	水泥		
	14	石王线至玉地	1.38	村道	水泥		
	15	七叉至昂托村	2.25	村道	水泥		
	16	乙洞至大仍村	3.7	村道	水泥		
王下乡	1	明望坡至洪水村	15	村道	水泥	2008 年	乡道 1 条，3.5 千米；村道 4 条，36.3 千米；总计 39.8 千米
	2	石王线至大炎村	3.5	乡道	水泥	2009 年	
	3	明望坡至南方	10.8	村道	水泥		
	4	明望坡至钱铁村	4.2	村道	水泥		
	5	王明线至浪伦村	6.3	村道			

第三节 专用公路

1991 年，县境内的专用公路有海南铁矿矿区公路、保梅岭采伐场林区和霸王岭林区专用公路等。20 世纪 90 年代中期，先后进行扩建改造，路面等级进一步改善提高。进入 21 世纪初，为发展国民经济，在国家及省的大力扶持下新建 3 条专用公路，总长 53.25 千米。

一、工业大道

起点石王线 K4+050 千米处，终点接国道 225 线。2006 年动工兴建，混凝土水泥路面，路基宽 12 米，全长 5.25 千米。有桥梁 1 座，桥上部为钢筋混凝土实心桥面，下部为浆砌片石，设计荷载汽公路—Ⅱ级，桥面宽 12 米，桥长 212.14 米。

二、海南昌江核电专用公路

起点环岛西线高速公路邦溪立交桥，终点核电站厂区 5 ＃门岗，全长 18.52 千米。

2009年6月开工建设，12月建成通车试运行。为混凝土水泥路面，路基宽12米，有桥梁总长213.9/4延米/座，涵洞总长609.9/28延米/座。

三、棋子湾旅游专用通道

起点红田小学，终点昌化棋子湾，全长29.48千米。总投资达3.3亿元。设计为二级公路，路基宽11米，有桥梁总长592.19/10延米/座。截至2010年4月已进入征地，6月底开工建设，项目建设仍在进行中。

2010年昌江公路线路里程统计表

表8-1-2

项 目	总计	干线公路			县道	乡道	专用公路	村道
		合 计	国 道	省 道				
公路通车里程（千米）	640.12	113.50	22.00	91.50	130.75	71.55	—	324.32
#晴雨通车	640.12	113.50	22.00	91.50	130.75	71.55	—	324.32
等级路（千米）	640.12	—	—	—	—	—	—	—
高速公路	34.50	34.50	—	34.50	—	—	—	—
一级	—	—	—	—	—	—	—	—
二级	40.52	5.50		5.50	14.60	20.42	—	—
三级	71.60	22.00	22.00	—	—	49.60	—	—
四级	493.50	51.50	—	51.50	116.15	1.53		324.32
等外路（千米）	34.10	9.10	—	9.10	25.00	—	—	—
有铺装路面里程（千米）	640.12	113.50	22.00	91.50	130.75	71.55	—	324.32
高级	498.46	57.00	—	57.00	45.59	71.55	—	324.32
次高级	141.66	56.50	22.00	34.50	85.16	—	—	—
未铺装路面里程（千米）								
绿化里程（千米）	210.10	78.00	34.50	43.50	97.60	34.50	—	—
养护里程（千米）	640.12	113.50	22.00	91.50	130.75	71.55	—	324.32
桥梁（座）	113	25	8	17	23	31	—	34
#永久性	113	25	8	17	23	31	—	34
桥梁长度（米）	3547.58	1312.18	666.60	645.58	444.60	496.00	—	1294.80
#永久性	3547.58	1312.18	666.60	645.58	444.60	496.00		1294.80

第二章　交通设施

第一节　公路桥涵改建与建设

1991 年年末，县境内共有永久性公路桥梁总长 1245.85/41 延米 / 座。其中，国道桥梁总长 578/5 延米 / 座，省道桥梁总长 307.35/10 延米 / 座，县道桥梁总长 360.5/19 延米 / 座，涵洞总长 715/100 延米 / 道。

2010 年年末，县境内共有永久公路桥梁总长 3547.58/113 延米 / 座。其中，国道桥梁总长 666.60/8 延米 / 座；省道桥梁总长 645.58/17 延米 / 座；县道桥梁总长 444.60/23 延米 / 座；村道桥梁总长 1294.8/34 延米 / 座。

西线高速昌化江大桥　位于叉河村南昌化江上。1995 年建，桥梁上部为预应力空心板，下部为钻孔灌注桩基础，设计荷载为汽 - 10 吨，挂 - 80 吨，桥长 667 米，桥面宽 24.5 米，桥身 22 孔，每孔 30 米。

西线高速大坡立交桥。位于省道石昌线 K439+780 千米处。1995 年建，桥梁上部为预应力空心板，下部为钻孔灌注桩基础，设计荷载为汽 - 10 吨，挂 - 80 吨，桥长 78.2 米，桥面宽 11.08 米，重力式墩 2 孔，每孔 4.75 米。

西线高速邦溪立交桥。位于西线高速公路 K448 + 964 千米处。1995 年建，桥梁上部为预应力空心板，下部为基础浆砌片石，设计荷载为汽 - 10 吨，挂 - 80 吨，桥长 32.9 米，桥面宽 29.6 米。

西线高速叉河立交桥。位于西线高速公路叉河村 K427 + 120 千米处。2010 年建，桥梁上部为预应力空心板，下部为钻孔灌注桩基础和浆砌片石，设计荷载为汽 - 10 吨，挂 - 80 吨，桥长 50 米，桥面宽 9.5 米，桥身 2 孔，每孔 4.75 米。

国道 225 线叉河大桥。在国道 225 线 224.1 千米处，横跨昌化江，全长 515.7 米，17 孔。

跨径30米，桥高22米，车行道宽12米，两侧人行道各宽1.5米，设计载重汽—20吨，挂—100吨。属预应力混凝土简支梁桥，是海南首次采用新结构、新工艺建造的大桥。

光田桥。位于省道石昌线K47+850千米处。1996年被台风冲毁，省交通厅拨款110万元进行重建，上部为钢筋混凝土实心桥面，下部为基础浆砌片石，设计荷载汽—10吨，挂—50吨，桥长64.5米，桥宽12米。

石碌小桥。位于石碌镇内石昌线K1+150千米处，2009年，人民北路扩建，在原桥重新修建，上部为钢筋混凝土实心桥面，下部为灌注桩，设计荷载汽—10吨，挂—50吨，桥长26米，桥面宽50米。

保梅桥。位于石昌线K3+50千米处。2001年，保梅桥被洪水冲毁，2002年，在原桥处重新修建，2009年，昌江大道再次扩建，在原基础上两边加宽，上部为钢筋混凝土实心桥面，下部为基础浆砌片石，设计荷载汽—10吨，挂—50吨，桥长38米，桥面宽51米。

保梅水利桥。位于石昌线K 4+020千米处。1997年，对大坡桥进行加宽到12米，2009年，人民北路扩建在原桥重新修建，上部为钢筋混凝土实心桥面，下部为浆砌片石，设计荷载汽—10吨，挂—50吨，桥长28.4米，桥面宽50米。

大坡桥。位于石昌线K6+470千米处。1997年对大坡桥进行加宽到12米，2002年，昌江大道扩建在原桥重新修建，上部为钢筋混凝土实心桥面，下部为基础浆砌片石，设计荷载汽—10吨，挂—50吨，桥长42米，桥面宽59米。

山竹沟桥。位于石昌线K13+330千米处。1998年，省道石昌线太坡至山竹沟改道重新修建，上部为预应力钢筋混凝土空心板桥面，下部为基础浆砌片石，设计荷载汽公路—Ⅱ级，桥长13米，桥面宽24.5米。

峨沟桥。位于石昌线K33+000千米处。2005年，省交通厅拨款59万元，在原桥左侧新建处重新修建，上部为钢筋混凝土实心桥面，下部为浆砌片石，设计荷载汽—10吨，挂—50吨，桥长29.2米，桥面宽7.5米。

海尾桥。位于乌新线K17+ 539千米处。2007年，省交通厅拨款200万元，摧毁旧桥，重新建新桥，上部为钢筋混凝土平板桥面，下部为基础浆砌片石，设计荷载汽—10吨，挂—50混凝土，新桥比旧桥提高3米，桥跨度2孔长40米，桥面宽8.5米。

炸弹桥。位于石昌线K52+ 800千米处。2004年，省交通厅拨款46万元，拆除重建，上部为钢筋混凝土空心板桥面，下部为基础浆砌片石，设计荷载公路—Ⅱ级，桥面8米，桥长16米。

大芬桥。位于石昌线K19+ 980千米处。2008年，省交通厅拨款55.51万元，拆除重建，上部为钢筋混凝土空心板，下部结构采用重力式Ʊ形桥台，设计荷载公路—Ⅱ级，桥面宽 8.5 米，桥长 13.04 米。

乌烈林场三桥。位于石白线 K15+ 777 千米处。2008 年，省交通厅拨款 52.94 万元，对左半幅拆除重建，上部结构采用 3 孔 10.2 米预应力空心板，下部结构利用原有墩台，在原有墩台帽上新加墩台帽，设计荷载公路—Ⅱ级，桥面宽 8 米，桥长 42.46 米。

第二节 铁路

一、铁路

昌江境内有石三（石碌—三亚）铁路和粤海铁路 2 条，总长 206 千米。其中，粤海铁路线 14 千米。它与公路运输相互交织，构成昌江特有的以公路、铁路为主体骨架的交通网络，在海南省西部经济建设和国防建设起着举足轻重的作用。

粤海铁路是由铁道部、广东省与海南省共同投资，2002 年动工兴建。全线经湛江—海口—叉河与石八线接轨连接三亚市。昌江境内总长 14 千米，沿线与县内国道 225 线交叉并行。2004 年，建成并投入营运，列车时速每小时 80 千米。2005 年，每月均有 3 对客运列车对开，每对列车挂有 19~30 节车厢。货运列车开行居多，主要运载铁矿石、水泥等物资。

二、桥涵

2010 年末，昌江境内沿线有永久性桥梁 3 座，涵洞 70 座，隧道 1 座（共长 699.52 米）。

昌化江大桥。位于石八线叉河镇昌化江上，全长 484.10 米，桥高 21 米，桥面宽 3 米，19 孔，最大跨度为 32 米，最小跨度为 20 米，承载系数最大 1.72，最小 1.06。至 1990 年年末，昌化江铁路大桥是全省最长的铁路桥。每年都进行 1~4 次的检修，更换破损的枕木。截至 2010 年末，昌化江铁路大桥一直保持良好。此外，石碌隧道长 250.6 米，洞宽 2.4 米，至 20 世纪 90 年代末，是全省唯一的铁路专用隧道。每年都进行 1~3 次的检修，清除隧道内的杂质。截止 2010 年年末，石碌隧道一直保持良好。还有白云桥和砖厂桥，分别长为 190.5 米、25.02 米。

粤海铁路。2004 年建成，昌江境内有永久性桥梁 3 座，涵洞 51 个。

第三节 车　站

1991 年，昌江县道路客运车站点有海南汽运公司昌江汽车客运站 1 家，属二级客运站，作为省际、县际班线客车进站发班站点，日发班次 30 个，年客运量 96.5 万人次。2000 年 11 月，在石碌城区建成石碌客运北站作为石碌—昌化、海尾、新港等县域乡镇班线发班站点，日发班次 108 个，日发送旅客量 2160 人。为了禁止乡镇客运车辆乱停、乱靠、争客、抢客等运输市场秩序混乱的状况，2004 年，建成乌烈客运站。2007 年，建成海尾客运站。2010 年年底，全县建有乡（镇）客运站 4 个，其中，海南海汽运输集团昌江分公司车站属二级车站，其余 3 个属简易站。

第四节 道路养护

道路养护分国道、省道和地方县道、乡道。昌江公路分局主要负责县境内国道、省道干线，地方公路管理站负责县道、乡道干线的管理与养护。1991 年，昌江公路分局管理养护干线公路段有：国道 225 线 K202 千米至 K224+100 千米处，共 22 千米，省道石昌线 58 千米，县道 14.3 千米。地方管理站养护干线公路 6 条，养护里程 84.8 千米。境内道路除国道为沥青柏油路面外，其余为沙土路面，养护方式为每日专人和流动人工养护。1992—1994 年，累计投入养护和维护路面资金 101 万元，促进地方公路路况的提高，保证公路畅通。

1995 年，县道乌新线、石王线、海海线、霸七线、十南线 7 条县道，1 条乡道移交海南省公路昌江分局养护。分局对所辖公路进行全面养护后，全面贯彻落实“加强养护、科学管理、提高质量、保障通畅”的公路养护方针，确定建养并重，养护优先的工作思路，全体干部职工狠抓全面养护，在雨季季节及时疏通排水、涵洞等设施和清扫路面，清除路障，公路养护路面进一步改善，有力保障了公路的安全畅通。1996 年后，国家对城乡公路建设力度加大，逐年投入资金对县乡公路进行改造铺设沥青柏油路面和水泥路面。公路养护从过去人工养护向机械化养护转变，从单一的养护方式向美化、绿化发展。2001 年，受 14 号热带低压的影响，保梅桥被洪水冲毁，县城与外界交通中断。交通部门积极努力争起省交通厅派出工程队，组织广大干部职工积极配合抢修，连续奋战三昼夜，架设起保梅铁架桥和人行便道，临时解决石碌县城与外界的联系，2002 年建成预应力梁桥竣工通车。2008 年，投入 194 万元，对省道石昌线挖补坑槽 4693 平方米，乌新线挖补坑槽 4800 平方米，全年共计治理沥青路面坑槽 34144.29 平方米，纵横向缝、不规则裂缝清灌、凿裂缝 2 厘米 ×2 厘米缝槽 150 处，修复浆砌水沟 153 米、修复涵洞 1 座，完成主干线国道 225 线、省道石昌线、县道乌新线可绿化路段 45 千米。

2009年，乡村“通达工程”的逐年实施，全县乡村公路里程增多，为进一步加强乡村公路的养护，确保公路通畅，根据国家交通部《村道养护管理暂行办法》，县政府出台《昌江县农村公路养护管理工作实施方案》，农村公路养护采取农户承包养护和季节性组织集中养护两种模式。同年，投入14.5万元，购置1台小型挖机，改善农村公路养护设备条件。农村公路养护也逐步走上规范化、正常化。年底，获得全省农村公路管理养护体制改革先进单位。2010年，公路分局养护基本支出371.64万元，修补路肩8.25万立方米，路面灌缝6901.2米，清理水沟458.95千米，修补沥青路面2.79万平方米，整修路肩水沟平台草204.9千米，桥涵养护866座，植树4.5万株、种花9930株。大修维护县道石霸线、十南线破损路面25千米。

截至2010年，公路分局管理养护干线公路段有：国道1条，省道2条，县道5条，养护里程共计195.15千米，其中国道22千米，省道76.52千米（含邦核线），县道97.63千米。公路养护向标准化、科学化养护转变，全县境内公路路况和公路养护水平不断提高，使全县县乡公路平均好路率达90%以上。国道、省道、县道上已形成不少立体绿化带，即路肩外植树，间种花草，路肩、边坡植草，绿化率占养护里程的98.5%以上。

第三章 交通运输

第一节 公路运输

海南建省后，昌江县工业、农业开发建设的快速发展，带动了货物和旅客运输业的发展。全县社会非公有制、个体货运车辆不断增多、优化，货运和旅客线路渐增延伸，以石碌为起点可运货至全国各省、自治区、直辖市等。其货运车辆等级从小型发展到大型，单车载重量不断提高，大型豪华客车渐增。跨省大型豪华卧铺客运班线有石碌至广东省广州、深圳、潮阳、汕头、梅州、信宜等。城乡客运不断优化，全县乡（镇）符合通班车条件的村庄通达率逐年上升。2010 年，全县社会货物运输量 134 万吨，货物周转量 9554 万吨千米，旅客运输量 312 万人，旅客周转量 15280 万人千米。

一、客 运

1991 年后，昌江城乡客运业迅猛发展，公路客运线路不断增加，客运点相继建立，全县形成以石碌为中心，辐射全省市县、乡（镇）、村的公路客运网络体系。1992 年，年完成旅客运输量 648 万人次，旅客周转量 14559 万人千米，为历史最高水平。1994 年，有私营客车 126 辆、客位 2105 个，客运量为 185 万人次，周转量 9435 万人千米。2000 年，年完成旅客运输量 418 万人次，旅客周转量 26118 万人千米，旅客运输平均运距 12.3 千米。2001 年后，相继成立昌江六龙公共汽车有限公司、昌江明珠运输服务公司、昌江金龙实业有限公司开始市内公交营运。3 家公司专门从事出租车营运、城区公交客运。2006 年，全县拥有营业性载客汽车 850 辆、4218 客位。年完成旅客运输量 388 万人次，旅客周转量 8892 万人千米，旅客运输平均运距 16.3 千米。2008 年，海南海汽运输集团昌江分公司新增跨省豪华大型卧铺客运班线，石碌至广东省广州、深圳、潮阳、汕头、梅州、信宜等。农村客运在原基础上新增多条农村班线，如石碌至昌城、纳风、沙地、白石等边远村庄线路。2010年，全县有出租小轿车35辆，每万人拥有量1.32辆，年客运量48.20万人。拥有营业性载客汽车187辆、3597客位，每万人拥有量7.06辆，年完成旅客运输量312万人次，旅客周转量7293万人千米，旅客运输平均运距21.3千米。

1991—2010年昌江县社会旅客运输量和周转量统计一览表

表8-3-1　　单位：万人、万人/千米

年份	运输量	周转量	运输平均运距
1991	549	12876	—
1992	648	14559	—
1993	225	19437	—
1994	269	15184	—
1995	361	16696	—
1996	496	22762	—
1997	212	19547	—
1998	233	18312	—
1999	383	24183	—
2000	418	26118	12.3
2001	326	12491	13.2
2002	389	11384	14.2
2003	323	9348	13.3
2004	357	8370	14.2
2005	358	8439	13.5
2006	390	8894	16.3
2007	388	8933	15.2
2008	359	8262	16.6
2009	349	8027	18.2
2010	312	7293	21.3

二、货运

海南建省办经济特区后，县交通运输行业呈现出新的局面，营业性货运汽车大量增加，货运量、货运周转量逐年递增。1992年，全县拥有营业性货运汽车1470辆、4592吨，其中大型 874 辆、4370 吨（私人 440 辆、2153 吨），小型 97 辆、222 吨（私人 421 辆、2100 吨），载货挂车 35 辆，轮胎式拖拉机（含手扶拖拉机）451 辆，其他机动车 17 辆。年完成公路货运量 736 万吨，货物周转量 8072 万吨千米（其中非独立核算运输企业完货运量 610 万吨，货物周转量 6369 万吨千米）。

1997 年，年完成货运量 463 万吨，货运周转量 22764 万吨千米，创历年最高水平。1996—2001 年，全县公路货运量年均以 9% 的速度递增，货运周转量年均以 12.2% 的速度递增。2002 年后，随着农业产业结构的调整优化，绿色农产品的崛起，石碌至北京、上海、哈尔滨等绿色通道开通，总里程达 1 万多千米，全县个体运输冬季瓜果菜陆上通道出岛量逐年递增。2006 年，全县拥有营业性货运机动车 459 辆，年完成货运量 126 万吨，货运周转量 9629 万吨。2010 年，全县拥有营业性普通载货汽车 3608 辆、5965 吨位，年完成货运输量 133.5 万吨，货运周转量 95554.4 万吨千米。全县公路运输市场已形成车辆高、中、低档配套，大、中、小型互补，规模经营和公司化管理的新格局。社会公路货运运输业的发展，对拓宽流通城乡产品、物资市场的领域交流和促社会商品生产的发展，起着极大的作用。

1991—2010 年昌江县社会货物运输量和周转量统计一览表

表 8-3-2　　单位：辆、万吨、万吨 / 千米

年份	货运输量	货运周转量	运输平运距
1991	627	6041	—
1992	736	8072	—
1993	438	14816	—
1994	421	21706	—
1995	491	22524	—
1996	494	22008	—
1997	463	22764	—
1998	339	18968	—
1999	360	12839	—
2000	400	14868	43.33
2001	166	5594	48.82

表 8-3-2 续 1

年份	货运输量	货运周转量	运输 平运距
2002	102	6704	49.12
2003	94	8410	52.13
2004	95	8245	58.46
2005	101	8669	58.69
2006	126	9629	68.69
2007	178	9213	65.23
2008	127	9012	64.87
2009	129	8936	68.98
2010	134	9554	70.96

第二节 铁路运输

20 世纪 90 年代始，公路增加，等级提高，方便快捷，成为客货运输的首选，而铁路运输萎缩，客运减少，货运单一，仅有矿石、水泥等货物。

一、客 运

1991—2004 年，石碌火车站以客货混载列车形式营运石碌至三亚列车，每日开行两列客货混载列车，挂客车厢 9 节，座位 648 人。石碌至三亚往返车次为 681/682，石碌至八所往返车次为 683/684。1991 年，客运量达 21.37 万人次。1998 年后，客运量仅有 9.5 万人次，客运量年渐减少。同年，石碌火车站客运因客源不足而取消客运业务。

二、货 运

1995 年，运铁矿石 336.2 万吨，水泥 2.80 万吨。1996 年后，海南昌江国投水泥厂、昌江华盛天涯水泥厂先后建成投产，石碌火车站货运量均有所增加。随着粤海铁路的开通，撤销石碌火车站，并入八所站，其石八线货运量不再单列。1991—2010 年，石碌火车站每年来往列车运载以矿石为主，水泥、煤炭次之，其余日用品杂货等。石碌火车站铁路货运主要由接发列数 568 列，石碌列运站发出货物主要是铁矿石、水泥成品和水泥熟料等。

第三节 水路运输

一、港口

境内有昌化、海尾、新港、沙渔塘4个主要港口。港口水路航线在岛内可通往各市县18个港口。岛外可通至广东、广西港口等。在国外可通至越南防城港以及附近周边国家各港口。20世纪90年代后，由于陆路交通的迅猛发展，水上交通不发达。至2010年，港口运输逐年萎缩，4个港口已转为渔业港口。

二、渡口

新港渡口。位于海尾镇新港居委会珠碧江入海口。涨潮时在原水产码头设渡，退潮时在港外沙滩设渡。新港至南港（今儋州市）口约1.5千米运程。2008年，省交通厅投入10万元，县政府配套投入25万元，建设新港渡口候船室等一批渡口设施。2010年，拥有渡船2艘，由新港居委会管理。

大风渡口。位于昌化镇大风村南，昌化江北岸。渡口春冬两季水浅则涉，夏秋两季水溢则渡，正常运程40米，洪水期均100米。大风渡口是昌化江下游昌江与东方两岸群众过往昌化江的便捷之路。2008年，县政府投入45万元，新建渡船及大风渡口候船室等一批渡口设施。2010年，有渡船2艘，由大风村委会管理。

三、运输

昌江县交通运输以公路、铁路为主，水路货运能力低，运量减少。1995年，年货运量仅有3万吨，货物周转量3万吨千米。1997年，货物运输量周转量40万吨千米，货物运输量2万吨，旅客周转量3万人千米，旅客运输量8万人。2000年，年货运输量4万吨，货物周转量130万吨千米，旅客运输量4万人，旅客周转量3万人千米。

至2010年，在6年中，货运量仅18万吨，货物周转量470万吨千米，旅客运输量73万人次，旅客运输周转量47万人/千米。

第四节 运输工具

20世纪90年代后，交通运输工具种类增加，向环保型方向发展，且技术性能保证，安全系数稳定。主要货运工具有：摩托三轮车（含电动），手扶拖拉机、胶轮拖拉机，各类小、中、大型载重汽车，特种载重汽车，火车，船舶等。客运车类有新型大小客车、家庭小车、电动车等。原来农村使用的牛车，城镇居民使用的人力三轮车已逐渐被淘汰，自行车仍保留。进入21世纪后，经济综合实力增强，城镇居民收入不断提高，私人购置小轿车作为上班、出行、旅游、探亲访友的交通工具渐趋增多。

1991—2010年昌江县社会民用汽车运输拥有量统计一览表

表8-3-3　　单位：辆

年份	总计	其中		载重
		货车	客车	
1991	1097	768	329	35
1992	1285	971	314	35
1993	823	682	141	35
1994	1499	992	507	31
1995	1524	1125	399	58
1996	1532	954	578	54
1997	—	463	—	—
1998	1536	1153	383	58
1999	1365	821	544	58
2000	986	400	586	58
2001	1036	868	168	24
2002	788	603	185	24
2003	733	588	147	24
2004	562	399	136	24
2005	542	406	136	24
2006	3476	1313	850	10
2007	2638	1313	1325	10
2008	2996	1666	1330	10
2009	4209	2514	1695	7
2010	3795	3608	187	7

第五节 市内公交

1991年起，以二轮摩托车载客为主。1992年，二轮摩托车达1057辆。20世纪90年代末期以后，城区居民人口不断增多和城区面积的扩大，为了弥补城内公共交通的不足，政府允许个体户三轮摩托车上街营运载客。2002年后，根据有关交通法规，维护交通秩序，保障居民生命的安全，政府发文禁止二轮摩托车非法载客营运，新增投放三轮摩托车146辆在城区营运载客。至2006年年底，城区内拥有三轮摩托车达763辆。

2007年8月，由昌江明珠汽车服务公司购买8辆无人售票公交汽车在石碌城区内正式投入运营，结束了石碌城区无公交汽车的历史。运营线路双向循环于人民北路—第一市场—海钢新东区—铁城路—东风路—昌江中学—新政府大楼。2010年10月，海汽集团昌江分公司购进10辆无人售票大型豪华公交汽车投入城内运营，城区内公共交通已基本形成。每间隔约10分钟就有1辆公交汽车行驶到上落站，自动投币，票价1元，学生半价，一票到底，残疾人和70岁以上老人凭证免费乘坐。城内公交车，首班6时，末班22时30分。截至2010年年底，石碌城区有公交汽车公司2家，开通公交汽车线路4条，运营总里程12千米，无人售票公交汽车28辆，城镇居民每万人拥有量为3.7辆，年客运量423.6万人次。城区内公共交通运营基本满足城区居民的需求，给城区居民等上班、出行、购物、办事带来便捷。

第六节 主要运输企业

县境内主要有海南海汽运输集团昌江分公司、昌江六龙公共汽车有限公司 、昌江明珠运输服务公司 、昌江金龙实业有限公司等。

海南海汽运输集团昌江分公司 主要以公路运输为主，是昌江县道路客运二级汽车客运站，唯一国有道路客运企业。2007年，海南省汽车运输总公司昌江分公司更名为海南海汽运输集团昌江分公司。分公司地处石碌镇繁华中心街道人民北路西侧，占地面积2.53万平方米。

一、海南海汽运输集团昌江分公司

主营跨市县客运班线有海口、通什（五指山市）、琼海、东方、白沙、儋州、三亚等岛内各市县的长、中、短途的客运业务班线30多条。20世纪90年代初起，在激烈的客运竞争形势，进一步深化改革，转变经营机制，实行单车承包经营，打破了长期以来国营客运僵化的经营格式，形成了责、权、利的有机结合，激发承包者的生产积极性和竞争的主动性，企业逐渐扭亏为盈。1998 年，公司贯彻落实交通部公路管理司《关于执行〈道路旅客运输“三优”、“三化”规范〉的通知》后，公司面对客运输市场的激烈竞争，树立现代化企业经营管理的理念，开始实行优质服务，优美环境，优良秩序，服务过程程序化，服务管理规范化和服务质量标准化标准工作。同年，分公司利用便捷件条开辟邮件快递服务业务，增加企业经济收入。2004 年，组织贯彻 ISO 9001 质量管理体系标准，服务质量和工作水平更进一步提高，经济效益稳定上升。2009 年年底，公司有干部职工 158 人，拥有营运载客车辆 99 台，其中海汽商务车 2 台、海汽快车 12 台、海汽专线车 10 台、海汽公交车 10 台，海汽普通客车及进站客车 70 台，客运业务班线 30 条，日均发出 90 辆客车，日客运量 2000 人次，运输收入 3500 万元，资产总额 2500 万元。

2010 年，随着社会的进步，计算机网络的普及应用，车站始起配备微机售票信息管理服务系统，旅客可通过上网或手机购票。同年 9 月，分公司提出“商站结合，综合经营”的经济发展战略思路，对原有站场进行整体拆除重新规划建设，按国家二级客运站标准设计建造，二楼为车站功能厅，面积约 2500 平方米，有宽敞的售票窗口和可同时容纳 1000 人的候车厅，地下室设有大型超市购物中心，三楼以上为宾馆和商务用楼。年底，工程仍在建设中。

二、昌江六龙公共汽车有限公司

2001 年 5 月成立昌江六龙公共汽车有限公司，从事公交车客运经营，属私营运输企业，有公交车 14 辆，其中 9 辆公交车属个体户挂靠经营。公司始终坚持“规范管理，优质服务”的经营理念，不断加强管理，推动昌江公交运输业健康的发展。2006 年，车辆增加到 22 辆，其中私人挂靠经营公交车 12 辆。至 2010 年年底，公司有车辆 42 辆，私人挂靠经营公交车 22 辆，运营线路 6 条，日均发出 42 辆，日客运量 5924.8 人次，年旅客运输量 107 .4 万人次，旅客周转量 8637.2 万人千米。

三、昌江明珠运输服务公司

2004 年 6 月成立，昌江明珠运输服务公司，从事出租车市内公交客运经营，属私营运输企业。2005 年 12 月，投放 6 辆出租车营运，2008 年，出租车增至 9 辆。2010 年，公司有出租、市内公交车共 15 辆，实行责任承包经营管理模式。日均发出 13 辆，日客运量 578 人次，年旅客运输量 23.1 万人次，旅客周转量 3049.2 万人千米。

四、昌江金龙实业有限公司

2007年10月成立，主要经营农村班线客运，属私营运输企业。2008年，公司有30辆农村班线客车，经营线路有石碌—昌化、昌城、海尾。2010年，经营线路增加石碌—沙地村、白石村。2010年年底，公司拥有农村班线客车44辆，经营线路12条，日均发车40辆，日客运量4287人次，年旅客运输量113.6万人次，旅客周转量8517.3万人千米。

第四章　交通管理

第一节　机　构

一、县交通运输局

1991年，设交通局，设局长1名，副局长2名，副局巡视员1名，办事员5名。1995年11月，县级机构改革，将县经委与交通局合并成立昌江县工业交通局。2001年3月，撤销县工业交通局、贸易局，成立昌江县经济贸易交通局，生产安全管理职能划入县经济贸易交通局，加挂昌江县交通战备办公室牌子。2003年12月，撤销县经济贸易交通局，成立县交通局，内设机构有：办公室、交通管理、驾驶员培训、机动车辆维修行业管理、水上运输管理、交通安全管理、乡村道路等7个管理股（室），人员编制11人，其中干部8人。2009年9月，县交通局更名为县交通运输局，加挂昌江县交通战备办公室牌子。机构内设有办公室、道路交通水上运输安全管理岗、机动车辆驾驶员培训行业管理岗、机动车辆维修行业管理岗、乡村公路建设规划岗等5个岗（室）。

至2010年，县交通运输局内设机构不变，行政编制8名，其中：局长1名，副局长2名。机关工勤人员财政预算全额拨款编制2名。下辖县交通管理总站、县地方公路管理站、县港航管理所3个股级事业单位。

县交通管理总站　1991年始，县交通管理总站，职责及业务范围：为道路运输业提供管理保障，道路运输业年度审验，道路运输业违章查处，道路运输业的开业、歇业、停业审批，道路运输业司乘人员从业资格管理。2010年，有干部职工若干人。

县地方公路管理站　1991—1994年，昌江县地方公路管理站负责养护的道路共6条，分别为霸王岭至七叉公路、乌烈至新港公路、石碌至霸王岭、霸王岭至王下乡、石碌至水库公路、昌化林场至海尾公路。1995年，公路养护改革，部分县道移交昌江公路分局管养，县地方公路管理站负责管养县道1条（十南线）及境内乡村公路。2010年，有在编人员27人。拥有各式养护机械多功能养护车1辆、东风自卸车1辆、装载机1辆、压路机1辆、洒水车2辆、切割机1台。

县港航管理所 2002年5月成立，由县机构编制委员会批准设立，属于县经济贸易交通局的下属单位，编制为3人。主要职能：管理昌江县境内水路运输。

2010年4月，由县机构编制委员会更名为昌江县港航管理所，增加港口管理职能，核定自收自支事业编制5名，属于县交通运输局下属单位。

二、西线高速公路昌江管理站

西线高速公路昌江管理站于1999年7月成立，直属海南省西线高速公路管理局领导下的科级事业单位，办公地点太坡立交桥东北侧200米处。主要担负西线高速公路昌江境内K427+120千米至K460+628千米处，总里程33.508千米的养护工作和路政管理工作。2002年6月，改称海南省公路养护质量监督中心西线高速昌江管理站。2007年7月，更名为海南省高速公路股份有限公司西线高速公路昌江管理站。2002—2003年被海南省公路养护质量监督中心评为"高速公路养护先进单位"。2004年度被海南省交通厅评为"公路养护管理先进单位"。2009年5月，被海南省高速公路股份有限公司评为"先进单位"。

2010年，西线高速公路昌江管理站设有1个班，有职工24人。拥有各式养护机械汽车5辆、路面清扫车1辆、油锯3部、压路机2台、洒水车1辆、割草机7台、切割机1台，其他机械6台。全护养路段宜绿化里程33千米，已绿化33千米，绿化率达100%，分隔带绿化里程30千米。

三、海南省昌江公路分局

昌江公路分局前身为昌江公路工区，办公地点在昌江县石碌镇人民北路82号。1991年，设有保梅、大坡、山竹沟、十月田、保平、峨沟、耐村、昌城、水头、排岸、叉河、马鞍山12个养护道班。1995年，道路养护改革，县道7条，乡道1条由公路分局养护。分局管辖的公路护养共有195.15千米，其中国道225线22千米；省道石昌线58千米，省道邦核线18.52千米；县道5条（林海线、乌新线、石水线、霸七线、石王线）共97.63千米。

2010年，昌江公路分局管辖的公路共有193.254千米，其中国道225线22千米，省道石昌线57千米。省道邦核线16.672千米，县道5条（林海线、乌新线、石水线、坝七线、石王线）97.582千米。内设机构有：行政办、生产技术、计划财务、路政管理、机械材料、安全监督、纪检监察、工会8个股（室），有干部职工243人。共设有国道海榆西线的太坡道、叉河道班；省道石昌线的保梅、山竹沟、十月田、保平、乌烈、耐村、昌城和邦核专线道班；县道乌新线白沙、南罗、海尾道班；石水线马鞍山、石王线水头道班、坝王一二班、霸王岭、王下等18个养护道班。及1个机械修理班、1个工程班。拥有各式养护机械装载机、挖掘机、洒水车、切割机、夯实机、养护机车等60台（辆）。

四、海南省昌江交通规费征稽所

1993年12月，由海南省机构编制委员会批准成立海南省交通规费征稽局昌江分局（原昌江县交通规费征稽所），为省交通运输厅和省交通规费征稽局下属正科级事业单位。内设机构有党支部、行政股、财务股、征收股、稽查股、工会等6个职能股室。其主要职责为负责宣传、执行国家有关法律法规和本省有关地方性法规、规章；实施昌江县辖区内机动车辆通行附加费的征收稽查工作，做到依法征费，应征不漏；负责燃油的销售、运输的监督管理，核验通行附加费的征收情况；依法查处偷漏通行附加费的行为。至2010年12月，有正式职工18人。

第二节　路政管理

1991年，昌江公路分局、昌江县公安局交警大队等大力宣传《中华人民共和国公路管理条例》（简称公路管理条例），在向群众广泛深入宣传政策、法制的同时，路政部门推行《路政目标管理责任制》，公路管理工作进一步加强，占用破坏公路路面等混乱状况得到初步纠正。至1997年年底，全县处理侵犯路权案件52宗，拆除违章建筑物69处。1998年1月1日，《中华人民共和国公路法》正式实施后，广泛深入各乡镇开展宣传活动，出动1辆车20次巡回宣传，挂横额15条，同时开展专项治理行动，采取强制措施拆除部分路段违章建筑物，收回部分被占用公路用地，铺设公路牌，建公路护栏，竖立人行道标志，路政工作逐步走上正规化的管理轨道。2001年，为有效维护公路路产、路权，遏制超限运输带来的严重危害，路政部门按照《中华人民共和国公路法》，坚持依法治路、文明执法，把主要工作重点放在治理运输超限上。全年查处超载、客运混载等违章车辆900辆次，查获报废车辆21辆，强制报费车辆14辆。2005年，针对部分超载、客运混载现象屡禁不止状况，开展交通督查执法大行动，共处理超载、客运混载等违章车辆682辆次，查获报废车辆11辆，强制报费车辆7辆。

2008年12月27日，国务院关于修改《中华人民共和国公路管理条例》修订后，路政部门加强队伍执法文明建设，增强公路整治治理力度，开展超限运输和路障治理行动。

2009 年，成立交通运输行业路政执法大队，隶属于县交通运输局下辖单位——县地方公路管理站。路政执法大队根据新的《中华人民共和国公路法》等法律法规，配合交通、公安、城建等部门向群众宣传保护公路的规定，教育群众遵守交通规则，维护交通秩序，共同抓好路政综合治理的工作。每年开展交通运输“百日行动”，对屡禁不止仍然超载滥载的大吨位车依法顶格惩处。2008—2009 年，针对部分非法拼装的大吨位车辆严重超载泛滥的现象，加强依法治路力度，从源头上严把车辆资质关、装载关。两年中，对 58 辆擅自改装的车辆强制切割拆除复原，共出动 197 车次 795 人，查处超限车辆 2207 辆次，卸载分流货物 3500 吨，收回公路赔偿款 138.35 万元，其中超限赔偿款 88.63 万元，超限运输车辆比例已由原来的 88% 以上下降至 63%，超限的吨位下降 20%，路桥完好率提高近 4 个百分点；清除各种路障 30 起，制止违法违规建筑 40 起，勒令停工违法违规埋置杆线 18 起，查处破坏公路案件 11 起，查处率达 100%。

2010 年，出动执法人员 1974 人次，清除各种路障 11 起，制止违法违章建筑 14 起，共 785 平方米，勒令停工违法违规埋置杆线 10 起，查处破坏公路案件 47 起，查处结案率达 90% 以上；检查车辆 178 辆，查处超限辆 1572 辆，卸载分流货物 517 吨，处罚驾驶员 25 人，罚款 8400 元，收缴超限罚款 334.8 万元，督促车主及驾驶员拆除加高马槽 28 副、加厚钢板 76 片。年底，干线公路设有指路、指示、警告、禁令各类标志 133 块，交通安全设施标线 184.8 米，道口标志柱 202 根，保证了公路的安全通行。县地方公路管理站荣获全省农村公路路政管理先进单位。

第三节 运政管理

1991—2000 年，对全县公路运输市场逐步建立健全各项规章制度，加强管理，客运车辆按照市场需求有计划有比例地进行投放，为了配合文明县城创建活动，合理布局客运站点。每年对营运汽车、手扶拖拉机、农用车及二轮、三轮摩托车和机动车维修业、搬运装卸市场进行资格审验和年度审验，审验率均达 80% 以上，合格率 95% 以上。2001—2000 年，按照国务院、海南省《关于整顿和规范市场经济秩序的通知》，制定《昌江县清理整顿道路客货运输市场秩序工作实行方案》，对客运市场出现站外经营、无序降价竞争、乱停乱放、宰客甩客、拐线等违章行为进行整治。以省际、县际班线为试点，对石碌—海口、那大、八所、三亚省县际班线实行滚动发班管理，通过协调和规范县内农村班线，率先在全省实行统一进站经营，定时滚动发班的管理模式，基本实现“车进站、人归点”的管理目标。2000年，县交通运输局被评为全省清理整顿客运运输市场秩序先进单位。

2004—2005年，以《中华人民共和国道路运输条例》《道路旅客运输及客运站管理规定》为认证，继续加强整治打击客运市场秩序的各种违章经营行为，规范辖区内客运行业行为。至2005年年末，客运市场实现了“统一发班、统一运价、统一售票、风险共担、营收共享”的滚动发班管理模式，有效遏制了道路客运市场无序竞争的局面，客运市场秩序逐步走上了规范化的轨道，井然有序。2008—2009年，共检测营运车辆440辆，完成培训驾驶员290人，换发客、货汽车“营运证”1199本，三轮车、手扶拖拉机“营运证”3850本；出动执法人员1024人次对营运客、货车无营运证上路，报废车辆、二轮摩托车非法营运载客、客货混载和超载，不规范经营行为进行专项整治，查处违章经营客货汽车89辆，农用车非法载客94辆，取缔二轮摩托车368辆。

2010年，开展打“黑车”非法运营专项行动为重点的公路运输市场秩序专项整顿和取缔二、三轮摩托载客行动。联合路政部门，出动2255人次，检查运输车辆2325辆次，纠正违章156次，农用车非法载客车辆23辆，非法营运车辆52辆次、私家小轿车3辆次，打击了非法营运势头。8月，贯彻落实县政府关于取缔在石碌城内运营载客二、三轮摩托车的决定，配合公安、交警、工商、城建等部门开展集中取缔二、三轮摩托车专项行动。共取缔三轮摩托车763辆，成为全省市县第一个取缔三轮摩托车非法载客经营的市县，但二轮摩托车非法载客现象屡禁不止。

第四节　规费征管改革

1991年，县公路规费征收，根据《中华人民共和国公路管理条例》执行。公路规费包括：公路养路费，公路建设基金和过桥过路费。征费一般按月或按旬征收，按月征收费标准为客车每月每吨200元；货车、特种车（包括农用车、教练车）每月每吨150元；汽车和拖拉机拖带的挂车、简易机动车、正三轮摩托车，每月每吨75元；手扶拖拉机每月每台25元；两轮及三轮摩托车每月每台10元。1993年12月，省政府发布了《海南经济特区机动车辆燃油附加费征收管理办法》。从1994年1月1日率先在全国实行公路规费征收制度改革，即把公路养护费、道路通行费、过桥费和运输管理费“四费合一”，改为只征收燃油附加费，体现了“用路者付费，多用路者多付费”的合理收费原则，撤销了在全省所有公路上所设立的收费站卡，使海南成为全国第一个没有公路收费站卡的省份，公路“三乱”（设站卡、乱罚款、乱收费）现象从源头上得以根治，“一脚油门踩到底”，公路畅通无阻。1994年燃油附加费改革后的县燃油附加费征收完成959.38万元。1995—2003年的9年间，全县共征收燃油附加费13724.13万元，平均每年递增9.2%。县征稽管理部门加强执法队伍建设教育，建立健全各项管理制度，强化源头管理，提高服务质量，完善下乡设点办证收费，上门收费等便民服务措施，促进了全县交通规费的征收。2007年，全县交通规费征收达2711万元。2008年年底，国家出台了成品油价格和税费改革方案后，12月18日，省政府颁布了《海南省机动车辆通行附加费征收管理暂行规定》从12月20日起全省停征燃油附加费，开征机动车辆通行附加费。昌江交通征稽部门把工作重心转移到开征通行附加费工作上来，加强征管、堵塞漏洞、追缴欠费，做好通行附加费开征的准备工作，实现了从燃油附加费到通行附加费的无缝衔接和平稳过渡。

1995—2010年昌江县交通规费征收统计一览表

表8-4-1　　单位：万元

年 份	征收金额	年 份	征收金额	年 份	征收金额	年 份	征收金额
1995	1297.26	1999	1533.14	2003	1645.10	2007	2711
1996	1369.43	2000	1626.89	2004	1609.6	2008	2774
1997	1575.37	2001	1533.72	2005	1852.7	2009	2113
1998	1533.63	2002	1609.59	2006	2483.9	2010	2536

第九编　邮政·电信

第一章 邮 政

第一节 机构与设施

一、邮政机构

1991年，县邮电局下辖6个邮电支局、6个邮电所、2个代办所和4个邮政班、7个电信班。1992年，增设新港邮电所，新开办海尾、新港两个邮政储蓄网点。3月，成立县邮电服务中心，属集体所有制多种经营企业性质。南罗邮电所改为代办所。1993年，开办乌烈、红田邮政储蓄网点和集邮点。1994年，新增石碌矿建邮电所和矿山邮电所，同时增开邮政储蓄点2处。1995年4月，昌江邮电服务中心更名为昌江通信开发总公司，人员编制11人。在石碌增开红林所、矿区所和昌江宾馆所，同时在全县新开邮政储蓄网点4处，至此，邮政储蓄网点累计达14处。全局共设置石碌、霸王岭、叉河、十月田、乌烈、昌化6个邮电支局及矿山、矿建、矿区、红林、红田、七差、王下、山竹沟、海尾、新港、保平、昌城、南罗等13个邮电所，5个邮政班，8个电信班。

1997年9月29日，邮电分营，成立昌江县邮政局，配设职能机构2个（综合办公室、邮政运营部）、生产班组7个、分支机构15个、公司1个。1999年机构改革，成立计划财务部、邮政运营部、储汇经营部，有管理干部17名。2000年，成立储汇检查班、设备维护班、后勤班3个专业职能班组。继续推行石碌支局、矿山所、矿建所、海尾所、昌化所、新港所、乌烈所、保平所、十月田所、邮购中心、报刊收投公司等11个单位改制成社会委代办制。2002年，撤销矿区邮购点，整合到东风路邮购点。2003年，管理机构设置二部一室：综合办公室、邮政运营部、储汇经营部，管理岗位8个、辅助岗位5个，设置26个生产班组。2005年，设置安保中心、投递中心、邮件处理中心、督检中心、信息设备维护中心。2007年，管理机构设一部一室一中心：办公室、储汇经营部、大客户中心。2008 年，管理机构设二部一中心：综合部、市场经营部、大客户中心。全局网点有 15 个，其中邮政营业网点 2 个，邮储专业网点 1 个，混合网点 12 个。至 2010 年年年末，管理机构设置不变。

二、邮政设施

办公营业场所 随着业务的扩展，办公营业场所的建设相应加快。1993 年，完成霸王岭、王下、叉河、十月田、乌烈、海尾、新港等分局办公和职工宿舍的维修改造任务。完成石碌支局生产生活综合楼主体工程完工。1996 年，投资 56 万元高标准建置 3 个报刊零售亭，新建叉河、矿建、红林等支局（所）楼房，改造全局 8 个邮政储蓄网点的防范设施。新增县局邮政储蓄营业点 1 处。改造营业窗口 10 处、不锈钢报刊零售亭 3 个。把县局邮政储蓄营业窗口从邮电营业厅中分离出来，实现专门营业，配有自动过戳机 1 台，包裹传送升降机 1 台。1998 年，完成对红田支局（所）和霸王支局（所）营业厅、库房、储汇中心的改造工程，以及矿区邮政所乔迁并开张营业。下年，完成县局储汇中心装修改造工程，装置自动取款机（ATM 机）一台，投资 24 万元对石碌支局（所）、矿建支局（所）网点改造工程。2000 年，先后对保平、十月田、乌烈、红田所等网点进行装修改造工程。全年投入 12 万元完成 13 个营业网点铁门、铁窗的改造。

2001 年，县邮政综合楼开工，2002 年年底竣工。2003—2008 年，先后对各支局（所）、农村网点安装指纹锁和自动烟感报警器。2010 年，对各中心、网点生产场所配备灭火器，加固、加密所辖邮政自动取款机（ATM 机），以及综合楼部分支局（所）职工宿舍区的绿化和篮球场建设。

电子化建设 20 世纪 90 年代起，县邮政局不断投入资金，逐年改善办公条件。1993 年，实现邮政储蓄事后监督、报刊发行处理微机化、邮政储蓄电脑计息、县局平信盖戳自动化、平信捆扎机械化。邮政生产机械化、自动化建设形成一定的规模。1996 年，完成邮政储蓄班、矿建支局、石碌支局 3 个邮政储蓄网点绿卡系统安装工程，实现全国联网通存通兑。微机 3 台，并在县局、石碌、矿建 3 处安装，实现储蓄前台电脑作业。1998 年，完成叉河支局、红田支局、矿区所绿卡系统安装工程，实现全国联网通存通兑。实现营业班、邮件班窗口营业、邮件处理电子化。1999 年，县局储汇中心装置自动取款机（ATM 机）一部。2000 年，完成红林所绿卡（全国联网）系统安装工程，实现昌化所、新港所安装邮储“中创”系统。2001 年，对十月田所、乌烈所、海尾所、昌化所绿卡（全国联网）应用系统安装工程，实现邮储全国联网通存通兑；完成东风路邮政所电子汇兑应用系统安装工程。2002 年完成新港、保平、霸王岭 3 个支局（所）绿卡应用系统安装工程和“185”处理终端系统。至 2009 年年末，实现全部网点全国联网通存通兑。2010 年，在邮件处理投递中心、矿区等邮政储蓄场所安装了电视监控器，农村邮政储蓄网点全部实现了110联网报警器的安装。

邮运设备 1991年前，全局仅1辆邮运生产汽车，3辆邮件投送三轮车，2辆摩托车，15辆自行车。1993年，有邮政生产用小汽车1辆、二轮摩托车1辆、三轮摩托车2辆，包裹传送升降机1台。1994年，省局下拨邮车三辆。2006年，新增汽车2辆、两轮摩托车2辆。2000年，严格控制成本支出，封存2辆耗油大的行政用车。2010年，有投递摩托车8辆，业务运输车6辆。

第二节 邮政业务

一、邮路

1991年，设有南罗、昌化、霸王3条委托汽车邮路。1993年，县至支局（所）为委办汽车邮路，全长276千米。全县乡（镇）投递邮路10条，邮路总长305千米，城市投递段7条，信箱（筒）110个，零售报刊亭5个。1994年，开通县内自办汽车邮路2条，实现县至支局（所）之间汽车邮路化。1996年，城市投递邮路10条，全长4千米（单程），乡邮22条，全长640千米（单程）。1997年，有22条农村摩托车邮路，实现投递机械化。2001年，除霸王、叉河线外，石碌至海尾线、昌化线的邮件传递交由社会运输车辆代办。下年，实现石碌至红田邮路社会运输车辆代办。2003年，邮路改革，按“就近投递、合理兼顾、饱和作业、优化末端”的原则，对邮路进行合并分拆，撤销保平段并入十月田和乌烈段，将县城太坡投递段并入红田支局投递段。2010年，有汽车邮路2条，县城投递邮路7条，乡邮投递邮路17条，全县乡邮投递全部实现摩托车化，邮路总长954余千米，其中乡（镇）邮路676千米，县城邮路278千米。

二、函件

函件主要分为信函、明信片、印刷品和盲人读物。1994年，开办平函快件新业务。1996年，收寄函件452.99万件，比上年增长68.84%；人均函件为2000件/百人。1996年，全年投递部门为用户救活疑难信件120封。1998年，为用户救活疑难信件130件。2000年，发行“企业拜年卡”1万份；“教师明信片”3000多张，实现商函业务零的突破。2005年，全县函件出口量14.6万件，平均每天400件。2010年，全县函件出口量5.4万件，平均每天139件。保持2位数的增长速度。

三、包裹

随着时代的发展以及交通运输的发达，邮政服务能力增强，邮政业务种类增多，普包业务逐步向特快专递业务转变。1993 年 7 月，开办特快专递业务。在提供优质窗口收寄服务的同时，主动上门到部队和企业收寄包裹服务。2002 年，开办“快递包裹”业务。2005 年，包件 5170 件，2010 年，包件 4065 件。

四、汇兑

1991 年，汇兑采取手工操作和实物传递方式，分为普通汇款和电报汇款。1992 年，函汇收入比 1991 年增长 34.79%。1995 年，汇票达 20 万件，比上年增长 58.32%。2002 年 12 月，停止普通汇款和电报汇款业务。从 2003 年起，开办县内电子汇款业务，与全国联网的邮政电子汇兑系统进行汇兑业务。全年汇票 31074 件。2010 年，汇票 24453 件。

五、报刊发行

1991 年，全县报纸发行 344.40 万份，杂志发行 30.90 万份。1993 年，报刊发行处理实现微机化。1995 年，订销报纸、杂志份数分别为 249 万份和 40 万份，分别比上年减少 54 万份和 5 万份，订销报刊流转额达 125.09 万元，比上年增长 3.31%。1996 年，订销报纸份数 271.60 万份，比上年增长 9.07%；订销杂志 40.30 万份，比上年下降 0.27%。报刊发行密度为每百人 19.3 份。订销报纸、杂志流转额达 193 万元，高于全省平均每百人 18.18 份水平。2005 年，报刊发行 248.29 万份，密度为每百人 10.8 份。2008 年，推进报刊零售亭委代办改制，提高报刊零售费率 1~2 个百分点。2010 年，报刊订阅 321.40 万份，报刊零售 83.7 万份。

六、速递物流

1991 年邮件快件得到发展。1992 年，邮政快件完成 9.34 万件。1993 年 7 月，邮政开办直封专人投递。以“EMS 专递”为品牌，“全心、全速、全球”为客户服务的特快专递业务，业务迅速发展。1995 年，邮政快件 20 万件，比上年增长 88.68%；特快专递 2452 件。1996 年，邮政快件 16.63 万件，比上年下降 17.43%；特快专递 2452 件，比上年增长 146.43%。1997 年，邮政快件达 13.57 万件，比上年下降 18.53%，特快专递业务达 2649 件，比上年增加 8.17%。2005 年，特快业务量 13000 件，业务量较 1995 年增长 430%，业务收入 29.80 万元。2008 年，依托窗口资源，促进“普转特”，拉动“二代证”，增进“思乡月”，速递业务稳步发展，全年开发第二代身份证 9000 多件，业务收入 18.6 万元；在“思乡月”专项营销活动中，上门收寄快递月饼 560 多件，寄递收入达 2.2 万元。2010 年，特快业务量 24453 件，业务收入 44.96 万元，完成计划 264.47%，同比增长 85.40%。

七、集 邮

1992年，成立县集邮协会，加强对县集邮工作的指导和管理。集邮业务收入21.33万元，比上年增长68.75%，比开办初期1989年的6.26倍。1993年，开办乌烈、红田邮政集邮点。1995年，集邮业务完成22万枚，比上年减少0.5万枚。1996年，集邮销售24.41万枚，比上年增长9.46%。1997年，在矿建支局建立集邮业务专营场所。集邮业务完成55.47万枚，比上年增加31.06万枚。2002年，开展邮票经营市场检查，取缔3间违规经营邮票的文具店。12月7日，《长臂猿》特种邮票首发式暨昌江优势资源推介会在昌江举行，首发式活动期间，与县教科局联合举办"真情无限"长臂猿知识有奖答卷活动，开展邮票设计家签名活动、集邮知识讲座、《长臂猿》系列邮品展销活动，成功开发了《昌江中学》普通邮资封。2008年，强化重点集邮品和主题性邮品的营销力度，成功举办大型"庆奥运"集邮展，推进"一局一品"工程建设，开发高价值邮品。全年集邮业务收入37.4万元，占年度计划的184.69%，同比增长46.64%。2010年，保持2位数的增长速度。

八、邮政业务经营

昌江邮政结合资源优势，以网络优势为支撑，进行业务创新、体制创新，推动新型业务逐步成形，经济效益明显提高。多元经营的业务主要有邮政储蓄、银联业务、电子汇兑、集邮、报刊发行、函件、商函、混合信函、企业拜年卡、个性化邮票、普通包裹、快递包裹、特快专递、代办保险、速递法律文书、速递高考录取通知书、速递芒果业务、"185"特服业务、特快送款、物流配送，以种子邮购业务为主的农资产品邮购业务、代销各类通信卡及通信终端、代收移动营业款、代办"193"开户业务、代理联通CDMA放号业务、代发工资和养老金、代办中国移动和中国联通公话业务及代收中国联通、中国移动、中北寻呼、万声寻呼等通信费业务。2000年，首次开办代办保险业务。开办名家品牌商品邮购代理服务，取得"美的"牌电器系列昌江地区总代理，开发了"企业拜年卡"和"教师明信片"。2002年年初，开办了种子邮购业务；在县城所有网点开办"快递包裹"业务，特别发展账单类业务、收寄速递法律文书业务、速递高考录取通知书业务和速递邮寄特产——芒果业务。2009年，速递物流业务完成93.7万元，同比增长24.47%，完成年度收入预算 的100.76%。在速递物流业务发展方面，重点开展了"开门红""点燃激情，创造收获""芒果特快寄递""思乡月"等5项速递物流业务 劳动竞赛活动项目，有效地促进了速递物流稳步发展。其中，"思乡月"营销项目销售额完成35万元，完成计划任务的141%，业务收入完成4.8万元，完成计划任务的130%，仅寄递收入就完 成1.27万元，销售额和业务收入均排名全省 第一。代理金融类业务明显增长，邮政储蓄代理期末余额42686.78万元，净增长7120.78万元。其中，活期28244.1万元，占66.17%，净增长5965.1万元；代理金融类业务收入实现1022.10万元，与上年同期相比增长11.45%，年度完成收入预算的97.34%。其中，储蓄收入实现991.38万元，年度完成收入预算的97.19%；汇票业务收入实现29.72万元，年度完成收入预算的99.08%。

2007—2010年昌江县邮政主要业务量一览表

表9-1-1

年份	平常函件（件）	包裹（件）	汇票（笔）	特快（件）	报纸（份）	杂志（份）
2007	70512	4665	21803	25296	2953636	163903
2008	62975	3844	29652	27092	2912550	156917
2009	58762	3652	35373	28360	3357069	157682
2010	47163	3857	30204	35804	3428648	152628

第三节　经济效益

1997年，邮电分营后，县邮政局相继建成邮政储蓄业务绿卡网、电子汇兑业务为主的综合网，实物投传递为主的投递网，整合与优化“三网”功能，集资金流、信息流、实物流为一体，函包业务在转型和调整下增添活力，呈现出较强的科技作业规模。2002年，邮政首次扭亏为盈。2003年，邮政业务收入600万元，占年度计划的92.31%；收支差额完成26万元，占年年计划的104%，与上年同期相比绝对值增长18万元，邮政业务总量完成617万元，占年度计划的96.41%。全员劳动生产率达到6.25万元/人。邮储业务市场占有率首次达到16.32%。

2004年，邮政业务收入完成709.12万元，占年度计划的110.01%，与上年同期相比增长18.38%，邮政业务总量完成707.53万元，占年年计划的110.55%，与上年同期相比增长14.64%，实现了历史性突破；收支差额完成48万元，占年度计划的120%，与上年同期相比绝对值增长22万元。资产回报率37%，资产负债率达9%、成本费用利润率7%、资产利润率达3%，收入利润率达7.06%。全员劳动生产率达到7.3万元/人。同年起，邮政储开办代收电信固定电话费、代收移动营业款、代收有线电视缴费等代收代办业务。下年，邮政业务收入完成768.02万元，占年度计划的108.1%，与上年同期相比增长 12.9%；邮政业务总量完成 836.34 万元，占年度计划的 124.83%，与上年同期相比增长 18.21%；收支差额完成 72 万元，占年度计划的 101%；职工收入稳步提高，在岗职工月平均工资达 2000 元；净资产收益率达 37%；成本费用利润率达 11%。邮储余额首次突破 2 亿元，市场占有率达到 18.15%，在全县 6 家金融机构中名列第二。

2007 年，邮政业务收入完成 1216 万元，同比增长 16.98%。邮政业务收入达 1061 万元，首次突破千万元大关，完成计划任务的 111.68%，同比增长 19.75%。收支差额完成 106 万元，同比增长 65.6%。其中，邮务类业务收入完成 141.81 万元。完成年计划的 101.29%，同比增长 13.83%。速递物流类完成 62.33 万元，完成年计划的 103.88%，同比增长 20.24%。金融类业务收入完成 836.49 万元，完成年计划的 112.73%，同比增长 20.70%。各经营网点均完成年度业务收入计划，其中有 7 个经营网点提前 1 个月完成全年预算目标。

2008 年，邮政业务总收入实现 1321 万元（含邮储银行收入），占年度计划的 110.08%，与上年同期相比增长 24.5%；收支差完成 99.6 万元，占年度计划的 124.48%，与上年同期相比增长 19.98%。其中，全县邮政企业收入完成 1174 万元，邮储银行自营收入 147 万元。各项邮政业务协调发展，邮务类业务实现 170.31 万元，完成预算 112.79%，与上同期相比增长 20.09%；速递物流类业务实现 75.8 万元，完成预算 100%，与上同期相比增长 21.18%；金融类业务实现 1056 万元，完成预算 108.75%，与上同期相比增长 26.11%。

2009 年，业务收入完成 1373 万元，同比增长 16.95%，完成省公司预算的 100.29%；全局收支差额完成 158 万元，同比增长 85.23%，完成省公司下达收支差预算的 102.48%。在邮务类各专业中，除包裹和集邮专业负增长外，其他专业均以 2 位数正增长。收入实现 232.27 万元，与上年同期相比增长 40.38%，完成年度预算的 119.73%。2010 年，业务收入 1496.6 万元，与上年同期相比增长 9.03%，完成预算目标的 109.03%。

第二章 电 信

第一节 通信设施

一、通信设备

20世纪90年代，通信设备向电子化、智能化发展。1993年，投资900多万元，购进芬兰3630门集装箱数字程控电话交换设备，2月28日程控电话正式开通使用。1995年，完成无线寻呼第三频点的扩容工程，容量达5000户。建成有24个信道，容量600门的模拟移动电话基站1个。2月，正式开通移动电话，并实现全省联网。同年，完成西线微波扩容工程，长途程控交换机容量130路端。1996年，加强昌江通信网的建设工作，将原程控交换设备更新扩容，购进美国门数字程控交换设备。同年，在海尾安装并开通无线接入设备1套。1997年，投资240万元，在昌化、海尾、乌烈等交换点安装电源设备；将叉河原256门交换设备改造扩容为512门交换设备。1998年10月，石碌市话扩容门数字程控交换设备，容量达到8000门，农村各乡（镇）数字程控交换容量达到2176门。县城通信电源140千瓦的柴油机更换为350千瓦柴油机，改造后实现动力监控蓄电池，全县柴油机发电量780千瓦时。同年，从原海尾的无线接入设备1套搬迁到红田，提高无线发射的覆盖面。

1999年，改造县局24伏蓄电池组。2002年，完成太坡维护站无线接入设备2套46个信道250门装机容量。至年底，全县投入资金606万元，建设“小灵通”基站500兆瓦基站43个，10兆瓦基站6个，投入资金97.2万元对电源设备改造。2003年，继完成太坡维护站无线接入设备2套，32个信道。至2005年年末，全县柴油机发电量1512千瓦时。2007年，开通昌化复合岭、昌化海军岭农村无线接入基站。全县有3个无线接入基站，无线信号基本能覆盖全县。2008年，完成海南矿业企业信息平台建设一期、二期的设备安装及调测开通工作。2009年，先后完成扩容、6个ATM宽带设备割接、5个WLAN设备安装、18个C网基站改为EVDO基站、22个C网基站；新开通9个C网基站和5个C网基站的整改工作和完成14个基站征址工作；完成红阳、矿建、河南电池改造工作及保平高频开关电源改造工作；完成省公司安排的2个党建信息点的安装工作和加快3G网络建设，提高覆盖率。同年年底，中国移动昌江分公司在全县范围内加大基站建设力度，城区覆盖率达到了99.98%，乡（镇）覆盖率达到98.29%。2010年，中国电信在昌江建设基站13个，截至12月已全部开通。

二、机房设施

1995年，重点抓好昌江区域通信网的建设工作，增强通信能力，占领通信市场，投资376.35万元，建设机房面积2520平方米，装修程控交换机。1999年，为了应急解决边远山区的通信问题，在乌烈中心点增设一套16信道无线接入设备系统。同年7—11月，完成太坡、红田、十月田、乌烈、保平、昌化、昌城、大风糖厂、海尾的光缆通信终端和机房搬迁工程。2000年，在12个乡（镇）中的11个建电信机房，建筑面积1300平方米，2个较大的自然村建2间接入网房。2001—2006年，加快农村通信建设，在全县12个乡（镇）和部分自然村庄建设电信机房106间，建筑面积11860平方米。2008年起，根据上级的要求加强机房标准化管理整改工作，完成全县机房标准化整改34间。至2010年年初，完成全县机房标准化整改达100%，完成县域换端局缩容工作辨缩容7296门。

三、传输线路

1991年，全县有市内电话线长9.4千米，乡镇农村话线长143千米。1995年2月，建成石碌至保梅岭240路微波、保梅岭至红田120芯光缆、石碌至叉河4芯光缆。同时，将石碌市内电话用户电缆分别向海南钢铁公司东区、西区、矿建以及石碌水库等方向伸延5.2千米，架石碌—太坡电缆7千米。年底，长途业务电路增加到164条，净增75条，打长途电话难的问题基本上得到解决。1996年，新建乌烈至昌化光缆20皮长千米。全县有中继电缆55.9皮长千米，中继光缆62皮长千米，中继电路360路。1998年，伸延东风路通信管道工程改造5.03孔千米，主杆电缆0.8千米，增设和伸延各路段用户配线电缆68.18千米，出局主杆电缆13400对。做好农村支局（所）出局电缆改造工程，完成乡镇通信管道2.97孔千米。乡（镇）配线电缆25.23千米。其中，新港至南罗改为50对，新架乌烈至保平4芯光缆12千米，全县农话通信光缆达82千米，农村支局（所）出局电缆达到5120对，有80%的乡（镇）实现了光缆通信，增强了农村电话的放号能力。1999年，在市内架设3200对千米的配线电缆，完成800米管道改造工程，解决市话放号配线不到位的问题。长途线路增加90路，昌江境内网电路增加90路，农话电路增加

120路，累计达1085路。完成太坡至乌烈37千米光缆、十月田至海尾和新港33千米光缆、叉河至乌烈22千米光缆埋设工程，线路出局电缆3370对，全长25.8千米。全县12个乡(镇)有11个实现光纤通信。到2002年，新建主干及配线工程主干5项，新增主干16158.64对千米，配线31项。总投资754.47万元，新增配线4661.82对千米，投资290.56万元新建通信管道工程6项，新增管道67.58孔千米。

2006年，全县电话中继电路3388路端，电缆342皮长千米，中继线路长度751千米，中继光缆纤蕊长度13589蕊千米，接入网光缆长度83千米，长途业务电路1001路端，数据通信网长途139路端。2007年，有通信能力包括接入网窄带672线、宽带96线、主干446对千米、配线1196对千米、引入光缆32芯千米。2008年，完成农信社三级网（11个点）、党建远程教育（14个点）、财政局VPN电路组网（8个支局所）、8个热点WLAN设备安装和海南矿业昌鑫钴业VPN专线、林改办VPN专线组网、地税局4兆光纤上网等政企业务的开通。

截至2010年12月，中国电信昌江分公司有2条高速率、大容量光缆与全国骨干通信网络相连，遍布全县城乡光缆网络总长度达到了3.8万芯千米，通达光缆的乡（镇）达到100%、通达光缆的农场达到100%，与2000年年末相比增长了2.49倍。

四、交换机容量

1990年前，全县市内电话交换设备是磁石式、共电式、步进制三式并存，昌江县内至郊区的通话还须依靠人工接续，通信能力十分薄弱。1992年总容量为785门（其中小程控192门），实装机301门。在县城至海尾等三个交换点间采用特高频传输，农村电话通信手段逐步走向现代化。1993年，实施“乡乡通程控电话”工程，全县有农村电话交换点9个，6个实现小程控化，农村电话交换机总容量752门（其中程控交换机容量512门），比建省前的1987年增长50.04%；乌烈、叉河、红田开通小程控，撤销七差磁石交换点并入霸王岭交换点，开通石碌至海尾、昌化、新港特高频电路9条，中继传输逐步完善。1995年2月，开通红田邮电所容量256门，霸王岭256门程控电话，农话程控交换机容量达1024户程控电话交换点。1996年，安装光端机1套，红田至保平均值6路特高频1套，石碌至保梅480路数字微波、保梅岭至海尾120路数字微波、保梅岭至乌烈240路数字微波、红田至十月田30路数字微波、新港至海尾30路数字微波等。同时，开通红田、海尾2处各320门数字程控电话，乌烈、昌化2处各256门数字程控电话，全县农村自动电话交换点达7处，农话交换机总容量达2000门。1998年，新增叉河至王下三路特高频2套，石碌至保梅岭480路数字微波，保梅岭至海尾120路数字微波，保梅岭至乌烈240路数字微波，红田至十月田30路数字微波，新港至海尾30路数字微波。2000年，投资435.85万元，增交换能力13184门。在“5·18”全省并网升位和“5·21”电信资费调整中，顺利与全省并网升位和资费调整工作。2005年，全县市话装机容量15600门，农话装机容量6630门。2006年，全县市话装机容量增至19800门，农话装机容量增至7550门。2010年12月，全县交换机容量为2.3万门，比1990年年末增长196.6倍。

第二节 电报与数据通信

一、电 报

1991年，昌江邮电局设有电报室和投递员兼送，有电报和汇票两种。1993年，收发电报1.86万份，汇票2589份。1996年，收发电报1.89万份，汇票2869份，为用户救活疑难电报109份。1997年，收发电报2.56万份，汇票1987份。1998年，收发电报21.3万份，为用户救活疑难电报172份。1999年，筹措资金开办因特网网吧业务，装修42平方米房屋，安装8部电脑。同年5月8日，开张迎宾，同时发展因特网业务，因特网用户放号62户，完成年计划的155%。2002年，因特网放号净增38户，因特网时长2480万分钟。同年年底，电报业务被公众传真和程控电话所替代，停止电报和汇票业务。

2003年起，开办电子汇款业务。同年，电子汇票3.11万件。2006年，电子汇票3.24万件。2008年，电子汇票3.14万件。2010年，电子汇票2.45万件。

二、宽带网

2000年年初，昌江开始使用电信宽带网。2005年3月，宽带电脑1+1发展167户，ADSL发展931户。2006年，新增宽带785户。2007年2月，全县所有乡（镇）开通互联网宽带，宽带新增1516户。

从2008年起，互联网宽带迅猛发展。同年，拿到3G牌照后，天翼无线宽带网络迅速覆盖全县，形成了有线无线立体式无缝覆盖，中国电信昌江分公司宽带网络覆盖全县乡镇和98%的行政村，互联网宽带突破12万户。2009年年底，互联网宽带突破15万户。2010年年底，中国电信股份有限公司昌江分公宽带用户达16万户，中国联通昌江分公司宽带用户832户，中国移动昌江分公司宽带用户数1.2万户。

三、固定电话与移动电话收费

20世纪90年代，按照国家邮政总局定资费标准收费，市话通话费全国按每3分钟0.16元、0.18元、0.20元、0.22元4个档次收取资费。1991年起，昌江邮电局按每3分钟 0.22 元收取通话费。农村通话费基本收费时间为 3 分钟收费，即 3 分钟为通话 1 次，通话 1 次收取通话费 0.20 元，通话不满 3 分钟的，按 3 分钟计算，通话超过 3 分钟的，按实通话分钟计算，尾数不满 1 分钟的按 1 分钟计算。

1999—2006 年，中国电信股份有限公司昌江分公司、中国移动昌江分公司、中国联通昌江分公司，移动电话标准资费主被叫 0.4 元 / 分钟，流量标准资费 0.03 元 /K（是 kB 的简写，是千字节的意思，表示计算机中存储容量的大小单位“千字节”，以下同）。2007 年，移动电话开始取消双向收费，被叫不收费。2008 年起，移动电话标准资费主叫 0.4 元 / 分钟，流量标准资费调整为 0.01 元 /K。

2010 年，中国电信昌江分公司，固定电话县城基本月租费标准 15 元 / 部 / 月，乡（镇）农村地区 10 元 / 部 / 月。程控新功能服务项目：呼出限制，开户费 10 元，月租费 6 元 / 月；闹钟服务，开户费 10 元，月租费 2 元 / 月；来电显示，开户费 8 元，月租费 5 元 / 月。昌江联通公司，固定电话县城基本月租费标准 12 元 / 部 / 月，乡（镇）农村地区 10 元 / 部 / 月。本地网营业区通活（市话）资费标准，昌江电信分公司，首次 3 分钟 0.22 元，以后每分钟 0.11 元。昌江联通公司首次 3 分钟 0.20 元，以后每分钟 0.10 元。国内长途通话费，昌江电信、联通每 6 秒钟 0.07 元，在优惠时段内（00：00~07：00）通话费按 6 折计收，优惠费率为 0.04/6 秒钟。联通港澳台地通话费每 6 秒钟 0.08 元（无优惠时段）。昌江电信 3G 手机上网，国内网络收费标准按时长收费 0.10 元 / 分钟，每次不足 1 分钟按 1 分钟计；按流量计费 0.0003 元 /KB（后付费用户每次上网流量不足 1/KB 计算，月度累计流量计费不 1 分钱的部分不计费，实时扣费的预付费用户每次上网不足 0.01 元按 0.01 元计算）。国内点对点短信业务收费标准发短信（不分网内网外）0.1 元 / 条，接收免费。

2010 年年末，昌江联通公司 3G 套餐资费月租每部 36 元，拨打国内可视电话 0.60 元 / 分钟，国内语音（长市漫合一）0.30 元 / 分钟。“沃 · 家庭”套餐 A 计划（宽带 + 固话 +2G 手机）套餐月费：2 兆限 40 小时，60 元 / 月，超过后每分钟 0.05 元；2 兆包月不限时，80 元 / 月，月使用费内 300/ 分钟，超出 300/ 分钟，收费 0.15 元 / 分钟。2 兆包月不限时，110 元 / 月，月使用费内 600/ 分钟，收费 0.15 元 / 分钟；4 兆包月不限时，105 元 / 月，月使用费内 600/ 分钟，超出 600/ 分钟，收费 0.15 元 / 分钟；4 兆包月不限时，135/ 月，月使用费内 600/ 分钟，分钟超出 600/ 分钟，收费 0.15 元 / 分钟；8 兆包月不限时，170/ 月，月使用费内 600/ 分钟，分钟超出 600/ 分钟，收费 0.15 元 / 分钟。

2010 年中国电信股份有限公司昌江分公司宽带 XDSL 虚拟拨号方式接入互联网海南电信优惠资费标准表

表 9-2-1

用户类别	一次性开户费（含调测费）	速率（字节/秒）	网络使用费	
			基本费	超时使用费
甲类用户	300 元	128K	66 元/月	不限时
		256K	76 元/月	不限时
		512K	48 元包 30 小时	1 元/小时
			86 元/月	不限时
		1M	8 元（含 2 小时基本上网时长）	3 元/小时
			50 元包 25 小时	1 元/小时
			108 元/月	不限时
		2M	138 元/月	不限时
		3M	168 元/月	不限时
		4M	198 元/月	不限时
		8M	258 元/月	不限时
乙类用户	500 元	1M	250 元/月	不限时
		1.5M	20 元（含 2 小时基本上网时长）	3 元/小时
			150 元包 100 小时	2 元/小时
			400 元/月	不限时
		2M	200 元包 100 小时	2 元/小时
			600 元/月	不限时

2010 年中国电信股份有限公司昌江分公司宽带 LAN 终端方式接入互联网海南电信优惠资费标准表

表 9-2-2

用户类别	一次性开户费（含调测费）	速率（字节/秒）	网络使用费	
			基本费	超时使用费
甲类用户	500 元	100M 到小区，10M 到用户	25 元包 10 小时	2 元/小时
			100 元/月	不限时
乙类用户	500 元	100M 到大厦，10M 到用户	150 元包 100 小时	2 元/小时
			500 元/月	不限时

第三节 固定电话

一、市内电话

1993年2月28日，程控电话正式在昌江开通使用，电话号码由5位升6位，并进入全国自动交换网，实现国际国内长途直拨。1994年1月20日，昌江首次开通磁卡电话，磁卡每张分别为20元、50元、100元。1995年，电话放号1002部，超额完成省局下达的年度放号计划。市内电话年末到达户数为2060户，比上年增加854户，增长70.81%。1996年，全年装、移机及时率达95%，修复障碍及时率达85%。市内电话用户年末达2515户，比上年增加455户，增长22.08%，市话普及率为5.56部／百人。全县电话普及率为2.43部／百人。比上年提高了0.8个百分点。

1997年，电话放号1030部，超额完成省局下达的年度放号600部的计划。市内电话达到3244部，比上年增加729户增长28.98%。同年8月，全县本地电话网全部建成，城乡电话号码统一升为7位，长途区号从过去的80多个简化为9个。1998年，邮电分营。放号完成省下达计划的188.1%，居全省第一。电话障碍修复及时率达95%以上。市话电话用户期末4475户，比上年增加1960户，增长43.8%，市话普及率9.58部／百人。全县电话普及率3.25部／百人。固定电话通话次数2290万次，户平均次数6093次。1999年，完成电话放号2548部，完成年计划的135.3%，比上年增加2倍，其中市话放号1872部，完成年计划的132.7%。大力发展IC卡电话，在县城的繁华地段及公共场所安装IC卡电话35部、销售300卡、IC卡。年底，装移机及时率达98%，机线故障排除及时率达98%。

2000年，市话安装7686户，公用电话719部，其中磁卡公用电话4部，IC卡公用电话25部。2001年5月，海南省电话号码升至8位，昌江在原电话号码前加“2”。全省统一使用新海口本地网国内长途区号“0898”，各种特服务号码保持不变。同年，市话实装电话15004户。至2007年，全县有固定电话用户4145户，“小灵通”用户4157户，总收入287.42万元。

2010年12月，全县城市电话用户数2.1万户（仅固话和小灵通），比上年下降2.5%。电话普及率37.73部/百人，比1990年增长了187.7倍。市话实装电话5652户，全县公用电话1029部，其中磁卡公用电话4部，IC卡公用电话25部。中国联通昌江分公司固定电话（含网通）数502户。

除市内电话业务外，有急用电话业务匪警110、火警119、交通事故报警122、医院急救 120。还有电信业务电话故障申报台 112、电话号码查询台 114、电话资费查询台 170、自动系统 168、用户投诉台 180。

二、农村电话

1993 年开始，实施“乡乡通程控电话”工程，农村电话实装 311 门，分别比建省前的 1987 年增长 50.04% 和 82.94%。1995 年年末，农村电话到达户数为 417 户，比上年增加 148 户，增长 55.02%；长途电话全年累计达 104.9 万次。1996 年，农村电话达 491 户，比上年增加 74 户，增长 17.75%，农话普及率为 0.3 部 / 百人。1997 年，农村电话达到 813 户，比上年增加 322 户，增长 65.58%。1998 年，农话达 1092 户，比上年增加 601 部，增长 55.04%，农话普及率 0.68 部 / 百人。农话通话次数 297 万次，户平均次数 3236 次。1999 年，农话放号 712 部，完成年计划的 142.3%。12 月，全县实现乡乡通程控电话。2000 年，农村实装电话 1960 户。2001 年，农村实装电话 7371 户。2002 年，农村实装电话 11418 户。2004 年，实施“行政村村村通电话”工程等一系列重大农村通信建设项目，农村通信发生较大变化。2007 年 10 月，全县所有行政村开通电话。2008 年，推进自然村通电话工程。2010 年，年末农村有固定电话用户 1.8 万户。

截至 2010 年年末，全县固定电话用户数 21.5 万户，电话普及率 37.73 部 / 百人，比 1990 年分别增长了 312.5 倍和 187.7 倍。

三、长途电话

20 世纪 90 年前，县内至郊区的通话还必须依靠长途人工接续，通信能力十分薄弱。1990 年 3 月，昌江县邮电局正式开办国际长途直拨电话新业务。1991 年 8 月，经国家邮电部批准，县邮电局全部进入全国长途自动电话网。1995 年，长途电话全年累计达 104.9 万次。1997 年，长途电话达 164.79 万次，比上年增长 21.75%。2000 年，长途电话业务总量 640.5 万元。

四、传真

20 世纪 90 年代初，开始收发用户传真电报。1992 年，县邮电局设有报房安装国产真迹传真机 1 部，开办传真业务。1995 年，收发国内公众传真达 1271 份，比上年增长 386.97%。1997 年，公众传真 3180 份，比上年增长 24.02%。2001 年，收发国内传真 1861 份。随着公共传真机、互联网逐步普及，电信部门传真业务量逐年下降。2007 年，收发国内传真 252 份。2009 年后，停止传真业务。

第四节 移动电话

1993 年，昌江邮电开通第一代移动蜂窝电话（俗称大哥大），由于基站少、技术低、价格高，导致消费人群少。1994 年 12 月，昌江通过海口与全国联网成功，实现自动漫游。中国电信采用融合拉动模式，依靠其庞大的宽带客户群，移动业务取得了发展。1995 年，移动电话年末达 47 户。1996 年，移动电话 161 户，比上年增加 114 户，增长 242.55%。1997 年，移动电话年末达 374 户，比上年增长 13.32%。1998 年 1 月，模拟移动电话基站在石碌开通，移动电话 985 户，比上年增加 824 户，增长 511.8%。随着现代化通信技术手段组成的完整公共信息通信网络发展体系，2001 年，移动电话完全代替了“大哥大”，第一代移动蜂窝电话“大哥大”结束运营。

2002 年后，移动电话普及率逐年增加。2005 年，中国移动海南昌江分公司移动用达 22077 户。2009 年，持续扩大客户规模，提升客户在网黏性，通过开展“预存 话费送礼品”“预存话费送话费”“入网有礼”“普及购机人网送礼”“购机送话费送礼 品”“一对一”的新业务电话营销和“办理新业务送话费礼包”等营销活动，有效提升新老客户在网黏性。积极开拓新增集团市场和做好存量集团市场，推进数据信息业务发展，开展“便捷服务满意 100”活动，促进服务质量提升。

2010 年，中国电信股份公司昌江分公司、中国移动海南昌江分公司、中国联通昌江分公司在政策范围内，推出各种各样方式服务顾客。中国电信股份公司昌江分公司以行业应用 + 总机服务 + 商务领航融合套餐吸引客户，借助总机服务团购政策、商务领航预存送机等政策实现规模发展和利用联合代理商发展手机用户，并与固话捆绑办理融合套餐。年底，中国电信股份公司昌江分公司新增 CDMA 移动用户 36800 户。中国联通昌江分公司用户从 1999 年用户 5783 户，扩大到 12989 户，年运营收入由 514 万元增加到 1211 万元。中国移动海南公司昌江分公司拥有移动电话数 85433 户。

1999—2010 年中国移动海南昌江公司移动电话数表

表 9-2-3

年度	1999	2000	2001	2002	2003	2004	2005	2006	2007	2008	2009	2010
户数	0.2801	0.4604	0.8044	1.1251	1.2829	1.6235	2.2077	2.4407	3.6474	5.355	7.0984	8.5433

第五节 无线寻呼

1992年，昌江邮电局无线寻呼（BB机）有140部。1993年9月，开通全省范围无线寻呼系统，即跟踪寻呼、异地寻呼业务。年底，用户发展到2000多户。1995年，无线寻呼年末有3503户，比上年增长52.30%。1996年，昌江邮电局无线寻呼用户达到4756户，比上年增加1253户，增长35.77%。1997年，无线寻呼年末达7257户，比上年增加2501户，增长52.58%。1998年，无线寻呼机发展到8885户，比上年增加2100户，增长23.64%。此后，受移动电话等冲击，市场逐渐萧条。2005年，停止运营并完全关闭。

第六节 无线电管理

1990年11月2日，昌江县无线电管理委员会成立，办公室设在县邮政局。无线电管理委员会宣传贯彻《中华人民共和国无线电管理条例》，根据省无线电管理办公室分配的权限，开展昌江县无线电普查登记，无线电频率、呼号监听和检测，查禁大功率无绳电话，进行无线电台执照的核发、换发及设立的审核工作，对所管辖区域内无线电台的设备销售市场进行管理。随后，在机构改革中和工作不断调整，昌江县无线电管理委员会成员不断调整变换。1994年12月，根据省政府办公厅文件精神，昌江县无线电管理办公室改名为海南省无线电管理办公室昌江管理处，挂靠昌江邮电局，受省无线电管理办公室及昌江邮电局双重管理。挂靠昌江邮电局后，单位工作职责不变，工作人员1人。

2001年，机构改革，政企分离，海南省无线电管理办公室昌江管理处并入海南省无线电管理办公室儋州管理处，人员编制属于海南省无线电管理办公室。儋州管理处管辖儋州市、东方市、昌江黎族自治县、白沙黎族自治县、洋浦经济开发区。

2006年后，儋州监督管理工作站在无线电干扰查处工作中，共侦破一批无线电干扰案件，其中涉及昌江县较有影响的案件有海南西部上空民航通信受干扰1起，海南钢铁有限公司有线电视受干扰1起。2010年，对无线电设备销售市场进行管理，开展执法检查38次，查处非法销售及设立通信终案2起，电视受干扰4起。

第七节 经济效益

20世纪90年代，中国电信昌江分公司，不断加强企业内部管理，实行绩效考核机制，严格控制成本费用支出，引进先进的通信设备，逐年建设和扩建改造通信传输线路，业务总量和业务收入逐年递增。20世纪90年代后期，相继成立中国移动昌江分公司、中国联通昌江分公司。1992年，电信总量为153.5万元，全员劳动生产率人均为1.46万元／人，固定资产原值674.28万元。1996年，全年电信业务总量达870.21万元，比上年增长48.41%。1998年，全年电信业务总量达1690万元，比上年增长14.13%。2000年，全年电信业务收入1537.2万元，比上年增加7.3%。2003年，全年电信业务总量达1565.6万元，比上年增长23.6%。2005年，全年电信业务收入2452万元，比上年增加3.8%，企业全员劳动生产率实现36.18万元/人。2010年，全县电信业务总量1565.6万元，全年电信业务收入2385万元。中国联通昌江分公司业务收入908万元。全县中国移动昌江分公司业务收入8473万元。

1992—2010年中国电信昌江分公司部分年度业务收入一览表

表9-2-4　　单位：万元

年度	业务收入	年度	业务收入	年度	业务收入	年度	业务收入	年度	业务收入
1992	153.5	1997	1081	2000	1537	2003	2385	2006	2565
1995	647.5	1998	1410	2001	1566	2004	2412	2008	2634
1996	870.2	1999	1537	2002	2286	2005	2452	2010	2385

1999—2010年中国移动昌江公司营业额一览表

表9-2-5　　单位：万元

年度	1999	2000	2001	2002	2003	2004	2005	2006	2007	2008	2009	2010
金额	8844	9923	11267	11528	11453	11890	22538	22869	33732	55613	77228	88473

第八节 通信企业

一、中国电信股份有限公司昌江分公司

1991年，昌江县邮电局设有电信股、7个电信班。1997年9月27日，邮电分营，成立昌江县电信局，设1个通信公司、6个电信支局（所）。2002年，全局职工26人，

设职能管理机构3部1室，职能管理干部17人，下辖生产中心7个，社会代办点12个。2007年，设职能管理机构3部1室，职能管理干部16人，下辖生产中心8个，员工56人。公司固定资产原值20000万元，比上年同期增长58.78%。2009年，中国电信昌江分公司改称为中国电信股份有限公司昌江分公司。设职能管理机构2部1室，职能管理干部15人，下辖生产中心6个，有员工56人。

2010年，中国电信股份有限公司昌江分公司下设4个部室、4个支局，有员工90多人，其中正式员工61人。有企业自营服务网点39个、代办网点43个。全县各支局（所）电信业务委托邮政局代办业务18处。公司固定资产原值25000万元，比上年同期增加3000万元，增长15%。

二、中国移动昌江公司

1999年7月，海南省移动通信公司昌江分公司从昌江县电信局剥离成立，属中国移动海南公司的属下分支机构。成立时，不设内部机构，仅有负责人1名、兼职客户经理1名、业务主管1名、稽核员1名、营业员3名，租赁昌江东风路电信营业厅的BB机维修室作为办公地点。11月12日，更名为“海南移动通信有限责任公司昌江分公司”。2000年，办公地址迁至人民北路工商银行北侧的一栋3层民房内，租赁其第一层设为营业厅，第二层设为办公室。2006年10月，更名为“中国移动通信集团海南有限公司昌江分公司”。2008年，正式设立2部3中心，即综合部、市场经营部、重点客户中心、合作渠道管理中心、营业中心。2010年年末，内设机构不变，拥有员工36人，其中本科学历16人，大专学历20人。

三、中国联通昌江分公司

1999—2002年，隶属中国联通海南分公司儋州市场营销部，昌江区域配片区业务经理1名。2004年，成立儋州分公司昌江办事处，有员工4名。租赁昌江县人民北路103—105号作为办公地点。在十月田镇、乌烈镇、海尾镇、霸王岭林业局等地区开设专营店。同年，成立中国联通昌江分公司，设立综合部、市场部、集团客户部等部门，有员工6名。2006年12月，昌江县人民北路221号自有营业厅开张营业，员工13名。2007年7月，昌江分公司搬迁至昌江县人民北路221号二楼、三楼办公，员工20人。2010年，内设机有综合部、市场部、集团客户部、网络部，有代办点8个，有员工25人。

第十编　城乡建设·建筑业

第一章　县城规划与建设

第一节　机　构

县住房与城乡建设局是昌江县城乡建设的行政主管单位。1991 年前为基建局、建委、建设与国土环境资源局。2005 年 9 月，县住建局与国土环境资源局分设，县住建局下辖县建设安全质量监督站、设计室、环境卫生清洁管理站、园林绿化站、城市监察大队 5 个事业单位。2009 年 9 月，县住建局更名为县住房和城乡建设局。

县房产管理机构 1995 年 11 月以前称县体制改革办公室。12 月成立住房制度改革办公室。2005 年 3 月以前，县房产管理工作由县建设局的房产管理所执行。8 月 2 日，县房产管理局正式成立。

第二节　县城规划与管理

1991 年起，城乡规划建设落实阳光规划，强化规划效能监察。制定、完善《城乡规划管理规范流程》，坚持做到“五个一”（即规划一张图、审批一支笔、建设一盘棋、管理一个法、办证一条龙），严格把好“五个关”（即把好规划选址定点关、设计方案审批关、放样验线关、项目竣工验收关）。加快各类规划的编制和完善。

县城规划建设　县城总体规划思路是“一个中心，三个组团、一轴两翼、南连北扩”。1991—2000 年，编制完成县城总体规划、太坡中心街景规划、昌江花园小区详细规划等。 1993 年，县政府委托辽宁省城乡规划设计院编制《石碌镇总体规划》，规划近期到 2000 年，规划远期到 2010 年。规划控制面积 10 平方千米。东起石碌水库，西到水头村，南靠石碌岭，北接太坡胶林。人口10万人。1994年，县政府批准实施。1995年完成人民北路西侧建筑物的改造规划。1996年完成东风路改造工程规划。2001年，县政府委托海南城市规划设计研究所修编石碌镇总体规划，规划近期至2008年，远期至2020年，人口10万人，控制面积15平方千米。2002年完成昌江花园小区详细规划，总的规划面积为20公顷。2003年完成太坡中心街区街景规划，总规划面积为13.3公顷。同年，县政府把叉河工业区并入县城总体规划范围内进行编制，委托海南城市规划设计研究所编制县城——叉河总体规划，其中县城规划面积15平方千米，叉河工业区规划面积15.4平方千米。2005年9月经省政府批准实施石碌总体规划，规划总面积19.06平方千米，规划期至2020年。城市定位为发展地方资源型加工业为主的工业城市。编制了《2007—2010年昌江黎族自治县住房建设规划》。2004年，县委、县政府对1994年版《昌江黎族自治县城市总体规划》进行修编，完成新的总体规划《昌江黎族自治县城市总体规划（2005—2020年）》。确定石碌镇城市性质为县政治、经济、文化中心，海南省西部工业走廊，以发展地方资源加工为主的工业城市。规划近期2005年到2010年，城市用地规模为12.48平方千米。规划远期2011年到2020年，城市用地规模为19.06平方千米。城市发展方向依托现有建成区，主要沿昌江大道向北发展居住生活地，向西靠叉河镇附近集中发展工业区，城市发展布局呈"一个中心，三个组团"（一个中心为石碌中心城区，三个组团为太坡综合组团、叉河工业组团、国投工业组团）。规划区范围内，近期城市建设重点突出抓好工业建设，加强叉河工业区基础设施建设，逐步配套完善工业区设施，打好工业发展的基础；以开发昌江花园小区、县政府搬迁和火车客运站、长途汽车站的建设为重点，搞好太坡组团新区建设；抓好中心城区改造和环境整治，完善建成区的市政基础设施和公用设施，充分利用建成区中未利用的土地，按规划调整建成区用地布局结构，提升环境质量和功能。

2008年年初，启动县城西片区控规编制工作。2010年，启动《昌江黎族自治县城乡总体规划（2010—2030年）》编制工作。同年共开展规划编制项目8项：编制昌江县城市总体规划实施评估报告；编制县城环卫专项规划；编制河南片区控规；编制县城消防专项规划；编制红林河水系景观修建性详细规划；编制保梅河水系景观修建性详细规划；编制石碌干渠水系景观修建性详细规划；编制体育公园修建性详细规划及建筑设计。

县城规划管理 贯彻实施昌江城乡建设总体发展规划，推进"一个中心、三个组团，一轴两翼、南连北扩"战略，即昌江中心城区（规划建设面积为10平方千米）是太坡综合组团、叉河综合组团和国投工业组团（规划建设面积分别为6.1平方千米、6平方千米、3平方千米）贯通整个县城的昌江大道—人民北路—人民南路为主中心轴，以环城东路和环城西路为两翼，拉大城市框架，拓展城市发展空间。城区建设实现南与海钢公司居住区连接，北向太坡扩展。严格规划审批和管理。对各类建设项目的审批，坚持“一书两证”制度，对符合总体规划的13个建设项目，全部核发“一书两证”，发证率达到100%。凡审批的新建项目，都做到了多个方案参评，优中选优。在规划执行上，坚持现场选址定位、现场审查立面效果、现场跟踪检查落实，严格执行各项规划控制指标，做到“一部规划管到底，一张蓝图建到底”。2008年，共办理建设用地规划许可证84份，规划用地面积129.5万平方米；办理建设工程许可证14份，建筑面积2.4万平方米。抓规划批后监督管理工作。严把“放线、验线、复线”三线关，把建设规划许可的内容落到实处，严格按照建设工程许可事项，把好规划专项验收关。

第三节 县城建设

1993年，县编制了县城总体规划《石碌镇总体规划》并于1994年批准实施。规划控制面积10平方千米。东起石碌水库，西到水头村，南靠石碌岭，北接太坡胶林。1995年完成人民北路道路工程建设，1996年完成东风路改造工程。

一、市政建设

1991年后，县城房屋建筑由土木结构逐渐向砖混、框架结构发展。外墙装饰由石灰砂浆抹面向批荡外墙涂料、贴瓷片墙等式样发展。门窗由木门窗发展为铁窗、钢窗、铝合金窗，住户安装防盗门。建筑造型由四四方方的“豆腐块”“火柴盒”式建筑物发展为经济、实用、美观、新颖的样式多样的建筑群。昌江县建筑发展较具有代表性的大型建筑主要有迎宾馆、县行政办公大楼、南国超市大楼、宣传文化公园活动中心等，其中2004年建县行政办公大楼，位于城区昌江大道右侧，占地约3.33公顷，总建筑面积约30平方千米，总投资3900万元；2008年建文化公园及活动大广场，总投资4106万元，公园面积168.844平方千米，水景面积达3080平方千米；文化公园分文化艺术中心民俗园区、休闲健身景观园区、黎族工艺展示园区，其中设有羽毛球馆、游泳池、网球场、乒乓球室、棋牌中心和各种体育设施，园区内还有精致的园林艺术景观及民俗雕塑。2007年投入资金578万元，完成了行政中心广场铺砖、水池、国旗台、生态停车场及水电安装工程。2008年，加快以城市道路为主的基础设施建设。县政府累计投入城市市政资金2780万元，先后完成西线高速公路昌江出口转盘照明亮化工程、建设西路摊沥青路面工程、建设西路等三条人行道改造工程。加快城市亮化建设步伐。累计投入资金

320万元，新建高速公路太坡出口路路灯110杆、环城西路路灯210杆、建设西路路灯34杆。加强对城市基础设施的维修工作，投入30多万元，维修城区路面1500多平方米，修补花池400多平方米，维修城区交通护栏2.5千米。2009年，城市建设总投入31865万元，对昌江沿街建筑实施立面改造，其中，投资1000万元进行东风路立面改造1.3平方千米；投资1300万元进行人民北路立面改造3.3平方千米。文化公园总投资4106万元，公园面积10148平方米，投资415万元，完成了东风路地埋灯400盏、射灯100盏的改造工程；投入175万元，新建43条生活区道路路灯143盏。

2010年，投资1320.3万元建设城市客厅（县行政办公楼前），总面积58.143平方千米（其中：铺砖40000平方千米、水体630平方千米、绿化44780平方千米）。县生活垃圾处理场（一期）累计完成投资3563万元，9月20日投入运营；投入97万元完成了县城12个公共候车亭建设；投入350万元完成了东风路延伸段人行道、绿化、照明等附属工程。

二、道路桥梁建设

（一）道路

1992年投入资金10万元改造人民北路十字路口路面和挡墙，1993年投资30万元改建500多米永昌路、人民北路五巷2条街巷。1995年5月，投入1700万元改造长2.5千米人民北路，路面宽40米，同时配套500米长水沟，路灯162杆及绿化。1996年，投入650万元，改建500米长的东风路，路面宽度40米，配套72杆路灯，人行道铺设彩色地板砖。1996—2000年先后建设和改造东风路、惠民路、吉宁路、海虹路、水果街、老干路。1997年，投入279.3万元实施县城“123”工程建设和扩建，即改造300米长建设路，路面宽度40米，新建惠民路390米长，路面宽度14米；300米长吉宁路，路面14米；220米海虹路，路面宽度12米，搬迁石碌镇儋州社区内小山包，同时配套绿化和路灯。

1998年，投入1339.7万元建设生态街，改造长共880米宽60米的永昌路和生态街，三条主绿化带并设置了绿化小区。2000年，投入50万元建设老干路和人民北路路面维修，建设长265米宽7米的老干路，完善单边水沟265米长；维修人民北路面6400平方米。1991—2000年，新建、改建街道12条，全长6570米，面积169169万平方米，总投资4049多万元。同时配套亮丽、绿化工程。2001年，投入160多万元铺垫人民北路沥青路面。年底，总长3.7千米的昌江大道竣工通车，控制红线100米，同时配套路灯、绿化。2003—2007年，城市市政总投资5798万元，改造城市道路12780多米，先后完成了环城东路、行政（三条）路、建设西路、永昌路、恒安路、石碌大桥北至零千米地段道路建设工程。具体情况：2003年投资83万元，改造800米长万福路，路幅宽14米，机动车道7米。2004年，投资60万元维修350米长路幅宽14米的人民南路；投入26.21万元改造长173.7米宽7米的恒安路；投入39.86万元改造长度500米的永昌路。2005年，修建环城东路，长5.5千米，投资2395万元。通车后，成为县城东片的主干道，与环城西路构成石碌城区道路的"两翼"，拉大城市框架，成倍拓展城市空间，缓解城区交通拥挤状况。建设总长1320米，投资330万的行政路。2006年，投资45万元修建长318.6米的永昌路；投资31万元修建长173.7米的恒安路；投资426万元修建长3200米的建设西路。

2007年，人民北路投入资金130万元摊铺沥青路面改造工程，摊铺沥青混凝土路面，总长2.46千米，面积40590平方米；海钢扩建道路约2800米，投入资金1080万元，路幅宽12米，道路面积33600平方米；县城区11条生活区道路改造工程，总投入资金203.08万元，总长1977.2米，面积1.9227万平方米，其中包括人民北路三巷路、桥南路、永昌南巷、保梅路、生态街一横路、金农路及两条横路、民中路、民中横路、儋州街路、景观路、广场路。同年，投入资金36万元，完成了东风路74杆路灯改造工程；投入资金60万元，新建环城东路二期路灯100杆；投入资金65万元，对人民北路、东风路中心护栏进行改造，全长3160米；年底县城道路总面积90万平方米，人均拥有道路面积11.58平方米。县城主要干道及部分生活区道路均配套了绿化、亮化工程，城市品位逐年提升。

2008年，共投资2780万元，新建道路总长4.2千米，面积13.86万平方米。环城西路市政工程4200米，投入资金2398万元，路幅宽33米，道路面积138600平方米。投资74万元为建设西路摊沥青路面、建设西路等三条人行道改造工程。建设西路、东风路、昌盛路人行道改造工程，县城道路总面积90万平方米，人均拥有道路面积11.85平方米，全县路灯杆数达2325杆3500盏。县城主要干道及部分生活区道路均配套了绿化、亮化工程，城市功能日趋完善。2009年，人民北路改造工程总投资6666万元，起点为保梅河桥，终点为石碌河桥，全长3.24千米，宽50~40米，该路改造内容为道路路面统一加铺沥青，人行道铺彩色花岗岩并加设盲道，增加路缘石；机动车道道路双侧布置雨污水管、路灯并预留给水、电信、电力电缆、燃气管道等，其中，生态街段加设机动车与非机动车绿化隔离；昌江大道道路改造工程总投资11136万元，起点为西线高速出口，终点为保梅河桥，全长8978.905米，设置绿化带、人行道、非机动车道、分隔绿化带、机动车道，中央分隔绿化带对称两边设计，两侧布置DN400~1000钢筋混凝土雨水管7962米,DN300~800钢筋砼污水管6866米，倒虹吸过河管54米。照明工程：160千伏安箱式变电站 2 台，14 米双臂路灯 122 盏，15 米高杆路灯 46 盏。并预留电线电 缆、电信、燃气管道；东风路道路改造工程总投资 1628 万元，全长 1.3 千米，宽 30 米，在 1.04 千米水泥路面上加铺 10 厘米沥青，按 7 米宽人行道设计，人行道铺彩色花岗岩 并加设盲道，增加路缘石，道路北侧安雨水管道，预留电力、燃气管道，南侧安污水管道，预留给水、电信管道，单边布置，路灯现状不变。东风路延伸段道路工程投资 208 万元，加上建挡土墙 24 万元，共 232 万元，长 300 米，路幅宽 30 米，面积 9000 平方米；石碌县城区 43 条生活区道路改造工程总投资 554 万元，总长 5.5 千米，总面积 26784.5 平方米；东海河桥（民贸小桥）及中心市场挡土墙加固工程投资 672 万元，跨度 20 米，宽 38 米，面积 760 平方米。全年新增改造城市道路 5820 多米，先后完成了人民北路、昌江大道、东风路 3 条主干道 改造以及东风路延伸段、43 条生活区道路改 造等道路建设工程。年底县城道路总面积 90 万平方米，人均拥有道路面积 11.68 平方米，全县路灯杆数达 2425 杆 3600 盏。

2010 年，有人民北路、生态街、东风路、昌江大道、环城东路、建设路、景观路、广场路等城市主次干道，配套设施完善，其中人民路路宽 40 米，道路总长 2347 米，道路总面积 93880 平方米；生态街路宽 50 米，道路总长 878 米，道路总面积 43900 平方米；东风路路宽 30 米，道路总长 1287 米，道路总面积 38610 平方米；昌江大道路宽 69 米，道路总长 3700 米，道路总面积 255300 平方米；环城东路路宽 33 米，道路总长 5500 米，道路总面积 181500 平方米；建设路路宽 9.5 米，道路总长 3200 米，道路总面积 30400 平方米；景观路路宽 8 米，道路总长 520 米，道路总面积 4160 平方米；广场路路宽 8 米，道路总长 480 米，道路总面积 3840 平方米。改造城市道路 23.80 千米，完成了人民北路、昌江大道、东风路三条主干道改造；改扩环城东路道路改造工程；完成东风路延伸段附属工程建设。2010 年年底县城道路总面积达到 218.38 万平方米，人均城市道路面积 26.41 平方米，全县路灯杆数达 2435 杆 3620 盏。投入 6600 万元，启动了环城东路道路改造工程。

（二）桥梁

1991—2010 年县城主要桥梁建设为保梅桥、保梅水利桥、太坡桥、太坡铁路桥、环城西路跨渠小桥、环城西路荔园中桥、红林河北桥、环城东路小桥、环城东路跨渠桥、环城东路中桥等桥梁。

2006 年 5 月维修人民大桥至零千米路面，道路建于 20 世纪 70 年代末，投入 60.2 万元，长度 521 米，路宽 10 米，7 月竣工。

2010年县城主干道、次干道一览表

表10–1–1

序号	道路名称	改建、建成时间（年）	道路总长（米）	道路总宽（米）	道路总面积（平方米）	备注
1	人民北路	1996	2347	40	93900	主干道3225米（保梅河桥至石碌河）
2	生态街	1996	878	50	43900	
3	东风路	1996	1287	30	38610	主干道
4	昌江大道	2001	3200	69	220800	主干道
5	环城东路	2006	5500	33		
6	建设路（含东西）	2006	3200	9.5	30400	
7	行政三条路（红棉东路373.54，行政路B段672，芒果东路270，共1315.54米）	2006	373.54	24	8965	支路
8	环城西路	2007月2	4200	33	138600	
9	景观路	2007月11	520	8	4160	次干道
10	广场路	2007月11	480	8	3840	次干道

2010年县城巷道一览表

表10–1–2

序号	道路名称	改建、建成时间	道路总长（米）	道路总宽（米）	道路总面积（平方米）
1	惠民路	1997	413	10	4130
2	海虹路	1997	730	8	5840
3	吉宁路	1997	280	10	2800
4	爱群路	1998	288	8	2304
5	爱民路	1998	230	8	1840
6	万福路	2004	800	14	11200
7	恒安路	2006	173.7	7	1216
8	永昌路	2006	260	11	2860
9	保梅路	2007	187.6	7	1313
10	人民北路三巷路	2007	112	3.5	392
11	桥南路	2007	96.6	3.5	338
12	永昌南路	2007	270	3.5	945

表 10–1–2 续 1

序号	道路名称	改建、建成时间	道路总长（米）	道路总宽（米）	道路总面积（平方米）
13	生态街一横路	2007	260	12	3120
14	金农路及两条横路	2007	500	12	6000
15	民中横路	2007	127	3.5	445
16	儋州街路	2007	284	3.5	994
17	民中路	2007	140	12	1680
18	惠民南路一巷	2009	79	3.5	276.5
19	惠民南路二巷	2009	79	4	316
20	人民北路二巷	2009	160	5	800
21	永昌路北巷	2009	120	5	600
22	人民南路西巷	2009	111	6	666
23	人民南路东三巷	2009	43	4.5	193.5
24	人民南路东二巷	2009	72	4.5	324
25	人民南路东一巷	2009	72	4.5	324
26	海盛路北一巷	2009	90	5	450
27	农机一路	2009	212	6.5	1378
28	农机二路	2009	168	4	672
29	农机三路	2009	201	7	1407
30	恒安路一巷	2009	85	3.5	297.5
31	恒安路二巷	2009	120	3.5	420
32	恒安路三巷	2009	110	3.5	385
33	恒安路四巷	2009	80	3.5	280
34	恒安路五巷	2009	220	3.5	770
35	生态街一横路一巷	2009	204	5	1020
36	生态街一横路二巷	2009	204	5	1020
37	生态街四横路	2009	110	5	550
38	为民路	2009	305	7	2135
39	为民路东一巷	2009	133	5	665
40	为民路东二巷	2009	133	5	665
41	为民路东三巷	2009	133	5	665
42	为民路东四巷	2009	133	5	665
43	为民路东五巷	2009	133	5	665

表 10–1–2 续 2

序号	道路名称	改建、建成时间	道路总长（米）	道路总宽（米）	道路总面积（平方米）
44	为民路西一巷	2009	130	5	650
45	为民路西二巷	2009	90	5	450
46	为民路西三巷	2009	90	5	450
47	为民路西四巷	2009	90	5	450
48	为民路西五巷	2009	90	5	450
49	老干路北巷	2009	152	5	760
50	金农路三横路	2009	250	6	1500
51	生态街财政宿舍小巷路灯工程	2009	120		0
52	人民北十巷二路	2009	74	5	370
53	人民北十巷三路	2009	74	5	370
54	人民北十巷四路	2009	148	5	740
55	卫生局生活区小巷	2009	80	4	320
56	人民北十巷一路	2009	74	5	370
57	人民北四巷	2009	170	6	1020
58	永昌路南一巷	2009	120	6	720
59	永昌路南二巷	2009	170	4	680
60	人民北四巷	2009	170	6	1020

2010 年县城桥梁一览表

表 10–1–3

序号	桥梁名称	地点	桥梁类型	跨数 / 桥长（个 / 米）	桥宽（米）	改建、建成年份
1	石碌大桥	人民北路	石拱桥	6/180	14	1981
2	民贸小桥	人民北路（民贸大楼）	预应力梁桥	1/10	32	1980
3	保梅桥	昌江大道	预应力梁桥	1/12	32	2002
4	保梅水利桥	武装部	预安箱梁桥	1/13		2002
5	太坡桥	昌江大道	预应力梁桥	1/20	32	2002
6	太坡铁路桥	太坡	预应力梁桥	1/16	32	1996
7	铁矿大桥	海钢路	石拱桥	30/163.5	14	1981
8	东区小桥		石拱桥	10/21.2		1982

表 10-1-3 续 1

序号	桥梁名称	地点	桥梁类型	跨数 / 桥长（个 / 米）	桥宽（米）	改建、建成年份
9	石灰沟公路新桥		石拱桥	13/31		1980
10	环西跨渠小桥	环城西路		1/28	33	2007
11	环西荔园中桥	环城西路		1/32	33	2007
12	红林中心桥		拱桥	1/20		1978
13	红林河北桥	环城东路	预应力空心板	1/13		2004
14	环城东小桥	环城东路	空心板	1/8		2004
15	环城跨渠桥	环城东路	空心板	1/10	53	2005
16	环城中桥	环城东路	预应力空心板	1/20	53	2005

三、园林绿化

1991 年起，政府陆续投入资金进行城市绿化。1995 年，绿化建设人民北路，栽植大叶榕 700 棵。1996 年，绿化建设东风路，栽植印度紫檀 370 多棵。 1997 年，县委为推墙建绿，在县委大院建造小游园，同时发动全县各单位开展家庭院绿化和居住区绿化活动，先后建成了园林式的绿化单位有昌江中学、县政府生活区、办公区。同年，实施绿化“123”工程，种植树木：建设路 200 棵，惠民路 300 多棵，吉宁路 150 棵，海虹路 100 多棵。1998 年，绿化生态街，栽植椰子树 400 多棵，大王棕 140 多棵，大叶榕 100 多棵，投入 34 万多元配套花卉植被和喷池及雕像。1999 年，红林农场在场部办公楼建造 2400 平方米绿化广场。同年对人民北路花池绿化进行改造，提高了道路绿化品位。 2000 年，绿化街道 7 条，栽植树木 2400 条棵。2000—2001 年，海钢公司在老干村改造 7000 平方米长寿园，美化环境。2003 年，投入资金 500 万元启动保梅公园建设工程。2005 年，投入资金 80 万元完成了环城东路一期绿化建设工程。海钢公司自筹资金建设了万寿园，面积达 1000 多平方米。2007 年，投入资金 97 万元，完成了环城东路二期道路 2.5 千米中心绿化带及两侧绿化带工程。全县绿化覆盖面积达 312 公顷，其中建成区 273 公顷，建成绿化覆盖 30.57%。全县有公园 3 个，面积 32 公顷。2008 年加快城市绿化建设。共投入城市绿化建设资金 250 余万元，完成了环城西路 4.2 千米中心绿化带及道路外侧绿化带建设。年底，建成石碌城区绿化覆盖面积达到 435 公顷，比上年增加 123 公顷，增长 38.3%。建成石碌城区公园绿地面积 62 公顷，比上年增加 30 公顷，石碌城区人均公园绿地面积 8.74 公顷，公园面积 37.80 公顷。2009 年，建设滨河公园包括园林绿化工程和景观附属工程，总陆地面积 23.5 公顷，其中园林绿地面积 17.62 公顷，园林内设有休闲广场、各类仿古建筑物及景观等占地面积5.95公顷；景观附属工程用地面积26.78公顷。昌江大道的绿化改造投入为1219万元，绿化面积182000平方米。年底，昌江县建成区绿化覆盖面积达到466.45公顷，建成区绿化覆盖37.80%;建成区公园绿地面积56.32公顷。2010年，城市绿化做到配套进行。县园林绿化站，负责县城绿化苗木养护工作，县制定阶段性绿化规划，推动“绿色图章”和绿线管理进程并围绕全省建设“绿化宝岛”的发展定位，依天然地势和人口疏密划定城区绿化面积，大搞城市绿化美化。抓道路绿化建设增加城市绿化面积。绿化作业人员达125名，县城主次干道总长109.19千米，绿化普及率达92%。园林绿化面积不断扩大，年底，全县建成区绿化覆盖面积495.46公顷，建成区绿化覆盖率40.15%，人均公园绿地面积6.81平方米，建成区绿地面积405.99公顷，建成区绿地率32.9%，公园绿地面积56.32公顷。获得了“省级园林城市”称号。

四、石碌河整治工程

2009年启动石碌河县城段综合整治工程。工程属城市防洪工程。集防洪、休闲、娱乐三大功能为一体，由防洪工程和滨河公园工程组成，工程概算总投资1.9亿元。面积551100平方米(102.67公顷，其中陆地面积55.11公顷，水面面积47.56公顷），由济南市黄河工程局承建。第一期工程主要是水利工程，第二期工程主要是市政工程。2009年2月27日开工第一期工程，由防洪工程和滨河公园工程组成，工程概算总投资1.9亿元。面积551100平方米(102.67公顷，其中陆地面积55.11公顷，水面面积47.56公顷），由济南市黄河工程局承建。防洪工程有景观水库二座坝和护岸工程组成：为景观水库分三段分别是铁矿大桥—水泵房（观赏生态自然）、铁矿大桥—石碌人民桥间（高级休闲地带）、石碌人民桥—铜厂（水上乐园）。一级坝为橡胶坝袋高4.1米，总库容214万立方米，水库水面面积37.27万平方米。二级坝为重力坝，最大坝高5.1米，总库容138.7万立方米，水面面积10.29万平方米。滨河公园包括园林绿化工程和景观附属工程，总陆地面积23.5公顷（其中园林绿地面积17.62公顷，园林内设有休闲广场、各类防古建筑物及景观等占地面积5.95公顷），景观附属工程用地面积26.78公顷。铺设滨河路全长7千米，其中北岸滨河路长4千米，南岸长3千米，道路最宽15米，最窄10米。

五、供气

县物资总公司下属的天然气贮配厂负责县城的天然气供应工作，坚持“保证供应、方便用户、服务生产、确保安全”的宗旨。1991年—1995年11月，天然气主要由供应站供气。1995年11月14日由县物资总公司投资300万元建设的贮气容量110立方米的天然气贮配厂开始供气。2006年，县天然气贮配厂曾短暂关闭，合作联营恢复生产，同年营业额250万元。2007年，受油气价格走高和农村使用沼气的影响，营业额460万元，与上年基本持平。2010年年底，昌江县境内天然气（煤气）供气站有2个，用户51267户，月平均用气量384.5立方米。

六、公共卫生设施

1991年，已成立县卫生清洁管理站，陆续招入人员，队伍不断壮大。到2010年年底，县环境卫生清洁管理站有环卫职工351人，形成了一支作业配套、前后方基本适应的行业队伍。

（一）公共厕所建设 县每年加大对县城公共厕所的建设和管理力度，公共厕所的数量、布局趋向合理。2010年共投入370万元，建成并投入使用11座公厕。公厕运营管理按每座每年5万元经费计算，包括保洁人员工资、设备修补、水、电等费用。按每座公厕配备2名管理人员的原则，共配齐了22名公厕管理人员，公厕管理经费列入财政年度预算，管理人员工资及四项保险费从公厕管理经费中支出。县环境卫生清洁管理站加大对公厕的维护及设施维修的投入和管理，对公厕内设施损坏部件及时维护维修，确保公厕设施的正常运行。

（二）环卫机械 为加强县城环境卫生力度，减轻环卫工人劳动强度，县政府加大对环卫机械的采购。2010年年底，环卫作业车辆9辆，小型拖拉机1辆，清洁手推车70辆，洒水车8辆，路灯作业车3辆，道路洗扫车2辆。

（三）城市垃圾箱 全县对垃圾箱的放置进行合理规划。县财政拨款增设垃圾箱，垃圾箱维修、设置统归县环境卫生清洁管理站负责。由于垃圾箱数量的增加及规范性管理，县城内乱倒垃圾现象大为减少。

（四）垃圾处置设施 县生活垃圾转运项目总投资为2677万元，为全面构建城乡生活垃圾收运体系奠定良好基础。截至2010年上半年，累计完成投资1900万元。城市垃圾做填埋处置，将废弃的河塘、沟渠和坑洼之地作为倾倒垃圾的场地，填平之地，多用于工程建设。往往此处填平，再择它处作为填埋场所。

2009年，县生活垃圾处理场总投资3534.51万元，位于石碌镇水头新村，海榆西线北侧，距城区9.5千米，项目用地9.7公顷，分两期建设，其中第一期工程投资2684.69万元，日处理垃圾100吨（第二期140吨），库容39万立方米，服务年限7年，按国家标准采用卫生填埋处理工艺。项目于3月28日开工，经县政府授权，县城管局与昌江中融衡德有限公司签订了《昌江县生活垃圾综合处理厂项目特许经营权协议》。生活垃圾日处理能力由原来的100吨提高到260吨以上，实现了生活垃圾资源再利用和“变废为宝”的处理目标。

七、城市管理

为创建“国家卫生县城”，改变城市“脏、乱、差”现象，提高城市品位。1991—2010年，县城管局按照“主干道严禁，次干道严控，小街小巷规范”的总体原则，坚持集中整治与日常巡查管理相结合。

（一）市容市貌整治 1991年以来，开展市容整治，改善城区面貌。对出店跨门经营、占道经营、无序摊点和乱搭设遮阳雨篷等违章行为加大查处力度。对第一市场、第二市场、第三市场、红林医院市场、东风路、永昌路、建设路、三小路口等重点区域坚持集中整治。加大城区中小学校周边环境综合治理。会同安监、公安、卫生、教育、各中小学校等部门，对城区学校周边流动摊点、占道经营等行为进行专项整治，维护校园周边环境。

2007年，维护和提升县城的市容环境，加大对户外广告（店招、喷绘、条幅）查处清理力度，对主次干道户外广告进行全面清理整治。对违规设置的陈旧店招（牌）下达限期整改通知，对拒不整改、存在安全隐患的破损广告、店招（牌）进行处罚并予以拆除。

2010年，清除城市“牛皮癣”6000多处达1万平方米。建成64个候车亭广告位发布商业广告和18块“便民广告栏”方便市民张贴小广告，推进城市的精神文明建设。

（二）城镇环境综合整治 2005年5月，开展城市监察队伍整治工作，将不适应执法工作的18名人员进行了分流。2006年，县建设局制定并出台了《城监大队岗位管理责任制考核实施办法》，细化量化考核内容，完善了目标管理责任制。对环卫作业管理模式进行机制创新，将原清扫队9个班分为15个承包责任小组，明确环卫作业考核标准，并实行每月不定时考核机制。

2008年，省政府决定在全省范围内开展“椰岛杯”城镇环境综合整治工作，县采取有效措施，积极推进环境综合整治工作。制定并印发《昌江黎族自治县贯彻落实海南省“椰岛杯”城镇环境综合整治工作实施方案》及《昌江黎族自治县2008年春季城镇环境综合整治工作方案》，建立层层抓落实的工作机制和健全联席会议制度，通过电视、横幅、宣传栏等形式，营造人人参与整治工作的良好氛围。开展卫生死角清理工作。县环境站、县城各居委会、农场先后组织了2次大规模的环境卫生综合清理工作，共清理卫生死角40余处，清理垃圾1000多吨。同时组织专门队伍，抓好建筑工地综合整治工作，指导建筑工地建立和健全环境卫生管理组织和制度，文明施工，安全施工、封闭施工，在建工地、待建工地的环境卫生管理水平有了明显提升。县城监大队按照《城监大队岗位管理责任制考核实施办法》，对各单位、各沿街铺面等进行量化考核，完善目标管理责任制。

2010年，治理损害城区容貌形象的违规行为。按照县政府下发的《关于开展昌江石碌地区道路两侧违法建筑集中整治的通告》要求，采取耐心细致的思想工作和强制拆除相结合的方式对县城主干道两侧200米范围内违法建筑强制拆除、立案查处，共拆除违法建筑88户4550平方米。清理占道或破损户外广告205块、破损遮阳篷85个，依法处罚20930元。与临街业户居民和机关、企事业单位签订98份“门前三包责任书”，对沿街门店“不搞店外经营、占道经营”等14项内容进行了明确约定。

（三）城市保洁 加大城区保洁力度，城区主干道实行每天14小时人工保洁制度。同时，不断提高机扫率，投入146万元购置2辆道路洗扫车对主干道进行洗扫保洁。城区生活垃圾日产日清，生活垃圾无害化处理率达100%。2009年，加强县城市容和环境卫生管理。根据县城街道特点和清扫队伍现状，对东风路和人民北路实行分班分组管理，保持马路、人行道、街道地面清洁卫生。明确环卫作业考核标准，实行每月考核不定时考核机制。生活垃圾做到了日产日清，环境卫生面貌明显改善。2010年，昌江县在全省环境卫生考核评比中，前三季度均位列前三名。全县环卫队伍、设施建设、业务管理都有长足的发展。昌江县荣获“省级卫生城市”称号。

（四）泊车管理 做好车辆静态停放管理工作，在调研的基础上，科学规划停车场（位），充分利用人行道在东风路、人民路、生态街、环城东一横路等划设机动车停车位；还在环城西路建设大型停车场，以满足需求。开展规范道路交通秩序的治理整顿活动，重点治理机动车乱停乱放行为，引导市民车辆在指定区域有序停放，创造安全、畅通、文明、有序的交通秩序。

（五）占道经营管理 落实“门前三包”责任制，与沿街店面、单位签订责任状，通过宣传、动员，落实辖区各单位、沿街店铺自觉参与城市管理工作。城区两侧“店外店”现象得到整治，路边占道经营现象减少。严管主要街道，严控次要街道，对占道经营、夜市排档、瓜果摊点等进行集中整治，以城区农贸市场周边为重点，大力整治鸿昌路、建设西路等地段的流动摊贩占道经营现象，维护市容市貌。

第二章　村镇规划建设

第一节　村镇规划

昌江县一贯重视村镇建设规划。2000 年，县政府委托海南城市规划设计研究所编制昌化镇总体规划。规划近期至 2005 年，规划远期至 2020 年，规划控制面积 150.76 公顷，东至石昌公路，西至昌化港北岸出海口，北至昌化畜牧场用地，南至昌城村养蟹场用地，人口 1.1 万人。2002 年开始制定并付诸实施全县农村文明生态村建设规划。2003 年，编制完成昌化镇总体规划、叉河镇总体规划；2007 年，《昌江县棋子湾旅游总体规划》编制工作完成并经省政府批准颁布实施。完成七叉镇、十月田镇总体规划编制。2008 年，启动王下乡洪水村村庄规划编制。为做好洪水村保护与旅游规划工作，委托北京中华建规划设计研究院开展了洪水村保护与旅游规划编制工作。12 月初，完成了规划方案编制工作。2009 年年初，编制完成《昌江县棋子湾旅游详细性控规》。2010 年，启动海尾镇、乌烈镇、王下乡规划编制工作。同年共开展规划编制项目有：海尾、乌烈和王下总体规划，5 个行政中心村建设规划和 5 个特色村庄及风情小镇规划。

第二节　村镇建设

1991—2010 年，随着社会经济的发展和文明生态村建设的兴起，村、镇面貌发生根本性变化，基础设施和文化娱乐、幼儿教育等得到快速发展。

一、村镇基础设施

2005—2010 年，建成乡（镇）办公场所及宿舍 40 余幢，其中办公大楼 8 幢，财政所 8 幢，司法所8幢，干部周转房（宿舍）20多幢。建设村(居)委会办公场所、设施83幢，其中，标准化村级组织活动场所36个，重建和完善村级组织活动场所29个，全县村（居）委会办公场所全部实现楼房化，实现“有室议事”，有“党员之家”“活动中心”“培训中心”。至2009年，建成农村休闲文化广场10个，硬化文明生态村中心道路210条，修建环村路150条，村横道小巷960条，实现文明生态村道路全部硬化。整治农村“脏、乱、差”，共建沼气池12567个。投入1500多万元，开展“一馆一场一台”等文化配套设施建设，建成村（居）委会宣传文化馆58间。2010年上半年，十月田镇、七叉镇、昌化镇、海尾镇、乌烈镇5座垃圾转运站建成并投入运营，石碌镇城南城西转运站建设。生活垃圾转运站的建成为全面构建农村生活垃圾收运体系夯实重要基础，实现“组保洁、村收集、镇转运、县处理”的城乡生活垃圾统筹处理。县城管局出台了《昌江县乡镇环卫站及镇村两级环卫队伍组建工作方案》，投资1700多万元，指导各乡（镇）和红林农场成立环卫站，按标准配备人员和设备。其中，各乡（镇）和红林农场均配备环卫站站长，配备转运站运营人员21人，垃圾收集车运营人员45人，镇、村两级保洁员348名和农场连队保洁员71名，配备农村生活垃圾收集车15辆、垃圾桶2000余个、保洁手推车清扫工具419套。启动县境内总里程683.33千米的道路两侧保洁及垃圾清运工作，主要采取定期清扫模式对全县道路及两侧可视范围进行常态化保洁，定期收运道路垃圾，解决县境内道路卫生脏乱差问题，创造干净整洁的道路环境。

特别是2010年，县政府拨付75万元，分配给各乡（镇）及相关单位，组织开展清理城乡历年积存垃圾工作。累计清理积存垃圾4623吨。

二、建设有特色设施

从1991年起，县在创建文明生态村活动中，着力建设各具特色的文明生态村，打造具有文化特色的基础设施。如王下洪水黎族船形屋村落、七叉宝山木棉景观村、片石黎族风情村、水头策马文化村、塘兴核电新村等。建设戏台、农家书屋、文化室、文化广场、篮球场等文体设施，建成石碌镇山竹沟村、片石村“三月三”文化广场等农村休闲文化广场10个，石碌镇片石村的黎寨文化生态长廊、水头村的策马文化园，海尾镇白沙村的农家书屋等，丰富了农村体育娱乐文化生活。1991—2010年，全县共建成文明生态村135个，占全县179个自然村的75.4%，受益群众13.6万人，占农村人口的78.6%。

1999—2010年，石碌镇筹集资金600万元，为保梅、鸡心、水头、牙营、水富5个村委会修建办公大楼，配备用水用厕等基础设施。筹资1350万元，修建太坡至尖岭、昌江剑麻厂至红林十一队，孔车至片石、县电视塔到香岭公路；水头村道、青坎村道、鸡实村道、南靠村道等 8 条主要农村公路及各村次干道十余条，基本实现村村通水泥路，总长达 34 千米。2010 年，修建山竹沟、片石和水头 3 个文化广场。各村委会完善村级办公设施，配套建设戏台、图书室、运动场等。

十月田镇政府文化事业建设资金逐年加大。1991—2010 年，全镇有 11 所完全小学，2 所初级中学。全镇小学拥有 65 个教学班，学生人数 1432 人，其中教室 78 间，图书阅览室 8 间，图书 3258 册，电脑 107 部。十月田学校校舍面积 1167 万平方米，有标准物力实验室、化学实验室各一间，多媒体教师教学室 2 间。教师 93 人，其中本科 93 人，专科 30 人。2007 年，十月田学校荣获“省级教育系统先进集体”“海南省现代远程教育工程应用优秀学校”称号。

叉河镇实施文明生态村活动，兴建坎头村、池头村、方塘村、大洋基、红薯地、唐村 6 个自然村饮水工程。2007 年，完成叉河工业园区道路 2 条，总长 4.2 千米，完成海榆西线公路至老羊地村道 6 千米。完成叉河村铁路桥、硬化水尾水陂 12 千米。2009 年，完成排岸、老羊田、老烈、老村、老羊地饮水工程。2010 年，叉河镇成为昌江第一个实现文明生态村创建全覆盖的乡 (镇)。

乌烈镇极力培育商品市场，打造昌江西部地区重要商品集散地。2000 年，招商引资建成占地 6050 平方米的乌烈中心农贸市场，建成库容 500 吨的瓜果菜冷冻库。2005 年，镇区道路更新改造，路面两侧商铺配套建设，饮食服务业兴旺，商品贸易市场成形。至 2010 年，乌烈镇已成昌江西部地区重要商品集散地。

昌化镇推进棋子湾旅游建设。2008 年，借力县成立昌江县棋子湾开发管委会的契机，推进棋子湾旅游建设，有多家企业进驻，开发如火如荼。

海尾镇加强海尾一级渔港建设，造大船创深海。2009 年，海南一号能源工程——海南昌江核电厂在海尾开工建设。

三、完善教育、卫生设施

2007—2010 年，共投入 1499. 8 万元建设县职业教育中心，发展职业教育，培养有文化、懂技术、会经营的新型农民。实现农村医疗卫生服务全覆盖。结合创建活动，集“党员室、文化室、卫生室”于一体或利用原有村委会办公楼，进行同步装修，建设 67 家卫生室，面积 2600 平方米，改善村卫生室的就医环境。至此，全县村、镇建设全面推进，取得效果。

第三章 建筑市场管理

第一节 建筑队伍

1988年建省前，昌江建筑施工技术较落后，房屋结构以低矮的砖混结构为主，抗震能力较差。1991年后随着建筑施工技术水平逐年提高，施工设备配套逐年增加，房屋结构以构架和框架结构为主，基础结构有人工挖孔桩基础、柱下条型基础、筏板基础和管桩基础，抗震能力较强。

昌江县建筑队伍的组建主要以20世纪90年代为主要发展时段，县建筑企业有石碌镇建安公司、县建公司、县二建公司、矿建公司、保平乡建筑公司和红田农场建筑公司等。1991年县建公司核定为建筑行业的3级县级企业，至2010年，省住建厅下放建筑业企业资质核发，县已核定了7家建筑业企业，其中：海南昌建建筑工程有限公司、中信城建（海南）建设有限公司、海南容安建设工程有限公司、海南琼西建工有限公司、海建昌江建设工程有限公司、海南源日建设工程有限责任公司、海南铭然建设工程有限公司，涉及很多相关专业承包范围。个别房屋建筑工程类的企业，在工程可承建范围内有高度50米以下的工业、民用建筑工程；高度70米以下的构筑物工程；建筑面积1.2万平方米以下的单体工业、民用建筑工程及单跨跨度27米以下的建筑工程。有数百人职工，有二级注册建造师近30人，中级职称人员近50人，技术员近80人，工程机械设备有：100吨/小时以上沥青混凝土拌和设备1台，50立方米/小时以上水泥混凝土拌和设备1台，摊铺宽度4.5米以上沥青混凝土摊铺设备2台，8吨以上压路机5台，1立方米以上挖掘机2台，120千瓦以上平地机2台，30吨以上吊车1台。可承建12层以下的高楼工程，有100多名干部职工，有工程师1人，助理工程师4人，技术员15人，工程机械设备有：

混凝土搅拌机12台、卷阳机24台、升架机10台、载重汽车2辆、自御货物汽车1辆。电刨12部。电锯10部。电焊机6部。电钻机8台。磨锯机4部。带锯机4部。建筑质量检查仪4部。建筑测量仪4部。混凝土振动器20部，每年完成产值322万元，全员劳动生产率9148元/人，盈利2160元。

20世纪90年代后，外来建筑队逐年增加，1996年，全县有广东省的电白、吴川和福建省以及省内各地建筑队22个，人数约3000人。2000年昌江地区建筑公司基本被市场淘汰，昌江地区建筑公司仅有矿建公司。县外、省外的建筑队到昌江县承建房屋、打石、修路、搞水利等工程项目。2010年，昌江县基建投资项目增加，外来施工队伍更多到昌江承建工程，同年全县建筑队有26家企业，总建筑面积有167658平方米，施工人数约6000人，技术水平更高，施工设备更齐全，施工电梯、施工塔吊进入昌江建筑市场。

2005—2010年昌江县建筑业（具有资质建筑企业）总产值图

图10-3-1

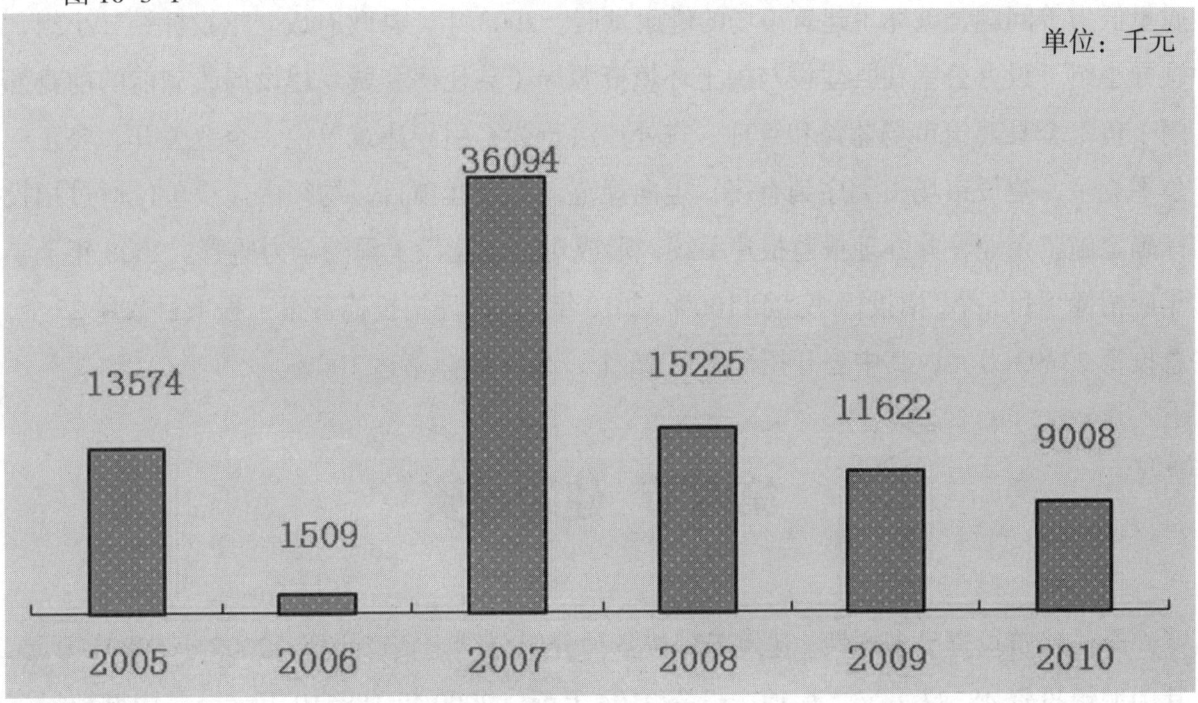

第二节　建筑设计

1991年起，已成立设计室，县住房与城乡建设局设计室负责全县建筑设计及审核工作。至2010年共负责建筑设计35项，审核工程23项。县内标志性建筑有县宣传文化公园、南国超市、县行政办公大楼、城市客厅等。县工程质量安全监督站是代表县政府对在建工程实行质量监督的部门。质量监督工作大致分为两个阶段：2000 年前，工程验收实行竣工核验制；从 2001 年至 2010 年，工程竣工验收实行备案制度，质量监督机构主要对验收程序是否合理进行监督。至2010年工程竣工备案190项。完成了和泰家园、和悦家园、和美家园等保障性住房的工程竣工验收。

第三节　招标投标

按照公平、公正、公开原则，抓好招标投标工作。1988 年建省后，全县建筑业快速发展，产业规模不断扩大，技术素质不断提高。但建筑主体地位不平等，业主行为不规范，不报建、不招标、压级压价、要求垫资垫料、随意拖欠工程款等乱象存在，导致工程质量和施工事故时有发生。甚至存在施工企业无证施工、非法转包、拖延工期、粗制滥造、质量低劣等问题，破坏了建筑市场的健康发展。2003 年，县政府成立招投标领导小组，领导小组下设办公室在县建设与国土环境资源局（县住房和城乡建设局改制前的前身部门）负责全县建筑市场监督和管理，查处违法行为，引导建筑单位、企业公开、公正、公平竞争，建设市场由无序到有序，走向规范。凡报建项目，均须由建设单位通过招投标确定施工企业，并办理报监报建手续，形成对整个建设工程的全力监管。2008 年上半年应招标项目 8 个，招投标率达到 100%。2010 年，共受理招投标备案工程项目数量 25 个，总投资 23393 万元，其中公开招标项目 25 个，公开招标率达 100%。

第四节　建筑投资

全县建筑投资呈多样性。建筑工程按各种分组分固定资产投资：2008 年 50891 万元，其中城镇投资 48787 万元、房地产投资 2104 万元。2009 年 188519 万元，其中城镇投资 187457 万元、房地产投资 1062 万元。2010 年 222686 万元，其中城镇投资 222686 万元、房地产投资 0 元。按构成分固定资产投资：2008 年 48787 万元；2009 年 193519 万元；2010 年 222686 万元。

第五节 质量安全监理

一、质量监理

为确保工程建设质量和安全，提高工程建设水平。自1997年起县执行国家建筑工程监理制度。2010年昌江地区监理单位有20家。工程监理单位依照法律、法规及相关技术、标准、设计文件和建设工程承包合同，代表建设单位对施工质量实施监理，并对施工质量承担监理责任。工程监理单位选派具备相应资格的总监理工程师和监理工程师进驻施工现场。未经监理工程师签字，建筑材料、建筑构配件和设备不得在工程上使用或者安装，施工单位不得进行下一道工序的施工。未经总监理工程师签字，建设单位不拨付工程款，不进行竣工验收。监理工程师按照工程监理规范的要求，采取旁站、巡视和平行检验等形式，对建设工程实施监理。

按国家建设部《关于加强村镇建设工程质量安全管理的若干意见》的要求，2008年，在统筹城乡质量监督管理方面抓落实，完善监督管理制度，采取措施和健全长效机制，提高质量监管水平，促进全县工程质量的提高。加强工程的报建审批管理和工程招标投标管理，对新开工项目均依程序办理报建手续。跨年和新建的工程质量监督覆盖率达到100%，“施工许可证”办理达100%，工程监理达100%，竣工工程验收备案率达到100%。对环西路等城市重点工程建设项目，县建设局指派了三名技术人员成立质量监督组，加强对工程质量的监督检查，保证了工程质量。年内，县建设局已经进行竣工备案的工程项目有：昌江中学教师周转房工程，建筑面积2018.70平方米；昌江民族中学教学大楼工程，建筑面积2519.55平方米；昌江民族中学学生宿舍楼工程，建设规模4710.36平方米。

二、安全生产

开展建筑安全生产工作，坚持“安全第一、预防为主、综合治理”的方针，抓好日常监管工作，加大施工现场管理力度，做好建筑安全隐患排查治理行动和预防建筑施工高处坠落和坍塌专项整治行动工作，杜绝了四级以上重大质量事故和重大安全事故的发生。成立相关领导为成员的建设系统安全生产领导小组及办公室，年初与下属单位和各建筑施工企业签订安全生产目标责任书，把安全生产责任书与双文明目标责任书同安排、同检查、同考核。贯彻落实安全生产管理法规，提高建筑企业的安全法制意识，依法开展安全监督管理。推行施工安全评价制度和安全生产备案制度。要求施工企业建立和健全施工现场的安全生产保证体系，实行安全生产“谁主管、谁负责”的原则，安全生产责任落实到人，对存在的安全隐患，及时采取措施进行整改。针对重大安全事故多发的类型和特点，实行专项整治。重点对塔吊、物料提升机、临时施工用电、外脚手架、安全资料5个方面进行了专项整治2次，下发安全问题整改通知书13份。对存在安全隐患较多的工地下发停工整改通知书4份，对安全问题整改不及时、安全设施投入不到位的工地，根据《建设工程安全生产管理条例》有关规定，采取下达安全隐患限期整改通知单、下发停工整改通知单、现场经济处罚等形式处理。定期或不定期开展安全检查，每季度组织安全生产大检查和要求各施工企业每月组织自查自纠，组织人员对重点工程、重点部位进行检查，保证安全生产。加强安全生产知识的培训，提高全员素质。县建设局组织各施工企业法人代表、项目经理、施工员、安全员、特殊工种人员等进行安全知识培训共2批次，年内未发生重特大安全事故。

2009年，贯彻落实《建设工程质量管理条例》和《建设工程安全生产管理条例》，做好建筑安全隐患排查治理。全年累计受监工程36个，建筑面积254851平方米。

2010年，强化工程质量监督和安全报监。根据《建设工程质量管理条例》《工程建设标准强制性条文》《工程质量监督工作守则》的精神，抓监督工作力度及工程竣工备案管理，扩大监督覆盖面。同年，城区工程质量监督达100%，工程合格率为100%。通过日常检查与专项检查相结合，强化对施工现场安全监督检查，全年，共检查工地16个，对存在安全隐患的施工现场及时下发安全隐患整改通知书或停工通知书21份，并安排专人跟踪监督，确保整改措施落实到位。针对施工过程中易发事故部位和环节，开展大型机械、临时用电及大型模板支撑体系、深基坑支护等专项整治，安全生产通病得到了有效的控制，建筑行业全年未发生建筑伤亡事故。

第四章 房地产

第一节 住房制度改革

1991年起，为加强房屋租赁市场管理，交易所对管理人员实行“三定”（定人员、定任务、定范围）和“五清”（单位清、房数清、费用清、办证情况清、违章情况清）的管理制度。

1992年8月，根据省政府的统一部署，县委、县政府决定从体改办、建委、财务、物价、监察、建行等部门抽调业务骨干，参加省住房制度改革业务培训班，进行住房情况调查、了解、摸底工作。

1993年，根据国家有关文件，结合县的实际情况制定《昌江黎族自治县城镇公有住房第一步提租补贴方案》。县政府下达《关于组织实施昌江黎族自治县城镇公有住房第一步提租补贴实施方案的通知》。发布《昌江黎族自治县住房制度改革实施方案》。12月31日国务院办公厅发出《关于制止低价出售公有住房问题的通知》，县住房制度改革的各项方案暂停。

1994年7月18日，国务院提出全面推行住房公积金制度，积极推进租金改革，稳步出售公有住房，加快经济适用住房的开发建设等重要政策。为此，昌江县加快公积金、租金、售房、建房等方面政策的筹备工作。

1995年，坚持租、售、建并举的原则，坚持因地制宜、分散决策、分步实施的原则。积极探讨，充分酝酿、合理调整、细致测算，重新修订《昌江黎族自治县城镇住房制度改革实施方案》，制定《昌江黎族自治县公有住房出售办法》《昌江黎族自治县城镇公有住房提租暂行办法》。11月设立县体制与住房制度改革办公室，负责全县的住房制度改革工作。严格按照国家集体和个人共同负担的原则，推进住房制度改革，逐步改变低租金、福利性无偿分配住房的旧体制，建立以住房公积金制度为主的住房货币分配体系。出售公有住房，提高公有住房的租金水平，建立三级住房基金。拓展融资渠道，调动各方面的积极性，加快住房建设的步伐。

1996年3月19日，召开全县住房制度改革动员大会。4月，从物价、审计、房管、建行、工行、监察、国土、财政等部门抽调人员参加业务培训。1996年6月，县政府第一次常务会议通过并公布了《昌江黎族自治县城镇住房制度改革实施方案》《昌江黎族自治县公有住房出售办法》。9月，开始批准出售公有住房。

1997年10月1日，开始实行住房公积金制度。1998年调整公有住房出售价格和租金标准。10月住房公积金制度正式启动。

1999年，出台《昌江黎族自治县集资合作建房管理办法》。2000年，出台了《昌江黎族自治县房改房上市交易试行办法》《关于昌江黎族自治县公有住房出售办法的补充通知》。2001年，出台了《昌江黎族自治县房改房上市交易试行办法》。2002年，落实《关于昌江黎族自治县公有住房出售办法的补充通知》，有211户进行部分产权向全部产权过渡。2007年，根据住房和城乡建设部《关于落实新建住房结构比例要求的若干意见》，结合昌江县的实际情况，建立廉租住房制度，出台了《昌江黎族自治县廉租住房管理暂行办法》，制定《昌江黎族自治县城镇廉租住房制度建设年度工作目标责任实施方案》，有计划地解决中低收入家庭的住房问题。进行最低收入家庭的住房情况普查工作，建立低保对象家庭的住房状况个人档案，有计划地解决中低收入家庭的住房问题。2008年，城镇居民低收入家庭住房难问题正式纳入政府常规化的有效管理体系，管理手段有实物配租、租赁补贴、租金核减三种方式。

第二节 房地产开发

2005年3月以前，房产管理工作由县建设局的房产管理所负责。2005年6月2日设立县房产管理局，负责全县日常房产工作。2003年房产初始登记，并且逐年登记总建筑面积。驻昌江主要房地产建设公司有海南金盛建筑工程有限公司、广东省煤炭建设（集团）有限公司、广东省吴川市建筑安装工程公司、海南琼山建筑工程有限公司、海南省第六建筑工程公司等。2004年有4家房地产开发商到昌江投资开发房地产，分别开发嘉源大厦、家家乐、润龙广场、商业广场。至2006年共开发商品房8.8万平方米。房地产开发至2010年，力度逐年加大。

一、固定资产投资

房地产历年固定资产投资（有统计的年份）数：1994 年 707 万元；2005 年 600 万元；2006 年 610 万元；2007 年 275 万元；2008 年 2104 万元；2009 年 1262 万元。2010 年该县没有房地产开发企业。“八五”时期 707 万元；“十五”时期 600 万元；“十一五”时期 4251 万元。

二、廉租房建设

2008 年是昌江廉租住房制度实施的第一年。吉宁路廉租住房小区作为该县历史上的第一个解决城镇低收入住房难的住宅小区，工程选址在吉宁路东侧（原生产建设兵团 74 师师部住址和县文体局灯光球场），占地 0.67 公顷，共建 6 栋 6 层单元住宅楼，总计 141 套小套型住房，每个单元住房的建筑面积 56 平方米，总建筑面积 7896 平方米，总投资额为 1260 万元。小区配套 13 间商铺，总建筑面积 300 平方米。6 月 8 日动工建设，12 月完成主体结构。

2009 年，动工建设环城西路廉租住房第二小区，用地面积 4 公顷，建设 280 套廉租住房。第一期工程开工 5 栋 180 套廉租住房，户型均为 50 平方米，总建设面积 9000 平方米。同年 12 月完成主体结构工程，2010 年 10 月全部竣工。2010 年又投入 6000 万元，启动了 720 套廉租房建设项目。

三、经济适用房建设

1996 年 10 月，动工兴建石碌镇建设西路安居文明小区，投资 1200 万元，1998 年年底全部竣工，占地面积 0.87 公顷，6 栋住宅楼，184 套住房，总面积为 16100 平方米。

2008 年 11 月，建设经济适用房总套数 699 套，总建筑面积 9.3 万平方米。其中，为了解决领取财政工资的中低收入干部职工家庭的住房问题，选址在昌江大道东侧，京润广场北面，建设公务员小区，占地 2.3 公顷，容积率为 1.7，共建 13 栋住宅楼，有 110 平方米、120 平方米、130 平方米三种户型，共 312 套，总建筑面积 3.8 万平方米，总投资额约 5300 万。2009 年，建设经济适用房总套数 1000 套、总建筑面积 16.5 万平方米，资金总投放量 1.3 亿元。

2010 年，完成了 2009—2010 年跨年度建设经济适用住房和集资房 1800 套，总建筑面积 18 万平方米，总投入资金 2.16 亿元。规模较大的有公务员小区 308 套、红林小区 500 套、霸王岭小区 413 套、科教局 320 套、卫生局 150 套。

四、集资房建设

2000 年，有 10 个单位申请建设集资楼，共有 12 栋 74 套、总面积为 17510 平方米。2001 年，共批准 12 个单位，兴建 13 栋集资楼，总面积达 24805 平方米，解决 239 户干部职工的住房问题。2002年批准18个单位兴建27栋集资金楼，总套数为427套，总面积为45042平方米。2003年，14个单位335名职工参加集资建房，共建25栋住房，总建筑面积达5万平方米。2004年，11个单位288名职工参加集资建房，共建12栋住房，总建筑面积达3万平方米。2005年，7个单位227名职工参加集资建房，共建8栋住房，总建筑面积达2.6万平方米。2006年，1个单位48名职工参加集资建房，共建2栋住房，总建筑面积达4000平方米。

五、棚户区改造

2008年，红林农场根据农垦系统棚户区改造项目文件精神，对农场职工原住棚户区进行一次性的易地安置。改造工程占地6.7公顷，开工建设500套经济适用房，总建筑面积5.5万平方米。

2009年，为贯彻落实国家宏观调控政策，改造旧城区和棚户区。霸王岭林业局、红林农场、海钢公司加快对所属旧城区和棚户区改造步伐，霸王岭林业局利用棚户区改造项目，对林场职工现住棚户区进行一次性的易地安置。改造工程占地6.7公顷，开工建设403套经济适用房，总建筑面积5.5万平方米。海南铁矿、红林农场的棚户区改造工程在建。

第三节 房地产经营

2005年，根据《国务院办公厅转发建设部等部门关于调整住房供应结构稳定住房价格意见的通知》《关于落实新住房结构比例要求若干意见》，结合昌江实际，编制规划了《昌江黎族自治县住房建设规划(2007—2010年)》，推动住房建设和房产市场化。

一、公有住房出售

1994年7月18日，国务院发布《国务院关于深化城镇住房制度改革的决定》，该县积极推进租金改革，稳步出售公有住房，加快售房等方面政策的筹备工作。1996年6月，县政府常务会议通过并公布《昌江黎族自治县城镇住房制度改革实施方案》《昌江黎族自治县公有住房出售办法》。9月开始批准出售公有住房，同年出售212套公有住房，总面积为18615平方米。1997年公有住房出售683套，总面积为57109平方米。1998年调整公有住房出售价格和租金标准。出售716套公有住房，面积60172平方米。1999年，出台《昌江黎族自治县集资合作建房管理办法》。住房出售达到高潮，共出售5588套，总面积为304508平方米。2000年，公有住房出售工作进入尾声，共出售1241套，总面积为84388平方米。县里出台了《昌江黎族自治县房改房上市交易试行办法》《关于昌江黎族自治县公有住房出售办法的补充通知》。2002年，有211户进行部分产权向全部产权过渡。2009年，出售存量公有住房85套，实现已购标准价公有住房向成本价的产权过度90套，回收住房资金40万元。

二、房地产市场

县加大房地产交易市场的监察力度，采取分片包干等方式，把交易双方当事人“请进来”。评估人员合理、科学地评估，交易所公正办理监证，坚决控制私下交易、一房二押、超值抵押等违规交易，保证交易双方的合法权益，避免了国家税费的流失。房产交易所积极扩宽业务范围，将各种所有制形式的房产交易都纳入管理范畴，从单一的公房、私房交易发展到商品房、“二手房”的交易，从单纯的交易评估发展到抵押、租赁评估。1995年起，培育和完善房地产市场，引导房改房上市交易健康有序发展，促进住房商业化。

2005年，强化房产管理的行政职能，通过政策宏观调控各类住房的供应量，满足不同收入居民的不同的住房需求，逐步形成了经济适用房、商品住房、廉租住房的格局，分别解决中低、高、最底收入家庭住房问题。逐年减少经济适用房的供应量，引导住房消费，引进住房建设的市场竞争体制，“二手房”交易市场日趋成熟，初步培育商品房开发市场，住房的社会化、商品化开始显现出来。2008年，加强房产权属登记、抵押登记、房屋交易、房产测绘等管理工作，超常规加快经济适用房、廉租住房等政府保障型住房建设，推动商品房建设，满足城镇居民对不同层次住房需求，促进房地产及相关产业发展，拉动内需，保障社会稳定。2009年强化房产预售市场监管。共发放预（销）售许可证和预售登记35件，预售面积7500平方米，合同备案33户，面积4000平方米。2010年共发放预（销）售许可证和预售登记20件，预售面积800平方米，合同备案66户，面积1000平方米。

三、商品房开发与交易

1998年，由海钢公司兴建丽江花园小区，占地面积约2公顷，共建10栋住宅楼。

2000年，全县的商品房开发市场占有份额仅有2%。商品房市场售价约每平方米1600元，最高售价为每平方米2200元。2004年，有4家房地产房开发商到昌江投资开发房地产，分别开发了嘉源大厦、家家乐、润龙广场、商业广场，到2006年共开发商品房8.8万平方米，其中，嘉源大厦3000平方米、家家乐15000平方米、润龙广场40000平方米、凯达商业广场30000平方米。

2008年，建设一栋48套5000平方米的商品房，市场售价约每平方米1200元。2009年，房产交易368宗，共计建筑面积27600平方米；商品房出售43套，共计建筑面积3870

平方米。2010 年，商品房市场相对疲软，商品房开发建设少。同年，办理房屋预售登记 35 件，预售总面积 7500 平方米，但在实际销售中，产权初始登记表没有商品房的记录，仍处在滞销状态。

四、房屋租赁

2008 年，家庭人均收入低于 280 元，家庭住房人均建筑面积低于 14 平方米的，作为该县廉租住房的双线标准，补贴对象为县城低收入家庭。住房租赁补贴标准为每人每平方米 3 元，定额为人均补贴 14 平方米。同年共有 591 户低收入家庭符合标准，全县总共发放租赁补贴 90 万元。

2009 年，为加快全县城居民的住房保障，调整廉租房租赁补贴标准：根据房价和物价上涨等因素，把每人每平方米 3 元住房租赁补贴标准提高到每人每平方米 4 元，补贴基数仍然为县人均居住面积的 14 平方米。共有 614 户低收入家庭享受到廉租住房的政策，其中对 2008 年度的 446 户廉租住房租赁补贴对象进行年度审核，有 346 户为廉租住房补贴对象、98 户转为实物配租；新增廉租住房保障家庭 168 户，其中的 5 户为实物配租保障家庭。年末全县总共发放租赁补贴资金约 23.94 万元，实物配租 104 户，廉租住房保障总人数 3351 人，其中 430 人住进吉宁路廉租住房第一小区。

五、房产抵押

2009 年，房产抵押 1300 宗，抵押房产总价值 1300 万元；2010 年，开展抵押登记管理。理顺担保体制，规范房产抵押登记与注销管理，建立健全审批、登记、收费等各环节的制度，提高服务质量，开展上门接件业务。同年，共办理房产抵押登记 108 起，抵押房产总面积 25000 平方米，抵押贷款 8000 万元。

六、二手房交易

全县二手房交易较为繁荣。县房产管理局做好二手房交易的登记。简化二手房交易流程，在进行二手房交易时，双方当事人或公证委托人需到场签订合同并按手印，保障了买卖双方的利益。2010 年，共完成二手房交易 396 起，交易总面积为 29900 平方米，成交总价约 5900 万元。

七、房地产测绘与中介

县房产管理局加强房地产中介机构的管理，不断强化中介作用。2010 年，共完成房产测绘 60 多起，测绘面积 11 万平方米。完成房产评估业务 700 宗，评估总面积 11 万平方米。同时，继续进一步加强房产中介市场管理，对全县房产中介机构进行了整顿和资格审查，并对房地产中介机构进行了备案登记。

第四节 房地产管理

一、机构

1993年4月，成立县住房制度改革临时办公室，1995年12月，正式成立住房制度改革办公室。2005年3月以前，县房产管理工作由县建设局的房产管理所管理。2005年4月21日，成立县房产管理局，定为正科级事业单位，隶属县政府管理。同时撤销县体制与住房制度改革办公室、县房产管理所、县经济适用房开发机构，业务、人员、国有资产和债权债务均划归县房产管理局。8月2日正式办公。2008年5月13日，县房产管理局更名为县住房保障与房产管理局，增加保障性住房建设、管理行政职能。2010年5月26日，县住房保障与房产管理局更名为县房产管理局。

二、房产登记

2003年，房产初始登记时全县有总建筑面积13.72万平方米，房屋交易总建筑面积1.75万平方米，办理房产抵押登记34宗；2004年，房产初始登记总建筑面积23.4万平方米，房屋交易总建筑面积3.3万平方米，办理房产抵押登记73宗；2005年，房产初始登记总建筑面积21.6万平方米，房屋交易总建筑面积3万平方米，办理房产抵押登记67宗。2006年，房产初始登记总建筑面积18.1万平方米房，屋交易总建筑面积2.5万平方米，办理房产抵押登记56宗。2007年，共办理产权初始登记200多宗，面积约9900平方米，其中办理房产证抵押手续96件。同年共出售公有售房47套，面积3500平方米，办理部分产权向全部产权过渡14套。2008年，完成房产初始登记76宗；房产抵押104宗，建筑面积10430平方米。2009年，房产初始登记1200宗，总建筑面积14.4万平方米。登记、面积、税费收入均比同年度大幅增长。房产抵押登记108起，抵押面积2.5万平方米。2010年，共办理房产初始登记2147户，登记总面积24万平方米。房产抵押登记216起，抵押面积15万平方米。

三、房产管理

2008年，房产管理设施实现更新换代，从单机脱网有纸办公到局域互联无纸办公迈进，存档方法、查阅方式、统计手法、监管手段、登记模式等都体现出简单、便捷，办公效率有了明显提高。2009年，县城建设步伐加快，房子增量大幅提高，房产管理的手段和方法进行相应调整，更新办公电脑，调高电脑内存配置，升级房产管理软件系统，改善办公条件；实行房产登记官资质管理，规范房产登记制度，健全房产初始登记、房产转移登记、房产抵押登记、房产注销登记等办理程序，简化办事程序，提高办事效率，强化服务意识。

四、房产测绘

2009年，完成房产测绘60多宗，测绘面积11万平方米。完成房产评估业务700宗，评估总面积11万平方米。完成房产评估业务700多起，评估面积11万平方米，出具测绘报告60份。测绘面积11万平方米。2010年，完成房产评估业务1800多起，评估面积24万平方米；出具测绘报告120份，测绘面积24万平方米。

五、物业管理

1998年年底，安居文明小区组建物业管理中心进行有偿服务性管理。2009年，对新建小区实行前置管理，从预售分配和产权登记环节入手，进行前期介入。对小区实施以保洁，绿化为主，逐步改善物业服务模式。落实物业管理措施和方案2件，调解物业管理纠纷6起，办结5起。年底，全县实行物业管理的小区共有7个，从事物业管理的公司2家，物业管理费为每平方米0.2元。2010年，加大物业管理工作，实行物业管理的小区共有7个，从事物业管理的公司2家。物业管理费为每平方米0.2元。调解物业管理纠纷12起，办结10起，调处率达95.5%。

第五节 住房公积金和住房金融政策

一、住房公积金

1994年7月18日，国务院关于深化城镇住房制度改革决定后，提出全面推行住房公积金制度，1995年，县颁布《昌江黎族自治县住房公积金暂行办法》。1997年10月1日，开始实行住房公积金制度试点。有54个单位参加，参加的干部职工人数达12556人，归集住房公积金120.9万元。1998年10月正式启动，参加住房公积金制度的单位71个，干部职工人数为13869人，归集住房金金额244万元。同年住房公积金缴交率为5%，效率不好的企业可以从3%起步；1999年，参与公积金制度的单位和职工稳步上升，分别为98个，14592名，归集金额为440万元。

2000年，实行住房公积金制度的单位有103个，干部职工的人数为13869人，累计归集金额为964.5万元。2001年，住房公积金制度参加单位和职工人数不变，累计归集住房公积金额为1420万元。2002年，参加住房公积金制度的仍然是2001年度的单位和职工，累计归集住房公积金为1560万元。2003年，参加住房公积金制度的单位数（不含海钢公司）118个，干部职工人数5407人，同年归集346.6万元，银行存款余款1103

万元。2004年由财政局提出申请，县政府批复，将住房公积金缴交率下调为1%；参加住房公积金单位数（不含海钢公司）142个，干部职工人数7227人，同年归集845.1万元，银行存款余款1433万元，发放贷款30笔，总金额142万元。2005年，参加住房公积金单位数（不含海钢公司）144个，干部职工人数7371人，同年归集709.3万元，银行存款余款1894万元，发放贷款102笔，总金额409.5万元。2006年，住房公积金缴交率恢复回5%。2007年，参加住房公积金单位数196个，参加建立住房公积金人数5683(不含海钢公司)，住房公积金银行存余款4955万元，其中贷款余额560万元，定期存款余额4840万元。2008年全县参加住房公积金制度的单位165个，参加住房公积金的职工人数8125人，同年归集的住房公积金总额为3288.67万元，住房公积金银行存款余额为7582.89万元，发放住房公积金贷款960万元，累计发放的住房公积金贷款余额为1493万元，累计发放贷款407笔。参加住房公积金单位数（不含海钢公司）146个，干部职工人数7375人，同年归集996.9万元，银行存款余款2678万元，发放贷款17笔，总金额88万元。2009年3月，管理住房公积金的业务划归海南省住房公积金管理中心，9月6日，海南省住房公积金管理中心昌江管理所正式挂牌成立。全县参加住房公积金制度的单位165个，参加住房公积金的职工人数11382人，住房公积金缴交率提高到12%。归集的住房公积金总额为3288.67万元，住房公积金银行存款余额为9116万元，年内发放的住房公积金911.6万元贷款，累计发放的住房公积金贷款余额为1493万元，累计发放贷款407笔。2010年，住房公积金管理中心发放的房贷高达4000多万元。

1996年以来的7年，住房公积金提起和放贷近1000万元，扶持住房的开发和建设，共兴建112幢住宅楼，1800套住房，总面积达153800平方米，干部职工居住条件和居住环境得到改善。

二、住房金融政策

1996年10月，实施住房制度改革以来，住房的供给制度发生了根本变化，经济适用房和集资建成房成为住房供应体系的主体。金融业（各类商业银行、住房公积金管理中心）也相应开展房贷业务。7年来金融部门投入2000万元资金发放贷款，住房回收资金统筹4500万元，2009年抵押贷款8000万元。

第十一编　商　贸

第一章 行政管理体制

第一节 行政管理机构

1991至1995年11月，县商业局作为全县商贸领域的行政主管部门，负责全县的商业管理工作。1990年7月成立的县经济合作局负责全县的外引内联和招商引资工作。1995年11月，县党政机构实施改革，县财贸办公室、县外贸局、县经济合作局合并成立县贸易局。县经济合作局人员并入县贸易局，招商引资和外引内联工作职责由新成立的县招商引资办公室承担。县商业局改制为县商业总公司，原有的行业管理职能划归县贸易局。2001年3月，县党政机构再次改革，县工业交通局、县贸易局和县招商引资办公室合并成立县经济贸易交通局，负责全县的经济、贸易、交通、招商引资、安全生产等行政管理工作。2004年1月，县经济贸易交通局划分为县商务局、县交通局、县招商引资办公室三个单位。县商务局主要负责全县国内商品流通、对外贸易、经济合作以及整顿和规范市场经济秩序等行政管理职责。县商务局行政编制数10个，其中公务员8个，工勤人员2个。内设办公室、市场运行管理股、贸易股、经济技术合作股。县招商引资办公室主要负责全县招商引资和外引内联工作。

第二节 市场管理

一、市场经济秩序整顿

2001年，县成立县市场经济秩序整顿和规范工作领导小组，办公室设在县经济贸易交通局，同年以交通行业整治为重点。2002年，贯彻落实《关于整顿和规范市场经济秩序的通知》精神，组织制定了集贸市场、食品、医药、加油站等专项整治方案。同年共取缔非法行医点 17 处，非法经营药店 7 家，查处假冒伪劣药品 30 种，没收药品 104 箱，罚款 4.2 万元，对营利性医疗机构 8 家发出限期整改通知；清理加油站点 36 个，取缔 12 个，保留 24 个，查补地税款 11.5 万元；查缴食品、农资、钢材、汽车零配件等各种假冒伪劣产品一批，价值 20 多万元。2004 年，全县市场经济秩序清理整顿工作领导小组办公室设在新成立的县商务局。同年以开展食品药品、报废汽车回收行业、成品油经营市场、知识产权、社会信用体系建设及防治“禽流感”六个方面为整治工作重点，协调各有关部门开展食品药品放心工程、市场经济活动中实地封锁清理等活动。共检查各类食品加工企业 320 家，各类餐饮企业 52 家，停业整顿 5 家，取缔无证经营 2 家，检查 55 家药品经营企业和 146 家医疗机构；清理整顿 50 多个摩托车维修点，6 家汽车维修厂和 1 家报废汽车回收企业，依法查处违法违章经营企业 10 个；清理整顿 33 家加油站，关闭违规建设、不具备经营条件的加油站 7 家；查处非法出版物、假包装、假标识、假商标一批，清理非法出版物、传单 3000 多份。投入资金 20 万元防治“禽流感”，与畜牧、防疫等部门合作加强对疫情的监测。2005 年，以打击商贸欺诈行为、保护知识产权、食品安全三项为整治重点，实施“无公害食品行动计划”，全县共创建 8 个无公害瓜菜基地 2666.7 公顷；规范餐饮业管理，对 17 家学校食堂和 74 家餐饮企业实行卫生监督量化管理；开展 GSP 认证，全县有 51 家药品零售企业通过认证；保护知识产权专项整治工作，协同工商、质量技术监督等有关职能部门开展“保护知识产权宣传周”活动，查处假冒商标案 5 宗，查处盗版音像案 4 宗，没收盗版音像产品 540 张（盒）及非法出版物 1000 多份（张），同时确定石碌农垦水泥厂的“石鹿”牌水泥等 7 家企业的 3 类产品作为昌江名牌产品的重点保护和培育对象；共检查购销、建筑工程、租赁合同 646 份，涉及合同金额 96323.27 万元，重点抽查 25 家企业的合同履行情况；以美容美发业为突破口，整治服务业中存在的欺诈行为，共清查美容美发店 130 多家。2006 年，以反商业欺诈和贿赂、交通客货运输、非煤矿山、食品安全等为整治重点，联合县有关职能部门开展商业案件查处。县检察院共收到商业贿赂举报线索 7 件，结案 4 件 5 人，做出不予立案处理 3 件 4 人，向法院提出公诉 1 件 1 人；县工商局调查涉及商业贿赂案件 3 件，涉及金额 27.23 万元，罚没入库 27.23 万元；县交通部门出动执法人员 830 人次，共查处违章经营汽车 28 辆，查处报废车 3 辆。深入乡（镇），整治农用车非法载客行为，查处违章车辆 83 辆次，农用车非法载客 69 辆次，报废车黑车 10 辆次，无证运输车 34 辆次；加强对农资的打假，在全县范围内开展“红盾护农”专项整治行动；实施品牌战略，国投水泥厂的“海岛”牌水泥、司克嘉橡胶衬板厂的橡胶衬板等 5 个产品先后获得省名牌产品称号。2007年，以食品药品安全、知识产权保护、打击商业欺诈等为重点，协调县有关职能部门根据各自的职责分别开展生猪肉品质量、酒类流通、盗窃自行车、食盐、药品、交通秩序等专项整治行动。县卫生防疫部门加强餐饮业的监测，共抽检餐饮企业81家，抽查餐具576份；县教育部门对全县中小学进行专项检查，抽查19家食堂，涉及在校学生28719人；县商务部门出动执法人员1000多人次，查没私宰肉500多千克，取缔私宰窝点2个；县农业部门共抽查农资经销企业（点）222个次，查获违法违规产品378.78千克；县文化部门开展整治文化市场专项行动，全面清查各种网吧，查处盗版光盘、软件，共收缴各种非法出版物5000多张（本）和音像制品2000多张（盒）；县工商部门开展“蓝天会展行动”，清理查处盗用商标及其他侵权行为。

二、市场监测

有计划的市场监测从2005年开始。同年，县商务局按照省商务厅关于做好重要商品零售市场监测和维护市场稳定的要求，选定东风平价货仓、昌江迎宾馆作为监测点，并将其列入商务部的监测企业名单，定期上报经营销售信息。在“五一”、国庆、春节等重大节日期间，县商务局按照规定实行日报制度，每天都由专人负责到重点农贸市场收集市场商品价格信息并上报省厅。2006年，组织各乡镇及部分重点企业参加省厅举办的市场监测培训班学习。2007年，为改善和提高市场监测企业信息报送质量和报送速度，县商务局争取到省商务厅对昌江迎宾馆、东风平价货仓两家企业各支持资金15000元，提升企业办公硬环境。2008—2009年，加强对肉蛋等重要生活必需品、钢筋水泥建材市场价格的监测工作，设立10个配备电脑设备的监测网点，专人每周收集价格信息上报省厅。每月编印出版一期《商务信息》报送县委、县政府及有关部门。“三鹿”牌不合格奶粉事件发生后，深入超市调查了解奶粉市场供应情况，对不合格奶粉实行下架、召回、退货处理。共清查不合格奶粉0.596吨，货值3.73万元。2010年，企业信息监测点增加到13个，负责监测生活必需品、重要生产资料等商品，定期收集有关市场数据信息，每月编印出版1~2期《商务简报》上报省商务厅和县委、县政府有关部门，为决策提供依据。

三、行业活动开展

品牌创建活动。2006年，根据商务部关于开展“商务新长征、品牌万里行”活动的通知精神和省厅的要求，县商务局组织了有关企业参加全省的品牌创建活动，经省厅评选，石碌河南肉联厂被评为“海南省放心肉屠宰企业”品牌示范企业，石碌家家乐农贸市场被评为“海南省绿色市场”品牌创建示范创业。

“万村千乡市场工程”创建活动。2006年，商务部批准昌江为“万村千乡市场工程”

建设活动试点县。同年引进海南绿生农资公司、海南海森泉农业开发有限公司在昌江创办连锁农家店16家，在全省市县中率先对农家店建设实行补贴，每个店补贴2000元用于店面装修。同时，县商务局还举办“农资连锁连万家——农业应用知识讲座培训班”，参加培训的农民、种植专业户近100人。年内，昌江县被商务部评为“全国万村千乡市场工程先进集体”。2007年，引进琼海宝真公司在部分乡镇建设13家日用品连锁农家店。2008年，完成10家农家店的建设任务，全县的连锁店、加盟店达39个。

农村瓜菜信息收集上报活动。2008年，县商务局利用商务部开设的新农村商网、夏季瓜菜网上购销对接等信息平台，收集并上网公布农民水果蔬菜的供求信息，拓宽销售渠道。

家电下乡活动。2009年，开始开展“家电下乡”活动。完成了13家中标企业和53个销售网点的设置审核和公布。全县“家电下乡”产品销售额295万多元，拉动农村消费效果明显。2010年，全县办理“家电下乡”备案登记的流通企业共12家，设置销售网点共54个，“家电下乡”产品销售额达817.7万元，比上年同期增长156.5%。昌江被评为2010年全省“家电下乡”工作先进市县。省商务厅对昌江9个企业网点各给予3000元奖励补贴、对1个摩托车销售点和1家报废汽车回收点分别给予3000元和4000元奖励补贴。

第三节 流通体制改革

1991年后，随着市场经济的发展，全县商贸流通体制发生深刻变化，民营、个体经济在商品流通中逐渐占据主导地位，成为市场经济的主体。国有商贸零售企业如县商业总公司及其下辖的百货、商贸等10个子公司基本上采取承包经营模式，个体、私营等民营经济快速发展，连锁店、专卖店等新型零售业态出现。零售商业经营场所和规模不断扩大，2003年万家惠超市、东风平价商场，2007年南国超市等大中型商业网点相继投入运营，商业服务档次和服务质量进一步提升，逐渐形成县城石碌重要的消费商圈，为推动全县商品零售业发展起到很好的示范带动作用。

第四节 市场、商场发展

1991—2007 年期间，农贸市场由工商行政管理部门负责建设和管理，随着商品流通经济的发展，为了解决农副产品销售难的问题，农贸市场建设进入一个新阶段，工商管理部门先后建设了十月田、保平、乌烈、峨港、叉河、新港、七叉等 8 个城乡农贸市场。2007 年 11 月《海南省城镇农贸市场规划建设管理办法》出台，农贸市场建设和管理职能划归商务部门，并实行统一规划，制定和出台建设管理标准和规范，农贸市场进入全面升级改造阶段，2008—2010 年，先后完成大风、石碌中心市场、石碌第一市场升级改造。

在市场、商场升级改造的同时加强全县市场经济秩序清理整顿工作，建立统一、开放、竞争、有序的市场环境。

第二章 行业管理

第一节 生猪屠宰管理

1991年后，落实《生猪屠宰管理条例》，对生猪实行定点屠宰、集中检疫、统一纳税、分散经营的制度，全面清理整顿生猪屠宰加工市场，取缔个体生猪私宰窝点，实行定点屠宰。

1998年11月，全县实现生猪定点屠宰管理，同月定点屠宰生猪3477头，比定点屠宰前的10月份增加288头，增加税费67680元。1999年5月9日，设立县食品公司石碌镇河南、河北屠宰场。同年先后筹资7万多元在十月田、海尾、霸王岭建起3个乡镇定点屠宰厂。2000年，筹资3万多元在红田建起一个屠宰场，全县定点屠宰点增加到9个，生猪定点屠宰量42435头，税费收入318万多元。2001年，通过职工投股集资出一点、公司出一点的办法，筹资60万元在石碌河南建半机械化生猪屠宰厂，改变全县生猪屠宰一口锅、两把刀的落后面貌。2002年，筹资6万元在峨港、昌化建起两个屠宰场。2004年，县食品公司、县畜牧技术服务中心筹资19万元，改建扩建叉河、乌烈、十月田、霸王、峨港5个屠宰场。加大生猪屠宰执法检查力度，取缔私宰窝点4个，查没私宰肉800多千克。生猪定点屠宰量46972头。2005年，县商务局、县工商局、县畜牧局等职能部门开展联合执法，查没私宰肉品1000多千克，查处生猪私宰窝点2个。生猪定点宰量48817头。2006年，制定了生猪定点屠宰企业跟踪服务制度，对没有“两章两证”（检疫合格章、肉品品质检验合格章；检疫合格证、肉品品质检验合格证）的生猪产品一律按私宰肉品予以没收，共出动执法人员450多人次，取缔生猪私宰窝点1个，查没私宰的生猪肉品70多千克。生猪定点屠宰量达52681头。2007年，筹资20万元增建了石碌河南肉联厂肉品冷冻库、肉品分宰车间和肉品检验室；改扩建海尾、保平、新港3个屠宰场，新建大风、南罗 2 个屠宰场；共出动执法人员 160 多人次，查没私宰的生猪肉品 50 多千克。生猪定点屠宰量 52960 头。2008 年，生猪屠宰执法协管员，实行每日巡查制度，加大查处生猪私屠滥宰、对生猪肉品注水或注入其他物质等违法行为的工作力度，全年共出动执法人员 240 多人次，查没私宰的生猪肉品 230 多千克。同时协助县食品公司争取到 50 万元的“放心肉屠宰企业”品牌发展资金，建设肉品冷藏库、检验室等服务设施。同年，全县 10 个定点屠宰场，实现定点屠宰量 53954 头，同比增长 1.5%。县城地区生猪定点屠宰率 100%，乡镇地区屠宰率基本保持在 98% 以上。2009 年，全县定点屠宰量 68134 头，同比增长 26.3%。县食品公司经营收入增长，从上年每月 8 万元提高到 11 万多元。2010 年，共出动执法人员 1300 多人次，查没私宰的生猪肉品 160 多千克。同年全县生猪定点屠宰量 70080 头，同比增加 1946 头，增长 2.8%。各生猪定点屠宰厂（场）病害猪无害化处理管理工作得到加强，全年共检查出死猪、病害猪 120 头，兑付财政补贴资金 60000 元。

第二节 加油站行业管理

1990—2003 年期间，成品油市场由于管理制度不够健全，没有规划引导，市场秩序比较混乱，无证经营、擅自私建乱建、低水平重复建设浪费资源的现象比较突出。从 2004 年开始，县商务局成立后，明确商务部门作为县域内成品油市场行政主管部门。县商务局对全县加油站经营网点进行清理整顿，取缔无“成品油零售经营批准证书”的经营行为，并根据省商务厅关于做好成品油市场行业发展规划编制工作、规范行业审批和监管的通知要求，组织研究编制《昌江黎族自治县加油站行业“十一五”发展规划》并上报省商务厅审定。

截至 2005 年年底，全县共有加油站 34 个，其中只经营柴油的加油站（点）17 个，经营柴汽油的加油站（点）17 个。根据规划，“十一五”期间计划柴汽油经营站（点）控制在 24 个以内，柴油经营站（点）控制在 10 个以内。因此新增柴汽油经营站（点）7 个，减少柴油经营站（点）7 个。2005 年，实行加油站年审制度。2006 年，经批准，海南中石化公司在昌江境内西线高速公路 177 千米尖岭服务区新建 A、B 两座加油站。2007 年，《海南省加油站行业“十一五”规划》实施，昌江县加油站规划布局总量为 36 个，其中：现有并符合加油站行业布点的 25 家（注：已取得“成品油零售经营批准证书”的加油站 16 家，未取得“成品油零售经营批准证书”9 家），属规划新增的 11 家。中石化在西线高速公路 177 千米处的 A、B 两座加油站和新扩建的汇城加油站建设完工。2008 年，开展加油站年检工作，对属规划内但达不到标准的农村加油网点，有计划分步骤进行整改。加强成品油市场监测，组织人员调研，为搞好全县成品油市场宏观调控提供准确依据。同年，昌江在第二季度出现市场供油不足，油价波动状况。县城保梅、保良等几个主要加油站出现排队加油、限量加油现象。2009 年，对不符合加油站行业发展规划的建站申请，不予审批。经过整顿和规范，全县取得成品油零售经营资格的加油站企业并正常经营的有 13 家，调整注销 1 家，对申报的 2 个新建加油站（点）给予行业确认。2010 年，编制“十二五”规划，对加油站网点重新进行调整和设置。以成品油经营企业年检工作为契机，开展行业规范经营整治行动，纠正不按规定时间做计量检查、进油渠道台账记录不全等违规现象。

第三节 酒类流通管理

2006 年 5 月 1 日起，商务部制定的《酒类流通管理办法》开始实施。县商务局以此开展了酒类备案登记工作。同年办理石碌地区的酒类经营登记 124 家，发证 94 家。2007 年，新增备案登记企业（个体）64 家。查处了违法经营销售假酒 1 家店铺和违法经营销售酒的一家餐饮酒店。2009 年，与县工商部门共同加强对酒类流通市场的经营管理力度，依规协商规定凡没有办理酒类流通备案登记的经营企业工商部门不予办理工商执照年检。有 40 家企业在办理工商营业执照年检时补办了酒类流通备案登记。年底全县办理酒类流通登记的企业有 220 家。2010 年，新办酒类备案登记 38 家。在中秋、国庆、元旦、春节等重大节假日期间，共查处没收缴没有随附单的酒类商品 4 箱，价值 3500 元。

第四节 典当业管理

落实商务部、公安部《典当管理办法》中“从事典当经营户的必须取得商务部颁发的“典当经营许可证”方可从事经营”的规定，加强对典当行业的监管。2006 年，经批准，海南德兴公司在昌江设立昌江德兴典当行分支机构，至 2010 年年底是县内唯一具有合法经营资格的典当企业。

第五节 农贸市场升级改造

2008年，抓好城乡农贸市场升级改造，推动全县标准化农贸市场升级改造建设。县商务局确定石碌中心市场和大风农贸市场作为县第一批升级改造市场试点，资金来自企业自筹、银行贷款、财政支持3种方式。县财政投入47万元加上企业投资280多万元，共320多万元投入市场改造，完成了石碌中心市场、大风市场改造任务，市场改造面积44430平方米。2009年，按照企业投入为主、地财支持为辅的工作思路，引进企业参与全县农贸市场改造。共投入资金约297万元，改造完成面积2500多平方米的石碌第一市场。

2010年，组织编制农贸市场"十二五"发展规划。确定"十二五"期间昌江农贸市场规划总数为16个。指导企业开展创建标准化菜市场工作。按照商务部、财政部关于开展创建标准化菜市场示范工程的通知要求，会同县财政局共同推荐石碌中心市场、石南市场为标准化菜市场，协助县市场物业管理服务中心等做好标准化菜市场创建及申报材料的编写工作，顺利通过省达标验收领导小组的现场检查验收，获得60万元的标准化菜市场专项奖励资金。同时还为企业（单位）落实这两个农贸市场升级改造给予财政补助资金150多万元。

第三章 各类商业经营

第一节 国有商业

1991年，商品流通领域形成了多渠道的竞争格局，批发业和零售业的市场份额逐步被个体工商户所挤占。国有商业系统共组织采购队伍483人次，外采金额4665万元，商品销售额5091万元。同时收购县内地方工业品2424.7万元，农副产品10万元，上缴利税73.4万元。1992年，全系统商品购进2747.3万元，销售3253.2万元；上缴利税70.9万元。1993年，巩固市场，扩大销售，强化售前、售中、售后等各环节的服务质量。全系统商品购进4188万元；销售4984万元，上缴利税61万元。1994年，调整和完善承包经营责任制。各企业承包柜组逐步呈现出销售增长、费用减少、利润提高的良好势头。全系统商品购进3477.3万元，销售3988.00万元，上缴利税70.3万元。

1995年年底，随着经济体制改革的不断深入，从行政单位转轨为经济实体的县商业总公司成立。总公司共有属下企业10家。同年，推动国有民营体制改革，抽回企业流动资金和柜组所占用的商业资金，形成以国有固定资产和承包者集体流动资金相结合的新型产权结构。全系统商品购进2235.4万元，销售1677.5万元，上缴利税40.3万元。

1996年，对亏损面较大的石油公司和饮食商贸部实行风险抵押承包经营改革。制定三个主体规范管理责任制度，重点突出并配套一系列相应措施形成组长、会计、出纳三位一体的班组集体管理体制。全系统商品购进1151.7万元；销售675.7万元；上缴各项税费33.6万元。同年，为了稳定肉类市场，创办昌江生猪交易所，生猪交易量为32922头，新增效益近2万元。1997年，对霸王商业公司进行民营化改造。实现全县国有商业资产的优化配置和所有权与经营权的彻底分离。全系统商品购进843.4万元，销售403.4万元，上缴各项税费33.8万元。1998年，通过针对四大工业品公司进行股份合作制改革，革除“大锅饭”和“平均主义”的弊端。全系统商品购进532.8万元；销售434.5万元；上缴各项税费33.3万元。1999年，县商业总公司制定了《一九九九年商业工作意见》。各公司在自觉抓好柜组买断商品经营改革的同时，充分利用商业网点的区位优势，开展招商引资工作。同年，糖酒公司引入资金120万元，开发置荒多年的空地，建成商用铺面21间，每年新增效益10多万元。同年，食品公司在河南、河北2家生猪定点屠宰厂成立，并先后自筹资金7万多元，建起十月田、海尾、霸王岭3个乡镇屠宰点。年内，全系统商品购进810.5万元；销售358.5万元；上缴各项税费24.1万元。2000年，创办种养实体，由总公司牵头，百货、民贸、饮食、霸王、食品等六家公司参股，投资60万元，征地7.67公顷，种植香蕉7.33公顷。香蕉基地的成功开发，标志着县系统商业、物业和农业三位一体的新型产业体系初步形成。全系统商品购进334.5万元；销售276.2万元；上缴各项税费22.5万元。2001年，全系统商品购进275.7万元；销售211.7万元；上缴各项税费18.3万元。同时，开拓内地市场，构建农产品销售网络。共采运进入广州、武汉、南昌等城市的香蕉达112.5万吨。并于年底继续投资19万元种植香蕉6.67公顷。糖酒公司引入资金140万元开发惠民路铺面13间；食品公司引入资金59万元建设半自动机械化屠宰场；霸王公司引入资金35万元建设和改造沿街铺面12间。2002年，商业总共采运香蕉225吨进入大陆市场销售；食品公司于1月投产的机械化屠宰场也以45000头的生猪屠宰量创下历史新高，比上年同期增加6000头，新增屠宰费8.1万元。全系统商品购进226.2万元；销售146.3万元；上缴各项税费14.3万元。2003年外采金额115万元，销售总额97万元；投资25万元，种植香蕉7.33公顷。通过职工集资2.1万元和工程队垫资20.9万元，投资兴建沿街铺面12间。2004年，县百货、商贸、糖酒3家企业与海南派弗斯实业有限公司合作开发了县第一个城市绿地广场——商业广场。盘活了百货、糖酒和商贸三家企业的旧老物业，实现国有资产增值增量。外采金额121万元，销售总额91万元。2005年，重点抓好商业企业债权债务的处理工作。受县委、县政府委托，县商业总公司与中国华融资产管理公司海南办事处就昌江国有企业的债务处置问题进行了谈判。最终县商业总公司以95万元的价格成功整体打包收购了华融公司在该县全部未受偿债权4485万元（含利息）；其中县国有商业企业2726万元，县外贸公司、叉河建材厂等11家国有企业1759万元。为县国企卸掉了多年的历史包袱，也为国企进一步的体制改革奠定了良好的基础。同年，商业企业外采总额105万元，销售额为98万元。2006年，物业产业逐步成为县国有商业企业的支柱产业。商业企业外采金额95万元，销售总额86万元。2007年，探索新的改革模式，引入物业开发资金350万元（合同约定金额）；上缴社保费45.3万元；追缴历年拖欠承包费2.15万元；全年外采资金130万元，销售额 115 万元。2008 年，先后引入资金 1000 多万元开发“商贸购物广场”和“饮食商住综合楼”同年商业全系统仅亏损 49.4 万元，比上年同期 52.2 万元，减幅 22%；上缴各项税费 6.1 万元；缴纳社保费 38.8 万元。2009 年，民贸、百货、五交化等工业品公司由职工承包经营的 16 个柜组，全年外采总额约 169.8 万元；完成 销售约 175.8 万元，上缴各项税费 7.4 万元；商贸、百货、饮食、糖酒 4 家企业 引入资金 1000 多万元，开发了商贸 购物广场、糖酒商住楼、饮食商住楼。全商业各企业新增资产约 364 万 元；每月新增效益约 3 万元。 商业系统仅亏损 56.9 万元，上缴项税费 7.4 万元；全年上缴养老金 51.1 万元。2010 年，商业工作重心从传统商业产业的巩固逐步转移到以资产经营为发展主导的产业格局。全县商业系统上缴社保费 94 万元，同比增长 103%；其中：县商贸公司补缴历年拖欠社保费 36 万元；县饮食服务公司补缴历年拖欠社保费 14.1 万元；上缴各项税费 6.9 万元。全县商业经营状况呈现良好态势。

第二节　供销合作商业

一、机构

供销商业具有良好的区域优势。商铺分布广，且处于商贸活动的黄金地段。全县供销系统拥有土地面积 80461.16 平方米，建筑面积 53039.73 平方米。其中，在石碌拥有土地面积 25350.16 平方米，建筑物面积 34137.66 平方米，共有各种门店和经营场所 527 幢（间），固定资产原值达 8779 万元。1991 年县供销社有直属公司 6 个，基层社 10 个，全系统干部职工 583 人。其中，县社本级 46 人，6 个直属公司 265 人，10 个基层社 272 人。县供销联社组织开展商农、商工、公司与基层社等各种形式的经济联营，参与市场竞争。1995 年 11 月体制改革后，县供销合作社为隶属县政府和省供销社双重管理的集体所有制合作经济组织。2000 年，县供销联社下辖直属单位有农资公司、土产日杂公司、副食公司、果菜公司、供销贸易公司、供销开发公司及香蕉运销协会和瓜菜运销协会。公司及下属员工 393 人。2010 年，县联社直属工作人员 29 人，其中主任 1 名，工会主席 1 名。内设行政秘书股、人保股、业务股、财会股、统计股、基层股和海口采购站。实行企业管理模式，工资和经费自筹。主要下属公司和基层社有：

（一）土产公司　县土产公司是直属县供销社管理的主要经营日杂、土特产、烟花爆竹的专业公司。1991—2010 年有经理 1 人，副经理 2 人，内设文书统计、财会、业务等组，下设批发部 2 个，门市部 5 个，2010 年有在册干部职工 43 人，离退休 20 人。

（二）副食品公司 县副食品公司是直属县供销社管理的主要经营副食品和干鲜果品类的专业公司。1991—2010 年有经理 1 人，副经理 2 人，内设文书统计、财会、业务等组，下设批发部 1 个，门市部 4 个，2010 年有在册干部职工 37 人，离退休 17 人。

（三）果菜公司 县果菜公司是直属县供销社管理的主要干鲜果品类的专业公司。1991—2010 年有经理 1 人，副经理 1 人，内设文书统计、财会、业务等组，下设批发部 1 个，门市部 3 个，2010 年有在册干部职工 41 人，离退休 16 人。

（四）农业生产资料公司 县农业生产资料公司是直属县供销社管理的主要经营化肥、农药、农械类的专业公司。1991—2010 年有经理 1 人，副经理 2 人，内设文书统计、财会、业务等组，下设批发部 1 个，门市部 6 个，2010 年有在册干部职工 51 人，离退休 26 人。

（五）贸易公司 县贸易公司是直属县供销社管理的主要经营综合性商品的专业公司。1991—2010 年有经理 1 人，副经理 1 人，内设文书统计、财会、业务等组，下设批发部 1 个，门市部 4 个，2010 年有在册干部职工 24 人，离退休 18 人。

（六）基层社 1991 年后，全县各个基层社进行体制改革，保留机构，实行承包经营，年终上缴利润。2010 年，全县基层供销社机构 10 个。

1991—2010 年昌江县基层供销社人员机构统计表

表 11-3-1　　单位：人

项目单位	主任	副主任	在册人员	离退休人员
石碌社	1	2	24	15
七叉社	1	1	16	10
叉河社	1	1	21	11
十月田社	1	2	19	10
保平社	1	1	12	8
乌烈社	1	2	21	9
昌城社	1	1	15	7
昌化社	1	1	16	11
海尾社	1		17	9
南罗社	1	1	13	8
合计	272			

二、供销商业经营

（一）经营网点 1991年，全县供销系统社会商品零售总额973万元。1993年起，县供销联社深化体制改革，扩大购销，开拓农村市场，搞活流通。对直属公司和基层所等12个单位全面实行门店招标与抵押的定额上缴和经营承包责任制。1995年，全系统推行“社有民营”改革，加大供销商业系统销售量。1999年，全系统销售总额达2000万元。2000年，县供销联社盘活资产，挖掘潜力，扩大供销社网点建设，在乌烈、十月田镇及果菜公司新建门市部共1000平方米。供销系统商品销售总额2528.9万元。2005年后，县供销联社立足本行，搞好生产资料流通，以“服务三农”为宗旨，以合作共赢、创造未来作为经营理念，做大做强支柱产业，开拓为农服务的新产业。深入农村培育发展农村专业合作社，至2008年，已创办的农村合作社有南罗供销瓜果菜专业合作社和昌化晨旭瓜果菜运销专业合作社。同年，2个专业合作社运销瓜果菜168车，共计25200吨。2009年，实施“新网工程”，发展合作经济组织。推行“农超”对接及推动各种农村日用品超市、农资连锁店、加盟店、便民店等发展。2010年，全县供销社系统商品销售总额为5195万元。获全省供销系统综合业绩考核优胜单位。

1991—2010年昌江县供销社系统商品购销情况表

表11-3-2　　单位：万元

年份	购进	销售	年份	购进	销售
1991	960	1165	2001	3330	3461
1992	909	1128	2002	3421	3621
1993	748	911	2003	3477	3818
1994	809	1037	2004	3017	2569
1995	1010	1203	2005	3082	3448
1996	1702	1929	2006	3292	3656
1997	1965	2282	2007	3247	3646
1998	2159	2499	2008	3912	3779
1999	2265	2628	2009	3926	3872
2000	3328	3436	2010	4906	5712

（二）农副产品购销 县供销社进行农副产品收购经营，为农业、农村、农民提供系

列化服务，引导农民进入市场参与营销，推进农业产业化经营。1992年，县供销社在昌城、乌烈等地扶持农户种植青瓜、尖椒53.3公顷。全年“北运”瓜菜3000吨，1996年，县供销社及南罗供销社与农户联营承包土地27.3公顷，种植甘蔗、香蕉和瓜菜，同年创收30万元。1997—2000年，全县供销系统累计收购瓜菜9534吨。其中，1998年11月，首届海南冬季农副产品交易会在海口举办，县供销社组团参与并与客商签订冬季农副产品销售合同10份，金额22576万元；1999年第二届冬交会，共签订果菜合同15份，数量5.4万吨，总金额12690万元；2000年第三届冬交会，共签订瓜果菜合同15份，成交总量406万吨，总金额8.14亿元。2001年，第四届冬交会，共签订合同30份，成交总量16.5万吨，成交金额32370万元，其中瓜菜75000吨，金额10540万元；水果8500吨，金额16870万元。南罗供销社联合5家专业户成立南罗供销社瓜果菜产销专业合作社，促销当地瓜果菜等农副产品。为周边乡镇农户和专业户联系订单80份，销售各类瓜菜6000吨，产值8000万元。2001年，冬季瓜菜运输出岛达6000多吨。2002年，第五届冬交会，共签订合同40份，总量21.5万吨，金额45670万元。发展冬季瓜菜生产和运销。县成立香蕉运销协会和瓜菜运销协会，瓜菜运输业得到保障。2006年，县供销社与农户联合创办农民专业合作社15家，创建冬季瓜菜生产基地166.7公顷。冬季瓜菜创收500多万元。2008年，农副产品种类主要有西瓜、香蕉、毛豆、芒果、尖椒、玉米、南瓜、木瓜等。购销产量逐年增长。县内具有规模的瓜菜运输专业队伍有南罗供销社瓜菜产销专业合作社和昌化镇晨旭瓜菜运销专业合作社2个，共有运输车辆12辆。2家合作社运销瓜果菜出岛168车，25200吨。2009年，全县组织瓜菜“北运”19060吨。购销量达4846吨。2001—2010年，全县供销系统累计收购瓜菜42741吨。2010年，全县组织瓜菜“北运”21200吨。

(三)化肥农药销售

1991年后，化肥销售农业生产资料市场开放。县供销社变集权式经营为放权式经营。把化肥经营权全面下放给基层供销社和农资店，利用良好的门店仓库场地，开展联营合作，巩固化肥销售市场份额，形成双赢格局。1996年，全县供销系统设有化肥、农药经营店15家。职工参与该县化肥总代理，富岛化肥的全县总经销权得到有效巩固。

2002年起，先后与广西、广东湛江磷肥厂合作，负责昌江市场化肥总代销，扩大市场的销售份额。2008年，改善经营方式，采取登门联系，预约服务，送货上门，深入田间地头等方式，做好产前、产中、产后的系列化服务，促进化肥销售量的增长。2010年，销售化肥6528吨。

1991—2010 年昌江县供销社系统化肥购销情况表

表 11-3-3　　单位：吨

年份	购进总量	销售总量	年份	购进总量	销售总量
1991	5670	9723	2001	7046	8813
1992	8471	5297	2002	7410	6670
1993	4212	4893	2003	7012	8132
1994	4014	4277	2004	5601	5734
1995	3918	3919	2005	6014	6012
1996	2713	2766	2006	6010	5999
1997	7672	6465	2007	6267	6258
1998	4978	6190	2008	7026	7035
1999	5959	6217	2009	6400	6352
2000	13540	13315	2010	6552	6528

1996 年，农药销售根据国务院和省政府有关农资商品实行专营的精神，县供销社对全县农药经营点进行清理整顿，取缔非法经营店，净化全县农药化肥市场。县生产资料公司设有农药批发部 1 个，门市部 1 家，仓库 1 间。同年，全县收购农药 3.5 吨。1996—2000 年，年均供应农药 5 吨。经营货源主要为海南省农业生产资料公司分配调入。2001 年，化学农药经营渠道拓宽，主要有供销合作社、县农业局农业技术中心同时经营。农药经营执照由县工商局办理，农业局办理化学农药经营许可证。同年，全县有农药经营店 13 家，农药年销量 6.4 吨。2004 年，农资供应市场逐步开放，农药经营网点逐年增加，农药供应种类齐全，供货渠道流通畅通。同年，农药年销量 5.6 吨。2005 年后，全县热带水果类种植面积逐年扩大，冬季瓜菜生产逐年发展，农药需求量大增，销售量倍增。2006 年，全县销售农药 15 吨，比 2004 年增长 3 倍。2010 年，全县销售农药 35 吨，比 2006 年增长 2.3 倍。2010 年，销售农药 269 吨。

（四）烟花爆竹经营

烟花爆竹为易燃物品，实行归口管理专卖经营。供销合作社系统（县土产日杂公司）是烟花爆竹的归口管理专卖部门和经销商。1991—1995 年，年均销售烟花爆竹 3500 箱。1996 年，县政府发布《关于加强烟花爆竹归口经营安全管理的通知》，明确县供销社为烟花爆竹归口经营的主管部门，县土产日杂公司为烟花爆竹的主营单位。同年，全县供销系统烟花爆竹共销售收入 35 万元。1997 年，县供销系统贯彻公安部《关于加强民用爆炸物品安全监督管理的通知》及省的有关文件精神，经县政府批准成立县烟花爆竹专营商品稽查队，负责全县烟花爆竹市场的监督和检查。同年，县稽查队配合县公安局、工商局等部门进行依法检查，查处违章违法烟花爆竹 3960 包。此后，每年一次烟花爆竹大检查成为制度化。2000 年起，加强市场监督检查，从货源供应、销售流程等各个环节，严格把关。全县烟花爆竹销售量逐年增长。2003 年销售量 121.6 万元。2005 年销售量 143.1 万元。2007 年销售量 151.3 万元。2008 年年底，依照国家和省有关政策，烟花爆竹归口管理权限下放，实行从严管理，多头经营。县土产日杂公司调整经营方式，完善销售渠道，拓展货源供应。同年，烟花、鞭炮等批发零售种类近 1000 种。已建立县、乡、村三级安全经营网络体系，并设有连锁配送代批点 5 个，共有经营网点 144 个。全年烟花爆竹销售额 188 万元。2010 年，全县供销系统烟花爆竹销售额 269 万元，实现利润 30 万元。

1996—2010 年昌江县供销社烟花爆竹购销情况表

表 11-3-4　　单位：万元

年份	购进	销售	年份	购进	销售
1996	55	35	2004	47	124
1997	141	116	2005	142	145
1998	119	144	2006	165	219
1999	89	72	2007	202	214
2000	158	93	2008	121	210
2001	118	111	2009	138	169
2002	110	118	2010	201	269
2003	138	122			

（五）食盐专营

贯彻省政府搞好食盐加碘的有关精神。1995 年，县政府县碘盐专营领导小组并发布关于加强食盐加碘市场管理的通知，决定全县的碘盐经营归口供销合作社专营，指定由县供销社总公司负责全县的碘盐和工业用盐的批发业务。批准成立由供销社为主体的碘盐稽查队。由主管副县长任组长，供销、卫生、工商、公安、教育、防疫等为成员单位，县碘盐稽查队在公安、工商等部门的配合下，对贩运私盐的贩子进行从严从重从快打击，查处私盐 30 多起，查获私盐 60 多吨，有力遏制私盐流入市场；整顿碘盐零售市场，实行碘盐经营许可证经营制度。五年来，全县核发碘盐经营许可证销售点 104 个，年销碘盐 800 多吨。

净化食盐市场、做好食盐专营，开展整顿市场秩序工作。1996 年，工商配合商检、技术监督、卫生、等部门，开展食盐市场整顿，维护市场秩序，促进市场经济发展。1999 年，查处非碘盐 2600 千克。2000 年，查处非碘盐 55.7 千克。2001 年，查处假冒粗盐 25 千克。2006 年，食品药品监督管理局对全县辖区内盐业市场进行全面整治，共查扣非典盐 3.5 吨，查处案件 3 宗。

县供销社采取多种措施，强化执法力度。2003 年—2007 年，严格按照省社盐政工作“打窝点，堵源头”的工作思路，坚持每年 2~3 次的拉网检查，制定《食盐市场稽查工作奖罚决定》，奖罚分明。定期深入乡村、集资市场、代批点、零售点突查，打击贩假制劣、无证经营不法行为。与县工商、卫生部门协作，实行联合执法，净化盐业市场。组织货源，改变坐店经营的作风，为消费者提供优质服务。加强食盐批发职工的业务培训，实行工资与销售任务挂钩，确保碘盐正常供应。四年来，全县共组织 156 人次对食盐市场进行整顿，没收非碘盐 5 吨，罚款 350 元，取缔无证经营户 10 家。年平均销售碘盐 400 吨。仅 2007 年，就开展食盐市场整顿 38 人次，供应碘盐 273 吨。2010 年，利用“5·15”的防治碘缺乏病宣传日活动，宣传由于碘缺乏造成威胁人民健康的危害，增强食用加碘盐的意识，有关部门打击各种违法乱纪行为，净化市场，为城乡居民的正常生活提供了保障。全县碘盐销售 180 吨，基本保持稳定。

（六）土特产经营

红白藤为县境内少数山区稀有土特产。主要分布在霸王岭、三架岭、石碌岭一带，属草本植物，自然生长期较长。1991 年全县收购红白藤 29 吨，1992 年全县收购量为 26 吨，七差供销社收购 18 吨，占同年全县收购量的 69%；1993 年全县收购量为 23 吨。1998 年起，因受气候影响，加之农业生产开发，红白藤的生长环境遭到严重破坏，红白藤的产量逐年减少。2000 年后，供销社设点收购红白藤业务，仅有少量商贩收购。

第三节　个体、私营商业

随着改革开放的进程，个体、私营商业逐渐发展。县个体劳动者协会，在工商行政管理部门指导下开展工作，引导个体工商业者发挥正当经营、繁荣市场的积极性。多种经济成分和资本流入县内，人员在该县务工经商，新招牌、新商号不断涌现，行摊小贩活跃了市场，繁荣了经济。

2006 年，城镇从业人员 1558 万人。2010 年有 2741 万人，其中，商务服务业 1108 人，批发和零售业 315 人，住宿和餐饮业 185 人。

批发零售业。2000 年社会消费品零售总额 23616 万元，2009 年为 48924 万元，比 2000 年增加 25308 万元。

2000—2010 年，国有商办的商场逐渐势微，有的整体转租场地，有的拆分成若干小间出租经营，如商业民族贸易公司商场（简称民贸）、商业红旗商场。私营企业逐步向规模化、多元化发展。非国营商业办的有一定规模的商场、超市不断增多。2010 年，有法人企业 4 个。按零售行业小类分组：有综合百货零售法人企业 1 个，从业人数 45 人，购进总额 11420 千元；家用电器零售法人企业 1 个，从业人数 21 人，购进总额 7930 千元；文化、体育用品及器材专门零售法人企业 1 个，从业人数 21 人，购进总额 8228 千元；汽车、摩托车零配件零售法人企业 1 个，从业人数 38 人，购进总额 15336 千元。全县商品经营主要以大型商场和私营（个体）店为主。大型商场有万家惠、南国超市、东风平价商场、盛盛百佳汇超市。

1991—2010 年昌江县社会消费品零售总额表

图 11-3-5 单位：万元

年度	总额	其中		年度	总额	其中	
		县城	乡村			县城	乡村
1991	10536	7039	2577	2001	31428	22519	8909
1992	11533	7907	2747	2002	34036	24872	9164
1993	14361	9437	3852	2003	31147	21066	10081
1994	17564	13854	3710	2004	24584	18465	6119
1995	10362	7953.3	2409.9	2005	27634	20750	6884
1996	23087	17594	5566	2006	31669	23823	7846
1997	23551	17985	5566	2007	36901	27943	8958
1998	25639	18803	6836	2008	44969	34196	10773
1999	27214	19998	7216	2009	53740	40996	12744
2000	29346	21505	7841	2010	62973	55983	6990

2010 年，在城乡居民收入和消费水平日益提高及扩大内需各项政策措施（“家电下乡”、农机购买补贴等）的作用、投资增长的拉动和旅游业的带动下，消费需求趋于旺盛，城乡居民生活质量提高。全县实现社会消费品零售总额 62973 万元，同比增长 15.6%。从销售地域看，城镇（县）消费品市场实现销售额 55982.9 万元，占全县全社会消费品零

售总额的89%，同比增长15.3%，是全县消费品市场持续活跃的主力军；乡村消费品市场实现销售额6990.1万元，同比增长18.4%，城镇与农村市场销售额增速相差3.1个百分点，呈现城乡消费品市场同步协调发展态势。

第四节 废品收购

废品回收主要有：废电线、废轮胎、废钢铁、废铝制品、废旧汽车、废旧纸（纸箱、纸张、报纸）、塑料、玻璃、易拉罐等。分为工农业废品和生活类废品。1991年，废品回收国有为主、私营为辅。随着改革开放的不断深入，个体经营户成为主力。主要销往县外。1991—1992年，共回收废钢铁3316吨，平均每年1658吨。1992年回收生活废品总量2441吨，价值68.82万元。2004年，整顿1家报废汽车回收企业。2006年，县物资再生利用公司上半年营业额约105万元，同比增长25万元。县税务机关同年6月份给予其全额免征税收优惠。此后，因受行业规划的影响和无牌无证的经营户的冲击，企业效益下降，每年的营业额平均达到150万元。2007年的营业额同比下降250万元。2009年，县物资再生利用公司，因受行业干预的影响，经营额有所增加。同年，筹备开展老旧汽车回收交易。2010年，因受县内经营模式的挤压，废品回收只有营业额，少有利润。同年，在省商务厅的大力支持和相关部门的授权下，完善了报废汽车回收经营业务手续，负责县内报废汽车回收处理业务。

2010年年末，全县有废品收购业1家。省商务厅给予1家报废汽车回收点4000元奖励补贴。

1993—2010年县物资再生利用公司废品收购情况表

表11-3-6

年份	数量（吨）	营业额（元）	利润（元）
1993	95	110458	10820
1994	130	114629	20981
1995	150	134629	–10562
1996	187	156429	–5829
1997	198	165429	–12035
1998	128	124629	–10085
1999	130	104568	8652

表 11-3-6 续 1

年份	数量（吨）	营业额（元）	利润（元）
2000	189	145785	10052
2001	160	189543	–14502
2002	130	163289	–18205
2003	135	120359	15320
2004	145	130259	12016
2005	289	256412	–13692
2006	362	375102	–12894
2007	267	245980	13652
2008	262	256328	10523
2009	386	392105	20346
2010	261	235810	–10743

第四章 粮油购销

第一节 粮管机构

一、县粮食局

1991年，县粮食局内设行政秘书股、供应股、人事股、保卫股、加工股、农村股、财会股、统计股、多种经营股、工会和储运股。1992年增设物价审计股。1995年11月县机构改革，县粮食局挂靠县贸易局，内设机构有人事教育股、购销股、财务股、储备加工股、综合股、办公室6个股室。1996年，执行公务员过渡，县粮食局公务员编制10人（挂靠在县贸易局），其他工作人员29人。1998年，县粮食局划归县计统局管辖，人员编制10人，其余人员分流到基层粮食企业。2001年3月，县粮食局改为正科级事业单位隶属县发展计划局，人员编制7人。2007年8月，县机构编制委员会以（昌编字规定县粮食局机构编制为正科级事业单位（参照公务员管理），隶属县发展和改革局，内设机构有办公室、调控股、储备股3个股室，人员编制7人，其中：局长1名，副局长2名，其他管理人员岗位4名。至2010年12月，县粮食局机构设置和人员编制不变。

二、基层粮所

1991年，有石碌粮所、霸王粮所（含七差粮站和王下粮站）、叉河粮所、十月田粮所、保平粮所、乌烈粮所、昌城粮所、昌化粮站、海尾粮所、南罗粮所、石碌粮油供应公司、粮油贸易公司、粮食局招待所13个国有基层粮食（独立核算）企业。职工人数515人。1993年5月10日，县政府批准同意县粮食局成立全民所有制企业性质的“昌江黎族自治县粮油贸易总公司”，实行一个机构、两块牌子管理，粮食局正副局长兼任总公司正副经理，实行独立核算、自负盈亏，注册资金为400万元。1995年6月，经县政府批准成立“昌江县粮食监察大队”（临时机构），隶属县粮食局领导，人员从粮食系统内抽调组成，不设人员编制（2001年3月“昌江县粮食监察大队”解散）。1998年，粮食流通体制改革，实行“四分开一完善”（政企分开，储备与经营分开，新老财务挂账分开，中央与地方责任分开，完善粮食价格体系），全县基层粮食企业撤并后设置6个粮油收储所：石碌、霸王、十月田、保平、乌烈、海尾；设置县粮油贸易总公司、石碌、叉河、霸王、十月田、保平、乌烈、昌化、海尾、南罗、昌城、石碌、粮油贸易公司、粮食局招待所14个粮油附营所（公司）。10月，县粮油贸易总公司与县粮食局分离脱钩为独立核算的县国有粮食企业（正科级单位），并将石碌粮油供应公司、粮油贸易公司、粮食局招待所3个附营企业划归总公司管理。11月30日“昌江县粮油贸易总公司”更名为“昌江县粮油总公司”。1999年8月，撤销昌城粮油附营所并入昌化粮油附营所。2003年3月，挂牌成立县军粮供应站，将石碌粮油供应公司和昌化粮油附营所的军粮供应业务及部分资产划归军粮供应站管理。3月，撤销保平粮油收储所设站，划归十月田粮油收储所。9月，县政府批准同意设立“昌江县乌烈粮食储备库”。2004年1月，乌烈粮油收储所改名为“昌江县乌烈粮食储备库”，11月，取得省级储备粮资格认定。年底，全县有国有粮食企业19个，其中：粮食储备库1个、粮食收储企业4个、军粮供应站1个、粮油附营企业13个。2010年，全县有国有粮食企业3个，在职干部职工26人。

第二节 粮油管理

一、粮食流通体制改革

1992年，在保证完成国家定购任务的情况下，实行粮食购销同价改革，对粮食放开经营政策。1993年2月，粮食流通体制改革在购销同价的引导下，实行保量放价、购销同价政策，取消食油收购计划和定量供应政策，全县放开了粮食价格和经营，取消城镇居民粮食供应制度(即统销制度)，结束实行了40多年的粮食统购统销政策。1994年5月，县粮食部门贯彻国家定购粮食政策，全面实行保量放价，即保留国家定购粮食的数量，而收购价格完全由市场供求形势决定。1995年，实行“米袋子”各级政府负责制，粮食购销政策实行“双轨制”（即“稳住一块，搞活一块”）。县粮食部门在保证政府能够掌握一定数量的粮食，以稳定粮食供给的前提下，放开粮食市场购销。同年，全县粮食企业在粮食经营体制上试行政策性业务和经营性业务分开，基层企业办公室管理人员实行定编：大企业15人，中企业12人，小企业8人，全县粮食企业办公室管理人员限定122人。1997年，贯彻落实全国和全省粮食购销“差价保底，敞开收购，财政补贴，亏损自负，市县运作”的购销政策，全县粮食部门敞开收购，做到常年收购、不拒收、不限收、不停收，不压级压价，不打“白条”。1998 年，全县粮食流通体制改革，落实“三项政策、一项改革”（即按规定范围以保护价敞开收收农民余粮、实行粮食顺价销售、粮食收购资金封闭运行，加快国有粮食企业自身改革）。2001 年 8 月 20 日，根据海南省人民政府办公厅《关于全省早籼稻退出保护价收购范围的通知》精神，全县早籼稻全部退出保护价收购。5 月 1 日起，取消全县城镇居民粮油供应转移证明，10 月 1 日，起放开晚造粮食收购。2002 年，全面贯彻落实省政府《关于加快推进我省粮食购销市场化改革的意见》，推进全县粮食购销市场化改革，落实粮食政府负责制，在政府宏观调控下构建地方粮食储备体系和粮食市场体系。2004 年 5 月 26 日，《粮食流通管理条例》正式颁布，赋予粮食行政管理部门管理全社会的粮食流通和对市场主体准入资格审查的职能。同年，贯彻《海南省人民政府关于进一步深化我省粮食购销市场化改革的意见》，全面放开粮食收购市场，实现粮食购销市场化和市场主体多元化，建立直接补贴机制，转换企业经营机制，改革粮食收购资金供应办法，加强粮食市场管理和宏观调控。2010年，按照《海南省人民政府办公厅关于进一步做好粮油场供应和价格稳定工作的通知》《海南省粮食经营者最低和最高库存量标准规定》，开展粮食经营者最低和最高库存的调研工作，把从事粮食加工和粮食批发零售具有一定规模的 2 家专业户列入最低和最高库存范围执行监督管理。

二、粮食企业改革

1994 年，全县粮食部门以市场为导向，转变经营观念，深化企业人事和劳动用工制度改革，对 13 个基层企业正副职领导进行调整充实。1998 年，省政府《印发关于进一步深化粮食流通体制改革实施方案的通知》，印发《昌江县进一步深化粮食流通体制改革实施方案》，全县粮食企业机构调整，将原有 10 个基层独立核算粮食管理所撤并后设置 6 个独立核算粮食收储企业和 14 个独立核算粮油附营企业。10 月“昌江县粮油贸易总公司”与“昌江县粮食局”分离成县粮食流通两个经济体，并将石碌粮油供应公司、粮油贸易公司、粮食局招待所 3 个附营企业划归总公司管理。2006 年起，贯彻国务院和省有关粮食企业体制改革有关文件精神，对全县国有粮食企业进行全面改革。第二年3月，制定《昌江县国有粮食企业改革实施方案》和《昌江县国有粮食企业改革职工安置方案》，8 月中旬企业改革和职工安置各项工作基本结束。改革保留乌烈粮食储备库、十月田粮油收储所和军粮供应站 3 个政策性企业，其余 16 家企业关闭，280 名职工与原企业解除劳动关系，共筹集资金 2042.04 万元，支付各项安置金 1780.6 万元。

三、粮情监测预警和应急建设

2002年起，构建与粮食购销市场化改革相适应的粮情监测预警应急系统。在全县范围内构建6个粮情监测预警网点，监测内容包括当地主要粮油品种、粮油收购价、出库价、批发价和零售价。设置5个应急大米加工网点、16个应急粮食销售网点。全县粮情监测预警应急体系逐年完善，2008年6月，县政府印发实施《昌江县粮食应急预案》，完成了石碌、乌烈、十月田3个粮情监测网点，3个粮食应急加工网点和10个粮食应急销售点的建立。第二年，各网点正式挂牌并签订应急相关工作协议。

四、粮食行政监督检查

2004年5月，国务院明确粮食行政管理部门对粮食经营者从事粮食收购、储存、运输活动和政策性用粮购销活动具有监督检查的职责。11月国家发展和改革委员会等6部委联合印发《粮食流通监督检查暂行办法》规范和指导粮食流通监督管理。2009年，省粮食局印发《关于进一步加强粮食行政监督检查工作的意见》，全县开展粮食清仓查库工作。县纪检、发改、粮食、财政、农发行等部门按照"有仓必到，有粮必查，有账必核，查必彻底"的原则，对全县国有粮食企业库存粮进行全面清查。县粮食行政管理部门贯彻《粮食流通管理条例》，加强社会粮食流通监管，组织开展全县粮食库存、粮食流通统计、原粮质量监管、粮食收购许可、社会粮食库存调查、粮食市场流通等方面的监督检查，规范社会粮食流通秩序，维护粮食市场稳定。

第三节 粮食收购

一、粮食定购

1991—1993年，粮食收购实行最低保护价制度和粮食专项储备制度，粮食市场放开，粮食收购价格随行就市。1994年开始，粮食定购改为市场收购取消向农民订购平价粮，粮食部门自行确定收购数量。1995年，粮食征购工作增设服务网点，做到随到随收，一手交粮一手付款，杜绝打白条。全县粮食收购入库3435吨。1997年，粮食征购敞开收购，不拒收，不限收，不停收，不打"白条"，不压价，不压级，粮食收购渠道畅通，农民售粮积极性高，全年完成粮食征购67870吨，完成征购任务136%，是全省粮食入库比例最高县份之一。2000年起，农村产业结构大调整，全县粮食种植面积减少，粮食总产量降低，全年粮食收购入库仅占任务的50%。

1991—2010年县粮食企业粮食收购（定购）入库情况表

表 11-4-1 单位：吨

年度	收购入库	年度	收购入库	年度	收购入库
1991	4105	1998	3840	2005	2658
1992	4460	1999	5037	2006	2601
1993	8310	2000	1875	2007	1800
1994	4479	2001	864	2008	1400
1995	3435	2002	2250	2009	1361
1996	5200	2003	5351	2010	1200
1997	6787	2004	4400		

说明：品种：稻谷

1991—2010年县粮食企业粮食议购议销情况表

表 11-4-2 单位：吨

年度	议价购进	议价销售	年度	议价购进	议价销售
1991	846	1641	2001	864	1825
1992	773	2614	2002	1300	5090
1993	2550	3270	2003	4712	2378
1994	7127	5474	2004	3270	4999
1995	851	2422	2005	2147	1696
1996	708	890	2006	2201	3103
1997	10	479	2007	1906	2432
1998	718	700	2008	2103	2060
1999		210	2009	1393	1101
2000		47	2010	1290	1670

说明：品种：贸易粮、原粮

二、保护价收购

省政府《关于对我省稻谷实行保价收购的通知》，稻谷收购保护价格（三级稻谷）为每50千克40元，执行时间为1990年8月1日至1991年12月31日，并规定粮食部按保护收购的粮作省的储备粮，财政上按“议转平”处理，差价由财政拨款，亏损由财政负担，盈利用于建立实行粮食保护价政策的准备基金，专户储存、专款专用。1993年，正式建立粮食收购保护价制度。1998 年起，国家推行以“三项政策、一个完善”为主要内容的粮食购销体制改革，其中一项就是对粮食进行保护价收购。2001 年，全县早籼稻全部退出保护价收购范围。10 月，决定全省放开晚造粮食收购，县粮食收购部门不再按保护价收购粮食。

2004—2010 年国家稻谷最低收购价和县粮食企业平均收购价格表

表 11–4–3　　单位：元 /50 千克

年度	品种	国家稻谷最低收购价	县粮食企业平均收购价
2004	早籼稻	70	76
	晚籼稻	72	79.9
2005	早籼稻	70	78
	晚籼稻	72	83
2006	早籼稻	70	73
	晚籼稻	70	76
2007	早籼稻	70	78
	晚籼稻	72	82
2008	早籼稻	75	101
	晚籼稻	77	104
2009	早籼稻	90	98
	晚籼稻	92	101
2010	早籼稻	93	112
	晚籼稻	97	120

第四节　粮油供应

一、城镇粮油供应

1993 年 6 月 1 日起，全面放开粮食价格，废止粮票制，停止原有的居民粮食供应办法改由议价粮油供应。但仍保留”市镇居民粮食供应证“和办理城镇居民粮油供应关系手续。2001 年 7 月 30 日，按省粮食局关于取消”市镇居民粮食供应证“的通知，全面取消”市镇居民粮食供应证“，同时废止此前有关粮籍管理的文件和规定。

二、农村粮油供应

1991 年执行省政府通知，全县压销农村定销粮食供应，即取消渔业定销粮指标，按 40% 压销蔬菜行业定销粮指标，按 20% 压销盐业及经济作物行业定销粮指标，全面放开食油的购销价格。发放农村救灾粮 28.1 吨，1992 年，发放农村救灾粮 125 吨，1993 年发放农村回销粮 1195 吨，1994 年发放农村救灾粮 715 吨。

1991—2000 年政策性粮食供应（销售）情况表

表 11-4-4　　单位：吨

年度	政策性粮食供应（销售）	年度	政策性粮食供应（销售）
1991	4607	1996	1814
1992	2615	1997	5400
1993	192	1998	4833
1994	5474	1999	1157
1995	1488	2000	655

说明：品种：贸易粮

三、退耕还林补助粮食供应

全县退耕还林补助粮食供应始于 2002 年。根据《海南省退耕还林补助粮食供应暂行办法》文件精神，补助粮食供应标准按每亩退耕地每年补助原粮 150 千克，粮食补助期限按还经济林补助 5 年，还生态林补助 8 年（暂按）。全县退耕还林补助粮食供应工作主要由乌烈粮油收储所负责，共设乌烈、海尾、保平、十月田、石碌、坝王 6 个供应点。2002 年，全县退耕还林面积 333.3 公顷，补助粮食供应（原粮）750 吨（同年退耕下年补偿，下同）。2003 年，退耕面积增至 2302.24 公顷，补助粮食供应（原粮）5180 吨。后因粮食企业库存不足，按照全省的统一部署，2004 年 5 月起，改为现金补助（由财政部门直接支付）。

四、军粮供应

2003 年 3 月，县政府批准成立“昌江军粮供应站”，并将原由石碌粮油供应公司和昌化粮所的军粮供应业务及部分资产划归军粮供应站，设置军粮供应门市部网点。完善军粮供应“证、卡、票、签字”制度。2005 年，开展军供粮源采购配送运行机制。2006 年，组织开展军粮改革工作。2007 年后，全面完成改革工作。建立完善军粮责任人、质量、出入库等制度。县军供应站军粮刷卡供应业务实现和全国、全省衔接。至 2010 年不变。

第五节 粮食储备

一、粮仓建设和维修

1991年，全县拥有粮库65栋，总仓容19175吨。其中，县粮食部门投资68.39万元，新建和改建仓库1945平方米。1993年，投资59.1万元维修旧仓改建铺面62间。1996年8月18日，受强热带风暴袭击，损坏仓库8栋，水浸损失贸易粮210吨，直接经济损失490.7万元。1998年，县粮食局通过有关部门无息贷款100万元，分别维修改造乌烈、保平、十月田、霸王、海尾等粮食企业危旧库，其中，瓦面改平顶3500平方米，库内墙维修3500平方米，库外墙维修3200平方米，库门窗改建200平方米。1999年，粮食部门贷款50万元，自筹资金6万元，分别维修改建海尾、霸王、石碌等粮食企业危旧仓库1220平方米，仓容650吨。随着历年粮食流通体制改革和部分仓库老化等原因，逐年撤掉部分储粮库点，部分仓库老化废弃。2007年，全县国有粮食企业改革，关闭16家企业，保留3家企业。年底，全县粮食企业有可使用储粮仓库15栋，建筑面积4401平方米，总仓容4735吨。其中：乌烈粮食储备库8栋，建筑面积2148平方米，仓容2950吨；十月田粮油收储所6栋，建筑面积1890平方米，仓容1750吨；军粮供应站1栋。

二、仓储管理

20世纪90年代初，县建立粮食专项储备制度。全县基层粮食企业13家均承担县粮油收购、储存、调拨、加工和供应等粮食流通业务。1998年，粮食流通体制改革后，全县基层粮食企业撤并设置6个收储企业负责全县政策性粮食收购、储备和供应任务。为了加强仓储粮管理，2002—2003年县粮食部门先后筹建省、县两级地方粮食储备，其中2002年完成省级储备规模，县级储备粮2003年完成56%的储备规模。2008年完成70%储备规模。2007年，全县国有粮食企业改革保留乌烈粮食储备库承担省级地方储备粮，分乌烈和保平2个库点管理；保留十月田粮油收储所承担县级地方储备粮，分十月田和保平2个库点管理。

1991—2010年县粮食企业年末粮食库存情况表

表11-4-5　　　　单位：吨

年度	平价库存	议价库存	年度	平价库存	议价库存
1991	3943	2486	2001		5386

表 11-4-5 续 1

年度	平价库存	议价库存	年度	平价库存	议价库存
1992	537	1986	2002		1596
1993	0	413	2003		4773
1994	0	2067	2004		3037
1995	1376	304	2005		3488
1996	3420	525	2006		2586
1997	2827	47	2007		2060
1998	633	57	2008		2103
1999	3561	26	2009		2395
2000	4524	18	2010		2015

注：1991—2000 年数据为贸易粮（大米），2001—2010 年数据为原粮（稻谷）

三、粮食库存检查

粮食库存检查是粮食及相关部门核实粮食企业库存、粮食数量、质量、品种和仓储管理的重要手段。1992 年，秋季粮食库存大检查，全县查粮总量 14075 吨，无虫粮 13958 吨，实现“四无”（无虫、无鼠雀、无霉变、无事故）粮仓企业 10 个，同年被省粮食局评为“四无”粮仓县。1995 年清查全县 10 个粮食企业 47 栋粮库 24 间门市部。1999 年秋季粮食普查，全县普查粮库 40 栋，查库存粮总量 4350.5 吨、油料 38.5 吨，无虫害粮 100%，实现“一符四无”粮仓。2001 年贯彻中央及省粮食清仓库会议精神，全县清查 9 个粮食企业 24 栋仓库 68 堆粮共 6347 吨，库存粮数量真实，质量完好，账物相符。对于省级、地方储备库粮、实行“三专”（专仓存放、专人管理、专账记载）“四落实”（数量、品种、质量、存放地点落实），保证“一符”（账实相符）“四无”（无虫、无霉、无鼠、无雀）。2005 年，开展春、秋两季储备粮库存普查。2007 年轮换省级储备粮 1000 吨，轮换县级储备粮 800 吨。进行省、县两级地方储备粮库存普查，普查结果数量真实，水分 13.5% 以下，粮温正常、无虫害、库存粮质量合格率 98%，宜存率 98.5%，全县库存粮符合国家储粮标准。2009 年，落实开展粮食清仓查库精神，按有仓必到，有粮必查，有账必核，查必彻底的原则，全县清查粮食企业 3 家，库点 4 个、粮仓 10 栋、门市部 2 个，涉检库存粮总量 2045 吨，经省检查组清查，全部符合库存管理要求。

第六节 粮食加工及多种经营

1991年，县粮食局投资33万元新建日产30吨的石碌粮油加工厂投产。同年筹资对乌烈、保平、十月田、霸王等粮食小型加工厂进行技术改造，全年粮食工业总产值125.5万元。1992年，拓宽发展多种经营，创办粮食经营门市部3个、饮食服务店3个、种植场4个、养殖场6个，全年经营额248.53万元，盈利30.33万元。1993年，扩建销售网点7个，共1980平万米，增设铺面65间，兴建加油店3个、养猪场7个、养鱼1.3公顷、种植芒果和香蕉20.4公顷。1991—1993年，多种经营获利105.54万元。1994年，全县开展“两个经济效益”活动，粮店39间5880平方米，粮食购销网点增到35个，铺面105间，全年获利27.02万元。1995年，建海尾多种经营楼房，主要经营粮食加工、鱼胶绳项目，投资45万元改建南罗粮所粮食加工厂。同年，乌烈粮食企斥资13万元建滑冰场480平方米，改建铺面17间310平方米，全年粮食系统多种经营盈利50.81万元。1996年，县粮食企业旅店、饮食等部分项目采取承包或租赁方式经营，全年企业多种经营获利42万元。1997年盈利32.38万元。1998年盈利21万元。1999年，粮食体制改革实行政企分开，多项多种经营项目逐年转由个人承包，多种经营收入逐年下滑，部分粮食企业基本靠资产租赁收入维持企业运转。至2007年，全县国有粮食企业改革，关闭企业部分资产处置用于安置企业职工，遗留资产部分由政府征收划拨县内其他单位，部分由县粮食部门盘活扶持粮食企业后续发展。

第五章 土特产与美食

昌江历史文化悠久，背山面海，土产品资源丰富。受当地气候条件、地理环境和风俗习惯的影响，昌江美食的主要特点是新鲜、清香、口味清爽。传统的土特产主要有木棉、红白藤、红黄麻、黄花梨、麻子、蜜蜂、糖蔗、南药、香茅、山兰、芒果，海产品有红鱼、鱿鱼、马鲛鱼、石斑鱼、西刀鱼、带鱼、鱼肚和山羊等。改革开放后，农副产品开发引进新品种，不少品种经精心培育逐步成为当地名优土特产。如贵妃芒、龙眼、香水菠萝、圣女果等。

第一节 山地特产

一、昌江玉

昌化江流域昌江段蕴藏着丰富的玉石矿藏，以黄蜡石为代表加工制作的玉石统称昌江玉，莫氏硬度为7，不含有害元素。按颜色的深浅可分为清白、粉白、浅红、褐黄、嫩黄、橙黄及绛红七大类型。黄色玉石品种是微晶镶嵌结构，颜色深浅适中，呈透光性，质量最优；绛红色、浅红色品质次之。昌江玉以黄、红最为常见，其中“黄为金”“红如血”“白如冰”“乌如墨”，色彩绚烂纷呈。昌江民间收藏玉石较为活跃，县里成立“奇石协会”，还多次举办了奇石展，推介昌江玉石。

二、黄花梨

昌江黄花梨主要分布在霸王岭腹地、海尾镇的三架岭等。黄花梨木为国家珍稀木材，尤其以霸王岭山区的黄花梨为极品。1972年，王下的花梨格被中国植物博物馆收藏。黄花梨木为国家珍稀树种，生长慢，材质结实，无病虫害，具有较高的药物价值，成材需几十年甚至百年以上。是艺术品雕刻、家具用品、豪华装饰的最好木质。20世纪80年代始，国家禁止采伐，交易量逐渐减少。

三、木棉

王下、七叉、叉河、石碌、十月田、石碌等乡镇的自然生长传统土特产之一。1981年，昌江县引进泰国木棉品种，分别在十月田镇、七叉镇一带种植。1988年全县种植泰国木棉173.3公顷。1996年全县共种植泰国木棉204公顷，年总产38吨。1999年起，因种植木棉的收入低，有的农民把木棉地改种瓜果菜，木棉产量逐年减少，年均收购量为10吨左右。本地生长的野生木棉树，应开发种植橡胶、甘蔗缓慢，得以保存下来，成为春季赏花的美景。2008年后，县人大立法保护并禁止砍伐毁损。

第二节 热带水果

昌江县地理坐标在北纬18° 53'~19° 30'，东经108° 38'~109° 17'之间，地处热带季风边缘，属热带季风气候，干湿明显，阳光充足，热量丰富。全年日照时间2000~2600小时，年平均温度24.1℃ ~25.1℃。发展热带水果条件得天独厚。热带水果主要有：

一、芒果

大宗土特优质产品之一。昌江县的芒果历史悠久，素有“中国芒果之乡”的美称。县境内独特的地理环境，有利野生芒（俗称土芒）及引进新品种种植栽培，果肉清香爽口，味道清甜，营养价值丰富。主要分布在王下、七叉、叉河、石碌和十月田等乡镇。1995年全县芒果种植面积增加到4674.1公顷，产量3573吨。1996年5月成功举办海南（昌江）第一届芒果节，从此，昌江芒果名扬全国。1997年，在全国（海南）芒果营销洽谈名牌战略研讨会上，昌江芒果又一次获得肯定。1998年5月，农业部南亚热带作物开发中心和省农业厅联合在昌江举办全国专家优质芒果品尝评审会，会上昌江被定为“全国最大的优质芒果生产基地”。2000年，县委、县政府发出号召，大力发展芒果生产，增加农民经济收入，做大做强芒果产业。同年新增种植面积2000公顷，2008年，全县芒果种植面积达到6666.7公顷，总产量达20234吨。2009年起，受其他产业因素影响，部分农户实行改种，全县芒果种植面积逐年减少，产量随而递减。2010年，全县芒果种植面积为3066.7公顷，总产量为17114吨。

全县有芒果品种40个，较为畅销的芒果品种主要有水仙杧、椰香、吕宋、白玉、黄玉、金煌、象牙、台农一号等，尤其山仙芒畅销全国各大中城市。

二、香蕉

原为农民自种自食或零售。20 世纪 80 年代始有大量种植，但未成规模。2002 年后，农业结构调整，香蕉生产逐步发展成农业生产支柱产业，香蕉种植面积逐年递增，并形成规模。2005 年种植 3000 公顷，2010 年种植面积为 3533.3 公顷。

香蕉主要产区分布在石碌、十月田、乌烈、昌化、海尾、叉河、七叉等乡镇。香蕉种类分春蕉和冬蕉 2 大类，主要品种有当地芭蕉、巴西蕉、越南蕉和皇帝蕉等。2005~2010 年，年产量年均 5.6 万吨，成为全县农村经济支柱产业之一。主要销往北京、天津、湖北、山东、江西、河南、河北等地。

三、龙眼

种植历史悠久，但发展缓慢。改革开放后，有个别农户利用自家承包地零散种植，种植面积有所增加。2000 年后，随着农村经济产业结构调整，龙眼种植逐年增多，并开始出现龙眼种植专业户。2010 年，全县龙眼种植面积增加到 66.7 公顷，年产量为 183 吨。主要分布在石碌、七叉、叉河、十月田和海尾等乡镇。产品主要销往岛内和广州、上海等城市。

四、香水菠萝

新引进种植的热带名优水果。2001 年由十月田镇台湾全农公司从台湾引种，同年在十月田试种 200 公顷，获得成功。外形美观，果色鲜黄诱人，营养价值丰富，果肉脆爽，果汁香甜可口，香气浓郁，风味独特。2002 年，昌江的香水菠萝首次参加海南冬季农副产品交易会，广受欢迎。之后，在每年举办的海南热带农副产品冬季交易会上，香水菠萝成为昌江展馆里的特品之一。

2010 年，香水菠萝种植面积 1000 公顷，年产量 3.6 万吨。产品主要销往日本、韩国等国家及国内北京、上海、广州等城市。

五、圣女果

新引进种植的热带名优水果。2001 年，圣女果开始在昌江引种，同年在姜园村试种获得成功，主要产区为十月田、乌烈、昌化、海尾等乡镇。尤其十月田镇的姜园村，地处昌化江畔，土壤独特，土质肥沃，种植面积大，产量高，品质优。所产的圣女果，果实鲜美，肉质脆甜，营养丰富。2003 年，全县农业产业结构调整，圣女果种植成为昌江县重要冬季瓜菜产业之一。种植圣女果面积逐年增加，2005 年全县种植 200 公顷，2010 年增加到 333.3 公顷，年产量 5175 吨。产品主要销往香港、澳门等地区及北京、上海、广州、深圳等城市。

第三节 海洋产品

一、红鱼

传统海产品。1950年海南解放前就有红鱼销往岛外的记载。红鱼主要产区为昌化海域，县内昌化、海尾、新港、沙渔塘4大鱼港均有收购。一般3—12月为捕捞期。以前主要以钩业捕捞为主，20世纪80年代后，随着捕捞渔船逐渐机动化，红鱼捕捞逐渐向深海方向发展以机械网捕捞为主。海南解放后，尤其改革开放以后，红鱼成为该县的外贸产品，产品主要销往内地各大城市及港澳地区。2000—2010年，年均外贸产量32.5吨。

二、马鲛鱼

传统海产品。自古以来，马鲛鱼为昌江县海洋捕捞特产，味道香甜，肉细爽口，为鱼类佳肴。主要产区在昌化渔场海域，年产量较稳定。2000—2010年，年均产量100吨。产品主要销往北京、上海、广州、深圳及香港内地。

三、石斑鱼

传统海产品。县昌化渔场海域，海水较淡，海洋污染少，石斑鱼鱼肉味道香甜，耐煮营养高，为海洋鱼类中之上乘。自古以来县有石斑鱼捕捞业，捕捞主产区在昌化渔场海域，1978年改革开放后开始有人工养殖。2000—2010年，年均产量120吨。人工养殖主要分布在昌化、海尾、新港一带浅海，年产量为65吨。产品主要销往国内北京、武汉、广州、深圳、香港等地区。

第四节 美 食

昌江黎汉杂居，山区黎家美食和沿海地区海鲜美食交相辉映，形成昌江独特的饮食文化。饮食的味型受海南西部气候条件、地理环物产资源、饮食习俗等因素的影响，其主流是鲜、新、清、香、美。特色饮食有：黎族糯米酒、香水菠萝、昌江芒果、野生蜂蜜、野生灵芝、黎家 竹筒饭、乌烈乳羊、七叉家养野猪、昌化海尾 海鲜、霸王岭野味、海南鱼茶、农家绿色蔬菜、 黎家甜糟、昌化江淡水鱼等。“靠山吃山、靠海吃海”。昌江黎族自治县依山傍海，多条河流过境，拥有种类繁多，各具特色的美食：王下的雷公根(野菜)、七叉的霸王山鸡、叉河的河鱼、十月田的鹅、昌化的螺、海尾的鱿鱼、螃蟹等。

石碌镇：县城所在地，云集各乡镇主要特色美食。推荐小吃：地瓜粉腌小排海（海瓜子）。

昌化镇：昌化螺汤、昌化鳍鱼、虾、蟹、海水麻鱼、生蚝炒竹笋、生粉拌小排海（海瓜子）等，以海鲜为主。

海尾镇：对虾、螃蟹、鱿鱼、红鱼、龙虾、鲍鱼、三角螺、石斑鱼、各种小海海鱼等当地海鲜。煎堆（咸、甜馅糯米球）、蛋球、麒麟糕、虾饼、海尾粽、肠粉等。哈密瓜、西瓜等。

七叉镇：霸王山鸡、霸王乌鸡、五脚猪、七叉狗肉、雅加山泉鱼、五色饭、竹筒饭、山兰酒、灵芝酒、野生竹笋、蜂蜜、龙眼、芒果、芭蕉等。

叉河镇：淡水麻鱼、尖嘴鱼、手扒鸡、昌江淡水鱼等。

乌烈镇：乌烈小羊、道隆阉鸡、乌烈牛肉、白石黑米饭，各种无公害蔬菜。

十月田镇：十月田鹅、万善狗肉、保平阉鸡、姜园圣女果、香水菠萝、芒果。

王下乡：五脚猪、河鱼、南朵、鱼茶、山兰酒、五色饭、竹筒饭、雷公根（野菜）等。

一、黎家美食

（一）南杀 南杀是黎族同胞特有的美食。黎族同胞长期生活在山区，山中食物得之不易，黎族同胞把打来的猎物腌制起来，从山中采来的野菜也腌制起来，待发酵后，就形成了南杀。黎族同胞一日三餐离不开南杀，富含氨基酸的南杀开胃消食，是食疗秘方。南杀分为“肉南杀”和“菜南杀”两种。“肉南杀”是将蒸熟的米饭和猪、牛、蚂蚱、山老鼠、河鱼等动物生肉混匀。“菜南杀”则是将野菜和煮熟的米粥混匀。不管是“肉南杀”还是“菜南杀”，都要放入陶制坛罐内，密封好后埋入地下一个月及以上，待发酵成熟后挖出，就是下饭的佳肴了。南杀有一股酸臭味，一般人吃不惯，就像臭豆腐，但它酸酸甜甜的滋味很是特别。

（二）黎家甜糟山兰酒 昌江的黎家甜糟，用黎族地区特产山兰糯米发酵制成。将山兰糯米饭，拌以黎山特有的植物做成的酵母，再装到竹篮里然后用新鲜干净的芭蕉叶盖好，让其自行发酵几天后再密封进坛里，经过半个月时间以后便成为甜糟。

“山兰玉液”——甜糟，颜色乳白，口味甘甜，像饮料，后劲很大。黎族甜糟营养价值很高，用来煮鸡蛋则更香美。如果在坛里深埋地下，经三五年挖出，则甜糟已全部化为浆液而变成“山兰酒”。

（三）竹筒饭 过去，长居山里的黎族同胞，因为经常外出狩猎，野炊便成了常事。山野间野生竹林遍布，竹筒饭就是黎族同胞就地取材而成的特色美食。竹筒饭的做法要点在于鲜。取新鲜青竹，分节锯开。山兰米用水浸泡半个小时后，加盐和味精拌匀，再加入用酱油和五香粉腌制过的五花肉片，放入竹筒内，用香蕉叶封严竹筒口，放在炭火上烧烤。绿竹逐渐变焦黄，五花肉的油脂渗入山兰米。米饭的香味也弥漫开来。半个多小时后，取下竹筒，解开芭蕉叶，香气四溢。米饭呈黄褐色，鲜香爽口。

（四）霸王山鸡 霸王岭山鸡也称山栏鸡或原鸡，原产于霸王岭深山老林里，是由野生红色原鸡经过长期的驯化选育而成，具有适应性和抗病力强，成活率高，采食量少等特点，大多采用常规圈养和野外散养两种方式饲养。省农业科学院畜牧兽医研究所有关专家对霸王鸡产品进行评定，霸王山鸡皮比较薄，皮下脂肪比较散，肉质结实、清香、风味独特，是昌江县特有的畜禽品种资源。

霸王岭山鸡体型比较小，皮比较薄，皮下脂肪比较散，属真正的低脂肪、低胆固醇、低血糖、高蛋白“三低一高”的绿色健康食品，含有丰富的氨基酸、微量元素等有益于人体健康泊营养成分，特别适合老人、儿童和体质弱者滋补身体，是一种很好的营养保健食品。母山鸡一般不超过 1 千克，公山鸡不超过 1.5 千克，肉质鲜美结实，很有嚼劲。当地的黎家风味餐馆把祖先传下来的椰汁霸王山鸡烹调方法加以改良，在鸡汤中加入马蹄、红枣、枸杞、冰糖等食材，让椰汁霸王山鸡走出山林，进入大众的餐桌，成为当地特色美食之一。

（五）木棉花河鱼汤 木棉花河鱼汤是黎家食疗上品。霸王岭山脉属热带雨林气候，山里湿热，木棉花清热解毒，因此成了黎族同胞常吃的食材。黎族同胞从树上采下木棉花，洗净后加水烧沸，放入从昌化江打上来的新鲜河鱼，烧开后加少许盐即可食用。当地人喜欢用这道汤打火锅，喝汤吃肉，佐以山兰酒。

（六）叉河手扒鸡 手扒鸡也称“叫花鸡”。黎族同胞以当地多产的芭蕉叶包裹山鸡后烧制，鲜嫩味美，风味独特。 黎族同胞在山中常能抓到山鸡，他们往往就地取材，将山鸡用炭火烤制成手扒鸡下酒。因手扒鸡风味独特，后发展到在家中制作，并用饲养的土鸡为原料，成为当地餐馆的一道招牌菜。在叉河镇上的多家餐馆，就靠手扒鸡起家并招来大批食客。手扒鸡的做法充满了童趣。首先需要在地上挖一小坑，放入柴火烧制木炭，熄火留炭。接着取山鸡或本地小种鸡一只，洗净去除内脏后用盐涂抹全身，腌制 20 分钟后，用芭蕉叶包裹。然后将包裹严实的鸡放入坑中，上覆烧热的火炭和挖出的沙子，将坑盖严实。一个半小时后扒开沙子和火炭，取出鸡，剥开芭蕉叶，香喷喷的手扒鸡就此出炉。鸡皮薄脆，鸡肉酥软，用手撕下可食。

（七）淡水麻鱼 淡水麻鱼就是通常所说的鳗鱼，叫海南河鳗，昌江俗称麻鱼，与金钱龟、山鸡、团鱼齐名而称为山珍。鳗鱼是指属于鳗鲡目分类下的物种总称。又称鳝，是一种外观类似长条蛇形的鱼类，具有鱼的基本特征。鳗鱼属鱼类，似蛇，但无鳞。

叉河镇山青水秀，溪涧纵横交错，麻鱼生活在淡水河流、深涧底或水库里。体型修长，前圆后扁，腹部淡黄色，与海鳗十分相似。麻鱼身体细长如蛇形，体长最大可达1.3米，天然淡水水体中，最大个体可长至重1千克。肉质肥细嫩，味道鲜美，肉性味甘、平，有滋补强壮，去风杀虫之功效。

麻鱼肉和肝的维生素A的含量特别高。具有相当高的营养价值，为上等鱼品，高级滋补品，被称之为“水中人参”。入药对治疗肺结核经久不愈而造成的身体虚弱，结核发热，赤白带下，风湿，骨痛，体虚等症。李时珍认为：“鳗鲡所主诸病，其功专在杀虫祛风。”药用功能：补虚复元气、祛风湿、驱虫；对防治夜盲、肺炎等有滋补作用；对治疗虚劳、风湿骨痛、脚气、妇女崩漏等有一定的辅助疗效。不论从营养上还是药用上来说，是促进新陈代谢、外伤出血、先天不足、后天失调的良好滋补品。

（八）霸王炸蛋 用霸王岭山鸡的鸡蛋，备好酸姜片、番茄切小块，加酸辣椒，调好料，热锅下油炸，翻炒出香味。鸡蛋炸时要用大火，油多火旺才能把鸡蛋炸得膨胀起泡，使蛋白金黄酥脆蛋黄嫩滑可口。

初看，红白黄搭配，颜色诱人。食之，酸甜可口，香气四溢。油炸后的表皮与酸甜的酱汁完美的融合，有营养而又美味。

（九）树仔菜 大戟科守宫木属，为多年生热带和亚热带常绿灌木，产自霸王岭腹地，当地人取其嫩梢为菜，故得名“树仔菜”。又称山野菜、越南菜、天绿香。是“野菜家种”较成功的品种之一。

树仔菜茎光滑无毛，小枝绿色，通常采用扦插繁殖。野生株高1米~1.5米，在肥沃、疏松、潮湿地栽培，株高可达3米。树仔菜嫩梢细嫩多汁，肉质脆，无渣滓，味道鲜美，炒食、煮食均可。树仔菜在海南常见菜肴有清炒树仔菜、树仔菜鱼汤等。

树仔菜具有很高的营养价值，富含多种维生素、蛋白质和多种矿物质。胡萝卜素和维生素B_2含量是普通蔬菜的10多倍，维生素C和蛋白质是普通菜的45倍。由于粗生耐长，种植不需施用化肥和化学农药，保持了原有天然属性，是富有山区特色的“绿色食品”。民间认为常食能养颜保健，并有清热去湿、清肝明目、帮助消化、降低血压等诸多功效。

（十）麻竹笋 又称甜竹笋、大叶乌竹，是大型合轴丛生竹类。因明代“麻衣道长”发现并传播于后世而得名。

霸王岭地区的麻竹笋生长于深山沟里，一般高达1~1.2米才割笋，其笋体洁白粗大，富含蛋白质、氨基酸、膳食纤维、各种维生素和微量元素，能促进肠胃蠕动和毒素排泄，是天然无污染的优质食品。常加工成笋干、五香笋丝、旅游小吃、酸笋和罐头等，在市场上极为畅销，经常缺货。取麻竹笋切片切丝用水泡10分钟即可做凉拌菜、蒸、炒、焖、打火锅等，是烹调宴客的美味佳肴，更是健康调理的佳膳珍品。

二、沿海美食

（一）白斩乳羊 主要采用昌江养殖的乳羊制作而成，是昌江的特色美食，久负盛名。味道鲜美可口，清香浓烈，久吃而不厌，让人回味无穷。

昌江乳羊主要产地：昌化、海尾、乌烈等乡镇，叶草丰盛，为羊群提供了天然的食料。加上这一带的小山岗密布，乱石垒垒，地势高低不平，羊群在觅食时，经常奔跑跳跃，所以这里的羊个个体质健壮，肉质结实而富有营养。

白斩乳羊做法：宰杀后用冷水洗浸数分钟，然后用火灰刷毛，再用热水烫毛，用利刀轻匀刮毛，便可除毛干净。将羊肉切开成两大片，放入锅内，注入适量冷清水，渗入适量的熟盐，匀火慢慢烹熟。取出切成小片，盛在盘内，然后用蒜头、砂姜、耗油、生姜捣碎配合香料、胡椒粉、优质酱油、少许白糖、辣椒和酸醋制甜酸辣的佐料点蘸，趁热食用。汤和内脏要是用来煮粥或用当地名菜西瓜皮渗煮味道更佳。

（二）道隆阉鸡 乌烈镇特色美食之一，因产于道隆村而闻名。以肉质甜美、肥而不腻、香味浓厚而深受当地人喜爱。食法以白切为主，拔毛洗净后放入锅中加入少许清水，再放入当地特有的艾叶，这样煮出来的鸡既保持了鸡的原汁原味，又带着淡淡的艾叶香，食后唇齿留香，回味无穷。

道隆阉鸡　　（县委宣传部 供稿）

（三）昌城烤乳猪 烤乳猪是满汉全席中的一道菜肴。在昌江，以昌城烤乳猪最负盛名。唐宋时期，从大陆到昌城一带戍边的军士，带来了烹制菜肴的祖传秘方，配上当地的调料，制成了昌城烤乳猪。昌城烤乳猪做法相对要烦琐些，需将蒜泥、姜末、葱花、酱油、白糖和盐调成酱汁，涂在乳猪身上，腌制约半个小时后，用沸水淋遍猪皮，涂上蜂蜜，再用特制的烧叉从臀部插入，置于炭火上来回翻转烤制，在烧烤的过程中不时刷上蜂蜜和酱汁。烤好后的昌城乳猪皮脆肉嫩，甜中透鲜，具有滋阴润燥的功效，是当地婚宴、祭祀的必备菜品。

（四）昌化海螺 个大肉鲜，享有盛名。渔民们出海捕鱼，将捕回来的海鲜清煮，以最大限度保留海鲜的鲜味。一般加点盐调味，更清香可口。昌化海螺做法简单方便，可清煮也可烹炒。烹炒的做法有些讲究，首先加凉水煮开，待螺开口后一个个捞出，然后开火热油锅，将开口的螺倒入锅内翻炒，加少许盐和葱花即可出锅。螺汤做法简单，将螺倒入清水中煮熟即可。吃法却与众不同，用筷子夹出螺后，吃下螺肉，把螺壳当汤勺喝螺汤，以便品尝到更加鲜甜的螺汤味道。

（五）酸瓜麻鱼汤 在海上打鱼的渔民喜欢喝鱼汤，尤喜用自家腌制的西瓜皮煮鱼汤喝。在昌化镇和海尾镇，当地老百姓将小西瓜皮洗净后加盐放在陶坛中腌制起来，就成了家家户户每日“送”粥的必备的酸瓜皮了。瓜皮具开胃消食之功效，还可治疗感冒、拉肚子等病。汤锅中加半锅清水，放入洗净后的酸瓜皮，煮开后十分钟，放入洗净去肚的麻鱼，水沸后几分钟，加少许盐即可食用。西瓜皮的酸味和麻鱼的鲜味完美融合，汤味酸甜鲜美。因酸瓜皮耐存放，渔民不缺鱼，酸瓜麻鱼汤遂成为当地出海打鱼的渔民们常吃的家常菜之一。

（六）昌化马鲛鱼 昌化渔场是北部湾历史悠久的渔场。昌化渔场的马鲛鱼、门鳝和石刀鱼名扬四方，其中尤以马鲛鱼最负盛名。每到鱼汛，昌化港上摆满长长的木架，架上的竹笆晾晒切割成网状的马鲛鱼，这些马鲛鱼往往还没晒干，就已被订购一空。昌化马鲛鱼肉多刺少，肉嫩味美，在昌江的各大饭店，总少不了它。昌江夏季气候炎热，食客们喜欢喝粥，香煎马鲛鱼“送”地瓜粥是绝配，地瓜粥微甜配上马鲛鱼的鲜香，令人胃口大开。

（七）海尾鱿鱼 海尾有四大名菜：鱿鱼、红虾、花蟹和太阳螺，以海尾鱿鱼最负盛名。每到鱿鱼季节，渔民用小飞鱼等小海鱼做钓饵，引鱿鱼上钩，钓到鱼后用捞网捞上来。海尾的鱿鱼个大肉鲜，鱿鱼干鲜美可口，让人过食不忘，曾被列入清代海八珍之一。在昌江，无论是家常饭桌还是高级餐厅，一盘海尾鱿鱼，就是必不可少的美味佳肴。

（八）清蒸石斑鱼 石斑鱼，肉质洁白，鲜美如鸡，故而有“鸡鱼”之称。清蒸，将石斑鱼的营养发挥到极致，不失为最佳食用方法。鱼肉鲜嫩滑口，放入口中，顷刻间化开。

（九）排海肉焖海瓜子 海瓜子是一种白色的小蛤蜊，大小形状如南瓜子，是一种在滨海滩涂生长的小水产品，因状如南瓜子而得名。海瓜子捕获时，多含泥沙，须在淡盐水中浸养半日，待海瓜子泥沙吐尽，洗净备用。

排海肉焖海瓜子是昌江海鲜的招牌名菜。焖这道工序将海瓜子本身的香甜，发挥到极致。食之，有甜酸辣，软软的触感。

（十）清蒸螃蟹 用白酒泡一下螃蟹，等螃蟹昏迷，然后用小毛刷把螃蟹洗净，蒸锅内放入水，开锅后放入螃蟹，大火蒸 15~20 分钟即可。姜洗净去皮，切成末。取一小碗倒入醋和香油，放入姜末备用（建议为保持蟹的鲜味，香油可不放）。螃蟹尖脐的是公螃蟹，圆脐的母螃蟹。中秋节前后母螃蟹最肥。

（十一）酱炒花蛤 昌江的海鲜类特色美食之一。花蛤，又叫花甲、文蛤，因贝壳表面光滑并布有美丽的红、褐、黑等色花纹而得名。做法：花蛤洗净外壳，用淡盐水浸泡，使其吐净泥沙；姜、蒜切片，葱切5厘米段，2个小红辣椒切成小段；绿菜椒一个，备好；锅中水烧开，滴些黄酒，放入清洗干净的花蛤，待水再次沸腾时，关火，把花蛤捞出沥水(焯花蛤的水千万不要倒，沉淀一下，可以煮汤，非常鲜)；菜椒切块；一勺黄豆酱、少许生抽、生粉、糖和水调成腌的秘密武器——酱汁；坐锅热油，依次放姜丝、蒜片，等锅中出香味时放入花蛤、红绿椒；翻炒均匀把调好的酱汁倒入锅中；再次炒均后放葱段，翻炒一下，出锅。

(十二)糖醋鱿鱼卷 这是一道传统家常菜，色泽清新艳丽，酸甜适口，清淡不油腻。做法：将鱿鱼清除内脏、洗净，放入滚水中(水中加少许盐)汆烫一下，捞出冲凉；小葱洗净，放入滚水中，烫至微软捞出，冲凉；将鱿鱼切成1厘米宽、3厘米长的段，用小葱卷上鱿鱼，放入盘中；将韩式辣酱、白醋、糖、芝麻混合、调匀，浇在鱿鱼卷上，或者蘸食。

(十三)蒜蓉芝士焗龙虾 做法：龙虾收拾干净，对切开，钳子的部分敲碎(可以让卖海鲜的小贩帮忙收拾的)；收拾好的龙虾撒上盐抹匀；柠檬对切开，把柠檬汁挤在龙虾上；蒜切末，用橄榄油拌匀；马苏里拉切小丁；把蒜油均匀地涂抹在龙虾上，多多的铺上奶酪，烤箱180℃ 20~25℃ 分钟。

(十四)清蒸鲈鱼 昌江县特色菜谱。做法：将杀好的鲈鱼清洗干净，从鱼背中缝处轻剥一刀，以防止鱼在蒸制的过程中破皮，将料酒2大勺、盐少量、白胡椒粉适量抹匀鱼全身，腌制10分钟左右；腌制的过程中将大葱、姜切细丝，红黄彩椒切条；将一半的葱姜丝塞入鱼肚中；另将大葱切长段垫在鱼身底下，鱼身上铺一些姜丝。提前烧开半锅水，放在锅中蒸7—8分钟左右关火；将蒸鱼豉油2大勺、生抽1大勺、糖1大勺、白胡椒粉少量、温热水50毫升、盐少量、鸡精适量依次放进小碗中拌匀，直至糖全部化掉；将蒸好的鱼身上姜丝去除，倒掉蒸鱼中浸在盘中的腥水，这时可以看到鱼皮是比较完整的；依次在鱼身上铺上葱姜丝和彩椒条；锅入植物油烧热，要烧到冒烟，将热油从鱼头浇至鱼尾，特别是有葱姜丝的地方，可以听到吡吡声；最后将调好的味汁从鱼头浇至鱼尾即可。

(十五)蒜蓉生蚝 牡蛎，俗称蚝，别名蛎黄、海蛎子，牡蛎有良好的食疗效果。

中医认为牡蛎甘平无毒可解五脏，调中益气养血以解丹毒，醒酒止渴活血充饥，常食还有润肤养颜养容功能。《本草纲目》记载：牡蛎肉“多食之，能细洁皮肤，补肾壮阳，并能治虚，解丹毒”。现代医学认为牡蛎肉具有降血压和滋阴养血等功能，“细肌肤，美容颜”及降血压和滋阴养血、健身壮体等多种作用，因而被视为美味海珍和健美强身食物。

做法：蒜去皮，借助工具将蒜磨成蓉待用，生蚝用螺丝刀从缝隙中撬开，取出海蛎肉洗净，将所有的海蛎肉集中一起用调味料腌制片刻后重新装在牡蛎壳上，在生蚝上撒适量的蒜蓉，入开水锅中蒸 5 分钟左右即可取出，撒上香葱末，浇上热油就好了。蒸的时间不要太长，否则口感就不鲜嫩了。

（十六）香炸鱿鱼筒 鱿鱼肉质紧实，有嚼劲，营养又美味。经油炸后的鱿鱼筒，表皮金黄，酥脆可口，沾上甜辣酱，为聚餐时的必备佳肴。

（十七）海尾煎堆 又叫珍袋，橙子一般大，以糯米粉包住馅料油炸而成，馅料为搅匀的冬瓜糖颗粒、芝麻或花生碎粒。珍袋块制作讲究米性、料性，还有糖性，并以一定比例结合在一起，稍微误差就容易出现表皮破损馅料溢出和出锅后珍袋块软黏而不脆等问题。特点是制作精细、用料考究、皮脆馅香、甜腻适中，味道浓烈。海尾煎堆呈球形（寓团圆之意，有“碌得起”的吉祥意蕴），糯米粉做皮，炸至金黄，表皮匀布芝麻，其皮酥脆异常。

煎堆常作为礼品送人，正月时候，当地人有买珍袋回家或是走访亲友的习俗，因煎堆块的表皮经油炸后起泡变脆，有“起水”之意，意为今后的生活将有起色变得更好。特别是正月初二那天，是妇女们回娘家的必备礼品。

第六章 招商引资与进出口贸易及对港澳台贸易

第一节 优惠政策和措施

1991年起，从人力、物力和优惠政策等方面全面进行招商工作。1999年5月20日，县长办公室会议就海钢公司钴铜冶炼厂工程建设项目在筹建中所需要协调解决的税费、建设用地等问题进行讨论。议定：一、为使钴铜冶炼厂工程项目尽早动工兴建，县政府要给予大力支持，用足民族自治县的有关优惠政策，在政策允许范围内对有关税费给予减免。二、为了做好项目的跟踪服务，县政府决定成立钴铜冶炼厂工程项目跟踪责任领导小组，由县长吉廷军任组长。三、为确保钴铜冶炼厂项目建设用地，由县政府通过协商的方式，从石碌镇水头村与海钢公司目前尚有权属争议的200公顷土地中划出13.76公顷给海钢公司作为钴铜冶炼厂项目建设用地。青苗补偿费由海钢公司按有关规定补偿。

2003年8月6日，县长办公会议研究昌江智源钢铁有限公司在昌江投资有关问题。议定：一、县经贸交通局、县建设与国土环境资源局、县工业办等有关部门要大力配合智源钢铁有限公司做好同石碌钢铁厂办理建设、生产、生活设施场所的租赁手续的协调工作。县建设与国土环境资源局在确认该公司现有的建设用地、生活用地的红线图的基础上，经报县政府审批，可核发相应的土地使用证，具体工作由县工业办和县建设与国土环境资源局负责。二、为给昌江智源有限公司提供良好的投资环境，县国税局、地税局、工商局、建设与国土环境资源局、供电公司等部门在为昌江智源钢铁有限公司办理相关手续时要主动工作，提供优质服务，简化办事程序，实行合理收费，切实维护客商的利益。三、鉴于昌江智源钢铁有限公司技改项目属技改达标工程，报建手续可按特事特办性质，在法律法规许可范围内，采用“备案制”方式处理。四、昌江智源钢铁有限公司技改项目环保达标问题，县建设与国土环境资源局要派专人配合公司做好此项工作，力争在较短时间内达标。技改项目的排污费上缴后可按治理污染项目适当给予返还。五、昌江智源钢铁有限公司的税收问题，由县国税和地税部门按国家与省的有关法律法规收缴。六、昌江智源钢铁有限公司要尽快将公司电力增容纳入城网改造项目申请送交县政府，以便县政府报送省有关部门审批。七、关于石碌钢铁厂的改制问题，鉴于该厂为省属企业，昌江智源钢铁有限公司要结合目前钢铁厂的实际情况，拟出一个详细可行的改制方案，上报由省政府及有关部门讨论决定，县政府尽量协助办理。八、县公安局要协助昌江智源钢铁有限公司搞好公司的生产、办公、生活场所的社会治安问题，严厉打击各种侵犯客商利益的违法行为，全力保障客商财产、人身安全。九、县卫生防疫部门要协助昌江智源钢铁有限公司做好外来工程队和工作人员的”非典“防治工作，做到抓生产与抓”非典“工作两不误。

2004年2月21日出台《昌江黎族自治县鼓励招商引资加快发展若干规定》，实施三年后，县招商办组织人员到相关县直单位、乡镇调研，对昌江县原有的招商引资优惠政策进行提出修订意见并提交县委、县政府通过，打造昌江良好的投资环境：1. 在县工业园区投资的生产性企业按其实际缴纳的增值税县级留成部分，5年内按10%奖励企业；2. 投资新办的企业年度缴纳税款在1000万元（不含1000万元）以上的，可按缴纳税款中属县级部分的5%奖励给企业；年度缴纳税款在500~1000万元，可按缴纳税款的2%奖励给企业；3. 民族自治地方的自治机关对本民族自治地方的企业应缴纳的企业所得税中属于地方分享的部分，可以决定减征或者免征并报省政府批准后实施。

2010年，出台《昌江黎族自治县旅游房地产开发管理暂行办法》。8月，县政府常务会议讨论关于对县机关办公大楼建设太阳能光伏、风能发电系统项目实施合同能源管理问题做出决定：一、原则同意县工信局呈报的《关于对县机关办公大楼建设太阳能光伏、风能发电系统项目实施合同能源管理的请示》；二、要发挥政府机构节能减排的模范作用，将县机关办公大楼太阳能光伏、风能发电系统项目建成节能减排的示范工程；三、项目建设采用合同能源管理模式，由企业垫资建设，县政府可预付30%建设资金，企业所垫资金以电费方式逐年返还。10月，县政府常务会议讨论关于引进农产品加工项目问题。形成决议：一、原则同意县工信局呈报的《关于落实河北德力食品有限公司落户我县投资建设农产品加工项目的请示》；二、项目选址在太坡农产品加工园区工业五路西侧，按照集约用地的原则供给建设用地，安排一期生产用地10公顷，预备二期生产用地10公顷，生活用地按有关规定供给；三、土地出让价格和税收优惠，按有关政策规定办理；四、县工信局要积极跟踪服务，督促河北德力食品有限公司加快项目前期工作，争取2011年2月前开工建设。县政府常务会议讨论关于建设低碳农业循环经济项目问题。

形成决议：一、原则同意县畜牧兽医局呈报的《关于建设（海南昌江低碳农业循环经济示范区建设项目）的请示》；二、支持三亚雪古丽现代生态农业综合开发有限公司在昌江县投资建设荷斯坦奶牛场、海南黑山羊养殖场、乳品加工厂、冷鲜肉联厂、休闲观光农业设施等低碳农业循环经济项目；三、县畜牧局要积极做好跟踪服务工作，协助企业完成项目选址、落实项目建设用地等前期工作。12月，县政府常务会议讨论关于海南德力食品有限公司3万吨低温冷库及农副产品深加工项目投资协议书问题。决定：一、原则同意县工信局代拟的《海南德力食品有限公司3万吨低温冷库及农副产品深加工项目投资协议书》；二、项目建设所享受的优惠待遇依据现行法律法规及有关政策执行。

第二节 招商活动

一、多渠道招商

小分队招商。2003—2004年县委、县政府组织招商小分队到北京、上海、广东、江苏、香港等经济发达地区举办推介会、招商洽谈会活动，扩大了招商引资工作的深度和广度，争取更多资金和项目落户昌江。2005年，县参与上海、浙江、江苏等省市之间的“双大互动”，学习发达地区的先进经验。

组团招商。2007年，县为了承接珠三角、长三角产业企业转移，组团参加第四届“珠洽会”。该次“珠洽会”签署了3亿元以上的项目合约，项目总投资20亿元。2010年4月，围绕“三化一业”发展战略，着力建设新型钢铁、生态建材、新能源、农产品加工四大产业，为加大园区招商引资力度，加快昌江循环经济工业区发展。到安徽省合肥市和河北保定市徐水县，考察了合肥国轩高科动力能源有限公司、安徽安凯汽车股份有限公司和河北德力食品有限公司，意向引进3家公司到昌江投资办厂，建设汽车锂动力电池、纯电动汽车制造和农产品加工项目。由县委、县政府牵头县工业园区和农产品加工项目考察团赴广东东莞、浙江台州、河北徐水考察松山湖科技产业园区、东莞建安管桩项目、台州金属再生产业园区、河北德力农副产品加工项目和中节能风电项目。

网上招商。2010年，丰富和完善招商网站，构筑招商引资平台。丰富“昌江县招商网”，利用国际互联网的优势，县可以通过自己的招商网站及时发布各类招商项目信息，让全球投资者迅捷、准确、方便地了解昌江县的投资政策、投资环境和投资项目。2009年昌江县招商办借助新闻媒体在人民网·招商引资频道、中国招商网、人民网·海南视窗、海南在线电视、海南图文资讯402频道、昌江政府网等新闻媒体发布招商项目进行引资，加大外界对昌江的了解，激发了投资商对昌江投资热情。

信息产业工作。2010年，加强县政府门户网站管理，充分发挥政府门户网站在招商引资工作中应有的作用。促进各部门、单位提供网络信息，丰富网站内容。加强和县各企业沟通联系，了解企业运营情况，做好协调服务工作。

二、组织或参与招商推介会

2008年海南（香港）经贸活动周　（谢志勇 摄）

2008年，县招商办参加“2008海南（香港）经贸活动周”，在宣传海南、推介海南的招商推介会上，昌江准备充分，在招商推介会上很好地宣传了昌江，推介昌江，使许多投资商充分了解到昌江的资源优势以及优良的投资环境。很多客商都到海南考察投资项目，接待的客商有恒大地产集团公司、杭州迅安投资有限公司、上海科勒（中国）投资有限公司、海南明德能源投资有限公司、重庆乌江实业（集团）有限公司、青岛昊华化工有限公司等等。2009年，昌江县被省政府指定为在厦门举办的第十三届中国国际投资贸易洽谈会海南省的代表主办单位，全程负责代表海南省筹备、策划、布展、举办专场招商推介会、对接各场招商洽谈会等活动。推出招商项目共有41个，共签约9大项目（其中6个属旅游项目，3个为工业项目），总金额78.83亿元，创昌江县招商引资工作的历史新高。

主要招商活动。1996年9月8日，成功举办首届“海南昌江芒果节”，以芒果引路、文化搭台、经贸唱戏，达成一批招商项目，引进资金560万元。

2002年6月30日，由相关负责人组成的代表团参加北京2002年外商投资暨农副产品深加工合作洽谈会，会上与外商签订了12个项目合作协议，项目协议投资总额达13.38亿元。12月举办《长臂猿》特种邮票首发式暨昌江优势资源推介会，推介会上与客商签订钢铁冶炼、铜钴冶炼、石英砂开采、万亩养虾基地等10个项目意向书，协议投资总额为7.69亿元。2003年，昌江获得省委、省政府批准设立的重点发展钢铁、建材、水泥等产业的重点工业园区。2004年2月，省批准成立昌江循环经济工业园区。县委、县政府以此为契机，立足为地自然资源，充分发挥区域优势，确定两条腿（工业和农业）走路，四个轮子（旅游业、海洋业、畜牧业、服务行业）齐驱动的发展思路，高举工业牌，精心打造西部工业走廊循环经济工业园区的品牌。2005年，县委、县政府抓住被确定为“投资环境建设年”的机遇，从保障和维护投资者合法权益，提高行政效能和服务水平，落实投资优惠政策，抓紧完善配套基础设施以及建立保障机制等方面制定一系列具体措施，不断完善投资软硬环境的建设。

2006年，县委、县政府全面实施“工业兴县”战略，通过大企业进入，大项目带动，不断拓宽产业链，精心打造昌江循环经济工业园区。县组团参与第三届“珠洽会”等招商展销活动，大力推介昌江县的招商项目，成功与国电龙源集团广东分公司签订了投资额达10亿元的风力发电项目意向书。

2007年，县为了承接珠三角、长三角产业企业转移，组团参加第四届“珠洽会”。该次“珠洽会”签署了3亿元以上的项目合约，项目总投资20亿元。县委、县政府围绕“立足资源优势，加快工业发展”的工作思路，开拓进取，以招商促发展，取得了较好的成效。12月29—31日，县举行昌江黎族自治县成立20周年周年纪念大型活动，县委、县政府结合这一契机大力招商。共接待马来西亚及国内香港、上海、北京、贵州、四川、广东、深圳、海南等地客商35次，洽谈项目13个，达成意向项目7个，项目预计总投资26亿元。同年，全县已动工在建项目6个，项目总投资约5.2亿元。

2008年，县围绕昌江经济建设“一个中心”，实施“双大战略”，激活“三大资源”，加快“三化一业”发展，强化“四个抓手”的发展战略，立足资源优势，加大招商引资力度，努力打造昌江循环经济工业园区，促进更多的项目落户昌江县。县工业、招商、旅游、宣传有关部门和昌江鸿启实业有限公司、昌江华胜水泥厂等企业到广西南宁参加第五届“泛珠江三角洲地区经贸洽谈会”。县商务局还组织有关企业参加在海口举办的“海南名优特产品展销会”、在陵水举办的“海南民俗特色产品展销会”，推介昌江的芒果、香水菠萝、香蕉等名优热带水果资源。通过一系列的招商活动，进一步扩大昌江的知名度。

2009年，县围绕经济建设“一个中心”，实施大企业进入，大项目带动“双大战略”，激活土地、资金、人力“三大资源”，推进昌江工业化、城镇化、农业产业化、旅游业“三化一业”，强化规划先行、项目带动、招商为重、保障有力“四个抓手”的发展思路，开拓进取，以招商促发展，取得了较好的成绩。第十三届中国国际投资贸易洽谈会县推出招商项目共有41个，共签约9大项目（其中6个属旅游项目，3个为工业项目），总金额78.83亿元，创县招商引资工作的历史新高。

2010年，抓住海南国际旅游岛建设与加快海南西部开发建设的重大历史机遇，加快“一湾一山一黎乡”的旅游开发步伐，大力推进旅游基础设施和招商引资的工作，加大国家级循环经济工业区的基础设施建设和项目招商工作。1月7日，在海口举行招商会以上，县招商推介吸引了大批的客商，会后的10天内，共有6批30人的客商到昌江县实地考察洽谈。5月28日，在内蒙古、海南两地商贸投资洽谈会暨海南省内蒙古商会成立挂牌仪式上，很好地宣传昌江，推介昌江，许多客商充分了解到昌江的资源优势及优良的投资环境，客商表示将把昌江作为其投资的首选地。在中国·天津第十七届投资贸易洽谈会上，昌江县的招商宣传也吸引了众多客商的眼球，当场发放的招商宣传资料被索要一空。

2009年9月第十三届中国国际投资贸易洽谈会外商与昌江县业务人员洽谈（谢志勇 摄）

第三节 招商成果

1991—1992年，昌江县与国内外客商洽谈项目25个，合同协议投资人民币93260万元，实际投资4340万元人民币和48万美元。项目有工业、农业、房地产业、旅游业等，其中成都琼丰汇通公司在叉河镇投资400万元兴办芒果综合开发基地；香港旋达种子公司在十月田青坎投资300万港元开发种子繁育基地；香港山城剑麻纺织公司在十月田镇投资400万港元兴办剑麻综合开发基地；海南农业招商总公司分别投资2000万元和80万元兴建海南招商芒果饮品厂和华盛铸造厂；昌江华合棋子湾开发公司投资360万元，进行前期旅游综合开发分析评估工作。1992年昌江县“三资”企业10家，其中同年新批准成立5家。内联企业14家，其中新批准成立6家。“三资”企业累计投资额333万美元，其中同年实际投资额30万港元，外引内联企业工业总产值296.2万元，占昌江县工业总产值的0.7%。同年新批准的主要外引项目：台商独资兴办的昌尼种植公司与港商合资兴办的山城剑麻公司和全丰纺织公司等，内联项目：四川客商独资兴办的昌隆实业公司、昌江汇通芒果场，海口客商与县农行合资兴办的昌江鸿昌公司。

1993年，昌江县签订外联内引项目27个，意向投资总达7210万元和3051万元。动工兴建的项目8个，其中农业开发2个，房地产、建材项目共6个。同年动工兴建项目：县农行与鸿昌实业开发公司联营引进资金800万元，总投资11亿元，年产优质水泥81.42万吨的昌江水泥厂。

1994年，昌江县签订外引内联项目12个，其中外商投资企业2家，国内投资企业10家，意向投资总额达12638万元和190万美元。同年实际投入资金6136万元和164万美元。主要项目：海南跃农农业有限公司投入资金150万美元在十月田镇兴建香蕉基地；海南海昌农业开发公司投入14万美元在保平乡白山农场兴建3000亩芒果基地；海南扶贫国际交流中心投资200万元在南罗镇兴建扶贫开发科技园；海南昌江现代农业发展有限公司投资250万元在太坡兴建立体农业综合开发工程；省水产公司投资440万元在海尾镇兴建渔港新村；海南海洋开发公司投资50万元在南罗镇兴建海水养殖基地；海南财泉物业公司投入700万元改造石碌中心市场。

1996年，外商实际投资220万美元，外省实际投资1970万元，引入资金主要向热带高效农业的开发倾斜。9月8日，县成功举办首届“海南昌江芒果节”，以“芒果引路、文化搭台、经贸唱戏”，达成一批招商项目，引进资金560万元。

2002年6月30日，县代表团参加北京2002年外商投资暨农副产品深加工合作洽谈会，与外商签订了12个项目合作协议，项目协议投资总额达13.38亿元。12月举办《长臂猿》特种邮票首发式暨昌江优势资源推介会，与客商签订钢铁冶炼、铜钴冶炼、石英砂开采、万亩养虾基地等10个项目意向书，协议投资总额为7.69亿元，实际投资4.7亿元。

2003—2004年，先后有20多个项目落户昌江县，累计投资27.62亿元，初步形成了由昌江华盛水泥厂（一期投资4.8亿元建设年产200万吨水泥生产线，年产值5亿元）、国投水泥厂、海南泰林食品有限公司（始建于2004年11月，总投资1517万元，预计年销售收入3200万元，年上缴税金160万元）、钴铜冶炼、橡胶加工、海钢铁精粉厂等16个工业项目组成的昌江工业项目群，为打造西部工业重镇奠定了良好的基础。2004年7月在广州市举办第一届泛珠江三角洲区域经贸合作洽谈会（简称“珠洽会”或“泛珠会”），向客商推介、宣传昌江的基础设施、工业、农业、旅游等招商项目50个。昌江得龙刨花板厂，年产人造石板2万立方米，总投资1000万元，年产值1500万元。昌江宏昌生态环保建材厂，总投资500万元，年产值100万元。

2005—2007年，通过大企业进入，大项目的带动，不断拓宽产业链，海钢公司110万吨铁精粉项目、华盛水泥厂余热发电项目（投资5000万元建设6000千瓦余热发电项目，年产值4750万元）、国投水泥二期生产线、钴铜冶炼等工业项目成功投产，矿产基地优势日渐凸显，华盛水泥二期生产线项目（二期改造投资4亿元，扩容至年产400万吨）落户昌江县。2005年6月成都市举办第二届珠洽会，昌江推介招商项目36个，涉及基础设施、房地产开发、旅游开发、农业开发及加工制造业等领域，项目资金60亿元，其中，与广东烨龙集团责任有限公司签订熔融还原炼铁项目协议，协议资金20亿元。2006年6月昆明市举办第三届珠洽会，昌江举办了“海南昌江产业及项目推介午餐会”，首次向泛珠三角“9+2”（粤、桂、琼、云、贵、川、湘、赣、闽和港、澳）各省区展示了“矿产基地、水泥之都、芒果之乡”的独特魅力。与客商签订了昌化风电项目协议资金5亿元。鸿启石英砂加工项目：总投资2600万元，年产30万吨，年产值8000万元。2005年8月，由海钢公司投资1.9亿元建设年加工110万吨低品位矿的铁精粉厂，年产铁精粉65万吨。钴铜冶炼项目：海钢公司投资2.5亿元建设钴铜冶炼厂，2006年4月进入重负荷试车阶段，钴铜冶炼厂项目是由中国有色工程设计研究总院设计。工艺方案采用成熟可靠的硫酸化焙烧浸出提纯工艺，项目设计规模为年处理钴铜精矿56760吨；年产电积钴及钴盐300吨/年（折金属量）（其中氯化钴420吨/年、电积钴200吨），电积铜900吨/年，硫酸镍250吨/年；副产硫酸50000吨/年，氟化铝为14000吨/年，氟铝酸10000吨/年。2006年年初开工建设的南尧河水电站项目：由海南润大公司投资4000万元建设的王下南尧河水电站，装机容量8000千瓦。

2007年，第四届珠洽会，推介招商项目26个，与客商签订钛白粉、镁合金2个合作项目，意向投资18亿元。2007年昌江县招商办重点跟踪服务中国广东核电集团的核电项目，该项目是昌江县招商办通过网上招商方式对接上的，为了让项目尽快落户昌江县，县招商办配合中广核做大量的前期资料收集工作，最终确定昌化峨岭为预选厂址。海南昌江鸿启实业有限公司叉河水泥分公司是由原海南省叉河水泥厂改制成立的中型水泥生产企业，原拥有回转窑一条，机械化立窑三台，生产规模为年产普通硅酸盐水泥50万吨。2007年年底公司对原生产线进行拆除，新建两条年产100万吨水泥的新型干法生产线。海南西洋不锈钢项目：海南西洋不锈钢有限公司是由海城市西洋耐火材料有限公司与自然人周伟共同出资设立，注册资本5亿元，其中海城市西洋耐火材料有限公司投入注册资本35000万元，以实物投入，占注册资本的70%，自然人周伟投入资本15000万元，以货币资本投入，占注册资本的30%；公司注册登记地在昌江县。2007年，海南西洋不锈钢有限公司投资30亿元在昌江建设年产50万吨不锈钢项目开展前期工作已有7个月时间，项目建设地点位于昌江县循环经济开发区叉河组团，占地面积为72.2公顷，总投资额为30亿元人民币，规模为年产不锈钢热轧板卷50万吨，建成投产后，预计每年可实现销售收入200亿元，利润35亿元，可为社会提供就业岗位2500个。已完成《节能评估》《安全评价》《环评报告书》等文件，全部通过专家评审。

2008—2009年，县邀请多家客商到昌江实地考察，其中有香港长城国际工程投资有限公司、海南徽商投资有限公司、江西昱成冷冻投资公司、农夫山泉一定远农夫基地果业有限公司、河北华裕禽育种有限公司等；加快推进重点工业项目建设，华盛水泥二期竣工投产，叉河水泥一期、国投水泥三期（投资315亿元进行三期技改，年产量由二期年产200万吨扩容至400万吨）、华盛水泥三期进展顺利，海南矿业5万吨氟化盐项目已完成设备安装，海南昌江核电项目和海南不锈钢项目分别获国家发改委和工信部批准同意开展前期工作。2008年，以省政府8月18—22日在香港举办的“海南（香港）经贸活动周”为契机，组成15人的昌江经贸代表团。在活动周上向港澳企业、客商推介招商项目30个。2009年，到广西南宁参加第五届“泛珠江三角洲地区经贸洽谈会”。组织有关企业参加在海口举办的“海南名优特产品展销会”、在陵水举办的“海南民俗特色产品展销会”，大力推介昌江芒果、香水菠萝、香蕉等名优热带水果资源。

2010年，组织两个经贸代表团参加第六届泛珠三角地区经贸洽谈会和“2010年海南——天津经贸洽谈暨环渤海经贸活动”。县通过各种方式积极进行招商引资工作，预计投资总额约113.05亿元，已动工在建的项目5个，项目投资额110.66亿元，已签约项目3个，投资额约2.4亿元。全力推动昌江核电项目建设，核电站1号、2号机组先后顺利开工建设；加快发展生态建材产业，华盛水泥三期、华盛100万吨水泥粉磨站和鸿启水泥二期建成投产，昌江县水泥(熟料)产能达1200万吨，华盛水泥四期项目已完成主机设备订购;加快发展新型钢铁和矿石加工业,240万吨球团项目前期工作扎实推进，200万吨贫矿选矿厂项目具备开工条件，海矿北一地采项目建设完成年计划的78%；加快发展农产品深加工工业，顺利完成雪古丽热带畜牧养殖加工场项目的前期工作，德力农产品加工项目已开展前期工作；昌城110千伏输变电工程竣工投产。

第四节 进出口贸易与港澳台贸易

一、外贸体制改革

1991年，外贸体制改革进一步深化，经营体制转轨，进出口经营权下放地方，个体、民营、股份制等企业只要条件符合均可申请进出口经营权，在该县登记注册的企业为发展外向型经济，积极申请进出口经营权，到2010年年底，全县有进出口经营权的企业有海南司克嘉橡胶制品有限公司、海南全农农业开发有限公司、昌江剑麻综合加工厂等10多家，进出口商品主要有橡胶制品、剑麻制品、香水菠萝、无烟煤等，对外贸易进出口总额呈快速平稳增长趋势。

二、进出口与港澳台贸易

随着国家开放政策的深入，外贸进口与港澳台贸易商品品种逐年增多，县对外与对港澳台贸易企业有县对外贸易总公司、县对外经济发展公司、县对外贸易公司等。外贸下放地方管理后，企业缺乏资金和外贸专业人员，外贸业务基本停止。随着进出口经营权限的放宽，从事进出口经营的股份制企业、民营企业主要有天涯华盛水泥有限公司、海南司克嘉橡胶制品有限公司、昌江裕莱钢铁厂等。

1991 年，出口出境产品结构发生显著变化。在农、副、土、畜产品的基础上增加了工业品。直接出口出境的工业品有航空巾、毛织品、服装、玉镯等，创汇 59 万美元。截至 1992 年，出口出境石英玻璃表镜面 540 万余片，创汇 240 多万港元。1990—1992 年，海江石料厂出口出境花岗岩方料创汇 11 万美元。

2005 年，全县外贸与港澳台贸易总额 63 万美元。2006 年，县对全县从事外贸与港澳台贸易经营的企业进行调查登记全县已办理备案登记、从事外贸与港澳台贸易业务的企业共 12 家，其中外资企业 4 家。年内，全县外贸与港澳台贸易名额 696.4 万美元，同比增长 1005.4%。水泥、含镍生铁、橡胶制品、剑麻制品等成为昌江外贸与港澳台创汇的主要产品。仅天涯华盛水泥有限公司就与西班牙克林凯—塞蒙特公司签订 200 万吨水泥熟料出口合同，合同出口额 6000 万美元。全县实现水泥出口 136177 吨，出口额 378.6 万美元。2007 年，全县外贸与港澳台贸易总额 2269 万美元，同比增长 225.8%。镍铁、香水菠萝、剑麻制品、橡胶制品等成为昌江外贸与港澳台贸易创汇的主要产品。从越南进口无烟煤 39.1 万吨，进口额达 1452 万美元。2008 年，昌江绿宝农产品物流有限公司、昌江永丰生态工程有限公司等 4 家企业共获得扶持资金 250 万元，通过这一专项资金的支持，昌江永丰生态工程有限公司种植的芒果首次打入了中国香港市场。同年，全县外贸与港澳台贸易总额 2811 万美元，同比增长 23.8%。2009 年，全县外贸与港澳台贸易总额 5103.35 万美元，同比增长 81.55%。2010 年，全县外贸与港澳台贸易。总额 10776.97 万美元，同比增长 52.65%。

第七章 烟草专卖

第一节 机 构

1991年,昌江县烟草专卖局(公司)设办公室、专卖办、计财股、烟叶生产股和业务股,干部职工27人。2003年,海南烟草进行商业企业体制改革,根据《海南省烟草专卖局关于成立海南省烟草公司海口公司等4个子公司的通知》和《海南省烟草专卖局关于取消文昌等14个市、县烟草公司法人资格的通知》精神,取消昌江县烟草公司法人资格,昌江县烟草专卖局名称及职能不变,昌江县烟草公司更名为海南省烟草公司儋州公司昌江营销部,隶属海南省烟草公司儋州公司管辖。2004年,撤销昌江县烟草公司法人资格,改为海南省烟草公司儋州公司昌江营销部,经营业务归所属管辖的子公司——儋州烟草公司管理,全名为昌江黎族自治县烟草专卖局(营销部)。实行一个机构、两块牌子办公形式。设有局长1名,副局长1名,下设综合办、专卖办、客服部三个部门。作为营销部是按照儋州市烟草专卖局(公司)的卷烟销售工作方案,培育卷烟品牌、服务客户、开发市场,并采用"网上订货、网上配货、电子结算、全面配送"的业务模式开展卷烟销售工作。在财务上,实行报账制,统一向子公司——儋州烟草公司报账。2010年,昌江县烟草专卖局(营销部)在岗职工27人,其中领导2人。设有综合办、专卖办、客服部和配送组。

第二节 卷烟销售

1991年,全县销售卷烟16856件,其中地产烟9718件,实现利润16.5万元,种植香料烟20公顷,是1990年的3倍,收获干烟叶6888.3千克,总产值4.97万元;

1992年，全年卷烟总购进14096件，地产烟购进8681件，实现利润30.89万元；全年种植香料烟40公顷，收购烟叶金额18.48万元。1993年，卷烟年销售14588件，地产烟9747件，实现税利率59.02万元，利润47万元；香料烟种植80公顷，收购烟叶112.562千克，收购烟叶金额46.56万元。1994年，继续扩大烟叶种植，加强专卖管理。卷烟年销售31355件，其中地产烟销售16720件，实现利润55.2万元。种植香料烟100公顷，收购干烟叶78000千克，收购金额40万元。

1995年，全年销售卷烟38570件，地产烟20660件，创利80万元。全年种植香料烟66.7公顷，收购烟叶23186千克，烟叶销售金额4.35万元。1996年，年销售卷烟8584箱，地产烟3756箱，实现利润60万元。种植香料烟33.3公顷，收购干烟叶15725千克。1997年，年销售卷烟7197箱，地产烟2785箱，实现利润12万元；烟叶种植面积26.7公顷，收购干烟叶20000千克，收购总金额23万元，获利9.2万元。

1998年，全年销售卷烟6123箱，其中地产烟销售3200箱，利润总额10万元。香料烟叶收购540担。1999—2000年，共销售卷烟9730箱，地产烟5927箱，实现利润169万元。

2001年，城乡卷烟销售网络建设从最初的简单送货到规范的访销配送，从“量的扩张”到“质的飞跃”，创造了良好的网络效益。4月，烟草专卖局实施“户籍化”管理工程，零售户持证率、亮证率、市场净化率、规范经营率均达95%以上，全年市场考核净化率达97.6%。全年销售卷烟5215箱，地产烟3295箱，实现利润85万元。

2003年，全年销售卷烟28077万支，比2002年同期26720万支增加1357万支，增长5.09%，其中，销售地产烟16804万支，完成计划16000万支的105%，省外烟11273万支，完成年计划9500万支的113%，实现利润84万元。2005年，推进卷烟销售网络建设改革，在撤销昌江营销部卷烟仓库后，启动“一库式”大配送运作模式。2009—2010年，共销售卷烟约16514箱，销售额累计约28014.85万元。

第三节 卷烟专卖管理

国家对烟草实行专卖制度。县烟草专卖局独立行使烟草专卖行政管理权，负责昌江辖区卷烟市场的专卖管理工作，执法队伍设有一个稽查大队，主要工作是卷烟零售许可证的管理、卷烟市场管理、缉私打假工作，规范卷烟经营秩序。对昌江辖区内卷烟零售商户实行户籍管理和跟踪管理，执行“五步法”（一亮执法证、二宣传法律、三查看营业证、四检查卷烟、五收缴违规烟）市场检查管理办法，对商户进行划片分户管理，采用专销结合、入网订货销售等措施，加大对烟草市场监督管理力度。1991 年，没收走私烟 1342 条，罚没款 5.47 万元。1992 年，没收走私烟 501.4 条，计划外烟和盲流烟 492 条，取缔非法烟丝加工厂 2 家，没收切丝机 3 部，处理违章运输烟叶案件 1 宗，罚款 800 万元。1993 年与公安、工商、公路等 5 个部门签订了同抓共管协议和委托授权书，全年查处违章案件 37 宗，罚没款合计 28.76 万元。没收走私烟 4885 条，价值 14.36 万元，处理违章烟 33167 条，取缔地下烟丝加工厂 1 家，没收切丝机械 1 台，没收销毁劣质烟叶烟丝 3844 千克，没收销毁计划外烟厂卷烟、假冒烟 4337 条。1994—1995 年，查处违章案件 33 宗，没收走私烟 2839 条，处理违章烟 15541 条，罚款 10.87 万元。1996—1997 年，查处违法违章案件 7 宗，没收走私烟 354 条，处理违章卷烟 2092 条，没收销毁假冒烟 654 条，罚没款合计 1.5973 万元。1998 年查获违法经营案件 6 宗，处理违章经营摊点 327 个，没收违章香烟 839 条、走私烟 259 条、假冒烟 192 条，罚没款累计 2.6 万元，取缔非法经营批发点 3 家。1999 年，查处烟草违法案件 25 宗，查没假冒烟 3652 条，烟丝 309 千克、走私烟 68 条，处理违章烟 10810 条，罚没合计 15.6 万元，兑现举报费 4500 元，奖励办案有功人员（河北派出所和边防局）5000 元；在全面清理整顿卷烟市场第一战役中，共查处违法案件 11 宗，端掉假冒烟窝点 2 个，没收假冒烟 2032 条，处理违章烟 4714 条，罚没款 14 万元。12 月 1 日，依法取缔昌江县城 3 大个体非法卷烟经营大户。2001 年，查处违法经营 7 起，查处走私烟 17 条，非法生产卷烟 53 条，非渠道卷烟 50 条，烟丝 2400 千克，违法案总值 1.49 万元。2004 年，出动执法人员 4875 人次，查处案件 11 起，遏制了卷烟经营的违法活动，净化了卷烟市场。全年上缴税金 738001 元。2005 年，抓内部管理监督和卷烟打假工作，出动执法人员 2128 人次，查处经营假烟案 16 起，查获假烟 168.4 条，罚没款 5277 元。2006 年，出动专卖执法车辆 518 辆次、人员 2490 人次，查处违规经营案件 13 起。查获各类卷烟 393 条，案值 22411 元，罚没款 12718.54 元。2007 年，出动专卖执法 431 车次、1730 人次，查处违规经营案件 23 起，查获各类卷烟 8.07 万支，罚没款 0.65 万元；提高农村市场的服务和管理水平，扩大对农村的覆盖率，农村卷烟经营户从年初的 409 户增加到 698 户，持证经营率从年初的 1.7‰提升到 2.8‰。2008 年，出动专卖执法 435 车次，1740 人次，查处违规经营案件 15 起，总案值 0.56 万元，罚没款 0.18 万元，共办证 709 户，全县人均持证率达 2.8‰，经营户零售毛利率达 10%，上缴税金 164.2 万元。2009 年出动专卖执法车辆 435 车次、1740 人次，查处违法经营案件 13 起，查获各类卷烟 4.08 万支，总案值 1.58 万元，罚没款 0.19 万元。

2010 年，卷烟零售许可证持证户共 729 户，持证率为 3.17‰。年内，专卖执法共出动 335 车次、1230 人次，查处违规经营案件 25 起，其中，5 万元以上案件 1 起。查获各类卷烟 30.3 万支，案值 11.09 万元，罚没款 0.38 万元。

第八章 旅 游

昌江的旅游业起步较晚，到2006年还没有真正意义上的旅游企业在昌江开发旅游产业，许多游客只是单纯的观光或公务出差而到昌江旅游。为此，县委、县政府不断加大旅游业开发力度，通过新闻媒介广泛宣传昌江旅游资源，并制定开发旅游资源的优惠政策加快招商引资，同时大力加强旅游基础设施建设，使昌江旅游产业不断加快发展。2010年，随着海南国际旅游岛上升为国家战略，县依托优势资源，发展县域旅游，确定了打造棋子湾、霸王岭和王下黎乡的“一湾一山一黎乡”山海游为主的旅游发展思路。

第一节 旅游资源与景点

昌江有独特的海岸、熔岩、热带原始林莽群落、动物区系以及天然的旅游自然景点。旅游资源丰富，自然景观、人文景观独特，民俗风情浓郁，具有阳光、海水、沙滩、绿色、空气五大旅游要素，拥有热带荒漠滨海、热带原始森林、温泉、岩洞、丛峰、瀑布、海南长臂猿、石碌铁矿、河流、港湾、气候、湿地、黎苗民族风情十三大风情。昌江的旅游景区按特色和区位主要分为两大区域，即西北部沿海有棋子湾、昌化岭胜景、海尾湿地，东南部山区有霸王岭热带原始森林、皇帝洞、地下官、雅加大岭瀑布、风流山瀑布、七叉温泉、玉石谷、昌化江峡谷、石碌铁矿、燕窝岭等。

一、棋子湾景区

棋子湾位于昌化镇北面3千米处，距石碌镇45千米，海湾长20千米，呈S形，有大角、小角、棋子篮、帆船石等20多处自然景观。

棋子湾有洁白的沙滩，有清澈的海水，有大大小小奇形怪异的石头。地质造山运动在礁石上留下了火山喷发过程中撕拉扯拽、刀劈斧砍的痕迹，历经亿万年风吹雨打、烈日暴晒、海浪侵蚀，岩石有褐色、红色、灰色、青色的不同。夕阳西下，礁石的色彩变化万千。站在巨石上，看到的是浓缩了的丘陵、湖泊、沟壑、冰川和悬崖。而最令人称奇的，是无数小而圆的卵石，它们被洋流磨得精光，在固定的季节里被海水从海底的孔洞里带出来，堆积在名为“棋子篮”的半月形沙滩上，形成一大片色彩斑斓的石子滩，这些小石子像极了围棋的棋子，“棋子湾”的名称由此而来。据《琼州府志》和县志记载，至少在明清两代，就有“棋子湾”这个名字了。凡是到“棋子篮”的游客，都要捡拾“棋子”带走，时间一长，扁圆形的、色彩斑斓的小石子就被人捡走，余下越来越少了。正德《琼台志》载：“峻灵山侧有石肖棋子，每取之，则以银钱抛山下，信手不敢选。”

棋子湾天然十景：

船帆石，因形状似船帆而得名。位于深海与浅海交接处。船帆石高出海面，能阻隔风浪，在此可看到湾外波浪滔天、湾内水平如镜的奇观，有“一掌划开两重天”之赞。

盼郎滩，又名观音滩。位于大角和小角之间。沙滩平坦、洁白。四周长满山花。人们可以在这里游泳，进行阳光浴和沙疗。据说古时这一带的渔家女，每天夕阳西斜时，便成群结队到此，各采一束山花，拿在手中，面向大海祈祷，盼望出海捕鱼的丈夫平安归来，故此得名。

仙浪洞：位于峨岭南悬崖临海处。潮涨，海水滚滚而进；潮退，海水缓缓而出。洞中可行船，旁边有路可通。古传仙人所造，故得名。

怪石群：位于海湾内，在烟波中隐约可见，海水昼夜撞击，浪花四季飞溅。远眺似钱塘江中的一群铁牛挡住滚滚而来的海潮，溅起满天飞沫。若驾轻舟一叶，临近石群，则涛声灌耳，使人胸襟豁然。

棋子篮：在海湾沿岸约5000平方米的圆形沙滩上，铺满红、蓝、绿、黑、白等各种各色的卵石，光滑净洁，似棋子，故得名。

海湾大角：俗称昌化大角。是湾内海岸线的制高点，大角沿岸古铜色和深褐色的石林连成一片，恰似少女的裙幅。石窝中各色各样的热带鱼成群嬉游，海鸟飞翔，盘旋其间，别具一番美妙的海湾特色。

海湾小角：位于海岸南端。小角布满层层叠叠的风化石，井然有序，而又姿态各异。南面有一石壁，高达6米，状似帐篷。海浪撞击石壁，发出沉雷般的巨响，海水咆哮，浪花飞溅。

治癣沟：位于湾内腹地，沟中泉水终年长流不息。泉水中含有丰富的硫磺矿物质。患皮肤病的人常到这里洗澡，不医自愈，故名“治癣沟”。

祭海石：位于西侧海中，退潮时隐约可见。石长10米，宽2米。石面平似桌面，生有石槽、石牙、石杯，状似香案。历来渔船进出昌化港，经过此处时，渔民总要到石上朝拜一番，以求人平安、鱼满舱。

观鱼石：位于西南侧海中，湾中巨石横卧，石下有一石槽，长10米余，槽内水色清澈。四周石壁上，丛生瑰丽的各色珊瑚花，水中各种游鱼，令人目不暇接。

二、霸王岭景区

霸王岭北距省会海口190千米，南距三亚市210千米。霸王岭林区总面积4.94万公顷，其中森林公园面积8444.3公顷，森林覆盖率97.3%。霸王岭动植物种类繁多，生态系统完整，生态功能齐全。

霸王岭国家森林公园中国保存最好的热带雨林之一，各种热带森林得到充分的发育，公园内生物资源极其丰富。公园的植被以低山雨林、沟谷雨林和山地雨林为主，分布有野生维管束植物220科967属2213种，其中国家一级保护植物2种，国家二级保护植物19种，被列为国家重点保护的珍稀植物有黄花梨、见血封喉等。植物往往自成群落，如荔枝群落、桄榔群落、木棉群落、石上榕群落等。热带雨林所特有的"直立如屏的板状根""老茎生花、空中花园""独木成林""能攀善爬的附生植物""缠绕绞杀植物"以及藤树争艳、独木成林、老茎生花、附生寄生、百米垂帘、根瀑、龙根、藤王等林相特征随处可见。霸王岭国家森林公园有许多可以称之"树王"的珍贵树木，如野荔枝树王、陆均松王、天料木王、见血封喉等，是热带植物的天然标本馆。其中一棵被称为"五指神树"的陆均松树龄达2600年，胸径达到2.3米，被当地老百姓当作"树神"来拜祭；另外一棵陆均松树龄2000年，胸径达到2.5米的，被当作"树王"敬仰。

霸王岭野生花卉种类繁多，特别是兰花种类，公园内有兰科植物98种，其中名贵兰花品种有70余个。其他野生观赏植物也很多，如海南梧桐、刺桐、假杜鹃等。

公园拥有陆生脊椎野生动物28目85科365种，其中国家一级保护动物6种，如海南长臂猿、云豹、孔雀雉等，占全省国家一级保护动物的86%，国家二级保护动物46种。野生动物中独有的海南长臂猿是世界四大类人猿之一，属于国家一级保护濒危物种。海南岛霸王岭国家级自然保护区是海南长臂猿的唯一栖息地。

霸王岭是海南国际旅游岛建设发展规划纲要确定的17个重点旅游开发区之一，公园以丰富多彩的热带森林资源为基础、千姿百态的雨林景观为特色。有总长约7千米的"王道""钱道""情道""霸道"和"天道"5条游览、科考栈道。公园已开发的景区有两个：白石潭景区和雅加景区。雅加景区主要分布着"情道""霸道""天道"三条游览栈道，并建有别具生态特色的雅加度假（会议）中心。"情道"是霸王岭雅加景区山、水、林、石结合得最好的景点之所在，在"情道"可以观赏到落差达150米，岩面宽30米的雅加情侣瀑布，有“不观雅加瀑，枉来霸王游”之说。“霸道”是领略霸王岭之霸气的最佳去处。登“霸道”，赏霸石，觅圣潭，览众林。“天道”是“追求成功”之道，集长、高、陡于一身，是霸王岭长度最长、高差最大、坡度最陡的栈道。白石潭景区位于离霸王岭林业局11千米的热带低山雨林中。白石潭景区内部景观各异、特色鲜明、一步一景。有一条游览观光栈道——“钱道”。“钱道”是人生财富之道。“钱道”两旁的藤树争艳、聚宝峰、元宝石、步步高等景点有如鬼斧神工，组成了一幅幅迷人的山水画卷。森林公园的峰峦叠嶂、飞瀑溪潭、巨树古木、奇花异草、珍禽稀兽、岩洞怪石等自然景观使得自然的神、奇、野、幽、险、雄在有限的时空内得到了充分的展示。

黑冠长臂猿自然保护区。位于霸王岭林区东部的斧头岭境内，跨越昌江、白沙两县，面积2133.3公顷。1980年1月19日经广东省人民政府批准建立省级自然保护区，1988年7月国务院批准为国家级自然保护区。

黑冠长臂猿属于猿科较高等的灵长类，是世界四大类人猿中我国唯一的种类，是中国生物资源的无价之宝。1983—1984年，中山大学、广东省昆虫研究所和霸王岭林业局对保护区的长臂猿进行了联合调查，确定长臂猿的数量有8群14只。保护区建立以来，为黑冠长臂猿创造了繁衍栖息的天然条件，又为科学工作者研究人类的进化，提供了理想的场所。日本、美国、瑞士等国有关组织和学者也曾经到保护区考察研究，中外摄影师多次到现场拍摄纪录片、照片。20世纪90年代，保护区建立健全了自然保护区的管理条例和各种规章制度，除保护一切自然生物物种资源之外，还开展了对长臂猿的生态观察和驯化科研工作。2003年10月在香港嘉道理农场暨植物园的资助下，省野生动物自然保护中心、霸王岭林业公司等单位发起并主办的“霸王岭海南长臂猿保护行动”正式启动。

霸王岭黑冠长臂猿 （霸王岭林业局供稿）

地下宫。位于霸王岭东岭，是一个岩溶山洞，洞长约1000米，高约600米，洞身斜入地下，上下共分层，进入洞内，犹如进入地下迷宫。1932年德国人类学家史图博到海南岛考察黎族人类史时，就曾到地下宫。洞内潮湿阴凉，深青色、褐红色的石灰组成各种斑纹、参差不齐的石壁遍及洞的四周，岩洞里有洁白漂亮、形状各异的钟乳石；在洞里有一个傲然挺立的水晶柱。

雅加大岭瀑布。位于霸王岭林区东面，直悬于雅加大岭西侧。落差110米，平均流量0.3立方米/秒。雨季最大流量1.5立方米/秒，旱季最小流量0.1立方米/秒。四周峰峦叠翠，云雾缭绕，景色迷人。远眺瀑布，犹如飞流自天上飘洒而下，十分壮观。

三、七叉木棉红景区

昌江素有“中国木棉之乡”的美称，昌江木棉花开花时间是每年2—3月，这期间是昌江木棉花艳丽盛开的季节，吸引众多游客到此观赏。宝山村是昌江野生木棉树最集中的一个村，距县城32千米，离霸王岭热带雨林度假区13千米。属于热带海洋性气候。宝山村属纯黎族居住地，群山环抱，山区资源丰富。规划区周边紧邻霸王岭国家森林公园、风光旖旎的峨贤岭、王下乡的船型屋黎家村寨、皇帝洞等。七叉镇宝山木棉景观点每到花季，春暖花开，田间地头的木棉花竞相开放，艳红、橙黄的木棉花与远处的黛山、近水、黎族草屋相映成趣，构成绝美画卷。此外，还有走成片的大章水库、大章村、燕窝岭、白石岭等观赏点。尼下的昌化江木棉红码头更是代表了七叉木棉红景区的精华。

四、石碌矿山爱国教育基地

石碌铁矿公园内建有死难矿工纪念碑，1965年10月1日兴建，为红砖水泥结构，直立等边梯形。碑高11米，碑基高4米，碑身高7米，宽5米。碑正面楷体阴刻直书“日寇蒋匪统治时期死难矿工纪念碑”15个大字，碑座正面阴刻横字碑文30行501字，记载日本侵略者和国民党反动派自1940年至1949年间残杀2万多名矿工的罪恶史实。

石碌铁矿景区。海南石碌铁矿位于石碌镇境内，是大型露天矿之一，因铁矿品位高著称，是中国最大的露天富铁矿。矿体北起石碌河，南至羊角岭，西起石碌岭，东至红山头，方圆16平方千米。呈南北长、东西狭的长条形。主体矿分布在石碌镇正南1千米一带，以北一主矿体为中心。石碌铁矿是国家铁矿石的重要生产基地之一，它不仅有丰富的铁、钴、铜资源，而且还有镍、硫、铝、金等多种矿产资源。据探察，铁矿储量达数亿吨，品位高达62%以上。被誉为“宝岛明珠，国家宝藏”。矿山有露天采矿留下的矿坑。站在石碌岭可俯瞰整个石碌铁城。

五、昌化大岭景区

昌化大岭风景区位于昌化镇昌城村东北2千米处，古称神山、峻灵山、胳膊岗等，民间称昌化大岭，简称大岭，统称昌化岭，也有人称之为大陈山、海军岭等。十里九峰，雄伟峻峭，西端延伸至秀丽的棋子湾海滩。岭高460米，奇峰兀立，林翠花艳，山泉长流，素以岩奇、山青、花香、泉甜而闻名于世。

昌化岭与棋子湾山水相依，南是古昌化城，三个景点把奇峰异石、青山翠谷、碧水银浪、白滩奇礁、古迹文物、今时民情等景观集为一体，近年旅游设施不断完善，游人常年络绎不绝，成为昌江县最热闹的旅游区之一。

景区内有八景：

石林叠翠。十里九峰的昌化岭，山岩千姿百态，一石一景，各具韵味，在古木掩映的山峦上，有外形独奇的金鼓石，姣俏秀丽的神龟叠秀石，气势轩昂的雄狮石，亭亭玉立的仙女石，雄冠群岩的老虎石，还有妙趣横生的夫妻石、和尚石、蜈蚣石、渔船石、凤凰石、山猪石等，各种奇岩怪石，星罗棋布，千姿百态，耐人寻味。雨后天晴，群峰间，悠悠白云漂缈缭绕，仿佛仙女撒下一片片洁白的轻纱，给秀丽的山川增添了神奇而迷人的风采，把整个昌化岭装扮得瑰丽奇妙，令人陶醉。

洞天仙境。昌化岭上岩洞繁多且奇特，而最迷人的景观当推岭巅之洞天仙境。由六块10多米高的巨石垒成，巨石底面平整光洁，石层下有一深洞，四周奇花异草悬挂，幽雅别致。洞的中间有一圆井，深约6米，井水清甜，名之“玉液”。洞中又有一条20多米长的石缝通道，人称“一线天”。洞前有一石桌，亭中有一石条，可供游人闲憩。洞中空气清新、优雅、宁静，从洞中傍着石壁仰看，犹如坐井观天，妙不可言。如遇雨雾天气，行走在洞天巨岩之间，飘飘缈缈，如入仙境。洞外峰奇石怪，绿树荫翳，山花争妍，野果挂枝，蜂蝶飞舞，蝉鸣鸟歌，山风习习，人处其间，流连忘返，似步入世外桃源。

石坛炼道。在峻灵王神石下有个像石坛石头，据说是峻灵王的“炼道石”。传说峻灵王常年在此修炼，追求长生不老之道术。相传峻灵王是农历二月二十四日出生，六月六日成道。民间设坛定期祭拜，以肥牛来作为祭品，祈求一年的丰收。

海角天堂。洞天仙境里有三个小洞，石中有洞，洞中有石，洞连着洞，奇妙无比。洞的南面有个洞天，人称“海角天堂”，呈“人”字形状，高约2米，长5米，宽近4米。“海角天堂”的四周全是花岗岩石，像是一间石房，里面冷气嗖嗖，就是在夏天，人进入里边，也会感到清凉气爽。

一线天。洞天仙境西南面有一块巨石，高约七八米，似神工鬼斧从中间一劈为二，中间夹道仅宽约40厘米，人们称之为“一线天”。不知道人是否能从夹道中穿行过去，传说人走过去也会变成仙人了。

仙井。洞天仙境底下有一个圆形的“仙井”，深4米，直径约6米，井中水质清甜。

蓬莱亭。从洞天仙境向南走100多米，有一屹立的大石，外表貌似一座“蓬莱亭”，在大石约3米高的地方，伸出一块长4.5米、宽6米的弯石片，显得非常奇妙。整个“蓬莱亭”的面积约27平方米，内有一石，高1.5米、宽4米，看上去宛如一张八仙桌，传说这是仙人常来下棋、绘画、弹琴、赏月的地方。“蓬莱亭”外丛林翠绿，花草芬芳，不远处有一片野生柑果树，此种树常年无叶，树枝上挂满珍珠般的黄色小果，颇为奇特。

观海奇峰。在昌化岭西边约400米处，伸出一块宛如平台般的巨石，上可同时容纳百人站立观景看海，人们称之为“观海奇峰”。天气晴朗时，站在石台上看海，但见碧空万里，水天一色，海上渔帆点点，令人心旷神怡。而当夕阳西落，霞光映红了“棋子湾”的海面，海浪缓缓地有节奏地拍击着岸边的礁石，奏出了一曲曲扣人心琴的渔歌，此情此景，令人着迷，令人心醉。

六、海尾湿地公园景区

海尾湿地公园位于海尾镇石港塘湿地范围内，距离环岛高速公路23千米，离昌江县城45千米。公园控制范围近666.7公顷，公园面积为296.5公顷。园内有大片湿地、草地、滩地、红树林保育地、鸟类栖息地和海防林，其地貌类型为平原和海岸沙滩地貌。区域范围内没有较大河流，地面水主要有鸡沟田水沟，雨季可汇集周边数十平方千米的雨水，地下水极为丰富。鸡沟田生长着十几株被誉为植物的活化石的龙血树，体型硕大，枝丫飘逸。

走进湿地公园，首先映入眼帘的风景线，是一道壮观的木麻黄海防林带。公园内湿地有沼泽湿地和滨海湿地等，湿地植被盖度≥80%，植被类型除了自然植被，还有人工植被，其中有水生荷花、桉树林、木麻黄、沙立灌木林和水生植被，是海南少有的生态系统保护较好的湿地，是海南较为稀缺的内陆淡水沼泽湿地。区域内有维管束植物79科255种，成片的野菠萝、摇曳的芦苇、优雅的荷花、生机盎然的三角梅给人印象最为深刻。有脊椎动物120种，其中鸟类有14目36科69种，主要有环颈鸻、鹗、矶鹬、红腹滨鹬和白鹡鸰、褐翅鸦鹃、珠颈斑鸠、小白腰雨燕、小白鹭、牛背鹭、池鹭、棕背伯劳、暗绿绣眼鸟等。鸭类、秧鸡科鸟类、鸻鹬类和鹭类是该地区最具特色的鸟类。动物类有泽蛙、沼蛙、饰纹姬蛙、花姬蛙等，爬行类有游蛇、淡水龟等。

公园建有湿地观光区、木麻黄海防林、酒店别墅区、海边休闲区四个区域。公园现有8栋庭院式别墅、5栋木屋式酒店，床位108个。公园私密清静，是生态旅游、休闲度假、修身养性、科普教育的理想去处。

七、王下乡景区

王下乡境内森林覆盖率达99%，空气清新，自然环境优越，被称为“昌江肺腑”。群山环抱的王下犹如遗落人间的一块净土，境内郁郁葱葱，森林密布，秀丽的河流岩壁、奇趣的岩石洞窟镶嵌其中，独特的人文元素，如梦幻光影般美轮美奂。

皇帝洞景区。位于王下乡牙迫村南瑶河岸边的五勒岭脚下。是个石灰岩大溶洞，主要是侵蚀地下水沿可溶性碳酸裂隙处冲刷流淌，年长日久溶蚀而成。洞内冬暖夏凉洞外群山环抱，层峦叠磹，洞厅里种种石笋、石柱、石块、石床、石板、石片、石盘的钟乳石成群，千奇百怪，妙趣横生，犹如仙境。洞内曾发现石斧、石网堕以及汉代印纹硬陶残片等器物。皇帝洞依山傍水，洞口就在南尧河边，从远处眺望，像一头张口的大水牛。洞宽约60米，深约130米，高25米，面积约7800平方米，可容纳上万人。洞底东高西低，向南倾斜，洞内小径蜿蜒曲折。洞厅呈拱形，平坦宽敞，壮丽堂皇。游人踏入洞门，洞中群燕飞舞。洞内钟乳石多姿多彩，有的像盆、盘、板、柱、刀、锥、枕、席，有的像牛、羊、鸡、狗、虎、鹿、龙、凤，有的像罗汉金刚，天将玉女，有的像出水芙蓉，亭立鸡冠，引颈竹桃……犹如人工雕刻而成，惟妙惟肖。洞内正方左面的半空中，悬挂一巨石，似乎摇摇欲坠使人提心吊胆，仔细观看却牢固异常，人们称之为金龙腾空。在洞的东南方，有90米长的天然形成的似太师椅，两侧站有两排石卫士，椅上坐着一石人，酷似皇帝登基。在厅里的后面是皇宫龙门，有三片横石，甚像挂金锦，吊彩带，张横额，气派非凡。门后有一石柱，支撑着洞顶，柱身形迹如雕龙绘凤。宫顶上有一通天洞口，长2米，宽1.5米，像天窗，光线照射下来，洞里光彩夺目。攀登石阶可以从天窗外爬上洞顶，观赏仙洞四周的群山、稻田、黎胞村寨。宫内石景琳琅满目，石床上的玉罗帐色泽莹白，花团锦簇，珠环翠绕。宫壁上全是玻璃管状的鹅蛋石组成的景观，状似蚕茧，有些地方喷射似的长出石花，有似珊瑚的、莲花的，丛丛簇簇，玲珑剔透，似稀世奇观。

洪水村金字形茅草屋。洪水村原名“红水”，黎语叫“浓塞”，血水的意思。村前红水河每当雨天或山洪来时，碧绿如洗的红水河就呈现红褐色，依河而居的村寨，被唤作红水村。有关部门登记时，误把“红水”记作“洪水”，“洪水”村便沿用至今。洪水村共有154户，总人口为689人，是一个完整的黎族自然村。是昌江县中唯一保留着传统黎族民居的村庄。洪水村的金字形茅草屋，呈“金”字形，原始、自然，它保留着古代黎族住宅的营造技术，是迄今海南保存最完整的金字形茅草屋部落，堪称黎族文化的活化石。每间都是精美的艺术品，虽然结构大同小异，但是从小细节都能看出主人的匠心独运。茅草房最大的特点就是通风透气性极好，冬暖夏凉。是用竹竿和茅草建成的，屋顶很低。土墙使用茅草和泥土混合构筑，门窗的地方用木头或者水泥条，然后在窗内或者外面再挂一块用竹子编的席子，席子是正方的多，上边缘绑在窗框上，然后要开的时候用一根棍子撑开，就像古装戏里面的窗一样。屋顶则用事先编辑好的草排（用竹子或者树枝或者山藤

洪水村船型茅草屋 （谢志勇摄）

之类的夹成一排排）然后从周边到屋顶的顺序盖好，屋顶上竹竿与竹竿之间都是用麻绳或藤条捆绑的，茅草片的固定也采用麻绳和藤条来固定的，非常的结实。洪水村，民间称为最后的草屋部落，也是一块珍贵的黎族民居文化的活化石。2008 年，昌江启动了茅草屋保护计划，除了抢救与保护不可复制的黎族文化标本外，昌江还希望通过旅游经济带动的战略构想达到实现保护的目标。

南尧河十里画廊。十里画廊位于王下的南尧河，从牙迫村开始往西，连绵十里。南尧河弯弯曲曲，顺流而下便是著名的大广坝，河两旁是茂密的森林和奇形怪状的石头，景色别致。顺流而下十里，都是悬崖峭壁，峭壁上有巨大的岩壁画卷，有自然生成的各色图案，有的像动物，有的像人，有的像树木……故被称作“十里画廊”。南尧河的北岸是由石灰岩构成的山体，因长年受到雨水的腐蚀，形成了奇、险、峻的垂直峭壁，峭壁表面有着千奇百怪的斑纹图案，或像妖魔或像美女。在皇帝洞前，可以看到南尧河最为雄壮的一段。十里画廊，一里更比一里奇；南尧河，一湾更胜一湾秀。可以想象若能在河中悠然泛舟，脚下是南尧河水的清净，两岸是俄贤岭喀斯特地貌的奇秀，一定犹如天空仙景里穿行。

玉石谷景区。王下地区明望河谷阶地中分布大量玉石、彩石堆积体。有些块头巨大，达到一人身高，重千余千克，堪称玉石王。可作为园林观赏石。在玉石上刻字，将玉石与书法艺术相结合，相得益彰。硬度石主要为蜜黄蜡石、黄蜡石、羊脂石，表皮莹润，丝绢光泽，似涂有黄色或白色蜡质，成分主要为二氧化硅，致密坚硬，不易风化。另有彩石、奇石（纹理石、类画石、文字石、寓理石）及黑色玉髓石等等，是十分珍稀的旅游资源。

八、风流山瀑布 风流山瀑布，又称马岭瀑布。位于石碌镇东 8 千米，昌江县与白沙黎族自治县交界处（马岭西南侧）。源于保梅山脉高岭东南山鹿，流经马岭西南山坡汇入石碌水库。落差 605 米。最大流量 2 立方米 / 秒，最小流量 0.4 立方米 / 秒。周围群山环抱，怪石嶙峋，古木葱郁，风景宜人，如临仙境。

九、七叉温泉 位于七叉镇政府驻地东北方向百米处，长 10 米，宽 7 米，深 0.6 米，总面积 70 平方米。早年建有简易沐浴池，日可沐浴约 400 人次。七叉温泉中含有硫黄物质，平常水温 30℃ ~40℃，可建温泉疗养所。

十、燕窝岭 位于七叉镇境内昌化江东岸，主峰高 487 米。此岭山峦奇异，峭石险峻，在逶迤清静的昌化江水映衬下，景色十分壮观。

十一、保梅岭景区 保梅岭景区为省级自然保护区，位于石碌镇东北，与白沙黎族自治县相接，海拔 782 米，是海南岛西部丘陵地区幸存的一块保护较好的热带雨林，有海南特有植物种122种，珍稀保护陆栖脊椎动物63种，植物资源具有丰富性和典型性，是海南山鹧鸪、穿山甲的栖息地，也是海南坡鹿的一个重要野放地。区内森林植被较为丰富，有古树参天的特类材，数量极多的1~3类材。此外，还有珍贵的中草药材；森林类型为低山雨林和次生林，群体外貌基本终年长绿，木质巨藤、茎花、附生植物及棕榈科，姜科等林下植物雨林特征明显，群落组成成分以热带山地长绿阔叶林为主。常年四季如春，树木葱郁，峰峦叠嶂，实属大自然所赐的“天然氧吧”。在岭顶或半山腰可欣赏日落景象和铁城之锦绣，号称“城市中的热带雨林、热带雨林在城中”。

十二、石碌水库景区 库区水面横贯昌江、白沙黎族自治县，为海南五大水库之一。水库集雨面积353.63平方千米，流域多年平均降水量1600毫米，年平均径流时2.65亿立方米。水库正常水位127.6米，相应库容9888万立方米；设计洪水位（P=1%）127.79米，相应库容10055.8万立方米；PMP校核洪水位131.29米，相应库容14128万立方米。设计灌溉面积10000公顷（其中：水稻6000公顷、旱作物4000公顷）。是一宗以灌溉为主，兼有防洪、发电提供生活用水功能的大（2）型水库。石碌水库群山环抱，水面碧波涟漪。风光秀丽，风景宜人。

附：苏轼《峻灵王庙记》

古者，王室及大诸侯国皆有宝。周有琬琰大玉，鲁有夏后氏之璜，皆所以守其社稷，镇抚其人民也。唐代宗之世，有比丘尼若梦恍惚见上帝者，得八宝以献诸朝，且传帝命曰：“中原兵久不解，腥闻于天，故以此宝镇之。”则改元宝应。以是知天亦分宝以镇世也。自徐闻渡海，历琼至儋，又西至昌化县西北二十里，有山秀峙海上，石峰巉然若巨人冠帽西南向而坐者，俚人谓之山胳膊。而伪汉之世，封山神为镇海广德王。五代之末，南夷有知望气者，曰：“是山有宝气，上达于天。”舣舟其下，斫山发石以求之。夜半，大风，浪驾其舟空中，碎之石峰下，夷皆溺死。儋之父老，犹有及见败舟山上者，今独有叮石存焉耳。天地之宝，非人所得睥睨者，晋张华使其客雷焕发酆城狱，取宝剑佩之，华终以忠遇祸，坐此也夫。今此山之上，上帝赐宝以奠南极，而贪冒无知之夷，欲以力取而己有之，其诛死宜哉！皇宋元丰五年七月，诏封山神为峻灵王，用部使者承议郎彭次云之请也。绍圣四年七月，琼州别驾苏轼，以罪谴于儋，至元符三年五月，有诏徙廉州。自念谪居海南三岁，饮咸食腥，陵暴飓雾而得还者，山川之神实相之。再拜稽首，西向而辞焉，且书其事，碑而铭之。山有石池，产紫鳞鱼，民莫敢犯，石峰之侧多荔枝、黄柑，得就食，持去，则有风雹之变。其铭曰：琼崖千里块海中，民夷错居古相蒙。方壶蓬莱此别宫，峻灵独立秀且雄。为帝守宝甚严恭，庇荫嘉榖岁屡丰。小大逍遥远虾龙，鵁鶄安栖不避风。我浮而西今复东，铭碑晔然照无穷。

第二节 规划与开发

一、规划

县委、县政府发展旅游业，打造“一湾一山一黎乡”旅游新格局，并以此带动周边景区（点）的开发建设。“一湾”是指棋子湾旅游度假区；“一山”是指霸王岭国家森林公园旅游区；“一黎乡”是指王下乡。2001年12月，昌江棋子湾旅游景区被省政府纳入《海南省旅游发展总体规划》中，确定为棋子湾旅游圈，棋子湾的知明度从此名扬海内外。2006年，县委、县政府组织编制《海南昌江棋子湾旅游度假区总体规划》。与霸王岭林业公司协调，组织有关部门编制霸王岭旅游景点，控制性规划。2008年6月14日，省政府对《海南昌江棋子湾旅游区总体规划》正式批复，确定棋子湾旅游度假区是海南西部重要的滨海旅游区，也是省重点景区和沿海重点建设区域。抓好棋子湾、霸王岭、海尾湿地公园、七叉温泉和王下黎乡等旅游景区、景点的规划编制工作，争取到省财政厅、省建设厅等有关部门的规划建设资金70万元用于编制霸王岭旅游区、七叉温泉旅游区的旅游规划。高起点、高标准完成棋子湾旅游度假区总体规划和棋子湾、海南西海岸海尾湿地公园的专项规划，并通过专家评审。2009年，编制《昌江黎族自治县旅游产业发展规划》，主动与省旅游投资集团控股有限公司和海钢集团有限公司对接，分别签订了棋子湾休闲度假项目合作框架协议。完成了霸王岭、七叉温泉专项旅游规划初稿。至2010年，先后完成《昌江县旅游发展总体规划》《海南昌江棋子湾旅游度假区总体规划》《海南昌江棋子湾旅游度假区控制性详细规划》《昌江棋子湾度假区控制性详细规划局部调整》等旅游规划编制工作。

二、旅游招商与开发

从1991年起，县委、县政府重视昌江的旅游开发，一直致力于开发旅游事业，利用报刊、电视媒体对外宣传昌江的旅游资源，制定昌江旅游开发总体规划和开发昌江旅游资源的优惠政策，改善旅游基础设施建设，在招商引资诸方面取得新的进展。1995年兴建王下乡至皇帝洞公路，7月竣工通车。2000年7月25日，昌化镇棋子湾公路动工兴建，总投资200万元，全长5.3千米，宽9米，设计路面为沥青柏油路，2002年7月竣工通车。两条公路的建成为昌江县开发旅游奠定了良好的基础。2007年，主动“走出去”，参加海内外相关旅游会展和促销活动，在俄罗斯国际旅游交易活动中举办“海昌日”推介会，突出“山海并举”的促销主题，充分展示了神奇的自然风光和悠久厚重的文化底蕴。做好旅游资源推介，先后为中华国际投资集团有限公司、深圳景田公司考察团及西欧客商等宣传推介昌江旅游资源和投资政策。年底，成都万华集团已成功与昌江县签订投资开发棋子湾旅游区的意向书。

2008—2009 年，采取“走出去请进来”的办法，结合举办招商推介会等形式，开展旅游招商工作，吸引一批企业到昌江进行考察调研。其中，南京雨润集团、海航集团、西洋集团、西岸乡村庄园俱乐部有限公司四家大企业向县政府递交了旅游开发建设申请，并在县工商局注册了旅游开发公司。南京雨润集团注册的海南雨润地华旅游发展有限公司，第一期在棋子湾用地 266.7 公顷，建设六星级酒店和其他旅游设施。海航集团计划第一期用地 393.3 公顷，建设一个五星级酒店等设施；西岸乡村庄园俱乐部有限公司计划用地 220 公顷，拟在棋子湾小角区建设一个石头公园和一个度假村。5 月 25 日签订了《雨润 · 昌江棋子湾旅游开发框架合作协议书》。至此，雨润集团成为第一家进入棋子湾开发旅游项目的大型企业，棋子湾旅游区的开发建设终于拉开了序幕。

在整合和更新招商资源的基础上，筛选确定了以棋子湾休闲度假酒店、昌江假日酒店、保梅岭自然保护区度假酒店等项目为重点的旅游项目对外招商，吸引了海南旅游投资集团控股有限公司、深圳聚百川实业有限公司、香港腾龙集团海南盛木置业有限公司等企业到县考察。县政府与海南旅游投资集团控股有限公司、深圳聚百川实业有限公司和香港腾龙集团海南盛木置业有限公司等 8 家企业分别签订了项目合作框架协议，引进资金 77.83 亿元。 参加第十三届中国（厦门）国际投资贸易洽谈会，举办了昌江投资环境介绍及招商项目专场推介会，与客商签约 6 个旅游项目，投资额达 49.83 亿元。

2010 年，对优势资源进行整合，以棋子湾旅游休闲度假区、霸王岭国家森林公园休闲度假区、王下乡黎族文化保护区、保梅岭自然保护区和石碌城区等以旅游休闲度假配套为重点的项目建设对外招商。按照“招大引强”原则，县邀请福建阳光国际集团公司等众多国内外知名投资企业集团到昌江实地考察，进行旅游招商项目合作洽谈。重点引进恒盛元棋子湾旅游度假项目和银湾国际花园酒店项目两个旅游项目。

恒盛元棋子湾项目。是 2010 年引进的旅游开发重点项目。项目选址在棋子湾小角日落滨海度假区建设三家五星级酒店，投资额约 50 亿元。项目企业在昌江注册公司，注册资本金为 3 亿元，于 9 月 1 日同县政府签订项目开发合作协议。2010 年年底，项目企业通过招拍挂方式取得项目用地使用权，酒店用地报省国土资源厅审核批准获得通过，并实现“三通”（通路、通水、通电）。

银湾国际花园酒店项目。选址在石碌镇昌江大道县行政办公大楼北侧约 300 米处，用地约 13.3 公顷建设五星级酒店（含接待中心、会议中心、康乐休闲中心、健身俱乐部等）、商品住宅及其他配套设施，建设周期为 3 年，分两期开工建设，项目总投资约 3 亿元。

雨润棋子湾旅游度假项目。项目2009年11月17日举行开工仪式，进行一期工程5星级豪华酒店式会所建设。截至2010年年底，政府配套建设供施工建设需要的水、路、电工程完成，雨润A球场球道建成，正在铺种草皮，会所各项前期工作完成。

海南西海岸海尾湿地公园项目。县旅游产业发展局积极配合项目业主协调各方关系，在项目原有建设规模基础上，协助企业对项目建设规模进行扩展，优化和完善，大幅提高公园建设规模和接待能力以及知名度，项目建设得到进一步发展。截至2010年年底，该项目建成13幢别墅、60间客房、2间多功能会议室和1座观鸟亭等设施，引进5幢生态小木屋，完成项目一期工程建设。

第三节　旅游服务

一、旅游线路

昌江境内主要旅游线路有：

1. 石碌—昌化古县城—昌化岭胜景—棋子湾风景。

2. 石碌—七叉温泉—霸王岭黑冠长臂猿保护区—雅加大岭瀑布—地下宫—皇帝洞—南尧河十里画廊—洪水村金字型茅草屋。

3. 石碌—石碌水库—风流山瀑布。

4. 石碌—七叉镇—木棉红景点组合（尼下昌化江畔木棉红观看码头、保山村木棉梯田、大章村中国艺术名家木棉园等）。

5. 石碌—石碌火车站—石碌岭俯瞰县城—石碌铁矿坑址。

旅游宣传。县重视旅游宣传，提高知名度。2003—2007年，以棋子湾被列入海南省8大旅游优先区总体规划为契机，启动实施“品牌”战略：棋子湾度假区开发、霸王岭热带雨林、雅加瀑布度假村和王下的攀岩探险项目。拓宽昌江旅游工作的新领域，国内外旅游商都慕名前来探研旅行线路，自助游和自驾车游长年不断。参加由省旅游局举办的国内旅游展销会，推介旅游资源。2009年5月，县旅游产业发展局配合省旅游局和海南广播电视总台共同主办的“海南国际旅游岛宣传月”活动，向全国乃至全世界展示海南省各地的秀美风光、旅游资源、地理文化。“《大海之南》——海南国际旅游岛环岛大型直播节目”昌江站现场直播活动顺利完成，向全国乃至全世界展现了一个神奇、美丽、开放的新昌江。5月，配合省旅游局和海南广播电视总台共同主办的“海南国际旅游岛宣传月”活动，向全国乃至全世界展示昌江各地的秀美风光、旅游资源、地理文化，为昌江旅游品牌形象的树立产生了积极影响。举办推介会，提升昌江“山海黎乡”知名度。在第十三届中国（厦门）国际投资贸易洽谈会、“海南省香港经贸周”、各届“珠洽会”及“海南环渤海经贸招商会”等举办了昌江投资环境介绍及招商项目专场推介会。

旅游基础设施建设。昌江加大各项基础设施建设，逐步完善旅游功能。投资4.02亿元的棋子湾旅游公路全长29.48千米建成通车，从环岛高速公路至棋子湾旅游度假区行程缩短一半。投入10亿元，完成棋子湾旅游度假区基础设施建设，建设内容包含棋子湾23千米长的9条路网、3座桥梁、地表水处理厂、污水处理厂等工程。完成旅游咨询服务中心项目建设。昌江山海互动旅游线路布局图已完成。昌化渔业风情镇（一期）工作完成；七叉霸王岭风情小镇外立面改造完成；候车亭项目完成；镇区绿地建设工作及镇区的整治工作完成；着力打造宝山、苗村、苗圃村、保营村、峨港棉花场、山竹沟等一批美丽乡村休闲观光项目及昌化天涯驿站、乌烈大峨港万亩农业旅游公园、海尾湿地公园、保梅岭森林公园、昌江休闲驿站、龙溪休闲绿道、矿山地质公园、棋子湾金角公园等项目。在棋子湾旅游度假区、霸王岭景区增设旅游公厕、生态停车场各5个，在太坡高速公路、叉河等主要交通路段设立道路标识牌78块。完成七叉尼下昌化江畔木棉观景台、生态停车场、旅游公厕等旅游设施建设，七叉尼下至昌化江畔旅游公路动工，七叉百年芒果树旅游广场、生态停车场、旅游公厕等工程项目已经建成并投入使用。启动苗村栈道和霸王岭生态停车场等工程项目建设。完成燕窝山观景台景观工程和白石岭观景台景观工程项目建设。2009年，做好雨润·棋子湾旅游度假项目前期工作。加强协调沟通力度，引导企业与各相关部门接洽，协助办好地上青苗和附着物登记造册、林地审批、项目选址意见书办理和开工许可证办理等各项相关业务和手续。年内，共召开协调会9次，协调解决施工便道、项目用水、用电和项目用地征用、租用等15个问题，完成了项目前期工作。11月17日，海南雨润地华旅游发展有限公司举行开工仪式，正式启动项目一期工程，开工建设两个标准18洞高尔夫球场和一座超五星级豪华酒店式会所。推进海南西海岸海尾湿地公园项目建设。配合项目业主协调各方关系，并和海尾镇政府共同协助项目业主做好项目用地范围内坟墓的搬迁工作，推动了项目建设，完成项目一期工程11幢别墅，共50间客房，1间多功能会议室和1座观鸟亭等设施，5幢生态小木屋的建设。

2010年，完成通往棋子湾、霸王岭和王下乡道路硬化建设；建成县城公共候车亭12个；开工建设环城东路改造工程和东风路延伸段市政工程；县城自来水厂扩建和供水管网建设工程取得进展；新建和巩固提高文明生态村50个，建成农村通畅公路11.68千米；改造和新建旅游厕所15座、农村无害化厕所3500座；完成霸王岭国家森林公园旅游区一期开发，修建完成五条总长约9.3千米、宽1.58米穿梭于热带沟谷雨林石榕环境旅游观光木质栈道；建成四星级标准雅加度假会议中心，中心内含豪华别墅2幢，客房104间，床位183张，大、小会议厅各一间，并配有多媒体及网络系统，功能齐全。旅游基础设施不断完善，推动昌江旅游稳步发展。

特色风情小镇。进入21世纪，昌江加快特色风情小镇建设力度。至2010年，昌化渔业风情小镇一期投资4200万元，新建江海路，完成工程量的80%；改造昌盛路，完成工程量的70%；立面改造工程已完成；大面积景观工程已完成工程量的70%。二期总投资900万元，昌盛路改造二期工程完成。七叉木棉风情小镇总投资2500万元，道路改造工程——重合村路段项目、停车场项目完工，立面改造项目完成。霸王岭热带雨林风情小镇建设正在进行。

二、旅游服务设施

随着昌江旅游产业初步形成，带动了交通服务、餐饮服务、住宿服务等第三产业的发展。至2010年，县内主要宾馆有：

1. 霸王岭雅加度假会议中心。位于霸王岭国家森林公园旅游区内，四星级标准，含豪华别墅2幢，别具生态特色的小木屋客房104间，床位183张，大、小会议厅各一间，并配有多媒体及网络系统，功能齐全。

2. 海钢迎宾馆。位于县城海钢路，建有服务楼3栋，房间42间，床位70个，大小会议室2间，并设有歌舞厅。

3. 昌江迎宾馆。位于县城东风路，建有服务楼3栋、房间100间、床位187个、大小会议室2间，集会议、接待、餐饮、住宿于一体。

4. 春梅宾馆。位于县城昌江大道，共有房间90间，其中单标18间、双标58间，并建有中西餐厅、多功能娱乐厅，交通便利，环境优雅，设施齐全。

5. 昌运宾馆。位于县城人民北路，按四星级标准建有综合性服务楼一幢，有客房93间，能提供200张床位，配有餐饮、娱乐等服务设施。

6. 鸿俊宾馆。位于县城人民北路，石碌中心市场斜对面，建有服务楼2栋，地下停车场1个，房间81间、床位146个，大小会议室2个，并建有多功能娱乐厅，设施齐全。

7. 西岸乡村庄园俱乐部。位于海尾镇西海岸湿地，按五星级标准建设的7幢滨海别墅，客房37间。

8. 县水电接待中心。位于县城人民北路，石碌中心市场斜对面。

9. 县水电接待中心二所。位于县城东风路，县总工会对面。

三、旅游管理

（一）机构

1991—2001年，县没有设立专门的机构负责旅游工作。2002年6月4日，县外事侨务旅游局成立。2008年6月，县机构编制委员会将旅游工作职能从县外事侨务旅游局中单列出来，设立“昌江黎族自治县旅游产业发展局”，主要负责全县旅游宣传促销、旅游招商引资、旅游发展规划、旅游资源保护、旅游开发建设和旅游市场管理等职责。为财政预算拨款正科级事业单位，隶属县政府，核定财政预算管理事业编制10名。内设办公室、规划发展岗、市场开发岗3个股室。

2009年12月23日，县政府设置县旅游产业发展局，作为主管全县旅游工作的县政府工作部门，内设办公室、规划发展岗、市场开发岗和质量监督岗等四个职能岗位，人员编制为行政编制9名，其中局长1名，副局长2名，机关工勤人员财政预算管理事业编制1名。

（二）旅游市场管理

强化旅游行业管理，提高业务管理水平。按照国家旅游局和省旅游局的工作部署，抓好全县旅游业工作，精心指导鸿俊宾馆、海钢宾馆、银河迎宾馆、昌江迎宾馆等旅游酒店行业工作，高标准严要求完成创优要求，为旅游市场健康有序的发展提供了有力的保障。2009年，与海南广播电视大学分校管理学院联合开展合作办学。用3年时间在县内各宾馆酒店及餐饮等服务行业中开展从业人员职业资格培训与鉴定，以提高全县旅游服务从业人员服务技能和整体素质，提高旅游接待服务质量和水平，树立昌江良好的服务形象，为旅游业的可持续发展提供强有力的人才支持。抓好昌江旅游安全工作。2010年，县成立环境综合整治工作领导机构，确定环境综合整治工作目标，重点抓旅游市场环境综合整治。1. 整治旅游从业人员服务意识差、服务态度恶劣、胡编乱导、私自承揽团队业务等行为。2. 整治旅游企业，降低服务标准，聘用无证导游人员、租用无旅游营运资质车辆接待旅游团队，以低于成本价接团并向导游转嫁经营风险等行为。3. 整治旅游餐饮点和旅游购物点短斤少两、不明码标价、低报价高结算、以假充真、以次充好等手段欺诈游客，出售卫生不达标、存在安全隐患的食品，歌舞厅等娱乐场所强买强卖、强迫游客消费等行为。4. 整治旅游景区以“算命测相”“烧香拜佛”“看病抓药”等为诱饵骗取游客钱财等行为。5. 整治旅游饭店降低服务质量标准，发布虚假广告宣传，在旺季哄抬房价等行为。旅游市场环境综合整治。环境综合整治工作是省委、省政府在国际旅游岛建设开局之年部署的第一项重大行动。年内，按照省整治工作领导小组办公室工作安排，县高度重视，成立环境综合整治工作领导机构，确定工作目标，重点抓旅游市场环境综合整治。

（三）安全生产管理

对于旅游安全生产按各项标准严查常管，常抓不懈。2009年，与各旅游饭店签订了“安全责任书”，加强了火灾和安全设施隐患排查，同年共排查一般隐患125项，已整改109项，整改完成率达87.2%，确保无旅游安全事故发生，为全县的安全、稳定、和谐发展营造良好的氛围。与此同时，做好甲型H1N1流感防控工作，指导各宾馆饭店和景区做好甲型H1N1流感日常防控应急工作。2010年，县旅游产业发展局狠抓旅游安全生产各项工作。扎实开展安全生产宣传教育活动。以各种形式多样活动为载体，深入到各旅游景区景点进行宣传教育，不断提高人民群众旅游安全意识。完善各项责任追究制度。深入到各旅游企业内部，帮助企业建立健全各项旅游安全责任机制，同各企业签订“2010年安全生产责任书”。开展安全生产执法和治理行动。每月都采取定期检查和突击检查两种方式对辖区内18家旅游企业进行了火灾和安全设施隐患的检查，对旅游企业存在安全生产隐患进行排查和治理，年内共排查一般隐患68项，整改62项，整改完成率达91.1%，确保昌江旅游无安全事故发生。

（四）旅游接待设施普查

2010年，根据工作安排，对昌江旅游接待资源进行普查整理及整改完善。全县有34家宾馆旅馆，可提供3200多张床位；各类酒店餐厅69家，可满足6000多人接待量；出租车队1家，能提供20多台出租小轿车；县城通往各个景区道路畅通，都有小中巴车乘坐抵达。此外，指导6家宾馆和20家餐厅酒店进行整改，完善和提高酒店接待条件和能力。

四、旅游收入

昌江的旅游业起步较晚，昌江的旅游收入仅靠其县境内各宾馆、酒店对旅客的接待而形成的。2003—2007年旅游营业总收入为3010万元，上缴地方财政税收为300万元。2008年，全年全县接待过夜人数13.4万人次，同比增长35.7%；旅游收入4779.3万元，同比增长26%。2009年，旅游饭店客房开房率达74.4%，接待过夜人数22.7万人次，比上年增长69.7%，实现旅游收入7885.8万元，增长65%，增幅居全省前列。2010年，是海南国际旅游岛建设和省加快海南西部地区开发建设开局之年，全县旅游发展形势整体向好，宾馆酒店接待过夜人数26.7万人次，同比增长17.7%；实现旅游收入9068.7万元，同比增长15%；旅游饭店客房开房率76.92%，提高4.77个百分点。全年旅游接待过夜人数66.04万人次，同比增长22.27%，增长幅度全省排名第三。实现旅游收入3.15亿元，同比增长28.04%。

2007—2010年昌江县旅游收益表

表11-8-1

年份	过夜人数（万人次）	同比增长（%）	旅游收入（万元）	同比增长（%）
2007	9.8	14.0	3792.9	15
2008	13.4	35.7	4779.3	26
2009	22.7	69.7	7885.8	65
2010	26.7	17.7	9068.7	15

第四节 棋子湾旅游开发区

一、管理机构

2008年10月，为了加快推进棋子湾旅游度假区的开发建设，县委、县政府决定成立县棋子湾旅游区开发建设管理委员会。委员会办公室设在县旅游产业发展局。

二、规划管理

棋子湾旅游度假区的规划结构为“一心、一轴、三带、九区”“一心”指棋子湾公共中心区；“一轴”指主要旅游交通廊道，也是主要景观轴；“三带”指棋子湾滨海风光带、双子溪风光带、马荣河风光带；九区指9个功能区，即马荣港滨海度假休闲区、棋子湾公共中心区、天元高尔夫度假区、滨海生态野营公园、中央森林公园、大角生态公园、小角生态公园、小角落日滨海度假区、昌化旅游风情小镇。2001年12月，棋子湾旅游景区被省政府纳入《海南省旅游发展总体规划》。2006年，县委、县政府组织编制《海南昌江棋子湾旅游度假区总体规划》。2008年6月14日，省政府对《海南昌江棋子湾旅游区总体规划》正式批复，2010年，完成《海南昌江棋子湾旅游度假区总体规划》《海南昌江棋子湾旅游度假区控制性详细规划》《昌江棋子湾度假区控制性详细规划局部调整》等旅游规划编制工作。

三、设施建设

棋子湾旅游度假区是海南国际旅游岛建设17个重点旅游景区之一，总规面积为

46.2 平方千米，控规面积为 25 平方千米。引进了海南雨润地华旅游发展有限公司、恒盛元棋子湾旅游置业有限公司、阳光城集团海南实业有限公司等企业进驻。2008 年，为加快“雨润 · 棋子湾”项目的开发建设，县旅游产业发展局主动协助海南雨润地华旅游发展有限公司办理项目开发前期工作，为企业排忧解难，使棋子湾旅游度假项目开发建设步伐平稳向前迈进。

四、旅游活动

1991 年以来，每年都有自驾游车队、户外徒步团队、露营团队、旅游团队、探险团队、垂钓、新婚探险游、婚纱拍照、沙滩排球赛、沙滩越野车赛、烧烤娱乐团队等到棋子湾活动。2005 年春节，广州飞燕旅行社组成新婚探险旅行团 40 多对新人到棋子湾进行新婚探险游。

第十二编　财税·金融

第一章 财 政

第一节 财政体制改革

1988年海南建省后，昌江财政通过一系列改革，建立起公开公正的财政收入、透明高效的财政支出机制和灵活多样的财政调控机制，逐步形成公共财政体制的管理框架。

1993年12月15日，国务院作出实行分税制财政管理体制，确定从1994年1月1日起，改革现行地方财政包干体制，对各省、自治区、直辖市以及计划单列市实行分税制财政管理体制。全县各乡（镇）财政所全面实行“收支包干、超收分成、超支不补、节余留用”的财政管理体制。同时建立乡（镇）总预算会计，监督乡（镇）财政收支执行情况，在海尾镇建立了镇一级金库，在强化财政职能建设等方面做了有益的尝试。

1994年后，中央实行“分税制”的财政管理体制与新的税制全面运行，昌江财政推行分税制条件下乡（镇）财政包干体制，采取定性和定量相结合的分析测算方法，划分收支范围，分系统、分层次、分部门核定各乡（镇）行政事业单位的各项经费开支，进一步明确县、乡（镇）两级的财权和事权，理顺分配关系，调动乡（镇）生财、聚财和理财的积极性，适应国家分税改革的需要。2002年起，实行政府非税收入征缴管理方式的改革，全面推行“单位开票、银行代收、财政统管”的政府非税收入管理体制，执收执罚单位全部统一使用《海南省政府非税收入一般缴款书》。通过改革，进一步规范了政府非税收入“征缴分离”和“收支分离”的“收支两条线”管理，确保非税收入的及时足额入户，有效地集中和增加财政收入。

2003年，国家实施农村税费改革政策后，取消乡村统筹、农村教育集资、屠宰税、农业特产税、降低农业税（公粮）税率。2004年后，全面推行“乡（镇）财县管”改革，规范乡（镇）财政管理，进一步规范和优化镇定级财政支出结构。县级财政部门参与管理并监督乡（镇）收支，建立规范的乡（镇）财政业务程序，减少财政资金使用的随意性，增强乡（镇）财政预算的严肃性。同年，根据省统一部署，在改革粮食流通体制中对种粮农民实行直接补贴。

2006年起，贯彻落实国务院农村税费改革，在全县范围内免征农业税。2007年，全面推开农村义务教育经费保障新机制，在全县农村普遍实行免除义务教育学杂费，将义务教育全面纳入了公共财政保障体系。2009年，全面实施国库集中支付改革，财政资金按预算、按用款计划、按项目进度、按规定程序的"四按"原则办理。全县117个全额拨款预算单位实行国库集中支付制度，完善财库行电子信息平台，达到了政府财政管理信息共享、操作规范，强化了预算执行的约束和执行监督，利于集中财力办大事和增强财政宏观能力，县财政国库业务运转正常。

2010年，利用财政"金财工程"的工资网络管理平台，实现网络系统、管理模式、发放方式、工作流程、发放范围等"五个统一"，实现全县近200个预算单位的财政供养人员通过系统统一发放工资，确保了干部工资尤其是农村教师工资按时足额发放。

第二节 财政收入

一、收入状况

构成昌江地方财政收入的来源大体分为工商税、农业税、企业所得税、其他收入和上级补助收入等。其中，工商税和上级补助收入是主要收入来源。1991年，财政总收入4324万元，地方财政收入1936万元。地方一般预算收入1810万元，其中，工商税收1631万元，企业所得税51万元，基金收入128万元。1992–2002年，全县财政总收入累计72222万元，年均收入7222.2万元，年均递增23.2%；地方财政一般预算收入累计72222万元，年均收入71789万元，年均递增24.2%，全县地方工商税累计51302万元，占一般预算收入71.46 %，农牧业税收入累计8118万元，占一般预算收入11.30 %。2002年起，国家出台农业税收改革政策，农业税收开始逐年减少。

2003年后，昌江注重于调整产业结构，发展资源型工业，大力推进项目建设，促进财政增收。同年，地方财政收入完成10860万元，突破亿元大关，尤其是2008年，地方财政一般预算收入达45311万元，比2007年26403万元增加18908万元，增长71.6%。2003—2010年，全县财政总收入年均递增29.5%，地方财政一般预算收入年均递增21.6 %。财政储备能力、支付能力和保障能力明显增强，为昌江各项建设事业提供有力的支持。

1991—2010 年昌江县财政总收入情况一览表

表 12-1-1

单位：万元

项目 / 年份	财政总收入				
	总计	上划中央收入	地方财政收入		
			小计	预算收入	基金收入
1991	4324	—	1936	2478	128
1992	5303	—	2478	3824	64
1993	6757	—	3824	3651	11
1994	8687	—	3651	5222	2
1995	10647	—	5222	6327	4
1996	11950	—	6327	6519	4
1997	13630	—	6519	8667	120
1998	16232	—	8667	8663	25
1999	16086	—	8663	1270	81
2000	16159	—	9790	9730	60
2001	17084	—	8278	8273	5
2002	17898	—	8803	8746	57
2003	22882	—	10873	10860	13
2004	36985	—	17902	16431	661
2005	44622	—	18246	17584	662
2006	55687	—	21904	20902	1002
2007	73818	—	26976	26403	573
2008	116551	—	49686	45311	4375
2009	176372	—	77957	48993	28964
2010	192771	—	79928	55359	24569

二、一般预算收入

昌江县财政一般预算收入主要为工商税、农牧业税、非税收等收入。

地方工商税收 1991—1997 年，昌江县地方工商税收入主要有增值税、营业税、企业所得税、城市维护建设税。至 1997 年年底，据统计，全地方工商税累计完成收入 29446 万元，年均 3271.8 万元，占地方财政收入的 86.5%。1998 年起，增加资源税、房产税、印花税、城镇土地使用税、契税、屠宰税、车船使用税等。2003—2005 年，全县地方工商税完成收入额分别为6808万元、11632万元元、11848万元，占同期地方财政一般性收入的62.7%、70.8%、67.4%。1998—2010年，全县地方工商税累计完成收入额144801万元，占地方财政一般预算收入的50.7%，年均递增16.6%。

农牧业税收 农牧业税包括耕地占用税。农业税一般以实物（稻谷）征收和货币结算等办法，农业税的征收受粮食价格波动和灾歉减免而变化。如1988年，全省遭受23号、24号台风袭击，灾情严重，省财税厅给该县农业税灾歉减免10万元（折谷税额27.475万千克）。1999年，全县农牧业税征收832万元，其中农业税105万元，农业特产税549万元，耕地占用税178万元。2001年，全县农牧业税征收771万元，其中农业税58万元，农业特产税708万元，耕地占用税5万元，农牧业税占同期地方财政一般性收入9.3%。至2005年，全县农牧业税累计征收10132万元，占地方一般预算收入的8.4%。2006年后，落实国家农村税费改革，全县取消农业税，只征耕地占用税。全县耕地占用税征收2006年为15万元，2008年为108万元，2010年达1955万元，占地方一般预算收入4%。

非税收入 非税收入主要有行政事业性收费收入、罚没款收入、专项收入、其他收入、国有资产经营收入等。1995年，实始罚没款收入124万元。1996年起，实行收支两条线管理。1998年，征收国有资产经营收入729万元。1991—1999年，全县非税收入2862万元。其中，专项收入485万元，罚没款收入1048万元，国有资资产经营收入1329万元，分别占非税收的16.95%、36.61%、46.43%。

2000年后，全县行政事业性收费、执罚单位等，均使用财政部门印发的统一票据进行收费和罚款。县财政局成立票据管理中心专门票据的统一管理，并逐渐形成一套管理制度，并对各执收执罚单位的行政性收费收入和罚没收入，由财政部门指定银行专户储存，非税收收入有所增加。2004年，非税收入1304万元，2008年创历史新高达1.23亿元。2000—2010年，全县非税收入58497万元，年均递增24.1%，占地方一般预算收入的25.3%。

三、基金预算收入

昌江县基金预算收入包括地方财改税费附加费收入，教育费附加费收入、农牧业税费附加费收入。1993—1996年，基金预算收入数额较小，4年间基金预算收入仅有21万元。1997年后，基金预算收入逐年增加。国有土地使用权有偿使用收入成为政府性基金预算收入的主要组成部分，其收入在政府性基金预算收入中的比重明显提高。1998—2005年，基金预算收入1564万元，其中土地有偿使用收入1228万元，占基金预算收入78.5%，农业部门基金预算收入131万元，占基金预算收入8.37%，农牧业税附加收入58万元，占基金预算收入 3.7%。2008 年，国有土地使用权有偿使用收入 4284 万元，占基金预算收入 97.9%。2009 年，基金预算收入 28964 万元，比上年增长 84.9%，其中国有土地使用权有偿出让金 28854 万元，创历年来最高水平，占基金预算收 99.6%。2010 年，全县基金预算收入 24569 万元，是 1989 年的 431 倍。1991—2010 年，19 年中全县基金预算收入 6.16 亿元，占地方财政总收入的 19.3%。

2006—2010 年昌江县政府性基金部分项目预算收入情况一览表

表 12-1-2　　单位：万元

年份 预算科目	2006	2007	2008	2009	2010
地方新增建设用地土地有偿使用收入	158	268	—	—	255
育林基金收入	—	23	24	22	68
残疾人就业保障金收入	10	18	25	8	20
国有土地使用权出让金收入	803	245	4284	28854	23615
国有土地收益基金收入		10	10	41	320
农业土地开发资金收入	—	7	12	39	145

1991—2010 年昌江县地方财政收入情况一览表

表 12-1-3　　单位：万元

项目 年份	地方财政收入总计						基金预算收入
	总 计	一般预算收入					
		小 计	工商税收入	农业税收入	企业所得税	非税收入	
1991	1936	1763	1631	169	51	125	174
1992	2478	2417	2264	187	6	160	64
1993	3824	3813	3539	217	4	213	11
1994	3651	3649	2922	502	97	228	2
1995	5222	5318	4293	736	94	195	4
1996	6329	6325	5368	778	69	208	4
1997	6519	6399	5464	716	43	176	120
1998	8667	8642	5921	1220	107	1394	25
1999	8582	8501	6169	832	19	1481	81
2000	9730	9670	6138	1037	41	2454	60
2001	8273	8268	4450	771	179	2868	5
2002	8689	8632	4577	1122	25	2908	57

表 12-1-3 续 1

项目 年份	地方财政收入总计						基金预算收入
	总 计	一般预算收入					
		小 计	工商税收入	农业税收入	企业所得税	非税收入	
2003	10860	10847	6808	1290	43	2706	13
2004	16432	15770	11005	329	644	3792	661
2005	17584	16922	11228	26	1916	3752	662
2006	20902	19900	13814	15	2832	3239	1002
2007	26403	25830	15267	—	1020	9543	573
2008	49686	45311	26097	108	6676	12345	4375
2009	77957	48993	26946	4983	8812	7971	28964
2010	79928	55359	3478	1955	11135	6919	24569

四、财政补贴

20 世纪 90 年代，国家对昌江县的财政补贴项目主要有专项补贴、税收返还补贴、财力性转移支付收入、农业直补、其他补助等。但上述项目补贴数额较小。

2006 年起，国家开始实施农牧渔业等一系列“直补”政策。同年，上级各项累计补贴 26981 万元，比上年增长 24.7%。2008 年，上级各项补助累计达 48411 万元，占同期地方财政收入的 97.4 %。2010 年，上级各项补助累计达 81628 万元，占同期地方财政收入的 60.6 %。

第三节 财政支出

一、支出状况

20 世纪 90 年代初，县级财政紧张，入不敷出，财政部门严格控制预算支出，严格支出管理，支出本着“以收定支，量力而行”的原则，尽力压缩会议费等行政经费，严格控制行政办公用品购买和消费，尽力保证正常办公经费、职工工资、保急需放在首位、保证重点，做到了财政收支平衡。

1992 年后，对县机动财力的安排实行“一支笔审批制度”。1997 年起，根据国家统一规定，财政支出分为一般预算支出和基金支出。同时，财政管理的重心转移到改革支出上，始终坚持“以收定支、确保重点、统筹兼顾、轻重缓急”的财政支出原则，最大限度地用好用活有限的财政资金，使之在加快经济基础建设、提供公共服务、改善民生、重点项目等方面支出稳中有升。按此口径计算，“九五”时期地方财政累计支出67579万元，较“八五”时期增长33.9%，年均支出13515.8万元，年平均递增11.1%。一般预算支出66819万元，占财政总支出的98.9%。

中共十六大以后，贯彻落实积极的财政政策，坚持“多予、少取、放活”的财政支农惠农政策，农业投入和对社会发展支出要求增加较快，收支矛盾突出。2001年起，全县按“海南统一工资标准”“加浮动70%”的工资标准发放干部职工工资，财政支出压力较大。“十五”时期，地方财政总支出122100万元，年均递增17.2%，一般预算支出120224万元，占财政总支出的98.5%。尤其2007年以后，随着地方财政收入逐年提高，财政支出结构进一步优化，确保重点民生项目资金需求，大力推进以民生为重点的社会建设，对教育和科学技术、医疗卫生、“三农”（农业、农村和农民）、社会保障、节能环保、保障性住房等方面给予重点倾斜。“十一五”时期，财政累计支出538428万元，较“十五”时期增长22.7%，年均支出107685.6万元，年平均递增39.9%。一般预算支出477519万元，较“十五”时期增长25.2 %，占财政总支出的88.7 %。昌江财政财力不断发展壮大，为全县经济和社会发展提供了保障。

1991—2010年财政支出汇总一览表

表12-1-4　　单位：万元

项目 年份	地方财政支出		
	总　计	一般预算支出	基金支出
1991	3839	3839	—
1992	4824	4824	—
1993	6091	6091	—
1994	6965	6965	—
1995	9755	9755	—
1996	11339	11339	—
1997	11621	11574	47
1998	14745	14474	271
1999	15077	14799	278
2002	16516	16472	44
2003	20626	20498	128
2004	32058	31495	563
2005	37884	36751	1133
2006	42494	41323	1171

表 12-1-4 续 1

项目 年份	地方财政支出		
	总 计	一般预算支出	基金支出
2007	61867	60753	1142
2008	103162	95163	7999
2009	157401	126387	31014
2010	173504	153893	19627

二、一般预算支出

经济建设支出 经济建设支出包括基本建设、支援农村生产、支援不发达地区、企业挖潜改造、城市维护、农业综合开发等。1991 年，昌江县经济建设支出 1077 万元，其中支援农村生产支出 691 万元，支援不发达地区 116 万元。1994 年，经济建设支出 789 万元，其中支援农村生产支出 479 万元，支援不发达地区 108 万元。1995 年，增加农业综合开发支出，全县经济建设支出呈增长趋势。1996—2001 年，全县经济建设支出累计 19662 万元，年均递增 9.2%，其中农业综合开发支出增速较快，年均递增 33.3%。2003 年后，农业综合开发不列入经济建设支出科目中。2002—2005 年，全县经济建设支出累计 20227 万元，年均递增 43.5 %，占地方一般预算支出的 19.2 %。2006 年，全县经济建设支出累计 10664 万元，其中基本建设支出 5832 万元，支援农村生产支出 1691 万元，支援不发达地区 2182 万元，城市维护费 959 万元。支援不发达地区与上年同期相比增长 69.8%，城市维护费与上年同期相比增长 35.8%。

农林水利气象等部门事业费支出 1991 年，全县农林水利气象支出 140 万元，占地方一般预算的 3.6 %。20 世纪 90 年代中期以后，开始调整农业产业结构，发展绿色热带作物经济农业，不断加强农田水利建设，海洋捕捞，发展畜牧业，植树造林。农林水利气象等部门事业费支出稳中有升，2003 年农林水利气象等部门事业费支出 2276 万元，占地方一般预算的 11.1 %，以后逐年增加。2008 年，农林水利气象等部门事业费支出达 1.63 亿元，其中发放粮食直接补贴、良种补贴、能繁母猪补贴、农机购置补贴、生态效益补偿等各类补贴资金 3920.9 万元，总支占地方一般预算的 17.1 %。2010 年，农林水利气象等部门事业费支出增至 2.52 亿元，是海南建省前 1987 年的 255.5 倍，占地方一般预算的 16.4%。主要支出重点支持农村水利设施、道路交通、土地改良、环境绿化、村容村貌等建设资金 1.8 亿元，与上年同期相比增长 100%；拨付 20 项惠民补贴资金 5789 万元。1991—2010 年，农林水利气象等部门事业费支出 9.52 亿元，占地方一般预算的 13.6 %，年平均 4327.4 万元，年均递增 11.5 %。农林水利气象等部门事业费的足额支出，促进全县农林水利气象等部门各项工作的稳步发展。

抚恤、救济和社会保障费支出 1991 年，全县抚恤、救济支出 108 万元，占一般预算支出的 2.8 %。全县抚恤、救济支出 1994 年为 181 万元，1997 年达 391 万元。1998 年，国家根据社会保障制度改革需要，增加社会保障补助支出一般预算支出科目。同年，社会保障和就业支出仅 3 万元，此后逐年增加。地方财政用于社会保障和就业的支出 2000 年为 361 万元，2003 年为 3393 万元，分别占地方一般预算支出的 25.2%、16%。2008 年，全县地方财政用于社会保障和就业的支出 5308 万元，其中社会保险金支出 1927 万元，就业补助 510 万元，退役安置 110 万元，城镇居民最低生活保障 1306 万元，农村最低生活保障 400 万元，抚恤 392 万元，社会保障和就业支出占地方一般预算支出的比重 5.6%。2010 年，地方财政用于社会保障和就业的支出 6907 万元，其中社会保险金支出 2052 万元，就业补助 347 万元，退役安置 90 万元，城镇居民最低生活保障 1794 万元，农村最低生活保障 944 万元，抚恤 521 万元，社会保障和就业支出占地方一般预算支出的比重 4.5%。截至 2010 年年底，19 年中，全县抚恤、救济、社会保障和就业累计支出 45058 万元，占地方一般预算支出 6.4 %，年均支出 2371.47 万元。

行政管理和公检法司经费支出 全县行政管理和公安局、人民检察院、人民法院、司法局经费支出逐年增加，保证了全县党政机关、公检法司的正常工作和社会的稳定。行政管理和公检法司支出 1991 年为 788 万元，1996 年为 2652 万元，2000 年达 2909 万元。2008 年，全县行政管理和公安局、人民检察院、人民法院、司法局经费支出 10634 万元，其中公检法司 5731 万元。2010 年，公检法司经费支出达 10634 万元，占地方一般预算支出 6.9 %，比 1988 年增长 83.9 倍。

文教、卫生、科技和广播与传媒事业费支出 1997 年以前，文教、卫生和广播与传媒事业地方一般预算支出科目四合并为一。1998 年后，文教、卫生和广播与传媒地方一般预算支出科目细分化。1991—1997 年，全县文教、卫生、科技和广播与传媒事业经费地方一般预算累计支出 15697 万元，年均递增 18.2%，占地方一般预算支出 25.9 %。

进入 21 世纪后，教育、文化、卫生、科技和广播与传媒事业经费地方一般预算逐年增加，尤其从 2005 年起，落实国家九年义务教育，减免学杂费和课本费，推进教育扶贫移民和卫生体制改革，建立新型农村合作医疗，教育、卫生 2 项支出增幅较大。教育事业经费支出 2007 年为 10764 万元，2008 年为 16093 万元，占地方一般预算支出的 17.7 %；卫生事业经费支出 2007 年为 4847 万元，2009 年为 7651 万元，占地方一般预算支出 8 %；文化体育广播与传媒事业经费支出 2007 年为 1409 万元，占地方一般预算支出2.3 %；科技事业经费支出2007年为795万元，占地方一般预算支出1.3 %。2010年，教育事业经费支出增至27392万元，占地方一般预算支出178 %，比1998年增16.8倍；卫生事业经费支出达9651万元，占地方一般预算支出6.7 %，比1998年增长17倍；文化体育广播与传媒事业经费支出5208万元，占地方一般预算支出3.4 %，比1998年增长15倍。文教卫生科技支出占地方一般预算的比重从2005年的20.3%提高到2010年的28.7%。1990—2010年，全县文教、卫生、科技、文化体育广播与传媒事业经费地方一般预算累计支出514223万元，年均递增25.5 %，占地方一般预算73.6 %。

行政事业单位离退休费支出　1997年起，设支出科目。全县行政事业单位财政拨款的离退休人员经费支出565万元，占一般预算支出的4.9 %。1999年，财政拨款的离退休人员经费支出964元。2003年，财政拨款的离退休人员经费支出876万元。2006年后，为精减行政单位工作人员，制定党政机关行政人员提前退休优惠政策，退休人员和经费支出逐年渐增。2008年，财政拨款的离退休人员经费支出3454万元，是1997年的6.1倍。2010年，全县财政拨款行政事业单位离退休经费支出6125万元，占一般预算支出的4 %。1998—2010年，行政事业单位离退休人员经费累计支出27880万元，年均递增17.8 %。

其他各项支出　其他各项支出包括政策性补贴、专项支出、其他支出等。1991年，价格补贴支出为118万元，其他支出171万元。1998年，政策补贴支出398万元，其他支出1957万元，专项支出114万元。2006年，政策补贴支出940万元，其他支出4383万元，专项支出939万元。1991—2010年，在19年中，全县其他各项支出64954万元，占地方一般预算支出9.3%，年均递增19.6%。

三、基金预算支出

1997年，昌江县始起基金预算支出，将城市教育附加支出纳入基金预算支出，其余的年份均由农村教育附加、地方教育附加和农业税附加支出构成。基金预算支出逐年增加，2006年，全县基金预算支出1171万元，其中城乡社区事务915万元，占总支出的78.13%；农林水事务156万元，占总支出的13.32%；交通运输89万元，占总支出的7.6%；社会保障和就业11万元，占总支出的0.93%。2010年，全县基金预算支出19073万元，其中城乡社区事务18751万元，占总支出的98.31%，农林水事务174万元，占总支出的0.91%，社会保障和就业148万元，占总支出的0.75%。2006-2010年，全县基金预算累计支出60909万元，年均支出12181.2万元。

2006—2010 年昌江县基金部分项目预算支出情况一览表

表 12-1-5　　单位：万元

预算科目＼年份	2006	2007	2008	2009	2010
社会保障和就业	9	22	115	47	148
残疾人事业	9	18	24	10	29
大中型水库移民后期扶持基金支出	—	4	91	37	119
城乡社区事务	915	547	6934	30180	18751
政府住房基金支出		2	151	56	392
国有土地使用权出让金支出	915	277	4284	26828	17635
城市公用事业附加支出	—	—	—	—	164
新增建设用地土地有偿使用支出	—	268	2499	1496	504
城市基础设施配套费支出	—	—	—	—	56
农林水事务	156	456	669	393	445
林业	106	253	699	301	144
水利	50	203	—	92	301
交通运输	89	89	123	—	—
公路水路运输	89	89	123	—	—
其他支出	2	—	158	394	267
彩票事务	—	—	158	394	267
支出合计	1171	1114	7999	31014	19611

说明：1.2007 年开始启用新的政府预算收支科目，2006 年数据为按新科目转换数据；
2. 本表按 2010 年政府收支分类科目表填列

1991—2010 年昌江县地方一般预算主要支出科目明细表

表 12-1-6　　单位：万元

年份＼项目	一般预算支出合计支出	其中：教育支出	医疗卫生支出	抚恤救济保障支出	农林水利气象支出	文化体与传媒支出	行政管理支出	公检法与安全支出	基本建设支出	其他支出
1991	3839	1112	—	108	140	—	585	203	121	1570
1992	4824	1298	—	121	161	—	724	266	244	2010
1993	6091	1469	—	119	181	—	1114	263	289	2656
1994	6965	2302	—	181	293	—	1517	399	40	2233
1995	9755	2476	—	158	284	—	18823	506	1105	3344

表 12-1-6 续 1

年份＼项目	一般预算支出合计支出	其中								
		教育支出	医疗卫生支出	抚恤救济保障支出	农林水利气象支出	文化体与传媒支出	行政管理支出	公检法与安全支出	基本建设支出	其他支出
1996	11147	2639	—	353	311	—	2173	479	1267	3925
1997	11574	2335	—	391	290	—	1659	417	1208	5274
1998	14474	1627	567	475	340	348	1918	463	1516	7220
1999	14799	1941	632	455	289	423	1913	610	2023	6513
2000	14633	2514	648	555	458	418	2096	813	5114	2017
2001	15008	2858	501	952	416	338	1931	786	270	6956
2002	16472	3149	549	1508	703	380	2258	724	311	6890
2003	20498	3265	680	3316	2276	371	2541	917	590	6552
2004	31495	5500	880	3428	5136	524	3448	1189	2960	8430
2005	36751	5804	1037	3499	4726	584	3924	1719	5637	9821
2006	41323	8014	2884	4815	5872	1302	4547	2249	2941	8699
2007	60753	10764	4847	3489	7465	1409	—	3822	—	28957
2008	95163	16093	6631	5308	16301	1155	—	5731	4498	39448
2009	126387	22285	7651	8920	24007	4390	—	8491	2724	47919
2010	153893	27392	9651	6907	25292	5208	—	10634	1678	67131

第四节 财政预算决算

一、预算

昌江的预算在不同时期以省分配的财政收支指标为依据，参考上年预算执行情况结合以往各年度的实绩，预测财政经济的发展进行编制预算。每年年底，县财政局制定方案，召开全县各预算单位下年度预算会议，单位负责编制自己的预算报财政局汇总、审核、调整，然后县财政局将预算草案提交县政府、县人大常委会审查，批准后执行。

1991—1994 年，在预算编制围绕“自求平衡”中心，抓好收入，在支出上按“保吃饭、保上缴、保重点”的原则安排支出，改革预算编制方法，实行复式预算制。1995 年，是实施分税制分成体制的第一年，财政收支口径变化较大，按照“保正常经费，保重点支出”的原则前提下，确保农业、教育、科技等项目支出。1996 年，贯彻实施《中华人民共和国预算法》（以下简称《预算法》），按照国家有关政策规定，严格预算管理，参照县国民经济和社会发展计划，在充分调查的基础上，认真测算，换算各项数据，制定切实际的财政收支计划。1997年后，继续执行稳健从紧的财政政策，按照“稳中求进，有效增长”的经济工作方针，结合县财力实际，在编制年度预算时，深入调查，参照国民经济和社会发展计划，坚持优化支出结构，实现预算收支平衡，略有结余。1999年，贯彻适度从严的财政政策，调整支出结构，压缩供求基数。

2001—2006年，深化和完善财政体制改革，在编制年度预算时，把立足点放在增收节支，优化支出结构上，坚持量入为出，确保中央公布的调整收入分配政策顺利实施，并对县本级预算进一步细化。重点保证正常工资发放、农牧渔业和基础设施重点项目需要，尤其是在教育基础设施、教育扶贫移民、涉农直补等，提高预算的科学性、准确性和规范性。2007年后，按上级部门在编制预算的总体要求和基本原则，改进预算编制法方法，把预算安排的立足点放在增收节支、统筹兼顾、留有余地的方针，优化支出结构，继续增加对民生和各项社会事业的支出预算。

2010年，持续推进部门预算编制方式改革，完善部门预算编制办法，启用更先进部门预算编审软件，促进县级财政预算内容更精细、更科学化。围绕“学有所教、住有所居、劳有所得、老有所养、病有所医”等社会事业全面发展中心的原则安排支出，构建和谐财政。

二、决算

历年都按照规定编报决算，并逐步建立健全县级地方财政决算编审制度。财政年度收支决算随着全县国民经济形势的发展，收支口径也随着全县国民经济形势的发展变化，各年度县本级财政决算，县财政局在年底经过加以汇总和审核后，上报省财政厅，并形成报告向县人民代表大会审议批准。

第五节 财政管理

一、机构

1991年，县财政局内设有秘书、预算、企财、农财、行政事业财务、预算外资金管理、国库券推销办公室等股室。配有局长1人，副局长2人。辖基层财政所有石碌、太坡、十月田、乌烈、昌化、海尾、南罗、叉河和七差10个财政所。全县财政部门有65人。1996年，成立县国有资产管理局和县税收财务大检查办公室，直属县财政局管理。1998年，设立会计股。2000年，相继设立社会保障股、经济建设股、国库股。2002年，全县乡（镇）

撤并调整，撤销太坡镇、保平乡、昌城乡和南罗镇财政所，设石碌镇、十月田镇、乌烈镇、昌化镇、海尾镇、叉河镇、七叉镇7个财政所。同年，增设政府采购办公室。

2010年，县财政局内设机构有办公室、预算岗、国库岗、农业岗、行财岗、社会保障岗、经济建设岗、企业岗、监督岗、会计岗、综合岗和资产管理岗12个岗室，下属事业单位有县政府采购办、票据监管中心、建账监管中心、会计事务管理中心和彩票管理中心。有公务员编制26名，工勤编制2名，下属事业单位编制17名，设有局长1名、副局长3名。全县设有石碌镇、十月田镇、乌烈镇、昌化镇、海尾镇、叉河镇、七叉镇7个财政所。

二、预算管理

一般预算管理

1991—2010年，县财政局抓好财源建设的同时，管好财政支出，在预算管理方面主要是抓好预算指标控制和追加管理，加强预算拨款跟踪监督，严格执行《财政总预算会计工作制度》，抓好年度决算编审工作，做好国库资金管理的对账、结算及监管，建立健全预预算法规、制度，抓好检查监督和落实，完善和改进预算编制方法，增强编制的科学性、准确性及规范性。1995年1月1日，《中华人民共和国预算法》（以下简称预算法）开始实施后，昌江县各级政府及财政部门，贯彻《预算法》，制定了一系列规范预算管理的办法和制度，主要集中在收入管理、预算支出和资金拨付管理、专项资金管理、内审制度等方面。2002年起，推进部门预算，实行零基预算，细化预算编制内容。至2010年，县财政局实行“预算共编、账户统设、集中支付、采购统办、票据统管”的财政预算管理措施。同时，县财政局自觉接受人大监督，从而使《预算法》得到顺利贯彻实施，促进全县社会稳定和经济建设的健康发展。

预算外资金管理

20世纪90年代初，实行财政部门“专户储存、计划管理、财政审批、银行监督”方式，在所有权、支配权不变的前提下，财政部门负责资金代管，不改变收费资金性质。1996年，将乡（镇）政府的乡自筹和乡统筹资金纳入预算外资金管理。同年，对全县行政事业单位开展预算外资金清查活动，督促建立健全预算外资金管理制度，实行多家开票，一家收款的办法，遏制了预算外资金管理混乱、失控的现象。1998年，财政部下发《预算外资金专户会计核算制度》，规定各单位只能在银行设立1个支出账户之后，清理各单位预算外资金账户，规范预算外资金缴拨制度，严格收费票据的管理，在一定程度上缓解预算外资金不足矛盾。2001年，不断完善“收支两条线”管理体制，规范预算外资金的管理，全年组织预算外资金936万元入库。2002年后，全县实行政府非税收入征缴管理方式的改革，推行行政事业性收费和罚款由“单位开票、银行代收、收费分离、财政统管”

收支的新机，在县中国银行建立收费专户，使收罚款及时进入财政专户，杜绝了“小金库”和坐支、乱支现象。

三、行政事业单位财务管理

20 世纪 90 年代后，全县机关事业单位、乡（镇）财务管理，根据县财政拨款的全额拨款单位管理办法。全额拨款单位，无收入或有收入全部上缴，而支出以编制核定的财政供给人员工资、福利按上级定员定额标准实行全额预算管理。行政事业单位、乡（镇）支出一律实行经费全额包干，县政府在各时段结合实际调整包干经费基数，但调整幅度不大。行政事业单位、乡（镇）公用经费包括公杂费、差旅费等，制定相关制度和标准严格管理。1997 年，县政府印发《关于县级国家机关、事业单位工作人员差旅费、会议费以及其他开支的规定》，工作人员出差交通费和住宿费开支标准：正、副县长，以及相当职务的人员，火车（硬卧）、轮船（三等舱）、飞机（普通舱）凭据按实报销，住宿费 100 元，县外地区 50 元，县城 30 元。科级以及相当职务人员，火车（硬卧）、轮船（三等舱）、飞机（普通舱）凭据按实报销，住宿费 90 元，县外地区 40 元，县城 20 元；其余人员，火车（硬卧）、轮船（三等舱）、飞机（普通舱）按实报销，住宿费 80 元，县外地区 35 元，县城 20 元，乡（镇）一律 6 元。工作人员出差伙食补助费，不分途中和住勤，每人每天标准：深圳、珠海、厦门、海口和北京、广州、上海等补助 25 元，县以外地区补助 18 元，乡（镇）补助 4 元，乡（镇）到县城补助 6 元，在乡（镇）内，下村蹲点每人每天补助 4 元。

1998 年，县政府在原包干经费基础上对部分公务包干经费进行调整：行政单位每人 780 元 / 年（县委、政府领导每人 864 元 / 年），公检法每人 864 元 / 年，事业单位每人 720 元 / 年。小车经费标准：县委、政府领导每人公务费、小车经费分别按 6000 元和 18000 元；人大、政协、法院、检察院领导每人公务费、小车费分别 4800 元和 14400 元（人大、政协按领导人数计算小车经费，其他领导减半计算）。

2000 年 7 月起，推行工资管理制度改革，全县实行行政事业单位工资统发，工资由县财政拨付代发银行转入个人工资账户直接领取的财务管理办法。2002 年后，全县行政事业单位实行委派会计集中办公。同年，全县乡（镇）农村中小学教师工资集中由县财政统一发放，由代发银行转入个人工资账户直接领取的财务管理。2005 年，公务包干经费保持不变，仅是对行政事业单位、乡（镇）小车费作了一些调整和规定：以一级单位标准，有定编小车数的单位以 10000 元 / 年辆核定，有小车（以小车入户正式手续为准），但没有确定编的副科级以上独立核算单位，原则上只给一辆小车经费 8000 元 / 年；没有小车的副科级以上独立核算单位，10 人以下按 3000 元 / 年作为单位出差交通补助，11

人以上按5000元/年作为单位出差交通补助。大中小修理及保险费等均由单位自负。同年，进一步深化会计委派制度改革，对乡（镇）实行会计委派管理。至2007年年底，县各行政事业单位、乡（镇）范围内全面推行会计派制度管理，全县实行会计派的单位171个。

2009年，县财政局重新调整印发《昌江黎族自治县机关事业单位差旅费管理办法》，工作人员出差交通费和住宿费开支标准：正、副县长，以及相当职务的人员和科级以及相当职务人员火车（硬卧）、轮船（三等舱）、飞机（普通舱）凭据按实报销。未按规定等级乘坐交通工具的，超支部分自理。县属单位工作人员下乡或乡（镇）工作人员到县内出差办事的，交通费凭据按实报销。住宿费县级领导每人300元/天以内凭据报销。科级以下（含科级，下同）人员每人150元/天以内凭据报销。乡（镇）工作人员到县内出差办事当天不能返回需住宿的，在每人80元/天以内凭据报销。出差伙食补助费县外每人50元/天，县属单位人员下乡或乡（镇）工人员到县内每人15元/天，省外每人30元/天，省内每人15元/天，县属单位人员下乡或乡（镇）工人员到县内出差办事的每人5元/天，用于补助市内交通、通信等。至2010年，全县行政事业单位、乡（镇）财务全面实施与会计中心信息网络系统报账，财务管理逐步规范。

四、基本建设财务管理

1991—2010年，县财政基建资金拨款管理依据基本建设支出预算，审查监督预算资金来源，按基本建设程序、年度基本建设投资计划、年度支出预算、工程进行拨付资金。财务管理严格按《财政基本建设支出预算管理办法》执行，并实行投资项目招标、概算、决算审查、工程合同和财务报表审核及投资效力分析报告制度。对基本建设计划、资金、建设材料、城镇土地、施工队伍、工程进度、工程质量、建设环境等环节开展稽查，进行跟踪问效管理力度。1995—1998年，基本建设项目预算审核资金7319万元，审核核定金额7119万元，平均核减率3.5%。

2000年，制定《昌江县加强基础设施建设资金管理和监督方案》开设基建资金存款专户，实行工程建设按时度审批拨款制度，对基本建设计划、资金、建设材料、城镇土地、施工队伍、工程进度、工程质量、建设环境等环节开展稽查，进行跟踪问效管理力度，确保工程建设资金的安全使用。2008年，对政府投资工程项目51笔报账资金进行预算审核，审核金额5007.8万元，核减资金509.7万元，核减率10.2%。2009年，基建预审财政资金严格把关，对全县基建项目报审资金总额2922.2万元，审核核定金额2724.7万元，核减预算金额197.5万元，核减率6.7%。2010年，基本建设项目预算审核资金1878.8万元，审核核定金额1678.8万元，核减预算金额200万元，核减率10.6%。

截至2010年，19年间，全县基本建设预算金额34536万元。

五、社保基金管理

1998年以前，社会保障基金由县社会保障局负责收缴、存储、拨付业务。1999年，县财政局设立社保基金财政专户。2001年，县财政局成立社保管理股。此后，财政局社保管理股贯彻执行《社会保障基金财政专户管理暂行办法》和国家有关法律、法规及方针，及时办理社会保障资金的存储、拨付业务，依法管理专户内资金。按照《社会保障基金财务制度》规定，严格履行社会保障基金财务管理，确保社会保障基金的安全与完整。各项社会保障基金支出由县保障局做出支出计划，每个季度填制用款申请，支付实行分级审核制度，社保管理股办理审核手续后，经办人和业务股负责人签字，报分管领导（或局领导）审核批准签字，再报送管理股进行复核，复核无误后方可办理支付结算。2004年，拨付社会保险费2988万元。2006年，拨付社会保险费3693万元，比上年增长6.9%。2009年，拨付社会保险费9228万元。2010年，拨付社会保险费10909万元，比上年增长18.2%。

六、企业财务管理

昌江国有企业内部财务管理主要包括资金筹措、流动资产、固定资产、无形资产、成本费用、销售收入、利润及其他分配的管理，年度决算报告审核、审批和汇总等。1988年海南建省后，县财财局加强企业财务管理，督促企业执行国家的政策法令和规章制度，参与企业改革、转制，帮助企业落实财政挖潜技术革新改造贷款和帮困资金，提高经济效益。1988年起，昌江县地方国营盈利企业，按特区优惠所得税率15%征收所得税后，对优惠的所得税额50%上缴财政，50%留给企业。财政投入县属国有企业挖潜技术革新改造资金1990年为23.3万元，1992年为30万元。1993年，全面推行新的《企业财务准则》后，按照该《准则》要求，加强对国有企业内部财务的管理。1998年，国有企业体制改革，加大对所有国有、股份制有限公司进行财务监管，重点是降低管理费用，控制奖金和福利支出的随意状态，建立严格的约束机制，举办各种类型的培训班，提高企业财务人员素质，确保企业财务报表的总编报工作，通过对企业进行财务报告核查，确保国家政策法规的落实，促进企业如实反映年度财务状况和经营成果。2002年，对县属企业财务检查，清理企业不良债务，解决大风糖厂改制前遗留的2400万元债务，促进企业的良性运营。同年，国有企业先后改制完成，企业财务管理以税务部门检查督促为主。

七、会计管理

总预算会计是财政部门核算、反映和监督总预算执行会计。其任务是办理预算收支和国库管理及财政性基金等管理事项。1999年，县财政局设预算股履行总预算会计工作职能。随着实行财政国库集中支付改革的需要，2000年起，县财政局增设国库股，具体履行财政预算收支、国库资金管理、收支报表、收支决算、收支分析等职能。

1991—1995年，昌江县会计管理工作由财政局各股室分管：预算股分管行政、事业单位会计；企业股分管县属工业、交通会计；商贸股分管商业供销业企业会计；农财股分管支农资金分配使用收支会计。1993年起，实行新的《企业会计准则》。1998年，设立会计股后，在各股室分管具体收支的基础上，会计股统一实施会计法，开展发放会计上岗证、培训财会人员，会计工作达标考核，组织会计系列职称的考试和评定。同时，组织会计学习《中华人民共和国会计法》（以下简称《会计法》），加强《会计法》的检查监督落实。同年，对全县236名会计人员进行会计基础工作规范化培训，建立健全账制度，进一步规范会计管理，强化会计法规的建设。同年，首次对全县企事业单位会计人员进行职称评定和发放会计上岗证。2000年，实行会计人员管理改革，推行会计委派制度，成立昌江县会计事务管理服务中心，通过公开招录、委派59名专业人员到89个行政事业单位担任会计，会计事务管理逐步走向化、规范化。2002年10月，完善会计委派工作制度改革，推进委派会计集中在财政局统一办公管理。同年，举办会计电算化培训考核合格229人。2007年，全县会计委派单位有171个。2008年，制定《昌江县委派会计业务培训考核制度（暂行）》，对委派会计人员每半年进行一次业务培训考核，采取“末位淘汰”的办法，对培训考试成绩不合格者，待岗培训仍无提高的人员，不再续聘从事会计工作将转岗。2010年，全县有187个预算单位［包括8个乡（镇）政府］全部实现了会计委派工作。

八、国有资产管理

1995年以前，国有资产由财政部门各股室分散管理，财政部门多次组织对行政事业单位、国有企业进行清产核资，加强对防止国有资产流失的宣传和管理监督。1995年，对全县40家企业开展国有资产清查活动，全面摸清家底，并建立完善国有资产管理体系。1996年，成立县国有资产管理局，对全县国有资产行使管理职责，重点是管理国家投入各类企业（包括中外合资、合作企业、股份制企业）的国有资产。1997年，完成全县58家企业的产权登记和24家集体企业的清产核资工作。同年起，开展征收国有资产收益，共收缴国有资产收益金320万元。

随着经济体制深化改革，对县属国有企业在改制过程中，进行做好资产评估，尽责确保国有资产不流失。1998年，制定《昌江县国有资产受益金收缴管理办法》《昌江县国有资产处置管理办法》。在县属企业改制中，对昌江糖厂、大风糖厂2家企业开始进行评估。2002年，开展预算单位清产核资核实工作，清理国有资产增加62万元，核销

42万元的国有资产，收缴国有资产收益金279万元。至2006年，共收缴国有资产收益金5335万元，收缴最高年份为2004年达1304万元。2008年，在120个行政事业单位固定资产清查，实行资产明细建账制度管理，解决家底不清，重购轻管、资产管理混乱现象。2010年，行政事业单位国有资产管理转入正轨，每年进行产权登记年度检查。

九、政府采购

2002年，县财政局成立政府采购办公室，开始对县级预算单位的固定资产进行统一的政府采购管理。同年，县本级的采购主要有办公电脑、公务车辆等14宗，采购金额150万元，节约30万元。2003年，国家颁布《中华人民共和国政府采购法》后，政府采购范围不断扩大，县政府采购已经由原来单纯的货物类采购逐步扩大到服务类采购，采购金额呈现逐年上升趋势。一些公益性和关系民生的采购项目纳入政府采购范围，日渐增多的民生项目成为政府采购规模扩大中的亮点。政府采购资金来源从最初的预算内安排资金扩展到包括预算资金、自筹资金在内的各种财政性资金。并且规定了需购买汽车的单位，先向县纪委报告购车用途、资金来源、价格，经县纪委监察局审查、签字盖章同意后，报政府采购办采购。单位的预算专项资金采购纳入政府采购行为，其招标采购品种从办公用品也逐步扩大到服务类项目等领域，从而有效防止了一些单位在采购中进行暗箱操作，保证政府采购的公开、公平、公正、廉洁。2005年，政府集中采购资金比上年增加474.3万元，办理政府采购业务104宗，节资率6%。2008年，全年办理政府采购业务287宗，采购金额3640.3万元，比同类项目市场平均价节约资金233万元，节资率6.40%。2010年，全县政府采购资金2017万元，节约采购资金91万元，节约率为4.51%。

十、财政监督

20世纪90年代始，县成立了财政税收大检查办公室，从财政、税务、物价等部门抽派人员，对有关单位进行全面检查。主要检查财政政策、法律、法规、制度贯彻执行和财务收入执行情况，检查国有企业、行政事业单位收罚款是否统一票据，有超标准违规收罚和会计、财务人员是否遵守财务制度，忠于职守。1993年，财政税收大检查办公室由临机构改为常设机构。此后，每年1次的税收财务大检查成为制度化。1998年，按照国务院的要求，取消每年1次的税收财务大检查，11月，县财政局将原综合股的财政监督职能划出，成立财政监督室，代之以财政经常性监督检查，建立日常监督和专项检查制度。1999年，开展行政事业资金账户清理工作，清理撤销不合理账户107个，存折54个，未缴财政专户收费70.43万元，未缴财政金库罚没款11.28万元。

2000—2010年，进一步强化财政监督职能，对内建立和健全各项规章制度，开展不定期检查财经纪律、执行税收政策、私设“小金库”和执行行政事业性收费收入“收支两条线”纪律等专项大检查。财税大检中发现的主要问题有：乱摊成本费用、多提企业留成和其他专项资金；滥发奖金、补贴、实物；转移截留罚没收入等等。2002年，制定《昌江县财政局内部监督检查暂行办法》，加强自身内控管理。同时，开展对全县48家单位（企业）开展了财务税收大检查，清查欠税金额9.89万元，非税收入未缴财政金额16.82万元，欠缴社会保险金292.72万元。2008年开始，积极探索财政监督，财政监督逐渐转向“事前、事中、事后”的全方位监督。财政监督不仅注重外部检查，同时也强化内部监督；财政监督从注重执行财政纪律检查转向财政绩效检查；财政监督职能从县级延伸到乡镇一级、国有及国有控股企业和社会团体。2009年，对全县行政事业单位进行“小金库”专项检查，查处小金库2个，涉及资金5.8万元。2010年，开展行政事业单位“小金库”专项治理，组织4个检查组对18个单位的检查，在检查中发现财务管理不规范、财务制度执行偏差问题，逐一提出整改意见，促进财政资金管理更加规范和集中。

第二章 国 税

第一节 机 构

1994 年 9 月，县国家税务局成立，正科级，垂直双重领导。机构有办公室、人事教育监察股、企业评税股、个体评税股、票证管理股、稽查分局、税务警察大队。基层所有红田、乌列、叉河、海尾、霸王岭 6 个税务所。

1995 年 6 月，恢复税务检查室，撤销税务警察大队，7 月，县国家税务局直属国税所正式挂牌成立。1996 年 5 月，人事教育监察股分设为人事教育股和监察室。1997 年，撤销企业评税股、个体评税股、所得税股、发票管理股。设立税务审理股、管理服务分局、征收分局。直属税务所有石碌河北、石碌河南、石碌矿建、乌烈（与大风所合并）等税务所。

2003 年 12 月，撤销叉河所、管理分局，设立法规股、征收股，合并征收分局和计财股为计划征收股。2008 年，省国家税务局实行大稽查模式，收回市县国税局稽查权，由省局统一进行税收稽查，成立办税服务厅、石碌税务所，计划征收股改为计划统计股。2010 年，机构改革后，撤销基层“国税所”，合并成立 4 个税务分局，其中内设机构为办公室、人事教育科、监察室、政策法规科、征收核算科、纳税服务中心（信息中心）。基层分局及职能为：第一税务分局（负责税务审计工作）、第二税务分局（负责企业税收征管工作）、第三税务分局（负责县城石碌镇个体户税收征管工作）、第四税务分局（负责基层乡（镇）个体户税收管理工作）。

第二节 税制改革

1993年以前，昌江税务部门继按照国家税费政策规定征收，开征的税种有37种，流转税中以产品税、增值税、营业税为主体。

1994年1月1日起，国家实行新的税制改革。1994年8月，县税务局分设为昌江县国税局和昌江县地方税务局。将税种划分为中央税种、地方税种和共享税种，重点对流转税和所得税进行改革。国税机关主要负责征收的税种有：增值税、消费税、金融企业营业税、中央投资企业所得税、储蓄存款个人利息所得税以及滞补罚款收入的征管。县地税机关征收的税种有：包括各种工商税（营业税、个人所得税、土地增值税、城市维护建设税、车船使用税、房产税、屠宰税、资源税、城镇土地使用税、固定资产投资方向调节税、企业所得税、印花税、车船使用税）、教育费附加、教育事业费以及滞补等，上缴地方财政。

2002年起，随着改革开放的深入和经济社会形势的变化，分步实施税收制度改革和“简税制、宽税基、低税率、严征管”的改革原则，主要的改革内容是: 改革出口退税制度; 统一各企业税收制度；增值税由生产型改为消费型，将设备投资纳入增值税抵扣范围；完善消费税，适当扩大税基；改进个人所得税，实行综合和分类相结合的个人所得税制；实施城镇建设税费改革，条件具备时对不动产开征统一规范的物业税，相应取消有关收费; 在统一税法的前提下，赋予地方适当的税收管理权; 创造条件逐步实现城乡税制统一，促进税收的职能作用得以全面加强，宏观调控作用明显增力强。2004年，开始实农村税费改革，全县取消农业特产税，降低农业税率1个百分点。2005年取消农业税之后，还给予农业粮食种植、良种直补。

2006年1月起，个人所得税工资、薪金所得费用扣除标准，从800元调整到1600元。2007年，全国人民代表大会将过去对内资企业和外资企业分别征收的企业所得税合并为统一的企业所得税，自2008年1月1日起施行，昌江县根据国家税务总局及海南省税务局的有关规定，进一步调整为2000元。

第三节 征管改革

1994年9月分设国税、地税后，对税收征管制度实行相应改革，以省国税局《深化税收征管改革方案》为依据，进行税收征管改革，建立以纳税申报和优化服务为基础，以计算机网络为依托，集中征收，重点稽查的新的征管模式。在县城建立起办税服务厅集中征收，在农村以所为单位集中征收，实行一条龙服务。在征管上实行业务分工，每月1—10日（休息日顺延）征收期内集中申报纳税，征收期过后整体转入催缴催报和稽查。

2003年起，按照“一窗式”管理模式做好业务整合工作，形成昌江国税“一窗二人式”管理模式效果。下年，县国税局按照征管流程和CTAIS（国家税务征管信息系统）要求，相应建立起了新的岗责体系，做到以事定岗、管事到户、责任到人，基本做到了管户和管事的有机结合，初步构筑起“征、管、查”相互制约，相互监督的专业分工体系。

2007年9月后，县国税局推行税库银横向联网工作。通过税务、国库、商业银行的横向联网，利用电子信息和网络数据交换方式，实现国库收付业务的电子化、网络化处理和票据交换的无纸化，促进信息资源共享，完善纳税服务，加快税款入库，加强税款监控，提高征管效率。至同年10月份，全县完成签订纳税1002户，占应签订户的99.8%，验证通过率为100%。

2009年，加强办税服务优质化，划分办税服务区、自助办税区、取表填单区、资料取阅区、纳税咨询区等候区6类区域，增加和更新计算机、电子显示屏、POS（终端）机等。同时，根据不同区域的功能用途配置所需的设备设施，推行业务限时办理制度，属即受即办的业务，办结时限确定15分钟，等候控制在30分钟内。属涉税审批事项的业务，办结时间确定到工作日。在业务内部流转上，规范文书传递模式，严格履行流转手续，完善办税服务厅各岗位之间及办税服务厅与各部门之间的业务交接记录。在巩固实施“一站式”服务、导税服务、咨询服务的同时，结合实际，推出通过办税服务厅服务热线提前“预约服务”“延时服务”，对有时间限制的涉税事项推行了“提醒服务”，设立“自助办税服务区”，满足纳税人对税收服务的个性化需求。

2010年，完善政务公开栏、公告栏及各办税窗口功能标识牌等周边设施，同时通过增设电子滚动屏，自助办税区、电子触摸屏等方式，满足纳税人的各项需求，营造良好的税收服务环境。全面实行“窗口受理、内部流转、限时办结、窗口出件”的“一站式”服务，对于文书受理审批流程通过电子显示屏公布等方式做到了限时化、规范化、透明化，满足纳税人的服务需求。

第四节 税务登记

1995年，县国税局辖区范围内的登记户共有1796户，其中国有经济175户，集体经济124户，私营经济9户，个体经济1467户，联营经济8户，股份制经济6户，外商投资经济7户。2003年1月1日CTAIS系统上线后，税务登记实现电子登记管理。2009年1月15日起，税务审批系统及电子档案管理系统正式运行，至此纳税人在国税办理税务登记时实行免填单，大大方便了广大纳税人，税务工作效率进一步提高。电子档案系统运行后，对昌江国税管辖范围内的纳税登记户进行了系统整理，形成包括设立、变更、年检和注销等完整有序的档案。至同年12月30日，企业所得税税务登记179户，网上申报127户，网上申报率70.94%，一般纳税人网上申报57户，占总户数100%，小规模纳税人网上申报122户，占纳税人总户数71%，个体“双定户”委托银行批量划缴983户，占应纳税个体工商户的100%。全县有13402笔，横向联网系统解缴税款入库35100万元。截至2010年12月31日，县国税局辖区范围内有1508纳税登记户。

第五节 税收征管

1994年9月，县国税局研究制定《关于工作重心向基层转移、向征管转移的实施意见》，坚持局长包片、科室包所、所长包户，文明办税，采取“自行申报、纳税评估、自觉缴税、微机开票”的征税方式并取得较好成绩。省国税局在全省推广昌江县国税局办税经验。2001年7月1日，县国税局金税二期工程与全国、全省联网顺利开通运转，全局配备了32台电脑，23台打印机，2台服务器，征收机关全部实现税银一体化，机关公文处理实现无纸化办公。金税工程分认证系统、报税系统、稽核系统、协查系统等，软件系统有效地制约纳税人，也杜绝税务人员挪用税款，防止违法违纪案件发生。同时，公文处理系统和GTAIS实现信息共享，为领导决策提供科学依据。至2002年，连续8年被省国税局评为管理达标单位。2003年，对金税工程认证系统、报税系统、发行发售系统的软件进行升级，成功实现5个稽查税务所CTAIS的上线运转，县国税税收实现了信息化管理。

2008年，依法加收纳税滞纳金及罚款，共加收滞纳金146万元，罚款29万元，同时加大清欠力度，清理往年欠税入库653万元。县国税局每月召开税收收入分析会，及时掌握税收收入进度，并进行通报，分析组织收入中存在的问题，及时编制各种税收旬报、月报、季报和年报，每月对重点税源行业——铁矿石及水泥的生产经营及税源变化情况进行跟踪分析，及时掌握税源变化，撰写《昌江县水泥行业税收收入情况分析报告》《海南矿业联合股份有限公司增值税税源分析报告》等调查报告，为领导决策提供真实、可靠的依据。

2009年，对重点企业开展税源分析，实行专人专岗负责，坚持领导管户制度，进行跟踪管理和服务，一定程度上促进了重点企业税收入库进度。各征收单位坚持“抓大不放小”的工作方针，在各自的辖区内大力开展户籍清理，有效堵塞了征管漏洞，进一步缩小了收入差距。2010年，继续完善办税服务厅标准化建设，设立办税服区、自助办税区、取表填单区、资料取阅区、纳税咨询区、等候区6个类区域。增设电子滚动屏，进一步简化办税流程，大力精简涉税资料，全面实行“窗口受理、内部流转、限时办结、窗口出件”的“一站式”服务，税收征管效能进一步明显提升。

第六节　税种与税率

一、税种

1994年，县国税局成立后负责征管的税种有增值税、消费税2种。1999年11月，全县开始征管个人储蓄存款利息所得税。2001年1月，昌江开始征管车辆购置税，实行统一比例税率。车辆购置税是在原由交通部门征收车辆购置附加费基础上，经过费改税形成的新税种。业务由国家税务局负责，暂由交通部门车辆购置附加费办公室负责代征，集中解交中央国库。

至2010年，昌江县负责征管的税种有增值税、消费税、企业所得税、车辆购置税4种。

二、税率

1997—2010年，昌江县使用的税率可分为3个类别，分别为比例税率、累计税率、定额税率。

（一）增值税　增值税法定税率（基本税率）为17%，对部分销售货物和进口货物实行13%的优惠税率，对达不到标准的增值税按小规模纳税人标准征收。其中商业为4%，其他行业为6%的税率缴纳增值税。

（二）消费税　昌江县消费税实行比例税率和定额税率两种，比例税率最低为3%，最低征税单位 0.1 元，最高征税单位 240 元。2002 年，粮食白酒消费税在原有基础上，按照纳税人销售量每 0.5 千克加收 0.5 元的消费税。

2005 年，调整粮食白酒、薯类白酒的税率比例，税率统一定为 20%。定额税率为 0.5 元 /500 克或 0.5 元 /500 毫升。定额税率的计量单位按实际销售商品重量确定，如果实际销售商品是按体积标注计量单位的，按 500 毫升为 0.5 千克换算，不得按酒精度折算。

1997—2010 年昌江县消费税目税率（税额）表

表 12-2-1　　　　单位：元 / 吨、元 / 升

消费税税目			税 率
烟	甲类卷烟包括各种进口卷烟		45
烟	乙类卷烟		40
烟	雪茄烟		40
烟	烟 丝		30
酒及酒精	粮食白酒		25
酒及酒精	薯类白酒		15
酒及酒精	黄 酒		240 元 / 吨
酒及酒精	啤 酒		220 元 / 吨
酒及酒精	其他酒		10
酒及酒精	酒 精		5
化妆品			30
护肤护发品			17
贵重首饰及珠宝玉石包括各种金、银、珠宝首饰			10
鞭炮、焰火			15
汽 油			0.2 元 / 升
柴 油			0.1 元 / 升
汽车轮胎			10
摩托车			10
小汽车	小轿车	汽缸容量 2200 毫升以上	8
小汽车	小轿车	汽缸容量 2200 毫升以下	5
小汽车	小轿车	汽缸容量 1000~2200 毫升	3
小汽车	越野车	汽缸容量 4200 毫升以上	5
小汽车	越野车	汽缸容量 2400 毫升以下	3
小汽车	小客车	汽缸容量 2200 毫升以上	5
小汽车	小客车	汽缸容量 2200 毫升以下	3

（三）储蓄存款利息个人所得税 1999 年 9 月 30 日，国务院颁布《储蓄存款利息个人所得税征收暂行办法》规定，从中国境内的储蓄机构取得人民币、外币储蓄存款利息所得的个人，应当依法缴纳个人所得税。昌江国税局按法定税率 20% 的比例征收储蓄存款利息个人所得税，由银行代扣。2007 年 8 月 15 日起，税率调整为 5%。2008 年 10 月起，免征储蓄存款利息所得个人所得税。

（四）车辆购置税 1994—1999 年，昌江县实行统一比例税率，按 10% 的税率征收车辆购置税。2001 年 1 月 1 日至 2004 年 12 月 31 日，车辆购置税由交通部门代征。2005 年起，车辆购置税由国税部门直接征收，至 2010 年不变。

第七节 税款征收

1994 年 9 月，县国税局分设前共开征 5 大税类、32 个税种：流转税类含产品税、增值税、营业税、工商统一税；资源税类含资源税、盐税、城镇土地使用税；收益税类含国有企业所得税、国有企业调节税、集体企业所得税、私营企业所得税、城镇工商业户所得税、外商投资企业和外国企业所得税、个人所得税、个人收入调节税；特定目的税类有国有企业奖金税、国有企业工商调节税、集体企业奖金税、事业单位奖金税、固定资产投资方向调节税、城镇维护建设税、筵席税、燃油特别税、牲畜交易税、集市交易税、特别消费税；财产行为税类有房产税、房地产税、车船使用税、车船使用牌照税、印花税、屠宰税。10 月后，国家税务局负责征收税种有 5 个：增值税、消费税、营业税、个人所得税、企业所得税。

1997 年，开征金融保险业税。同年，金融保险业税提高 3% 营业税。1997—2003 年，县国税征金融保险业税累计 950 万元，其中，1998 年达 238 万元。1999 年，开征储蓄存款个人利息税。2004 年，停征金融保险业税。2008 年，停征储蓄存款个人利息税。

1999 年，开征个人所得税。2007 年达 440 万元至 2010 年，开征个人所得税 2826 万元。

2005 年，开征车辆购置税，车辆购置税逐年递增。从 2005 年的 71 万元到 2010 年的 174 万元。年均递增 8.6%。

县国税局抓管理、抓落实，确保完成税收入库。2004 年，税收突破亿元大关达 17384 万元，是 1995 年 4073 万元的 4.26 倍，2010 年，税收收入达 63670 万元，其中增值税 58862 万元，企业所得税 4596 万元。1994—2010 年，年平均税收入库 17803.63 万元，年均税收递增 10.5%。

1995—2010 年昌江国家税务局税收收入一览表

表 12-2-2 单位：万元

年份	税收收入	其中					
		增值税	消费税	企业所得税	金融保险业营业税	个人所得税	车辆购置税
1995	4073	4034	37	2	—	—	—
1996	3526	3483	3	3	—	—	—
1997	3250	3017	26	9	198	—	—
1998	5062	4809	13	2	238	—	—
1999	4441	4264	9	26	141	1	—
2000	5666	5310	17	16	177	177	—
2001	4451	4027	7	12	115	290	—
2002	4198	3824	10	11	66	287	—
2003	9882	9576	22	17	15	252	—
2004	17384	17096	11	1	—	276	—
2005	24509	24098	5	8	—	327	71
2006	20805	20333	22	9	—	388	53
2007	29228	28631	21	54	—	440	82
2008	49296	46195	2	2763	—	257	79
2009	35417	32699	3	2499	—	102	114
2010	63670	58862	9	4596	—	29	174

第八节 发票管理

1995 年，昌江国税局坚持以组织收入为中心，以全面推广税收征管计算机应用，强化增值税的征管和增值税专用发票管理。

2004 年 9 月 1 日起，开始启用新版“货运发票”。从 2005 年 1 月 1 日后，县国税局开始启用新版发票，作废手写版增值税专用发票，税务机关代开增值税专用发票必须通过防伪税控系统开具，通过防伪税控报税子系统采集代开增值税专用发票开具信息，不在填报“代开发票开具清单”，同时停止使用非防伪税控系统为纳税人代开增值税专用发票（包括手写增值税专用发票和计算机开具不带密码的电脑版增值税专用发票）。

2005 年 2 月份，县国税局开始使用电脑 CTAIS 系统代开普通发票，提高工作效率。同年 3 月份，海尾国税开始启用电脑版普通发票。2006 年 8 月 1 日起，使用新版“机动车销售统一发票”，凡从事机动车零售业务的单位和个人，在销售机动车（不包括销售旧机动车）收取款项时，必须开具税务机关统一印制的新版“机动车销售统一发票”。下年 2 月 1 日，统一使用新版“销售不动产统一发票”和新版“建筑业统一发票”。4 月 1 日，全面停止使用手写版橡胶收购发票。4 月中旬，对昌江个体工商户 1098 户进行税源调查摸底，及时掌握业户的实际经营情况和有关数据资料，共计调整 113 户，月增加税款 1.69 万元。2008 年 2 月，普通发票的 5 类行政审批项目予以取消，即取消“发票领购资格审核”“建立收支粘贴簿、进销货登记簿或者使用税控装置审批”“拆本使用发票审批”“使用计算机开具发票审批”“跨规定的使用区域携带、邮寄、运输空白发票的审批”。

2009 年，认定 9 户增值税一般纳税人，使昌江增值税一般纳税人达到 57 户。全年查处发票违章罚款 68 户、处罚率 100%，发票超定额补税 614 户次、补税金额 29.96 万元，推广发票验旧系统客户端的使用，验旧普票 9122 份。2010 年，对领用发票的 687 户纳税人的发票管理进行了细致的汇总调查，从发票验旧、发票领用到发票开具等方面进行核查，对于开票金额大于销售收入、零申报但领用发票、未达起征点领用发票和发票验旧金额异常等情况进行及时整改。全年应验旧缴销旧版普通发票 508 户，已验旧缴销 505 户，占应验旧缴销的 99.41%。旧版普通发票应缴销 34771 份，已缴销 34696 份，旧版发票清缴率已达 99.78%。

第九节 税法宣传

1996 年起，国家税务总局将每年的 4 月定为“全国税收宣传月”。至 2002 年，县国税局精心组织，会同县地税局先后开展以“税收与法制”“税收征管与市场经济”“税收与文明”“税收管理与依法治国”“依法治税 强国富民”“税收与未来”“税收与公民”“诚信纳税 利国利民”“依法诚信纳税共建和谐社会”“税收·发展·民生”为主题的税收宣传月活动。促进纳税企业或个人提高纳税意识，使全县税收逐年增加。

2004 年，开展了送税法进企业、“音画税收”和举行“税务杯”篮球邀请赛以及企业领导、企业财务人员参加的“依法诚信纳税，共建小康社会”座谈会等活动。下年起，创新宣传载体宣传税法，开展税法宣传进机关、进乡（镇）、进企业、进社区、进商场、进旅游景点、进渔港的“七进”活动和“三月三”送税法文艺及作文明纳税人万人长跑签名活动，利用横幅、电台、报纸以及候车亭等进行税法宣传，提高了社会公众的税法遵从度。7 月，“昌江国家税务局网站”局内网开通，为宣传国税起到了积极的作用，也为昌江国税干部职工提供一个学习交流的平台。

2008 年，继续开展送“税法七进”（即：进社区、进机关、进乡镇、进企业、进商场、进旅游景点、进渔港）活动和“三月三”送税法文艺活动的同时，增加税法宣传进个体户，选定 2 所学校作为青少年税收宣传教育基地。次年，两次组织召开企业办税人员会议，讲解新两税条例政策变化及细则政策，使纳税人及时了解和掌握新政策。同时，规范纳税人的申报资料，做到资料齐全、规范，新旧税收政策平衡衔接。2010 年，以满足社会公众和纳税人充分了解税法为目的，在主要街道开展税收政策咨询、税收宣传及发放宣传手册活动等形式宣传税法。全年悬挂横幅 150 条，发放宣传手册（资料）4230 份，咨询人数 1.2 万人次。使广大纳税人了解和掌握自己应当承担的纳税义务。

第十节 国税稽查

1994 年 9 月后，县国税局进一步规范征管和稽查两分离。稽查队升格为稽查局，直属县国税局辖，负责全县国税税收稽查工作。通过开展重点抽查、日常稽查、专项稽查、专案稽查等相结合的办法，实现以查促管，以查促收，确保税款按时足额入库。

1996 年，积极开展增值税、消费税专项检查，查处偷漏税金额 69 万元。在税收大检查中，重点检查企业 55 户，查补税款 118.2 万元，清理欠税 410 万元。1997—2001 年，深入海钢公司，昌江糖厂和大风糖厂等单位进行税收稽查。5 年间，共查补税款、罚款及滞纳金 166.74 万元，清缴欠税 1538 万。其中，2001 年，全年审理税务案件 13 宗，查补税款、罚款及滞纳金共计 110.76 万元。

2003 年起，发挥税务稽查职能，改进做法，建立科学的“企业信息卡”“企业纳税情况卡”的“两卡”选案制度、“档级”审理制度、稽查建议制度等，整顿和规范税收秩序。至 2004 年年底，查补税款 144.85 万元，罚款 9.93 万，加收滞纳金 0.76 万元，总计 155.54 万元，处罚率 32%，入库率 100%。下年，县国税局把 17 家年纳税额超过 100 万元的企业纳入重点税源监控范围，并实行动态管理，加大清理欠税力度，清缴陈税，杜绝新欠，清理欠税 395 万元，查补增值税税款、罚款、加收滞纳金 318.89 万元。

2006 年，强化稽查力度，开展水泥行业、摩托车销售业、废品收购企业和农产品收购企业等专项检查活动。全年清理欠税 154 万元。年底，县国税局追缴补税、滞、罚 48.44 万元，其中，补税 29.16 万元，加收滞纳金 4.7 万元，罚款 14.58 万元，入库率 100%，罚款率 50%。

2008 年，省国家税务局收回各市县稽查权，撤销各市县国税局稽查局。全面推行税收执法责任制，改进检查方法，优化检查机制，规范执法行为，遵循权责统一的原则，从严治队，依法行政，不断完善税务执法权和行政管理权的事前、事中、事后的监督制约机制。

第三章 地方税务

第一节 机 构

1991年，县税务局内设有行政秘书股、人事教育股、监察股、税务检室、稽查队、征管股、税政一股、二股、计会股、地方税股和直属国有企业税务所。辖基层税务所（站）有国有企业、石碌河北、石碌矿建、霸王岭、叉河、山竹沟、乌烈、大风、昌化、海尾10个税务所，太坡、十月田、保平、昌城、南罗5个税务站。

1994年8月，按照分税制改革有关规定，分设为昌江县国税局和昌江县地方税务局，昌江县地方税务局为昌江县财政税务局内设副局级单位，负责全县地方税收征管业务指导和税收征管工作。

1998年7月，财税分设，县地方税务局升格为县政府工作机构，属正科级。同月，撤销稽查大队，成立稽查局。8月，全省地方税务机构实行省局垂直管理体制，更名为昌江地方税务局，属省地税局和昌江县政府双重管理。内设办公室、计划财务股、人事教育监察股、征收管理股、所得税管理股、税政管理股等6个股级职能机构和稽查分局（股级直属机构）。垂直管理15个直属地税所和办税服务大厅（股级）。

1998年12月，成立昌江地税局农税分局，属地税局内设副科级单位。下年12月，撤销农税分局，归县政府直属部门。2000年11月，成立昌江地税局社会保险费征稽局。2002年3月，社会保险费征稽局归县政府部门。

2003年4月，昌江地方税务局机构设置、职能配备和人员编制有办公室、计划财务室、人事教育室（与机关党委、机关工会合署办公）、监察室（与纪检组合署办公）、征收管理室、法规税政室等6个职能机构。下设稽查局为副科级机构。下设办税服务大厅、石碌、建筑安装车辆、河南、河北、矿建、太坡、叉河、霸王、十月田、乌烈、昌化、海尾13个税务所和信息中心（正股级），为县局所属事业单位。

2010年2月，昌江地方税务局下设的稽查局正式划转到省局直属稽查局，不再设置稽查部门。年底，县地方税务局内设机构有办公室（挂信访办公室牌子）、计统室、财务装备室、组织人事室（挂老干部管理室牌子，与机关党委、机关工会、团委合署办公）、监察内审室（与纪检组合署办公）、征收管理室、税政法规室（加挂行政审批办公室牌子）7个；设直属分局、社保费征收管理局2个；6个派出机构（副科级），分别为纳税服务管理局、纳税评估管理局、第一税务分局、第二税务分局、第三税务分局和第四税务分局；1个附属机构为电子税务管理中心。

第二节　征管改革

1991年，昌江地方税务局按照税收征收管理有关法规规定，对税务登记、纳税申报、税款征收、账簿凭证管理、发票管理、税务检查、税务稽查等方面进行加强管理。实行“法治、文明、效率、公平”的治税原则，不断深化税收征管改革。1995年，规范定期定额纳税户的税收征管，实行业户自报，征税人员深入调查，地税局邀请征税中心、征税站领导共同集体评审定税，税务机关核定，张榜公布，发定税通知书，由征税站执行征收程序。1996年，开展税务登记证换证工作，全面执行全国“统一代码，分别管理”的原则，清理重复登记50户和注销62户，补办190户。1997年起，开始探索并建立“以纳税申报和优化服务为基础，以计算机网络为依托，统一登记，集中征收，属地管理，重点稽查”的税收征管模式。

2000年，在县城区办税大厅开始推行计算机开票征税，标志着税收征管手段由纸笔、手工计算器向电子技术过渡。下年，在14个基层税务所全面行税收征管电算化。2003年，推行税源控管机制，对一定规模用票纳税户安装使用控税机开具发票，年底，共安装税控机48台，其中餐饮业32台，旅馆业10台，其他服务业6台。有效地堵塞税收征管漏洞，有力地促进各种税收收入的大幅增长。同年，完成税收收入8473万元，比上年同期增长47.6%。2005年，全县纳税人的税收征管信息并入海南地税统一计算机征管大平台。2006年后，按照国家税务总局“以申报纳税和优化服务为基础，以计算机网络为依托，集中征收，重点稽查，强化管理”的“34字”征管模式进行科学化管理。下年5月28日，县地税局税库银横向联网系统上线运行。财税库银联网，不仅实现了财政、税务、国库、商业银行4个部门的数据资源共享，而且提高了税款入库率、税款征收能力和纳税服务质量，也为广大网上申报的纳税人提供了便利。到2009年，有纳税企业66家，网上申报纳税48家，纳税金额1030.5万元，超额完成省局下达的47家任务，网报推行率提高。同年，抓好重点税源，税种的基础上，组织建安税收6050万元，比上年同期的2085万元增收3965万元，增长190%。全年税收收入51677万元，其中县级28876万元，比上年同期的23279万元增收5597万元，增长24%。2010年，完成税收收入61318万元，比上年同期增长18.9%，创历史新高。

第三节 执法与稽查

每年年初制定稽查方案、稽查计划，根据举报、上级安排或随机抽样等方式确定稽查对象，根据稽查记录出具稽查报告，稽查进行案件审理，出具处理决定书和处罚通知书，向被查纳税人追缴税款、滞纳金和罚款，构成犯罪的移交司法机关处理。每年还进行税务征收情况检查，并在内部进行执法情况检查，纠正执法中的错误行为。1995年，开展税收大检查，清理缴旧欠资源税590万元，查补税款1.7万元。1997年，稽查人员从原来的3人增至61人。1998年，加大税收执法力度，查补入库金额32.57万元，清欠入库税款878.56万元。至2004年，地方税局通过开展日常稽查、专项稽查等，确保税款按时入库，全县累计检查纳税人1534户，查补税款219万元，罚款134万元。查处重大违法案件6件，处罚3人。2005年，全年稽查8宗，查补税款152.8万元，征收滞纳金19万元，罚款25.4万元。2008年，开展税收执法检查和法稽查，对税收执法权16项和税务行政管理权4项等方面进行自查和重点检查，查出个别地税工作人员存在错用税，转让房产土地增值税管理不到位，采取有效措施一一整改。2010年，检查纳税人1450户，查补税款190万元，罚款112万元。查处重大违法案件3件，处罚2人。

1991—2010年，税务部门加强对税务登记、发票使用、账簿建立、开业、停业纳税人复核等方面的检查、执法工作。

第四节 税法宣传

税务机构分设后，昌江地方税务局在县城主要街道设立税法宣传咨询点，出动宣传车，出墙报、宣传栏，张贴宣传画、挂横额，召开纳税人座谈会等税法宣传活动。1996年，国家税务总局将每年4月定为“全国税收宣传月”。昌江地方税务局在1997年、1998年分别举办“税务杯”全县篮球比赛。2001年4月，举办纳税大户座谈会和“税收与公民”万人签名大条幅活动。除外，8日，全省地税系统“税收与你同行”宣传接力活动到昌江，县财税干部和纳税代表、学生代表1000余人，在宣传车和仪仗队的引导下举行声势浩大的游行活动。下年，昌江地税局在文体活动中心举行宣传税收图文巡回展，社会各界人士、纳税人、党政机干部和中小学生1000多人观看。至2002年年末，累计悬挂宣传横额458条，印发宣传资料3.22万份。

2003年起，昌江地方税局通过纳税互通平台，组织干部在第一时间将税收政策及时、全面、准确地传达给纳税人，同时加强“12366”纳税服务热线的宣传和后台服。在办税服务大厅设置税级咨询台，税法宣传小册子，多媒体自动触摸咨询屏。每年税收宣传月，在城乡繁华地段悬挂宣传标语（横幅），推动全社会学税法、知税法、懂税法、守税法。2004年、2005年，开展“送税法进万家”和举办税企座谈会以及税收政策辅导班，举办篮球、长跑等活动，借此发挥宣传税法。2003—2007年，悬挂宣传横额260条，印发宣传资料2.12万份。2008年，紧扣税法宣传主题，深入扎实开展税收宣传，悬挂宣传横额60条，印发宣传资料2500万份。2010年，昌江地税局在税法宣传月活动中，召开税企座谈会，接受税法宣传1.5万人次，接待解读和咨询523人。

第五节　发票管理

1991年，继续实行以票管税制度。纳税人凭发票准购证购领发票，税务机关予以审验，审核纳税人开具的发票金额与其申报纳税的经营收入是否一致，是否按要求开发票。1993年12月23日，《中华人民共和国发票管理办法》颁布实施后，加强纳税发票的管理，健全发票管理制度。下年，实行增值税专用发票零用存销全方位管理，对少数管理差、制度不健全的企业，由税务所统一管理其购的发票，统一填开，或收缴其发票，由税务所代开。1995年5月起，使用新版发票，重新核定发票，指定印制饮食、建筑、旅业、劳务通用9种新版发票点，清理废止旧票，严格发票领、销、存制度。1997年，实行发票“限量领发、核税续购、验旧换新、旧票归存”管理制度。2000年起，在县城区纳税户设立办税厅税务登记办理窗口和发票发售窗口，推行使用23台税控收款机。

2001年，加强“以票控税、以票促税”管理，年营业额30万元以上的24户餐饮、娱乐、旅游业纳税户安装使用税控收款机。2004年4月起，昌江地税局14个基层税务所全面使用计算机开票征收税款，杜绝征收人贪污挪用和压票压款现象发生，保证国家税款及时、足额入库。9月后，实施新一轮发票管理，设发票即开即奖、二次摇奖和举报奖励，提高了消费者索取发票的积极性，发票使量大幅度增加。2005年，启用全省地税系统应用“浪潮”发票管理闭环信息系统，将发票计划、印制、领用、开具、缴销、核销、查询纳入电脑系统化管理，废止手工代开发票，加强了发票的综合管理。开设发票即开即奖、二次摇奖和举报奖励，举报人每次可获得奖金100~500元。鼓励广大消费者消费后索取发票积极兑奖，全年兑付一次刮奖中奖发票83笔，二次摇奖中奖发票11笔，兑付奖金7528元。2006年，依法对5个有发票违章违法行为的纳税人做出税务行政处罚决定，补税和缴纳罚款金额合计3.2万元。2010年，与县公安局经侦大队对全县86家餐饮旅店行业纳税户开展发票使用情况突击检查行动，责令4家违章餐饮旅店业户补缴税款计5995.18元，罚款16000元。

随着国家企业改制，纳税发票种类齐全，至2010年年底，有统一代开发票、建筑安装专用发票、服务业专用发票、全国（公路）内河货运统一发票、餐饮业（定额）发票、旅店业专用发票、停（洗）车专用定额发票、公路客运专用发票、各旅游景点门票等10余种，其中餐饮业（定额）发票使用的是刮奖发票。

第六节 税种与税率

一、税 种

1991年，昌江县税务局负责执行征管税种有36种，产品税、增值税、盐税、特别消费税、烧油特别税、营业税、工商统一税、关税、国有企业所得税、国有企业调节税、集体企业所得税、私营企业所得税、外商投资企业和外国企业所得税、个人所得税、城乡个体商业户所得税、个人收入调节税、国有企业奖金税、集体企业奖金税、事业单位奖金税、国有企业工资调节税、房产税、城市房地产税、城镇土地使用税、耕地占用税、契税、资源税、车船使用税、车船使用牌照税、印花税、城市维护建设税、固定资产投资方向调节税、屠宰税、牲畜交易税、集市交易税、农业税和牧业税。

1993年12月，停征集体企业所得税、国有企业所得税和私营企业所得税。1994年，进行中华人民共和国成立以来第五次税务体制改革，实行分税制，税种分为：中央税、中央和地方共享税、地方税3个层次。昌江地税局负责执行征管税种有营业税、企业所得税、外商投资企业和外国企业所得税、个人所得税、土地增值税、房产税、城市房地产税、遗产税、城镇土地使用税、耕地占用税、契税、资源税、车船使用税、车船使用牌照税、印花税、证券交易税、城市维护建设税、固定资产投资方向调节税、屠宰税、农业税和牧业税 20 种。

截至 2010 年年末，昌江地方税务局负责征管的税种有营业税、企业所得税、个人所得税、资源税、城镇土地使用税、土地增值税、房产税、城市维护建设税、车船税、印花税、契税、耕地占用税、教育费附加 12 种。

二、税 率

资源税 1993 年 12 月开征，是对国家矿产征收的一种税。《中华人民共和国资源税暂行条例》实施细则的规定，资源税的开征范围包括矿产品和盐两类资源。资源税征收税率为每吨 0.3~30 元。

城镇土地使用税 1994 年，国税、地税机构分设，以在城市、县城、建制镇和工矿区范围内的土地为征税对象，以实际占用的土地面积为计算依据，按规定税额对使用土地的单位和个人征收。其税额标准为县城、建制镇、工矿区分别确定，每平方米 0.6~30 元之间。

企业所得税 1994 年 1 月 1 日，《中华人民共和国企业所得税暂行条例》实施，除外商投资企业和外国企业外，实行独立经济核算的企业或者组织，为企业所得税的义务人，包括国有企业、集体企业、私营企业、联营企业、股份制企业和有生产、经营所得和其他所得的其他组织。纳税人每一纳税年度的收入总额，减除不征税收入、免税收入、各项扣除以及允许弥补以前年度亏损后的余额，为应纳税所得额。税率为 33%（其中分设两档优惠税率：年所得 10 万元以下为 27%、年所得 3 万元以下为 18%）。2007 年，税率调整为 25%。2008 年 1 月 1 日，《中华人民共和国企业所得税暂行条例》废止。

个人所得税 1991—1992 年，按照国务院发布《中华人民共和国个人所得税法》，开征个人所得税。1993 年 10 月，新修改的《中华人民共和国个人所得税法》规定，个人所得税的征收对象为在中国境内有住所，或者无住所而在境内居住满一年的个人，从中国境内和境外取得的所得。征收范围：工资、薪金所得、个体工商户的生产、经营所得、企事业单位的承包经营所得、承租经营所得、劳务报酬所得、稿酬所得、利息和股息及红利所得等 11 个应税项目为对象征收。税率：工资薪金所得执行 5~45% 九级超额累进税率；个体工商户的生产经营所得，企事业单位承包、承租经营所得执行 5~35% 超额累进税率；稿酬所得适用比例税率为 20%，并按应纳税额减征 20%；劳务报酬所得适用比例税率为 20%；其他各项所得均适用 20% 的比例税率。

营业税 1991—1993 年，按照国家税务部门规定，商品零售、饮食业为 5%；交通运输业、建筑业、邮电通信业、文化体育业为3%；金融保险业、服务业为5%；娱乐业为5~20%。1994年1月1起，实施的《中华人民共和国营业税暂行条例》规定，在中华人民共和国境内提供本条例规定的劳务、转让无形资产或销售不动产的单位和个人，为营业税的纳税义务人，应当按照应税劳动或应税行为的营业额或转让额、销售额依法定的税率计算缴纳。条例设置的营业税税目9个，税率为3档，即3%、5%、20%。

2000年1月1日起，金融保险企业营业税的3%由原来的地方税务局征收改为国家税务局征收，并且对金融保险企业营业税每年递减1%。2003年年初，停止征收国家税务部门征收的金融保险企业营业税。由地方税务局征收。

外商独资企业和外国企业所得税 1994年4月9日，《中华人民共和国外商独资企业和外国企业所得税法》规定，外商独资企业和外国企业在中国境内设立的从事生产、经营的机构、场所每一纳税年度的收入总额，减除成本、费用、税金以及损失后的余额，为应纳税的所得额，税率30%，地方所得税3%。2008年1月1日停征。

城市维护建设税 属特定税目类。凡缴纳产品税、增值税、消费、营业税的单位和个人，都是城市维护建设税的纳税人。它以纳税人实际缴纳的产品税、增值税、消费、营业税为计税依据，分别与产品税、增值税、消费、营业税同时缴纳。税率：纳税人所在地在市区的税率为7%；纳税人所在地区县城、镇的，税率为5%；纳税人所在地不在市区、县城或镇的，税率为1%。

房产税 以城市、县城、建制镇和工矿范围内的房屋为征税对象，按照房屋的租金或房屋的余值收入为计税依据，向产权所有人征收的一种税其税率分为两类：按照房产余值计算应纳税额的，适用税率为1.2%，按照房屋租金收入计算应纳税额的，适用税率为12%。

屠宰税 征税范围是宰杀的应税牲畜猪、牛、羊等大牲口，按每个1~20元标准征收。

印花税 印花税是经营单位或个人在经济交往和活动中订立，领受应税凭证时缴纳的一税。购销合同、建筑安装工程承包合同、技术合同，税率为0.3‰；加工承揽合同、建设工程勘察设计合同、货物运输合同、产权转移书据，税率为0.5‰；财产租赁合同、仓储保管合同、财产保险合同，税率为1‰；借款合同、生产经营用资金账簿，税率为0.05‰。

车船使用税 应纳车船使用牌照税的车、船使用人，须向所在地地税机关申请登记、纳税、领取车船使用牌照及完税证。以车船大小种类为计税依据。遵照《中华人民共和国车船税暂行条例》等规定的基础上，按照国家规定和海南省车船使用税主要征收标准：乘用车（9座以下）1.0升60元，1.0~1.6升300元，1.6~2.0升360元，2.0~2.5升720元，2.5~3.0升1500元，3.0~4.0升2700元，4.0升以上4200元；客车9~20人480元，20人以上540元；货车60元/吨；挂车30元/吨。

土地增值税 是对有偿转让国有土地及地上建筑物和其附着物产权，取得增值收入的单位和个人征收的一种税，依照规定的税率为30%~60%。

契税 征收的对象为转移土地房屋权属承受的单位和个人，至1996年，税率为6%。1997年，昌江县根据新颁布的《中华人民共和国契税暂行条例》，使用的契税税率为3~5%。

耕地占用税 对占用耕地建房或者从事其他非农业建设的单位和个人，依其占用耕地的面积征收。1991—2007年，其税额标准人均耕地0.033公顷以下（含0.033公顷）的，每平方米为4~10元；人均耕地0.033公顷至0.053公顷（含0.053公顷）的，每平方米为3~8元；人均耕地0.053公顷至0.066公顷（含0.066公顷）的，每平方米为2~6元；人均耕地0.066公顷以上的，每平方米为1~4元。

2008年11月1日起，根据海南省实施《中华人民共和国耕地占用税暂行条例》办法，昌江县按照《条例》对耕地占用税适用税额调整为每平方米25元。

教育费附加 教育费附加是以纳税人实际缴纳的增值税、营业税、消费税的税额为计征依据征收的一种专项附加，专项用于教育事业。根据国务院《关于教育费附加征收问题的紧急通知》精神，教育费附加征收率为“三税”税额的3%。

第七节 税款征收

国税、地税分设后，坚持组织收入为中心，贯彻“依法征税，应收尽收”的原则，加强税收征管改革，有效推动税收管理的现代化、科学化、精细化、专业化。至2002年，连续8年超额完成税收任务，共组织税收收入4.88亿元。从2003年起，税收征收逐年递增。2004年，地方工商税收总额11779万元。2009年，地方工商税收51567万元，到2010年达61318万元。

1991-1995年地方税主要各项税收入完成一览表

表12-3-1 单位：万元

项目＼年度	1991	1992	1993	1994	1995
增值税	962.3	1158.0	1900.5	1133.0	911.0

表 12-3-1 续 1

项目 \ 年度	1991	1992	1993	1994	1995
营业	455.4	566.3	881.2	423.0	495.0
企业所得税	23.8	22.3	32.0	37.0	98.0
城市维护建设	63.5	76.0	84.3	76.0	184.0
资源税	—	335.4	621.7	998.0	1882.0
国家能源交通建设基金	729.7	304.6	29.7	1.0	1.0
印花税	12.3	13.4	6.4	4.0	5.0
城镇土地使用税	24.0	37.5	44.1	45.0	30
国有企业所得税	777.0	738.0	719.8	97.0	80.0
其他地方各税	166.5	188.0	201.8	150.0	1.0

1995—2010 年昌江县地方税收收入一览表

表 12-3-2 单位：万元

年 份	税收收入	增长率（%）	年 份	税收收入	增长率（%）
1995	4905	67.86%	2003	8473	47.59%
1996	5936	21.02%	2004	11779	39.02%
1997	5982	0.77%	2005	15353	30.34%
1998	6319	5.63%	2006	22721	47.99%
1999	6083	-3.73%	2007	16594	-26.97%
2000	5765	-5.23%	2008	37559	126.34%
2001	486	-4.84%	2009	51567	37.30%

第四章 金 融

第一节 体制改革

1993年12月，国务院作出《关于金融体制改革的决定》。通过金融体制改革，确立中国人民银行作为独立执行货币政策的中央银行宏观调控体系，实行政策性金融与商业性金融分离的金融组织体系。1996年8月22日，农村金融体制改革建立和完善以合作金融为基础，商业性金融、政策性金融分工协作的农村金融体系。同年，农业银行昌江支行与县信用联社正式脱离行社管理隶属关系，行社的人、财、物按照规定全部分割清楚。信用社的金融监管改由中国人民银行昌江县支行承担。农业银行昌江支行结束了专业银行的历史，开始向国有商业银行转换。1996年12月，增设中国农业发展银行分支机构，加强农产品收购资金管理的意见，成立中国农业发展银行昌江支行，承担国家规定的农业政策性金融业务，代理财政支农资金的拨付。

2003年12月，人民银行昌江支行为了适应在央行机构改革与职能调整中，加强金融监管体制改革新形势的需要，将县辖银监管职能分设，人财物整体划转，成立县银行业监督办事处，专门履行金融监管职能。同时增加金融稳定和征信两项职能，强化中国人民银行制定、执行货币政策和防范与化解金融风险的职能。2004年，工商银行昌江支行进行新的一轮机构改革，把原内设机构“公司业务部、个人金融业务部、营业部、办公室”改为“业务管理部、市场营销部、营业部、办公室”，在职员工由原来的75人，减至72人。

2006年3月，工商银行昌江支行贯彻总行、省行体制改革工作精神，成立中国工商银行（股份有限公司）昌江支行。

2010年6月23日，昌江县联社深化农村信用社改革，在清产核资、增资扩股的基础上，召开全县农村信用合作联社创立大会暨第一届社员大会，选举产生昌江县农村信用合作联社第一届理事会、监事会成员和主任经营班子，法人治理架构初步形成。联社开展组建昌江县农村合作联社的筹备工作，经过近1个月的筹备，获海南监管局核准开业，昌江县农村合作联社的成立，标志着昌江县农村信用社改革取得了实质性进展。

第二节 机 构

截至2010年，昌江县有金融管理机构1家，银行类金融机构7家，其中政策性银行1家，商业银行5家，保险机构2家。

一、中国人民银行昌江支行

中国人民银行昌江县支行在辖区行使中央银行的职能，实施对金融业的监督管理，贯彻执行党和国家的货币信贷政策，防范和化解金融风险。1991年，全行内部机构有人秘、监察、国库、发行、保卫、外管、计划、金管稽核等股室，在编干部职工32人。2003年12月，人民银行机构改革，人民银行、银监机构分设，人民银行昌江县支行完成机构分设工作，人、财、物整体划转成立昌江县银行业监管办事处。支行内设机构有办公室、货币信贷与统计股、国库会计股、保卫股、货币金银股，年底在编干部职工31人。2005年5月，人民银行昌江县支行内设机构调整，货币金银股、保卫股撤销，设置办公室、营业室、货币信贷与统计股3个股室，年底在编人员18人。2010年，内设办公室、营业室、货币信贷与统计股3个股室，在职干部职工20人，设行长1人、副行长1人、纪检组组长1人。

二、中国农业发展银行昌江支行

1996年12月26日，正式成立中国农业发展银行昌江支行，其业务从1997年1月全部由农业银行昌江支行划转办公室，并正式挂牌对外自营业。内设两部一室（即会计出纳部、计划信贷部、办公室），有干部职工编制15人，其中行长1人，副行长1人。营业办公地址在人民北路石碌大桥北端东侧，营业面积300平方米。1999年1月，中国农业发展银行白沙黎族自治县支行撤销，白沙黎族自治县域贷款业务归昌江支行。2000年6月迁至人民北路（生态街）西侧新办公大楼营业，营业面积840平方米。2010年，机构设置不变，有干部职工19人，其中行领导2人、办公室3人、信贷部6人、会计出纳部5人。有固定资产账面余额489.29万元，累计折旧186.21万元，固定资产净值303.09万元。

三、中国工商银行昌江支行

1991 年，中国工商银行昌江县支行办公楼在石碌镇人民南路第一市场南侧，时有职工 165 人。全行内设机构有人事股、工会、办公室、保卫股、监察股、政工股、计划股、工业信贷股、商业信贷股、会计股、出纳股、稽核股、储蓄股。下辖叉河办事处、霸王岭分理处、山竹沟办事处、大风分理处、河南分理处、河北分理处、东风储蓄所、石碌储蓄所、河北储蓄所、东区储蓄所、铁矿储蓄所、矿建第一储蓄所、矿建第二储蓄所、子中储蓄所。1992 年，工商银行昌江支行办公大楼搬迁到人民北路 209 号新建办公大楼办公。至 2002 年，各营业网点经过陆续撤销，内设机构仅有办公室、工会办、业务部、市场部、支行营业部、河南分理处、河北分理处、铁矿储蓄所、子中储蓄所、矿建储蓄所。2007 年中国工商银行股份制改革上市，中国工商银行昌江支行改名为中国工商银行股份制有限公司昌江支行，内设机构有办公室、业务发展部、支行营业部、河南支行、河北分理处、铁矿储蓄所，撤销市场营销部。2010 年，全行在职员工 68 人，其中行长 1 人、副行长 2 人、工会主席 1 人，内设机构有综合管理部、业务发展部、理财中心、支行营业部、河南支行、河北支行、铁矿支行。

四、中国农业银行昌江支行

1991 年，中国农业银行昌江县支行内设办公室、政工、人事、监察、安全保卫、计划、集约、农贷、工贷、信合、会计出纳、资金组织 12 个股室。辖第一、第二营业部、山城分理处、石碌、红田、乌烈、昌化、海尾、保梅、农垦、河北、铁城 12 个储蓄所。1994 年，撤销第二营业部、昌化营业所，第一营业部更名为支行营业部。1996 年撤销保梅储蓄所。1999 年，县农行各股室合并为办公室、业务部、计财部、信贷部、科技部、监察保卫部和稽核办公室。2000 年，撤销河北储蓄所、农垦储蓄所。2002 年，撤销海尾营业所、乌烈营业所。2004 年，撤销红田营业所。2007 年，调整设立办公室、客户部、计财部、信贷部、资产经营部、监保部和技术部 7 个部室，辖支行营业部、昌府分理处、山城分理处、铁城分理处和石碌营业所。2008 年，撤销铁城分理处。2010 年，县农行各部室整合为综合管理部和客户部 2 个部门，辖支行营业部、昌府分理处、山城分理处和石碌分理处 4 个营业网点，在职员工 74 人。

五、中国银行昌江支行

1991 年，中国银行股份有限公司昌江支行办公地址位于石碌镇人民南路的昌江县邮电局原办公楼，建筑面积 300 多平方米，设有计划信贷股、会计股、出纳股、存汇股、人秘股、电脑股 6 个机构，辖人民北路分理处（2003 年撤销），员工 44 人。1992 年 9 月 25 日，增设矿建分理处（2009 年升格为人民北路支行）。1994 年 11 月 15 日，迁至石碌镇东风路20号综合楼办公，一楼为营业厅，二楼为各部门办公室，三楼为会议室及档案室，同时增设桥南分理处（2005年撤销）。2010年，内设综合管理部、业务发展部、营业部，下设1个经营性支行（人民北路支行）。员工总数49人，其中行长1人、副行长1人、专业技术人员32人。

六、中国建设银行昌江支行

中国建设银行股份有限公司昌江支行专管基建投资、信贷业务，是具有财政、银行双重职能的专业银行。1991年，人民北路支行办公大楼落成，正式迁入使用，内设投资股和会计股，其中行长1人，副行长2人。1994年，内设办公室、筹资股、电脑股、会计股、业务股、计划股、建经股、保卫股、住房公积金信贷部共9个职能股室，下设6个营业网点，职工人数增至75人。1998年后，实施集约化经营，创建精品网点，逐步撤销低产网点，精简机构人员，至2000年底，全行改设办公室、业务股、综合业务部、计财股、保卫股、工会共5个职能股室，下设铁矿分理处、河北储蓄所和储蓄专柜3个营业网点。2001年，继续撤并网点，精减人员。至2005年年年底，行内设营业部和客户部2个职能部门。2010年，增设办公室，计有员工21人，

七、中国邮政储蓄银行昌江支行

中国邮政储蓄银行的前身是中国邮政储蓄。1992年，开办海尾、新港2个邮政储蓄网点。1993年，开办乌烈、红田邮政储蓄网点，1994年增开矿建邮电所和矿山邮电所邮政储蓄点。1998年，接收工商银行昌江支行霸王岭办事处撤点储蓄余额。1999年9月，接收县工商银行叉河办事处撤点储蓄余额。2008年5月15日，中国邮政储蓄银行昌江县支行正式挂牌成立。成立初期，昌江县支行内部设有综合管理部、会计核算部、信贷业务部、综合业务部4个一级职能部门以及信贷营业部、支行营业部、叉河镇支行3个营业部。至2010年，已建成昌江地区覆盖面最广的个人金融服务网络，全县辖2个营业支行、13个代理网点，ATM（自动取款）机5台，POS（销售情报管理系统）机具数十台，其中有8个网点分布在乡（镇）农村区域，成为沟通昌江城乡居民个人结算的主渠道。

八、昌江县农村信用社

1996年，昌江县农村信用社贯彻执行农村金融体制改革精神，积极稳妥地完成与农业银行脱离行政隶属关系工作，成立自律的合作金融体系。建立健全内部职能机构，成立“六股一部”，即资金营业股、财务股、稽核监察股、人事股、综合股、保卫股、营业部。加强基础设施建设，购置工作及运钞车4辆，新建联社办公大楼，对基层信用

社办公楼及营业厅进行改建及装修，改变了落后的社容社貌，树立起良好的社会形象。1997年，根据精简效能的原则，对办社条件差、连年亏损的王下、十月田、保平和霸王等机构网点进行降格撤并。1999年，营业部、石碌社、乌烈社等6个营业网点配置了微机，实现了储蓄业务电子化。2000年，机构网点调整，将业务量小、扭亏工作无望的南罗信用社降格为分社，撤销南罗分社、七差分社、保平分社。2002年，昌江联社辖有13个营业机构，储蓄网点遍及城乡各地，拥有职工69人，其中大中专以上文化程度占57%，具有初级以上专业职称的占25%。2010年，昌江县联社有职工人数85人，辖乡镇信用社6个、信用分社3个、储蓄所（营业所）2个。

第三节 金融业务

昌江金融业务主要有银行存款、贷款、货币投放回收、账户结算、代理服务和保险业的承保、理赔业务。1991年，全县存款余额23893万元，贷款余额35218万元。1998年，全县存款余额102589万元，贷款余额209876万元。2005年后，全县各银行业务完全告别算盘和纸质账本，走向电子时代。2010年，全县存款余额566784万元，比1991年增长23.7倍；各项货款余额122264万元，比1991年增长3.5倍。

一、存款业务

1991—2010年，存款分对公存款和储蓄存款两种类型。对公存款包括地方预算存款、财政预算外存款、机关团体存款、行政事业单位存款、企业存款等。储蓄存款包括教育储蓄、活期储蓄、整存整取定期存款、零存整取存款、整存零取定期储蓄、存本取息定期储蓄等。随着国民经济的发展和居民收入的提高，昌江县各项存款余额逐年增长。

1991—2010年昌江县金融机构存款余额情况一览表

表12-4-1　　单位：万元

项目 年度	存款项目	其中居民储蓄存款	项目 年度	存款项目	其中居民储蓄存款
1991	23893	16326.8	1997	81969	60552
1992	32695	22287	1998	102589	75843
1993	48064	28727	1999	99357	73030
1994	54414	34841	2000	93425	77428
1995	54203	40773	2001	100265	80560
1996	68446	—	2002	110519	85503

表 12-4-1 续 1

项目 年度	存款项目	其中居民储蓄存款	项目 年度	存款项目	其中居民储蓄存款
2003	126293	95814	2007	330695	122485
2004	165908	113388	2008	377892	169895
2005	197454	128837	2009	441953	204979
2006	232561	146251	2010	566784	254260

1991—2010 年昌江县金融机构企业、机关团体、农业、其他年末存款余额表

表 12-4-2 单位：万元

项目 年度	企业存款	财款存款	机关团体	农村存款	其他存款	项目 年度	企业存款	财款存款	机关团体	农村存款	其他存款
1991	5507	301	0.4	359	1756	2001	14840	436	402	—	1218
1992	6897	346	917	2266	2212	2002	17591	729	2585	2299	1800
1993	16342	643	758	1345	1594	2003	19224	4310	3402	2496	1038
1994	17690	1846	638	1784	—	2004	30185	4588	15724	1267	—
1995	12429	—	1004	479	4	2005	54461	4756	6178	1358	1859
1996	14561	258	1120	493	—	2006	63824	7674	11958	442	2366
1997	19764	619	551	11035	82	2007	157664	7177	16108	770	4691
1998	21990	476	1135	1286	1783	2008	146789	13156	41002	—	4691
1999	22932	604	959	1387	433	2009	138974	44521	32934	5031	15514
2000	12565	287	990	1420	723	2010	184900	49760	48648	11521	1769

（一）工商银行存款 1991—2010 年，工商银行昌江县支行业务品种不断创新发展，实行“个人消费信贷、银证通、银行卡、网上银行、电子银行、结算业务、理财金账户”等多元化服务，适应广大客户的需求，服务手段先进，成为全县最具雄厚资金实力的国有商业银行。1991—1992 年，主要开办企业存款、贷款、个人储蓄存款。1993 年后，开办牡丹信用卡业务，拓展行政机关、事业单位代发工资、住房公积金入存等业务，各项业务健康发展。2008 年，全力做好外来重点企业的营销工作，开立核电站项目土地赔偿专户 500 万元；继续对海南矿业联合股份有限公司在业务上提供优质服务。至 2008 年 12 月末，海南矿业联合股份有限公司存款达 3 亿元。2010 年，各项存款 183583 万元比年初增加 50934 万元，完成行任务的 55696 万元 91.5%，其中储蓄存款 74028 万元，比年初增加 12545 万元，完成行任务 11696 万元的 107.3%。

1991—2010 年中国工商银行昌江支行年末存款余额一览表

表 12-4-3　　单位：万元

项目 年度	各项存款	其中		项目 年度	各项存款	其中	
		对公存款	储蓄存款			对公存款	储蓄存款
1991	13386	4786	8582	2001	33386	6894	26492
1992	16727	5668	11059	2002	36287	8779	27508
1993	25788	11706	14082	2003	38451	—	—
1994	25895	9068	16827	2004	59691	—	—
1995	24620	11509	16952	2005	58400	16900	41500
1996	23629	3941	19688	2006	64475	18549	45927
1997	27292	5492	21800	2007	132538	87825	44713
1998	35526	9375	2615	2008	131833	79538	52295
1999	34052	9826	24226	2009	132649	71165	61484
2000	31606	5617	25988	2010	183583	109375	74028

（二）中国银行存款 中国银行昌江支行是昌江地区唯一家外汇外贸专业银行，自成立时起，主要开办人民币、本外币存贷款、国内结算业务、人民币长城卡、侨汇解付及外币兑换等业务。1991 年，开办信用卡业务，主打产品是长城信用卡。1994 年后，拓展各项业务，代理国债、银行保险、基金销售、贵金属以及具有募集资格的企业资金投资计划等业务，各项存款长足发展，外币存款逐年增加，人民币各项存款在全县各银行中排名第二。至 2010 年年底，共发行长城信用卡 1107 张，发行借记卡 25796 张。

1991—2002 年中国银行昌江支行各项存款余额及外币存款统计一览表

表 12-4-4　　单位：万元

项目 年度	各项存款	外币存款	项目 年度	各项存款	外币存款
1991	2813	47	1997	13484	85
1992	5326	61	1998	15131	91
1993	7827	83	1999	15437	112
1994	7833	91	2000	17245	128
1995	12250	90	2001	19178	134
1996	12726	84	2002	19077	139

2003—2010 年中国银行昌江支行各项存款余额统计一览表

表 12-4-5 单位：万元

项目＼年度	2003	2004	2005	2006	2007	2008	2009	2010
各项存款	21997	25829	32107	38452	51189	78584	74621	99408

（三）建设银行存款 1991—2010 年，建设银行昌江支行不断深化金融改革，积极拓展业务，发挥全行员工的智慧和力量，加强规范化管理，促进存款业务的快速发展。各类存款余额 1994 年比 1991 年增长 15%。2005—2010 年，各类存款余额年均递增 25.9%。至 2010 年，建设银行昌江支行有电子网上银行、手机银行、短信通等产品。

1991—2010 年建设银行昌江支行部分年末存款余额一览表

表 12-4-6 单位：万元

年度＼项目	各项存款	年度＼项目	各项存款	年度＼项目	各项存款
1991	8912	1996	12603	2006	44477
1992	1087	2001	11293	2007	53536
1993	1198	2002	11683	2008	51250
1994	10250	2004	19858	2009	55836
1995	11245	2005	36855	2010	46038

（四）农业银行存款 2003 年，农业银行昌江县支行设立个人、公司客户部，专门对个客户和公司客户提供金融服务，切实体现以客户为中心，以市场为导向的经营理念，全行存款业务稳步上升。1991 年，各项存款余额 6334 万元，比年初增长 12.4%。1994 年，各项存款余额 9788 万元，比年初增加 946 万元。1998 年，各项存款余额比年初增加 4836 万元。2007 年，各项存款余额 35896 万元。2009 年，各项存款余额 55903 万元，比上年增长 209%。2010 年，各项存款余额 82277 万元。2008—2010 年，各项存款余额年均递增 29.1%。

（五）信用联社存款 信用联社资金来源主要有存款、基金、股金和农业直补，储蓄存款是其主要来源。1991 年，各项存款 1575 万元。1992 年，各项存款 2783 万元。2001 年，昌江县农村信用联社参加全省储蓄联网，实现全省储蓄通存通兑，使电子化建设迈出了一个新台阶，促进存款业务逐年增加。1992 年，各项存款年末余额 2783 万元。2010 年，各项存款年末余额 37091 万元，比 2008 年增长 5.3 倍。

1991—2010 年昌江县农村信用联社存款年末余额一览表

表 12-4-7　　　　单位：万元

年度	各项存款	年度	各项存款	年度	各项存款
1993	3459	1999	6401	2005	11193
1994	3786	2000	7042	2006	12706
1995	4209	2001	7623	2007	14448
1996	4441	2002	8824	2008	15478
1997	5369	2003	9896	2009	25178
1998	6119	2004	10593	2010	37091

（六）邮政储蓄银行存款 20 世纪 90 年代以来，邮政储蓄种类有活期、定期、零存整取、代发工资和养老金等。1992 年，邮政储蓄余额达到 686.47 万元。1993 年，邮政储蓄余额突破 1000 万元。1995 年，邮政储蓄网点有 14 处，储蓄存款 3500 万元。1997 年，全县邮电储蓄余额达 5188.53 万元，比上年增长 52.04%。1999 年，邮政储蓄余额首次突破 1 个亿，在全省邮储业务发展年终评比中获全省第一。进入 21 世纪初，昌江邮政储蓄进入全国银联大网，与全国商业银行之间实现通存通取。2003 年，邮储业务市场占有率首次达到 16.32%，名列全县金融机构第三位。2004 年，邮政储蓄市场占有率提高到 17.45%。2005 年，邮储蓄余额首次突破 2 亿元，在全县 6 家金融机构中名列第二。2006 年，储蓄余额首次突破 3 亿元，市场占有率达 21.07%，排名全县金融机构第二位。2007 年，邮政储蓄年末余额 34160 元。2008 年，邮政储蓄年末余额 4160 万元，其中，银行自营网点储蓄余额 5728 万元。城乡居民在邮政储蓄银行开立账户 17 万个，有邮政储蓄绿卡的客户 8 万户。2010 年，代理邮储余额突破 5.3 亿元，净增长 8392.99 万元，同比增长 19.23%，进度排名全县金融行业第二。

二、金融贷款

1991—2010 年，昌江县各银行开展信贷业务主要有工业贷款、商业贷款、农业贷款、粮食收购贷款、乡（镇）企业贷款、个体商业贷款、固定资产贷款、个人住房按揭贷款等。1995 年，全县金融机构各项年末贷款余额 99283 万元，贷款余额比 1991 年增加 2.8 倍，其中工业贷款、商业贷款、农业贷款分别比 1991 年增加 2.9 倍、1.1 倍、0.9 倍。1997 年后，多数工商企业因经营困难大量拖欠银行贷款本息。各银行逐步从严控制贷款，转向择优扶持，防范企业改制悬空银行贷款。各银行一面清收不良贷款，一面实行头寸管理，贷款投放必须服从资金头寸。2001 年后，各商业银行执行新的信贷管理制度，强化内部管理，做好金融服务，各项贷款健康发展。2004 年，全县金融机构各项年末贷款余额 68453 万元，其中工业、商业、农业贷款分别为8789万元、5552万元和11940万元。工业贷款占12.8 %，商业贷款占8.1%，农业贷款占17.4%。2010年，全县金融机构各项年末贷款余额122264万元。

（一）农业贷款 1991年后，昌江金融机构贯彻党中央关于向农业倾斜的方针，调整银行信贷结构，支持当地农业的发展，金融发放农业贷款4651万元，占全县贷款余额的13%。1992—1995年，农业银行昌江支行发放芒果种植、甘蔗种植、化肥、海洋捕捞船只改造、水稻良种等贷款638万元，其中向岛西芒果股份有限公司投放贷款40万元种植芒果，投放贷款140万元支持昌化、海尾、新港3个渔区造大船，投放贷款209万元支持县农业生产资料公司和种子公司，组织化肥6709吨、杂优种子10万公斤，投放贷款70万元支持保平、乌烈、昌城等乡（镇）500户农民种植瓜菜。1991—1996年，全辖区信用联社累计发放贷款6096万元，其中农业贷款占投放总额的68%。

2001年后，全县调整种植结构，支持发展热带高效农业和当地“三农”发展，农业专项贷款、支农贷款项目多、规模大，至2005年累计发放农业贷款47740万元，年均递增24%。其中，县农村信用联社加大小额贷款的投放，全年投放农户种植、养殖贷款1833万元，占全年贷款总额的83%。2006年，贷款余额由1991的4651万元增加到10359万元。2010年，农业银行昌江支行各项贷款余额7615万元，比年初增加7148万元，其中惠农卡农户小额贷款发放1022万元。县信用联社发放农业贷款11334万元，海航机场集团有限公司等3家企业发放贷款6000万元，为13710户发放小额贷款6232万元。

1993—2010年昌江县信用联社贷款情况一览表

表12-4-8　　　　单位：万元

项目 / 年度	贷款余额	其中 同年投发	项目 / 年度	贷款余额	其中 同年投发	项目 / 年度	贷款余额	其中 同年投发
1993	2271	1598	1999	3192	582	2005	10594	8672
1994	2844	2022	2000	4667	2313	2006	11833	2061
1995	2908	1078	2001	5441	2005	2007	12189	1157
1996	2988	538	2002	7314	3496	2008	7912	601
1997	5369	404	2003	9541	4089	2009	12674	7807
1998	3036	590	2004	9915	2046	2010	28533	23566

（二）政策性贷款 农业发展银行昌江支行成立前，农业开发、粮油流统、乡镇企业等贷款由各专业银行承担。成立后，按照国家有关方针、政策，专营政策性贷款，实

行专项账户管理制度、贷款核放制度、库存核查制度、贷款回笼分解制度确保专款专用。1997 年，支持当地农业发展，发放贷款 1477 万元，其中粮油收购贷款 857 万元，调销贷款 30 万元，扶贫贷款 40 万元，林业贷款 550 万元。1999 年，发放收购贷款 894 万元，企业售粮食 347 万千克。1999—2000 年，农业银行昌江支行贷款重点投向发展热带高效农业，发放贷款 1405 万元支持国有农场发展橡胶等热带高效作物。2005 年，县信用联社发放贷款 8672 万元，其中农业贷款 6409 万元，占放款总额的 74%。农业发展银行昌江支行发放贷款 1160 万元支持粮食企业收购粮食（稻谷）218 万千克、杂粮 827 万千克。2006 年，继续扩大信贷投资量，向白沙黎族自治县高地淀粉厂发放贷款 650 万元增一条生产线；向昌江县雄伟淀粉有限公司发放贷款 300 万元。2008 年，发放政策性贷款 436 万元，其中 416 万元支持国有粮食企业收购储备粮轮换，20 万元支持企业调入粮食供应部队。年末各项贷款余额 7107 万元，比上年净增 5357 万元。2010 年，农业发展银行昌江支行发放流动资金 3300 万元贷款支持昌江县、白沙黎族自治县南大洋酒精厂、金凯橡胶加工、京都和毅然香蕉种植、百富源竹子种植和浦兴冷库企业建设，向白沙黎族自治县高地淀粉厂发放固定资产贷款及流动资金 2300 万元。

1997—2010 中国农业发展银行昌江支行贷款情况一览表

表 12-4-9　　单位：万元

年 份	投放贷款	贷款余额	年 份	投放贷款	贷款余额
1997	1477	—	2004	1683	—
1998	4318	3567	2005	1189	—
1999	894	5108	2006	2087	—
2000	440	5017	2007	5320	2836
2001	302	4711	2008	3046	10784
2002	583	4218	2009	4521	9347
2003	506	—	2010	5721	18286

（三）工商贷款　20 世纪 90 年代后，全县金融机构贷款主要投向工业和商业贷款，1993 年，工商银行昌江支行投放贷款分别为 40941 万元和 4768 万元，分别占 80.9% 和 10.4%。中国银行昌江支行投放贷款 2181 万元，比 1991 年增长 91.3%。建设银行昌江支行支持县内重点信贷项目，扶持国投水泥有限公司筹建，至 1997 年建成投产，前后共投放贷款 3.6 亿元。1998 年，工商银行昌江支行各项贷款余额 56034 万元，其中工业贷款余额 42608 万元，商业贷款余额 13426 万元。1999 年后，各银行本着择优限劣，保

重点的原则，积极拓展个人住房按揭贷款和个人消费信贷产品，重点发展以抵押和质押为担保的个人贷款品种，促进个人信贷业务的发展。同年，建设银行昌江支行投放个人住房贷款 97 户，个贷余额 476 万元。2002 年，中国银行昌江支行各项贷款 38109 万元，其中流动资金贷款 31031 万元，项目贷款 5300 万元，住房贷款 1682 万元，个人消费贷款 96 万元。2004 年，建设银行昌江支行个人住房贷款余额 469.9 万元，2008 年，发放公积金委托贷款 202.5 万元，年末各项贷款余额 828 万元。2010 年，工商银行昌江支行信贷个贷业务余额 4368 万元，个贷余额与增量位居同业第二。

1992—1999 年工商银行昌江支行贷款情况一览表

表 12-4-10　　单位：万元

项目/年度	贷款余额	其中		项目/年度	贷款余额	其中	
		工业	商业			工业	商业
1992	28660	23048	5612	1996	48229	44602	3627
1993	45709	40941	4768	1997	51870	38808	3163
1994	48447	45090	3417	1998	56034	42608	13426
1995	49047	39267	9780	1999	57882	43877	1531

2002—2010 年工商银行昌江支行贷款情况一览表

表 12-4-11　　单位：万元

项目/年度	贷款余额	项目/年度	贷款余额	项目/年度	贷款余额
2002	38109	2005	16350	2008	14678
2003	38956	2006	2048	2009	12955
2004	27617	2007	14718	2010	51804

中国银行昌江支行部分年度贷款余额情况一览表

表 12-4-12　　单位：万元

项目/年度	贷款余额	项目/年度	贷款余额	项目/年度	贷款余额
1991	1140	1996	3721	2007	1749
1992	800	1999	1354	2008	7107
1993	2181	2001	1300	2009	8420
1994	3052	2002	118	2010	8511

建设银行昌江支行部分年度贷款余额情况一览表

表 12-4-13　　单位：万元

项目 年度	贷款余额	项目 年度	贷款余额	项目 年度	贷款余额
1991	6287	1999	3564	2008	164
1992	6512	2002	4623	2009	10745
1993	7415	2007	187	2010	3967

1991—2010 年昌江县金融机构部分年度各项贷款情况一览表

表 12-4-14　　单位：万元

项目 年度	贷款金额	短期贷款	其中				长期贷款	其中		备注
			工业	商业	农业	乡镇企业		基本建设	技术改造	
1991	35218	25803	14540	10260	4651	441	3927	—	3690	
1992	44618	31086	18882	11087	6399	445	6127	—	5702	
1994	93238	78517	46352	9728	6661	1157	13777	6500	6446	
1995	99283	81069	43424	10787	4038	1411	27613	18800	6231	
1997	201390	84992	45708	10981	4114	1369	49400	36500	7659	
1998	209876	85104	49167	6937	4178	1657	5554	36930	7789	
2001	94628	53555	21506	6112	6767	2027	24519	553	10475	
2002	87918	49071	16744	5154	9275	2027	22790	5883	3905	
2003	87342	48459	14089	5804	10778	2227	20514	5293	950	
2004	68453	42778	8789	5552	14940	2226	17173	2193	950	
2005	57123	41186	5741	6178	12747	1643	15118	43	750	
2006	51122	26781	2149	6037	10359	—	23641	14758	—	
2007	67539	27532	2096	6038	10121	581	29972	—	—	
2008	40458	18093	300	3987	5307	—	21874	—	—	
2009	60443	18093	—	3896	6747	—	26810	—	—	
2010	122264	25977	—	—	—	—	87541	—	—	

第四节 币 种

1991—1999年10月1日，全县范围内使用的币种为1987年4月24日由中国人民银行发行的第四套人民币。主币有6种券别，分别为100元、50元、10元、5元、2元、1元。辅币有3种券别，分别为5角、2角、1角。

1999年10月1日和2005年8月31日，全国统一使用由各地中国人民银行发行的第五套人民币。纸币有6种，分别为100元、50元、20元、10元、5元、1元。硬币有3种，分别为1元、5角、1角。2005年，发行2005年版第五套人民币，为了提升防伪技术，100元、50元、20元纸币正面左下角增加白水印面额数字。至2010年，一直在使用。

第五节 金融管理

一、货币流通管理

20世纪90年代，根据《中华人民共和国人民币管理条例》规定，货币投放、回笼由中国人民银行昌江支行发行库负责。1991—2010年，货币投放量、回笼、净投放量逐年增加。2005年，撤销人民银行昌江支行发行库，现金投放、回笼、净投改由人民银行东方市支行发行库调拨。

除正常投放、回笼外，人民银行昌江支行要求各银行在营业窗口挂牌换残币，不得以任何理由拒换。各银行在营业场所悬挂或张贴标语、制作宣传栏和电子屏幕宣传反假币知识和规定。2004年，全县金融机构开展反假人民币宣传，举办2期金融机构业务人员假人民币学习班，协助县公安局破获2宗假人民币案，没收假人民币149张，金额14130元。2007年，建立辖区反假人民币联席会议机制，经县政府讨论通过并印发《昌江黎族自治县反假人民币联席会议制度》。同年，人民银行昌江支行收缴假人民币57360元。2008年，人民银行昌江支行加强与县公安局联系沟通，协调全县各金融机构与协防单位互通信息，形成合力，共同打击假人民币犯罪，全年辖区收缴各类假人民币616张，金额41525元。2009—2010年，加强人民币质量管理，建立防控网络，人民银行昌江支行开展对邮政储蓄银行和农村信用联社等11家网点进行人民币收付及反假人民币业务检查，针对存在问题，提出整改意见，限期整改。与县公安局协作配合，重点部署 HD90（假钞）、HB90（假钞）冠字号码的反假工作，在商场、专卖店等收银柜台设置发现假人民币报警警示牌。共同查处打击假人民币犯罪，2 年收缴各类假人民币 1578 张，金额 123440 元，其中 2009 年，收缴假人民币 1101 张，金额 82850 元。

1991—2002 年昌江县货币净投放情况一览表

表 12-4-15　　单位：万元

年份	净投放	年份	净投放	年份	净投放	年份	净投放	年份	净投放	年份	净投放
1991	13298	1993	20805	1995	24512	1997	29861	1999	23581	2001	23108
1992	12169	1994	14135	1996	21460	1998	30442	2000	26561	2002	22584

二、账户管理

1991 年，开户单位继续实行“一户一卡”现金管理制度，加强工资基金管理，除工资提现外，一般要求转账结算。同年，县人民银行成立结算举报中心，处理违规结算额 320 万元。1994 年，金融市场竞争激烈，一些金融单位为拉客户而放宽现金管理，县人民银行制定违规结算处罚规定，对违规结算者罚款。1997 年后，现金管理的重点转向清理、规范账户。至 2001 年，先后开展 4 次会计结算账户大检查，检查有无坐支、有无白条抵库、库存现金与现金总账不符等现象，清理各类违规设立账户 542 户。2002 年，各银行达到账户、账款、账证、内外账四相符。

2003 年 9 月，《人民币银行结算账户管理办法》（以下简称《办法》）实施后，人民银行昌江支行依照《办法》规定，存款人开立基本存款账户、临时存款账户和预算单位开立专用存款账户，实行核准制度。2005 年，人民币银行结算账户管理系统上线运行后，人民银行昌江支行组织人员对辖区各银行履行账户管理职能检查，各金融机构均按照《办法》规定，对原有银行账户进行清理核实，对多头开户和违规开立的各类账户全部撤销，进一步规范辖区内的银行结算账户管理和个人实名制工作。2009 年，做好银行结算账户许可证核实和核发，实施账户实名制的监督检查，及时发现和整改存在问题。依法核准各类银行结算账户 417 户，销户 84 户，核算单位银行结算账户 1899 户。

三、国库管理

国库是国家金库的简称，是办理预算收入的收纳、划分、解留和库款支拨的专门机构。国库分为中央国库和地方国库。1994 年前，县人民银行根据《中华人民共和国中国人民银行法》和《中华人民共和国国家金库条例》及实施细则，设立会计科负责国库管理，年底，人民银行昌江支行设立国库科。1996年，昌江县辖各级预算收入6329万元，预算支出11339万元。1999年，昌江县辖各级预算收入8582万元，预算支出15077万元。2000年，国库业务与会计业务划归一起，采用分账报表方式进行核算。2003年，昌江县辖各级预算收入21300万元，预算支出2168万元。2008年，昌江县辖各级预算收入45331万元，预算支出25211万元。2010年，为了提升国库管理水平，增强国库服务社会、民生的能力。人民银行昌江支行协调县财政、税务做好横向联网，提高签约率，实现全县税收收入纳入县级国库征收，加快预算收入入库速度和预算资金周转，提高财政资金的使用率。同时，组织辖区商业银行签订《财政资金代理支付清算协议书》《财政资金国库集中支付代理协议书》，确保财政性资金及时支付与清算。年底，昌江县辖各级预算收入134354万元，预算支出108524万元。

四、票据管理

1996年1月1日，《中华人民共和国票据法》颁布实施后，人民银行昌江县支行根据《中华人民共和国票据法》规定，履行票据监督管理职能。每年都对辖区各银行开展1~2次汇票、本票、支票使用的检查，加强各银行结算有关票据要求，完善汇票、本票、支票使用规章制度，按有关规定登记、领购、填制、保管、回收，建立支票领用登记本。建立大额款项通过人行汇划制度，商业银行和其他金融机构跨行系统所有资金结算和系统内50万以上的大额汇划款项，均通过人民银行进行清算。1998年，人民银行昌江县支行对辖区5家商业银行进行检查，发现个别银行票据使用制度不健全，并提出限期整改，对其行政负责人给予行政处分。1999—2006年，人民银行昌江县支行先后开展13次银行票据使用检查，发现存在问题3条，提出整改建议5条。2007年，进一步强化金融支付系统建设，支票影像系统、会计凭证影像系统和公民身份联网核查系统上线运行。2009年，建立中央银行会计核算电子对账系统上线运行及改变辖区票计交换模式的工作。人民银行昌江县支行对辖区商业银行进行相关业务培训，协调好各商业银行做好上线准备工作，同年5月31日，系统成功上线运行，上线率100%，实现辖区票据交换资金清算业务的新旧过渡和各金融机构业务清算模式的对接，辖区跨行资金清算全部通过大、小额支付系统处理，实行“定时定点、集中交换、直接传递、当场签收”的交换模式，加快资金周转速度。

2010年，人民银行昌江县支行重点对农村信用社监测股本金募集和不良贷款变化，督促加快央行专项票据置换不良贷款的处置清收工作。农村信用社获得专项票据资金支持4415万元，置换不良贷款2870万元，置换历年亏损1545万元，农村信用社与央行票据兑付达标，管理水平进一步提高。中国农业银行昌江支行票据贴现业务实现跨越式的发展，同年全行办理银行兑汇票贴现业务 35 笔，金额 12219 万元。

五、征信与信贷管理

20 世纪 90 年代以来，信贷资金管理的主要内容是编制信贷、现金计划并组织实施，办理人民银行再贷款、专项贷款，搞活资金。1994 年，人民银行昌江支行对各专业银行借贷资金实行“总量控制、比例管理、分类指导、市场融通”的管理，同时实施贷款证制度。1998 年，农业发展银行昌江支行加强信贷管理，坚持“库贷挂钩”“钱随粮走”的规定，严格按照“收 1 斤粮，给 1 斤粮钱”的原则，核定贷款数量。

1999 年，根据《银行信贷登记咨询制度实施意见的通知》，加快银行信贷登记咨询制度的建设工作，人民银行昌江支行举办信贷人员培训班，提高信贷人员的认识，严格执行贷款登记有关制度。2002 年，农业发展银行昌江支行按《中国农业发展银行信贷企业信用等级评定暂行办法》的要求标准，成立评定小组，经信用等级评定小组评审，全县 15 个粮食企业中，2 个企业获得 BB 级，1 个企业获得 B 级，其余 12 个企业获得 C 级。2003 年，人民银行昌江支行依托现有信贷登记咨询系统的网络功能，开展个人信贷信息采集，收集个人信息 1.6 万条，为做好优化社会信用环境提供依据。农业发展银行昌江支行根据《关于继续做好粮食企业贷款资格认定工作的通知》要求，对所辖 15 家粮食购销企业进行贷款资格认定，经资格审查认定，所辖 15 家粮食企业中，具有贷款资格的企业有 5 家，其中省级储备粮企业 2 家，县级储备粮企业 2 家，其他粮企业 1 家。年底，昌江县乌烈粮食储备库和白沙黎族自治县白沙粮食储备库被评为 A 级信用贷款企业。

2008 年，人民银行昌江支行组织人员 5 次深入 7 个乡镇进村入户，开展征信 5 次征信宣传活动，制作宣传标语横幅 8 条，散发《百姓征信手册》《农户征信手册》2000 本，现场查询打印企业个人征信记录 20 份。2009 年，广泛宣传，开展贷款卡年审工作，督促企业按时年审，提高年审率。同年，新办卡 4 家，贷款卡年审 31 家，年审企业数比上年增加 7 家，年审率增长 3%。2010 年，积极开展中小企业信用信息和农村农户信用信息的采集工作，为中小企业和农村农户融资提供便利，录入 142 家中小企业信用信息，建立健全 403 户信用档案，新增办理企业贷款卡 7 家，贷款卡年审 41 家，年审家数比上年增加 3 家，年审率比上年增长 6%。

六、反洗钱监管

2006 年 10 月 31 日，《中华人民共和国反洗钱法》（以下简称《反洗钱法》）《金融机构反洗钱规定》颁布实施，人民银行昌江县支行依法履行反洗钱监督管理职责，落实反洗钱工作机制，协调各职能部门，定期召开联席会议，研究部署辖区反洗钱工作。10—12月，对中国工商银行昌江支行、中国农业银行昌江支行、中国银行昌江支行和中国建设银行昌江支行等金融机构的8家营业网点反洗钱工作进行检查，规范各金融机构反洗钱工作，保障资金的健康有序流动，创良好的金融环境。2007年，为了加强反洗钱机制，经县政府讨论通过并印发《昌江黎族自治县反洗钱工作联席会议制度》。举办辖区金融机构反洗钱业务培训班1期，开展《反洗钱法》及反洗钱规章制度的宣传，增强金融机构反洗钱的监控能力，建立健全反洗钱规章制度，各银行大额现金（20万元以上）转账、支取要报告人民银行昌江支行备案，人民银行昌江支行对各金融机构实施反洗钱检查，及时杜绝违法行为。2008年，开展反洗钱宣传工作，人民银行昌江支行组织各金融机构在石碌县城主要街道悬挂宣传横幅，设置宣传点发放宣传材料1000份，接纳咨询人数8200人次。工商银行昌江支行制定《支行反洗钱工作实施细则》，有效降低反洗钱风险。2010年，人民银行昌江支行对中国邮政储蓄银行昌江支行、中国人寿保险有限公司昌江支公司进行反洗钱现场检查，检查银行账户数500多户，保单数100多份，针对存在不按规定进行客户身份识别的问题，责令其限期整改，进一步规范辖区反洗钱工作。

第六节　清欠不良贷款

在支持地方经济发展的同时，金融机构也存在政府干预、审核不严，对项目可行性缺乏科学分析等问题，盲目放贷，引发部分不良贷款。1997—1998年，工商银行昌江支行亏损4750万元。随着相关法规的出台，加上盘活资金难度加大，各银行开始聘请法律顾问，走依法收贷之路。2001年，农业银行昌江支行制定《不良贷款集中管理办法》等8个清收盘活制度，下半年从支行抽调20人组成清收工作队，至年底全行清收“两呆”（即呆滞、呆账）不良贷款本息2340万元，完成省下达任务的145%。2001年，农业发展银行昌江支行全面开展清资核贷，共发出“催收欠贷款通知书”225份，其中昌江县120份、白沙黎族自治县105份，金额共315万元，至12月底，收回资金差额133万元。2003年，中国农业银行成立3个收贷小组，发动全行员工深入清收压降，制定《昌江农行2003年清收盘活保全不良贷款实施方案》《昌江农行不良资产经营考核办法》，明确全年清收压降工作思路和考核办法，清收压降工作取得良好效果，支行清收不良贷款10笔，金额132万元。2004年，工行昌江支行全年实现现金回收不良贷款本金 745 万元，收回不良贷款利息 99 万元，本息 844 万元，上报总行核销呆账贷款本金 3455 万元。

2008 年，各金融机构主要由政府协调，组织清收盘活不良贷款。县农村信用联社成立贷款清欠小组，由县纪委及县政府相关职能部门进行协调、沟通，依法清收党政机关及公职人员拖欠贷款，盘活信贷资产。年底，县农村信用联社按五级分类统计收回不良贷款 1782 万元，清收党政机关及公职人员拖欠信用贷款本息合计 594 万元，完成省下达任务的 109%，实现不良贷款“双降”目标。人民银行昌江支行清收个人不良贷款 167.5 万元，不良贷款 6.3 万元，不良贷款率 0.04%，比年初降低 1.15%，其中个人不良贷款率为 0.34%，比年初降低 7.59%。全县各金融机构贷款不良额及信贷不良率持续双降。2010 年，建设银行昌江支行按五级分类口径无不良贷款，全县银行资产负债规模实现大幅度提升。

第七节 外汇管理

20 世纪 90 年代初，中国银行昌江支行开始办理外汇业务，是县内唯一一家办理外汇业务的金融机构，开办的外汇业务种类有外币存款、外汇汇兑及汇款、国际收支统计、申报等。1992 年，外币储蓄存款余额 61 万美元。1993 年 12 月，中国人民银行改革外汇体制，从 1994 年 1 月 1 日起实行新的外汇收入结汇制，汇率并轨，实行以市场供求为基础，单一的、有管理的浮动汇率制；实行银结汇、售汇制；取消各类外汇留成和上缴，取消外汇收支的指令性计划，停止发行外汇券的管理制度。1995 年，外币储蓄存款余额 90 万美元。1997 年后，执行《境内外汇账户管理规定》，1999 年和 2000 年，外币储蓄存款余额分别为 112 万美元、128 万美元。2002 年，外币储蓄存款余额 139 万美元。

2006—2010 年，按照中国人民银行《个人外汇管理办法》等外汇管理法规，严格外汇管理。2006 年，金融机构外汇储蓄存款余额 151 万美元，创历年最高纪录。2010 年，金融机构外汇储蓄存款余额 112 万美元。

第八节 金融监管

20 世纪 90 年代以来，人民银行昌江县支行内设有稽查科，落实金融监管责任制，强化金融监管，防范金融风险，每年组织人员对辖区金融机构进行稽核，并对金融机构亮证经营、结算纪律、利率执行、内部财务管理、人员配备、安防保卫、资产负债质量、损益情况等方面进行检查，发现违规行为立即提出意见及时纠正，对逾期贷款过重的行、社提出警告并责令其订出压贷计划，切实防范金融风险。1996年，加强银行的内部管理，突出重点强化监管，采取措施整顿金融机构高息揽储违规不正当竞争行为，促使金融存款业务有序健康发展。1997—1998年，为确保金融稳定，人民银行昌江县支行依法实施对辖区金融机构的设立审批和市场退出管理，对违规行为稽查核查，重点加强对城市信用社的监管，清理整顿原信宇城市信用社。规范农村信用社经营行为，防范化解农村信用社的金融风险。2000年，加强对农村信用社机构管理和把好高管人员市场准入关，审核监督撤并搬迁农村信用社网点机构5家和高管人员资格审查8人，对邮政储蓄业务监管检查，规范其金融从业行为。1991—2000年，人民银行昌江县支行采用现场非现场检查方式对县国有商业银行、政策性银行、城乡信用社和邮政储蓄业务进行152项常规或专项检查，收回漏缴财政性存款733万元，清理小金库220万元。

2008年后，人民银行昌江县支行强化制度建设，组织开展金融机构内控防范工作，内审部门每季确立1个部门或监督项目开展内部审计检查，重点从风险点、潜在风险、防范措施检查，查找存在的风险点和薄弱环节，提出整改意见，督促防范措施的落实。全年各金融机构梳理各类规章制度140条，发现现行规章制度存在问题而需要修订的制度8条，缺位需订的规章制度4条。开展风险监督检查发现各类问题25条，提出整改意见21条，整改完善面95%。2010年，针对邮政储蓄银行昌江支行存在不按规定进行客户身份识别的问题，责令其限期整改，促进辖区金融稳定健康发展。

第九节 银行电子网络建设

20世纪90年代初起，昌江县内各银行陆续开办电脑储蓄业务，大大提高服务质量和工作效率。1994年，建设银行昌江支行与全省建设银行实行电子联网，安装ATM自动取款机，成为全县金融系统第一家储蓄电脑联网和自动取款的银行。1995年，中国银行经过几次的换代升级，柜台电子业务系统趋于完善，实现会计电子化，开通电子银行系统、信贷消费系统。1996年，县邮政储蓄班、矿建支局、石碌支局3个邮政储蓄网点绿卡系统安装工程，实现全国联网通存通兑。1997年，建设银行昌江支行完成全国建设银行实行电子联网，全部联行业务通过清算网络系统进行汇兑，实现“汇划、对账、清算三位一体一日清”。2000年，县邮政储蓄保平、十月田、乌烈、红田、红林所绿卡（全国联网）系统安装和昌化所、新港所安装邮储“中创”系统。2001年，县信用联社开通全省储蓄联网，实现全省储蓄通存通兑。2002年，县邮政储蓄新港、保平、霸王岭3个支局（所）绿卡安装应用系统，实现全部网点全国联网通存通兑。至2003年年底，昌江县内各银行加快电子化服务进程，全部用电脑微机操作业务，实现储蓄电脑联网，办理通存通兑业务，加速资金周转，实现全国、全区范围内资金划拨24小时到账，各支行设有ATM自动柜员机。

截至2010年年末，昌江县各银行相继开通网上银行、电话银行、手机短信，服务手段从柜台服务、上门服务等传统方式向高科技手段发展。

第五章 保 险

第一节 机 构

1991—1996年，县保险公司混业经营财险、寿险。1996年4月，县保险公司分设为人财保险公司和人寿保险公司。

一、中国人保财险股份有限公司昌江支公司

1996年4月，财产保险公司昌江支公司分设，成为国有独资商业性保险机构，属于海南分公司的派出机构，直属中国人民财产保险股份有限公司，是昌江地区唯一经营财产保险业务的国有控股公司。2002年，隶属人保财险三亚市分公司管辖。2003年7月，国有企业改革，变更为股份制（国有控股）公司。2009年12月，财产保险海南省分公司机构改革，昌江支公司隶属省公司垂直管辖。公司实行人保财险系统全国电子联网“通保通赔”保险服务，公司内设综合部、营销部和理赔部3个部门，在编员工12人、个代营销人员22人。

二、中国人寿保险股份有限公司昌江支公司

1996年4月，人寿保险公司昌江县公司分设，成为国有独资商业性保险机构。人寿保险公司昌江县支公司是昌江地区唯一专营人寿保险业务的国有独资商业性保险机构，时有员工38人。2003年，经国务院同意、保监会批准，原中国人寿保险公司重组改制为中国人寿保险（集团）公司。同月，人寿保险昌江支公司改为人寿保险股份有限公司昌江支公司。2010年，中国人寿昌江支公司内设客户服务部、个险销售部、中介销售部、团险销售部4个部门，有管理人员10人、销售代理人56人。

第二节 财产保险

一、险种

1991—1996年，县保险公司混业经营财险、寿险。1997—2010年，昌江财产保险险种有企业财产保险、家庭财产保险、机动车辆保险、货物运输保险、人身意外伤害保险、学生与幼儿意外伤害附加住院医疗保险、责任保险（公众责任保险、雇主责任保险、职业责任保险等）、保证保险、国家委托经营的政策性农业保险（如能繁母猪保险、育肥猪保险、水稻保险、香蕉风灾保险、橡胶风灾保险）等保险种类。

二、投保

1997—2010年，随着经济发展和人民生活水平提升，财产保险投保费也逐年增加。1991年，投保费收入350万元。1997年，投保费收入900万元。2008年起，落实国家保监委政策性农险“能繁母猪保险”承保业务，执行国务院规定的代收代缴车船使用税业务。全年投保费1090万元，其中“能繁母猪保险”承保23142头，保险62万元，代收代缴车船使用税44万元。2009年，支公司实行人保财险系统全国电子联网“通保通赔”保险服务。2010年，投保费收入1500万元，比1991年增加4.3倍。2010年，公司分别被评为全国人保财险系统年度“标杆支公司”、海南税务系统2009—2010年度“纳税信用A级企业”。

三、赔付

1991—2010年，昌江财产保险支公司按照“赔付有理、拒赔有据”的原则，理赔部门接到报案后，立即组织理赔小组到现场和投保人家中调查取证，然后由专人估价、定损，核实无误后，只要索赔手续齐全，小案件3日内赔付，一般案件不超过7个工作日，重特大案件报请上级公司调查取证、审批，一般不超过30日。同年，人保财险昌江支公司开通全国统一客户服务电话95518，实行7×24小时全天候、全方位的人工服务，为投保企业遭受损失的生产恢复及促进昌江各项经济建设，发挥积极的作用。随着投保费的增长，赔付支出也逐年增多。2003年，支公司赔付支出519万元，其中香蕉种植险（农业保险）22万元，机动车险35万元。2009年，支公司赔付支出740万元，占保费收入67%。其中，机损险最大一次赔款260万元，意外险最大一次赔款10万元，车险最大一次赔款19万元。2010年，支公司赔付支出457万元，占保费收入30%。其中，企业财产保险最大一次赔付36万元，车险最大一次赔付12万元，人身意外伤害险最大一次赔付6万元。

1997—2010年人保财险股份有限公司昌江支公司业务指标一览表

表12-5-1　　单位：万元

年 份	保费收入	赔款支出	年 份	保费收入	赔款支出
1997	900	841	2004	833	345
1998	917	290	2005	842	487
1999	866	328	2006	874	337
2000	733	434	2007	948	374
2001	756	494	2008	1067	515
2002	684	345	2009	1104	719
2003	706	519	2010	1518	490

第三节　人寿保险

一、险种

1997—2010年，人寿保险昌江公司主要经营的业务范围包括人身保险、健康保险、意外伤害和代理企业年金业务。开办的主要险种有康宁终身（定期）保险、国寿鸿瑞两全保险（分红型）、国寿鸿泰两全保险（分红型）、国寿千禧理财两全保险（分红型）、国寿少儿鸿运两全保险（分红型）、子女教育保险A（B）、国寿关爱生命女性A（B）、学生平安保险、人身意外伤害综合保险、国寿金色夕阳养老年金保险等险种。

二、投保

1996年，人寿保险昌江公司投保费收入485万元。1997年，引进个人代理制度，确立“以客户为中心”的经营理念，实行代理人登门拜访制度，建成客户柜面服务、专人上门服务、电话咨询“一站式”服务。1998年，投保费收入742万元。随着人民生活水平的不断提高，人寿保险投保费逐年增加。2002年年末，人寿保险昌江公司投保费收入818万元，比1996年增长68.6%。2003年，人寿保险昌江公司投保费收入首次突破1000万元。2007年，支公司投保费收入2854万元。其中，年寿险新单保费收入1205万元，年个险新单保费收入185万元，中介新单保费收入650万元，短险保费收入80万元，团体寿险保费收入114万元，续期保费收入620万元。2010年，支公司投保费收入2238万元。其中，年寿险新单保费收入1205万元，年个险新单保费收入283万元，团险保费收入139万元，银保年保费收入916万元。年市场占有率为个险85%，团险70%，中介55%。

三、赔付

人寿保险多数是长期的，带有返还性质的保险，承保时间长，赔付跨越年度多。人寿保险股份有限公司昌江支公司按照保险合同，及时给投保人赔付经济补偿，支持着国民经济建设，为国家生产和人民生命财产的安全提供保障。

1997—2002 年，人寿保险股份有限公司昌江支公司支付各类人寿保险赔付款 104.5 万元。2007—2009 年，人寿保险股份有限公司昌江支公司支付各类人寿保险赔付款 1339.6 万元。

1996—2009 年部分年度中国人寿保险股份有限公司昌江支公司业务情况表

表 12-5-2　　单位：万元

年份	保费收入	赔款支出	年份	保费收入	赔款支出
1996	485	8.2	2001	747	8
1997	530	12.4	2002	818	18.6
1998	742	29	2007	1700	284.7
1999	664	10.3	2008	2080	385
2000	607	18	2009	2238	669.9

第十三编　经济管理

第一章　计划管理

第一节　机　构

1991 年，县政府计划管理机构是县计划委员会。1995 年 11 月 15 日，撤销县计划委员会，设立县计划与统计局，加挂县物价局牌子，内设计划管理工作室（副科）、统计管理工作室（副科）。2001 年 3 月 6 日，撤销县计划与统计局，设立县统计局、县发展计划局。县发展计划局内设物价局（副科），加挂县经济动员办公室牌子。

2004 年 5 月 18 日，设置县发展和改革局，加挂县经济动员办公室牌子，内设物价局 1 个副科级机构和 7 个股级机构，即办公室、综合股、农经股、工业股、社会发展股、价格股、价格监督管理股。县发展和改革局下属 2 个事业单位：县物价检查所、县价格认证中心；隶属管理单位 1 个：县粮食局。行政编制 10 名（含物价局）。

2009 年 12 月 23 日，设置县发展和改革委员会，内设物价局 1 个副科级机构，办公室 1 个综合机构，以及国民经济综合岗、固定资产投资和经贸财政金融岗、区域经济和资源节约环境保护岗、农村经济和社会发展就业岗、基础产业协调发展规划岗 5 个职能岗位，加挂县经济动员办公室牌子，将工业管理职能划给县工业和信息化局。行政编制 10 名（含物价局 3 名）。

第二节　计划编制与实施

县发改委主要制定县经济发展“五年计划”和年度计划，每个五年计划编制前，县发改委依据省下达的各项指标，结合县的实际情况，以研究全县经济发展，统揽全局，谋求发展，搞好宏观经济调控为重点，深入乡（镇）基层调查研究，建立完善社会主义市场经济体制，进行经济运行态势分析、预测，提出合理对策，引导经济发展，编制计划期内的发展计划。在编制计划过程中，按照县委、县政府对年度计划提出的各项指标方案进行分析，经平衡、测算后，与各部门沟通并征求意见，共同分析，保证计划的科学性。年度计划编制后由县政府常务会议、县委常委会议先后审议，并报县人大常委会会议审定，经一年一度的县人民代表大会审定通过后，下发各乡(镇)和有关部门实施。在执行实施过程中，每季度编写经济运行情况分析向县委、县政府报告，半年编写一次国民经济社会发展执行情况向县人大常委会报告。在执行实施过程中，因各种因素影响经济正常运行，预计不能完成指标计划的及时写出报告，经县政府常务会议审议后送县人大常委会作出修改决议，并重新发文，按调整计划执行实施。

一、第八个五年计划（1991—1995 年）

“八五”期间，县委、县政府提出“一果一木，一草一烟”的经济发展策略，围绕经济建设，增加农民收入这个中心，全县经济保持持续健康发展，到“八五”期末（1995 年）全县国内生产总值按不变价计算实现 104320 万元（不含农垦，下同），比“七五”期末 14867 万元增加 334.5%，年递增 34.15%。工业总产值按现行价计算完成 54425 万元，比“七五”期末 33577 万元增长 62.1%，年递增 10.14%；农业总产值按不变价计算完成 24740 万元，比“七五”期末 15008 万元增长 64.8%，年递增 10.5%；财政收入完成 8582 万元，比“七五”期末 5222 万元增长 64.3%，年均递增 10.45%；农民人均纯收入 1230.3 元，比“七五”末 933 元增长 31.9%，年均递增 5.7%。

二、第九个五年计划（1996—2000 年）

“九五”期间，县贯彻党的宏观调控政策，以市场为导向，引导农民调整产业结构，贯彻深化改革，扩大内需的政策方针，全县国民经济稳定发展，基本实现“九五”计划宏观调控目标。2000 年，全县国内生产总值完成 134954 万元，比“八五”期末 104320 万元增长 29.4%，年均递增 5.3%；工业总产值完成 891457 万元，是“八五”期末 54425 万元的 16.4 倍，年均递增 74.9%；农林牧渔业总产值 73045 万元，比“八五”期末 50364 万元增长 45%，年均递增 7.7%；财政收入 9730 万元，比“八五”期末 8582 万元增长 11.7%；农民人均纯收入 2124 元，比“八五”期末 1230 元增长 42.09%。

三、第十个五年计划（2001—2005 年）

“十五”期间，昌江县贯彻落实党的十六大和省第四次党代会精神，确立工业为主导地位，加强工业强县的基本战略，加大招商引资力度，推动一批工业项目顺利建设，工业经济明显增长。同时，通过多种渠道和方式融资，完善城乡道路、电网、农业设施、通信等基础设施建设，围绕农业增效、农民增收、农村发展目标，调整和优化经济结构，因地制宜，发展高效种植业和水产品、畜牧养殖业，农业产业结构调整逐步深入，农业产业化开始起步发展。2005 年全县生产总值完成 254527 万元，比 2000 年增长 100.2%，人均国内生产总值 11303 元，比 2000 年增加 5665 元，2005 年全社会固定资产投资完成 69355 万元，比 2000 年增加 35539 万元，增长 105%，2005 年全社会消费零售总额完成 27634 万元，地方财政收入完成 17584 万元，比 2000 年增长 7854 万元。城镇居民人均可支配收入达 6718 元，农民人均纯收入达 2437 元，比 2000 年增长 39%。

四、第十一个五年规划（2006—2010 年）

"十一五"期间，以邓小平理论、"三个代表"重要思想、科学发展观为指导，贯彻省委四届四次全会精神，树立和落实以人为本，全面、协调、可持续发展观，抓住经济社会发展的重要机遇，调整经济结构、转变发展方式，国民经济和社会发展得到了较快发展。2010 年，全县地区生产总值 54.33 亿元，比 2005 年增长 108.5%；地方财政一般预算收入 5.54 亿元，比 2005 年增长 214.8%；全社会固定资产投资 43.74 亿元，比 2005 年增长 530%；社会消费品零售总额 6.3 亿元，比 2005 年增长 127.9%；城镇居民人均可支配收入 14723 元、农村居民人均纯收入 4337 元，分别比 2005 年增长 119.2% 和 78%。产业结构进一步优化，三次产业比例由 2005 年的 29.3 ∶ 52.4 ∶ 18.3 调整为 2010 年的 24.7 ∶ 56.3 ∶ 19.0。

第三节 项目投资管理

为加强对政府投资的监督管理，规范政府投资行为，健全严格、科学的政府投资管理制度，明确项目法人的权利及责任，提高政府投资资金使用效益，2005 年 12 月，县政府制定并印发《昌江黎族自治县人民政府关于印发昌江黎族自治县规范政府投资项目管理规定的通知》。2010 年 11 月，制定并印发《昌江黎族自治县人民政府关于印发昌江黎族自治县规范政府投资项目管理实施办法的通知》，切实增强政府投资项目管理工作。

2003—2007 年，县充分利用好国家西部政策和省的扶贫政策，合理安排农村、教育、文化、卫生等公共服务体系建设重点项目的计划申报工作，向省发改厅争取项目批复和资金的落实。5 年共争取到以工代赈和"三集中"等项目建设的扶贫资金近 2 亿元。争取到国家资金项目主要有：乌烈镇道隆村饮水资金 89 万元；十月田镇姜园村道路资金 45 万元；十月田镇万善村委会至里表村道路资金 37 万元；王下乡明望坡至桐材村道路资金 46 万元；乌烈镇纳凤村饮水工程 30 万元；县城供水扩建资金 1600 万元；叉河镇供水管网改造资金 300 万元；县农村饮水工程 287 万元；叉河工业区前期工作资金 160

万元；昌江中学高中扩招教学楼资金 350 万元；县防疫站疾病控制中心大楼资金 100 万元；县人民医院门诊楼资金 200 万元；县中医院业务用房资金 150 万元；县检察院技侦楼 180 万元；县人民法院审判大楼资金 240 万元；县治安拘留所资金 100 万元；海尾镇新港防洪堤 250 万元；县循环经济工业区工业大道资金 2000 万元；昌化镇咸田、杨柳两村防洪楼资金 70 万元和道路资金 160 万元；海尾镇白沙村道路、昌化镇光田村道路、昌化镇大风村道路资金 120 万元；县妇幼保健站 50 万元；乡（镇）卫生院 85 万元；全县中小学危房改造 110 万元；各乡（镇）扶贫资金 1232.5 万元等。

2008 年，争取到县档案馆建设资金 45 万元；海尾基层工商所建设资金 40 万元；七叉中学、乌烈中学、十月田中学三间初中校舍改造资金 944 万元；乡（镇）卫生院项目资金 80 万元；乡（镇）计生服务所项目资金 28 万元；县妇幼保健站 80 万元；农村饮水安全工程 798 万元；退耕还林工程资金 100 万元；防护林工程 125 万元；生猪标准化规模养殖场 102 万元；县城镇公共照明费 152.5 万元；农村公路 5572.6 万元；垃圾无害化处理 100 万元。以工代赈资金 170 万元，年底，为完善县城和各乡（镇）基础设施建设以及文化教育、卫生事业建设，争取到中央扩大内需新增投资计划项目 11 个，项目涉及基础设施、民生工程、节能减排、社会事业等，总投资 6127.85 万元。

2009 年，县发改委争取到廉租房项目投资 750 万元，农村饮水安全工程 311.28 万元，农村公路工程 2512.8 万元，农村沼气工程 654.11 万元，杨咸防潮堤工程 410 万元，叉河中学校舍改造 159 万元，生活垃圾无害化处理工程 2685 元，农产品检验检测站项目 430 万元，县动物防疫站 60 万元，农村饮水安全工程 288 万元，退耕还林配套荒山荒地造林 80 万元，乡（镇）综合文化站 72 万元，防护林工程 80 万元，昌江太坡农产品物流中心 250 万元，昌江第一看守所项目 500 万元，县检察院技侦办案楼 300 万元，海尾防洪潮堤工程 1200 万元，昌江三平农业开发公司生猪标准化规模养殖场工程 110 万元，以工代赈资金 233 万元，2009 年度巩固退耕还林成果工程 199.02 万元，石碌河南派出所，建设西路派出所、十月田保平派出所，矿区派出所工程 243 万元，县危险废物处置中心项目 12251 万元，中央代地方政府发放债券投资 7896 万元。

2010 年，县发改委争取到省下达给昌江投资计划项目 21 批次，下达计划投资 20289.17 万元。其中：中央预算内投资 10907.7 万元；省级投资 3258.9 万元；县配套投资 4911.75 万元；企业和农户自筹 1210.82 万元。项目有廉租住房、农村饮水安全工程、乡镇卫生院建设、标准化农业示范基地、防护林工程、水库移民工程、城镇公用照明、农村和养殖小区沼气工程、生猪标准化养殖工程、污水管网改造工程、昌城防潮堤工程、海尾防潮堤工程、小流域治理工程、中小学校安工程、动物防疫工程、九三四地质队棚户区改造工程、重点产业振兴改造工程、公检法司基础设施建设等。

第二章 统 计

第一节 机 构

1991—1994年，县统计局有12人，内设办公室、农业、工业、商业、劳资、投资6个股室。1995—2000年，与县发改局合并为县计划与统计局，同时设立统计工作室。1995年，全县机构改革，县计划与统计局的统计工作室改设办公室、综合核算股、农经股、工交股、人口劳资股、社会贸易股、固定资产投资股6个股室。负责全县的国民经济、工业、农业、商业、建筑业、交通运输业、固定资产投资、社会人口、劳动工资、科技、农村住户等十几个专业的月、季、年报和统计执法工作。2000年，统计工作室内设机构和工作人员不变，12个乡（镇）各配1名统计员。2001年，全县机构改革，县统计局单设，定编8人，其中公务员7人，工勤人员1名。2003年11月，县编委批准成立“昌江黎族自治县社会经济调查队”，配5个事业编制。至2010年不变。

第二节 社会经济统计

1991—2010年，昌江县围绕发展主题，立足资源区位优势，加大招商引资力度，抓好社会民生工作，推进国民经济和社会事业协调发展，经济综合实力增强，人民生活水平改善，各项社会事业取得成效。全县地区生产总值由1991年的4.36亿元增长至2010年的56.19亿元，全县一、二、三产业生产总值的比重由1991年的41.15：45.34：13.51调整到2010年的26.31：55.02：19.67。

1991—2010年昌江县经济各项指标完成情况统计表

表 13-2-1　　单位：万元

年份	全县生产总值				全社会固定资产投资	社会消费品零售总额	地方财政收入	城镇居民人均可支配收入（元）	农民人均纯收入（元）
	第一产业	第二产业	第三产业	合计					
1991	17928	19751	5886	43565	8188	10536	1936	—	643
1992	17106	31115	8825	57046	13897	11533	2478	—	725
1993	23166	43708	10576	77450	15193	14361	3824	—	778
1994	33188	46548	17607	97343	18372	17564	3651	—	838
1995	39800	48443	21062	109305	27441	10362	5222	—	933
1996	41708	52894	23672	118274	36582	23087	6327	—	1052
1997	45160	60064	24600	129824	84698	23551	6519	—	1149
1998	46106	43139	27005	116250	28782	25639	8667	—	1319
1999	47399	36585	28962	112946	36335	27214	8663	—	1534
2000	52433	48357	31558	132348	33816	29346	9790	—	1753
2001	56005	44504	34152	134661	34422	31428	8278	—	1830
2002	61287	36789	37092	135168	39507	34036	8803	—	1908
2003	67992	56861	40106	164959	40739	31147	10873	—	2051
2004	76866	110141	43822	230829	61331	84584	17092	—	2246
2005	82640	137734	49011	269385	69355	27634	18246	6718	2437
2006	86593	162067	56399	305059	81951	31669	21904	8034	2663
2007	96305	208192	66332	370829	100515	36901	26976	9756	3089
2008	116854	276353	80090	473297	135864	44969	49686	11393	3638
2009	131557	216855	90873	439285	318075	53704	77957	12777	3976
2010	147804	309148	104914	561866	437370	62973	79928	14723	4337

说明：城镇居民人均可支配收入统计起始年度为2005年

第三节 统计调查

1991—2010年，县统计局按照国家、省统计局的统一部署和省、县政府及有关部门的要求，组织了全县人口普查、农业普查、工业普查、基本单位普查、第三产业普查等大型普查，先后组织农业产量调查、畜牧业生产调查、农村住户经济调查、商业调查、固定资产投资调查等十几项专业调查，及时准确地完成全县国民经济及农、工、商等十几个统计专业调查统计工作，为各级政府制订工作计划、科学决策、指导工作提供了翔实的统计数据和资料，为全县经济发展提供了优质高效的信息服务。

一、人口普查

2000年11月1日，全国开展第五次人口普查（简称“五普”），县政府成立县第五次人口普查领导小组。至2002年5月，完成机构建立、普查区和小区划分、地图绘制、指导员和普查员的选调及培训、调查摸底、编制户主姓名底册、宣传发动、入户登记、复查补漏、质量监控、审表编码、快速汇总、资料开发等工作。普查结果：全县总户数50228户，总人口219502人，其中：男116444人，女103058人，男女性别比例为112.99：100，家庭户户均4.35人，少数民族人口81863人。在这次人口普查评比中，县第五次人口普查办公室被评为省级先进单位。

2010年1月5日，全国开展第六次人口普查（简称“六普”），县政府成立县第六次人口普查领导小组。2010年，县统计局在省普查办和县委、县政府的指导支持下，在各乡（镇）普查办和各相关单位的配合下完成各阶段的普查工作任务，主要有：制定《昌江县第六次人口普查工作方案》和《普查工作进度》；落实年度普查工作经费；广泛开展普查宣传工作；召开全县第六次人口普查领导小组成员及全县动员大会部署普查工作；划分普查区域并绘制各级普查区域示意图；选聘普查指导员和普查员并举办相关业务培训班（全县共选聘236名指导员、798名普查员，举办2期指导员培训班、10期普查培训班）；完成普查摸底和正式入户登记工作；开展普查复查补漏工作；完成普查表快速汇总工作；完成普查表短表的审表、编码工作；做好普查指导员和普查员补贴发放工作。

二、经济普查

2004年，进行全国第一次经济普查，县政府成立县第一次经济普查领导小组。普查的标准时点是2004年12月31日，时期资料为2004年度。普查工作从筹备到结束，历时3年，县普查领导小组办公室和县统计局分别于2006年2月22日、26日、4月28

日发布经济普查主要数据第一、第二、第三号公报。结果显示2004年年末，全县从事第二、三产业的法人单位354个，其中企业法人单位128个，机关、事业法人单位133个，社会团体法人单位8个，其他法人单位85个。产业活动单位704个，其中第二产业71个，第三产业619个。个体经营户5659户，其中第二产业352户，第三产业5307户。在这次普查工作中，县经济普查办公室被评为国家级先进单位，吉承科、王斌、杨飞3人被评为国家级先进工作者。

2008年，进行全国第二次经济普查，县政府成立昌江县第二次经济普查领导小组。普查的标准时点是2008年12月31日24时，时期资料为2008年度。2009年，在各乡（镇）普查办和各相关单位的配合下，完成了全国第二次经济普查入户登记、审核、数据上报、数据处理、数据汇总工作，所有普查资料全部上报省普查办，顺利通过省普查数据处理组的处理。2010年，完成昌江县第二次经济普查数据的公布和资料的开发应用、编印工作。在普查工作中，县经济普查办公室被评为省级先进单位，吉承科、韩财定、钟传宁3人被评为国家级先进个人。

三、农业普查

1997年1月1日，进行第一次全国农业普查，县政府成立县第一次农业普查领导小组。普查的标准时间为1996年12月31日，普查内容分概况、农户、农业、农村、乡（镇）企业五个篇章，包括农村住户、农村企业、土地使用、农机水利、畜牧养殖、农副产品加工等在内的38个调查项目、687个调查指标。经过1年多的努力，完成12个乡（镇）、76个行政村、2.26万农户、62个农业生产经营单位、22个非农乡（镇）企业的普查工作。在全省评比中，县农业普查办公室被评为国家级先进集体。

2006年，进行第二次全国农业普查，县政府成立县第二次农业普查领导小组。普查标准时点为2006年12月31日24时，普查时期为2006年1月1日至12月31日。此次普查设置了住户普查户1、户2、户3表，单位普查单1、单2、单3表，行政村普查表，乡（镇）普查表，农业用地普查表共5种9式普查。2007年5月，普查工作基本结束，普查表按时按质按量顺利报送省普查办接受汇总。2008年，全县的农业普查工作转入后续阶段，完成全国第二次农业普查第一、第二、第三、第四、第五号公告，编印《昌江县第二次农业普查资料汇编》一书，并对外公布农业普查数据结果，有效地进行农业普查课题的开发和研究，提高第二次农业普查资料的利用率，为县委、县政府提供可靠的科学数据，为昌江的文明生态村建设提供第一手资料，更好地服务于“三农”。

四、基本单位普查

1996年12月，进行全国第一次基本单位普查，县政府成立县第一次基本单位普查领导小组。普查的目的是摸清所辖区域内社会团体、机关、事业、企业、学校、文化、卫生、服务、餐饮、交通、邮电、包括个体工商户在内的法人和产业活动单位的生产、经营、规模等基本情况，也是统计单位的基本名录库。1997年，完成第一次基本单位普查工作，经过普查，摸清全县的法人单位和产业活动单位数，并把查清的基本单位按行业进行分类，建立统计基本单位名录库。普查结果：1996年全县有法人单位336个，其中单产业法人单位284个，多产业法人单位52个，从业人员30070人；产业活动单位647个，从业人员31082人。在普查工作中，县第一次基本单位普查办公室被评为国家级先进单位。

2001年，进行全国第二次基本单位普查，县政府成立县第二次基本单位普查领导小组。2002年，完成第二次基本单位普查工作，经过普查，建立和完善基本单位名录库。普查结果：2001年全县有法人单位412个，其中单产业法人340个，多产业法人72个；产业活动单位779个。

五、工业普查

1995年1月，进行全国第三次工业普查，县政府成立县第三次工业普查领导小组。该次普查对全县全部工业企业、生产单位和个体的从业人员、工业产值、销售收入、利润收入、利税总额、工业综合指数等进行全面详细的普查登记，摸清全县工业家底，为政府盘活工业、制定工业发展规划提供科学依据。1996年，第三次工业普查工作完成，经过普查，1995年全县全部工业企业和生产单位共243个，年末从业人员20520人，其中乡及乡以上工业单位46个，村及村以下工业单位197个。全部工业企业和生产单位的工业总产值53537万元。在工业普查评比中，县第三次工业普查办公室被评为省级先进单位，刘延衡被评为国家级先进个人。

六、第三产业普查

1993年，进行全国第一次第三产业普查，县政府成立县第一次第三产业普查领导小组。普查的目的是了解全县第三产业的基本情况及占国民生产总值的比重，为调整全县产业结构、加速第三产业发展起到积极的指导作用。在普查工作中，县第三产业普查办公室被评为省级先进单位。

七、其他抽样调查

1991—2010年，为适应社会主义市场经济体制的发展，统计调查方法随之不断改革，抽样调查工作量不断加大。农业产量调查、畜牧业生产调查、农村住户经济调查、商业调查、固定资产投资调查、1% 人口抽样调查等十几个专业调查项目在全县统计工作中占有举足轻重的位置。统计人员在不同时期不同专业的调查中到田间地头、村落庭院、街头巷尾、商店摊点、工厂企业，严把操作规范，完成了各项目调查任务。

第四节 统计执法

1991—2000 年，县连续开展二次大规模的五年统计法制宣传教育。2001—2005 年，启动县第四个五年统计法制宣传教育工作，其间，在城乡街道悬挂宣传横额 65 条，张贴宣传标语 2500 条，出版简报 20 期，召开统计法律专题座谈会 5 次，出动宣传车 56 辆次深入厂矿、企业、乡（镇）进行宣传，给基层统计单位送去《中华人民共和国统计法》（以下简称《统计法》）和《海南省统计管理规定》印刷册子 520 本以及塑料张贴件 500 张。结合统计持证上岗制度，举办两期统计法培训班，参加人数达 350 人次，共查处各类统计违法行为 50 起，限期整改 49 起，涉及整改内容 60 多项，立案调查 1 起，处理统计违法人员 3 人。

2006—2010 年，启动县第五个五年统计法制宣传教育工作，其间，在城乡街道悬挂宣传横额 65 条，张贴宣传标语 2500 条，出简报 20 期，召开统计法律专题座谈会 5 次，出动宣传车 56 辆次深入厂矿、企业、乡（镇）进行宣传，给基层统计单位送去《统计法》、新《统计法》、《海南省统计管理规定》和《处分规定》印刷册子 3000 本以及塑料张贴件 2000 张。结合统计持证上岗制度，举办三期统计法培训班，参加人数达 512 人次，共查处各类统计违法行为 38 起，限期整改 38 起，涉及整改内容 58 项，使各级领导和统计人员统计法制意识明显增强，依法统计的自觉性不断提高，为依法统计营造了良好的社会氛围。

2009 年，县统计局与县委宣传部、县监察局、司法局联合开展统计执法大检查，对组织实施政府统计调查单位、依法负有提供统计资料义务的被调查单位和民间统计组织的统计台账和数据进行检查，重点是对各乡（镇）和工矿企业的工农业产量产值、城镇和农民人均收入、农村出生人口、固定资产投资、经济增长速度等经济指标进行抽查，对统计违法行为和统计基础比较薄弱的单位进行相应的处理，有效地促进了全县的依法统计水平。

2010 年 6 月初，贯彻落实新《统计法》和《统计违法违纪行为处分规定》，县统计局根据自查上报情况，确定 20 个重点抽查单位（其中乡(镇)7 个，事业单位及矿企业

13个），与县委宣传部、县监察局、县司法局、县公安局、县海洋局、县畜牧局联合开展统计执法重点抽查，重点是对各乡(镇)和工矿企业的工农业产量产值、农民人均收入、农村出生人口、固定资产投资、经济增长速度等经济指标进行抽查，对统计违法行为和统计基础比较薄弱的单位进行曝光。通过抽查，有效遏制一些基层统计单位对统计工作不够重视，统计人员工作岗位变换频繁以及拒报、迟报、违造、篡改统计数字等各种统计违法现象。

第五节　统计服务

2008年，县统计局全年共出各类统计简报32期，被省统计内网采用20篇统计分析；各种统计信息采用68条，完成省下达任务的533%；根据省统计局系统内部通报，昌江县统计分析和统计信息采用量位居全省第3名，创历年来统计分析和统计信息采用量最好成绩。

2009年，县统计局共向省统计局报送统计分析报告20多篇和统计政务信息80多篇，其中省政府采用统计分析6篇、政务信息采用6篇，为党政领导和社会各界提供了大量统计资料和统计信息。

2010年，县统计局围绕统计信息、咨询、监督整体功能的充分发挥，积极营造统计服务的良好氛围，全年共出各类统计简报18期，接受社会各界的统计信息咨询达1200多人次。

1991—2010年，县统计局每年都要发表《昌江县国民经济和社会发展统计公报》，编印《昌江县统计年鉴》。先后整理汇编出全县第四次人口普查、全县第五次人口普查、全县第三次工业普查、全县第一次基本单位普查、全县第一次农业普查和全县第二次第三产业普查的普查汇编资料本。编印发行《统计资料汇编》共11期、2200册，除发送县领导人手一册外，还满足县各有关部门的用书查阅需求。《统计资料汇编》包括综合、农业、工业交通邮电业、固定资产投资和建筑业、商业、财税金融业、劳动工资、文教卫生等统计内容。根据“围绕中心、科学预测、超前服务、利于决策、服务领导、面向社会”的原则，县统计局内各股室按照所分管的专业，在提高统计数据质量的同时，认真撰写切合实际的统计分析，20年间共撰写月、季度和年度统计分析720余篇。

第六节　信息化建设

县统计局注重加强电子计算机的开发应用，健全乡(镇)统计信息网络建设。从1993年起逐步实现各专业统计报表上机，充分发挥微机在统计工作中的作用。1996年，县统计局筹措资金，组建统计信息网络工作站，县财政拨给3万元，购买3台电脑并装修一间18平方米的电脑室，11月与省信息中心并网接通。2007年，为全县8个乡(镇)各配置了1台统计专用电脑。2008年，又一次性为全县8个乡(镇)配备1辆统计专用摩托车。

2009年，县统计局围绕“抓基层、打基础、报实数、干实事”的统计工作总体要求，做好统计基层基础建设工作，在省统计局的支持下，完成对多数乡(镇)配备第二台统计专用电脑和统计专用打印机，提高了乡(镇)统计工作的效率和数据质量。2010年，建立专业统计报表数据库，把统计数据输入电脑永久保存，为日后资料开发使用提供了便利。

第三章 审 计

第一节 机 构

1991—2001 年，县审计局内设秘书股、财政金融股、农企股 3 个股室，定编 8 人。2001 年 8 月，县审计局内设综合股、行政事业审计股、财政金融审计股、工商企业审计股、经济责任审计股 5 个职能股，行政人员编制 15 名，事业编制 2 名。2009 年 12 月，县审计局内设办公室、综合岗、行政事业审计岗、财政金融审计岗、政府投资审计岗、教科文卫审计岗、社会保障审计岗、经济责任审计岗 8 个职能岗室，行政人员编制 15 名，机关工勤人员财政预算管理事业编制 2 名。2010 年，审计局实有在职人员 14 人，其中公务员 12 人，事业编人员 2 人。

第二节 国家审计

1991—1992 年，县审计局开展的业务主要是省审计厅下达的审计任务和县委、县政府交办的审计任务。1993 年后，审计业务主要按年初制订的年度审计计划组织开展，年度计划中包含省审计厅下达的全省统一开展项目，县委、县政府交办的审计任务为年内追加项目。1991—2010 年，县审计局共完成审计项目 384 个，查出违纪违规金额 20859.31 万元，应上缴财政金额 1058.5 万元，已上缴财政金额 1033.5 万元。

一、财政预算执行审计

1991—1994 年，审计机关依法独立开展财政审计监督，以“上审下”为主。1995 年《中华人民共和国审计法》以下简称《审计法》实施，按照《审计法》第四条规定，县审计局第一次对县本级财政预算执行情况及其他财政收支进行审计（同级审），该次审计分两个阶段进行：1995年10月10日至11月15日和1996年2月8日至3月6日。按《审计法》第四条规定，1996年7月23日，县审计局受县政府的委托首次向县人大常委会作1995年县本级预算执行情况及其他财政收支的审计工作报告。此后，财政审计纳入审计常规项目审计，县审计局每年受县政府委托向县人大常委会作审计工作报告。

1996年，审计查出挪用财政有偿资金58万元，16个单位违纪金额289万元，应上缴金额69.6万元，同年上缴44.2万元，查出应追回挪用的金额113万元。1997年，审计查出虚列财政支出400万元，虚列作全县工资支出，欠缴养老保险金353.4万元，欠漏税款5.55万元。

1998年，审计查出少列财政预算收入185.5万元，未及时按规定拨付使用“以工代赈”款79万元和股票款134万元，14个项目查出违纪金额1754万元，应上缴金额31万元，同年上缴28万元，查出应追回挪用的金额425万元。1999年，审计查出财政专项周转金未按规定进行核算，财政总会计不按预算级次拨款，不及时清理总预算往来款项结算，开设银行账户过多。

2000年，审计查出预算批复不及时，个别预算拨款不够规范，少列收入19.58万元，未经审批提进退税金35.4万元，违规办理预算拨款21.5万元，应缴未缴财政资金37.92万元，财政专户资金13万元，应收未收土地出让金78.82万元，现金短款8.03万元，占用民房改造款5.81万元，固定资产不入账36.1万元。

2001年，审计查出未按规定批复支出预算，个别预算拨款不规范，总预算往来款清理结算不及时，违规发放周转金43.5万元，占用代征代扣手续费24.5万元，坐支现金5万元，占用下属单位专项资金3.74万元，专项资金拨付不及时，罚没物品管理不善。

2002年，审计查出挪用专款47.16万元，违规发放周转金60万元，漏征企业税款375.58万元，截留应缴财政收入44.16万元，少列固定资产280.18万元。2003年，审计查出预算拨款不规范16.2万元，违反规定进行“税款提退”178.79万元，挪用专款514.82万元，违规办理越预算级次拨款16.2万元，少列经费支出11.73万元，乡（镇）财政所会计基础工作不规范。

2004年，审计查出挪用专款6.56万元，部门单位采购手续不全，行政事业单位和企业欠漏税款现象比较普遍。2006年，审计查出未及时清理往来款项6514.01万元，欠账最长的有20年，有的欠款单位已不存在。

2007年，审计查出多列一般预算收支790.22万元，少列一般预算收入5.98万元。对3个单位的部门预算和财务收支进行审计，查出历年结余资金520.73万元未纳入下年度预算，非税收入20.23万元，不执行收支两条线管理，干部职工拖欠公款8.70万元，占用住房公积金增值收益14.03万元，往来款项73.32万元没有及时清理，违规处置固定资产6.8万元等问题。

2008年，审计查出国库555.86万元专项资金拨付和使用缓慢，未按照规定的预算科目核算彩票公益金139.74万元，未按规定把公共照明电费专项资金125.54万元纳入预算外财政专户管理，部分政府投资项目未按规定预留资金，动用预备费未按规定制定资金分配方案。

2009年，县审计局重点对城乡社区资金的使用单位预算执行情况进行延伸审计，审计查出少列预算收入109.2万元，违规改变预算资金用途433万元，用款单位违规使用预算资金9.64万元，用款单位虚增财政补助收入3742.7万元。

2010年，审计查出预备费500万元使用情况与实际分配指标不相符，未将新型墙体专项基金30.82万元纳入预算管理，未按规定将非税收入及时缴入国库362.57万元，使用财政预留二次分配资金结余669.39万元冲减历年挂账未纳入预算管理。待解款项报解不及时，涉及金额313.65万元。

二、企业资金审计

企业审计原先侧重于财务收支审计，1991年全省审计工作会议上要求审计机关注重调查研究企业审计中的一些倾向性问题，特别是企业实行承包经营责任制中出现的问题及因官僚主义造成的严重损失浪费问题进行专项审计调查。1998年，审计查出1家企业违纪违规金额389.12万元，其中多提固定资产折旧费273.84万元，现金短款72.87万元，私设“小金库”10.41万元，现金短款移送县检察院查处；4个乡（镇）粮所，涉案5人涉嫌贪污挪用公款48.39万元，稻谷短少6.9万千克，并移送县检察院查处。2001年，1家公司欠缴地方财政利润22.52万元，截留罚没款1.55万元，1家公司欠缴税款1.5万元，1家公司白条抵顶库存现金4.83万元，1家公司1997—2000年间在开展业务经济活动中存在借款条据积压未及时入账，造成借据抵顶库存现金的现象，1家公司隐瞒收入15.5万元，单位职工拖欠公款64.66万元，现金管理不规范。

三、涉农资金审计

县审计局围绕县委、县政府工作中心，对社会关注、群众关心的热点、难点问题开展审计调查，通过加强和改进涉农资金审计方法，保障涉农资金的使用管理并发挥效益。

1997年，对水利专款、粮食自给工程款、造林专款、教育资金进行审计调查，审计查出挤占水利专款34.4万元，占用粮食自给工程款94.2万元，占用造林专款41.03万元，挪用教育资金 5.8 万元。

2001 年，查出挤占挪用农综资金 139.86 万元，未按程序办理拨借有偿资金 556.1 万元。2006 年查出 1 个村委会挤占挪用退耕还林粮食补助 5.53 万元，用于村委会办公经费开支。1 个村委会将集体土地办理退耕还林获取生活和粮食补助 6.77 万元，全部归该村委会使用。

2007 年，查出 4 家卫生院虚报冒领农村合作医疗住院资金 0.3 万元，3 家卫生院多收农村合作医疗住院药品收入合计 1.49 万元。滞留农村居民最低生活保障资金 32 万元，而没有拨入县财政社保资金专户并安排使用。

2008 年，对县五项社会保险基金进行审计调查，查出违规违纪金额 445.27 万元，主要是违规借出失业保险基金 25.9 万元，拖欠失业保险基金 263 万元，挤占挪用基本养老金 290 万元。对农村社会养老保险基金进行审计调查，查出挤占挪用农保基金 26.97 万元，少列农保基金收入 5 万元。对昌化江流域水污染防治资金审计调查发现，昌江县未按计划启动建设城镇污水处理厂，饮用水源地保护措施落实不到位，石碌水库水质没有得到改善，县城居民及部分村民生活污水和生活垃圾直排，严重影响昌化江下游水质。对森林生态效益补偿基金审计调查发现，套取森林生态效益补偿基金 90.93 万元，挤占挪用中央森林生态补偿基金 9.95 万元，违规借出中央森林补偿基金 4 万元，未开展对公益林进行补植、抚育、整地等工作，致使公益林专项资金闲置在专户没有发挥资金效益。

2009 年，查出企业基本养老保险基金收不抵支，资金缺口 437 万元。闲置的基本养老保险基金 3979 万元，没有按规定进行投资运营，以实现基金的有效增值。未按规定上缴财政公积金管理费 13.72 万元和配套资金存款利息 5.81 万元。少提国有土地收益基金 17.19 万元，少缴省财政土地出让金和农业土地开发资金 17.22 万元。未建立土地出让金收支预决算管理制度，未按规定提取被征地农民社会保障专项资金 94.67 万元和城镇廉租房建设资金 2.9 万元。

2010 年，对县四项农业补贴专项资金进行了审计调查，审计发现：滞留支农补贴专项资金 620.74 万元，香蕉下水田、橡胶苗、大棚兰花等项目补贴资金使用效益差，少列甘蔗下水田补贴资金支出 1.09 万元。

四、政府投资审计

昌江政府投资审计起步于 2005 年，随后逐年增加审计项目。为弥补审计力量不足，重点聘请社会力量参加审计，在加大对工程预算和决算审计中，对个别省、县重点工程还进行了跟踪审计，为政府在推进工程项目管理和资金使用上积极发挥审计监督作用。

2006 年，开展对石碌镇牙营村至鸡心村公路工程、县医院综合病房楼工程和县新华书店综合大楼工程3个固定资产投资审计项目，送审工程造价1159.48万元，审计核减120.98万元，核减率10.43%。

2007年，共审计项目8个，送审计核减工程造价105万元，核减率平均达到11%。2008年，共开展政府投资项目工程决算审计和审计调查37个，其中计划内项目5个、计划外项目32个。送审工程决算造价总金额12371.48万元，审定工程造价金额11283.36万元，核减工程造价金额1088.12万元，核减率为8.8%，为政府增收节支1088.12万元。

2009年，开展工程结算审计项目46个，审计金额8357.6万元，核减工程价款864.88万元，核减率为10%；开展工程预算审计项目28个，审计金额3930.76万元，核减工程预算造价194.85万元，核减率为5%。上述两项工程结算和预算审计项目核减工程造价合计1059.73万元。对石碌河整治、污水处理厂建设、昌江县文化公园3个项目进行跟踪审计，审计金额34244万元。

2010年，共完成工程预、结算审计项目53个，审计金额25256万元，核减工程价款1967万元，核减率达7.79%，其中工程结算审计项目33个，审计金额12346万元，核减工程价款1247万元，核减率达10.1%。工程预算审计项目20个，审计金额12910万元，核减工程预造价720万元，核减率达5.6%。对石碌河整治一期工程、污水处理厂、垃圾处理场、昌江县文化公园4个项目进行跟踪审计，审计金额31095万元。

五、经济责任审计

按照《审计法》的规定，领导干部经济责任审计由县委组织部委托审计部门组织实施，审计结果报告作为组织部门考核任用干部的重要参考依据。县审计局在工作中严格把握“提高质量、防范风险”的原则，重点追究由于违反决策程序造成的损失浪费，查处重大违法违规问题，揭发经济案件线索，惩治腐败，促进领导干部党风廉政建设，客观公正地评价领导干部履行经济责任情况，为组织人事部门考核和任用干部提供重要依据。

1998年，查出1个部门4名工作人员违反规定私报3.99万元，占用专款5.52万元，挪用专款1.45万元。

2000年，对县直机关单位1名领导进行审计，查出违规奖励干部职工2.09万元，违规发放补助9.19万元，拖欠工程款49.42万元，违规使用经费11.74万元。对乡镇3名领导进行审计，查出借用财政支农周转金造成损失25.05万元，拖欠干部、老师工资33.21万元，挪用专项资金9.1万元，违规发放奖金5.74万元，不及时清理往来账56.09万元，固定资产不入账270.21万元，新增债务119.77万元。对企业1名领导进行审计，查出占用单位1名职工7年工资1.87万元，欠缴公司房租、电费0.33万元，家属欠下属单位货款 0.68 万元，拖欠社保金 2.54 万元。

2001 年，对县直机关单位 3 名领导进行审计，查出改变专项资金用途 70 万元，经营亏损 26.53 万元，拖欠债务 122.78 万元，固定资产不入账 413.2 万元，违反收支两条线管理资金 43.12 万元，未办理工程结算款 69.47 万元，干部职工长期占用专款 9.85 万元。对乡（镇）1 名领导进行审计，查出挤占挪用财政周转金 11 万元，少列预算收入 38.42 万元，截留坐支超生费 78.05 万元，坐支土地补偿款 69.64 万元，固定资产不入账 300.53 万元。对事业单位 1 名领导进行审计，查出公款私存 25.7 万元，固定资产账实不符 24.8 万元，库存材料账实不符 0.33 万元。

2002 年，对县直机关单位 8 名领导进行审计，查出未经批准擅自冲销欠款 2.01 万元，挪用专款 96.58 万元，坐支各类考试费用 43.83 万元，挤占民政事业费 3.32 万元，未执行收支两条线管理 13.01 万元，固定资产不入账 159.39 万元，购地款 38 万元账上未反映。对乡（镇）4 名领导进行审计，查出土地承包费及办证费收入 4.6 万元未缴财政账户，财务核算手续不健全，计生罚款没有使用正规票据，计生收费和派出所罚没款共 8.24 未列入预算收入反映，水利款和赞助款 12.03 万元未列入收入，历年结转待结算资金 88.03 万元。

2003 年，对县直机关单位 5 名领导进行审计，查出截留应缴财政收入 19.7 万元，截留坐支行政事业收费 46.65 万元，白条列支 123.05 万元，占用康复扶贫专项资金 88.07 万元，不及时清理往来账，挂账金额 947.15 万元，多收代收费 15.38 万元，账外资产 480.88 万元，账外债务 5.27 万元，少列经营费用 6.96 万元，上级拨入专项资金 117.4 万元未单独列账反映，固定资产账实不符 133.28 万元。对事业单位 2 名领导进行审计，查出漏缴社保金 21.28 万元，未按规定足额提取并上缴工会经费 4.53 万元，虚列收入 1.21 万元，固定资产不入账 4.35 万元。受省审计厅委托对 1 名领导进行审计，查出截留应缴财政专户赃款 0.8 万元，赞助款 1.58 万元未作单位其他收入。

2006 年，对行政事业单位 8 名领导进行审计，查出未缴国有资产收益 7.3 万元，未将非税收入按规定缴入财政专户 1.23 万元，违规提成非税收入 0.78 万元，历年工程未结算资金 1245.83 万元，超范围支付现金 16.89 万元，少列收支 90.43 万元，会计核算不规范资金 3.94 万元，滞留民房改造资金 12.96 万元，漏交税款 1.89 万元，固定资产不入账 3 万元，公款私存 27.6 万元，往来款未及时清理结算资金 211.76 万元。对企业 3 名领导进行审计，查出占用专项资金 29.63 万元，白条列支 30.40 万元，欠缴社保费 41.78 万元，少列固定资产 30.60 万元，公款私存 11.18 万元。

2007 年，对 3 名领导干部进行审计，查出待结算资金数额 49.02 万元，账务处理不及时，固定资产账实不符。2008 年，对 6 个单位的主要领导进行审计，查出违规违纪金额 515.02 万元，管理不规范金额 1067.34 万元。

2009 年，对 5 个单位的主要领导进行审计，查出少列收入 7.5 万元，少补补贴金额 1.89 万元，未实行收支两条线管理 20.35 万元，账外固定资产 3.8 万元，资产损失未及时核销 12 万元，不及时上缴代扣税款 17.84 万元。

2010 年，对 4 个单位主要领导进行审计，查出挤占中央国债资金 17.72 万元，大额支付现金 17.04 万元，未实行收支两条线管理资金 6.74 万元，固定资产未入账 1.17 万元，建设项目资金配套不到位 2075 万元，票据管理不规范 3.81 万元。

六、内部审计

昌江县内部审计起步较晚。根据审计署《关于内部审计工作的若干规定》，按照“边组建、边工作”的原则，筹建内部审计机构，先后建立供销社、商业局、水电局、交通局、三行（农行、建行、工行）、大风糖厂、昌江糖厂等 9 个内部审计小组。海南铁矿、红林农场也先后成立内审机构。1992 年 4 月，全省第一次内部审计工作会议后，省审计局逐步加强对内部审计的业务指导、组织管理和人员培训工作，有效地促进了内部审计工作的规范化和审计质量与效率的提升。昌江县内部审计工作随着改革开放和社会主义市场经济体制的建立，业务范围不断拓宽，内部审计从财务收支审计扩大到经济效益审计等领域，为维护国家财经纪律、加强廉政建设、提高管理水平和经济效益发挥了重要作用。

第三节 审计信息

审计信息是重要的审计基础工作，县审计局以制度的形式进行责任管理，组织业务骨干参加全省性有关论文和综合审计报告、审计调查报告的撰写，向《海南审计简报》《审计要情》《昌江信息》报送稿件。2006 年，提交综合性报告 7 篇，县领导批示 4 篇，审计简报 16 篇，省审计厅《审计通讯》采纳 2 篇，县《昌江要情》采纳 5 篇。向县纪检和县检察院移动案例 3 宗。2007 年，提交审计信息 18 篇，省审计厅《审计通讯》采用 6 篇，县《昌江要情》采用 2 篇。2008 年，提交审计信息共 15 篇，审计厅采用 5 篇，利用 2 篇，县《昌江信息》采用 1 篇。2009 年，提交审计信息 14 篇，省审计厅《审计通讯》采用 6 篇，县《昌江信息》采用 6 篇，协助县纪检办案审计项目 8 个。2010 年，提交审计信息 6 篇，省审计厅《审计通讯》采用 4 篇，协助县纪委办案审计 3 宗。1991—2010 年，撰写科研论文 18 篇、综合性审计报告 48 篇，报送审计信息 181 条，建立审计档案 396 卷，文书档案 22 卷。

第四章　质量技术监督

第一节　机　构

1991 年，昌江县技术监督局为正科级行政单位，辖稽查队、技术所和标准计量所。1993 年 10 月，组织机构代码工作也划归技术监督局管理。1995 年，机构改革中调整为副科级行政单位，后又调整为正科级行政单位。2001 年 2 月，成立海南省昌江质量技术监督局及昌江质量技术监督技术所，为省垂直管理单位，人员定编 10 人，下设技术所、计量所、稽查队，根据管理体制合署办公。至 2010 年不变。

第二节　计量管理

1991—1992 年，完成各类计量器具的周期强制检定 1286 台次。1994 年，标准计量所建立四等砝码社会公用计量标准，同年检定各类衡器 289 台。1996 年，建立加油机容量检定装置计量标准，检定加油机 34 台（枪）。1998 年，帮助生产企业建立和健全计量管理体系，指导农垦石碌水泥厂等 6 家企业开展企业计量合格确认和计量信得过单位活动。

1999 年，开展餐饮业计量专项检查，促使餐饮业的计量工作逐步走向规范化管理的轨道。2000 年，对全县的酒店、饭店、宾馆、大排档在用的计量器具、计量器具使用单位的管理、计量制度的建立等开展执法检查，受检单位 38 家。

2003 年，组织完成各类计量器具的周期强制检定 586 台（件），并已登记备案。开展集贸市场、加油站的计量专项整治，对在用的 268 台秤具和 38 台加油机分别进行了强制检定。组织实施“光明工程”，帮助3家眼镜配镜店完成了等级评定考核的申报工作。对5家质检机构和16家医疗卫生机构实施监督检查，登记备案在用的计量器具。帮助6家企业建立和健全计量管理体系，开展定量包装商品计量监督检查，共检查了5家企业的产品，合格率达96%。

2004年，开展强制检定工作，完成各类工作计量器具的定期检定520台。开展餐饮业计量专项监督检查，检查酒店、饭店、宾馆、大排档38家，检查在用计量器具31台（件），合格率为98%。

2005年，加强强检计量器具备案，完成强检计量器具的登记备案418台。开展对7家粮食收购市场、糖厂、瓜菜收购点的计量监督检查，受检计量器具18台，合格率100%。开展对定量包装商品净含量监督检查，检查2家食品生产加工企业，抽查6个批次的产品，合格率100%。开展计量器具的周期检定，共检定计量器具890台，其中加油机86台、电子汽车衡6台、台案秤798台。

2006年，完成压力表和血压计两项社会公用计量标准建标工作，检查了昌江摩托车安全技术检验机构使用的检测设备并进行备案登记，督促该机构做好各项考核工作。

2007年，开展计量执法，加强备案登记，共登记备案计量器具660台（件）。对16家餐饮店、4家私人加油站6台加油机、3个集贸市场的86台计量器具进行监督检查，并没收了一批不合格的计量器具。加大强检计量器具定期检定，共完成检定加油机100只（枪）、汽车衡20台、台秤201台、压力表16只，检定收入6759元。

2008年，开展全县计量器具登记备案工作，共登记备案计量器具1552台（件）。开展对加油站、集贸市场、餐饮业、商用电子汽车衡、粮食收购市场及粮食加工生产企业在用计量器具的专项执法检查，共检查粮食加工企业4家，集贸市场6个，商用电子汽车衡5台，餐饮店15家，加油站12个，有效地规范了计量器具的使用行为，保证了消费者的合法权益。开展计量器具周期检定工作，共检定集贸市场计量器具1463台（件），加油机108台（枪），电子汽车衡15台，压力表80个，计量检定收费75254元。

2009年，加强对在用血压计的强制检定工作，深入全县2家县级医院、9家乡（镇）卫生院、50家社区医疗机构、5家个体诊所，开展在用血压计的强制检定工作，共检定血压计140台，合格124台，合格率达88.6%。开展农贸市场计量器具检定工作，对县城5个农贸市场和3个乡（镇）集贸市场在用的计量器具进行周期检定，共检定台秤123台，电子计价秤29台，度盘秤1477台，总计1629台，合格1586台，合格率97%。

2010年，加强对重点核电项目开展跟踪服务工作，检定标定配料称22台，电子汽车衡1台，联系省内外检定计量器具80多台（件）。对辖区内的食品生产企业、小作坊使用的计量器具进行检定，共检定20家35台盘秤、台秤，合格33台，合格率94%。对县城35家宾馆酒店、大排档进行检查，共检定盘秤42台，对不合格的5台责令停止使用。对辖区内的中海油、中石化、个体油站等全部12个加油站在用的加油机进行周期检定，共检定加油机56台（枪），合格55台（枪），不合格1台，检定合格率为98%。加强在用血压计的强制检定工作，共检定血压计269台，合格率达95%。

第三节　质量管理

1993年2月，《中华人民共和国产品质量法》颁布实施，县质量管理工作步入正轨，同年组织21家生产企业开展《中华人民共和国产品质量法》培训，引导12家企业强化质量管理、严格质量控制、保障产品出厂质量安全，农垦石碌水泥厂率先导入ISO产品质量认证，采用国际标准组织生产。

1994年1月，《中华人民共和国消费者权益保护法》公布施行，组织15家企业参加消费者权益日宣传活动。1995年，深入5家水泥、橡胶、蔗糖企业，帮助企业解决如何做好质量管理、提高产品质量等各项实际工作。1997年1月，开展宣传贯彻《质量振兴纲要》，通过召开21家企业厂长经理座谈会、企业质量管理人员培训会，印发宣传资料800份。1998年6月，引导19家企业开展质量改进、质量控制、质量管理QC小组活动。

2001年，帮助全县20多个厂矿企业进行质量整顿，培训质量管理人员38名。2002年建立了昌江地区企业质量状况档案，为政府决策提供了有效依据，同时，在6个有条件的企业建立全面质量管理小组，即QC小组。2003年，积极开展“质量兴企”活动，培育名牌产品。农垦石碌水泥厂、国投海南水泥有限公司、昌江剑麻厂3家生产企业通过ISO 9000质量管理体系认证，“昌香牌”“上岛牌”芒果荣获海南省名牌产品称号。深入水泥、橡胶、蔗糖等12家企业开展《中华人民共和国产品质量认证管理条例》宣贯活动，对24家工业产品经销单位进行3C认证检查，制定《昌江县质量振兴工作实施计划》提交县政府。2004年，组织企业开展“企业质量诚信倡议”活动，16家企业签订了倡议书，共同向全社会发出“恪守诚信准则、坚持以质取胜、践行社会责任、严守道德底线”的倡议。组织开展“3C”认证产品的宣贯工作，与98家销售企业签订了不销售无“3C”认证产品承诺书。

2005年9月，《中华人民共和国工业产品生产许可证管理条例》颁布实施，为做好工业企业的管理工作，县印发了《昌江工业开发区质量兴企工作方案》，计划用5年时间，使主要产业的整体素质基本适应国际竞争的需要，主要产品90%以上按国际标准或国外先进标准组织生产，形成一批在省内外有竞争实力的名牌产品，企业管理水平和产品质量均达到省内先进水平。

2006年，开展企业质量状况调查，帮助和指导产值500万元以上及实施市场准入的12家企业完成质量状况调查，并审核形成档案。下年，帮助农垦石碌水泥厂等6家企业开展质量兴企活动，进一步提高企业的产品质量。2008年，引导水泥企业推进余热发电、工业废水循环利用、联产水泥技术建设，昌江华盛天涯水泥公司、海南国投水泥有限公司余热发电项目回收排放的粉尘、二氧化硫降低温室气体排放等各项指标达到国际先进水平，荣获联合国CDM项目的支持，工业园区的节能减排工作收到良好的效果，海南昌江循环经济工业区被国务院列为全国循环经济（第二批）产业园区。下年，广泛开展《中华人民共和国食品安全法》宣贯工作，同时加大食品安全监管工作，制定了《开展食品安全整顿工作的实施方案》，开展食品安全整顿和区域性产品质量整治工作，主要开展打击违法添加非食用物质和滥用食品添加剂专项整治，进一步强化小作坊监管，确保食品质量安全。

2010年，水泥、橡胶、蔗糖等7家企业获得ISO管理体系认证证书10张、无公害产品认证5张认证。企业全面推进质量管理，建立健全质量管理体系，水泥、白砂糖等4家规模以上企业采用了国际标准或国外先进标准组织生产，采用国家标准的企业42家、采用行业标准22家，采用企业标准4家，产品标准覆盖率达100%。

第四节 标准化管理

1991年，根据《中华人民共和国标准化法》，开展标准化工作，对7家企业采用的标准进行登记备案。1992—1993年，为36家企业查找、完善产品标准38项，并进行了产品标准登记备案。1993年11月，根据省技术监督局等14个部门联合签发《关于在全省经济和社会管理领域中使用机关、企业、事业单位和社会团体代码标识证书的通告》要求，1994年1月1日起，在全县经济和社会管理领域中使用组织机构代码标识，企业、事业、机关和社会团体统一代码标识制度建立。局设立代码室，建立健全代码工作制度，培训专职代码管理人员，进一步加强了代码管理工作。同时，通过在银行系统强制使用组织机构代码证，使组织机构代码颁证工作在全县范围内得到迅速展开。1995年，建立产品标准数据库，企业采用国际标准 1 家，采用国家标准 32 家，采用行业标准 19 家，采用企业标准 3 家。1997 年，对全县产品执行标准数据库进行更新与维护，巩固消灭无标成果，杜绝无标生产的反弹，确保全县产品标准覆盖率始终保持在 95% 以上。

1999 年 5 月，县的芒果生产被批准为全国高产优质高效农业（芒果）标准化示范区，同年被国家质量技术监督局批准列为国家级消灭无标生产试点县。2001 年 11 月，县实施的芒果农业标准化示范区工作顺利通过国家级考核验收。2002 年，引导县兴盛筷子厂、龙溪食品厂等 8 家企业完成“木制筷子”“大花饼”等企业产品标准的编写备案工作。组织机构代码在税务、银行、工商、公安、统计、人事、劳动、社会保障、民政、外贸、财政、工会、机构编制、经济贸易等领域得到广泛应用，同年全县共办理组织机构代码证 1012 份，其中机关单位 171 份、事业单位 129 份、企业（包括个体户）704 份、社会团体份 8 份。

2004 年，组织 24 家宾馆、酒店、医疗机构进行《医用一次性防护服技术要求》《医用防护口罩技术要求》等国家强制性标准的宣贯。2005 年，指导和帮助南疆生物技术有限公司申报南北对虾养殖国家级农业标准化示范区项目，为县的海水养殖业的发展起到积极的示范作用。

2007 年，昌江南疆生物技术有限公司实施对虾养殖标准化示范区通过考核验收，示范区带动周边 150 多家农户实施对虾养殖标准化，对虾养殖户每年收入逐年增长 8%。开展组织机构代码电子档案工作，清理代码纸质档案 980 份，建立代码电子档案 850 份。

2008 年，引导水泥、白砂糖等 5 家规模以上企业采用国际标准或国外先进标准组织生产，水泥等主要工业产品 95% 以上按国际标准或国外先进标准组织生产。2009 年，推进服务标准化工作，检查规范标准化图形标识使用单位 15 家，引导昌江迎宾馆、县政府办公大楼物业管理公司等单位正确使用标准化图形标识。

2010 年，进一步加大企业采标力度，采用国际标准的企业 5 家，采用国家标准 42 家、采用行业标准 22 家，采用企业标准 4 家，产品标准覆盖率达 100%。完善组织机构代码管理工作，严格规范组织机构代码管理工作，按时做好新办证、换证、年检及电子档案的上传工作，全年共办理代码证 1276 份。

第五节 产品质量监管

1991 年，县开始产品质量监管。1992 年，组织开展对产品质量的监督抽查工作，共抽查了产品81批次，合格64批次，合格率79%。1993年，组织开展汽车配件、家电的无证查处执法检查，共检查生产企业19家、汽车配件销售企业7家、家电销售企业4家，查获销售无证茶叶、蜜饯、汽车制动液、电视机一批。1994年，共抽查白砂糖、酒精、花生油、大米等53个样品，产品合格率为96%。1995年，在中秋、国庆期间对中秋月饼及其他食品开展专项整治活动，检查食品生产企业25家，抽查18个样品，其中合格样品14个，不合格样品4个，样品合格率为77.8%。

1998年，组织开展标准化行政执法工作，查处复合肥料标签标识、无产品标准生产、食品标签等标准化违法案件15宗，进一步加大了标准化行政执法工作力度。1999—2001年，开展各类综合执法及专项打假行动，共检查经销单位128家次，检查产品21种，查获各类假冒伪劣产品20852件，案件126宗，案值45万元。

2003年，组织检查72家单位，检查产品21种，查获并立案查处26宗各类假冒伪劣产品548件，案值9.7万元。2004年，制定《昌江县生产企业质量状况调查实施工作方案》，深入全县的各个乡村、农场，走村串户，实行地毯式的现场调查，同年调查建档的生产企业为75家，其中一类企业12家、二类企业36家、三类企业27家、小作坊91家。

2005年，《能源效率标识管理办法》颁布实施，同年深入11家销售家用电器商场进行现场执法检查，检查电冰箱114台、房间空气调节器126台、热水器95台，有43台不符合能效标识使用要求。2006年，开展农资下乡执法打假活动，检查化肥农药经销企业76家，查获一起进口不符合国家标准的复合肥料，抽查农资产品7个，合格率为85%。2007年，联合工商、建设部门开展建材、床上用品联合打假行动，对8家建筑工地、建材销售单位进行执法检查，抽取钢筋样品12个，检验不合格3个，对涉嫌销售不合格建材产品的单位进行立案处理。

2008年，开展乳制品专项整治工作，重点检查三鹿、雅士利等22种69批次（经国家质检总局检测含有三聚氰胺成分）的婴儿奶粉及其系列产品进行产品质量监督检查，检查了46家经销单位，未发现问题乳制品。2009年，开展食品如粮、油、白酒、饮料、儿童食品、糖果、饼干、海干产品、茶叶等产品进行检查。共检查了29家食品生产加工企业和小作坊、4家超市、6家农贸市场，对2家违法生产食品生产加工小作坊立案处理。

2010年，为调解群众质量纠纷，深入乌烈、十月田等乡（镇）开展农资专项检查工作，对农资批发市场进行一次全面大检查，加大对生产销售假冒伪劣农资多发地区和死角的清查力度，对过期产品、淘汰产品、无证产品开展“下柜台”活动，对销售量大的化肥、农膜等产品实行定期抽样检验，共检查农资销售摊点26家，抽样送检化肥样品5个，对2批不合格化肥进行处理。

第六节　特种设备管理

1991—1999年，全县锅炉、压力容器、电梯等特种设备的安全监察职能由县劳动部门负责，每年至少进行一次安全检测和管理监察。2000年起，全县锅炉、压力容器、电梯等特种设备的安全监察职能划入县质监部门，昌江特种设备的使用单位主要是海南钢铁公司、昌江糖厂、大风糖厂。

1996年，联合县妇联、县教科局等部门对游乐设施开展安全检查，共检查铁矿公园等10个单位的各类游乐设施96台（件）。1997年，组织开展电梯、锅炉、压力容器等的安全监察执法工作，在安全执法行动中共发出安全监察意见书19份，立案处罚一家，整改率达到98%。2001年开展全县锅炉、压力容器等的摸底登记工作，对7个单位的82台（件）特种设备开展安全检查。2002年，开展锅容管特普查登记工作，完成特种设备的普查登记291台，其中锅炉16台、压力容器87台（件）、厂内车辆41台、电梯1台、起重机械124台、游乐设施22台，并将普查数据全部录入电脑，实现动态管理。同年对在用10台锅炉、53台压力容器进行安全监察，对存在安全隐患的1台锅炉加大安全监察的力度，共发出安全监察意见书12份。2003年，开展锅炉、压力容器等的安全监察执法工作，对10个单位的96台（件）特种设备开展安全检查，共发出安全监察意见书19份，立案处罚一家，整改率达到98%。年内制定《昌江县气瓶安全整治工作实施方案》，按照积极、稳妥、推进的原则，努力做好气瓶安全整治工作，完成气瓶产权转移8088户，进一步确保设备的安全运行，维护了人民生命财产安全。

2004年，对在用9台游乐设施、13台锅炉、2个气体充装站进行安全监察，对存在安全隐患的2台锅炉加大安全监察的力度，保证全县特种设备的安全运行。

2005年，注册登记新增特种设备23台，申报停用20台，完成在用游乐设施的检验8台，对在用的19台锅炉进行检验，并发给使用证。2006年，新增锅炉9台，起重机械23台，全县特种设备注册登记357台，其中锅炉24台、电梯7台、起重机械152台、场内机动车辆41台、游乐设施20台、压力容器101台、压力管道12台。

2007年，加大特种设备安全监察力度，深入昌江华盛水泥有限公司、海南钢铁公司、昌江糖业、海红糖业等12个设备使用重点单位进行安全监督检查，安全监察次数达到82次。开展对制冰行业的安全状况调查，加大整改力度。对全县的4家制冰厂进行专项监督检查，责成4家制冰厂对安全阀、压力表进行定期校验。推进安全责任体系建设，与10家特种设备重大危险源单位签订“特种设备安全使用承诺书”。已注册登记的锅炉29台，固定压力容器101台，压力管道5.432千米，电梯10台，起重机械163台，游乐设施20台，厂内机动车辆41辆，人员持证上岗率达96%，检验率达80%。全县特种设备安全事故保持“零”纪录。

2008年，开展特种设备普查登记，共普查登记特种设备423台，其中锅炉29台，压力容器102台，起重机械227台，厂内机动车辆42台，游艺机及游乐设施23台，压力管道61条。特种设备操作人员1334人，其中锅炉操作人员99人，压力容器作业人员46人，电梯作业人员10人，起重机械作业人员797人，厂内机动车辆作业人员382人，大型游乐设施作业人员5人。开展电梯专项整治，对县内9家电梯使用单位进行全面的检查和整治，对安全检验合格证不按规定粘贴的县行政办公楼使用的6台电梯，责令其按规定粘贴；开展气瓶专项整治，对辖区内的医用氧气瓶、工业氧气瓶、氮气瓶进行专项整治，年底全县有氧气瓶2300多只，氮气瓶2000只，已基本造册登记；开展液化石油气站的安全整治，对辖区内的2家液化石油气充装站进行安全检查，对昌江太坡物资气站在充装中未按规定粘贴警示合格标识、未进行充装记录、巡查记录等违规行为，责令其停业整顿。

2009年，开展特种设备隐患排查整综合管理治，深入海矿联、环保砖厂、古铜冶炼等锅炉使用单位对在用的14台锅炉进行安全监察，发出安全监察意见书12份，查找隐患6项；深入3家制冰厂对其使用的储氨罐、安全阀、压力表进行安全监察，发出安全监察意见书3份；深入海矿联对起重机械进行安全监察，对海南矿业联合有限公司机修厂使用的3台熔融冶金类起重机械进行重点监督检查，对省检验机构提出的安全整改事项进行全面落实，对新装的起重机械给予全面核查，提高新装设备的安装质量；深入2家液化石油气充装站开展气瓶安全监察，针对1家液化石油气站安全附件压力表超期未检的情况，发出安全监察意见书，责令整改；深入7家电梯使用单位进行电梯安全监察，提高节日期间电梯的安全运行，对一些单位未按规定进行张贴安全检验合格的行为给予警告；开展土锅炉专项整治，查处未经安装告知擅自安装锅炉单位2家，责令整改2家；加强锅炉水质监测确保锅炉运行安全，对在用的9台锅炉水质进行采样检测，有8台锅炉给水合格，锅炉给水合格率为88.9%，锅水合格率为88.9%，1台不合格。

2010年，建立重大危险源监控体系，以昌江糖业有限公司、昌江太坡液化气站等10家单位为重大危险源监控单位，责令重大危险源设备使用单位完善应急救援体系，督促开展应急演练。同时，与县政府签订“2010年安全生产责任书”，与39家特种设备使用单位签订特种设备使用安全承诺书。对全县气体充装站进行年度监督检查，对全县2家液化石油气站以及1家制氧站等气体充装站进行了年度监督检查。开展节日期间特种设备安全监察，对辖区内特种设备（锅炉、压力容器、电梯、游乐设施）使用单位进行了安全监察，检查了16家企业的19台特种设备，主要检查特种设备定期检验情况，安全附件的检验情况，使用单位的规章制度和岗位安全职责是否建立健全，是否建立了特种设备应急预案，应急救援体系是否建立并进行演练等。指导企业做好锅炉节能降耗工作，开展锅炉房安全与节能达标考核活动，开展节能监督专项执法，共完成28座锅炉房节能达标任务，锅炉房节能管理达标率96%，工业锅炉水处理达标率89%。开展特种设备隐患排查整治和土锅炉专项整治，深入学校、企业和小作坊开展土锅炉专项整治，查处未经安装告知擅自安装锅炉单位2家。

第五章 食品药品监督

第一节 机 构

2002 年 5 月，海南省昌江药品监督管理局成立。2004 年 3 月，更名为海南省昌江食品药品监督管理局，隶属海南省食品药品监督管理局，实行省以下垂直管理体制。2010 年 1 月，根据国务院行政机构改革要求，正式更名为昌江黎族自治县食品药品监督管理局，为县政府工作部门。内设机构有：办公室、餐饮服务保健食品和化妆品监管岗、药品市场监督管理岗、医疗器械市场监管岗、食品药品监督稽查队。人员编制 7 个，其中机关行政人员编制 6 个，工勤人员编制 1 个。

第二节 食品安全监管

2003 年，县贯彻落实国务院实施食品药品放心工程电视电话会议和《海南省政府办公厅关于实施食品药品放心工程的通知》精神，把食品安全工作纳入工作的重点抓好实施，制订《昌江黎族自治县实施食品药品放心工作工作方案》，成立由副县长任组长的食品药品放心工程领导小组，并在昌江食品药品监督管理局下设实施食品药品放心工程办公室，具体实施食品药品放心工程工作。

2004 年 8 月 6 日，县食品安全协调委员会（简称“县食安办”）成立，以分管食品安全工作的副县长为主任，食品药品监督管理局局长为副主任，工商、质检、卫生、公安、农业等 14 个职能部门为成员单位，从食品生产、流通、消费、农产品源头等环节，对全县食品安全进行监督管理。委员会下设办公室在昌江食品药品监督管理局。根据机构改革职能规定，昌江食品药品监督管理局承担县食安委办公室职责，牵头组织协调各成员单位开展食品安全综合监督，组织开展重大食品安全事故的查处，是县政府食品安全工作的“抓手”。

2005年，县政府发文指定食品药品质量监督协管员由各乡（镇）防保员兼任，信息员由各村计划生育专职员兼任，共配备协管员41人，信息员84人。把监督管理的触角延伸到乡（镇）、到村，改变了农村地区食品药品监管不到位或无人监管状况。为确保全县食品药品监管相关职能部门正确、及时、有效履行食品药品法定职责，制定《昌江黎族自治县食品安全监督管理长效工作机制》，做到权责清晰、制度健全、责任到位和追究有据。

2007年，县政府重新调整县食品安全协调委员会成员单位，把全县8个乡（镇）纳入县食安委成员单位，初步构建了食品安全综合监管组织工作平台。制定《昌江黎族自治县严重食品安全事故应急预案》，设立了食品安全事故应急救援指挥部，进一步提高快速反应和应急处理能力。

2008年，根据国家《关于立即全面清理检查市场乳制品的紧急通知》要求，县食安委立即组织各成员单位开展乳制品专项检查工作。重点对三鹿、雅士利等22个品种69批次（经国家质检总局检测含有三聚氰胺成分）的婴幼儿奶粉及其系列产品进行检查。经对46家超市、批发、零售店等地毯式检查，没有发现问题乳制品，为了安全起见，把2008年9月14日以前生产的乳制品全部下架（其中奶粉1675.02千克，液态奶7136.29千克）。11月14日，在昌江天涯华盛水泥厂配合省有关单位做好全省不合格奶制品公开销毁工作，共销毁36吨不合格奶制品。

2009年，《中华人民共和国食品安全法》施行，昌江食品药品监督管理局的食品监管职能调整为保健食品、化妆品、餐饮服务食品安全的监督管理。

2010年1月，县食品药品监督管理局成立后，根据职能编制，食品监管的职能正式调整为保健食品、化妆品、餐饮服务食品安全的监督管理，先前承担的食品综合监督职能根据规定移交到县卫生行政管理部门。履行食安办职能期间，主要开展专题联席会议，部署食品专项整治工作，常态工作主要有元旦、春节、“五一”、国庆、中秋等节假日前食品安全检查。累计出动人员1120人次，检查旅游景点食品生产、流通、消费、农产品等环节食品安全情况，及时排除食品安全隐患，保障节假日人民群众饮食安全。开展对突发事件的应急处理，如河豚中毒事件(2005年)、三聚氰胺事件(即2008年三鹿奶粉事件。

第三节 药品与医疗器械监管

一、药品监督稽查

2003年，查处药品案件个案8宗，涉案金额4794.74元，捣毁制假窝点2个。对昌江药品流通情况进行摸底调查，全面摸清药品零售企业的数量、营业场所面积、从业人员资质、药店经营规模等基本情况。全县药品零售企业52家，批发企业3家，零售药店持有证照的50家，场所面积达30平方米以上的仅2家，20~30平方米的3家，10~20平方米的47家。从业人员173人，持有药师或相关专业证书的人员46人，其他人员127人。编制《药品零售企业经营许可证换证验收说明》。引导药品经营企业在经营场所面积、从业人员培训、药品分类管理和药品质量管理等方面进行整改。经过整改，共有24家药品经营企业的场所面积得以扩充，其中县城14家面积达30平方米以上，乡镇10家面积达25平方米以上。指导药品经营企业从药品经营质量管理、药品购进、药品质量验收、药品储存、拆零药品管理等方面建立了11项制度，强化药品经营企业内部管理。规划药品经营企业的分布。先后动员5家药品零售企业迁往乡镇、村，从而使昌江药品零售企业的分布相对合理化，分布在县城的44家，乡镇、村一级的10家。按照换证验收标准。对药品经营企业的管理制度、设施、设备、面积、药品分类管理、从业人员等情况，进行现场审查评分。共有50家药品经营企业符合换证标准，并换发了由国家药品监督管理局统一监制的新版“药品经营企业许可证”。做好药品抽样检验。西药抽样合格率90%，中成药抽样合格率100%，中药饮片抽样合格率80%。

2004年，查处药品案件11宗，涉案金额12480.4元。没收自制药酒6种。建立健全药品购销台账。要求药品经营企业、医疗机构统一使用海南省食品药品监督管理局印制的药品购进和销售记录账簿，实事求是做好药品购销记录。全县55家经营（批发）企业和146家医疗机构建立了药品购销记录。做好“药品经营企业许可证”年检工作。全县54家药品零售企业全部通过年检验收。做好药品抽样检验。西药抽样合格率95%，中成药抽样合格率100%，中药饮片抽样合格率85%。2005年，查处药品案件个案4宗，涉案金额4377元。查处医疗器械案件个案1个，涉案金额56820元。实施GSP(药品经营质量管理规范)认证工作。全县51家药品零售企业通过认证现场检查，发给“药品经营质量管理规范证书”。做好药品抽样检验。西药抽样合格率95%，中成药抽样合格率100%，中药饮片抽样合格率90%。2006年，查处药品案件个案3宗，涉案金额1491元。打击游医药贩无证卖药3起。严格按照GSP(药品经营质量管理规范)

认证工作现场检查项目和评定标准。采取专项检查、抽查和日常监督检查的形式，对全县通过药品经营质量管理规范（GSP）认证的54家零售药店执行药品经营质量管理规范情况进行跟踪管理，进一步规范药品经营企业的经营管理行为。对齐齐哈尔某某制药有限公司药品及“欣弗”“鱼腥草”注射液、亮菌甲素注射液等国家食品药品监督管理局认定为假药的药品。采取了拉网式排查，共查封齐齐哈尔某某制药生产的“鹿茸精”注射液16支、黄连口服液27盒。做好药品抽样检验。西药抽样合格率95%，中成药抽样合格率100%，中药饮片抽样合格率90%。

2007年，查处药品案件个案6宗，涉案金额3180元，取缔无证经营和游医药贩8起。加强药品生产企业监督，杜绝不合格药品流入市场。按照“标准不降低”的要求，选派4名驻厂监督员，轮流进驻医用氧气生产厂，指导实施GMP认证改造工作，顺利通过GMP认证现场检查。并每月对照认证标准逐项进行跟踪督查，保证医用氧气符合药检标准。加强对全县61家通过GSP认证的药品零售企业和药品零售连锁店，以及药品批发企业、农村药品配送中心的跟踪监督检查和日常监管。先后开展了中药材、中药饮片、疫苗、人血白蛋白、体外诊断试剂、特殊药品、隐形眼镜等11项专项检查活动，查处了销售人血白蛋白和计生引产药品案件2宗，全县药械秩序得到进一步规范。强化医疗机构药房监管，与县卫生局联合制定了《昌江黎族自治县医疗机构规范药房管理标准》，加大对医疗机构在药品购、验、储、养、用等各个环节的督查力度，严查使用假劣药品和不合格医疗器械的违法行为。强化医疗机构对特殊药品和疫苗的管理，加强药品不良反应和医疗器械不良事件的监测工作，及时上报不良反应事件1例。加强药品广告监管。共联合开展检查11次，发现违法药品广告8起，违法医疗器械广告2起，全部移送工商部门查处。做好药品抽样检验。西药抽样合格率100%，中成药抽样合格率100%，中药饮片抽样合格率90%。

2008年，共出动执法人员2100人次，检查药品生产经营企业500多家次，查处药品案件5宗，涉案金额1.1267万元，取缔无证经营和游医药贩18起，销毁假劣药0.22万元。规范药品经营企业的经营行为，净化药械流通市场。重点加强对全县61家通过GSP(药品经营质量管理规范)认证的药品零售企业和药品零售连锁店，以及药品批发企业、农村药品配送中心的跟踪监督检查和日常监管。开展了中药材、中药饮片、疫苗、人血白蛋白、体外诊断试剂、特殊药品、药械等专项检查活动，查处了销售“百茶梅花丹”案件，全县药械秩序得到进一步规范。加强药品广告监管。共联合开展检查5次，发现违法药品广告3起，违法医疗器械广告2起，全部移送工商部门查处。做好药品抽样检验。西药抽样合格率100%，中成药抽样合格率100%，中药饮片抽样合格率90%。2009

年，共出动执法人员460多人次，检查药品生产经营企业130多家次，查处药品案件3宗，涉案金额0.1万元，取缔无证经营和游医药贩5起。加强药品生产企业监督，继续选派2名驻厂监督员，轮流进驻海钢动力厂医用氧气生产车间，进行跟踪督查，保证医用氧气符合药检标准。举办药事管理培训班，对药品经营企业负责人进行培训，人数达55人次。加强药品广告监管。共联合开展检查4次，发现违法药品广告1起，违法医疗器械广告1起。做好药品抽样检验。西药抽检合格率100%，中成药抽样合格率100%，中成药饮片抽样合格率95%。为了加强含可待因复方口服溶液的管理，防止滥用，保障公众用药安全，根据国家、省局的部署，自2009年8月8日至9月30日开展整治不凭处方销售含可待因复方口服溶液专项行动。出动执法人员30人次，检查了50家药品零售企业，处罚30家并通报，共罚款6200元。全县农村食品药品监管网信息员、协管员共有125人，通过监管网络报案率达到20%；农村药品供应网乡（镇）配送率100%，入村配送率达97%。

2002—2010年期间，县食药监局结合医药市场实际，抓住违法违规多发领域，开展制假售假案件稽查，累计出动药品执法人员1820人次，执法车辆456车次，立案查处63起案件，涉及无证经营、无证配制制剂、销售使用假劣药、超范围经营药品、非法渠道购药等违法行为，罚没金额38776元。其中，2010年查处2起药品生产经营案件，罚款总金额合计20000元，居历年查处案件之首。

二、治理药品医疗器械经营企业商业贿赂工作

2006年，治理药品、医疗器械经营企业商业贿赂专项工作，维护了昌江县药品、医疗器械生产经营的正常市场秩序，净化行风。深入各药品经营企业，扎实、细致、全面地进行调查摸底。摸清药品、医疗器械经营领域不正当交易行为的表现形式及其特点、容易发生的主要环节和重点岗位，深入分析原因，确定专项治理工作的重点。与各药品、医疗器械经营企业签订“昌江县药品医疗器械经营企业拒绝商业贿赂承诺书”。以书面承诺引导企业遵守医药流通环节的法规和商业道德，促进企业自律，诚信经营。实行联系点制度。每人与8~10家药品、医疗器械经营企业定点联系，做到谁主管、谁负责，加强药品医疗器械经营管理。每周抽取3个药品医疗器械经营企业进行检查，重点检查药品、医疗器械的购进渠道、购进记录和相关票据，着重挖掘药品、医疗器械经营企业及营销人员在推销药品医疗器械过程中，以各种名义给予医疗机构及工作人员、医务人员回扣、提成等财物的行为。通过一系列举措，药品医疗器械经营企业商业贿赂得到遏制。

第六章 物价管理

第一节 机 构

1991年，县物价局为正科级，隶属县政府。1995年9月，县机构改革，与县计划与统计局合并，为正科级独立核算单位，内设办公室、价格管理股等股室。2001年3月，县政府机构改革，县物价局归属县发展计划局管理，独立核算行政单位，内设股室不变。有县物价检查所，独立核算事业单位，所长由物价局一名副局长兼任。2008年，县物价检查所改为参公事业单位。2010年3月，县机构编制委员会印发《昌江黎族自治县物价检查所职能配置内设机构和人员编制规定》，由县发展和改革委员会管理，挂昌江黎族自治县价格举报中心牌子，内设机构有综合岗、监督检查岗2个，人员编制为行政编制8名。价格认证中心前身为“价格事务所”，1995年3月成立，编制3人，及后编制增至4人，属县物价局管理事业单位。2001年2月更名为价格认证中心。

第二节 价格调控与管理

1991—1992年，县价格管理执行国家价格宏观调控政策，遵循计划调节与市场调节相结合的方针，实行计划价、浮动价、集市贸易价并存的多种价格形式。1993年后，为贯彻中央、国务院关于加强宏观调控的意见，积极稳妥地推进物价改革，加快建立和完善新的价格形成机制和价格调控体系，昌江价格管理执行国家颁布的《价格违法行为行政处罚规定》《价格管理条例》《价格主管部门公告价格违法行为的规定》《制止牟取暴率的暂行规定》等法律、法规和国务院印发的《关于积极稳妥地推进物价改革抑制物价总水平过快上涨的通知》。

1997年，执行中共中央、国务院《关于治理向企业乱收费、乱罚款和各种摊派等问题的决定》和国家计委《关于治理乱收费减轻企业负担有关政策的意见的通知》，以及省政府办公厅印发的《关于冬季瓜菜流通环节收费管理有关问题的通知》，省物价局《关于取消医疗单位读卡器打印纸费和门诊费收据工本费的通知》，省物价局、省财政税务厅《关于取消和降低部分收费项目及标准的通知》《关于取消向乡镇企业收取23项收费项目的通知》等规定。

1998年5月1日起，实施《中华人民共和国价格法》，物价管理纳入法治轨道。按照上级的有关规定，昌江建立健全价格管理体制，在乌烈镇设立检查中心，开通12358价格举报电话，采取正常检查和突击检查相结合，切实维护市场价格秩序，在县城石碌设价格监督员，加强市场物价管理。

2000年始，执行财政部、国家发展改革委《关于公布取消第三批行政事业性收费项目的通知》《关于事业单位和社会团体有关收费管理问题的通知》等价格管理规定，全面实行政府定价、政府指导价、市场调节价，对钢材、水泥等重大材料在个别年份也采取干预措施。

2010年，受国内大环境影响，全县价格涨幅较快，形势较为严峻，特别是10月份遭遇强降雨灾害天气后，居民消费价格指数累计上涨幅度曾一度创历史新高。根据国务院《关于稳定消费价格总体水平保障群众基本生活的通知》和省政府《关于加强稳定物价工作保障群众基本生活的通知》要求，县物价局采取多项价格调控措施，取得良好成效。通过建立市场价格监测预警制度，加强对食品、副食品价格监测预警，重点对粮食、食用油、蔬菜等与群众生活密切相关的商品价格跟踪监测，发现市场价格异常变动，在第一时间向县政府和上级物价部门报告，及时采取相应措施平抑物价。年内，共上报各类价格监测报表12份，价格监测分析材料8份，为省物价局和县政府的价格决策提供重要的参考依据。同时，加大价格异常波动的干预力度，加强对液化气、水泥、化肥等市场巡查和监管。针对下半年水泥市场货紧价高，采取了政府临时干预措施，对水泥经销环节实行差价率控制不得超过10%。

1991—2010年，县物价局执行省物价局重新修订的《海南省管理定价的商品和收费目录》（以下简称《目录》），按照《目录》中规定的商品进行管理，主要有：农产品收购价格8个（国家规定价6个，国家指导价2个）、农产品销售价格9个（国家规定家5个，国家指导价4个）、工业消费品价格41个（类）『国家定价39个（类），国家指导价2个』、重工业生产资料价格29个（全部为国家定价）、营养性收费项目36个（类）和行政事业性收费。

第三节 收费管理

2003 年，为做好昌江县各行政事业单位收费管理工作，确保全县行政事业性的单位依法收费，县物价局建立了收费管理档案定期查验制度，全年办理行政事业性收费许可证 84 本，经营性收费许可证 6 本。对全县 7 个镇 18 间中小学校和 9 个基层民政单位的收费进行了检查，确实扭转农村价格收费的“三乱”（乱涨价、乱收费、乱摊派）现象，保持良好的收费秩序。

2004 年，共审查行政事业性收费单位 86 个，合格单位 80 个，有违纪行为单位 6 个，共审核换发国家计委、省物价局行政事业性收费许可证 81 本，经营性收费许可证 13 本。共查出价格违法金额 585833.94 元，其中没收上缴国库金额 44210.5 元，已退还用户金额 14161.4 元。对全县中小学校收费监督管理，严格执行“一费制”收费管理，保证全县教育事业健康发展。加强药品监督医疗服务价格检查，协助省物价局检查所查处 2 家县医院，查出违法收费 1 宗，违法金额 44210.5 元，没收 44210.5 元，进一步遏制了医疗机构乱收费行为。

2005 年，对行政事业性收费工作检查了 87 个单位，查出违纪金额 104621.82 元，没收上缴国库 55263.2 元，退还用户 33952.8 元。对全县学校两次大检查，接受群众教育收费投诉专项检查 6 次，共检查中小学校 99 所，查出强制收取的教辅材料费 11153 元和超标多收的信息技术费 1395 元，并勒命限期清退完毕。对医药卫生监督检查，查出 1 家违法收费，违法金额 32580.48 元，没收 32580.48 元。

2006 年，组织检查春秋两季全县中小学校入学是否按照省文件“两免”（免杂费、免书本费）政策，全县各学校无乱收费行为，“两免”政策得到落实。2007 年，共审查行政事业性收费单位 88 个，其中合格单位 83 个，有违纪行为单位 5 个。共审核、换发国家计委、省物价局行政事业性收费许可证 83 本，经营性收费许可证 18 本。共查出价格违法金额达 60 多万元，其中没收上缴国库金额 40 多万元，清退和处理 20 多万元。开展治理教育收费检查，共进行 2 次学校收费联合大检查，接受群众教育收费投诉 6 次专项检查，检查中小学校 17 所。开展药品价格和医疗服务收费检查，对县内 2 家大医院进行了检查，查出违法收费案件 1 宗，违法金额 10 多万元。

2008 年，审查财政事业性收费单位 86 个，经营性收费许可证 18 本，经核查未发现有违纪的行为。2009 年，审查财政事业性收费单位 65 个，经营性收费许可证 20 本，经核查未发现有违纪的行为。2010 年，审查财政事业性收费单位 65 个，全年核换收费许可证65套，取消不合理收费项目，切实落实好国家和省政府出台的各项清费减负措施和政策，减少社会负担。

第四节 价格监督检查

2003年，县物价局把价格垄断、牟取暴利、哄抬物价列为重点，对“非典”时期乱拱抬酸醋、碘盐、绿豆等价格的个体工商户进行打击，遏制了乱收费、乱涨价行为。2004年，对集贸市场、商品与服务行业进行监督检查，对不执行明码标价规定的当事人作出警告处罚，使明码标价覆盖率达到96.3%，有效防止价格欺诈，哄抬物价恶性竞争现象。

2005年，春节期间组织工作组检查了石碌地区的市场、药店、服装店、副食品店等的明码票标价，使明码标价覆盖率达到了96.3%。开展涉农收费专项检查，重点检查化肥、种子、农药等农资生产经营者，纠正10家化肥经营者不按规范明码标价行为和不执行政府指导价或突破最高零售价行为。

2006年，对通信行业价格欺诈行为进行检查，3家通信公司有2家未使用合格的标价签进行明码标价，被要求限时整改。对化肥价格进行专项检查，检查发现县生产资料公司门市部未按规定实行明码标价，责令其整改，并要求其按《海南省发展与改革厅关于继续加强农资价格监管的通知》文件规定执行。

2007年，开展春节期间价格监督检查，要求县汽车站在经营场所和售票处的醒目位置设立价格公示牌，便于群众明确票价和监督，防止春运票价反弹。加强集贸市场价格监督和商品与服务行业的明码标价执行情况检查，使明码标价覆盖率达到了97.3%，让消费者明明白白消费，有效防止价格欺诈行为，为春节创造良好的价格环境。积极落实国家对涉农物资价格管理，先后对全县化肥、种子、农药等农资价格各项监管，纠正10家化肥经营者不规范明码标价行为和不执行政府指导价或最高零售限价行为。

2008年，组成市场价格监测和巡查小组，在全县范围内开展了3次价格专项检查，检查液化气经营企业2家，水泥企业2家，农贸市场3家，超市（商店）14家。加大“清费、治乱、减负”工作力度，以中小学教育收费、涉农价格和收费等为重点，开展涉农价格和收费检查，减轻农民负担，增加农民收入，完善农村价格监督网络；对县城4家较大超市进行奶粉价格检查，未发现乱涨价行为；与纠风办开展对邮政电信资费、化肥、医疗服务和药品价格检查，纠正了在资费公示和其他商品明码标价方面存在的问题。2009年，县物价局组成了市场价格监测和巡查小组，在全县范围内共开展了4次专项检查，检查液化气经营企业 2 家，水泥企业 2 家，农贸市场 3 农，超市（商店）14 家。

2010 年，开展物价检查工作，遏制价格违法行为。全年共受理价格违法案件 7 宗，经济制裁 11.46 万元，其中已退还给消费者 3.62 万元，没收和罚没 7.84 万元，上缴国库 3.14 万元。加大农贸市场明码标价整治力度，在县城 11 家大小超市和 3 家农贸市场开展创建规范达标标价超市活动，设计并制作了各类商品标价的标价牌和软黑板，动员和指导市场经营者共同做好农贸市场明码标价常态化管理，不断规范农贸市场明码标价行为，为群众的“菜篮子”提供一个良好、有序、透明的价格环境。

1991—2010 年，随着价格改革逐步全面铺开，国家定价的商品范围越来越小，指导价和市场调节价的比重逐步扩大，物价检查工作也随着法律、法规的健全，逐步走向法制化轨道。县物价局执行《中华人民共和国价格法》《中华人民共和国价格管理条例》等相关规定，设立价格举报电话和价格举报箱，接访群众来信来访。按照法规、规章，制订一系列具体措施，建立健全各项严格的工作制度，在县城石碌中心市场、第一市场、第三市场设立价格监督员，在其他乡（镇）也设立监测点，形成县、乡价格管理网。每年根据国务院关于安排好元旦、春节期间市场供应，稳定市场物价的通知精神，对县内各商场、市场进行价格检查，确保市场稳定。

第五节　价格服务

一、价格鉴证

1991 年以来，县物价局按职责开展物价工作。2003 年，县物价局以“开展优质行政服务为载体，树立物价干部，勤政为民，高效廉洁”的行为风气，开展价格评估服务工作，全年为公检法等部门评估 140 多宗涉案物品。

2004 年，全年为昌江公检法评估涉案物品 135 宗，涉案金额 100 多万元。2005 年，配合公检法机关公正评估 169 宗，评估金额 300 多万元。

2006 年，受公检法的委托，评估涉案物品 65 宗，涉案金额 80 多万元。2007 年，受执法部门的委托共评估涉案物品 170 宗，涉案金额 390 万元。2008 年，充分发挥价格职能作用，积极协助县公、检、法等部门做好涉案物品财产价格及各种罚没物品的价格评估，全年受公检、法（含红林公安分局、霸王岭公安分局）及群众委托，涉案物品财产评估 386 宗，金额 1580 万元。2009 年，涉案物品财产评估 395 宗，金额 1680 万元。2010 年，全年共受理价格鉴证 450 宗，涉案金额近 900 多万元。

二、价格投诉管理

1998年，县物价局开通“12358”价格举报电话，受理价格举报和投诉。

2004年，在省物价局以及上级部门的直接指导下，加强价格服务工作，成立县物价局优质行动服务活动领导小组，从组织机构上确保优质行政服务活动有组织地开展，以“12358”热线为主线，积极开展物价便民咨询问答，对来电来访做到“有问必答，有疑必解，限时回复”，努力为广大老百姓提供优质服务。

2006年，抓好价格举报处理工作，年内接到价格举报案件10宗，其中1宗为镇小学扩大范围收取一、二年级信息技术费，已责令其清退金额14860元，1宗为工商部门多收三轮摩托车营运证、个体户开业登记等费用，责令清退金额33826元。

2007年，发挥“12358”电话价格举报的职能作用，受理价格举报涉到教育、药品、液化气等行业都及时化解各方价格矛盾，维护群众的切身利益。

2010年，加强价格法律法规和政策宣传工作，春节前与县工商局、商贸局联合举办“规范价格行为、保障诚实信用”政策宣讲活动。充分利用“12358”价格宣传周、“5·13”价格维权日等时机，通过现场答疑、受理投诉等各种形式开展价格政策宣传及咨询活动，强化广大消费者的维权意识，正确引导消费者的市场心理预期。以“12358”“12345”网络平台为依托，实行举报与检查联动，畅通群众诉求渠道。全年累计受理群众投诉件0件，查阅率、办结率达100%，积极化解价格矛盾，及时消除各种价格隐患。

三、价格听证

2006年6月30日，根据2006年全省物价和水价调整工作会议精神，召开全县水价调整听证会，县委办、县人大办等7个部门和群众代表共40人参加听证会，并将水价调整方案报省发改厅物价局审批。

2008年9月25日，积极贯彻落实《海南省城镇污水处理费征收使用管理办法》，依照《政府价格决策听证暂行办法》，对县水务局提交的《关于要求核定石碌地区污水处理费的请示》，召开了听证会并将有关听证会的纪要报给县政府。

2010年，根据县自来水厂、污水处理厂和垃圾处理厂的建设、经营及发展需要，着力抓好三项价格调整和价格改革：一是调整石碌地区自来水价格。在对石碌地区自来水运营成本进行核算的基础上，召开水价调整听证会，根据相关政策依据，参照海南省同行收费标准的平均水平，结合昌江地区经济社会发展实际，形成水价调整方案，并上报省物价局批准执行。调整后水价为，居民生活、行政事业用水价格由原来的1.18元/吨，调为1.50元/吨；工业用水价格由原来的1.48元/吨调为1.80元/吨；经营服务（第三产业）用水价格由原来的2.08元吨调为2.40元/吨；特种行业用水价格由原来的2.28

元 / 吨调为 2.70 元 / 吨。为自来水厂的正常生产经营和供水安全创造了条件。二是开征城镇污水处理费。根据《海南省城镇生活污水处理费征收使用管理办法》，依法开征城镇城污水处理费。污水处理费采取托委自来水公司随同自来水费同步征收的收取，收费标准为，石碌镇最低生活保障对象凭“城市居民最低生活保障金领取证”按 0.40 元 / 吨征收，“五保”户免征城镇污水处理费。居民用水按 0.60 元 / 吨征收，其他用户按 0.90 元 / 吨征收。10 月 30 日，全县共征收城镇污水处理费 417 万元，占应收污水处理费 711 万元的 58.6%。三是开征城镇生活垃圾处理费。根据《海南省城镇生活垃圾处理费征收使用管理办法》，县物价局完成了生活垃圾处理成本调查，召开了相关生活垃圾处理费征收标准听证会，形成了昌江城镇生活垃圾处理费征收方案上报省物价局审批。同时，对涉及保障性住房建设的经营服务性收费实行了优惠办法，按国家和省价格主管部门规定收费标准的 50% 收取，促进昌江县保障性住房的建设。

第七章 工商行政管理

第一节 机 构

1991年，县工商行政管理局内设人事、市场管理、财务、合同、商标广告、企业监管、个体私营、经济检查、审计等10个股，下设13个基层工商所。1993年6月，根据县委创办经济实体的要求增设经贸总公司。1994年8月，增设法制室、监察室、稽查队，共有干部职工144人。1995年，局下设办公室（人秘股），财会管理股，企业、个体登记管理股（含企业登记管理股和个体私营登记管理股），市场监督管理股，经济合同、商标广告股（含经济合同管理股、商标广告股），经济检查、法制管理股（含经济检查管理股、法制管理股）。1996年，县工商局下设12个工商所、6个股室、2个协会。2000年，县工商局实行垂直管理，内设13个股、室、队和1个总公司。

2002年10月，县工商局体制改革工作全面结束，完成工商系统超编人员和财产清理工作，县工商局共有在职人员116人，分流人员87人。2003年，县工商局内设办公室，财会管理股，企业个体登记管理股，市场监督管理股，经济合同、商标广告股（含经济合同管理股、商标广告股），经济检查、法制管理股（含经济检查管理股、法制管理股），“12315”消费者投诉举报指挥中心。在职干部116人，党员50名，设6个党支部。

2010年，县工商局内设办公室、人事教育监察股、法制股、市场规范管理股、企业登记管理股，实有干部职工114人。下辖石南所、石碌所、石北所、十月田所、乌烈所、昌化所、海尾所、叉河所、七叉所9个基层工商所。

第二节　工商管理体制改革

1999年，贯彻执行党中央、国务院关于对现行工商行政管理体制改革，即省级以下工商行政管理机关实行垂直管理。在省工商局党组、昌江县委、县政府的领导和省体改工作小组精心指导帮助下，县工商局11月底顺利完成了人、财、物的交接工作。

2002年，在省局党组和昌江县工商体改领导小组领导下，在县委、县政府支持下，县工商局按照昌江县工商体改领导小组部署和要求，围绕保持队伍稳定和促进经济发展的主线，抓好工商体改工作，有效地促进了各项工作的开展。昌江工商系统体改前，共有干部职工222人，其中在职人员203人，退休人员19人。8月底，昌江工商系统超编人员和财产清理工作顺利完成。体改结束后，工商局共有在职人员116人，分流人员87人。其中分流市场物业中心50人，解除劳动合同1人，退休24人，提前离岗、退休12人。移交集贸市场15个，移交市场债务201.4万元。

第三节　注册登记管理

1991—1993年，县工商局以服务地方经济为宗旨，规范企业登记管理工作，建立企业档案制度，引导、帮助个体私营经济稳步发展。全县各类企业登记发展到671户，注册资金22238万元。个体工商户发展到1763户，从业人员2792人，私营企业发展到24户，从业人员2770人。

1994年起，县工商局贯彻《中华人民共和国公司法》，深化和完善企业法人直接登记制度，加强对企业的监督管理，促进企业的稳步发展，同年全县登记注册各类企业701户，其中国有企业525户，集体企业176户，注册资本22538万元。同时，通过下发《关于加强个体私营经济步伐的补充规定》，个体私营经济突飞猛进，同年全县个体工商户发展到1868户，从业2817人，私营企业发展到25户，从业2781人。

2002年，贯彻《中华人民共和国公司法》《海南经济特区企业法人登记管理办法》等法律法规的规定，实行“三制”，简化手续，只要当天能办理的事项不推不拖，对新登记公司、新开企业、从业人员资格、注册资本、生产经营场所严格把关，杜绝“三无”企业入场。加强日常监管和年检，对虚假出资、抽资出逃等违法企业坚决依法查处。同年全县登记注册902户，注册资本55179万元，办理企业变更登记78户。同时，通过鼓励下岗工人积极加入个体经营行列，上门为偏远地区的乡村从事个体经营者提供申办营业执照服务等措施，促进个体私营经济快速发展。同年全县个体工商户发展到2716户，从业人员4320人，私营企业发展到154户，从业人员4035人，为下岗工人再就业办理注册登记36户，免收工商管理费12.9万元。

2003年，县工商局严格依照有关法律、法规的规定，将热情服务和依法行政有机结合起来，简化登记注册程序，缩短审批办理时限，手续齐全的在三个工作日内办理完毕；不齐全的，一次性告知，做到不拖、不卡、不压。全年共登记各类企业847户，注册资本53549万元，新登记注册企业17户，注册资本5525万元，同比减少41.4%。同时，根据《海南省工商行政管理局关于清理企业档案、规范市场主体的通知》精神，对全县企业档案及虚假出资等进行清理，共清理两年来未年检企业152户，通过法律程序给予公告和吊销听证，作吊销处理125户，共罚款500元。全年参加年检各类企业有468户，查处违章企业8户，共罚款23500元，净化了全县市场主体，维护了经济秩序。全年共登记个体工商户3076户，从业人数4750人，注册资本1507万元（其中私营企业192户，新增22户，从业人员788人，注册资本336万元，同比减少49%)。

2009年，县工商局围绕地方经济发展的中心工作，克服国际金融危机带来的不利影响，通过制定《关于支持服务企业发展、规范管理行为工作方案》，从服务企业主体准入、规范经营行为两个方面出台了服务发展18条措施，有效解决了企业的实际困难，帮助企业应对化解金融危机带来的不利影响，平稳渡过难关。截至11月底，全县累计各类企业853户、个体户5069户、农民专业合作社34户，注册资本总计1492538.34万元。其中，新增各类企业75户、个体户591户、农民专业合作社25户，累计新增注册资本13070.25万元。

2010年，全县累计各类企业919户，个体户4664户，农民专业合作社50户，注册资本总计33.8亿元。

1993—2010年昌江县工商企业登记情况表

表13-7-1

年份	户数	资金（万元）	年份	户数	资金（万元）
1993	671	22238	1997	766	45104
1994	701	22538	1998	797	55179
1995	728	22268	1999	818	53549
1996	754	33680	2000	867	65266

表 13-7-1 续 1

年份	户数	资金（万元）	年份	户数	资金（万元）
2001	883	11556	2006	626	16948
2002	902	55179	2007	1245	164493
2003	847	53549	2008	669	70493
2004	1007	65266	2009	690	30784
2005	857	11556	2010	682	146913

第四节　经济合同管理

1994 年，县工商局推行合同鉴证，制订并印发《昌江县经济合同鉴证办法》，在全县开始实施。合同鉴证工作重点放在建筑、农贸、化肥、种子、房产租赁、畜牧交易等行业。1996 年，县工商局探索合同备案、抵押登记、行政调解等新的监管办法，提高企业合同履约率和企业信誉。全年鉴证经济合同 2 份，鉴证总额 40 万元，动产抵押 1 户，抵押金额 100 万元。在日常监督检查中，查处欺诈合同 10 户。

1997 年，鉴证经济合同 3 份，鉴证总额 50 万元，企业动产 1 份，注册资金 100 万元，鉴证合同的履约率 100%，为企业从计划经济走向市场经济创造良好的市场经济秩序。1998 年，鉴证合同 11 件，鉴证金额 100 万元，为企业办理动产抵押登记 10 件，抵押金额 33180 万元。1999 年，鉴证合同 4 件，动产抵押 4 件，变更抵押 1 件。

2001 年，随着经济体制改革深化发展，市场经济贸易日益繁荣，签订经济合同数量大幅度提高。合同签订种类和方式增多，推行的种类有购销合同、建设工程承包合同、加工承揽合同、物资运输合同、信贷合同、财产保险合同、科技协作合同及各类型合同共 10 多种。全年共办理动产抵押变更登记 5 件，登记借款合同 5 份，鉴证金额共 320 万元。

2002 年，办理动产抵押物变更登记、办理延期手续各 1 件，签证借款合同 2 份，签证金额 342 万元。2004 年，办理动产抵押登记 3 件，同比增长 66.7%，抵押物总金额 1357 万元，同比增长 11.6%。2005 年，办理动产抵押物登记 3 件。2006 年，全年办理动产抵押登记 3 件。

第五节 商标广告管理

1991年，县工商局下设商标、广告管理股，具体负责全县企业商标和广告经营活动监督检查，配备人员3名。1994年查获冒牌商标标识1000张。1996年，县工商局充分发挥商标、广告的管理工作，规范户外广告牌。全县注册登记广告1户，在日常监督检查中，销毁户外广告25块，罚款8500元。

1997年，县工商局积极帮助企业申请商标注册，争创名优商标。全县拥有注册商标14件，其中海南农垦水泥厂的飞鹿牌、叉河水泥厂的椰树牌商标2件，被评为首届海南著名商标。同时，重视保护注册商标专用权，查处假冒商标侵权案5起，罚款2100元。

1998年，清理不规范的有碍精神文明的户外广告、牌匾67块，查处违法广告案件2起，罚款1000元，查处商标违法案件1起，罚款6000元。1999年，办理广告业务1户，户外广告登记18户，查处违法广告10户，罚款1000元，没收销毁违法广告2000张。

2000年，查处违法印刷商标标识企业1户，无证经营4户，罚款5000元，没收假冒商标标识企业1户，无证经营4户，罚款5000元，没收假冒商标标识6大包，广告宣传资料8760张，户外广告牌2块。2001年，办理广告经营许可证2户，查处商标侵权案件3宗，违法广告经营户35户，罚款2000元，没收违法广告印刷品1000份，销毁侵权商标标识208张。2002年，受理户外广告注册登记210户，审批发布户外广告宣传横幅226条，办理印刷品广告136户1.4万份，没收违法制作广告1600张，查处违法制作户外广告牌15户。

2004年，查处销售侵权商标商品2户，没收销毁侵权标识1005张，查处违规发布广告经营户3家，没收违法广告印制品1000份，受理户外广告登记105件，引导“石鹿”牌水泥商标申请省著名商标获得认定。2005年，商标注册1件，著名商标认定1件。2006年，商标注册到户引导15户，著名商标认定1件。

2009年，共引导农业种养企业和经营户申请注册商标12件，全县注册商标总数44件，其中，农产品商标8件，著名商标1件。

2010年，县工商局大力加强对注册商标的保护力度，严厉查处各种商标侵权违法行为，共查处商标案件3宗，罚没款5万元。为维护广告市场秩序，进一步提升昌江良好城市形象，县工商局在全县范围内开展户外广告整治，共查处违法发布户外广告案件14宗，罚没款5000元。

第六节 集贸市场建设

1991—1992年，全县市场建设以工商部门为主导，以独立投资建设为主。一般为平顶简易钢筋水泥混凝土结构。较大的集贸市场有石碌第一市场（石南）、石碌第二市场。1993年，在县委、县政府的领导下，县工商局新建了海尾、七差集贸市场。全县13个主要集贸市场成交活跃，商品繁荣，成交额达1.45亿元，突破年初确定的1亿元目标。

1995年起，为加快推进农贸市场建设，开始实行招商引资，以独资、合资、合作等多种方式参与市场建设。通过招商引资，海南财泉物业发展有限公司于年初投资建设石碌第二市场。昌化供销社投资30万元建设昌化市场。县政府同意解决了海尾市场的用地，投资5万元扩建维修保平、叉河、南罗集贸市场的排水、摊位设施。

1996年，市场建设迈出新步伐，石碌第二市场正式启用，全县16个集贸市场年成交额1.6亿元。

1998年，县工商局立足地方经济，培育发展市场体系，活跃商品流通。投资37.5万元，新建、扩建、修缮乌烈、峨港、南罗、七差、石南、叉河农贸市场。招商引资兴建太坡冬季瓜菜批发市场、芒果批发市场和石碌镇农副产品批发市场，建筑总面积3290平方米。

1999年后，县工商局实行省级垂直管理，市场主体建设不再列入其职能范围，市场建设重点转向内在硬件和软件建设及市场监督管理。

第七节 市场监督管理

1991—1992年，县工商局以服务地方经济为宗旨，树立管理和服务并举理念，立足搞活商品流通，依据国家法律法规和政策规定，查处经销假冒伪劣商品、短斤欠两、欺行霸市、哄抬物价等违法行为，维护市场经济秩序。查处假冒案件103宗，上缴财政罚款4万元，查获走私香烟1127条，走私手表250个，假酒589瓶，劣质化肥磷肥10吨，各类食品1587件，价值20万元。1993年，查处制售假冒伪劣案件135起，其中大要案3起，罚款3万元，查获走私香烟258条，手表125个，录音机85个，各类食品1257件。

1994年，县工商局贯彻《中华人民共和国反不正当竞争法》《中华人民共和国消费者权益保护法》以及有关法律法规，积极组织开展打假查假专项治理，查处违法违章案件90起，罚款2.5万元，查获走私摩托车1辆，假劣煤油5吨，假冒劣质酒158件，劣质水泥5吨，劣质电器56台，假红塔山烟117条，变质食品饮料4512件，假劣农药10瓶，注水猪肉、羊肉52.5千克，违法总价值25万元。1995年，查获和销毁假冒伪劣烟、酒、饮料、食品、日用品等13250件，价值3.5万元，共查处违法违章案件77起，罚款1.7万元。

1996年，县工商局制定优惠政策培育市场发展，狠抓市场环境整治，对扰乱市场秩序“菜霸”“市霸”坚决予以打击，对“三乱”现象坚持予以制止，实行划行归市，各集贸市场设立咨询服务台、公平秤，提高市场文明规范，石碌镇石南市场被评为1995、1996年度省级文明市场的称号。全年立案查处各类案件120宗，铲除制假窝点3个，查处注水肉及假劣烟酒饮品价值9.35万元，没收无证经营烟花爆竹125箱。另外，配合商检、粮食、技术监督、卫生、文化等部门，开展粮食、化肥、农资、食盐、药品物价和文化市场的整顿，查扣假农药18箱，化肥26.7吨，种子1735千克，药品43种。

1998年，县工商局加大监管力度，查处各类经济违法违章案件125起，罚款3.2万元，查获各类假冒伪劣商品50多种，走私香烟98条，价值8.52万元。1999年，查处违法违章案件131起，罚没款6万元，没收烟、酒、饮料、食品、日用品等6449件，查获假冒化肥、伪劣种子7220千克，非碘盐2600千克，假药品362盒，不符合卫生标准卫生巾3箱，劣质化妆品300瓶，总价值19.5万元。贯彻落实国务院《粮食收购条例》，查处不法粮食案件13起，罚款4278元，没收粮食5200千克。

2000年，县工商局开展整顿市场秩序工作，查处违法违章案件162起，罚款7.34万元，查获“三无”商品饮料5035件，酒163瓶，香烟110条，假农药78瓶，高剧毒农药67瓶，假种子4.9吨，大米2361千克，非碘盐55.7千克，洗发液28瓶，色情刊物9本，盗版录像带、光盘1316张，总价值21.5万元。

2001年，县工商局以“两整顿”工作和“联合打假”行动为主线，开展各项专项整治工作，查处违法违章案件145起，罚款6.45万元，查获假饮料6005瓶，食品767千克，酒73瓶，香烟957条，药品325盒，成品油20吨，注水肉类45千克，粗盐25千克，摩托车配件180件，润滑油2025千克，色情刊物69本，盗版录像带、光盘1636张，化妆品63瓶，假冒“鹿回头”香皂122箱，总价值38.3万元。

2003年，县工商局通过日常监管和专项整治，共查处各类违法违章案件241宗，罚款8.4万元，全年各专项检查共出动人数1650人次，车辆520架次，开展各种学习培训活动20次，参加人员928人次。检查各类食品饮料批零商店429户，没收伪劣和“三无”食品420千克，饮料46瓶，查处违法违章82宗，罚款3万元，没收盗版及色情影碟247块，黄色书刊57本，查处农资市场违章经营户4户，没收高剧毒和变质失效农药50千克，查处非法生产加工销售毒鼠药共966包，毒剂4180支。

2007年，县工商局加大食品安全监管力度，完成“一个彻底，两个百分之百”的工作目标。全年排查各类市场主体3090户，全县食品经营户全部按照有关规定建立索证票制度。同时，做好经营者自律，建立不合格食品下架、召回、公示制度，基层工商所与14个市场开办者签订协议书14份。

2009年，县工商局开展农贸市场环境卫生整治工作，建立市场环境卫生管理长效机制，县工商局与各工商所签订卫生责任状，各工商所与市场管理者、市场管理者与经营户层层签订卫生责任状，并要求摊主定时清理本摊位的垃圾，辖区工商所每天派人巡查。在农贸市场环境卫生整治工作中，全局共出动卫生巡查人员860人次，检查全县各大小农贸市场11个，检查农贸市场内经营户645户次，下达卫生责令整改通知书89份，取缔无照经营户8户。

2010年，县工商局加强日常监管和行政执法工作力度，维护县市场经济秩序健康发展，共查处各类违法违章案件446宗，罚款58.75万元，没收非法所得3.56万元。

1993—2010年昌江县查处经济案件情况表

表13-7-2

年份	查处案件（件）	罚款（万元）	年份	查处案件（件）	罚款（万元）
1993	135	3	2002	175	8.51
1994	90	2.5	2003	241	8.4
1995	77	1.7	2004	939	22.5
1996	120	—	2005	352	—
1997	106	5.8	2006	441	32.9
1998	125	3.2	2007	438	2.5
1999	131	6	2008	494	29.97
2000	162	7.34	2009	649	66.8
2001	145	6.45	2010	446	58.75

第八节 消费维权

1994年6月，县消费者委员会成立，成员由县工商局、县人民法院、县总工会、县卫生局等单位组成。办公地点设在县工商局。全县有12个乡（镇）先后成立基层分会，办公地点设在所在乡（镇）工商所内。至1996年，各级消费者委员会贯彻落实《中华人民共和国反不正当竞争法》《中华人民共和国消费者权益保护法》，并利用每年纪念国际“3·15”国际消费者权益日活动，组织工商、技监、环保、医药、卫生、烟草专卖等部门，在县城石碌及叉河镇、十月田镇、乌烈镇、昌化镇、海尾镇等地举办宣传咨询活动，参加群众共计3万人。

2008年，在“3·15”国际消费者权益日到来之际，县工商局在全县范围内积极开展以“消费与责任”为主题、以打假维权和宣传咨询服务为主要内容的纪念活动。联合有关职能部门，深入乡村、企业、社区、学校广泛宣传《中华人民共和国消费权益保护法》，设立咨询点现场解答消费疑难问题。同时，还充分利用“3·15”期间开展的各项工作为契机，做好“12315”的“五进”工作。同年，全县所有的乡（镇）、村（居）委会和学校都已建立起消费者维权联络站（点），方便了消费者投诉举报。截至11月底，共受理消费者投诉149宗，调解成功139宗，成功率93%，为消费者挽回经济损失46294.4元，接待来访和咨询156人次，切实维护消费者的合法权益。

2010年，县工商局以海南国际旅游岛建设旅游市场环境综合整治工作为重点，加强对各种欺客宰客行为的打击力度，依法受理消费者申诉举报、调解消费纠纷、查处侵害消费者权益和制售假冒伪劣商品等违法行为。9月22号，《海南日报》和《南国都市报》同时刊登文章《昌江工商调解蕉农获赔7500元》，介绍县工商局为受害蕉农维权的情况。全年共受理消费者申诉举报68宗，已调解成功68宗，调解成功率为100%，为消费者挽回直接经济损失21428元，增加赔偿7550元。

1997—2010年昌江县消费者投诉案件情况表

表13-7-3

年份	投诉案件（件）	挽回经济损失（万元）	年份	投诉案件（件）	挽回经济损失（万元）
1997	123	21	2004	45	2.4
1998	46	2.47	2005	37	3.66
1999	71	15	2006	26	1.8
2000	103	21	2007	81	11.6
2001	40	5.01	2008	149	4.63
2002	145	19.5	2009	146	8.8
2003	43	2.1	2010	68	2.14

第十四编
中国共产党昌江县组织

第一章 组织机构

第一节 中共昌江县委员会及常务委员会

一、中共昌江县委员会

1991—2010年，中共昌江黎族自治县委员会由党代表大会选举产生，第六届至第十届县委员会，131人次先后当选为中共昌江黎族自治县委员会委员、候补委员。在县党代会闭会期间执行中央及省委的指示和县党代会的决议，领导全县工作，定期向省和县党代表大会报告工作。

二、县委常委会

1991—2010年，中共昌江黎族自治县委及其常委会经历第六届代表大会至第十届代表大会分别于1990年5月12日、1993年4月12日、1998年3月9日、2003年3月25日、2006年12月31日召开。经县委全体委员先后选举产生县委常委34人，任期与县委相同，在全体会议闭幕期间，县委常委会行使县委职权，实行集体领导和分工负责制。重大问题由县委常委会议研究决定。其间，因工作调动或工作需要，多人被中共海南省委调任增补为常委或卸任常委职务。

常委会会议可随时召开，议题和时间由书记确定。主要内容是落实上级政策、精神，研究经济发展，组织人事，阶段性中心工作，理论学习等。提请常委会决定的事项，必须有半数以上常委会成员到会。讨论干部问题时，应有三分之二以上成员到会。常委会决定重要事项，坚持少数服从多数的原则，必要时采取投票表决的方式。

第二节　工作机构

1991 年，中共昌江黎族自治县委机构设有：组织部、宣传部、统战部、县委办公室、机要科、保密局、信访办、体制改革研究室、政法委、党校、老干局、党史研究室、精神文明建设指导委员会及其办公室（简称“精神文明委”“文明办”）、社会治安综合治理委员会及其办公室（简称“综治委”“综治办”）、直属机关工委、县委办接待事务科等 16 个部委办工作机构。

1995 年 11 月，党政机构改革，机要科、保密局、体制改革研究室（政策研究室）并入县委办公室，成为办公室内设机构（副科级）。同时，机要科、保密局更名为机要室、保密室。直属机关工委更名为县直机关与企事业工作委员会。

2001 年 3 月，机构改革，撤销政策研究室，机要室、保密室更名为机要局、保密局，仍为县委办公室的副科级内设机构。县直机关与企事业工作委员会改名为县直属单位工作委员会。2007 年 8 月，县委办接待事务科并入县政府新成立的县机关事务局。11 月，县委机关办公地点从石碌镇东风路迁至昌江大道东侧县机关行政办公大楼办公。2010 年接待科更名为县接待办。同年 4 月县委督查室升格为副科级单位。

至 2010 年年底，中共昌江县委机构设有：组织部、宣传部、统战部、县委办公室、机要局、保密局、信访办、督查室、政法委、党校、老干局、党史研究室、精神文明办、综治办、县直属单位委员会 15 个。

第二章　中共昌江县代表大会

第一节　代表产生

一、县级党代表产生

中国共产党昌江黎族自治县代表大会的代表名额和选举办法，按照《中国共产党章程》《中国共产党地方组织选举工作条例》的规定，由中共昌江县委决定并报上一级党委批准后实行。全县按照乡（镇）和战线划分为若干个选举单位，各级党组织根据本选举单位所分配的名额、代表类别等条件提出候选人名单，先在党内酝酿协商和广泛征求意见后，分别召开党代表大会、党代表会议或党员大会进行差额选举出席会议的代表，报大会代表资格审查委员会进行审查。

第六次党代表大会，经26个基层党组织选出242名代表，具有先进性和广泛性。经代表资格审查委员会审查，决定取消2名代表资格。代表中，各级领导干部代表127名，占代表总数52.47%；各条战线先进人物代表87名，占代表总数35.95%；妇女代表29名，占代表总数11.9%；少数民族代表90名，占代表总数37.19%；各类专业技术人员代表27名，占代表总数11.98%；解放军、武警部队代表4名，占代表总数1.65%。

第七次党代表大会，经26个基层党组织选出的269名代表，具有先进性和广泛性。代表中，各级领导干部代表149名，占代表总数55.39%；各条战线先进人物代表78名，占代表总数28.99%；妇女代表33名，占代表总数12.26%；少数民族代表99名，占代表总数36.80%；各类专业技术人员代表37名，占代表总数13.75%；解放军、武警部队代表5名，占代表总数1.85%；农民代表85名，占代表总数31.59%；农垦系统代表15名，占代表总数5.57%。代表中，大专以上文化程度98名，中专文化（含高中）87名，初中（含初中以下）84名。其中，35岁以下28名，36~45岁117名，46岁以上124名。

第八次党代表大会，经29个基层党组织选出的228名代表，具有先进性和广泛性。代表中，各级领导干部代表136名，占代表总数59.4%；各条战线先进人物代表53名，占代表总数23.4%；妇女代表33名，占代表总数14.47%；少数民族代表86名，占代表总数37.71%；各类专业技术人员代表34名，占代表总数14.91%；解放军、武警部队代表5名，占代表总数2.19%。代表中大专以上文化程度113名，占代表49.56%。年龄45岁以下（含45岁）的153名，占代表67.10%。

第九次党代表大会，经29个基层党组织选出的228名代表，具有先进性和广泛性。代表中，各级领导干部代表136名，占代表总数59.64%；各条战线先进人物代表49名，占代表总数21.49%；妇女代表33名，占代表总数14.47%；少数民族代表88名，占代表总数38.59%；各类专业技术人员代表39名，占代表总数17.1%；解放军、武警部队代表4名，占代表总数1.75%。代表中大专以上文化程度116名，占代表50.87%。年龄45岁以下（含45岁）的139名，占代表60.96%。

第十次党代表大会，经16个基层党组织选出的230名代表，具有先进性和广泛性。代表中，各级领导干部代表131名，占代表总数56.95%；各条战线先进人物代表47名，占代表总数20.43%；妇女代表28名，占代表总数12.17%；少数民族代表88名，占代表总数38.26%；各类专业技术人员代表47名，占代表总数20.4%；解放军、武警部队代表5名，占代表总数2.17%。代表中大专以上文化程度171名，占代表74.34%。年龄45岁以下（含45岁）的161名，占代表70%。

二、出席省级以上代表

1991—2010年，昌江黎族自治县出席中共海南省第二次、第三次、第四次、第五次代表大会的代表共有36人。

1993年6月19日，召开中共昌江黎族自治县第七次代表大会，会议选举昌江黎族自治县出席中共海南省第二次代表大会代表8名。其中，女党员1名，占12.5%；少数民族党员3名，占37.5%。

1997年12月30日，召开中共昌江黎族自治县第八次代表大会，会议选举昌江黎族自治县出席中共海南省第三次代表大会代表8名（其中省级身份的党代表3名）。代表中，女党员2名，占25%；少数民族党员2名，占25%；50岁以下党员6名，占75%。

2002年3月6日，召开中共昌江黎族自治县第九次代表大会，会议选举昌江黎族自治县出席中共海南省第四次代表大会代表9名。代表中，女党员4名，占44.44%；少数民族党员4名，占44.44%。选举出席中共十六大代表1名。

2007年1月12日，召开中共昌江黎族自治县第十次代表大会，会议选举昌江黎族自治县出席中共海南省第五次代表大会代表 11 名。代表中，女党员 2 名，占 18.18%；少数民族党员 3 名，占 27.27%；50 岁以下的党员代表 10 名，占 90.90%。

第二节 历届代表大会

一、中共昌江黎族自治县第六次代表大会

1990 年 5 月 11 日在石碌召开，出席会议代表 240 名。符炳信致开幕词，黄锋作《坚持基本路线，密切联系群众，把我县社会主义建设事业不断推向前进》的工作报告。报告回顾了中共昌江黎族自治县第五次党代会后三年的工作成绩和基本经验，提出之后三年的工作任务：切实加强党的建设，增加党的凝聚力和战斗力；深入开展廉政建设，树立勤俭、务实、高效、谦虚的工作风尚；坚持以开放促开发的方针，用政策，打基础，抓落实，加快全县的开发建设；加强领导，多办实事，把全县精神文明建设提高到一个新的水平。刘南雄代表中共昌江黎族自治县纪律检查委员会作工作报告。

大会审议通过《关于中国共产党昌江黎族自治县委员会工作报告的决议》和《关于中国共产党昌江黎族自治县纪律检查委员会工作报告的决议》。选举产生中共昌江黎族自治县第六届委员会，由 20 名委员和 2 名候补委员组成；选举产生由 6 名委员组成的中共昌江县纪律检查委员会。中共昌江黎族自治县第六届委员会第一次会议选举黄锋为书记，符炳信、韦立平为副书记。符炳信（黎族）、韦立平（黎族）、李恩杰、王载雄（黎族）、韦允文、刘益忠（黎族）、蔡尔驳、杨先乙、梁海大、朱清敏、陈大勇（黎族）、李文安（苗族）为常务委员会委员。中共昌江县纪律检查委员会第一次会议选举刘南雄为书记，周经浩为副书记。

二、中共昌江黎族自治县第七次代表大会

1993 年 4 月 12 日在石碌召开，出席大会代表 269 名。梁海大致开幕词，符炳信作《齐心协力，真抓实干，为实现新的发展目标而奋斗》的工作报告。报告回顾了中共昌江黎族自治县第六次党代会后的工作，提出之后五年内的奋斗目标：以党的十四大精神为指导，贯彻省委一届八次全会和省一届人大一次会议精神，紧紧围绕经济建设这个中心，加快经济建设速度，力争到 1997 年全县基本实现小康。第一步，到 1995 年，完成和超额完成“八五”计划，全面实现脱贫；第二步，到 1997 年，人均国内生产总值达 2400 元，人均年收入 1400 元，其他各项指标基本上达到小康水平的标准。刘南雄代表中共昌江县纪律检查委员会作工作报告。

大会审议通过《中国共产党昌江黎族自治县第七次代表大会关于第六届委员会工作报告的决议》和《关于中国共产党昌江黎族自治县纪律检查委员会工作报告的决议》。

大会选举产生中共昌江县第七届委员会，由21名委员和3名候补委员组成；选举产生由6名委员组成的中共昌江县纪律检查委员会。中共昌江县第七届委员会第一次会议选举符炳信（黎族）为书记，陈大勇（黎族）、梁海大为副书记，符炳信（黎族）、陈大勇（黎族）、梁海大、王启民（黎族）、刘南雄、杨先乙、孙唐坚、何家齐、钟文秋（女）为常务委员会委员。中共昌江县纪律检查委员会第一次会议选举刘南雄为书记。

三、中共昌江黎族自治县第八次代表大会

1998年3月9日在石碌召开，大会代表228名，出席大会代表226名。龚旭光作《发扬成绩，开拓创新，把充满希望的昌江带入二十一世纪》的工作报告。大会提出，之后五年总的指导思想是：高举邓小平理论伟大旗帜，全面贯彻党的十五大精神，不断深化改革，扩大开放，适度加快经济建设的发展，加大依法治县力度，进一步加强文化建设和党的建设，促进昌江社会全面进步。基本任务和总的奋斗目标是：国内生产总值年平均增长率9%以上；粮食总产量年均增长率达到3%以上；地方财政收入年平均增长率6%以上；贫困地区全面脱贫，人民生活更加富裕，实现农村人均收入2000元以上。王桂月作中共昌江县纪律检查委员会工作报告。

大会审议通过《中国共产党昌江黎族自治县第八次代表大会关于第七届委员会工作报告的决议》和《关于中国共产党昌江黎族自治县纪律检查委员会工作报告的决议》。

大会选举产生中共昌江黎族自治县第八届委员会，由21名委员和4名候补委员组成；选举产生由15名委员组成的中共昌江县纪律检查委员会。中共昌江黎族自治县第八届委员会第一次会议选举龚旭光为书记，许邦朝（黎族）、郑坚毅、何家齐为副书记，龚旭光、许邦朝（黎族）、郑坚毅、何家齐、黄泽驹、孙唐坚、钟文秋（女）、石俊奇、王桂月（女，黎族）为常务委员会委员。中共昌江黎族自治县纪律检查委员会第一次会议选举王桂月（女，黎族）为书记。

四、中共昌江县第九次代表大会

2003年3月25日至26日在石碌召开，大会代表228名，出席大会228名。大会听取审议和通过了《与时俱进，加快发展，为全面建设小康社会而努力奋斗》工作报告。大会的指导思想是：高举邓小平理论伟大旗帜，全面贯彻"三个代表"重要思想和党的十六大精神，与时俱进，加快发展，切实加强党的建设，为全面建设昌江小康社会而努力奋斗。王桂月代表中共昌江黎族自治县纪律检查委员会作工作报告。

大会审议通过《中国共产党昌江黎族自治县第九次代表大会关于第八届委员会工作

报告的决议》和《关于中国共产党昌江黎族自治县纪律检查委员会工作报告的决议》。

大会选举产生了中共昌江黎族自治县第九届委员会，由21名委员和4名候补委员组成；选举产生由15名委员组成的中共昌江黎族自治县纪律检查委员会。中共昌江县第九届委员会第一次会议选举书记，吉廷军（黎族）、郑坚毅、黄驹为副书记，吉廷军（黎族）、郑坚毅、黄驹、王桂月（女，黎族）、杨志荣、王文平（黎族）、张长丰（黎族）为常务委员会委员。中共昌江黎族自治县纪律检查委员会第一次会议选举黄驹为书记。

五、中共昌江黎族自治县第十次代表大会

2006年12月31日至2007年1月13日在石碌召开，大会代表230名，出席大会229名。关进平作《科学发展，奋勇争先，为建设“小而强富而美”的新昌江而努力奋斗》工作报告。大会的主题和指导思想是：高举邓小平理论伟大旗帜，实践“三个代表”重要思想，全面落实科学发展观，动员全县各级党组织和广大共产党员，依托昌江资源，按照“两条腿走路、四轮驱动”的发展思路，统筹推进“四个文明”建设，着力打造资源工业、特色农业和休闲度假旅游三大品牌，争取实现工业化突破、城镇化加速、新农村繁荣，全面领跑民族市县，大力构建和谐社会，建成“小而强富而美”的新昌江，力争提前达到全面小康。

会议提出，全县经济社会发展的主要奋斗目标是：到2011年，全县GDP达到50亿元，年均增长11.4%；固定资产投资达到17.8亿元，年均增长16.5%；地方财政收入力争达到3.9亿元，年均增长12.1%；城镇居民人均可支配收入、农民人均纯收入分别达到1.2万元、4200元，年均增长分别为8.5%、8.9%以上；第二产业增加值占GDP比重突破54%，三次产业比例调整为24∶54∶22，水泥年产量达到800万吨，钢铁、铜钴冶炼等项目列入海南重点发展的产业群，拉长制糖产业链，发展循环经济，建成岛西高新技术产业节能型环保工业重镇；全县农村劳动力转移总数达到2.1万人；农业增加值达到12亿元；全县森林覆盖率达63%，城镇绿化覆盖率达55%，县城居民人均公共绿地面积达到12平方米，水土流失治理率达92%，工业废气处理达93.7%，工业废水处理达90%；城镇登记失业率控制在4.5%以内，初中生入学率达98%，高中生入学率为70%以上，人口自然增长率控制在8.3‰以内，科技对经济增长和农业的贡献率分别为48%、65%以上，万元GDP能耗比十五末降低17%以上。实现经济社会发展与人口、资源、环境相互协调，人与社会和谐相处。陈家江作纪律检查委员会工作报告。

大会审议通过《中国共产党昌江黎族自治县第十次代表大会关于第九届委员会工作报告的决议》和《关于中国共产党昌江黎族自治县纪律检查委员会工作报告的决议》，审议通过了《中国共产党昌江黎族自治县委员会贯彻落实〈中共中央关于构建社会主义

和谐社会若干重大问题的决定〉的实施意见》。

大会选举产生中共昌江黎族自治县第十届委员会，由 29 名委员和 6 名候补委员组成；选举产生由 21 名委员组成的中共昌江县纪律检查委员会。中共昌江黎族自治县第十届委员会第一次全体会议选举关进平为书记，吉明江（黎族）、王青为副书记，关进平、吉明江（黎族）、王青、霍巨燃、张长丰（黎族）、陈业贵、施永胜、陈家江（黎族）、翁平为常务委员会委员。中共昌江黎族自治县纪律检查委员会第一次会议选举陈家江（黎族）为书记。

第 6~10 届中共昌江县委领导成员一览表

表 14–2–1

届别	职务	姓名	性别	民族	籍贯	任职时间	备注
第六届委员会	书记	黄　锋	男	汉族	海南东方	1990 年 5 月至 1992 年 7 月	
		符炳信	男	黎族	海南白沙	1992 年 9 月至 1993 年 4 月	任命
	副书记	符炳信	男	黎族	海南白沙	1990 年 5 月至 1992 年 9 月	
		韦立平	男	黎族	海南乐东	1990 年 5 月至 1991 年 3 月	
		梁海大	男	汉族	海南陵水	1991 年 6 月至 1993 年 4 月	任命
		陈大勇	男	黎族	海南乐东	1991 年 12 月至 1993 年 4 月	任命
	常委	黄　锋	男	汉族	海南东方	1990 年 5 月至 1992 年 7 月	
		符炳信	男	黎族	海南白沙	1992 年 9 月至 1993 年 4 月	任命
		韦立平	男	黎族	海南乐东	1990 年 5 月至 1991 年 3 月	
		刘南雄	男	汉族	海南儋州	1990 年 5 月至 1993 年 4 月	
		李恩杰	男	汉族	海南儋州	1990 年 5 月至 1991 年 12 月	
		王载雄	男	黎族	海南昌江	1990 年 5 月至 1993 年 4 月	
		韦允文	男	汉族	海南昌江	1990 年 5 月至 1991 年 12 月	
		刘益忠	男	黎族	海南昌江	1990 年 5 月至 1993 年 4 月	
		蔡尔驳	男	黎族	海南三亚	1990 年 5 月至 1990 年 10 月	
		杨先乙	男	汉族	海南澄迈	1990 年 10 月至 1993 年 4 月	
		梁海大	男	汉族	海南陵水	1991 年 6 月至 1993 年 4 月	任命
		朱清敏	男	汉族	海南澄迈	1991 年 12 月至 1993 年 3 月	任命
		陈大勇	男	黎族	海南乐东	1991 年 12 月至 1993 年 4 月	任命
		李文安	男	苗族	海南白沙	1991 年 12 月至 1993 年 3 月	任命

表 14-2-1 续 1

届别	职务	姓名	性别	民族	籍贯	任职时间	备注
第七届委员会	书记	符炳信	男	黎族	海南白沙	1993 年 1 月至 1995 年 1 月	
		龚旭光	男	汉族	湖南南县	1995 年 1 月至 1998 年 3 月	任命
	副书记	陈大勇	男	黎族	海南乐东	1993 年 4 月至 1995 年 6 月	
		梁海大	男	汉族	海南陵水	1993 年 4 月至 1997 年 8 月	
第七届委员会	副书记	许邦朝	男	黎族	海南陵水	1995 年 1 月至 1998 年 3 月	任命
		郑坚毅	男	汉族	海南儋州	1995 年 1 月至 1998 年 3 月	任命
	常委	符炳信	男	黎族	海南白沙	1993 年 4 月至 1995 年 1 月	
		陈大勇	男	黎族	海南乐东	1993 年 4 月至 1995 年 6 月	
		梁海大	男	汉族	海南陵水	1993 年 4 月至 1997 年 8 月	
		王启民	男	黎族	海南琼中	1993 年 4 月至 1996 年 3 月	
		刘南雄	男	汉族	海南儋州	1993 年 4 月至 1997 年 3 月	
		杨先乙	男	汉族	海南澄迈	1993 年 4 月至 1996 年 4 月	
		孙唐坚	男	汉族	海南昌江	1993 年 4 月至 1998 年 3 月	
		何家齐	男	汉族	海南乐东	1993 年 4 月至 1998 年 3 月	
		钟文秋	女	汉族	海南昌江	1993 年 4 月至 1998 年 3 月	
		林芝栋	男	汉族	海南昌江	1993 年 4 月至 1998 年 3 月	
		龚旭光	男	汉族	湖南南县	1995 年 1 月至 1998 年 3 月	任命
		许邦朝	男	黎族	海南陵水	1995 年 1 月至 1998 年 3 月	任命
		郑坚毅	男	汉族	海南儋州	1995 年 1 月至 1998 年 3 月	任命
		云冠雄	男	汉族	海南文昌	1995 年 12 月至 1996 年 12 月	任命
		谭由仔	男	汉族	海南昌江	1996 年 5 月至 1998 年 3 月	任命
第八届委员会	书记	龚旭光	男	汉族	湖南南县	1998 年 3 月至 1999 年 12 月	
	副书记	许邦朝	男	黎族	海南陵水	1998 年 3 月至 1998 年 8 月	
		郑坚毅	男	汉族	海南儋州	1998 年 3 月至 2003 年 3 月	
		何家齐	男	汉族	海南乐东	1998 年 3 月至 2001 年 10 月	
		吉廷军	男	黎族	海南三亚	1998 年 8 月至 2003 年 3 月	
	常委	龚旭光	男	汉族	湖南南县	1998 年 3 月至 1999 年 12 月	
		许邦朝	男	黎族	海南陵水	1998 年 3 月至 1998 年 8 月	
		郑坚毅	男	汉族	海南儋州	1998 年 3 月至 2003 年 3 月	
		何家齐	男	汉族	海南乐东	1998 年 3 月至 2001 年 10 月	
		黄　驹	男	汉族	海南澄迈	1998 年 3 月至 2003 年 3 月	
		孙唐坚	男	汉族	海南昌江	1998 年 3 月至 1998 年 10 月	
		钟文秋	女	汉族	海南昌江	1998 年 3 月至 2003 年 3 月	

表 14–2–1 续 2

届别	职务	姓名	性别	民族	籍贯	任职时间	备注
第八届委员会	常委	石俊奇	男	汉族	海南乐东	1998 年 3 月至 1999 年 12 月	
		王桂月	女	黎族	海南儋州	1998 年 3 月至 2003 年 3 月	
		吉廷军	男	黎族	海南三亚	1998 年 8 月至 2003 年 3 月	
		谭由仔	男	汉族	海南昌江	1998 年 9 月至 2003 年 3 月	
第九届委员会	书记	关进平	男	汉族	海南东方	2005 年 7 月至 2006 年 12 月	任命
	副书记	吉廷军	男	黎族	海南三亚	2003 年 3 月至 2005 年 3 月	
		郑坚毅	男	汉族	海南儋州	2003 年 3 月至 2005 年 3 月	
		黄　驹	男	汉族	海南澄迈	2003 年 3 月至 2006 年 8 月	
		林　东	男	汉族	海南海口	2006 年 3 月至 2006 年 12 月	任命、挂职
	常委	关进平	男	汉族	海南东方	2005 年 7 月至 2006 年 12 月	任命
		吉廷军	男	黎族	海南乐东	2003 年 3 月至 2006 年 12 月	
		郑坚毅	男	汉族	海南儋州	2003 年 3 月至 2006 年 12 月	
		黄　驹	男	汉族	海南澄迈	2003 年 3 月至 2006 年 12 月	
		王桂月	女	黎族	海南儋州	2003 年 3 月至 2006 年 12 月	
		杨志荣	男	汉族	广东湛江	2003 年 3 月至 2006 年 12 月	
		王文平	男	黎族	海南昌江	2003 年 3 月至 2006 年 12 月	
		张长丰	男	黎族	海南昌江	2003 年 3 月至 2006 年 12 月	
		符致孔	男	汉族	海南文昌	2003 年 3 月至 2004 年 7 月	
		张校彬	男	汉族	湖　南	2004 年 7 月至 2006 年 12 月	任命
		施永胜	男	汉族	广西邕宁	2006 年 1 月至 2006 年 12 月	任命
		林　东	男	汉族	海南海口	2006 年 3 月至 2006 年 12 月	任命、挂职
		王永胜	男	汉族	山　东	2005 年 1 月至 2007 年 12 月	任命
第十届委员会	书记	关进平	男	汉族	海南东方	2007 年 1 月至 2007 年 9 月	
		何西庆	女	汉族	甘肃镇原	2010 年 8 月至 2010 年 12 月	任命
	副书记	王　青	男	汉族	海南三亚	2006 年 12 月至 2009 年 10 月	
		符礼伟	男	黎族	海南陵水	2009 年 9 月至 2010 年 12 月	任命
	常委	关进平	男	汉族	海南东方	2005 年 7 月至 2006 年 12 月	任命
		王　青	男	汉族	海南三亚	2007 年 1 月至 2009 年 10 月	
		霍巨燃	男	汉族	吉　林	2007 年 1 月至 2008 年 6 月	
		张长丰	男	黎族	海南昌江	2007. 年 1 月至 2009 年 10 月	
		陈业贵	男	汉族	海南万宁	2007 年 1 月至 2010 年 12 月	
		陈家江	男	黎族	海南澄迈	2007. 年 1 月至 2010 年 12 月	
		施永胜	男	汉族	广西邕宁	2007 年 1 月至 2009 年 5 月	

表 14-2-1 续 3

届别	职务	姓名	性别	民族	籍贯	任职时间	备注
第十届委员会	常委	翁　平	男	汉族	海南东方	2007 年 1 月至 2010 年 12 月	任命
		杨俊元	男	汉族	山西汾阳	2008 年 12 月至 2010 年 12 月	任命
		符礼伟	男	黎族	海南陵水	2009 年 9 月至 2010 年 12 月	任命
		曾　望	男	汉族	海南澄迈	2009 年 5 月至 2009 年 10 月	任命
		杨国平	男	汉族	湖南益阳	2009 年 5 月至 2010 年 7 月	任命
		何顺劲	男	汉族	海南昌江	2009 年 12 月至 2010 年 12 月	任命
		蔡国杰	男	汉族	海南万宁	2010 年 6 月至 2010 年 12 月	任命
		陈国龙	男	汉族	海南儋州	2010 年 7 月至 2010 年 12 月	任命
		何西庆	女	汉族	甘肃镇原	2010 年 8 月至 2010 年 12 月	任命
		孙世文	男	汉族	海南乐东	2010 年 6 月至 2010 年 12 月	任命
		杨志荣	男	汉族	广东湛江	2007 年 1 月至 2007 年 12 月	
		王永胜	男	汉族	山东	2007 年 1 月至 2007 年 12 月	
		王文平	男	黎族	海南昌江	2007 年 1 月至 2007 年 12 月	

第三节　乡（镇）党代表大会

20 世纪 90 年代初，全县各乡（镇）根据《中国共产党章程》、《中国共产党地方组织选举工作条例》和县委《关于各乡（镇）开好党代会的通知》、《乡（镇）党委换届选举工作的实施意见》精神。由各乡（镇）党委报县委批准后召开乡（镇）党的代表大会，严格按照规定的程序召开大会。

1993 年 2 月至 4 月初，石碌、昌化、十月田、叉河、昌城、海尾 6 个乡（镇）召开第六届党代表大会。太坡、保平 2 个乡（镇）召开第四届党代表大会。乌烈镇召开第八届党代表大会。南罗、七差、王下 3 个乡（镇）召开第七届党代表大会。

1996 年 4 月至 6 月底，石碌、昌化、十月田、叉河、昌城、海尾 6 个乡（镇）召开第七届党代表大会。太坡、保平 2 个乡（镇）召开第五届党代表大会。七差、王下、南罗 3 个乡（镇）召开第八届党代表大会。乌烈镇召开第九届党代表大会。

1999 年 4 月至 7 月，石碌、十月田、昌化、昌城、海尾 6 个乡（镇）召开第八届党代表大会。太坡、保平 2 个乡（镇）召开第六届党代表大会。南罗、王下、七差 3 个乡（镇）

召开第九届党代表大会。乌烈镇召开第十届党代表大会。

2002 年 4 月至 6 月初，石碌、叉河、十月田、昌城、昌化、海尾 6 个乡（镇）召开第九届党代表大会。太坡、保平 2 个乡（镇）召开第七届党代表大会。南罗、王下、七叉 3 个乡（镇）召开第十届党代表大会。乌烈镇召开第十一届党代表大会。

2006 年 11 月至 12 月，石碌、十月田、叉河、昌化、海尾、七叉镇召开第十届党代表大会。乌烈镇召开第十二届党代表大会。

乡（镇）历届党的代表大会会议主要议程：一、听取和审查上届党委会的工作报告；二、听取和审查乡（镇）纪委工作报告；三、审查党费收缴和管理情况的报告；四、选举产生乡（镇）党委会和纪律检查委员会；五、选举出席县党代会的代表。

各乡（镇）参加党的代表大会代表具有先进性和广泛性。历届代表中，各级领导干部代表占代表总数的 50%；各条战线先进代表占 30%；妇女代表占 10%；少数民族代表占 35%，各类专业技术人员代表占 10%。

第四节　县委重要全会

1992—2010 年，中共昌江黎族自治县委员会先后召开县委全体（扩大）会议 19 次，相继制定和部署各时期发展昌江的一系列政策方针和工作计划，并采取一些重大举动和一套与之相适应、相配套的措施。

1992—2010 年县委重要全会一览表

表 14–2–2

名 称	时 间	主要内容
县委六届三次全体（扩大）会议	1992 年 1 月 28 日	县委书记黄锋作的报告回顾和总结了 1991 年以来，贯彻落实党的十三届七中全会和省委一届五次全会精神，领导全县各族人民开拓创新，战胜了旱灾和第 6 号、第 11 号台风等严重自然灾害，社会稳定，经济发展，为实施昌江“八五”计划和十年规划开了好头，起了好步。大会通过了《中共昌江黎族自治县委第六届三次会议的决议》
县委七届二次全体（扩大）会议	1994 年 3 月 29 日	会议总结 1993 年各项工作，提出 1994 年工作的基本方针和各项任务，要求全县党员干部及群众要抓住机遇，振奋精神，同心协力，为推进昌江的经济发展和社会全面进步而奋斗。会议听取、审议并通过县委书记符炳信代表县委常委会所作的报告和关于党费收缴及使用情况的报告

表 14-2-2 续 1

名 称	时 间	主要内容
县委七届三次全体（扩大）会议	1995 年 3 月 1 日	县委书记龚旭光作题为《切实加强党的建设为加快昌江经济基础和社会各项事业全面发展而奋斗》的报告。会议总结 1994 年各项工作，部署 1995 年工作。通过了关于《县委常务委员会工作报告》的决议，要求全县领导干部深入贯彻党的十四届三中、四中全会精神，总结经验，统一思想，进一步深化改革，扩大开放，把全县各项工作推上一个新台阶。会议还听取纪委书记刘南雄关于《深入开展反腐败保证党的各项任务贯彻落实》的讲话。县委委员、县委候补委员、县纪委委员、乡镇党委书记、县直机关党委书记、县直国家机关各部门党委、党组、党总支部、党支部书记、昌江大风糖厂党委书记、驻昌江地区各厂矿企业（农场）党委书记参加或列席了会议
县委七届四次全体（扩大）会议	1996 年 3 月 14 日	会议在总结 1995 年工作的基础上，一致通过龚旭光所作的《深化改革，增创优势，加快昌江经济和社会各项事业全面发展》工作报告，一致通过《中共昌江黎族自治县第七届常务委员会关于制定昌江县国民经济和社会发展“九五”计划和 2010 年远景目标的建议》。会议还听取了关于党费收缴使用管理情况的报告。各乡镇、企事业单位党委书记，县直机关各单位主要领导，县老干部代表，驻昌江的中央、省属企业的主要领导参加或列席了会议
县委七届五次全体（扩大）会议	1997 年 2 月 25 日	会议总结 1996 年工作，部署 1997 年工作。会议要求，全体党员、各级领导干部要始终站在工作第一线，带领广大群众团结拼搏、真抓实干，把昌江县的经济建设和社会各项事业推上新的台阶。会议通过龚旭光作的《团结拼搏，真抓实干，推动昌江经济和社会事业全面发展》的工作报告和县纪委工作报告。出席会议的有县委委员，候补委员，列席的有县纪委委员，非县委委员的四套班子领导成员，各乡（镇）、县直属机关各部门和企事业单位党委（党组）书记、县直机关各单位主要领导，县老干部代表，驻昌江的中央、省属企业的主要领导
县委八届二次全体（扩大）会议	1999 年 3 月 18 日	会议总结 1998 年工作，部署 1999 年工作。通过了县委书记龚旭光所作的《团结奋博，务实求精，开创昌江跨世纪发展的新局面》的工作报告，听取了《关于党费收缴使用和管理情况的报告》、《中共中央关于农业和农村工作若干重大问题的决议》和《中共昌江黎族自治县委八届二次全会决议》。参加会议人员有县委委员，候补委员。列席的有县纪委委员，县四套班子不是县委委员的领导成员，县人武部领导以及县委各部门、县级国家机关各部门、各人民团体、企事业正科级单位主要负责人及省驻昌江企事业党委主要负责人

表 14-2-2 续 2

名称	时间	主要内容
县委八届三次全体（扩大）会议	2000 年 3 月 18 日	会议要求全县各族人民，励精图治，锐意进取，以优异成绩迎接新世纪的到来。通过了《抓住机遇，开拓进取，开创昌江跨世纪发展的新局面》的工作报告和《关于党费收缴使用和管理情况的报告》，参加会议人员有县委委员、县委候补委员。县纪委委员等 143 人列席
县委八届五次全体（扩大）会议	2001 年 11 月 26 日	全会学习党的十五届六中全会精神和省委三届九次会议精神，研究加强和改进全县党的作风建设重大问题，听取了《与时俱进，开拓进取，努力把我县党的作风建设提高到新的水平》的报告，通过了《中共昌江黎族自治县第八届委员会第五次全体（扩大）会议决议》
县委八届七次全体（扩大）会议	2002 年 2 月 21 日	会议的主要任务是推选中共昌江县出席中共海南省委第四次代表大会候选人预备人选。出席会议的有县委委员 19 名，县委候补委员 4 名，县纪委委员（列席）14 名。会议选举县委书记、王桂月、吉廷军、张同秋、郑坚毅、钟文秋、秦醒民、豹爱芳、黄驹为出席中共海南省第四次代表大会代表
县委九届二次全体（扩大）会议	2003 年 9 月 29 日	会议总结县委九届一次全会以来的工作，研究部署贯彻落实省委四届三次全会和省委书记汪啸风在琼海官塘理论研讨会上的讲话精神，借鉴国家东南沿海发达地区的先进经验，从全县实际出发，统一思想，抓住机遇，在创新中加快昌江经济发展。大会听取、审议和通过县委工作报告，听取了昌江县考察组《关于赴山东、浙江考察的情况报告》和《关于赴福建、江苏、上海考察的情况报告》，审议通过九届二次全会决议
县委九届三次全体（扩大）会议	2004 年 2 月 10 日	审议《抓住机遇 求真务实 在创新中加快昌江发展》的工作报告。会议认为，在省委的领导下，县委带领全县各族人民解放思想，与时俱进，团结协助，抓住机遇，在创新中加快发展，工业呈现快速发展的良好势头，各项事业均取得了可喜的成绩。会议审议通过了工作报告和大会决议

表 14-2-2 续 3

名称	时间	主要内容
县委九届四次全体（扩大）会议	2005 年 2 月 25 日	审议县委常委会《树立科学发展观在创新中加快昌江经济和社会发展》的报告。会议提出了 2005 年的工作基本方针和各项任务。要求全县党员干部要树立科学发展观，高举邓小平理论伟大旗帜，以开展保持共产党员先进性教育为契机，努力实践“三个代表”重要思想，与时俱进，真抓实干，为全面建设小康社会而努力奋斗。会议听取审议和通过了县委常委会所作的报告
县委九届五次全体（扩大）会议	2005 年 12 月 26 日	县委书记关进平作《不折腾 敢创新 努力把昌江建设得更快更好》的报告。会议总结了 2005 年工作，特别是在战胜了百年不遇的干旱和“达维”台风袭击，提出了 2006 年的工作基本方针和各项任务及今后五年的奋斗目标。大会要求，全县党员干部要紧密地团结在以胡锦涛为总书记的党中央周围，高举邓小平理论和“三个代表”重要思想，高扬发展主题，不折腾，敢创新，为实现昌江县“十一五”规划的宏伟目标，推动昌江经济社会更快更好发展而努力奋斗。会议听取审议和通过了关进平代表县委常委会所作的报告
县委九届六次全体（扩大）会议	2006 年 9 月 11 日	审议表决通过了 2007 年 1 月 12 日至 13 日，在石碌召开中国共产党昌江县第十次代表大会的决议
县委十届二次全体（扩大）会议	2007 年 10 月 30 日	会议学习传达贯彻党的十七大精神和省委五届二次全会精神，235 人参加或列席了会议。传达了党的十七大精神和省委五届二次全会精神。审议通过了《中共昌江黎族自治县委关于学习贯彻党的十七大精神的意见》
县委十届三次全体（扩大）会议	2008 年 2 月 25 日	县委书记作《抢抓机遇，乘势而上，全面推进昌江经济社会又好又快发展》的报告，会议深入学习贯彻党的十七大精神和省第五次党代会精神，总结 2007 年工作，研究部署 2008 年工作，动员全县广大党员干部群众，全面落实科学发展观，站在全局和战略的高度，进一步谋划发展方向和工作重点，凝聚力量，激发干劲，努力开创各项工作新局面，推进昌江经济和社会科学发展、快速发展、和谐发展。会议审议通过了《中共昌江黎族自治县委十届三次全体（扩大）会议决议》

表 14-2-2 续 4

名 称	时 间	主要内容
县委十届四次全体（扩大）会议	2009 年 2 月 6 日	县委书记作《提振信心，迎难奋进，全力确保昌江经济社会平稳较快发展》的报告，听取了县委常委会 2008 年度干部选拔任用工作报告并进行了民主评议，审议通过了中共昌江县委贯彻落实《中共海南省委贯彻落实〈中共中央关于推进农村改革发展若干重大问题的决定〉的实施意见》的实施方案（草案），审议通过了《昌江黎族自治县 2009—2012 年重点民生项目发展规划（草案）》。 全会提出 2009 年，全县经济社会发展的目标任务是：地区生产总值增长预期目标为 10%，财政一般预算收入增长 5%，城镇居民人均可支配收入 15%，农民人均纯收入增长 8%，全社会固定资产投资增长 15% 以上。城镇登记失业率控制在 4% 以内，人口出生率控制在 15.2‰以内，万元 GDP 能耗下降 1 个百分点。主要经济指标高于全省平均水平
县委十届五次全体（扩大）会议	2010 年 2 月 4 日	县委书记作题为《抢抓机遇，奋发有为，推动昌江经济社会健康较快发展》的工作报告。听取县委常委会 2009 年干部选拔任用工作报告，审议通过了县委、县政府关于贯彻落实《中共海南省委、海南省人民政府贯彻落实〈国务院关于推进海南国际旅游岛建设发展的若干意见〉的决定》和《中共海南省委关于加快海南西部地区开发建设的若干意见》的责任分工方案。全会提出 2010 年经济社会发展的主要预期目标是：全县地区生产总值增长 15% 以上；地方一般预算收入增长 6%；全社会固定资产投资增长 30% 以上；城镇居民人均可支配收入和农村居民人均纯收入分别增长 10%、12% 左右；城镇登记失业率控制在 4% 以内；万元 GDP 能耗下降 2 个百分点
县委十届六次全体（扩大）会议召开	2010 年 8 月 26 日	全会由县委常委会主持，何西庆作《解放思想，拼搏实干，奋力推进昌江经济社会实现新发展》的重要讲话，听取了符礼伟所作的 2010 年上半年经济形势分析和下半年经济工作部署，以及杨俊元所作的 2010 年上半年重点项目进展情况通报，讨论了昌江县贯彻落实《关于实行党政领导干部问责的暂行规定》的实施办法（讨论稿）和《昌江黎族自治县党政领导班子和领导干部年度考核办法（试行）（讨论稿）》，县政府与保障性住房建设责任单位签订了保障性住房工作责任书。全会安排和部署了下半年工作：高起点编制好“十二五”规划；强力推进重大项目建设，确保今年经济发展目标如期实现；适应国际旅游岛建设要求，着力打造特色旅游城镇；要以加快发展设施农业为抓手，推进农业产业化发展；以加快保障性住房建设为重点，进一步保障和改善民生；加强干部队伍建设，为加快昌江发展提供坚强的组织保证和人才支撑

第三章 重大决策和重要活动

第一节 重大决策

一、实施工业强县战略

1988年建省前，昌江工业基础较薄弱，结构不太合理。建省后，县委、县政府立足矿产资源优势，确立了工业强县的指导思想、发展目标，坚持“开放促发展，发展抓项目”，全面实施“工业强县”战略。制定鼓励招商优惠政策，加大招商力度，引进大项目，支持工业企业实行改制并购重组，拓宽工业发展路子，工业建设步伐加快。

20世纪90年代初，围绕实施工业强县战略，依托已有工业基础和资源优势，发展制糖、建材工业，支持制糖、建材工业进行扩建和大规模的技术改造。至1994年，全县制糖能力由1987年日榨甘蔗1500吨提高到3300吨，水泥由1987年的年产0.01万吨增加到20.75万吨，工业总产值由1987年的13016万元增加到38780万元。1995年后，着力打造资源工业，重点培育有活力、实力和竞争力的建材工业。1995年5月，投资12亿元，设计年产水泥81.42万吨，被列为国家大中型项目、海南省重点项目的国投海南昌江水泥有限责任公司一期工程正式动工建设。至1998年，发展一批为大企业服务的辅助配套工业，上马一批“短、平、快”项目，全县年产值500万元规模以上工业企业发展到17家，工业总产值24718万元。2003年12月，总投资3.45亿元，年产水泥熟料155万吨的国家鼓励建设项目、海南省非公有制企业重点项目的昌江华盛天涯水泥厂破土动工建设。同年，海南海能达股份公司锂电池项目投产，昌江智源钢铁有限公司年产35万吨生铁达标技改工程试产，以及2万吨专用橡胶、40万石英砂开采、50万吨铁碇、30万吨配重砂加工等项目投产，成为工业兴县的新支撑。全年工业总产值完成101548万元，增长42.9%，对财政的贡献率达70%以上。

2004 年 8 月，省委、省政府决定设立昌江循环经济工业区。县委、县政府抓住机遇，加快“工业强县”战略步伐，对工业园区产业进行规划，做大做强新型资源工业。2005 年 1 月，总投资 2200 万元的昌江磊鑫烧结选矿厂建成投产；11 月，原海南叉河水泥厂通过企业产权公开拍卖，由海南昌江鸿启实业有限公司接管；12 月，中海油配重砂加工基地建成投产，国投海南昌江水泥有限责任公司二期 100 万元扩建工程投产。至 2006 年，全县共引进工业项目 15 个，总投资金额达 16.4 亿元，完成投资 13.6 亿元。规模以上工业达 26 家，比 1998 年新增 9 家；工业增加值达 136614 万元，年均递增 61.5%。2007 年 5 月，昌江华盛天涯水泥有限公司投资 4.5 亿元，日产 5000 吨新型干法水泥熟料生产线的二期工程动工建设。2009 年 2 月，鸿启实业有限公司叉河水泥厂投入 4.8 亿元，通过技术改造，引进先进设备，分别淘汰高耗能的 3 条机立窑和 1 条中空干法窑生产线，新建日产 2500 吨新型干法回旋窑水泥生产投产。6 月、8 月，国投海南昌江水泥有限责任公司、昌江华盛天涯水泥有限公司三期工程分别投产。12 月，海南重点建设项目，海南矿业联合有限公司总投入 20.78 亿元，铁矿石开采规模为 480 万吨 / 年的一期工程——一北一地采工程动工建设。2010 年，海南昌江核电站、海南矿业 200 万吨贫矿选矿厂、华盛四期 400 万吨水泥、240 万吨球团等一批支撑经济长远发展重大工业项目开工建设。

截至 2010 年年底，经过 20 年的实施“工业强县”战略，昌江县基本形成具有昌江特色的新型核电新能源、采矿、冶金、建材、制糖、橡胶、农产品和食品加工为重点的产业群，国有、非公有制多行业的大中小型工业体系。工业经济占据主导地位，全县有规模以上工业企业 20 家，规模以下工业企业 28 家，工业增加值占全县生产总值的 49%，其中规模以上工业增加值从 1990 年 14732 万元，增加到 2010 年 263265 万元，年平均递增 15.4%。工业税收成为昌江财政收入的主要来源，工业对全县经济增长贡献率达 67%，对昌江地方财政贡献率超过 70% 以上。

二、实施“三化一业”发展战略

2007 年，县委全面落实中央及省的精神，把科学发展观同昌江县实际结合，进一步厘清发展思路，明确发展方向，依托全县资源优势，提出了“三化一业”（即工业化、农业化、城镇化，旅游业）的总体发展战略。

在推进工业化方面，按照“工业强县”的思路，抓好重大项目、龙头企业、主导产业和工业园区，加大投资改善工业园区投资环境，工业项目推进取得重大突破。至 2010 年年底，海矿公司 110 万吨铁精粉、钴铜冶炼、氟化盐项目，华盛水泥二、三期，国投水泥三期，鸿启叉河水泥技改等一批资源型工业项目相继动工建设和投产。西洋集团海南不锈钢项目通过工信部批准开展前期工作，中信铁合金公司 20 万吨钛白粉项目等立项，总投资近190亿元海南昌江核电站动工兴建，一批支撑经济长远发展的重大工业项目正在洽谈中。在工业进行扩建和技改提产的同时，积极抓好节能减排，海南钢铁公司利用多年排放的尾矿回收做精矿粉，约2.5吨废矿可收1吨精矿粉，华盛、华润、鸿启水泥通过回收余热，回收的粉尘做水泥熟料、余热发电，减少二氧化碳排放、余热量排放和灰尘的污染，每年可节约2000多万元的标准煤。工业经济占据主导地位，4年间，工业总产值每年以16.6%的速度递增。

在推进农业化方面，以农业产业化促进农村发展、农业增效、农民增收为目的。加强农业基础设施建设、设施农业生产基地，农业生产条件进一步改善提高，积极推动传统农业向特色农业规模化、基地化、产业化迈进，组织农民大力发展多种形式的农业适度规模经营。2007、2008年，全县分别投入支农和扶贫专项资金5474万元和9000万元，2010年比上年翻一番，全县农业产业基础得到夯实，农业产业化发展初见成效。截至2010年，全县已形成橡胶、芒果、香水菠萝、瓜菜、甘蔗、香蕉、圣女果、毛豆、海水和畜禽养殖等“一镇一业，一村一品”特色农业形成生产规模。全县农业总产值从2007年以每年14.6%的速度递增，农民人均纯收入由2006年的2663元增加到4423元，增长66.1%，每年以14.6%的速度递增。

在推进城镇化建设方面，坚持“规划先行”，重点做“活”水的文章，做“大”绿的文章，做“靓”街的文章，搞好公共设施配套，完善城镇功能。2007年，投入2789万元，新建环城西路和环城西路一、二横路，全长4.2千米。2009年，城区建设总投入31865万元，对城区人民北路、东风路、昌江大道进行一次沿街景观市政扩建工程，起点石碌河，终点太坡（225国道），全长6.2千米。改造东风路至环城东路1.3千米。人民北路、昌江大道宽均达40~50米，机动车道4~6车道。同时完成万福路等43条5.82千米生活区街巷建设。到2010年，石碌河县城段综合整治一期工程基本完成，县文化公园等市政工程进展顺利。城镇化建设有了良好开端，环城西路和环城西路一、二横路与环城东路对接，县城“一轴两翼”格局基本形成，城区面积从10平方千米拓展到20平方千米，城区人口10万余人。石碌城区设有12个公交候车亭，建成城区绿化覆盖面积495.46公顷，城区绿地率32.9%，公园绿地面积56.32公顷。2010年获省“省级园林城市”称号。

在推进旅游业方面，致力于开发旅游业，通过新闻媒介，广泛宣传旅游资源，扩大影响，制定开发旅游的优惠政策，加快招商引资，加强旅游基础设施建设，促进昌江旅游产业不断加快发展。全县接待国内旅游人数逐年递增。2008年，宾馆酒店接待过夜人数9.58万人次，与上年增长45.6%。旅游收入4005万元，比上年增长35.7%。2009年11月，海南雨润·棋子湾旅游度假区一期工程开工建设。到2010年，县境内建有霸王岭和海尾湿地公园等旅游观光点。宾馆酒店接待国内旅游人数 18.9 万人次，比上年增长 17.7%；实现旅游收入 8491.7 万元，与上年增长 10%；旅游饭店开房率 76.9%，比上年提高 4.77 个百分点。

三、实施科技兴农战略

1991 年，县委积极推广科技成果，全方位多形式地实施科技兴农战略，加大投入，加强农业科技队伍的建设，调动科技人员积极性，农业科技推广日渐普及，广大人民群众学科学、用科学的热情不断高涨。1994 年，全县 12 个乡镇配备科技副乡镇长，76 个村委会均设科普分会和农技员，形成了县、乡镇、村三级科技网络。1995 年，县委提出“以芒果为龙头、推动‘两高一优’（高产量、高效率、优质产品）农业全面发展”的基本工作思路。科技部门围绕以“科技兴芒强县”的发展战略，实施科技带动，不断投入资金培训芒果、农业实用技术员。1996—1998 年，先后投入 100 多万元，采取培训、轮训、委托代培等形式为农村培训近 300 名芒果技术员和管理人员。科技部门编写《芒果嫁接苗》《芒果栽培技术规程》《芒果优质丰产栽培技术》《芒果病虫害防治》等科技书刊发至各乡镇、村的芒果专业户。

1998 年起，依靠科技，大力推动科技农业，县科学技术局、农业局、科学技术协会、农业技术推广中心、畜牧兽医局等部门，组织实施品种优化工程与技术更新工程，加大对芒果换冠、催花、控梢改造，杂交水稻、水稻抛秧、旱地膜甘蔗高产栽培及甘蔗下水田栽培、畜禽品改良、海水养殖、香蕉覆膜微滴水、橡胶割胶、水稻联合收割机等试验、示范、推广应用技术。1998—2002 年，全县举各类实用农业技术培班 97 期，培训人数 6.83 万人次，科技下乡指导 621 场，科技咨询 101 场，赠送科技书刊资料 6.21 万份（册）。芒果优良品种由 1996 年的 60% 提高到 2003 年的 92% 以上，全县芒果进入优质化时期，优质良种水稻、甘蔗覆盖率提高到 85% 以上。2003 年，昌江县获得省农业百项新技术推广三等奖。2004 年，《昌江芒果新品种、新栽培技术的转化应用及产业化》项目获海南科技成果转化三等奖。同年 11 月，增设农业科技服务 110 指挥中心。

2006 年 12 月，县颁布《昌江黎族自治县“十一五”科技发展规划纲要》。全县科技相关职能部门积极配合协作，制定一系列加快科技进步工作的措施，开展科技宣传、培训、示范、科技普及和科技创新等科技兴县活动。2007—2008 年，引进、推广新技术、新品种 50 多项，培育科技示范户 520 户，全县建有芒果、橡胶、香蕉、瓜菜、甘蔗、兰花、对虾繁殖科普示范基地 10 个。科技部门组织科技下乡、科技月活动、全民素质工程、科普大篷车和科普图片展等一系列科普活动。举办芒果、橡胶、香蕉、瓜菜、甘蔗、养蜂、水产养殖、农户经营管理、农产品储藏加工等各类科技培训班 200 多期，培训人数

1万人次，发放科技资料2万份（册），展出科普展板900块，科普挂图1000幅，图片展览30场，科技培训现场指导40场次，受训人数6000人次。昌江县获得“全省科技下乡先进集体”“全省科普工作先进单位”等称号。2009年，县财政拨款100万元加强农业科技110服务站建设，完善和新建农业科技110服务站10个，实现全覆盖的目标。

2010年，科学技术普及工作形式多样，全县以乡镇村为阵地，进行突出科技服务“三农”重点科普宣传和培训。以渔业、农机、农作物栽培技术及农作物病虫害防治为载体，全年举办科技服务活动65项，受益群众7万人，举办培训班26期，培训人数3468人。县科学技术协会组织20名农业技术专家“科普惠农讲师团”，深入8个乡镇140个村小组开展送资料、送科技、送新项目、送新成果、开展农业实用技术培训的“四送一训”活动，培训农民4131人，免费发放科技资料4460份、科技光盘1258张、生物肥140包、生物叶面肥600瓶。全县投入科学技术经费1973万元，是2005年的59.8倍，占财政支出的比重28.7%。“十一五”期间，年平均科学技术经费递增51.4%。

2010年年底，全县90%的农村党员、基层干部接受过实用技术培训，大多数人已掌握一至二门实用技术。全县建有瓜菜、香蕉、芒果、果树等各类技术协会19个。大力实施科技兴农战略，促进全县农业和农村经济的持续发展。全县农业总产值由1989年的12328万元增加到134374万元，增加10倍。农民人均纯收入由1989年的487元增加到4423元，增长9倍。

四、依法治县

20世纪90年代以来，县委把依法治县作为推动经济和社会发展的基本方略，不断加强立法和监督工作，建立健全民主选举、民主决策、民主管理和民主监督的一系列制度。坚持不断的普法教育，开展法律进乡村、进社区、进校园普法宣传活动，使全县公民的民主观念和法律意识普遍增强。

1991年，全县共上法制课113次，印发宣传资料1120份，出动宣传车22次，出宣传栏162期，举办普法学习班17期，参加人数6591人。1992—1996年，采取培训、上法制课、发放资料等形式，在全县广大公民中开展法制宣传教育，据统计，全县共举办培训副科级以上干部和普法骨干培训班83期，上法制课587场，发放法制资料3.54万份，受教育人数10.8万人。

1997年后，把依法治县、依法行政，扩大到依法治乡、依法治村、依法治户，组织全县干部开展“三五”普法教育。1998—1999年，先后组织两批次干部8114人参加法律知识考试，占应参加人数的98.2%，合格率达100%，被评为“全国学法用法依法治县先进单位”。2000年，县委、县政府批转《昌江黎族自县委宣传部、县司法局关于在全县公民中开展法制宣传教育第四个五年规划》和县人大常委会《关于在全县公民中开展法制宣传教育第四个五年规划决议》。2003—2004 年，在团县委、县总工会、县妇联、县残联设立 4 个法律援助工作站，大力开展《法律援助条例》《宪法》和《中华人民共和国行政许可法》宣传，推进“民主法制示范村”创建活动。改革基层法律事务所，保留石碌镇和乌烈所，聘用 11 名基层法律工作执业。组织在职干部、农场干部、教师、医务工作者 7940 人参加“四五”普法考试，合格率 98.9%。举办法制讲座 7 场，上法制课 41 场，发宣传资料 2.13 万份、《干部法法律知识读本》600 套，举办图片展 59 场次，受教育群众和青少年学生 37.8 万人次。2004 年，山竹沟、香岭村被省命名为首批全省“民主法制示范村”。

2005 年，依法修改《昌江黎族自治县自治条例》，贯彻行政许可法和《全面推进依法行政实施纲要》。2006 年，县委批转县人大常委会《关于继续在公民中开展法制宣传教育的决议》，及时调整充实县法制宣传教育领导小组。印发《昌江黎族自治县“法律进乡村”工程实施方案》，“法律进乡村”工程正式启动。从 2005 年 9 月至 2007 年 9 月，在 78 个行政村全面启动“法律进乡村”工程。实施“法律进乡村”期间，全县共为 2.89 万家庭户赠送《农民常用法律法规知识手册》，发放宣传资料 5.16 万份，举办法制讲座 65 场次（参加人数 1.9 万人次），开展咨询活动 81 场（咨询人数 2.47 万次），放法制电影 168 场次。为 78 个行政村聘请法律顾问，在全省率先实现村村有法律顾问。

2007 年 10 月至 2009 年 7 月，围绕全面实施“法律进校园”“法律进企业、进社区”及“法律进机关”普法教育和“文艺普法”“电影普法”“网络普法”“案例普法”“传媒普法”“热线普法”普法教育工程。在学校、企业、社区、机关为《宪法》《中华人民共和国未成年人保护法》《企业合同法》《工会法》《治管理条例》《海南省计划生育条例》《公务员法》等 13 部法律知识为主要内容。全县共举办法制讲座 552 期，参加人数达 6.53 万人次。截至 2010 年，在全省率先建立农村法律顾问网络、建立政府网站法制专栏、建立普法短信平台，实现“三个率先”。全县普法教育面向机关达 100%、学校 100%、社区 98%、群众 97%，轻微违法人员法律教育率达 100%，有 23 个村获海南省“民主法制示范村”称号，石碌镇山竹沟村获全国“民主法制示范村”称号。全县社会初步形成学法、守法、用法、护法的良好风气，出现政治稳定、社安定、经济发展、社会进步的良好局面。

五、小康建设

1993 年，中共昌江黎族自治县第七次代表大会，提出了全面实施小康建设目标。要求统一思想，增强奔小康意识，步调一致朝着经济发展、政治民主、文化繁荣、社会和谐、环境优美、生活殷实、人民安居乐业目标迈进。要加强党的建设，转变政府职能，深化改革开放，立足资源优势，开展招商引资，改善农村农业生产设施，发展高效、绿色农业，工业强县，科技和科教兴县等一系列方针政策和措施。经过多次的产业结构调整，投资环境和发展基础设施日臻完善，各项社会、经济和人民生活水平不断提高。1997 年，从小康实施前的 1992 年生产总值 53071 万元增加到 124662 万元，人均生产总值 2707 元增加 5965 元，农民人均收入 725 元高出 424 元。

进入 21 世纪，县委加快推进建设小康社会新的发展阶段。2006 年，中共昌江黎族自治县第十次代表大会，提出建设“小而强富而美”的新昌江，力争提前达到全面小康社会。全县党员干部以“三个代表”重要思想和科学发展观，全面落实中央的精神和省委的部署，依托资源优势，按照“两条腿走路、四轮驱动”的发展思路，着力打造资源工业、特色农业和休闲度假旅游业三大品牌，争取实现工业化突破、城镇化加速、新农村繁荣，大力构建和谐社会。到 2009 年，小康实施后的 1997 年国内生产总值增加到 439285 万元，农民人均生产总值增加到 11596 元，农民人均收入 3976 元高出 2827 元，适龄儿童入学率达 99.6%，在全省率先实现广播电视“村村通”。2000—2009 年的 10 年间，国内生产总值、人均生产总值、农民人均收入（不含农垦），年平均增长分别为 14.8 %、13.2 %、9.1%。2010 年，全县人均生产总值 25794 元，农民人均年收 4423 元，城镇人均可支配收入 14723 元，人均居住水平，城镇人均建筑面积 25.86 平方米，农村人均生活用房面积 23 平方米。除了七叉镇和王下乡部分村委会外，6 个镇人口素质、精神生活、生活环境等方面，与国家统计局 1996 年提出的全国人民生活小康水平的 16 个指标相比，基本接近或达到规定指标。

第二节 重要活动

一、农村社会主义思想教育

1991 年 4 月至 1992 年 12 月，县委贯彻《省委宣传部、组织部关于在全省农村普遍开展农村社会主义思想教育的意见》，成立农村社会主义思想教育（社教）工作领导小组，由县委主要领导任组长。在全县农村组织开展社会主义思想教育工作。第一次于 1991 年 4 月至 12 月，全县从县直机和乡镇 120 个部门，抽调干部 410 人，分上半年、下半年两批进驻 12 个乡镇 67 个管区 288 个经济社。第二次于 1992 年 3 月至 12 月，抽调干部 517 人，编 74 个工作队，分两批进驻 12 个乡镇 69 个管区。

“社教”（社会主义思想教育）以思想教育为主，坚持思想教育领先的工作方针，采取学习班、广播、电影、标语墙报、文体活动、座谈会等多种形式对农民广泛开展宣传思想教育。重点进行社会主义制度优越性教育，引导广大农村干部群众坚定不移地走社会主义道路；进行该阶段党在农村的方针政策及家庭联产承包责任制的社会主义性质教育，要求进一步稳定完善家庭农民联产承包责任制；突出集体主义教育，引导农民建立和完善双层经营体制，发展集体经济，走共同富裕道路。

“社教”工作队以经济建设为中心，落实家庭联产承包责任制、双层经营体制和社会化服务体制，加强和完善农村经营管理为重点，开展“三清三建”（全面清理土地、财务、合同，健全土地、财务、合同管理制度）工作。全县288个经济社建立土地承包合同管理档案，查处侵占集体土地和滥用耕地866.7公顷，调整承包土地58.3公顷，查出丢荒耕地210.2公顷，复耕地126公顷，清理家庭承包合同和专业承包合同22758份（占应承包合同农户的100%），承包土地面积13066.7公顷（占应承包土地面积的86%）。清还1984年以来贪污、挪用、拖欠公款8.64万元，占应退还总额的61.1%，兑现1985年以来的各项上调提留款15.62万元，清理管区、经济社集体固定财产379.7万元，全县农村新签订承包合同集体提留款年总额144.2万元，比上年增长15.4%。建立248个服务组织，参加人数1769人，新办服务项目128个。

“社教”加强以党支部为核心的基层组织建设，对管区、村委会工共青妇、民兵等基层组进行全面整顿，改选党支部39个、团支部32个、39个妇代会配备好女委员156人，配备管区干部273人，村委会干部513人，经济社干部453人。工作队把解决群众关心的热点难点问题作为社教工作的一项内容，为农民办好事办实事，采取多种形式集资40.6万元，投入精神文明基础设施建设，恢复和新建文化室28间，电影放映场7个，体育设施69个，新建厕所26间，修路长108.3千米，帮助农村打水井24口，解决近1.2万人饮水问题，改造新建照明电路19.7千米。

二、解放思想转变观念研讨活动

1996年，县委中心组学习累计20天以上。发放群众路线教育和精神文明建设教育学习材料2800多份，召开昌江县农业经济发展、加快工业开发等研讨会。

1997—1998年，县委不断完善《县委中心组学习制度》和《县中层干部学习制度》。组织县委中心组及科级干部学习邓小平理论和党的十五大报告，在全县开展“解放思想、实事求是”研讨活动。组织理论骨干参加县委学习培训班。仅1997年，县委聘请省委党校专家为县委中心组授课19次，购买中国共产党十五大报告及辅导材料3800多册、录像带30套。以《邓小平文选》第三卷、十五大报告、县情知识为学习内容，举办科级干部理论学习班5次，累计13天。

2001年，以“三个代表”重要思想为主要内容，抓好县委中心组理论学习，并将具体的学习方案和安排意见以县委文件形式发至全县。组织理论骨干到各乡镇各单位巡回指导学习和宣传“三个代表”重要思想，在全县掀起学习“三个代表”重要思想的高潮。2004年，制订《县委理论学习中心组计划》，开展理论学习研讨，邀请省内外专家教授作专题讲座，举办干部培训班12期，参加培训的党员干部在95%以上，促进党员干部增强实践“三个代表”重要思想的坚定性。

2007—2009年，县委组织领导干部学习贯彻党的十七大精神，提高领导干部的理论水平和决策能力，推动昌江经济和社会又快又好发展。先后3次在霸王岭召开贯彻党的十七大和三中全会精神，推动经济发展为主题的县委理论研讨会。研讨会针对束缚昌江县干部群众和阻碍昌江经济社会发展的观念、做法和体制弊端开展大讨论，以大讨论促进思想大解放，以思想大解放促进大开放，以大开放促大发展。研讨会收到县四套领导班子领导、各乡镇和各机关单位主要领导撰写的论文158篇，其中四套班子成员的22篇，17篇以“三农”为主题。论文从昌江各部门、行业等不同侧面和角度进行阐述，对如何推动昌江的改革发展建设提出思路。县委将上述理论学习成果汇编成《强县之路》《富民之路》2本书，由《经济日报》出版社出版发行。仅2009年，县委聘请专家学者作理论辅导、书记上党课等多种形式，加大理论中心组学习力度。

三、“三讲”和农村“三个代表”重要思想学习教育活动

2000年3月，根据中央及省委的部署，县委在全县领导干部和党员中理论联系实际开展以“讲学习、讲政治、讲正气”为主要内容的党性党风“三讲”教育活动。活动分“思想发动，学习提高”“自我剖析，听取意见”“交流思想，开展批评”“认真整改，巩固成果”4个阶段开展。活动对象分县处级领导班子、领导干部和党员进行。“思想发动，学习提高”阶段结合实际，反思个人和单位1997—1999年党性党风方面现在突出的问题。“自我剖析，听取意见”阶段，主要对照中央要求，采取“自己找、群众提、上级点、相互帮”的办法，查找和剖析领导班、领导干部、党员党性党风和工作纪律方面突出的问题。领导班写出集体分析材料，在单位支部党员干部大会上宣读。“交流思想，开展批评”阶段组织领导干部学习《中国共产党章程》，广泛交流思想，各级领导班子召开支部党员民主生活会，按照“团结—批评—团结”的要求，深入开展批评与自我批评和积极健康的思想斗争。“认真整改，巩固成果”阶段针对“三讲”教育查摆出来存在突出的问题，集中分析研究，总结经验教训，制定和落实整改措施，实行边整边改，完善各项规章制度，巩固和扩大教育成果，促进全县领导干部和党员的工作作风的大转变，

达到从严治党的目的。

按照中央及省委的部署，昌江县自2001年8月至2002年，分两批次开展农村“三个代表”重要思想学习教育活动。县委成立机构，制定方案，专门成立工作小组，下设办公室。从县直单位抽调180名领导干部进驻8个乡镇77个村委会和县直党政机关、企事业及省条管单位开展农村“三个代表”重要思想学习教育活动。据统计，全县开展农村“三个代表”重要思想学习教育活动期间，县委共举办两批参加“三个代表”重要思想学习教育活动学习培训或以会代培71期，参加学习人数达1.17万人次；专题报告21场，参加人数1.08万人次；写学习心得体会3191份。其中，县委组织2个农村“三个代表”重要思想宣讲团，分别在12个乡镇巡回宣讲，作专题报告12场，参加学习教育的村级领导干部和党员652人。以乡镇党校为阵地，举办以会代训学习班24期，参加人数856人。教育活动促进党员干部服务意识明显增加，思想作风、工作作风有了明显转变，一些历史遗留问题和群众关心的热点难点问题得到重视和解决。全县各乡（镇）、村委会班子和县直机关党员干部为群众办实事好事1250件，调解民事纠纷310宗，修路53条，种树1.14万株，建篮排球场60个。

四、保持共产党员先进性教育

按照中央决定和省委的部署，县委从2005年1月至2006年年底，利用两年的时间，在全县共产党员中开展保持共产党员先进性教育活动。教育活动共分三批次，全县369个党组织，其中党委14个，党组11个，党总支10个，党支部334个，7006名党员参加，组织和党员参加率分别达99.3%、99%。

各级党组织结合实际制定实施意见和各阶段的实施方案。按照中央要求，做到“规定动作”不走样，“自选动作”有特色。在保持共产党员先进性教育活动期间，采取上党课、理论学习、形势报告、优秀共产党员先进事迹报告会、革命传统教育、学习交流、党员先进性具体要求大讨论等活动形式增加学习效果。全县共举办学习培训班、专题讲座、报告会、巡回授课72期（场），受教育人数达3.5万人次，撰写学习心得体会文章8595篇。组织“千名党员下基层”，共派出工作队6批2852人次，建设或改造村党支部、村委会办公楼8幢，修建村级公路6条15千米，维修硬件配套渠道238条，建成沼气池3426个，农村饮水工程36宗，办好事实事2485件。在开展保持共产党员先进性教育活动中，有11个先进党组织、10名优秀党务工作者、49名优秀党员受到县委表彰。

保持共产党员先进性教育活动中，边学边改、边议边改、边整边改，基本达到中央提出的“提高党员素质，加强基层组织，服务人民群众，促进各项工作”目标要求。

五、开展深入学习科学发展观

县委以全县党员干部为重点分两批开展实践科学发展观，第一批活动从2009年3月开始至8月底，学习对象有县委、县人大、县政府、县政协领导班子，县委工作部门、县人大机关、县政府工作部门、县政协机关，县法院、县检察院和县人民团体机关，县直属企事业单位，党组织关系在该县的省直垂直、双管管单位以及试点单位海尾镇。第二批活动从2009年9月开始至2010年2月底结束，学习对象有各乡（镇）、村（社区）、中小学校、未参加第一批活动的企业、社会团体、社会中介组织等。活动以贯彻党的十七大精神，高举建设中国特色社会主义伟大旗帜，以邓小平理论和“三个代表”重要思想为指导，紧紧围绕党员教育、科学发展上水平、人民群众得实惠，进一步解放思想、实事求是、改革创新，着力解决影响和制约科学发展观问题和党员干部党性党风党纪方面突出问题，从而提高领导干部科学发展，使党的工作和党的建设更加符合科学发展观的要求，把社会的发展积极性进一步引导到科学发展上来，把科学发展观贯彻落实到经济社会发展各方面。9月19日，县委班子召开“学习和实践科学发展观”为主题的民主生活会，进行思想交流，开展批判与自我批评，认真学习科学发展观和理解把握科学发展观的内涵，把思想认识统一到科学发展观的要求上来。学习科学发展观活动中，县委结合该县实际，谋划科学发展观的正确思路，完善科学观发展规划，制定“深入实践科学发展观，打造国家级循环经济示范区”、推进“三化一业”的科学发展，开展“机关作风建设年活动”“深化农村基层‘两委’干部坐班制”“农村党员诚信教育”“创建文化乡村”等系列主题实践活动，促进全县经济社会又好又快发展。在开展学习科学发展观活动中，有272个单位，353个党组织，8211名党员参加，全县各参学单位出台促进科学发展观的措施262项，完善原有制度334项，废止与科学发展不相适应的制度86项，先后为群办实事好事1153件次。

2010年5月，县委继续进一步深入开展学习和实践科学发展观，召开全县党政班子学习和实践科学发展观民主生活会。会上，县党政班子主要围绕对照科学发展观要求，深入开展批评和自我批评，达到了增进团结、明确方向、促进整改的目的，使增强党性修养提高思想觉悟成为自觉行动。至年底，县委先后出台促进科学发展观的政策制度有206项，完善原有制度269项，废除与科学发展观不相适应的制度50项，解决了一批制约科学发展观突出问题，全县涌现一批工作典型人物。中央第四巡回检查组和省委第四检查组对昌江县开展科学发展观活动给予充分肯定。

第四章　纪检监察工作

第一节　机　构

1993年6月19日，县纪委和县监察局合署办公，履行党的纪律检查和行政监察职能，接受县委、县政府和省纪委、省监察厅双重领导。县监察局正、副局长3人全部进纪委常委班子，县纪委一名副书记兼监察局局长，内设机构合并调整为办公室、纪检监察室、案件审理室、信访室（举报中心）、党风廉政建设室、执法监察室，全部定为副乡科级机构。同年11月，县纠正部门和行业不正之风领导小组及其办公室更名为县纠正行业不正之风办公室，作为常设机构并入县监察局。2004年，县纪委常委定为正科级领导职位。2009年，县纪委监察局增设宣传教育室、纠风室、案件管理室，其中纠风室履行县纠正行业不正之风办公室职责。2010年，县纪委、监察局设9个副乡科级职能室，并配备1名民主党派的监察局副局长，总编制27人，其中行政编制25人，工勤编制2人。

第二节　党风廉政建设

20世纪90年代以来，县委坚定不移把党风廉政建设和反腐败斗争引向深入，坚持“教育为主，预防为主”的方针，抓源头治腐，抓领导干部廉洁自律，抓落实党风廉政建设责任制，形成“党委统一领导，纪委组织协调，部门各负其责，齐抓共管，不断完善反腐败和依靠群众支持与参与”的党风廉政建设领导体制和工作机制。

1994—1997年，贯彻中纪委五次全会精神，抓好县（处）级领导干部廉洁自律，对广大党员、干部进行中国特色社会主义理论、党性、党风、准则和党纪党规教育，参加人数 11223 人，其中副科级以上领导干部 523 人，受教人数达 94%，大大地提高党员、干部的思想觉悟，增强党规党纪观念。1998 年，以“乌烈风波”为反面典型，深入清理整顿吃喝风，加强党风廉政建设，注重抓好强化内部管理，建立健全各项管理和监督制度。全县严肃查处一批违规案件，清还餐款 56 万元。

1999 年起，全面落实党风廉政建设责任制，与 101 个县直属单位“一把手”签订党风廉政建设责制，510 名副科级以上干部建立个人廉政档案。党风廉政建设实行“一把手”负总责、分管领导各负其责的机制，建立起责任分解、责任制度、责任考核、责任追究“四位一体”的工作制度，单位“一把手”建立健全述职述廉制度、廉政谈话制度、检查考核制度、责任追究、个人重大事项报告、经济责任审计、诫勉谈等制度。每年对党政干部进行考核，考核结果记入廉政档案，与评优、奖励、晋升、任用挂钩。2000—2002 年，通过采取有力措施，举办培训班、知识竞赛、观看党风廉政教育片等多种教育方式，先后组织党员、干部 1.5 万人次观看《胡长清案件警示录》等电教片，反腐倡廉电影片《生死抉择》和电视剧《一代廉史于成龙》《大地有江河》等正反两个方面的典型教育党员干部，2 次组织全县党员干部听取全省廉政先进事迹报告团的巡回报告，党员干部参加率达 98%。至 2002 年 3 月，实行责任追究案 2 宗，4 名科级领导受党纪政纪处分。

2003—2006 年，组织党员干部，特别是党的领导干部开展学习《中国共产党党内监督条例》《中国共产党纪律处分条例》《中国共产党领导干部廉洁从政若干准则（试行）》《建立健全教育、制度、监督并重的惩治和预防腐败体系实施纲要》和省委关于领导干部廉洁自律的各项规定等教育活动。开展党员干部理想教育、从政道德教育、党优良传统和作风教育、党规党纪和法律法规教育、“社会主义核心价值观”教育、保持党员先进性等主题教育活动。深化和完善“行政审批、财政体制、干部人事制度、政府投资体制”改革，建立制权、管钱、用人权力制约机制。财政体制改革逐步完善和规范财务集中核算、国库集中收付运作，推进政府采购、土地拍卖、工程招投标规范运行。成立行政服务中心，建立咨询、受理、审批、发证、收费“一站式”服务“阳光作业”的高效勤政服务平台。政务、村务、厂务公开的内容不断规范，在全省率先建立健全基层廉政建设工作机制，全县 78 个农村党组织设立纪检监督小组，配齐纪律监督员 234 名，形成县、乡、村三级联动的监督网络。至 2006 年年底，4 年间，先后组织党风廉政知识测试、竞赛和征文活动 5 次，举办培训班 16 期，受教育党员干部达 10128 人次；依法核减和调整审批事项 62 项，保留行政许可项目 148 项，废止修订文件 6 项；行政服务中心进驻单位 17 个，行政许可审批事项 91 个，受理审批事项 328 件，办结率 100%；办理公开招标工程 22 项，公开招标率 100%；政府采购总额累计达 1734 万元，节约资金 86.84 万元，资金节约率 5%；对 23 名领导干部实施经济责任审计，80 次人进行任职前廉政谈话，28 人次进行诫勉谈话和警示谈话，对党风廉政责任制落实不力的 18 名干部实施责任追究；给予党纪政纪处分 41 人，其中科级干部 17 人，开除党籍 7 人，开除公职 3 人，通报批评 14 人。

2008—2009 年，全县开展以党内监督为重点的反腐倡廉“制度执行检查年”活动。制定《中共昌江黎族自治县委贯彻落实〈建立健全惩治和预防腐败体系 2008—2012 年工作规划〉的实施方案》，将七项任务细化分解到 39 个牵头单位和 96 个协办单位。县委办公室、县政府办公室转发《昌江黎族自治县纪委监察局关于开展“制度执行检查年”活动的实施方案》，对活动开展做出了具体部署。查找在学习制度、遵守制度、执行制度和推行制度廉政建设等方面存在的突出问题，及时制定整改措施。举办党政机关党员干部、国有企业中层以上干部参加《工作规划》答题活动，参加答题人数达 2821 人，领导干部撰写心得体会 400 篇。组织县四套班子成员及副科级以上干部、各村委会书记、主任，各中小学校长共 800 人，到儋州市第五中学参观“海南省反腐倡廉警示教育展儋州巡展”。2009 年，利用行政办公大楼电子显示屏每天滚动播放廉政警句格言 10000 条次，向全县领导干部发放廉洁从政读本《人生核算》和《廉政之友》，组织广大党员干部 8000 人次收听收看“扬正气，促和谐”廉政公益广告。至 2009 年，先后对党政机关、乡镇领导干部任前廉政谈话 182 人次、诫勉谈话 41 人次，述职述廉 268 人次。对 9 名领导干部任期经济责任审计，查处违规资金 29 万元，纠正管理不规范资金 616 万元。全县 117 个全额拨款预算单位已全部纳入国库集中支付范围。

2010 年，开展“制度执行巩固年、学习贯彻《廉政准则》”和以“讲党性、重品行、作表率”为主题的反腐倡廉宣传教育月活动，活动对象为全县党员干部，重点是各级党员领导干部。6 月 11 日，县委主要领导给全县副科级以上 480 名领导干部作廉政党课报告，同时组织观看了《警钟——海口市职务犯罪案件警示录》《欲之祸——济南市人大常委会原主任段义案件警示录》等警示教育片。组织全县 2656 名党员干部参加《廉政准则》知识测试，各单位征订《廉政准则》学习资料 1619 份。制定《昌江黎族自治县党政干部问责实施办法（试行）》，加强对党政领导干部的管理。10 月，开通“政风行风热线”节目，到年底，播出 13 期，有 11 名领导干部走进直播间，解决群众关注的热点难点问题 114 件，办结率达 93%。同年，严格落实党内监督制度，重点对 8 个乡镇和 76 个县直机关单位落实党风廉政建设责任制情况进行检查考核，督促对存在问题进行整改，有 81 名党政主要负责人进行谈话，诫勉谈话 17 人，63 名领导干部报告登记个人有关事项，

205名领导干部述职述廉，对4名领导干部进行经济审计，纠正管理不规范资金563万元。排查200万元以上工程建设项目120个，发现各类问题614个，督促整改问题412个，从源头预防和治腐败工作。

第三节 执纪案件

1991年，全县立案查处党内各种违纪案件48宗，涉及党员干部48人，其中科级党员领导干部1人，政纪处理开除5人，开除留用10人，撤职2人，降职1人，给予党纪政纪处分27人，司法机关逮捕6人，收审1人，判刑2人。1993—1997年，纪检监察机关立案53件，结案51件，给予党纪政纪处分51人，其中开除党籍4人，留党察看3人，党内警告18人。其中1996年，受理群众来信来访和举报电话45件次，属纪检监察业务范围37件，查处违纪案件33宗，办结31宗，涉及党员30名，立案16宗，党纪政纪处分13人，其中副科级以上干部2人，一般干部11人。1998—2002年，纪检监察机关加强对案件查处工作的领导，严肃查处各种违法违纪案件。4年间，受理群众来信访来电254件次，办结231件次，立案查结案件53件，给予党纪政纪处分55人，其中科级干部12人，一般干部43人，挽回经济损失119万元。

2003—2008年，纪检监察机关坚持查办大案要案，严肃查处以权谋私，侵害群众利益和支农惠农资金的案件。开展信访下乡活动，拓宽信访举报渠道，坚持查办大案要案联席会议制度，主动加强与公检法以及审计等部门联系，整合办案资源，建立查办案件工作协调机制。截至2006年年底，4年来，受理群众来信访来电168件次，信访初核159件次，信访初核率94.6%，信访案件结案15宗，委局领导下访135人次，接访1220人次，解决信访疑难案件82人次。共立案查处各类违纪违法案件24宗，结案21宗，给予党纪政纪处分31人，其中科级干部17人，开除党籍7人，开除公职3人，通报批评14人，追回赃款30.4万元，挽回直接经济损失70.1万元。2009年，纪检监察机关立案查处13件，结案12宗，给予党纪政纪处分20人，开除党籍7人，追缴违纪款137.26万元。2010年，纪检监察机关受理信访举报143件次，与上年相比增加9件次，立案12宗，结案12宗，给予党纪政纪处分21人，其中给予党内警告2人，党内严重警告7人，撤销党内外职务1人，留党察看2人，开除党籍9人；给予行政警告1人，行政记大过5人，撤职1人，行政开除公职2人；追缴违纪款55.57万元。

第四节　专项治理

一、清理党政干部违规建私房

1991年，县纪委开始对全县党政干部违规建私房情况进行调查摸底，随后进行清理工作。在清理中，坚持自上而下，从领导机关、领导干部做起；及时公开个人申报登记及组织核查与处理结果，接受群众的监督；明确宽严政策，凡主动交代问题，深刻检查，经济上彻底退赔的，从宽处理，对拒不坦白交代和弄虚作假，阻碍干扰清房甚至搞打击报复的，从严处理。至年底，全县查清103名领导干部建私房，清违规占用公房42户，其中涉及出租私房8户，清退租金1.8万元。清查过程中发现一宗重大案件线索移送县检察机关。1992年3月，出台《昌江黎族自治县关于领导干部建住房、装修住房申报审批的规定》。至1992年，历时2年，全县清理建私房的干部88人，职工17人，干部职工建私房住公房45户，已全部清理完毕；出租私房干部职工12人，应退租金20.37万元，已退率达100%；干部职工建私房非法占地55人，面积5484.93平方米，补交土地罚款6.68万元，占应补交款97.68%；清退违规占用公房45户，清退租金20.37万元。

二、监理政府采购和工程项目招投标

2000年6月起，全县推行政府采购制度和工程项目招投标，相继建立起县政府采购办、招投标领导小组，出台了《昌江黎族自治县政府采购办法》以及《昌江黎族自治县政府采购工作程序》《招标投标办法》，规范市场机制、工程程序和工程监理制度，从源头上防止产生腐败现象。县监察局履行职责，参与政府采购、工程项目的招投标活动，对国家机关、国家公务员和国家行政机关任命的其他人员进行的政府采购、工程招投标活动加强监察监管，严防在政府采购、工程项目招投标活动中产生违纪违法行为。至2002年，政府采购12宗，采购项目总金额357.31万元，节约采购资金22.03万元，节约率为6.2%。2003—2006年，先后对道路、桥梁、水利、农田综合整治、绿化等大宗工程进行招标，工程招标率逐年提高。县纪检监察机关参与监察监管政府采购158宗，采购总额累计达2192.63万元，节约采购资金103.85万元，节约率为4.7%。办理公开招标工程22项，公开招标率达100%；出让国有土地使用权4宗，面积3.2公顷，出让地价款518.36万元。其中2004年，监管政府办理招标工程1项，公开招标工程9项，公开招标率达100%；实行经营性土地使用权出让总量2宗，面积2.02公顷，竞价地价款404.59万元。2005年，监管政府采购89宗，总金额887万元，节约采购资金53.22万元，节约率达6%。

2008—2009年，检监察机关参与监察监管政府采购427宗，总项目金额4556.53万元，节约率5%；投资建设项目招投标33宗，投资金额21917.53万元；国有土地“招拍挂”协议出让82宗，面积325公顷，出让价15443.4万元。督促兑现各项惠农政策补贴资金7598万元，直接受益农户年均5万户。仅2009年，在县级3家医院集中网上采购医疗器械205.69万元，节约率为6.6%。2010年，政府采购总额累计达3100万元，节约采购资金124万元，节约率为4%。

三、专项治理商业贿赂

2006年，按照省治理商业贿赂领导小组的工作意见和县委、县政府的部署，启动治理商业贿赂专项工作。纪委监察机关围绕工程建设、土地出让、产权交易、政府采购、医药购销、资源开发等重点领域进行专项治理，对重要岗位、重点人员进行自查自纠，有关部门探索从源头上防治商业贿赂的制度，清理、减少和规范行政审批事项，转变政府职能，规范行政行为，建立防治商业贿赂的长效机制，依纪依法严肃查处了一批商业贿赂案件。2006年，县检察机关共收到涉及商业贿赂的举报线索7件，查结4件5人，作出不予立案3件4人，提起公诉1件1人；县工商局共查处涉及商业贿赂案件3件，涉及金额27.23万元，罚款13.14万元。2007年，继续推进治理商业贿赂工作，对不正当交易行为进行自查自纠，依法查处一批商业贿赂案件，罚没违法金额27.23万元。2008年，与县检察机关建立了情况通报、线索移送、案件协查、信息共享机制，强化对各部门各行业治理商业贿赂工作的监管。2010年年底，共收到涉及商业贿赂的举报线索15件，查结13件17人，作出不予立案4件6人，提起公诉11件12人。

第五节　依法监察

1993年起，县纪委、监察局围绕县委、县政府的中心工作，针对经济工作的重点、群众关心的热点、滋生腐败的源头问题，实施依法监察。1995—1996年，执法监察共立项25项，主办9项，协办8项，完成24项，发现问题线索7条，向县委、县政府递交行政监察报告8份，提出改进工作意见和建议13条，采纳率100%，协助有关单位建章立制20项，挽回经济损失75万元，避免经济损失129.2万元。2000年，开展实行安全生产和党政机关、企事业单位财务及“收支两条线”执法监察。查出安全生产事故隐患62起，签发“事故隐患”整改书50份，责令拆除危房和建筑5处，安装防雷设置7处；清理出应缴未缴财政专户21.68万元，罚没收入应缴未缴国库6.28万元，督促全部入库。

2004年，深入开展执法检查，完成土地确权面积223.7万亩，处理工伤事故8例，帮助农民工追回被拖欠工资31万元，及时处理县交通、公路站2位职工在执法过程中存在违纪行为，给予通报批评。2005后，监察部门加强转变监督检查方式，会同有关部门加强对省、县项目工程建设、惠农、矿产资源管理、安全生产、退耕还林等重点工作的监督检查。下年，协助县国土局、县教科局分别对全县矿产资源管理进行执法检查，对普通高校招生报考资格审查进行监督检查。查处9家无证开采矿山企业，责成有关职能部门督促进行整改；审核考生1184人，限报2人；监察清理涉国家机关未执结案件6件，执结率为100%，执结标的额13.8万元。2009年，在财政等部门配合下，开展以“小金库”为重点的执法监察。制定实施方案，成立县“小金库”治理领导小组，对全县清查2007—2009年各“小金库”资金的收支情况进行监督检查。全县从6月1日开始至6月30日为自查自纠查阶段，通过110个单位开展自查自纠，“小金库”自查自纠工作面达100%查出“小金库”2个，涉及金额5.58万元。2010年，突出监督检查，会同有关部门加强对省、县项目工程建设等重点工作的监督检查。全年排查200万元以上的工程建设项目120个，发现问题614个，督促整改问题412个，其中查处昌江文化公园和棋子湾公路工程建设中虚报工程量问题，核减工程款400万元。

1995—2010年，县纪委、监察局开展专项执法监察累计1048项，发现违纪问题线索123条，向县委、县政府递交执法监察报告271份，协助有关部门建章立制173项，向监察对象发出监察建议书589份，避免和挽回经济损失613.47万元。

第六节 纠风治乱

从1991年开始，县纪委、监察局坚持标本兼治、纠建并举的工作方针，努力纠正行业不正之风，治理乱收费、乱罚款、乱摊派的现象。参加自查自纠干部职工人数达7150人，查摆出问题人数59人，查摆出问题158个，涉及金额达122.5万元，已退赔金额20.87万元。立案9宗，结案3宗，处理48人。1992年，开展清还银行贷款、公款、承包款“三款”工作，全县160名干部清还贷款118.58万元，占欠款总额的53.41%；659名干部职工清还公款103.4万元，占欠款总额的82.09%；79名干部职工清还承包款35.7万元，占拖欠承包款总额的51.3%。

1993—1997年，开展“三清一刹”，即清理乱收费、用公款变相出国（境）旅游、党政机关及其工作人员利用职权无偿占用企业的钱物，狠刹部门和行业突出的不正之风。

其间，1995 年，对县粮食局在办理农转非和县交警部门代替上级交警部门收“搭车费”和办理摩托车牌证多收费等专项治理，查出违规金额 5.77 万元，全部上缴县财政入库。按照中纪委、省纪委的有关规定制定《关于党政机关、企事业单位购买小汽车的暂行规定》和《关于党政机关厉行节约制止奢侈浪浪费行为的规定》，全县党政机关清理超标准小车 8 辆，对 13 名副科级以上干部违反规定建住房进行查处。据统计，5 年间，全县取消行政事业不合理收费项目 4 项，制止用公款出国（境）旅游 6 批 20 人次，党政机关工作人员无偿占用企业财物共 116.5 万元，单位、个人拖欠公款 589 万元，清理预算外管理使用不合理资金 4670 万元，党政机关经商办企业实体办理脱钩 23 个，撤销违反规定设置的公路收费站、检查站 8 个次，清理公款安装住宅电话 333 部、公款购买摩托车和公款购买寻呼机 208 部，拍卖收回款额 30 万元。1998 年后，着重综合治理，开展中小学收费等专项检查，继续深入清理公路上（乱设站卡、乱罚款、乱收费）的“三乱”行为、党政机关工作人员公款购买寻呼机、行政事业性收费及罚没收入实行“收支两条线”管理和整顿吃喝风等不正之风。1999 年，对乡镇“收支两条线”清理出行政事业性收费未及时上缴入库 36.99 万元，督促全部入库。2001 年，对全县中小学校收费进行检查，发现个别学校存在“搭车”收费，清退违规收费 85.5 万元。开展“领导干部任期责任审计”，查处县中医院违规行为资金 51 万元，账外资金 26 万元。

2003—2006 年，纪检监察机关会同有关部门以解决损害群众利益的突出问题为重点，开展纠风专项治理。4 年间，共清理整改公务用车 15 辆，国家公职人员拖欠农村信用社贷款本息 154.67 万元，国家行政事业单位及工作人员到农村承包土地 235.5 公顷，追缴拖欠地租 13 万元，督促全县 25 个单位历年赊账吃喝欠款 168 万元。查处清退全县各中小学校乱收费 98.2 万元，减轻学生家长负担 1040.1 万元；归还纠正医药购销和医疗服务不正之风，集中招标采购药品金额达 1077.7 万元，让利患者 172.44 万元。对全县行政事业单位银行账户进行全面清理整顿，由原来的各行政事业单位 587 个银行账户撤并至 555 个，撤销 32 个。2008 年，不断深入加大专项治理力度，着力纠正损害群众利益的不正之风。开展纠正医药购销和医疗服务不正之风，全县参加药品集中采购 3 个医院，集中招标采购药品总金额 788 万元，占医院用药总金额的 67.5%，通过集中招标采购药品让利于患者 14.5 万元。清理党政机关公职人员拖欠农信社贷款本息 594 万元，完成率达 108%，对 7 名恶意拖欠信用社贷款的公职人员实施停职、停薪、停岗和不提拔、不调动、不评优、不加薪、不晋级措施。清理纠正全县 85 个党政机关和事业单位公职人员“小灵通”捆绑单位办公电话 96 部，清缴小灵通机身费和话费 15.4 万元。2010 年，开展清理农村干部拖欠农信社贷款，全县共清理农村干部拖欠农信社贷款 126 笔，本息

103.9 万元，占比 108%，同时带动清收社会各种不良贷款 190.1 万元。通过明察暗访，查办国家公职人员操办升学宴 3 起，制止 6 起。

中共昌江县纪委历届书记、副书记一览表

表 14–4–1

届 次	职 务	姓 名	性别	民 族	籍 贯	任职时间	备注
第六届	书 记	刘南雄	男	汉 族	儋 州	1990 年 3 月至 1993 年 3 月	
	副书记	周经浩	男	汉 族	文 昌	1990 年 3 月至 1993 年 3 月	
第七届	书 记	刘南雄	男	汉 族	儋 州	1993 年 3 月至 1997 年 3 月	
	副书记	文精华	男	汉 族	东 方	1993 年 3 月至 1998 年 3 月	
		王桂月	女	黎 族	儋 州	1993 年 3 月至 1998 年 3 月	
第八届	书 记	王桂月	女	黎 族	儋 州	1998 年 3 月至 2001 年 7 月	
		黄 驹	男	汉 族	澄 迈	2001 年 7 月至 2003 年 3 月	任命
	副书记	文精华	男	汉 族	东 方	1998 年 3 月至 2003 年 3 月	
		陈礼能	男	黎 族	昌 江	1998 年 3 月至 2003 年 3 月	
第九届	书 记	黄 驹	男	汉 族	澄 迈	2003 年 3 月至 2006 年 8 月	
		陈业贵	男	汉 族	万 宁	2006 年 8 月至 2006 年 12 月	任命
	副书记	文精华	男	汉 族	东 方	2003 年 3 月至 2006 年 12 月	
		麦贤启	男	汉 族	三 亚	2003 年 3 月至 2006 年 12 月	
第十届	书 记	陈家江	男	汉 族	澄迈	2007 年 1 月至 2010 年 12 月	
		符开业	男	汉 族	东 方	2007 年 1 月至 2008 年 6 月	
	副书记	陈国斌	男	汉 族	昌 江	2007 年 1 月至 2010 年 12 月	
		王运海	男	黎 族	万 宁	2008 年 7 月至 2010 年 12 月	任命

第五章 组织工作

第一节 机 构

县委组织部是主管全县基层组织、党员和干部队伍建设的县委职能机关。1991年，县委组织部设有办公室、干部组、组织组、档案室。2001年，县委组织部内设有办公室、干部与干审组、组织组、调研信息组、电教与培训组5个股级机构，行政编制13人，其中部长1名（县委常委兼任），副部长3名，非领导职数11名。机关工勤人员财政预算拨款事业编制2人。2010年年底，内设机构不变，配有部长1名（县委常委兼任），副部长3名（中其1名副部长兼任县人力资源和社会保障局长）。

第二节 基层党组织建设

一、党员发展

20世纪90年代，贯彻中组部《关于加强在企业、农村生产第一线发展党员工作的意见》，发展党员坚持向工农业生产和教学第一线倾斜，积极、慎重地培养农村致富带头人入党。按照《中国共产党章程》规定，凡申请入党积极分子都要经过党支部讨论报上级党组织审查考核，确定培养对象后，填写《入党积极分子培养考察登记表》报组织部备案。凡填表的培养对象，支部指定专人对其培养考察，培养人随时掌握培养对象的成熟程度，给他们交任务、压担子，促其锻炼成长。

1991年，全县发展党员129名，其中企业、农村生产第一线的110名。至1993年年初，全县共发展党员 364 名。1994 年，发展党员 216 名。1997—2002 年，注重培养吸收先进青年特别是年轻知识分子入党，5 年发展党员 1006 名，年均发展党员 201.2 名。2003 年，重视在生产第一线吸收农村、企业生产能手、优秀青年、积极分子入党。全年共发展新党员 226 名，其中农村、企业 162 名，全县农村党员 4086 人。2005 年，做好新形势下发展党员工作，全县发展新党员 272 名，其中县直机关 47 名，全县农村党员 4282 人。2008 年，继续加强发展农村党员工作，吸收政治上的清白人、经济上的明白人、管理上的精明人、勤劳致富的引路人入党。全县发展农村外出务工返乡青年党员 42 名，在 9 个橡胶、果蔬农民专业合作社等新经济组织发展党员 7 名。2009 年，全县农村党员 4405 人。2010 年，全县有党员 8589 名，其中女党员 1229 名，少数民族党员 3068 名，大专以上党员 2518 名。县企事业工委管辖党员总数 1048 名。

二、党员教育培训

1991 年，以县、乡（镇）党校为阵地，对党员进行马克思主义党的基本理论、党的基本知识、党的基本路线“三基教育”培训学习，参加学习的党员人数达 2242 人次，占党员总数的 50.9%。1992 年，开展以学习邓小平南方重要讲话为中心内容的党员教育活动，充分利用县、乡（镇）党校先后举办学习《邓小平南方重要谈话》培训 35 期，培训党员 4300 人次，参加学习率达 94% 以上。1994 年，建立县、乡（镇）两级电化教育网络，投入 21 万元，给 12 个乡（镇）和企业安装党员电教设备，配备专、兼职电教管理人员 30 名。年底，全县有党员电教室 15 间，举办基层党员建设有中国特色社会主义和邓小平理论等学习班 25 期，受训党员 3500 人次。1996 年后，坚持“科技兴农”方针，用实用技术和市场经济知识武装农村党员，全县基层党组织和党员干部中学习贯彻《中国共产党党和国家机关基层组织工作条例》（以下简称《条例》），县委组织部编印《条例》350 册发至机关和农村基层党组织学习。至 1999 年年末，95% 以上的农村党员掌握 1~2 门的农业实用技术。

2000—2006 年，利用党员电教阵地，以党委、党（总）支部和党组为单位，组织党员以开展“三讲”教育、“三个代表”重要思想学习教育、保持共产党员先进性教育、科学发展观、“三农”（农业、农村、农民）工作、实用技术为重点内容的组织教育培训活动。其间，县委组织部牵头，以县、乡（镇）党校为阵地，先后举办党员以会代训、专题讲座、巡回授课各等类培班 157 期（场），电子政务培训班 7 期，聘请专家教授专题讲座 6 场，参加党员人数 4.7 万人次。仅 2005 年，选派 75 名农村党员干部、党员专业户参加省定示范点培训；在县委党校举办 3 期《发展与和谐》讲座，受训党员干部 200 余人。2007 年，与县委宣传部、县委党校组成 2 个宣讲团深入乡镇、企业、厂矿等，举办报告会16场次，邀请专家、学者进行十七大精神专题辅导8场次，参加党员1537人次；使用县管党费订购《十七大报告学习辅导百问》《十七大党章修正案学习问答》等学习资料，发放给各基层党组织学习。2010年，举办各类培训班56期，参加培训党员干部2245人次。

三、党组织建设

1991年，全县设有8个镇党委、4个乡党委，6个系统党组（党委），4个厂（场）党委，6个党总支、286个党支部。同年，为了加强机关党的工作，县委成立机关工作委员会，并分系统成立7个机关党委，促进机关党的工作开展。在开展农村社会主义思想教育活动中，加强农村基层党组织建设。至1992年年末，先后对全县软弱涣散的42个村级党支部进行整顿和改选，健全了党支部各项制度。在全县298个党支部和4200名党员中开展民主评议活动，活动中被评为先进党支部的有47个，较好的有143个；评议优秀党员338名，合格党员2423名，4名党员被取消党员资格。

1994年起，重点整顿一批后进党支部，选派一批县直属机关干部和乡（镇）干部到农村挂职，充实农村基层组织建设。1996年，选派55名县直机关、乡（镇）优秀年轻干部到村两委会任职，充实农村基层组织建设，投入农村基层组织建设资金100万元，用于下村任职干部启动发展农村集体经济资金，创办集体经济基地142个，面积520公顷。至1997年年底，县委组织部从全县直属机关、乡（镇）先后选派786名年轻干部到农村基层挂职，分别进驻38个后进党支部开展整顿软弱涣散和重点提高18个村的工作，调整工作不力的村党支部书记，在党员中普遍开展“双学”活动。全县增设党支部3个，党组3个，县机直属机关工作委员会审批设置党支部10个。农村基层组织建设经过整顿得到巩固和提高，充分发挥了战斗堡垒作用，不断增加带领群众致富奔小康的能力。

1998年，《中国共产党党和国家机关基层组织工作条例》颁布，全县各级机关党组织贯彻落实规定，建立健全基层党组织生活制度、工作制度、考核制度、党建制度。全县开展“三级联创”，即县、乡（镇）和村（居）三级党组织，按照以好班子、好队伍、好路子、好体制、好制度“五个好”为主要内容的创建活动，全面推进基层党组织建设。县委出台《关于进一步加强农村基屋党组织建设的决定》，抽调34名县直机关和乡（镇）优秀年轻干部进驻七差乡乙洞村等5个整顿点和海尾镇白沙村等3个基层组织建设示范点，开展整顿和建设工作。2001年，把加强农村基层组织建设作为党建工作的一项重要任务来抓，制定《中共昌江黎族自治县委关于贯彻落实党建工作责任制的实施意见》，把工作任务层层分解，落实到基层。全面推进村级党组织“两推一选”（党员推荐、群众推荐，党内选举）工作，以香岭村党支部为“两推一选”试点单位，试点后以点带面，在全县铺开。同年，县委表彰十月田镇南岭村党支部等34个先进党支部、19名优秀共产党员、21名优秀党务者、7名优秀农村党支部及12名农村党员致富能手。2002年7月，全县乡（镇）行政区划进行调整撤并，将原12个乡（镇）调整撤并为7个，设有镇党委7个。

2003—2004年，继续开展“三级联创”活动，总结示范点和整建点工作经验，典型带动，加强基层党组织建设。先后选派县直机关159名优秀年轻干部，分5批进驻香岭等3个农村基层组织建设示范村和旧县村等3个后进党支部开展整顿，推动农村基层党组织建设水平的提高。2005—2007年，重点围绕推进基层党组织建设，推动农村、企业党组织建设整体提升为抓手。其间，结合开展保持共产党员先进性教育查摆出来的软、瘫、散等问题，选派310人组成“包联促”工作队，协助村党支部理思路、抓作风、建制度、育干部、谋发展，全县30个村党支部得到进一步转化提升。2006年10月，七叉镇分设七叉镇、王下乡，同时设七叉镇党委和王下乡党委。至2007年，全县辖党委15个、党总支10个、党支部339个、党组6个。2008年3月，成立企事业机关工作委员会，增设教科局党委、卫生局党委。是月，建立鸿启叉河水泥厂、南江有限公司2个党支部。2010年，设立县政府办等19个政府工作部门党组，林业局等13个直属事业单位和总工会等6个群团组织党组。扎实抓好村级组织换届选举工作，共选举产生村党支部委员383人，其中女性委员53人，占13.8%。

2010年年末，县企事业工委辖2个党委、4个总支部、65个党支部；县直属机关工委辖4个党委、4个总支部、82个党支部。全县有基层党委16个，党总支由1990年的6个发展到13个，党支部由1990年的286个发展到353个，其中农村党（总）支部84个；全县党组由1991年的5个发展到34个，增加29个，党的基层组织进一步扩大。全县党员人数824人。

1991—2010年，县委组织部对党员的教育形式和途径主要有党校培训、党员会议、各种专题教育活动等。

第三节　干部管理

一、任用与监督

1991年，根据工作需要充实和配备副科级以上干部71人，其中妇女干部8人（占11.3%），少数民族干部20人（占28.2%）。1993年，制定《昌江黎族自治县部委办局领导班子考察方案》，在全面的考察基础上，共调配副科级以上干部229人，其中正科级80名，副科级149名。1994年，加大妇女和少数民族干部的培养，提拔使用女干部22名，少数民族干部27名。1995年，根据《党政领导干部选拔任用工作暂行条例》（以下简称《条例》）等规定，县委制定《关于昌江黎族自治县培养选拔年轻干部工作规划》《关于昌江黎族自治县选拔妇女干部工作规划》《关于昌江黎族自治县选拔少数民族干部工作实施办法》《昌江黎族自治县关于建立领导干部外出报告请假制度的通知》等文件，深入做好干部工作，提拔使用年轻干部187人，妇女干部25人，少数民族干部76人。1998年，贯彻落实《条例》，做好县级班子换届工作，县委班子平均年龄44.5岁，具有大专以上文化程度的23人，占92%；政府班子平均年龄45.7岁，大专以上文化程度的7人，占100%。县直机关领导班子平均年龄45.3岁，具有大专以上文化程度的237人，占48.3%；乡镇班子平均年龄36.5岁，具有大专以上文化程度56人，占42.7%，其中妇女干部4人，少数民族干部4人，实现全县每个乡镇配备1名以上女领导干部的目标。同时，清退党政机关、事业单位临时借用人员和临时工258人，分流党政机关冗员41人。

2002年，根据《昌江黎族自治县2002年乡（镇）党委换届选举工作的实施意见》，县委组织6个干部考察组，对全县12个乡（镇）党政班子和115名干部进行考察。在考察的基础上出台乡（镇）撤并和人事调配方案，确保乡（镇）换届和撤并工作顺利开展。2003年，根据工作需要全县调整配备干部126人，其中副科级提拔为正科的15人，科员提拔为副科的27人，新提拔的干部平均年龄30岁，具有大专以上学历的达100%。2004年，严格执行新修订的《党政领导干部选拔任用条例》深入开展领导干部谈话、回复组织函询、诫勉、任期经济审计、重大事项报告等制度，对拟任用干部实行廉政鉴定，拟任提拔干部实行任期公示，实行每年进行年度考核，对14名干部进行任前谈话，诫勉谈话15人，征求纪委意见4人。下年，制定出台《昌江黎族自治县民主推荐领导干部制度》等10个制度、文件。2006—2007年，先后共调整、交流、提拔干部270人，其中乡（镇）提拔干部25名，县直属机关提拔干部13名，改任非领导职务的16人。其间，2006年对昌化镇、县海洋渔业局等单位9名主要负责人进行经济责任审计，查出违规金额311.1万元，管理不规范金额295.97万元。2007年，根据制度要求对全县68个部门、单位，1799名干部进行考核，评为“优秀”等次的191名，占被考核总人数的10.6%。2008年，对171名干部分别进行任前谈话，其中诫勉谈话19人。

截至2010年年末，县委组织部门与执法、执纪部门共召开联席会45次，联络员定期联系96次，配合县纪委、监察局查处干部违纪案件249起，收集整理285名受查处干部的情况，对问题严重的98人建立档案；累计对干部谈话2077人次，其中，因工作交流和提拔任前谈话600人次，因工作失误、班子不团结谈话645人次，因犯错误受处分谈话285人次，其他谈话547人次。

二、考核制度

20世纪90年代中后期，根据中组部《关于试行地方党政领导干部年度工作考核制度的通知》和其他有关文件精神，制定《昌江县领导班子和干部考核制度》方案，对领导班子和干部年度工作考核，一般在下年年初进行。年度考核对象为党政机关、事业单位领导班子和干部，实行年度考评相结合进行。考核单位的全体人员按领导班子和干部分别考核。除此之外，围绕加强党的执政能力建设和先进性建设，在历次机构改革和每逢换届期间对全县各单位领导班子及成员进行考核，为全面了解全县各级领导班子及成员的思想、作风、工作实绩等情况，为全县各级领导班子调整及对干部培养提拔使用提供了第一手材料。考核内容包括德、能、勤、绩四方面，考核等次分为优秀、称职、不称职等。由县委组织部成立考核小组，从纪检、县委办、政府办、人事劳动保障局等单位抽调人员组成。1997年，对全县党政机关、事业单位78个单位（部门），1571人进行考核，年度考核结果优秀164人，占被考核总人数的10%，称职1405人。

2001年1月，印发《关于做好机构改革对领导班子及成员考核的实施方案》，进一步完善考核制度方案，干部考核工作逐步规范化，全面、客观、公正、准确地考核评价各级领导班子及领导干部换届以来的德才表现和履行职责情况，进一步加强对各单位班子和领导成员的管理、监督、激励与约束，为昌江县各级领导班子的全面建设和培养使用干部提供了第一手材料。2004年，对全县党政机关、事业单位75个单位（部门），1681年进行考核。经考核结果优秀169人，占被考核总人数的10%，称职1510人。2006年8月，印发《乡(镇)领导班子届末考核实施方案》，在考核过程中注重加强对干部“德”的考察和工作实绩的考核。2007年，对全县党政机关、事业单位68个，1799人进行考核。经考核结果优秀等次191人，占被考核总人数的10.6%，称职1607人。2008年，对全县各乡(镇)、党政机关、事业单位等68个单位（部门），1545人进行考核，经考核结果优秀等次249人，占被考核总人数的16.1%，其中科级干部139人。2009年10月，印发《关于对乡(镇)党委、政府及县直党政机关、人民团体、事业单位正职和班子考核的实施方案》，进一步加强对各单位班子和领导成员和干部的管理、监督、激励与约束。2010年，对全县党政机关、事业单位68个单位（部门），1575人进行考核。经考核结果优秀251人，占被考核总人数的15.9%，称职1321人。

三、干部调动交流

20 世纪 90 年代以来，全县干部调动，由县委组织部和县人事劳动保障局分别按照管理权限进行办理。副科级以上干部调动、交流，由县委组织部根据干部队伍建设的需要进行综合分析研究后提出建议方案，报经县委常委会讨论决定，具体由县委组织部负责办理。党群口、乡（镇）公务员、事业人员的调动由组织部部长办公会议讨论决定。政府口公务员、事业人员的调动，经县长和县编委办批准，具体由县人事劳动保障局负责办理。

每年因工作需要或者其他正当理由在国家行政机关内部的干部（包括县内、跨地区、跨部门调动）平级调动频繁。副科级以上干部调配交流主要在换届，以及县委根据工作需要进行交流。1991 年，调配交流副科级以上干部 84 人。1993 年，调配交流副科级以上干部 89 人。1994 年，全县有副科级以上干部 128 人调配交流。1996 年，全县有股级以下干部 25 人办理平级调动。1998 年，调配交流副科级以上干部 101 人。2001 年，全县调配交流副科级以上干部有 89 人，股级以下干部 115 人办理平级调动。2002—2004 年，全县调配交流副科级以上干部 123 人。2006 年 8 月，制定出台《昌江黎族自治县党政领导干部交流工作实施意见》，不断推进干部交流工作，进一步优化领导班子结构，对任职满 10 年的科级领导干部，及时调配交流任职，有计划地调配交流缺少基层工作经验或者岗位经历单一的领导干部，提高领导干部的能力和素质。同年，调配交流副科级以上干部有 141 人，股级以下干部 21 人办理平级调动。2007 年，全县调配交流副科级以上干部有 38 人，股级以下干部 23 人办理平级调动。2010 年，全县调配交流副科级以上干部有 124 人，股级以下干部 34 人办理平级调动。

四、信息管理

1992 年，组织人员用 5 个多月的时间，对组织部档案室的 2452 名干部的档案进行了全面清整。2003 年，做好干部学历、学位的核查认证工作。核查在职干部 3846 人，其中接受全日制教育的 1837 人，在接受全日制教育干部中，大学学历 364 人，大专学历 1473 人。接受在职教育取得学历的干部 418 人，其中大学学历 175 人，大专学历 243 人。

2010 年，推进组织系统信息化和办公自动化建设，按照省委组织部的要求，投入 32 万元建设“大组工网”。对全县 1368 个公务员档案进行了全面清整，集中审核干部“三龄一历”（出生时间、入党时间、参加工作时间、学历）、出生地、籍贯等基本信息，对个别档案缺少、填写不规范、漏盖少盖公章等情况进行一次性督促补交、补办，完善和规范干部档案审核归档工作，推动全县干部档案管理逐步走向规范化。

第四节　干部教育培训

1991年和1992年，以党校为阵地，举办6期各级干部学习《中共十三届七中全会文件》《江泽民总书记“七一”讲话》《马克思列宁主义哲学纲要》《社会主义若干问题纲要》等培训班，参加培训学习干部670人。其中1991年选送2名少数民族干部到广州参加全国少数民族干部管理培训中心参加岗位培训，11名乡（镇）正副书记、正副乡（镇）长到省培训中心参加岗位培训，6名干部被录取到成人教育专科就读。根据中央关于“五年内各级在职干部要接受一次3~5个月的系统马克思主义理论教育”的要求，制定《1992—1995年全县干部培训工作方案》，成立“干部培训教育组”。采取灵活多样的组织形式和方法，开展学习《建设有中国特色社会主义理论》《党的基本知识》，做到每个干部有一套《邓小平文选》一、二卷。至1996年年底，全县共举办干部学习培训班75期，参加培训学习达9648人，参加各类进修、党校函授和成人教育的干部有892人。

2001年，制定《昌江黎族自治县2001—2005年干部教育培训规划》，全面加强理论武装工作，突出抓好各级干部学习培训，提高干部理论水平。至2005年年底，全县举办各种培训班129期，培训各类干部21514人次。2006年，全县投入教育培训经费170万元，且逐年递增。举办各级各类培训班和讲座112期，受训干部达15748人次，选派135名领导干部到广东、江苏、上海等经济发达地区学习考察。

2007—2009年，进一步贯彻落实《干部教育培训工作条例（试行）实施办法》，制定《2007—2011年全县干部教育培训规划》，围绕提高领导干部政治鉴别能力、战略思维能力、科学决策能力、开拓创新能力的综合素质，进一步拓宽干部培训渠道，坚持集培训、外派学习、上挂培养、下派锻炼、自我提高等多措并举抓培训，吸取新的知识，跟上时代步伐。3年间，累计投入培训经费761万元，先后在中国人民大学、清华大学分别开办3期科级干部公共管理高级研修班，首批参加中国人民大学硕士（MPA）学习的科级领导干部50名，第3期参加清华大学高级研修班习学的干部65名。对全县108名提拔的科级领导干部进行任职培训，参与各种方式举办各类干部培训班的干部有2251人参加学习。举办84人参加的中青年干部骨干及优秀后备干部培训班，参加中央党校等中央级培训有5人次，高校培训有70人次，出国出境学习考察25人次。选派210名干部和专业技术人员到上海、江苏、浙江、广东参观考察学习，1034名各类专业技术人到省参加培训。另外，首次选派干部到省直机关和经济发达地区挂职锻炼；组织部门先后举办组工干部主体培训班5期，培训干部629人次；组织各乡（镇）副书记、组织委员和县委组织部干部17人，到浙江丽水培训。2010年，全县举办各类干部培训班53期，投入培训经费2364.52万元，培训干部3271人次，培训总天数累计98天，其中培训县领导60人次，科级干部1482人次，其他干部1729人次。组织197名各级领导干部共分10批次到广西、广东等地考察学习。

第五节 人才工作

20世纪90年代，昌江县人才缺乏，县委、县政府重视培养人才工作，分批选送一定数量的中青年在职干部到大中专院校学习深造，鼓励和支持在职干部参加函授、自学考试教育等。至2000年，全县有高级技术职称人员42人，中级技术职称人员628人。

21世纪初，县委始终把人才工作放在各项工作首位。2004年，制定《昌江黎族自治县贯彻 < 中共中央国务院关于进一步加强人才工作的决定 > 的实施意见》，开展全县人才总量、分布状况、专业结构等调研活动，完成“昌江黎族自治县党政人才队伍建设的现状和建议”等5个调研课题。2005年后，不断加大人才引进，与省内大专院校合作，充分利用高校人才和科研优势服务全县各项事业的建设。同年，在昌江中学、民族中学面向全国招聘32名本科学历教师，充实教育事业。

2008年，县委制定《昌江黎族自治县教育系统引进人才实施办法（暂行）》，对正式招录人员，除享受海南省定级标准工资待遇外，还可享受一次性补助5000元安家费；对正式招聘人员，提供每人1间免租金使用的教师工作间；对正式引进的全日制博士、硕士研究生，愿意在昌江县连续工作6年以上的，奖励1套70平方米的住房。制定《昌江黎族自治县循环经济工业区发展资金管理办法（暂行）》，对来自于工业区内企业员工的股息、红利所得所缴纳的个人所得税，个人年纳税额在10万元以上(含10万元)，按昌江地方留成部分给予10%财政扶持,用于在昌江县及海南省内购房、建房;企业引进、聘用的高级专业技术和管理人才的工资、奖金等收入所缴纳的个人所得税县级留成部分，5年内全部返还个人。至2008年年底，昌江教育系统面向全国招聘本科、研究生学历高中教师116名，聘请10名中国工程院院士担任工业发展顾问。

2009年，成立县人才工作办公室，编制4名。人才工作办公室围绕实施“人才强县”战略，重点引进县急需专业人才。同年，面向全省招聘昌江广播电视台播音主持、新闻记者、文字编辑、电视制作等大专以上学历的专业人才16名，面向全国招聘思源学校校长1名。2010年，贯彻落实全国、全省人才工作精神，县委对县人才工作协调小组成员进行调整，建立健全《昌江黎族自治县人才工作协调小组职责》等5项工作制度，推进人才工作制度化、规范化。编制昌江县《中长期人才发展规划纲要（2010—2020年）》（以下简称《纲要》），《纲要》指出之后10年全县人才发展的指导思想、发展目标。同年，招录100名卫生技术人充实到县人民医院及县中医院。截至2010年年末，全县面向全国招聘各类技术人才152人。全县有高级技术职称的人员177人，中级技术职称544人。

第六节　村（居）“两委”干部管理

一、实行坐班制

2007年起，按照省委“基层组织提升年”的要求，推进服务型党组织建设和带头人队伍建设，把基层党组织的工作重心转到服务发展、服务群众上来。11月，县委组织部率先在石碌镇香岭、尖岭、片石、保突、孔车5个村委会试行农村“两委”（村委会、党支部）干部轮流坐班（值班）制，为群众做好事、办实事，接受群众来访、办理日常事务，解决群众办事难的工作坐班制度。2008年1月，在充分调研和总结试点经验的基础上，县委组织部制定《关于推行村（居）“两委”干部坐班制的实施意见》，在全县84个村（居）委会全面推行农村“两委”干部坐班制。在全国率先推行农村“两委”干部坐班制，此项工作获得省委组织部开展的“四个年”（改革创新年、转型攻坚年、环境提升年、服务群众年）组织工作“创新成果”评比一等奖。

二、培训教育

2010年10月，为提高农村基层干部的政治思想素质科学决策能力，县委办、县政府办联合下发《关于印发〈昌江黎族自治县关于创办农村“两委”干部后备班的实施方案〉的通知》，成立由县领导为组长，组织部、党校、民政、财政、教育、农业、职教中心等相关部门为成员的领导机构，具体组织后备班的教育培训。农村“两委”干部后备班招收对象具有高中或高中以上同等学力，年龄在28周岁以下的农村优秀青年，每个村（居）委会每期招收1名学员。学员在校期间的学费、书本费、实践费、住宿费和生活补助费给予“四免一补”政策，由县财政从年度培训经费中全额划拨解决。后备班采取脱产组班教学形式，利用海南广播电视大学现代远程教育手段和海南省优秀专家教授授课的方式，开设农村金融、农村政务、农村法律法规、信息收集及报送、小城镇建设、乡镇行政管理、土地利用规划、市场调查等28门课程。11月20日，在县职业教育中心举行农村“两委”干部后备班首班开学典礼，参加培训学员79名。同年，与县委组织部党员干部培训中心举办3期农村“两委”干部脱产培训班，参加培训人数316人。2009年，县委组织部电教中心拍摄的反映海尾镇白沙村“两委”坐班制为主要内容的《今天我坐班》党员电教片，获省第四届党员电教片评比一等奖。

2010年2月，省委组织部、省教育厅、省财政厅、海南电大联合下发《关于印发〈海南省2010—2015年农村干部大专学历教育实施方案〉的通知》。4月，全省第一个落实农村干部大专学历教育《实施方案》的县第二期后备班80名学员，在海南电大新校区海甸校区开班。学员毕业时，由中央电视大学颁发国家承认的高等教育专科学历毕业证书，教育部给予毕业证书电子注册。截至2010年年底，共举办农村“两委”干部后备班3期，第一、三期在县职业教育中心，第二期在海南电大海甸校区，参加“两委”干部后备培训人数达240人。昌江培养农村“两委”干部后备人才的做法得到省委组织部的肯定，并在全省推广。

三、实施现代化远程教育

2008年，全县农村党员干部现代远程教育工程启动。2月，县委下发《昌江黎族自治县农村党员干部现代远程教育工作实施方案》，成立以县委常委、组织部部长任组长，县委组织部1名副部长任副组长，县纪委、宣传部、党校、发展与改革委、教育与科学技术局、民政局、财政局、农业局、文体局、扶贫办、团县委、科协、电视台、昌江电信公司、昌江广播电视有线网络公司等16职能部门主要领导为成员的昌江农村党员干部现代远程教育工作领导协调小组。

同年6月，石碌镇、乌烈镇、海尾镇、叉河镇、昌化镇5个乡（镇）党委所在地建成第一批示范站点。10月，建成石碌镇党委，石碌镇保梅村、水头村党支部；十月田镇王炸村、好清村党支部；乌烈镇党委，乌烈镇峨沟村、白石村党支部；昌化镇党委，海尾镇党委，海尾镇海尾社区党支部；叉河镇党委，叉河镇叉河村、老宏村党支部等14个电信模式终端站点。年底，完成全县村级远程教育55个接收站点建设。到2009年10月，完成有线电视传输模式或卫星传输模式站点建设计划数的100%，占总计划数的30%；建成7个有线电视模式（MMDS）终端接收站点和远程教育有线电视网络传输信号监控站点，其中县委组织部、县有线电视机房监控点2个，石碌镇香岭村、十月田镇塘坊村、乌烈镇纳凤村、叉河镇坎头村、唐村站点5个。建成计划内农村党员现代远程教育站点77个，占计划数的96.25%。其中，电信站点64个，占80%；卫星站点11个，占13.75%；有线电视站点2个，占2%。此外，建成6个计划外的社区党支部电信站点。完成电信模式站点建设计划数的100%，占总计划数的70%。

2010年，按照“边建、边管、边学、边用”的要求，县、乡（镇）及时组建站点管理队伍，加强对已建成的站点的管理工作。5月，培训乡（镇）、村现代远程教育终端接收站点负责人92人。7月26日至29日，省远程办第四检查验收小组采取随机抽查的方式，对全县8个乡（镇）中的4个工作站、72个行政村中的24个终端站点18个电信模式、5个卫星模式、1个有线电视（MMDS）模式站点进行抽查验收，所抽查的县远程办、乡（镇）工作站和终端站点的各项验收指标均符合标准，全部合格，顺利通过验收。10月底，培训全县乡（镇）、村现代远程教育终端站点引导员和调整后的负责人、管理员。

截至2010年年末，全县农村党员干部现代远程教育体系基本建成。设有工作领导协调小组办公室1个，下辖8个乡（镇）工作站，80个农村党员干部现代远程教育终端点。其中，电信模式站点59个(2个为无线传输)，占73.75%；有线电视模式站点5个，占6.3%；卫星模式站点16个，占20%。全县投入终端站点和平台建设的直接费用达37.05万元（县管党费中拨出3.36万元，县财政中拨出33.69万元），其中19.82万元用于政府采购53台电视机和71个电视机柜。自站点建成投入使用以来，各级党组织和远程教育点坚持学以致用，不断拓展学用功能，广大党员干部充分地利用远程教育平台学知识，获得了信息，农村广大党员干部整体素质不断提高。已累计开机1201小时，组织党员和群众观看25147人次，农村党员干部受训覆盖面超过90%，取得较好的学习培训效果。

1991—2010年昌江县党组织党员基本情况表

表14-5-1

年份	党组织情况（个）				党员情况（人）					
	党委	党总支	党支部	党组	党员总数	其中				
						发展党员	女党员	26岁至35岁党员	少数民族党员	大专以上党员
1991	21	5	298	5	4407	129	517	768	1583	22
1992	21	6	315	7	4530	—	—	—	—	—
1993	21	6	322	7	4742	187	564	724	1690	22
1994	21	7	333	10	5016	216	—	—	—	—
1995	18	5	333	10	5176	166	—	—	—	—
1996	18	8	337	10	5348	219	—	—	—	—
1997	18	8	343	10	5651	228	—	—	—	—
1998	18	7	338	10	5678	262	693	1041	2085	47

表 14-5-1 续 1

年份	党组织情况（个）				党员情况（人）					
	党委	党总支	党支部	党组	党员总数	其中				
						发展党员	女党员	26岁至35岁党员	少数民族党员	大专以上党员
1999	18	6	339	7	5916	257	257	—	—	—
2000	18	4	342	12	6205	278	803	1211	2251	45
2001	19	6	345	12	6389	211	820	1316	2287	63
2002	14	7	337	12	6685	313	878	1426	2403	1380
2003	14	7	331	11	6844	226	900	1623	2428	1520
2004	14	10	334	11	6976	203	935	1667	2480	1605
2005	14	10	334	11	7167	272	957	1715	2636	1681
2006	15	9	334	11	7300	164	965	1770	2666	1756
2007	15	10	339	9	7497	226	1028	1815	—	1816
2008	14	11	345	9	7850	293	1074	—	2841	2074
2009	14	12	353	9	8211	317	1158	1855	2878	2197
2010	16	13	353	34	8589	305	1229	1900	3068	2518

第六章　宣传工作

第一节　机　构

1991 年，县委宣传部内设有办公室、理论组、宣传组。1999 年 7 月，县国防教育办公室由县人民武装部划归县委宣传部。2000 年，县委宣传部加挂中共昌江黎族自治县委社会主义精神文明建设指导委员会办公室牌子。2009 年 7 月 30 日，根据省委宣传部《关于完善新闻发布制度相关事项的通知》，经县编委会决定，成立“中共昌江黎族自治县委对外宣传办公室”，加挂“昌江黎族自治县人民政府新闻办公室”牌子。2010 年，县委宣传部内设办公室、理论组、外宣办、新闻办、文明办等机构。

第二节　理论学习

1993 年，《邓小平文选》第三卷出版，举办 3 期党政干部理论培训班，学习《邓小平文选》重要文章、中共十四大报告和邓小平南方重要讲话、社会主义市场经济理论知识等，参加培 600 人次。1995 年，以县委中心组理论学习为龙头，带动全县党员干部系统学习邓小平建设有中国特色的社会主义理论和党章。县委中心组学习累计 20 天以上，发放群众路线教育和精神文明建设教育学习材料 2800 多份；在企业党员干部中开展“双学”活动，发放书籍材料 7000 册，试题 1.2 万份，有 90% 的党员参加活动。1997 年，完善《中共昌江黎族自治县县委中心组学习制度》和《中共昌江黎族自治县县中层干部学习制度》。聘请省委党校专家为县委中心组授课 19 次，购买中共十五大报告教材及辅导材料 3800 多册，录像带 30 套，并发至全县党员干部手中。举办科级干部理论学习班5期，累计13天；组织干部、职工学习中共十五大精神，举办学习班50期，参加学习1500人次。

1998—2000年，组织县委中心组及科级干部继续学习邓小平理论和党的十五大报告，建设有中国特色的社会主义理论，围绕省情、县情，结合昌江实际，组织广大干部进行开展“解放思想、实事求是”和产业结构调整与经济发展研讨活动。举办县委中心组及副科以上干部集中理论学习和培训3期。县委宣传部部长撰写的《论党员思想道德教育》一文在《特区展望》上发表。

2001年和2002年，结合“三个代表”重要思想学习教育活动，抓好县委理论中心组学习，组织理论骨干深入到各(镇)、机关单位、企业指导和督促各单位学习“三个代表”重要思想，掀起学习“三个代表”重要思想的高潮。县委中心组理论学习累计20天以上，举办专题报告21场，以会代培71期，参加人数达2.25万人。县级领导先后在中央及省级报刊上发表文章55篇。

2005年，以保持共产党员先进性教育活动为载体，开展理论学习，县委中心组以领导干部的楷模孔繁森、《中国共产党章程》等进行学习。县委宣传部成立宣讲团深入7镇1乡和80个村，宣讲经济社会发展形势、党和政府落实科学发展观、构建和谐社会、解决“三农”问题、提高党的执政能力等内容。宣讲团作报告85场次，受教育群众达7万人次。2007年和2008年，以学习中共十七大精神为重点，组织一批中共十七大精神的电教教材和十七大文件及相关文献，发到村一级干部群众手中，让干部群众学有提纲学有教材。其间，通过聘请中国人民大学、国家行政学院、海南党校等教授专家学者3人作理论辅导4场。开展乡(镇)、农村理论之星活动，通过组织演讲，全县评出8人为乡(镇)理论之星，参加全省乡(镇)理论之星演讲活动，有2人进入全省前10名行列，十月田镇、昌化镇等有4人被省委宣传部授予“理论之星”荣誉称号。

2009年，开展学习实践科学发展观活动，健全、完善理论学习机制，创新理论学习方法，加强理论调研，推进党委（党组）中心组的学习制度化，组织全县上下深入学习领会精神。全年共组织县委中心组集中学习12次，开展理论研讨会2次，撰写理论文章83篇。继续组织开展乡(镇)理论之星读书活动和新农民读书系列活动，聘请老党员上革命传统教育课，为农民赠送国防教育书籍，举办国防教育演讲比赛等。2010年，按照省委和县委的要求，紧密联系实际，确立9个学习专题。采取集中学习、个人学习、专题讲座、实地调研等多种方式，加强县委中心组理论学习工作。向各乡(镇)各单位发放《2010年理论热点面对面》等理论学习资料5000册。

第三节　对外宣传

20世纪90年代中期起，县委、县政府主要通过新闻发布、推介会、制作大型画册和拍摄影碟等形式，对外宣传介绍昌江优势资源和两个文明建设情况。1996年、1998年，分别举办首届、第二届海南昌江芒果节，以节会宣传昌江，扩大昌江知名度。

一、“芒果之乡新闻发布会”

1998年5月18日，县委、县政府为了扩大宣传昌江芒果品牌，由县委书记龚旭光等县领导带队，在北京人民大会堂举办“中国芒果之乡——昌江昌香牌芒果”新闻发布会，并将昌江芒果赠送给国旗护卫班战士。

二、热带水果（农产品）推介会

2000年，县委、县政府大力拓宽芒果销售市场，发展昌江热带水果经济。5月12日，在海口黄金大酒店举行昌江芒果品尝会，县长吉廷军讲话。5月30日，县委组成3个工作组，分别在北京人民大会堂浙江厅、北京王府井百货大楼、西单商场和崇文门菜市场举行海南昌江热带水果农业发布会暨农副产品促销活动，共与客商签订4亿元的农产品订单。

2002年5月10日，在北京、上海举办海南昌江热带水果推介会暨系列宣传促销活动，分别与北京水果批发商和上海果菜商签订购销芒果、香蕉、菠萝等名优热带水果8.2万吨的订单。2003—2006年，先后在北京、上海、杭州、山东、云南、湖南等地举办名优水果推介活动暨招商新闻发布、经贸发展洽谈会。通过新闻媒体广泛宣传，扩大影响，昌江芒果和热带水果（瓜果菜）系列品种享誉全国，已成为昌江农业经济发展的主导产品。

三、长臂猿邮票发行推介会

2002年12月7日，在昌江中学运动场举办“长臂猿”特种邮票首发式暨昌江优势资源推介会。由国家邮政局主办，中国集邮总公司、海南省邮政局、昌江县委、县政府和霸王岭林业局共同协办。县委、县政府以此为契机大力推介昌江资源优势，举办一系列招商引资和文化活动，宣传和促进昌江经济建设。全国各地嘉宾550人参加了盛会，著名相声演员冯巩和14名国家级歌唱演员为开幕式助兴。

四、制作画册与影碟宣传昌江

1998年起，县委、县政府加大外宣力度，开展形式多样的对外宣传活动，让昌江走向全国。1998年，印制《中国芒果之乡——海南昌江》画册3000册，赠送全县部分干部与客商。2002年，在北京、上海举办海南昌江热带水果推介会暨系列宣传促销活动，分别印制《神奇的昌江》画册4000册和《绿色的昌江》5000册赠送客商。2006年，拍摄《神奇昌江》宣传片制作2000盒影碟，赠送海内外嘉宾。2008年，拍摄电视宣传片《昌江，永远的邀请》和印制招商宣传册，宣传、推介昌江。截至2010年年末，共制作画册、图书、简介、投资指南、旅游折页等宣传品5.4万（本）册，电视专题片2个，书籍1本，介绍宣传昌江的区位、人文、气候、交通、历史、资源、基础建设和良好的投资环境及两个文明建设的丰硕成果。

第四节　社会宣传

20世纪90年代以来，县委宣传部根据各时期党的路线、方针、政策，围绕县委、县政府的中心工作，采取印发材料、广播、录像、图片、演讲、墙报等形式，对广大党员、干部、工人和群众进行宣传思想教育。

1991—1996年，对全县党员进行马克思主义基本理论、党的基本路线教育和党的“三基”教育，在职工中开展基本国情、基本路线“两基”教育，在农村开展社会主义思想教育。在全县党员干部中开展学习《邓小平文选》第三卷和中共十四届五中、六中全会精神为基本内容，树立正确的世界观、人生观和价值观的思想教育，群众受教育面达86%。

1997年，围绕香港回归和党的十五大召开，贯彻落实《爱国主义教育实施纲要》，在全县机关、企事业单位、中小学校组织广大党员干部和学生学习《中华人民共和国香港特别行政区基本法》《中华人民共和国国旗法》，观看《林则徐》《鸦片战争》等爱国主义教育影片，让爱国主义思想不断深入全县人民群众心中。1998年以后，结合台湾海峡局势的变化，全县开展反“台独”的教育活动。1999年，县委宣传部组织全县干部职工、群众收听收看中央新闻，开展爱国主义思想教育。以昌江第二届芒果节为契机，突出宣传昌江十大水果品牌和十个万亩水果生产基地，向农户发放科技宣传资料5万份。

2000年，根据中组部、中宣部《关于组织开展“致富思源、富而思进”教育活动的通知》，组织全县干部学习，为改革开放和“二次创业”奠定思想基础。在全县中小学开展“双思”教育主题暑期社会实践活动等；在县城沿街两旁设立形象标识牌，正面宣传昌江资源优势、投资环境、名优特瓜果等；组织县歌舞团以绿色农业为主题，开展下乡巡回宣传演出，累计达22场次；举办全县“文明杯”公民道德思想建设知识竞赛，全县39个单位共117名干部职工参加竞赛。

2004—2006年，开展社会主义荣辱观等宣传思想教育活动。开展“十一五”美好前景主题教育活动，开展形式多样党的政策宣传教育，开展国情省情教育、反腐倡廉教育、“五五”普法和国际形势教育。

2007年，紧紧围绕昌江社会经济的发展，举办昌江黎族自治县成立20周年庆典系列活动，大力宣传昌江教育扶贫移民、实行生态补偿机制、海防林建设、农村合作医疗一卡通等惠民成果。举办大型歌舞诗《崛起的昌江》《昌江新年音乐会》等活动宣传昌江。组织中学生到海南钢铁公司死难矿工纪念碑开展信仰教育活动，激发学生的爱国热情。

2009年和2010年，深入开展科学发展观教育宣传，结合中宣传部编写的《六个“为什么”》（即必须坚持马克思主义在意识形态领域的指导地位，而不能搞指导思想的多元化；只有社会主义才能救中国，只有中国特色社会主义才能发展中国，而不能搞民主社会主义和资本主义；必须坚持人民代表大会制度，而不能搞“三权分立”；必须坚持中国共产党领导的多党合作和政治协商制度，而不能搞西方的多党制；必须坚持以公有制为主体、多种所有制经济共同发展的基本经济制度，而不能搞私有化或“纯而又纯”的公有制；必须坚持改革开放不动摇，而不能走回头路）辅助教材。聘请老党员上革命传统教育课，组织武装部等部门为农民赠送国防教育书籍，举办国防教育演讲比赛等活动。

第五节　新闻报道

20世纪90年代以来，新闻报道工作主要围绕县委、县政府出台每项重大决策，组织新闻媒体制作专题节目、刊播系列典型报道。在新闻工作者中开展上大报、争头条、创优稿活动，积极在县级以上广播、电视台、报纸杂志投稿方式，来展现昌江改革开放、各条战线上的新面貌、新风尚、新成就。全县每年有百余篇新闻通讯稿件被省级以上新闻单位采用。1993年，大力宣传昌江的资源优势、投资环境和改革开放以来的巨大成就，在省级以上报刊发稿80篇，其中国家级报刊发稿10篇，头版头条4篇。

1994—1995年，突出加强经济形势、经济政策、科技致富及改革开放成就等方面的宣传，在国家级报刊发稿14篇，省级报刊216篇，其中头版头条18篇。1996年，县委宣传部重点宣传报道县委、县政府举办海南昌江首届芒果节活动，全方位、多层次宣传昌江首届芒果节，在国家级刊物发稿6篇，省级报刊92篇（其中头版头条18篇），中央人民广播电台和中央电视台发稿3篇，海南人民广播电台电视台20篇。1998年，在省级以上报刊、广播电台、电视台发稿93篇，其中，国家级报刊7篇，省级报刊73篇，中央人民广播电台、电视台5篇，海南人民广播电台、电视台突出宣传报道昌江资源优势，在省级以上报刊、电台、电视台发稿131篇，其中国家级报刊18篇，省级报刊76篇，头版头条20篇，中央人民广播电台、电视台9篇，海南人民广播电台、电视台8篇。

2000—2006年，调整宣传策略，以塑造“绿色昌江良好形象”为主攻目标，大力宣传报道昌江矿藏、旅游资源、热带水果、投资环境，唱好“舆论招商重头戏”。据统计，6年宣传中，向省级以上新闻媒体发稿1770篇，其中国家级报刊发稿18篇，中央人民广播电台、中央电视台发稿7篇，海南人民广播电台、海南电视台发稿1745篇，《海南日报》和《今日海南》采用稿件102篇，为推进昌江招商引资铺路搭桥起到了积极作用。其中，2003年，先后邀请《人民日报》《海南日报》和海口电视台记者到昌江采风，制作一系列专题报道。全年向海南人民广播电台、海南电视台送稿1725篇，向《海南日报》投稿260篇，被采用新闻稿及图片108篇（幅）。

2007年，昌江在中央、省主要媒体发表头版头条新闻167篇，其他版面756条，进入央视新闻4条，向省人民广播电台发稿被采纳播出100多条，有效地宣传了昌江、扩大了昌江的知名度。2008年，按照县委提出的“围绕一个中心、实施双大战略、激活三大资源、推进三化一业、强化四个抓手”的工作思路，通过各种媒体渠道及时、有效地向社会宣传昌江。同年，分别在《人民日报》《中国经济时报》《大公报》《海南日报》《南国都市报》《今日海南》等报刊和新华通讯社、人民网等省内外媒体刊登新闻稿435条，其中《海南日报》刊登的新闻及图片有236条（幅），《大公报》等省外媒体刊登100余条，在《人民日报》《海南日报》《大公报》等策划整版专刊6次。

2010年，开展“山海黎乡，纯美昌江”旅游宣传活动，分“绿醉昌江”“奇醉昌江”“蓝醉昌江”“情醉昌江”4个版面报道昌江旅游资源。全年在海南人民广播电台播出新闻75条、昌江短讯200条，在人民网、南海网和昌江宣传网发布新闻、通信、图片等600条（幅），在《人民日报》《海南日报》《南国都市报》和新华通讯社等媒体刊登新闻稿件450条，发稿量创历史新高。

第六节 报刊征订

1991年后，县委宣传部负责党报党刊征订工作，每年10月或11月初召开县直属机关、各乡镇、厂场企事业分管宣传负责人会议部署党报党刊征订，制定包干任务，层层分解，层层落实到单位，这一制度成为常态化。1996年，报刊发行271.6万份，比上年增长9.1%。

1992—2002年10年中，年年圆满完成省委下达的党报党刊征订任务。其中1998—2000年，连续3年被省委宣传部、《海南日报》社评为“党报党刊发行先进单位”。

2003年，县委宣传部一改以往的分配做法，上门找各单位各部门领导谈心、交心，竭力做好党报党刊的发行工作。同年全县党报党刊提前半个月超额完成任务，被省委宣传部评为“先进单位”。2004—2006年，县委宣传部成立专门机构，把任务分解到人头去抓，取得了显著的成绩。连续3年被评为全省党报党刊发行“先进单位”。2007年，采取行政、事业单位财政包干的办法，企业上门收订等有效途径，提前1个月完成报刊收订工作，被省委宣传部评为“先进发行单位”。2009年，切实做好发行中每个环节的工作，确保“领导、任务、责任、经费、督查”五个到位，从而促使党报党刊发行工作顺利开展，发行数量稳中有升，完成党报党刊发行任务，被省委宣传部评为发行先进单位。

2010年，采取“财政划拨，集订分送”的办法，组织多个征订小组上门征订，搞好服务。同时抓好全县各大中型企业以及宾馆、饭店、医院、超市等人流较大的公共场所的党报党刊征订工作，扩大征订覆盖面，超额完成《海南日报》等党报党刊的征订任务。

第七节　精神文明建设

一、文明建设规划

1991—2010年，县精神文明建设办公室先后制定了《昌江黎族自治县精神文明建设“八五”规划》《昌江黎族自治县精神文明建设“九五”规划》《昌江黎族自治县精神文明建设“十五”规划》等规划，提出了精神文明建设的具体要求。《关于全县农村精神文明建设活动的意见》。为确保全县精神文明建设工作有效开展，制定了《昌江黎族自治县精神文明建设工作考核细则》，对在精神文明建设工作中不履行或马虎应付的单位和个人予以责任追究；对工作中措施得力、成效突出、群众反映好的先进单位和个人，给予奖励。

二、 创建活动

1991年，县文明委在全县开展“职业道德”“文明窗口”“文明一条街”“双文明户”“五好家庭”等竞赛活动，全县有12个部门108个基层单位悬挂参赛标志牌，创建36个县级文明单位、2个省级文明单位，全县评出“双文明户”2.1万户、“五好家庭”3.4万户、“遵纪守法户”4万户。

1995年，文明县城创建活动取得新进展。在全县开展“三德”（社会公德、职业道德、家庭美德）教育、爱国主义教育歌曲歌咏大赛、社会主义公民道德建设知识竞赛等主题活动，发起在社会做个好公民，机关做个好职工，家庭做个好成员的良好风尚。1996年，在县直机关开展创建文明大院，推进机关形象建设的活动，并制定出文明大院标准。评出县委大院、县政府大院、县电力局大院、电信局大院等10个文明大院。1997年，开展“十星级文明户”创建活动，评出“十星级文明户”5万户、挂牌3万户。组织夺杯竞赛活动，检察、法院、公安、司法、审计、工商、国税、地税、环保、城管、土地管理、技术监督、经贸、交通、旅游、供销、卫生、文化等开展“优质服务杯”竞赛；供电、邮政、电信、人行、中行、工行、农行、建行、农发行、财险、人险等单位开展“便民利民杯”竞赛。创建了10个高标准的精神文明示范单位。

1998年，继续开展“讲文明，树新风，向不文明言行告别”活动。围绕实现“环境优美、优良秩序、优质服务，提高全民素质和县城文明程度”的奋斗目标，组织社会力量集中办了几件作用大、影响大、群众满意的实事。6月，在全国环境综合治理委员会组织的全国“优秀县城”综合整治竞赛活动中，昌江县被评为“全国优秀环境整治先进县城”。

1999年，开展“树昌江新形象、做文明昌江人”活动，全县由文明办组织的文明单位干部职工1000人次参加充当道路交通员、卫生督管员活动，组织学生课余时间到街上参加活动。城乡卫生状况走上全省的先进行列。2000—2003年，精神文明建设突出重点，讲求特色。开展“让昌江走向富裕文明”活动，使文明与富裕同行。开展“以德治县”“诚实守信”活动。开展“文明诚信企业”的创建活动，县电信局、邮政局、工行、建行、国税、地税、县一小等单位被省委、省政府评为2000—2002年度省级文明单位。2003—2006年，全县共创“五好文明家庭户”100个，标兵10户，其中，有5户获省级荣誉称号，2户获全国级荣誉称号。石碌镇山竹沟村被全国妇联、文化部评为“美德在农家”示范点。昌江中学、县地税局等4个单位被省委、省政府授予文明单位。国投水泥厂、华盛水泥厂、昌江供电局等单位被省委、省政府授予文明诚信企业称号。2007年，推行办事公开制、服务承诺制、首问负责制、社会监督制等行政服务“四制”活动，县国税、电信、移动等一批窗口单位列入全省先进行业。石碌镇小区、昌江工行小区、国投水泥厂生活区等被列为全省文明安全社区先进行列。2009年，十月田镇被中央精神文明建设指导委员会办公室评为2008年度“全国创建文明村工作先进村镇”。到2010年，精神文明建设活动形式多样，形成总体推进的格局，居民素质和城乡文明程度显著提高。在省级文明单位、文明社区创建过程中，昌江县职教中心、县财政局、县气象局、昌江供电局、县委办公室、昌江移动公司等6个单位为文明单位；海南矿业公司后勤管理部河南社区管理站为文明社区，昌化镇昌化社区获为文明社区。豹爱芳、任霞荣获全国敬老爱老助老主题教育活动组委会授予“中华孝老爱亲之星”荣誉称号和全国道德模范提名奖及省道德模范称号。文明家庭创建，1991年，全县共评出“文明家庭”2.1万户、“五好家庭”3.4万户。1997年，在全县开展“十星级文明户”创建活动，评出“十星级文明户”5万户，挂牌3万户。

三、文明生态村创建

1999年，县委经过乌烈镇峨港村委会的试点实践，决定把农村文明生态村建设当作农村一项中心工作来抓。2001年，成立文明生态村建设领导小组，制定全县农村文明生态村规划。2002年，制定《昌江黎族自治县2002—2009年文明生态村创建规划》，初步拟定了昌江文明生态村创建规划，文明生态村建设步伐加快。到2004年全县创建山竹沟、昌化、新港、香岭、道隆等13个文明生态村典型。

2005年8月，重新调整文明生态村创建领导小组，全县文明生态村建设不断加大投入建设。2003—2007年，全县累计投入文明生态村建设专项资金6804.2万元，群众集资和社会捐助430万元，修路612条，长183.8千米，绿化植村8.53万株。共召开文明生态村建设现场工作会议5次，表彰22个文明生态村先进村和先进个人61人次。全县共建有农村文明生态村105个，占自然村总数的58.9%，在全省率先提前3年实现文明生态村建设过半的目标。石碌镇山竹沟村列入全国先进村庄，海尾镇五联新村、白沙村、十月田镇南岭村等19个村庄列入全省文明生态村庄。2005—2007年连续两年被省委宣传部、省精神文明办评为文明生态村创建先进县，并分别奖励5万元和4万元奖金。

2008年，全省文明生态村建设现场经验交流会在昌江召开。同年，昌江投入创建资金1700万元，整合涉农资金1300万元，建成石碌镇片石村、“三月三”广场、孔车村和七叉镇宝山村等一批文明生态示范村。全年建成文明生态村119个，占全县177个自然村的67%，受益群众11.6万人，占农村人口72.6%。2009年，县财政投入1150万元，全县整合涉农资金2530万元，群众自筹资金20万元进行文明生态村建设，文明生态村普及率达75.4%。2010年，文明生态村建设扎实推进，县财政投入1400万元，全县整合涉农资金3529万元，群众自筹资金30万元进行文明生态村建设。新建先东村等12个村庄，巩固提高大风村等28个村庄。年底，全县共建成文明生态村145个，占全县177个自然村的81.9%，文明生态村创建位居全省前列。县评定文明生态示范村5个：十月田镇才地村，七叉镇宝山村，石碌镇山竹沟村，昌化镇昌化居委会、昌城村；文明生态镇2个：石碌镇、十月田镇。石碌镇山竹沟村、十月田镇南岭四队、七叉镇宝山村3个村庄被省委、省政府授予2007年至2009年省级文明生态示范村称号。

附两个文明生态村简介

片石村位于西线高速公路太坡出口路北侧，是一个黎族行政村，辖老村、大村、新村、芭蕉村4个自然村，全村共有729户3186人，党员75名，其中男党员22名，女党员17名。村两委班子成员9人，全部为初中以上文化程度。全村耕地995.26公顷，其中水旱田110.53公顷，坡地884.73公顷，主要作物有橡胶、香蕉、毛豆、木薯、甘蔗等。养殖业主要有鸡、鹅、猪等品种。

片石村围绕建设社会主义新农村的目标，以强村富民为出发点，立足本村资源优势，以橡胶产业为重点，推进农业产业化发展，创建了万亩民营橡胶种植基地，大力扶持毛豆、香蕉等高效农业种植和家禽养殖业，形成“长短互补、种养结合”的生产格局，2010年全村人均纯收入3406元，同比增长9.8%，全村种植橡胶454.66公顷、香蕉166.66公顷、毛豆66.66公顷。在县、镇的支持下，开展生态文明村建设，建成全长2千米的水泥进村公路和环村公路，全村实现硬化道路2千米，完成危房改造126户，电视、电话入户率98%，改水改厕率分别达到90%和95%，并沿道路种植风景树，在农户房前屋后种植花梨、龙眼、黄皮、番荔枝、石榴等经济果树，建成集办公室、标准化卫生室、党员现代化远程教育网络、篮球场、戏台、警务室、农家书屋为一体的多功能村民文化广场。2009—2010年，片石村以建设黎族风情文化长廊为契机，利用现存完好的千年古榕树及周边良好的生态环境和浓厚的黎族风情，成功承办了多项县、省级的大型活动。片石村积极发展打工经济，2010年劳务输出256人。

波兰沟村是十月田镇才地村委会的一个自然村，距离十月田镇政府所在地4千米，坐落在石南公路旁，土地肥沃，具有发展高效农业的有利条件。全村103户527人，耕地面积501.26公顷，其中水田面积17.53公顷，坡地面积483.73公顷。经济收入为香蕉、甘蔗、橡胶为主。1995年—2010年，该村积极推广农村实用技术，大力发展香蕉、瓜菜等经济作物，种植香蕉168公顷（含公司种植），芒果67.8公顷、甘蔗94.66公顷等，2010年农民人均收入5380元。

在创建文明生态村中，着重突出“文明、生态、自然、民主”的创建理念，通过开展县、镇、村三级共创，动员机关、社会力量多方资助共建。投入创建资金97万元，群众投工投劳1800人次，修建硬化环村路、村中心路、村横路、村主道路总长8119米。种植印度紫檀300多株、果树800株，种植草皮650平方米，民房改造12户等。村宣传文化室设有农家书屋、广播室，有球场、健身器械；卫生室设有农村医保电脑收费，方便群众看病。文化长廊设有村庄规划图、经济发展计划、村庄概况、村务公开栏、计划生育栏、法制宣传栏、社会治安综合治理、禁毒宣传栏、卫生防疫栏。村庄道路有标识、宣传标语、公益广告、卫生公约等，富有特色。

通过创建活动，波兰沟村已从昔日贫困落后的黎族山村变成了生产发展、村容整洁、道路畅通、生活富裕的文明生态村。

四、职业道德教育

1997—2003 年，在全县开展“职业道德”“文明窗口”竞赛活动，检察、法院、公安、司法、审计、工商、地税、环保、城管、土地管理、技术监督、经贸、交通、旅游、供销、卫生、文化等开展“优质服务杯”竞赛；供电、邮政、电信、人行、中行、农行、建行、农发行、财险、人险等单位开展“便民利民杯”竞赛。

2008 年，在全县开展“诚实守信”“文明窗口”竞赛活动。2010 年持续开展各项职业道德教育。

五、社会公德教育

2001 年，中共中央《公民道德建设实施纲要》颁布后，通过广播、电视、报刊、座谈会、图片展览等途径宣传，下发《〈公民道德建设实施纲要〉导读》，组织干部群众学习，广泛开展社会公德、职业道德、家庭美德教育，提高干部群众的思想道德素质。

2004 年，全县开展以“学生品德教育、教师师德教育、家庭美德教育、市民公德教育，争做现代昌江人”为主题的“四教一争”活动，深化道德行为教育。

2006—2008 年，重点开展树立社会主义荣辱观教育活动。组织开展以“知荣辱、树新风，弘扬社会主义新风尚”为主题的宣传活动。教育、文化、共青团、妇联、关工委等单位、部门参与，开展文艺演出、知识竞赛、征文比赛等活动。2006 年开始，进行社会主义荣辱观教育，昌江县职教中心注重学生的德育工作，尤其对学生的养成教育教学较为重视，努力通过“活动育人、环境育人、文化育人、制度育人”，让学生拥有了“金的人格，铁的纪律”和强健的体魄。获得了省级精神文明建设先进单位、省级德育先进单位和省级文明礼仪教育示范学校等称号。

六、社会新风

1995 年 10 月，为了制止封建迷信活动，反对大操大办行为，净化社会风气，县委宣传部、县委统战部、县公安局、县民政局联合出台《关于在全县开展专项治理封建迷信和大操大办活动的实施意见》，开展专项治理活动。1996 年 12 月，县委宣传部、县民政局、县公安局、县国土局、县工商局联合出台《关于开展反对封建迷信、清理乱埋乱葬专项整治工作的实施意见》。至 1998 年，昌江县连续 10 年在全县开展“破除封建迷信，树立文明新风”活动，促进良好民风的形成。从 1999 年开始，各镇村均建立红白理事会，发挥自我服务、自我管理、自我教育功能，引导农民勤俭办事、文明办事，树立文明新风。2000 年，开展群众性精神文明创建活动，突出进行“崇尚科学文明，反对迷信愚昧”方面的教育。2001 年，下发《关于广泛深入开展“婚育新风进万家”活动的意见》，破除婚育问题上的铺张浪费和封建迷信陋习。2003 年 5 月，开展以“依靠科学、战胜非典”为主题的科技活动周，在群众中普及防治“非典”的科技知识，破除迷信，消除疑虑，稳定群众情绪，坚定人们“依靠科学、战胜非典”的信心。2005 年，在全县开展“五进农家”活动，服务新农村建设，将相信科学、破除迷信工作进一步推向深入。2006 年，结合重大节日，在全县开展“告别陋习，走进文明”主题教育活动，教育市民告别“婚丧大操大办、烧纸抽签算卦”等陋习，推动相信科学、破除迷信工作的开展。至 2010 年，社会陋习现象逐渐减少，社会新风日渐形成。

第七章 统一战线

第一节 机 构

1996年，机构改革，县委统战部加挂县政府台湾事务办公室（简称“县台办”）牌子。2001年，机构改革，县工商业联合会（总商会）党组由县委统战部1名副部长任党组书记，在县委统战部的领导下开展工作。2003年，全县7个镇重新配备统战委员（由1名镇党委委员担任）。至2010年，县委统战部仍然无内设机构，在职工作人员7人，其中部长1人（有时同时兼县政协副主席）、副部长3人、主任科员2人、科员1人。

第二节 民主党派工作

县委统战部加强民主党派工作，加强同各民主党外人士联系，协助民盟昌江支部、县工商联换届工作，协助民主党派健全学习和组织生活制度。

1991年，开展党外人士干部和知识分子建档，全县党外知识分子总数1986人，有职称的560人，其中中高级职称6人，中级职称78人，初级职称476人。党外副科级以上干部15人。1992年，向省委统战部和县人大、县政协推荐民主党派、无党派人士任县人大常委会副主任和县政协副主席人选4名。1993年，配合县委、县政府做好县级换届工作，向组织部门推荐民主党派、无党派人士干部，有17名民主党派、无党派人士干部被提拔担任副科级领导。

1995年后，贯彻落实党中央“长期共存、互相监督、肝胆相照、荣辱与共”的方针，按照中央和省委提出的“培养人才、用好人才、吸引人才”的要求，县委统战部对全县教育、卫生、科技、党政等部门的中级以上技术职称的民主党派、无党派人士进行考察登记，建立健全民主党派、无党派人士人才库。1997 年，发展党外人士加入民主党派工作。同年，向民盟县支委推荐党外人士加入民盟 5 人，向省农工民主党推荐 2 人加入农工党。

1999 年起，在县法院、县检察院、县监察局、县审计局、县教育局等单位分别聘请符合条件和有专门知识的民主党派、无党派人士担任特邀陪审员、检察员、监察员、审计员、教育督导员，充分发挥特邀“五员”在工作中的调研、监督、咨询、反馈等作用。同年，有民主党派人士和无党派人士“五员”15 名。协助民主党派抓好组织建设，其中 11 月成立民盟昌江总支，帮助县总商会完成换届任务，向县委推荐民盟 3 名成员担任教育、卫生部门的副职领导。2001 年 11 月 15 日、28 日，分别协助成立农工党昌江小组支部、县总商会和民盟昌江总支完成换届任务。2003 年，协助做好政协昌江第七届委员会委员提名工作，共提名 135 人，其中民主党派、无党派政协委员 81 人，占委员总数的 60%；常委 22 名，其中民主党派、无党派 12 名，占 54.5%。向省委统战部提名推荐工商界林添喜为省政协委员候选人。林添喜、谢勇当选为海南省第二届光彩事业促进会理事。下年，林添喜、谢勇被评为海南省首届“优秀中国特色社会主义事业建设者”。

2006 年 9 月 23 日和 26 日，分别协助民盟昌江总支、农工党昌江支部完成换届，郭承文当选民盟昌江总支第三届委员会主任委员，林炽明当选农工党昌江县支部第二届委员会主任委员。做好县第八届政协委员提名工作，共提名 128 人，其中民主党派、无党派政协委员 78 人，占委员总数的 60.9%。

2007 年后，逐步完善中国共产党领导的多党合作和政治协商制度，向省委推荐合适人选。在省委的统筹安排下，县人大常委会、县政府各配置 1 名民主党派人士担任副主任（副县长），在县政协配置 1~2 名民主党派、无党派人士担任副主席。同年，帮助民主党派创造良好的工作和学习条件，解决民盟、农工党支委办公室，结束了多年来党派没有办公地点的历史。

2008 年和 2009 年，贯彻落实《中共中央关于巩固和壮大新世纪新阶段统一战线的实施意见》和中共海南省委办公厅关于印发《海南省培养选拔党外后备干部“三三计划”的通知》精神，对全县 20 个政府职能部门民主党派、无党派人士实职和空缺进行全面调研，继续完善民主党派、无党派人士人才库，建好民主党派、无党派人士后备干部台账。至 2010 年年末，全县有副科级民主党派、无党派人士干部 26 人，正科级民主党派、无党派人士干部 1 人，副处级民主党派、无党派人士干部 4 人，中级职称以上的民主党派、无党派人士 107 人。

第三节 统战培训与调研

20世纪90年代，县委统战部围绕以经济建设为中心，采取多种形式组织党外人士学习理论，组织开展各种调研活动，围绕大局建言献策。1992—1993年，会同宣传部、组织部和党校，开设统一战线课程，举办统战理论政策学习班10期，参加学习人数1583人。至1995年年底，先后组织民主党派、无党派人士学习《中国的人权状况》白皮书、《九十年代统战部门工作纲要》，举办统一战线学习邓小平建设具有中国特色社会主义理论、党的十四大精神和社会主义市场经济理论等学习班45期，参加人数6710人。组织各民主党派成员和党外高级知识分子召开座谈会10次，联合海钢九三学社举办反法西斯胜利和九三学社成立50周年茶话会，与海钢九三学社开展昌江资源调研2次。

1996年，成立统一战线理论研究小组。1997年，成立统战宣传工作领导小组。组织8名干部参加学习十五大知识竞赛考试，3名部领导参加县纪检党纪政纪考试。2000年，选送2名民主党派中青年干部参加省社会主义学院培训班。协调各相关部门妥善解决昌城古庙管理权属问题。2001年，组织各民族党派人士80人参加中央统战部知识竞赛。2002年，组织非公有制经济人士12人到内地考察学习，组织各民主党派7人参加省委统战部举办的统战理论学习。2005—2007年，贯彻落实中国共产党领导的多党合作和政治协商制度建设的意见，第二十次全国统战工作会议和全省工作会议精神贯彻落实工作。举办多党合作和政治协商制度学习班1期，有乡（镇）统战委员、民主党派、无党派人士和特邀“五员”65人参加。向县委提出八类26条建议，为县委进一步贯彻落全国、全省统战工作有关精神提供重要依据。起草《中共昌江黎族自治县委贯彻落实意见》，共25条。撰写《提高认识加强领导努力做好新世纪新阶段统战工作》和《多党合作存在的问题及对策》，并在全省统战研讨班上发言，受到省委统战部的好评。举办统一战线理论培训班4期，聘请省委统战部唐龙海作专题辅导，统一战线各界人士100人参加培训。3年中，共组织乡（镇）统战委员、民主党派领导等22人到省内和省外的上海、浙江等地考察学习党派工作。

2009年，召开民主党派和无党派人士座谈会3次，组织民主党派和无党派人士考察、调研30人次，提出建议和意见30条。民盟昌江总支就昌江旅游业的发展开展调研形成《把昌江发展成岛内西部的旅游重镇》的调研报告；组织非公有制人士深入全县非公有制企业调研，撰写了《关于昌江县非公经济发展的调研报告》。两个报告对昌江的旅游业和如何应对国际金融危机提出了意见和建议，受到县委的高度重视。调研课题“领导重视，部门配合，认真做好人民工作”被指定为海南省委统战部召开的台湾工作座谈会发言稿，“也谈增强民主监督的活力和实效”课题获2009年度海南省委统战理论研究优秀成果奖。

截至2010年年末，20年中，民主党派和无党派人士中的人大代表和政协委员撰写的代表建议和委员提案共127件，其中52件被县委、县政府及有关部门采纳。

第四节 “三胞”工作

20世纪90年代以来，加强对“三胞”（即港澳同胞、台湾同胞、海外侨胞）工作的领导，坚持“不忘老朋友，结交新朋友，扩大联谊面，着眼二三代”的方针，围绕昌江经济建设献计献策，宣传昌江的招商引资优惠政策和资源优势，搭建与港澳台商及外商联系桥梁，成为新时期统战工作的主要内容。

1991年，海外统战工作继以对台宣传和接待为主，全年接待回乡探亲的台胞5批6人。1993年后，统战部把外引内联、穿针引线作为经济统战工作着力点，实施“走出去、请进来”战略，扩大对台交流和合作。1998年，主动联系琼山外商到海尾镇沙渔塘村投资860万元建33.3公顷高位养虾基地。2000年5月，民盟、农工、九三学社民主党派和台胞、台属联合召开海峡形势座谈会。2001年9月，召开各民主党派、无党派人士、工商联代表、台胞、台属“庆国庆、迎中秋”座谈会。帮助解决海南昌福房地产开发有限公司台商林彬经理与海南钢铁公司有关芒果基地纠纷问题。全年为台胞、台属办实事3件。同年，全农公司、宝丰公司被评为海峡两岸（海南）农业合作社试验区示范基地。

2003—2007年，围绕“维护侨益、凝聚侨心、发挥侨力、建设侨乡”16字方针，运用各种形式宣传《中华人民共和国归侨侨眷权益保护法》。每逢中秋节、春节开展台胞台属联谊和慰问台胞、台商活动，介绍县情，增加感情和交流，共同关心支持、参与昌江的经济建设。5年间，帮助解决涉侨案件1宗，赔偿土地面积280平方米、资金4.42万元，帮助解决海钢公司100多名老归侨退休生活补贴问题；接待受理侨务信访、上访信件12件次，做到事事有交代，件件有着落，桩桩有结果。

2008年，开展侨捐项目普查、核实、建档和确认工作，切实维护港澳台同胞捐赠人的合法权益，进一步调动港澳台捐赠公益事业的积极性。至年底，有2间学校得到侨捐，捐赠资金1277万元。2009年起，在全县开展“双百工程”培训和“侨爱工程——万侨助万村活动”。同年，争取海南省外国专家局40万元资金赞助海尾镇三联村8户农户养殖“东江玉兔”。至2010年年末，相继选派3名村委会书记（主任）、4名侨务管理干部参加“双百工程”培训，分别到新加坡、美国、德国等国家及中国台湾地区考察学习。

截至2010年，县境内居住台胞台属67户130人，有台资企业3家。组织8批28人次赴台进行访问交流，邀请台湾农业考察团4批42人次到昌江考察、观光。

第八章　政法工作

第一节　机　构

一、中共昌江黎族自治县委政法委员会

中共昌江县委政法委员会是领导和管理全县政法工作的县委工作部门，对全县政法工作赋有“统揽、指导、协调、监督”职能。同时挂县社会管理综合治理委员会办公室牌子。2003年设立县委国安办，机关行政编制7名，工勤编制1名。县委政法委书记由县委常委或县委副书记兼任。

二、县社会治安综合治理委员会办公室

1995年，昌江县社会治安综合治理委员会由县委书记任主任，县长或副县长任副主任。下设办公室，负责协调公检法司和各单位法制工作。1998年，全县有综治委领导小组465个。2003年，设立县委国安办，有机关行政编制7名，工勤编制1名。全县建立综治组织468个，配备专职领导成员1893人。2008年，全县8个乡（镇）、78个村（居）委会、2个国有农场、90多个单位设有综合治理机构，配备专（兼）职人员。

2010年，县综治办按正科规格设置，主任由县委政法委副书记兼任，设专职副主任。乡（镇）综治委主任由乡（镇）党委书记担任，综治办主任由乡（镇）党委副书记兼任，配备综治办专职副主任和专职工作人员。截至2010年年末，全县8个乡（镇）、78个村（居）委会、2个国有农场、90多个单位设有综合治理机构，配备专（兼）职人员。

第二节　社会治安综合治理

1991年，县社会治安综合治理委员会，落实“谁主管谁负责”的目标管理责任制。

1993年开始，全县社会治安综合治理实施一票否决制度。县委每年召开1~2次综治会议，专门研究和部署全县社会综合治理和维护社会稳定工作，年终进行综治工作检查验收。其间，重点治乱，开展“两打三查”（打击盗窃、抢劫，治安大检查、消防隐患大检查、重点要害部门进行督查）等专项行动，特别针对特大抢劫团伙猖獗和“车匪路霸”严重的王下乡和保平乡开展专项打击行动。到1997年，先后捣毁各类犯罪团伙41个143人，击毙犯罪团伙首犯2名，整治重点部位61处，消除治安隐患28起，社会治安明显好转。1998年12月，从综治委成员单位抽调24名干部，组成8个工作组对全县135个单位全面考核验收。考核结果，90~100分的单位有109个，占总数的80.7%。同年，昌江县被评为全省社会治安综合治理工作先进单位。县公安局开通“110”报警服务平台，实现“110”服务联动，下年7月，全县基层派出所全部建立“110”指挥系统通信网络，对县境内发生刑事、治安案件和交通、火灾等事故及时调动警力紧急处置。1999年，县综治、纪检、组织、人事、监察五部门贯彻中央的五委关于实行社会治安综合治理领导责任制的若干规定和《海南省社会治安综合治理条例》的精神，召开五部门联席会议，制定社会治安综合治理宣传工作方案和工作要点。在全县范围内开展“安全文明单位”、“安全文明小区（村）”和“守法光荣户”的创建活动。

2000年，县委及综治委与县直属各单位、乡（镇）、场（厂）签订社会治安综合治理“目标责任书”405份（一式三份）。各乡（镇）逐级签订责任书，全县78个村（居）委会签订责任状。年底，抽调24名干部对全县127个单位进行年终综治工作“责任书”检查验收，安全小区覆盖率县城达85%，农村达到75%。此项工作形成常态化。2001—2003年，全面落实社会治安综合治理目标管理责任制，坚持“打防结合，预防为主，标本兼治，重在治本”的方针，适时组织开展重点治乱和“创建无毒县”活动，集中整治公共场所，扫除黄赌毒等社会现象。深化“严打”整治斗争，做好“博鳌亚洲论坛”首届年会、省四次党代会和党的十六大会议胜利召开、“黑冠长臂猿特种邮票首发式”重大庆典活动期间的安全稳定工作。2004年，启动建设“110”“119”“120”报警联动服务台和闭路监视系统。2007年，全面实施“社区警务战略”，在县城设立5个警务室，在各乡（镇）分片建立警务区15个。全县创建平安镇5个，平安村73个，平安社区1个，平安家庭500户，平安渔船20艘，平安景区1处，平安医院1家，平安文化市场1个，无毒社区11个。全年在石碌城区重点地段安装与“110”指挥中心联网的监控点11个，金融系统均安装与“110”指挥中心联网的监控设备，社会治安管理防控体系建设逐步完善。

1992—2007年，全县共查处治案件2361起，平均查处率在98.6%以上，处罚扰乱治安人员3723人，其中拘留2072人，警告1651人。2008年，开展“维稳、安保”活动，确保海南建省办经济特区20周年、博鳌亚洲论坛年会、北京奥运会期间全县社会稳定和全国人口性别比现场会、全省海防林建设工作现场会、全省文明生态村建设现场会以及各项重要会议在昌江县的顺利举办。开展打击贩毒、制毒、吸毒违法犯罪专项行动，加强对特殊青少年群体、刑事解教人员的教育、管理和整治净化校园周边治安环境。

2009年，注重打防并举，开展“基层基础建设年”活动，建立健全基层综治组织和规范管理，增强社会治安防控体系。在全省率先设立乡（镇）综治工作中心8个，村（居）委会设立综治工作站79个。同年，全省社会治安综合治理、“两所一队”（看守所、拘留所、武警中队）标准化建设经验交流现场会在昌江县召开。

2010年，社会治安综合治理坚持一手抓发展，一手抓综治抓稳定，继续抓好基层基础、机制创新、保安平创建、社会管理、矛盾化解等工作。注重技防、人防、物防建设，投入700万元建成城市重点场所和部位安装报警与视频监控系统，设立警务点、报警点38个，组建50人城区联防队，24小时加强县城街面、“城乡接合部”巡逻。县财政在安排综治经费上倾斜，按全县总人口人均4元的标准安排100万元作为综治经费，乡（镇）一级综治经费也列入财政预算，并做到逐年增加。建立多层次的治安、民调防范网络。全县建有联防队100支971人，内保单位保卫组织60个480人，治保会154个694人，调解会93个438人，治安中心长1200人，综治信息员178人，治安防控网络已形成。重点人口列管258人，列管率100%，特种行业登记率100%，创建平安社区25个、平安医院6个、平安文化市场3个，命名平安家庭1000户。

第三节　惩治违法犯罪

1991年后，组织开展收缴“黑枪、黑弹”“禁娼、禁赌、禁毒”三禁、“打击车匪路霸”“两打三查”“打黑除恶”和整治治安混乱地区等各项专项工作，严厉打击和震慑各类违法犯罪分子，社会治安状况明显向好发展。1993年，取缔涉黄场所35处，赌场17处，抓获涉黄赌人员150人。1997年，共收缴黑枪3061支。2009年，侦破刑事案件385起，破案率达80%；发生现行命案9起，侦破8起，现行命案破案率达88.9%；共查处治安案件476起，查处违法人员400多人；摧毁犯罪团伙20个，抓获团伙成员69人；抓获网上在逃人员138人，治安形势得到了有效转变。2010年，共侦破刑事案件366起，破案率73.8%；发生现行命案5起，侦破5起，现行命案破案率100%；抓获网上在逃人员 68 人，提前完成全年抓获外省（区）指标任务；破获 3 起贩毒案件，强制戒毒吸毒人员 87 名，确保了全县“无毒县”的称号。

法院、检察、公安等部门加强协调沟通，加强执法衔接，用足用好法律武器，在法律的框架下确保快侦、快破、快诉、快判，严惩犯罪分子。1999 年，县法院开展积案清理，提高了办案效率，县检察院狠抓大案要案，查处了一批经济犯罪案件。2008 年，抓获并刑拘各类犯罪嫌疑人 181 人，批准逮捕 106 件，批准逮捕 154 人；移送审查起诉 80 件，移送审查起诉 123 人，案件批捕率 92%；受理各类诉讼案件 759 件，审结 756 件，结案率 99.6%，2009 年，抓获各类犯罪嫌疑人 124 人，批准逮捕 141 人，移送审查起诉 126 人。2010 年，抓获各类犯罪嫌疑人 143 人，批准逮捕 1102 人，移送审查起诉 90 人，民警人均破案数 1.39 起，排名全省第五。

第九章　机关工委工作

第一节　机　构

1991年8月前，为中共昌江黎族自治县直属机关工委；1995年10月前，称中共昌江黎族自治县直属单位工作委员会；1995年11月至2001年2月，名为中共昌江黎族自治县直属机关与企事业工作委员会；2001年3月起，更名为中共昌江黎族自治县直属单位工作委员会。2008年，县委印发《中共昌江黎族自治县直属单位工作委员会机构调整方案》，撤销县直属单位工作委员会，分别成立县直属机关工委、企事业工委。2010年，设县直属机关工委、企事业工委。

第二节　组织建设

1994年，结合县直机关领导班子换届、机构改革等，适时调整党基层组织结构和设置，建立健全基层单位党组织。改选党总支3个，党支部36个，补选支部8个。1995年，县直属机关工委，下辖5个机关党委，2个企业党委，6个党总支，173个党支部和12个党组。1997年，审批设置党总支1个，党支部10个，改选党支部20个，补选支委9人。2006年年末，直属机关工委下辖5个机关党委，2个企业党委，9个党总支，175个党支部；改选党总支8个次，党支部355个次，补选支部书记、支委21名。2007年6月，根据省委组织部要求，按照党章有关规定程序，建立健全县非公有制党组织26个，建立率达100%。2009年，直属机关工委对47个党支部进行调整充实，共有基层党支部委员213名。全县非公有制企业海顺公司、迎宾馆、鸿启叉河水泥厂、南江有限公司等5个党支部。2010年，直属机关工委，辖4个党委，4个党总支，82个党支部；企事业工委辖2个党委，4个党总支，65个党支部。

第三节 党员发展

县机关工委，根据“坚持标准，保证质量，改善结构，慎重发展”的十六字方针，严把入党质量关。1991年起，培养对象在发展前必须参加县委党校举办的专门培训，学习党的基本知识、党章等。1994年，培养积极分子236名，培训发展对象82名，预备党员转为正式党员46名。至2002年年末，共培训发展对象1142名，培养积极分子3742名，预备党员转为正式党员723名。2005年，全年发展建党对象33名，批准预备党员66名，预备党员转为正式党员47名。2009年，全年发展入党对象35名，批准预备党员26名，预备党员转为正式党员17名，与上年相比，分别增加25名、15名、12名。2010年，全年发展入党对象44名，批准预备党员33名，预备党员转为正式党员32名。其中，县直属机关工委发展入党对象32名，批准预备党员27名，预备党员转为正式党员30名。

截至2010年，县直属机关工委共发展入党对象1398名，预备党员转为正式党员1047名，年均发展党员55.1人。

第四节 整顿机关作风

20世纪90年代开始，县直机关工委对党政机关干部纪律作风进行多次整顿，加强干部纪律作风建设，推行考勤制度，考核记分制度，严明机关纪律，奖勤罚懒，提高机关工作效能。1998年，针对机关干部普遍存在纪律作风涣散的问题，县委在党政机关各部门建立严格的岗位责任制、挂牌上班制度、上下班打卡制度、领导干部考核计分制度，这一举措被《海南日报》报道。县直属机关工委负责监督，每月抽查公布打卡情况，对不遵守制度的干部进行通报批评，有效激发干部工作积极性和纪律作风转变，机关工作步入了制度化、规范化管理轨道。全县共有22个机关单位推行服务承诺制，公开向社会推行48项承诺，为民办实事87件次。2001年，以农村“三个代表”重要思想教育活动为契机，开展机关纪律作风整顿，恢复做早操、挂牌上班、打卡制度，共制作工作卡 1469 张，规范机关干部上下班制度，干部纪律作风得到增强。2007 年 3 月 13 日，县委下发《机关纪律作风整顿活动工作方案》，在全县开展为期两个月的机关纪律作风整顿，成立整顿领导小组。4 月 11—12 日，县委在霸王岭雅加度假会议中心举办加强领导干部作风建设专题学习班，100 多名领导干部参加全封闭式的学习培训。5 月 14—21 日，县机关纪律作风整顿领导小组从县直各有关单位抽调 24 名干部组成 4 个小组，分别对 8 个乡镇、85 个县直机关企事业单位进行明察暗访。着力解决部分县直单位领导班子“软、散、懒”和个别党员干部作风纪律松散、不思进取、无所事事、无所作为等突出问题的专项整顿。对各单位存在的问题提出整改建议，建立健全各项制度，形成用制度管人，按制度办事的工作机制。按照县委的部署，2009 年 4 月至 2010 年 3 月，由县机关工委牵头，县纪委、县委组织部协调，在县直机关开展以“转变机关作风，严肃组织纪律，强化内部管理，提高工作效率和服务质量”为重点，努力打造学习型、服务型、创新型、廉洁型“四型”机关活动。到 2010 年 3 月底，县直机关组织召开作风建设年活动会议 4 次，研讨会 2 次，组织 8 个督查组对全县干部纪律作风大检查 4 次，出版简报 15 期，举办副科级以上领导干部纪律作风建设专题培训班 1 期，参加人数 500 人。县直机关和乡（镇）72 个单位实行上下班按手模签到制度，并每月定期公布考勤，干部出勤率超过 95% 以上，机关干部上班外出办私事、喝茶等不良现象得到遏制，乡（镇）干部“走读”现象大大收敛。

2010 年，针对省委巡视二组指出全县工作中存在的 5 个方面 19 个问题的情况和 6 条整改意见和建议，制定《中共昌江黎族自治县委关于省委巡视二组对昌江第二轮巡视反馈意见的整改措施》，颁布实施《昌江黎族自治县党政领导干部问责实施办法（试行）》和一系列整改措施。县纪委、县直属机关工委在全县县直机关单位召开专门会议，按照省委巡视二组指出的存在问题的单位逐一自查自纠，制定整改方案，明确整改时间、任务和目标。对 8 个乡（镇）和 76 个县直属机关单位落实检查、督促，对存在问题进行整改，较好解决了一批党员干部工作风纪律建设方面的突出问题，有效推动县直机关作风纪律建设健康发展。

第五节　创先争优活动

20 世纪 90 年代，县直属机关工委对县直机关与企事业各级党组织实行党建目标管理，组织党员干部参加县委各项活动和开展创先进党支部、争优秀共产党员活动，充分发挥机关与企事党组织的战斗堡垒作用和共产党员的先锋模范作用。1991 年，在开展纪念建党“70”周年活动中，县直机关 7 个党支部被县委评为先进支部，102 名党员被评为优秀共产党员。1996 年，在开展“七一”纪念活动中，号召基层党组织组织党员为群众办好事、办实事、作贡献。全县机关与企事党组织共为群众做好事 112 件。1997 年，县直机关工委组织党员干部 2160 人，参加昌化海防植树义务劳动，植树造林 8000 株；组织 3000 人参加峨港田洋整治，挖渠道和铺路面长 2.4 千米。1998 年和 1999 年，直属机关工委所属 6 个党委，分别有 31 个党支部被评为先进党支部，162 名党员被为优秀党员，17 名党务工作被评为优秀党务工作者。至 2000 年年末，先后组党员干部 7488 人参加县冬修木利、植树造林等工作，植树 5.15 万株。

2001 年，县直属机关工委紧紧围绕县委、县政府的中心工作，调动各级党组织的积极性，完成县委的各项中心工作。2002 年，开展植树造林活动，先后 2 次组织在太坡高速公路出口段、昌化小角种植木棉树 2000 株、椰子树 5000 株。以实际行动参加纪念地球日活动，2 次组织机关干部和师生 6000 人清扫街道，整治市容市貌。2006 年，推进新农村建设，组织机关党员干部 200 人下基层开展村容村貌整治，在 89 个自然村，清理卫生死角 68 处、垃圾 5316 车，建造排污水渠 36 条，整治排水渠 96 条，新建垃圾池 26 个。2007 年，2 次组织党员干部 2800 人，参加太坡高速出口公路植树和整治县城环境，共植树 5000 株，清理街道两旁违章点 256 个。2008 年，根据县委和县创先争优活动领导小组的总体方案和部署，县直属机关工委、企事业工委，围绕“服务基层、联系群众、转变作风、树立形象”，在机关、企事业单位着重把开展创先争优与开展“讲党性、重品行、做表率”活动，创建“四型”机关结合在一起。至 2010 年年末，涌现出县财政局、国土环境资源局、政务中心等一批“四型”先进单位和钟丽珍、卢平等先进人物，县国税局在全省纳税人满意度测评中位居全省第一位。

第六节 送温暖活动

1991 年，昌江发生水自然灾害，县直属机关组织 132 个成员单位的党员干部响应县委的号召，捐款捐物支援灾区人民，共捐款 6.9 万元。1997 年，王下乡浪伦村发生火灾，发动机关党员干部捐款 3281 元，捐物 6053 件。1999 年，县直机关科级党员干部 311 人，为七差乡捐扶贫款 9.2 万元。同年，县直属机关工委组织机关各党组织，开展无偿献血活动，宣传无偿献血的人道、博爱、奉献精神，党员干部率先垂范。全县机关、学校、部队有 678 名党员干部报名参加无偿献血，符合条件献血的有 273 人。2001 年，在县直机关开展联手“扶贫帮困”和党员队伍“扶持贫困生”活动，共有 167 个党支部，2025 名党员扶持贫困生 282 名。2007 年，全县党员干部参加无偿献血 386 人，献血量达 10635 毫升，一次献血量 400 毫升的达 165 人，创无偿献血以来最好水平。2008 年，县直机关开展党员干部为四川灾区捐特殊党费活动，共组织捐款 14.3 万元。2003—2009 年，全县党员干部参加无偿献血人数 2040 人，献血量达 56011 毫升。2010 年，全县有党员干部参加无偿献血人数 1468 人，献血量达 448200 毫升，创无偿献血历史最高纪录。

第十章 老干部工作

第一节 医疗保障工作

县老干部局为正科级机构，常年内设机构有办公室，人员编制4人，其中局长1人，副局长2人。至2010年年末，内设机构有办公室，下辖老干部活动中心，人员编制5人，其中局长1人，副局长1人。

1991年，昌江在县人民医院将原来2个老干部病房增加至4个，并设立老干部就诊窗口。1993年，印发《关于解决企业医疗费统筹及管理办法》（以下简称《管理办法》），解决离休干部的医疗费报销问题。至1995年年底，全县有44个企业单位74名离休干部按照该《管理办法》要求参加统筹，解决了企业离休干部医疗费报销问题。

1996年后，老干部局把离休干部医疗费清欠工作作为重点，深入基层调研医疗费落实情况。下年年底，县政府累计拨款46万元，解决拖欠的离休干部医疗费。1998年，县政府为了解决原拖欠企业离休干部护理费7280元问题，采取“三家抬”的办法，地方财政拨款50%，社保补30%，企业单位补20%，解决了拖欠问题。2000年，2次邀请省人民医院到昌江县为老干部体检，175名老干部建立健康档案。2001年，离休干部公费医疗报销转由老干部局管理。1999—2004年，共清欠离休干部医疗费425.3万元。

2005年起，按照省委老干局有关规定，全县做到了每年对老干部安排一次体检并成为制度化。同时，实施老干部“凭证住院，养病挂账，政府买单”的保障措施。此外，对居住外地老干部报销医疗费，采取把医疗单据邮寄回老干局，审核报销，后把钱存入其本人银行账户，方便了居住在外县的老干部。与此同时，不断加强和完善老干部医药费储备管理制度，基本确保老干部有病就医、看病能报销、医药费储备逐年增加。年底，全县共有医药费储备金170万元。同年，离休干部医药费列入财政预算，离休干部医药费预算逐年增加。2009年、2010年，医药费按政策规定基本做到了满足老干部实报实销。

第二节　落实“两个待遇”

20世纪90年代始，贯彻《中共中央关于建立老干部退休制度的决定》，县老干部局始终把老干部的生活、学习、通报、阅文、参观考察、慰问等制度作为落实老干部“两个待遇”的重要载体，结合老干部的身体状况和居住情况，通过组织集中学习、寄发资料、收看电视等多种形式，不定期组织召开老干部座谈会、通报会，向离休干部通报工作情况，征求老干部意见。县委召开党代会、人大会和重大会议及重大庆祝活动时，邀请担任过县领导职务的老干部代表参加。

一、政治待遇

1991年，全县离休干部总数193人，享受地专级待遇的5人，享受县级待遇的61人，享受局级以下待遇的127人。同年，建立老干部党支部2个，使老干部都能身体力行地参加学习和过好党组织生活。1994年，离退休党支部从原来3个发展到12个。

1995年，县委、县政府投入154万元兴建建筑面积1748.09平方米的老干部活动中心。活动中心使用后，老干部局以活动中心为阵地，每年征订报纸杂志60余份，收集各种学习资料42份供老干部阅览，使老干部对新时期党的路线方针政策及社会的发展增进了解。2003年，加强老干部党组织建设，制定《党支部生活制度》《三会一课制度》《学习活动制度》等，整顿改选党支部1个。组织召开老干部座谈会2次、通报会2次、征求意见会6次、老干部参加班子考核谈话会3次。

2004—2006年，在老干部中开展评选“双先”活动，县供销社离休党支部被评为先进支部，有2人分别被评为优秀党员和全省十佳“健康之星”。县老干局先后组织老干部78人外出参观考察3次，开展访谈心200次，给老干部免费征订学习资料48份。改善老干部活动中心设施，添置古典文学、现代文学、自然科学、教育、法律等书籍2000余册，征订《人民日报》《海南日报》等报刊22种，有关文件、书刊60多份，供老干部学习，同时购置放大镜、老花眼镜，为老干部提供阅文方便。2007年年末，全县老干部党支部发展到17个，党员总数553人，其中离休党支部6个，有党员114人。

2008年，筹建老年大学，县财政拨款15万元启动资金。下年，再投入45万元，老年大学开学。2010年年末，老年大学设有电教室、普通班教室、多功能教室和教务室，购置教学电脑4部、桌椅40套等教学用具，聘请教师3人，开设了书法、柔力球、健身球、太极拳（剑）、交际舞、时事政治电脑等课程，学员有600多人，学校初具规模。

二、生活待遇

1991年，县委、县政府根据中央规定，离休干部退出居住公房，政府给予4000~8000元不等的建房补贴。1993年起，企业因经济体制改革，老干部的工资受到不同程度的影响。针对存在的问题制定措施解决，对经济效益低和亏损企业，从实际出发。采取系统调整、参加统筹、收归财政等办法。同年，从财政拨款2.5万元补欠离休干部工资。1994年，县政府从县财政拨款5.73万元补发亏损企业单位18名干部丧事费和离休费。1997年，落实给离休老干部补发套改工资15个月（1993年10月—1994年12月），分3批兑现，到1998年年初，共兑现金额69万元。1998年，县委、县政府决定，将商业总公司、供销社和医药总公司3个转制单位的15名离休老干部工资由财政转入老干部局统一发放。

2001年后，全县离休老干部工资全部按时转入银行发放。2003年，为石碌水库、原叉河氮肥厂3名离休老干部补发离休费，并将其离休费列入财政，由社会保障局实行社会化发放。截至年底，全县离休干部总数183人，其中享受地专级待遇的2人，县级待遇43人，企业离休干部56人，行政机关离休干部82人。2004年，全面落实要求，及时做好调资工作，确保离休干部的离休费按时足额发放，共补发离休费用414万元。

2007—2009年，县老干部局加强督查，确保离休干部离休费落实到位。制定《昌江黎族自治县老干部局联系老干部制度》，做到对老干部“三必访、一祝寿”（重大节日、生病、重大变故必访，过生日派人上门祝寿）。此外，还开展“进千家、访千老”活动，至2009年年末，走访居住省内外全县离休干部95人，走访面达99%。2010年，离(退)休费通过银行于每月10日前发放到老干部个人账户，确保离休费及时足额领取。

第三节　文体活动

20世纪90年代初，县老干部局督促各单位建立老干部活动室，添置设施，开展文体活动。每年重阳节举办老干部体育活动，规模逐年扩大。1994年，全年组织开展老年太极剑和太极拳、健身操、门球、地掷球等活动16场次，参加活动1200人。1995年，老干部活动中心建成使用，设有门球场、地掷球场、麻将室、棋牌室、健身室和室内乒乓球桌。老干部有了固定的活动场所，不断地自发组织文体活动，门球、地掷球、乒乓球和象棋等协会，健身操表演队应运而生，丰富了自己的精神生活。1997年年末，有老年协会1个。1999年，县老干部代表队参加第四届海南省老年人运动会，获得2项好名次。

2000—2004年，老干部局举办门球、地掷球、太极拳、乒乓球等老年体育比赛8次，参加人数1340人次。组织老干部到儋州、东方、白沙等市县友谊比赛8次256人次。参加全省老干部柔力球比赛获得全省第一名。2005年，组织代表队参加海南省第六届老年人运动会，共参加7个项目的比赛，其中柔力球和健身操2个项目分别获得第五名和第七名的好成绩。2007年7月，组织7幅作品参加省老人书法、绘画比赛，有3幅获得优秀奖。2008年和2009年，举办丰富多彩的体育活动，如“五一”、国庆、重阳节开展的门球、柔力球、游园等比赛，2年共开展体育活动13场，参加人数2014人。其中，2008年，老干部局牵头主办第二届“柴光杯”石碌地区门球邀请赛和“迎奥运，庆新年”离休老干部春节游园以及参加省老协举办的“千名老人北京奥运行”和东方八所港球艺交流等活动，举办全县各活动点骨干参与太极健身球（第七、第八套）培训班等比赛，累计参与活动的老干部1600人。在参加海南省第七届省老年体育运动会上，昌江代表队获得总分第七名，其中，健身球比赛获第一名，柔力球比赛获第四名，健身舞获梅花奖，象棋和乒乓球队分别获得第五名和第七名。

2010年，先后举办石碌地区门球邀请比赛3次，参加300人；举办趣味活动1次，参加300人。组织参加县举办的春节文艺会演和“三八”妇女节文艺比赛分别获得第二名；有8名学员参加县文联举办的庆祝海南解放60周年暨中秋节书法大赛，全部获得优秀奖；参加在屯昌举办的“海南省农村基层单位老年人体育健身活动展示大会”，荣获大赛一等奖。

第四节　发挥老干部作用

20世纪90年代，县政府出台干部兴办经济实体优惠政策，动员大批老干部走向社会，走向经济领域发挥作用。1991年全县有89名老干部参与各项建设，从事经济工作有72人，其中服务业30人。石碌镇供销社1名离休干部被省评为老干部发挥作用先进个人，出席省在屯昌召开的老干部发展农村经验交流会，并作经验介绍。12月，县委召开老干部先进单位、先进个人暨老干部发挥作用先进集体、先进个人表彰会，粮食局等16个先进单位和34位老干部受到表彰，授予民政局等3个老干部党支部先进集体，钟升鎏等36名老干部发挥作用先进个人。1993年，23位离休干部为县志办、党史办撰写革命史料、回忆录40编，民歌46首。1995年10月，县委对积极参与各项建设并发挥作用的老干部5个先进集体和16位先进个人进行表彰。

1997年，选派钟升鍪、文宗基等8位离休干部担任县计划生育协会常务理事参与计生宣传工作，吸收符超等4位老干部担任见义勇为资金会常务理事。1998年和1999年，老干部局协调关工委，组织老干部深入学校开展爱国主义革命传统和法制教育等活动，安排48位老干部作报告21场，接受教育的青少年8055人次。2006年，为弘扬长征、传播长征精神，10多位老干部深入到全县中小学进行演讲10场次，接受教育师生达6000人次。2007年，在中国人民解放军建军80周年之际，老干部深入石碌镇山竹沟村、昌化镇浪炳村召开部分回乡度假的大中专在校生座谈会，讲述中国人民解放军的光辉历程以及解放海南岛战役，有62名学生参加。2009年，组建28位老干部为网吧监督志愿者，经常到各网吧进行监督，宣传黑网吧对未成年人的危害性，对预防未成年人进入黑网吧起到了积极的作用。

截至2010年年底，全县从事科技、文教、卫生等专业技术工作的老干部，通过开展技术咨询、讲学授业等活动，为教育青少年做“四有”新人贡献智慧；在农村安置的老干部，以各种方式帮助群众脱贫致富，为建设生产发展、生活宽裕、乡风文明、村容整洁、管理民主的社会主义新农村出谋献策，助力社会主义新农村建设。全县发挥作用的老干部人数的比例，已由1990年的56%上升到2010年的85%以上。

第五节　关心下一代工作

昌江老干部关心下一代工作委员会（以下简称关工委）于1992年1月成立。关工委成员主要由县领导及离退休老干部、有关部门领导、经验丰富的专家学者和社会各界人士组成。围绕中心工作，利用各种机会，采取多种形式做好青少年的教育工作。1992年，组织德高望重有丰富的革命斗争经历和思想政治工作经验的5名离休干部组成宣讲团，到昌江中学、民族中学等10所学校进行革命传统教育和爱国主义教育，接受教育达4600人。1993年，离休老干部钟升鍪回家乡乌烈中学、乌烈中心小学，利用道隆烈士纪念碑讲述昌二区和道隆人民的抗日英雄事迹，接受教育学生5426人。1994年9月16日，召开全县关心下一代工作会议，贯彻省委在乐东召开的全省关心下一代工作经验交流会、发展和完善关工委组织网络建设精神，与会议人员有各乡（镇）分管政工副书记、县直属正局级单位党支部书记及各中小学一名领导参加。至年底，全县基层关工委小组

18个。

1995—1998年，关工委加强对全县关心下一代工作的指导，采取适合新时期新形势的形式和方法教育青少年，努力营造家庭、学校、社会各界都关心下一代健康成长的氛围，真正把青少年培养“四有”的社会主义新人。贯彻执行琼关工委《关于充分利用爱国主义教育基地对青少年进行教育的通知》精神。协调县教育局、团县委、县司法局和离休老干部深入城镇各中小学对青少年学生进行革命传统教育和理想教育30场，接受教育的中小学生达2.6万人次；在全省“槟榔杯”中小学生征文大赛中，荣获大赛组委会组织奖。1997年，香港回归、党的十五大胜利召开等有纪念意义的重大事件为契机，利用“七一”、清明节等节假日，组织参观、瞻仰革命纪念地教育活动；关工委副主任陈郑民协调配合南罗中学对青少年进行德育教育，被省关工委评为关心下一代工作先进个人。

1999年，全县有基层关工委13个，基层关工小组从18个发展到125个，增加107个。到2001年年底，关工委发挥基层关工委和基层关工小组的作用，开展形式多样的关心下一代工作。1999—2001年3年中，关工委先后组织深入全县城乡开展传统教育和爱国主义教育15场，上法制课21场，录像教育14场次，发放宣传教育资料2800份，接受教育青少年1.5万人。其中2001年，25名中学生志愿者在团县委和县司法局的大力支持协助下，骑着自行车，带着禁毒戒毒宣传资料，用12天时间跑遍全县12个乡（镇）开展禁毒宣传活动，教育青少年远离毒品，珍惜生命。

2002年3月，召开全县关心下一代工作会议，陈文进副主任传达全国社区关心下一代工作座谈会精神，曾祥鸿副主任传达海南省关工委成立十周年暨表彰会精神。6月12日，在乌烈召开现场会，推广乌烈镇建立健全关心下一代组织网络化、抓道德教育的经验做法，县关工委成员以及各镇主管文教副镇长、县直机关各有关单位、各学区、各中小学和村委会负责人94人参加会议。2003年，县关工委协同司法局、公安局、教育局、妇联、团委等单位，充分发挥全县基层关工委和基层关工小组的作用，组织关工委成员对全县7个镇及中小学开展形式多样的禁止“黄、赌、毒”教育和党在我心中、法律宣传及爱国主义教育4次16场，12名老干部和政法工作人员作专题讲座，接受教育青少年2120人次。

2004年，全县基层关工委组织从13个增至17个，关工委工作成员发展到132人。2005年，关工委围绕中国人民抗日战争和世界反法西斯战争胜利60周年，有计划、有组织地开展爱国主义教育、弘扬民族精神。5月24日—9月13日，组织革命老干部分别到昌江中学、海尾中学、县民族中学、乌烈中学、昌化中学等作纪念抗日战争胜利60周年为主题宣传教育报告，接受教育师生7000人。此外，县教育局、司法局等部门，深入昌江中学、海钢一中、耐村中学等10所中学，宣传《中华人民共和国未成年人保护法》和禁毒图片展览等活动，发放禁毒宣传单1万份。

2008年和2009年，县关工委配合有关部门，有针对性地开展青少年爱国主义、集体主义、社会主义、革命优良传统和先进文化科技教育，提高全县广大青少年的整体素质。此间，科技、教育部门在中小学开展各种科普教育和科技创新大活动，组织青少年学生先后听中国科学院、海南大学法学院专家教授分别作“关于我国载人航空事业”和“知识产权知识”的讲座，接受教育中小学生1984人次。在青少年活动中心举办青少年异想天开科技创作小发明、手工制作大赛和《中华魂》中学生演讲比赛。开展主题“大手拉小手——科普报告希望行”和“海南省科技课堂教学评比活动”等活动，县一小代表作品“眼睛”荣获全省一等奖；在“我县青少年异想天开科技创作小发明和手工制作大赛”活动中，县一小共有21名学生分别获得一、二、三等奖。开展庆祝中华人民共和国成立60周年宣讲活动，组织8位老干部宣讲团成员深入到城乡8所中学、2所中心小学及浪炳村、山竹沟村讲述他们亲身经历抗日战争、淮海战役、平津战役、抗美援朝战争的战斗故事，讲述中华人民共和国的光辉历程和改革开放30年来所取得的伟大成就，接受教育的师生达6532人次。配合农业及农业科技服务“110”，帮助农村青年学文化、学技术，举办2期农业技术培训班，受训人数2567人。

2010年，纪念海南解放60周年，县关工委深入城乡开展各项活动。组织老干部宣讲团深入到城乡各中小学校作巡回报告，以生动的事例、通俗易懂的语言，向青少年学生讲述了海南“23年红旗不倒”的革命精神，共作专场报告9场，接受教育的青少年学生达2.12万人次。协助县交警大队到县城各学校开展《中华人民共和国道路交通安全法》图片巡回展22场。利用“6·26”国际禁毒日开展禁毒宣传活动，在昌江中学、矿区中学等学校举行禁毒图片展，观展学生达6000人次。除此之外，根据省关工委、省教育厅、省科协、椰树集团有限公司五部门《关于椰树杯“我崇敬的科学家”读书征文比赛活动的通知》精神，县关工委组织全县中小学生从7月中旬至9月中旬，开展椰树杯“我崇敬的科学家”读书征文比赛活动，全县中小学生参加读书和征文比赛活动的积极性高涨。据统计，全县有3.31万人参加读科学故事书活动，占全县中学生人数的90%；写心得体会文章2.95万人，占全县中小学生人数的80.1%。

第十一章　党校工作

第一节　机　构

1991 年继续设有党校。1992 年 10 月，党校增设昌江黎族自治县民族干部学校，与县委党校实行一个机构、两块牌子的管理模式和校委集体领导体制。2010 年，县委党校内设校委办公室、政治理论教研室、教务室、财务室、图书室。

第二节　干部培训

1991 年，县委党校遵照《中共中央关于加强党校工作的通知》中要把各级党校办成“轮训和培训党员领导干部，培养党员的理论队伍，学习、研究、坚持和发展马克思列宁主义、毛泽东思想的重要阵地，成为干部增强党性锻炼的熔炉”的指示精神，通过各种渠道和形式，宣传马列主义、毛泽东思想、邓小平理论和党的路线、方针、政策。与县委组织部、宣传部等有关部门联合举办各类培训班，培训各行各业的业务骨干，充分发挥党校干部培训的主渠道、主阵地作用。到 1993 年年底，共举办以学习邓小平南方重要讲话、社会主义市场经济理论、十四大报告和《邓小平文选》等为主要内容的党政领导干部理论培训班 9 期，参加培训人数 1270 人。

1995—1999 年，举办以“邓小平同志建设有中国特色社会主义理论骨干培训班”和十五大精神学习班 14 期，培训党员干部 2000 人。协助县人劳局、土地管理局、工商局、地税局、人武部举办各类培训班 7 期，培训人数达 700 人次。2000 年，县委党校协助县地税局、国税局、科协、妇联、人武部等单位举办各类业务培训班，参加培训达 748 人次。

设立“省农村致富技术函授大学昌江分校”，举办6期农业经济作物技术轮训班，轮训2000人次。

2001年后，县委党校培训干部的主要内容为“三讲”教育、“三个代表”重要思想、十六届四中全会精神、科学发展观、省情县情和党性修养等四类课（即理论教育基本课、党性教育核心课、能力培训重点课、文化自信基础课）。至2005年年末，举办科级干部培训班5期，参加培训1270人，举办全县少数民族中青年干部专修培训班1期和妇女干部培训班2期，参加培训共有600人次。2007年，举办青年后备干部理论培训2期，参加人数80人次。2008年，与县委组织部联合办班，培训新任职的各部门和乡（镇）科级领导干部以及新当选的农村（社区）党支部书记、副书记和村（居）委会主任、副主任培训班3期，参加培训485人次；首次举办昌江农村“两委”后备干部培训班，学员79名，学员来自农村，脱产学习2年，学历大专，毕业后回村当村干部。2009年，举办培训班6次12期，培训干部1800人次；与县人劳局、财政局、计生局、统计局、卫生局、农业局、林业局、司法局等职能部门举办各类培训班45期，培训人数达8600人次。

2010年，与县委组织部共同举办1期“国际旅游岛与城市规划布局”专题讲座，参加培训500人。与县人大办、县工商局分别举办1期海南国际旅游岛建设专题理论辅导培训班，培训干部职工192人。举办石碌镇、叉河镇农村“两委”干部培训班各1期，参加培训187人次。

第三节　函授教育

1991年，中央党校函授学院在昌江党校函授站招生62人。同年9月，中央党校函授学院首次开办函授本科班，招收学员34人。截至1999年年末，中央党校函授学院昌江函授站招收大专班学员547人，本科班学员234人，学生毕业率达100%。2000年上半年，县委党校与省委党校联合举办首个省委党校本科学历班，招收行政管理专业学员105人；下半年，招收经济专业学员120人。2001年招收法律专业学员103人。2002年，省委党校在职研究生班在县委党校设立教学点，首次开设了在职研究生班，依托复旦大学师资，利用远程网络教学设施，设经济管理专业，招收学员33名，其中正处级1名，副处5名，正科9名，副科11名。2003年，省委党校本科学历班2001级行政管理专业和法律专业本科函授班分别于春、秋两季相继毕业，毕业学员305人，此后省委党校不再设昌江本科函授班。2005年，县委党校招收的首个在职研究生班毕业，有33名学员获得毕业证书。中断5年的中央党校函授班又恢复招生，由县委党校与海南钢铁公司党校合办，至2006年，2年招学员89人。2007年，中央党校昌江函授站停办。2008年，中南民族大学海南昌江函授站正式挂牌成立，2009年，函授站面向全省招收本科、专科学员358名。2010年，中南民族大学海南昌江函授站招生42名。

第四节　基础设施建设

20世纪90年代前，县委党校基础设施较简陋，仅有一栋学员宿舍楼，教室是间大礼堂。1992年后，建筑面积344平方米食堂和162平方米的教职工宿舍楼相继竣工，办学条件改善。1995年，兴建建筑面积816平方米教学楼竣工，县政府拨款1万元购置课桌椅60套，教学设施日趋完善。1999年6月，投资26万元，装修教学楼，购置课桌椅100套，在庭院种上风景树，铺上1200平方米草皮，兴建了一条长15米的回廊和一个多功能球场，县委党校成为全省市县党校校园建设的示范校园之一。同年，获得省文明单位和省卫生先进单位等称号。2000年，在省委党校和省电信公司的大力支持，昌江党校成为全省党校远程网络教学最早设置的教学点之一。2001年，筹集资金10余万元对学员宿舍楼进行全面装修。2002年，兴建新职工宿舍楼480平方米，解决了教师职工住房难的问题。2009年，筹集资金购置80套新课桌椅、会议桌、讲台、投影机以及文件档案柜等教学办公设施，投入3万元修缮办公楼、教学楼和校门。2010年，投入33万元对校园场地进行整修，铺上彩砖，美化、亮化校园。

第十二章 党史工作

第一节 党史研究

1991年，县委党史研究室为正科级事业单位建制，内设办公室、征集组、编研组。截至2010年年末，其建制、隶属关系、内设机构及职能不变。

县党史研究室围绕《昌江革命史》、党史人物、文献、专题、回忆录的编写需要，开展资料征集和编纂工作。

1991—1993年，组织力量继续编写《昌江革命史》第二稿，共13万字，组织召开县级有关人员进行二次、三次审稿，并按审稿提出的意见和建议进行补充、修改工作后，送省级终审。1994年，开展对社会主义时期党史资料的征编工作，征集资料6.5万字。1995年，县委批准成立《昌江新时期农村变革》党史资料编委会，制定《昌江新时期农村变革》党史资料征编实施方案。到1997年年底，完成《昌江新时期农村变革》资料征集22.3万字，并逐篇进行初审。1998年，《昌江新时期农村变革》更名为《昌江改革潮声起》，组织人员对其进行第二、三次审稿，后送省级终审。2001年，开始续编《中共昌江黎族自治县组织史资料（1988.4—2005.3）》，下年年底，全书资料征集20万字，编写完成《中共昌江黎族自治县组织史》初稿。

2003年，对《中共昌江黎族自治县组织史资料》开展核实资料和审稿工作。启动《神奇的昌江》征编工作，拟定提纲（目录），进行征集资料分工。至2006年年末，完成《神奇的昌江》初稿38万字。《中共昌江黎族自治县组织史资料》和《神奇的昌江》送省级终审。2007年，启动《中国共产党昌江历史》一卷本（原名《昌江革命史》）重新修订和复刊《昌江党史文汇》杂志。根据中央党史研究室指示精神和省党史研究室的部署，开展"抗日战争时期昌江人口伤亡和财产损失"课题调研。至2008年年末，完成《中国共产党昌江历史》（一卷）本全书修订、补充和修改，出版《昌江党史文汇》4 期 3.6 万字；完成“抗日战争时期昌江人口伤亡和财产损失”课题调研，采访 36 人次，查阅资料 6.6 万字，征集、拍摄相片共 38 张，撰写调研材料 2.6 万字、统计表 13 张，昌江县抗战大事记、惨案或血案共 3.6 万字以及慰安妇专题、历史相片等，按时保质完成任务。

2009 年，继续修订《中国共产党昌江历史》（一卷）和《昌江党史文汇》出版工作。编写《中共昌江历史大事记（2009 年）》，收集历史大事记资料计 3.6 万字。2010 年，启动撰写《中共昌江历史大事记（1921.7—2013.6）》和《中共昌江县历次代表大会和各届委员会历次全体会议文献选编（1961.5—2016.1）》，以及配合省委组织部续编《中国共产党海南省组织史资料（1998.7–2009.12）》昌江组织史资料。年底，基本完成《中国共产党昌江历史》（一卷）修订工作和《中国共产党海南省组织史资料》昌江组织史资料编纂报送工作。

截至 2010 年年底，19 年累计征集历史档案资料近 200 万字、口碑资料 70 万字、采访录音 30 多盒、革命烈士的遗照 10 多幅、历史大事记资料 4.6 万字、碑文资料 300 万字、回忆录资料及革命遗址历史资料约 800 字、其他各类党史资料约 4600 千字，走访老干部和知情者 130 余人，召开党史座谈会核对了一些有争议的历史问题 300 人次，归档党史资料 50 余宗。为《广东革命史辞典》条目释文撰写条稿，约 5000 字。为省委党史研究室、省档案馆合编的《中央领导在海南》一书征集资料，共征集中央领导在昌江新闻图片和亲笔题词 30 余幅。提供马白山将军原始材料 2 份、昌江县道隆革命烈士纪念碑材料 400 千字、“三支队长征回忆”3600 字。全县编写出版党史书籍 5 册 87.7 万字。1991 年，县委党史研究室分别获评“全国党史工作先进集体”“全省党史工作先进集体”，2 人获评“全省党史工作先进个人”。1993 年，获评“海南省党史工作先进单位”，有 3 人的成果分别获得“海南省党史科研成果三等奖”。

此外，还组织撰写专题论文，参加省内理论学术研讨会活动，创办《昌江党史文汇》（期刊）。至 2010 年。党史工作者撰写的《琼西南：抗日战争时期日本在琼劫掠和摧残劳工的重灾区》《学习和实践邓小平民族理论——加快海南民族地区经济发展》《把握历史思考现实——昌江古今综述》《建设海南社会主义新农村》等论文共 6.6 万字，其中 2 篇被评为优秀论文。出版《昌江党史文汇》14 期。

1991—2010年昌江党史书籍出版情况一览表

表 14-12-1

书名	字数（万字）	出版时间	出版单位
《昌江革命史》	18	1994年7月	海南出版社
《海南英烈谱》昌江篇	17	2000年12月	海南出版社
《神奇的昌江》	35	2006年7月	海南出版社

第二节 党史宣传教育

1991年，为纪念建党70周年，县委党史研究室邀请4位老干部到全县各中学向青少年作地方党史报告党的光荣传统的教育，受教育青少年6000人次。与县直机关党委联合举办“党在我心中”智力竞赛，全县2541名党员干部参加竞赛活动。

1992年，在全县12个乡（镇）举办“地方党史图片巡回展览”，展出图片资料50余幅，参观者1.5万人次。分别给全县各学区、中心小学和各中学作24场题为《昌江革命斗争史》的巡回报告，讲述在中国共产党的领导下浴血奋战，前赴后继，团结一致，解放和建设昌江的光辉历史，有6751名学生听课。配合县委宣传部、县委组织部、县直属机关党委上党课13场，有4500名党员干部和教师参加听课。1997年，组织召开“昌江县庆祝琼崖纵队成立七十周年座谈会”，有27位琼崖纵队老战士与县主要领导座谈。

2001年，圆满完成《海南英烈谱》（内含《昌江英烈谱》分卷）在昌江的发行宣传工作。此外，为纪念中国共产党成立80周年，与昌江国家税务局、农业银行联合出版《纪念建党80周年特刊》，以4个版面篇幅发表昌江地区党史资料，全面介绍昌江的光辉历史、昌江大事记，并配发了党和国家领导等到昌江考察的照片8张，开辟了党史宣传的新阵地，提高党史工作的社会效益。

2009年，为纪念中华人民共和国成立60周年，集中展现昌江改革开放30年来的丰硕成果，开展了“家乡美——我的经历”的征文活动。参与宣传部门组织的“昌江黎族自治县成立20周年成就展”，以及“感动中国和感动昌江”的人物评选活动，促进了党史成果的转化，提高了党史的宣传教育面。2010年年末，征文得到社会各界的广泛支持和积极参与，共收到省内外23篇作品，经过评审委员会评审，评出一等奖1名，二等奖 2 名，三等奖 4 名，优秀等奖 6 名。同时，基于存史、资政、育人的目的，将作品集结成册，出版《抹不去的记忆》征文集。

第三节　革命遗址调查

2009 年 12 月，根据省委党史研究室《关于开展海南省革命遗址普查工作的通知》精神，县委下发《中共昌江黎族自治县委办公室关于做好全县革命遗址普查工作的通知》。3 月 5 日，县委党史研究室，制作《昌江革命遗址普查登记表》发至各乡（镇）、各单位，对所辖区的革命遗址情况进行调查摸底，造册登记。根据各乡（镇）、各单位报送的 35 个革命遗址资料，组织人员进行调查、筛选、考证，确定 12 个遗址为昌江县的重点普查对象。6 月，党史研究室组织普查遗址人员，分别赴海南矿业联合有限公司、叉河镇、十月田镇、乌烈镇、海尾镇、昌化镇，对各个革命遗址实地普查、考证，与革命遗址有关的单位负责人、管理人、当事人和见证人座谈，提取遗址第一手历史资料 5000 字。整理 14 个昌江历史遗址的资料，其中革命遗址 8 个，其他遗址 6 个。撰写各遗址历史简介文字材料共 5500 字，拍摄 14 个遗址彩色相片共 48 张，撰写《昌江革命遗址普查报告》3100 余字，并填表登记造册，上报省委党史研究室。

昌江县革命历史遗址一览表

表 14–12–2

名称		地址	类别
革命遗址	中共海尾小学特别支部旧址	海尾中心小学	重要历史文件和重要机构旧址
	浪炳小学旧址	昌化镇浪炳村	重要历史事件及人物活动纪念地
	中共昌二区委成立旧址	海尾镇白沙村东北面 1 千米处的山坡上	重要历史事件和重要机构旧址
	才地交通站	十月田镇才地村北 1.7 千米的山林里	重要历史事件及人物活动纪念地
	鸡笼坡战斗遗址	海尾镇白沙村、进董村、打显村与三架岭环绕之中的一个小山坡	重要历史事件及人物活动纪念地

表 14-12-2 续 1

名称		地址	类别
革命遗址	才地抗日根据地	十月田镇才地村 2.5 千米的山林里	重要历史事件和重要机构旧址
	光田村西坡地战斗遗址	昌化镇光田村西南 1.8 千米的坡地上	重要历史事件及人物活动纪念地
	道隆革命烈士纪念碑	乌烈镇道隆村南面	烈士墓
其他遗址	国民党昌江县党部旧址	昌化镇昌城村南门庙	重要历史事件和重要机构旧址
	南天策马碑	石碌镇水头村老村	重要历史事件和人物活动纪念地
	海南铁矿死难矿工纪念碑	石碌镇海南铁矿矿山公园内	纪念设施
	石碌日本军队炮楼	石碌矿山西北角一座小山上	重要历史事件及人物活动纪念地
	石碌铁矿“慰安所”	石碌镇石碌矿山脚下	重要历史事件及人物活动纪念地
	里仁桥抗捐遗址	海尾镇塘兴新村南 500 米处	重要历史事件和人物活动纪念地

第十三章　督查信息与保密

第一节　督查与信息

一、督查

1991—2009年，县委督查工作主要由县委办督查组负责。2010年11月29日，县委督查室成立，为县委办副科级内设机构。

督查工作围绕贯彻执行党的路线、方针政策和县委重大决策、重要工作部署的贯彻落实进行督促、检查、催办。对县委领导指示的信访事件，人大代表、政协委员提出的，应县委答复的有关议案、提案进行专项查办。对中央和上级党委重要决策的贯彻落实情况落实中存在的问题和形成的典型经验，以督查专报的形式向上级党委反馈。根据决策实施的进展情况，开展调查研究，写出专题报告或综合报告，对修正和完善各项决策和工作提出意见和建议。撰写专报、通报有《督查专报》《督查通报》《督查情况》。

1991—2000年，开展决策督查125次，专项查办243次，编报《督查专报》《督查通报》《督查情况》132余期。2008年，编报《督查情况》9期。2009年，编报《督查情况》12期、《督查专报》17期。2010年，印发《督查专报》14期、《旅游项目督查专报》2期、《核电项目督查专报》1期、《保障性住房专报》1期、《县委书记批办件督查情况》8期。

二、信息

1991—2010年，县委办信息工作紧紧围绕中央、省委、县委的重点和中心工作，加强各类信息的收集、整理、编报，下发工作。编辑印发《昌江信息》和《昌江工作信息》简报，及时准确、全面地向领导提供最新、最重要的信息，为上级、同级、下级党委和全县各部门、各单位提供信息服务，推动昌江经济和各项社会事业的发展。建立健全全县信息网络，及时向上级党委、县委报告重大突发性事件。

1995—2003年，印发《昌江信息》和《昌江工作信息》简报242期。2004年，印发《昌江信息》36期，《昌江工作信息》50余期。至2010年年末，共上报信息450余条，其中海南省各类刊物采用190余条。

第二节 保密工作

1991年，县委、县政府设有县保密局，与中共昌江县委保密委员会属于一个机构、两块牌子。负责全县行政区域内的保密管理工作。对全县县直机关单位和12乡（镇）及主要涉密单位定期或不定期地进行检查安全保密工作，完善《保密制度》等相关规章制度。全面执行国家有关保密管理规定，密件文件在收发、传递、使用、保管和清退等各个环节做到登记、手续清楚。规定文件不准横传、不准带入家中及公共场所；向外借阅文件，档案均应单位领导批准，做到上缴文件齐全，确保文件的绝对安全。

2006年后，县保密局实现办公自动化，引进一批电子密码保密柜，分发给重要保密部门，进一步规范涉密文件的管理工作。2008年，按照省的要求，每年征订《保密工作》《党政干部和涉密人员保密常知必读》等刊物，作为局内干部保密知识学习，有效促进保密工作的开展。2010年3月，县蓝盾互联网门户网站保密检查系统投入使用，对全县行政区域内门户网站进行实时监控，坚持“谁上网、谁负责”的原则，对所有计算机进行逐台定期检查，杜绝涉密信息上网隐患。12月，积极开展形式多样的保密宣传教育活动，组织全县干部学习新修订的《中华人民共和国保守国家秘密法》，观看保密警示教育片，观看人数2130人。

第十五编　政权·政协

第一章 县人民代表大会

第一节 县人民代表大会代表

县人民代表大会代表，是地方国家权力机关组成人员，代表人民的利益和意志，依照宪法和法律赋予的职权，参加行使国家权力。人大代表实行任期制，任期与本级人民代表大会相同。县人大代表的名额按《中华人民共和国全国人民代表大会和地方各级人民代表大会选举法》（以下简称《选举法》）确定。县十届人大代表名额为195名，十一至十三届人大代表名额均为172名。

一、代表选举

每届人民代表大会任期届满后都要进行换届选举人大代表工作。根据《选举法》的规定，县人大代表实行差额选举，由选区选民直接投票选举产生。历届县人大代表选举，首先由县人大常委会作出换届选举的决定，并成立选举委员会领导全县的选举工作，然后由县选举委员会制定换届选举安排意见，按照宣传动员、培训骨干、划分选区、分配代表名额、选民登记、确定代表候选人、召开选民大会投票选举、代表资格审查等程序进行。整个选举活动在县人大常委会的领导下进行，由县选举委员会具体组织实施。

1993年4月进行县第十届人大代表选举工作。全县总人口212787人，登记选民121138人，划分选区113个，分配代表名额195人，全县共选出人大代表193人。

1998年2月进行县第十一届人大代表选举工作。全县总人口222841人，登记选民135645人，划分选区72个，分配代表名额172人，全县共选出人大代表172人。

2003年3月进行县第十二届人大代表选举工作。全县总人口223865人，登记选民135700人，划分选区116个，分配代表名额172人，全县共选出人大代表172人。

2006年11月进行县第十三届人大代表选举工作。全县总人口241299人，登记选民

169710人，划分选区111个，分配代表名额166人（保留机动名额6人），全县共选出人大代表166人。

昌江黎族自治县十届至十三届人大代表选举情况览表

表15-1-1

届别	时间	全县总人口（人）	划分选区数（个）	登记选民人数（人）	参选情况		当选代表（人）
					实际参加选举人数（人）	参选率（%）	
十	1993年4月	212787	113	121138	115243	95.1	193
十一	1998年3月	222841	72	135645	128344	94.6	172
十二	2003年3月	223865	116	135700	129729	95.6	172
十三	2006年11月	241299	111	169710	164619	97	166

二、代表构成

历届当选的代表均具有一定的先进性、广泛性、代表性。代表由工人、农民、知识分子、党政干部等界别构成。代表中，中共党员、民主党派和无党派人士、妇女、少数民族、其他方面人士均按规定占一定比例。

县第十届人大代表193人。其中妇女代表32人；35岁以下17人，36至55岁154人，56岁以上22人；党员代表161人，民主党派及无党派人士32人；汉族代表118人，少数民族代表75人；本科以上文化11人，大专文化55人，中专文化62人，初中及以下文化65人；工人代表5人，农民代表79人，知识分子代表10人，干部代表98人，其他方面代表1人。

县第十一届人大代表172人。其中妇女代表32人；35岁以下18人，36至55岁135人，56岁以上19人；党员代表136人，民主党派及无党派人士36人；汉族代表87人，少数民族代表85人；本科以上文化21人，大专文化29人，中专文化45人，初中及以下文化77人；工人代表4人，农民代表79人，知识分子代表7人，干部代表81人，其他方面代表1人。

县第十二届人大代表172人。其中妇女代表36人；35岁以下32人，36至55岁132人，56岁以上8人；党员代表127人，民主党派及无党派人士45人；汉族代表98人，少数民族代表74人；本科以上文化33人，大专文化43人，中专文化50人，初中及以下文化46人；工人代表5人，农民代表74人，知识分子代表3人，干部代表89人，其他方面代表1人。

县第十三届人大代表166人。其中妇女代表35人；35岁以下19人，36至55岁139人，56岁以上8人；党员代表140人，民主党派及无党派人士26人；汉族代表93人，少数民族代表73人；本科以上文化44人，大专文化34人，中专文化53人，初中及以下文化35人；工人代表8人，农民代表80人，知识分子代表5人，干部代表71人，其他方面代表2人。

昌江黎族自治县十届至十三届人大代表构成情况表

表15-1-2 单位：人

届别	代表总数	性别		年龄构成			政治情况		民族		文化构成				职业与阶层情况				
		男	女	35岁以下	36岁至55岁	56岁以上	中共党员	民主党派及无党派人士	汉族	少数民族	本科及以上	大专	中专	初中及以下	工人	农民	知识分子	干部	其他
十	193	161	32	17	154	22	161	32	118	75	11	55	62	65	5	79	10	98	1
十一	172	140	32	18	135	19	136	36	87	85	21	29	45	77	4	79	7	81	1
十二	172	136	36	32	132	8	127	45	98	74	33	43	50	46	5	74	3	89	1
十三	166	131	35	19	139	8	140	26	93	73	44	34	53	35	8	80	5	71	2

第二节 县人民代表大会会议

县人民代表大会会议，是地方国家权力机关依法行使职权的主要方式，是人大代表管理国家和社会事务的主要途径。县人民代表大会会议每年至少举行一次，自1991年县第九届人民代表大会第二次会议到2010年县第十三届人民代表大会第八次会议，共举行人民代表大会会议27次。

一、第九届人民代表大会

县届九届人民代表大会任期3年，其间共举行4次会议。

第一次会议 1990年5月16日至18日在石碌召开详见（昌江县县志）。

第二次会议 1991年3月20日在石碌召开。会议听取和审议县长符炳信所作的县政府工作报告、县计委主任王远芳所作的关于县1991年国民经济与社会发展计划执行情况及1992年国民经济和社会发展计划草案的报告、县财政局副局长陈德仿所作的关于县1991年财政预算执行情况及1992年财政预算草案的报告、县人大常委会主任符兴贵所作的县人大常委会工作报告、县法院院长林建松所作的县法院工作报告、县检察院检察长朱瑞金所作的县人民检察院工作报告，并通过相应决议。

第三次会议 1992年3月25日在石碌召开。会议听取和审议县长符炳信所作的县政府工作报告、县计委主任王远芳所作的关于县1992年国民经济与社会发展计划执行情况及1993年国民经济和社会发展计划草案的报告、县财政局副局长陈德仿所作的关于县1992年财政预算执行情况及1993年财政预算草案的报告、县人大常委会主任符兴贵所作的县人大常委会工作报告、县法院院长林建松所作的县法院工作报告、县检察院检察长朱瑞金所作的县人民检察院工作报告，并通过相应决议。

第四次会议 1992年11月23日在石碌召开。会议选举该县出席海南省第一届人民代表大会代表15人。

二、第十届人民代表大会

县第十届人民代表大会任期由3年改为5年，其间共举行6次会议。

第一次会议 1993年4月28日在石碌召开。会议听取和审议县长符炳信所作的县政府工作报告、县计委主任王远芳所作的关于县1992年国民经济与社会发展计划执行情况及1993年国民经济和社会发展计划草案的报告、县财政局副局长陈德仿所作的关于县1992年财政预算执行情况及1993年财政预算草案的报告、县人大常委会副主任刘益忠所作的县人大常委会工作报告、县法院院长林建松所作的县法院工作报告、县检察院检察长朱瑞金所作的县人民检察院工作报告，并通过相应决议。会议选举产生县第十届人大常委会，刘益忠为主任，王载雄、陈文进、王立珠为副主任；选举符炳信为县政府县长，林芝栋、陈大勇、朱清敏、符永光、林元康为副县长；选举林建松为县法院院长，朱瑞金为县检察院检察长。

第二次会议 1994年3月31日至4月1日在石碌召开。会议听取和审议县长符炳信所作的县政府工作报告、县计委主任卢建伟所作的关于县1993年国民经济和社会发展计划执行情况与1994年国民经济和社会发展计划草案的报告、县财政局局长郭祥志所作的关于县1993年财政预算执行情况和1994年财政预算草案的报告、县人大常委会主任刘益忠所作的县人大常委会工作报告、县法院院长林建松所作的县法院工作报告、县检察院检察长朱瑞金所作的县检察院工作报告，并通过相应决议。

第三次会议 1995年3月5日在石碌召开。会议听取和审议代县长许邦朝所作的县政府工作报告、县计委主任卢建伟所作的关于县1994年国民经济和社会发展计划执行情况与1995年国民经济和社会发展计划草案的报告、县财政局局长郭祥志所作的关于县1994年财政预算执行情况和1995年财政预算草案的报告、县人大常委会主任刘益忠所作的县人大常委会工作报告、县法院院长林建松所作的县法院工作报告、县检察院检察长朱瑞金所作的县检察院工作报告，并通过相应决议。会议补选许邦朝为县政府县长，选举陈凤生为县人大常委会副主任。

第四次会议 1996年3月21日在石碌召开。会议听取和审议县长许邦朝所作的县政府工作报告、县计划统计局局长卢建伟所作的关于县1995年国民经济和社会发展计划执行情况与1996年国民经济和社会发展计划草案的报告、县财税局局长郭祥志所作的关于县1995年财政预算执行情况和1996财政预算草案的报告、县人大常委会主任刘益忠所作的县人大常委会工作报告、县法院院长林建松所作的县法院工作报告、县检察院检察长朱瑞金所作的县检察院工作报告，审查国民经济和社会发展"九五"计划和2010年远景目标纲要草案，并通过相应决议。

第五次会议 1997年2月28日在石碌召开。会议听取和审议县长许邦朝所作的县政府工作报告、县计划统计局局长卢建伟所作的关于县1996年国民经济和社会发展计划执行情况与1997年国民经济和社会发展计划草案的报告、县财政局局长郭祥志所作的关于县1996年财政预算执行情况和1997年财政预算草案的报告、县人大常委会副主任王载雄所作的县人大常委会工作报告、县法院院长林建松所作的县法院工作报告、县检察院检察长朱瑞金所作的县检察院工作报告，并通过相应决议。

第六次会议 1997年12月26日在石碌召开。会议选举该县出席海南省第二届人民代表大会代表15人。

三、第十一届人民代表大会

县第十一届人民代表大会任期5年，其间共举行6次会议。

第一次会议 1998年3月12日至14日在石碌召开。会议听取和审议县长许邦朝所作的县政府工作报告、县计划统计局局长卢建伟所作的关于县1993年至1997年国民经济和社会发展计划执行情况与之后五年国民经济和社会发展计划草案的报告、县财政局局长郭祥志所作的关于县1997年财政预算执行情况和1998年财政预算草案的报告、县人大常委会副主任陈文进所作的县人大常委会工作报告、县法院副院长王考尾所作的县法院工作报告、县检察院副检察长洪景春所作的县检察院工作报告，并通过相应决议。会议选举产生县第十一届人大常委会，龚旭光为主任，李玉亲、王立珠、陈文进、庄芝和、林关民为副主任；选举许邦朝为县政府县长，郑坚毅、杨先乙、钟文秋（女）、王应才、杨其林为副县长；选举林文东为县法院院长，洪景春为县检察院检察长。

第二次会议 1999年3月30日至4月1日在石碌召开。会议听取和审议代县长吉廷军所作的县政府工作报告、县计划统计局局长卢建伟所作的关于县1998年国民经济和社会发展计划执行情况与1999年国民经济和社会发展计划草案的报告、县财政局局长郭祥志所作的关于县1998年财政预算执行情况和1999年财政预算草案的报告、县人大常委会副主任李玉亲所作的县人大常委会工作报告、县法院院长所作的县法院工作报告、县检察院检察长洪景春所作的县检察院工作报告，并通过相应决议。会议审议通过《昌江黎族自治县自治条例》。会议补选吉廷军为县政府县长，补选县人大常委会委员4人。

第三次会议 2000年3月25日至27在石碌召开。会议听取和审议县长吉廷军所作的县政府工作报告、县计划统计局局长卢建伟所作的关于县1999年国民经济和社会发展计划执行情况与2000年国民经济和社会发展计划草案的报告、县财政局局长郭祥志作的关于县1999年财政预算执行情况和2000年财政预算草案的报告、县人大常委会副主任李玉亲所作的县人大常委会工作报告、县法院院长所作的县法院工作报告、县检察院检察长洪景春所作的县检察院工作报告，并通过相应决议。会议补选简纯林为县十一届人大常委会主任。

第四次会议 2001年1月8日至9日在石碌召开。会议听取和审议县长吉廷军所作的县政府工作报告、县计划统计局局长兰文海所作的关于县2000年国民经济和社会发展计划执行情况与2001年国民经济和社会发展计划草案的报告、县财政局局长郭祥志所作的关于县2000年财政预算执行情况和2001年财政预算草案的报告、县人大常委会副主任李玉亲所作的县人大常委会工作报告、县法院院长所作的县法院工作报告、县检察院检察长洪景春所作的县检察院工作报告，审查国民经济和社会发展第十个五年计划纲要草案，并通过相应决议。

第五次会议 2002年1月28日至29日在石碌召开。会议听取和审议县长吉廷军所作的县政府工作报告、县发展计划局局长符升豪所作的关于县2001年国民经济和社会发展计划执行情况与2002年国民经济和社会发展计划草案的报告、县财政局长所作的关于县2001年财政预算执行情况与2002年财政预算草案的报告、县人大常委会副主任李玉亲所作的县人大常委会工作报告、县法院副院长包允贤所作的县法院工作报告、县检察院检察长洪景春作的县检察院工作报告，并通过相应决议。

第六次会议 2002年11月30日在石碌召开。会议选举该县出席海南省第三届人民代表大会代表15人。

四、第十二届人民代表大会

县第十二届人民代表大会因县、乡两级人大同步进行换届选举，故任期未满5年，其间共举行4次会议。

第一次会议 2003年4月1日至3日在石碌召开，出席代表170人，列席60人。会议听取和审议县长吉廷军所作的县政府工作报告、县发展计划局局长符升豪所作的关于县2002年国民经济和社会发展执行情况及2003年国民经济和社会发展计划草案的报告、县财政局局长所作的关于县2002年财政预算执行情况及2003年财政预算草案的报告、县人大常委会副主任李玉亲所作的县人大常委会工作报告、县法院院长所作的县法院工作报告、县检察院副检察长邱善蓉所作的县检察院工作报告，并通过相应决议。会议选举产生县第十二届人大常委会，吴清毅为主任，杨先乙、谭由仔、林关民、吴树行为副主任，叶开承等10人为委员；选举吉廷军为县政府县长，郑坚毅、钟昌美（女）为副县长；选举林文东为县法院院长，谭宜文为县检察院检察长。

第二次会议 2004年2月21日至22日在石碌召开，出席代表161人，列席94人。会议听取和审议县长吉廷军所作的县政府工作报告、县发改局局长符升豪所作的关于县2003年国民经济和社会发展执行情况及2004年国民经济和社会发展计划草案的报告、县财政局局长所作的关于县2003年财政预算执行情况及2004年财政预算草案的报告、县人大常委会主任吴清毅所作的县人大常委会工作报告、县法院院长所作的县法院工作报告、县检察院检察长谭宜文所作的县检察院工作报告，并通过相应决议。

第三次会议 2005年3月1日至2日在石碌召开，出席代表158人，列席86人。会议听取和审议县长吉廷军所作的县政府工作报告、县发改局局长符升豪所作的关于县2004年国民经济和社会发展执行情况及2005年国民经济和社会发展计划草案的报告、县财政局局长所作的关于县2004年财政预算执行情况及2005年财政预算草案的报告、县人大常委会主任吴清毅所作的县人大常委会工作报告、县法院院长所作的县法院工作报告、县检察院检察长谭宜文所作的县检察院工作报告，并通过相应决议。

第四次会议 2006年3月8日至9日在石碌召开，出席代表160人，列席101人。会议听取和审议县长吉廷军所作的关于县国民经济和社会发展第十一个五年规划纲要的报告、县人大常委会副主任谭由仔所作的关于昌江黎族自治县自治条例修订草案的说明、县人大常委会主任吴清毅所作的县人大常委会工作报告，县法院院长所作的县法院工作报告、县检察院检察长谭宜文所作的县人民检察院工作报告，审查国民经济和社会发展第十一个五个规划纲要草案、计划和财政报告，并通过相应决议。审议通过《昌江黎族自治县自治条例（修订）》。

五、第十三届人民代表大会

县第十三届人民代表大会任期5年，其间共举行8次会议。

第一次会议 2007年1月17日至18日在石碌召开。出席代表168人，列席132人。会议听取和审议代县长所作的县政府工作报告、县人大常委会副主任杨先乙所作的县人大常委会工作报告、县法院代院长何泮所作的县法院工作报告、县检察院代检察长陈煦所作的县检察院工作报告，审查计划和财政报告，并通过相应决议。会议选举产生县第十三届人大常委会主任，钟昌美（女）、林关民、符昌恒、吴树行为副主任，18人为委员；选举吉明江为县政府县长，霍巨燃、杨志荣、罗桂珍（女、回族）、谭琼雄、何顺劲为副县长；选举何泮为县法院院长，陈煦为县检察院检察长。

第二次会议 2007年11月28日至29日在石碌召开，出席代表147人。会议选举昌江县出席海南省第四届人民代表大会代表15人。

第三次会议 2008年2月28日至29日在石碌召开，出席代表159人，列席124人。会议听取和审议县长所作的县政府工作报告、县人大常委会主任所作的县人大常委会工作报告、县法院院长何泮所作的县法院工作报告、县检察院检察长陈煦所作的县检察院工作报告，审查计划和财政报告，并通过相应决议。

第四次会议 2008年12月19日在石碌召开，出席代表148人。会议补选陈光华为县十三届人大常委会副主任。

第五次会议 2009年2月17日至18日在石碌召开，出席代表162人，列席110人。会议听取和审议县长所作的县政府工作报告、县人大常委会主任所作的县人大常委会工作报告、县法院院长何泮所作的县法院工作报告、县检察院检察长陈煦所作的县检察院工作报告，审查计划和财政报告，并通过相应决议。会议补选王运海、陈玉等3人为县第十三届人大常委会委员。

第六次会议 2009年11月25日至26日在石碌召开，出席代表154人。会议补选符礼伟为县政府县长，并选举其为海南省第四届人民代表大会代表。

第七次会议 2010年3月13日至14日在石碌召开，出席代表159人，列席113人。会议听取和审议县长符礼伟所作的县政府工作报告、县人大常委会主任所作的县人大常委会工作报告、县法院院长何泮所作的县法院工作报告、县检察院检察长陈煦所作的县检察院工作报告、县人大常委会副主任符昌恒所作的关于古树名木保护管理条例草案的说明，审查计划和财政报告，并通过相应决议。审议通过《昌江黎族自治县古树名木保护管理条例》。

第八次会议 2010年12月23日至24日在石碌召开，出席代表144人。会议选举何西庆为海南省第四届人民代表大会代表。

第三节 县人民代表大会常务委员会

县人民代表大会常务委员会（以下简称县人大常委会）是县人民代表大会的常设机构，在县人民代表大会闭会期间依法行使地方国家权力机关的职权，对县人民代表大会负责并报告工作，每届任期与县人民代表大会任期相同。县人大常委会由县人民代表大会在代表中选举主任、副主任和委员组成。县人大常委会组成人员的名额由海南省人大常委会依法确定，十一届为15~17名、十二届为15名、十三届23名。

昌江黎族自治县第九届到第十三届人大常委会主任、副主任名录表

表15-1-3

届别	职务	姓名	性别	民族	籍贯	任职时间
第九届（1990年5月至1993年4月）	主任	符兴贵	男	黎族	海南东方	1990年5月至1993年4月
	副主任	林诗哲	男	汉族	海南东方	1990年5月至1993年4月
		李玉亲	男	黎族	海南昌江	1990年5月至1993年4月
第十届（1993年4月至1998年3）	主任	刘益忠	男	黎族	海南昌江	1993年4月至1998年3月
	副主任	王载雄	男	黎族	海南昌江	1993年4月至1998年3月
		陈文进	男	汉族	海南琼海	1993年4月至1998年3月
		王立珠	男	汉族	海南昌江	1993年4月至1998年3月
		陈凤生	男	汉族	海南临高	1995年3月至1998年3月
第十一届（1998年3月至2003年4）	主任	龚旭光	男	汉族	湖南南县	1998年3月至1999年12月
	副主任	李玉亲	男	黎族	海南昌江	1998年3月至2003年4月
		王立珠	男	汉族	海南昌江	1998年3月至2003年4月
		陈文进	男	汉族	海南琼海	1998年3月至2003年4月
		庄芝和	男	汉族	海南昌江	1998年3月至2003年4月
		林关民	男	黎族	海南昌江	1998年3–2003年4月
第十二届（2003年4月至2007年1）	主任	吴清毅	男	汉族	海南定安	2003年4月至2006年12月
	副主任	杨先乙	男	汉族	海南澄迈	2003年4月至2007年1月
		谭由仔	男	汉族	海南昌江	2003年4月至2007年1月
		林关民	男	黎族	海南昌江	2003年4月至2007年1月
		吴树行	男	汉族	海南昌江	2003年4月至2007年1月

表 15-1-3 续 1

届别	职务	姓名	性别	民族	籍贯	任职时间
第十三届（2007 年 1 月至 2010 年 12 月）	主任					
	副主任	钟昌美	女	汉族	海南东方	2007 年 1 月至 2010 年 12 月
		林关民	男	黎族	海南昌江	2007 年 1 月至 2010 年 12 月
		符昌恒	男	汉族	海南昌江	2007 年 1 月至 2010 年 12 月
		吴树行	男	汉族	海南昌江	2007 年 1 月至 2007 年 6 月
		陈光华	男	黎族	海南昌江	2008 年 12 月至 2010 年 12 月

一、机构设置

随着人大工作的开展，工作机构逐步完善。1991 年，县人大常委会设办公室、法制工作委员会、农经工作委员会、教科文卫工作委员会。2002 年 4 月，增设选举任免联络工作室。2004 年 4 月，教科文卫工作委员会更名为民族宗教与教科文卫工作委员会。人大机关编制 20 人，其中，行政编制 17 人，事业编制 3 人。

二、县人大常委会会议

县人大常委会会议是县人大常委会行使国家权力的主要形式，一般每 2 个月召开 1 次，由主任会议召集，主要议题为学习传达上级有关会议、文件精神，听取和审议县人民政府、县人民法院、县人民检察院工作汇报，讨论召开该届人大各次会议的有关事宜，讨论决定全县政治、经济、文化、教育、卫生等方面重大事项，进行人事任免及补选上级人大代表等。1991—2010 年，共召开县人大常委会会议 131 次，听取和审议县政府、县法院、县检察院和有关部门的工作报告 337 项，作出决议、决定 29 项，任免地方国家机关工作人员 540 余人次，为保证宪法和法律法规在行政区域内的贯彻实施，推进社会主义民主与法制建设，促进改革开放、经济建设和其他各项事业的发展，发挥了地方国家权力机关的作用。

三、主要工作

民族自治地方立法。1991 年到 2010 年年底，县人大常委会充分行使民族自治地方立法权，先后制定自治条例和单行条例两部，民族区域自治制度在该县的贯彻实施进入了一个新的发展阶段。1999 年 4 月 1 日，县第十一届人民代表大会第一次会议审议通过《昌江黎族自治县自治条例》。同年 5 月 20 日，省第二届人大常委会第七次会议批准实施。随着形势不断向前发展，《昌江黎族自治县自治条例》颁布实施后又面临新的挑战。县人大常委会把握时机，与时俱进，及时对《昌江黎族自治县自治条例》作了修订。2006

年3月9日，县十二届人民代表大会第四次会议通过《昌江黎族自治县自治条例》修订案，经省第三届人大常委会第二十七次会议批准施行。此后，县人大常委会还启动了单行条例立法工作。2010年3月，县第十三届人民代表大会第七次会议审议通过了《昌江黎族自治县特定林木保护管理条例》，经省第四届人大常委会第22次会议批准后于2011年6月28日起施行。这些立法成果对于贯彻依法治国方略、促进全县经济社会发展具有十分重要的意义。

讨论决定重大事项。1991年起，县人大常委会继续依法行使重大事项决定权，除审查批准有关决算、预算、计划、规划调整，部署有关换届选举、召开人代会、制定实施法制宣传教育规划以及其他法定由常委会审议决定的重大事项外，还就涉及社会发展、经济建设、教育文化事业等多个领域中的重大事项作出决议决定，全力推动社会各项事业健康发展。在总结实践经验的基础上，1999年11月23日县第十一届人大常委会第八次会议通过了《昌江黎族自治县人民代表大会常务委员会讨论、决定重大事项的规定》，为县人大常委会讨论决定重大事项提供制度上的保证。

1994—1998年，县第十届人大常委会第10次会议作出《关于加强县城集贸市场管理的建议》，第13次会议审议通过《关于将南岭农场改为南岭村委会的报告》，第36次会议审议通过《南罗镇大安村迁村方案》《关于提请审议成立石碌镇东风路等四个居委会的议案》。

2000—2001年，县第十一届人大常委会第10次会议审议通过《关于非农业建设用地和农业开发用地清查处理若干规定的议案》和作出《关于全面推进依法治县的决议》，第19次会议作出《关于〈土地法〉执法检查情况报告的决议》《关于医疗机构管理和医药市场管理执法情况报告的决议》。

2003—2006年，县第十二届人大常委会第2次会议作出《关于2002年以来就业和再就业工作情况报告的决议》，第3次会议作出《关于2002年以来农村土地矛盾纠纷调处工作情况报告的决议》，第10次会议作出《关于批准昌江黎族自治县城市总体规划的决定》，第20次会议作出《关于确认批准昌江城市建设投资有限公司向国家开发银行贷款的决定》，第23次会议作出《昌江黎族自治县加快发展少数民族教育的决定》，第27会议作出《昌江黎族自治县加强石碌地区社会治安综合治理的决定》。

2008—2010年，县第十三届人大常委会第8次会议作出《关于批准〈棋子湾旅游度假区总体规划〉的决定》，第16次会议作出《关于确认批准县财政偿还人民北路改造工程项目贷款并列入年度财政预算的决定》《关于确认批准县财政偿还东风路改造工程项目贷款并列入年度财政预算的决定》《关于确认批准县财政偿还昌江大道改造工程项目贷款并列入年度财政预算的决定》《关于确认批准县财政偿还石碌河昌江县城段综合整治工程项目贷款并列入年度财政预算的决定》，第21次会议作出《关于批准“三路、一河”建设项目资金本调整的决定》，第22次会议作出《关于批准县财政回购太坡立交至棋子湾公路项目并列入年度财政预算的决定》。

执法检查。县人大常委会把监督法律法规的贯彻实施作为一项重要工作，有计划、有针对性地开展执法检查，保证宪法和法律法规在昌江县的遵守和执行，提高法律效力，维护法律尊严。

1991—1992年，开展《中华人民共和国产品质量法》等一系列法律法规执法检查，促进一批重大问题以及人民群众关注的热点、难点问题的解决。如针对《中华人民共和国婚姻法》执法检查发现的早婚、重婚现象，有关部门加大婚姻法的宣传力度，增强宣传的针对性，规范婚姻登记工作，加强执法部门间的协调，使婚姻法在全县得以更好实施。

1993—1997年，开展《中华人民共和国反不正当竞争法》《中华人民共和国妇女权益保障法》《中华人民共和国教育法》《中华人民共和国劳动法》《中华人民共和国民族区域自治法》等10多部法律法规执法检查，推动了相关问题的解决。开展《中华人民共和国农业技术推广法》执法检查，促进全县农业生产由粗放型向集约转变。对全县乡（镇）合作医疗进行执法检查，吊销3家个体诊所，稳定药品市场，制止销售假冒伪劣药品和无证行医的违法行为。

1998年，开展《中华人民共和国农业法》执法检查，促进全县上下对农业法的再宣传、再学习，增强以法治农、依法兴农观念，为基层干部和农民执法、用法打下基础。开展《中华人民共和国土地管理法》执法检查，有关部门加强和改进土地管理工作，在严格保护耕地、查处土地违法违规案件中加大工作力度，全县土地资源管理总体平稳有序。开展《中华人民共和国教育法》执法检查，督促加大对少数民族乡（镇）教育投入，使少数民族地区的九年义务教育顺利通过省教育厅的验收。开展《中华人民共和国环境资源保护法》《中华人民共和国妇女权益保护法》《中华人民共和国民族区域自治法》执法检查，推动了相关工作。

1999年，开展《海南省计划生育条例》执法检查，指出当前工作中存在的生育观念落后等问题，要求进一步加大对人口与计生法律法规的贯彻执行力度，继续加大宣传和投入，齐抓共管，形成合力，不断提高工作水平。开展以“保护生态环境，保护森林资源，保护野生动物”为主题的环保世纪行活动，产生了较大影响，推动了相关工作。

2000年，开展《海南省文化市场管理条例》执法检查，规范了文化市场经营行为，消除了文化市场安全隐患。开展《中华人民共和国工会法》《海南省工会条例》执法检查，扎实推动《中华人民共和国工会法》在该县的贯彻实施，进一步发挥工会组织在稳定劳动关系、维护广大职工和工会干部合法权益中的作用。开展以“治污达标，保护生态”为主题的环保世纪行活动，促进有关问题的解决和“一控双达标”任务的完成。

2001年，开展《中华人民共和国土地管理法》执法检查，有关部门认真开展清理整顿农业用地流转专项工作，共清理整顿农业用地流转175宗，群众反映强烈的峨港、峨沟、白石三个村与海虹公司200公顷土地纠纷问题得到基本解决。开展医疗机构和医药市场管理执法检查，全县共取缔非法行医23家、摧毁制假药点1处，打击街头游医和非法药摊各1处、整治乡村卫生室3家。

2002年，开展《中华人民共和国教师法》执法检查，就进一步加强教师队伍培训、结构调整、师德师风建设，提高教师待遇等方面提出意见建议，督促政府及有关部门加以解决，促进教师法更好地贯彻实施。

2003年，开展《中华人民共和国价格法》执法检查，稳定了全县市场价格总水平。开展《退耕还林条例》执法检查，督促解决退耕还林手续不齐全、合不够规范和浆纸林造林任务慢等问题，对促进全县超额完成省下达的2003年退耕还林任务起到积极作用。

2004年，开展《中华人民共和国农村土地承包法》执法检查，促进土地承包经营权的落实和被征地农民的补偿安置及土地矛盾纠纷的解决，维护农民合法权益。开展《中华人民共和国预防未成年人犯罪法》执法检查，督促法律实施主管机关改进工作，推动重点难点问题的解决，有效地预防未成年人犯罪，维护社会和谐稳定。开展《中华人民共和国城市规划法》执法检查暨环保世纪行活动，推进城市规划建设走向法制化轨道。

2005年，开展《中华人民共和国水污染防治法》执法检查暨环保世纪行活动，督促县政府及其有关部门更好地履行法定职责，切实保护和改善水环境，有效保障饮用水安全。开展《中华人民共和国农业法》执法检查，督促加强农业项目资金管理，解决好农村土地矛盾纠纷，确保支农政策落到实处。

2006年，结合开展沿海防护林环保世行活动，开展《中华人民共和国森林法》执法检查，海防林保护工作增强，推动了生态县建设。

2007年，开展《海南省禁毒条例》《海南省宗教事务管理条例》执法检查，推动相关问题的解决，禁毒工作经费纳入财政预算，“三所一队”禁毒场地开始规划建设。开展《中华人民共和国人口与计划生育法》执法检查，督促解决出生人口性别比偏高、城镇流动人口管理薄弱等突出问题。开展天然林执法检查，推动天然林保护工作，昌江县率先在全省实施了生态补偿机制，取得较好的经济和社会效益。

2008年，开展《中华人民共和国矿产资源法》和《海南省矿产资源管理条例》执法检查暨环保世纪行活动，全县范围内无证勘察开采、乱采滥挖、浪费破坏资源、严格污染环境等违法行为得到遏制，矿产资源开发利用水平得到提高。开展《中华人民共和国档案法》《海南省档案管理办法》执法检查，促进档案管理工作依法开展，保障档案事业持续健康发展。

2009年，开展《昌江黎族自治县自治条例》执法检查，督促县政府及相关部门制定相应的配套实施办法，用好、用足、用活自治条例的优惠政策。开展《中华人民共和国农村土地承包法》执法检查，有关单位对存在问题加大清理整顿力度，完善农村土地确权登记发证工作，深入推进征地制度改革，切实维护农民合法的土地权益。

2010年，开展《中华人民共和国食品安全法》执法检查，要求要以最严的标准、最严格的监管、最严厉的处罚、最严肃的问责来管好食品安全工作。开展《中华人民共和国妇女权益保障法》执法检查，推动解决一些制约妇女发展和权益保障方面的突出问题，维护妇女合法权益。开展《中华人民共和国农业技术推广法》执法检查，推进农业技术的推广和普及工作，促进农业增效和农民增收。开展《中华人民共和国种子法》执法检查，规范种子生产经营行为，保障农业生产用种安全。

任免国家机关工作人员。县人大常委会任免对象为县人大常委会机关工作人员，县政府副县长及政府组成部门正职，县人民法院副院长、县人民检察院副检察长及相关工作人员。1991年起，县人大常委会坚持党管干部与人大依法选举任免干部的统一，不断规范完善人事任免工作，为地方国家机关工作正常开展提供了组织保障。2003年5月22日，县十二届人大常委会第一次会议通过《昌江黎族自治县人民代表大会常务委员会人事任免规定》，人事任免工作步入法制和规范轨道。

1993—1998年，县第十届人大常委会共任命地方国家机关工作人员230人次，免职、撤职、接受辞职48人。

1998—2003年，县第十一届人大常委会共任免地方国家机关工作人员127人次，对18名任命干部开展述职评议。

2003—2006年，县第十二届人大常委会共任免地方国家机关工作人员126人次，接受有关人员辞职15人次，撤职1人，补选省人大代表1人，对23名任命干部开展述职评议。

2007—2010年，县第十三届人大常委会共任免地方国家机关工作人员128人次，接受有关人员辞职11人次，补选省人大代表1人。

代表视察。1993年11月，组织省、县人大代表视察乡（镇）深化改革、加强廉政建设、开展反腐败斗争情况，推动反腐败斗争深入健康发展，消极腐败现象有所遏制，一些不正之风有所收敛，广大干部群众对这场斗争的认识逐步有所提高。

1994年10月，组织代表视察县城第一、二、三集贸市场管理工作，代表根据群众反馈的矛盾焦点，有针对性地对市场提档升级、精细化管理、基础设施改造、加强安全管理等方面提出了意见和建议。

1995年1月，组织代表视察农业生产和农村经济情况，建议要把改善农民生活条件作为首要问题来抓，创建投入机制，加快水利、道路、电力等基础设施建设；要把地域优势、特色优势变成产业优势，形成规模生产，把产业优势变成经济优势；要加大农产品的深加工和技术含量，创出自己的牌子，把特色产业做大做强；要加大农村劳动力培训和输转力度，促进劳务经济快速发展。同年7月，组织代表视察人民北路扩建项目建设情况，要求要把人民北路扩建工程作为一项迫切需要的民心工程，明确任务分工，落实责任，加强协调配合，确保项目按照预定的序时进度推进。

1999年1月，组织部分省、县人大代表分组视察农村、农业和扶贫工作情况，国民经济和社会发展计划、财政预算执行情况，并将视察情况写成报告，为县委决策服务。

2000年6月，组织省、县人大代表联合视察西线高速太坡出口路建设，提出许多建设性意见，7位省人大代表还联名向省政府及有关厅局提出建议，引起省有关部门的重视，帮助解决了具体问题，使太坡出口路建设问题在短时间内得以解决。同年年底，组织代表视察农业产业结构调整情况，相关意见建议对我县农业产业结构调整起到积极作用。

2001年年底，组织代表视察社会养老保险和医疗保险制度的实施情况，县政府及有关部门根据代表的意见建议采取有力措施，积极追缴拖欠和占用的社会养老保险资金和医疗保险资金，加强社会保障资金的管理，完善和严格各项管理制度，确保保障资金专款专用和正常发放，保障广大干部职工和离退休人员的切身利益。

2003年，组织34名省、县人大代表围绕“三农”问题，对昌江县农村文明生态村建设、农村沼气池建设和少数民族地区农村民族改造等工作进行视察，促进了“三农”工作的落实，推动了中心工作的顺利开展。

2004年，继续围绕“三农”问题，组织部分省、县人大代表对该县各级政府贯彻落实中央一号文件精神，大力促进农民增收情况进行视察，提出许多建设性意见，受到各方面重视，推动大力促进农民增收政策措施的贯彻落实。

2005年，连续第三年围绕“三农”问题，对该县各级政府贯彻落实中央和省委有关文件精神，健全和完善村务公开和民主管理制度的情况进行集中视察，有力地协助政府推动这方面工作的落实，收到了较好效果。同年，常委会制定《代表持证视察办法》，委托各乡（镇）首次开展就地持证视察活动，规模较大，效果较好。

2006年，继续委托乡（镇）人大组织县人大代表就地持证视察乡（镇）卫生院建设情况，就乡（镇）卫生院技术力量薄弱、服务水平不高等问题提出意见建议，建议政府和部门科学合理地安排好乡（镇）卫生院的基本建设，加强卫生队伍建设，重视业务培训，提高乡（镇）卫生院的服务质量和技术水平，从而更好地为广大农民群众提供基本医疗和公共卫生服务。

2007年，组织代表对昌江工业园区建设、农业基础设施建设、城镇基础设施建设、石碌水库水源污染治理、实施教育移民、文明生态村、农村饮水建设项目情况等问题开展视察，对了解到的真实情况和带有普遍性的问题，及时给各级政府及有关部门进行反馈，促进有关问题的解决。

督办代表议案、建议。在人民代表大会会议期间提出议案（原称提案）和建议、批评、意见（以下简称建议），是代表的一项法定权利。每次人代会期间，代表都提出一些议案和建议。随着人大工作的深入开展，代表的履职积极性逐步提高，所提议案、建议的数量不断增加，涵盖的内容日益广泛。1991年以后，县人大常委会将县人民代表大会闭会后代表议案、建议的督办作为重要职责之一，创新督办方式，强化督办力度，提高办理实效，回应代表关切，着力推动问题解决和议案建议落实，得到了代表和群众的普遍认可。各承办单位在办理过程中坚持以提高办理质量为目标，注重实效，认真负责，积极办理，尤其是思想上形成共识，工作上形成合力，主要领导亲自抓落实，实实在在地解决了一批代表和人民群众比较关注的问题，办了不少实事，为促进全县经济和社会各项事业的发展，起到了较好的作用。1991—1992年，县第九届人大常委会共督办议案、建议91件，办结74件。1993—1997年，县第十届人大常委会共督办议案、建议474件，办结380件。1998–2002年，县第十一届人大常委会共督办议案、建议363件，办结327件。2003—2006年，县第十二届人大常委会共督办议案、建议363件，全部办结，已经解决或基本解决的264件。2007—2010年，县第十三届人大常委会共督办议案、建议334件，全部办结，已经解决或基本解决的152件。

指导乡（镇）人大工作。县人大常委会与乡（镇）人大的关系，是工作上的联系、指导和法律上的监督关系。1991年以后，始终把加强对乡（镇）人大联系、指导和监督作为一项重要工作来抓，推动乡（镇）人大工作的开展：1. 指导乡（镇）人大建立健全岗位职责、联系代表、代表小组活动等制度，推动乡（镇）人大工作的法制化、制度化和规范化。2. 培训乡（镇）人大干部，提高履职能力。1997年，举办乡（镇）人大主席和秘书学习班，还组织乡（镇）人大主席团主席、副主席到省委党校进行培训。2004年，举办乡（镇）人大领导干部培训班，启动了县人大机关带乡（镇）人大的人大业务学习机制。2006年，组织乡（镇）人大领导到北戴河全国人大培训基地进行培训。从2003

年起，县人大常委会例会固定邀请乡（镇）人大主席、副主席列席，为他们提供学习机会，帮助他们熟悉人大工作业务。3. 指导乡（镇）人大完成换届选举工作。在1993年、1996年、1999年、2002年、2006年5次乡镇人大换届选举中，县人大常委会制定有关换届选举的文件，召开有关会议部署，设立选举工作机构，派出指导小组具体指导乡（镇）人大搞好换届选举工作，举办业务培训班，使乡（镇）人大换届选举工作依法、有序、健康地进行，加强了基层政权建设。4. 指导乡（镇）人大开好代表大会。在乡（镇）代表大会期间，县人大常委会采取集中具体指导的方式帮助乡（镇）开好会议，除制定相关指导性文件和部署有关工作外，在乡（镇）人大召开会议期间还派出人员参加会议进行具体指导。5. 指导乡（镇）人大开展监督和代表活动。2004年，指导乡（镇）人大对22名本级国家机关工作人员进行了述职评议，使基层人大加强了人事监督工作。2005年，联系乡（镇）搞好县人大代表开展代表就地持证视察活动和代表述职评议活动，全县8个乡（镇）组织39名县镇人大代表向原选区选民进行述职和接受评议。6. 邀请乡（镇）人大参与常委会开展执法检查、调研、视察等活动，形成联动机制，增强监督实效。2000年，委托各乡（镇）对各自乡（镇）文化市场管理进行自查。2004—2010年，和乡（镇）人大上下联动对相关法律法规开展执法检查。7. 帮助乡（镇）人大解决实际困难。2004年，对乡（镇）人大工作和建设情况进行专题调研，了解、分析、解决乡（镇）人大工作中存在的困难和问题，使全县8个乡（镇）人大基本落实“四有”，即有印子、有牌子、有人员、有办公场所。同年召开乡（镇）人大工作座谈会，对新形势下乡（镇）人大工作进行探讨，总结推广先进经验。

第二章　地方人民政府

第一节　县人民政府

一、领导机构

1991—2010年，昌江县经历5届人民政府，其中第九届任期3年，第十届至第十三届任期5年，县长、副县长由县人民代表大会选举产生，县人民代表大会闭会期间，代理县长、副县长由上级机关提名，县人大常委会任免。历任县长符炳信、吉廷军、符礼伟等。

二、工作机构

1995年，县级政府机构改革。以“转变职能，理顺关系，精兵简政，提高效率”为目标。县政府设置工作部门19个，设置工作部门为：县政府办公室、县计划统计局、县教育与科学技术局、县财政税务局、县公安局、县民政局、县司法局、县人事劳动局、县建设与环境资源局、县林业局、县审计局、县工商行政管理局、县工业交通局、县农业局、县贸易局、县文化体育局、县卫生与计划生育局。其中，县政府办公室内设信访室（副科）、口岸管理工作室，挂外事侨务办公室；县计划统计局内设计划管理工作室、统计管理工作室（副科），挂县物价局牌子；县教育与科学技术局内设教育管理工作室、科学技术管理工作室（副科）；县财政税务局挂地方税务局牌子；县民政局内设老区建设工作室（副科）；县人事劳动局内设人事管理工作室、劳动管理工作室（副科），机构编制委员会办公室既是县委的机构也是政府的机构，挂靠县人事劳动局；县建设与环境资源局内设建设管理工作室、环境资源管理工作室（副科）；县工业交通局内设工业管理工作室、交通管理工作室（副科），挂技术监督局牌子；县农业综合开发办公室归口农业局管理；县贸易局挂粮食局牌子；县文化体育局内设文化管理工作室、体育管理工作室；县卫生与计划生育局内设卫生工作室、计划生育工作室（副科）；县海洋局改为隶属县政府的科级事业单位。

2000 年，县政府第三轮机构改革，以转变职能、调整机构、精简编制为主要内容。县政府设置工作部门 21 个，设置副科级内设机构 2 个。工作部门包括县政府办公室、发展改革局、经济贸易交通局、教育与科学技术局、民族宗教事务局、公安局、监察局、民政局、司法局、财政局、人事劳动保障局、建设与国土环境资源局、农业局、海洋与渔业局、文化广电体育局、卫生局、审计局、统计局、计划生育局。其中，政府办内设信访局，挂外事侨务办公室、法制办公室牌子；发展计划局内设物价局，挂经济动员办公室牌子；经济贸易交通局挂交通战备办公室牌子；民族宗教事务局与县委统一战线工作部合署办公；监察局与县纪委机关合署办公；国有资产管理委员会办公室挂靠财政局；机构编制委员会办公室挂靠人事劳动局；建设与国土环境资源局挂人民防空办公室牌子。合署办公机构列入县政府工作机构系列，不计政府机构个数。有 4 个机构转体，其中县林业局（正科）由政府工作部门改为事业单位，隶属县政府；县水利电力局更名为水利局（正科），由挂牌机构改为事业单位，隶属县政府；不再保留县委事务管理科和县政府事务管理科，组建县机关事务管理局（正科）为县政府的直属事业单位，负责县四套班子的后勤服务工作；粮食局改为事业单位，隶属发展计划局。

2003 年，将原县经济贸易交通局分设为县交通局和县商务局；将县计划生育局更名为县人口和计划生育局，将县发展计划局更名为县发展和改革局，将县水利局更名为县水务局。县编委会下发《关于调整部分县直机关单位职能和人员编制通知》，涉及职能划转的机构 6 个，共划转职能 9 项；对新成立和更名的县交通局、县商务局、县发展改革局、县人口和计划生育局 4 个部门进行“三定”工作，并以县政府名义下发执行。

2009 年 2 月，县政府再次机构改革。5 月 20 日在县委常委会议上审议通过全县机构改革方案。县政府机构改革主要任务为转变政府职能、理顺职责关系、明确和强化责任、调整优化组织结构、完善管理体制、严格控制机构编制六个方面。全县共设置政府工作部门 22 个，其中政府机构个数 20 个，不计个数 2 个，挂靠机构个数 2 个，内设副科级机构 2 个。设置的政府机构为政府办公室、人力资源和社会保障局、农业与科学技术局、交通运输局、发展和改革委员会、国土环境资源局、民政局、财政局、审计局、住房和城乡建设局、人口和计划生育委员会、卫生局、统计局、教育局、民族宗教事务委员会、文化广电出版体育局、旅游产业发展局、工业和信息化局、公安局、司法局。其中，监察局与县纪律监察委员会机关合署办公；民族宗教事务委员会与县委统一战线工作部合署办公（合署办公机构列入县政府工作部门序列，不计入县政府机构个数）；政府办公室内设信访局，挂法制办公室、外事侨务办公室牌子；商务局挂靠发展和改革委员会；食品药品监督管理局挂靠卫生局。改革后，县级议事协调机构不再单独设置实体性办事机构，不单独核定人员编制和领导职数。确需设立的议事协调机构，必须严格按有关规定和程序进行审批。

2010 年，根据省政府办公厅《关于印发海南省社保费征管及地税农税体制调整改革实施方案的通知》精神，进行社保征管及地税农税体制调整改革，县社会保险费征管局改为隶属县地方税务局的参照公务员法管理事业单位，实行省垂直管理，经费实行省级财政预算管理；撤销县农税局和各农税所，由省编办设立县地税局直属分局，为隶属县地方税务局参照公务员法管理事业单位。同时进行职责调整，将县人力资源社会保障系统承担的社会保险费扩面征缴任务、征缴信息系统建设、相关信息披露职能划转县地税局社会保险征管机构；将县财政部门承担的耕地占用税和契征管职能划转县地方税务部门；将原县农税部门承担的新农村合作医疗基金征收职能划给县财政部门。根据省政府办公厅《关于印发海南省社保费征管及地税农税体制调整改革实施方案的通知》精神，县编办做好县相关体制调整改革工作。

1991—2010 年昌江县政府领导成员任职表

表 15-2-1

届次	职务	姓名	性别	民族	籍贯	任职时间	备注
第九届人代会	县长	符炳信	男	黎	海南白沙	1990 年 5 月至 1993 年 4 月	
	副县长	刘益忠	男	黎	海南昌江	1990 年 5 月至 1993 年 4 月	
		陈凤生	男	汉	海南临高	1990 年 5 月至 1993 年 4 月	
		韦允文	男	汉	海南昌江	1990 年 5 月至 1993 年 4 月	
		符永光	男	汉	海南昌江	1990 年 5 月至 1993 年 4 月	
		莫壮才	男	汉	海南琼海	1989 年 8 月至 1990 年 10 月	任命
		潘贤丽	女	汉	福建龙海	1990 年 11 月至 1991 年 10 月	任命
		林元康	男	汉	海南乐东	1990 年 5 月至 1993 年 4 月	
		卓少明	男	汉	海南万宁	1991 年 10 月至 1993 年 4 月	任命
		朱清敏	男	汉	海南澄迈	1992 年 2 月至 1993 年 4 月	任命
		陈大勇	男	黎	海南乐东	1992 年 2 月至 1993 年 4 月	任命

表 15-2-1 续 1

届次	职务	姓名	性别	民族	籍贯	任职时间	备注
第十届人代会	县长	符炳信	男	黎	海南白沙	1993 年 4 月至 1995 年 2 月	
		许邦朝	男	黎	海南陵水	1995 年 2 月至 1998 年 3 月	任命
	副县长	林芝栋	男	汉	海南昌江	1993 年 4 月至 1998 年 3 月	
		陈大勇	男	黎	海南乐东	1993 年 4 月至 1995 年 6 月	
		朱清敏	男	汉	海南澄迈	1993 年 4 月至 1994 年 3 月	
		符永光	男	汉	海南昌江	1993 年 4 月至 1995 年 11 月	
		林元康	男	汉	海南乐东	1993 年 4 月至 1997 年 3 月	
		吴清毅	男	汉	海南定安	1994 年 3 月至 1997 年 4 月	任命
		郑坚毅	男	汉	海南儋州	1995 年 2 月至 1998 年 3 月	任命
		林尧俊	男	汉	广东饶平	1995 年 3 月至 1996 年 5 月	任命
		符泽光	男	黎	海南昌江	1995 年 11 月至 1997 年 5 月	任命
		杨先乙	男	汉	海南澄迈	1996 年 5 月至 1998 年 3 月	任命
第十一届人代会	县长	许邦朝	男	黎	海南陵水	1998 年 3 月至 1998 年 8 月	
		吉廷军	男	黎	海南三亚	1999 年 3 月至 2003 年 4 月	任命
	副县长	郑坚毅	男	汉	海南儋州	1998 年 3 月至 2003 年 4 月	
		杨先乙	男	汉	海南澄迈	1998 年 3 月至 2001 年 6 月	
		钟文秋	女	汉	海南昌江	1998 年 3 月至 2001 年 6 月	
		王应才	男	黎	海南昌江	1998 年 3 月至 2001 年 6 月	
		杨其林	男	汉	海南东方	1998 年 3 月至 2001 年 6 月	
		吉廷军	男	黎	海南乐东	1998 年 8 月至 1999 年 3 月	任命
		丑国辉	男	汉	湖南长沙	1999 年 3 月至 2001 年 6 月	任命
		黄昌雄	男	汉	海南琼海	2001 年 3 月至 2002 年 8 月	任命
		钟昌美	女	汉	海南东方	2001 年 12 月至 2003 年 4 月	任命
第十二届人代会	县长	吉廷军	男	黎	海南三亚	2003 年 4 月至 2006 年 9 月	
	副县长	郑坚毅	男	汉	海南儋州	2003 年 4 月至 2005 年 11 月	
		钟昌美	女	汉	海南东方	2003 年 4 月至 2006 年 12 月	

表 15–2–1 续 2

届次	职务	姓名	性别	民族	籍贯	任职时间	备注
第十二届人代会	副县长	王永胜	男	汉	山东	2005 年 11 月至 2006 年 12 月	任命
		廖香俊	男	汉	江西赣州	2006 年 4 月至 2006 年 12 月	任命
		侯茂丰	男	汉	湖南湘潭	2006 年 4 月至 2006 年 12 月	任命
		霍巨燃	男	汉	吉林	2006 年 12 月至 2007 年 1 月	任命
	县长	符礼伟	男	黎	海南陵水	2009 年 9 月至 2010 年 12 月	任命
	副县长	霍巨燃	男	汉	吉林	2007 年 1 月至 2008 年 5 月	
		杨志荣	男	汉	广东廉江	2007 年 1 月至 2010 年 12 月	
		王文平	男	黎	海南昌江	2007 年 1 月至 2010 年 12 月	
		罗桂珍	女	回	宁夏石嘴山	2007 年 1 月至 2009 年 12 月	
		谭琼雄	男	汉	海南昌江	2007 年 1 月至 2009 年 12 月	
		何顺劲	男	汉	海南昌江	2007 年 1 月至 2010 年 2 月	
		杨俊元	男	汉	山西襄汾	2008 年 5 月至 2010 年 12 月	任命
		牛　勇	男	汉	天津市	2009 年 4 月至 2010 年 7 月	任命
		张　力	女	汉	山西洪洞	2009 年 4 月至 2010 年 7 月	任命
		林　伟	男	汉	海南昌江	2010 年 2 月至 2010 年 12 月	任命
		范晓红	女	汉	湖南怀化	2010 年 2 月至 2010 年 12 月	任命
		符成彦	男	汉	海南东方	2010 年 6 月至 2010 年 12 月	任命

第二节　乡（镇）人民政府

1991—2002 年，全县共有七差、保平、昌城、王下 4 个乡和石碌、叉河、十月田、乌烈、海尾、南罗、昌化、太坡 8 个镇，乡（镇）长政府，配备乡（镇）长 1 人，副乡（镇）长 3~5 人，下设党政办、武装部、计划生育办公室、民政所、财政所、工商所、税务所、粮食所、司法所、公安派出所。2002 年 7 月 15 日，全县乡（镇）行政区划进行调整撤并，将 12 个乡（镇）调整撤并为 7 个镇，调整后的 7 个镇分别是石碌镇、昌化镇、海尾镇、七叉镇、十月田镇、乌烈镇、叉河镇。2006 年 10 月，七叉镇分设七叉镇、王下乡。根据乡（镇）机构改革的总体要求，党政机构设 3 个综合办公室，即党政办公室、经济发展办公室、社会发展办公室。

第三节　县政府重要会议

1991至2010年，县政府先后多次组织召开县政府常务会议、县长办公会议、县政府专题会议。

1991—2010年县政府部分重要会议一览表

表15-2-2

会议名称	时间	主要内容
县政府1995年第一次常务会议	1995年3月20日	会议议题：一、关于召开一次县有关单位、各乡（镇）领导参加的全县林业工作会议。二、关于工商工作问题。三、关于学习万宁、琼海、文昌、儋州等市县的经验，制定各乡（镇）财税目标责任制和财政收支包干管理办法。四、关于颁发县《废水污染许可证的管理制度》。五、关于加强对石碌水库水资源的保护。六、关于建设100套经济适用房。七、关于昌江县今年星火计划
县政府1995年第二次常务会议	1995年4月24日	会议议题：一、关于有关制度和政策的审定问题。二、关于加快县办理房地产权证的速度。三、关于昌江、大风糖厂蔗区划分实施方案。四、关于在全县范围内组织学习、宣传《中华人民共和国教育法》。五、关于食品厂工人工资遗留问题。六、关于工商局经费管理问题。七、关于乡（镇）财税所聘任财会人员的问题。八、关于以县政府名义发出《关于加强食盐加碘市场管理的通告》。九、关于疏通昌化渔港围海造地建设渔民新村问题。十、关于调整、充实县政府党组成员
县政府1995年第三次常务会议	1995年5月26日	会议议题：一、关于审议《关于多渠道筹措办学资金，加强基础教育发展的决定（初稿）》。二、关于审议《关于开展创建计划生育合格村的活动的通知》。三、关于兴建鸵鸟驯养基地项目问题。四、关于解决税务部门征管人员和临时工的工资及经费缺口问题。五、关于印刷厂转让用地问题。六、公布了县委批复的县政府党组成员名单

表 15-2-2 续 1

会议名称	时间	主要内容
县政府1995年第四次常务会议	1995年6月23日	会议议题：一、关于审议《关于多渠道集资办学，加强基础教育的决定》问题。二、关于审议《工商行政管理机关监管市场与经营市场分离实施办法》和成立县市场物业管理服务有限公司问题。三、关于讨论《关于在政府住宅区建设经济适用房的方案》问题。四、关于讨论《关于进一步加强我县药品管理工作的意见》问题。五、关于县城街道的命名问题。六、关于做好化肥、农药流通工作的问题。七、关于县地税系统工作摩托车挂“昌税征收车”牌问题。八、关于临时动议问题
县政府1995年第五次常务会议	1995年7月25日	会议议题：一、讨论关于搬迁县鱼苗场利用该地建设商品房问题。二、讨论关于财政资金拨款审批权限的规定问题。三、关于讨论兴建县清洁工人宿舍楼的问题。四、关于临时动议问题
县政府1995年第11次常务会议	1995年11月1日	会议议题：一、关于县教育局起草的《实施九年义务教育规划》。二、关于县教育局起草的《实施普及九年义务教育暂行办法》。三、关于县教育局起草的《1995—1997年扫除文盲工作实施细则》。四、关于县政府名义转发县教育局起草的《关于在全县开展基础教育“五项内容”督导检查方案》
县长办公会议	2003年2月8日	会议议题：一、关于解决棋子湾遗留问题的意见。二、关于棋子湾景区管理权和经营权的界定问题。三、关于棋子湾统一规划、管理、开发的问题
省林业局副局长秦忠文会同县政府召开办公会议	2005年4月28日	研究协调处理霸王岭林业局与七叉镇部分村庄之间土地权属纠纷问题。会议议题：一、成立霸王岭林业局与七叉镇土地纠纷调处工作领导小组。二、任何个人和单位都必须自觉遵守有关的法律法规，不得毁林占地。三、从尊重历史，维持现状，照顾现实，共同促进，妥善处理好土地权属纠纷问题。四、妥善解决浆纸林工程用地造林问题
县长办公会议	2005年11月24日	研究海钢公司正美山矿山开采期间扶持石碌镇牙营村委会资金等问题。会议议题：一、关于扶持资金额问题。二、关于扶持资金使用问题。三、关于扶持资金的支付方式问题。四、关于其问题
县长办公会议	2005年12月14日	协调解决峨港岭浆纸林地纠纷问题。会议议题：一、关于退地问题。二、关于善后工作问题
县政府常务会议	2008年12月31日	会议议题：一、关于全县经济工作报告问题。二、关于该县吸引高层次专业技术人员实施办法问题。三、关于海南西海岸湿地公园总体规划问题
县政府专题会议	2009年2月9日	会议议题：一、高度重视做好海南昌江核电项目建设工作。二、采取有力措施解决海南昌江核电项目推进过程中出现的问题。三、加强沟通协作，加快推进海南昌江核电项目建设

表 15-2-2 续 2

会议名称	时间	主要内容
县政府常务会议	2009 年 7 月 15 日	会议议题：一、关于 2009 年上半年全县经济社会发展情况和全县重点项目建设问题。二、关于县农村公路养护管理问题。三、关于 2009 年公益性岗位开发问题。四、关于录用 60 名乡（镇）卫生技术人员问题。五、关于霸王岭林业局职工医院移交地方管理问题。六、关于石碌河县城段综合整治工程拆迁补偿安置有关问题。七、关于审议 2007—2008 年度科技进步考核汇报材料问题。八、关于垃圾堆放场地租用费问题
县政府专题会议	2009 年 7 月 29 日	会议议题：一、提高认识，落实责任，确保学校建设如期完成。二、组织好现场办公，解决安置搬迁问题。三、制定方案，明确任务，依法拆除违章建筑物
县政府专题会议	2009 年 8 月 3 日	会议议题：一、高度重视做好石碌河县城段整治拆迁安置工作。二、科学规划，合理布局，抓好石碌河县城段整治拆迁安置区建设。三、密切配合，通力协作，加快推进石碌河县城段整治拆迁安置各项工作
县政府专题会议	2009 年 9 月 15 日	会议议题：一、县发改、水务、建设、交通、国土环资、海洋渔业等相关部门要正确认识实施昌化江入海口整治工程的重要意义，要从大局出发，密切配合，高度重视和大力支持昌化江入海口整治工程项目建设。二、海南金砂实业有限公司要加快项目申报进度，争取尽快启动昌化江入海口整治工程项目建设
县政府专题会议	2009 年 10 月 10 日	会议议题：一、2009 年第 7 号热带风暴“天鹅”给全县农业生产造成严重损失，乌烈、海尾、昌化等 3 个乡（镇）农作物受灾面积 113.3 公顷，其他乡（镇）也不同程度存在受灾情况，县农业局要及时下派工作组深入各乡（镇）摸清情况，掌握灾情，为领导决策提供依据。二、针对各乡镇农业生产受灾情况，县农业局要尽快拿出具体的补贴种苗工作方案，力争 10 月底以前将补贴种苗发放到农民手中。要因地制宜，尊重农民群众意见，什么合适就补种或改种什么，切实提高恢复生产的实效性。三、县水务部门要及时修复各类水毁工程，科学调度农业生产用水，对干旱地区优先供水，并将各项工作任务进行细化量化，责任落实到人，为灾后恢复生产提供良好服务。四、省农业厅专家将要下到全县指导恢复生产工作，农业、农技部门要主动服务，带领专家深入田间地头帮助群众解决病虫害防治等生产上的实际问题。五、各乡（镇）、农口各部门要认真吸取热带风暴“天鹅”灾情上报不畅的教训，建立健全信息情报上报制度，明确各自的工作职责和工作任务，切实抓好信息情报上报工作，确保信息畅通。六、农口各部门要根据各自的工作职能，发挥各自优势，深入农业生产第一线指导农民群众进行改种或补种；各乡（镇）要明确工作职责，指定专人进村驻点，了解灾情，体察民情，切实帮助农民群众解决生产生活上的难题

表 15-2-2 续 3

会议名称	时间	主要内容
县政府常务会议	2009 年 12 月 11 日	会议议题：一、关于加强依法行政工作实施方案。二、关于义务教育学校绩效工资实施方案。三、关于规范机关单位公务员津贴补贴第三步及财政供养事业单位人员绩效工资实施方案
县政府常务会议	2010 年 1 月 4 日	会议议题：一、关于农村小额贷款贴息管理暂行办法。二、关于县城道路两侧违法建筑集中整治问题
县政府常务会议	2010 年 6 月 2 日	会议议题：一、关于旅游房地产开发管理暂行办法。二、关于财政惠民补贴资金“一卡通”改革实施方案。三、关于征地拆迁房屋及地上附着物补偿标准问题。四、关于修订政府投资工程项目招标投标管理规定问题。五、关于废止香蕉下水田种苗补贴实施办法问题。六、关于 2010 年度经济适用房指导价格问题。七、关于海南西岸乡村庄园俱乐部项目建设用地规划问题。八、关于划拨七叉镇幼儿园办学用地问题。九、关于发放 2010 年新增城市低保对象生活补贴问题。十、关于补缴陈启华等县公安局保安人员社保费问题。
县政府专题会议	2010 年 5 月 8 日	会议议题：一、会议同意县城投公司以位于昌江县海榆西线南侧叉河组团 2008001 号地块和昌江大道东侧太坡汽车客运站储备地块，共 56.9 公顷国有土地使用权作为抵押，向开发银行海南省分行贷款 2.6 亿元，用于棋子湾旅游专用通道工程。二、县住建局、县国土环资局要及时办理抵押土地及规划的有关手续，确保县城投公司尽快取得贷款，按计划完成棋子湾旅游专用通道工程
县政府专题会议	2010 年 7 月 19 日	听取县住建局 2010 年县保障性住房建设进展情况汇报，研究保障性住房建设等问题，会议议题：一、保障性住房目前共开工建设 1098 套，其中廉租住房 252 套，经济适用住房 846 套，只完成省下达指标数的 31.37%。建设进度相对缓慢，住建、国土等部门要深入建设项目责任单位进行督促检查，靠前指导，加强服务，确保 9 月份开工率达 100%。二、各建设责任单位要加快项目实施进度，严格执行项目建设标准，保证项目建设质量；要坚持“公正、公平、公开”原则，尽早做好分配方案，搞好廉租住房和经济适用住房分配管理工作。三、由副县长杨志荣负责协调推进保障性住房建设工作

表 15-2-2 续 4

会议名称	时间	主要内容
县政府常务会议	2010 年 7 月 29 日	会议议题：一、关于南尧河流域水电资源开发问题。二、关于石碌城区三轮车整治方案。三、关于收回县城人民南路桥南路口行政划拨土地问题。四、关于更改县中小学校舍改造加固维修总体规划和年度实施计划问题
县政府专题会议	2010 年 8 月 17 日	会议议题：一、原则同意县教育局拟定的《昌江黎族自治县 1999 年前入学师范类大专毕业生竞岗考试实施方案》；二、招录对象为该县 1999 年前入学师范类大专毕业生；三、招录名额为 20 名（昌江籍师范类大专毕业生）。正式录用后全部安排到农村学校任教，5 年内不能往县城学校调动；四、招录办法按笔试和面试两部分运作，考试工作委托省专业部门统筹，县相关部门进行监督。县教育局必须对报考人员笔试面试成绩进行公示，接受社会监督，确保招录工作依法、公开、公平、公正进行
县政府常务会议	2010 年 8 月 18 日	会议议题：一、关于基层残疾人组织规范化建设问题。二、关于提高公益性岗位人员工资补贴和社会保险费问题。三、关于修订设施农业补贴暂行办法问题。四、关于县生活垃圾处理场运营管理问题。五、关于发放人民警察法定工作日之外加班补贴问题。六、关于“海南昌江资源枯竭型城市（地区）论证及可持续发展规划”课题研究问题。七、关于对县机关办公大楼建设太阳能光伏、风能发电系统项目实施合同能源管理问题。八、关于经费问题
县政府常务会议	2010 年 9 月 2 日	会议议题：一、关于县政府常务会议议事规则。二、关于出租车和公交车投放方案
县政府专题会议	2010 年 9 月 30 日	会议议题：一、县水务局要加大石碌污水处理厂管网建设的管理力度，积极组织协调县公安、电业、海钢等部门解决管网建设中存在的问题，并委托有资质的设计单位对未完善的生活污水管网收集系统进行补充设计，完善收集管网，尽量多收集生活污水，同时要按工程建设进度及时结转工程款项。在污水管网建成、大部分污水入网后安装进水在线监控系统。二、建设单位河北大元建业集团有限公司要加大管网的建设力度，尽快打通未完通的污水管道，解决污水入网问题。三、运营单位海南百川水务有限公司要加强污水处理厂的管理，完善每日记录进出水水量、浓度、污泥产生量与处置情况、主要设备运行状况，按月记录用电量、运行成本等。四、县国土环境资源局要加大石碌污水处理厂的监督

表 15-2-2 续 5

会议名称	时间	主要内容
县政府常务会议	2010 年 9 月 30 日	会议议题：一、关于 2010 年县本级财政预算调整方案。二、关于新型农村社会养老保险工作实施方案
县政府专题会议	2010 年 10 月 27 日	会议议题：一、关于棋子湾旅游度假区控规修编问题。二、关于昌化镇特色旅游小镇规划建设问题。三、关于县城总体规划修编问题
县政府专题会议	2010 年 11 月 15 日	会议议题：一、县“创卫”办要根据《昌江县创建省级卫生县城工作实施方案》进一步明确任务，落实责任，扎扎实实推进全县创建省级卫生县城工作；二、县“创卫”办要会同宣传等部门采取有效措施，加大宣传力度，广泛动员，营造良好的“创卫”工作社会氛围；三、县“创卫”办要积极筹备，做好“创卫”工作动员会各项准备工作，争取 11 本月底召开“创卫”工作动员会；四、县住建局要抓紧制定“门前三包”责任制管理办法并全面开展“门前三包”责任书签订工作，相关单位要加强监管，加大对“门前三包”不落实单位的曝光和处罚力度，巩固“创卫”成果；五、县住建局要会同有关部门继续加强对违章建筑的清理工作，坚决打击乱搭乱建行为；六、县住建局要加大对建筑垃圾乱倒乱放问题的治理力度，建章立制，加强管理，同时通过设立有奖举报电话等方式，形成人人监督和群防群治工作氛围，巩固“创卫”的群众基础
县政府专题会	2010 年 11 月 18 日	会议议题：一、新型农村社会养老保险是 2010 年全国一项重大惠农政策，昌江是省七个全国新型农村社会养老保险试点市县之一。各乡镇、各部门要统一思想，提高认识，增强工作责任感和使命感，确保全县新型农村社会养老保险工作按时按量完成工作任务。二、各乡（镇）、各部门要加强领导，周密部署，落实责任。采取积极有效措施，充分调动各方面方量，特别要发挥村（居）委会，村民小组的作用，要走村入户做好政策讲解，力争一个月内完成。三、县人社局、农保局会同县委宣传部，县广播电现台通过喜闻乐见形式做好宣传发动工作。全员参与的工作氛图，推动新型农村社会养老保险工作。四、县农保局会同县农信社积极做好全县年满 60 周岁农民个人发放户的开户工作，确保 11 月底前将基础养老金发放至符合相关条件的参保农民手中。五、由县农保局负责汇总各乡（镇）上报参保人员的个人缴费户的开户资料，县农信社负责个人缴费户的发放户开户工作，要确保年内完成全县适龄参保人员的 80% 的开户工作。六、给每个乡（镇）拨付 2 万元作为新型农村社会养老保险专项工作经费，同时实行奖励机制，即对在规定时间内参保率达到 80% 以上的乡（镇）给予一定数额的资金奖励。七、县农保局每两天编制乡（镇）参保进度表，报送县政府领导和各乡（镇）、相关部门

表 15-2-2 续 6

会议名称	时间	主要内容
县政府常务会议	2010 年 11 月 24 日	会议议题：一、关于老年人长寿补助问题。二、关于事业单位绩效工资实施方案、公共卫生与基层医疗卫生事业单位绩效工资实施方案和调整全县机关事业单位工作人员特区津贴和特区生活补贴标准问题。三、关于畜牧养殖区域划分管理规定问题。四、关于棋子湾旅游度假区林木青苗补偿争议处理办法
县政府常务会议	2010 年 12 月 8 日	会议议题：一、关于县校合作协议书和实施方案问题。二、关于海尾一级渔港续建项目合作框架协议书问题。三、关于昌江畜牧业开发建设项目协议问题。四、关于恒盛元棋子湾旅游区 D-3 酒店项目合作协议书和雨润棋子湾旅游度假区 B-6 酒店项目合作协议书问题。五、关于海南德力食品有限公司 3 万吨低温冷库及农副产品深加工项目投资协议书问题

第四节 施政纪要

一、农业结构调整

2000 年，召开全县农业产业结构调整相关会议，制定并印发若干产业结构指导性、规定性文件，组织县、乡、村委会干部和香蕉专业户 2300 多人次到外地参观考察，做好香蕉种植和管理工作。

2006 年，中共海南省委保持共产党员先进性教育活动领导小组办公室印发《海南省实施农村经济结构调整增收 2000 例工作方案》的通知文件下发后，县农业局拟定《农村经济结构调整增收 20 例工作方案》。2 月 23 日，县农业局会同县人事劳动保障局、林业局、海洋与渔业局、热作局、扶贫办、农技中心、农机中心、畜牧中心、供销社等单位，组织人员深入各乡镇各村调查农村经济发展情况，并将调查情况向分管农业的副县长汇报，根据调查情况制定全县《农村经济结构调整增收 20 例工作方案》初稿，上报县四套班子讨论通过后，4 月 26 日县政府办公室印发《昌江黎族自治县农村经济结构调整增收 20 例工作方案》，明确了全县农村经济结构调整增收的目标、实施布局、内容和职责分工。按主导产业类型分为种植业、畜牧业、渔业、林业、运输业、农机作业和劳务输出等 7 种；其中种植业 9 例，主要发展瓜菜、香蕉、甘蔗；畜牧业 3 例，主要发展养猪业和养禽业；渔业 2 例，主要发展麒麟菜、对虾等水产养殖和种苗孵化、抗风浪网箱养殖、改造渔船、捕捞业；林业 1 例，主要发展浆纸林业产品；运输业 1 例，农机作业 1 例；劳务输出 3 例，重点培育发展劳动密集型产业，开展就业技能培训，组织劳务输出。把实施农村经济结构调整增收 20 例计划与千名党员干部下基层活动相结合，与文明生态村创建活动相结合，与民房改造工作相结合，与联手扶贫工作相结合，同时加大资金扶持力度，夯实经济发展基础。对结构调整增收的 20 例典型示范村（杨柳村、姜园村、才地村、椰子村、高石塘村、南岭二队、南岭三队、老宏村、山竹沟新村、基龙村、南岭六队、坎头村、海尾社区、昌化社区、香岭村、牙营村、水头村、昌城村、大章新村、长塘村）扶持资金 201 万元，其中投入村庄道路、村办公楼、文化室、篮球场建设和农村环境整治等项目资金共 133 万元，农村沼气池建设资金投入 68 万元。同年典型示范村的农民人均纯收入，比上年增加 4 个百分点。

2009 年，继续加大农业投入力度，全年投入涉农资金 1.8 亿元，落实惠农各项补贴资金 5350 万元（其中县财政补贴资金 1861 万元）。续建海尾渔港，建成海防执勤码头和昌化避风池。完成乌烈镇峨港田洋整治、十月田镇金牌基本农田整治和鹅毛岭水库等 7 宗病险水库除险加固工程，农业生产条件不断改善，为农业产业化打下了坚实的基础。发展农民专业合作社 35 家，建成白沙村、乌烈村钢棚哈密瓜示范基地 20 公顷，新种橡胶 2000 公顷，扶持七叉、王下发展养蜂等林下经济，扶持渔民新造大吨位渔船 13 艘。"无疫区"建设顺利通过国家验收。建成昌江绿宝农产品物流中心、罗牛山万头养猪场。年内，全县继续加大农业产业结构调整，优化农业产业结构。一是种植业内部结构和品种进一步优化。全县在稳定粮食播种面积的基础上，大力发展高效经济作物，使经济作物在农作物中比重不断提高。在粮食播种面积中，优质稻面积逐年扩大，优质稻覆盖率超过 90%。二是优势产业得到长足发展。全县培育了芒果、香蕉、香水菠萝、橡胶、甘蔗、瓜菜、浆纸林等优势产业。三是农业产业区域化、规模化生产模式初步形成。已形成"一镇一业、一村一品"的基本发展模式，如十月田的香蕉、香水菠萝、瓜菜，七叉、王下的橡胶，海尾的渔业、浆纸林、西瓜，乌烈的水稻、冬季瓜菜，昌化的渔业、浆纸林、瓜菜，叉河、石碌的瓜菜、畜禽业等。培育了一批专业村、优势农产品村，如保平的毛豆、姜园的圣女果、昌化瓜菜和花生、海尾的西瓜、叉河的小南瓜、南岭和水头的农机专业村等。

2010 年，在稳定全县粮食播种面积、扩大优质稻面积覆盖率的基础上，大力发展高效经济作物，使经济作物在农作物中比重不断提高。以建立示范基地为切入点，采取"公司 + 合作社 + 农户"的订单模式，扩大瓜果蔬菜种植面积，增加热带特色农产品比重，打造标准化、规模化、基地化的特色农业产业带。以标准化、规模化基地为引导示范，辐射带动农业产业机构优化调整，加快农业产业化发展，促进农民增收。

二、民房改造工作

1991 年，投入民房改造资金 8 万元，建房 90 户，受益人口 450 人。1992 年投入民房改造资金 12 万元，建房 140 户，受益人口 700 人。1994 年投入民房改造资金 100 万元，建房 580 户，受益人口 2900 人。1995 年投入民房改造资金 115 万元，建房 640 户，受益人口 3200 人。1996 年投入民房改造资金 160 万元，建房 760 户，受益人口 3800 人。1997 年投入民房改造资金 150 万元，建房 710 户，受益人口 3550 人。1998 年投入民房改造资金 110 万元，建房 640 户，受益人口 3200 人。1999 年投入民房改造资金 77 万元，建房 480 户，受益人口 2400 人。2000 年投入民房改造资金 90 万元，建房 450 户，受益人口 2500 人。2001 年投入民房改造资金 99 万元，建房 560 户，受益人口 2700 人。2002 年投入民房改造资金 100 万元，建房 680 户，受益人口 3300 人。2003 年投入民房改造资金 120 万元，建房 680 户，受益人口 3740 人。与此同时，牵头组织协调各包点单位下村进行民房改造，帮助尼下村全村 187 户茅草房农户建起砖瓦房、平顶房和楼房。2004 年，在七叉镇大仍村、致牧村、尼下村等村庄进行民房改造工作，投入民房改造资金 166 万元，改造民房 670 户，建房面积 40200 平方米，3685 名黎族群众告别了茅草房。2005 年投入民房改造资金 170 万元，民房改造 689 户，面积 33060 平方米，受益人口 3789 人。2006 年，全县投入民房改造资金 170 万元，完成了民房改造 680 户，受益人数 3740 人。

2007 年，通过各乡（镇）政府、各部门、各社会力量捐助资金购置红砖 1110 万块，瓦片 9000 块，水泥 2766 吨，钢筋 205 吨，全县完成民房改造 769 户，建房面积 59200 平方米，4070 名黎族群众住上新瓦房。推行民房改造防震示范工程建设成效显著，全国民居地震安全工程观摩会在昌江县召开，推广昌江的经验；5 月 17—18 日，全省民族地区民房改造工作现场会议在该县召开。

2008 年，全县完成民房改造 803 户，建房面积 64240 平方米，4416 名黎族群众住上了新瓦房、新楼房。

2009 年，全县完成危房改造任务 803 户，建房面积 64240 平方米，受益群众 4416 人。

2010 年，全县完成危房改造任务 401 户，建房面积 32080 平方米，受益群众 2005 人。

三、市政建设

昌江大道 2000 年建设海南西线高速出入口时，由省交通运输厅帮助修建，道路宽 35 米，从西线高速太坡立交段至保梅桥，全长 9 千米。2002 年，为绿化美化亮化昌江大道，对昌江大道两侧 8 米宽进行绿化改造和配套路灯。2009 年，县政府进行县城区昌江大道、人民北路、东风路三条主干道路进行改造，投资约 2.06 亿元。其中昌江大道投资约 1.1

亿元，改造后的昌江大道为69米宽的县城主干道市政道路。

环城路 2004年启动建设环城东路一期工程市政道路项目，该项目总投资990万元，设计路宽33米，从东风路至人民北路，全长2.5千米。2006年启动环城东路二期工程，该道路设计路宽35米，从环城东路一期工程至昌江大道，全长2.5千米。2007年对县城环城路进行全面改造升级，总投资5200万元，路宽33米，全长4.2千米。2010年8月，县政府决定对环城东路路面进行改造，改造后的环城东路路宽53米，为双向六车道。

县行政大楼搬迁 2007年12月12日，进行县机关办公楼搬迁，16日全县48个单位全部入驻新机关办公楼。县机关办公大楼筹建于2000年，2003年正式运作，2004年9月破土动工，2005年7月完成主体工程施工。新机关办公楼是采取“以旧楼换新楼”的方式建设，主楼九层，附楼五层，建筑面积31394平方米，总投资额5000多万元。新机关办公楼是昌江县实施“南连北扩”战略的重点项目之一。

石碌河整治绿化 石碌河昌江县城段综合整治工程是20世纪90年代县委、县政府提出加快“三河一渠”整治、打造宜居城市的重要内容。该项目是一宗集防洪、护岸、生态和城市景观、市民休闲健身于一体的综合工程，计划分二期实施，一期是水利工程，二期是滨河公园工程，工程概算总投资1.9亿元。石碌河昌江县城段综合整治工程一期工程2009年3月动工，施工内容包括：（1）石碌河的南、北两岸三级护坡，长度分别为2663米和3620米，主要功能防止河道两岸因洪水、排洪造成的崩塌与滑坡。（2）拦水工程设一、二级坝拦水，其中一级坝为橡胶坝，橡胶坝设计高4米，坝长165米，总挡水高度9.5米，设计洪水位标准为20年一遇，校核洪水为50年一遇（平时蓄水提高河道水位，改善空气质量及美化周边环境，洪水和排洪时泄掉橡皮里的水，降低水位，保证河道行洪安全）；二级坝为浆砌石重力坝，设计洪水标准为20年一遇，校核洪水为百年一遇（该坝址高程较低，不影响行洪）。（3）河道内建码头三个，栈道七个，主要功能主要为居民、游人游玩平台。（4）一、二级护坡顶部设置亲水平台，功能主要为居民游人休闲、散步。（5）灯光工程，在一级平台上设置庭院灯及走珠灯。（6）保梅溪整治两岸长度共1800米。（7）东海河整治两岸长度约600米。（8）在一、三、五号码头和四、六、七号栈道设置膜结构张拉棚。

四、核电站移民安置

为顺利推进选址于海尾镇塘兴村的海南核电项目工程前期征地工作的开展，保证海南核电项目能在2009年年底前开工。2008年，县住建局协同有关部门一起，推进塘兴村、鸡地村的征地搬迁工作，同时做好项目征地移民搬迁安置工作，组织建设昌江县核电厂移民新村工程——塘兴新村。项目征地所涉及的搬迁户，塘兴村为318户共1207人，鸡地村49户共161人，共367户1368户。为做好核电项目移民安置工程，县在海尾镇五联村附近规划了约33.3公顷土地新建塘兴新村作为核电项目移民的安置区，规划在新建的塘兴新村中建设282幢独立式农家住宅和配套建设村道及路灯、绿化、市场、广场、卫生所、幼儿园、村委会办公楼、篮球场、羽毛球场、休闲亭、村大门等设施。根据工作安排，加快塘兴新村的建设，2009年2月县住建局开始组织27个施工队分47个标段对塘兴新村相关建筑及配套设施进行施工，2009年7月完工投入使用，及时完成了项目移民的安置建设任务，顺利推进了项目征地拆迁工作。

第五节 法治工作

一、依法行政

2010年，县政府法制办与政府办合署办公。从加强和完善依法行政制度建设入手，2009年研究制定了《昌江黎族自治县加强政府依法行政工作实施方案》（以下简称《方案》），建立了以全部县政府领导和政府直属各部门主要领导为成员的全县推进依法行政工作领导机构，加强了组织领导，进一步明确全县落实依法行政的各项学法培训制度，完善和落实重大行政决策公开征求意见、集体决定、事后评价及责任追究等15项工作内容。同时发布《昌江黎族自治县人民政府重大行政决策程序规则》等8项配套制度。《方案》和上述配套制度实施为昌江县积极推进依法行政工作打下坚实基础。为进一步完善工作机制，还先后下发《昌江黎族自治县人民政府办公室关于加强依法行政考核工作的通知》《昌江黎族自治县人民政府关于进一步加强规范性文件管理的通知》等相关文件，进一步强化工作。通过多年努力，全县依法行政制度框架基本建立，县政府及直属各部门认真落实各项制度，依法行政意识和工作水平有了较大提高，依法行政公信力有了大幅提升。

二、执法培训

以专题讲座、集体学习、集中培训、专题考试、自学等方式开展干部学法，2010年先后组织县政府班子领导、各部门主要领导和副科级以上工作人员，参加全省与全县依法行政和下放事权、树立社会主义法制理念、推进依法行政、化解社会矛盾、法治政府的基本内涵与实现途径、加强基层民主法治建设，推进社会管理创新和《城乡规划法》《统计法》《机关事务管理条例》《中国共产党党员领导干部廉洁从政若干准则》等10

余场专题法律培训；以县政府常务会的形式集体学习《国有土地上房屋征收与补偿条例》等10余部法律法规规章等；县人大、县政府及县委组织部、县人社局、县法制办等按分工组织行政机关工作人员专项法制培训，其中县人大组织、县发改、县工信等部门，主要领导参加任前法律知识测试，县委组织部门开展干部选拔任用工作政策法规暨换届纪律学习教育“八个一”活动和政策法规暨换届纪律知识测试及培训，县法制办会同县人社局每年组织全县录用公务员上岗法律知识考试，会同省法制办组织申领执法证的执法人员进行法律培训。县政府办分别向县政府各部门转发学习《海南省规范行政处罚自由裁量权办法》《海南省行政执法过错责任追究暂行办法》等自学资料，供参考学习。

三、规范性文件管理

自2005年以后，2009年制定昌江《规范性文件管理办法》，县政府规范性文件特别是报省政府备案的规范性文件，均落实事前法核或常务会议合法性审议的工作机制。至2010年12月，共向省政府报备规范性文件131件，均在取得备案号后印发，提高规范性文件的合法性和有效性。同时，落实规范性文件定期和专项清理制度，在2009年公布一批规范性文件（2005—2008年）清理结果的基础上，2010年再次制定专项方案对全县1988—2009年公布的规范性文件进行集中清理，共清理规范性文件477件，经审查决定保留220件，修订5件，废止56件，失效196件。定期和专项清理工作机制的落实，为进一步提高县依法行政工作的规范化、制度化创造积极条件。

四、行政执法监督

2010年，依据县政府制定的《昌江黎族自治县行政执法案卷评查办法》等工作制度，规范县政府属各部门行政执法人员队伍建设，进一步规范行政执法人员的执法资质，先后组织培训382名行政执法人员考取省政府行政执法证，至2010年，全县持省级和部级行政执法证的工作人员达544人。结合2008年省政府下放行政管理事项和行政审批体制改革工作，将169项行政审批权分解到各部门，并监督各部门顺利承接并有效运行。从2009年开始，由县法制部门会同县监察部门，以填报《昌江黎族自治县行政执法案件评查表》《年度行政执法人员考核表》方式，对县政府直属31个行政执法部门落实依法行政各项制度的情况和年度行政执法案卷进行督导评查，累计抽查行政执法案卷400余件，对在检查中发现的制度不完善、案件取证笔录、行政法律文书、案卷归档不规范等问题，向相关执法单位负责人及工作人员提出具体的指导及纠正意见，进一步强化各部门主要领导依法行政工作的责任意识，有效提高了全县行政执法工作水平和案件质量，促进了全县行政执法行为的进一步规范。同时，在县广播电台开辟“政风行风热线”等特色栏目，及时接受群众投诉咨询和反映社会各界呼声，通报政府及其职能部门履职和相关工作情况，积极主动接受人民群众和社会的监督。

五、行政复议和应诉

2002—2010 年间，共受理县本级行政复议案件 51 件。对受理的行政复议案件，在坚持对被申请具体行政行为程序和实体合法性审查的同时，亦注重对涉及行政自由裁量权的行政处罚类复议案件的合理性、适当性的审查，对明显程序不当、事实不清或处罚不当的行政行为，积极通过行政协调、调解和解的方式处理，督促行政机关及时自纠或与申请人和解，提高行政复议的法律效能和社会效应，做到应维持的依法维持，可协调的积极协调调解，应变更的坚决变更，该撤销的坚决撤销。复议裁决以维持原具体行政行为的居多，行政协调自纠后撤回申请、调解和解结案的案件逐年递增，以公正公平合理的行政处理结果提升县级政府的公信力。

2005—2010 年，县政府本级共发生行政应诉案件 43 件，其已审结案件共 39 件，未结案件 4 件。所发生的应诉案件中涉及土地、林地纠纷有 24 件，占全部案件数的 55.8%；涉及群体性纠纷的有 10 件，占全部案件数的 23.2%；涉及重大经济补偿诉求的 12 件，占全部案件数的 28%。已审结 39 件案件中维持行政行为或当事人撤诉的 32 件，占已结案件数的 82.1%；撤销行政行为或责令履行行政职责的 6 件，占已结案件数的 15.4%；行政调解 1 件，占已结案件数的 2.6%；通过应诉累计避免政府承担不合法、不合理经济诉求近 2 亿元。其中，争议较大的诉讼案件如海南高级人民法院 2005 年原处理过但仍具争议的县政府与昌江琼昌公司关于棋子湾项目开发的行政纠纷，因案件的事实定性、适用法律不当对昌江县依法行政公信力造较大负面影响。在县政府历时数年积极的申诉下，得到省高院高度重视，裁定中止原判决，作出再审改判，支持了县政府的合法主张。

六、法律服务

1991 年，县政府将涉及政府参与的签订重大投资项目的相关协议、合同及时批转县法制部门进行法核修订，指派法制办负责人参与项目文本研究、协商和谈判。同时，县政府相关部门也在推进依法行政的过程中逐步提高了行政经济法律风险意识，主动将实施项目的招投标书、建设合同等送法制部门审核，县法制办也积极从政府供地的规范性、招投标的规范性、项目资金支付的审计原则、权利义务设定的合理性公平性及完整性等方面提出法律意见或建议。从 2010 年开始，县政府聘请海南天皓律师事务所为法律顾问单位，共同为县政府重大投资项目及决策提供法律顾问服务。

第六节　信访工作

一、机构

1991年，设有县信访办，为县政府办公室的内设机构。2001年，县信访办提格为县信访局（副科级行政单位，为县政府办内设机构）。2010年，县信访局行政级别不变，人员编制4人。

二、来信来访

1994—2010年，县信访局共受理群众来信来访4410件（批）次，其中来信2637件次，来访1773批6161人次。2008—2010年，县四套班子领导共接待群众来访313批。

三、上访办理

1991年起，县信访局坚持属地管理、分级负责，谁主管、谁负责的原则（原是“分级负责，归口办理”）和依法及时就地解决问题与疏导教育相结合的原则，认真处理来信、接待来访，倾听群众意见、建议和要求。对日常群众来信来访反映问题、提出批评、建议、咨询政策等，做好登记，转办各责任单位，要求责任单位在限期内办结，并反馈处理结果；对重要信访问题，摘报呈给县分管领导阅批，转办责任单位办理，并对处理情况进行督办；对重大突发性信访问题，向县委、县政府主要领导和分管领导汇报，以便领导掌握信访动态，及时做出应急处理措施。

1997年，妥善处理县城60多名营运三轮摩托车主集体上访。同年，妥善解决保平乡大洋基村群众上访要求县政府归还保平乡征用的沙场问题。2000年，化解十月田镇波浪沟村民土地纠纷问题。2001年，解决昌化、海尾、乌烈、昌城等中巴车主，反映县交通贸易局禁止其车进入县城市区载客问题。2004年，解决十月田镇保平村符字多等村民反映1998年县政府征用其村14户1.43公顷水田建设水电站未进行补偿和安置问题。2005年，解决海南广播电视大学昌江远程教育学院和海南浙商投资有限公司在县城征用的新校区用地迟迟得不到落实情况。2008年，县2000年前招收的部分师范毕业生解决就业问题。海尾“96·18”强台风罹难家属投诉问题未得到及时妥善解决，成为历史遗留问题。2009年春节期间，县委、县政府和县民政局用4万元购买一批大米、被子等物资慰问罹难家属，并每人发放200元慰问金；把431名海尾镇“96·18”罹难家属列为农村低保对象，解决生活保障问题；对罹难家属子女实行免费入学政策（包括高中和职业教育），并纳入教育扶贫范围，整体接收到昌江思源实验学校就读；县委、县政府领导与省、县农业银行协调解决罹难人员的贷款核销问题；将强台风造成的10户渔民危房列入2010年危房改造项目；县政府批拨101万元给罹难家属作为创业资金，鼓励渔民家属发展生产、摆脱困难。

四、领导接访制度

每年年初，县信访局制定县四套班子领导接待时间安排表，县领导轮流到信访局接待上访群众，解决群众诉求，能当场解决的当场给予解决，一时解决不了的待深入了解情况后，研究部署并责成相关单位及时处理，帮助群众解决了许多事关群众下岗、子女就业、养老保险、土地纠纷、医疗费用、合同纠纷等问题，得到群众的肯定和称赞。每年5月期间，县信访局按照“公示、接访、包案、落实”四个环节，开展县委书记大接访活动，创新接访方式，畅通信访渠道，推行“开门接访”“带案下访”“主动约访”“重点包访”。

1999年，领导接访日中，县委书记龚旭光接访县林业局退休工人麦仁金，反映县林业局拆迁其房子补偿不合理的诉求，听取县林业局和信访人双方的意见并经过协商后，提出解决办法，信访问题当场得到妥善解决。2006年，叉河镇坊塘沙砖厂因使用补偿款问题砂场不断遭到人为破坏而上访。县委书记关进平带队，带领政法委书记杨志荣、县财政、国土、公安、司法、招商等部门领导进驻坊塘村开展现场接访，耐心作解释工作，并逐条答复群众意见和要求。不仅把信访问题圆满解决，还解决了坊塘村长期以来的饮水难问题。2007年，针对原大风糖厂职工集体静坐要求解决安置费问题，在县委书记组织安排下，常务副县长等带领县政法委、人劳局、国资办等组成工作组赶赴大风糖厂召开现场接待会，听取广大职工的意见和建议，并组织糖厂中层干部、职工代表和公司领导召开座谈会。在广泛听取职工代表意见和公司领导层意见后，现场安排县财政局、发改委等部门负责做好安置的具体落实工作，年底整个事件得以解决。

2010年，县委书记等多名县领导在5个乡（镇）书记和15个相关单位负责人的参加陪访下，开展县委书记大接访活动，接访了11件事关群众切身利益的历史遗留和疑难信访问题，并当场给群众满意的答复。活动期间，18位接访领导集中解决了一批容易引发群体性事件的苗头性倾向性问题、长期未决的重信重访问题、当前群众反映强烈事关民生的热点难点问题、影响执法公正的涉法涉诉积案、政法干警不作为乱作为甚至违法违纪腐败问题等，确保了昌江社会安定团结与和谐稳定。

第七节 外事侨务与港澳台事务

一、机构

1995年，县级机构改革，县外事侨务办公室未变，归属县政府办兼管，为副科级工作机构，挂牌靠县政府办，编制3人，其中主任1名，科员1名。2002年4月，县外事侨务办更名为县外事侨务旅游局，其编制为4人，其中局长1名，科员3名。2008年6月，县外事侨务旅游局分设为县外事侨务办公室和县旅游产业发展局，县外事侨务办在县政府办挂牌，内设外事股、侨政股，其编制为3人，其中主任1名，外事股科员1名，侨政股科员1名。

二、对外及对港澳台工作

外事接待。1997年9月，美籍华人陈桂香携女儿一行4人到昌江探访亲胞妹陈金英，并处理在昌江的侨房，这是昌江县改革开放后接待的第一位国外华人。2000年，国投水泥厂二期工程因机械安装，聘用4名澳大利亚籍技术专家到昌江，进行为期4个月的聘期工作。县外事侨务办在接待外宾时，介绍昌江经济发展和投资环境，为双方开展经贸与技术合作建立直接通道。合理安排外宾活动，选好参观点，提高昌江对外宾的吸引力，显示县经济建设和社会发展的新成就以及良好的投资环境，增加对外合作机会。

涉外事件处理。1995年2月，一艘名为“海河10”号的越南运输船在海上运输时遭遇风浪，飘入南罗镇新港海面。事发后，县外事侨务办与县边防局组织人员赴新港了解和掌握情况，协助做好越南遇险船员的安置工作，并通过省外事侨办将情况反映到外交部，为该船7名船员办理离境交接手续。2003年，海尾镇12名渔民在公海被越南强行抓扣后，县外事侨务办理报经省外办共同组织协调，接回被扣渔民，保护了渔民利益，捍卫了国家海洋权益。在处理2006年越南渔船搁浅时，县外事侨务办在省外事侨办的领导下，积极做好各方面的协调工作，主动召集边防局、海洋渔业局等部门共同研究对策，妥善处理问题。1991—2010年，妥善处理周边国家扣押渔船渔民赴海抓鱼。

出国（境）管理。县因公出国（境）活动主要以国家各部委、省政府厅局等上一级文件为依据，县外事侨务办贯彻落实中纪委工作要求及中共中央办公厅、国务院下发的关于坚决制止公款出国（境）旅游的通知，严把各项因公出国（境）活动审批关，认真审核申请出国（境）人员或团组的出国（境）经费使用计划，并在因公出国（境）活动结束后，按时督促出访人员向单位或省外办提交出访报告。1991—2010年，共办受理审核因公出国（境）76批151人次，拒批无实质性出访20批20人次。

对外与港澳台联谊工作。1991 年后，尤其海南省上升为国际旅游岛后，县外事活动增多，2008—2010 年，县党政部门因公出国（境）参加经贸活动交流与合作、学习考察、干部培训的人数有 83 人。2009 年，省外事侨务办正式启动“双百工程”之“百名村干部赴国（境）外培训项目”，在省外事侨务办和省外专局的关心和大力支持下，至 2010 年年底，全县相继选派了 4 名村委会书记（主任）和 5 名旅游管理与营销、城市规划与管理干部参加“双百工程”培训班，分别到中国台湾等地区及新加坡、美国、德国、英国、韩国等国家考察学习。

三、侨务工作

侨情调查。1991 年至 2003 年，县外事侨务办开展两次侨情调查。通过对全县辖区内归侨、侨眷的普查统计，全县侨务工作服务对象有 10508 人，其中归侨 731 人，侨眷 8675 人。归侨侨眷散居在县委办、县政府办、各公司农场，归侨侨眷中有归侨难民 812 人集中安置在红林农场和红田农场。散居的归侨侨眷大多是非农业人口，主要分布在海钢公司和两个农场。归侨侨眷生产生活情况总体是好的，但也存在土地纠纷、侨房拆迁赔偿、难侨生活困难等不容忽视的问题。海外华侨华人有 57 人，主要分布在美国、日本、瑞士、泰国、新加坡等国家。

引智引资。1991 年后，县外事侨务办通过外事侨务引智引资渠道，在高效农业、环保和生态恢复方面引进国外先进技术、管理方法，引进外国专家和海外人才，为加强昌江县的农业基础地位、推动企业技术进步、实施科教兴县战略和扶贫开发等发挥了积极作用。围绕全县经济建设和社会发展，坚持“抓重点、抓成果、抓推广”方针，做好利民工程项目。2002 年至 2005 年上报省外事侨务办的利民工程项目共 4 个，获准执行 4 个，争取到日本政府“利民工程”援助款 108 万元人民币，用于乌烈镇峨港小学、七叉镇大仍村小学、十月田镇王炸小学教学楼的建设。争取到荷兰政府的母婴工程援助款 5.9 万元人民币，用于昌化镇卫生院的改进。2009 年，组织海尾镇三联村农民到儋州考察，发动农民养殖从新西兰、比利时等国家引进的优良品种——“东江玉兔”，争取到省外国专家局扶持的 20 万元资金赞助，使海尾镇三联村 8 户农户在技术员的指导下正式投入“东江玉兔”的养殖，增加了农民的收入。2010 年，昌江县正式纳入省外事侨务办“千村引智示范项目”的重点局区域，还争取到省外专局的帮扶资金 20 万元，大力推广“公司 + 农户 + 订单 + 小额信贷 + 政府贴息”的引智帮扶模式，在全县范围内扩大“东江玉兔”养殖，为新农村建设服务，为农民增收服务。

落实侨务政策。1991 年至 2010 年，县外事侨务办共为 81 名“三侨生”出具证明，有 23 人考上大学，使“三侨生”享受到了国家的关爱和优惠。1996 年，县实施“123”

工程时，按工作规划要求，归侨陈某英的侨房被划入拆迁范围，拖延10年未解决。2005，县外事侨务办会同县人大、县国土局对涉侨案件进行协调，赔偿土地面积223平方米、资金4.42万元，使事情得到初步解决。2007年，石碌镇居委会归侨郑玉兰的土地纠纷问题，通过协调共得以解决。根据《关于调整归侨退休职工生活补贴的通知》文件精神，至2010年，已为135名归侨退休职工办理每人每月100元的工资补贴手续。共受理侨务信访信件35件次，做到事事有交代、件件有着落。

第八节 行政（政务）服务

一、机构

2004年，设立县行政服务中心，内设项目管理室、咨询服务室、招投标管理服务室和信息服务室等4个股级机构。县委、县政府从县人大、县政府办、县监察局、县机关工委等部门抽调人员组成“中心”管理层，由县委常委张长丰兼任主任，首批17个部门的91项行政审批事项进入中心办理，实现“一个窗口受理、一次性告知、一条龙服务、一次性收费、限时办结”的运作。2007年11月，“中心”由县工商银行搬迁到县行政办公大楼二楼。2010年11月改名县人民政府政务服务中心。系正科级全额拨款事业单位，内设项目管理室、咨询服务室、信息服务室和招投标管理服务室。人员编制10名。县政府重新确定32家进驻单位的357项行政审批事项入驻“中心”。

二、办件情况

2004年，受理办件168件；2005年，到县政务服务中心咨询的人数为167人次，受理办件328件；2006年，共办理行政许可审批事项558项；2007年，受理办件51件；2008年，受理139件。2010年，由于县政务服务中心办公场所搬迁、选址、装修等原因，各窗口单位办理的行政审批都退回了原单位办理。2004年3月至2009年1月，共办理行政许可审批事项1256项。

第三章　地方人民政协

第一节　组织机构

一、县政协委员会、常务委员会组成人员

1991 年 1 月至 2010 年 12 月，政协昌江黎族自治县委员会共历 5 届。历届县政协委员人选由县委组织部和县委统战部提名，由县委统战部汇总后报县委同意，经县政协常委会议协商通过。县政协常务委员会组成人员由各社会团体及各界人士协商提名，经县政协全体会议选举产生，由县政协主席、副主席和常务委员组成。县政协常务委员会主持县政协委员会的会务，在县政协委员会全体会议闭会期间，处理县政协委员会的工作。

1990 年 5 月，县政协第四届委员会共有委员 110 人，常务委员会组成人员 14 人，其中主席为洪信明；副主席为文武宪、何伟鄂、谢祖庄、夏伟霖；常务委员关松瑶、陈少金、李瑞祥、王庆儒、谢禄垂、王禄齐、李兆南、林日明、黄梅。

1993 年 4 月，县政协第五届委员会共有委员 120 人，常务委员会组成人员 17 人，其中主席为韦允文；副主席为李玉亲、柯小洪、何伟鄂；常务委员为关松瑶、陈松茂、陈世才、林日明、陈金英、韦世安、游传鼎、李勇、林增生、谢禄垂、黄梅、杨振强、陈章贤。

1998 年 3 月，县政协第六届委员会共有委员 131 人，常务委员会组成人员 19 人，其中主席为林芝栋；副主席为符泽光、柯小洪、何伟鄂、李裕华；常务委员为陈金英、赵志贤、符升豪、陈文衬、李社民、吉京兰、符第竺、陈松茂、李云德、文海燕、林炽明、黄梅、陈积烂、林春妮。

2003 年 3 月，县政协第七届委员会共有委员 135 人，常务委员会组成人员 22 人，其中主席为钟文秋；副主席为符泽光、林炽明、罗桂珍；常务委员为马利隆、文宇光、

文海燕、李斌、吴琼雄、陈光发、傅积川、林春妮、林添喜、庞大海、钟文诚、胡昌月、郭承文、翁平、符昌恒、符第竺、廖云、颜福光。

2007年1月，县政协第八届委员会共有委员128人，常务委员会组成人员23人，其中主席为钟文秋；副主席为谭宜文、文精华、林炽明；常务委员为陈玉、庞大海、吴琼雄、郭承文、李斌、傅积川、陈光发、杨昌志、文王壮、胡昌月、陆明健、符燕、林春妮、赖全香、麦贻思、梅秀春、陈伟、付玉、陈川。

1991—2010年政协昌江县委员会主席、副主席任职表

表15-3-1

届次	姓名	性别	民族	职务	籍贯	任职时间	备注
第四届	洪信明	男	黎	主席	海南昌江	1990年5月至1992年5月	
	韦允文	男	汉	主席	海南昌江	1992年5月至1993年4月	四届三次会议改选
	文武宪	男	汉	副主席	海南东方	1990年4月至1993年4月	
	何伟鄂	男	汉	副主席	广东台山	1990年4月至1993年4月	
	谢祖庄	女	汉	副主席	广东	1990年4月至1993年4月	
	夏伟霖	男	汉	副主席	广东	1990年4月至1993年4月	
第五届	韦允文	男	汉	主席	海南昌江	1993年4月至1998年3月	
	李玉亲	男	黎	副主席	海南昌江	1993年4月至1998年3月	
	柯小洪	男	汉	副主席	海南昌江	1993年4月至1998年3月	
	何伟鄂	男	汉	副主席	广东台山	1993年4月至1998年3月	
	李裕华	男	汉	副主席	广东梅州	1994年3月至1998年3月	五届二次会议补选
	庄芝和	男	汉	副主席	海南昌江	1996年3月至1998年3月	五届四次会议补选
	符泽光	男	黎	副主席	海南昌江	1997年3月至1998年3月	五届五次会议补选
第六届	林芝栋	男	汉	主席	海南昌江	1998年3月至2003年3月	
	符泽光	男	黎	副主席	海南昌江	1998年3月至2003年3月	
	柯小洪	男	汉	副主席	海南昌江	1998年3月至2003年3月	
	何伟鄂	男	汉	副主席	广东台山	1998年3月至2003年3月	
	李裕华	男	汉	副主席	广东梅州	1998年3月至2003年3月	
第七届	钟文秋	女	汉	主席	海南昌江	2003年4月至2007年1月	
	符泽光	男	黎	副主席	海南昌江	2003年4月至2007年1月	
	林炽明	男	汉	副主席	海南乐东	2003年4月至2007年1月	
	罗桂珍	女	回	副主席	宁夏石嘴山	2004年4月至2005年1月	

表 15-3-1 续 1

届次	姓名	性别	民族	职务	籍贯	任职时间	备注
第八届	钟文秋	女	汉	主 席	海南昌江	2007 年 1 月至 2010 年 12 月	
	谭宜文	男	黎	副主席	海南儋州	2007 年 1 月至 2010 年 12 月	
	文精华	男	汉	副主席	海南东方	2007 年 1 月至 2010 年 12 月	
	林炽明	男	汉	副主席	海南乐东	2007 年 1 月至 2010 年 12 月	
	杨昌志	男	黎	副主席	海南陵水	2008 年 12 月至 2010 年 12 月	八届三次会议补选

二、县政协机关机构设置

20 世纪 90 年代，县政协委员会下设办公室、文史组、“三胞”组（港澳台侨组）。

2002 年 1 月，政协昌江黎族自治县委员会机关设 1 个综合办事机构和 4 个专门委员会，即办公室、科教文卫与学习委员会、民族宗教与外事侨务委员会、提案与法制委员会、经济与环境资源委员会。政协昌江县委员会机关工作人员编制 10 人，职数设置为县政协主席 1 人，专职副主席 2 人；办公室配备主任 1 人，副主任 2 人；科教文卫与学习委员会、民族宗教与外事侨务委员会、提案与法制委员会、经济与环境资源委员会等 4 个专门委员会分别配备 1 名主任或副主任。机关工勤人员编制 3 人。

第二节 重要会议

一、政协昌江县第四届委员会会议

该届县政协共召开 3 次全会、18 次常委会。

政协昌江黎族自治县第四届委员会第一次会议 1990 年 5 月 15 日至 17 日召开，参加大会的政协委员 101 名。会议听取并审议政协昌江县第三届委员会常务委员会工作报告及其他报告；选举洪信明为政协昌江县第四届委员会主席，文武宪、谢祖庄、夏伟霖、何伟鄂为副主席，关松瑶等 9 人为常务委员；与会委员列席县人大第九届一次会议，听取和协商讨论《县政府工作报告》和其他有关报告；通过该次会议的常委会工作报告决议和政治决议。

政协昌江黎族自治县第四届委员会第一次常委会议 1990 年 6 月 2 日召开，会议讨论通过县政协正副主席工作分工；讨论通过该届县政协九个专委会的设置和专委会正副主任名单；讨论通过县政协政治协商、民主监督的暂行规则（草案）。

政协昌江黎族自治县第四届委员会第二次常委会议　1990年8月21日召开，会议传达贯彻江泽民总书记在全国统战工作会议上的重要讲话和省统战工作会议精神；研究县政协各专委会开展调研活动的安排。

政协昌江黎族自治县第四届委员会第三次常委会议　1990年11月10日召开，会议听取县政协主席洪信明汇报参加省政协组团赴广西参观的情况；研究当前县政协有关工作部署。

政协昌江黎族自治县第四届委员会第四次常委会议　1991年1月10日召开，会议研究县政协近期的活动安排；讨论通过县政协1990年工作总结和1991年工作要点。

政协昌江黎族自治县第四届委员会第五次常委会议　1991年4月15日召开，会议讨论通过县政协四届二次会议所作的常务委员会工作报告（草案）、委员提案办理情况报告（草案）以及召开县政协四届二次会议有关事宜的安排。

政协昌江黎族自治县第四届委员会第二次会议　1991年4月27日至29日召开，参加大会的政协委员101人。会议听取、审议并通过《政协昌江县第四届委员会常务委员会工作报告》《政协昌江县第四届委员会关于四届一次会议以来提案工作情况的报告》；与会委员列席县人大第九届二次会议，听取和协商讨论《县政府工作报告》和其他有关报告；通过该次会议的常委会工作报告决议和政治决议。

政协昌江黎族自治县第四届委员会第六次常委会议　1991年5月15日召开，会议传达贯彻省政协一届五次会议精神，学习全国政协提案条例；研究各专委会第二、三季度的工作安排。

政协昌江县第四届委员会第七次常委会议　1991年8月10日召开，会议学习江泽民总书记在庆祝中国共产党成立七十周年大会上的讲话；讨论通过关于组织政协委员学习江泽民总书记“七一”讲话的决定。

政协昌江黎族自治县第四届委员会第八次常委会议　1992年1月22日召开，会议学习中共中央十三届八中全会精神；讨论通过县政协1991年工作总结和1992年工作计划；协商增补韦允文为县政协第四届委员会委员。

政协昌江黎族自治县第四届委员会第九次常委会议　1992年4月9日召开，会议讨论通过县政协四届三次会议所作的常务委员会工作报告（草案）和委员提案办理情况报告（草案）等有关事项。

政协昌江黎族自治县第四届委员会第十次常委会议　1992年5月6日召开，会议传达贯彻省政协一届六次会议精神；讨论通过召开县政协四届三次会议的日程、议程、选举办法和分组召集人名单等有关事项。

政协昌江黎族自治县第四届委员会第十一次常委会议 1992年5月7日召开，会议讨论通过修改县政协四届三次会议的日程、选举办法和投票方式等有关事项。

政协昌江黎族自治县第四届委员会第十二次常委会议 1992年5月9日召开，会议协商通过韦允文为政协昌江县第四届委员会改选主席候选人的名单。

政协昌江黎族自治县第四届委员会第三次会议 1992年5月7日至9日召开，参加大会的政协委员101人。会议听取、审议并通过《政协昌江县第四届委员会常务委员会工作报告》和《政协昌江县四届二次会议以来提案办理情况报告》；改选韦允文为政协昌江县第四届委员会主席；与会委员列席县人大第九届三次会议，听取和协商讨论《县政府工作报告》及其他有关报告；通过该次会议的常委会工作报告决议和政治决议。

政协昌江黎族自治县第四届委员会第十三次常委会议 1992年5月26日召开，会议学习邓小平南方重要讲话精神；研究县政协1992年下半年工作安排；研究组织委员具体实施县政协5月份工作计划。

政协昌江黎族自治县第四届委员会第十四次常委会议 1992年7月15日召开，会议传达贯彻中共海南省委常委会议精神。

政协昌江黎族自治县第四届委员会第十五次常委会议 1992年11月8日召开，会议学习贯彻中共十四大文件精神。

政协昌江黎族自治县第四届委员会第十六次常委会议 1993年2月11召开，会议传达贯彻省政协二届一次会议精神；讨论通过县政协下一届政协委员比例及落实到单位的方案；研究组织委员到两个糖厂考察的工作安排。

政协昌江黎族自治县第四届委员会第十七次常委会议 1993年3月8日召开，会议讨论通过县政协第五届一次会议所作的常务委员会工作报告（草案）和委员提案办理情况的报告（草案）等会议有关事项。

政协昌江黎族自治县第四届委员会第十八次常委会议 1993年4月25日召开，会议协商通过县政协第五届委员会110名委员名单。

二、政协昌江县第五届委员会会议

该届县政协共召开5次全会、19次常委会。

政协昌江黎族自治县第五届委员会第一次会议 1993年4月27日至29日召开，参加大会的政协委员107名。会议听取和审议《政协昌江县第四届委员会常务委员会工作报告》《政协昌江县四届三次会议以来提案办理情况的报告》；选举韦允文为政协昌江县第五届委员会主席，李玉亲、柯小洪、何伟鄂为副主席，韦世安等13人为常务委员；与会委员列席县人大第十届一次会议，听取并协商讨论《县政府工作报告》及其他有关报告；通过该次会议的常委会工作报告决议和政治决议。

政协昌江黎族自治县第五届委员会第一次常委会议 1993年5月4日召开，会议讨论通过县政协正副主席工作分工；研究县政协1993年的工作安排；讨论通过县政协机关财务管理等5个规章制度；讨论通过县政协六个专委会的设置及专委会正副主任名单。

政协昌江黎族自治县第五届委员会第二次常委会议 1993年7月6日召开，会议传达贯彻省政协第二届四次常委会议精神和全国政协第八届第二次常委会议精神；讨论通过县政协第五届委员会常务委员的分工；研究县政协专委会工作安排和县政协下半年工作安排。

政协昌江黎族自治县第五届委员会第三次常委会议 1994年1月11日召开，会议讨论通过县政协1993年工作总结和1994年工作计划；听取县政府副县长陈凤生通报全县经济建设情况。

政协昌江黎族自治县第五届委员会第四次常委会议 1994年3月2日召开，会议讨论通过县政协第五届第二次会议所作的常务委员会工作报告（草案）和委员提案办理情况报告（草案）；协商增补陈世明、赵志贤、钟经诗为县政协委员，陈世明为县政协常务委员。

政协昌江黎族自治县第五届委员会第二次会议 1994年3月30日至4月1日召开，参加大会的政协委员83人。会议听取和审议《政协昌江县第五届委员会常务委员会工作报告》《政协昌江县五届一次会议以来委员提案办理情况报告》；增选李裕华为政协昌江县第五届委员会副主席，陈世明为县政协常务委员；与会委员列席县人大十届二次会议，听取并协商讨论《县政府工作报告》及其他有关报告；通过该次会议的常委会工作报告决议和政治决议。

政协昌江黎族自治县第五届委员会第五次常委会议 1994年5月31日召开，会议传达贯彻省政协二届八次常委会议精神；学习政协新章程；副主席柯小洪交流在全国政协培训班学习的心得体会；研究县政协1994年的工作安排。

政协昌江黎族自治县第五届委员会第六次常委会议 1995年2月28日召开，会议讨论通过县政协五届三次会议所作的常务委员会工作报告（草案）、委员提案办理情况的报告（草案）以及县政协五届三次会议的日程、议程、分组办法与召集人名单、列席单位人员名单等有关事项。

政协昌江黎族自治县第五届委员会第三次会议 1995年3月4日至6日召开，参加大会的政协委员85人。会议听取和审议《政协昌江县第五届委员会常务委员会工作报告》《政协昌江县五届二次会议以来委员提案工作情况报告》；与会委员列席县人大第十届三次会议，听取和协商讨论《县政府工作报告》及其他有关报告；通过该次会议的常委会工作报告决议和政治决议。

政协昌江黎族自治县第五届委员会第七次常委会议 1995 年 8 月 4 日召开，会议学习传达省政协二届十三次常委会议精神；讨论通过计划生育和糖蔗生产等两个调查报告。

政协昌江黎族自治县第五届委员会第八次常委会议 1995 年 8 月 8 日召开，会议邀请县委副书记、常务副县长郑坚毅通报全县上半年经济运行情况及下半年经济工作设想。

政协昌江黎族自治县第五届委员会第九次常委会议 1996 年 2 月 25 日召开，会议讨论通过县政协第五届第四次会议所作的常务委员会工作报告（草案）和委员提案办理情况的报告（草案）等会议有关事项。

政协昌江黎族自治县第五届委员会第四次会议 1996 年 3 月 20 日至 22 日召开，参加大会的政协委员 98 人。会议听取和审议《政协昌江县第五届委员会常务委员会工作报告》《政协昌江县第五届第三次会议以来委员提案工作情况报告》；增选庄芝和为政协昌江县第五届委员会副主席，赵志贤、李云德、李社民、陈文衬为常务委员；与会委员列席县人大第十届第四次会议，听取和协商讨论《县政府工作报告》及其他有关报告；通过本次会议的常委会工作报告决议和政治决议。

政协昌江黎族自治县第五届委员会第十次常委会议 1996 年 7 月 31 日召开，会议听取县政府县长许邦朝通报全县上半年经济运行情况；传达贯彻省政协第二届第二十次常委会议精神；传达贯彻省政协在陵水县召开的文史工作会议精神；通报县政协上半年工作情况；研究县政协下半年工作安排。

政协昌江黎族自治县第五届委员会第十一次常委会议 1996 年 10 月 10 日召开，会议通报昌江县“十八”号强热带风暴灾情；传达贯彻省政协第二届第二十一次常委会议精神；传达贯彻省政协信息工作会议精神。

政协昌江黎族自治县第五届委员会第十二次常委会议 1996 年 11 月 12 日召开，会议学习贯彻中共第十四届第六中全会精神；研究部署组织县部分政协常委到外市县考察冬季瓜菜生产与销售工作。

政协昌江黎族自治县第五届委员会第十三次常委会议 1997 年 2 月 20 日召开，会议传达贯彻省政协二届五次会议精神；讨论通过县政协第五届第五次会议所作的常务委员会工作报告（草案）和委员提案办理情况报告（草案）等会议有关事项。

政协昌江黎族自治县第五届委员会第五次会议 1997 年 2 月 27 日至 3 月 1 日召开，参加大会的政协委员 96 人。会议听取和审议《政协昌江县第五届委员会常务委员会工作报告》《政协昌江县第五届第四次会议以来委员提案工作情况报告》；增选符泽光为政协昌江县第五届委员会副主席；与会委员列席县人大第十届第五次会议，听取和协商讨论《县政府工作报告》及其他有关报告；通过该次会议的常委会工作报告决议和政治决议。

政协昌江黎族自治县第五届委员会第十四次常委会议 1997年4月10日召开，会议传达贯彻省政协第二届第二十五次常委会精神及全国政协第八届第五次会议有关文件精神；讨论通过县政协1997年工作安排；汇报提案办理情况。

政协昌江黎族自治县第五届委员会第十五次常委会议 1997年8月5日召开，会议听取县委副书记、县政府常务副县长郑坚毅通报全县上半年的经济工作运行情况及下半年工作安排；传达贯彻省政协第二届第二十六次常委会精神。

政协昌江黎族自治县第五届委员会第十六次常委会议 1997年10月14日召开，会议学习贯彻中共第十五大会议文件精神；传达贯彻省政协第二届第二十七次常委会精神。

政协昌江黎族自治县第五届委员会第十七次常委会议 1997年11月11日召开，会议讨论通过县政协1993年至1997年工作总结。

政协昌江黎族自治县第五届委员会第十八次常委会议 1998年1月9日召开，会议传达贯彻省政协第二届第二十八次常委会精神；传达贯彻省政协在白沙县召开的学习工作会议精神；传达贯彻省民族地区贫困乡镇联系点第五次会议精神。

政协昌江黎族自治县第五届委员会第十九次常委会议 1998年1月25日召开，会议讨论通过《政协昌江县第五届委员会常务委员会工作报告（草案）》和《政协昌江县第五届委员会提案工作情况报告（草案）》。

三、政协昌江县第六届委员会会议

该届县政协共召开5次全会、15次常委会。

政协昌江黎族自治县第六届委员会第一次会议 1998年3月11日至13日召开，参加大会的政协委员120名。会议听取和审议《政协昌江县第五届委员会常务委员会工作报告》《政协昌江县第五届委员会提案工作情况的报告》；选举林芝栋为政协昌江县第六届委员会主席，符泽光、柯小洪、何伟鄂、李裕华为副主席，文海燕等14人为常务委员。与会委员列席县人大第十一届第一次会议，听取和协商讨论《县政府工作报告》及其他有关报告；通过该次会议的常委会工作报告决议和政治决议。

政协昌江黎族自治县第六届委员会第一次常委会议 1998年5月12日召开，会议传达贯彻省政协第三届第一次会议精神；讨论通过县政协第六届委员会领导成员工作分工、九个专委会领导安排、委员分配以及1998年工作要点。

政协昌江黎族自治县第六届委员会第二次常委会议 1998年12月21日召开，会议座谈纪念中共十一届三中全会20周年。

政协昌江黎族自治县第六届委员会第三次常委会议 1999年3月5日召开，会议讨论通过县政协第六届第二次会议所作的常务委员会工作报告（草案）和委员提案办理情况报告（草案）等会议有关事项。

政协昌江黎族自治县第六届委员会第二次会议 1999年3月29日至31日召开，参加大会的县政协委员121名。会议听取和审议《政协昌江县第六届委员会常务委员会工作报告》《政协昌江县第六届第一次会议委员提案工作情况报告》；增选关松瑶县政协常务委员。与会委员列席县人大第十一届第二次会议，听取和协商讨论《县政府工作报告》及其他有关报告；通过该次会议的常委会工作报告决议和政治决议。

政协昌江黎族自治县第六届委员会第四次常委会议 1999年9月27日召开，会议座谈庆祝国庆暨人民政协成立50周年。

政协昌江黎族自治县第六届委员会第五次常委会议 2000年1月5日召开，会议研究部署开展县政协"三讲"教育工作。

政协昌江黎族自治县第六届委员会第六次常委会议 2000年3月14日召开，会议讨论通过县政协第六届第三次会议所作的常务委员会工作报告（草案）和委员提案办理情况报告（草案）等会议有关事项。

政协昌江黎族自治县第六届委员会第三次会议 2000年3月24日至26日召开，参加大会的政协委员118名。会议听取和审议《政协昌江县第六届委员会常务委员会工作报告》《政协昌江县第六届第二次会议委员提案工作报告》；与会委员列席县人大第十一届第三次会议，听取和协商讨论《县政府工作报告》及其他有关报告；通过该次会议的常委会工作报告决议和政治决议。

政协昌江黎族自治县第六届委员会第七次常委会议 2000年5月26日召开，会议传达贯彻省政协三届十二次常委会议和全国政协九届三次会议精神。

政协昌江黎族自治县第六届委员会第八次常委会议 2000年12月14日召开，会议讨论通过县政协2000年工作总结及2001年工作设想；研究县政协第六届第四次会议委员发言的安排。

政协昌江黎族自治县第六届委员会第九次常委会议 2000年12月29日召开，会议讨论通过县政协第六届第四次会议所作的常务委员会工作报告（草案）和委员提案办理情况报告（草案）等会议有关事项。

政协昌江黎族自治县第六届委员会第四次会议 2001年1月7日至9日召开，参加大会的政协委员115名。会议听取和审议《政协昌江县第六届委员会常务委员会工作报告》

《政协昌江县第六届第三次会议委员提案工作情况报告》；与会委员列席县人大第十一届第四次会议，听取和协商讨论《县政府工作报告》及其他有关报告；通过该次会议的常委会工作报告决议和政治决议。

政协昌江黎族自治县第六届委员会第十次常委会议 2001年10月24日召开，会议传达贯彻全国政协第九届第十五次常委会文件精神；畅谈学习《中共中央关于加强和改进党的作风建设的决定》心得体会；协商增补林添喜、钟文诚为县政协委员。

政协昌江黎族自治县第六届委员会第十一次常委会议 2002年1月10日召开，会议讨论通过县政协第六届第五次会议所作的常务委员会工作报告（草案）和委员提案办理情况报告（草案）等会议有关事项；协商增补文玲、丁子新、卢建伟、郭承文为县政协委员。协商通过文宇光、钟文诚、林添喜、郭承文为县政协常务委员人选。

政协昌江黎族自治县第六届委员会第五次会议 2002年1月27日至29日召开，参加大会的政协委员119名。会议听取和审议《政协昌江县四次会议以来委员提案工作情况报告》；增选文宇光、钟文诚、林添喜、郭承文为政协昌江县第六届委员会常务委员；与会委员列席县人大第十一届第五次会议，听取和协商讨论《县政府工作报告》及其他有关报告；通过该次会议的常委会工作报告决议和政治决议。

政协昌江黎族自治县第六届委员会第十二次常委会议 2002年7月26日召开，会议学习传达省政协陈玉益主席在省政协第三届第二十三次常委会上的讲话和全国政协第九届第十八次常委会议精神。

政协昌江黎族自治县第六届委员会第十三次常委会议 2002年8月5日召开，会议听取县委副书记、县政府常务副县长郑坚毅通报全县经济工作运行情况，与会政协常委参政议政提意见提建议。

政协昌江黎族自治县第六届委员会第十四次常委会议 2003年2月19日召开，会议讨论通过县政协第七届第一次会议所作的常务委员会工作报告（草案）和委员提案办理情况报告（草案）等会议有关事项。

政协昌江黎族自治县第六届委员会第十五次常委会议 2003年3月19日召开，会议协商通过政协昌江县第七届委员会135名委员名单。

四、政协昌江县第七届委员会会议

该届县政协共召开4次全会、19次常委会。

政协昌江黎族自治县第七届委员会第一次会议 2003年3月31日至4月2日召开，参加大会的县政协委员126名。会议听取和审议《政协昌江县第六届委员会常务委员会工作报告》《政协昌江县第六届委员会提案工作情况的报告》；选举钟文秋为政协昌江县第七届委员会主席，符泽光、林炽明、罗桂珍为副主席，文宇光等 18 人为常务委员；与会委员列席县人大第十二届第一次会议，听取并协商讨论《县政府工作报告》及其他报告；通过该次会议的常委会工作报告决议和政治决议。

政协昌江黎族自治县第七届委员会第一次常委会议 2003 年 5 月 20 日召开，会议协商通过《政协昌江县第七届委员会常务委员会工作规则（讨论稿）》和《政协昌江县第七届委员会 2003 年工作要点（讨论稿）》；协商通过县政协四个专委会兼职副主任。

政协昌江黎族自治县第七届委员会第二次常委会议于 2003 年 6 月 30 日召开，会议学习贯彻《中共中央关于在全党兴起学习贯彻“三个代表”重要思想新高潮的通知》精神。

政协昌江黎族自治县第七届委员会第三次常委会议 2003 年 9 月 10 日召开，会议邀请县委副书记、常务副县长郑坚毅到会通报全县上半年经济运行情况，邀请县公安局局长陈小明通报 1—8 月全县公安执法和社会治安综合治理工作情况，与会人员分别对以上两位领导的通报提出意见和建议；县政协主席钟文秋作县政协第三季度工作总结及第四季度工作安排。

政协昌江黎族自治县第七届委员会第四次常委会议 2003 年 12 月 9 日召开，会议协商通过《政协昌江县委员会常务委员会 2003 年工作总结及 2004 年工作设想（讨论稿）、》《政协昌江县委员会常务委员会会议请假的规定（讨论稿）》和《昌江县承办提案先进单位、优秀调研报告及优秀提案评选标准（讨论稿）》。

政协昌江黎族自治县第七届委员会第五次常委会议 2004 年 2 月 4 日召开，会议协商通过县政协第七届第二次会议上所作的县政协常委会工作报告（草案）、县政协第七届第一次会议以来委员提案工作情况的报告（草案）；协商通过召开县政协第七届第二次会议时间、会议议程、日程、提案审查小组名单、列席人员范围和编组办法、秘书长与副秘书长名单、主持人名单（草案）。

政协昌江黎族自治县第七届委员会第二次会议 2004 年 2 月 20 日至 21 日召开，参加大会的政协委员 119 名。会议听取、审议并通过《政协昌江县第七届委员会常务委员会工作报告》和《政协昌江县第七届委员会第一次会议以来委员提案办理情况的报告》；与会委员列席县人大第十二届第二次会议，听取和协商讨论了《县政府工作报告》和其他有关报告；通过该次会议的常委会工作报告决议和政治决议。

政协昌江黎族自治县第七届委员会第六次常委会议 2004 年 7 月 13 日召开，会议协商通过《政协昌江县第七届委员会常委会 2004 年上半年工作总结（讨论稿）》；听取县文化广电体育局局长林琼壮通报该局近期工作情况，与会人员对县文化广电体育局的工作进行质询和民主评议，提出建议和意见。

政协昌江黎族自治县第七届委员会第七次常委会议 2004年10月9日召开，会议学习中共中央第十六届第四中全会和胡锦涛总书记在纪念人民政协成立55周年大会上的重要讲话精神；协商通过《关于县政协委员参加政协会议和活动的规定（讨论稿）》；表决通过罗桂珍关于辞去政协昌江县第七届委员会副主席的申请；听取县政协提案与法制委主任文玲作有关提案办理工作情况的通报；听取县政协主席钟文秋作委员学习政协章程测评成绩的通报；对县卫生局局长符文献通报的卫生工作情况进行民主评议，提出整改意见和建议。

政协昌江黎族自治县第七届委员会第八次常委会议 2004年12月22日召开，会议学习贯彻省委文件和全省政协工作会议精神；对县委、县政府的工作报告提出修改意见；协商通过《政协昌江县第七届委员会常委会2004年工作总结及2005年工作思路（讨论稿）》；协商通过2004年优秀提案、先进承办提案单位、先进承办提案工作者和优秀调研报告名单；通报县政协七届三次会议筹备情况及有关事宜；对县教科局局长吉承功通报全县2004年教育工作情况进行民主评议，并提出整改建议和意见。

政协昌江黎族自治县第七届委员会第九次常委会议 2005年1月25日召开，会议商定政协昌江县第七届第三次会议于2005年2月28日至3月2日在石碌召开；协商通过《政协昌江县第七届委员会常委会工作报告（草案）》和《政协昌江县七届二次会议以来提案工作情况的报告（草案）》；协商通过政协昌江县第七届第三次会议列席人员范围和编组办法（草案）；协商通过政协昌江县第七届委员会常委会工作报告和提案工作情况报告人名单（草案）；协商通过政协昌江县七届三次会议提案审查小组名单（草案）；协商通过《政协昌江县常委会议事规则和报告制度（讨论稿）》，协商通过罗桂珍辞去政协昌江县第七届委员会委员、常委的请示；协商通过撤销陈金英的政协昌江县第七届委员会委员资格。

政协昌江黎族自治县第七届委员会第三次会议 2005年2月28日至3月1日召开，参加会议的县政协委员125名。会议听取、审议并通过《政协昌江县第七届委员会常委会工作报告》《政协昌江县第七届委员会第二次会议以来委员提案工作情况的报告》；与会委员列席县人大第十二届第三次会议，听取和协商讨论《县政府工作报告》和其他有关报告；通过该次会议的常委会工作报告决议和政治决议。

政协昌江黎族自治县第七届委员会第十次常委会议 2005年4月21日召开，会议传达贯彻全国政协第十届第三次会议和省政协第四届第十四次常委会议精神；讨论和研究县政协常务委员及专委会主任走访委员的有关规定；听取县政协提案与法制委主任文玲汇报县政协第七届第三次会议以来提案办理进展情况；研究部署县政协近期工作；协商通过辞去姜海燕的县政协第七届委员会委员资格；邀请县委党校常务副校长文仁良为与会人员作如何构建和谐社会的专题辅导。

政协昌江黎族自治县第七届委员会第十一次常委会议 2005年7月4日召开，会议对县民宗局局长陈国文通报县民宗局2004年工作情况进行民主评议并提出意见和建议；通报县政协常委会2005年上半年工作总结和安排下半年工作；通报县政协常委和专委会主任近期走访委员的情况；通报《昌江文史》第八辑修编进展情况。

政协昌江黎族自治县第七届委员会第十二次常委会议 2005年10月18日召开，会议邀请县政府办副主任黄昌强通报县政府办理委员意见与建议的情况；县政协副主席符泽光、林炽明分别通报近期组织委员赴省外考察学习的情况；传达贯彻《中共海南省委贯彻落实<中共中央关于进一步加强中国共产党领导的多党合作和政治协商制度建设的意见>的实施意见》以及中共中央第十六届第五中全会精神；对《昌江县国民经济和社会发展第十一个五年规划纲要（第二稿）》进行协商，提出建议和意见；县政协主席钟文秋对县政协下一步工作进行部署。

政协昌江黎族自治县第七届委员会第十三次常委会议 2005年12月23日召开，会议协商通过《政协昌江县委员会常委会2005年工作总结及2006年工作思路（讨论稿）》和《政协昌江县委员会2005年提案工作总结（讨论稿）》；协商通过政协昌江县第七届第三次会议以来优秀提案、先进承办提案单位、先进承办提案工作者及优秀调研报告篇目；协商通过召开政协昌江县七届四次全会的有关事宜。

政协昌江黎族自治县第七届委员会第十四次常委会议 2006年2月17日召开，会议协商通过县政协第七届第四次会议上所作的县政协常委会工作报告（草案）和县政协第七届第三次会议以来提案工作情况的报告（草案）；协商通过召开县政协第七届第四次会议时间、地点、会议议程、日程、提案审查小组名单、列席人员范围和编组办法、秘书长与副秘书长名单、主持人名单；协商通过同意符忠、钟龙标辞去政协昌江县第七届委员会委员资格并免去钟龙标的县政协提案与法制委员会副主任和符忠的县政协民族宗教与外事侨务委员会副主任的职务，任命陈国文为县政协民族宗教与外事侨务委员会副主任；协商通过县人民检察院工作报告和县人民法院的工作报告（征求意见稿）。

政协昌江黎族自治县第七届委员会第四次会议 2006年3月7日至8日召开，会议听取、审议并通过《政协昌江县第七届委员会常务委员会工作报告》《政协昌江县第七届委员会第三次会议以来的提案工作报告》；与会委员列席县人大第十二届第四次会议，听取和协商讨论《关于昌江县国民经济和社会发展第十一个五年规划纲要的报告》和其他有关报告；通过本次会议的常委会工作报告决议和政治决议。

政协昌江黎族自治县第七届委员会第十五次常委会议　2006年3月29日召开，会议学习贯彻省委书记汪啸风在中共海南省委常委（扩大）会议上传达贯彻全国“两会”精神的讲话，传达省政协主席王广宪在政协海南省第四届常委会第二十次会议上传达全国政协十届四次会议的精神；学习贯彻《中共中央关于加强人民政协工作的意见》和胡锦涛总书记关于“八荣八耻”的讲话精神；审议通过《政协昌江县委员会常委会2006年工作要点（讨论稿）》；协商通过撤销许木添的政协昌江县第七届委员会委员资格。

政协昌江黎族自治县第七届委员会第十六次常委会议　2006年7月5日召开，会议协商通过《政协昌江县委员会常委会2006年上半年工作总结和下半年工作安排》；协商通过委员到省外考察调研课题；协商通过辞去吴清海县政协第七届委员会委员资格，撤销叶征贵县政协七届委员会委员资格；学习贯彻胡锦涛总书记“七一”讲话精神。

政协昌江黎族自治县第七届委员会第十七次常委会议　2006年10月27日召开，会议邀请县委常委陈业贵为与会人员作学习辅导讲座；对县精神文明办主任黄安雄通报全县文明生态村建设工作情况进行民主评议，并提出意见和建议。

政协昌江黎族自治县第七届委员会第十八次常委会议　2006年12月15日召开，会议协商通过政协昌江县第八届委员会委员名单；协商通过政协昌江县第八届委员会常务委员候选人名单；协商通过政协昌江县第八届第一次会议日程、议程、召开时间、列席人员范围和编组名单（草案）等；协商通过陈武仁等4人任职和免去文宇光等5人职务等人事任免事项。

政协昌江黎族自治县第七届委员会第十九次常委会议　2006年12月30日召开，会议审议通过政协昌江县第八届第一次会议主席团名单（草案）；审议通过政协昌江县第八届委员会128名委员资格；审议通过政协昌江县第八届第一次会议提案审查小组名单、执行主席建议名单、主持人名单、秘书长名单、报告人名单、选举办法（草案）等；协商通过县委、县政府工作报告以及县人民法院、县检察院工作报告（征求意见稿）。

五、政协昌江县第八届委员会会议

该届县政协共召开6次全会、24次常委会。

政协昌江黎族自治县第八届委员会第一次会议　2007年1月15日至17日召开，参加会议的县政协委员122名。会议听取并审议政协昌江县第七届委员会常务委员会工作报告及其他报告；选举钟文秋为政协昌江县第七届委员会主席，谭宜文、文精华、林炽明为副主席，庞大海等19人为常务委员；与会委员列席县人大第十三届第一次会议，听取并协商讨论《县政府工作报告》及其他报告；通过该次会议的常委会工作报告决议和政治决议。

政协昌江黎族自治县第八届委员会第一次常委会议 2007年3月15日召开，会议由县政协主席钟文秋主持，县政协副主席谭宜文、文精华、林炽明等常委会组成人员共23人出席会议。会议议题：协商通过《关于政协昌江县委员会常委会会议请假的规定》《政协昌江县委员会关于县政协委员参加政协会议和活动的规定》；协商通过唐志坚等人任职的人事任免事项；协商通过县政协专委会副主任建议名单；协商通过县政协2006年优秀提案、提案承办先进单位和个人。

政协昌江黎族自治县第八届委员会第二次常委会议 2007年6月28日召开，会议由县政协副主席谭宜文主持，县政协主席钟文秋，县政协副主席文精华、林炽明等常委会组成人员共17人出席会议。县委副书记王青、副县长罗桂珍应邀出席会议。非县政协常委的县政协办公室主任、副主任和专委会主任等列席会议。会议议题：邀请县卫生局局长符文献通报全县新型农村合作医疗情况；协商通过县政协常委会2007年上半年工作总结，部署下半年工作。

政协昌江黎族自治县第八届委员会第三次常委会议 2007年9月29日召开，会议由县政协副主席林炽明主持，县政协主席钟文秋，县政协副主席谭宜文、文精华等常委会组成人员共20人出席会议。县委常委、常务副县长霍巨燃应邀出席会议。非县政协常委的县政协办公室主任、副主任和专委会主任等列席会议。会议议题：县委常委、常务副县长霍巨燃通报全县经济社会发展情况；县政协各专委会汇报第三季度工作；协商通过县政协常委会第三季度工作，部署第四季度工作。

政协昌江黎族自治县第八届委员会第四次常委会议 2007年12月14日召开，会议由县政协主席钟文秋主持，县政协副主席谭宜文、文精华、林炽明等常委会组成人员共19人出席会议。会议议题：学习贯彻中共十七大精神；协商通过《政协昌江县委员会2007年工作总结》；部署2008年县政协第八届第二次会议的大会发言、提案撰写等事项。

政协昌江黎族自治县第八届委员会第五次常委会议 2008年2月18日召开，会议由县政协主席钟文秋主持，县政协副主席谭宜文、文精华、林炽明等常委会组成人员共17人出席会议。会议议题：讨论通过县政协常委会工作报告和提案工作的报告；讨论县委、县政府工作报告及“两院”工作报告；讨论县政协第八届第二次会议有关事宜。

政协昌江黎族自治县第八届委员会第二次会议 2008年2月27日至28日召开，参加会议的政协委员120名。县政协主席钟文秋，县政协副主席谭宜文、文精华、林炽明出席会议，省政协副巡视员林志明到会指导。县委、县人大、县政府领导班子成员和法院院长、检察院检察长应邀出席大会，驻昌江的厂（场）矿企业领导、县直机关副科级以上单位的负责人和老干部代表列席大会。会议开幕会由谭宜文主持。会议议程：听取并审议政协昌江县第八届委员会常务委员会工作报告；听取并审议政协昌江县第八届委员会常务委员会关于第八届第一次会议以来提案工作情况的报告；委员发言；列席县人大十三届三次会议，听取和讨论县政府工作报告，讨论其他报告；审议通过政协昌江县第八届委员会常务委员会工作报告决议；审议通过政协昌江县第八届委员会第二次会议提案审查小组关于提案审查情况的报告；审议通过政协昌江县第八届委员会第二次会议政治决议。会上，县政协主席钟文秋向大会作县政协第八届委员会常务委员会工作报告，文精华副主席作县政协第八届第一次会议以来提案工作情况的报告。

政协昌江黎族自治县第八届委员会第六次常委会议 2008年6月20日召开，会议由县政协副主席谭宜文主持，县政协主席钟文秋，县政协副主席文精华、林炽明等常委会组成人员共16人出席会议。县政府副县长杨志荣应邀列席会议。非县政协常委的县政协办公室主任、副主任和各专委会主任，县人口与计划生育局领导等列席会议。会议议题：邀请县人口与计划生育局局长李执勇通报全县人口与计划生育工作情况，县环卫站站长文甫强通报县城环境卫生整治工作情况；县政协主席钟文秋总结县政协上半年工作，部署下半年工作；人事任免事项。会议协商通过陈光发辞去县政协常委、委员职务和陈经练、文珍辞去县政协委员职务的请求。

政协昌江黎族自治县第八届委员会第七次常委会议 2008年7月22日召开，会议由县政协副主席文精华主持，县政协主席钟文秋，县政协副主席谭宜文、林炽明等常委会组成人员共17人出席会议。会议议题：学习贯彻中共海南省委第五届第三次全会精神；通过政协机关人事任免；通过委员辞呈；通过增补委员名单。会上，主席钟文秋传达了中共海南省委第五届第三次全会、省委书记卫留成在省委第五届第三次全会上的重要讲话和县委书记唐剑光在县四套领导班子成员贯彻落实省委第五届第三次会议精神学习会上的讲话精神。会议协商同意范卫雄辞去县政协委员职务，增补朱雷、林岗华、钟丽珍、王祖波为县政协委员。

政协昌江黎族自治县第八届委员会第八次常委会议 2008年12月15日召开，会议由县政协主席钟文秋主持，县政协副主席谭宜文、文精华、林炽明等常委会组成人员共19人出席会议。不是县政协常委的县政协办公室主任、副主任和各专委会主任等列席会议。会议议题：研究人事事项；协商通过政协昌江县第八届委员会第三次会议议程；协商通过政协昌江县第八届委员会选举办法；讨论通过2008年政协昌江县委员会工作总结及2009年工作设想；通过2008年优秀提案、提案承办先进单位、先进个人名单及优秀调研报告篇目。会议协商同意提名杨昌志为县政协副主席候选人人选，同意李斌辞去县政协常委、委员职务，决定撤销傅积川县政协常委、委员职务。

政协昌江黎族自治县第八届委员会第三次会议 2008年12月18日召开，参加会议的政协委员120名。县政协主席钟文秋，县政协副主席谭宜文、文精华、林炽明出席会议。会议由钟文秋主持。县委副书记王青应邀参加预备会并作讲话。会议议程：审议通过政协昌江县第八届委员会第三次会议选举办法（草案）；增选县政协第八届委员会副主席；通报县政协常委辞职、撤销职务情况。会上，杨昌志增选为县政协第八届委员会副主席。

政协昌江黎族自治县第八届委员会第九次常委会 2009年2月10日召开，会议由县政协主席钟文秋主持，县政协副主席谭宜文、文精华、林炽明、杨昌志等常委会组成人员共18人出席会议。非县政协常委的县政协办公室主任、副主任和各专委会主任等列席会议。会议通过县政协第八届第四次会议有关事宜（确定会议时间，通过会议议程、日程、秘书长名单、报告人名单、总监票人监票人名单、常委会工作报告和提案工作报告等）；通过于瑾珲、李路生、钟星云、符长宏、丁开妹、吴权亨、羊瑞强、黎定琦等8名增补委员名单，同意陈玉、王运海、郭存民等委员的辞呈，提名于瑾珲、李路生为县政协八届常务委员会委员候选人人选；协商讨论县政府、县法院、县检察院工作报告（讨论稿）。

政协昌江黎族自治县第八届委员会第四次会议 2009年2月17—18日召开，参加会议的政协委员132名。县政协主席钟文秋，县政协副主席谭宜文、文精华、杨昌志出席会议。省政协民宗委主任李运才，县委、县人大、县政府等县领导应邀出席，县老干部代表，驻昌江厂（场）矿企业有关领导，县直机关单位的相关领导也应邀列席大会。会议开幕会由谭宜文主持。县政协主席钟文秋代表第八届常务委员会向大会作政协昌江县第八届委员会常务委员会工作报告，县政协副主席文精华作提案工作情况报告，审议通过本次会议的常委会工作报告决议和政治决议。会议期间，委员们列席了县人大第十三届第五次会议，听取县长吉明江代表县政府所作的政府工作报告以及其他报告。会议补选于瑾珲、李路生为县政协常委。

政协昌江黎族自治县第八届委员会第十次常委会 2009年4月17日召开，会议由县政协主席钟文秋主持，县政协副主席谭宜文、文精华、林炽明等常委会组成人员共15人出席会议。副县长罗桂珍应邀出席会议。非县政协常委的县政协办公室主任、副主任和各专委会主任，县房管局、县建行、县公积金管理中心负责人等列席会议。会议议题：

邀请县房管局局长符振福通报公积金管理整改工作情况，建行昌江支行行长邢望通报公积金托管业务和整改工作情况；县政协调研组通报水利设施建设调研情况；学习全国政协十一届二次会议精神。

政协昌江黎族自治县第八届委员会第十一次常委会 2009年7月10日召开，会议由县政协副主席林炽明主持，县政协副主席谭宜文、文精华、杨昌志等常委会组成人员共16人出席会议。非县政协常委的县政协办公室主任、副主任和各专委会主任等列席会议。会议议题：杨昌志副主席传达省政协第五届第七次常委会议精神；谭宜文副主席作上半年工作总结，部署下半年工作；各专委会汇报调研情况。

政协昌江黎族自治县第八届委员会第十二次常委会 2009年10月28日召开，会议由县政协副主席谭宜文主持，县政协主席钟文秋，县政协副主席谭宜文、文精华、林炽明、杨昌志等常委会组成人员共17人出席会议。非县政协常委的县政协办公室主任、副主任和各专委会主任等列席会议。会议议题：学习贯彻中共十七届四中全会精神和胡锦涛总书记在庆祝人民政协成立60周年纪念大会上的重要讲话精神；文精华等5名常委在会上汇报学习体会。

政协昌江黎族自治县2009年中秋茶话会 2009年9月23日，县政协举办2009年中秋茶话会。县委书记唐剑光，县委副书记、代县长符礼伟，县委常委、常务副县长杨俊元等县领导，各民主党派、无党派、人民团体、工商联、台胞、少数民族、老干部代表及县直机关领导代表共45人应邀出席茶话会。主席钟文秋代表县政协致辞并汇报县政协工作情况，杨俊元副县长代表县政府通报全县经济社会运行情况。与会人员畅所欲言，共商昌江科学发展大计。

政协昌江黎族自治县第八届委员会第十三次常委会 2009年12月22日召开，会议由县政协主席钟文秋主持，县政协副主席谭宜文、文精华、林炽明、杨昌志等常委会组成人员共18人出席会议。县政府副县长王文平应邀列席会议。非县政协常委的县政协办公室主任、副主任和各专委会主任，县政府办、县机关事务管理局负责人等列席会议。会议议题：听取县机关事务管理局局长杨军荣汇报公交车及机关食堂管理运行情况；听取县政府办主任叶华杰通报县政府主要领导在县政协第八届第四次会议上批示件的办理落实情况；讨论通过县政协2009年工作总结暨2010年工作设想。

政协昌江黎族自治县第八届委员会第十四次常委会 2010年2月2日召开，会议由县政协主席钟文秋主席主持，县政协副主席谭宜文、文精华、林炽明、杨昌志等常委会组成人员共17人出席会议。非县政协常委的县政协办公室主任、副主任和各专委会主任等列席会议。会议议题：对县政府工作报告、县人民法院工作报告、县人民检察院工作报告进行协商讨论；协商通过县政协第八届第五次会议有关事项；讨论通过县政协常委会工作报告；讨论通过县政协提案工作报告；研究人事事项。会议协商同意吴权亨辞去县政协委员职务，增补陈明忠、汤富俊、郭周世为县政协委员。

政协昌江黎族自治县第八届委员会第五次会议 2010年3月12—13日召开。县政协主席钟文秋，县政协副主席谭宜文、文精华、林炽明、杨昌志出席会议，省政协办公厅副秘书长潘惠丽到会指导。会议开幕会由谭宜文主持。县委、县人大、县政府领导及法检两长应邀出席会议，老干部代表、驻昌江厂（矿）企业有关领导、县直机关副科级以上单位领导也应邀列席会议。县政协主席钟文秋代表县政协八届常委会向大会作政协昌江县第八届委员会常务委员会工作报告，副主席文精华作提案工作情况报告，审议通过本次会议的常委会工作报告决议和政治决议。会议期间，全体委员列席了县人大第十三届第七次会议，听取和审议了县长符礼伟代表县政府所作的政府工作报告及其他报告。

政协昌江黎族自治县第八届委员会第十五次常委会 2010年6月25日召开，会议由县政协主席钟文秋主持，县政协副主席谭宜文、林炽明、杨昌志等常委会组成人员共14人出席会议。不是县政协常委的县政协办公室主任、副主任和各专委会主任，县交通运输局、县交警大队负责人等列席会议。会议议题：邀请县交通运输局局长孙仁信、交警大队教导员赵清河在会上通报了县城交通管理情况；总结上半年工作情况，布置安排下半年工作；研究人事事项。会议增补陈洋、孙玄、王敏、符长宁、施学华为县政协委员，同意吴琼雄、赖全香辞去县政协常委、委员职务，同意汤广玉、卢建伟辞去县政协委员职务，同意文开能任县政协提案与法制委员会兼职副主任，朱雷任县政协经济与环境资源委员会兼职副主任，免去杨昌志的县政协提案与法制委员会兼职副主任职务。

政协昌江黎族自治县2010年中秋茶话会 2010年9月21日，县政协举办2010年中秋茶话会。县委书记何西庆、县政府副县长谭琼雄，县政协委员中的各民主党派、无党派、人民团体、工商联、台胞、少数民族同胞代表、历届政协主席及各有关部门领导代表共45人应邀出席茶话会。茶话会上，县政协主席钟文秋代表县政协通报2010年县政协1—9月工作情况；县政府副县长谭琼雄代表县政府通报昌江县2010年1—9月经济社会发展情况；县委书记何西庆作了重要讲话，并对县政协提出四点要求：一是围绕科学发展，加强政治协商；二是维护和谐稳定，加强民主监督；三是坚持以人为本，加强参政议政；四是坚持与时俱进，加强自身建设。

政协昌江黎族自治县第八届委员会第十六次常委会 2010年9月30日召开。会议由县政协副主席林炽明主持，县政协主席钟文秋，县政协副主席文精华、林炽明、杨昌志等常委会组成人员共15人出席会议。县政府副县长杨志荣应邀列席会议。不是县政协常委的县政协办公室主任、副主任和各专委会主任，县委办、县住建局、县教育局、县水务局、县供销社、县农技中心、县汽车站负责人等列席会议。会议议题：邀请县住建局局长庄运龙通报全县保障性住房建设情况；县政协考察组汇报省外学习考察情况；县政协主席钟文秋作总结讲话。

政协昌江黎族自治县第八届委员会第十七次常委会 2010年12月27日召开，会议由县政协主席钟文秋主持，县政协副主席谭宜文、文精华、林炽明、杨昌志等常委会组成人员共16人出席会议。非县政协常委的县政协办公室主任、副主任和各专委会主任等列席会议。会议议题：县政协办主任唐志坚汇报近期调研情况；讨论通过《县政协2010年工作总结暨2011年工作设想》；研究人事事项；布置县政协近期工作。会议讨论同意陈伟辞去县政协第八届委员会常委、委员职务，符兴生、朱雷辞去县政协委员职务，增补庄仿元、方世海、羊乃平、邓云辉、王金亮、李瑞珍为县政协委员，同意周明豪、尹爱民任县政协经济环境资源委员会兼职副主任。

第三节 主要工作

1991—2010年，县政协牢牢把握团结和民主两大主题，紧紧围绕县委、县政府中心工作，履行政治协商、民主监督、参政议政职能，对事关全县的政治、经济、文化和社会生活中的重要问题以及人民群众普遍关心的热点、难点问题，开展调查研究，反映社情民意，进行协商讨论，提出建议意见，为昌江经济社会各项事业发展作出积极贡献。

一、政治协商工作

1990年5月至1997年，县政协坚持和不断完善中国共产党领导的多党合作的政治协商制度，巩固和发展爱国统一战线。围绕昌江大政方针、经济发展战略和人民群众关心的热点难点问题参政议政，通过召开政协全委会、常委会、专题协商会，以服务党政决策为目的，认真搞好政治协商，就昌江改革开放、经济建设和社会发展中的重大问题建言献策。每年的全会上，全体县政协委员对“一府两院”工作报告、“十五”“十一五”国民经济发展规划、财政预算报告等进行协商讨论，提出积极的意见和建议。

1998—2003年，县政协坚持县政协主席列席中共县委常委会议制度，对全县重大决策提出重要参考意见和建议；坚持县政协副主席列席县政府常务会议制度，为县政府各项工作执行和落实提出重要参考意见和建议。县政协领导直接参与昌江县经济建设计划、奋斗目标等重大决策讨论与制定，并参加县内有关会议，直接进行协商，进一步使政治协商、民主监督和参政议政经常化、制度化，为党政领导决策提供科学依据。每年的全会上，组织县政协委员对“一府两院”工作报告、国民经济发展规划、财政预算报告等进行协商讨论，提出积极的意见和建议。

2004—2010年，组织县政协委员在全会上，对“一府两院”工作报告、国民经济发展规划、财政预算报告等进行协商讨论，提出积极的意见和建议。县政协分别邀请县人口与计划生育局局、县公安局、卫生局等16个单位领导在政协常委会议上通报本单位工作情况，让政协常委们共同查找工作存在问题的症结，提出解决问题的办法，县委高度重视，县政府狠抓落实。2008年11月，国家计生委在霸王岭召开“全国关爱女孩行动综合治理出生人口性别比偏高问题”工作会议，推广了昌江的做法和经验。

二、民主监督工作

1990—1998年，县政协不断创新民主监督形式，强化民主监督实效。定期邀请县政府领导向县政协常委会通报全县经济社会发展情况，进行民主评议，提出建议意见。认真抓好提案办理各个环节的服务和督办工作，加强与县政府及承办单位的沟通协调，有效地发挥了提案在民主监督中的重要作用。县政协还选择“老、难”提案，邀请办理提案的部门领导通过召开座谈会现场协商督办，使久拖不办的提案得到落实，提升了提案办理工作成效，历次全会提案办复率达99%以上。

1999年，县政协在省政协领导到昌江组织召开的了解社情民意座谈会上，积极反映昌江县医疗诊所和药店管理混乱及王下乡农民食盐缺碘情况，得到省委主要领导的重视，并批示有关部门研究办理。

2000年，省政协办公厅《社情民意摘报》刊发昌江县政协的《“亮丽工程”的可怕后果》一文，反映昌江修建生态街等情况，引起昌江县委、县政府领导的重视，并指示县建环局及时组织人员开展深入调查，从工作和作风上对照检查。

2001—2010年，县政协先后邀请县公安局、县教科局、县文体局等部门领导在县政协常委会上通报工作，政协常委与部门领导面对面交流意见，开展民主评议，确保监督取得实效。2008年10月，省政协在昌江召开的全省提案工作座谈会上，推广了昌江“政协主动、县委重视、政府支持，政协提案大有作为”的经验和做法。县政协还应邀选派部分县政协委员分别担任县人民法院陪审员、县监察局特邀监察员和网吧整顿监督员，积极选派部分委员参加各类行风评议活动，协助有关部门进行民主监督，促进相关工作开展。县政协注重社情民意信息收集工作，从委员反映的社情民意信息中选择群众反映强烈的城镇卫生管理、教师职称评聘、机动车辆管理等民生问题开展考察活动。考察报告上报后，引起了县委、县政府的高度重视，对环卫站和城建大队的班子及时进行了调整和充实，252 名教师职称评聘问题得到了妥善解决，充分调动了教师的积极性。

三、参政议政工作

1990—1997 年，县政协在全委会上，围绕昌江大政方针、经济社会发展的“热点难点问题”参政议政，对“一府两院”工作报告、“十五”“十一”国民经济发展规划、财政预算报告进行协商讨论，提出积极的意见和建议。

1998—2003 年，县政协选择人民群众关心、党政部门重视、政协有条件做的课题进行协商议政活动，通过座谈交流、会议协商、调查研究、视察考察、委员提案等方式，积极主动地向党政机关提出建设性意见，为昌江改革开放和社会主义现代化建设献计献策。以“直通车”的形式不定期集中向县委、县政府提出建议，提高参政议政实效。

2004 年，县政协根据群众反映十月田镇波兰沟村周边香蕉基地存在突出的社会治安问题组织委员深入实地开展调研活动，形成调研报告报县委、县政府，县委主要领导批示责成县公安局认真研究办理，促进了当地社会治安的好转。

2005—2009 年，县政协通过政协常委走访委员，收集 46 条工作意见建议，经分类整理为 24 个方面的问题提交县委、县政府研究办理，使委员的意见和建议得到落实。

2010 年 5—6 月，县政协组织部分委员考察监督县城石碌交通管理状况，与县交警大队、县公交车站进行座谈协商，对城区交通布局、交通安全与管理、“三轮摩的”运营、公共交通建设等方面存在的问题提出整改建议。同年 8—10 月，县政府组织相关职能部门开展了专项整治行动，取缔了违规运营的三轮摩托车，增加两条公交线路，投入 10 辆海汽公交车参与县城公共交通运输，使县城交通秩序得到明显的改善。

四、提案办理工作

1991—2003 年，县政协第四、五、六届委员会共收到委员提案 433 件；2003—2007 年县政协第七届委员会共收到委员提案 373 件；2007—2010 县政协第八届委员会共收到委员提案 422 件。县政协每年都坚持“主动征集、按程序立案交办”的原则，努力办理提案，提案质量、提案办理、质量和提案服务质量逐年提高，使委员的提案转化为实际效果，推动昌江经济发展和社会进步。

1995 年，县政协部分委员提出要提高代课教师工资的提案受到县委、县政府的重视，并讨论决定从 1995 年 10 月起，增加全县代课教师的工资，从原每月 90 元提高到 180 元，基本上解决了代课教师生活待遇偏低的问题。

1999 年，县政协部分委员提出关于加强对个体诊所和医药市场管理的提案，引起县政府的重视，并及时成立清理专项整顿领导小组，抽调县卫生局、县公安局组成专业队伍，分三组对全县的个体诊所和药店进行检查、清理和整顿，取缔无证行医点48个，责令停业整顿8间，没收违法药品123箱，罚款14900多元，为群众创造了良好的医疗环境。

2006年，县政协委员提出《关于把王下中学学生改成寄宿班学生待遇的建议》的提案，得到县委县、政府主要领导的重视和采纳，是年秋季将王下中学“三包制”整体搬迁并入县民族中学，促进少数民族地区教育跨越式发展。县政协委员在县政协七届四次会议所作的《希望在昌江上高中不再是难事》发言，引起县委主要领导的关注，几次带领有关部门负责人深入调研后，召开专门会议研究，决定率先在全省免除高中生学费和课本费，促进了昌江高中教育发展。这些提案的采纳和办理落实有力助推全县经济社会发展，产生了良好的社会效益和经济效益。

2010年，《人民政协报》刊登了标题为《督办重点提案，力解交通难题——海南昌江县专项治理县城主干道》的文章，对昌江县政协提案办理工作给予充分肯定，扩大了政协的社会影响。

五、调研考察

县政协每年都组织委员深入开展调查研究、考察活动，形成调研、考察报告，1990—2003年，县政协第四、五、六届委员会共撰写调研报告75篇；2003—2007年，县政协第七届委员会撰写调研报告35篇；2007—2010年，县政协第八届委员会撰写调研报告42篇。该调研报告基本上都得到县委、县政府的高度重视，所提意见建议大部分被采纳和落实，为推动全县经济社发展发挥了积极作用。

1994年，县政协组织部分委员针对全县民族地区教育发展滞后的状况进行调查，撰写了《关于倾斜经费解决少数民族教学困难的问题》调查报告，引起县委、县政府领导和省教育厅领导的高度关注，《海南日报》也转摘了该调查报告。是年，省级、县级财政陆续投放教育资金共453万元，为昌江教育事业解决了一些实际问题。

1999年，针对昌江冬季瓜菜生产和海水养殖发展缓慢的状况，县政协组织部分委员到澄迈、琼海、万宁、三亚、陵水、乐东等市县考察，撰写出《瞄准市场立足优势，加快发展我县海水养殖业》和《借鉴先进经验发挥本地优势，加快发展我县冬种瓜菜生产步伐》两篇报告，以县政府文件转发各乡镇政府及县直属有关单位组织研究借鉴。

2010年，县政协组织部分委员深入安徽、广西、湖南等地考察，认真对照昌江实际，提出许多建设性的意见，形成了《关于赴安徽上海浙江学习考察的报告》《关于赴广西湖南学习考察的报告》《关于湖南常宁免费公交事业的调研报告》，为县委、县政府决策和编制“十二五”规划提供依据。

六、文史资料工作

县政协积极组织专门采访队伍登门约稿或整理口述史料笔录，征集有关图片、证书等佐证实物，大力挽救濒临遗失史料，较好地发挥了《昌江文史》在昌江经济社会发展进程中“存史、资政、团结、育人”的作用。

1993年，县政协完成编辑出版第五辑《昌江文史》，该书收录《昌二区革命斗争概述》等稿件17篇约4万字。

1997年，县政协完成编辑出版第六辑《昌江文史——暴行与反暴行专辑》，该书收录稿件16篇约5.8万字。

2002年，县政协完成编辑出版第七辑《昌江文史》，该书收录《昌江土地改革运动》等稿件25篇约8.1万字。

2005年，县政协完成编辑出版第八辑《昌江文史》，该书收录《昌江教育发展简况》等稿件44篇约16.1万字。

2006年，县政协完成编辑出版第九辑《昌江文史——委员风采专辑》，该书收录稿件23篇约7.3万字。

2007年，县政协完成编辑出版第十辑《昌江文史》，该书收录《崛起的芒果之乡》等稿件37篇约14.8万字。

2008年，县政协完成编辑出版第十一辑《昌江文史》，该书收录《林祖基同志在昌江的往事》等稿件36篇约16.6万字。

2009年，县政协完成编辑出版第十二辑《昌江文史》，该书收录《昌江公安五十七年》等稿件35篇约17.1万字。

2010年，县政协完成编辑出版第十三辑《昌江文史》，该书收录《昌江妇女联合会发展记事》等稿件22篇约15.6万字。

1995年，县政协还为省政协主编的第十一辑海南文史资料《铁蹄下的腥风血雨——日军侵琼暴行实录》组稿3篇约2万字，2001年，县政协为第十八辑海南文史资料《海南土地改革运动亲历记》组稿6篇3万多字，有力地协助了省政协文史资料编修工作的开展。

七、团结联谊工作

县政协始终坚持与各民主党派、工商联、人民团体领导和无党派人士代表加强联系沟通，积极为他们搭建交流平台，营造合作共事、民主和谐的政治氛围，做好理顺情绪、凝聚人心的工作。政协全体会议、常委会议都重点安排民主党派、各族各界委员代表作大会发言；组织民主党派和无党派人士委员参加政协组织的考察调研活动。每年都召开中秋茶话会，把不同党派、不同民族、不同阶层、不同信仰的代表人士汇集一起畅所欲言，还邀请县委、县政府领导在会上通报全县经济社会发展情况，铺设联系沟通平台，为委员和各界人士知情明政、议政参政、建言献策创造了有利条件，同时促进了各界人士之间的了解和团结，形成共识和合力。

1990—1997年先后接待全国各省、市、县（区）政协参观考察团56次，1998—2006年先后接待全国各省、市、县（区）政协参观考察团42次。

2007—2010年先后接待全国各省、市、县（区）政协参观考察团34次。其中接待全国政协委员考察团等高规格、大规模的考察团11次，不仅密切了同各地政协的联系，同时也促进了县政协工作的开展。

1998—2002年，通过"走出去、迎进来"，加强与各地政协的联系联谊。积极配合省政协开展调研活动9批296人次。先后组织政协委员和县政协机关工作人员到赴安徽、浙江、上海、广西、湖南、江西、福建、陕西和重庆等地学习考察，与安徽休宁、绩溪，浙江桐乡，广西来宾、阳朔，湖南常宁、韶山、武陵源区，江西省南昌市南昌县和重庆市沙坪坝区等政协进行学习交流，开阔了视野，启迪了思维，促进了履职能力和水平的提高。

2003—2010年，与万宁、白沙、乐东、屯昌等省内市县政协开展对口专题交流活动，增进了相互了解，加强了团结，促进了工作。积极开展民族宗教工作，深入王下、七叉、叉河、十月田等少数民族村镇了解群众生产、生活等情况，帮助他们解决实际问题，支持七叉镇保山村5户黎族同胞完成民房改造工作，积极与县政法委、县司法局、县民宗委等相关部门搞好党的宗教政策的宣传教育工作，确保昌江社会和谐稳定。

八、办好民生实事

县政协始终坚持为人民服务宗旨，充分发挥政协的优势，努力为群众办实事办好事。

2000年，县政协与省政府联系，争取到省政协委员、海虹集团公司负责人赞助16台电脑赠送昌江民族中学，改善该校教学条件。县政协领导班子还积极牵线促成省政协常委、香港光彩事业会会长庄小莲和县政协常委林添喜以及昌江国税局捐资10多万元扶持昌江县优秀贫困中小学生300名，共有115名被扶持的优秀贫困生考入大专院校，深受当地干部群众的赞誉。

2003—2006年，牵头组织17个县直机关单位在七叉镇昂托村改造民房60多户，面积共4000多平方米，改善该村黎胞的人居环境。在叉河镇联系点，建设文明生态村7个，修建农村沼气池516个、村水泥道和土路共15条8000多米长，修建农村自来水工程3宗，植树造林15000多亩。

2008年，县政协积极响应省委、省政府及县委、县政府号召，发动全县政协委员积极捐款5万多元支持汶川大地震抗震救灾。

2010年，县政协委员和县政协机关干部职工为“玉树”地震和“舟曲”泥石流灾害捐款总额达5万多元，获得海南省红十字会的表彰。

九、加强自身建设

1990—1998年，县政协坚持注重理论学习，每年都制定学习计划，采取集中学习和自学相结合的方式，定期不定期组织开展各类学习活动。组织政协委员和县政协机关干部学习马克思主义、毛泽东思想、邓小平理论和“三个代表”重要思想，传达学习胡锦涛总书记在人民政协成立55周年座谈会上的重要讲话、传达学习党的十四大至十七大和十三届至十七届历次全会精神，传达学习《中共中央关于加强人民政协工作的意见》，传达学习全国政协、海南省政协会议文件精神，传达学习省委、县委文件会议精神。先后举办了政协章程、构建和谐社会、八荣八耻等专题讲座。县政协领导班子成员积极参加省政协组织的国家级、省级的各类考察学习培训，选派机关干部参加全国政协干部培训班、清华大学昌江县科级干部公共管理培训班、中国人民大学研修班学习，进一步提升政治理论水平和履行职能能力，切实增强服务昌江科学发展的自觉性和坚定性。

1998—2007年，县政协不断强化组织建设，以开展“三讲”教育、“三个代表”重要思想学习教育、保持共产党员先进性教育、深入学习实践科学发展观和“创先争优”等活动为契机，规范党内组织生活，提升党员党性修养，提升组织凝聚力战斗力，进一步提高了县政协机关党的建设水平。在昌江县第一批深入学习实践科学发展观活动中，县政协以“为‘打造国家级循环经济示范区’积极建言献策”作为载体，按照县委的统一部署和“党员干部受教育、科学发展上水平、人民群众得实惠”的活动总体目标要求，坚持以加强自身建设、提高履职能力和服务全县发展大局为着眼点，扎实深入地开展学习实践活动，圆满完成了三个阶段十七个环节的规定动作和具有政协特色的自选动作。做到了真学实干，动作到位，突出特色，解决突出问题，使学习实践活动收到了实实在在的成效。

2003—2008年，县政协坚持抓好作风建设，狠抓学习，整顿作风，出台了《政协昌江县常务委员会会议议事规则》等十多个规章制度，进一步健全和完善了机关的各项规章制度。通过学习贯彻《中国共产党党员领导干部廉洁从政若干准则》等有关规定和文件，进一步加强机关干部队伍的作风建设和党风廉政建设。

2009年，县政协开展“机关作风建设年”创建“四型”机关活动，在机关中大力弘扬敬业、服务、协作、创新的精神，切实转变干部工作作风，确保各项工作规范有序。

同时在广大政协委员中开展了“三个一”活动，即每个委员每年要写一份提案、参加一次政协组织的活动、反映一条社情民意信息。注意加强与党政有关部门的联系沟通，建立健全委员意见建议的快速办理和反馈机制；鼓励委员深入基层、深入群众，就经济社会发展的重大问题和人民群众关心的热点问题建言献策；支持委员参加特邀监督、行风评议、专项巡查、督促检查等活动，增强委员履行职能的责任感和使命感。

2010年，县政协加强自身队伍建设，坚持把强化学习作为加强委员政治理论修养、提高履职能力的重要途径，把学习实践科学发展观贯穿于政协工作的全过程。通过组织学习胡锦涛总书记在人民政协成立60周年大会上的讲话精神、《中国共产党党员领导干部廉洁从政若干准则》等有关文件和深入开展“创优争先”活动，进一步加强委员和机关干部队伍的作风建设和党风廉政建设。

第十六编
民主党派·社会团体

第一章 民主党派与工商联

第一节 中国民主同盟昌江县总支委员会

一、机构

民盟昌江县总支委员会是中国民主同盟（简称民盟）海南省委在昌江直属的基层组织，成员主要为从事文化教育以及科学技术工作的中高级知识分子。1991—2001年12月，何伟鄂任民盟昌江县总支委员会主任委员。2002年1月起，郭承文任民盟昌江县第二、三届总支委员会主任委员。

二、参政议政

民盟昌江总支充分发挥作用，积极参加政协工作，参与中共昌江县委、县政府及中共昌江县委组织部、中共昌江县委统战部组织的各种协商会、咨询会、通报会、民主监督活动以及各种考察活动。通过政协、人大，就昌江文化教育、市政建设、人事安排、社会治安、资源与环境保护、抗灾赈灾、产业转型、劳务输出及再就业等方面的决策，坦诚建言，向政府提出许多宝贵的意见和建议。在调研与提案方面，2002年，盟总支政协委员共撰写了9件提案，3件为集体提案，2件在县政协第六届第五次会议上发言；同年5月县政协副主席何伟锷和盟员陈世芳、郭承文等就《关于要求兑现教师职称工资的提案》，撰写了调研报告送交县委、县政府，加快了教师职称工资问题的解决。2003年盟总支政协委员在政协第七届第一次会议期间，撰写提案12件，其中5件为集体提案，1件被评为县优秀提案，2件为大会发言。其中，马利隆的《棋子湾旅游开发必须综合考虑渔、港、景的统一规划》等提案均被有关部门采纳。郭承文的《关注和解决我县少数民族地区学生辍学问题》一提案被评为优秀提案。2004年，全年盟总支政协委员共撰写提案11件，3件为集体提案，1件为大会发言，内容涉及教育、卫生、环保、“三农”、人事等方面。2005年2月5—6日，盟总支组织20多人开赴昌江三大渔港渔村所在地，对新港、海尾、昌化的渔业作了较深入细致地调研，撰写了《关于昌江县海产渔业生产转型的调研报告》；11 月 11—12 日，盟总支结合县多党合作情况及县社会经济建设的情况，在中共昌江县委统战部的支持下，协同中共昌江县委统战部一行 24 人分别到五指山市、保亭黎族苗族自治县、三亚市进行考察，撰写了《关于赴五指山、保亭、三亚三市县考察学习的报告》。调研考察报告的建议得到县委、县政府及有关部门重视。同年，县政协第七届第三次会议期间，盟总支政协委员撰写 13 件提案，占该届县政协提案的 13.7%。其中 5 件为集体提案，2 件在大会上发言。郭承文的《关于我县多党合作的问题及建议》等提案均被有关部门采纳或部分采纳。该届盟总支集体提案《关于搬迁居民区内塑料粉碎加工厂的建议》，引起县政府及县国土环境资源局的高度重视，该局组织有关监察人员到现场调查，对该加工厂做出了行政处罚，责令停止生产并于 2005 年 10 月 7 日前搬迁的处理决定。同时此提案被评为优秀集体提案。2006 年 3 月，在县政协第七届第四次会议期间，总支大会发言 3 件，其中委员梅秀春代表盟总支《发展循环经济，建设节能环保的新昌江》的大会发言，中共昌江县委书记作出重要批示；盟总支政协委员撰写 12 件提案，其中 5 件为集体提案。2007 年，在县政协第八届第一次会议期间，总支大会发言 1 件，即梅秀春代表盟总支的《建设社会主义新农村，需要建立农村股份制现代企业制度——昌江建设社会主义新农村的一些构想》大会发言；撰写 11 件提案，其中集体提案 2 件，均被有关部门采纳或部分采纳。2008 年 2 月，在县政协第八届第二次会议期间，总支大会发言 2 件，其中委员梅秀春代表盟总支《引入经济管理理念提高行政管理效率》发言，中共昌江县委书记作出重要批示；撰写提案 14 件，其中集体提案 3 件，均被有关部门全部采纳或部分采纳，为促进昌江社会公平公正、和谐发展作出了较大的努力。同年，盟总支成立课题小组并确定课题，4—6 月间分赴昌江的核电站地址、海尾湿地、昌化棋子湾、保梅岭、石碌水库周边等地进行调研，7 月底形成“把昌江发展成岛内西部的旅游重镇”呈送给中共昌江县委统战部并转发给中共海南省委统战部作为参评课题。2009 年 2 月，在县政协第八届第四次会议期间，盟总支大会提交发言材料 2 件。其中《积极化解我县民营中小企业融资难题》大会发言得到县长的批示，促使县政府加大工作力度，积极与国家开发银行海南分行沟通协调，降低贷款门槛，初步达成以固定资产或以企业实物都可作为抵押物，有效地解决了“三农”、中小企业贷款无抵押物问题；总支集体提案《共同关注我县农村教师住房难问题》等提案均被有关部门全部采纳或部分采纳。2010 年 2 月的县政协例会上，盟总支提交的《关于昌江发展太阳能产业的建议》等提案建议被采纳，全县大型宾馆都安装了太阳能热水器，并促成政府在县行政办公楼建设太阳能光伏、风能发电系统项目；计划利用昌江丰富的石英砂资源引进太阳能光伏电池生产项目。

三、社会服务

1999 年 12 月，原民盟昌江支部主委何伟鄂在参加省政协例会期间，多方联系，争取到省政协委员、民进成员、海虹集团负责人资助 16 台电脑给昌江民族中学，价值 5 万余元，改善学校的教学条件。1998—2003 年期间，民盟昌江总支在太坡镇片石小学设“帮扶教学点”，先后送去 86 套课桌椅和一批体育器材，折合 1 万余元，并捐书 600 余册，为小学修筑水泥路，给该小学极大的帮助。2002 年 8 月，民盟昌江总支在海钢一中组织开展为期 10 天的义务讲学活动，内容包括语文、英语、美术、音乐学科，参加的学生及社会青年 600 多人次。2005 年 1 月，在中共昌江县委统战部的支持和县红十字会的协助下，盟总支在石碌民贸大厦前举行“为印度洋海啸灾民募捐倡议活动”，盟员 20 多人共捐款 1740 元，在民盟的带动下，许多市民，向灾区人民献一份爱心。2007 年 12 月 26 日，民盟昌江总支部分政协委员及其他盟员 12 人到乌烈中学，开展“农村教育烛光行动”的活动。2008 年 5 月，汶川大地震发生，民盟盟员自发为灾区人民捐款 7880 元。

2010 年 4 月，甘肃玉树发生大地震，盟总支组织捐款 2600 元，并通过盟省委转交给玉树灾区。

第二节　中国民主建国会昌江县支部

2008 年 12 月，经民建海南省委第四届第四次主委办公会议审议，批准孙一鸣加入中国民主建国会，成为昌江县第一位民建会员。2009 年至 2010 年年初，民建海南省委领导多次到昌江县，就在昌江县成立民建昌江县支部与中共海南省委统战部、中共昌江县委及县委统战部进行沟通。中共昌江县委统战部将成立大会等工作，列入重要议事日程。2010 年 6 月，确定梁克茂为昌江县民建组织的负责人，负责筹建昌江县支部。

第三节　中国农工党昌江县支部

一、机构

中国农工党昌江县支部成员主要为从事医药卫生、文化教育工作的中高级知识分子。2001 年 7 月 13 日，农工党海南省委批准成立农工党海南省昌江县支部；11 月 15 日，正式成立，选举主任委员林炽明，副主委吉京兰，宣传委员陈光华，有党员人数5人。2006年6月29日，选举第二届委员会，主任委员为林炽明，副主任委员陈光华，有党员人数10人。

二、参政议政

2001—2010年，农工党支部多次组织党员深入社会开展调研活动，了解社情民意，在“两会”上积极建言献策，撰写大会发言稿和提案34件。县政协全会期间，支部组织委员麦贻思代表支部所作的《重视卫生人才建设，加快我县卫生事业发展》发言，客观地反映昌江县卫生战线存在的问题和解决对策，引起广泛的共鸣。2008年5月9日，身为政协委员的农工党成员参加县政协组织的环境卫生视察组，对石碌城区的环境卫生善进行考察和调研，查找石碌城区环境卫生存在的问题和分析原因，提出意见和建议；参加省政协在昌江县开展的“提案工作”“教育扶贫移民”和“林权改革和海防林建设”3个专题调研活动，通过深入实地走访，召开座谈会，听取部门汇报和专家意见等方式，全面、细致地了解昌江县教育扶贫移民、提案工作、林权改革及海防林建设等方面情况，并就如何做好上述几个方面的工作提出具体的意见和建议。2010年6月，由农工党昌江支部主任委员林炽明、党员麦贻思作为主要成员的调研组，深入到十月田、七叉等6个乡镇的波浪沟村卫生室、大章村卫生室、白沙村卫生室等11个卫生室，走访部分乡村医生和卫生员，对全县村卫生室及乡村医生的情况进行深入调研，并形成调研报告《关于我县村卫室及乡村医生情况的调研报告》，为政府行政部门提供决策参考。

三、社会服务

2002年后，农工党昌江支部注重发挥该党医药卫生界的特色，积极探索社会服务工作新思路，把工作重点放在农村和城市社区，利用自身的专业优势，依托单位的医疗资源，经常性地开展形式多样的义诊活动。2008年“5·12”汶川特大地震发生后，支部积极发动党员捐钱捐物，支持灾区重建，共捐出钱物5000多元，为灾区的建设和重建做出了贡献。农工党昌江支部被农工党海南省委评为“抗震救灾献爱心先进集体”。2010年8月15日，农工党昌江支部在庆祝农工党成立80周年之际，组织全体党员及医院的医疗骨干共18人到海尾镇沙地村开展义诊和免费送医送药活动，接诊500多人次，免费发放药品价值近5000元。2001—2010年，昌江支部分别联合县人民医院、县中医院等单位，分别到昌化、海尾、叉河、七叉、王下、十月田等乡镇共进行11次联合义诊活动，累计发放价值6万余元的药品。

第四节 九三学社昌江县支社

一、机构

中国九三学社昌江黎族自治县支社（简称昌江支社，下同）的前身是1993年9月海南钢铁公司成立的九三学社海钢小组。由海南钢铁公司筹备叉河镇钢铁厂，有3位是九三学社社员（郭存民、陈文衬和汪雷钧）组成。1993年9月，九三学社海南省委原专职副主委颜家安到昌江，与中共海钢公司委员会书记韩士余沟通协调，成立“九三学社海钢小组”，郭存民任组长。社员主要是以科学技术界高、中级知识分子为主。2010年4月19日，在海矿公司举行九三学社海南省昌江支社成立大会，大会由郭存民主持，尹爱民作筹备组工作报告。根据九三学社海南省委的批复，大会选举产生支社第一届领导班子，尹爱民为主任委员，付玉、周建良为副主任委员。

二、参政议政

2007—2010年，昌江支社在参政议政履职过程中撰写大会发言和提案37件。其中，付玉、尹爱民、黄毅三位委员的4件大会发言，分别得到中共昌江县委、县政府主要领导的批示，较好地解决了反映的问题而广受好评。较具影响力的提案有2009年县政协八届四次会议期间，尹爱民撰写的《关于切实加强保护好石碌河大桥的建议》，中共昌江县委书记在报告上作出“政协调研报告提出的问题应引起重视”的指示，要求县政府领导和有关职能部门采取积极措施认真加以解决。通过相关职能部门的共同努力，较好地解决了大桥限重通行和确保大桥安全问题。2010年县政协第八届第四次会议期间，由付玉、尹爱民分别撰写的《规范机关管理降低行政成本》和《关于免费公交车的建议》大会发言，中共昌江县委书记作出重要批示“建设节约型社会应从机关抓起，领导干部带头。请县委办、政府办和机关事务管理局负责人阅研“摩的”的问题确实应引起重视，采取切实措施加以解决”。社员中有副科级以上干部11人，占全体社员的26.19%；有4人分别担任县民族中学副校长、县人民医院和县中西医结合医院科室主任；7人任县政协委员（其中2人任常委），占全体委员的5.26%；有九三学社海南省委委员1人、社省委各专委会委员10人。1993年9月至2010年，支社共有15人次分别担任县人大代表和政协委员，其中郭存民任县第十一届人大常委会委员，颜福光任县政协第七届委员会常委，付玉连任县政协第八、九届委员会常委，尹爱民任县政协第九届委员会常委。有4人次被推荐担任县司法机关和监察机关特约检察员、特约监督（察）员。

三、社会服务

在中共昌江县委统战部的统一指导下，支社与县农保局结对共同开展“同心扶技”活动，培训农民工掌握实用技术。2008年，响应各级组织号召捐款献爱心，5月12日为汶川特大地震灾区捐款1500元，海钢小组被九三学社海南省委评为“抗震救灾献爱心先进集体”，郭存民和尹爱民被评为“抗震救灾献爱心先进个人”；9月中旬响应中共昌江县委统战部的号召，集体捐款3000元修建“爱民路”；社员周学东多次响应共青团省委、省青年企业家协会等单位号召，捐款捐物累计15万元以上，赞助石碌镇水富村饮水系统工程和捐款给七叉镇4个村修建公益设施。踊跃参加无偿献血活动，据统计，支社共有10余人累计献血8000毫升。提供法律咨询服务，颜福光、曾晓蓓两位社员多次参加海矿公司组织的普法宣传活动，及时为公司员工和普通市民答疑解难、化解矛盾。

第五节　县工商业联合会

一、机构

1994年7月，县工商业联合会恢复建立，成立“县商会”，设理事会，定编2人，其中会长（专职）1人，办事员1人。1999年8月，通过第二次会员代表大会，成立“县商会（工商联）”，由非公有制经济人士林添喜担任会长（兼职）。2001年5月，更名为“县总商会（工商联）”。2006年11月，更名为“县工商联（总商会）”，“会长”的称谓改为“主席”，主席仍然由非公有制经济人士林添喜担任。

二、会员代表大会

1994年7月15日，召开县工商联（总商会）第一次会员代表大会，出席会议的会员代表49人。选举产生第一届理事会，会长为郭周和（专职），副会长为陈文采（非公有制经济人士、兼职）。

1999年8月25日，县工商联（总商会）第二次会员代表大会召开，出席会议的会员代表61人。选举产生第二届领导班子。名誉会长为何家齐（县委副书记），名誉副会长为柯小洪（政协副主席、统战部部长）；会长为林添喜（兼职、非公有制经济人士），副会长为林丽香（专职）、董崖荣（专职）、王大魁（兼职、非公有制经济人士）、许汉彬（兼职、非公有制经济人士）、羊小尾（兼职、非公有制经济人士）、吴伯卿（兼职、非公有制经济人士）、冯祖群（兼职、工商局主任科员）；理事为杨来雄、周正凡、符家养、高志雄、施德昌、冯祖勤、冯推德，秘书长为林丽香（兼职）。

2001年7月，召开县工商联（总商会）第二届三次理事会，增补钟文诚（县委统战部部长）为名誉副会长，增补陈家成（非公有制经济人士）、杨鹏辉（非公有制经济人士）为副会长，免去羊小尾、吴伯卿、冯祖群的副会长职务。

2001年11月25日，召开县工商联（总商会）第三次会员代表大会，出席会议的会员代表78人。选举产生第三届领导班子，该届领导班子设立中共党组书记、秘书长。会长为林添喜，党组书记兼副会长为陈德明（县委统战部副部长）、符明雄（届中调任），专职副会长为林丽香、董崖荣，兼职副会长为王大魁、许汉彬、陈家成、杨鹏辉、韩惠卿，秘书长为李初红（专职）。

2006年12月29日，召开县工商联（总商会）第四次会员代表大会，选举产生第四届常委会及领导班子。会长为胡昌月（兼职、非公有制经济人士），党组书记为周明豪，副会长为周明豪（专职）、杨鹏辉（兼职）、李斌（兼职）、庄振程（兼职）、陆明健（兼职）、张佬铁（兼职）、陈太和（兼职）、何爱红（兼职）；常委为陈读光（兼职）、班日宧（兼职）、范会煌（兼职）、梅秀春（兼职）、林方毅（兼职）。出席会议的人数82人，其中会员代表50人。

2008年11月25日，召开县工商联（总商会）第四届第三次常委会，周明豪主持，增补李平、陈诗珍为县工商联（总商会）专职副主席。

三、参政议政

2007年，县工商联协助县委统战部推荐考察工商联界别政协委员工作，2名会员当选人大代表，11人当选政协委员，其中非公有制经济人士9人，占82%；参加劳动争议仲裁处理劳动纠纷案件15例；开展一系列与非公经济密切相关的课研调查，包括《非公有制企业在企业中推行仲裁法律制度情况》《非公有制企业在社会主义新农村建设中所做贡献情况》《海南省政府关于鼓励支持和引导个体私营等非公有制经济发展的若干规定》执行情况。2008年，新的《中华人民共和国劳动合同法》出台后，工商联作为“三方机制”成员之一，代表企业一方参与处理劳动纠纷争议仲裁案件。年内，共参与裁决劳动纠纷案件28宗。2009年，县工商联担任政协委员、人大代表的非公有制经济人士代表提出集体提案2件，个人提案24件，撰写的《昌江县2009年度非公有制经济发展调研报告》获省工商联表彰。同年，县工商联先后深入到海钢公司、昌江华盛水泥厂等30多家非公有制企业展开调研，撰写《国际金融危机对民营企业影响情况》《2009年度国际金融危机对昌江非公有制经济影响的调研报告》等5份调研报告，并向上级部门汇报，为县委、县政府决策提供科学依据，营造良好的非公有制经济发展环境。2010年，县工商联联合中国建设银行昌江支行共同开展“民营成长之路”融资活动，积极为民营中小企业搭建融资平台。为使活动扎实推进，县工商联的主要领导和银行分管的副行长多次深入有贷款需求的民营企业进行实地考察，现场确定意向客户。同年，昌江润龙广场、鑫龙房地产开发有限公司、昌江岛兴劳动服务公司等民营企业顺利融资750万元，昌江大地实业有限公司公司贴现2400万元，昌江龙溪食品有限公司贷款200万元。

四、联谊活动

1999年，县工商联组织部分县工商联会员到上海、江苏等经济较发达地区考察学习，开阔视野。2000年，县工商联组织等两批民营企业家到泰国、马来西亚、新加坡和中国香港、澳门实地参观考察学习。2002年5月，县工商联组织全体机关干部、非公有制经济代表人士共14人，进行环岛考察，与东方市、乐东黎族自治县、三亚市、文昌市等兄弟市县进行工作交流。同年，派党组书记、副会长陈德明和副会长林丽香到西安、重庆、成都、延安考察。2002年，选派机关工作人员参加省总商会（工商联）考察团，到广西南宁参加招商引资发布会。2003年8月，组织机关工作人员和非公有制经济人士共25人到白沙黎族自治县考察学习，并举行篮球赛。2004年2月，同儋州市总商会在昌江县召开交流会，会后参观考察了海南钢铁公司、添喜小学和棋子湾旅游区；同年8月，县工商联派钟承辉到琼海市博鳌参加“劳动仲裁知识讲座”培训班。2005年7月18—30日，县工商联对全县非公有制企业中共党员和党组织进行调研，督导非公有制企业开展保持共产党员先进性教育活动；12月23日，在县迎宾馆与儋州市、东方市、白沙黎族自治县三个市县工商联召开茶话会，参加会议人员共50人。2009年，县工商联组织非公有制经济人士参加海南省工商联举办的“全省市县工商联（总商会）领导干部培训班”“全省非公企业界学习传达中共十七届四中全会精神报告会”，以及关于经济服务、法律服务等专题讲座。2010年7月28日，省工商联秘书长梁生彬到昌江就非公经济服务、法律服务等工作进行调研，并召开非公有制经济人士经济、法律服务工作座谈会，省工商联秘书长梁生彬、县委统战部和县工商联负责人以及非公有制企业代表人士等16人参加。同年，县工商联组织6名企业家，由县工商联（总商会）党组书记周明豪带队到重庆参加第五届泛成渝经济区商会峰会。

五、光彩事业

2000年4—5月，县商会发动会员捐赠7000多元，购买4台柴油抽水机赠送给香岭村委会抗旱，解决4户农户种植香蕉抽水灌溉困难问题。2001年，县商会协助统战部向非公有制经济企业筹措资金4万元，为七差乡重合村改造民房25间，约1600平方米。

2002年2月，县商会开展非政府性行为的扶贫救济活动，发动会员捐赠衣裤2172件，棉被3套，资金600元。2003年，县商会会长、潮阳建筑安装工程总公司海南分公司经理林添喜在开展“致富思源，富而思进”教育活动中，为社会捐资助教、扶贫济困，捐资84万元新建水富村小学一所，解决了85名儿童上学难问题；捐资赞助海钢公司第一中学38万元修建校门。2003年8月，潮阳建筑安装工程总公司海南分公司获评“2000—2002年度海南省非公有制就业先进企业”；12月，林添喜荣获“1999—2003年度海南省光彩事业奖”。2004年9月，会长林添喜捐资30多万元赞助海钢第二小学建篮球场，购买30多台电脑以及图书、报刊等。2005年，林添喜共捐资70多万元为石碌镇牙营村、乌烈村和海钢公司修路筑桥，改善农村饮水条件，兴修农田水利等。2007年1月，县工商联机关慰问4位老会员和驻点村2位五保户，发放慰问金3000元。2008年，林添喜捐资3万元，资助30名品学兼优贫困大学生。

2008年，民营企业昌江华盛水泥厂捐资100万元成立“华盛教育基金会”，捐助30名学生，每人1万元。汶川“5·12”大地震发生后，县工商联（总商会）第一时间发动班子成员和有关人士共向灾区捐款2、47万元。据县红十字会统计，在汶川大地震中，全县非公有制企业及员工向灾区共捐款106万元。2010年，县工商联在春节、中秋节期间，慰问老会员、“五保户”12人次，发放慰问品和慰问金5000多元；在玉树地震发生后，发动非公有制经济人士为灾区捐款37.2万元；发动非公有制经济人士向文昌、琼海、万宁等遭受洪涝灾害的地区捐款700万元；县发动、倡议非公有制经济代表人士为老革命、老党员、老模范“三老”人员捐款11.36万元，慰问94名“三老”人员。

第二章 社会团体

第一节 县总工会

一、机构

1991—1994年8月，县总工会机关共有9人，其中主席1人，副主席3人，其他工作人员5人。内设办公室、调研室、法律保障部、女工部、财务部，下辖文化宫。1991年全县基层工会102个，拥有会员8172人，占全县职工总数的78.5%。1994年至2001年6月，县总工会机关共有10人，其中主席1人，副主席3人，经费审查委员会1人（兼），其他工作人员5人。县总工会辖基层工会150个，共有会员7159人。2001年3月，苏朝贞调任县总工会主席，有副主席3人，内设机构不变。2006—2010年，李世彬任县总工会主席，符燕、罗美琼为副主席。包括主席、副主席共有工作人员13人，其中经费审查委员会1人（兼），其他工作人员9人。

二、代表大会

县总工会第六届工会会员代表大会 1994年9月24日，县总工会第六届工会会员代表大会在石碌召开，出席大会的会员代表65人。大会选举产生县总工会第六届委员会，选出委员21人，常务委员10人，李朝玉当选为县工会主席，李传经、李云德、文坤兰当选为副主席。大会还选举产生县总工会第六届经费审查委员会，文坤兰当选为工会第六届经费审查委员会主任（兼）。

县总工会第七届工会会员代表大会 1999年12月29日，县总工会第七届代表大会在县委行政办公楼5楼会议室召开，出席大会代表79人。大会选举产生县总工会第七届委员会，选出委员21人，常务委员9人，李朝玉当选为县工会第七届委员会主席，文坤兰、李云德、李仁坚当选为副主席。大会还选举产生县总工会第七届经费审查委员会，李仁坚当选为工会第七届经费审查委员会主任（兼）。

县总工会第七届三次全委（扩大）会议 2001年4月18日，县总工会第七届第三次全委（扩大）会议在石碌召开，大会以举手表决方式递补县总工会七届委员会主席，苏朝贞当选县总工会七届委员会主席。

三、主要活动

职工文化教育。1991年后，县总工会始终把提高干部职工的文化知识作为重要工作来抓，采取“走出去请进来”和举办学习培训及创办职工书屋等形式，着力提升职工的文化素养和业务水平。截至2010年，县总工会组织职工到省内外培训学习69次，参加学习3620人次；邀请专家教授来县授课80余次，参加听课的职工1.69万人次；举办学习培训班70期，参加学习培训的职工2.40万人次，培训工会干部8300余人；创办职工书屋20家，藏书量2万余册，职工进屋读书学习6700余人次；订购各类书籍1.53万册，印刷各种学习资料1600余份，购置乐器、篮球、排球、乒乓球（拍）、羽毛球（拍）等各种文化体育器材1871件；举办文艺演出、篮球、象棋、羽毛球、拔河、乒乓球、赛跑、演讲、知识竞赛等各种文体活动300余次，参赛职工3.8万人次。

基层工会建设。1991年后，县总工会以“组织起来，切实维权”为工作方针，围绕中心，服务大局，积极开展工会组建工作。在深入基层组建工会工作的同时，积极探索新时期工会工作的新途径新方法，大胆创新工会社会化维权新机制和载体，建立健全新时期基层工会的新机制和新体系。截至2010年，全县共建有直属基层工会361个，其中独立基层工会340个，联合基层工会21个。基层工会涵盖单位475个，会员1.74万人，占全县职工的95%，其中女性会员5621人，占全县女职工的94%。

企业民主管理。1991年后，随着企业改革的不断深化，职工民主管理工作不断加强，职代会制度逐步建立和完善，职代会建设和五项职权得到落实。推行企业体制改革、厂务公开、签订集体合同、企业招待费向职代会报告等制度，进一步强化职代会职权，拓宽职工参政议政渠道，丰富职工民主管理、民主参与、民主监督等内容，使广大职工知企情、议企政、管企事，从而促进企业的改革、发展和社会稳定。国有及其控股企业实行三级民主管理，每年至少召开一次职代会，法人代表向职代会报告工作，对中层以上领导干部进行民主评议。至2010年，全县320个单位建立职代会，职工代表6720余名。建立民主评议企业领导人员制度单位65个，签订集体合同230家，建立厂务公开领导小组282个。华盛天涯水泥有限公司、华润水泥厂、昌江华南糖业有限公司等282个单位，已推行厂务公开，占全县应推行厂务公开的78%，其中商业系统实现全系统100%推行厂务公开，民主管理基本走向正规化。

劳动竞赛与安全生产。县总工会组织全县基层工会坚持以经济建设为中心，以提高经济效益为目的，以劳动竞赛为主要形式，广泛深入地发动职工群众开展生产保护，在经济建设主战场发挥主力军作用。在增产节约、增收节支和提高经济效益为内容的劳动竞赛中，全县职工参赛率93%以上。1997年和1998年，县总工会连续2年被省总工会授予工会工作先进县称号；1998年，被全国总工会授予“全国先进县工会”称号。自2006年起，县总工会连续7年被省总工会评为先进单位。2009年，县总工会配合县安监局等部门组织全县各基层工会，全面开展“安康杯”竞赛活动及“安全伴我行”演讲比赛，从而推动了全县安全生产工作的开展。至2010年，县总工会共组织举办各类劳动竞赛326场次，参赛职工共15.79万人次。此外，多次与县安监局、公安局等多个部门联合开展安全生产知识宣传活动，共发放《安全生产知识》《中华人民共和国安全法》《安全生产知识宣传画》等宣传资料6万余份，发放《中华人民共和国劳动合同法》4300份，法律法规宣传资料3.20万余册。2007—2010年，县总工会女工部、财务部、工会组建、工会统计、党风廉政、计划生育、社会治理和安全生产等工作先后受到省总工会和县委、县政府的表彰。2007—2009年间，李世彬分别被授予县安全生产工作先进个人称号和海南省先进工作者称号；2008年，中华全国总工会授予昌江县公安系统黎定琦“全国五一劳动奖章”；2009年，中华全国总工会授予昌江县第三小学张来谦“全国女职工建功立业标兵”称号。至2010年，有王应才、陶凤交等近100人先后被授予全国、省劳模和先进工作者称号。

女职工工作。1991年后，县总工会组织广大女职工开展以“岗位立功、学习成才、姐妹献爱心、创建文明家庭”为主要内容的“巾帼双文明建功立业”活动，充分发挥广大女职工在各条战线的“半边天”作用。1992—2010年，各级工会女职工委员会为办好企业提出合理化建议672条，被采纳的有500多条，创生产经济效益120万元。

1994—1998年，开展姐妹献爱心活动，先后组织女职工开展“为特困危难女职工，每人捐献1元钱和为下岗女职工，每人捐献10元钱”的女职工“互助互济”基金活动，两项活动共捐款1.72万元，4086名职工参加捐款。自“互助互济”基金成立以来，共扶持1000余名女职工，扶持金共计32.58万多元。为了全面提高女职工整体素质，依法维护女职工的合法权益，从1992—2010年，先后举办有关法律法规知识讲座以及工会女干部培训班30场，参与法律知识讲座及答卷的女职工1.64万人次；参加各类业务学习培训的女职工干部2100人次，在基层进行各类职业教育中女职工受教育5421人，占女职工的95%以上。1989年后，县总工会每年邀请省级医院的妇科主治医师为女职工进行健康普查，截至2010年年底，共为女职工进行健康普查2180人，并建立女职工健康档案。20年来，县总工会女职工委员会先后获得海南省总工会女职工委员会颁发的“迪康杯”组织奖、“女职工互助互济”二等奖、“新经济组织女职工委员会建设先进单位”“先进女职工集体”荣誉，其中2000年被全国总工会评为“全国工会先进女职工集体”；龚旭光、钟文秋、王金女被全国总工会评为全国先进女职工之友，文坤兰、黄爱香被全国总工会评为全国先进女职工工作者，罗美琼、潘北恩、田姣被省总工会评为海南省先进女职工工作者。

职工创优工作。2003年，县总工会坚决贯彻省总工会和县委的指示精神，组织全县职工深入开展劳动竞赛、合理化建议、技术革新等创优活动，涌现出了一批先进集体和先进人物。为了做好先进人物和先进集体的评选和管理工作，县总工会组织考察小组分别深入基层，按照劳模考核标准逐项认真进行和筛选，如期圆满地完成了县委部署的推荐工作。2004年，十月田镇敬老院专职护理员豹爱芳被评为“海南省劳动模范”，2005年荣获“全国劳动模范”称号；昌江中学校长庞大海和昌江糖业有限公司胡广廉分别荣获“海南省第四届先进工作者”称号和“海南省第四届劳动模范”称号。

县总工会为了充分发挥职工在参加企业管理中的积极性及主人翁地位，组织全国劳模豹爱芳、符之凤和省先进工作者庞大海等人，在全县开展巡回报告，激发广大职工的工作热情，全心全意地投身到企业的创优工作中，为企业的经济发展做贡献。

职工之家工作。1991年后，省总工会开始部署“整组建家”（即把工会建成职工之家的工作意见）。县总工会根据工作要求，制定《关于开展建设职工之家的活动方案》，成立以县委领导为组长的“建设职工之家”领导小组，制定职工之家建设评议标准实施细则。至2010年，全县共整顿工会组织317个，建成合格的职工之家284个，其中先进职工之家83个，模范职工之家26个，受到海南省总工会的表彰。

送温暖与金秋助学。2000—2010年，县总工会在全县开展“进万家门、知万家情、解万家难、暖万家心”的送温暖活动，把一年一度开展的元旦、春节期间送温暖活动定为“送温暖”工程。共发放慰问金580多万元，覆盖困难职工3.56万余人。2002年县总工会被海南省总工会授予“实施送温暖工程”10周年先进单位，苏朝贞、郭起森荣获海南省总工会授予“实施送温暖工程”10周年先进个人称号。自2005年起，广泛发动社会力量资助困难职工和农民工子女上学，切实保障困难职工和农民工子女受教育的权利。2005—2010年，全县各级工会组织通过金秋助学活动，资助困难职工、农民工家庭大学生1500多人，资助金额100余万元。此外，县总工会还组织开展困难职工帮扶救助活动，通过信访接待、政策咨询、生活救助、就业帮扶和法律援助等有效形式，对困难职工进行“一条龙、一站式”服务和帮扶。2001—2010年，县总工会向全县困难职工提供帮扶救助1600多人，为困难职工提供就业培训680人。

第二节　共青团昌江县委员会

一、机构

共青团昌江县委员会（以下简称团县委），是全县基层团组织的最高领导机构，各乡镇和团员较多的工厂、学校设基层团委会、团总支、支部单位。

二、共青团代表大会

共青团昌江县第四次代表大会 1990年8月28—29日在县委礼堂召开共青团昌江县第四次代表大会，出席大会代表131人，列席代表16人，大会选举产生了共青团昌江县第四届委员会，委员25名，王文平为书记，文朝晖为副书记。

共青团昌江县第五次代表大会 1993年7月19—20日在县委礼堂召开共青团昌江县第五次代表大会，出席大会代表108人，列席代表28名，大会选举产生21名共青团昌江县第五届委员会委员，文朝晖为书记，钟海涛、林伟为副书记。选举文朝晖、刘梅英、吴成元、林长青4名代表出席共青团海南省第二次代表大会。

共青团昌江县第六次代表大会 1996年12月12日在县委礼堂召开共青团昌江县第六次代表大会，出席大会代表121人，大会选举产生新的一届共青团昌江县委员会，钟海涛为书记，吴成元、黎吉维为副书记。

共青团昌江县第七次代表大会 1999年12月30日在县委礼堂召开共青团昌江县第七次代表大会，应到代表126名，实到代表126名，大会选举产生新一届共青团昌江县委员会，何顺劲为书记，陈光发、吴增荣为副书记。

共青团昌江县第八次代表大会 2003年3月17日在县委会议室召开共青团昌江县第八次代表大会，出席大会代表120人，列会代表30人，大会选举产生共青团昌江县第八届委员会，何顺劲为书记，吴增荣、文艳为副书记。

共青团昌江县第九次代表大会 2008年5月27日在县委会议室召开共青团昌江县第九次代表大会，大会选举产生共青团昌江县第九届委员会，文艳当选为书记，王祖波、郭玉斌为副书记。

三、少先队

1991年12月26日，团县委组织召开中国少年先锋队昌江县第一次代表大会。代表大会听取和审议中国少年先锋队昌江县第一次代表大会工作报告，协商产生昌江县第一届少年工作委员会。大会代表为113名，其中少先队代表占53%，辅导员代表占14%，少儿工作者代表占25%。大会代表均由各基层少先队组成和有关单位民主选举或协商产生。第一届少工委的构成如下：中国少年先锋队昌江县第一届工作委员会委员25名，委员设主任1名、副主任2名；委员会下设办公室，办公室主任1名、副主任2名。

中国少年先锋队昌江县第一次代表大会召开以来，为充分发挥学校和少先队作用，1995年，全县共有少年儿童28844人，已入队的有26149人，全县有中小学校107所，已全部建队，建队率达100%。县城的3所小学已全部建起鼓号仪仗队。1995年“六一”节，团委、妇联和教育局共同举办了全县少先队鼓号仪仗队花样比赛，在县重大节日庆典等活动中，仪仗队发挥了积极作用。

1995年，组织开展“红领巾助残”“红领巾送温暖”和“献昌江真情，筑热血丰碑”活动，据统计，共捐款4684.56元，文具、衣物240件、书籍430册。县一小被团省委、省少工委授予“红领巾助残先进集体”称号。组织实施“百所城乡小学手拉手”活动，县三小被省教育厅授予“文明学校”称号。

1995年至1996年4月，发展新队员2685名，建立健全少先队组织112个，保证全县少先队建队率和儿童入队率都在98%以上。全县总辅导员23名，大队辅导员103名，中队辅导员486名。在少工委的积极倡导下，有学雷锋、学赖宁小组298个，互助小组320个，定点定时上门为孤寡老人、伤残病人及军烈家属服务。

1996年，为进一步倡导广大少先队工作者和社会各界人士积极投身和关心支持少先队事业，省决定授予长期以来在各自岗位上为少先队事业做出突出贡献的人士省二级“星星火炬”。陈小萍等5人荣获省二级“星星火炬”奖章。1997年林高智荣获海南省首届“十佳少先队辅导员”称号。

1998年，李静等10人获十佳少先队辅导员的表彰；陈祥泓等10名同学获评十佳少先队员；林翠等3名同学荣获全国“手拉手”好少年称号；县一小六年级二中队第二小队等5个小队荣获“全国文明雏鹰假日小队”称号。

2000年，切实推进“城乡少年手拉手助学活动”，学校与学校、少先队员与少先队员之间结对子。结对子学校有16所，有100多对少先队员。活动期间，县一小为结对子王下小学捐赠幻灯机、课桌椅一批及图书1500多册；少先队员们通信、互访、互赠书籍文具。

2000年6月，县三小和乌烈镇中心小学荣获 “省少先队工作示范学校”的称号，三小大部队荣获“全国少先队红旗大队”称号，县少工委也以优异成绩获得“省少先队工作先进单位”的称号。

2004年，县一小中队辅导员麦碧蓝获省第四届“十佳少先队辅导员”称号；县一小大队长吉圣仁获省第五届“十佳少先队员”称号，赵柳获省第五届“优秀少先队员”称号。

2008年，县一小六年级陆俊文荣获“海南省十佳少先队员”称号，辅导员叶飞荣获“海南省优秀少先队辅导员”称号；民族中学团委书记符小菲荣获省“星星火炬”奖章。

2009年，为加强少先队组织的吸引力和号召力，经认真考核，团县委、县教科局、县少工委决定聘任69人担任少先队大队辅导员，任期三年。任职期间卓有成效地开展少先队各项工作。

四、主要活动

农村技术培训。1991—1992年，开展农村实用技术培训活动，全县参加团员联户文明活动的有38个团支部，种植稳产高产田453.8公顷。

1994—1995年，实施“跨世纪青年人才工程”，以县职业中学为培训基地，对农村青年进行实用技术培训，参加培训的团员青年有458人次。结合昌江县“以芒果为龙头，种养相结合”方针，举办芒果栽培技术为主的培训班，培训人数达1860人。

1996—1997年，联合县科委、县农技中心等部门在七差乡重合村建立“星火带头人”示范基地，定期不定期组织青年到示范基地进行实地培训。共举办培训班31期，培养青年星火带头人71人。

1998—1999年，以农村青年为培养对象，在有条件的乡镇举办“农村实用技术”培训学校。共举办农村实用技术培训班55期，培训人数7300人。

2000—2002年，在全县农业产业结构调整，全面发展热带高效农业产业的形势下，因时因地举办“香蕉技术”培训班110期、“辣椒技术”培训班110期等。

2003—2007年，通过办培训班、科技下乡、知识讲座等形式，大力普及农业标准化生产的知识、技术和技能，培养了一批青年创业致富带头人。共举办培训班77期，培训人数3210人次、青年星火带头人70人。邀请华南热带农业学院博士团到十月田镇、乌烈镇给青年农民讲解芒果、水稻栽培技术等农业知识，在乌烈镇等地设立文化服务点，发放科技书籍300多册。开展“全国科普日”活动，共接待咨询群众300余人，发放资料500余份。

2008—2010年，推进基层组织建设、促进青年就业创业、“青春绿化宝岛”行动和青年文明号创建活动等重点工作，持续推进促进青年就业创业工作，深入推进“青春绿化宝岛”行动。开展青年技能培训，积极与县就业局、扶贫办和职业教育中心等单位联合开展青年就业技能培训，全年举办多期中式西点、中式烹调和农机维修培训班，培训青年522人。

青年文明号。1994—2003年，昌江县共有20个青年岗位获得省级“青年文明号”称号，20个青年岗位获得县级“青年文明号”称号，16个集体单位被评为“青年文明号”，83个文明班组获得“青年文明岗”称号。

2004年，县人民医院急救中心、海南电信昌江分公司客户服务中心、海南移动昌江分公司荣获“2003年度海南省青年文明号”称号；县计划生育服务站黎惠红、国投海南水泥有限公司赵清等4人荣获“2003年度海南省青年岗位能手”称号。

2008年，县公安局办证中心和中国移动海南公司昌江分公司第一营业厅2个单位被新认定为2007年度“青年文明号”集体；昌江边防支队昌化边防派出所、昌江边防支队特勤分队等14家单位被继续认定为2007年度“青年文明号”集体。

希望工程。1992—2000年，600名失学儿童被中国青少年基金会和省青少年基金会立档救助。发动团员青年为希望工程缴纳特殊团费8720元，利用“邮电杯”歌手大赛现场募捐希望工程款1915元，新救助贫困失学儿童420名。争取希望基金会的支持，拨款21万元，县政府配套42万元建起昌江县第一所希望小学——太坡希望小学。团县委、县希望工程办联合县农行共同发起“为贫困学生捐款助学行动”，救助失学儿童150名。争取到“绿之风”希望小学的工程配套资金20万元，兴建“绿之风”希望小学。

2003—2005年，开展希望工程资助高考特困生学生活动，共计535名高考贫困生获得计190.56万元资助。启动昌江县第四希望小学——片石希望小学建设工程。

2006—2010年，在全县开展“爱心助学”募捐活动，共筹集131.63万元，资助326名高考贫困学子圆了大学梦。

青年志愿者。2003—2005年，团县委联合县妇联、县防疫站等部门开展主题为“发扬志愿互助精神，参与防治非典活动”的宣传活动。开展青年志愿者奉献周活动，参加便民服务的单位25个，志愿服务者近万人次接受便民服务的市民7500人次，慰问贫困家庭2000多户。借助春节、七一建党日等重大节日，深入乡镇、农村开展“三下乡”活动，为优秀特困生、“五保户”和孤寡老人“送温暖”，以实际行动传递党和政府的温暖，传递共青团员的一片爱心。借助春节、五四青年节等重大节日，深入乡（镇）、农村开展“三下乡”活动。

2006—2007年，参加便民服务的单位有35个，志愿服务者近万人次，接受便民服务的市民3500多人次，慰问贫困家庭200多户。争取到33名来自海南、四川、山东、江西、湖北、湖南等地的大学生志愿者到海尾中学、乌烈中学等7所镇中小学支教，为该县的教育事业注入了新鲜血液。每年“6·26”国际禁毒日，团县委与县公安局、县禁毒委联合开展“昌江县青年志愿者禁毒宣传”活动，来自全县各战线的20余名青年志愿者围绕节能周“节能减排、科学发展”主题，开展节能周宣传活动。利用国庆休息时间前往棋子湾清理海滩白色污染。

2008—2010年，“3·5”志愿服务日，团县委组织“青少年维权岗”单位、“青年文明号”集体、县直学校共2000余名青年志愿者开展“青年志愿者便民服务一条街”活动和“洁净昌江”卫生清洁活动。大学生志愿服务中西部计划支教志愿者达到33名，分布于各个乡镇从事支教服务。联合海南医学院师生和海南医学院附属医院医护人员到十月田镇开展“真情助困进万家”送温暖系列活动，向十月田镇政府捐赠价值2万余元的医疗器械、体育器材、药品、春联和1000多套衣物；为群众体检，为3600余名群众进行诊疗。开展高考志愿服务活动，与中国移动昌江分公司在昌江中学考点开展2009年高考志愿服务活动，为考生提供考试用具。此外，在考点外设置休息区，为考生家长提供遮阳伞、祛风油、饮用水等服务。以“3·5”雷锋日、“五四”青年节、“六一”儿童节、“七一”建党等节假日为契机，开展“3·5”学雷锋志愿服务一条街、“五四”文艺晚会、“六一”儿童舞蹈大赛、“七一”登山志愿服务等主题系列教育活动，县禁毒青年志愿者走进县看守所，开展“禁毒文明走进戒毒场所”活动。

第三节　县妇女联合会

一、组织建设

1991年，县妇联配主任1名，副主任1名，干事6名，下设办公室、组宣部、权益部、少儿部、事业发展部等部室。1998年机构改革，设县、乡（镇）两级妇女联合会和基层妇女代表会。2002年，县妇联人员编制6名，其中主席1名，副主席2名，非领导职数3名，内设办公室、组宣部（含少儿、权益部）和城乡部。2010年，县妇联编制数增加至7人，实有5人，其中正、副主席3人，干部2人，内设机构不变，在昌江大道县行政办公大楼四楼办公。

1991年，基层妇女组织机构进一步建立健全，全县各乡镇75个管理区都先后建立妇代会，成立县供销社、县机关幼儿园、县粮食局、昌江中学、政法系统、县石碌一小、县税务局、县农行等13个机关妇委会。1995年，印发《基层妇女组织建设方案》，健全农村77个妇代会，162个妇女小组，妇代会主任全部进入村委会班子。县直机关18个妇委会换届，县委组织部正式发文落实机关妇委会主任的政治、生活待遇。1999年，全县12个乡镇妇联、24个机关妇委会完成换届工作。2002年，全县乡镇行政区进行调整撤并，将原有的12个乡镇调整撤并为7个镇，各乡镇妇联同时完成撤并后的换届选举工作，选出7个镇新一届的妇联班子。2008年，圆满完成8个乡镇妇联、23个县直属机关和企事业单位妇委会的换届选举工作。2010年，加强妇联组织建设，组织覆盖面拓宽，体系完善，组织渗透力增强。全县有8个乡镇妇联，84个村（居）妇代会，28个机关、企事业单位妇委会，3个“两新”组织妇委会。

二、妇女代表大会

县妇女第三次代表大会 1991年6月21—22日，县妇女第三次代表大会在县委礼堂召开，出席会议的代表121名。大会选举产生了昌江县妇联第三届委员会，委员23名，钟文秋当选第三届委员会主任，卢玉香、林秀当选副主任。

县妇女第四次代表大会 1996年8月5—6日，县妇女第四次代表大会在县委礼堂召开，出席大会代表114名。大会选举产生新一届昌江县妇女联合会委员会，钟文秋当选第四届委员会主席，陈玉当选副主席。

县妇女第五次代表大会 2003年8月6—7日，县妇女第五次代表大会在县委五楼召开，与会代表115名。大会选举产生新一届昌江县妇女联合会委员会，李静当选第五届委员会主席，文海燕、邱青英当选副主席。

县妇女第六次代表大会 2008年9月27—28日，县妇女第六次代表大会在县行政办公大楼二楼多功能厅召开，出席大会的代表118名。大会选举产生新一届昌江县妇女联合会委员会，执行委员21名，文海燕当选第六届委员会主席，钟丽珍、李兰当选副主席。

三、主要活动

培养妇女干部。1991—1992年，全县科级女领导干部有3名，至1998年，科级女领导干部发展到48名。全县人大政协中女性代表、女性委员比例逐年提高，县级党政班子中配备2名女领导，12个乡镇配备17名科级以上女领导，实现了每个乡（镇）都有一名女领导干部的目标。2002年，全县25个科级单位中，配有女领导班子的8个，占32%；科级干部总数386人，其中妇女46人，占11.9%。2004年，昌江中学副校长罗桂珍通过公开竞岗，竞选上昌江副县长职务；全县有副科级以上女领导干部54名，妇女参政议政水平提高。2008年，县妇联主席文海燕作为海南省代表之一出席中国妇女第十次代表大会，并当选全国妇联第十届执行委员会委员，这是昌江县妇女首次获此殊荣。2010年，县委下发了《关于在全县村党组织和第六届村民委员会换届选举中做好妇女当选班子成员工作的意见》的通知，推动妇女进村“两委”工作，实现了妇女100%进村（居）“两委”的目标。在新当选的673名“两委”干部中，妇女干部125人，比上届增加24

人，占18.6%。

维护妇女儿童合法权益。1991年，组成调研组对全县部分企事业单位实施《女职工劳动保护规定》的情况进行调研，形成专题调研报告呈送县委、县政府。1993年，制定并颁布《昌江黎族自治县儿童少年八五计划和十年规划》。1995年，启动妇女奔小康工程，印发《新一轮“双学双比”竞赛活动五年规划》。1996年，《昌江黎族自治县妇女发展规划（1996—2000）》颁布实施。1998—2000年，利用广播、电视等宣传媒介宣传《中华人民共和国妇女法》《中华人民共和国未成年人保护法》《中华人民共和国婚姻法》等；协助有关部门处理侵害妇女权益案件23宗，调解家庭婚姻纠纷19宗、家庭暴力15起。2001年，完成《昌江县黎族自治县妇女发展规划（1996—2000）》终期评估；配合公安机关解救被拐到汕头的2名妇女。2003年，审议并通过《昌江黎族自治县妇女儿童发展规划（2001—2010）》，确定多项有利于妇女儿童生存环境发展目标的规划措施。2004年，组织县妇幼保健站的医务人员深入4个镇的21个村庄开展妇科病查治工作，共查治妇女723人，免费为患病妇女发放一批药品，协助卫生部门开展预防和控制艾滋病的宣传教育工作，尤其是预防控制突发性传染病知识，提高妇女健康的保健发展意识，为广大妇女营造一个健康环境。2006年，举办《中华人民共和国妇女权益保障法》和《海南省预防和制止家庭暴力规定》知识竞赛活动，在19个参赛队中决出县财政机关妇委会代表昌江县参加省举办的《中华人民共和国妇女权益保障法》和《海南省预防和制止家庭暴力规定》电视知识竞赛，获得优秀组织奖。2007年，在七叉、叉河等4个乡镇举办“崇尚科学、倡导文明、同心携手、遏制艾滋”妇女面对面宣传咨询活动。2008年，在县委党校举办妇女骨干法律知识培训班，邀请县法院法官讲座，受训人数100人；省妇联、海南现代女子医院携手县妇联开展“海南省母婴健康快车开进省巾帼文明示范村”活动，到昌化镇昌城村免费为妇女群众做妇科义诊。2009年，在县委行政大楼九楼会议室举行《海南省妇女权益保障若干规定》《中华人民共和国禁毒法》知识竞赛，叉河镇代表队获一等奖，海尾镇、乌烈镇获二等奖，县委机关、十月田镇、王下乡获三等奖；在昌江职业技术学校举办农村大龄女首期培训班，共有163名来自全县各乡镇的农村大龄女参加以橡胶、香蕉种植与管理为主要内容的培训班；2010年，与海南现代妇婴医院联合开展“母婴健康快车”走进昌江活动，到4乡镇为350名妇女免费进行健康体检；与县红十字会联合开展“妇女健康援助行动”，为全县妇女开展免费妇科体检及“两癌”（乳腺癌、宫颈癌）检查，共有3000多名妇女进行检查。

家庭教育和少年儿童工作。1993年，举办家教知识骨干培训班。1994年，举办“城建杯”庆“六一”文艺晚会，开展“世界母乳喂养周”宣传活动。1995年，开展庆“六一”“乐百氏”杯颂母亲儿童征文大赛，共收到征文1500多篇，选送其中10篇参加省妇联组织的比赛，全部获优秀奖。1996年，结合“四化”教育、“四优”活动，开展“好母亲”、“优秀少年”及“先进少教工作者”评选表彰活动；举办首期妇女家政知识培训班，共有134人参加培训。1997年，开展年轻妈妈读书活动，一批单位和个人受到省妇联的表彰；举办庆“六一”迎回归文艺会演。1999年，县农行妇委会出资5000元，资助海尾镇10名特困户女童重返校园；开展“尊老敬老活动月”活动，协助县电视台摄制完成尊老敬老活动新闻及先进典型宣传片，组织昌化、十月田、海尾等镇妇联以赡养老人和保护老年人合法权益为重点进行广泛宣传。2000年，召开尊老敬老表彰会，表彰先进个人48名。2002年，在县一小举行《中国“小公民”道德建设计划》活动启动仪式。2004年，召开“争做合格家长、争当合格小公民暨表彰大会”，共表彰100名优秀小公民和10名优秀家长。2005年，举办家庭教育知识讲座；开展庆“六一”系列活动，慰问特困残疾儿童。2006年，利用争取到的日本古川冷治捐助，建立叉河古川春蕾小学；开展评选“双合格”优秀家长、“百名优秀小公民”和“十佳小公民”活动，评选出符小玲等30人为“双合格”优秀家长，彭雨婷等100名同学为“百名优秀小公民”，史怡凡等10名同学为“十佳小公民”。2007年，举办“放飞梦想”“六一”文艺比赛晚会，开展慰问特困、残疾儿童活动，为他们送去学习用品和慰问金。2009年，举行“平安家庭”创建经验交流暨“读书的女人最时尚，读书的家庭最和谐”读书征文颁奖活动，全县报送省的19篇文章取得2篇一等奖、4篇二等奖、3篇三等奖、10篇优秀奖的优异成绩，是全省唯一一个报送文章全部获奖的市县。2010年，在昌江电视台滚动播出《昌江黎族自治县公民行为守则》《昌江黎族自治县公民文明公约》，营造全社会共同支持、关心未成年人思想道德建设的浓厚氛围；联合教育局组织开展“网络对中小学生的弊与利”辩论赛，开展“做E时代文明网络人”活动，播放网络文明教育专题片，开展形式多样的教育活动。

“五好文明家庭”创评活动。2003年后，将“五好文明家庭”创建与“美德在农家”“平安家庭”等工作相结合，拓宽了“五好文明家庭”工作内涵。截至2010年，共评选“五好文明家庭”300户，省级“五好文明家庭”10户，国家级“五好文明家庭”3户。

“美德在农家”活动。2004年，县妇联开展“美德在农家”活动，将石碌镇山竹沟村作为县妇联开展“美德在农家”活动示范村，严格按照“美德在农家”要求，开展“家家议、家家学、家家做、家家乐、家家评”等活动，在全村掀起争做“美德家庭”热潮。2005年，县妇联被评为省“美德在农家”活动先进集体。2006年，组织各乡镇妇联主席、部分新农村连片创建活动的村妇代会主任等20人，到儋州、琼海等地的国家级“美德在农家”活动示范村参观学习。2007年，结合农村环境综合整治和文明生态村建设，在各乡镇开展“美德在农家”活动，在十月田镇举行“家庭和美、邻里和谐、乡村和谐”争创和谐家庭活动启动仪式。同年，石碌镇山竹沟村、十月田镇才地村被评为全国“美德在农家”示范村，县妇联被评为全国“美德在农家”活动先进集体。

“巾帼建功”活动。1993年，县妇联开始在全县城镇妇女中开展“学政治、学文化、学科学、学技术、学管理，比思想、比质量、比服务、比成绩、比贡献”的“巾帼建功”竞赛活动，目标为做“四有”“四自”女性，立足岗位建功立业，提高妇女素质，激发妇女活力，凝聚妇女力量，推动妇女发展等，成为妇联的三大主体活动之一。17年中，县妇联突出行业特点，深入开展岗位练兵、岗位成才、树行业新风、扶贫帮困等活动，启动“巾帼社区服务”工程，实施“巾帼科技致富”工程，“巾帼扶贫行动”，涌现出钟文秋、符玉霞等全国“巾帼建功”标兵，昌江中学、县人民医院、环卫站等11个国家级“巾帼文明岗”，22个省级“巾帼文明岗”。

第四节　县科学技术协会

一、机构

1991年，县科协编制5人，配主席1名、副主席1名，内设两部一室，即科普部、青少部和办公室。1994年，配主席1名、副主席2名。2004年，县编制委员会重新核定编制，县科协编制7人。至2010年，全县有县级学会（协会）4个，农村专业技术协会3个，乡镇科普协会8个，村科普小组84个。

二、代表大会

1991年9月11—12日，召开县科协第二次代表大会，大会通过《昌江黎族自治县科学技术协会章程》，选举产生县科协第二届委员会，共有委员28人，其中常务委员13人，陈少金当选为第二届县科协主席，陈积烂为副主席。

1997年4月18日，召开县科协第三次代表大会，大会选举产生县科协第三届委员会，共有委员30人，其中常务委员9人，钟万仁当选第三届科协主席，叶公权、钟少华为副主席。

1998—2010年，因各种原因，县科协代表大会暂停召开。

三、主要活动

科技教育与培训。1991—1996年，结合开展科技扶贫，举办农村实用技术培训班60期，培训5000人次，印发培训资料6000多份。1997—2005年，每年制定《农村党员、基层干部适用技术和市场经济知识培训计划》，举办农村党员、基层干部适用技术和市场经济知识培训班100期，培训农村党员基层干部7000多人次。2006—2010年，制定《昌江黎族自治县关于开展少数民族农村青年先进适用技术培训工作的实施方案》，举办农村青年实用技术培训班52期，培训农村青年、党员、基层干部、专业户4300人次。2010年8月1—4日，开展"四送一训"科普惠农活动，其中8月1日，在石碌镇政府举行启动仪式，由20名农业技术专家组成的"科普惠农讲师团"，深入8个乡镇140个村小组开展农业实用技术培训"四送一训"活动，参加培训农民4131人，免费发放科技资料4460份、科技光盘1258盘、生物肥140包、生物叶面肥600瓶，免费检测化验土壤40份，发动科技示范户示范使用生物肥428户。

1998年10月23日，成立海南省农村致富技术函授大学昌江分校，县科协主席钟万仁任分校校长，县农业局局长郭奋德、县委党校常务副校长符文献任分校副校长，分校设12个乡镇辅导站，聘请辅导教师9名。1999年6月8日，举行开学典礼，首届招收学员258名，经考试考核合格，全部获得专业结业证书。2000年，分校被中国农函大评为先进单位，分校校长钟万仁被评为中国农函大先进工作者。2000年以后，分校以举办短期培训班为主，未再招收学员。2010年，县科协副主席王贻信被评为中国农函大先进工作者。

科普活动。1991年，县委办下文成立县农村科普工作领导小组，县委副书记梁海大任组长，科技副县长潘贤丽任副组长，成员由科协、科委、教育局、农业局主要负责人组成，领导小组办公室设在县科协。2007年，成立县全民科学素质工作领导小组，县委副书记王青任组长，县科协主席罗栩升任副组长，成员由县委组织部、县政府办、县委宣传部、县卫生局等26个单位组成，领导小组办公室设在县科协。2010年，县委办、县政府办印发《昌江黎族自治县加强和完善乡镇科普协会组织建设工作方案》健全全县科普组织网络，全县8个乡镇重新组建新一届科普协会。

2010年3月25日，县委、县政府向中国科协申请创建2011—2015年度全国科普示范县。2010年6月25日，中国科协下文公布创建单位名单，昌江县入选2010年11月10日，省科协公布创建单位名单，十月田镇被评为海南省科普示范乡镇，十月田镇好清村委会、石碌镇片石村委会、东风路居委会被评为海南省科普示范村（社区），十月田镇好清村委会高丁民、才地村委会麦永辉、石碌镇片石村委会刘亚也被评为海南省科普示范户。

科普宣传。1997年起，县科协每年都举办科技周、科普日、科技活动月等活动，受教育群众3万余人次。2003年，"非典"期间，举办"依靠科学、众志成城、战胜非典"系列图片展览和发放预防图书活动。

2001年以来，凡涉及科技方面的节日，都组织科普工作者以及科普志愿者走向街头、乡村开展科普宣传活动。此外，在县城及乡镇建设科普宣传栏，建立科普宣传的长效机制。2008年10月，中国科协声像中心、县科协、县电视台签订协议书，联合开设《科普大篷车》电视栏目，每天播出一期，每期15分钟，开展公共科普知识宣传，促进昌江县各类人群提高科学素质。

科技下乡。1997—2004年，每年开展科技周活动。2003年后，每年9月开展全国科普日活动。2005年后，每年开展科技月活动。

2007年9月16日，在十月田镇举办2007年海南省“全国科普日”活动、科普大篷车联合行动启动仪式，并在启动仪式后举办科普大集市活动。该次活动围绕“节约能源资源，保护生态环境、保障安全健康”这一主题，县科协组织农业、卫生、司法等16个县全民科学素质工作领导小组成员单位和有关部门的90多名科技工作者和科普志愿者，内容丰富、形式多样的活动。主要活动内容有：一是省科协科普大篷车大型科普图片展览、车载展品和禁毒图片展览；二是农业技术咨询；三是医疗专家义诊；四是法律咨询；五是假币、假货识别咨询；六是香蕉栽培技术培训；七是发放科普资料。活动共展出各类展牌160多块，接受瓜菜、果树管理、农村生产生活知识咨询和法律咨询1000多人次，义诊350多人次，免费发放1800元药品，发放《全民科学素质行动计划纲要》系列科普丛书900多册，农业技术资料1000多份、光盘30盘，其他科普宣传资料1000多份。2007年12月，省科协科普大篷车到七叉镇七叉村举办专家义诊、农业科技咨询、科普图片展览、橡胶栽培技术培训班等内容的科普大集市。

2009年9月18日，在石碌镇片石村举办2009年海南省“全国科普日”活动启动仪式，县全民科学素质工作领导小组成员、专家、科普志愿者、县直机关干部、群众、学生等近2000人参加启动仪式。启动仪式后，领导和嘉宾参观了科普大集市。围绕“节约能源资源，保护生态环境、保障安全健康”主题，省科协和县科协联合农业、卫生、司法等20个县全民科学素质工作领导小组成员单位，举办内容丰富、形式多样的科普大集市活动。活动内容有：一是省科协科普大篷车大型科普图片展览、车载展品和学生科学实验；二是农业技术咨询；三是医疗专家义诊及健康咨询；四是法律咨询；五是假货识别咨询；六是举办灾后香蕉、芒果栽培技术培训班；七是文艺演出；八是发放科普资料。活动共展出各类展牌180多块，主要宣传普及节能减排知识，倡导节能减排从我做起；接受瓜菜、果树管理、农村生产生活知识咨询和法律咨询900多人次，参加灾后香蕉、芒果栽培技术培训班人数85人，帮助解决农业技术难题80多个；义诊500多人次；发放《全民科学素质行动计划纲要》系列科普丛书900多册，农业技术资料1000多份、光盘30盘，其他科普宣传资料1000多份。

科普示范基地

县科协芒果扶贫示范基地。利用扶贫贷款16万元，在石碌镇鸡实村创办芒果扶贫示范基地20公顷。在鸡实村举办培训班和现场技术指导活动，推广芒果高产栽培管理技术，扶持农户发展芒果产业，发挥基地扶贫、示范效应。在基地间种西瓜10公顷，取得较好经济效益，因资金困难，芒果扶贫示范基地转让。

县科协荔枝、芒果科普示范基地。在石碌镇牙营村创办荔枝、芒果科普示范基地22.7公顷。1991年以来，强化对22.7公顷荔枝、芒果示范基地的管理，派出科技人员外出考察学习，组织开展科学论证，应用新技术、新成果进行试验，掌握适合该县推广的荔枝催花技术，芒果换冠、催花、控梢、保花、保果等技术，引进资金加强管理，不断提高科技含量，同时以基地为载体，开展面向农民群众的科普讲座、现场示范、培训、咨询等科普活动，充分发挥科普示范基地的示范、辐射作用，使一大批先进实用技术得到推广和普及，共培育科技示范户120户，带动了全县芒果产业的发展。2007年，被省科协、省财政厅评为海南省“科普惠农兴村计划”先进农村科普示范基地；2008年，该基地被中国科协、财政部评为全国“科普惠农兴村计划”先进农村科普示范基地，获得20万元专项奖补资金。2009年1月，根据县委的文件要求，转让该示范基地，退出承包经营权。

水稻旱育稀植技术试验示范基地。1993年，早稻试验示范田选在石碌镇保梅村，共0.7公顷，因采用旱育稀植法比传统栽培方法每亩增产76.7千克。1994年，晚稻试验示范田选在乌烈田洋，共3.3公顷，利用旱育稀植法比传统栽培方法种植博优64，每亩增产106.7千克；种植常规种32矮，比传统栽培方法每亩增产87千克。

乌烈镇道隆村甘蔗示范基地。2008年，争取省科协联办示范基地资金2万元，创建6.7公顷甘蔗下水田示范基地，种植甘蔗新品种粤糖00236。

青少年科技教育。1991年，在全县各中小学校广泛开展青少年科技传播行动，举办青少年科技创新大赛、“科普小先生”演讲比赛、“七巧科技”竞赛、计算机表演赛、“大手拉小手”专家进校园科普报告会、科普图片展等活动。县一小被省科协、省教育厅命名为“海南省青少年科技教育示范学校”。同年，县科协举办科普图片展20场，观看学生3万多人次；举办科普报告会25场，参加报告会学生8000多人次。2007年起，每两年协调组织县城中小学校开展班级、年级、本校“科普小先生”演讲比赛活动，选拔出16名优秀选手参加全县决赛，获得小学组、初中组、高中组一等奖的3名选手代表昌江参加全省比赛。2008年4月24日，中国科协老科学家报告团到县作科普报告，原中国驻荷兰大使华黎明、中科院张厚英教授和王宁寰高级工程师，分别在县机关办公大楼、县青少年活动中心和矿区中学作3场科普报告，青少年学生、机关干部1100多人参加报告会。2009年，组织参加海南省"七巧科技"竞赛，县三小2名同学荣获三等奖，1名老师荣获优秀辅导员奖，县三小荣获优秀团体奖，县科协荣获优秀组织奖。2009—2010年，组织昌江中学、矿区中学、矿区四小等4000多名学生参加第十八届、第十九届中国儿童青少年威盛中国芯计算机表演赛海南赛区竞赛，33名选手入围全省决赛，荣获全省二等奖2名，三等奖1名，科协副主席苏连胜荣获全国总决赛最佳辅导教师奖。2004年以来，昌江中学、县一小、矿区中学、矿区四中等学校开展青少年科技创新大赛取得好成绩，荣获海南省青少年科技创新大赛一等奖12项，二等奖8项，三等奖1项，优秀科技教师奖4人，优秀组织奖4项；荣获全国青少年科技创新大赛二等奖3项，三等奖6项。通过丰富多彩的青少年科技活动，提升未成年人的科学素质和科技实践。

2004—2010年昌江县青少年科技创新大赛获奖情况表

表16-2-1

时间	项目名称	申报者	所在单位	辅导老师	获奖等级	
					全省	全国
2004年	霸王岭热带生物资源保护与持续利用	县一小科技小组	县一小	叶飞、陈柏、邹朝凌	一等奖	三等奖
	芒果复花试验	县一小科技小组	县一小	陈柏、邹朝凌、马利隆	一等奖	
	海水综合利用机	石婷	县一小	郭礼全	一等奖	三等奖
2005年	昌化野生龙血树的调查与研究活动	县一小科技小组	县一小	陈柏、邹朝凌、马利隆	一等奖	三等奖
2005年	防雨淋自动收衣装置器	林夏	县一小	叶飞、庄文钟	二等奖	
	学生选美的调查与思考	王丹 王琳琳	县一小	邹朝凌、曾祥川、马利隆	二等奖	
	动物语言分辨器	苏成玮	县一小	郭礼全	二等奖	
	沙漠变绿洲	王俊	县一小	郭礼全	二等奖	
	雷电资源发电站	杨光生	县一小	郭礼全	二等奖	
	人体自动感应仪	林晓歆	县矿区四中	庄文钟	三等奖	
	积极组织青少年科技创新的调查与研究	邹朝凌	县一小		优秀教师奖	
	积极组织青少年科技创新的调查与研究	县一小	县一小		优秀组织奖	

表 16–2–1 续 1

时间	项目名称	申报者	所在单位	辅导老师	获奖等级	
					全省	全国
2006 年	电热写字板	邱明红	昌江中学	覃业建	一等奖	
	石碌铁矿矿床成因初探	林晓东	县矿区中学	马利隆、王贻信	一等奖	
	石碌铁矿探究与调查活动	县一小科技小组	县一小	邹朝凌、陈柏、马利隆	一等奖	三等奖
	电子自动水位控制器	林晓歆	县矿区中学	庄文钟	二等奖	
	普及中抓创新	陈柏	县一小		优秀教师奖	
	科技教育的实践与探索 –普及中抓创新	县科协	县科协		优秀组织奖	
	科技教育的实践与探索 –普及中抓创新	县一小	县一小		优秀组织奖	
2007 年	“节能在我身边”科学调查体验活动	县一小科技小组	县一小	邹朝凌、曾祥川、马利隆	一等奖	二等奖
	速成水泥四辅路车	符琳	县一小	郭礼全	一等奖	二等奖
	高原智能供氧帽	王俞萱	县一小	郭礼全	一等奖	二等奖
	智能逃犯追踪器	陈月	县一小	郭礼全	二等奖	
	科技教育的实践与探索 –普及中抓创新	马利隆	县教育局		优秀教师奖	
		县教育局	县教育局		优秀组织奖	
2008 年	海防林调研与建言献策科技实践活动	县一小科技小组	县一小	陈柏、邹朝凌、陈允美	一等奖	三等奖
2009 年	“节粮在我身边”科技实践活动	县一小科技小组	县一小	曾祥川、陈柏、马利隆	二等奖	
2010 年	昌江低碳经济发展的调查与研究	何昊旸、文肖之	县一小	陈家英、曾祥川、马利隆	一等奖	三等奖

第五节　县文学艺术界联合会

一、机构

2008年11月25日成立县文学艺术界联合会（简称“县文联”），为正科级“参公”单位，编制3人，隶属县委。2010年，县文联有主席1人，副主席1人，办公室干部1人，聘用人员1人。下辖11个协会、团体，即作家协会、书法家协会、美术家协会、摄影家协会、音乐家协会、舞蹈家协会、乡土文化研究会、诗词楹联学会、珠碧江诗联学会、家家乐团、爱乐乐团，共有会员650多人，其中国家级会员7人，省级会员56人。

二、县文联代表大会

2009年7月17日，县文联在县青少年活动中心召开第一次代表大会，会议通过县文联章程，选举产生第一届县文联委员会和主席团，同时表彰第一届“昌化江畔木棉红”文艺创作比赛获奖作者和“2009海南诗歌大赛”获奖作者。黄安雄当选县文联主席，陈德烈为副主席，李云德为秘书长，符天明、黄玮、钟绍陵、孙如强、韦瑞进、钟德诗、冯推德、梁敏波、李兰、郭玉斌、郭周艳、邹君当选委员，2010年增补符星为委员。

三、县文联专业协会

县作家协会。2009年3月14日在县图书馆四楼会议室召开县作家协会成立暨第一次会员代表大会，来自全县各行各业的文学爱好者60人出席了会议。审议通过了《昌江黎族自治县作家协会章程》，选举产生县作家协会第一届理事会。钟绍陵为县作家协会主席，孙如强、谢来龙、杨福果为副主席，邓世东（白然）为秘书长，李世光、吴多笑、郭玉光为副秘书长。选举理事5人。

县书法家协会　2009年10月26日，在县青少年活动中心召开成立暨第一次会员代表大会，审议通过《昌江黎族自治县书法家协会章程》，选举理事会，符星当选县书法家协会主席，王兴全、赵日杰、符一磊、林书有为副主席，秘书长为王兴全（兼），副秘书长符一磊（兼）。选举理事5人，翁平、黄驹为顾问。

县摄影家协会。2009年6月14日，在县图书馆4楼会议室召开成立大会暨第一次会员代表大会，通过《昌江黎族自治县摄影家协会章程》，选举产生第一届理事会，冯推德为县摄影家协会主席，邱瑞天、梁敏波为副主席，杨镇为秘书长，选举理事7人。会议还为《“三月三”当日纪实摄影比赛》获奖者颁奖。

县音乐家协会。2009年4月18日，在县青少年活动中心召开成立暨会员代表大会，审议通过《昌江黎族自治县音乐家协会章程》，选举第一届理事会，钟德诗当选县音乐家协会主席，钟文宇、黄君海、王云清、符振华、颜国庆为副主席，秘书长为颜国庆（兼），副秘书长为吴永忠、黄凯诚、杨少琼（后增补）。选举理事9人。

县舞蹈家协会。2009年4月25日，在县行政办公楼九楼会议召开成立暨第一次会员代表大会，通过《昌江黎族自治县舞蹈家协会章程》，选举产生第一届理事会，邹君当选县舞蹈家协会主席，谢玉婉为副主席，林晓方为秘书长，邓少銮为副秘书长。选举理事5人。

县乡土文化研究会 2009年4月25日，在县青少年活动中心召开成立暨会员代表大会，审议通过《昌江黎族自治县乡土文化研究会章程》，选举第一届理事会，钟德诗当选县乡土文化研究会主席，马忠义、符兴生、罗宏安为副主席，张大卓为秘书长，卢丽霞为副秘书长。选举理事8人。

县诗词楹联学会。2009年7月24日，在县青少年活动中心召开成立暨第一次会员代表大会，审议通过《昌江黎族自治县诗词楹联学会章程》，选举产生第一届理事会，孙如强当选县诗词楹联学会会长，罗宏安、符星、陈礼彦、林高俊为副会长。选举理事7人。孙如强、罗宏安为常务理事。

珠碧江诗联学会。2008年12月27日召开成立大会，选举第一届理事会，陈邦昌当选珠碧江诗联学会会长，吴庆勋、吴体清、陈礼彦为副会长，陈礼彦为秘书长，选举理事1人。

县美术家协会。2009年4月15日召开会议，选举韦瑞进为县美术家协会主席，李云忠、林理新为副主席，朱海凌为秘书长，选举理事10人。

四、主要活动

2008年，县文联组织各协会会员52人，分别到昌化棋子湾、昌化渔港、霸王岭林区、霸王岭国家森林公园采风。

2009年，分别在县机关办公大楼和县青少年活动中心举行“新年祝福锦绣昌江”书法美术摄影作品展，共展出65人的书法、美术、摄影作品130幅；组织16名书法家在县城石碌，石碌镇片石村、七叉镇宝山村、昌化镇昌城村、海尾镇白沙村书写万幅春联；组织文艺家到叉河、七叉等地采风；举办第一届“昌化江畔木棉红”文艺创作比赛，征集作品265件，评出文学、摄影、音乐、美术作品一、二、三等奖和优秀奖共42篇（幅），出版《“昌化江畔木棉红”文艺创作获奖作品集》；选送6名书协会员的作品参加全省十乡镇书法巡回展；组织“三月三”摄影比赛，评出一等奖1名，二等奖2名，三等奖3名，优秀奖10名；举行端午节诗词创作和摄影艺术创作，印制纪念中国传统节日《端午节诗作》

70册，刊发25名会员创作的53首诗词，并于端午节当天在赛龙舟现场发放；负责全省十大名镇、十大名村的申报、参评工作，撰写石碌镇、洪水村的申报材料；选拔“朝霞工程”资助文艺少年，经省文联考察审核，确定10名少年儿童给予资助；组织2009年“诗歌岛大赛”昌江赛区征集工作，评选出一等奖3名，二等奖6名，三等奖9名，并报送省作家协会；扶持韦瑞进出版美术作品选集，举办个人作品展；支持钟德诗举办个人音乐作品演唱会；举办庆祝中华人民共和国60华诞书法美术摄影作品展，共展出书法、美术和摄影作品共159幅；举行网上征联比赛。

2010年，举行第二届“昌化江畔木棉红”文艺创作比赛，47幅摄影作品、17幅美术作品、30幅书法作品、16篇（首）文学作品和8首音乐作品入编《第二届“昌化江畔木棉红”文艺创作优秀作品集》；组织9名书协会员到县城农行大楼、石碌镇片石村、十月田镇才地村、叉河镇叉河村、海尾镇白沙村等村庄书写春联送农家；组织60多名文艺家到叉河、七叉、霸王岭等地采风创作；6月11—13日在县文体活动中心举行昌江首届舞蹈大赛，共有45支队伍参赛，县青少年活动中心、海尾中心学校表演的少儿舞蹈获幼儿少年组一等奖，矿区学校初中部表演的中国古典舞、蓝韵舞艺团表演的当代舞获青年组一等奖，Confidant街舞团的街舞获成年组一等奖；摄制《昌化江畔木棉红》纪实风光片，集电视、摄影诗画于一体，以“木绵红”为脉络，全方位反映昌江自然景观、旅游资源、风土人情和开发建设新风貌；举办抗战胜利65周年书画展和国庆书法摄影展、“和谐奋进杯”散文和征联大赛，参加西部六市县书法展；举行“李长春观看吴冠中作品展时的重要讲话座谈会”，缅怀吴冠中大师；邀请中国美协会员王良到昌江讲授中国画写生课，北京摄影函授学院副教授王雄讲授人物和景物摄影，省音协副主席陈新讲授声乐知识，请王卓森、莫晓鸣讲授散文创作，请郭小东教授做客昌江谈文学创作，请江寿男、苏文殷、周鉴明书法家到昌江指导书法创作。

五、获奖作品

2009年，冯推德拍摄的《黎寨春色》获“最美海南”全国摄影大赛业余组金奖；县文联选送的舞蹈作品《陶之韵》《恰恰·伦巴》分别获省首届舞蹈大赛一、二等奖。2010年3月，黄安雄创作的《九月花神》获首届“星光杯”感动中华·全国大型征文一等奖，9月，黄安雄、曾万紫合作创作的《中国核电“海南速度”》《热血警魂》均获2010年第二届光耀中华组委会征文一等奖，并到北京参会领奖；钟绍陵散文《追求高度》获华表奖二等奖并进京领奖。

第六节 县残疾人联合会

一、机构

1992年5月，县残联从县民政局分开挂牌成立。1995年9月，县残联升格为正科级单位。1997年4月，经县机构编制委员会批准，成立县残疾人劳动就业服务部；1997年9月，县残联属正科级的人民团体机构。1998年8月，成立县残疾人服务社和县残疾人康复指导站。2007年8月，县残联人员核定编制（事业）12人，财政拨款12人。县残疾人劳动就业服务部人员核定事业编制8人，自筹拨款8人。县残疾人康复指导站人员核定事业编制6人，自筹拨款6人。

2010年9月，县残联建立完善基层残疾人组织机构。全县8个乡镇全部成立乡镇残联，并召开第一次代表大会，选举产生乡(镇)残联第一届主席团主席、副主席，理事长。每个乡(镇)残联都选聘了一名乡镇残疾人专职委员，全县84个村(社区)全部成立村(社区)残协，并选聘了84名村（社区）残协残疾人专职委员。残疾人专职委员每月的生活补助和工作经费全部纳入县财政预算由县残联统一按月发放。

二、残疾人代表大会

县残联第一届主席团第二次会议 1991年1月，县残联召开第一届主席团第二次会议，改选县残联第一届执行理事会，理事长为罗明能，副理事长为曾高文。

县残联第二次代表大会 1993年6月18日，县残联第二次代表大会在县政府召开，选举产生县残联第二届主席团，主席为吴清毅，副主席为林周良等，执行理事会理事长为林周良，执行理事会理事长聘任长陀建全为副理事。

县残联第三次代表大会 1998年6月26日，县残联第三次代表大会在县政府召开，选举产生县残联第三届主席团，主席为杨先乙，副主席为林周良、符文地（肢体残疾）、王文平、郭祥志，执行理事会理事长为林周良，执行理事会理事长聘任陀建全为副理事长。

县残联第四次代表大会 2002年12月16日，县残联第四次代表大会在县政府召开，选举产生县残联第四届主席团，主席为罗桂珍，副主席为林周良等，执行理事会理事长为林周良，执行理事会理事长聘任陀建全为副理事长。

县残联第四届主席团第二次会议 2003年7月16日，召开县残联第四届主席团第二次会议，选举林道操为县残联第四届主席团副主席、执行理事会理事长。

县残联第四届主席团第三次会议 2004年5月12日，召开县残联第四届主席团第三次会议，选举苏圣红为县残联第四届执行理事会副理事长。

县残联第五次代表大会 2007年12月13日，县残联第五次代表大会在县委党校召开，选举产生县残联第五届主席团，主席为罗桂珍，副主席胡茂连、林道操、陈浩、吉德青、李克明、符文地（肢体残疾）、陈华康（听语残疾），执行理事会理事长林道操，推举苏圣红、王保龙为执行理事会副理事长。

三、主要活动

康复工作。1991—2010年，为使残疾人“人人享有康复服务”的这一目标任务得到实现，县残联共投入资金219.999万元，帮助全县1539名残疾人得到不同程度的康复。

视力残疾康复工作。1991—2010年，争取各级政府领导的重视和支持，成立复明工作领导小组。全县有1556名贫困白内障患者免费实施复明手术，投入经费合计148.1万元。其中，2003年“视觉第一中国行动”实施白内障患者复明手术183例，投入经费7.32万元。2005年“视觉第一中国行动”实施白内障患者复明手术102例，投入经费4.08万元。2006年“光明行”海南省新型农村合作医疗实施白内障患者复明手术80例，投入经费8万元。2007年，协调县卫生局、新型农村合作医疗办组织实施白内障患者免费复明手术76例，投入经费7.6万元。2008年，“光明行”省新型农村合作医疗实施白内障患者复明手术75例，投入经费7.5万元；“健康快车”实施白内障患者免费复明手术36例，投入经费3.6万元。2009年，配合县卫生局完成“亮睛工程”白内障患者免费复明手术433例，投入经费50万元。2010年，配合县卫生局完成“亮睛工程”白内障患者免费复明手术571例，投入经费60万元。手术晶体植入率达100%，脱盲率达98%，脱残率达88%。为82名低视力患者免费验配助视器，培训家长82名，投入经费2.46万元。举办2期盲人定向行走培训班每期一个星期，共培训盲人残疾人及残疾人亲属180人，投入经费20万元。

聋儿康复工作。1991年后，加大宣传力度，拓展聋儿早期干预的可行性。在每年的“爱耳日”活动期间，都开展宣传活动，组织听力语言专家、耳鼻喉科专家、听力检测人员开展现场咨询、义诊、测听活动，发放普及读物、宣传画册，传授耳聋预防与康复知识。1996年，举办2期聋儿家长及弱智儿童家长培训班，受益45人。2002年，举办2期弱智、聋儿家长培训班，家长28人和32人。2006年，分别县残疾人康复指导站进行聋儿康复训练和举办聋儿家长培训班，共对56名聋儿进行康复训练，培训聋儿家长56名，并免费给每位家长赠送聋儿康复训练教材，共投入经费8万元。2010年，组织4名智力残疾儿童及家长参加省智力残疾康复训练班，2名低视力儿童参加省残联低视力康复及社区康复培训班。

智力残疾康复工作。1993—1999年，共组织残疾智力儿童及家长参加省智力残疾康复培训班 9 期 65 名。发放助力听器 81 台。2005 年，继以省残联康复培训为重点，组织 20 名智力残疾儿童及家长参加省智力残疾儿童康复训练及家长培训班，投入经费 10 万元。以县残疾人康复指导站为平台，以指导家庭训练为主体，组织开展贫困智力残疾儿童少年康复训练，培训智力残疾儿童少年和家长各 16 名，经费投入 3.2 万元。2010 年，组织 4 名智力残疾儿童及家长参加省智力残疾康复培训班，发放助听器 30 台。

肢体残疾康复工作。1998 年后，积极配合省残联做好贫困肢体残疾儿童矫治手术和假肢装配等工作。1998 年，实施肢体复康训练 6 名。儿童矫治手术 5 例。2002 年，实施肢体复康训练 22 名。2007 年，共为 16 名贫困肢体残疾儿童免费实施矫治手术，投入经费 6.4 万元；为 38 名下肢截肢残疾人免费安装假肢，投入经费 15.2 万元；对 75 名肢体残疾人进行康复训练，投入经费 15 万元；对 16 名肢体残疾儿童矫治手术后的康复训练进行了术后指导，投入经费 3.2 万元。2010 年，为 19 名肢体残疾人免费参加肢体残疾人普及型小腿假肢装配。

精神病防治康复工作。20 世纪 90 年代，昌江县残联，不断建立健全组织管理工作体系和精神病防治康复技术指导网络，明确专人负责，开展调查摸底工作。1998—2010 年，对 218 多名精神病人建档立卡，跟踪随访。以县残疾人康复服务指导站为依托，在县农村合管办和县第二人民医院的协助下。对 215 名精神病患者进行家庭管护、居家服药，投入经费 9.68 万元。

残疾人辅助器具供应服务工作。1994—2007 年，共为 856 名贫困残疾人免费发放用品用具 954 件（其中轮椅 174 辆、腋杖 200 件、拐杖 60 只、手摇车 4 辆、盲杖 110 块、盲表 100 块、助听器 88 个、助视器 54 件、助行器 50 件、坐便器 60 件、其它器具 54 件）。2010 年，为残疾人用具共供应 222 件，其中轮椅 60 辆、腿杖 60 只，助视器 16 台、育杖 40 只、助听器 10 台，手指分离板 6 块。

改善特殊教育办学条件。1991 年后，县残联为全面提高残疾少年儿童入学率，加强乡镇初级中学及各村小学基础设施建设，学校的随班就读教学点的办学条件得到改善。加大对残疾学生的资助力度，从 2006 年后，协调县教育局实行“两免一补”的优惠政策，对全县中小学残疾学生的学杂费和课本费进行减免，其中每年每生减免学杂费和课本费约 300 元，补助生活费 750 元。宣传倡导在全社会开展“扶残助学”活动，通过“专项彩票公益金支持中国残联助学项目”，资助全县贫困残疾儿童继续就学 176 人次，资助资金 11.565 万元；2010 年，通过“中国残联助学项目”扶持 7 名残疾人或父母残疾子女高中学生上学，每人扶持 1000 元；利用国家补助资金资助 32 名残疾大学考生就学，其中本科生每人一次性补助 2500 元，专科生每人一次性补助 1500 元；利用县委、县政府及各企事业单位和个人的资助资金资助32名残疾大学考生就学，每名考生一次性补助资金2000元。

确保适龄残疾儿童入学。2001年，帮助63名失学残疾儿童重返校园，全县随班就读的残疾儿童有493名，其中育、聋、弱智生入学分别为86%、84%和80%。2006年，县残联协调县教育局全方位动员适龄残疾少年儿童入学随班就读，接受教育。2010年，全县共有适龄残疾儿童302人，接受义务教育的有299人，辍学3人，适龄残疾少年儿童入学率达到了99%，在校残疾儿童中，小学241人、中学58人。

残疾青壮年扫盲工作。20世纪90年代以来，县残联不断加强残疾青壮年的扫盲工作，促进残疾青壮年的文化素质提高。2006年后，县残联坚持残疾青壮年扫盲工作与适龄残疾少年儿童接受义务教育工作并重并举，在县城及各乡镇多次举办残疾人实用技术培训班和残疾人文化知识学习班。至2010年年底全县青壮年非文盲率已提高至90%。

残疾人职业技能培训工作。20世纪90年代，县残联根据省残联下达的残疾人培训任务指标，协调县畜牧局、扶贫办以及各乡（镇）政府在县城和各乡（镇）、村委会举办盲人定向行走培训班、盲人按摩培训班、残疾人裁剪培训班和农村实用技术培训班，广泛动员残疾人参加培训。2006年后，共举办2期盲人定向行走培训班，1期聋儿康复训练培训班，1期残疾人家电维修培训班，1期残疾人中级家电制冷维修培训班和6期农村残疾人实用技术培训班，投入经费87万元，培训残疾人1037人次，输送12人到省残疾人技术技能培训中心参加培训，27人到白沙黎族自治县参加全省残疾人农村实用技术培训班。2010年，在石碌镇举办1期30名残疾人中级家电制冷培训班和1期20名盲人定向行走培训班。组织11名肢体残疾参加省残联美容、裁剪、按摩培训班。

残疾人劳动就业。2006年第二次全国残疾人抽样调查比例计算，全县共有残疾人14359人，约占全县总人口的5.95%（其中城镇残疾人5172人，占全县残疾人的36%；农村残疾人9187人，占全县残疾人的64%）。县残联依法全面开展残疾人就业工作。在党政群机关、社会团体、企事业单位严格执行“按不低于本单位在职职工总数1.5%的比例安排残疾人就业”的规定，安置48名残疾人就业。对没有按比例安置残疾人就业的企业单位，按照“收保障金促就业，发展残疾人事业”的指导思想，累计征收残疾人就业保障金100余万元。保障金按《海南省行政事业性收费收支管理办法》纳入县财政专户管理，按照《残疾人就业保障金管理暂行规定》要求，用于残疾人就业支持。举办残疾人就业供需见面会，为残疾人搭建就业平台。共推荐刘玉菊、钟志周、张玲等16名残疾人到海南椰岛集团、海南灵康制药厂、广安堂药品超市和文昌市宏达金属饰品材料厂工作。2006年后，共投入资金25.6万元，扶持512名残疾人实现个体开业和个体从业。

全县现有盲人保健按摩机构5家，从业人员8人，其中技师四级1人，高级三级按摩师1人，初级按摩师6人。举办残疾人家电维修培训班1期，残疾人中级家电制冷维修培训班1期和农村残疾人实用技术培训班6期，共培训残疾人960人次；选送残疾人参加省盲人按摩培训、美容美发培训、糕点制作培训和服装裁剪培训58人次，培训后的残疾人35%实现稳定就业。

残疾人扶贫解困。1991年后，开展以“走进千家万户，慰问困难群众”为主题的千名干部送温暖活动，扶持残疾人发展种植、养殖业，共投入资金48万元，扶持480户贫困残疾人摆脱贫困。利用省残联扶持农村贫困残疾人发展生产资金，扶持全县农村贫困残疾人发展生产，其中2004年以来，共利用《中国残联专项彩票公益金农村贫困残疾人危房改造项目》专项资金、省残联补助资金和县配套资金341.7万元，其中中央下拨资金88.75万元，省下拨资金117.5万元，县配套资金135.45万元，共帮助全县516名农村贫困残疾人实施危房改造，受益群众2653人。2007年以来，共扶持全县12名农村贫困残疾人发展种养殖，扶持资金5万元。加强残疾人扶贫基地建设，其中2010年争取省残联扶持农村贫困残疾人发展基地生产资金10万元，扶持石碌镇牙营村委会符文地和海尾镇海农村委会陈明金两名肢体残疾人，每人扶持5万元。符文地种植橡胶1.3公顷、芒果4.7公顷，养鸡100只、养猪20头，辐射带动24名残疾人发展种养植生产；陈明金建设猪栏19个、鸡笼2个，养猪89头、养鸡180只，辐射带动22名残疾人发展养殖生产。利用《中国残联专项彩票公益金农村贫困残疾人危房改造项目》专项资金、省残联补助资金和县政府配套资金，开展贫困残疾人危房改造工作。

四、残疾人社会保障

社会保险工作。2006年后，在各机关、企事业单位就业的132名残疾人全部参加社会保险。其中，共投入资金18.37万元，帮助全县9187名农村残疾人免费参加农村合作医疗保险；共投入资金2.30万元，帮助279名重度残疾人免费参加保险；共投入资金4.14万元，帮助1035名重度残疾人免费参加保险。

生活保障工作。2003年后，协调县民政部门，为136名特困残疾人办理城镇低保，每月人均月补金200元；为2411名特困残疾人办理农村低保，每月人均月补金80元。通过阳光家园计划——智力、精神和重度残疾人托养服务项目，资助昌江县智力、精神和重度残疾人家庭275人次，托养资金39.9万元。利用省残联重度贫困残疾人生活补助资金和县配套资金，为全县203名肢体、精神、智力和视力重度贫困残疾人给予生活补助，每人每月补助100元，其中省专项资金12.18万元，县政府配套资金12.18万元。

残疾人法律维权和法规建设。1991年后，残疾人法律维权和法规建设得到快速发展。

残疾人法律维权工作。加强信访工作规范化管理，建立信访工作制度，坚持理事长、副理事长接访日制度。将残疾人信访工作纳入政府信访工作大局，畅通信访渠道，建立健全包括登记、交办、转送、上报、直接办理等切实可行的工作机制。与相关部门沟通协调，解决残疾人上访事件；做好残疾人来信来访接待工作，共受理残疾人来信来访1766件次，其中来信138件，来访786人次，来电842件次，答复解决1766件。依托县法院、司法局与律师事务所深入开展“扶残维权行动”，完善残疾人法律服务网络，为残疾人提供贴心的法律服务，维护残疾人合法权益。20年来，共免费为残疾人提供法律咨询服务108人次，代写法律文书12人次，提供法律援助12人次，使9名残疾人通过法律程序维护了合法权益，挽回经济损失8万余元。

残疾人法规建设工作。1991年后，加强残疾人法律援助机构建设，成立县残疾人法律援助工作站，规范法律援助工作制度，指定专人负责，为残疾人提供专业的法律援助服务；开展残疾人法制宣传教育工作，努力提高残疾人的维权意识。2004年起，结合“三下乡”活动，开展送法律服务进社区、进农村活动；在全国助残日、法制宣传日等节日期间，协调县司法局及律师事务所在县文体活动中心开展残疾人法制宣传活动。

五、残疾人无障碍设施及环境建设

规范城市建设，将无障碍设施建设纳入城建规划设计。1999—2010年，县委、县政府在县城新建城镇道路昌江大道、东风路、人民北路、建设东路和建设西路等道路改造中，共铺设盲道7200米，缘石坡道口200多个，方便残疾人和老年人出行。

营造促进残疾人事业发展的良好社会环境。1991年后，在每年的“全国助残日”“爱耳日”“爱眼日”及残疾人工作重要活动期间，利用广播、电视媒体、横幅以及宣传栏等形式，大力宣传残疾人事业。广泛宣传《中华人民共和国残疾人保障法》《海南省实施〈中华人民共和国残疾人保障法〉办法》《残疾人就业条例》等残疾人法律法规，增强依法发展残疾人事业的意识。对每年春节和助残日期间走访慰问贫困残疾人，帮助他们解决实际困难的工作情况进行跟踪报道，体现党和政府对残疾人这一弱势群体的关爱和帮助。围绕政府为残疾人实施危房改造项目进行宣传报道，赞扬政府为残疾人实施危房改造这一造福贫困残疾人的德政工程和民心工程。对残疾人艰苦创业、回报社会的感人事迹进行专题报道。通过多角度、全方位的宣传报道，形成了宣传声势，增强社会各界对残疾人事业的理解和支持，营造良好的社会氛围，促进残疾人事业不断发展。

第七节 县红十字会

一、机构

1995 年 9 月成立县红十字会，为参照公务员管理的社会团体正科级单位。行政编制 5 名，在职人员 5 名，设会长 1 名（由副县长兼任），常务副会长 1 名，副会长 1 名；内设办公室，负责日常事务工作。2010 年，县红十字会基层组织有 6 个，红十字医疗机构 1 个，会员 7000 多人，注册志愿者 47 人。

二、主要活动

备灾救灾。将备灾救灾工作放在首要位置，建立了备灾救灾仓库，存储救灾物资，以便在发生大灾大难时能够及时为灾民提供支持。

2003 年，在春节之际开展“红十字博爱温暖送万家活动”，为受困群众发放棉被、衣服、大米、食油等共 330 箱，价值 6.80 万元，受惠群众 650 户，3056 人。

2005 年，为印度洋海啸灾区的灾民募捐善款 5.67 万元。9 月底，为昌江县遭受 18 号台风袭击的灾区募集救灾物资大米、面粉、水泥、衣物、药品折款 44.61 万元；救灾善款 28.36 万元。此外，全年募集价值 12 万元的药品，送给各乡镇卫生院、有关医疗单位和救助病人。

2006 年，筹集救灾款 15 万元，给县水利部门修复水毁水利渠道和村道 8 处，受惠群众 1 万多人。2008 年，为四川省汶川特大地震灾区灾民募集善款 162.10 万元。2009 年，县红十字会委托县防疫站为全县遭受“天鹅”台风的灾区灾民赠送价值 5 万元的 100 箱消毒液，用于灾区的环境消毒。2010 年，为玉树地震、舟曲泥石流灾区募集善款 76.37 万元；为西南五省旱灾灾区募集善款 3 万元。

初级卫生救护培训。1995—2005 年，县红十字会共选派 20 人次红十字会专职干部和红十字志愿者，参加中国红十字会总会和省红十字会举办的卫生救护师资班学习培训。

2006 年，昌江红十字会邀请加拿大医学专家到昌江县城乡 18 所中小学，巡回讲授预防艾滋病知识，6000 多名师生到场听课。2008 年，省红十字会在霸王岭举行紧急救援演练，县派员参加演练。2009 年，县红十字会分 3 批选派 8 名工作人员参加总会、省会在北京、昆明、重庆、海口举办的初级卫生救护培训班学习，参训人员经考试考核，全部合格获得初级救护员证书。

2010 年，县红十字会举办 7 期初级救护培训班，培训内容包括救护新概念、现场救护原则、创伤四项技术（止血、包扎、固定、搬运）、触电、烧烫伤等现场急救知识等，参加培训人员为县机关、企事业单位和学校工作人员共580多人。同年，县红十字会先后举办5期关于逃生、避险、自救互救知识讲座，受益人数3000多人。

青少年红十字活动。1991年后，县红十字会在昌江中学、县一小、县二小、乌烈镇中小学校和王下学校等中小学成立学校红十字会基层组织，拥有青少年会员7000人。县红十字会根据青少年工作特点，通过电视广播、宣传横幅、宣传栏等向广大青少年传播红十字人道、博爱、奉献精神，并先后在昌江中学、县一小、县二小、乌烈镇中小学校和王下学校等举办应急救护培训班和自救互救、逃生避险知识讲座，培训和讲座的内容包括心肺复苏知识、溺水急救、创伤包扎、触电急救、踩踏和地震避险等，受益师生5000多人。县红十字会向昌江中学10名困难生资助2.3万元（其中1.5万元为省红十字会菩提树救助基金），帮助他们解决上学难问题，圆了他们的大学梦。

无偿献血。1999年起，县红十字会开展无偿献血宣传工作，通过标语、横幅、电视宣传等多种形式，宣传《中华人民共和国献血法》，发动全民积极参加无偿献血和捐赠造血干细胞的活动。献血工作由原来只在机关进行向企业、社区、学校、三警部队和乡镇等单位展开，献血人数和献血量逐年递增。至2010年年底，昌江无偿献血总人数达5684人次，献血量达146.59万毫升，其中2010年无偿献血人数1477人次，献血量达44.82万毫升。同时，动员30名志愿者参加造血干细胞资料入库的采集。连续12年被省红十字会、省卫生厅评为“海南省无偿献血先进市县”。

救灾扶贫赈济。县红十字会围绕“保护人的生命与健康”的红十字服务宗旨，利用社区卫生服务中心资源成立红十字会门诊部，开展红十字会医疗救助，如免收挂号费、诊察费、出诊费，治疗费、检查费减半，药品收取成本费等。组织门诊部医护人员下乡开展送医送药、传染病防治、健康教育、免费心理援助等义诊活动。截至2010年，共组织15次医药下乡活动，免费为群众测量血压4500人次，免费为8000多名妇女进行妇科体检，送药价值3万多元。

2009年，县红十字会将2.87万顶、价值123万元的长效蚊帐发放到石碌镇、十月田镇、王下乡、叉河镇和霸王岭林业局等6个高疫区，共有6.5万人受益。

截至2010年，县红十字会共救助困难学生10名，救助8000元。从2006年起，开展博爱送万家活动，至2010年年底，共募集价值23.56万元的物资，1403户1.05万人受益。

在2008年汶川特大地震抗震救灾中，县红十字会被中国红十字会总会授予“汶川地震抗震救灾先进集体”荣誉称号；省红十字会颁发“汶川地震抗震救灾最佳组织奖”；傅积川、陈泽清被省红十字会授予“抗震救灾先进个人”称号，钟起朝、林亮亮被省红十字会授予“抗震救灾优秀志愿者”称号；钟起朝、林国平被中国红十字会总会授予“红十字会员之星”称号，郭东霞、柯雁被中国红十字会总会授予“志愿者之星”称号。在2010年玉树地震抗震救灾中，李政被中国红十字会总会授予“玉树地震抗震救灾先进个人”称号。

第八节　县计生协会

一、机构

1997年，县计划生育协会定编4人，其中协会会长由一名县领导兼任，设副会长一名，工作人员3人。2009年3月，县计生协会列入群众团体序列。县计划生育协会自1990年成立以来，截至2010年，全县共成立各级计生协组织106个，会员9167人。其中县级协会1个，乡级协会8个，村级协会86个，厂（场）矿企业协会6个，流动人口协会5个。1992—1995年，连续4年完成省下达的各项工作指标。1996年，因“三率”不达标，被省委、省政府“黄牌警告”。1997年至2010年的14年间，昌江县有13年被评为全省人口和计划生育工作先进单位。2010年，县计划生育协会被中国计划生育协会评为“全国计划生育协会先进单位”。

二、会员代表大会

县计划生育协会第一次会员代表大会于1990年12月27日在石碌召开，大会选举产生县计划生育协会第一届理事会，符永光当选为会长，谢祖庄、林诗哲、陈世明为副会长，马忠义为秘书长。

县计划生育协会第二次会员代表大会于1996年8月8日在石碌召开，大会选举产生县计划生育协会第二届理事会，符泽光当选为会长，罗锦明、张同秋、李执勇为常务副会长，唐金兰、符保秀、符荣君、钟国俊为专职副会长，符惠为秘书长。

县计划生育协会第三次会员代表大会于2003年10月13日在石碌召开，大会选举产生县计划生育协会第三届理事会，李执勇为常务副会长，符荣君、钟国俊为专职副会长，罗宏恩为秘书长。

三、主要活动

宣传教育。1991年后，每逢重大纪念日，县计生协会都协同相关部门开展一系列宣传教育服务活动。协同县人口计生委等相关部门，在人口聚集地设立宣传服务点，为育龄群众开展义务咨询、义诊服务，悬挂宣传横幅，发放避孕药具和各种宣传资料。开展生育关怀慰问行动，对农村纯女户、独生子女户及特困户、失独家庭进行慰问。开展青少年青春期性与生殖健康教育进校园活动包括与县人口计生委、县教育局联合开展“人口国情和青春期性健康进校园”活动,在活动中共印制青春期性与生殖健康笔记本2万册，向全县21所中学（包括私立中学）发放。

中国/联合国人口基金第五、第六周期生殖健康/计划生育项目百分百安全套项目。昌江是全国30个项目县（市、区）之一，执行期5年（2006—2010年）。2008年9月22日，联合国人口基金项目官员任雅楠和中国计生协项目官员张卉，到该县对县实施百分百安全套项目工作进行督导。2009年5月20日，联合国人口基金项目官员陈建中一行3人到该县进行督导工作。省级督导。省计生协项目办每季度都到该县检查指导工作。计划生育保险　昌江自2010年开始，为计划生育家庭及个人购买计划生育保险。2010年共为218户购买计划生育意外保险，保费共3.91万元。。

第十七编　军　事

第一章 军事机构

第一节 县人民武装部

1991 年，昌江县人民武装部属地方建制。1996 年 4 月 1 日，收归军队建制。全称中国人民解放军昌江黎族自治县人民武装部（下称人武部），隶属于海南省军区，受上级军事机关和县委、县政府双重领导。管辖乡（镇）、厂（场）矿等基层人武部。截至 2010 年年底，县武装部干部在参加海南省军区组织的军事训练和军事项目比武中，有 76 人次成绩优异，被海南省军区通令表彰。

第二节 基层人民武装部

1991 年，全县有石碌、七差、王下、叉河、十月田、太坡、保平、乌烈、昌城、昌化、海尾、南罗等 12 个乡 (镇) 人武部。1997 年 3 月，乡 (镇) 人武部配备部长、干事。1998 年，乡 (镇) 人武部配有专职人武干部。2002 年 7 月，乡 (镇) 行政区划调整后，基层人武部相应精简。2006 年 10 月，七叉镇分设七叉镇、王下乡，增设王下乡人武部。2010 年，全县有基层人武部，配有专职人武干部，均为地方编制。乡 (镇) 人武部通常配备部长、干事。

1991 年，驻县企业设人武部的有海南铁矿、霸王岭林业公司、海南钢铁厂、叉河水泥厂 4 个，时国营红林、红田农场人武部并入农场办公室编制，配专职武装干事管理民兵日常工作。同年，根据上级指示，农场人武部从办公室分离出来，独立设置。1993 年，县各企业人武部共配有专职人武干部。

1994年，企业进行改革，转换经营机制，实行减员增效、精简机构、压缩非生产性管理人员，所属的人武部也随之减员。国营红林农场人武部部长由派出所所长兼任，叉河水泥厂人武部部长由保卫科长兼任，霸王岭林业公司人武部部长由团委书记兼任。2003年，海南钢铁厂改制，人武部撤销。同年，叉河水泥厂由公有制企业转变为非公有制企业，人武部随之撤销。2009年，国务院和省委、省政府对海南农垦管理体制进行调整改革，红林、红田农场合并，改称红林农场，同时撤销红田农场人武部编制。2010年，县辖区内厂（场）矿企业设人武部的有海南钢铁公司、霸王岭林业公司、国营红林农场3个，均配有专（兼）职干部。

第三节 驻 军

中国人民武装警察部队昌江中队 1991年，武警昌江中队隶属武警海南总队二支队，中队接受双重领导体制，即受部队上级机关领导，又受地方县委、县政府和县公安局指挥。武警昌江中队主要任务是维护社会稳定，加强部队全面建设，开展内卫执勤，执行重大临时警卫，维护社会治安，处置突发事件，抢险救灾，参与地方经济建设，担负县看守所的看押任务。

中国人民武警察部队昌江边防支队 1991年，武警昌江边防支队（对内称昌江黎族自治县公安局边防分局）。支队下辖昌化、海尾、新港3个边防工作站（对内称边防派出所）。1998年，增设昌江边防机动中队。2000年，增设沙渔塘边防工作站。2001年，改称武警昌江边防支队（又称昌江公安边防支队）。2002年，4个边防工作站改称边防派出所。2004年，县边防支队昌化边防派出所曾被海南省委政法委授予“爱民固边模范边防派出所”。2007年2月，昌江边防支队从石碌镇人民北路办公楼搬迁到昌江大道二路新建办公大楼。2010年，支队下辖昌化、海尾、新港、沙渔塘4个边防派出所和1个边防机动中队。

中国人民武装警察部队昌江消防大队 1991年，武警昌江县消防大队隶属于武警海南省公安消防总队，管辖昌江县公安局消防中队。负责昌江境内的防火、灭火，进行监督管理和补救。1999—2004年，昌江消防大队连续6年被上级机关评为标兵单位。2010年，大队下设1个中队，是昌江县唯一担负防火、灭火、抢险救援任务的现役公安消防队伍。截至2010年年末，履行抢险救援的神圣职责，先后参加灭火救灾、抢险救援以及社会救助400余次，抢救人员168人次，挽救财产价值百万余元。

第二章 民 兵

第一节 组织建设

1991年后，农村体制改为乡（镇）、管理区。1991年，在海南铁矿、昌化镇、海尾镇、南罗镇组建应急分队。1993年3月，在省军区组织的基层武装部达标评比活动中，海南铁矿、红田农场、太坡镇等基层武装部被评为达标先进单位；同年9月，乌烈镇峨沟村基干民兵连被省军区评为先进单位。

1995年，全县农村撤销管理区设立村民委员会，编组不变。至2004年年底，石碌、海尾、红田3个基层武装部被省军区评为达标先进单位，有6个基层武装部被评为达标单位。2005年，实行调整改革，以控制数量、合理布局、突出重点、提高质量、分类建设的原则，以“三落实”（组织落实、政治落实、军事落实）和“召之即来”为基本建设标准。组建2个民兵海上救急分队和1个武装防护对口专业技术分队。

2010年年末，县人武部对全县民兵组织进行调整和整组后，编制合理。

第二节 政治教育

昌江县民兵的思想政治教育，始终针对民兵既“民”又“兵”的特点，根据各个时期的形势需要，以《民兵工作条例》为指导，结合党在新时期的基本路线、方针、政策，围绕以经济建设为中心，教育动员民兵带头参加社会主义“两个文明”建设和为保卫祖国积极作贡献。1991年起，建立每月一堂政治课的制度，利用“民兵青年之家”，定期进行较为系统的集中教育，全县民兵营（连）每月“一堂课”，上8课的均达到85%，海南钢铁公司上8课以上达100%，民兵听课率达85%以上。1995年，县人武部政工科被广州军区政治部评为“民兵政治教育”先进单位。

2000年后，随着农村劳动力的转移，民兵集中教育不方便，则利用民兵整组、军事训练、征兵、“三落实”纪念日、“八一”建军节等多种形式搞好民兵预备役的政治思想教育，坚持在军事训练中20%的时间用于政治教育。同时，县人民武装部为各行政村民兵营、连“青年民兵之家”订阅《中国民兵》《中国国防报》《民兵生活》《国防》等报刊，开展读刊用刊活动，扩大教育范围，强化民兵预备预人员的思想政治和觉悟战斗意识。2010年，全县民兵思想政治教育落实率达98%。

第三节 军事训练

一、民兵训练 民兵军事训练由县人武部组织实施，每年都进行规范化军事训练，训练专业有高炮、步兵、侦察、应急、通信、抢险救灾等科目。民兵训练坚持“以劳为主、军武结合”的原则和少而精的方针，农忙小训、农闲大训，一般采取县集中军事训练为主要形式。县人武部每年组织民兵到指定地点进行集中训练，内容有军事知识培训、列队、战术、实弹操作与射击、军事技能、考核和评比，提高民兵的军事素质。

1991年5月，在石碌举办2期乡（镇）厂（场）矿骨干培训班136人参加，1992年1月，县人武部采取集中分类训练，完成各项基本科目，经考核均达到良好。1995年4月13日，县人武部根据《昌江县民兵应付突发事件方案》，组织应急分队协同县公安局、武警部队对保卫县重点目标进行演练，达到预期目的。2003年，共分4批组织民兵训练，及格率96.3%，优秀率60.2%。

2008年，坚持基础性和实用性训练相结合，有效提高民兵预备役人员的应急作战的素质能力。共组织3批民兵训练。

2010年5月、6月，组织全县民兵集训，经考核训练科目成绩都在良好以上。冲锋舟操作机手培训和抗洪抢险救灾演练，《海南日报》以《昌江县人武部未雨绸缪防汛集训，50名民兵学习驾驶冲锋舟》为题进行做宣传报道，《中国国防报》做专题刊登。

二、预备役训练 1993年，昌江预备役部队组建，每年的军事训练按下达的训练任务，自行组织实施，县人武部协助，1994年，训练理论及格率100%，实弹射击合格率93.6%，为历年最佳成绩。1995年，训练若干人，各科成绩合格率100%。2010年，预备役部队炮兵营各项科目的训练成绩均在良好以上。

第三章 兵 役

第一节 兵员征集

一般每年实行冬季征兵1次。在年度征兵工作期间，县设立征兵领导小组，组长由县长担任，副组长由县人武部部长、政委担任，下设征兵办公室，由公安、民政、卫生、教育、财政、纪检等部门领导组成，征兵办公室设在县人武部。征兵工作通常分为宣传发动、体格检查、政治审查、审定新兵、新兵交接等程序。

一、宣传发动

每年征兵，县人武部首先通过宣传车、电台、电视、张贴标语、悬挂横幅额、出墙报等形式宣传发动，进行爱国主义、革命英雄主义和依法服兵役的宣传教育，向人民群众和适龄青年讲清征兵政策和为什么要当兵、为谁当兵的道理，使广大适龄青年树立服兵役的光荣感和责任感，把宣传发动工作做到家喻户晓。1991年，在征兵工作中，先后召开各类型会议20场次，派出宣传车2辆30次，出墙板报专栏30期，有线广播120次，张贴标语横幅额4123张（条）。1995年，全县参与征兵工作的145人，其中县级领导10人（含场矿）、科局级43人，一般干部93人。1996年，县人武部1名干部被海南省征兵办评为全省征兵工作先进个人。2000年，全县召开各种会议22场次，组织宣传工作组18个，印发宣传资料215份，出墙报34期，出动宣传车1辆50次，广播电视25次，张贴标语横幅4124张（条）。2001—2010年，年均派出宣传车2辆24次，出墙板报专栏18.5期，有线广播25次，张贴标语2963张，挂横幅29条。

二、体格检查

征兵开始时，县征兵办公室根据征兵任务有计划地安排应征入伍青年进行体格检查。

由县征兵办公室统一从全县各大医院抽调20名医务人组成体检组，在县人武部办公楼设立体检站，配备好体检器材，统一进行体检。为确保新兵的身体符合征兵要求，防止不正之风，采取交叉体检和单科淘汰制的做法，实行医务人员岗位责任制，做到“谁检查、谁签名、谁负责”，加强体格检工作。

1991年，全县应征青年参加体检，合格率为47.9%。1994年，全县应征青年参加体检，合格率为52.1%。1995年起，应征青年体格检查实行封闭一条龙的体检工作机制，征兵工作人员和医务人员挂牌上岗，严格禁止携带手机等移动通信工具进入体检站。受检应征青年佩戴体检证、隐名、编号、照片、盖印，持准检证方可进站体检，体检表由县人武部干部专人传递，禁止无关人员进入体检站，体格检查的应征青年同样一律不得携带手机等移动通信工具进入体检站，以防作弊。体格检查严格按照《应征公民体格检查标准》和有关规定的条件进行。随着人民生活水平的提高，应征公民体检合格率逐年提高。1997年，全县应征青年参加体检，合格率为60.1%。2000年，全县应征青年参加体检，合格率为62.8%。2010年，全县应征青年参加体检，合格率为68.5%。应征对象体格检查结束，按规定，对初步确定入伍的应征公民，在政审结束、定兵前进行复查。在历年应征入伍青年中，未发现体检问题，保质保量完成上级兵役机关分配的征集兵员任务。

三、政治审查

根据中央军委各时期颁布的《征兵政治条件》规定进行应征青年政治审查工作，确保征集兵员政治质量。政治审查由县征兵办公室会同公安、纪检监察、派出所等对应征公民的家庭政治状况、社会关系和个人表现进行严格审查。填写“应征公民政审登记表”，实行三级政审，层层把关，然后逐级上报，上一级对政审初审合格的应征青年进行复查，确实弄清每个应征公民的政治历史和现实表现。最后经县级政审部门审查后，逐个做出政治合格或不合格的结论，提交征兵办，做好定兵准备，严格把关，防止把不符合政治条件的应征人员征入部队，确保兵源的政治素质。

四、审定新兵

审查确定新兵工作，由县人武部负责，坚持集体定兵。审定兵时，吸收体检组、政审组的领导和接兵部队例会共同研究决定。对体检、政审合格的对象全面衡量，择优定兵，按照八个“优先”（少数民族的优先、党团员的优先、高中文化程度以上的优先、身体素质好的优先、家庭劳动力充裕的优先、应征青年两年双合格没定上的优先、行政村往年没有定上兵的优先、现实表现好的优先）的标准逐个审定，批准政治思想好、身体好、文化程较高的青年服现役。批准服现役的入伍青年，由县征兵办公室发给“应征公民入伍通知书”，乡（镇）基层人武部将“应征公民入伍通知书”送给应征青年，并对应征青年和他们家属进行鼓励和慰问。县民政局发给“优待通知书”，应征青年自批准入伍之日起，家属享受军属待遇。

五、新兵交接

对确定服役的新兵，由县征兵办公室统一编造《新兵花名册》一式两份，一份交给部队，一份留给县征兵办公室保存。交接时按照花名册当面点交清楚，交接双方在《新兵花名册》上签名盖章，新兵的档案材料和组织介绍信一并转交给部队，并按规定要求对新兵发放被褥服装等。新兵离县时，由县人武部组织交接仪式和欢送仪式，新兵都佩戴“参军光荣”的大红花。县委书记或县长及接兵部队首长在欢送仪式上致欢送词，鼓励新兵在部队安心服役，服从分配，努力完成上级交给的一切任务，好好学习军事、政治、文化，保卫祖国。

每年征兵工作结束后，县征兵办公室上报各种统计报表，写出同年征兵工作总结，对于完成任务较好的单位给予表彰和奖励；对于违反征兵工作政策的单位给予批评教育，情节严重的追究责任，给予党纪政纪处分。此外，将《新兵花名册》副本送交县民政部门，协助落实优抚政策等等。

第二节 预备役管理

预备役是退出现役的军人和依照法律应服兵役而未入伍的公民，按照规定编入预备役，根据国家需要随时准备应征入伍。昌江县都按规定进行服预备役登记。1995年5月，全国人大常委会第十三次会议通过《中华人民共和国预备役军官法》。从1996年起，昌江开展预备役军官登记工作，对军事军官、政治军官、后勤军官和专业技术军官进行了分类统计。1998年12月，全国人大常委会通过修改的《中华人民共和国兵役法》（以下简称《兵役法》），对预备役登记统计工作进行修改完善。县人武部依照新的《兵役法》做好退役士兵预备役登记和预备役军官登记工作。2005年，全县退伍军人服预备役若干人。1991—2010年全县退伍军人服预备役人员若干人。退伍军人服预备役期间，平时参加地方建设、生产劳动、维护社会治安等工作，战时重返部队参军参战，保卫祖国。2006年，预备役部队组建，编制若干人，预备役官兵主要分布在县委、县政府、机关各局、石碌镇、十月田镇、叉河镇、七叉镇、红林农场、海南钢铁公司、人民医院、中国移动昌江分公司等18个单位。2009年9月25日，预备役增设应急分队。预备役步兵营围绕上级党委的要求，每年利用组织整顿、入伍训练、学习集训和战备拉练等时机，向广大预任官兵宣传党的创新理论成果，增强预任官兵的国防观念和参训热情。通过授课辅导、专题讨论、对照检查、体会交流等方式，开展各项主题思想教育活动，不断打牢官兵的思想根基和政治立场。自组建以来，每年上半年按照训练大纲规定组织全营三分之一的预备役军官参加训练，提高军事素质和战斗能力；每年下半年组织部分官兵在团的编成内参加省军区组织的系列演习，多次受到师团的好评。

第四章 拥政爱民

第一节 军警民联防

20世纪90年代初，昌江沿海乡（镇）已建立起以部队为骨干，民兵为基础，军警民一体，密切协同配合的军警民防卫体系，共同保卫海边疆。1994年5月，县人民武装部与公安、武警、边防、消防等就应对武器弹药库突发事件预防方案，进行联防预演。同年，县武装部到沿海乡镇和厂矿、农场，落实敏感期防范，与当地驻军、民兵一起，组织开展应急分队防范应急演练。1999年年末，军警民联防工作进一步巩固和加强。联防机构逐年建立健全，联防工作职责明确，联防区域划分明了。其间，沿海一线乡（镇）划分联防片（段），划分为昌化、海尾、南罗3个联防区域。联防区分别由县人武部牵头，乡（镇）人民武装部、边防派出所负责。2000年后，随着国防现代化建设的发展，军警民联防的区域部署、工作职责进一步合理化。2005年，全县8个乡（镇）均成立相应的军警民联防机构，各联防防区和重要联防地段，根据各自区域实际，制定联防方案，维护国防安全和地方社会稳定。2005—2010年，全县军警民联防海防巡逻4次，节日及重大活动治安联防12次，重大联防护林救灾4起，联防抗洪救灾6次，联合海上救护3起，联合处置社会治安重大突发事件3起。其中，2003年6月，昌化、海尾军警民联防区共同开展联防区域治安巡逻。2010年，组织民兵和驻县三警部队若干人次参与社会治安维护工作及经常性的护胶、护林、护村、护路等联防工作。

第二节 军民共建

20世纪90年代起，军民共建工作开始步入一个新的发展阶段。县人民武装部和驻县三警部队，在各尽职责的同时，协调和参与地方经济等建设，并随着地方的经济、社会发展，使军民共建增添的新内容。

1991—1993年，县人民武装部多方筹集资金，创建“青年民兵之家”，全县80%的民兵组织建起“青年民兵之家”。1994年，驻县部队参与地方扶贫帮教工作。同年，县武装部干部职工捐款1400元，资助南罗镇5名失学儿童上学。1997年，县人民武装部在全县12个乡（镇）建立扶贫联系点，帮助指导民兵和群众发展经济。县人民武装部筹资10多万元，帮助南罗修复水利设施3宗，修建大安村中心道1条，资助74户村民打井和建卫生户厕。

1999年，县人民武装部资助3000元，帮助石碌镇4个村委会恢复“青年民兵之家”。同年，县边防、消防部队，先后建立警民共建点16个。

2000年，县边防支队先后组织人力为海尾镇沙渔塘村修建一条长4000米的村公路，发动指战员集资为该村学校购置34套新桌椅和为村文化室购买21寸彩电1部，在辖区修建候车亭3个。

2001年，县人民武装部利用民兵预备役部队训练结束时机，组织100多名民兵帮助十月田镇南岭村搞文明生态村建设，整治村容村貌，种果树200多棵、椰子树250棵，建成篮球、排球场各1个。2002年，县人民武装部捐资6000元，帮助黎族贫困乡（镇）农民改造民房3户。组织民兵预备役、武警官兵，帮助十月田镇南岭村修村道4000米，挖排水沟6000米，填土方350立方米，2003—2005年，昌江边防支队共破获刑事案件17宗，查处治安案件39起，查获违规油料42.5吨，收缴各种枪支31支，捣毁赌博点6个及处理参赌人员58人，抓获网上在逃人员1人和负案在逃人员8人，调解民间纠纷28起，救助渔船5艘，处理海上渔民纠纷7起。2005年，县人民武装部为部分受灾群众进行援助，捐款2000元和水泥20吨，帮助受灾群众重建家园。2006年，县人民武装部参与地方扶贫工作，资助资金4000元、水泥10吨、衣物68件。组织民兵预备预参与建设5个文明生态村。2008年，县人民武装部、驻县三警部队，参与绿化宝岛建设，有328名军警官兵参加昌化、海尾沿海海防林建设。2009年8月，县武装部资助1万元，帮助七叉镇灾后重建。10月，县人民武装部和边防支队44名官兵，参加全县环境综合整治，清理垃圾20车辆，清扫道路4千米。

2010年，县人民武装部资助6000元，帮助海尾3户贫困户改造民房。组织民兵预备役若干人参与文明生态村建设，为海尾镇修路1.5千米和十月田农场整修硬化道路900米。帮助十月田村民种植菠萝蜜513株、椰子树250棵。此外，驻县部队响应县政府的号召，从1998年起每年组织干部战士无偿献血。至2010年年末，驻县部队12年间年均有官兵225人无偿献血。每年节假日或重大活动时，都有官兵帮助附近镇村搞清洁卫生和巡逻站岗。渔民渔船在海上作业失事时，观通站都尽力帮助扫描搜救。至2010年，帮助搜救船只15艘次。

第三节 抢险救灾

驻县军警部队是该县社会安定的保卫者，又是县域各种自然灾害突发时的抢险救灾突击队。每当遇到水灾、火灾、旱灾等严重自然灾害时，县人民武装部和驻县三警官兵都赶赴现场，参加抢险救灾，并在抢险救灾中始终冲锋在前，争当抢险救灾的排头兵。

1996年9月18号，强台风袭击昌江县，造成昌江县有记录以来最大的一次洪涝灾情。处在受灾最严重的海边三镇的新港、海尾和昌化边防派出所全体干警出动，帮助转移安置在港口码头附近的渔民群众，指挥渔船靠岸停泊，并成立海上抢险突击队，并昼夜轮流在港口站岗值班，保护渔民群众生命财产安全。海尾、新港边防派出所干警都冒着生命危险，采取措施抢救，共救出渔民9人。台风过后，县边防支队党委号召全体官兵捐款捐物救济灾民，共捐款3820元，衣服、被子等物品236件。

2001年8月29—30日，昌江县遭受暴雨袭击，降雨量达813毫米，突破昌江县短时间内的最大降雨量纪录。县人民武装部、县边防支队全力出动救灾，共出动580多人次、车辆20多辆次、船只20多艘次，下到被洪水围困的4个村庄，营救被洪水围困的群众1130多人，组织指挥3000多名群众安全疏散转移，抢救各种物资价值50多万元，安全转移耕牛56头，抢修断桥2座。2008年8月7日，受“天鹅”台风的影响，有3位民工被洪水围困在石碌河长达26小时，县消防大队官兵经6个多小时的营救，成功救出3位民工，救人事迹先后在中央电视台、海南电视台报道。

截至2010年，驻县部队共出动人力2720多人次、车辆140多辆次、船艇70多艘次，参加大小抗洪抢险救灾43次，挽回直接经济损失650多万元，为受灾群众捐款23万多元和各种物品1.25万多件。共参加灭火抢险救灾230多次，救出被火困人员480多人和大量财物，挽回直接经济损失420多万元。在干旱之时，县消防大队无偿为受旱严重的村庄输送饮用水，解决饮水问题。

第五章　人民防空与国防教育

第一节　人民防空

一、组织机构

1991 年，昌江县设有人民防空委员会。1997 年 6 月，县政府根据国家现行政策，设立人民防空管理工作站，下设办公室，归属县国防动员委员会统一领导。2001 年，县人民防空委员会按照专业对口，平战结合，便于领导，便于指挥的原则，重新整编人民防空队伍，并由预备役部队及专业队伍承担人民防空工作。平时组建通信、防化、医疗救护、抢险抢修、运输 5 个专业队伍，分别由各有关单位组建和训练，临战视情况而扩编。2003 年，增设治安纠察队、消防抢救队、机动队。至 2010 年，配备有各类人防车辆 115 部。

二、人防宣教

20 世纪 90 年代后，人民防空宣传教育工作并入国防宣传教育之中，作为国防宣传教育工作的一项内容。每年在国防宣传教育活动中，县人防办结合国际战争形势，开办各种类型的战备学习培训班，编印各种战备教育资料发送给人民群众，促使人民群众防空意识不断提高。

1993 年，县人武部制作图案，供广大干部职工、学生及社会青年观摩学习。

2003 年以后，针对国际军事形势的变化，国防宣传教育和人民防空工作摆上重要日程。在民兵整组、民兵集训及征兵工作过程中，通过会议、电视、广播、墙报、标语等多种形式，对广大干部群众和中小学生进行国际国内形势、国防知识、人民防空知识及爱国主义等为主要内容的国防教育。

2004 年，县人防办贯彻落实省委“爱中华、奔小康、强国防”的精神，深化全民国防宣传教育，突出领导干部国防教育，把国防和人民防空教育纳入领导干部学习培训内容，有计划系统地学习防空知识、国防法规。2010年，全县人民防空宣传教育覆盖面达85%。

三、防空警报

防空警报是人民防空工作的一项重要内容。随着城区扩大，防空警报逐步增加完善。防空警报信号全部改用自动电动警报器发送。2003年起，防空警报试鸣演练作了调整，实行每年一次，规定每年10月举行。2010年，城区警报鸣响覆盖率95%。

第二节　国防教育

一、机构

1997年3月18日，昌江县国防动员委员会成立。下设人民武装动员、经济动员、交通战备、国防教育和人民防空5个办公室。委员会与县人民武装委员会一个机构、两块牌子。1999年，国防教育办公室由县人民武装部划归县委宣传部。各办公室挂靠相应主管部门，人民武装动员办公室设在县人民武装部军事科，经济动员办公室设在县计划发展局，人民防空办公室设在县建设与环境资源局，交通战备办公室设在县交通局，国防教育办公室设在县委宣传部。除人民武装动员办公室主任由县武装部军事科长兼任外，其余4个动员办公室主任均由其设在单位的第一把手兼任。县国防动员委员会是全县国防动员工作的议事协调机构。1997—2010年，县国防动员委员会共召开9次全体会议，商议和解决昌江县国防动员工作事项120个。

二、人民武装动员

1991年，落实人民武装动员各项工作。结合民兵整组，进行宜龄民兵兵源登记。1992年，全县适龄青年民兵若干人。1997年3月，《中华人民共和国国防法》颁布实施，县人武部加大国防宣传教育，人民武装动员工作取得成效，广大适龄青年参加民兵和应征入伍的积极性较高。同年，全县民兵造册登记若干人。1997年、1998年，有2名昌江籍大学应届毕业生自愿献身国防事业，应征入伍。1999年起，进一步加强后备兵员储备管理，规范预备役人员登记统计资料档案，每年都及时做好转业军官、退伍士兵的预备役登记统计工作。2000—2005年，全县服预备役退伍军人若干人。2006年后，结合国防宣传教育，全面落实人民武装动员工作。通过广播、电视等新闻媒体，宣传人民武装动员的重大意义，提高广大人民群众国防意识，自觉履行国防义务，勇于参与保家卫国。2008年8月7日，“天鹅”台风袭击该县，县人民武装部动员组织石碌镇民兵应急连、昌化安全分队、海尾镇民兵侦察连转移受灾群众300多人次、电器50台、粮油物资2000千克。10日，组织民兵参加灾后重建。截至2010年年末，全县人民武装动员基本做到“召之即来，来之能战”。

三、国民经济动员

1997年，昌江把国民经济动员工作纳入县国民经济发展计划，强化国民经济动员意识，做好国民经济动员工作。同年5—7月，昌江组织有关部门在全县范围内，对在未来战争中有着直接相关联系的部门和行业进行首次国民经济动员潜力调查统计。根据海南战区的作战任务，制定该县的战时国民经济动员计划，明确动员种类、数量和各项保障措施。特别对医院、仓库、民用交通运输和通信设施等都制定了动员预案，以备战时紧急征用。2000—2010年，每隔5年进行一次国民经济动员潜力调查，并根据调查实际，进行核实调配和充实，保障战时的经济所需。

四、交通战备动员

1991年，设有县交通战备领导小组。1997年3月，县国防动员委员会成立后，交通战备工作归属县国防委员会统一领导。2003年，组织力量对全县的交通运输车辆、道路、港口、船只、船只、渡口等情况进行调查登记，成立汽车运输队、船舶运输队、公路桥梁抢修队等6个战时应急分队。县交通战备办被广州军区国防动员委员会评为交通战备工作先进单位。2004年，开展民用汽车运力征用调查复核工作，建立民用汽车运力征用的资源调查数据库，以适应军事斗争准备和应付突发事件交通保障工作需要。同年被评为全省交通战备工作先进单位。2005年，组织力量，完成“交通战备历史”资料的编写工作。2008年12月中旬，开展国防交通专业保障队伍野外拉练、集结点验演练。2010年，完善各项交通战备资料搜集整理，健全交通战备各项制度和预案，建立民用汽车运力征用资源调查数据库。开展国防交通法规宣传教育活动，出动交通战备工作人员28人次、车辆8辆次，悬挂宣传横幅15条，发放宣传资料800份。

五、教育活动

学生军训。1993年起，昌江县国防教育工作在全县各中小学普遍开展，中学生军事训练课逐步得到重视。9月，海南钢铁公司技工学对新生进行10天的军事训练，参加学生300人。1994年9月5—15日，县人民武装部和海钢公司人民武装部共同对铁矿技工学校和4所子弟中学1004名新生进行队列、5千米拉练、射击训练。1995年9月，县人民武装部派出教员到海钢技工学校、保平中学，对900名入学新生进行军训；乌烈中学请来部队教官，对新生1200人进行为期10天军训。2005年9月，昌江中学对新生进行首次军训，参加学生1500人。2006年后，昌江中学、昌江矿区学校、昌江民族中学、昌江职业技术学校等学校高一新生军训实现常态化，训练内容为13个科目，主要军事科目与其他科目的时间比例为6∶4。2009年9月，昌江中学、昌江矿区学校、昌江民族中学、昌江职业技术学校共4所学校参加军训学生2960人。截至2010年年末，据统计，17年全县中学生参与军事训练累计2.9万人次。

全民国防教育日。2001年8月31日，九届全国人大常委会第二十三次会议决定设立全民国防教育日，确定每年9月的第三个星期六为全民国防教育日。2001年9月15日为第一个全民国防教育日，县武装部和县委宣传部联合组织开展一系列国防教育活动，出动6辆次宣传车深入乡村进行宣传，在电视广播开辟专栏，做到家喻户晓，人人皆知，促进全县军民国防教育观念进一步提高。2002年，县国防动员委员会召开2次专门会议，研究布署国防教育的实施方案，把任务落实到各职能部门，同时继续发挥广播、电视和宣传车等宣传媒体和工具的作用，教育效果显著。同年，昌江县被海南军区国防教育处评为“国防教育先进单位”。

其他活动。2007—2008年，利用民兵整组、军事训练、学生军训、全民国防宣传日等时机和党校、各级中小学校阵地，积极开展国防教育。两年向中小学生赠送国防教材2300册，向群众发放宣传资料4800份，在城乡集市张贴国防宣传画80张，受教育的群众4万余人次。2010年，在第九个全民国防教育日举办1期国防动员委员会有关工作人培训班，组织工作人员深入各乡镇、厂（场）矿、学校、机关开展国防教育，教育干部500多人次、学生2000多人。在全县11支民兵分队开展“爱国歌曲大家唱”歌咏比赛、国防知识竞赛，给中学生赠送《国防教育基础读本》，组织国防教育图片巡回展览，海南电视新闻频道均进行了专题报道。

第十八编　政　法

第一章 公 安

第一节 机构队伍

一、机构

1991年，县公安局内设机构有办公室、政工股、刑警队、治安股、预审股、政保股、内保股、法制股、消防股、户籍股、交警大队、看守所、治安拘留所等，并增设第二看守所。同年，县委批准县公安局设立党委，党委书记、局长由1人担任，政委兼副书记，有副局长3人。1995年，成立巡警大队，配有巡警15人。1997年11月，预审股与刑事侦查大队合并，刑事侦查大队下设5个中队，中队下设警队，实行探长责任制。同年，增设经侦大队，将石碌水库派出所更名为东风路派出所。2007年9月，海钢公司重组改制，社会职能划归地方，公司公安处归县公安局管辖。2008年12月，撤销东风路派出所，设铁城派出所，增设建设西路派出所。2010年，县公安局内设机构有：办公室、警务督查室、法制室、指挥中心、第一看守所、第二看守所、刑警大队、交警大队、巡警大队、国保大队、禁毒大队、治安大队、经侦大队、办证中心等。辖有河南区、河北区、铁城、太坡、建设西路、十月田、叉河、王下、七叉、保平、乌烈、昌城、红田、红林14个基层派出所和昌化、海尾、新港、沙渔塘4个边防派出所。

二、队伍建设

1991年后，县公安局加强队伍的思想纪律作风教育整顿和建设。1994—1995年，先后举办各种学习培训班6期，培训508人，其中《中华人民共和国警察法》学习培训班2期260人，派出所刑事技术培训班1期38人，《中华人民共和国国家赔偿法》和其他业务培训班4期340人。整顿队伍内部纪律工作作风和治理群众反映强烈的热点问题，制定《纪律作风教育整顿方案》和《专项治理方案》，查处民警违法案件2起3人，对不适应公安工作的6名民警进行调离，教育批评8名民警。1995年，钟文诚被授予“全省先进工作者”称号。1996年后，坚持“从严治警”方针，在公安队伍中开展从严治警、为警清廉和“双文明”建设活动，全局干警在各自的工作岗位上，改进服务态度，文明执勤，文明办案，秉公执法，公安机关工作作风明显好转。

2000年，集中开展“讲学习、讲政治、讲正气”的三讲教育，查摆问题，剖析原因，提高“宗旨”观念。整顿执法不严、执法不公、纪律散漫、制度不严、服务不热情等问题，抓队伍纪律作风整顿，建立健全政治、业务学习制度、党风廉政制度、民主生活会制度和民警目标管理责任制，加强领导班子建设和党建工作。12月，黎定琦被公安部授予“全国特级优秀人民警察”荣誉和“海南省先进工作者”称号。2001年，开展“三个代表”重要思想教育活动，开展学习“全国特级优秀人民警察”黎定琦和王伟、陈华等先进事迹活动。2003年，落实公安部的“五条禁令”为重点，开展“爱岗位、树形象、比贡献”活动，制定廉洁自律规定，完善文明用语，规范执法形象标准，增加公安队伍的活力。吸收14人为正式党员、8人为预备党员，培养入党积极分子3人；清理整顿不具备执法主体资格人员66名，其中行政干部9名，聘用干部1名，职工56名，未在编的协警人员（保安）75名。同时，集中收缴不具备执法主体资格人员的九九式制服55套，警衔标志55副，警用标志55套，并将66名不具备执法主体资格的人员安排到非执法岗位；加强教育培训，选派4名民警参加司升督培训，选派54名民警参加省公安厅举办的县级领导班子和所队领导班子培训班。对局机关、基层所队的186名民警进行业务知识培训。2004年，县公安局被评为“全省优秀公安局”。2005年，开展保持共产党员先进性教育活动和“岗位练兵、集中培训、战训合一”活动，建立“领导责任、组织协调、考核激励”三大机制，制定《公安机关行政负责人问责暂行办法》《公安机关执法执纪规定》《派出所工作规范》《公安机关保密人员工作职责》《指挥中心110接警台交接班工作规范》等制度，加强对“警容风纪”“内务管理”“使用武器、警械、警用车辆及警用标志” 的管理，推动公安队伍正规化和规范化建设。2009年，结合开展学习实践科学发展观活动，注重加强公安队伍纪律作风和正规化、规范化建设，开展评办案质量、评工作效率、评廉政、评警民关系的“四评”和有警必接、有案必查、查办必果、失职必究的“四项警令”活动。制定错案追究制、干警行为规范、制止刑讯逼供、赃款赃物管理、法律服务承诺等一系列规章制度，把公安队伍管理纳入规范化科学化的管理轨道。

1991—2010年，先后有16个单位荣立集体二、三等功，有33人荣立个人二、三等功，有1017人次受到嘉奖。

第二节 治安管理

一、基层治安组织

1991—1992年，全县有治保会25个136人，调解会49个957人，保安队27个657人，治安巡逻队25个1218人，护村、护厂（场）、护胶队192个1540人。1995年7月，撤销管理区设村民委员会，全县有治保会73个，调解会86个，治安巡逻队69个，护村、护厂（场）、护胶队158个。2010年，组建有公共场所、内部单位、重点部位等各种群防群治专业队16个86人，治安联防队107个312人，义务联防队22个80人，基层派（边）出所14个，村（居）治保会78个136人，机关、学校、金融内部均设立保卫组织，全县形成多层次的治安联防网络，全县可防性案件逐年下降。

2010年年底，全县建有治安联防队286个971人［其中乡(镇)综治工作中心8个，村综治工作站79个］，内保单位组织60个480人，治安中心户长1200人，综治信息员178人。通过人防、物防、技防的有机结合，有效实现对社会面的控制，可防性案件明显下降，社会治安环境明显改善。

二、治安防控

20世纪90年代以来，全面落实治安各项措施，建立健全治安各级组织。1991年，全县有综合治理领导小组77个，治安巡逻队69个，护村、护厂、护胶队158个、治保会78个，参与维护社会治安的队伍3500人，形成多层次的治安防范网络。2003年，坚持稳定压倒一切和“打防结合、预防为主”的方针，加强社会治安综合治理工作，推进治安防控体系建设。抓好流动人口管理、刑释解教人员安置帮教、违法青少年帮教、禁毒戒毒等工作，取得较好的成效。加强与派出所、司法所、人民法庭的合作，以及治安联防队等群众组织建设。2007年年底，全县有综治组织机构382个，其中派出所11个，司法所8个，人民法庭5个，治保会190个2900人，治安联防队148个1336人，内保单位保卫组织12个115人，8个乡(镇)、2个国有农场及驻昌江境内企事业单位均配1名副职专抓社会治安综合治理工作，全县综治队伍人数6000余人。与此同时，全面实施“社区警务战略”，在县城设立5个警务室，占应设立数的100%，在各乡(镇)分片建立警务区15个，真正做到“组织、人员、制度、工作、经费、报酬”六到位。通过不断健全和创新，以典型引路，以点带面，全县政法综治组织实现了县、乡(镇)、村三级“六落实”，即机构落实，人员落实，场所落实，待遇落实，经费落实，工作信息平台落实。在城区，以县“110”指挥中心，公安巡警、派出所、联防队联合分时、分段、分批在街头小巷巡逻，娱乐场所、重点单位和住宅区等聘请专职保安员，及时发现和打击犯罪，牢牢控制社会面；在农村，每个乡（镇）选择重点村庄、重点部位，建设中心警务室。实施警力下沉，基层一线警力达到总警力的60%。安装电子监控系统和防盗报警系统，设置率100%。

2010年，全县投入700多万元新建或改造城市报警与监控系统，基本达到国家要求。强化110指挥中心心信息化管理，组建城区联防队伍，24小时全天候加强县城街面和“城乡接合部”巡逻。

三、治安专项整治

20世纪90年代起，昌江加强社会治安工作，坚持严打整治方针，保持对刑事犯罪的凌厉攻势和高压态势。1992年，整治治安混乱地区3个，抓获犯罪嫌疑人142人，摧毁犯罪团伙41个153人，查封涉黄发廊168间，涉赌场所307间，整治重点部位35处，缴获一批长短火药枪和军用手榴弹等，全县社会治安明显好转。同年，叉河镇被评为省社会治安综合治理先进单位，镇委副书记被评为全省社会治安综合治理先进个人。1994年，开展“严打”和“三禁”专项斗争行动，抓获各类刑事犯罪嫌疑人114人，追缴赃款人民币12万元，查封涉黄发廊186间和违法人员65人，查封涉赌场所307间。1996年，开展“严打一整治”专项行动，抓获各类违法犯罪嫌疑人297人，缴获长短火药枪一批。1998—1999年，开展“严打”专项行动斗争，抓获各类违法犯罪嫌疑人457人，整治重点部位57处，净化社会环境，消除治安隐患。2000年，治安案件查处率达到95%。犯罪人数比上年下降10%。同年，社会治安综合治工作被省评为达标。

2005年，重点开展打击“两抢一盗”和打击盗窃通信、电力设施专项行动，破获“两抢一盗”案件76宗，命案9宗，其他刑事案件167宗。2006年，被省综治委评为全省治安综合治理先进单位。2008年，重点整治农村治安突出问题，查处治安案件77宗，抓获犯罪嫌疑人42人。同年，1个乡镇被评为全省农村治安突出问题整治行动先进集体先进，6人评为先进个人；县法院、红田农场、县公安局分别获得省综治委的表彰。2009年，全省社会治安综合治理基层建设经验交流会在县城石碌召开。2010年，重点人口列管率从2008年的85%提高到100%，特种行业登记率从78%提高到100%。

四、创建平安小区

1995年起，全县开展安全文明小区（村）和“守法光荣户”创建活动，以点带面，全面铺开。1997年，海尾镇白沙村被县政府评为“安全文明小区（村）先进单位”。

1998年，创建安全文明自然村（场）221个，达标率59%；创建安全文明小区170个，达标率70%。2002年，创建安全文明小区54个，文明村66个，守法光荣户100户。2007年，创建平安镇5个，达标率66.2%；平安村73个，平安社区1个，达标率均达80%；创建安家庭500户，平安渔船20艘，平安景区1个，平安医院1个，平安文化市场1个。2010年，全县创建平安社区25个，平安医院6个，平安文化市场3个，军民共建"爱民固边模范村"6个，平安家庭1000户。

五、护林保胶

20世纪90年代起，县重视护林保胶工作，每年召一次护林林保胶工作会议。1991年8月，全县护林保胶治安联防工作会议在石碌召开，红田农场22队等11个单位被评为县护林保胶先进单位，84人被为先进个人。1992年10月，全县护林保胶治安联防工作会议在石碌召开，表彰太坡镇等11个单位被评为县护林保胶先进单位，101人被为先进个人。1996年，县政府被省政府评为护林保胶先进市县三等奖。

2000年，在全省率先开展橡胶产品管理"三统一"（即统一收购、统一加工、统一销售）试点工作。每年在橡胶开割前后开展1~2次统一行动，清理非法设立的收购站点、加工企业，整顿橡胶生产市场，规范民营胶管理。2005年，组织力量开展护林保胶严打专项整治，重点打击偷伐胶园防风林、偷胶毁林等违法行为，抓获毁林偷胶违法人员31人。年底，被省政府评为护林保胶工作一等。2010年，全县在霸王岭林业局、石碌镇、南岭二场等设立6个橡胶固定收购点。截至2010年年底，昌江县先后13年获评连续全省护林保胶先进单位，实现胶农、收胶者和农场三方满意的预期目标。

六、公共场所及特种行业管理

公共场所包括向社会开放、供群众自由活动的车站、影剧院、歌舞厅、网吧、电子游戏厅、美容美发场所、台球经营场所等。特种行业主要包括旅馆业、印刷业、印章刻字业、废旧金属回收、典当、机动车修理业、出租汽车业等。

1991年，开展特种行业全面安全大检查，吊销非法收购废品金属个体户营业执照6家，收缴非法收购的废铁5吨，铝片、铝制品400千克，铜2公斤，抓获违法人员8名；查处卖淫嫖娼案件5起，摧毁卖淫团伙1个6人，抓获卖淫嫖娼者58人，逮捕2人，送劳教2人，治安处罚54人，罚款3万余元；查处赌博案件6起，抓获赌博人员28人。1993年，开展"扫黄打非"专项行动，取缔卖淫嫖娼发廊3间，抓获卖淫嫖娼者6人，查处异性按摩43起，抓获违法人员96人，拆除开设异性按摩发廊24间，责令停业整顿发廊8间；查封利用电子游戏机赌博的电子游戏室14间，摧毁赌博窝点3个，查处其他类型赌博 13 起，抓获 54 人；依法查处违反《海南省彩票管理办法》案件 22 起 68 人，治安拘留 4 人，警告 6 人，罚款 40 人 25 万元。1995 年，石碌赌风泛滥，鸿昌商业城内设红黑、押大小、牌九等赌博室数十间，造成社会不良影响。1997 年，县公安局开展严厉打击赌博行动，出动警力 144 人，捣毁 13 个赌场和 44 个非法卖私彩点，推毁赌博团伙 1 个，没收扑克牌机 12 部以及一批赌博赃物，折合人民币 60 多万元，抓获各类赌徒 104 人，共罚款 40 万元。1993—1998 年，查处卖淫场所 172 间，抓获卖淫嫖娼者 112 名。

1999—2000 年，重点开展特重行业、公共场所专项治理及乡镇、重点村庄、学校周边治安环境专项行动 20 余次。清查出租屋、发廊、路边店等重点部位 568 处，查处私彩摊点 95 个，处罚 91 人，其中治安拘留 8 人，罚款 83 人 16.55 万元；清查重点场所 145 家次，清查娱乐服务场所 107 家，清理整顿 50 家机动车修理厂，发出整改通知书 33 份，关闭证照、设施不全的娱乐场所 69 家，取缔流动刻印章摊点 2 个，非法收购站 2 家，捣毁涉赌窝点 9 个，查处涉赌人员 34 人，罚款 20 人，没收赌资 8.12 万元，罚款 3.32 万元，治安拘留 13 人；查处嫖娼案件 4 起，抓获卖淫嫖娼者 9 人；对 19 家印刷厂和打字复印店实行目标管理。2002 年，组织开展“猎狐”等大规模统一行动 9 次，出动警力 112 人次、车辆 30 台次，清查公共娱乐服务场所 211 家次、出租屋 128 间、工棚及其他重点部位 106 处，审查外来人员 819 人，查处涉黄涉赌窝点 20 处，抓获和处罚涉黄涉赌违法人员 73 人。至 2005 年年末，各辖区派出所对特种行业列管率达 100%，出租层登记率达 100%，流动人口办证率达 95%。2008 年，清查特种行业 95 家，公共复杂场所 106 处，涉枪涉爆单位 38 家，对金融系统各金库网点 40 个单位进行日常安全检查。查获地下“水果机”26 部，查处涉赌违法人员 5 名，排查出不安定因素 8 个。2009 年，排查歌舞娱乐场所 41 家、休闲服务场所 9 家、居民区 45 个、宾馆 21 家、要害部位 39 处，查处赌博窝点 3 处，收缴“水果机”4 台、牌九 5 副、老虎机 12 台，处理违法人员 19 人。

2010 年年末，全县有出租屋 192 间，有废品收购业、典当业 1 家，旅馆酒店业 5 家，刻字印刷店 3 家，网吧 8 家，电子游戏室 3 家，茶艺、卡拉 0K 娱乐歌舞活动场所 14 家，机动车修理企业 5 家，美容美发室 7 家。

第三节 惩治刑事犯罪

1991—1993年，开展“严打”斗争，出动警力422人次，破获各种刑事案件183起，破案率85%以上，抓获犯罪嫌疑人215人，摧毁犯罪团伙6个23人。其中，1993年2月，县公安局深入王下金矿点搜集情报，配合省公安厅将持枪抢劫团伙首犯刘某荣击毙。1995年，开展“打团伙、追逃犯和打击流氓地痞、车匪路霸”专项斗争，出动警力980人次，抓获犯罪嫌疑人195人，批捕在逃人员6名，摧毁犯罪团伙13个68人，缴获赃款赃物折款5万元。1996年6月，在保平乡摧毁以张某民为首的持枪抢劫、袭击警察犯罪团伙，当场击毙作恶多端的首犯张某民。全年侦破各类案件86宗，抓获违法犯罪嫌疑人297名，其中在逃人员87名，摧毁各类犯罪团伙41个成员143名，报捕80宗197人，批捕77宗181人，缴获赃物赃款15万元。1997年，入室盗窃、盗窃机动车和街头抢劫、抢夺犯罪突出，部分地区流氓黑势力犯罪严重威胁群众安全，成为左右昌江地区社会治安的主要因素，县公安局先后开展“春冬”两季、“三反两反一打”（反入室盗窃、盗窃机动车、盗窃破坏铁路电力电信设施，反抢劫、抢夺，打击拐卖妇女儿童、打击流氓恶势力）等专项打击、专项治理行动。2001年开始，利用网上抓捕在逃人员，抓获在逃人员41名，其中批捕在逃人员13名、负案在逃人员28名。2005年，侦破各类案件171宗，其中命案7宗，查破积压命案10宗，协助外省查破命案1宗；抓获各类犯罪嫌疑人123人，摧毁犯罪团伙16个，抓获团伙成员55名，追回被盗抢摩托车17辆，缴获赃款4300元及其他赃物一批。2006年，县公安局刑事科学技术室被公安部评定为“全国二级公安刑事科学技术室”。

2008年，发生各类刑事案件353宗，侦破68宗，抓获各类犯罪嫌疑人164人，逮捕135人，移送审查起诉124人；摧毁犯罪团伙28个，抓获团伙成员85人；抓获网上在逃人员114人（同年在逃人员106人，历年在逃人员8人），追逃指标完成率114%，排名全省前列。其中，全局民警人均破案数1.19宗，排名全省第一。至2008年年底，累计抓获网上在逃犯457人。

1991—2010年，全县发生各类刑事案件4162宗，年均发生案件219.1宗；侦破3396宗，年均侦破178.7宗，抓获犯罪嫌疑人2771人。其中，发生重特大案1353宗，侦破1072宗；摧毁犯罪团伙302个885人，赃款赃物折合人民币204.1万余元。案件批捕、起诉率每年分别为96.1%、99.3%。技术民警现场勘验4126次，检验痕迹物证4126例，均准确无误。

1991—2010 年昌江县刑事案件侦破一览表

表 18-1-1　　单位：起、人

年度	立案	破案	抓获罪犯	其中重大案件		年度	立案	破案	抓获罪犯	其中重大案件	
				立案	破案					立案	破案
1991	265	216	—	146	118	2001	122	82	—	24	20
1992	168	130	267	87	70	2002	144	106	434	44	23
1993	144	102	102	86	64	2003	149	97	97	39	22
1994	150	133	114	94	79	2004	127	124	116	—	—
1995	137	105	195	99	72	2005	157	171	123	48	38
1996	128	86	297	97	60	2006	212	240	—	43	30
1997	111	100	286	74	65	2007	388	315	134	71	69
1998	108	91	208	56	48	2008	441	353	164	114	68
1999	106	89	—	68	54	2009	425	351	123	36	73
2000	143	99	—	50	36	2010	537	406	111	77	63

第四节　经济案件侦查

1996 年前，昌江县经济案件侦查没有单列工作部门，一直由县公安局刑事侦查大队负责立案、查处。1997 年，县公安局成立经济侦查大队，加大经济领域犯罪活动打击，开展打击非法传销和商贸领域的合同诈骗，非法经营，涉税、涉农、涉企、假人民币等经济违法犯罪活动。同时，开展打击金融领域犯罪行动，重点打击信用卡及信用证诈骗、金融票证和证券犯罪活动。

1998 年，县公安局经济侦查大队在石碌镇端掉制造假酒窝点 1 个，挽回经济损失 50 万元。同年，公安局经济侦查中队与税务部门开展打击虚开货物运输发票和虚开增值税发票等逃税违法犯罪专项整治行动，抓获犯罪嫌疑人 2 人。2000 年，县经济侦查大队接报经济案 5 起，立案件 4 起，查破 4 起，收缴赃款 18 万元。2004 年，与金融部门配合开展打击和整治假人民币犯罪专项工作，破获 2 起假人民币案，没收假人民币 149 张，金额 14130 元。2006 年，县经济侦查大队接报经济案 13 起，立案件 3 起，查破 3 起，涉案金额 56 万元，追回经济损失 38 万元。2007 年，与国税局配合对昌江智源钢铁有限公司拖欠增值税一案进行网上追缴，9 月 2 日涉案人员在珠海拱北边检站落网，责成应缴纳少缴的税款、滞纳金和罚款 48.45 万元。2008 年，与县人民银行在全县各金融机构开展打击假人民币犯罪行动，收缴各类假人民币616张，金额41525元。2009年，受理经济案件7宗，立案6宗，破案3宗，不予以立案1宗，涉案金额174.2万元，抓获4人，刑拘4人。同时，加强与金融机构打击金融领域票据诈骗、遏制和预防这类案件的发生及收缴假人民币犯罪行动，破获县域内持有使用假人民币案件2宗，抓获涉案人员8人，收缴各类假人民币978张，金额11205元。2010年，经济侦查大队办理涉及经济案犯罪案5起，抓获经济犯罪嫌疑人2人，涉案金额25.5万元，追回经济损失19.2万元。

第五节 户政管理

依照《中华人民共和国户口登记条例》，严格审批手续。以常住人口户口登记管理为主，保留每人一页的户口登记底册，居民以户为单位，保存户口本。人口迁入迁出、死亡、新生儿入户均需到户籍管理机构登记注册。

1991—1993年，加快居民身份证的颁发，以派出所为主，户籍股为辅，在全县开展3次设卡查验居民身份证行动，对尚未办理居民身份证人员进行教育、罚款，推进居民身份证的制发，3年间办理居民身份证10.26万张。此后，颁发办理居民身份证纳入户籍日常管理工作。1999年，全年办理户口迁移及新生儿入户1812人，办理农业户口转非农业户口162人，渔业户口转非渔业户口22人，制发居民身份证1079张、临时身份证963张。2000年，实现户籍管理电子化，人口档案实现计算机管理。配合全国第五次人口普查，进行户口整顿和全县人口信息录入。整顿前全县人口225131人，整顿后为225790人。2001年，县人口信息数据库与省公安厅连接，完成全国“百城联网工程”的任务。2002年，根据公安部要求，开展“假户口、假身份证”和“重点人口、流动人口、出租房屋”清理整顿规范专项治理行动，查出1334张迁移证去向不明和38人迁出无户口记录。同年，县公安局建立办证服务中心，把户籍、身份证集中统一管理，实行“一站式”的户籍、身份证集中审批办理制度，为办理户籍身份证手续提供“一条龙”便民服务，并建立健全户籍、身份证电脑联网管理，全县户籍、身份证管理步入规范化、科学化轨道。

2007年，开始换发第二代居民身份证，采集人像3.34万人，制发居民身份证3.21万张。成立专门工作领导小组，负责指导、检查、督促公民重户口、重证号的纠正工作，清理身份证错号3人，重号1人，户口重户5户。2010年，办理户口四项变更10774人，制发第二代居民身份证3.35万张，登记流动人口3107人，其中流入1682人，流出1425人，办理暂住登记证2646人。截至2010年年底，全县在册常住人口71386户265025人，其中非农业人口92959人，男性139053人。

第六节 枪支弹药易燃易爆品管理

县公安局严格把好警用枪支配备和使用范围关，严禁超范围配备枪支；通过严打和专项治理，加强对社会非法持枪与爆炸物的收缴与管理；重大节假日前后，对经营烟花爆竹个体经营者进行严密检查，未经批准、不具备安全条件者坚决取缔；客运高峰期，协同车站对来往旅客进行易燃易爆危险品严格检查；规范使用易燃易爆危险品的单位仓储条件，完善安全防范设施及各项管理制度，定期不定期检查。1992年，开展“破大案、挖团伙、缴黑枪、追逃犯、重点治理”专项行动，收缴枪支43支，炸药400千克，导火索2000米。1993—1995年，开展枪支弹药易燃易爆物品收缴工作，全县收缴各种枪支一批。

1996年，《中华人民共和国枪支管理法》颁布后，县公安局实行人、枪、证、档“四位一体”管理，建立检验制度，规定不准带枪在公共场所饮酒、娱乐，严控枪支配发、佩带、持有和使用。6—7月，开展大规模“收缴枪支”专项行动。在整个专项行动期间，全县收缴3601支（粉枪）。1997年，对涉枪、涉燃、涉爆重点单位，进行定期不定期检查，及时消除隐患，维护社会治安。1998年，开展专项治理整顿活动6次，取缔非法经营爆炸物品网点4个，没收炸药、雷管一批，烟花爆竹190箱，治安拘留7人，罚款16人次5万余元。2001年，清查重点村庄30个，重点场所、部位、工棚等300处；对全县金融系统等8家公务用枪配备单位的枪支配发、使用、保管等进行检查，加强金融系统的枪支管理；对2家不按规定管理爆炸物品的石场停业整顿。2004年，检查涉爆单位67家次，消除安全隐患13处，收缴长火药枪、炸药、雷管、导火线以及管制刀具。2006年，缴枪支48支（气枪2支、火药枪46支）、管制刀具93把；查破非法储存爆炸物品案件1宗，抓获犯罪嫌疑人1名，收缴自制炸药25千克、雷管51枚；检查涉爆单位28家，发现隐患11起，发出限期整改通知书11份，督促整改落实11起。2010年，开展查缉黑枪黑弹工作，强化危爆物品的管理，收缴火药枪3支，火药0.25千克，确保未发生重大涉枪涉爆案件和未发生危爆物品丢失、被盗案件。

第七节 出入境管理

在出入境审查和管理上,依照《中华人民共和国出入境管理法》及《实施细则》的规定,对申请人的有关证件进行审查。20世纪90年代以来,每年出国人数呈大幅度增加的趋势。

1991年,经省公安厅批准并办理护照自费出国留学28人,办理签证出国4人。

1998—2010年,共受理审核上报省公安厅公民申请出国(境)考察、商贸洽谈、观光旅游、探亲访友材料2311份,入境材料441份,拒绝办理不合法出境材料12份。

第八节 交通安全管理

1991—1996年,县公安局交警大队原为股级建制。1997年,升为副科级建制。交警大队坚持开展石碌城区和辖区内的公路行车秩序整治,无牌无证、假牌假证、挪用号牌以及报废车上路专项整治,酒后驾车、无证驾车、货车超速超载、乱停乱放和闯红灯等交通专项整治活动。在重大节假日,加强道路交通的管理,确保县城街道交通安全畅通;每年的春运期间,组织开展公路行车专项治理工作,组成巡逻组进行路检路查,清理路障,整顿交通秩序。

一、交通秩序管理

贯彻《中华人民共和国道路交通管理条例》,进行交通大整顿。1992年,根据海南省政府相关文件和省交警总队“关于三个月整顿交通秩序防交通事故”的精神,成立协调小组,开展大规模整治行动,出动警力618人次,盘查车辆2785辆次,纠正违章2120人次,清理路障250处。同年,县委、县政府组织机关干部600余人,在石碌人民北路、东风路主要路段进行1个月的交通安全教育劝导活动,协助维护交通秩序,促进广大群众交通意识提高。1999年,开展学习济南交警活动,围绕“抓秩序、保畅通、防事故”的中心工作任务,强化道路交通管理,大力整顿交通秩序,出动宣传车26辆次,开展交通法规教育2次、电视宣传讲座17次、事故图片展19次,开展道路整顿21次,查扣违章车辆6000辆次,违法违规牌证8000件次。2000年,开展交通专项整治21次、综合治理4次,查扣违章车辆6000辆,违法违规牌证8000件次,教育违章行为1万余人次。2005—2007年,围绕“降事故、保平安、保畅通”的一降两保工作目标,开展交通秩序专项整顿行动35次、查扣违章车辆8360辆次,无证无牌车辆130辆次,处罚1.17

万人次，清理路障153次，行政拘留90余人。2009年后，为确保学生放学交通安全，在昌江中学、民族中学、昌江一小门口设置定时的“助学交通岗”。2010年，以实施“畅通安全工程”为重点，开展15次专项整治行动，查处道路交通违法行为5269起，其中采用一般程序处理1585起、简易程序处理3684起，查扣车辆1792辆次，行政拘留14人。全县交通环境秩序整体向好的方向发展。

二、设施管理

1991年，昌江县域内的公路行车和石碌城区交通安全设施较为簿弱，在县城人民北路与东风路交叉路口两侧设有人行护栏不足400米，城区主要交通道路路标寥寥无几。20世纪90年代中后期，人民北路、东风路经过数次扩建改造，路面加宽，分设机动车道、非机动车道。人民北路石碌大桥北起至民族中学段设中间隔离护栏2500米，东风路民贸起点至环城东路设立中间隔离护栏1300米，交通安全路标也逐渐增多。2007年后，更新升级人民北路与东风路丁字路口红绿灯，增设人民北路与建设西路口、人民北路与环城东西二横路口、东风路与环城东路路口红绿灯。

至2010年年末，辖区内国道、省道、县道具有交通隐患的路段均设置交通安全标志，全县设置大小交通道路安全警示标志32块，其中石碌城区设置交通道路安全警示标志21块。

三、交通事故处理

1991—1992年，交通事故处理主要依据《道路交通管理条例》。1992年后，主要依据《道路交通事故处理办法》。同年，开通“122”报警台。2002年，在交通事故处理中推行“阳光作业”制。2004年5月起，根据《中华人民共和国道路交通安全法实施条例》处理交通事故。1991-2010年，全县发生交通事故1933起，死亡220人，受伤1090人，直接经济损失505.3万元。其中，发生交通事故最多的为2005年，发生321起；死亡人数最多的是2004年，死亡18人。

1991—2010年昌江县交通事故一览表

表18-1-2　　单位：个、万元

年度	事故起数	死亡人数	受伤人数	经济损失	结案起数	年度	事故起数	死亡人数	受伤人数	经济损失	结案起数
1991	51	9	64	9.7	43	1995	31	7	23	27.9	26
1992	44	8	62	20.9	39	1996	32	10	27	25.3	21
1993	53	6	27	18.4	50	1997	36	6	17	7.0	24
1994	43	13	55	39.4	32	1998	23	8	25	15.6	21

表 18-1-2 续 1

年度	事故起数	死亡人数	受伤人数	经济损失	结案起数	年度	事故起数	死亡人数	受伤人数	经济损失	结案起数
1999	61	13	63	25.4	55	2005	321	12	83	24.3	310
2000	52	9	54	38.9	48	2006	275	16	19	16.6	257
2001	44	15	67	119	44	2007	241	8	38	19.2	228
2002	55	16	62	17.2	51	2008	174	11	52	5.6	170
2003	67	13	87	25.4	65	2009	140	14	52	6.3	137
2004	56	18	84	17.2	53	2010	134	8	129	26	128

四、车辆与驾驶员管理

交警大队负责机动车新车入户，车辆转籍、过户、改装、异动，颁发行驶证及驾驶证，年度检审等业务手续和非机动车管理任务，并结合年检对机动车及驾驶员进行审验和道路安全交通宣传教育。1991—1995 年，强化驾驶员的管理教育，举办驾驶员和违章者学习班 60 期 9600 人。1996 年，主动上门服务，为驾驶员办牌办证 1305 个。同年，为方便群众，驾驶证年审由过去定期年审改为常年年审，驾驶员可根据自己的驾驶证有效期起始月份决定参审时间。2003—2008 年，贯彻全省机动车辆登记新办法，推行阳光作业，办理驾驶员年审 1.29 万余人，办理摩托车入户 6858 余辆，年检摩托车 9600 余辆，教育违章驾驶人员 1.5 万人次。2010 年，县交警大队登记在册各类大小机动车辆 30267 辆，驾驶员 26139 人，其中大型装载车 633 辆，小轿车 1174 辆，摩托车 28460 辆；县域内有个体驾驶员培训驾校 2 家，年均举办培训班 8 期，学员 780 人。

第九节 消防管理

1991 年，县公安局设消防股，海南铁矿建有消防队 1 支。由昌江消防大队担负着全县消防安全保卫工作，进行扑火及监督检查和救援任务。

一、消防宣传

昌江县重视防火工作，充分利用调频广播、图片展、印发材料等各种形式，积极宣传《消防条例》及防火灭火有关知识。从 20 世纪 90 年代开始，消防部门利用广播电台、电视等宣传媒体，进行广泛消防宣传，举办消防法规和消防业务培训班，开展消防知识竞赛，并与教育部门配合，组织“消防进学校”活动。

二、消防装备及设施

1991年，全县有消防队员51人，其中海南铁矿消防队25人。有消防车3辆，消防配备装备仅有麻质水带、梯子、斧头、水鞋等。1998年9月，《中华人民共和国消防法》公布实施后，消防工作发展迅速。同年，消防与电信局“119”火警专线连接。加大投入，不断更新消防设施和购置先进装备。至2010年年底，全县共有消防车6辆，其中城市抢险救援车2辆，水罐消防车2辆，泡沫消防车1辆，细水雾消防车1辆，其中扑救一般火灾，使用水罐消防车，扑救石油、化工等特殊火灾，使用泡沫消防车；配有无线手提对讲机，设置1条“119”火警电话专线，城区有市政消防栓62个，消防队员配备战斗服、隔热服、防化服、空气呼吸器、金属切割机、液压剪等装备。

三、消防安全监督检查

1991—1995年，按照“谁主管谁负责”的消防工作原则，先后同46个县直一级单位和12个乡（镇）签订“防火责任书”。同时，在全县开展安全消防大检查，查出火灾隐患282处，均限期予以整改。1997年，对公共文化娱乐场所、易燃易爆化学危险品贮藏场所、宾馆酒店，集贸市场展开消防专项治理，查出火灾隐患125处，责令限期整改25处，消除了火灾隐患。

1998年9月，《中华人民共和国消防法》实施，消防中队组成执法检查组，重点对城区漏报、未报建筑工程进行检查，查处一批不符合消防要求违法建筑。1999年，开展公共娱乐场所消防安全大检查，整治一批不符合消防安全条件的公共娱乐场所。2001年，建立消防安全重点保卫单位档案42卷，登记造册并列管消防单位190家；审核18个建筑工程项目，验收10个建筑工程项目，查处6个未经消防审核擅自施工和5个未经消防验收擅自投入使用的建筑工程项目；检查重点部门136个，发现火灾隐患199处，发出“责令限期整改通知书”68份，整改火灾隐患159处，整改率达80%。2002年，开展公众聚集场所消防安全专项治理，严格各项消防安全审核，对火险隐患及时采取措施整治，发出整改通知书32份，整改火险隐患53处。2004年，加强消防审批和安全检查工作，重点检查消防安全单位102家，发出责令整改通知书7份。2007年，重点对网吧、公共聚集场所、建筑市场进行专项整治，发现火灾隐患146处，均限期予以整改。2010年，依法对进行火灾隐患排查，共检查单位121家，发现火灾隐患163处，消除火灾隐患157处。

四、火 灾

1991—2010年，昌江发生火灾293起，无人员死亡，伤3人；受灾87户，直接经济损失814万元。发生火灾事故最多的是2004年，发生火灾事故8起，经济损失8万元。2003年，保梅岭发生森林火灾，县直机关干部职工以及三警部队官兵5000余人奔赴火灾现场灭火。2005 年 3 月 22 日，海南钢铁公司发生一起山林火灾，过火面积约 1 万平方米，大量林木和铁轨枕木被烧毁。2007—2010 年，全县发生火灾次数较少，且未造成重大的损失。至 2010 年，通过灭火，挽回经济损失 304.84 万元。

第十节 监所管理

一、监所建设

1991 年初，新建第二监所，11 月完成新所建设，部分在押人员迁移新所。1997 年，筹集 20 万元资金建立第二监所办公楼，增置办公用具，改造第二监所的旧建仓、旧围墙和旧住房，改装第一监所岗楼，增加一批医疗设备。1998 年 8 月，第一监所、第二监所经省公安厅考核，被评为达标所。2002 年，第一、第二监所分别晋升为海南省二级、三级监所。2004 年，投入 15 万元修建挡土墙，投入 3 万元优化、美化监所环境。2008 年，将"三所一队"（即监所、拘留所、戒毒所、武警中队）迁址，2009 年 6 月 24 日，全省公安监所基础建设现场会暨公安监管工作会议在石碌召开。至 2010 年年底，新监所正在建设中。

二、监所管理

20 世纪 90 年代以来，昌江县公安机关依法收押、看管罪犯、犯罪嫌疑人以及其他需羁押的违法人员。对收押人犯、被收容审查人员、拘留人员，坚持看管与教育相结合，保障被收人员的合法权益，保障监所安全。看守所设所长、指导员等职，干警、协警若干名。监房制定管监各项规章制度，实行文明管监。

1991—2010 年，贯彻党的"要把犯人当人看待"的人性化政策，严格、文明管理。坚持执行监所值班制度、安全检查制度、人犯家属接待制度等。加强监管信息建设，在押人员档案一人一档，实现档案科学化、规范化管理。增强安全意识，提高监管所的安全系数。按照"教育、感化、挽救"的方针，对在押人员进行政策、法制和人生观教育，促使他们认罪服法，接受改造。

第十一节 禁 毒

昌江县一贯对毒品犯罪持高压打击态势。特别是 1996—1997 年，县委、县政府提出"以公安为主力，严打涉毒犯罪，社会齐动员，大搞综合治理，把毒品从昌江清除干净"的禁毒方略，发起禁毒专项宣传教育和治理行动。在全县开展为期 5 个月的禁毒专项斗争，取得效果，逮捕涉毒犯罪嫌疑人15名，送劳动教养11人，与吸毒人员家长和单位签订目标责任书112份。1998年，落实省公安厅《关于坚持查禁“黄赌毒”活动的紧急通知》和贯彻省委政法委《关于立即开展扫黄赌毒专项行动的通知》精神，组织开展专项治理行动16次，破获涉毒案件10宗，查获吸贩毒窝点3个，抓获贩毒人员13人、吸贩毒人员93人，缴获海洛因31.5克，毒资2928元。1999年3月，县公安局针对大风村、耐村出现毒品违法犯罪上升势头情况，组织严厉打击，破获贩毒案件3宗，摧毁贩毒团伙1个3人，破获涉毒犯罪团伙2个6人，强制戒毒114人，缴获毒品海洛因13.2克。

2001年起，全面实施创“无毒市县”工作。县公安局成立禁毒领导机构，制定禁毒方案，采取措施对重点地区进行重点整治，推进无毒社区创建工作，建立和完善社会帮教制度。2002年，落实“1·13”全国禁毒严打整治专项斗争会议精神，以摧毁毒品销售网络为目的，联合各有关部门单位，动员社会各界力量，开展专项治理和统一行动，重点对娱乐场所和石碌、昌城等乡镇进行治理，破获涉毒案件6宗，抓获贩毒犯罪嫌疑人7人，缴获海洛因3.6克，强制戒毒55人。2004年，“6·26”国际禁毒日，协同县司法局等有关部门组成禁毒宣传小组，在社区、主要街道、重点场所加大宣传力度，强化全民禁毒氛围，共举办禁毒图片巡回展览36期，开辟禁毒宣传栏25期，设禁毒知识咨询点11个，发放宣传资料图片8000多份，张贴禁毒宣传标语1260张，悬挂横幅30条，受教育群众8万余人；对全县125所中小学校进行毒品预防教育，受教育学生1.24万人。至2006年，全县创建“无毒社区”10个，马鞍山矿区获评“全国无毒社区试点单位”，共建戒毒帮教小组31个，帮教人员82人，县妇联组织“妇女禁毒会”45个。2007年，深入社区、学校、农场、乡镇和吸毒较严重的昌城、大风村进行禁毒图片巡回展览17场次，发放禁毒宣传资料7000份、《海南省禁毒条例》4000册。2005—2007年，昌江连续3年获全省“禁毒优秀市县”荣誉。2010年，破获毒品案件7宗，抓获犯罪嫌疑人7人，查获吸毒人员94人。经过治理、打击，全县吸毒人员呈下降趋势，贩毒案件减少。

第十二节　法制监督

1991年，县公安局设法制股，负责各类案件办理程序的审核和监督。同年，受理审理各类案件65宗138人，其中向检察院报捕48宗107人，检察院批捕45宗86人，未批捕3宗17人。1996年，受理案件93宗223人，审查报捕案件80宗197人，批捕77宗181人，逮捕70宗140人；审结69宗139人，审结率99.2%；移送检察院起诉57宗

120人，免诉12宗19人，起诉率96.3%。2001年，审核治安案件145宗301人，办理劳动教养2宗2人。2003年后，强化执法执勤规范化建设，建立健全执法工作保障制度，制定《劳教案件执法规范标准》《行政许可告知制度》等多项执法规章制度，强化日常执法检查工作力度，保证执法的准确性和时效性。至2010年，全局办理的各类刑事、行政处罚及劳动教养案件，均未出现行政复议被撤销变更、行政败诉、错拘错捕的情况，没有出现违法办理的案件。

第十三节 网络建设

1998年，县公安指挥中心正式开通“110”报警服务台，开启昌江公安网络平台建设。1999年5月，总投资250万元，建筑面积2319平方米，高五层的昌江110报警社会联动指挥中心竣工投入使用。“110”报警指挥中心接受群众电话报警和投诉，接受基层公安派出所和执勤巡警报告紧急情况，调动警力进行紧急处置。在全县金融单位和企业建立“110”报警联网机制，对重点部门实行24小时监控。

2001年起，根据省金盾工程要求，推进公安信息网络工作，累计投入资金40万元，建立公安二级、三级信息网络，在全省首批用于各派出所人口信息管理工作。2003年后，户政、交警、签证、刑侦、指挥中心等部门，计算机业务应用推广发展较快。2004年，投入资金85万元，购置电脑100多台，开通二级公安专网和人口信息系统网络；投入48万元，完善110指挥中心及闭路监视系统中心控制室的建设，开通公安三级网络及二代身份证系统升级改造，基本实现全县公安机关信息资源共享。2005—2008年，安装“实名上网系统”，扩建110指挥中心监控系统，实现指挥中心办公自动化。完成金盾工程一、二期“三台合一”（即“110”“119”“122”）报警联动服务台和闭路监视系统、GPS警车定位系统、治安视频监控系统、道路图像监控和社会面监控系统、交通红绿灯系统、治安视频系统建设，工程标准均达到省厅要求。截至2010年年末，县公安局计算机三级网络系统初具规模，其中人口信息管理、刑警信息管理、出入境信息管理、监管人员信息管理、交通信息管理、机关办公信息管理等系统实现与省公安厅连接，下与各业务部门、基层所、一线民警相通，为网上追逃、网上打击拐卖妇女儿童、网上办公等直接提供信息服务，形成公安业务信息共享架构。

昌江“110”报警中心，截至2010年年底，接报警、求助及其他电话14789次，其中刑事案1778起，治安案件5752起，交通、火灾事故2284起，群众求助1747起，其他3228起。

第二章 检 察

第一节 机 构

1991年，县人民检察院内设刑事检察股、法纪检察股、经济检察股、监所检察股、控告申诉检察、税务检察室、审查批捕股股等股室。1996年年初，县人民检察院内设机构各股室均改为科室，其性质、职能不变。年底，检察院撤销经济检察科，成立反贪污贿赂局（副科级单位）。1997年1月8日，县检察院反贪污贿赂局正式挂牌办公。同年，设立民事行政检察科。2001年，撤销审查起诉科、审查批捕科、法纪检察科，设立公诉科、侦查监督科、反渎职侵权检察科。2005年9月，反渎职侵权检察科更名为反渎职侵权局（副科级单位）。2008年12月，根据省人民检察院“检察工作重心下移，检力下沉”的精神，设立海尾镇检察室。2009年12月，设立叉河镇检察室。2010年年底，县人民检察院内设机构有办公室、政工科、反贪污贿赂局、反渎职侵权局、公诉科、侦查监督科、控告申诉检察科、监所检察科、民事行政检察科、海尾检察室、叉河检察室等11个；核定政法专项编制55人，事业编制4人，在职干警48人。

第二节 刑事检察

1991年后，重点打击杀人、抢劫、诈骗、盗窃等暴力案件和带有黑社会性质组织的犯罪团伙，批捕盗窃案33宗91人，其中重大恶性团伙案18宗61人，审查起诉犯罪团伙案件11宗43人。1996年，重点打击杀人、抢劫以及严重破坏社会秩序的犯罪。共受理公安机关和该院自侦部门提请批捕的各类刑事案件97宗223人，经审查后批准逮捕

93 宗 217 人；受理起诉、免诉案件 99 宗 160 人，经审查后向县法院起诉 69 宗 105 人，其中追诉 2 人，免诉 7 宗 8 人，不起诉 1 人；其余按有关法律程序移送有关部门处理。同年，审查起诉科被省人民检察院评为先进集体。1991—2000 年，全院受理提请批准逮捕各类刑事犯罪案件 602 宗 1234 人，经审查决定批准逮捕 565 宗 1058 人，审查起诉 539 宗 781 人，免诉 57 宗 66 人，起诉案件有罪判决率均达 100%；提前介入参加重大犯罪案件现场勘查 136 次，尸检 100 具。

2001 年 12 月，县人民检察院机构改革后，批捕、起诉职能由公诉科、侦查监督科办理。开展立案监督，深入公安机关等有关办案单位进行调查摸底，查阅报案记录、案件卷宗等，对有案不立、立而不侦、以罚代刑等执法不公、执法不严现象依法进行监督，发挥侦查监督和审判监督职能作用，提高办案效力和案件质量。全年共受理提请逮捕 161 人，经审查决定批准逮捕 151 人，不准予逮捕 3 人；受理移送审查起诉、免诉 147 人，经审查决定提起公诉 22 人，决定免予起诉 5 人。2003 年 8 月起，推行职业公诉人制度改革，案件受理 3 天内分发给承办人，小案 15 天内审结，疑难案件原则上 20 天内审结程序，办案效率和办案质量提高。2002 年，县人民检察院起诉案件定性准确、程序合法，没有出现漏捕、错捕、错诉和无罪判决现象，实现 12 年无错诉。

2003—2006 年，把黑恶势力犯罪、严重暴力犯罪、多发性犯罪和毒品犯罪作为重点。4 年间受理提请各类批捕犯罪案件 371 宗 572 人，经审查批准逮捕 347 宗 557 人；受理各类移送审查起诉案件 322 宗 544 人，免诉 5 宗 7 人。其中，做出批捕“两抢”案件 24 宗 42 人，提起公诉的“两抢”案件 26 宗 39 人。提前介入“严打”的“四类”重特大案件 106 宗，其中命案 34 宗。2010 年，受理提请各类批捕犯罪案件 93 件 182 人，经审查决定批准逮捕 85 宗 167 人；受理各类移送审查起诉、免诉案件 87 宗 126 人，其中免诉 3 宗 5 人。

1991—2010 年昌江县检察院审查批捕逮捕、起诉、免诉一览表

表 18-2-1　　　　单位：宗、人

年份	受理提请批捕		批准逮捕		提起公诉		免 诉	
	宗数	人数	宗数	人数	宗数	人数	宗数	人数
1991	47	93	46	87	44	70	2	5
1992	43	83	39	76	44	63	11	11
1993	33	61	32	60	23	34	11	11
1994	46	119	40	102	35	67	2	2
1995	36	91	28	72	47	100	5	8

表 18-2-1 续 1

年份	受理提请批捕		批准逮捕		提起公诉		免 诉	
	宗数	人数	宗数	人数	宗数	人数	宗数	人数
1996	97	223	93	127	69	105	7	8
1997	68	112	65	104	62	105	3	3
1998	80	136	75	126	87	130	9	9
1999	92	196	90	190	82	126	1	6
2000	60	120	57	114	46	86	3	3
2001	96	161	91	151	22	109	5	5
2002	81	151	78	139	65	87	3	15
2003	99	155	96	162	108	162	1	1
2004	80	118	75	113	74	95	—	—
2005	94	132	85	124	69	112	1	3
2006	98	167	91	158	71	175	3	3
2007	109	196	93	184	114	176	2	2
2008	—	181	—	154	154	128	5	5
2009	89	192	87	184	107	149	—	—
2010	93	182	85	167	87	126	3	5

第三节 职务犯罪检察

1991 年，县检察机关积极查办发生在党政机关、司法机关、行政执法机关和经济管理部门利用职权贪污贿赂等职务犯罪案，受理经济案件线索 31 宗 35 人，立案侦查 11 宗 12 人，追缴 3.9 万元。1994 年，受理经济案件线索 11 宗 15 人，立案侦查 8 宗 10 人，办结 7 宗 9 人，逮捕 7 人，追回赃款 47 万元，追缴拖欠税款 35 万元，追回赃物一辆小轿车价值 15 万元。至 1996 年，受理各种经济案件线索 138 宗 172 人，立案侦查 71 件 79 人，追回赃款 558.2 万余元。

1996 年年底，县人民检察院撤销经济检察科，成立反贪污贿赂局，并升格为副科级单位后，加大对贪污贿赂犯罪案件的打击力度。1998 年，反贪污贿赂局加强宣传举报工作，主动寻找案源。全年受理各种贪污贿赂案件线索 23 宗 23 人，立案侦查 8 宗 8 人，侦查终结移送审查起诉部门处理 5 宗 5 人，起诉 4 宗 4 人，逮捕犯罪嫌疑人 5 人，追回赃款 23.14 万元。2004—2006 年，深挖“窝案”“串案”。受理案件线索 56 件 68 人，立案侦查 11 件 13 人，不予立案 21 件 23 人，涉案金额 39 万元，挽回经济损失 25 万元。通过办理“小案”，挖出“大案”；通过办理此案，牵出彼案；通过开展预防，发现线索的经验得到省检察院反贪局的肯定。2006 年 6 月 21 日，海南省西南片 6 市县人民检察院反贪局案件线索研讨会在昌江石碌召开，县检察院作经验介绍，会议推广昌江县人民检察院如何提高发现侦案线索能力的典型经验。2007 年起，全面推行讯问职务犯罪嫌疑人全程同步录音录像制度。全年受理各类贪污贿赂犯罪案件线索 23 宗，调查立案 4 宗 8 人，侦查终结移送审查起诉 4 宗 7 人，涉案金额 21.5 万元，挽回经济损失 26 万元。2009 年，查办有关大项目建设及支农惠农补贴资金的职务案件。受理各类职务犯罪线索 39 件 42 人，立案侦查 6 件 12 人。其中，查处要案合伙贪污核电项目征地补偿款案 1 宗 2 人；查处贪污农民集资款、集体土地承包款案 1 宗 2 人，追缴赃款 13 万元；查处吞噬支农惠农补贴案 1 宗 2 人，侦破诈骗和行贿案各 1 宗 2 人，挽回经济损失 69 万元。至 2010 年年底，设立反贪污贿赂局的 13 年中，共受理经济贪污贿赂犯罪案件 268 宗 298 人，立案侦查 78 宗 154 人，逮捕犯罪嫌疑人 65 人，起诉 62 人。其中，查办县机关、事业单位副科级以上领导干部贪污贿赂重大案件 6 宗 8 人，逮捕犯罪嫌疑人 8 人，起诉 7 人，县人民法院均依法给予判刑。追回税款、赃款 255.3 万元，挽回经济损失 656.6 万余元。

1991—2010 年昌江县检察院受理经济案件情况一览表

表 18-2-2　　单位：宗、人、万元

年份	受理案件		立案侦察		追回赃款	年份	受理案件		立案侦察		追回赃款
	宗数	人数	宗数	人数			宗数	人数	宗数	人数	
1991	31	35	11	12	3.9	2001	15	26	8	11	25.5
1992	15	23	7	8	16.6	2002	12	13	5	6	13
1993	14	19	6	8	28.8	2003	25	29	6	7	9.9
1994	11	15	8	10	47	2004	21	28	5	5	—
1995	13	20	8	9	41	2005	18	21	5	5	24
1996	13	16	9	10	15.7	2006	17	19	2	3	1.0
1997	21	24	8	9	29	2007	23	26	4	8	26
1998	23	23	8	8	23.1	2008	17	21	5	7	10
1999	13	14	5	6	24	2009	39	42	6	12	69
2000	18	19	7	7	6	2010	19	21	4	6	5

第四节 民事行政检察

1997 年，设立民事行政检察科。在民事行政抗诉案件中，坚持检察建议与积极办案相结合，疏导矛盾与依法监督相结合，使用检查建议和抗诉权，使民事行政检察工作得到发展。1998 年，首次受理民事行政申诉案 2 宗，立侦查案 2 宗，向昌江人民法院抗诉 1 宗。2003—2006 年，受理民事行政申诉案 9 宗，其中立案 7 宗，移送海南分院审查处理 2 宗，立案后终止审查作息诉处理 3 宗，建议提请抗诉 1 宗，发再审建议书建议再审 1 宗。民事行政案件受理数、立案数破历史纪录。截至 2010 年，民事行政检察科受理民事申诉执行案件 46 宗，经审查，立案 14 宗，依法提起抗诉 5 宗，涉案金额 72 万余元，避免了国家和集体财产的流失。

第五节 控告申诉检察

1991 年 6 月起，实行检察长接待日制度。1992—1995 年，受理群众来信 385 件，来访 16 人次，转有关部门处理 145 件，自行查处 240 件。

1996 年，控告申诉检察股更名为控告申诉检察科。开展"举报宣传周"活动，在县城石碌进行《海南省保护公民举报权利条例》及举报须知等宣传。全年受理群众来信 117 件，接待来访 66 人次，比上年上升 115%。初查举报线索 17 件，初查终结 14 件，立案 4 件，其余按照"归口管理、分级负责"的原则将信件及时分流到有关承办单位处理。1999 年后，"举报宣传周"活动成为制度化，每年开展一次。在做好群众来信来访工作的同时，控告申诉检察科努力做好矛盾纠纷排查调处和涉法涉诉工作。2009 年，受理申诉人欧某与原保平乡红阳小学的人身损害赔偿案，促成双方当事人达成和解协议，依法判决红阳小学支付全部赔偿款。2010 年，开展涉检信访积案清理排查，对 1999 年发生的 1 名刑事被害人家属进行 3 万元救助，刑事被害人家属息诉罢访。同年，受理群众来信 1837 件。控告申诉检察科多次被省检察院授予"文明接待室"称号，2000—2002 年被最高人民检察院授予全国检察机关"文明接待室"称号。

第六节 监所检察

县检察院重视对监所的检察工作。1993 年，检察人员深入监仓做犯人思想教育工作

29人次，安全检查33次，写工作日记19篇。对公检法三家依法纠正办案超期限23宗33人，进行口头、电话、书面催办2次。2004年，加强对社会上的服刑人员监督检查，对判管制、缓刑、剥夺政治权利和假释、暂予监外执行（含保外就医）的“五种人”予以考查登记，建立档案，实行跟踪监查管理。对全县2002年以来减刑、假释、保外就医案件全面清理，清理出减刑罪犯58人，假释罪犯4人，保外就医罪犯3名，逐人登记入册，以便做好监外监督。2006年，加大力度检察纠正监管狱所活动中的各种违法行为，维护监管秩序，加强对刑罚执行的法律监督，纠正看守所监管活动和刑罚执行中的各种违法情况17次，深入监仓、食堂、劳动场所进行安全防范检察21次；对8名保外就医犯罪人员进行清理，1人符合法律规定可保外就医，收监1人，其余6人不符合法律程序，督促县公安局及时纠正脱管、漏管罪犯，建议县公安局撤销原保外就医决定，县法院已撤销原暂予监外执行决定。

至2010年，监所检察科年平均驻所262天，写工作日记743篇，与犯人谈话1585人次，促使犯人揭发交代余罪和案件线索196条；组织监所安全大检查420次，年平均21次，消除事故隐患382起，提出检察建议385条；纠正超期羁押案件231件505人，对社会上“五种人”（即对法院判处的管制、剥夺政治权利、缓刑、假释、暂予监外执行）考查931次，回访督查339人次；对公检法三家超期羁押的人犯、办案人员单独审问和法院超期上调犯人的行为，提出口头与书面纠正意见共323次。

第七节 预防职务犯罪工作

1999年，昌江县预防职务犯罪工作指导委员会成立，挂靠县人民检察院，负责全县预防职务犯罪工作。2000年年初，召开首次全县预防职务犯罪工作会议，对全县工作作出部署。县检察院坚持标本兼治、综合治理、惩防并举、注重预防的方针，按照“教育是基础、制度是保证、监督是关键”的原则，形成预防和整治腐败的合力，发挥检察机关在惩治和预防职位犯罪中的职能作用，从源头上减少腐败和职务犯罪行为发生。

2003年，按照省检察院和省国税局《关于在海南省国税系统共同做好预防职务犯罪工作的通知》要求，县检察院与昌江国税局共同制定《2003年预防职务犯罪工作实施方案》，成立预防职务犯罪工作领导小组，签订预防职务犯罪工作目标管理责任书。深化红林、红田农场系统的预防工作，完善各项规章制度。2005年，针对各镇党风廉政建设和职务犯罪的特点，与各镇党委、镇政府共同制定职务犯罪预防工作实施方案。先后到叉河、海尾、七叉、十月田、乌烈、石碌、昌化等镇召开职务犯罪预防工作会议，近

400名农村基层干部参加；与各镇党委、政府及所属所（站）、村委会负责人，签订“共同开展预防职务犯罪工作协议书”100多份。2006年后，以“举报宣传周”和“法律进乡村”法制宣传活动为契机，加强预防调研和法制宣传、教育工作，提供法律咨询上百人次，发放宣传资料近700份，观看挂图1300多人次，上法制课11次，帮助案发单位建立管理体制，遏制案件的再次发生。与省电视台和县电视台合作，制作播出《检察视窗》4集，在县电视台播出《从劳模到囚犯》《敛财黑手》专题片，特别是根据该院查办的案件拍摄警示教育片《一对落入法网的夫妻》，警示作用明显。

县预防职务犯罪工作指导委员会成立以来，针对一些单位管理漏洞和制度不完善等问题，发出预防建议54件，推动有关单位建章立制30项，开展警示教育93次，接受法律咨询200人次，举办法律讲座65次，受教育干部1.5万人次。把预防职务犯罪检察工作以事后查处为主，转向以事前监督为主，实现了监督关口前移，做到防患于未然。

第八节　法纪检察与渎职侵权

法纪检察工作，重点查处刑讯逼供、徇私舞弊、玩忽职守、重大责任事故、非法拘禁等侵权、渎职案案件等。1991—1996年，法纪检察受理7类重点案件及诬告陷害、作伪证等侵权渎职案件43宗57人，立案侦查14宗19人，其中渎职案件8宗8人，诬告陷害案5宗5人。1997年，《中华人民共和国刑法》和《中华人民共和国刑事诉讼法》修改实施，一批渎职犯罪案得到依法查处。1998—2000年，受理渎职、侵权犯罪案件线索33宗41人，立案侦查9宗13人。

2001年，法纪检察科改为反渎职侵权科，把查处滥用职权、徇私舞弊和玩忽职守三类重点案件放在首位。2002—2004年，受理法纪案件线索18宗23人，立案查处9宗11人。2005年9月，反渎职侵权科更名为反渎职侵权局，升格为副科级单位。2006—2009年，加大查办渎职、侵权犯罪的力度，受理渎职、侵权犯罪案件线索86件，经梳理侦查16宗21人，立案侦查9宗16人，经侦查全部终结。其中，查处县税务工作人员徇私舞弊、不征、少征税款案1宗，县公安局私放在押人员和经侦大队、霸王岭林业局、昌城派出所、矿区派出所筹备组非法拘禁案共6宗，立案查处东方市林业局玩忽职守案1宗，查处霸王岭天保工程护林员玩忽职守案1宗。2010年，受理渎职、侵权犯罪案件线索9宗9人，立案2宗3人。反渎职侵权局被最高人民检察院渎职侵权检察厅评为“深入查办危害能源资源和生态环境渎职犯罪专项工作中表现突出的集体”。

1991 年—2004 年昌江县检察院部分年度受理法纪案件情况一览表

表 18-2-3

年度	受理法纪案		立案侦查		年度	受理法纪案		立案侦查	
	宗数	人数	宗数	人数		宗数	人数	宗数	人数
1991	10	10	2	2	1998	10	14	2	4
1992	11	11	3	3	1999	12	15	4	6
1993	10	12	4	6	2000	11	12	3	3
1994	1	13	3	5	2001	6	8	3	4
1995	11	13	5	5	2002	8	11	3	5
1996	10	11	2	2	2003	6	7	2	3
1997	7	8	1	1	2004	4	5	2	3

2005—2010 年昌江县检察院受理渎职案件情况一览表

表 18-2-4

年度	受理渎职案		立案侦查		年度	受理渎职案		立案侦查	
	宗 数	人 数	宗 数	人 数		宗 数	人 数	宗 数	人 数
2005	7	11	4	7	2008	8	4	2	2
2006	5	7	3	4	2009	1	5	1	5
2007	3	5	3	5	2010	9	12	2	3

第九节 乡（镇）检察工作

2008 年 12 月，设立海尾镇检察室。2009 年 12 月，设立叉河镇检察室。海尾、叉河镇检察室挂牌成立后，检察官定期不定期深入农场、村庄和田间地头，开展涉检信访矛盾纠纷排查、化解，收集、发现辖区的职务犯罪线索，开展预防职务犯罪工作。坚持每半年协助监所部门对辖区内监外执行和社区矫正工作开展全面检查，强化对“五种”人员管教的监督；通过走访辖区内各司法所、地税所等站所，加强对辖区内“七所八站”等行政执法单位的行政执法活动法律监督。至 2010 年年末，海尾、叉河两镇检察室开展走访多个乡镇、60 多个村委会以及农场、社区和学校，接待群众来信来访 45 件，协助化解矛盾纠纷 14 宗，配合县反贪部门查办涉农职务犯罪案件 3 宗 5 人，开展职务犯罪预防工作 20 余次，办理民事督促起诉案件 6 宗，立案监督 8 宗。

第三章 法 院

第一节 机 构

1991年，县人民法院内设办公室、政工室、告诉申诉庭、刑事审判庭、民事审判庭、经济审判庭、行政审判庭、执行庭8个庭室以及石碌、乌烈、海尾、七差、矿区、南罗、十月田、保平、昌城、霸王岭、红林、红田等12个基层法庭。1992年3月，设立叉河人民法庭。1993年，增设“昌江黎族自治县人民法院司法警察队”。1997年，成立审判监督庭。1998年，撤销叉河法庭、矿区法庭、红林法庭。1999年，撤销七差法庭、石碌法庭、海尾法庭，保留乌烈法庭，设立民事审判二庭。2002年，机构改革，将原有的10个内设机构精简为8个，即办公室、政工室（监察室）、刑事审判庭、民事审判庭、行政审判庭、立案庭、执行庭、司法警察大队。2005年，增设审判监督庭，专司申诉复查、上诉、抗诉、重审案件。2009年，将执行庭更名为执行局。2010年，法院内设办公室、政工室（监察室）、刑事审判庭、民事审判庭、行政审判庭、立案庭、执行庭，执行局、司法警察大队，法院在编人员64人，其中党政领导7人，高级法官6人，一级法官9人，二级法官3人，三级法官2人，四级法官2人，五级法官4人，未定等级法官10人，书记员20人。

第二节 审判制度改革

20世纪90年代初，县人民法院注重调解，规范调解操作，采取多种形式，引导双方当事人协商，化解矛盾在萌芽状态。1993年，贯彻执行《中华人民共和国民事诉讼法》，进行民事审判制度改革，强调当事人举证责任，以庭审为重点，突出庭审举证、质证、认证环节，开展庭审观摩，由传统的纠问式审判方式向控辩式审判方式转变。1997年，进行刑事审判和行政审判制度改革，推行控辩式刑事审判方式，强调控辩双方当庭举证、质证。1999—2003年，以落实公开审判制度为重心，实行新的民事行政诉讼公证证据规则，完善诉讼程序和证据制度，扩大民事、刑事案件的简易程序操作适用范围，提高诉讼效率，推进审判机构改革。完善群众来访接待制度，设立群众登记处，农村设立起诉箱、办案点。改革和规范裁判文书，强调裁判文书的证据认定和说理性，严肃裁判文书制作纪律。深化案件审批制度和审判管理改革，实行立案、审判、执行、监督分立制度，执行决定权与执行措施实施权分离，强化合议庭的功能，由执行合议庭对案件的执行措施做出决定，再由执行员负责执行措施的具体实施，有效预防滥用执行权损害双方当事人的合法权益的行为发生。推行案件审判流程管理改革，设置流程卡，做到各业务庭立案、审理、执行及时录入信息，对办案质量和效率实行全程跟踪监督管理。在重大案件审判中执行陪审制度，人民陪审员作为合议庭组成人员。

2004年起，建立案件报备和排期审结制度，由各业务庭确定开庭时间报立案庭备查，开庭时间届满前7日未开庭和审理期限届满前10日未审结的，发出警告和催办函，强化对审判和执行活动的监督制约，促使主审人在期限内结案，严防超限。根据最高人民法院制定的《关于民事诉讼证据的若干规定》，规范和强化当事人的举证责任，制定举证通知书，证据收据、离婚案件当事人须知等，明确当事人的举证时限和审判人员调查取证的范围，以证据制度改革为重点，完善诉讼程序。

2005—2009年，完善刑事、民事、行政审判体系，建立全方位审判质量控制体系，对案件的审限、程序、质量和效率等进行全程管理。建立违法审判责任追究制度，推行案件审查制，实行案件评查通报制。完善司法救助和未成年犯罪回访考察制度。2010年，充实完善各项制度，对92项制度进行清理，撤销制度3项，修改2项，新增9项，审判管理制度进一步完善。县人民法院有人民陪审员13名，占法官总人数的42%。人员分别来自县政府、县妇联、团县委、县总工会、县委统战部、昌江中学、海钢公司、县人民医院等，有公务员、教育工作者、工矿企业职工、社会团体各阶层人员。县人民法院在审判实践中，对一些有影响的案件都邀请人民陪审员参加合议庭审判，尤其是审判专业性、技术性强的案件，必邀请有关专家或有相关专业人员担任人民陪审员，确保正确、及时地审理案件和司法公正。

第三节 刑事审判

县人民法院贯彻执行《中华人民共和国刑法》和《中华人民共和国刑事诉讼法》，把好案件事实关、证据关、程序关、定罪量刑关，依法审理刑事上诉、抗诉案件，维护法律尊严，每年结案率均在100%。改革和完善刑事审判工作，贯彻依法从重从快的方针，重点打击严重危害人民群生命财产安全的杀人、抢劫、爆炸、强奸等暴力犯罪、重大盗窃犯罪等，维护社会稳定。1991—1995年，审结刑事案件252件418人，给予刑事处罚407人。1996年，在严打中，刑事案优先研究，优先制发文件。受理刑事案件86件128人，审结86件128人（其中免予刑处4人）。1997—1999年，审结各类刑事案件250件422人。1999年起，加强未成年人刑事犯罪案件的审判，针对未成年人犯罪特点，实行“教育为主，惩罚为辅”的原则，区分其犯罪性质和情节，能轻不重，从轻判处，尽量适用非监禁刑。同时，对判处非监禁刑的未成年人罪犯，与其所在村（居）委会、学校和派出所建立帮教小组，帮助解决学习、生活、生产问题。至2000年，被判缓刑的16名未成年罪犯，没有一人重新犯罪。2001年，刑事审判庭被最高人民法院和共青团中央联合授予“全国优秀青少年维权岗”称号。

2002年，成立少年刑事审判法庭，专门从事少年刑事审判工作。2004年，少年刑事审判法庭荣获“全国少年法庭工作先进集体”称号。至2009年，审理未成年人犯罪案件48件79人，审结48件79人，其中被判缓刑23人，有30人按法定刑减轻或从轻处罚，被判处非监禁刑的未成年罪犯，少年法庭还定期不定期地进行回访帮教，经过校方及其亲属对其帮教，原在学校的重返学校，有5名未成年犯考上了大学；原无业的，成为勤劳的劳动者。2010年，受理刑事案件87件125人，全部审结，结案率100%。

2003—2010年，受理各类刑事案1485宗2219人，审结1485件2219人，基本做到事实清楚，证据确凿，定性准确，量刑适当，审判程序合法，适用法律正确，裁判文书规范标准。

1993—2010年昌江县法院刑事案件收、结案一览表

表18-3-1 单位：件、人

年份	收案数		结案数	结案率	年份	收案数		结案数	结案率	年份	收案数		结案数	结案率
	件	人				件	人				件	人		
1993	44	60	44	100	1995	50	107	50	100	1997	85	140	85	100
1994	48	78	48	100	1996	86	128	86	100	1998	90	136	90	100

表 18-3-1 续 1

年份	收案数		结案数	结案率	年份	收案数		结案数	结案率	年份	收案数		结案数	结案率
	件	人				件	人				件	人		
1999	85	113	85	100	2003	86	144	86	100	2007	102	159	102	100
2000	55	100	55	100	2004	103	175	103	100	2008	92	131	92	100
2001	80	123	80	100	2005	86	107	86	100	2009	116	167	116	100
2002	70	99	70	100	2006	120	127	120	100	2010	87	125	87	100

第四节 经济审判

经济纠纷案增多。经济审判庭树立审判为经济建设服务的指导思想，为企业保驾护航，重点对流通、金融领域经济纠纷和国有企业三角债、拖欠贷款、经济合同欺诈等疑难案件进行审理。1991 年，受理经济纠纷案件 42 件，审结 36 件，结案率 85.7%，其中以调解方式结案的 34 件。1992 年，在案件审理过程中，深入案源调查取证，及时审理执行，同时加强庭前调解、判后积极执行等方式。全年受理经济纠纷案件 39 件，审结 36 件，其中以调解方式结案 3 件，判决 24 件，撤诉 2 件，裁定中止 2 件，运用督促程序（发支付令）审理的 4 件，驳回起诉 1 件，结案率 92.3%。诉讼标的金额为 318.21 万元，结案标的金额 263.7 万元。1993—1999 年，受理经济纠纷案件 303 件，结案 294 件，平均结案率 99.32%。诉讼标的额 7776.38 万元，结案标的额 7477.79 万元。2000 年，受理经济纠纷案件 50 件，诉讼标的额 2483 万元，结案标的额 2483 万元。2002 年，经济审判庭归民事审判庭管理，不再另设经济审判庭。2005 年，受理各类民、商事纠纷案件 391 件，审结 384 件，结案率 98.2%。2006—2009 年，受理各类民、商事纠纷案件 1072 件，审结 1060 件，平均结案率 98.8%。

1993–2001 年昌江县法院受理经济纠纷案件一览表

表 18-3-2

年 度	受理数	审结数	年 度	受理数	审结数	年 度	受理数	审结数
1993	49	47	1996	36	36	1999	60	57
1994	41	41	1997	41	40	2000	50	50
1995	50	47	1998	26	26	2001	38	35

第五节 民事审判

按照《中华人民共和国民事诉讼法（试行）》办案，以当事人举证为主，办案人员取证为辅，办案质量与办案率逐步提高。1991 年，每月办结 10.4 件。1992 年，按照《中华人民共和国民事诉讼法》要求，坚持当事人举证为主。1993—1998 年，受理婚姻、债务、损失赔偿、抚养、土地等各类民事案件 1514 件，审结 1513 件，结案率 99.3%。1999 年，民事庭和基层人民法庭在审理民事案件中，探索审判方式改革新思路，推行田间法庭，根据农民群众的作息规律，利用早晚时间进村入户办案，农忙时节到田间地头开庭，昌江法院这一做法被海南中级人民法院在辖区法院推广。

2000—2002 年，受理结婚姻、债务、损失赔偿、抚养、土地等各类民事案件 1327 件，审结 1311 件，结案率 98.8%。2003 年，受理各类民事纠纷案件 621 件，审结 615 件，结案率 99%；调解 221 件，撤诉 10 件，督促程序 232 件，调解率达 60.2%。2004 年，审理民事案件遵循重在调解、协调解决的原则。针对离婚、抚养、赡养老人、房屋、土地、劳动争议、劳动报酬等新类型民事纠纷上升的状况，县法院继坚持下乡办案制，在发案地就地调查取证，公开审理，并宣讲法律知识，以达到审理一案，教育一片的作用。2005—2009 年，受理民、商事案件 2689 件，结案 2661 件，结案率 98.9%；调解 1345 宗，调解率 50%；结案标的额 856.2 万元。2010 年，受理民事案件 601 件，结案 601 件，结案率 100%；民商事案件调解率 85.58%。

1991—2010 年昌江县法院民事案件收、结案一览表

表 18-3-3 单位：件、%

年份	旧存案	收案数	结案数	未结数	调解率	结案率	年份	旧存案	收案数	结案数	未结数	调解率	结案率
1991	19	275	258	17	54.6	93.8	1999	3	220	209	11	50	95
1992	17	213	209	4	44%	98	2000	6	334	328	6	63.2	98.2
1993	4	349	330	19	64.7	95	2001	6	380	379	1	65.6	99.7
1994	19	239	260	2	60	99.2	2002	1	613	604	9	36.7	8.5
1995	2	229	229	2	58.1	99	2003	9	621	615	6	60	99.1
1996	2	226	226	2	43.4	99.1	2004	6	431	427	4	62.9	99.1
1997	2	241	241	2	39.4	99.2	2005	4	397	394	3	57.7	99.2
1998	2	230	227	3	45	98.9	2006	3	391	384	7	62.1	98.2

表 18–3–3 续 1

年份	旧存案	收案数	结案数	未结数	调解率	结案率	年份	旧存案	收案数	结案数	未结数	调解率	结案率
2007	7	473	461	8	58.8	97.5	2009	3	773	770	3	85.3	99.6
2008	3	655	652	3	85.2	99.5	2010	3	601	601	–	85.6	100

第六节 行政审判

1991 年，受理行政案件不足 3 件。1992 年后，行政案件渐增，受案范围涉及公安、土地、规划、工商等行政管理部门。1992 年，受理行政案件 6 件，其中土地案 4 件，交通侵权赔偿案 1 件，不服行政处罚承包山林补偿费决定案 1 件，全部审结。1993—2002 年，受理行政诉讼案件 119 件，行政非诉行政案件执行申请审查 62 件，结案率 100%。2004 年，受理行政诉讼案件 12 件，审结 10 件；受理非诉行政案件执行申请审查 12 件，裁定准予执行 8 件，不予以执行 1 件，原告主动撤诉的 3 件。2005—2009 年，受理行政诉讼案 55 件；审结 53 件，审查行政非诉案件 14 件，执结 13 件；行政诉讼案和行政非诉案结案率分别为 96.7%、92.9%。2010 年，县法院建立《行政诉讼与行政机关良性互动机制》，主动到行政机关审理行政案件 13 件，全年受理行政纠纷案件 23 件，审结 23 件，结案率 100%。

1993—2010 年昌江县法院行政案件收、结案一览表

表 18–3–4　　单位：件、%

年份	收案数	结案数	未结数	结案数	年份	收案数	结案数	未结数	结案数	年份	收案数	结案数	未结数	结案数
1993	3	3	0	40	1999	7	7	0	100	2005	9	9	0	100
1994	4	4	0	100	2000	19	19	0	100	2006	7	7	0	100
1995	4	4	0	100	2001	5	5	0	100	2007	21	21	0	100
1996	3	3	0	100	2002	66	66	0	100	2008	12	12	0	100
1997	3	3	0	100	2003	74	74	0	100	2009	6	6	0	100
1998	5	5	0	100	2004	24	22	2	91.	2010	23	23	0	100

第七节　告诉申诉

县人民法院告诉申诉庭负责起诉审查、立案、处理、告诉、申诉等工作。1991—1995年，审查受理告诉4083件，申诉349件，立案审查853件，其中民事案件655件，经济案件179件，行政案件19件，均移送有关业务庭审理。1997年，审查给予立案102件，其中民事59件，经济案件38件，再审、重审案件5件。1998年，县人民法院探索建立告诉、申诉前调解机制，规范流程管理运作。2001—2002年，受理告诉、申诉案件459件，立案执行193件，其中民事案件82件，经济案件50件，行政案件61件。2003年，审查起诉状815份，决定立案781件；审查执行申请388份，决定立案执行378件。同时，贯彻落实最高人民法院《关于对经济确有困难的当事人予以司法救助的规定》，实施司法救助，全年减免诉讼费2000元，缓交诉讼费3.84万元。2006—2010年，受理涉诉上访案件36件，结案23件；复查申诉案件7件，执行投诉案件16件；清理结案13件，清理结案率81.3%；办理人大及上级法院交办、督办案件10件，包括结案8件，清理结案率80%。对28宗案件批准减、缓、免交诉讼费，共19.82万余元，其中2008年对13宗案件批准缓交诉讼费3万元，2010年，对104宗案件（人）批准减、缓、免交诉讼费和司法救助困难当事人资金23.16万元。在刑事审判中，依法为符合条件的刑事被告人指定免费辩护律师，保障被告人获得辩护权利。

第八节　审判监督

1997年，成立审判监督庭，专门负责抗诉案件的审判监督工作，对认定事实不清，适用法律不当或程序违法的裁判，按照“实事求是、有错必纠”的原则，依法纠正违法审判的案件，保证审判活动公正、严明，更好地保护当事人合法权益，维护国家法律的尊严。1998年，受理再审案件9件，审结8件。1999年后，坚持审判监督案件质量制度，不断完善审判流程的管理，对二审发回重审和改判的案件，各业务庭及时上报案审委员会，由审委会讨论评定是否为错案，属错案的，按规定追究错案责任。2002—2003年，受理二审发回重审和改判的案件共23宗，其中再审改判13宗，发回重审10宗，经审判委员会讨论认定为错案的5宗，追究错案责任16人次，给予通报批评15人次，责令停职学习1人。对举办的违法违纪案件，严肃调查，查处率100%。2004年，受理信访申诉、立案复查及再审案件12件，重审、改判案件10件，经评查评定为好的20件，基本没问题的9件，存在瑕疵的9件。

2005—2006年，审结上诉65件，上诉率12.3%；上诉案件发回重审8件，二审改判15件，改判和发回重审占上诉案件的13.8%，其中发回重审占上诉案件6.2%，改判占上诉案件7.7%；改判发回重审案件经审判委员会讨论认定错案。2007年，受理执行投诉案件16件，清理结案13件，清理结案率81.3%。办理上级机关和地方县委、人大、政府批办、督办、转办案件22件，立案复查的申诉案件8件，全部办结。2009年，共评查案件162件，从庭前准备、开庭审理、评议、法律文书制作、送达等方面分15个环节进行评查，逐项记分，并将评查情况通报全院。改判发回重审案件16件，经审判委员会讨论无认定错案。2010年，审结的各类案中，上诉27件，上诉率为3.8%；二审改判7件，发回重审2件，改判发回重审率为1.3%。

第九节 案件执行

有关申请执行案件由执行庭受理。在执行工作中，对经过审判生效的法律文书确定的给付内容，法院采取常规执行和集中相结合、教育疏导和强制执行相结合等措施，迫使被执行人履行义务。1991年，针对执行工作成效低，当事人的合法权益得不到及时和应有的保护，法律的尊严不能充分地体现的现象，根根省高院决定，于第三、四季度开始执行大会战。以执行庭为主干，抽调人员21组成3个徂，由3名正副院长分别带队，并在县内分沿海2个片，山区1个片，开展案件强制执行工作。至年底，受理各类申请执行案件117件，标的总额89.1万元。其中民事案件44件，标的总额22.97万元；经济案件73件，标的总额66.12万元。全部执行24件，部分执行40件，标的金额51.84万元。

1992—1996年，加大执行力度，对经教育仍然不愿履行责任的"顽固户"进行强制执行。受理各类申请执行案件（含旧案）495件，执结263件，其中执结民事案件168件，经济案件95件，执行申请标的总额为1977.89万元，执行标的总额为664.62万元。1999年，中共中央转发《中共最高人民法院党组关于解决人民法院"执行难"问题的报告》，最高人民法院在全国范围内部署开展"执行工作百日大会战"。县法院以落实中央精神为契机，全面开展"执行难"活动，务求攻克"执行难"。同年受理各类案件（含旧案）209件，执结157件，执结标的1170.3万元，执结率75.1%，比上年提高16.5个百分点。2000年，案件执行率达86.6%。2001—2009年，受理案件1985件，执结1629件，执行标的15066.2万元，结案标的10927.1万元。至2010年年底，县法院累计执行案件3159件，执结2400件，为国家、集体和公民个人挽回经济损失15086.1万元。

第四章　司法行政

第一节 机 构

一、司法组织

1991 年，县司法局内设办公室、基层、法制宣传、政工股（室）和律师事务所、公证处。有干部职工 14 人，设有局长 1 人，副局长 2 人。2002—2003 年，律师事务所、公证处改制，与行政编制脱钩。2004 年，成立石碌基层法律服务所和乌烈基层法律服务所，共有基层法律服务干部 10 名。2010 年，县司法局内设机构有办公室、法制宣传股、基层工作股和法律援助股 4 个股室，有政法专项编制 32 个，工勤人员 2 名。设有局长 1 名，副局长 2 名。下辖石碌、叉河、七叉、十月田、乌烈、海尾、昌化、王下 8 个乡（镇）基层法律事务所。

二、法律服务热线

1999 年 4 月 8 日，县司法局开通“148”法律服务热线，将律师、公证、法律援助和基层法律服务所 4 支队伍的力量凝聚在一起，提供便捷、高效、优质的法律服务和法律咨询，为全县广大群众和社会组织提供全天候法律服务。2002 年，省法律援助中心统一开设全省“12348”法律服务热线后，县司法局“148”法律服务热线停用。2003 年，开通昌江县法律援助咨询热线“26652848”，承担“148”的功能。2010 年，“26652848”咨询热线受理咨询电话 350 起。

第二节 法制宣传

一、“二五”普法

1991—1995年，实施普及法律知识第二个五年规划。县成立普及法律知识领导小组及其办公室，办公室设在县司法局，各乡镇也相应成立普及法律知识领导小组。先是重点宣传学习《中华人民共和国宪法》《中华人民共和国刑法》《中华人民共和国婚姻法》《中华人民共和国刑事诉讼法》《中华人民共和国民事诉讼法》等。1994年起，全县以突出专业法学习，以《中华人民共和国环境保护法》《中华人民共和国林业法》《中华人民共和国保密法》《中华人民共和国消费者权益保护法》《公证、律师法管理条例》等为主。至1995年年底，全县有2.1万干部和群众参加各种专业法考试，合格率达99.2%，95.5%的乡镇、县直机关和农场企业全面完成“二五”普法检查验收。

二、“三五”普法

1996—2000年，实施普及法律知识第三个五年规划。县成立普法领导小组，县委书记任组长，县长和政法委书记任副组长。“三五”普法以干部特别是领导干部学法为重点对象，以“四法一例”，即《中华人民共和国合同法》《中华人民共和国土地管理法》《中华人民共和国农村土地承包法》《中华人民共和国消防法》《信访条例》；“九法二例”即《中华人民共和国宪法》《中华人民共和国刑法》《中华人民共和国刑事诉讼法》《中华人民共和国民事诉讼法》《中华人民共和国民法通则》《中华人民共和国婚姻法》《中华人民共和国继承法》《中华人民共和国兵役法》《中华人民共和国经济合同法》《中华人民共和国治安管理条例》；“一法一例”即《中华人民共和国森林法》《海南省森林保护管理条例》为主要内容。1997年，以县财税局、叉河镇和国营红田农场为普法试点，突出重点对象的法制宣传教育。县普法办举办不同层次、不同类型普法骨干培训班，法制讲座12场，上法制课63场次，1480人次参加。1998—1999年，举办领导干部法制讲座7场次，举办副科级以上干部培训班14期，参加讲座、培训5000人次；组织在职干部法律知识考试2次，第一次3998人参加考试，第二次4116人参加考试，参考率达99%，其中县四套班子成员参考率100%，合格率100%。同时，组建普法小分队，深入村庄、中小学校开展巡回宣传和送法进万家活动，发放普法手册5万多册，举办普法骨干培训班61期，培训3685人次。1999年，昌江县委副书记、常务副县长郑坚毅出席在北京召开的“全国学法用法经验交流会”，并在大会上作题为《实施考核计分制，保障执法责任落到实处》的发言，昌江的经验得到中宣部、司法部的肯定。2000年，昌江县被中央宣传部、司法部评为“1996—2000 年全国法制宣传先进县”，县司法局被省委宣传部、省司法厅评为“1996—2000 年全省法制宣传先进单位”。

三、“四五”普法

2001—2005 年，实施“四五”普法。2001 年，县政府作出《关于全面推进依法治县，建设社会主义法治县的决定》，全面启动“四五”普法工作，并建立健全各级构。此次普法强调学用结合，促进依法治县。2003 年，组织全县 1000 多名干部职工参加宪法知识考试，组成《中华人民共和国宪法》知识竞赛代表队参加全省《中华人民共和国宪法》知识电视竞赛，获第三名。2004 年，宪法修正案、行政许可法颁布后，在全县开展《中华人民共和国宪法》《中华人民共和行政行政许可法》宣传活动，组织 2000 余名公务员参加《中华人民共和行政行政许可法》知识考试，参考率、及格率达 100%。开展青少年法制宣传月活动，有 1000 名青少年学生参加“四五”普法教育测试。在学校法制教育方面，做到计划、课时、教材、师资“四落实”。继续推进“民主法治示范村”创建活动，举办 1 期“基层民主法治示范村”创建活动骨干培训班，7 期“村干部”法律知识培训班。石碌镇山竹沟村和香岭村被首批命名为“海南省民主法治示范村”。2005 年，组织全县公务员、教师、医务工作者 7586 人次参加年度法律知识考试，参考率 97.4%，合格率 100%。“四五”普法期间，举办 16 场副科级以上领导干部参加的宪法、依法治国方略、市场经济法律等法制讲座，“送法下乡”289 场次，上法制课 272 场次，征订法制宣传资料 2.3 万册，全县共有 18.6 万普法对象受到普法教育。建立政府法律顾问组，提供法律咨询 24 人次。2005 年 10 月，“四五”普法工作通过省普法领导小组验收。司法局被省委宣传部、省司法厅评为“2001—2005 年全省法制宣传先进单位”。

四、“五五”普法

2006—2010 年，开展“五五”普法。县“普法依法治理领导小组”更名为县“法制宣传教育领导小组”，制定领导小组成员单位主要任务与职责、领导小组工作制度，制定“五五”普法教育工作五年规划，开展“法律进乡村”“法律进学校”“法律进企业、进社区”“法律进机关”全民性普法教育工作。

2006 年 9 月至 2007 年 9 月，在全县 78 个行政村分期分批开展普法工作，采取法制宣传队伍到乡村、法制宣传资料到乡村、法制讲座和法律咨询到乡村等措施，建立农村普法“五个一”长效机制，即给每个农户发放 1 本法律书籍、每个行政村聘请 1 名法律顾问、每个行政村建立 1 个富有活力的调委会、每个行政村设立 1 名法律援助联络员、建立 1 条法律服务热线“12348”。举办《中华人民共和国土地管理法》等法律讲座 65 场次，听课人数 3.95 万人次；赠送《农民法律法规 100 问》《农民常用法律法规知识手册》2.89

万册，发放其他法制宣传资料5.15万份；开展法制咨询活动81场次，咨询人数2.47万人；演出法制文艺节目8场，放映法制电影168场次。2007年9月，通过省司法厅“法律进乡村工程”验收。

2007年10月至2008年12月，实施“法律进学校”和“法律进企业、进社区”普法教育工程。全县114所中小学均开设法制课，聘任兼职法制副校长71名，设立学生法制宣传员327名。成立县“法律进企业、进社区”普法领导工作小组，抽调人员组成3个工作督导组，深入企业、社区督促落实各项措施，完善企业职工和社区居民学习法律制度，建立社区法制宣传栏（橱窗），聘任社区法制宣传教育志愿者78人。在学习内容上，学校以《中华人民共和国未成年保护法》《中华人民共和国预防未成年犯罪法》与《海南省计划生育条例》等为主要内容。在学校、企业、社区上法制讲座360多场次（听课人数达6.21万人），发放法律知识读本计1772册、宣传资料1.06万份、普法光盘113套，赠送《法律法规汇编》2000册，建立法制宣传栏13个，出刊65期，制作“有疑难拨打12348，青少年服务拨打12351”等标语136条。开展中小学生“法在我身边”征文活动，参加人数1775人；举办全县青少年法律知识竞赛，职教中心代表队获一等奖。

2009年，全面实施“法律进机关”工程，在82个单位和1517名公务员及参照公务员管理的人员中，开展为期6个月的机关法制宣传教育。举办法律知识讲座192场，听课人数3212人次；参加法律知识考试5468人次，参考率99%，合格率100%。建立领导干部学法用法档案469份（建档率达到100%），有25个单位聘请法律顾问，发放《法律知识读本》750册、其他法制宣传资料3000多份，出版法制专栏26期，张贴挂图380多份。

2010年，开展“12·4”法制日宣传活动，组织开展“送法下乡”活动，出动宣传车89辆次，到农村开展巡回法制宣传860小时，赠送农民群众法制宣传手册3.5万册。

“五五”普法期间，始终围绕“依法治国”“依法治县”这条主线，开展社会主义法制宣传教育工作，全民的法制观念得到增强。先进经验在中央和地方报刊发表，其中《依法行政 依法决策 为推进昌江科学发展提供法律保障》被中组部、中宣部、司法部收录在《全国领导干部学法用法工作经验交流电视电话会议典型经验材料》中，《昌江“四项制度”推动领导干部依法办事》在《法制日报》上发表，《昌化江畔法先行》在《海南人大》刊登，《昌江县在普法工作上走在前列》在《法制日报》发表，《海南日报》刊登《昌江普法：贴近实际 形式多样》，南海网专版刊登《常态化大众化效能化 昌江“五五”普法成效显著》等文章。有23个村获海南省“民主法治示范村”称号，石碌镇山竹沟村获全国“民主法治示范村”称号。县司法局荣获“全国‘五五’普法中期先进集体”“海南省‘五五’普法先进集体”。

第三节 人民调解

1991—1994年，全县各级人民调解组织调处各类民间纠纷3093件，成功调解2996件，成功调处率96.9%。会同有关部门组织教育失足青少年，参与建设文明村，文明街道，文明家庭等社会主义精神文明建设活动。1995年，加强人民基层解调委员会组织建设，全县建立解调委员会121个，配备调解员605人、调解联络员970人。1998年，开展民间纠纷大排查调处活动，调处各类民间纠纷595件，调解成功572件，成功调处率96.1％。1996—2004年，全县各级人民调解组织调处各类民间纠纷2699件，调解成功2612件，成功调处率96.8%。2005年，成立县人民调解工作指导委员会，每月召开例会。加强基层司法所的建设督导，规范基层司法所和人民调解工作，全县司法调解工作得到加强。2007年，率先在全省实现行政村聘请法律顾问制度，法律顾问进驻78个行政村。2008年6月，启动社区矫正工作，各司法所与公安派出所正式办理移交矫正对象手续，全县有矫正对象46名，全部建立档案，做到底清、情况明，落实包管理、包教育、包转化的“三包”责任制。针对工业、农业开发建设项目征地增多、纠纷频发的情况，发挥人民调解预防、调解功能，组织人民调解员深入项目征用地村庄开展矛盾纠纷大排查行动，及时发现民事纠纷，从快予以调处，将矛盾、纠纷消除在萌芽状态。全县各级人民调解组织调解各类民间纠纷815宗；调解成功796件，成功调处率97.66%；防止群体性事件4件。2009年，加强基层人民调解业务培训，选送基层人民调解员8人参加司法省厅培训，举办调解主任培训180人，提高人民调解员法律业务素质，增加矛盾纠纷排查调处能力。同年，在海南昌江核电项目建设中，配合有关部门，成功调处中核公司A队与排土工程车主的矛盾纠纷，帮助100名车主索回91万元排土工程款；全年各级人民调解组织共调解民间纠纷1022件，调解率100%，调解成功率98.1%，防止群体性事件3件。其中调处涉及重点项目建设纠纷53件。2010年，全县各级人民调解组织调解民间纠纷1287件，成功调处1266件，调解成功率98.36%，防止群体性事件3件178人，其中调处涉及重点项目建设纠纷25件；帮教回归刑释解教人员80人，帮教率达100%，安置率达76%。2010年12月，县人民解调工作网络基本形成调解委员会—调解小组—调解员的调解工作网络系统，有人民调解委员会94个，其中县级人民调解委员会1个，乡镇人民调解委员会8个，村级人民调解委员会85个，有人民调解员438人。

截至2010年年底，县各级人民调解组织调解民间纠纷10100件，成功调处9878件，调解成功率97.8%。

第四节 法律援助

2001年，成立昌江县法律援助处，有2名人员，负责指导、管理和监督全县法律援助工作。2003年9月1日，《中华人民共和国法律援助条例》（以下简称《法律援助条例》）颁布实施后，开展《法律援助条例》宣传活动，依托基层司法所建立8个法律援助工作站。同时在县工会、妇联、共青团、残联增设4个法律援助工作站。法律援助宣传力度加大，法律援助办案量逐年递增。2004年，办理援助案件33件，其中刑事案件8件，民事案件25件。2007年，建立健全法律援助工作站13个，配备法律援助联络员83人。2008年，办理法律援助案件66宗，较上年增长88.5%。2009年，出台《昌江县法律援助经费管理办法》《昌江县非诉讼法律援助办理规则》《昌江县法律援助代书事务办理规则》《昌江县法律援助咨询事务办理规则》，制定接待登记制度、首问首办责任制度、一次性告知制度、农民工绿色通道制度、档案管理制度等，使法律援助有章可循、有序开展。2010年，办理援助案件82件。

2010年，县基本形成县有法律援助处、镇有法律援助工作站、村有法律援助联络点的三级服务网络。2003—2010年办理援助案件395件，开展法律援助宣传104场次，发放法律援助宣传资料3万多份，法律援助知晓率达到90%。举办法律援助培训班56次，受培训人员有4000余人，为受援人追回经济损失8000万元。

昌江县2003—2010年法律援助情况一览表

表18-4-1　　单位：宗、份、人

年度	案件数	其中			受援人数	代写文书	咨询服务	年度	案件数	其中			受援人数	代写文书	咨询服务
		刑事	民事	行政						刑事	民事	行政			
2003	25	6	19	—	32	20	2513	2007	35	26	26	—	45	36	5300
2004	33	8	25	—	41	25	3031	2008	66	43	43	1	89	35	6151
2005	38	8	30	—	50	30	3878	2009	67	51	51	1	79	31	6103
2006	49	36	36	—	67	35	4321	2010	82	60	60	2	83	39	6301

第五节　公证事务

1991年，县司法局公证处办理公证981件，其中涉外公证73件，国内公证821件，公证费收入6.1万元。1993年后，积极服务农村经济建设，开辟种植养殖、宅基地和“四荒”（荒山、荒滩、荒坡、荒沟）土地使用权拍卖等公证业务；开展抵押借贷款合同和农产品、工矿产品的购销加工承揽合同公证、委托证公证、计划生育、招标设标、企业改革兼并及企业股份合作制等合同的公证。1991—2002年，办理各类公证1881件，年均办理公证业务156件。

2003年，改革公证体制，经费由原财政拨款改为自收自支，实行办证收入与社会经济效益相联系的激励机制，调动公证工作人员的积极性，各项公证业务逐年增加。公证工作领域已在原有的业务基础上，拓宽到遗嘱、委托、继承权、收养、学历、婚姻状况、婚前财产、拍卖、债款追偿等公证业务。2008年，办理各类公证200件。2009年，办理各类公证230件。2010年，办理各类公证329件。

第六节　律师事务

1991年，县司法局律师事务所全年承办各类案件64宗，其中民事案件29宗，刑事辩护32宗，非诉讼代理3件。1993年，承办各类案件21宗，其中民事案件9宗，刑事辩护12宗。1994—2001年，承办各类案件6宗，民事代理6宗，解答法律咨询200件，代写法律文书10件，接受群众来访500人次，处理群众来信50件。

2002年，律师管理制度改革，昌江县律师事务所改制为合伙制律师事务所，实行脱钩转制，经费由原财政拨款改为自收自支。2003年，承办各类案件22宗，其中刑事案件辩护11宗，民事代理11宗。2005年，县律师事务所更名为海南天赐律师事务所，有执业律师6人，在全县8个乡镇受聘为常年法律顾问。2008年，承办各类案件56宗，解答法律咨询850人次。2010年，承办各类案件79宗，解答法律咨询1000人次。

第十九编　综合政务

第一章　人事·劳动·社会保障

第一节　人事·编制

一、机构

（一）县人力资源和社会保障局

1991年，昌江县劳动和社会保障事务工作由县劳动局、县人事局管理。1995年，县人事局和县劳动局合并为县人事劳动局。同年，县劳动监察大队成立，全面开展劳动执法监察工作。2001年，县人事劳动局更名为县人事劳动保障局。2008年，县人事劳动保障局更名为县人力资源和社会保障局。2010年名称不变。

（二）县机构编制委员会及其办公室

1991年前，昌江县已建立健全机构编制管理工作机构，由县长担任县机构编制委员会（简称“县编委”）主任，县委副书记和县委组织部部长为副主任，另有委员6人，负责全县机构编制重大事项研究决策和领导工作，编委会下配两名工作人员处理日常事务。1992年，昌江县正式建立昌江县机构编制委员会办公室（简称县编办），副科级规格，编制2名，与县人事局合署办公。2001年，县编办升格为正科级。2003年，设立县事业单位登记管理局，挂牌县编办。2009年机构改革，县编办独立单列，内设机构编制管理岗、事业单位登记管理岗、机构编制监督检查岗，编制为5名。

二、机构编制管理

1991年，县编办根据省编制委员会关于1991年机构编制工作要点的精神，加强机构设置的管理。凡属内设或增设机构的单位，先由各单位撰写专题报告，报经编委会办公室审核，提交县编委会审定审批。1992年，增设县社会保障局、县残联会、县民族中学3个副科级事业单位。县编办采取各种渠道进行人员“消肿”工作，县教育局、县卫生局、县农业局、县水电局等单位的工勤人员列入事业单位统计。严格执行离退休制度，到龄的人员及时办理手续。全县党政群机关、副科事业单位的从 1991 年 3 月份起，每月实行各单位机构编制和实有人数对照表，以供领导掌握各单位的在职人数，为促进人员的结构做好管理工作。县党政群编制为 1148 人（不含政法部门）。全县党政群机关、副科事业单位实有人员 1991 年为 1276 人，1992 年为 1233 人，1992 年比上年度减少 43 人。

1993 年，县编办根据省编办指示，严把“进口关”“疏通”出口渠道。有计划地搞好“消肿”工作，把县粮食局、县商业局不属于行政编制的人员列入企业编制，把县水电局、县林业局的工勤人员列入事业统计。1993 年，为党政群事业单位设置下属或内设机构 17 个，其中正科 1 个；更改名称 3 个；内设机构 13 个。县党政群机关人员（含政法部门）编制总数 1465 名，其中党政群 715 名；乡（镇）433 名，政法 317 名。实有人数 1510 人，其中党政群 848 人，乡（镇）369，政法 293 人，超编 45 人。1993 年实有人数比 1992 年减少 5 人。1993 年，县编办贯彻执行省编办关于全省统一实行人员结构管理制度的通知，在促进人员调动管理工作中，始终坚持编委会“一支笔”批准规定，凡调入行政事业单位的工人，非经编委会审定同意，一律不批准。1993 年经同意批准调入行政事业单位的有 18 人，临时工转正 17 人，退伍安排 3 人，总计 38 人。

1995—1996 年，第一轮机构改革。按照党政机构改革要求，设立县计划统计局。整合县计划委员会和县统计局，加挂县物价局牌子；设立县教育与科学技术局。整合县教育局、县科学技术委员会；县民政局内设老区建设工作室；设立县人事劳动局。整合县人事局、县劳动局。县机构编制委员会办公室挂靠县人事劳动局；设立县建设与环境资源局。整合县建设委员会、县环境资源局，加挂土地管理局牌子；设立县工业交通局。整合县经济委员会、县交通局，加挂县技术监督局牌子，撤销县战备办公室，其职能划归县工业交通局；撤销县农业委员会，县农业综合开发办公室归口县农业局管理；设立县贸易局。整合县财贸办公室、县经济合作局，加挂县粮食局牌子；设立县文化体育局。撤销县文化局、县体育运动委员会；设立县卫生与计划生育局。整合县卫生局、县计划生育委员会；县海洋局改为隶属县政府的科级事业单位。昌江县编办做好有关部门的转体机构工作，分别为：将县农业局、县农机局、县畜牧局转为事业性服务实体，其原有的行政职能划归新组建的县农业局；撤销县商业局，转为经济实体，其原有的行政职能划归县贸易局，转体后机构名称为县商业总公司；把县二轻局转为经济实体，其原有的行政职能划归工业交通局，名称改为县二轻工业总公司。

1997 年，抓好富余人员的分流工作。县编办根据县编委《关于做好我县党政机关的富余人员分流工作的通知》，制定分流对象为：按机构改革后新确定的编制数，凡超编人员（含工勤人员）聘用制干部，以工代干人员以及国家公务员过渡考试未及格的原机关工作人员一律分流出原机关，同时及时办理符合离休人员的离退休手续，清退各个单位的借调、借用人员及临时工。

1998 年，县编办继续抓好富余人员的分流安置工作。县编办结合县的实际情况，制定了切实可行的分流方案，以县编委会名义提交县委、县政府批准。县编办采取了在县城成立四个居委会和发动各单位自行分流等措施，进行富余人员的分流安置工作，经过考核等形式，已分流安置到县城居委会工作的有 13 人，县道路总站 4 人，县环保监测站 1 人及各事业单位 7 人，符合条件办理退休及内退的 7 人。在抓好党政机构富余人员分流工作的同时，针对各单位存在且群众反映最强烈的借用、借调、退休留用人员和临时工，1998 年 12 月份共清退 193 人，其中清退借用、借调、退休留用人员 44 人，临时工 149 人。

1999 年 12 月，全县党政群［政法、乡(镇)］机构数 41 个，其中：党政机构 25 个；政法部门 4 个；乡（镇）12 个。全县行政编制 1217 名，其中：乡（镇）370 名；政法部门 347 名；党政机关 500 名。县党政群实有人员为 1048 人，其中：乡（镇）297 人；政法部门 324 人；党政机关 427 人。空编 169 人。

2000 年，全县行政编制 1221 名，其中：党政机关 500 名；乡镇 370 名；政法部门 351 名。全县行政实有人员为 1218 人。其中：党政机关 488 人；乡镇 367 人；政法部门 363 人，空编 3 名。

2002 年，为重点做好乡（镇）机构改革，严格控制乡（镇）领导职数配备，乡（镇）党委 1 正 3 副(含兼职)，政府 1 正 3 副，总体上没有超配职数。乡（镇）机构改革共办理机构设置 4 个，机构更名 4 个，其中上报省编委审批 1 个，机构撤销 13 个，职能划归机构 14 个。8 月份，严肃机构编制纪律，严格按照程序承办审核事项。在机构设置、人员定编方面，坚持编委或县委常委扩大会议审批的原则，严格控制超编进人、机构升格和随意增设机构的行为，确保机构编制管理的严肃性。

2003 年，在做好乡（镇）机构改革过程中，严格执行编制管理和机构编制审批制度。坚持按有关规定进行把关，控制超编进人、机构升格和随意增设机构行为，确保机构编制管理严肃性。2003 年共新设立机构 8 个（其中含内设机构 2 个）；机构更名 2 个；职能划转机构 2 个，机构改体 1 个。

2004 年，组织各部门进行职能调整和“三定”及人事管理工作，撤销机构 2 个；重新进行“三定”机构 4 个。对所有中小学校进行核编核岗。昌江县中小学校共 117 所；总编 2193 名。

2005年，县编办根据省政府《关于印发海南省国土环境资源管理体制改革实施意见的通知》精神，做好县国土环境资源管理体制改革工作。县编办在调研的基础上制定《昌江黎族自治县国土环境资源管理体制改革方案》，报县委、县政府批准后下发实施。县建设与国土环境资源局不再保留，分设县国土环境资源局和县建设局，并对机构职能和人员进行划转，以及按照精简、效能的原则对所属事业单位进行重新调整，综合设置，接着做好两局的"三定"工作。

2006年下半年，县编办协助组织、人劳部门做好公务员登记调查摸底工作。调查结果，全县纳入公务员登记单位50个，行政编1057名，在册使用行政编符合登记人员853人，其中县委部门216人，政府部门440人，乡镇机关197人。

2007年，县编办执行机构编制管理的有关规定，县编委会召开了五次会议，分别讨论县法院、县检察院、县公安局、县教科局、县委组织部计划招录工作人员和接受选调生问题。县编办严格按管理权限和程序，坚持分级审批原则，属县级机构编制部门审批的，由编委会集体讨论决定，属上级机构编制部门审批的则上报机构编制部门。审批设立王下乡司法所、县青少年活动中心，县委组织部内设机构调整以及公证处、环境资源监察大队更名工作。2007年9月，县编办做好全县事业编制的重新核定工作。全县共核定财政预算管理事业编制1854名，其中核给县镇（乡）直属事业单位1611名（不含教职工编制）。群团机关58名，党政勤事业编制125名，预留60名。核定自收自支编制418名。

2008年，根据上级有关事业单位机构改革精神，为整合事业机构资源，发挥事业机构效能，做好全县部分事业单位整合工作。抓好县职教中心整合，把原县进修学校、县职业中学迁入太坡中学整合为"县职业教育中心"；撤销县健康教育所，其职能、资产和现有在职人员随编并入县爱卫办；撤销县电脑培训中心；撤销石碌渔政分站，其职能、资产、现有人员并入县海监大队；撤销县卫生学校，其资产并入县卫生局；撤销县抗旱服务站，其职能、资产并入县水务局；撤销县麻风病医院，其职能、资产、人员并入县皮防所；县农机学校和县农机研究所合并，成立"县农业机械培训站"；县石碌镇中心小学和县太坡中学整合为"县思源实验学校"。2008年，县编办执行《地方各级人民政府机构设置和编制管理条例》，严格机构编制管理，把好机构编制审批关，控制全县人员编制增长。同年，全县行政编制1112名，使用行政编制937人，空编175名。其中县级党政机关空编13名；乡（镇）机关空编120名；政法机关空编42名。财拨事业编制4772名，实有人员4366人，空编406名。其中教育专项空编85名；其他事业单位空编321人。

2009年，县编办坚持按规定程序办事，凡涉及机构编制问题，都按规定提交县编委会讨论决定。县编委会2009年共召开4次会议研究决定新设立机构6个；机构更名3个；机构挂牌2个；机构撤销1个。由于严格机构编制管理，2019年昌江县财拨人员编制5927名，实有财拨人员5210人，空编717名。其中行政编制1114名，实有行政在编人员956人，空编158名；财拨事业编制4813名，实有人员4254人，空编559名。

2010年，县编委会召开2次会议讨论决定新设立机构3个；机构整合2个；机构更名7个；机构升格1个；确定机构规格1个。整合石碌学校，把原太坡中学、石碌镇中心校从县思源实验学校划出并入县六小，整合为九年一贯制的“昌江黎族自治县石碌镇学校”；南罗中学和南罗小学整合为“昌江黎族自治县南罗学校”，为九年一贯制，解决了原南罗中小学学生人数过少和师资力量不足的问题；规范原农垦学校移交后的机构设置和名称，将原红林子弟学校更名为“昌江黎族自治县红林学校”；将原红田子弟学校更名为“昌江黎族自治县红田学校”；将原石碌机械厂小学更名为“昌江黎族自治县第七小学”。将县住房保障房产管理局更名为县房产管理局，对其承担的职能进行合理界定；将县航务管理所更名为县港航管理所；县社会保障局更名为县社会保险事业局；将县第七小学更名为县第六小学；规范县综治办机构设置；做好县委督查室升格报批工作；设立县政府政务服务中心；设立县公安局监管所医务室。

三、机构改革

1995年11月，昌江县进行党政机构改革，党政机关从61个单位减少到25个，精减率为57.8%，其中9个单位转体(6个为事业单位，3个为服务实体)，3个转为经济实体，1个转为集体所有制单位。人员从1184人，减少至625人，精减率47.2%。1996年，根据省机构编制委员会《关于昌江黎族自治县党政机构改革方案的通知》精神，精简机构后设置党政机构25个，其中党委部门7个，政府部门18个。全县党政机关［含乡(镇)、政法部门］编制1298名，其中党政部门编制500名，乡(镇)370名，乡(镇)财税所79名，公检法司349名。全县党政机关［含乡(镇)、政法部门］实有人员1382，其中县机关715人，乡(镇)(含财税所)366人，公检法司301人。

1997年，昌江县制定人大、政协、法院和八个人民群团的机构改革方案，报县委批准后，以编委会的名义给各单位制发了“三定”方案。各单位按编委会制发的“三定”方案正常运转，做到转变职能，理顺关系，精简机构和人员。1997年8月，根据省编委文件要求，对12个乡(镇)进行调查摸底，根据各个乡(镇)的性质、特点进行机构设置和人员编制作出具体调整。改革前乡(镇)编制数为408名，改革后编制数为370名，减少38名，精简10%。

2000年，是党政机构改革，昌江县对县级机构曾进行一次较大的裁并和精简。根据省委、省政府批准的《昌江黎族自治县党政机构改革方案》的总体要求，撤销县计划统计局，设立县统计局、县发展计划局，县发展计划局内设物价局（副科）；不再保留县工业交通局、县贸易局。设立县经济贸易交通局，生产安全管理职能划入县经济贸易交通局，加挂县交通战备办公室牌子；县人事劳动局更名为县人事劳动保障局，农村社会养老保险行政职能划入县人事劳动保障局；设立县海洋与渔业局。不再保留县海洋局、县水产局；县文化体育局更名为县文化广电体育局。不再保留县广播电视局，其行政职能并入县文化广电体育局。有4个转体机构。分别为：县林业局（正科）由政府工作部门改为事业单位，隶属县政府；县水利电力局更名为县水利局（正科）由挂牌机构改为事业单位，隶属县政府；不再保留县委事务管理科和县政府事务管理科，组建县机关事务管理局（正科）为县政府的直属事业单位，负责县四套班子的后勤服务工作；县粮食局改为事业单位隶属县发展计划局。2001年，第二次党政机构改革，设置党政机构25个，其中党委部门7个；政府工作部门18个。党委部门编制64名；政府行政编制改革前425名，改革后315名，减少了110名。

2002年，重点做好乡（镇）机构改革。根据省、县有关机构改革精神，县编办深入乡（镇）调查摸底，研究分析乡（镇）机构设置、职能划分、人员编制等情况，形成书面材料，为县委、县政府实施乡（镇）机构改革提供决策依据。县编办根据县委、县政府的改革思路，拟定了《全县乡（镇）机构改革实施方案》《乡（镇）撤并工作实施方案》及有关机构改革工作的规定措施，为稳妥推进乡（镇）机构改革打好基础。乡（镇）党政机构设3个综合办公室；乡（镇）事业单位进行归并设置，农口系统归并成“农业服务中心”，文化广播系统归并成“文化服务中心”。同时乡（镇）教育体制也进行了改革，撤销学区建制，乡（镇）政府设文教助理员具体管理教育事务。这次乡（镇）机构改革，县编办严格执行编制管理，切实完成上级规定的人员编制精简任务。乡（镇）机关行政编制由370名减为311名，精简15.9%。

2003年，进行了政府部分部门机构改革。按省的文件精神，做好县新一轮政府部分部门机构改革工作。撤销机构2个，新设立机构2个，机构更名3个，机构挂牌3个。对部分部门进行职能调整，以县编委会的名义下发《关于调整部分县直机关单位职能和人员编制通知》，涉及职能划转的机构6个，共划转职能9项；还对部分部门进行“三定”工作，县编办组织此次成立和更名的县交通局、县商务局、县发展改革局、县人口和计划生育局4个部门进行“三定”工作，并以县政府下发执行。同年，事业单位改革。根据省编办、省教育厅、省财政厅《关于中小学教职工编制实施办法的通知》精神，县协助教育部门做好全县中小学教职工的核编定岗工作。县编办按照《海南省教育厅关于核定中小学教职工编制标准的实施意见》精神，对全县中小学教职工编制进行核对，拟出核编方案提交县委、县政府讨论通过后，报省编办批准。全县进行核编的中小学校117间，总编制2253名。县编办加强中小学校的编制管理，实行空编管理制度，严把教师“入口”关，明确要求今后教师进人需经机构编制部门核编核岗，不得擅自进人。2004年下半年，县编办努力做好事业单位机构改革工作。按上级改革精神，结合全县事业单位特点和业务发展情况，县编办对全县事业单位的设置进行重新调整。全县合并事业机构8个；转制机构8个；撤销7个；新成立1个。县编办坚持从总量上适度分类进行控制，对财政预算管理的事业单位，严格控制其人员编制，对自收自支的事业单位，编制核定适当放宽。全县重新核定事业单位编制2177名（不含中小学），比改革前减少420名，精简16.17%。

2008年，县编办执行《地方各级人民政府机构设置和编制管理条例》，严格机构编制管理，把好机构编制审批关，控制全县人员编制增长。由于严格机构编制管理，全县行政编制1112名，使用行政编制937人，空编175名。其中，县级党政机关空编13名；乡（镇）机关空编120名；政法机关空编42名。财拨事业编制4772名，实有人员4366人，空编406名。其中，教育专项空编85名；其他事业单位空编321人。

2009年2月，县政府机构改革启动。县编办在做好调查摸底工作的基础上，制定全县机构改革方案，同年5月20日，县委常委会议审议通过“方案”。全县共设置政府工作部门22个，其中政府机构个数20个，不计个数2个，挂靠机构个数2个，内设副科级机构2个。县监察局仍与县纪律检查委员会机关合署办公；县民族宗教事务委员会仍与县委统战部合署办公。县统计局挂靠县发改委，县食品药品监督管理局挂靠县卫生局，保留县政府办内设副科级机构县信访局；保留县发改委内设副科级机构县物价局。县委工作部门行政编制110名；政府工作部门行政编制267名。2009年，乡（镇）机构改革同时也在进行。县编办协助乡（镇）做好“三定”和“六定”工作，乡（镇）的编制和领导职数配备按县编委会下达的数量执行，党委设委员7名。其中，党委书记1名（兼人大主席），副书记2名［1名兼乡（镇）长］，政府设乡（镇）长1名，副乡（镇）长3名。乡镇行政编制按精简10%要求，重新核定全县乡镇行政编制271名，比原定的301名减少30名。全县乡（镇）两个服务中心编制核定按每个乡（镇）不突破30名的要求，全县核定财拨事业编160名，比原定的133名增加27名。2009年，由于严格机构编制管理，全县财拨人员编制共6111名，实有财拨人员5514（不含2009年已招录但未报到人员60人），空编597名。其中，行政编制1114名，实有行政在编人员947人，空编167名；财拨事业编制4997名，实有人员4567人，空编430名。

同年，县编办继续推进事业单位机构改革，对一些规模过小、职能淡化的事业单位进行整合。将县教师进修学校、县职业中学整合，成立县职业教育中心；将县防疫站、皮肤性病防治所整合，组建县治病控制中心。8月，按县委、县政府有关农垦学校移交地方管理工作安排，县编办协助做好学校移交工作。完成农垦学校人员身份认定工作后，农垦移交215人，其中在职184人，提前离岗11人，退休20人。按移交政策规定，县编办根据有关核编标准，对农垦学校进行了重新核编，移交后，农垦学校定编101名，超编部分另由省安排过度编制解决。

2010年8月，根据省政府办公厅《关于印发海南省社保费征管及地税农税体制调整改革实施方案的通知》精神，县编办做好县三项体制调整改革工作。县编办对县农税、县社保费征管局和财政所的人员编制现状进行调查摸底，全面掌握情况。县农税局调整前编制为7名（含1名工勤），实有人员为6人；农税所编制为33名，实有人员为22人；县社保费征管局编制为16名，实有人员为19人；财政所编制为38名，实有人员为23人。

四、事业单位法人登记管理

2003年，昌江县编制委员会文件精神以及县编办关于事业单位法人登记管理工作会议部署，县编办积极做好各事业单位调查摸底，起草文件，增挂“昌江黎族自治县事业单位法人登记管理局”牌子，开始实施事业单位法人登记管理工作。

2004年，县编委会先后召开3次编委会研究布置县事业单位登记管理工作。县编办全面推进事业单位登记管理工作，同年年底，全县申请办理登记管理的事业单位98家，已进行验资50多家，已办理登记的20家。

2005—2010年，县编办继续做好事业单位登记管理工作。截至2010年年底，全县事业单位176家，符合登记条件113家，设立登记113家，进行变更登记7家，年度审查75家。同时规范事业单位登记档案管理，完善登记管理的制度和程序。

五、实行编制与工资基金统一管理

1992—2000年，县编办根据省编办的指示，抓好使用工资基金管理手册和工资基金流动转移证的管理工作，凡调入党政群事业单位的人员，都使用工资基金管理手册和转移证。

2001—2007年，为了严肃编制纪律，维护编制管理权威性，切实控制机构膨胀和超编进人，县编办协调组织、人事、财政等部门，实行编制与工资基金相结合的管理体制，即按各单位机构设置、人员编制情况审批工资发放基数，分月核准，不经县编办批准，财政不拨发工资。实行工资与编制挂钩管理，有效控制了各单位私自进人增资，堵塞了人员膨胀的各种漏洞。

2008年，县编办按照优化编制资源配置，健全用编制度，规范机关事业单位用编。按照相关文件精神，增人单位在有空编的前提下，向县编办提交《增加人员报告》，县编办对增人单位人员编制情况及空岗情况进行审核，对审核符合政策规定的，开具“控编进人卡”，用人单位凭“控编进人卡”按照干部管理权限，分别到组织、人社部门办理调动手续，做到“进人须有编，用编先申请”的基本原则使用编制，杜绝机关事业单位超编进人、不按程序进人，从源头上控制财政供养人员无序增长。县编办按照“分类管理、专编专用”的原则管理使用编制，严格遵守行政编制、专项编制、事业编制分类使用和管理的规定，防止了机关事业单位混编混岗。

六、干部人事制度改革

20世纪90年代，党政机关继续推进干部人事制度改革，逐步推行领导干部公开选拔、干部选派、竞争上岗和任前公示等制度。1994年，制定《昌江黎族自治县公开选聘企业经营者工作方案》，先后在昌江糖厂等16家企业进行公开选聘经理（厂长）职位。在县交通管理总站实行工人身份聘任正副站长，打破干部工人身份界限，优秀工人可聘任领导岗位。1998年，2次开展公开选拔副科级领导干部工作，全县43名干部报名参加县计生局副局长等7个职位的竞岗考试，7名优秀年轻干部走上领导岗位。在县城中小学校实行教师竞争上岗，分流教师57名。

2001年，对县委办、县审计局、县教科局、昌江中学等党政事业单位13个副科级领导职位进行公开选拔。经过笔试、面试、组织考察、决定任免等程序，有10人走上了领导岗位。2003年，推进干部公开选拔、竞争上岗，县法院、县检察院等单位的15名优秀干部走上副科级岗位。同年起，县委规定正科级领导干部年满53岁一律改任非领导职务。2008年，不断建立健全干部选拔任用相关制度和推进干部考评机制创新。出台《县委常委会任用党政主要领导“一报告两评议”》制度，在县建设局、县旅游局、县城投公司面向全县公开选拔（聘）科级领导干部3名。

2010年，面向全省公开竞争选拔部分县直机关、事业单位科级领导干部以及副乡（镇）长等12个职位，经过资格审查、统一考试（笔试和面试）、组织考察、县委常委会差额票决等环节，有12人入选。同年，开展鼓励符合提前退休条件的公务员办理提前退休，全县共有2批80名公务员办理提前退休手续。

七、干部招录

1992年，人事体制进一步改革。县委和县政府主要部门配备非领导职务干部16人。安排62名非师范大中专毕业生就业。1993年，完成非师范类大中专毕业生53名工作安置。

1994年，安排74名非师范性质大中专毕业生就业。并解决了45人的工龄问题。1995年，做好干部调配工作，共调配干部75人，其中调往县外的43人，县内调配的有32人。

1996年，安置城镇待业人员就业1300人，其中全民所有制单位安置400人，集体所有制单位安置100人，个体劳动者800人。消化外来社会劳动力和农村剩余劳动力2600人。1997年，调配干部30人，其中调往县外6人，从县外调入6人，县内调配18人。全年调配工人126人，其中调往县外66人，从县外调入14人，县内调配46人。1997—1999年，从非师范类大中专毕业生中招录22名为乡镇国家公务员。

2000—2003年，县共招录公务员31名。2004年，新录用公务员16人。2006年，招录公务员3名。2008年招录公务员19名。2009年招录公务员35名。

2010年招录公务员78名，其中：县直机关30名、乡镇机关30名、参公事业单位18名。2001年，办理干部职工流动37人，其中，干部10人，调往县外4人，县内调整6人；工人27人，调往县外11人，县内调整16人，经省人事劳动保障厅招录的大中专毕业生安置4人。2003年，办理干部调动手续29人，其中县调出5人，县外调入5人，县内互相流动19名，办理工人调动手续100名，调出5名，县外调入4名，县内互相流动91名。接收大中专毕业生档案95份。2004年，办理干部调动手续57人，办理工人调动手续145人。2005年，办理干部调动手续42人，办理工人调动手续91人。2006年，招聘中小学教师32名，办理干部调动手续3名，办理工人调动手续11名。2007年，办理职工调动手续116人，其中干部38人，工人78人。接收大中专毕业生档案138宗。2008年，接受大中专毕业生280人。2009年，招收事业单位工作人员255名，其中：新招录教师195名，新招录基层卫生医务人员60名；做好乡（镇）机构改革。根据省政府《关于在全省开展农村综合改革的通知》和《昌江黎族自治县乡镇机构改革工作方案》精神，结合各乡（镇）实际，县人力资源和社会保障局拟定的《昌江黎族自治县2009年公开竞岗和社会事务服务中心工作人员方案》和《昌江黎族自治县乡镇各站所在职自筹工资人员分流实施方案》经县政府第十三届35次常务会议通过。全县乡（镇）各站所及工勤在职人员204人，其中符合法定年龄退休人员15人，实存189人（其中：财政全额工资111人，定额工资4人，自筹工资74人）。按照《昌江黎族自治县乡镇机构改革工作方案》和县编委核定乡（镇）“两个”中心编制160人，除去当前乡（镇）各站所财政 全额工资111人，尚有49名编制。经研究决定从乡（镇）各站所及在职工勤的自筹工资人员中进行竞岗。采取多种渠道，帮助企业引进紧缺类专业人才50多人。2010年，乡（镇）机构改革。8个乡（镇）均设立了社会事务服务中心和农业服务中心，编制总数为160名。同年，根据《昌江黎族自治县社保费征管及地税农税体制调整改革总体方案》要求，县人力资源和社会保障局制定了《昌江黎族自治县社保费征管及地税农税体制调整改革人员划转安置工作方案》。做到“三个不增加”，即不增加机构、不增加人员、不增加财政负担。人员安置工作遵循“统一部署、分级负责、有序推进、积极稳妥”的原则，充分利用现有人力资源，通过人员清理、划转和安置等办法，全面实施公务员制度，优化队伍结构，提高队伍素质，截至10月28日，人员划转工作全部完成，划转人员47人，通过省公务员局空编考录，符合空编考录的34人，全部考试通过。

八、干部与公务员管理

过渡公务员考试。1993年10月1日施行《国家公务员暂行条例》。1996年，在党政机构改革完成的基础上，做好县级机关公务员过渡的各项工作。全县共举办公务员过渡培训班3期650人，完成党政机关及人大、政协550名工作人员的过渡考试，及格率达98.18%，全县应分流人员294人，分流到企事业单位178人，占应分流人员的60%。1997年县党政机关25个单位409名工作人员过渡为国家公务员。

公务员管理。2007年，县加强公务员队伍建设。按省公务员法实施的统一部署，县人事劳动保障局与县委组织部、县编办开展对全县公务员调查摸底核实。全县各级党委、人大、政协、法院、检察院、民主党派和群众团体、工商联机关的公务员登记由县委组织部负责。县人事劳动保障局负责全县各级行政机关的公务员登记工作。经省人事劳动保障厅批准，全县20个行政机关单位的547人进行了登记。经省人事劳动保障厅批准，县档案局等23个事业单位列为参照公务员法管理的单位。2008年，做好全县部分参照公务员法管理的事业单位过渡审批工作，将县社会保障局等23个具有公共事务管理职能、使用事业编制，由国家财政负担工资福利的事业单位列入参照管理的范围。同年，全县已有23个事业单位经省人事劳动保障厅审批给予参照公务员法管理，其工作人员符合条件的，经省人事劳动保障厅批准后才予以登记。年底，公务员登记160人。2009年，贯彻 实施《公务员法》，对使用行政编制的群团机关、法律法规授权和具有公共事务管理职能的事业单位，做好参照公务员法管理审核报批工作；组织批准单位符合条件人员进行培训、考试和考核，稳妥做好人员登记工作，并建立公务员日常登记制度。开展公务员初任培训，培训2008年度新录用公务员19名；组织全县1120名国家公务员进行“法律进机关”培训考试；鼓励公务员参加在职学历考试、资质培训考试。完善公务员年度考核办法，建立公务员竞争激励机制、进出机制和廉政约束机制，公务员管理规范化、科学化和制度化。2003—2007年，考察任免股级干部200名。

1995—2007年昌江县公务员职务任免表

表 19-1-1

年份	调配干部（人）	调配工人（人）	考察任免股级干部（人）
1995	75	—	—
1997	30	126	—
2001	10	27	—
2003	29	100	45
2004	57	145	62
2005	42	91	55
2006	3	11	—
2007	38	78	38

公务员培训。1992年，举办新进国家干部队伍人员入门培训班，参加培训学习的干部119人。1995年，根据省人事劳动厅的指示精神，举办第三期新进国家机关队伍人员入门培训班，受训人员317人，还举办一期国家公务员基础知识骨干培训班共103人参训。1997年，举办乡（镇）一级工作人员过渡为国家公务员培训班2期410人次，举办职位说明书培训班1期75人。2007年，组织全县公务员及参照公务员法管理的单位工作人员1120人参加公务员公共服务能力考试，合格率达100%，考试成绩优良以上的达95%。2008年，培训新录用公务员19名；组织县1120名国家公务员"法律进机关"培训考试。2010年，县人力资源和社会保障局与县法制办联合举办新招公务员上岗培训及法律知识考试，新招录的78名公务员考试成绩均在90分以上。

九、事业单位、专业技术人员管理

1993年，县进行汽车驾驶行业的工人技术等级评聘工作，经过严格的应知、应会考试、考核，报省有关部门批准，有多名驾驶员取得中高级合格证书。1994年，搞好专业技术人员职务评聘工作。1996年，根据省政府办公厅文件精神，县呈报4名专家参加省优秀专家评选，县农业技术服务中心的谢益标获省有突出贡献优秀专家称号。1997年，专业技术干部职评聘，有3名获得副高级任职资格，105名获得中级任职资格，231名获得初级专业技术人员的任职资格。1999年，对专业技术人员进行考核，参加考核的企事业单位64个，2189人。通过考核，349人优秀，1840人合格，考核合格率达100%。2000年，对68个企事业单位2660人进行专业技术人员考核，395人优秀，2261人合格，合格率达99.8%。2001年，对县企事业64个单位2444人进行专业技术年度考核，377人被评为优秀，2067人被评为合格，合格率100%。2004年，组织职称外语考试报名118人，经济类资格考试报名 52 人，职称计算机培训考核 30 人，合格率 100%，年度申报评定农民工职称 75 人，其中有 50 人通过职称评审。2006 年，全年评审取得专业技术资格 97 人，组织各类资格考试人员 92 名，取得资格证书 59 人。2007 年，评审专业技术资格人员 67 名，组织各类资格考试 88 人，取得资格证书的 61 人。2008 年，组织全县经济类职称考试报名，有 72 人报名参加初级、中级职称考试。2008 年，制定《昌江黎族自治县事业单位岗位设置管理工作方案》，报县政府审批。与海钢公司联合举办计算机等级培训班，共有 113 人报名参加培训考试，107 人取得合格证书。组织全县经济类职称考试报名，有 72 人报名参加初级、中级职称考试。对 20 名大中专毕业生进行资格认定，批准成立教育系统和工程类两个评委会，对全县 5 个具有初级资格的专技人员进行评定。此后，每年都对新招录的人员进行培训。

十、部队转业干部安置

20 世纪 90 年代以来，县军转办每年都提前做好调查摸底和安置准备工作，按照“合理使用、妥善安置、参考原职务和本人意愿”原则，妥善做好军转干部安置工作。1991—2010 年，全县做好企业军转干部稳定工作。积极筹措资金，保障企业军转干部生活困难补助资金到位。全县共有企业军转干部符合生活补助条件 62 人，年内支出补助金额 47.251 万元。

第二节 劳 动

一、劳动再就业

随着市场经济和机构改革，劳动就业和失业再就业压力增大，县制定相关工作方案和措施，按照扶持就业和再就业方向，分步实施，有序安排，不断拓宽就业再就业渠道。出台一系列扶持政策帮助下岗失业人员再就业。2005 年，领取再就业优惠证 84 个，下岗失业人员再就业 366 人，再就业培训 650 人，办理失业登记 965 人。2006 年 12 月底，全县在册登记的下岗失业人员有 3037 人，实现再就业 2295 人，再就业率达 75%。同年，培训下岗失业人员 612 名，下岗失业人员再就业 459 名，援助“4050”人员再就业 67 名，办理失业登记人数 110 人。2007 年，实现新增就业岗位 1652 人，安排失业人员 348 人，失业再就业 413 名，2008 年，新增就业岗位 1679 个，完成省下达昌江县目标任务的 195%；培训下岗失业人员 446 名，完成省下达昌江县目标任务的 103%；下岗失业人员再就业 467 名，完成省下达该县目标任务的 133%；援助“4050”人员再就业

120 名，完成省下达该县任务的 141%。办理失业登记人数 130 人，城镇登记失业控制率 1.4%。2009 年，全县城镇新增就业人员 2256 人，完成全年任务的 265%；城镇失业人员再就业 512 人，完成全年任务的 146%；援助“4050”人员再就业 107 名，完成全年任务的 125%。办理失业登记人数 326 人，城镇登记失业控制率 1.7%；开发公益性岗位 260 个。2010 年，实现新增就业岗位 1962 个，完成下达目标任务的 163%；下岗失业人员再就业 634 名，完成下达目标任务的 105%；援助“4050”人员再就业 207 名，完成下达目标任务的 138%。全县通过新上项目和续建工程开发就业岗位 1560 个，围绕县城市道路改造竣工及石碌河整治工程开发公益性岗位 273 个，解决就业困难人员就业。完善援助长效机制。将零就业家庭就业援助作为重点，全年安置 20 户零就业家庭 23 人就业。办理失业登记人数 323 人，城镇登记失业控制率 1.0%；集中对 200 名失业人员、新成长劳动力开展以短期为主的技能提高培训、转岗专业培训和储备性技能培训。

二、工资福利

1992 年，先后为县国家机关、事业单位工作人员和退休人员调整工资。1994 年，根据省人事劳动厅的文件精神，搞好县党政机关、事业单位工作人员工资套改工作，共办理工资套改 5389 人。同时，解决 45 人的工龄问题。1995 年，共办理晋升职务工资 557 人，办理晋升级别 285 人，办理浮动工资 93 人。1996 年，按省人劳厅文件精神，办理正常晋升职务工资 4724 人，办理正常晋升级别工资 223 人；救济特困职工 268 名，发放救济金达 9 万元。1997 年，办理职工正常晋升工资 578 人，办理从企业调入机关事业单位重新确定工资 65 人，审批大中专毕业生转正定级工资 195 人，机关事业单位之间人员调动重新确定工资 125 人，办理退休职工手续 153 人。1998 年，共办理行政事业单位工作人员提高工资标准 4720 人，月增资 170913 元。办理正常晋升工资档次 3907 人，月增资 180829 元。1999 年，根据省政府文件精神，调整县机关、事业单位工作人员工资标准 4742 人，其中机关单位 1291 人，月增资 267177 元；事业单位 3360 人，月增资 637262 元；离休人员 91 人，月增资 32039 元。

2000 年，审批各单位退休人员 71 人，核实职工死亡扶养家属 21 户 30 人，承办退休人员申请建房修缮费 16 人 3.2 万元，审批职工死亡抚恤金及补发套改工资 20 人 194826 元，办理大中专毕业生转正定级工资 185 人。2001 年，审批各单位退休人员 121 名，办理大中专毕业生等正常转正定级 95 人；为县行政事业单位干部职工及离退休人员提高工资标准 5393 人，月增资 92 万元，其中：行政 1250 人，月增资 22 万元；事业 3126 人，月增资 54 万元，离退休 1017 人，月增资 16 万元。2002 年，审批各单位退休人员 118 名，核实职工死亡抚养家属 13 户 25 人，承办退休人员申请建房修缮费 15 人。

为机关、事业机关工作人员增加工资和离退休人员增加离退休费5545人。其中：机关单位1500人，事业单位2855人，离休干部90人，退休人员1100人。2003年，办理正常晋升级别、职务工资616人，办理职务、称职调整工资、调动工作人员重新确定工资、转正定级工资67人，办理机关、事业、企业单位干部职工退休手续143人，办理机关事业单位工作人员死亡后遗属抚养费29人。2004年，办理机关事业单位工作人员及离退休人员5855人的工资调整，其中在职人员4556人，离退休人员1299人，人均增资64元，正常晋升职务档次工资3549人，晋升级别工资185人，办理机关、事业、企业单位干部职工退休180人；办理死亡干部职工遗属扶养费27人。为企业军转干部31人（包括省属企业）办理生活困难补贴，全年发放补助金约13万元。

2005年，办理正常晋升职务档次工资655人，晋升级别工资130人，审批干部职工退休221人，为死亡干部职工家属办理抚养费36人。企业军转干部生活困难补助31人，补助金金额32万元。2006年，办理正常增资180人，审批干部职工退休258人，为死亡干部职工23人办理遗属抚养费，为企业军转干部32人发放生活困难补助款33万元。2007年，完成县机关事业单位干部职工5300多人的工资套改工作；办理干部职工退休手续280人。为28名已故人员办理了安葬费、抚恤金，其中15名遗属办理生活困难补助。2008年，办理工资变动手续6532人次；办理抚恤金、安葬费17人；办理遗属生活困难补助6人；办理退休手续160人。

2010年，根据《人力资源和社会保障厅财政厅卫生厅关于印发海南省公共卫生与基层医疗卫生事业单位绩效工资实施意见的通知》精神，制定出《昌江黎族自治县公共卫生与基层医疗卫生事业单位绩效工资实施意见》和《昌江黎族自治县事业单位绩效工资实施方案》，并于年底在全县公共卫生与基层医疗卫生事业单位和机关事业单位执行绩效工资。

三、劳动管理

（一）劳动合同签证、监察与仲裁

1991年始，县劳动争议仲裁委员会加强劳动合同管理，开展劳动合同鉴证工作。1997年，劳动争议调解委员会建立，加强对劳动争议的调解工作。

1999年，审查通过集体合同2个单位，审核6个劳动规章制度，鉴证劳动合同654人。2000年，审查135个劳动用工单位，在抽查的22个用工单位中，补发拖欠职工工资3980元，补发劳动合同250份，鉴定劳动合同568份，受理劳动争议案件3宗。2001年，对20个用工单位进行抽查，补发拖欠职工工资4280元，补签劳动合同280份，鉴定劳动合同1364份；受理劳动争议案5宗。2003年，签订劳动合同5860份（其中续约合同

5700份），受理劳动争议案件8宗，受理申报因工伤事故共18起（人），已认定17人，监察各类用人单位167个，其中国有单位37个、集体单位22个、私营个体工商户108个，涉及从业人员201227人。查处拖欠工资案件5宗，涉及从业人员11人，金额5.2万元。2005年，有48个单位签订、补签、续签劳动合同2341份，受理劳动争议案7宗，接受投诉拖欠工资案件19宗、立案14宗，结案11宗，追回被拖欠工资款14.52万元，涉及劳动者135人，受理申报因公伤亡事故24宗，受理伤残人申请劳动能力鉴定10人。2006年，接受投诉拖欠工资案件11宗，立案7宗，结案5宗，追回拖欠工资6.3万元，涉及劳动者26人。对212家用人单位实施劳动检查，涉及从业人员5589人，督促补签劳动合同524份，督促11个在建项目建设单位和施工单位缴交农民工资保证金53万元，对检查的单位发出限期整改通知书31份，询问通知书11份，行政处罚2个单位，处罚金9040元。

2007年，签订劳动合同2300份，受理劳动争议案12宗，其中2宗经调解达成协议，6宗审理结案，4宗转至2008年处理。裁决被诉人支付拖欠的工资8.01万元，支付伤残补助金4.9万元。抽查212个用工单位，涉及从业人员5589人，维护农民工利益，共为农民工追回拖欠工资96.4万元。全年有11个在建项目，建设单位和施工单位共缴交农民工工资保证金53万元。2008年，推动各类用人单位依法与劳动者签订劳动合同，加大集体劳动争议的处理力度。补签劳动合同1054份，受理争议案件16宗，涉案人员59人，其中1宗经过细致工作，双方达成和解协议；仲裁委员会立案15宗，涉案人员53人，开庭审理结案15宗，结案100%；受理申报因工伤亡事故10起，其中工伤7起，不予认定2起；受理伤残人员申请劳动能力鉴定5人，其中1~6级非工伤1人，7~10级工伤4人。

2009年，受理劳动争议案件21件，其中调解处理18件，裁决3件，调解率达到85.7%；劳动争议案件处理涉及经济80万元，为劳动者挽回经济损失10多万元；受理劳动监察案件26件，其中调解处理23件，立案3件，案件调解率达到88.46%，结案率为100%。全年为86名企业职工追回被拖欠工资16.44万元。完成工伤认定13件，调解处理3件。全县劳动合同签订率85%；劳动争议案件结案率为100%；劳动监察案件结案率为100%。组织贯彻实施《中华人民共和国劳动合同法》专项检查活动，联合县总工会，对全县企业贯彻实施《中华人民共和国劳动合同法》情况进行专项检查，检查企业12家，涉及企业职工1800多人，督促用人单位签订劳动合同563份。2010年，劳动保障专项检查各类用人单位206户，其中建筑业37户，住宿和餐饮业147户，采矿业14户，种（养）业8户，涉及农民工2146人。督促69户用人单位与782名农民工签订劳动合同，112户用人单位为农民工建立花名册并进行劳动用工备案，查处违法案件6起，涉及农民工78人，全县农民工劳动合同签订率由66.6%提高到91.8%。各类劳动争议案件结案率达到100%。

（二）安全监察

1998年，开展多种形式的“安全生产周”活动。2000年，开展第十次“安全生产周”活动，悬挂宣传横幅，出动宣传车，发放宣传安全生产常识，举办交通安全法规讲座等方式，使5000多人次受到了教育。2002年，贯彻“安全第一，预防为主”的方针，对重点部门、重点部位、重点危险源，加大检查和防范力度，制定公众聚集场所安全消防、非煤矿山安全生产、交通运输安全、建筑行业、危险化学品等专项整治方案并认真组织实施。10月15日组织召开了全县性的安全生产工作会议。出动宣传车10辆次，电视宣传3天，悬挂横额200条，组织安全生产大检查4次，2002年，加强交通稽查执法，在太坡和太坡高速公路立交桥出口处设立两个稽查点，安排人员轮流值班，全年出动执法人员上千人次，严肃查处超载、客货混载等违章车辆900多辆次，查获报废车辆21辆，强制报废车辆14辆，同时制订了二轮摩托车的专项整治工作方案，坚决取缔二轮摩托车参与城区拉客经营，全县客运秩序好转。2008年7月底，全县共督查各类企业1628家，占企业总数的54.3%，排查出隐患1761项，已整改1501项，占85.5%，未整改260项，占14.5%，落实整改资金约14454.9万元。12月底，对全县2768个企业隐患排查治理，查出各类隐患3597项，治理整改3339项，整改率为92.8%，未整改258项，占7.2%。打击取缔非法营运车辆374车次，船舶2艘次，取缔非法开采矿山3个。全县发生各类安全生产事故52起，同比下降10.3%；死亡13人，同比下降13.3%；受伤50人，同比下降19.4%；造成直接经济损失110.49万元，同比下降21.2%。其中，工矿商贸事故11起，同比下降54.2%；死亡2人，同比下降50%，受伤11人，同比下降47.6%；直接经济损失106.2万元，同比上升53.9%。铁路交通事故1起，死亡1人。道路交通事故25起，同比下降10.7%；死亡10人；受伤40人，同比上升5.3%；直接经济损失3.4万元，同比下降83%。消防火灾5起，同比上升200%；直接经济损失1.89万元，同比下降96.2%。较大事故1起，与省下达指标持平，同比上升100%。此外，危险化学品、水上交通、易爆物品、烟花爆竹、食品卫生、建筑施工、特种设备、农机和学校等行业和领域保持了零事故。2009年，全县共有2121家企业参加隐患排查治理，共查出各类隐患3724项，其中已整改3462项，占93%，未整改262项，占7%。全县共发生各类安全生产事故64起，同比上升25.5%；死亡23人，同 比上升76.9%；受伤72人，同比上升2.8%；造成直接经济损失242.58万元，同比上升112%。其中，工矿商贸事故11起，同比下降 26.6%；死亡 4 人，同比上升 100%，受伤 11 人，同比下降 26.6%；直接经济损失 123 万元，同比上升 15.8%。铁路交通事故 1 起。道路交通事故 40 起，同比上升 30%；死亡 18 人，同比上升 3.3%；受伤 61 人，同比上升 10.9%；直接经济损失 11.34 万 元，同比上升 83.2%。消防火灾 12 起，同比增加 7 起；直接经济损失 101.7 万元，同比增加 99.85 万元。较大事故零起，同比下降 100%。此外，危险化学品、水上交通、民爆物品、烟花爆竹、食品卫生、特种设备、农机和学校等行业和领域保持零事故。工矿商贸事故直接经济损失上升，国投三期“7 · 10”事故赔偿 48 万元、10 月 3 日华盛水泥厂皮带廊火灾直接经济损失高达 100 万元。工矿商贸死亡事故 4 起，死亡 4 人。

2010 年，县政府与 8 个乡（镇），37 个县政府职能部门，45 个主要企业签订了“安全生产责任书”。各乡（镇）政府、机关单位、厂矿企业与下属单位签订责任书。全县共有 4595 家企业开展自查自改，共查出各类隐患 5137 项，其中已整改 4828 项，整改率 94%，未整改 309 项，占 6%。全县的安全生产形势较为平稳，各类生产安全事故统计四项指标表现为“两降两升”。全县共发生各类安全生产事故 95 起，同比上升 10.5%；死亡 18 人，同比下降 18.2%；受伤 85 人，同比下降 7.6%；直接经济损失 456 万元，同比增加 220 万元。其中，工矿商贸事故 29 起，同比下降 14.7%；死亡 6 人，同比上升 50%；受伤 23 人，同比下降 25.8%；直接经济损失 226.8 万元，同比增加 103.8 万元。铁路交通事故 0 起，死亡 0 人，比省下达指标少死亡 1 人。道路交通事故 46 起，同比上升 15%；死亡 12 人，同比下降 33.3%；受伤 62 人，同比上升 1.6%；直接经济损失 8.25 万元，同比减少 3.09 万元。消防火灾 20 起，同比上升 66.6%；直接经济损失 220.95 万元，同比增加 119.21 万元。无较大事故。此外，危险化学品、水上交通、民爆物品、烟花爆竹、食品卫生、特种设备、农机等行业和领域保持了零事故。其中，工矿商贸死亡事故 6 起，死亡 6 人，造成社会影响较大的火灾事故 1 起，火灾直接经济损失 211 万元。

（三）加强应急管理体系建设。

2010 年，完善全县各类应急救援预案的编制工作，制订修编应急预案 201 个。全县有 13 家规模以上企业组建应急救援队伍，人数达 806 人，各企业的应急救援队伍也适时组织演练。8—9 月份，组织海南矿业公司和华润（昌江）水泥有限公司参加首届全国安全生产应急救援技能大赛海南赛区的初赛，海矿公司的袁昌林通过初赛并代表海南参加在柳州举办的全国比赛，获得晋级赛第八名的成绩。昌江投资 100 万的应急指挥中心安装完毕并开始工作。

四、农村劳动力转移输出

2006年年底，农村劳动力转移输出13153人，2007年，农村劳动力转移就业4934人。劳动部门每年都举行两次就业技能培训，85%的人员都能适应劳动力转业就业工作。劳动转移转让拓宽了再就业新途径。2009年，农村劳动力转移就业5219人，完成全年任务的157%。

第三节 社会保障

一、社会从业人员养老保险

1992年，昌江县社会养老保险制度开始实施，缴付保险费逐年增加。2000年，全县677名下岗职工和2660名离退休人员的基本生活费和养老保险金都能足额和按时发放。2003年，征收养老保险费2135万元，全县参加养老保险的企事业单位离退休人员2655人，其中离休45人，足额发放养老金3359万元。2004年，征收养老保险费2512万元。2005年，征收养老保险费2651万元。全县发放养老金2585万元，并争取到省社保局的支持，把从1995年7月至2000年12月拖欠企业退休人员的养老金全部解决。2006年，征收养老保险费3162万元。2007年，征收养老保险费3501万元。全年发放养老金3652万元。2009年，全县城镇居民基本医疗保险参保总人数为31973人，完成任务数38498人的83.05%，其中成年人21018人（含低保3443人，重残78人，低收入老年人19人，其他困难人员60人），未成年人10955人（含低保761人，重残11人，其他困难人员6人），占应参保人的91.3%。做好农垦系统移交社会保险关系后离退休人员领取养老金资格指纹认证管理工作。截至12月底，采集农垦系统的离退休人员指纹验证的信息资料和录入电脑2000多人，并确认了其领取养老金资格，占农垦移交的离退休人员的80%。2010年年底，全县从业人员参加养老保险23681人（含海南钢铁公司、海南矿业股份公司），其中，企事业参保单位388个，与上年同期相比持平；有参保职工16528人，与上年同期15876人相比增加656人，增长4.13%；缴费人数13628人，与上年同期相比增加58人，增长0.43%。

二、农村社会养老保险工作

1995年3月，设立县农村社会养老保险局，县政府拨出5万元作为农村社会养老保险制度正式实施运行的启动资金，1996年8月，全县12个乡（镇）均设立了“农村社会养老保险站”。各村（居）委会配备了代办员，全县农村社会养老保险制度正式实施运行。2004年，县政府制定了《昌江黎族自治县农村社会养老保险暂行规定》《昌江黎族自治县村级组织干部参加农村社会养老保险暂行规定》。并以昌化镇为试点，开展工作。县计划生育局还为全县的159名纯女户交缴养老保险金，每户500元。2005年，全县农村养老保险工作全面铺开。2006年，全县农村共有2635名人员参保，有162名满60岁的农村老人领取了养老金。2007年，根据《海南省人民政府办公厅关于做好被征地农民就业培训和社会保障工作的通知》精神，对全县范围内被征地情况进行了解，以便制定出适合该县实际情况的被征地农民的养老保险实施意见。县人口和计划生育局为全县的102名纯女户交付养老金，每户1000元。截至年底，全县共有2737名人员参保。

2008年，全县农村参保人员有2751名，其中新增参保人员14名，收缴保费14000元，有157位农村老人领取了养老金，年内发放养老金22040.3元。2009年，全县参保人员有2765名，其中同年新增参保人员14名，收缴保费14000元，有182位农村老人领取了养老金，有71人因故退保，全年发放养老金17780.3元。由于现行的农村社会养老保险制度以农民投保为主，养老金的发放以收定支，待遇支付水平低，养老金靠存银行本金利息增值发放，造成农民参保的积极性不高，制约了农村社会养老保险事业的发展。为了尽快把农村社会养老保险工作向前推进，让广大农民自觉摒弃“养子防老”的思想，树立依靠政府“参保养老”理念，农民参保觉悟有较大提高。农村保险累计参保人数2737人，应缴保费150万元，其中村干部参保人数410人，应缴保费40万元，全县共有162人定期领取养老金。

2010年10月，昌江开始启动实施新型农村社会养老保险（简称“新农保”）试点工作。全县符合参保年龄（16~59岁）的农业人口有58835人，60岁以上的农业人口有14308人。其中，特殊人员有7577人。昌江新农保试点工作取得显著成效，符合条件的农村60岁以上老人14308人，全部按月发放基础养老金，发放率100%，发放基础养老金474.5475万元；全县16~59岁符合参保条件58835人，实际参保53885人，参保率达到91.08%，完成“新农保”参保对象信息录入53885人，缴费金额达640.2720万元。同年，县财政预留了150万元作为“新农保”参保人员县政府补贴资金。全县原有的“老农保”参保人员2790名，其中同年新增参保人员8名，收缴保费8000元，有235位原参加“老农保”的农村老人顺利领取了养老金，有74人因故退保，全年发放“老农保”养老金35021.4元。

三、医疗保障

2000年12月，昌江县建立实施城镇从业人员基本医疗保险制度。2008年，建立实施全县城镇居民基本医疗保险制度，截至2010年，参加基本医疗保险27011人。

城镇居民基本医疗保险的缴费为：成年人90元/年，未成年人30元/年，优抚对象、低保户及重度残疾人员免收费，非重度残疾人员减免一半缴费。2000年参加城镇从业人员基本医疗保险8737人。2003年，175个单位参加医疗保险，参保人数10753人。征收医疗保险费732万元，2004年，征收医疗保险费986万元，医疗保险支出667万元。2005年，征收医疗保险费2170万元，医疗保险支出853万元。2006年，征收医疗保险费1219万元，医疗保险费支出861万元。2007年，征收医疗保险费1390万元。医疗保险费支出866万元。2008年参加城镇居民基本医疗保险保险20278人，2009年，全年支付居民医保基金170万元，有1300参保人享受到居民医保待遇;2010年，参加城镇从业人员基本医疗保险的单位282个，与上年同期273个单位相比增加9个，增长3.3%，参保人员2010年参加基本医疗保险27011人，其中，在职19050人，退休7961人，与上年同期相比21935人增加3440人，增长15.68%。城镇居民基本医疗保险工作。全年参加城镇居民基本医疗保险人员31111人，完成任务的92.4%。

四、工伤保险

1998年，建立实施全县工伤保险制度，同年参加工伤保险3821人，截至2010年参加工伤保险25352人，并在2009年作为海南唯一一个全国少数民族自治县试点县，圆满完成工伤保险工伤预防的试点工作；2010年，参加工伤保险有14801人，与上年同期13952相比增加1048人，增长7%。全县工伤（亡）认定25人(2009年跨2010年工伤认定的15人)2010年实际工伤认定10人，工亡0人，与上年同期18人相比减少8人，同比减少56.0%。工伤保险由从业人员单位分别按一、二、三类风险行业实行不同的工伤保险缴费费率，缴费费率分为：列为一类风险行业的缴费费率为0.5%；列为二类风险行业的缴费费率为1.0%；列为三类风险行业的缴费费率为1.5%。其中受金融风波影响，2010年费率分别从0.5%、1.0%、1.5%下降为0.2%、0.7%、1.2%。2003年，征收工伤保险费33万元。2004年，征收工伤保险费35万元。工伤保险费支出18万元。2005年，征收工伤保险费42万元，工伤保险费支出20万元。2006年，征收工伤保险费85万元，工伤保险支出33万元。2007年，征收工伤保险费98万元，工伤保险费支出46万元。

五、生育保险

2007年，昌江县建立并实施生育保险制度，同年参加生育保险8073人，征收生育保险费54万元。2009年，参加生育保险的人员有13385人，与上年同期13091人相比增加294人，增长2.25%。截至2010年，参加生育保险13943人。

2008—2010 年昌江县社会参保情况图

图 19-1-1

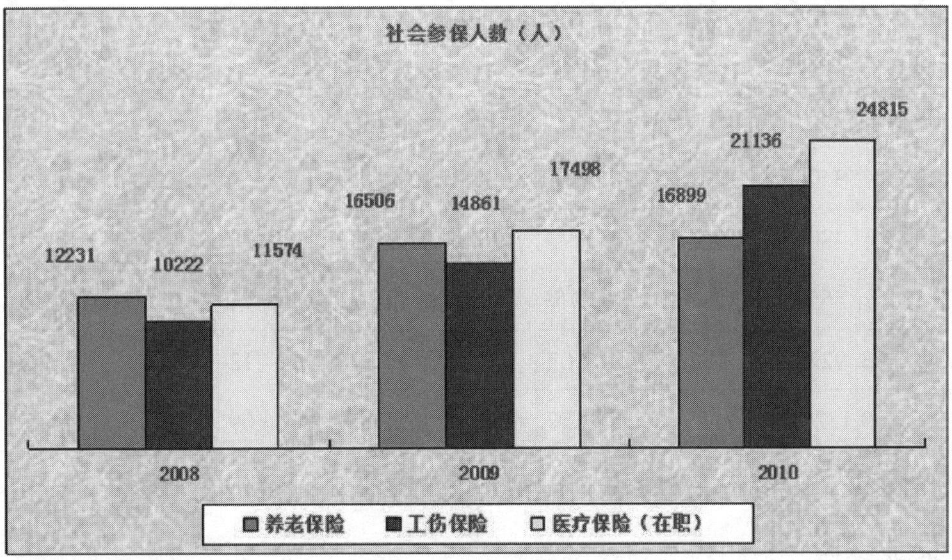

注：不含海南钢铁公司、海南矿业股份公司等

1991—2010 年昌江县社会保险基金收支情况一览表

表 19-1-2　　单位：万元

年度	城镇从业人员基本养老保险		城镇从业人员基本医疗保险		工伤保险		生育保险		城镇居民基本医疗保险	
	收入	支出	收入	支出	收入	支出	收入	支出	收入	支出
1991			—		—		—			—
1992	440.70	290.85	—		—		—			—
1993	529.00	764.00	—		—		—			—
1994	593.78	547.96	—		—		—			—
1995	1102.71	1019.88	—		—		—			—
1996	946.81	1065.03	—		—		—			—
1997	1208.99	1302.00	—		—		—			—
1998	1230.84	1364.22	—		9.87	1.12	—			—
1999	1689.39	1653.47	—		15.20	11.43	—			—
2000	2019.97	1786.03			24.79	2.72	—			—
2001	1601.69	1646.15	475.74	131.98	28.15	23.98	—			—
2002	2214.06	2481.11	334.98	239.18	27.06	9.93	—			—
2003	3138.42	2902.37	766.30	740.88	31.83	25.10	—			—
2004	3008.98	2746.81	986.97	847.12	37.69	31.21	—			—

表 19-1-2 续 1

年度	城镇从业人员基本养老保险		城镇从业人员基本医疗保险		工伤保险		生育保险		城镇居民基本医疗保险	
	收入	支出	收入	支出	收入	支出	收入	支出	收入	支出
2005	3082.41	2827.15	2166.00	852.73	39.76	22.01	—			—
2006	4281.68	3400.96	1209.69	1024.39	93.92	40.68	—			—
2007	6689.59	4805.71	1964.18	1168.93	196.15	56.28	69.19	4.63		—
2008	7158.76	5657.10	2230.09	987.75	169.55	113.23	105.74	14.10	230.20	30.48
2009	10906.83	9228.52	3692.89	2407.02	202.12	175.70	127.12	24.29	423.66	173.00
2010	15023.69	13212.98	4416.40	2723.57	250.85	211.59	143.09	36.13	554.57	311.04

注：如用—标注则是同年未建立该项社会保障制度

六、失业保险

2003 年，全县征收失业保险费 164 万元。2004 年，征收失业保险费 176 万元。2005 年，征收失业保险费 261 万元，发放失业保险金 240 万元。2006 年，征收失业保险费 225 万元，2007 年，征收失业保险费 403 万元，失业保险费支出 130 万元。

第二章 民 政

第一节 机 构

1991 年，县民政局内设机构有综合管理优待抚恤、烈士褒扬、退伍安置、救灾救济、社会福利、福利彩票、婚姻登记，孤儿收养、社团组织、基层政权建设、行政区划勘界、老区建设等 12 个股室。1995 年，设立县农村社会养老保险局，隶属民政局副科级事业单位，定编 5 人。2002 年，成立县城镇居民最低生活保障办公室。同年，撤销隶属于县民政局的县农村社会养老保险局，移交县农村社会养老保障局。2004 年 3 月，设立县流浪乞讨人员救助站，隶属县民政局的股级事业单位，定编 6 人。2008 年，革命老区建设职能工作，划归县扶贫办，撤销老区股。2010 年，县民政局内设办公室、救灾、社会救助、优抚、社会组织管理、基层政权建设、社区建设、退伍安置、双拥工作、社会福利、社会事务、地名管理等 9 个职能岗位，人员编制为行政编 12 名。

第二节 婚 姻

1991 年，全县准予登记办理结婚手续的有 960 对，办理离婚手续的有 18 对，办理涉港澳台及外国结婚登记 11 对，离婚登记 2 对。

1996 年，婚姻登记管理体制，将全县乡（镇）、街道办事处办理结婚姻登记集中到县民政局办理，婚姻登记更规范化。同年 4 月，开始在全县范围内用 3 年时间全面开展清理违法婚姻补办结婚姻登记工作。截至 1999 年 4 月，3 年间按政策共补办结婚登记 7497 对。

2000年，全县办理结婚登记手续975对，办理离婚手续45对，办理涉港澳及外国结婚登记7对，离婚登记2对。第五次全国人口普查，全县20周岁以上适婚人口12890人。未婚人口2313人，占20周岁以上适婚人口的17.94%。已婚人口9599人，占20周岁以上适婚人口的74.46%。丧偶人数651人，占20周岁以上适婚人口的5.05%。离婚102人，占20周岁以上适婚人口0.79%。

2003年10月以前，婚姻登记由各户籍所在的乡（镇）、街道办事处的民政处办理，2003年10月以后，除昌化镇、海尾镇、乌烈镇、七叉镇外，其他乡（镇）的婚姻登记集中由设在县行政服务中心的民政局窗口办理。

2010年，第六次全国人口普查，全县20周岁以上适婚人口15050人。未婚人口2794人，占20周岁以上适婚人口的18.56%。已婚人口11215人，占20周岁以上适婚人口的74.5%。丧偶人数605人，占20周岁以上适婚人口的4.01%。离婚人数150人，占20周岁以上适婚人口的0.99%。全县准予登记办理结婚手续的有1527对，办理离婚手续的有131对。2010年第六次人口普查，全县有家庭户60202户，总人口223839人，家庭平均人口3.71人。

随着社会经济发展和社会的进步，婚姻观念发生变化，结婚年龄逐渐增加，条件要求和方式有所变化。1991—2000年，结婚要求有家具、电视机、电冰箱、橱柜、摩托车等，彩礼2~3万元。2001年以后，条件更高，要有房子、小汽车、空调等，彩礼3~5万元。结婚要求门当户对更甚。另一个变化是嫁娶外县、外省的增多，黎汉同婚也多起来。结婚礼仪也简化了。

1991—2010年昌江县婚姻登记情况统计表

表19-2-1　　单位：对

年份	内地婚姻登记		涉港澳婚姻登记		年份	内地婚姻登记		涉港澳婚姻登记	
	结婚登记	离婚登记	结婚登记	离婚登记		结婚登记	离婚登记	结婚登记	离婚登记
1991	960	18	11	2	1995	817	43	11	2
1992	1000	14	15	2	1996	952	40	12	2
1993	1016	17	10	1	1997	1136	42	9	3
1994	840	27	10	2	1998	858	33	5	3

表 19-2-1 续 1

年份	内地婚姻登记		涉港澳婚姻登记		年份	内地婚姻登记		涉港澳婚姻登记	
	结婚登记	离婚登记	结婚登记	离婚登记		结婚登记	离婚登记	结婚登记	离婚登记
1999	1335	41	7	1	2005	1100	87	7	1
2000	975	45	7	2	2006	1200	110	9	2
2001	963	46	5	2	2007	1695	124	12	2
2002	954	47	8	1	2008	1390	128	—	—
2003	1190	79	9	1	2009	2210	220	—	—
2004	769	85	11	3	2010	1521	150	—	—

第三节　农村基层自治建设

1991 年以来，以落实民民主选举、民主决策、民主管理、民主监督，“四个民主”为主要内容的村民自治建设，由点到面，由示范向普及发展，走上了法制化、制度化、规范化的路子。1992 年，组织基层干部群众学习村（居）民委员会组织法。全县 70% 的村建立健全了各项村务管理制度。1994 年前，基层政权组织设管理区建制。1995 年 7 月，撤销管理区建制，设立村（居）民委员会，全县共设有村民委员会 77 个。并从县直机关抽调工作组，深入全县 12 个乡（镇）174 个自然村，组织基层干部群众学习《中华人民共和国村民委员会组织法》（以下简称《村民委员会组织法》），依照国家颁布《中华人民共和国村民委员会组织法》，进行首届村（居）民委员会选举工作。村（居）委会每届任期 3 年。至 2010 年，昌江县共依法进行了六届村（居）委员会换届选举工作，选民参加选举率达 99.5%。1995 年，依照《村民委员会组织法》进行第一届村（居）委员会选举，依法选举产生村（居）委会主任 76 名，副主任 156 名，委员 197 名。1998 年，组织开展第二届（村）居委会换届选举，选出村居委会主任 76 名（浪炳村未能如期进行），副主任 156 名，委员 197 名，选民参加率为 89%，选举率达 96.5%。2001 年，全县依法进行第三届村（居）委员会换届选举工作，除海尾镇沙地村和南罗村未能按时完成外，全县68个村委会，7个居民委员会都按时完成，选举产生村（居）委会主任75名，副主任153名，委员192名。2004年9月，全县依法进行第四届村（居）委员会换届选举工作，选举产生村（居）委会干部班子城员453名，其中村委会主任76名，副主任76名，委员301名。2007年7月，全县进行第五届村（居）委员会换届选举工作，依法选举产生村（居）委会干部班子城员451名。其中村委会主任72名，副主任72名，委员307名。2008年，提出昌江社区服务建设项目建议方案。同年安排的项目有：昌江县石碌社区服务中心和东风社区等4个服务站，申请的5个项目总建设面积2000平方米，计划总投资380万元，其中申请中央预算内投资190万元，地方配套190万元。实施“昌江县地名数据库项目”建设，2007年县财政已拨15.7万元，2008年县安排20万元开展这项工作。年底该项目已投入使用，服务社会。2010年，全县依法进行第六届村（居）委员会换届选举工作，从5月初开始至9月10日结束，共选举产生村（居）委会干部班子成员453名，其中主任84名，副主任114名，委员255名。

第四节　优抚工作

1991年，全县安置城镇退伍兵若干名。1992年，拨款2500元，为城镇优抚对象提高物价补贴，人月增加6.8元。安置城镇退伍兵若干人，转业志愿军人1人。先后拨出专款3.2万元，帮助农村退伍兵解决困难及维修住房。1993年11月，全县“三属”（烈属、因公牺牲军人家属和病故军人家属对象127人定期抚恤金在原来的基础每月5元增加到10~30元，2名一等伤残军人的护理费由原来每月55元提高到每月90元。省、县拨款5.8万元，帮助一等伤残军人维修或重建住房。城镇义务兵家属优待金的优待面达91%，农村义务兵家属优待金的优待面达75%。介绍5名历年退伍兵农转非的退伍军人参加工作。拨出资金1.2万元，为农村退伍军人维修住房。拨款4.55万元为一名离休军官兴建一幢面积72平方米的楼房。1994年1月，全县127名“三属”的定期抚恤金在原来基础上每月分别增加20~35元；3月，全县革命伤残人员的伤残抚恤金、伤残保健金和“三属”的定期抚恤金在原来标准的基础上每月分别提高5~10元，9月，省、县拨款3.3万元，为在乡复员军人的定补在原来标准的基础上每月分别提高7~27元。同时，把抗日战争时期入伍的在乡孤老复员军人定补标准提高到60元，解决战争时期入伍的在乡孤老复员军人定补标准提高到55元。安置退伍军人若干人，完成任务100%。拨出2.8万元专款为 15 户农村退伍兵修理住房。

1996—1999 年，为农村义务兵家属发放优待金 45592 元，为城镇义务兵家属发放优待金 60480 元。7 月，从农村退伍兵中公开招聘 15 名担任县城治安联防队员。拨出 4 万元，为 35 名农村退伍兵解决住房困难。

2000 年，提高农村义务兵家属优待金，与城镇义务兵家属每户年优待金 240 元相等。拨出 32580 元，为 169 名伤残人员和“三属”人员提高抚恤、保健金补助标准。接收退伍兵 136 人。2002 年，累计发放优抚款 391129.4 元，为 524 名优抚对象解决定期抚恤问题。为孤老人员王某林垫付医疗费 2 万余元。接收退伍兵若干人。实行一次性经济补偿安置了 1995 年至 2000 年退役待安置的城镇退伍兵，补偿金额 126 万元。

2003—2007 年的 5 年，落实国家优抚政策，调整提高优抚对象的抚恤补助标准，全县共有烈属 120 人，军属 410 户，复员军人 265 人，伤残军人 63 人，老屋主 238 人，带病军人 5 人，累计发放优抚款 391129.4 元，解决了优抚对象 524 人的定期抚恤问题，提高标准累计金额 32580 元。

2008 年，严格执行标准，及时发放各种抚恤金、定期定量补助和现役军人优待金。全县共有优抚对象 557 人，其中，伤残 54 人，复员军人 154 人，烈属 125 人，其他 224 人，发放定期抚恤金累计金额 120 万元。做好“参战部队”退役人员生活补助金，经调查统计、审核、最终审定符合条件人员 223 人，按政策落实发放生活补贴 26.76 万元。2009 年，全县有重点优抚对象 551 人，其中，“三属”人员 122 人(含革命烈士家属 120 人、因公牺牲军人家属 1 人、病故军人家属 1 人)；革命伤残人员 54 人，在乡复退军人若干，优抚资金支出 322.33 万元，其中用于优抚对象抚恤补助 205.58 万元，临时生活救助 111.83 万元，优抚对象危房改造 4.92 万元等。

2010 年，做好农垦系统民政优抚安置职能移交接管工作。同年，将农村义务兵优待金标准由原来的 720 元 / 年提高到 3120 元 / 年。在抗日战争胜利 65 周年之际，按照国家有关文件精神，对昌江县 1937 年 7 月 7 日至 1945 年 9 月 2 日期间入伍的在乡抗日 28 名老战士每人发放 3000 元一次性生活补助，共计发放金额 8.4 万元。2010 年，落实各项优抚政策，维护优抚对象权益，及时提高优抚对象的抚恤补助标准，及时发放各种抚恤金、定期定量补助和现役军人优待金。全县有城乡义务兵家属 83 人，其中农村义务兵家属 57 人，累计发放抚恤优待金 79.9 万元。12 月底，全县共有各类优抚对象 578 人，其中，伤残 54 人，复员军人 154 人，烈属 125 人，全年发放定期抚恤金累计金额 250 多万元。同年，在抗日战争胜利 65 周年之际，根据国家文件精神，对 1937 年 7 月 7 日至 1945 年 9 月 2 日期间入伍，尚健在的在乡抗日老战士发放 3000 元一次性生活补助，全县共有28人，累计发放8.4万元。同年，全县享受定期抚恤金551名，其中烈属122名、牺牲军人家属2人；优待优抚对象548户，其中优待军属125户，享受定期补助378人。

1991—2010年昌江县优抚对象补助情况统计表

表19-2-2　　　　单位：人、元

年份	合计	其中						备注
		烈军属		复退军人	残疾军人	老屋主		
	发放金额	人数	发放金额	发放金额	发放金额	人数	发放金额	
1991	188438	132	98350	64350	20430	25	4850	
1992	206416	129	109030	68900	23456	25	5030	
1993	221166	128	118900	71710	25346	24	5210	
1994	230782	125	123200	75650	26345	21	5587	
1995	125777	124	12890	79850	27450	21	5587	
1996	247825	120	131120	81450	29480	21	5775	
1997	258415	116	138410	85310	31715	20	2980	
1998	270005	113	140110	89910	33835	18	6150	
1999	282730	112	148910	91540	35930	17	6350	
2000	301650	110	154330	101530	38940	16	6850	
2001	322230	109	165320	109240	40110	15	7560	
2002	364640	107	185520	128550	42350	15	8220	
2003	586347	118	256395	265616	55336	15	9000	
2004	562300	107	271740	217160	62400	12	11000	
2005	553470	109	279540	210000	62690	10	12840	
2006	554062	110	282140	199728	59390	10	12840	
2007	568563	125	320573	175760	59390	10	12840	
2008	568563	125	320573	175760	59390	10	12840	
2009	568563	125	320573	175760	59390	10	12840	
2010	568563	125	320573	175760	59390	10	12840	

说明：此表不含参战人员在内。

第五节 复退安置

一、退伍安置

农村籍的退伍兵安置工作。原则上“从哪里来，回哪里去”，各级政府和有关部门给予优惠，金融与科技等部门，从资金、技术、销售等方面优先为农村军人提供服务，为农村军人发展生产创造良好的环境和有利条件，使之安心农村，带头劳动致富。对部分有特长的技术兵可在城镇安置，1991—1994年，对农村籍的汽车兵、无线电信讯兵、卫生兵等，县劳动局按照县的实际情况给予安排少量就业指标。1995年，从农村籍退伍士兵中公开招聘15名充实县城治安联防队伍。1997年，安置35名农村籍退伍士兵到国投水泥厂当保安员。至2005年，全县接收农业户口退伍军人，在农村成为种养专业户的96人，在村委会一级担任干部49人。2010年，安置农村籍10名优秀退伍士兵到县内企业（公司）当保安。

城镇退役士兵和志愿兵的安置工作。1991—1994年，全年百分之百接收、安置城镇退伍军人。1995年以后，随着社会主义市场经济体制的建立和劳动用工制度改革，城镇退役士兵就业路子扩大，城镇退役士兵安置，在继续“按系统分配任务，包干安置”的基础上，进一步拓宽安置渠道，鼓励城镇退伍军人自谋职业。

2002年起，为适应市场经济发展的需求，在安置政策允许范围内，试行城镇退伍士兵安置工作改革，把政府指令性安置与自谋职业，有偿转移安置有机地结合起来，鼓励城镇退伍士兵一次性领取安置补偿金后自谋职业。县政府依据有关文件精神，实行一次性经济补偿安置了1995—2000年退役的城镇退伍兵，补偿金额达126万多元。2003—2007年，一次性安置退役的城镇退伍兵，补偿金额达379.4万多元。2008年，提高自谋职业安置补助标准，退役士兵每人每年3500元×服役年限；转业士官每人每年4000×服役年限。2010年，再次提高自谋职业安置补助标准，将城镇退伍兵、转业复员安置补助提高到士兵每人每年5000元×服役年限；转业士官每人每年6500元×服役年限。同年，全县接收城镇退役士兵，实行一次性经济补偿，补偿金额79.9万元。农村义务兵优待金标准由原来的720元/年提高到3120元/年；将城镇退伍兵、转业复员士官安置补助由原来的4500元/年、5000元/年提高为6000元/年、6500元/年，保障和维护退伍兵的合法权益。组织6名退伍兵到省技工学校参加汽修、汽驾、电工培训班，安置10名优秀退伍士兵当公司保安。

二、复员安置

1991年以来，昌江县历年对军队复员转业干部，参照他们在部队的职务与职业给予安排工作。每年都有相当数量军队转业干部回到地方工作。1991—2005年，接收复员转业军人若干人，分别安排到县机关、事业单位、政法部门工作若干。从2007年后，转业复员军人干部可一次性领取安置费自谋职业。2009年，安置复员士官若干人，其中有2人一次性领取安置费自谋职业；2010年，有1人一次性领取安置费自谋职业。

第六节　双拥活动

1991年，成立以县政府和驻县军警及各有关部门主要领导组成的“双拥工作领导小组”，下设办公室（设在民政局优抚股），双拥工作呈现经常化、制度化、社会化。每年的“八一”、春节，均开展广泛的拥军优属活动。各级党政机关举行报告会、军民联欢会、军政和优抚对象座谈会等。县级党政领导和有关部门负责人组成慰问团分别慰问驻县军警部队和县外相关部队等、一等残废军人以及孤老烈属。乡镇、村每逢春节向烈军属登门拜年，送“光荣匾”，馈赠节日礼品，拥军活动开展有声有色。

一、拥军工作

1991年，建立军民共建点15个，双拥服务小组23个。11月在石碌召开全县“双拥”工作总结暨表彰大会，表彰昌化镇政府、海尾镇政府、海南铁矿等10个双拥工作先进单位和56名退伍军人双拥先进个人。拨出70多万元，支持县人民武装部兴建民兵训练基地综合大楼及县武器弹药库。安置部队随军家属就业2名，解决随军子女入学入托12人。支援部队建设项目5个，为部队拔付建房补助款3万元，解决部队生活补贴费1.6万元，为部队解决土地53.3公顷。1992—1997年，每年拔出资金20元~30万元，支持驻县边防、武警和消防部队改善生活环境。安置随军家属就业27人，解决随军家属入户2人，子女入学入托16人。仅1995年，解决部队子女入学入托10人，安置随军家属就业5人，解决随军家属入户2人。1996年，解决部队子女入学入托6人，安置随军属就业2人。1997年，“八一”建军节期间对5个“双拥”先进单位和5位军嫂进行表彰。1998年，海南钢铁公司被评为全省拥军优属先进单位。1999年，清明节期间，组织昌江籍参加对越自卫反击战中英勇牺牲烈士的8名亲属前往广西凭祥市革命烈士陵园扫墓，祭奠烈士英魂。1999—2000年，县政府拔出专款，支持驻昌江军警部队建设和昌化边防派出所建立“海上110报警码头”，方便船舶的泊靠、报关。2004年3月，省委、省政府、省军区命名表彰双拥模范城（县、区），海南钢铁公司第一中学被命名为“拥军优属模范”单位，县民政局1名副局长获拥军优属先进个人。同年，县政府划出土地0.87公顷，投入350万元，新建县人民武装部办公大楼、干部住房（于2005年底，竣工交付使用）。同年，又把13名驻县随军家属安排到县挂靠事业单位就业。2006年，同时还帮助解决了一批军转干部安置、军人家属生活就业、子女上学等问题的实际困难。昌江县双拥办不断拓宽军民共建领域，创新共建内容，推动双拥工作的开展。全县建立军民共建点，昌江县民政局被评为全省拥军优属模范先进单位。2008年，进行走访慰问，了解部队官兵的军政训练、学习工作及生活情况，送去了慰问金。2009年，县走访慰问了县武装部等并送去10万元慰问金。2010年，拓宽军民共建领域，创新共建内容，推动双拥工作向前开展。全县建立军民共建点，双拥服务小组30个。以县领导组成的拥军优属慰问团，走访慰问县武装部等，并送去慰问食品。举行建军82周年军（警）政座谈会和双拥文艺晚会，制作双拥宣传专栏反映了全县双拥工作的成果。

二、拥政爱民

1996年，第18号台风袭击该县，并发生百年不遇特大洪灾。驻县部队及时赶赴灾区，参加抢险救灾，转移被洪水围困群众，海军榆林基地救生大队40名官兵为灾区群众打捞沉船。2001年8月29日，昌江遭受14号台风袭击，县城石碌一片汪洋，供水、供电全部中断，大部分街道被淹，平均水深1米多，低洼居民房全部被洪水淹没，1000多名群众被洪水围困，全县16万人受灾。驻县部队立即投入抢险救灾第一线，5天时间出动警力890多人次，车辆60多台，船舶20多艘次，营救出被洪水围困的群众280人，组织4800多名群众疏散，帮助灾民抢救物资价值达100多万元，安全转移耕牛56头、财产一大批，指挥船舶停靠300多艘，修通断桥2座，同时组织警力400多人次，车辆43台次，进行日夜巡逻，开展治安保卫工作，维护了社会治安稳定。2005年7月25日，县边防支队一行30多人，到结对子共建单位十月田镇敬老院看望慰问孤寡老人，并向老人送上了150千克大米、10桶食用油、10千克猪肉等生活用品。官兵们亲切地与老人们拉起了家常，倾听老人的心事，并将屋里屋外打扫干净，为老人们理发、修理收音机等。2006年，驻县三警部队纷纷与该县的机关、企业、农（林）场等单位结对子，同年共建立了28个军民共建点。2010年，驻军部队开展拥政爱民活动，支持地方经济和社会事业建设，在支援农田水利、抗旱救灾、维护社会稳定等地方建设方面做出应有的贡献。帮助学校军训学生2000多人次，开展“一帮一”扶贫助学活动，为群众做好事150多件。

三、扶持退伍军人

1991—1992 年，县政府共拨出扶持生产资金 39.2 万元，扶持复退军人。1993 年，拨出扶持生产资金 1.2 万元，扶持复退军人发展生产和维修住房，拨出 4.55 万元，为 1 名副团级离休军官兴建一幢面积 72 平方米的楼房。1995—2009 年，共拨出 200 多万元，扶持退伍军人在农业产业结构调整中发展种植业、搞运输和维修新建住房。2010 年，组织 6 名退伍兵到省技工学校参加汽车修理、汽车驾驶、电工等培训班。20 年间，累计共拨出专款 723 万元，帮助农村退伍兵发展生产和维修住房。具体解决了部分退伍军人在生活中的实际困难，体现了党和人民政府对退伍军人的关心爱护，树立了“参军光荣，退伍也光荣”的社会风尚。

第七节　社会救济

一、灾害救济

2003 年，县政府出台《昌江黎族自治县特大洪涝灾害救灾应急预案》，完善救灾体系，明确职责。主要以地方自救为主，中央、省补助为辅，统筹规划，救灾款物专款专用，专物专用。做到“五有两杜绝”，即做到灾民有饭吃、有衣穿、有房住、有自救门路，杜绝冻、饿死人，杜绝出现成批灾民外出逃荒要饭。

1991 年，连续性发生水灾、风灾、旱灾自然灾害，尤其 6・11 台风造成损失惨重，全县经济损失 34000 万元，为解决群众生产生活困难，发放救灾救济款 55.5 万元，救助灾民 5.8 万人。

1994 年，旱情严重，水稻产量大减，全县粮食损失 1.3 万余吨，急需救济解决“双缺户”1830 户 1.1 万人的吃饭、穿衣等困难。县拨出救灾救济款 50 万元，上级部门拨给社会救济衣被 3.6 万件，粮食 2000 千克，救济灾民和五保户 3200 户 1.6 万人，保证灾民和“五保户”的基本生活。

1996 年 9 月，全县遭受百年不遇的 18 号强热带风暴袭击，造成严重灾难，18 个村庄 1.4 万多人被洪水围困，新港居委会 45 户人家的 230 间民房被洪水卷入大海，海尾、新港、沙渔塘、昌化等渔港有 155 艘渔船入港避风被洪水冲入大海翻沉毁坏，有 51 人死亡，78 人下落不明。全县冲毁公路 180 多处、桥梁渠道 1600 处，水冲沙埋农田 1000 公顷，受破坏农作物 5000 公顷，冲走牲畜家禽约 15 万头（只），损坏民房 6100 间，全县直接经济损失 2.3 亿元。党和国家十分关心灾区人民，上级政府及时派出海南军区等支援昌江抢险救灾，转移群众并打捞沉船。国家及省、县拨给自然灾害救灾款151万元和救灾物资一批，救助灾民8000户4.8万人。1997年，王下乡浪论村发生火灾，县拨给2万元救灾款，紧急采购一批物资，确保受灾群众基本生活。

2001年，上半年出现严重旱情，下半年遭受14号热带风暴袭击，降雨量达865毫米，受灾人口达16万人，成灾人口12.8万人，受灾农作物11.25千公顷，成灾农作物7.48千公顷，全县直接经济损失达1.72亿元，仅农业直接经济损失达0.73亿元。上级和县政府拨给救灾款168.97万元，发放救灾大米27.35万千克、棉被600张，棉毯750张，衣服3200套，救助灾民4.66万人次。

2008年，冬春期间低温阴雨寒冷天气持续不断，农作物受灾面积11097.4公顷，水稻产量损失近半，部分人民群众缺粮。各级党和政府拨给救灾救济款243.52余万元，发放粮食15.5万多千克，解决近4.2万余人次的吃饭问题。

2009年，受第7号强热带风暴“天鹅”影响，受灾严重，上级部门和县政府拨给救灾救济款191.29万元，其中87.5万元购买大米25万千克，解决3.9万人次的吃饭、穿盖困难，确保灾区的社会稳定。

2010年，发生旱灾，上级部门和县政府拨给救灾资金270.21万元，其中72.4万元购置救济大米23万千克，81.4万元采购救灾物资用于灾民救济，40.4万元建房补助，72.31万元治病救济，解决救济灾民5.9万人次的吃饭、治病、穿衣和住房困难，确保灾区的社会稳定。同年在全国防灾减灾示范社区评比活动中，昌化镇昌化社区被民政部授予“全国防灾减灾示范社区”称号。

1991—2010年昌江县救灾救济款物发放情况统计表

表19-2-3

年份	人数（个）	金额（万元）	其中		年份	人数（个）	金额（万元）	其中	
			衣被（件）	大米（吨）				衣被（件）	大米（吨）
1991	5800	5.55	25000	55	1994	16000	50	40000	65
1992	80000	85	2780	42.6	1995	49880	85	3240	177.5
1993	35000	58	3587	60	1996	48000	153	2987	67.5

表 19-2-3 续 1

年份	人数（个）	金额（万元）	其中		年份	人数（个）	金额（万元）	其中	
			衣被（件）	大米（吨）				衣被（件）	大米（吨）
1997	24600	151	3700	67.5	2004	35000	21.6	3500	576
1998	23500	50	3700	170	2005	28000	186	2400	289
1999	14480	24	32952	107.5	2006	26000	184	3450	327
2000	25000	20	—	—	2007	29000	132	3750	215
2001	46570	167	4500	273	2008	79852	353	8850	8
2002	3800	30	4600	350	2009	56000	119	8700	321
2003	37000	29	3900	340	2010	59000	270	3000	230

二、“五保”供养

对农村生活中没有依靠的孤寡和残疾村民“五保户”对象，采取分散供养、有亲友的提倡投靠亲友和创办敬老院集中供养的方式，民政部门解决生活费用。1991 年，十月田镇敬老院，集中供养有 11 人。叉河、七叉、石碌等乡（镇）制定“五保”统筹供养工作方案，并开始执行推扩。1992 年，石碌、昌化、十月田镇五保户落实统筹供养的有 70 人，每人每月提供 15 千克大米，20 元菜金和 20 元补助费；乌烈、昌城、保平、南罗、海尾等乡（镇）实行分散供养制度，有亲人代耕给予供养，共计 242 人，国家分散供养每人每月救助 10 元。“五保”供养率 100%。1993 年，全县集中供养“五保户”14 人，分散供养 616 人，全年共统筹“五保”粮 74400 千克，“五保”统筹款 7.63 万元，基本保证五保户的生活。“五保”老人供养率 100%。

1994 年 1 月，县政府贯彻落实《条例》精神，实行三级统筹供养政策。为全县 630 个“五保户”发放了 693 套衣服，棉毯棉胎、棉胎套各 100 张。为 18 个统筹供养“五保户”统筹资金 2000 元，粮 ,2000 千克，基本解决他们的生活问题，“五保”供养率 100%。1995 年，全县共有 250 名“五保户”落实三级统筹供养。1997 年，改建十月田敬老院和新建叉河镇老羊地“五保”之家 2 家，入院老人 13 人。全县 6 个乡（镇）162 名“五保”老人得到统筹供养，发放统筹粮 43.2 吨，统筹款 3.89 万元。1998 年 225 名“五保”老人得到统筹供养，“五保”供养率 100%。2001–2002 年，对 700 名“五保”对象新盖住房 130 间。其中：2001 年，“五保户 " 集中供养 360 人，亲人代耕养 260 人，全年统筹大米 64800 公斤，统筹金 151200 元，敬老院 2 所，拨出专款 25000 元，修建“五保”老人住房 15 间。争取省厅拨款 15 万元，修建十月田敬老院，新建老人娱乐室、大门和围墙。“五保”老人供养率 100%；2002 年，为近 700 名“五保”对象新盖住房 130 间。2005 年，县规定“五保户”医疗救助每次最高救助限额为 1000 元。2006 年，县政府通过《关于农村五保供养工作的实施意见》，建立健全“五保”供养机制，为“五保”老人提供基本生活保障。同年共纳入“五保”供养有 910 人，集中供养机构有十月田敬老院、保梅、坎头、老羊地五保之家 4 所。2007 年，投资 45 万元再次扩建十月田敬老院，完成新建房屋建筑面积 270 平方米，其中修建房舍 7 套，每套 30 平方米，床位 14 人，餐厅 60 平方米，购置一批生活用品、娱乐设备等物品。2008 年，全县有“五保供”养对象 773 户 928 人，占农业总人口的 5‰，全年累计发放“五保”供养资金 144.77 万元，其中集中供养 29 人，占“五保户”总人数 3.6%，年集中供养资金 4.52 万元；分散供养 899 人，占“五保户”总人数 96.4%，年分散供养资金 140.25 万元。分散供养和集中供养统一标准 135 元 / 月。2009 年，乌烈镇敬老院、海尾镇老年人公寓、海尾镇白沙村敬老院等建成投入使用。其中：乌烈镇敬老院总建筑面积 463 平方米，占地面积 0.8 公顷，投入资金 78 万元，共有“五保”供养住房 12 间，床位 24 个，可以入住 24 人；海尾镇老年人公寓占地面积 1500 平方米。两层建筑，建筑面积 518 平方米，总投资 80 万元，共有“五保”供养住房 12 间，床位 24 个，已有 3 名孤寡老人入住。公寓内部配备老年人活动室、厨房以及老年人健身活动器材等基础设施，有 2 名管理人员负责老人的生活起居及公寓环境卫生工作；海尾镇白沙敬老院建成，建筑面积 200 平方米，占地面积 0.2 公顷，投入建设资金 49 万元，可以入住儿童和孤寡 12 人；十月田镇敬老院扩建建筑面积 200 平方米，投入建设资金 58 万元。配套厨房、餐厅、活动室等，每间住房均设置独立卫生间，购置电视、电扇、家具等设备，还配套室内外健身器材。县财政落实管理经费，各敬老院配置好管理人员。每所镇级敬老院配套工作经费 2 万元，安排 2 名管理人员，村级敬老院安排 1 名管理人员，管理人员从县公益性岗位中调配。2010 年，全县有“五保”对象人数 894 人，其中孤寡老人 797 人，孤儿 97 人，年人均 2790.2 元，共发放“五保”金 249.44 万元。共有农村敬老院 7 所，其中：乡（镇）级 4 个（十月田镇、乌烈镇、海尾镇、王下乡），村级 3 个（白沙村、保梅村、坎头村），共有床位 116 张，入住人数 29 人。县做好“五保户”老人的冬季寒潮救济工作，每年都拨出棉被、被子、衣服等防寒物品给“五保户”过冬。中秋节为“五保户”发放月饼，春节期间挨家逐户慰问“五保”老人，赠送礼品和礼金。

三、城乡低保

1999年5月，昌江县城镇居民最低生活保障制度开始实施，共有20户86人申请救济，县民政局组织抽调人员深入开展入户调查工作，认定18户70人为救济对象，并造册登记，建档立卡。从同年6月份起领取保障金，年均每人414.2元，共发放金额2.89万元。2000年，驻县中央、省属企业低收入职工家庭列入最低生活保障对象范围，经调查审核，确定24户65人为救济对象。全县城镇居民最低生活保障对象（含企业）共计56户199人，全年共发放329640元，其中城镇居民32户134人，发放112248元。2002年，贯彻执行《城市居民最低生活保障条例》，县民政局设立城镇居民最低生活保障办公室。同年全县享受城镇最低生活保障待遇的低保对象增加至288户1175人，发放低保金95.52万元。

2005年4月1日，县政府出台《昌江黎族自治县农村最低生活保障实施方案》和《昌江黎族自治县农村最低生活保障管理办法》。成立农村最低生活保障工作领导小组，深入到8个乡（镇）各村庄入户开展调查摸底工作。年底，全县农村最低生活保障调查工作结束，全县农村特困人口约有4500人，占农业人口的3%。按照当地维持农村居民基本生活所必需的衣、食、住费用确定，全县农村最低生活保障标准每人每月为60元。同年，使用民政部全国城乡居民最低生活保障信息系统2.0版本，通过县邮政储蓄银行支局代发，规范低保金社会化发放，成为全省农村低保金发放的典范。2007年，开展全县城乡居民最低生活保障核查工作，规范城乡居民最低生活保障待遇的申请、审核、批准、公示制度和原则，设立政务公开监督专用信箱，便于监督城乡最低生活保障工作的投诉。通过核查，共取消城市最低生活保障对象资格23户70人，农村最低生活保障对象478户2344人。2008年，迎接省评估小组的抽样调查，县民政局与财政、工会组成工作组，深入全县6个省属厂矿企业、农场和8个乡镇83个村（居）委会核查自评工作。经省抽查，获得全省城乡低保规范化管理第二名。同年两次提高全县城乡低保标准，城镇低保标准由原来每人每月160元提高到每人每月175元；农村低保标准由原来每人每月100元提高到每人每月110元。

从2009年7月，根据海南省政府《关于建立低收入人群补贴与物价上涨联动机制的通知》精神，启动低收入人群实施物价补贴长效机制。同年，人月平均补差80.5元，城镇低保补差180.5元。同时，再次提高城乡最低生活保障标准，城镇每人每月均220元，农村150元。城乡低保补助 水平分别提高到180元/月人均和80元/月人均。12月底，全县农村低保人数为1784户6371人，人月平均补差80.5元，全年发放低保金588.58

万元；城市低保人数7533人2074户，人月平均补差180.5元，全年发放低保金1510.31万元。农村五保对象人数为933人，月人均供养水平200元/月人，月发放金额18.66万元。2010年，全县纳入农村最低生活保障人数为2655户8938人，全年发放总金额为864.1万元；纳入城市最低生活保障人数2552户8859人，全年共发放金额为1698.2万元。

1999—2010年昌江县城镇最低生活保障金发放情况统计表

表19-2-4　　单位：个、万元

年度	户数	人数	金额	年度	户数	人数	金额
1999	18	70	2.89	2005	486	1994	162.11
2000	56	199	32.96	2006	14488	5925	495.34
2001	32	134	11.22	2007	1662	6716	755.64
2002	288	1175	95.52	2008	1683	6820	1015.87
2003	305	1220	99.18	2009	2074	7533	1510.31
2004	373	1492	12109	2010	2552	8859	1698.20

2005—2010年昌江县农村最低生活保障金发放情况统计表

表19-2-5　　单位：个、万元

年度	户数	人数	金额	年度	户数	人数	金额
2005	343	1283	92.37	2008	1678	5887	243.84
2006	1140	3740	149.89	2009	1784	6370	588.58
2007	1146	3193	178.59	2010	2655	8938	864.10

四、医疗救助

2005年开始实施，县城乡医疗救助，先后下发了《昌江黎族自治县农村医疗救助管理实施办法》和《昌江黎族自治县农村救助管理实施方案》等文件，严定救助原则，严审救助对象，严把救助标准，严格操作程序，对辖区内的民政对象及特困群众实行优先救助。在相关部门的配合下，不断提高医疗救助效率，确保医疗救助资金有效和安全运作，保障了困难群众的基本权益。2008年7月9日，县政府第23次常务会议通过《昌江黎族自治县城乡居民救助管理办法》，对城乡医疗救助对象、救助标准、资金筹集、申报程序等作具体的规定，提供了制度的保障。规定“五保户”、孤寡老人、优抚对象住院每人每年的最高救助限额为5000元，城乡低保户、低收入家庭等救助对象每人每年累计救助限额为3000元。同年，农村医疗救助共6971人，资助大病医疗救助227人，其中“五保户”78人，低保户33人，持困户64人，优抚对象52人，支出救助金26.2万元；城镇医疗困难居民大病救助51人，支出救助金9.7万元。年实施城乡医疗救助合计支出37.9万元。2009年，加大对城乡医疗救助支出，农村医疗大病医疗救助322人，其中五保户113人，低保户68人，特困户89人，优抚对象52人，支出医疗救助金81.3万元；城镇医疗困难居民大病救助62人，支出救助金27.65万元。年实施城乡医疗救助合计支出108.5万元，比上年增长2.86倍。2010年。城乡医疗救助合计支出129.03万元，救助363人。

五、收容救助

2004年3月10日，县流浪乞讨人员救助站成立，为财政预算全额拨款的股级事业单位，隶属县民政局管理，定编5人。同年，共受理救助人员62人次，其中流浪乞讨人员41人。2005—2009年，共受理接待各类救助人员444人次，其中救助流浪乞讨少年40人次，外籍打工青壮年114人次，精神病人5人次，60岁以上老年人31人，协调送入省和各市县救助管理145人，危重病人5人次，支付救助医疗费达19500元，支付2名暴力型精神病人的医疗、生活救助13.2万元。2010年，救助流浪乞讨人员68人，支付4.58万元。

六、抚孤育幼

1994年，全县集中供养的孤儿有17人。1995年始，办理登记收养工作，共办理登记收养3宗。1997—2007年，全县共办理登记收养96宗。2009年，海南省启动了首届“我爱海南”资助百名孤儿捐助仪式，海南各市县的100名孤儿将受到无偿资助直至大学毕业。县民政局做好搜寻工作，共征集到10多名孤儿并上报省民政厅，经省10家爱心企业从中筛选，昌江有5名最急需帮助的孤儿作为首批资助对象。至2010年，全县共办理登记收养97人，全额供养标准为600元/人。

第八节　社团管理

1992年开始，办理注册登记社团工作，同年办理注册登记社团2个。1994年，审批注册登记社团2个。1996年，办理社团年检登记4个。1997年，对社团组织进行清理整顿，更换证件和年检等工作，民政部门组织调查组，对县内民办非企业单位情况进行一次调查，督促办理注册登记社团4个。1999年，依照国务院《社会团体登记条例》《民办企业单位登记条例》，集中力量做好清理整顿社团的审定及发证工作，共清理整顿社团4个。2003年，为确立民办企业的合法地位，规范民办非企业单位的行为，打击非法组织，维护社会稳定，对西区学校、玉来学校等进行登记。2005年，加大对民间组织的稽查力度，通过清理整顿，开展年度检查和平时抽查等方式，组织专员深入基层重要的民间组织，查看登记证书、办公场所、人员、章程、宗旨执行情况。经核准登记的民间组织有6个，其中社会团体3个，民办非企业3个。2007—2009年，经核准登记的民间组织有14个，其中社团8个，民办非企业6个。新增注册登记单位有7个。2010年，全县共有10个民办非企业单位办理了注册登记，14个社会团体办理了注册登记，新增注册登记单位有2个。

第九节 地名管理

1991年前，县城石碌的道路绝大部分没有名称，楼门户没有编码。1995年3月，县政府高度重视县城石碌街道门牌设置工作，开展街道门牌整顿和设置工作，成立街道门牌工作领导小组，下设办公室，拨出2万元专款作为开展工作经费，组织人员对石碌城区开展摸底工作。经过4个多月有序的工作，登记楼门户5066个，对34条路、1条街道、31条巷、7个居民住宅区进行命名，安装楼栋牌、门牌3632个，设立路牌53个，巷牌31个。

1996年，开始对全县各村村标进行统一设置，至1997年年末，完成全县村标设置工作，全县在225国道、省道石昌线、县道乌新线、十南线、石水线、石霸公路沿线两侧设置高标准村标187块。同时完成昌化镇、海尾镇政府驻地，新港居委会16条路、19条街、26条巷的命名工作。1998年4月28—29日，全省设标工作现场会在该县迎宾楼召开，县民政局局长和昌化镇委书记作经验介绍。1999年，被民政部、交通部、国家公安部、建设部授予“全国国道设标先进单位”。

2005—2009年，开通命名石碌县城17条道路（街巷），更命2条道路和2个村名：环城东路，环城东一、二横路，环城西路，环城西一、二横路，昌江大道、市民广场一、二路、金垦路、万福路、惠民路、民中路、子中路、新村东路、新村西、保梅村东路、保梅村西路等。对原矿建路更名为建设西路，原医院路更名为建设东路。原保平五料场更名为五丰村，王下乡牙迫村搬迁至石碌镇，更名为水富村。2010年，随着石碌城区发展建设不断扩大，石碌城区道路新建扩建改造工程，城区道路不断提高，投入98.48万元，重新设置一级路牌110块，二级路牌46块，巷牌114块。

第十节 老区建设

昌江县革命老区村庄分布在全县8个乡（镇），共96个自然村。2010年，总人口76749人，总户数是17661户，其中贫困人口12185人，户数是2736户。分布情况如下：石碌镇8个自然村（香岭、尖岭、基龙、公更、尖岭新村、东方、老古地、水富）936户4781人，其中贫困人口152户678人；十月田镇12个自然村（里表、塘坊、沙田、才地、王炸新村、高地、三拉、干村、山村、好清村、椰子村、万善）8762人，1974户，其中贫困人口504户2269人；叉河镇11个自然村（老烈、老宏、老羊地、老羊田、唐村、叉河、范地、坎头、池头、排岸、水尾）2680户8641人，其中贫困人口315户1293人；乌烈镇3个自然村（道隆、纳凤、峨沟）1032户5914人，其中贫困人口87户402人；昌化镇7个自然村（耐村、浪炳、光田、旧县、先锋、江门坑、黄姜）2223户10360人，其中贫困人口833人169户；海尾镇22个自然村（海渔、海农、沙渔塘、柯来、进懂、白沙、打显、甘塘、双塘、悟高、北方、木曲、老村、新港、南罗、波兰、五联新村、长山、唐兴、永安、里仁、马地）4144户20709人，其中贫困人口176户803人；七叉镇22个自然村（尼下、大章、保山、重合、大仍、七叉、昂托、机保、保湾、金炳、只葶、乙在、乙洞、保由、乙件、乙劳、机构、乌烈、玉地、王化、田头、红锋新村）3980户14705人，其中贫困人口1140户5053人；王下乡11个自然村（三派、牙劳四队、牙劳五队、牙劳新村、椰子村、大炎新村、大炎老村、浪沦、洪水、南方村、桐才村、钱铁村）692户2877人，其中贫困人口193户854人，其中少数民族行政村33个，占全县老区人口总数的50.8%。

20世纪90年代开始，县委、县政府重视老区的经济发展，解决饮水、用电、道路交通、学校危房、医疗、住房等基础设施问题，改善老区环境，加快老区经济发展。1991年，国家投资6万元，给沙渔塘、浪炳村拉电，修建马地村桥梁1座，开通新村公路等。1997年，投入资金284万元，分别为海尾镇15个老区村庄1981户架设1条42千米高压电线和13千米低压电线；双塘村、新村145户450人完善自来水配套工程；新建教室1210平方米，解决1220户老区农户子女上学问题。1997年，拨款50多万元，给打显村打井及建蓄水、通水设施。1998—2002年，累计投入资金831万元，给先锋、江门坑、沙田等25个老区村庄架设低压电线路和建设村道3千米，解决老区群众生活生产用电和行路难问题；给旧县等老区村庄打水井5口，建设自来水工程。

2003—2007年，全县投入资金4130.95万元，给老区村庄新建扩建公路51条75.77千米，实现全县老区村庄村村通路，还兴建自来水工程45宗、打饮水井55口，解决老区村庄自然村 1.12 万户 4.52 万人口的饮水难问题；对老区村庄 52 所小学校舍进行危房改造，改造总面积 2.38 万平方米，其中新建 1.08 万平方米，维修 1.3 万平方米，一部分老区村庄的教学条件得到改善。5 年间陆续为老区村庄进行民房改造，加强老区农田水利基础设施建设。共拆除危房面积 13168 平方米，维修加固危房面积 20738 平方米，新建房屋面积 18022 平方米，项目工程直接受益 646 户 3750 人，占全县老区困难群众危房总数 21%；修建小型水库 15 宗，渠道 13 条 33 千米，农田受益面积 395.6 公顷，提高防涝抗御自然灾害能力，促进了老区现代农业生产的发展。还扶持老区村庄建沼气池 2761 个，受益农户 2761 户 1.38 人用上了沼气。

2009—2010 年，共投入扶贫资金 270 万元，扶持老区调整产业结构，种植橡胶、发展畜牧业、改善饮水设施、交通道路等。县投入资金建设生态文明村，政府拨款和个人捐款共 75 万元改造打显村鱼塘为生态观光湖。2010 年，全县老区人均纯收入达 3538.4 元。

第三章 扶贫攻坚

第一节 机 构

1991年前，昌江县设立扶贫开发公司，县政府成立县贫困地区经济开发领导小组，下设办公室，简称县扶贫办公室，属县政府正科级事业单位。内设有综合股、培训股、计划股，编制9人。机构职能与扶贫开发公司分离，接管全县经济扶贫开发工作。至2010年，内设机构有综合股、项目计划股、培训股和老区股4个股室，有人员12人，其中干部8人，职工4人。领导班子3人，一正两副。

第二节 整体扶贫

1988年，昌江县被列为国家贫困县，全县共有贫困人口10.49万人，年人均纯收入在300元以下的贫困人口有6.6万人，占农业人口数的48.5%。十月田、石碌、叉河、七叉、王下等5个少数民族乡（镇），共有39个村委会，103个自然村，人口约5.5万人，占全县贫困总人口90.7%。1993年，全县有1.01万人超过人均350元温饱线，累计减少贫困人口4800人。1994年，昌江县被海南省列为实施“八七”扶贫攻坚计划中重点贫困县。县贯彻实施《国家“八七”扶贫攻坚计划》，落实党和国家的扶贫政策，制定扶贫“八七”攻坚计划和措施。在政策、资金、人才技术上向“三区”（革命老区、少数民族地区、特困地区）倾斜，1995—1997年，扶贫工作围绕解决农村贫困人口脱贫致富和缩小贫困差距，实施扶贫攻坚工程，利用中央及省、县扶贫资金498万元，兴办公益事业、发展经济、改善贫困乡村的生产条件。在省原定的昌江5个贫困乡镇中已有十月田、叉河、太坡3镇摘掉贫困帽子，绝对贫困人口随之减少8000人。

1999年，县政府贯彻中央扶贫工作会议精神，制订《昌江县“99”扶贫攻坚计划实施方案》，对贫困乡（镇）实行帮扶目标责任制。从县直机关抽调领导干部45名进驻七叉、王下2个乡(镇)，开展联手扶贫工作，每个自然村有3名，每半年轮换一次。组织340名副科级以上干部，深入七叉、王下2个乡(镇)，开展“攀穷亲、结对子、一帮一”，挂钩扶贫。省委、省政府组织省联手扶贫工作队进驻昌江，省委组织部、省老干局、省国税局、省设计院进驻石碌镇；省口岸办、海口海关、省动植物局、省机关工委进驻七叉镇；省文体厅、省工商银行、海钢公司等进驻王下乡。4个省联手扶贫单位投入41万元，扶持贫困户种粉蕉、架设照明线路、建饮水工程等，赞助教育经费11.6万元；全县副科级以上领导干部在王下乡每人资助“攀亲户”饲养牛猪各1头，累计投入47.4万元。开展联手扶贫工作共850人次进行对口帮扶，累计投入现金和物资价值918万元。其中，联手扶贫单位直接投入525万元，协调引进资金393万元，扶持贫困地区基础设施和发展生产。至2000年，“八七”扶贫攻坚取得阶段性成果：扶贫造林63466.7公顷，改造沙化面积12平方千米，新增水田2000公顷，改造中低产田2666.67公顷。全县6个重点贫困乡（镇）国内生产总值、工业总产值平均每年以7.2%的速度递增，农业产值占第一产值的比重达到70%、第三产业产值占国内生产总值比重为30%，农民人均住房面积由1994年的3平方米增至7.2平方米。全县贫困状况有了较大的改善，有81个村、0.88万户、4.8万人解决了温饱问题，分别比攻坚初的95个村、0.96万户、5.2万人下降了85.2%、91.6%和92.2%，农民人均纯收入由“八七”扶贫攻坚前的500元增至1100元。

2001年后，全县扶贫工作坚持以贫困村为主战场，以增加贫困人口收入、解决温饱为主要目标，统筹兼顾、分类扶持、解决温饱与巩固温饱同时推进，使贫困人口逐年减少和贫困户以后不至于返贫。2003—2006年，4年间全县绝对贫困人口减少9670人，低收入人口减少2690人。2008年，全县绝对贫困人口由2007年的1362户6540人降至1235户5920人，减少127户620人；低收入人口由2007年的3440户16514人降至3127户15014人，减少313户1500人。2010年，全县农民人均纯收入由扶贫前的370元，增加到4423元，增长12倍，贫困人口由扶贫前的10.49万人减少到1.75万人。

第三节 经济扶贫

1992年，投入资金468.8万元（其中扶贫贷款235万元，扶贫拨款75万元，以工代赈90万元，以粮代赈68.8万元），为贫困地区修路48千米，拉电19千米，建拦水坝一座，灌溉面积53.3公顷，种植剑麻、芒果、甘蔗913.3公顷。1991—1993年昌江县政府安排扶贫以工代赈专项资金、发放贴息贷款。其间，特别利用上级拨给发展资金510多万元，扶持贫困地区农户种植甘蔗、芒果、剑麻、反季节瓜菜、造渔船等，全县有绝对贫困人口4800人，人均纯收入达400元。1994年，以市场为导向，扶持农户开发“短、平、快”种养业，做到以“短”突破，以“长”稳定发展。投入扶贫资金164万元，扶持王下、七叉、石碌、昌化等乡（镇）种短期作物466.67公顷，剑麻100066.67公顷，养羊500只，养鸭1200只、养鱼220公顷。1995年后，县委、县政府调整农业产业结构，提出“科技兴芒、芒果兴县”的发展战略，在发展经济生产上，重点扶持贫困地区发展芒果产业，通过抓典型，抓示范，以点带面，投入扶贫资金114万元。在王下、七叉、石碌、十月田、保平等乡（镇）建立12个芒果基地，种植芒果382.5公顷。1996年，投入扶贫资金135万元购买芒果种苗，扶持王下乡的牙迫、钱铁，七叉镇的七叉、重合、保由，叉河镇的唐村、老洋地，太坡镇尼下，十月田镇的沙田村等10个村开发成十大芒果基地，总面积413.3公顷。“十五”时期，县重点发展热带经济作物，累计投入中央、省、县扶贫资金798余万元，扶持3072户种植橡胶2111.93公顷，870户种植香蕉466.67公顷，1350户种植菠萝蜜126.67公顷，1681户种植粉蕉233.33公顷，600户种植反季节瓜菜186.66公顷，2269户养猪4556头，40户种植珍珠石榴26.67公顷。至2007年，相继扶持石碌、王下、叉河、七叉、十月田等5个贫困乡（镇）16个行政村34个自然村种植橡胶4040公顷，户均0.64公顷。上述5个贫困乡镇橡胶种植已形成规模，成为贫困地区增收入的支柱产业。2008年，投入扶贫资金178万元，扶持石碌镇片石村13户农民创建橡胶种植示范基地13.33公顷，858户种植橡胶600公顷，为王下乡、七叉镇、石碌镇18个村庄1588户供应化肥108吨，管理橡胶1000公顷。至2010年年底，经济扶持贫困地区农民种植橡胶5179.8公顷，甘蔗980公顷，剑麻580公顷，木薯233.3公顷，瓜菜866.67公顷，芒果2049.1公顷，香蕉1073.33公顷，油柑66.67公顷，热带水果180公顷；养羊2710只，牛1780头，猪9406头，鸡2000只，鸭1200只，鱼塘23.33公顷，促进了农民增收。

此外，从2000年起，县政府积极扶持发展农业企业，带动贫困周边地区的农民农业生产发展。至2010年，累计投入国家贴息贷款1600万元，扶持发展11家龙头企业和民办企业，种植芒果513.4公顷，甘蔗334公顷，瓜菜1000公顷，菠萝66.67公顷，香蕉146.67公顷，木瓜166.67公顷；养鸽46000只，牛4750头，虾塘6.67公顷，造船15艘。

1991—2010年昌江县扶贫资金投放统计表

表19-3-1　　单位：万元

年度	金额	年度	金额	年度	金额	年度	金额
1991	61	1996	231	2001	308	2006	430
1992	307.5	1997	146	2002	270	2007	467
1993	338	1998	334	2003	348	2008	530
1994	164	1999	277	2004	444	2009	762
1995	194	2000	135	2005	325	2010	999

第四节　科技扶贫

1991—1998年，昌江县投入科技培训资金21万元，举办芒果、水稻、甘蔗种植与管理，芒果催花与保鲜，畜牧养殖、农作物治病与防治等科技实用培训班80期，参加培训农民1.24万人次。1999年，县扶贫办与省扶贫办及县教育局在七叉中学开办“9+1”农民学习班，对贫困地区50名初中毕业的贫困生进行为期一年的再培训。2003年，投入20万元实施科技推广与培训，扶持石碌镇6个贫困村菠萝蜜新品种示范推广13.33公顷；扶持七叉镇、石碌镇10个贫困村芒果换冠20公顷；举办23期芒果、橡胶、香蕉、菠萝蜜种植及养猪技术培训班，参训人数3500人，2004年，扶持县职业学校开办“9+1”职教班，培训学员300名。2006—2008年，投入57万元实施科技推广与培训，举办44期橡胶初、中期管理技术、橡胶割胶技术和农业实用技术培训班，参训人数4197人。其间，还举办2期村干部扶贫政策理论培训班，5期250名贫困村劳动力转移培训班；组织5批次乡（镇）、村干部60人到外地扶贫先进地区学习取经。至2010年年末，在全县贫困地区累计举办农业技术实用培训班259期，受训2.42万人次；新技术推广5项，示范面积86公顷；贫困学生书本和生活补贴5646人；劳动力转移培训12期，受训1070人，转移务工450人。

第五节 教育扶贫

2004年，昌江县开始实施教育扶贫政策，同年扶持贫困地区5196名贫困生，免费提供教科书；扶持县职业学校贫困学生生活补助150名，解决贫困生生活困难问题。2005年下半年县委、县政府经过深入王下乡调研，决定从“治穷先治愚，扶贫先扶智，扶智先扶教育”的思路入手，实施“教育扶贫移民”工程。2006年秋季开学，将地处边远山区王下乡的271名黎族初中生全部迁入县城民族中学，以“寄宿班”的形式就读，实行“三包”（包吃、包住、包学），还负责学生在校期间发生的一切医药费用，并在开学和放假时免费接送学生回家和返校。昌江的举措引起社会强烈反应和关注。2008年3月2日，中央电视台专门邀请海南省委书记卫留成和王下乡村民韩经忠夫妇及女儿（学生）做客央视谈教育扶贫。从此，昌江“教育移民”扶贫经验在全省和全国推广，“教育移民”扶贫范围逐年扩大。2008年，免费输送32名贫困初中学生到省卫生学校就读。2009年，免费输送137名贫困学生到海口、三亚等地区技工学校就读。2010年，免费输送77名贫困初中学生到海口、三亚等职业技术学校就读，其中短期班11名，长期班（学历班）66名。截至2010年，输送214名贫困学生到海口、三亚地区中等职业技术学校免费就读。

2006—2010年，昌江实施“教育扶贫”成效显著。王下乡学生考取普通高中分别为1人、5人、8人、13人和11人。其中，2009年考取大专院校3人，2010年考取大专院校8人。

第六节 农村基础设施扶贫

昌江的农村农业基础设施滞后，尤其是边远山区的贫困乡村更为突出，县委、县政府加大投入，改善贫困地区水电、交通、教育、农业生产、生活等设施的建设。1993年，投入扶贫资金107.5万元，扶持叉河镇11个村打饮水井11口；乌烈镇长塘等3个村架设高低压输变线路19千米；七叉和叉河两镇6个贫困村修公路7条24千米。解决上述村庄1.84万人的饮水、照明、行路难的问题。1995—1998年，利用中央及省、县配套扶贫资金350万元，扶持贫困村架设高压输变线路13千米，建桥9座，饮水工程5宗，建校舍3幢，解决2156户1.5万人行路、照明、人畜饮水、上学难的问题。

至2000年，新建和改造公路主干线180千米，乡村公路368千米；架设高压输变线路200千米，高耗主、分变压器全部退出运行，解决了6个贫困乡（镇）生产生活用电问题。2009年，投入扶贫资金377万元，扶持王下乡桐才、南方、洪水、钱铁村道路4条，七叉镇只蓼村、七叉、保由、玉地、乌烈村道路5条，叉河镇排岸村道路1条；扶持石碌镇尖岭村建小学教学楼1幢750平方米；扶持县民族中学建学生食堂楼1幢450平方米。2010年末，全县扶持贫困村庄建桥13座，修建文明生态村道路107千米；饮水工程33宗（口），解决39595人卫生饮水难问题；维修加固水库4宗，解决300公顷农田荒地灌溉；架设高低压线路40.5千米，解决21866人照明难问题；建设村级小学教学楼6幢，县城小学教学楼1幢，县民族中学宿舍楼2幢，解决2780名学生的住宿和上课条件。

第七节　创建扶贫新模式

一、项目带资金扶贫

昌江县在工作实践中不断探索、总结经验。从初期的现金扶贫转为种苗扶贫，原先的救济式扶贫转为造血式扶贫，一改过去“撒胡椒面”救济式的陈旧方式，统一规划，做到扶贫项目落实到位，把资金捆绑在扶贫项目户中，从根本上杜绝资金转移、挪用和挤占现象的发生，确保了扶贫开发资金的安全运营。得到了省扶贫办的肯定，1994年11月25—26日，全省扶贫工作现场会在昌江石碌召开，向全省各市县介绍扶贫开发资金管理和扶贫基地开发的经验。县扶贫办被省政府评为“民族大团结”先进单位，获全省扶贫系统评比二等奖。2004年后，积极推进扶贫“三集中”（集中扶贫对象、集中使用扶贫资金、集中解决制约贫困农村发展）新机制和整村推进扶贫模式，加大资金的投入，“整合资源，捆绑使用”。2010年年末，全县已完成整村推进项目行政村30个，涉及自然村79个，覆盖人口4.78万人。

二、移民扶贫

王下乡牙迫村是全县最贫困的少数民族村庄之一，全村有108户，人口508人，自然生产条件差。2004年，县委、县政府加大扶贫移民工作力度，走出一条从着眼“治穷病”到着力“拔穷根”的扶贫新路。通过中央及省、县三级投入，共筹集资金300多万元，将王下乡牙迫村易地搬迁到距县城西南仅有5千米的条件较好的地方设村，更名为水富村，属石碌镇管辖。

第四章　安全生产管理

第一节　机　构

1991—2003 年，县安全生产监管无独立机构，县级监管由县劳动局负责。昌江县各乡（镇）、18 个企业管理部门均成立安全生产领导小组，领导小组成员达 166 人。148 个企业生产单位（包括县以上集体企业）成立安全生产小组 123 个，小组成员达 506 人，配备专职安全员 8 人。2003 年 7 月 14 日，县安全生产监督管理局（简称“县安监局”）成立，系副科级单位，归县人事劳动保障局管理，同年成立县安全生产委员会及办公室，挂牌在安监局内，下设办公室、综合监管股、矿山监管股、危险化学品监管股。2009 年，增设职业健康监管股。2007 年起，按照国务院安委会的通知，县安委会每年都在全县重点行业和领域开展安全生产隐患排查治理专项行动。2007—2008 年，昌江县相继在全省年度安全生产工作考核中被省政府评为“全省安全生产工作先进单位”。2009 年 12 月 30 日，昌江省级矿山救护队在海南矿业联合有限公司正式挂牌成立。

第二节　安全生产法宣传

1991 年后，县重视安全生产的宣传。特别是 2002 年，国务院颁布《中华人民共和国安全生产法》和《危险化学品安全管理条例》，县安全生产办公室转发各企业，督促学习安全生产有关法律法规，利用张贴横幅、宣传画等方式，提高企业职工的法律意识。2005 年，国家安全生产监督管理局颁布《劳动防护用品监督管理规定》，县安监局转发相关文件给各企业，要求制作宣传横幅 50 余条挂设在各企业厂区。自 2007 年起，县安监局每年春节前都利用法律宣传车在全县范围内巡回宣传《烟花爆竹安全管理条例》。

2008年，在“安全生产月”期间，县安委办组织工商、质监、气象、文化广电、安监、交警、消防、供电、国投9部门并联合八所海事局在县城开展了形式多样的咨询活动。6月13日，举办了一期全县性的应急救援预案编制培训班，参加人数达121人。6月26日，举办一期有30家主要企业负责人参加的全县规模以上企业组建应急救援队伍研讨会，为配合北京奥运会的举行，7月17日，县举行有125家企业主要负责人参加的“千（万）家企业保奥运安全签名承诺”活动，并组织9个主要企业放映安全生产宣传教育影片9场，观众近4500人次。11月中旬，根据省安委办和省法宣办的通知精神，组织全县乡（镇）和县政府直属部门共计869名公务员参加全省安全生产知识考试。2009年，开展“安全生产月”“安全伴我行”“安全生产万里行”“安全生产科技周”和“安康杯”等专项活动，举办职业卫生、公共消防安全知识、矿山开采安全技术等培训班，加强企业主要负责人、安全管理人员和特种作业人员培训，抓好新进人员安全教育，强化全员安全技能培训。同年，全县共开展各种宣传教育916次，参加活动人数达99863人次。县安监局向全县企业发放《海南经济特区安全生产条例》手册1000余份。2010年，县安委办结合“安全生产月”活动，全县共开展各种宣传教育329次，参加活动人数达24168人次，宣传《作业场所职业危害申报管理办法》，发放宣传画册10000份。9月，县安监局组织相关部门和企业学习《国务院关于进一步加强企业安全生产工作的通知》，加大昌江县安全生产的监管工作力度。

第三节 安全监督

一、隐患排查治理

1991年，县安全生产部门认真贯彻“安全第一，预防为主”的方针，组织了两次全县性的安全生产大检查，同时对各厂矿企业单位安全生产工作人员进行了一次系统性培训，在检查的17个企业单位中，普遍都建立健全了安全生产机构，建立完善了《安全生产管理制度》、《安全技术操作规程》和《安全生产岗位责任制》等各种制度，落实安全措施，安全生产率达98.5%。县安全生产部门在大检查时，还进行个别抽查，发现隐患，立即下达检查通知书限期整改。2008年，全县开展隐患排查治理和百日督查行动，先后有2768个企业参加了隐患排查治理工作，排查出各类隐患3597项，同年整治已治理整改3339项，整改率为92.8%。打击取缔非法营运车辆374车次，船舶2艘次，取缔非法开采矿山3个。由于山西襄汾“9·8”特别重大尾矿库溃坝事故发生后，根据省政府领导的批示精神和省安委办的工作部署，县安监局加大对全县尾矿库的隐患排查治理力度。对全县现有的3座在用和2座已闭库的尾矿库进行全面的隐患排查。如海矿公司红旗尾矿库长期有3户（5人）村民在主坝下游临时居住看护和种植农作物。县安委办会同叉河镇政府对3户村民进行了搬迁。同时还对堵塞钴铜尾矿库排水渠道的垃圾和堆放在海钢公司2#库的2万吨矿渣进行了清理。2009年，开展了隐患排查治理、安全生产“三项行动工作”和“三项建设”活动，共开展执法行动4939起（处），其中，打击取缔无证或证照不全从事建设生产经营4783起，打击私采滥挖、越层越界开采18起，不按规定进行安全培训或无证上岗21起，拒不执行安全监管监察指令、抗拒安全执法25起，其他非法建设9起。2010年，全县共有4595家企业开展自查自改，共查出各类隐患5137项，同年整改4828项，整改率94%。

二、重点行业（领域）安全生产专项整治

全县属重点整治的行业有金属非金属矿山、尾矿库、危险化学品、烟花爆竹、冶金有色、道路交通、建筑施工、水上交通、消防安全、水利、电力、农业机械、渔业船舶、特种设备、民爆器材等，县安监局每年与有关部门联合进行执法检查。2002年，对重点部门、重点部位、重点危险源，加大检查和防范力度，制定了公众聚集场所安全消防、非煤矿山安全生产、交通运输安全、建筑行业、危险化学品等专项整治方案并认真组织实施。全年共出动执法人员上千人次，严肃查处超载、客货混载等违章车辆900多辆次，查获报废车辆21辆，强制报废车辆14辆，同时制订了二轮摩托的专项整治工作方案，坚决取缔二轮摩托车参与城区拉客经营，经过整治，全县客运秩序明显好转。2009年，对2007年政府挂牌督办的重大隐患加大治理力度。华盛水泥厂矿山部、石碌中心市场、县土产公司烟花爆竹贮存仓库、8宗病险水库的治理工程等隐患治理项目分别通过检查验收。做好重大危险源的监控工作。对全县重大危险源的监控做到底数清、情况明、监管到位。5月中旬，完成了全县重大危险源的普查、建档工作，共查明有重大危险源企业8家，重大危险源11个，其中尾矿库4个、库区2个、锅炉2个、供气站2个、加油站1个。县安监局督促问题单位依法落实重大危险源的申报、登记、建档、检测、评估、监控和制定危险源应急预案的主体责任，奠定坚实的基础。2010年，颁发《昌江黎族自治县集中开展严厉打击非法违法生产经营建设行为专项行动实施方案》，县交通局出动执法人员32人次，共取缔无经营许可证业主1家，处罚逾期不年审业主1家，占道经营及公路边违章补胎摊点2家、县安监局检查露天矿山、地下矿井、尾矿库31家，责令停产停业整顿1家。

三、各类应急预案救援编制

至2010年，共制定修编应急预案201个。全县已有13家规模以上的企业组建应急

救援队伍，人数达 806 人。昌江县省级矿山救护队于 2009 年 12 月 30 日在海南矿业联合有限公司正式挂牌成立。各企业的应急救援队伍也适时组织演练。2008 年，完成县政府总体预案 1 个、专项预案 22 个、部门预案 24 个、企业预案 89 个。2009 年，国投水泥厂、昌鑫钴业、中石油海南公司石碌加油站等单位开展了各类型的应急演练。2010 年 8—9 月，组织海南矿业有限公司和华润（昌江）水泥有限公司参加首届全国安全生产应急救援技能大赛海南赛区的初赛，海矿公司的袁昌林通过初赛并代表海南参加柳州的全国比赛，获得晋级赛第八名的好成绩。昌江投资的 100 万的应急指挥安装完毕。

第四节　安全生产事故

1991 年后，各类生产事故时有发生，造成损失。2008 年，全县共发生各类安全生产事故 52 起，死亡 13 人，受伤 51 人，造成直接经济损失 110.49 万元。其中，工矿商贸事故 11 起，死亡 2 人，受伤 11 人；铁路交通事故 1 起，死亡 1 人；道路交通事故 25 起，死亡 10 人，受伤 40 人；较大事故 1 起。工矿商贸死亡事故分别是王建斌工程队“3 · 30”事故，死亡 1 人；海南川岛实业总公司昌江湘琼砖厂“12 · 30”事故，死亡 1 人。

2009 年，共发生各类安全生产事故 64 起，死亡 23 人，受伤 72 人，造成直接经济损失 242.58 万元。其中，工矿商贸事故 11 起，死亡 4 人，受伤 11 人；铁路交通事故 1 起，死亡 1 人；道路交通事故 40 起，死亡 18 人，受伤 61 人。工矿商贸死亡事故分别是温州建设集团公司驻昌鑫钴业项目部“3 · 11”事故，死亡 1 人；湖南天人公司国投海南水泥项目部“7 · 10”事故，死亡 1 人；海南金昌金矿有限公司“7 · 18”事故，死亡 1 人；三亚市水电水利工程建筑公司昌江华盛三期项目部，死亡 1 人。

2010 年，全县共发生各类安全生产事故 95 起，死亡 18 人，受伤 85 人，直接经济损失 456 万元。其中，工矿商贸事故 29 起，死亡 6 人，受伤 23 人；道路交通事故 46 起，死亡 12 人，受伤 62 人。危险化学品、水上交通、民爆物品、烟花爆竹、食品卫生、特种设备、农机等行业和领域保持了零事故。工矿商贸死亡事故 6 起，分别是江苏省溧阳市鑫盛化工设备有限公司海南昌江鸿启叉河水泥项目部“3 · 8”事故，死亡 1 人；昌江恒信电力检修公司钟明施工队“4 · 11”触电事故，死亡 1 人；海南金昌金矿有限公司“5 · 18”事故，死亡 1 人；昌江鸿启叉河水泥分公司二期项目陈源施工队“5 · 18”事故，死亡 1 人；海南矿业联合有限公司“5 · 27”电机车撞人事故，死亡 1 人；中煤七十一工程处海矿地采项目部“12 · 21”坠井事故，死亡 1 人。

第二十编　教育·科技·气象

第一章　教　育

第一节　教育机构

一、县级行政机构

1991 年，县教育局有局长 1 人，副局长 2 人，内设人事、教育、工农教育、教研、财会、体卫、行政、电教、勤工俭学等股室，总人数 43 人。1994 年，增设督导室，1995 年，县教育局与县科学技术局合并，改为县教育与科学技术局，管理机构设有人事、普教、教研、财会、体卫、行政、电教、勤工俭学、成教、招生、科技、督导等 12 个股室。2009 年，增设学生资助管理中心。同年，机构改革，县科学技术局与县农业局合并，恢复县教育局，内设有人事、普教、成教、教研、招生、行政、电教、勤工俭学、督导、体卫、资助管理中心等 11 个股室，总人数 62 人。

二、基层教育机构

1991 年，全县基层设学区直接管理基层教育、教学工作，乡镇一名副职负责管理文教工作。乡镇学区设有教研组、财会组等。学校领导人数视规模大小而定，初级小学指定 1 名负责人或校长主管学校全面工作；完全小学配有正副校长和教导主任；初级中学配有校长、副校长和教导主任各 1 名；完全中学配有校长、副校长和教导处、政教处、总务处主任各 1 名，集体领导和管理学校。此外，各中学学校均设有党支部、团支部、学生会等组织。2002 年，撤销乡镇学区，乡镇中心学校负责管理辖区内的完小和教学点。

第二节 教育体制改革

一、办学体制改革

1991 年后，昌江贯彻落实国务院印发的《中国教育改革和发展纲要》精神，改革过去政府全包办学的办法，完善建立分级办学体制，并以政府办学为主，辅以其他多种办学形式。基础义务教育主要由政府办学，即县办高中、乡（镇）办初中、村（街道）办小学，学校设施分级归口负责。1997 年 4 月，县政府鼓励企事业单位和各界社会力量，依照国家法律、法规和有关政策，多渠道多形式地支持私人办学，对其建设用地优先安排，通过专项补助、贷款等形式予以扶持。在业务指导、教研活动、教师管理、表彰奖励、学生升学等方面与公办学校同等对待，教师资格认定，职称评审、培训等纳入县计划，与公办教师一视同仁。此后，县教育局制定社会力量办学管理实施细则和民办学校评估标准，对民办学校实行一年一评估，一年一换证，每学期两次检查。凡办学质量低下、管理混乱、效益不高的限期整顿，或限额招生，或予以取缔，使民办学校得以规范健康发展。至 2010 年，全县已形成政府办学为主，社会各界广泛参与的多元化办学体制。

二、管理体制改革

1991 年，昌江县实行县管高中、乡镇管直属初中、村管小学的三级管理体制。2001 年后，县政府出台一系列教育措施，落实和完善农村义务教育管理新体制，强化县级管理，改变过去县、乡（镇）、村三级管理办法，实行“以县为主”的教育管理体制，教师和校长归口县教育与科技局统一管理。2004 年，贯彻落实省委、省政府《关于优先发展教育的决定的实施意见》，加强农村教育工作，调整学校布局，正式撤销乡镇学区建制，建立镇中心学校管理新体制。2007 年，随着社会主义市场经济体制改革的深入，推进国有厂（场）矿企业改革，县域内所属厂（场）矿企业海钢公司、海南叉河水泥厂、海南农垦红林农场、红田农场和霸王岭林业公司的中小学移交地方政府统一管理。同时对农村学校进行调整撤并，共撤叉河中心小学等 11 所小学校，组建叉河镇叉河中心学校、海核小学、石碌镇学校、南罗学校、霸王岭学校 5 所学校。教育资源得到优化，全县基础教育事业健康发展。

三、课程改革

1991 年起，采用全国统编九年义务教育教材。教学主题遵循“面向全体、因材施教，注重双基，培养能力，激发兴趣，启迪思维”的指导思想，开全开足开好课程，重视选修课和活动课。全县各中小学面向学生开展融德、智、体、美、劳、计算机、外语和心理多种于一体的教育，加强实验教学，培养学生独立能力和创造精神，促进学生生动活泼的发展，提高学生综合素质。1995 年后，县城各小学实验开设小学英语课。1996 年，倡导启发式教学，反对注入式、满堂灌教学，严禁“题海战术”。1998 年，从应试教育向素质教育转轨变型，改进课堂教学法，全面培养学生素质。2003 年，按国家和省课程设置，全面实施中小学和普通高中学校年级课程改革。普通高中学校年级将全部进入高中新课程，由必修和选修两部分构成。针对高中、初中毕业班学生强化课堂教学，着重培养能力，在传授以课外为根本的基础知识的同时，系统编写补充教材和练习，统一命题考试，进行多方测练，定期检查分析教学质量中的问题，及时掌握大专院校招生的各种动态，具体指导学生掌握好各科基础知识。对非毕业班，开展各种专题教学改革试验；小学阶段设置以综合课程为主，小学低年级开设品德与生活、语文、数学、体育、艺术（或音乐、美术）课程；小学中高年级开设品德与社会、语文、数学、外语、科学、综合实践活动、体育、艺术（或音乐、美术）课程；初中阶段设置以分科与综合相结合的课程为主，包括思想品德、语文、数学、外语、科学（或物理、化学、生物）、历史与社会（或历史、地理）、体育与健康、艺术（或音乐、美术）以及综合实践活动课程。倡导各学校选择综合课程，努力创造条件开设选修课程。在义务教育阶段的语文、艺术、美术课中加强写字教学。

四、教育收费改革

1991—2003 年，昌江教育的学生收费，按照国家规定标准收取学生学杂费。中小学生收费统一标准：县城小学杂费 568.5 元，农村小学杂费 568.5 元；初中学杂费 827.5 元；高中学杂费 1000 元。

2004 年，昌江全面落实海南省九年义务教育阶段的学生全免收学杂费的政策，2005 年春季开学起，对义务教育阶段所有农村学校学生和城市家庭困难学生，免除教科书费和补助寄宿生活费政策。2006 年，率先在全省实行免除昌江籍高中生学杂费和课本费。2007 年，率先在全省对职业教育实行“四免一补”（免除学杂费、课本费、住宿费、信息费，补助生活费）的优惠政策，每月政府给予 80 元的生活补助，加上国家助学金 150 元补助，每月每名学生共有 230 元的生活补助。2009 年，给予免除农村义务教育阶段寄宿生的住宿费，提高生活补助标准，小学生由原来每生每年补助 300 元提高到 500 元，初中生由原每生每年补助 500 元提高到 750 元，还取消了农村义务教育阶段学校代收的作业本费，为对公办学校小学 3—6 年级、初中 1-3 年级学生免费提供英语磁带。2010 年，落实免除学杂费、公用经费补助资金 2168.9 万元，其中：中央及省免除学杂费资金 418.7 万元，补助资金 1332.3 万元，县财资金 418 万元；中央及省两级补助困难寄宿生生活费 331.9 万元，县财资金 140.6 万元，受益学生 5240 人，其中小学生 786 人，初中生 4454 人。全县农村义务教育阶段中小学校真正实现“零收费”。

第三节 “两基”巩固提高

20 世纪 90 年代起，昌江重视普及义务教育工作，坚持把教育发展摆在优先发展的位置，抓义务教育的普及。1991 年，全县中小学共有 118 所，其中初级中学 10 所。1998 年，政府鼓励社会办学，民办学校兴起。2004 年后，县政府相继制定《昌江县农村教育十年（2004—2013）发展规划》《昌江县义务教育普及发展规划》等一系列九年义务教育的发展规划和发展目标，不断整合优化教育资源。2006 年，全县有中小学 116 所，按城乡分普通中学县镇 5 所，农村 16 所；城乡分小学县镇 16 所，农村 79 所。城乡分普通中学在校生 18705 人，农村在校生 8761 人；城乡小学在校生 34634 人，农村在校生 21608 人。2008 年起，国有厂（场）矿企业办学体制改革，县域内省属企业学校划归地方政府统一管理，全县九年义务教育普及更进一步巩固提高。2010 年，全县有中小学 85 所，按城乡分普通中学县镇 12 所，农村 11 所；城乡分小学县镇 11 所，农村 51 所。城乡分普通中学在校生 16843 人，农村在校生 4739 人；城乡小学在校生 32067 人，农村在校生 10714 人；平均每万人口在校生人数中学 683 人，小学 780 人，中学校占学生总数的 46.67%，小学校占学生总数的 53.33%。

九年义务教育阶段普及程度不断提高。1999—2000 年学年度，全县小学适龄儿童入学率 99.7%，小学辍学率为 0.1%；初中阶段入学率 96.4.%，15 周岁人口中初等教育完成率 93.2%，17 周岁人口中初级中等教育完成率 81.5%；15 周岁人口中文盲率为 1.16%。普及程度不同提高，到 2009—2010 年学年度，小学适龄儿童入学率 99.3%，小学辍学率为 0.13；初中阶段入学率 97.7%，初中辍学率 2.35%；15 周岁人口中初等教育完成率 98.61%，17 周岁人口中初级中等教育完成率 83.32%；15 周岁人口中文盲率为 0.13%，青壮年非文盲率为 96.6%，15~24 周岁人口非文盲率 99.87%。2010 年，全县有中小学校舍面积 30.02 万平方米。其中，小学校舍 14.02 万平方米，中学校舍 16 万平方米。全县有教学仪器设备总值 2735 万元，小学生均仪器设备值由 2005 年的 128 元增加到 2010 年的 310 元，中学生均仪器设备值由 2005 年的 465 元增加到 2010 年的 528 元。

“两基”工作通过国家和省两级达标验收。1991 年后，县政府落实《国家教育委员会关于在九十年代基本普及九年义务教育和基本扫除青壮年文盲的实施意见》，各级党委、政府高度重视“两基”教育工作，把教育发展和改革，提高全民文化素质作为促进全县经济社会发展的根本大计。在制定教育工作规划，建立教育工作领导责任制，加大教育投入，改善办学条件，把教育发展和改革列入重要议事日程。有计划、有步骤地为学校解决困难和问题，为教育的发展创造良好的环境。1998年，全县大抓“普九”“普实”工作，层层签订责任书，强化政府行为，分解教育工作任务，各校加大教育基础设施建设，大幅度改善办学条件，教科局组织工作队进村入户，大力发动学生入学。9月，通过省政府“两基”工作达标验收。2000年，《海南人大》刊物对昌江“普九”后出现辍学严重情况进行曝光，县委、县政府高度重视，组织人力进驻全县8个乡镇的75个村委会，广泛发动适龄儿童少年入学。2001年8月17日，全县召开教育工作会议，印发《关于做好普及九年义务教育巩固提高工作的若干意见》等法规性文件，不断完善“普九”工作制度，广泛深入宣传《中华人民共和国义务教育法》，各级党委、政府加大投入，动员社会力量捐资助学，“普九”各项指标得到有效控制。2002年，通过国家“两基”达标验收，成为全国第11个“两基”验收达标县。

第四节 基础教育

一、幼儿教育

1991年，全县有全日制公办机关幼儿园、厂矿幼儿园和国营红林、红田农场幼儿园等5所，共设41个班，在园幼儿1326人，有专任教师、保育员58人。进入20世纪90年代中期，县贯彻执行《中华人民共和国民办教育促进法》，积极调动社会力量办学的积极性，昌江涌现出一批民办幼儿园。1996年9月，昌江第一所民办幼儿园——西区幼儿园开园招生，1998年2月，爱童幼儿园开园招生。随后，又陆续兴建了爱心幼儿园、佳佳幼儿园、小乖乘幼儿园等。2001年，全县有幼儿园15所，公办幼儿园5所，在园幼儿2196人，教职员工217人，其中专任教师135人。

2009年起，县政府加快学前教育发展，坚持以发展学前教育促进教育公平为指导思想，重视乡镇公办中心幼儿园的建设，率先在全省试点推行农村适龄儿童学前免费教育，学前教育迅速发展。2010年，全县有公办民办幼儿园19所，其中公立5所，社会力量办11所，其他部门办3所，按城乡分县镇17所，农村2所。有124个班，在园幼儿4452人，其中农村在园幼儿994人（学前班人数832人）。有教职员工275人，其中专任教师199人，保育员25人。

（一）教育设施。1991年起，县公办幼儿园教具和玩具不断增多，除手风琴、录音机、脚踏风琴、幻灯机等普通教学器具外，增添一批高科技的现代电子琴、投影仪、彩色电视机、电脑、组合音响等。民办幼儿园教具和玩具简单，且数量不多，用房均为租赁。至2010年，全县各类幼儿园教学用房均为钢筋混凝土结构二层以上楼房，建筑面积15164平方米，其中县机关幼儿园2074平方米。各幼儿园均设有教室、午休室、吃饭厅、洗手间，厨房配有消毒柜冰箱等设备。园内建有水泥活动场，有爬梯、秋千、智力玩具、儿童电动玩具车等娱乐设施，基本能满足幼儿的娱乐和日常生活的需求。

（二）教育管理。1991—2010年的20年间，昌江各类幼儿园按照教育部公布的《城市幼儿园工作条例》《幼儿园教育纲要》规定的教育项目进行教学。分小班、中班、大班三个年级，学制3年，课程有艺术、语言、社会、科学、健康等。通过游戏、体育活动、识字、观察、娱乐和日常生活等，培养幼儿良好的卫生习惯和初步自理生活能力，培养幼儿智力能力，激发兴趣，启迪思维，认识生活、社会和自然常见事物的想象力和创造力。对幼儿进行爱祖国、爱科学、爱护公共财物教育，培养诚实、团结、友爱、助人为乐、有礼貌等优良品德和文明行为。

各级政府均重视加强幼师队伍建设和幼儿园的业务管理，相继出台《昌江黎族自治县学前教育实施方案》《昌江黎族自治县学前教育改革与发展三年行动计划》等一系列政策措施。县教育局结合实际制定幼儿园园长和教师工作职责、保教工作常规管理、安全管理等规章制度，统一上墙，严格贯彻执行，建立长效监管机制，有效规范各类幼儿园保教行为，促进公办民办幼儿园的健康发展。各有关部门积极密切配合做好幼教管理工作，卫生和食品监督职能部门为规范幼儿园的卫生保健、食品安全管理，进行不定期的检查，开展幼儿园卫生、食品安全业务培训和指导工作。物价管理部门根据省定的幼儿园收费项目，结合本地实际制定各类幼儿园收费标准。每学期开学时，都对入园儿童进行肝功能检查，做好注册登记和建档。开展幼儿园园长管理能力、素质提高、幼儿身心健康知识培训。每年教育、文化、妇联等部门与各幼儿园联合举办庆祝“六一”文艺联欢活动。

二、小学教育

1991年，全县共有小学108所，其中完小75所，初小33所，教学点31个。县城小学3所，乡镇中心小学9所。全县有教学班778个，在校生26728人。学龄儿童入学率97.4%，巩固率95.7%。小学毕业生4157人，毕业率97.5%，生学率72.4%。小学教师1052人，其中公办教师640人，代课教师398人，行政人员117人，工勤人员12人。小学学制6年，课程有语文、数学、思想品德、音乐、美术、乡土教材、体育、科学、书法等。1991 年起，使用全国统编教材。1997 年，县城小学实行划区就近上学，方便学生就读。1999 年后，县城小学和部分乡镇中心小学 4~6 年级开始增设计算机、英语课。2009 年，加强农村教育，整合教育资源，调整学校布局，对叉河镇、海尾镇、石碌镇等乡镇小学进行撤并。2010 年，全县有小学 58 所，其中县镇小学 11 所，农村小学 51 所，有教学班 657 个，新招生 1910 人，在校生 20675 人。学龄儿童男入学率 99.84%，女入学率 99.82%，县镇 99.86%，农村 99.79%，辍学率 0.12%，巩固率 95.69%，小学毕业生 4520 人，毕业率 99.97%，升学率 99.93%。

1991—2010 年昌江县小学教育基本情况表

表 20–1–1　　　　单位：所、人

年度	学校数	班数	同年招生人数	毕业生	在校生	年度	学校数	班数	同年招生人数	毕业生	在校生
1991	108	778	3806	2051	26728	2001	119	1068	4812	4988	34428
1992	108	840	3445	1614	34897	2002	116	1037	5130	4842	34481
1993	108	840	3445	1614	34897	2003	95	1008	5102	5635	33666
1994	108	798	3341	1634	35971	2004	98	1006	5013	5320	34097
1995	127	874	5017	3789	36398	2005	95	967	5665	5802	35656
1996	129	878	5115	4071	36497	2006	95	952	4420	5671	34634
1997	130	881	5657	4515	32378	2007	88	925	3122	6085	31299
1998	126	883	2960	4560	28559	2008	94	750	1932	5541	27379
1999	130	885	4905	4357	30925	2009	83	704	1640	5373	23396
2000	130	896	5007	5028	31027	2010	58	657	1910	4520	20675

三、中学教育

中学教育包括三年制普通初中和三年制普通高中。初中按《海南省义务教育课程设置实验方案》设置课程，共设语文、数学、英语(含听力)、道德与法治、历史、物理、化学、体育与健康、生物、地理、美术、音乐 12 门科目。高中按《海南省普通高中新课程实施指导意见（试行）》设置课程，共设语言与文字、数学、人文与社会、科学、技术、艺术、体育与健康、综合实践活动、高中毕业要求等 9 个学习领域，分必修和选修模块，包含语文、外语、数学、思想政治、历史、地理、物理、化学、生物、信息技术、通用技术、艺术（或音乐、美术）、体育与健康、研究性学习活动、社区服务、社会实践等 16 个科目。1991 年，有完全中学 5 所，高中教学班 21 个，在校学生 1091 人，毕业生 242 人；初级中学 10 所，初中（含完全中学初中部分）教学班 105 个，在校生

5239 人，毕业生 2327 人；职业中学 1 所，教学班 14 个，在校生 468 人。全县普通中学教职工 498 人，专任教师 394 人。其中初中 325 人，高中 69 人；管理人员 60 人，工勤人员 44 人。省属企业有中学 9 所，其中初中 5 所。

1994 年起，昌江贯彻落实中央和省的基础教育改革精神，普通初中和高中教育资源进行整合，先后撤销乌烈中学、海尾中学高中部。1997 年，撤销县民族中学高中部。2001 年，全县有高中 1 所（不含省属企业），在校生 1923 人，参加普通高考 593 人，入围人数 455 人，录取率 68.6%；中学 21 所，在校生 12051 人，入学率 96%，参加中招考生 1757 人，录取中专中师人数 745 人。1989 年，高中实行会考制度。2006 年，初中升学划片招生。2002 年秋季开始，高中扩大招生，高一年级从 8 个班增加到 12 个班，学生 800 人，逐年增加班级。2004 年，高一年级增至 16 个班，在校生 2918 人，比 2000 年的 1056 人增加 2.76 倍。同年参加普通高考 813 人，入围人数 726 人，入围率、录取率分别比 1990 年提高 14.9 个百分点。2007 年后，县域内省属企业子弟中学划归地方政府统一管理。2009 年，撤销南罗中学、七叉中学。2010 年，有普通中学 23 所。其中，普通初中 20 所，设教学班 308 个，在校生 16480 人，毕业人数 5548 人；普通高中 2 所，设教学班 60 个，在校生 3705 人，毕业人数 1633 人；职业中学 1 所，在校生 1214 人，部分专业与省内中专学校实行联合办学，学生在校读完 1 年后，就转到海口或其他地方学校就读。

1991—2010 年昌江县中学教育基本情况统计表

表 20-1-2

年度	学校数（所）		班级数（个）		在校生数（人）		毕业生数（人）	
	合计	其中高中	合计	其中高中	合计	其中高中	合计	其中高中
1991	15	5	129	21	9853	1063	2747	—
1992	15	5	128	20	9152	1019	2914	—
1993	16	4	142	19	9152	1003	2914	—
1994	15	3	159	17	8360	988	—	—
1995	15	2	169	16	9074	972	—	—
1996	22	2	195	33	9252	1488	2430	518
1997	14	1	182	10	10389	974	—	—
1998	22	2	301	29	13999	967	3071	326
1999	21	1	203	16	13976	963		—
2000	22	1	268	32	14092	1799	3730	475
2001	22	2	221	33	11061	1923	3326	—

表 20-1-2 续 1

年度	学校数（所）		班级数（个）		在校生数（人）		毕业生数（人）	
	合计	其中高中	合计	其中高中	合计	其中高中	合计	其中高中
2002	22	2	236	36	10100	2104	2487	—
2003	20	2	250	43	11520	2547	—	—
2004	20	2	265	47	15296	2918	3957	813
2005	21	2	280	56	17263	3288	4375	880
2006	21	2	293	61	18705	3704	5003	932
2007	21	2	301	64	19442	4175	5960	1040
2008	20	2	312	69	19083	4063	5710	1177
2009	23	2	446	69	18610	3919	6378	1346
2010	23	2	308	60	16843	3705	6438	1456

第五节 中等职业教育

1991 年，职业教育有县教师进修学校、县职业中学、海南铁矿技工学校、县卫生学校、县农机学校各 1 所。县职业中学设有 14 个教学班，在校生 483 人；海南铁矿技工学校有教职工数 109 人，在校生 573 人，毕业生数 261 人；教师进修学校主要承担全县小学教师的培训；农机学校主要培训农民驾驶员，每年培训 1~2 期，每期 2 个月。县卫生学校在 20 世纪 90 年代中期后处于停办状态。1995 年，昌江贯彻实施《中华人民共和国职业教育法》（以下简称职业教育法），加强提高办学质量，改善办学条件，将县职业中学从保平搬迁到县民族中学挂牌办学。随着教育事业的不断发展，县职业中学和海南铁矿技工学校教学设备设施严重不足，学校专业设置、教学内容、教学方法陈旧，与经济社会发展和劳动力市场需求不相适应，县职业中学职业资格证书制度和就业准入制度得不到落实，职业中学办学萎缩，报考的学生逐年减少。从 2006 年起，县政府落实《职业教育法》，高度重视县职业中学教育的建设与发展，制定和颁发《昌江黎族自治县关于大力发展职业教育的决定》，从经费上向职业中学教育倾斜，扶持职业教育，努力改善办学条件，职业教育逐渐走上正轨。

一、昌江教师进修学校

1991 年，县教师进修学校有教师职工 20 人，主要以培训全县在职小学教师（包括民师、代课教师）学历、小学校长、骨干教师的培训任务，还承担其他类型的短期培训工作，年底设有3个班，招生数66人，在校生150人，毕业生47人。至1995年，共举办中师脱产进修班18个，进修学员900人：中师函授班6个，函授学员300人；举办短期培训班45期，培训教师2050人，全县中小学教师的学历培训任务基本结束。

1995年秋起，结合县九年义务教育实际，经县教育局同意，学校开设初中部，每年招收初中3个年级共6个初中学历层次的教学班，在校生约300人，直至2006年秋季停止招生。其间，还按国家教委和省教育厅的布置，对全县中小学教师进行教学基本功、电脑普及培训、普通话培训、校长培训、中小学学科培训工作。共举办中小学教师各种形式培训，参加培训教师12650人次，为全县教师继续教育人才的再培养作出贡献。2007年8月，教师进修学校与职业中学合并，教学设施全部移交县一小使用。

二、昌江县职业教育中心

1991—2006年，昌江职业中学教育规模偏小，办学设施、设备、效益、质量较为薄弱，没有教学固定场所，长期借校办学。1997年，有教师员工68人，专任教师65人，设有8个班级，在校生197人。学制3年，文化课有语文、数学、英语、生物、体育等，专业课有酒店管理、汽车维修、玉石加工等13门课。2001年后，职业中学教育出现滑坡，同年仅招生40人。2004年，职业中学搬迁到海钢第三中学借校办学，开设常规专业有家电、家政服务、农学等。2006年，县政府制定职业教育的近期及远期发展规划，2007年秋季，县政府提出“四免一补”（免除学杂费、住宿费、信息费、课本费、补助住宿生活费用）优惠政策和“一联、一包、一帮”（与省内外中专学校联合办学、包干发动入学、指导帮助学生就业）的办学措施。县教科局组成4个宣传小组，分别进驻全县8个乡镇，各村委会和学校进行广泛深入宣传，同年共招生120人，比2006年在校生64人增加56人。2008年开始，正式启动与北京汽修工程学校、省机电工程学校等省内外12所重点中专采取“1+2”“1.5+1.5”等模式联合办学。同时设置岗位专业，与北京中明通汽车修理有限公司、广东镇泰集团、北京红树林集团、昌江湿地公园等单位开展校企合作，培养技能人才。2007年5月，通过对县职业中学进行调查研究，决定把县职业中学搬迁到太坡中学，更名为县职业技术学校，8月，将县教师进修学校与县职业技术学校合并，成立县职业教育中心。

2008—2010年，县职业教育中心连续三年被评为县级德育工作先进单位，先后被评为省级卫生先进单位、省级精神文明建设先进单位和省级德育先进单位等。

至2010年年末，校园占地面积70035平方米，建筑面积15600平方米。有教职工107人，其中专任教师79人，具有高级职称的1人，中级职称的26人，本科以上学历教师达82%，“双师型”教师15人。学校设有16个教学班，开设以汽车应用与维修、酒店服务与管理、烹饪为重点的11个专业，在校生1214人，毕业生就业率达92.3%；有汽车应用与维修、酒店服务与管理、计算机应用、烹饪、电子技术应用和农学等实训基地，实训设备总值达1400多万元，电子图书总值50万元。

1991—2010年昌江县职业教育中心（中学）教育情况表

表20-1-3

年度	学校数（所）	班级数（个）	在校生（人）	年度	学校数（所）	班级数（个）	在校生（人）
1991	1	10	386	2001	1	3	40
1992	1	8	310	2002	1	4	43
1993	1	6	265	2003	1	4	79
1994	1	6	240	2004	1	5	82
1995	1	8	212	2005	1	5	87
1996	1	8	204	2006	1	4	64
1997	1	8	197	2007	1		120
1998	1	8	185	2008	1	23	955
1999	1	8	175	2009	1	23	1123
2000	1	10	235	2010	1	23	1214

第六节 教育扶贫

王下乡是昌江县最贫困的少数民族乡（镇）之一，当地生产、生活条件极其恶劣，经济社会和文化教育事业发展落后。2005年前，王下乡农民年人均收入不足600元，村民基本靠民政救济生活，全乡青壮年文盲、半文盲占总人口的80%以上，当地学校初中毕业生连续15年没有人考取普通高中。

2005年下半年，县委、县政府多次深入王下乡调研，分析了过去对王下乡就地扶贫和易地扶贫成效不大的原因之后，从“治穷先治愚、扶贫先扶智、扶智先扶教育”的思路切入，针对王下乡教育设施落后、师资力量薄弱和学生上学条件十分艰苦的实际情况，决定在王下乡率先实施“教育扶贫移民”工程。

2006年秋季，县委、县政府把王下学校初中部271名学生全部搬迁到县民族中学寄宿就读，并对全部学生包吃、包住、包入学。同年县财政拨给王下乡初中生“教育扶贫移民”搬迁经费（含学生用品购置费）155.69 万元、生活补助费 60 万元。2007 年 9 月，又把王下乡中心小学 128 名小学毕业生全部安排进入县民族中学读书。县财政拨给生活补助费 60 万元。为确保王下乡教育扶贫移民学生能够安心读书，县委、县政府对该项工作加强制度建设保障。

昌江“教育扶贫移民”工程实施后，成效明显，引起社会各界强烈反响，得到了省委、省政府主要领导的充分肯定。2008 年，省委、省政府将昌江“教育扶贫移民”经验率先推广至陵水黎族自治县、保亭黎族苗族自治县、五指山市、琼中黎族苗族自治县、白沙黎族自治县等 10 个贫困市县，而后又陆续推广至其他市县。3 月 2 日，央视“小丫跑两会”节目主持人王小丫在京就昌江教育扶贫移民的方式，专门邀请海南省委书记卫留成和王下乡牙劳村村民韩经忠夫妇及在县民族中学就读的女儿韩雪艺一起做客央视，讲述昌江“教育扶贫移民”的举措，昌江的“教育扶贫移民”经验，从此走向全国。

2008 年秋季，县委、县政府加大了“教育扶贫移民”工程经费投入力度，更进一步将“教育扶贫移民”模式深化完善为“三段式”：小学从村里移到乡镇，初中移到县城，高中与职业教育对接。2008 年投入经费 426 万元建设王下中心学校教学楼、学生宿舍楼，把全乡完小、教学点的学生 361 人全部集中到中心学校实施“教育扶贫移民”。同时，大力拓宽教育扶贫移民范围，创建了昌江县思源实验学校（占地 7.33 公顷左右、拥有近 2000 个学位，总投入 2500 万元，其中香港言爱基金捐建 1200 万元，省财政配套 500 万元，县财政配套资金 800 万元，实行九年一贯制），将全县各乡镇部分贫困学生安排进入思源学校寄宿就读，并对全部学生包吃、包住、包入学。

在“教育扶贫移民”寄宿生生活补助方面优先拨付经费保障。县财政近年拨给王下乡初中生“教育扶贫移民”生活补助经费为：2007 年 60 万元，2008 年 87 万元，2009 年 93 万元，2010 年 93 万元。县财政近年拨给王下乡中心学校寄宿生生活补助经费为：2008 年 17.68 万元，2009 年 15.84 万元，2010 年 16.37 万元；县财政近年拨给昌江思源实验学校学生生活补助费为：2009 年 20 万元，2010 年 59 万元。

昌江把发展职业教育作为教育扶贫移民的关键环节，对就读职业学校的学生实行“四免一补”（免除学杂费、住宿费、信息费、课本费，补生活费）优惠政策，鼓励支持初中毕业生特别是教育扶贫移民学生就读职业学校。县财政近年拨付给职业学校学生“四免一补”经费：2007 年 251.85 万元（“四免”经费 164.25 万元，“一补”经费 87.6 万元）；2008 年 252.54 万元（“四免”经费 164.7 万元，“一补”经费 87.84 万元）；2009 年 298.25 万元（“四免”经费 178.95 万元，“一补”经费 119.3 万元）；2010 年 312.71

万元（“四免”经费 188.56 万元，“一补”经费 124.15 万元）。

2006—2010 年，昌江实施“教育扶贫移民”政策 5 年间，取得了明显成效。王下乡教育扶贫移民考生质量逐年提高。2006 年，考取普通高中 1 人；2007 年，考取普通高中 5 人；2008 年，考取普通高中 8 人；2009 年，考取普通高中 13 人，考取大专院校 3 人；2010 年，考取普通高中 11 人，考取大专院校 8 人。

2006—2010 年昌江县教育移民学生情况一览表

表 20–1–4

学校名称	年度	移民新生数（人）	在校移民学生总数（人）	考取普通高中（人）	就读职业学校（人）	考取大专院校（人）	备注
王下中心校	2008	52	309	—	—	—	
	2009	45	286	—	—	—	
	2010	41	252	—	—	—	
小计		138	847				
民族中学	2006	271	271	—	—	—	
	2007	128	336	5	19	—	
	2008	131	365	8	16	—	
	2009	113	363	13	33	3	
	2010	73	293	11	41	8	
小计		716	1628	37	109	11	
思源学校	2010	214	214	—	—	—	2010 年秋季招收移民学生
合计		1068	2689	37	109	11	

第七节　社会办学

1991 年，贯彻《中国教育改革和发展纲要》，落实改革政府包揽办学的格局，逐步建立以政府办学为主体，社会各界共同办学的体制。县政府高度重视民办教育的发展，按照“积极鼓励、大力支持、正确引导、依法管理”的方针，民办教育开始起步，1997 年，经县教科局批准成立第一所民办集寄宿与走读相结合的全日制学校——西区学校。随后，陆续兴办玉来、育新、英才、剑麻厂等民办中小学校。至 2004 年，全县有民办中学 3 所，小学 2 所，幼儿园 17 所。民办中学是玉来学校、英才学校、西区学校；民办小学是育新学校、剑麻厂小学。其中英才学校是2010年创办的，校址位于环城东一横路，校园占地约2.7公顷，校舍建筑面积7932平方米，设有教学综合大楼、学生宿舍大楼、教师宿舍楼、学生食堂、化学实验室、多媒体电脑室、图书室、运动场等教学设施一应具有，学校达到有自己固定校址、完全没有租赁行为、条件稳定、独立办学的民办学校。教师队伍具有大学本科学历者占80%，学历达标100%。西区学校校园占地面积6000平方米，学校设有教室、图书室、化学实验室、体育室、多媒体电脑室、舞蹈室及学生宿舍、餐厅等设施。拥有一支年轻的、专业化教师队伍，学历达标100%。至2010年，全县有民办中小学5所，设有班级48个，在校生1794人。有教师101人，其中本科5人，专科42人，教师学历达标率98.5%。

第八节　成人教育

一、扫除文盲

20世纪90年代后，继续坚持“一堵二扫三提高”的方针，在抓好普及小学六年义务教育的同时，加强12~15周岁儿童少年的普及率，堵住新文盲、半文盲的产生，适时教育巩固扫盲、脱盲农民的文化、提高。到2000年，全县6~9周岁未上过学的人数有3813人，占总人口的1.7%，10~19周岁未上过学的人数有1002人，扫盲工作并未结束，县教科局仍常抓不懈。2009年，全面实施现代农民教育工程，在七叉等重点少数民族乡镇建设扫盲基地，提高农村从业人员素质，全县扫盲工作有新的突破。2010年，全县6~9周岁未上过学的人数有647人，占总人口的0.3%，比2000年减少3166人，15~19周岁未上过学的人数有99人，比2000年减少903人，全县扫除青壮年文盲工作仍在继续努力之中。

二、文化技术教育

1991年起，把成人教育从单一的学文化转向以学文化科学技术教育相结合。全县各村相继办起农村文化技术学校，利用农闲组织农民学文化技术，乡镇办农村文化技术学校。乡镇、农村文化技术学校聘请农民技术骨干和当地的中小学校教师当教员，在广大农村开展学文化、学科学和科技培训。1995年，调整农业产业结构，大力发展芒果产业，采取培训、轮训、委托代培等形式为农村培训芒果栽培、催花、病虫害防治技术培训班。至2000年，共培训近220名农民业技术人员和管理人员，举办培训班126期，受训人数1.8万人次。

2000年后，为适应农业结构调整经济发展的服务需求，培养农业技术人才，县教科局开始在七叉、乌烈、海尾等乡镇和职业中学举办“9+1”职业培训教育，学员来自县内初中毕业后已在农业第一线的青年骨干，每期培训半年。以实用农业技术培训为主，开展热带农作物栽培、畜牧养殖、海淡水养殖、海洋捕捞、渔业电信技术和林果防病治病管理技术。与此同时，农业局、扶贫办、科协等科技有关部门举办不同层次具有昌江特色的农业科技长短期培训班。2000—2009年的9年间，教科局共培训学员2220人次，短期培训学员16412人次。至2010年，全县有农民通过科技培训超过5万人次。参加培训的农民在学习实践中，提高实用农业技术，成为各类型专业户，走上脱贫致富奔小康之路。

三、成人高等教育

1991年，中央党校函授学院海南分院首次在县委党校教学点招生90名本科班学员。至1999年，共招大专班学员547人，本科班学员234人，学员毕业后，由中央党校发给本科和专科毕业证书，享受相应待遇。1991—2010年全县参加全国成人高等学校、函授大学和参加自学考试的人数逐年增加。1995年，有429人参加成人高考，参加人数、入围人数、录取人数分别是1993年的1.5倍、1.6倍、1.6倍。2000年，参加成人高考人数达546人，创历史新高。1993—2002年，共有3249人参加成人高考，入围人数2357人，录取人数2320人。2010年，全县有441人考生参加成人高考，其中专升本科178人、中升专科246人、中升本科17人；参加自学考试有85人。至2010年，通过高等成人教育累计培养大学生10288人，其中大学本科毕业生2753人，大学专科7471人，研究生64人。

第九节　教师队伍

1991年后，全面贯彻民办教师的“堵、转、招、减、退”（即堵门不进新民师和代课教师、转正、招中师、自然减员、辞退）的五字方针，统筹解决民办教师问题。对一些素质较高、业务能力较强的民办教师通过考试选招转为公办教师，民办教师的数量逐年减少，至2002年，已将合格民办（代课）教师全部转为公办。此后，每年都在师范院校毕业生招聘补充到教师队伍。2010年，全县有职教职员工3493人，在教职员工中普通中学教师1317人，小学教师人1794人，其中中学专任教师1163人，小学专任教师1318人；按城乡普通中学专任教师城镇789人，小学农村1050人。幼儿园教职员工275人，其中教师199人。职业高中教师107人，其中专任教师79人。

一、师资结构

1991年，全县教师有1096人，其中普通高中教师40人，职业高中教师15人，初中教师388人，小学教师人653人，教师学历达标率分别为50%、59%、60%、80%。2000年后，县努力提高中小学教师的学历达标率。小学教师要求有中师以上学历，初中教师要求有大专以上学历，高中教师要求有本科学历。对未取得相应学历教师，鼓励、支持他们参加函授、自学考试，以获得相应学历，促进教师学历层次渐进上升。2010年，全县中小学教师学历达标率普通高中、初中、小学专任教师学历合格率分别为82%、97%、98%，比1995年分别提高16个、14个、35个百分点，达到国家要求。中小学教师40岁以下专任教师占80%左右。但全县教师专业结构中，图、音、体、计算机、英语（小学）、专业教师较为缺乏。

2000—2010年昌江县小学教师结构一览表

表20-1-5 单位：人

年度	教职员工总数	任课教师						
		小计	学历				学历达标	
			本科及以上	专科	中专	中专以下	人数	达标（%）
2000	1766	1272	6	260	971	35	1237	97.2
2001	1757	1270	6	259	963	33	1230	97.3
2002	1754	1361	11	316	1003	31	1330	97.7
2003	1745	1402	13	375	983	31	1371	97.8
2004	1793	1396	15	385	961	29	1361	97.9
2005	1781	1398	17	488	872	21	1377	98.5
2006	1781	1391	20	757	593	21	1382	98.5
2007	1724	1379	23	840	497	19	1360	98.6
2008	1875	1465	26	878	536	25	1440	98.3
2009	1843	1620	63	1003	522	32	1588	98
2010	1384	1618	66	1000	520	32	1586	98

2000—2010年昌江县中学教师结构一览表

表 20-1-6 单位：人

年度	教职员工总数	任课教师						
		小计	学历				学历达标	
			本科及以上	专科	中专	中专以下	人数	达标（%）
2000	956	527	55	415	57	470	89.2	89.2
2001	899	527	55	415	57	470	89.2	89.2
2002	921	588	61	507	20	568	96.6	96.6
2003	860	588	61	507	20	581	96.6	96.6
2004	865	502	101	371	20	482	96.1	96.1
2005	934	478	137	330	11	467	95.7	95.7
2006	931	509	160	338	11	498	97.8	97.8
2007	962	531	178	341	12	519	97.7	97.7
2008	1089	536	187	321	28	528	94.9	94.9
2009	1305	890	257	602	31	859	96.5	96.5
2010	1317	941	278	632	31	910	96.7	96.7

二、师资培训

1991年后，全县中小学师资培训主要是小学教师培训、中学校长培训、骨干教师培训、学科培训、学历提高培训、继续教育和更新教育培训等多种培训。1991—1995年，发挥县教师进修学校的作用，共举办短期小学教师培班185期，培训教师8762人次。选派骨干教师16人到全国各高等院校进修学习。1997年后，积极组织教师参加学科培训、骨干培训、带头人培训、跟班培训等各种层面的培训，更新教学理念，提高课堂教学有效性，创新科学的教学方式和方法，提升运用新课程教材水平。2000—2004年，全县共完成教师的基本功、电脑、普通话、新课程等各项培训达6701人，完成校长岗位培训300多人。2006—2007年，参加省举办为期2个月的跟班提高培训教师22名，参加省级举办脱产一年的学科培训教师25名。2008年，选派22名中学教师到海师院校进行为期2个月的提高培训，选派25名学科带头人到海口名校跟班学习一年。2009年，参加全省中小学教师现代教育技术培训达1730人，参加全国水平考试2450人；参加海南师范大学“周末流动师资学院”培训267人，中小学音乐教师培训班85人。2010年，选派52名教师参加国家及省级各种培训，参加周末流动培训的生物和英语专业学科教师98人，参加中学县级骨干教师远程培训360人次，小学县级骨干教师培训145人，参加全省运用新课程专题课题教师培训1678人。

三、教师招聘

1991—2010年，昌江师资除按政策分配的大中专师范类毕业生外，县教科局结合全县师资缺编人数上报县政府审批同意后，进行面向省内外招聘录用。招聘录用采取笔试和面试，坚持择优录用的原则，做到公平、公正。1991—1999年，分配大中专师范院校毕业生331名，民办教师转为公办教师100名。2000—2003年，择优录用169名大中专师范类毕业生充实教师队伍，其中本科16名，大专56名，中师97名。2002年，全县最后落实123名民办教师转为公办教师，至此，全县教师中结束无民师的历史。2005年，推行深化教育用人制度改革试点，教师招聘权力下放，中学教师由学校自主面向全国招聘，学校可根据教学需要自行选用所需人才。同年昌江中学和民族中学公开招聘32名本科学历的新教师。从2007年起，县在农村中小学特设特岗位教师，补充农村教学力量，同年招聘28名特岗教师。2008—2010年3年，间共招聘特岗教师122名。至2010年，全县共招聘特岗教师150名。

2007—2008年，面向全国招聘录用79名高等院校本科毕业学历教师，充实到初、高中教师队伍，引进5名研究生学历高中教师。2009年，又面向县内2002年前中等师范学校师范类毕业生中，招录352名师范类大中专充实到农村中小学。2010年，公开招聘昌江籍大专毕业生20名充实农村初级中学教师队伍，全县师资力量得到加强，师资整体素质得到改善提高。

四、教师待遇

1991–2010年，昌江教育系统执行教师职务岗位工资制度，教师工资按聘任的专业技术岗位职务级别发放，每名教师均享受标准工资10%的固定工资。1995年，县政府下发有关文件，明确规定全县中小学教师工资实行县级财政统一发放。县财政设置了教师工资专户，以人事部门核定的教师编制和国家规定的教师工资项目及标准，将教师工资全部纳入财政预算，严格实行财政专户管理。2001年，全县教师工资实行通过银行刷卡，按时足额发放，教师工资得到保障。2005年，工资改革，国家事业工作人员每1个年度考核合格以上等次的，可在本职务内增加1个职务工资档次。2009年起，全县实行教师岗位绩效工资制度。

每年教师节，县委、县政府都举行庆祝大会，对优秀教育工作者进行表彰和奖励。各级党委政府努力解决教师方面存在的问题，为教育工作者排忧解难办实事，形成了关心教育，支持教育，发展教育，尊师重教师的社会风气。各级政府均重视教师住房建设，逐年投入资金改善教师住房条件，尽是“教者有其居”的目标。至1997年，全县教职员工住房49893平方米，由建省前的1987年人均住房面积4.3平方米增至9.3平方米。1999年后，国家调整国家公职人员住房分配制度，教育系统不再修建福利住房。进入21世纪，教师住房建设步伐加快，尤其是2008年后，相继建成昌江中学教师村、红林中学教师新村等高层教师住宿楼，“教者有其居”目标逐步得以实现。各级党组织积极培养、发展教师入党，20年来发展教师中共党员518人，至2010年，全县教育系统共有中共党员951名。

五、职称评定

20世纪90年代后，教师职称评定工作转入正常运行，每年申报评定一次，由县人事劳动局职称改革办公室分配计划指标，县教育局再统一分配给各学校，各学校对照任职资格条件从教师中择优申报评定。1998年，全县小学有高级教师197人，一级教师541人。1999—2001年，全县中学有高级教师20人，中学一级78人，中学二级47人。2004年，落实自1997年以来评审晋升的专业技术人员（教师）1040人。至2010年，全县共有高级职称教师109人，中级职称教师1397人，初级职称教师1057，未评定职称教师367人。

六、教师竞岗

20世纪90年代末起，县政府对教师任用进行改革，引入竞争机制，实行组织教师全员竞争上岗。1998年，重点以昌江中学等7所县城中小学校为试点，通过文化考试和面试，依据各校的定编人数，择优录取教师上岗394人，分流57人。1999年，对乡镇中小学全面推行教师竞争上岗制度改革，全县乡镇中小学教师有1261人参加竞岗，有1210人上岗，50人转岗分流。其中小学教师899人，上岗889人，10人转岗分流。2004年，组织16所超编学校340名教师进行竞岗考试，有256名教师留在原单位上岗，84名重新调整到海尾、南罗等地区缺编的中小学任教。2005年，县政府对十月田中学等45个乡镇中小学校长岗位进行公开选拔竞岗考试，其中中学5个，中心学校和完全小学40个。有300名教师参加竞聘，经考试、组织考察等程序，择优录用45人上任校长岗位，形成了能者上、平者让、庸者下的良好用人氛围。

第十节　考试与招生管理

一、初中招生

20世纪90年代，初中招生采取小学毕业生参加升学考试按分数录取办法进行。由县教育局中招办（普教股）安排考务工作，统一命题，各乡镇学区组织所属初中教师监考评卷。1998 年后，县改革试行小学毕业生划片就近入学制度，任何地方和初中（含民办学校）不得对学生进行测试凭分录取，并努力采取多种措施，确保全体小学毕业生进入初中学习，促进九年义务阶段教育向纵深发展。

二、中专、中师、高中招生

采取统考统招办法。县中招工作由教育局中招办负责组织实施，省教育厅统一命题，统一印制试卷，统一考试时间，统一评卷评分。中师、中专由省中招办据考生志愿统一录取，高中新生由县统一录取。1992 年，全县有 1380 人参加中招考试，录取 743 人。1993—2000 年，全县有 10338 人参加中招考试，录取中专中师 2169 人。2001 年后，参加中招考试学生逐年增加。2002 年，全县有 1851 人参加中招考试，录取 1004 人。到 2009 年，全县有 3581 人参加中招考试。2010 年，全县有 3915 人参加中招考试。1991—2010 年，全县 2.4 万人考取中专、中师、高中。

三、普通高等学校招生

从 2003 年始起，专科在网上填报志愿，2004 年，高等学校统一招生实行网上填报志愿和录取。

1991—2010 年，每年参加高等学招生考试的人数逐年递增。从 1993 年的 623 人增至 2002 年的 717 人。2006 年，参加高考人数 1184 人，录取率 88.3%，录取率由建省前 1987 年的 31% 提高到 88.3%，提高 57.3 个百分点。2010 年，参加高考人数 1633 人，录取率 90.3%，其中 700 分以上 20 人，本科第一批录取 70 人，入围率和录取率均高于全省平均水平，创历史新高。

1991–2010 年昌江县普通高考录取情况表

表 20–1–7　　单位：个、%

年度	报考人数	入围人数	录取人数	其中		录取率	年度	报考人数	入围人数	录取人数	其中		录取率
				本科	大专						本科	大专	
1991	518	217	192	—	—	37.1	1997	571	248	221	—	—	38.7
1992	691	283	254	—	—	36.8	1998	617	281	229	—	—	37.1
1993	623	293	252	—	—	40.5	1999	605	319	256	—	—	42.3
1994	685	252	192	—	—	28	2000	594	413	362	—	—	60.9
1995	636	305	254	—	—	38.5	2001	593	455	407	—	—	68.6
1996	636	309	274	—	—	43.1	2002	717	633	520	—	—	72.5

表 20–1–7 续 1

年度	报考人数	入围人数	录取人数	其中		录取率	年度	报考人数	入围人数	录取人数	其中		录取率
				本科	大专						本科	大专	
2003	786	715	583	238	345	74.2	2007	1184	—	968	277	692	81.8
2004	891	—	760	307	453	85.3	2008		—	—	288	661	—
2005	943	—	733	188	517	77.7	2009	1600	—	1107	649	667	82.3
2006	1184	—	1045	321	724	88.3	2010	1633	—	1475	485	990	90.3

四、高等教育自学考试

昌江县历年设立成人高等教育自学考试（简称“自考”）统一招生办公室。县自考管理工作由教育局一名副局长分管，临时组织成人高等教育自学考试招办公室负责落实，办公室设在县教育局成教股。2006 年后，成人高等教育自学考试试行网上报名。2010 年，参加考试人数 441 人，入围人数 246 人，其中专升本 178 人，高升本 17 人。

1991—2002 年昌江县成人高考录取情况一览表

表 21–1–8　　单位：人

年份	考试人数	其中		年份	考试人数	其中	
		入围	录取			入围	录取
1991	214	167	—	1997	370	273	271
1992	256	186	—	1998	304	22	226
1993	283	158	152	1999	270	205	201
1994	318	221	218	2000	540	409	402
1995	429	253	250	2001	411	387	383
1996	314	222	217	2002	421	408	394

第十一节　教学研究

一、教学研究改革

20 世纪 90 年代以来，县教育局设有教学研究室，负责全县教育教学研究并探索教学方法等改革，普通中学和小学均设立教学研究组，教研活动比较活跃。教学研究坚持一线开展教研，组织学习教纲、教材教法，加强集体备课，要求教师备好、上好每一节课，多方探讨教改问题，努力提高教学质量。教法改革力求百花齐放，不搞一个模式，教学研究改革从搞好课堂教学着手，改变传统观念，重视智力开发，既让学生学会又让学生会学，把老师教的过程化为学生学的过程，另外还重视开辟第二课堂，鼓励学生进入阅览室、图书室、实验室，还支持学生走入社会和大自然中去调研、实习、观察、增加实践感性知识，开阔视野和知识面。1998年，中小学各年级适当删减教学内容，缩小考试范围，部分内容由必学改为选学。2000年6月，根据深化教育改革，全面推进素质教育的精神，不准下达升学指标，单纯追求升学率，按考试成绩排名次等，切实转变应试教育，提高学生综合素质。2008年起，每年安排教研经费30万元，解决教研经费的不足。贯彻省"教育质量年"精神，全面开展聚焦课堂教学的教学改革实验，提出"有效教学""高效课堂"的教研，广泛开展教学的"说、上、评"比赛活动，通过教学研讨会、公开课、"说、上、评"比赛活动等方式，更进一步全面推进素质教育，提高课堂教学水平和教学效果，建立开发型的教师队伍。2009—2010年，开通海南省教育研究培训院自主开发网络教研平台，全县各校（园）同时搭建网页，形成多层次教研网络，思源学校、民族中学引进"洋思教学模式"实验。

二、教研活动

1991—1999年，在全县组织20次中学的语文、数学、物理、化学、英语的观摩课、示范课、公开课；在小学进行过17次语文、数学的观摩教学。还有部分中小学开展丰富多彩的第二课堂活动，成立绘画、书法、体育舞蹈、演唱会、小制作等30余种兴趣小组。2000年起，对县城中小学教师从未到过农村学校任教过的老师，开展下乡支边支教活动，每批轮教时间为1~2年，至2002年，有100名教师参与。2005年3月，全县小学青年教师优质课评选观摩活动在县委党校多媒体教室举行，有200多名数学教师参加。2008—2010年，努力推进城乡教育均衡发展和教学质量的提高，实行城乡初中"4+4"学校结缔帮扶和城乡小学"5+5+1学校结缔帮扶"活动，3年中送教下乡共有210多课时。其间，教研室组织全县中小学省级骨干部分教师50人次到全县8个乡镇，开展"送教下乡"教研活动。

三、主要教研成果

学艺比赛成绩。20世纪90年代起，县教育局每年组织中小学教师和学生参加国家、省级的语文、数学、英语、物理、化学等科的竞赛。昌江中学、民族中学、乌烈中、县一小、县二小、县三小等学校积极成立科学兴趣小组，赛前强化辅导训练。1994年，县一小组织参加全国数学奥林匹克竞赛中，有4名获得二等奖，14名获得三等奖。1998年。全县中小学参加"奥数"比赛，获得国家级一等奖3个，省级一、二等奖6个。截至2010年，全县中小学生参加全国数学学艺竞赛，获得一等奖1个，二等奖8个；参加省级以上优质课和基本功大赛，获得国家级奖1人，省级奖15人；参加省级中学生作文比赛，获得二等奖18个，3等奖29个；参加全国中学生英语能力竞赛活动有4人分别获得一、二、三奖，获得省级奖59个。

课题教学与论文。1991年后，县教育局不断加强深化教研工作，指导各中小学教师开展课题教学和撰写学科论文参加国家、省级比赛。1991—1997年，全县的教育系统有20余篇学术论文，先后分别在国家、省级报刊上发表。2001年，昌江中学首次编印《昌江中学优秀教学论文集》，在全县教育系统引起良好的影响，有2名教师分别参加全省高中数学调教、CAT数学课程比赛获一等奖和二等奖；县一小林晓娟参加“海南省小语教学多种风格展示”比赛中，获一等奖，2003年起，各中学相应成立新课程改革研究小组，开始研究性的试验，昌江中学高中课题“黎族山兰酒传统酿造工艺研究”，在海口举办的高中新课程改革研究性学习成果汇报展览会上，演示娴熟，得到省教育厅和省内专家的一致好评。2004年，昌江中学获得中央教科所授予的中西部地区新课程改革实验先进学校的荣誉。2006年4月，县一小《石碌铁矿探究与调查活动》获得海南省十八届青少年科技创新大优秀科技活动奖，被选送参加全国大赛。昌江中学“电热写字板”获得发明创造一等奖。2010年，全县中小学开展教研究员及骨干教师新课程上课与说课比赛和中小学论文评选活动，共有参评论文1200篇，学生参评习作1500篇参加全省乃至全国论文评比。

第十二节 教育经费

一、教育事业经费

1991—2010年，教育事业费以省、县财政拨款为主。每年省财政拨给昌江一定包干经费，同时按各年度教师增加工资、危房改造、购置教学设备等实际需要增加一定专项经费。1991年，教育经费821.3万元。2010年，教育经费27392万元。

1991—2000年度昌江县财政教育经费开支情况统计表

表20-1-9 单位：万元

年度	拨款金额	同比增加	增长率%	其中基建	年度	拨款金额	同比增加	增长率%	其中基建
1991	821.3	—	—	167	1992	930.1	—	—	170

表 20-1-9 续 1

年度	拨款金额	同比增加	增长率%	其中基建	年度	拨款金额	同比增加	增长率%	其中基建
1993	1059.1	—	—	—	2003	4324	161	3.8	—
1996	1633.9	—	—	282	2004	4798	474	10.9	731.5
1997	3365	—	—	—	2007	10764	2750	34.3	—
2000	4023	582	16.9	175	2008	16093	5329	49.5	—
2002	4163	106	2.6	—	2010	27392	5107	22.9	—

二、教育费附加

1991—2010 年，昌江依法征收城市、农村教育费附加，成为教育经费的一重要来源。教育费附加历年由税务部门按照“三税”（产品税、增值税、营业税）的 3% 征收划拨县财政，由县财政安排给教育部门，主要用于改善中小学校办学条件，推动普及九年制义务教育事业的发展。

三、社会集资捐资

1999 年，日本东铁路工会出资 20 万元，修建七叉绿之风希望小学；海南省工商银行捐赠 418 型电脑 11 部给县一小。

2000 年，日本东铁路工会向七叉绿之风希望小学捐赠 1 部 24 英寸松下电视和一批教学用书；海口海关向七叉乡大章小学捐赠 6 万元，建校门和围墙；昌江工商银行向太坡中学捐赠 32 张办公桌和 4000 元。2003 年，县政协常委，县总商会会长林添喜出资 80 万元，为王下乡搬迁的黎族村庄（水富村），兴建校舍 953 平方米，其中教学楼 520 平方米，教师工作间 280 平方米，设施较完善一流的农村小学。

2008 年，香港言爱基金会捐助“教育移民扶贫”建设资金 1200 万元，建设昌江思源实验学校。截至 2010 年，社会各界热心捐资办学，为推动昌江教育事业做出了一定的贡献。

四、经费管理与使用

1990 年后，实行“校财局管”的方式，中小学财务由教育局实行专户管理。并建立经费管理责任制，自觉接受人大对教育经费预算和预算执行情况的依法监督。联合监察、审计、财政等部门组织开展对教育经费使用和管理情况的专项检查和审计，进一步规范资金使用，确保资金效益最大化。

教育经费使用主要分人员经费、基本建设经费和生均公用经费。人员经费按专业技术职务统一核定，基本建设经费根据学校基本建设需求合理安排，教育经费支出以中小学经费居多。以2008年、2009年为例，2008年拨付农村义务教育阶段中小学公用经费转移支付专项资金1298.5万元，拨付普通高中阶段学费、课本费283.69万元，拨付职业高中就读学生“四免一补”经费305万元，拨付寄宿生生活补助资金475.94万元；2009年，拨付农村义务教育阶段中小学公用经费转移支付专项资金2168.86万元，拨付普通高中阶段学费、课本费409.41万元。拨付职业高中就读学生“四免一补”经费303万元，拨付寄宿生生活补助资金438.9万元。2010年，全县有在教职员工人数达2957人，占全县财政供养人口的50%左右，退休教师工资由县社会保障局统一发放。

第十三节 学校建设

一、校舍建设

1991年后，在中央及地方政府的大力支持下，昌江中小学校舍得到改善提高。1994年，从省“两彩”提留昌江的资金中拨款280万元，在民族中学兴建一幢4900平方米的综合教学大楼。1996年，太坡希望小学和乌烈中学西附楼建成交付使用。1997年，新建昌江中学教学楼，总建筑面积7539平方米，总投入资金800万元。至1998年年底，全县中小学有校舍建筑面积169570平方米，其中教室87822平方米，教职工宿舍49893平方米。2004年，使用中央国债高中扩招专项资金130万元，县财政资金65万元，新建昌江中学一幢高四层，面积2060平方米教学大楼竣工交付使用。特别是2008—2010年的3年间，校舍建设投入资金达9870万元，其中中央及省资金2713.5万元，县财资金5952万元，香港言爱基金捐资1200万元。新建教学楼22598平方米、学生宿舍楼17553平方米、学生食堂6577平方米、总建筑面积达45962平方米。其中2008年9月投入2500万元（香港言爱基金捐资1200万）建设昌江思源实验学校综合教学楼6921.6平方米，教室、学生食堂、宿舍7529.9平方米，总建筑面积14451.5平方米；新建教学楼、学生宿舍、学生食堂的有乌烈中学8993平方米、职教中心9776平方米、十月田学5312平方米、七叉中学5276平方米、叉河中学474平方米、南罗学校565平方米、叉河中心小学1115平方米。

2010年，全县校园占地面积222.45万平方米，生均占地面积57.5平方米；中小学校舍建筑面积30.56万平方米，中学生生均占有校舍面积9.3平方米，小学生生均占有校舍面积7.2平方米，生均校舍面积达标。全县中小学校基本实现楼房化。

二、危房改造

1991年后，县政府加大教育基础设施建设，按照“普九”目标的基本要求，采取措施加强中小学校危房改造，全面消除危房隐患，根本改善办学条件。1993—1997年，投入资金25209万元，改造危房总面积13351平方米，校舍危房率下降到8%。2000年，多方筹措资金175万元，其中县投入125万元，香港邵逸夫捐赠50万元港币，改造县一小危房。2001年年初，教育部、国家计委、财政部《关于实施中小学危房改造工程的意见》下发后，县政府高度重视中小学危房的改造工作，成立领导小组，具体负责危房改造工作。据统计，2001—2004年，全县投入改造中小学危房资金1982万元，其中，中央资金1536万元、省级资金174万元，县财资金205万元，其他资金67万元，新建和改造校舍总面积为33547平方米。2005年，省政府把昌江列为全省第一批实施危房攻坚战的八个市县之一。县政府对各中小学校舍、教学用房进行大规模、大范围维修改造，投入中小学危房改造850万元，改造面积23844平方米，成为全省第一个提前完成中小学危房改造“攻坚战”的市县。11月，全省中小学危房改造攻坚工程现场会在昌江石碌召开。全县中小学D级危房全部消除，基础办学条件明显改善。

2008—2009年，继续加大教育基础设施建设，全县投入资金11164万元，其中，中央及省资金5390万元、县财资金5705万元，其他资金77万元，新建和维修校舍总面积58614平方米。2010年，县政府分别实施教育移民、初中改造校舍安全、薄弱学校更新改造、中小学厕所等项目工程，全县共完成总投资2091.2万元，其中，中央资金185万元、省资金406.7万元、县财资金1419.5万元、其他资金80万元，建设校舍总面积12054平方米。至2010年年底，全县中小学基本实现“一无五有”（校校无危房，学校有教室、有教仪室、实验室、图书室、有课桌）。

1991—2010年昌江县中小学校舍情况一览表

表20-1-10　　　　单位：所、平方米

年度	学校数（所）	占地面积（平方米）	建筑面积（平方米）	其中			
				教室面积	实验室面积	图书室面积	其他
1991	124	2689524	154810	74702	4008	4191	71909
1992	124	2689524	156926	83312	4470	4674	64470
1993	125	2711214	159859	76588	4110	4296	74865
1994	124	2689524	161251	78966	4237	4430	73618
1995	127	2754593	163344	86182	4624	4835	67703

表 20–1–10 续 1

年度	学校数（所）	占地面积（平方米）	建筑面积（平方米）	其中			
				教室面积	实验室面积	图书室面积	其他
1996	127	2754593	166085	87412	4690	4904	69079
1997	127	2754593	169570	87822	4712	4927	72109
1998	127	2754593	174067	89216	4787	5005	75059
1999	128	2776283	175503	94197	4213	5148	71945
2000	128	2776283	190881	101383	4433	5498	79567
2001	142	2322608	227394	104259	6305	4727	112103
2002	139	2483011	226715	103497	7311	5157	110750
2003	116	2635306	227047	100152	7182	5845	113868
2004	119	2564110	219967	103947	7196	4983	103841
2005	117	2491335	218573	106351	6700	4423	101099
2006	117	2666733	245372	113290	7831	4587	119664
2007	110	2581836	268818	122644	7427	4743	134004
2008	105	2372922	272236	126310	9560	4491	131875
2009	102	2208924	276869	136013	8551	4411	127894
2010	95	2381594	305160	115105	9136	4638	176281

三、校容校貌建设

各级学校把校园环境建设与精神文明建设有机地结合起来，优化育人环境。在学校经费不足的条件下，逐年从有限的资金中挤出一点修建校园围墙，购置花草、树苗，组织老师、学生开展义务劳动植树、种花种草等。1991 年，乌烈中学多方筹集资金，建起乡镇中学第一个琉璃瓦顶校门。

1994 年以后，全县中小学在校园建设方面开始由“绿化”向“硬化”过渡，校园向花园方向发展。1996 年，乌烈中学建有 2 个读书德磬亭和桃李亭凉亭，增添了校园的新景观。1997 年，乌烈中学荣获省教育厅全省教育系统校容校貌三等奖，昌江中学被县委、县政府誉为园林式的绿化先进单位。1999 年，乌烈中心小学荣获省校容校貌建设评比一等奖。2001 年，县三小荣获省校容校貌一等奖；七叉中心学校荣获省校容校貌二等奖。至 2010 年底，各中小学校园规划合理，有教学区、生活区、运动区。校园绿化、硬化建设初见成效，中小学校园基本砌筑围墙，校道普及硬化，校园清洁卫生、树木成荫，花草芬芳。

四、教学设施

1990年后，县委、县政府加大对教育的投入，教学仪器、信息化、图书、体育卫生等设施逐年得到改善提高。

仪器设备。20世纪90年代，全县教学实验室逐步普及，各学校的教学仪器不断增加。1993—1994年，全县各学校共投入18.7万添置教学仪器，至1998年，全县有仪器室37间1564平方米，仪器柜178个，拥有仪器总金额121.4万元。1999年起，县教育局从实际出发，对照一个规范（《中小学理科实验室装备规范》）、两个目录（《初中理科教学仪器配备目录》和《小学数学科学教学仪器配备目录》）的要求，启动“义务教育薄弱学校更新改造工程”，逐年加大投入教仪设备的购置配备。2010年，全县投入常规教学仪器配备资全达563万元，完成6所乡镇中学理生化实验室设施建设。至2010年年末，全县中学，有实验室51间，仪器室36个，各类教学实验仪器总价值676.21万元，仪器设备达到一类标准的学校有6所，达到二类标准的学校有5所，其余学校达到三类配备标准。全县小学，共有实验室10间，仪器总价值258.93万元，仪器设备达到一类标准的学校有2所，达到二类标准的学校有15所，其余达到三类配备标准。教学仪器达标率90%，生均教学仪器设备值逐年提高，基本满足正常教学的需要，实验教学普及率有了提高。

教育信息化。从1991年起，县政府重视教育技术应用工作，逐年增加投入建设，1994年，县城各中小学基本实现“三机一幕”（电视机、录音机、投影仪、教学屏幕）教育技术应用。1997年，县一小被省教育厅授予“海南省电化教学示范学校”。2001年，全县各学校自筹65万元购置电脑，比2000年增长76%。至2005年，全县中小学基本普及教育技术应用。2006年，投资1097万元，建设乌烈中学等15所初中和海尾中心校等60所小学及38个教学点的计算机网络和多媒体教室、99个卫星教学收视点，118教学光盘播放点，农村中小学基本实现现代化技术教育。2010年10月，省教育厅在昌江思源实验学校召开全省中小学实验教学和现代教育技术应用现场会。昌江教育信息化进一步加强提高。至2010年年底，全县中小学共拥有计算机教室36间，多媒体电化教室136间，电子阅览室5间，电子备课室42间，计算机总数2300多台，计算机生机比15：1、师机比5：1；基础教育专网接入学校61所，占中小学总数的68%，信息网络体系初步形成并已覆盖全县所有的乡镇中心以上学校和部分农村完小。有48所中小学采用光纤或ADSL接入因特网，开通博客学校100%。昌江中学、红田学校等10多所中小学校相继接受省级评估，顺利获得省实验教学示范学校称号。

图书资料。1991年后，按照国家和省关于办学场地校园规划校舍建设规定中，学校要有图书馆,图书馆设有教师、学生阅览室、藏书室。昌江按照规定,逐年投入,至1998年,全县中学有各类图书11万册，学生人均占有图书9.7册，小学有各类图书15.9万册，学生人均占有图书6.4册，昌江中学学生人均占有图书24册，乌烈中学学生人均占有图书18册。2003年后，在“普九”“改薄建规”中，抓图书馆（室）及其设施建设，逐年增加藏书数量，提高生均图书册数水平，并配备专职管理人员。2010年起，县财政在年度预算中每年安排图书经费60万元，实施“农村义务教育薄弱学校改造计划”图书设备项目专项经费，同年图书馆（室）藏书总量递增，思源实验学校等一些学校还配置电子图书和电子阅览室。截至2010年，全县小学现有图书37.22万册,人均藏书18册，报刊种类46种，工具、教学参考书86种；初级中学有图书35.58万册，人均藏书27册，报刊种类64种，工具、教学参考书138种；完全中学有图书19.56万册,人均藏书40册，报刊种类126种，工具、教学参考书235种。人均藏书量、报刊种类、教学参考书种类均达到2类配备标准。

体育卫生设施。1991年起,昌江各级学校体卫工作按照国家教委、国家体委、卫生部、财政部、人事部、建设部和劳动部联合签发《学校体育工作条例》《学校卫生工作条例》要求，逐步走上规范化道路，体卫工作得到重视。在随后的10年时间里，逐年筹集资金增添体育设备和体育器材，建设运动场。至2002年，全县各中学校均建有篮球、排球、足球运动场、羽毛球场、乒乓球台和校医室，城镇小学和农村小学建有篮球场、露天乒乓球台等体育设施。2006年，投入资金200多万元完成昌江中学高标准的建设塑胶跑道运动场，是除海口以外，市县公立学校第一个铺设塑胶跑道的标准运动场。随后又投入资金建设矿区中学400米塑胶跑道田径运动场。截至2010年，全县各中小学有塑胶标准跑道运动场3个、篮球场86个、排球场30个、足球运动场48个、羽毛球场20个、乒乓球台30个、单杠双杆若干，校医室8间，文体器材达标率92%，全县中小学校体育场所、体育器材基本满足学生体育运动的需求。

五、希望小学建设

1992年，由县政府及太坡镇政府和县教育局共同出资捐助兴建太坡希望小学，1993年，太坡希望小学建成投入使用，同年招生300多人。1999年，日本东铁路工会出资与县政府配套资金修建七叉绿之风希望小学落成交付使用。2004年9月，省委组织部、省国家税务局、省委老干部局、省政府驻广州办事处和共青团海南省委共同出资在原片石小学校址，兴建片石希望小学，同年建成并投入使用。

第十四节　勤工俭学

1991—2010 年，全县有 88.7%的中学小开展勤工俭学，校办生产基地主要种植经济作物有槟榔、椰子、腰果、芒果、甘蔗等；养殖业有养猪、养鱼。20 年中全县中小学勤工俭学总收入 608.3 万元，除一部分资金作为学校教学用途，另一部分留用学校开发再扩大生产。

1991—2010 年昌江县中小学勤工俭学情况一览表

表 20-1-11　　单位：个、公顷、万人、万元

年度	勤工俭学学校	基地	面积	总收入	其中	参加实践人数	年度	勤工俭学学校	基地	面积	总收入	其中	参加实践人数
					农业							农业	
1991	110	75	104	19.3	1.8	3.2	2001	127	127	41.3	15.4	10.8	3.2
1992	90	113	99.4	18.7	2.4	3.3	2002	127	127	42	26	13	3.7
1993	80	73	102	14.7	2.7	2.8	2003	127	103	53	46.5	12.1	3.7
1994	110	75	104	26.8	3.3	2.9	2004	127	103	53	46.5	20.8	3.7
1995	111	75	104	51	5.1	2.7	2005	103	103	33	42.8	21.8	3.3
1996	112	76	110	31.5	7.5	3	2006	103	103	48	41	16.3	3.3
1997	127	79	120	40.5	9.5	2.9	2007	103	104	27	56	18.7	1.4
1998	127	79	66.3	35.1	12.8	2.9	2008	103	92	24	42	15.9	1.2
1999	127	79	62.3	24.2	10.8	2.8	2009	7	14	8.2	12.5	4.8	0.8
2000	127	85	82	34	14.7	3.3	2010	7	14	8.2	11.8	3.9	0.7

第十五节　学校选介

一、县机关幼儿园

1963 年 4 月始建，由县教育局主办的全县最早的一所全日制公办幼儿园，占地面积 3924 平方米，园舍建筑面积 2074 平方米，户外活动场地 1574 平方米，绿化面积 356 平方米。2004 年 3 月，被评为省一级幼儿园，2005 年 12 月，被评为省一级二类幼儿园。

2010 年，设有 6 个教学班，有在园幼儿 337 人，教职工 23 人，其中专任教师 21 人，职工 2 人；专任教师中，中学高级教师 1 人，幼儿园高级教师 15 人，一级教师 5 人；

专任教师100%达到中等师范学校幼儿教育专业学历；教师全部持有“幼儿园教师资格证书”“全国中小学教师教育技术水平考试证书”等专业技术证书。机关幼儿园始终坚持以“思想教育经常化、幼儿教育科学化、工作管理规范化”为工作方针，依法办园，强化素质，教研兴园，保教并重，促进幼儿园健康持续发展。

二、昌江县第一小学

1951年创建，校址现坐落县城石碌镇东风路41号，是昌江县小学教育教学的研究和实验中心。学校占地面积17288平方米，总建筑面积8796平方米（含生活建筑）。学校布置科学合理，教学区、运动区、生活区分离明显。校园内设有运动场，建有250米的环形跑道和一条笔直的跑道，1个少年足球场、3个篮球场、1个排球场、2个羽毛球场、1个田径场和联合体育器材场、沙池等，在校园内设有2个（共460平方米）学生劳动实践基地。学校的教育教学设备齐全，有4栋教学楼，设有教学用房41间，多媒体、舞蹈音乐室、图书阅览室、少先队室等专用教室，学校还为教学用室配备多媒体设施，为师生提供有效、规范、先进的教育环境。

2010年，设有41个教学班，学生2198人，其中男生1233人，女生965人，适龄儿童入学率100%，辍学率为0；在校生巩固率100%，毕业合格率100%。有教职工117人，专任教师114人，其中本科21人，专科84人，中师（含中专）9人。有高级职称教师2人，中级职称教师73人，特级教师1人，教师中有全国骨干校长1名；省级学科带头人2名，省级骨干5名，县级学科带头人5人，有县级骨干教师19人。

学校多人荣获国家、省级小学生“奥数”比赛一、二、三等奖。先后被评为“海南省规范学校”“海南省示范家长学校”“海南省科技教育示范学校”“全国教科研先进单位”等。

三、昌江县第二小学

1960年9月创建，坐落在石碌铁矿脚下，北临石碌河边，是一所县直属完全小学。学校占地面积31464平方米（含海钢二小），校舍面积3784平方米，建有计算机教室、仪器实验室、图书阅览室、体育器材室、红领巾广播站等各种功能室。校道硬化面积2700平方米，草坪绿化及树木覆盖面积近5000平方米，建有标准的篮球场、羽毛球场各1个，教学设施日臻完善，布局日趋合理。

2010年，设有12个教学班，学生534名，教职工53人。其中本科2人，专科38人，中师13人。专任教师中：小学高级教师41人，小学一级教师12人，省骨干校长1人、省骨干教师1人、县骨干教师4人。

学校获“昌江县德育工作先进单位”“昌江县合格学校”“海南省现代教育技术实

验学校”等称号。1991—2010年，有教师撰写的教学论文发表在省级刊物3人次、获省级奖励有13人次、获县级奖励有10人次、优质课评比获县级奖励有2人次、课件制作获省级奖励有4人次、说课获县级奖励有3人次。在国家、省级各科比赛评选中，每年都有多名学生获得不同层次的奖励。

四、昌江县第三小学

1989年创办，前身是民族寄宿制小学，现属县重点小学之一。学校占地总面积为24000平方米，校舍面积5076平方米。学校现代化教学设备不断完善，拥有比较规范的电脑室、音乐室、美术室、舞蹈室、实验室、图书室、阅览室以及28间功能齐全、技术先进的多媒体电教室。

2010年，设有教学班级35个，在校学生1962人，有教职员工105人，其中专任教师99人，小学中学高级教师1人，小学高级教师63人，省级骨干教师4人，教学能手3人，学科带头人2人。县级骨干教师14人，获本科学历9人，大专学历84人。

1991—2010年，学校“以制度促规范，以质量求发展”的办学理念，全校教师热衷本职，潜心钻研，取得了累累硕果。相当一部分老师分别参加全国、省、县等各类教学业务比赛，荣获不同等次的奖励，有48位教师的教学论文分别发表在国家级、省级杂志上。每年参加全县文化质量监测均荣获好成绩，得到了县教科局的嘉奖。1996年、1997年分别被评为县“先进党支部”、“先进基层党组织”、省妇联“优秀家长”学校。2001年，荣获县“综合治理先进单位”称号；荣获海南省校容校貌一等奖。2004—2005年，连续两年被评为县“教育工作先进单位”；2006年，被县教科局评为“规范学校”和被省授予“基础教育课程改革实验工作先进集体”称号；2007年，被评为海南省“基础教育课程改革实验工作先进集体”。

五、昌江县第四小学

1963年创建，原称海南铁矿第四小学，属企业办学校。2007年8月，学校划归地方政府管理，更名为昌江县第四小学。学校占地面积约20000平方米，校舍建筑面积4500平方米。

2010年，设有教学班级22个，在校学生1265人，有教职员工68人，其中专任教师53人，小学高级教师38人。办学条件日臻完善，学校设有实验室、图书室、多媒体多功能教室、音乐教室、练功房、美术教室、劳技教室、信息教室、大队部、教师电子备课室各1间，运动场地8500平方米，足球场1个，篮球场2个，环形跑道1条，体育器材室1间，计算机70台，图书17870册，生均16册。

六、乌烈镇中心学校

1930年始创，学校原名为乌烈小学，1961年更名为乌烈镇中心小学，2004年，更名为乌烈镇中心学校。学校占地面积20036平方米，校舍建筑面积4277平方米。学校办学已初具规模，教学和生活秩序井然有序。

2010年，设有16个教学班，在校学生591人，适龄儿童入学率99.77%，辍学率为0.19%，毕业率97.46%。有专任教师72名，其中大专学历31人，中师学历41人。

学校教学质量不断提高，每年均有许多名优秀学生输送到县重点中学。1999年，荣获"省级校容校貌"建设评比一等奖；2000年，被评为"省少儿先进集体"和"省少先队示范学校"；2001年，荣获"全国标兵红旗大队"称号；2006年，学校被县教育局授予"合格学校"的称号；2008年4月，在由中共海南省委宣传部、海南省教育厅等6个单位组织的"迎奥运绘宝岛"第二届海南省青少年书画大赛中被评为组织奖。

七、十月田学校

位于十月田镇政府东侧，小学部始建于1958年，1968年创办初中部，附设于小学部内。1970年，中学与中心小学分立。2005年1月，整合教育教学资源，2校正式合并，称十月田学校，是一所黎族乡镇的九年一贯制学校。学校占地面积54640平方米，校舍建筑面积11670.96平方米。

2010年，设有教学班24个（含学前班1个），在校生1036人，其中，初中生539人，小学生457人，学前班40人，适龄儿童入学率99.75%，辍学率为0.95%；在校生巩固率95.16%，毕业率99.50%。有专任教师93人，其中本科学历30人，专科学历52人，中专学历11人。设有标准物理实验室、标准化学实验室各1间，设有计算机室，配有计算机50部，多媒体教室2间、教师电子备课室、学生宿舍、食堂等设施。

八、海尾镇中心学校

1930年始建，原属私立学校，位于海尾镇海尾村南部，学校曾几次更名。2010年，海尾镇第二小学并入海尾镇中心学校。学校占地面积390000平方米，校舍建筑面积5000平方米。

2010年，设有教学班27个（含学前班1个），在校生1060名，适龄儿童入学率99.78%，辍学率为0.21%；在校生巩固率97.39%，毕业率100%。教职员工71人，其中专任教师62人，该校部分教室配有VCD、电视机等农远工程教学设备。

2010年，被确立为海南省基础教育课程改革样本校，围绕推进素质教育，实施课程改革，教育教学成果斐然。曾获得昌江首届"中国电信杯"舞蹈大赛一等奖（幼儿组）、昌江首届"中国电信杯"舞蹈大赛昌江舞蹈大赛组织奖、昌江县全国第三套中小学生系列广播体操比赛第一名（小学组）等。

九、王下学校

位于王下乡政府所在地，距县城石碌50千米，1997年学校新校址建，2006年，昌江教育移民工程启动后，中学部整体搬迁到县民族中学，2008年，学校布局调整后，将王下乡各村小学合并到乡中心小学，更名王下学校。学校占地5292平方米，校舍建筑面积2868平方米，其中，教学用房700平方米、学生宿舍、食堂1100平方米，教师宿舍900平方米，教师厨房160平方米。

2010年，设有7个教学班，学前班1个，在校生177人，其中，学前班17人，住校生109人。有教职员工38人（含1名特岗），其中女教师12人。教师学历达标率达90%以上，其中大专学历14人，中师学历22人，初中学历2人。小学高级职称8人，一级职称20人，二级职称9人。学校是一所“寄宿+走读”模式的学校，除了三派村委会的一队和二队2个村的学生没有享受到贫困生生活补贴外，其余村庄的学生都可在学校免费就餐。

十、昌江中学

1958年创建，学校占地面积12公顷，建筑面积为54000平方米；现有科学馆1栋，实验室9间，教学楼3栋，共87间教室，其中62间安装了多媒体设备；学生宿舍和学生食堂综合楼各1栋；400米标准塑胶跑道田径运动场1个、标准篮球场8个、3个排球场、21个乒乓球台。校园布局合理，绿树成荫，环境优美，是昌江县重点中学。

2010年，设有65个教学班，在校生4150人，其中高中部48个教学班，学生3160人；初中部17个教学班，学生990人。70%的在校学生来自农村，30%为乡镇少数民族学生。在编教职工279人，其中专任教师253人，中学高级教师53人，中学一级教师123人；研究生3人，本科生220人；省级骨干教师5人，县级骨干教师25人。

学校秉承“读书、明理、立志、成才”的校训，以培养学生“主动发展、全面发展、和谐发展”为目标，科学管理，依法治校，教育教学质量稳步提高。2001年，参加高考学生343人，总入围259人，被录取235人，升学率达到68.5%。2005年，参加高考学生628人，考入本科253人，其中第一批108人，A段达17人，700分以上6人。1991—2010年，获得“全国巾帼文明岗”“全国消防安全教育示范学校”“海南省文明学校”“海南省教育系统先进单位”“海南省创建绿色学校活动先进单位”“海南省学校体育工作先进单位”“海南省教育系统关心下一代工作先进集体”等称号。

十一、昌江矿区中学

原名海南钢铁公司子弟中学，1957年创建，属企业办学。2007年8月30日，海南钢铁公司改制，学校正式移交地方政府管理。学校占地6.56公顷，建筑面积10599平方米，有办公楼1栋、教学楼和实验楼各2栋、教职工宿舍楼2栋、学生公寓1栋，学生食堂1间，办公区、教学区、运动场和生活区布局相对合理，校园环境较为优美。

矿区中学在改制之前，秉承服务矿山企业，服务职工子弟的宗旨，为矿区和昌江县培养了大量合格的劳动者和人才，1977年恢复高考以来，该校累计为清华、北大、人大、中科大等全国高等院校输送近4000多名优秀学生。2009年，高考取得较好成绩，昌江考区文科前5名均为该校考生，理科前3名中该校占2名；2010年，高考再创佳绩，有4名考生分别夺取昌江考区文、理科第一和第二名。中招考试昌江考区15个满分考生中该校占7名。此外，有84名学生在国家级、省级各类竞赛中取得优异成绩。

学校配备各类现代教学设备，其中学生计算机室2间，每间配有电脑66台、教师电脑室1间，建有校园教学、行政办公专用网络系统，有可容纳150多人的多媒体教室2间、语音室1间、物理实验室4间、化学实验楼1栋、生物实验室4间，有400米塑胶跑道田径运动场1个、羽毛球场8个、排球场2个、篮球场4个等体育教学配套设备，有音乐、美术等专用教室，教学主楼教室全部安装了多媒体设备。

2010年，设有37个教学班，其中初中19个，高中18个，在校学生2277人，其中高中生1067人，初中生1210人。有教职工130人，其中高中教师59人，初中教师71人，具有高级职称的有43人，中级职称的34人，高、中级教师分别占教师总人数的33%和26%。曾获得“海南省消防安全重点学校”“海南省环境优美十佳学校”“国家级课程改革研究课题实验学校”“海南省现代技术实验学校”“海南省中小学德育先进集体”“海南省基础教育课程改革实验工作先进集体”等称号。

十二、昌江民族中学

1982年9月创办，经原海南黎族苗族自治州人民政府批准创办，1983年5月正式招生。是昌江县唯一的一所少数民族重点中学，学校占地5.87公顷，拥有教学楼2幢8100平方米，综合楼1幢3800平方米。教职工宿舍楼十幢5633平方米，学生宿舍2幢9878平方米，食堂1幢1325平方米，300米塑胶跑道运动场1个。拥有3间电脑室，2间语音室，3间多媒体教室，1间多媒体报告厅，理实验室、化学实验室、生物实验室各3间，美术室、舞蹈音乐室、图书阅览室各1间，篮球场、排球场各4个，一组单杠双杠等设施。

学校以全面贯彻党的教育方针，提高学生文化素质，培养四有“坚持”新人为宗旨，努力实现“低起点入学，高质量毕业”的目标。2004年，有1名学生以优异的成绩考取海南中学，打破了民族中学考取海中的零纪录，从2006年起，实行教育“移民工程”，考入省属重点中学的学生人数逐年上升，先后受到省、县级的多次表彰和社会各界的普遍好评。2010年，设有51个教学班，在校生2560人，其中：教育移民学生293人，住校生950人。有教职工184人，专任教师175人，职工9人。其中高级教师13人，一级教师47人，大学本科毕业教师114人，专科毕业教师60人。

十三、昌江矿区学校

前身是海南钢铁公司第四中学，1987年创办。2007年8月，学校移交县政府管理后，2008年6月将海钢一小和海钢四中合并为九年级一贯制学校。学校位于石碌矿山脚下，学校占地面积2.3公顷，校舍建筑面积4536平方米。

学校教学设备较先进，拥有电脑室、教师电子备课室、物理实验室、化学实验室、音乐室、生物实验室各1间，有多媒体教室12间。学校体育设备较齐全，有运动场、篮球场、足球场、300米塑胶跑道和一批体育器材；图书馆藏书13240册，刊物4600本，种类有135种。教师专业用书1620本，种类有15种。教师、学生阅览室的报纸杂志近百种。2010年，设有12个教学班，在校生648人，教职工80人。学校师资力量雄厚，初中部有中学高级教师16人，一级教师16人，小学部有小学高级教师25人，一级教师6人。研究生获同等学力证1人，大学本科学历25人，专科学历39人，中师学历11人，学历合格率100%。

2007年后，学校教育教学成绩显著提高，学生在参加各学科竞赛中均获得较好成绩，先后有81人次获省级一、二、三等奖。

十四、海南昌江思源实验学校

位于石碌镇昌江大道旁，2008年8月1日，奠基开工，2009年9月1日投入使用。学校占地面积7.93公顷，校舍建筑面积18120平方米。

昌江思源实验学校是一所公办九年一贯寄宿制教育扶贫移民学校，按照省委、省政府和香港言爱基金会“教育扶贫移民”的设想，接收家庭处于生态核心区学生，家庭贫困的学生和少数民族优秀学生就读，学生就读免收学杂费、住宿费、还发放生活费和交通补助。生活补助标准：小学生每年2010元，初中学生每年2330元。

2010年，设有38个班级，学生1903人，其中小学设有20个班级，在校生997人；中学设有18个班级，在校生906人；中小学住校生1333人。有教职工124人，其中专任教师122人，职工4人，大学本科毕业教师38人，专科学历教师84人。学校规模宏大，校园规划科学，环境优美，教育教学设施先进，教学辅助用房齐全，体育运动设施齐备。

学校荣获“海南省规范化学校”“海南省德育工作先进集体”“海南省教育系统文明礼仪教育示范学校”“海南省实验教学示范优秀学校”“海南省现代教育技术示范优秀学校”“昌江县教育系统先进单位”等称号。

十五、乌烈中学

1968年创办，位于乌烈镇乌烈村东郊，是昌江规模最大的一所乡镇初级中学，校园占地面积64000平方米，校舍总面积21778平方米，其中教学用房8936平方米，生活用房12842平方米。

2010年，设有15个教学班，在校生818人，有教职工88人，公益性岗位人员8人。其中高级教师10人，中级教师41人，大学本科毕业教师36人，县级骨干教师8人。有教学楼2幢，综合楼1幢，有教职工住宅楼（房）14幢，其中有16间套间，21间普通套房，46个教师工作间；有学生宿舍楼2幢，面积4690平方米，设960张床位；有学生食堂2间，面积1890平方米。拥有学生电脑室1间，语音室1间，多媒体室10间，多媒体报告厅1间，物理实验室2间，化学实验室2间，生物实验室1间，美术室1间，舞蹈室1间，音乐室1间，教师电子备课室2间，图书室1间，阅览室1间，体育器材室1间等。图书室目前藏有各类图书3万余册，报刊杂志近40种；物理、生化实验室的装备基本达到国家三类学校标准要求；电脑室装配有60台学生电脑；运动场地及体育运动设施能满足教学及师生课外运动的需求。

学校围绕“德育为首、教学为主、全面育人、发展特色”的办学目标，不断优化校园环境，完善教学设施设备，并在学校管理等方面不断加以深化，教育教学质量得到全面提高，取得了显著成绩，在全县中招考试中，除昌江中学以外，排名数二。1994年、1995年，分别被评为县两个文明建设先进单位；1996年，被省委、省政府评为1993—1995年文明单位。1997年，荣获省教育厅全省教育系统校容校貌三等奖；1998年，获县政府“普九”与校容校貌乡镇中学一等奖。

十六、红林学校

1970年5月7日创办，位于石碌镇内环路，是红林农场唯一一所九年一贯制学校，2009年，学校移交县政府管理，改名红林学校，学校占地面积123675平方米，建筑总面积11219平方米。

2010年，设有17个教学班，在校学生约650人。有教职工92人，其中专任教师75人，其中大学本科10人，专科41人，学历达标率100。中学高级教师3人，中学一级教师13人，小学高级教师33人。

学校办学条件和设施优良，环境优美，绿树成荫，校园布置合理，教学区、卫生区、运动区相对独立。有教室、教学辅助室、阅览室、图书室、运动场地、教学仪器、实验设施、电教、体艺卫器材设备、设施等严格按照教育部颁布的配备标准分类配置学校被评定为县级规范化学校。

十七、霸王岭学校

坐落于霸王岭林区，2008年，霸王岭子弟学校移交县政府管理后，调整学校的布局，整合教育资源，把七叉中学和原霸王岭子弟学校整合为九年一贯制学校，更名为霸王岭学校。学校占地面积26717平方米，建筑面积8654平方米。

2010年，设有16个教学班级，在校学生692人，其中小学在校生194人，班级6个；中学在校生498人，班级10个；初中住宿生325人。学校有教职工82人，其中专业教师75人，职工3人，校警4人。教师均具有专业技术职务，中学高级教师6人，中学一级教师和小学高级教师26人，中学二级教师和小学一级教师41人。取得本科学历的教师34人，取得大专学历的教师31人，中专学历的教师10人，学历合格率100%。

学校教学文化设施有图书阅览室、多媒体教室、电脑室、生化物实验室和仪器室各1间，有篮球场2个，排球场1个，乒乓球台4个，有200米运动跑道、高低杠区、音乐室、美术室、体育器材室等体育设施。学校的教学秩序维稳发展，师资力量不断充实，校园校貌硬化、绿化、美化正在完善之中，各项教学指标均达到县级规范化学校的要求。

十八、石碌镇学校

前身为太坡学区和石碌学区2个学区，2002年，太坡镇与石碌镇合并，太坡学区和石碌学区合并为石碌学区，2005年，石碌学区和石碌镇中心小学组合为石碌镇中心学校，2009年8月，石碌镇中心学校、太坡中学和县矿区六小合并，称石碌镇学校，校址设在县矿区六小，是一所九年一贯制学校。学校占地面积5.1公顷，建筑面积4723平方米。

2010年，设有初中教学班11个，小学教学班12个，在校生973人。学校教职工86人，其中专任教师79人。学历达标率为100%。

学校有初中教学综合楼、学生食堂、教师经济适用房72套、男女生公寓96套、综合办公大楼、科学馆和运动场，有标准化化学、物理、生物实验室和多媒体教室等设施。学校在各项工作中取得了优异的成绩，曾组织学生参加县级各类比赛，获得一、二等奖多人次；教师获得县级以上优秀称号及县级以上调教奖项多项；2010年，学校团委在“中国电信杯”首届舞蹈大赛中荣获“组织奖”和“三等奖”。

第二章 科 技

第一节 科技机构

1991年，县科委设立三个组，即行政秘书组、科技情报组、农医组，人员编制10人。20世纪90年代县级专业技术机构和学术团体不断增加，至1992年，全县有各类学会、研究会40个，会员3048人，专业技术职称的科学技术人员2437人。

在建立和完善科技机构的同时，全县建立3个研究所：县农业科技研究所、县农业机械研究所、县畜牧兽医科技研究所，各乡镇还建立科技指导站，站内设立技术咨询室和作物病虫诊断所。科技指导站主要业务有科普宣传、推广销售良种、农药，开展科技咨询。

1995年5月，县科委与县教育局合并成立县教育与科学技术局，2009年9月县科技与农业局合并成立县农业与科学技术局。

第二节 科技服务

一、科技网络建设

1991—2002年，科技网络建设成绩显著。全县已形成二级科普网络，三级农业技术推广网络，乡(镇)配备有科技副乡(镇)长，全县有76个村委会设科普分会和农技员。全县各科技队伍有各类科技人员2827人，其中有高级职称人数47人，占总数的1.7%，中级职称790人，占总数的27.9%，初级职称1990人，占总数的70.4%。坚持把农村党员基层干部实用技术和市场经济知识培训同科技下乡以及科技“110”服务结合起来。

2004年，整合了全县农业系统及各乡镇农业科技力量，在十月田镇、石碌镇成立农技“110”服务站，在县城设立指挥中心，成立县级农技“110”，有陈金雄等15人为技术顾问团。同时，县教科局、县科协、县农业局等部门发文《关于进一步开展昌江农技“110”活动的意见》，对农技“110”提出更加具体要求，促进其持续健康开展。2007年年底，全县农技“110”服务站共接到各类求助3200多人次，科技人员下乡服务4000多人次。2008年，开展科技创新与服务。县财政拨款100万元用于改造扩建县科技指挥中心和创办农业科技“110”服务站，支持涉农企业、科研所、乡（镇）农技站加盟农业科技“110”服务体系，让农技“110”服务站覆盖全县，形成了比较健全的服务体系，提高了服务“三农”的水平。

二、科技活动

2002年，全县举办农村党员、基层干部实用技术培训17期，受训人数3000多人次。开展科技下乡现场技术指导120场，受训人数12000多人次，咨询人数2000多人次，开展科普展览10场，参观人数13000多人次，赠送科技书刊、资料13860册。开展“110”服务解决实际农业生产技术难题25个，农业技术的推广主要是芒果多效唑催花、龙眼反季节催花技术。2002年，还推广抗旱保水剂、土壤改良剂以及化肥精、神龙牌氨基酸有机肥等新肥料。2000—2002年共推广杂交水稻10.5万亩，抛秧技术4000公顷，甘蔗推广新台糖蔗系列新品种5333.3公顷。搞好农业标准化工作，为科技兴农服务。1999年7月，昌江县被国家质量技术监督局列入国家农业标准化芒果示范区，为此，坚持搞好农业标准化工作，为科技兴农服务，抽调科技干部编写《芒果嫁接苗》《芒果栽培技术规程》《芒果病虫害防治》，省农业厅、海南热作两院、省农科院等专家对此给予审定，并出版成书发行各乡（镇），为县地方农业标准化提供了重要依据，规范了全县芒果种植业的操作规程。创办各种科技宣传刊物及开展丰富多彩的科技下乡活动。每年出版《昌江科技》24期，至2002年，累计出版257期，共24700多份，同时收集全县100名科技致富典型事迹编制成书，发至各乡（镇）。还搞好特、优、新品种引进示范，推广省百强农业科技项目，2002年全县推广农业科技成果23项，科技转化率达40.3%；在全县开展科技活动周活动，活动周历时5天，共有1200名镇村干部接受培训。2008年，全年接受农民咨询325000多人次，组织下乡2700多人次，深入生产基地、果场570多个，为近40000多户提供服务，协助农民挽救作物面积达3533.4公顷，挽回经济损失4500多万元。积极组织省科技重点计划“鲜切菊花标准化种植在昌江示范推广”项目的申报计划工作和“昌江芒果标准化高产栽培技术转化应用产业化”项目的申报工作，两个项目分别于2008年9月份和11月份被省批准立项。2010年，在协助完成全县乡（镇）“七所八站”体制改革的基础上，组织实施基层农技推广体系建设项目，完成3个基层站建设项目的申报工作，建立10个示范基地并筛选4个主导产业推广新品种新技术；聘请100名技术指导员，推进科技入户工程，指导1000户示范户、辐射带动10000户农户。通过实施“三电合一”项目，充分利用电话、电视、电脑网络优势，构建城乡信息传递和交流的顺畅渠道，搭建连接农民、政府、市场的信息桥梁，为农业生产又好又快发展提供优质服务打下良好的基础，昌江县是全省唯一获全国“三电合一”农业信息服务试点项目的示范县。

1991—2002年昌江县科学技术情况一览表

表20-2-1

年度	科技课题	项目活动					科技转化率
		实用技术培训（期）	受训人数（人次）	科技下乡指导（场）	科技咨询（场）	赠送科技书刊资料（册）	
1991	9	13	9090	95	18	9800	38.4%
1992	7	15	12300	89	16	8750	39.6%
1993	8	16	14100	101	17	10200	37.7%
1994	6	18	14200	97	21	11300	36.9%
1995	7	17	14000	93	19	8930	40.1%
1996	7	20	13300	92	22	9210	42%
1997	8	19	13000	94	18	9475	37.8%
1998	7	14	1120	96	15	7980	37.8%
1999	5	22	17500	112	19	8870	38.7%
2000	6	21	16700	113	21	13200	40.5%
2001	10	23	18000	180	26	18140	40.2%
2002	12	17	15000	120	20	13860	40.3%

与有关部门组织“三下乡活动”。科技管理部门联合县科协、妇联、卫生、文化广电、司法等部门开展科普宣传活动，内容有文艺演出、农业科技、医疗卫生、法律道德。活动有挂图、咨询、宣传、赠送资料，还举办农村实用技术培训。2003年5月，在全县开

展科技周活动，活动历时5天，以“依靠科学，战胜‘非典’”为主题，组织山区、沿海两个科普大篷车队深入各镇，举办“非典”防治、出生婴儿男女性别比、生态文明村建设等科技培训。在全县举办农村党员、基层干部实用技术培训28期，受训人数4970人次，赠送科技书刊、资料9900册。2003年下半年，该县遭受第20号台风“尼伯特”正面袭击，在农业生产遭受重大损失的情况下，组织县科协、农业、热作等部门技术人员下乡93场，发动农民生产自救，为农民灾后指导和服务。2003年全县农业科技成果7项，科技转化率39.8%，2007年全县推广农业科技成果15项，科技成果转化率达41.3%。2003—2007年，累计开展各类科技宣传活动54场次，赠送科技书刊、资料6万册（份），在全县举办农村实用技术培训班和科技专题讲座120期（场），受训人数5万多人次。图片展览80多场，观众4万多人次。2008年第四届科技活动月，该县共开展了36项科技活动。县教科局联合县科协、县农业局等20多家单位举办过多次科普大集市活动，还组织科技专题报告、科技讲座、科普知识展、到乡镇放映科普电影片等科技活动。全年科技下乡40多场次，受益人数达2万多人。2004年度被评为“省科普工作先进单位”，被授予“海南省2005年第二届科技活动月优秀组织三等奖”。

三、科技示范县创建

举办全省科技特派员和农业科技“110”工作现场会，获得圆满成功，促进农业科技服务工作健康发展，开展农村实用技术培训和农村实用人才技能竞赛活动。结合举办以“服务国际旅游岛建设，携手共建创新型国家”为主题的第六届科技活动月活动，积极开展科技活动，提高了科技服务“三农”的水平和效益。全县24个科技活动月成员单位共派出科技人员1100多人次，由县农科局牵头组织，先后在全县8个乡镇开展科技服务活动共65项，解决实际问题近百项，受益群众近7万多人；组团参加“农垦杯”农村实用人才实用技能竞赛活动，并在农业实用技术知识竞赛项目上荣获季军。实施阳光工程培训，邀请省农村环保能源站的4名沼气专家为主讲，举办农村沼气实用技术培训班一期，培训沼气技术人员158人。

第三节　科技成果与项目

一、科技重点项目

县科委工作主要侧重点是抓好芒果星火计划项目，在全县芒果种植规模形成后，县科委实施名牌战略，抓品种、抓品牌，1998年县科委向有关部门申请注册“昌香牌”

芒果商标，大打品牌营销战；1995年在海口举办昌江芒果品尝会；1996年6月8日举办首届昌江芒果节；1997年参加了全国（海南）芒果营销洽谈暨名牌战略研讨会；1998年5月县赴京举办昌江芒果发布会；1999年4月24日赴京、沪、杭、鄂等城市开拓芒果市场；2000年5月中下旬，在海口举办昌江热带水果推介会，在北京举办海南昌江热带农业发布会和促销活动。

二、芒果科技示范园

《昌江芒果种植加工保鲜》1991年被列为国家级星火计划项目，为抓示范上规模，县科委率先创办科技示范园，科技园面积4.1公顷，1994年9月种植白象牙、鸡蛋芒等品种2300株，果园内兼养猪、养鱼，省科技厅、邻近县市、热作两院专家也前来参观、观摩，科技园集培训、示范、服务、创新于一体。在县科委示范带动下，昌江县芒果种植从建省前零星种植的400公顷，猛增到1999年的7066.7公顷，成为全国3个芒果生产大县之一，种植芒果品种有台农一号、白象牙、椰香、金煌等42个品种，县政府每年投入100多万元，无偿用于为农民提供优质芒果苗种，到1999年已有恒泰集团公司、万昌公司、海昌公司、兴达公司共4家公司到昌江创建芒果基地。

三、科技创新

发展高新科技企业，促进产业调整升级。全面推进“大企业进入，大项目带动”的发展模式，抓好华盛、国投二期扩建的水泥厂项目。2005年起，昌江华盛水泥有限公司承担国家下达的高科技创新项目，研发纯低温余热发电，取得良好的经济效益和社会效益，填补了海南CDM项目的空白。与清华大学合作，叉河锂电池厂《新型聚合物锂离子电池的研究开发》项目被列为2004年海南省重点科技计划项目，同年叉河锂电池厂已有二批共9.5万只货值10.6万美元的锂离子电池输往韩国及中国香港市场。“十五”期间，县工业对地方财政的贡献率达72%，全县工业增加值完成101.66亿元，比“九五”期间增长81.6%。通过省考核，七叉宝丰农业开发有限公司，2004年被认定为省高新科技企业；海南昌江南疆生物技术公司2006年认定为省高新技术企业。南疆生物技术公司在实施南美白对虾标准操作规程的研究，示范带动沿海乡镇养殖业，养殖基地被国家标准化委员会命名为“全国对虾养殖标准化示范区”，被省政府命名为“农业产业化龙头企业”，至2007年年底已开发建设芒果、菠萝、香蕉、甘蔗、菠萝蜜、瓜菜、杨桃、珍珠、石榴、海水养殖、畜牧养殖等十大生产基地，建设绿色食品芒果生产基地6666.7公顷、甘蔗生产基地8666.7公顷，腰果生产基地1333.3公顷，香水菠萝生产基地1000公顷，名优水果生产基地1333.3公顷。

2003—2007 年昌江县科学技术情况一览表

表 20-2-2

年度	科技课题	项目活动					科技转化率
		实用技术培训（期）	受训人数（人次）	科技下乡指导（场）	科技咨询（场）	赠送科技书资料（册）	
2003	7	28	4970	93	28	9900	39.8%
2004	8	30	5130	95	31	10300	40.4%
2005	6	29	5020	99	35	8990	40.8%
2006	9	33	5510	102	37	10200	40.6%
2007	15	31	5220	98	34	10000	41.3%

四、科技规划与节能减排

2008 年，完成了《海南省昌江循环经济工业区建设规划》编制评审工作和叉河、太坡园区控制性详细规划。制定了《昌江工业园区循环经济试点实施方案》《节能减排综合性工作方案》等一系列规章制度。严格按照“减量化、再利用、资源化”原则规范入园企业运作，从企业、产业、区域三个层面大力推广节能减排、资源综合利用、清洁生产技术，推进产业结构调整，形成新的经济增长点。华盛水泥厂以纸浆厂、糖厂的废弃物——滤泥作为石灰石部分原料生产水泥，每年可减少纸浆厂滤泥排放约 7000 吨，同时减少初级资源——石灰石的投入量。昌江糖业有限公司投资 213 万元进行冷却水循环利用，金林橡胶加工分公司改变生产工艺，使每吨干胶排水约 3 吨，较传统的每吨干胶排水 10 吨大为降低，年节约用水约 56000 吨。同时该公司通过推行油改技术，使用管道天然气，以及把污水处理过程产生的沼气进行利用，使每吨干胶消耗能源成本从 127 元下降到 60 元。

第四节　科技管理

一、 科技计划项目

昌江先后实施了重点科技攻关、“星火”、“丰收”、“燎原”以及重大科技成果推广等一批科技计划项目。重点科技攻关计划是为昌江经济和科学技术中发展服务的科技计划，其规模最大、涉及领域最广。2008 年科技计划项目，县政府争取到省重点科技项目、科技部富民强县计划项目共 4 个，并投入资金建设农业科技示范基地，建立鲜切菊花示范基地、芒果高产示范基地、香蕉标准化生产基地、凡纳滨对虾繁殖基地等，其间，利用示范基地进行新品种展示、新技术推广，并大力发展高新技术产业，积极推进新型工业化建设，使昌江被国家认定为第二批循环经济示范园区。2009年，科技计划项目，实施“菊花种植标准化栽培技术在昌江示范推广”项目，建立菊花种植示范推广基地，引进日本菊花新品种，种植菊花项目，同时以培训示范、辐射带动周边地区农民种菊花。与此同时，建设农业科技“110”服务体系，实现农业科技“110”全覆盖。2010年以乡村振兴战略引领农业兴旺，大力创建生态循环农业示范县，采取“公司十合作社十农户”订单模式，促进芒果、圣女果、冬季瓜莱等十大特色种养业标准化、规范化发展，并启动乌烈羊国家地理标志农产品申报工作。2008—2010年实施的“星火计划”，把先进适用的科技成果大规模输入农村的计划，为农村培训各类型的技术、管理人才达5万多人，同时，通过“星火计划”的实施，吸收了一大批农村剩余劳动力，提高了广大的农民商品经济观念和科技意识，取得显著的经济效益和社会效益。昌江县先后制定《(1991—2010)科技发展规划》、《中长期科学技术发展纲领》和《科技发展十年规划》等重要文件的制定工作，这些文件已成为编制昌江各项科技计划的重要依据及指导各个层次、各个领域科技工作的重要纲领。

二、专利及知识产权保护

20世纪90年代，昌江知识产权服务站揭牌成立后，知识产权保护和服务工作始终朝着精细化、精准化方向发展，也不断推动昌江知识产权服务要素的集聚，推动昌江知识产权专业服务向前发展。到2010年年底，已成立2家知识产权服务站，即昌江知识产权协会法律服务工作站和农产品公用品牌标准化服务工作站。知识产权服务站成立，提供与外接轨的仲裁法律服务，完善昌江知识产权工作的维权服务，促进知识产权争议公正、高效地解决优化市场知识产权法治环境，优化营商环境，培训、培育昌江大量知识产权法律服务人才。2006—2010年， 海南铁矿集团高级技师刘文伟5年里带领电焊组共修复抢修事故设备57885台次，小修2235台次，临修705台次，刘文伟电焊小组开展技术攻关，先后完成多项技术改造，电焊组发明的新工艺、新技术，使焊接效果比原来提高2~3倍，刘文伟电焊组共申报小改小革和创新成果项目138项，为企业创收496万多元的经济效益。

三、科技经费管理

昌江科技经费70%来自企业、研究所的自筹经费，30%来自县政府财政，有无偿使用的经费，又有有偿使用资金，形成全社会的多渠道、多形式的科技投入体系：一是政府财政科技经费，主要是政府有计划、指导性的科技项目经费、科研机构日常的事业费用和基本建设经费。主要投向是支持一定的科技成果转化和应用活动开始的启动资金。银行的科技贷款资金，主要投向是支持科技成果向生产力转化过程中的成果产品化、产业化阶段的活动。企业、科研所的自筹科技经费。主要是根据本单位推动科技进步和发展需要而自我投入的资金，主要投向成果的转化和应用活动。昌江充分发挥龙头企业带动作用，以资金入股等方式用好盘活财政扶持资金，同时加强审计监督，确保资金安全，使科技和金融深度融合，并不断完善科技企业发展的金融服务模式。

第五节 科技推广与科技成果

一、科技推广

抓科技重点项目推广，昌江实施名牌战略，抓品种、抓品牌，向有关部门申请注册“昌香牌”芒果商标；创办芒果科技示范园，把芒果示范园集培训、示范、服务、创新于一体，昌江成为全国3个芒果生产大县之一；狠抓科技创新推广工作，抓科技成果转化和示范推广，2004年昌江获全国芒果产业十强县特别奖。发展高新科技企业推广，2005年昌江华盛水泥有限公司研发纯低温余热发电。与此同时，叉河锂电池厂与清华大学合作，研发新型聚合物锂离子电池；海南昌江南礓生物技术公司。实施南美白对虾标准研究，该企业有效示范推广，被省政府命名为“农业产业化龙头企业”；深入实施人才助力乡村振兴工程，2009年，昌江县作出《关于实施创新驱动发展战略推动新形势下高质量发展的决定》，县委、县政府把“三农”工作作为中心工作，发展有机、绿色、无公害基地，大力推广“龙头企业十合作社十农户”，壮大芒果、圣女果、冬季瓜菜、密瓜、热带花卉、霸王山鸡、乌烈乳羊、奶牛、特种山猪、种桑养蚕“十大特色种养业”，促进“十大特色种养业”标准化、规范化发展，启动乌烈羊国家地理标志农产品申报工作，建成了3个国家级、省级现代农业产业园，建好雪古丽共享牧场、和丰农业庄园、江越共享农庄等5个共享农庄。与七叉、海尾、昌化3个“互联网+旅游+农业”小镇，完善太坡农产品深加工园区配套设施。

组织非遗制陶技艺员深入贫困村开展技艺“传帮带”活动。选派一批科技专家到农村驻点，为昌江特色十大产业发展提供指导服务。

二、科技成果

昌江县被国家质量技术监督局列入国家农业标准化芒果示范区，2004年度获全国芒果产业十强县特别奖，南疆生物技术公司在昌江实施白对虾标准操作规程研究，被省政府命名为“农业产业化龙头企业”，企业的科技成果，对全省对虾养殖业的崛起和可持续健康发展做出重要贡献。2004 年 5 月，科学论文《芒果复花试验》获 16 届海南省科技创新一等奖，《霸王岭热带生物资源保护与持续利用》获省优秀实践活动奖，同年 8 月，获全国三等奖。2005 年 4 月，《昌化龙血树的调查与研究》获 17 届省优秀实践活动奖，同年 8 月，获全国三等奖。2006 年 4 月，科学论文《石碌铁矿矿藏成因初探》获 18 届省科技创新赛一等奖，《石碌铁矿探究与调查活动》获省优秀科技活动奖，同年 8 月，获全国三等奖。2007 年 4 月，《节能在我身边调查体验活动》获省优秀实践活动奖，同年 8 月，获全国二等奖；召开昌江县科技大会。2006 年 12 月 27 日，县委、县政府召开全县科技大会，大会表彰十月田镇政府等 4 个“科技进步工作先进”单位，县农业科技服务“110”指挥中心等 2 个“农业科技服务 110 工作先进”单位，县教科局等 4 个“第二届科技活动月先进”单位，石碌镇水头村等 3 个“农村科技进步与新农村建设科技示范村”，陈朝强等 10 多人和高丁民等 10 人为“科技先进工作者”和“十大科技致富带头人”。

第三章 气 象

第一节 机 构

1991年为海南省昌江黎族自治县气象局，实行海南省气象局和昌江县政府双重领导，以海南省气象局领导为主的管理体制。1991年至1995年9月，昌江县气象局设置地面股和预报股。1995年10月，增设防雷技术所。2003年5月，机构改革后增设办公室。2004年1月，将预报股和测报股合并为业务服务股。2010年年底，昌江县气象局设置办公室、业务服务股、防雷技术所3个股级机构。在编人员10人，其中，年龄结构为：21~30岁1人，31~40岁6人，41~50岁3人；民族结构为：8人为汉族，1人为黎族，1人为瑶族；学历结构为本科学历9人，中专学历1人；职称结构为中级职称4人，初级职称6人；中共党员6人，离退休党员1人。

第二节 气象业务与服务

一、地面气象观测

2003年6月15日至2004年6月15日，增加11时、17时地面观测发报任务；不定时编发重要天气报和台风加密报（预约）。2005年1月增加土壤观测业务。2006年1月，遥测自动气象站正式单轨业务运行，观测项目包括：气压、气温、湿度、风向、风速、降水、0~320厘米地温。2008年10月17日增加草温观测。

制作地面气象月报表和年报表。1995年10月，开始使用台式计算机制作报表和编发报。2004年1月遥测自动站投入双轨运行。2004年1月，启用地面气象测报业务软件。

从2005年起，推进区域自动气象站网建设，用5年时间建成全县15个乡镇、2个水文和1个高速公路自动观测站。

二、气象通信及信息网络建设

1995年，开通计算机终端信息系统。20世纪90年代，实施计算机网络传输气象电报业务。2004年1月，计算机网络通信由专线改为宽带网，12月由宽带网改为光纤网数据传输，速率由1兆比特/秒升级为2兆比特/秒。2005年1月起，实行OA网上无纸化办公；同年3月，安装视频会商系统。

三、天气预报

短期预报时效为24小时和48小时，内容为天空状况、晴雨、降水级别、最高最低温度、风向风速等。中期预报主要制作每旬天气过程趋势预报，短期气候预测主要制作每月天气趋势预报、冬春（11月至翌年4月）天气趋势预报、汛期（5~10月）天气趋势预报。20世纪90年代，使用计算机通过网络接收各种天气图表资料制作天气预报，用9210气象卫星综合应用业务系统接收卫星云图，用BP机传递预报信息；2005年，开始利用气象信息综合分析处理系统制作天气预报。

四、公众气象服务

2006年9月1日，昌江县气象局与县广播电视局协商同意通过电视台播放天气预报，天气预报信息节目由气象局提供，电视台定时播出。2006年10月，建成昌江气象短信息平台，负责向全县各单位主要领导发布气象信息。2008年5月，建成灾害性天气警报系统，通过移动通信气象商务短信平台，向全县各级领导和农村气象信息员发送气象短信。同时，利用省气象台气象服务信息制作《昌江气象信息》《昌江短期气候趋势预测》等，每月定期发送给全县各单位及乡镇。

五、决策气象服务

1991年以来，为地方各级党政领导的决策气象服务从提供重要性、灾害性和关键性天气信息服务，逐步扩大到各类重要节日和重大活动的专题服务。截至2010年年底，县气象局提供的决策服务书面材料有《重要天气快报》《重要天气专报》《一周天气预报》等，服务的范围包含农业、工业、交通、旅游等行业。

六、专业与专项气象服务

随着社会的发展，专业与专项气象服务领域不断扩大。1995年6月，县气象局正式开展防雷设计、安装、检测工作。1997年1月，县气象局与电信局合作开通“121”天气预报自动答询电话，2005年1月升级为“12121”天气预报自动咨询电话。2006年9月29日，成立天翔气象科技服务中心，负责气象科技服务工作。

七、人工增雨服务

1991—2001年，采用借来的“三七”高炮进行人工增雨作业。2003年起，使用流动车载火箭增雨作业车进行人工增雨作业，增雨作业效果明显。

2004年10月7日至2005年4月26日，昌江出现了长达201天的秋冬春夏连旱，总降水量仅为20.1毫米，水库严重干枯，人员饮水困难，春耕生产受到了严重影响。县气象局向县政府提出建议，开展了近5个月的人工增雨作业。每次作业后都普降小到中雨，降中雨以上量级的有44次，降大雨以上量级的11次。

2005年6月7日，县气象局抓住南海低压槽影响的有利机会，分别于早上6点52分和7点7分进行人工增雨作业，红林、水尾作业点普降大雨，县气象站降水量35.4毫米。人工增雨作业的成功，有效地缓解全县各地的旱情，增加了水库蓄水量，取得显著的社会效益和经济效益。

八、防雷技术业务

1995年，昌江县气象局设立防雷技术所并开展防雷装置设计、安装、检测和整改等业务。2002年年底，将防雷装置安装、整改等业务划归海南祥云雷电防护有限公司昌江工程部实行企业管理。2005年后，防雷技术所的技术服务覆盖率逐渐加大，技术服务快速发展，经济效益逐年上升，为气象事业发展提供了有力支撑。

九、气象科技成果

周过海主持的《现代建筑物防雷接地装置的结构》获得2005年海南省气象局优秀论文三等奖。蔡小辉主持的《短期强降水特征分析及预报预警》获得2008年海南省气象局优秀论文三等奖。

十、依法行政

从1995年起，县政府先后下发《关于开展全县防雷安全专项检查的通知》《关于切实加强防雷装置设计审核和竣工验收工作的通知》《昌江县政府办关于切实加强防雷装置设计审核和竣工验收工作的通知》等。从2000年起，昌江县气象局被列为县安全生产委员会成员单位，负责昌江县防雷安全管理和雷击灾害事故调查工作。2004年5月31日，在县行政服务中心设立气象窗口，承担防雷工程的图纸设计审核、竣工验收和施放气球等行政审批工作。2004—2006年，气象行政许可服务窗口连续3年荣获昌江县行政服务中心“红旗窗口，服务标兵”称号。

十一、气象宣传

利用每年的“3·23”世界气象日、“科技活动月”、“安全生产月”和“法制宣传日”等活动，宣传气象科普、法律法规、气象行政审批和防雷减灾等知识。2002—2003年，开展全县性巡回宣传防雷安全知识讲座。2005年1月起，编发《昌江气象》宣传刊物，同年建立“昌江气象”网站，扩大气象宣传工作。

第二十一编　文化·体育

第一章 文化艺术

第一节 文化机构

一、县文化广电出版体育局

1991年，有县文化局、县体育运动委员会、县广播电视局。1995年11月，县文化局和体育运动委员会合并为县文化体育局，人员编制14人。1998年，机构改革，县广播电视局（三台合一）人员编制37人。2001年，县文化体育局、广播电视局、广播电视台合并，设立县文化广电体育局，人员共有51人，机构设置有办公室、财务、社文、体育、广电等股（室）。下辖事业单位有文化馆、图书馆、博物馆、文化市场稽查队、歌舞团、电影公司、县广播电视台，全局有干部职工200人，其中文体部门137人。2002年5月，县有线电视站与广播电视台分开，成立海南广电有线网络昌江分公司，人员编制32人，归属省网络公司管理。县广播电视台归属县文化广电体育局领导，有干部职工31人。2004年12月，县文化广电体育局更名为县文化广电出版体育局，人员与机构设置不变，主要负责全县文化艺术、公共图书、体育运动、文博收藏、电影放映、出版发行与广播电视。

2010年，县文化广电出版体育局内设机构有办公室、文化艺术、文化市场、广电、出版发行、体育管理等6个股（室）。下辖事业单位均不变。全局总人数168人（不含有线站人员），其中财政编制77人，事业自筹91人（其中电影公司50人）。

二、县文化馆

1958年县文化馆成立。2008年机构改革后，县文化馆编制结构为：领导岗位3个（一正二副）；专业技术岗位10名。县文化馆内设办公室、非物质文化遗产保护、文学创作辅导、音乐创作辅导、舞蹈创作辅导、美术书法摄影创作辅导、少儿艺术创作辅导等

7个岗位。

三、县图书馆

县图书馆前身为广东省昌江县文化馆图书室，1961年8月创建。1978年10月，从文化馆划分出来正式成立广东省昌江县图书馆，初定人员5人，下设采编组、外借组和阅览组。2008年机构改革后，核定编制7个，领导岗位2个（一正一副），专业技术人员岗位5名。

四、县博物馆

1987年9月县博物馆成立，2008年机构改革后核定编制5个，领导岗位2个（一正一副），专业技术岗位3名。

五、县文化市场稽查队

1994年以前，县文化市场管理由县文化局依法管理，对昌江县各种文化项目进行检查、登记、发证。1995年9月，昌江县将文化市场管理纳入法制轨道，成立县文化市场稽查大队，隶属县文化局管辖，有自筹编制工作人员6名，负责辖区内的文化市场的稽查。

六、县电影公司

县电影公司的前身是东方县电影管理站，1955年成立。1988—1996年是电影事业的鼎盛时期，全县共有52个放映队，常年在城乡放映。

七、文化站

2007年，县分别在十月田镇、七叉镇、叉河镇、乌烈镇、昌化镇、王下乡等6个乡镇各新建一个综合文化站，2008年在海尾镇新建一个综合文化站。每个文化站都配备站长1名以及设有图书室、阅览室等设备。

八、县广播电视台

1993年5月28日，昌江电视转播台成立。属县广播电视局下属股级事业单位，文仁良任昌江电视转播台台长。1993年10月12日，石碌有线电视站成立，属县广播电视局领导下的企业化管理股级事业单位。1996年成立广播电视服务中心，无编制，属广播电视局下属自负盈亏的企业单位。1998年2月28日经过国家广播电影电视部批准，昌江县广播电视局与下属的广播电台、电视转播台、有线电视站实行局台合并成立昌江广播电视局（台），挂“昌江黎族自治县广播电视局”和“昌江黎族自治县广播电台”一个机构、两个牌子。局为行政主管部门，台为业务单位，局（台）下设为办公室、总编室、广播部、电视部、新闻部、技术部、广告部8个部门。

九、县歌舞团

2000年5月26日，成立县歌舞团，昌江唯一的专业艺术团体。建团以来，以“优秀的作品鼓舞人”为宗旨，把传播先进文化，大力挖掘、拯救和保护黎、苗、汉族优秀传统民间文化，积极创作民族化、大众化的文艺作品为基础，排练出丰富多彩的文艺节目，深入乡镇、农村、社区和参加省级以上文艺各项演出获得多项荣誉。2001—2007年，县歌舞团参加历次全省广场会演演出，获得舞蹈一等奖6个、二等奖5个、三等奖2个。2010年，代表省参加文化部主办“全国首届农民文艺会演”，黎族舞蹈《陶之魂》获得金穗杯奖，《点播舞》《打柴舞》获丰收杯奖。

第二节 文化设施

一、县城文化设施建设

1991年后，昌江不断投入资金进行文化设施建设，县城文化设施建设有了较大的发展，并初具规模。1993年，投资223万元的县文体活动中心竣工投入使用，总建筑面积1473平方米，容纳观众4000余人。同年6月，动工兴建县图书馆新馆，总投资250万元，高6层、总建筑面积2100平方米，1995年1月1日对外开放。2006年3月，投入资金335万元，建成2层面积2635平方米的青少年活动中心投入使用。2008年，动工兴建县文化公园广场，2010年投入使用。

截至2010年年末，县城建有文化、图书馆、电影院和广播电视基础设施，总面积9800平方米，县（矿）老干部及青少年文体活动中心总面积7100平方米，县城各类文化娱乐场所58个，总面积6800平方米。

二、乡（镇）文化站

20世纪90年代后，各级党委、政府重视乡（镇）文化设施建设。随着文化事业走向市场，各乡镇文化站抓住有利机制，大胆改革。从1992年起，全县乡（镇）文化站普遍采取以文养文，兴办娱乐服务项目，增加收入。仅昌城乡文化站有12个项目，年均收入4~5万元。年底，昌城乡被评为全国文化工作先进单位。1994年后，县委、县政府加强乡镇文化站建设，逐年投入资金改善基础设施。至1997年，全县12个乡（镇）文化站占地面积达6581平方米。1998年，全县12个乡（镇）先后兴办了娱乐场所11家，歌舞厅7家。叉河镇文化站荣获省第二批千里文化长廊建设达标单位称号。1999年，昌城乡文化站总面积1636.92平方米。

2002年，全县乡（镇）进行调整撤并，将原有的12个乡（镇）调整撤并为7个镇，设有文化站7个，文化站配有1~2名专职人员。2006年10月，七叉镇分设七叉镇、王下乡，同时分设文化站。2010年，全县乡镇有文化站8个，文化站建筑总面积达1876平方米，藏书4.5万余册，配有专职人员6人，文化设施日臻完善。

三、农村文化室

1991年，全县共有农村文化室54个，占全县农村总数的72.9%。1992年起，全县农村文化长廊建设付诸实施。县文化局重点抓太坡—昌（化）—条线，扶持两个片（叉河、七差；海尾、南罗片）的农村文化工作发展规划，全县农村文化建设出现良好的发展势头。到1994年，"一线和两片"乡镇共投入文化建设资金777.7万元，其中县财政拨款66.72万元，企业、机关单位捐赞40.08万元，乡镇投入670.9万元，全县有12个村委会新建起标准文化室大楼，各种文化设施得到了较好的配套。一类文化室占20%，二类占50%，三类占30%。1995年，昌江县农村文化事业建设经验被省文化广电体育厅在全省推广，并在省广播电视台录制播出。1995—1998年，全县共投入1433.65万元，扩建改建农村文化"四位一体"（文化室、综合室、广播室、科普室、体育场）的文化设施，村级文化室由1990年的54间增至72间，占村（居）委会总数的94.7%。

2002年后，全县以文明生态村建设为契机，掀起新一轮扩建改造各村文化基础设施建设高潮，文化事业建设进入一个崭新的发展阶段。至2008年年底，全县先后新建扩建村文化大楼67栋，其中建设石碌镇孔车村等9个村委会文化大楼，建成以山竹沟等8个村庄农家书屋。

截至2010年年末，全县农村有文化阵地78间，基本实现了文化活动场所楼房化，形成了以乡(镇)文化站为枢纽，村（居）委会文化室为前沿阵地的农村两级文化网络。

四、娱乐场所

1991年，全县有歌舞厅、卡拉OK厅、录像放映厅12家，文化个体经营户89家。1993年，乌烈镇政府投入91.8万元，建起全县乡镇较大规模的综合性文体活动中心和歌舞厅。1994年，全县有文化个体经营户达100家，歌舞厅12家，娱乐活动场所20个，家庭文化经营户36家。1999年，全县有卡拉OK厅17家，歌舞厅、卡拉OK音乐茶坊26家，电子游戏机室26家，台球户20家，录像投影室6家，音像出租店30个，书刊点8个，电影院3家，从业人员700多人。

2000年年初，个体户争相兴办娱乐场所，而且装修豪华，设备先进。城乡广场舞日渐兴起，夜幕降临随处可见，文化市场活跃，丰富人民群众的文化生活，提高了城乡居民的生活幸福指数。2008年，县委、县政府在片石村制作文化宣传长廊和大型黎族风情壁画，成了全县的黎族"三月三"活动广场。2009年，王下乡在县精神文明办的支持下，建设三派村"三月三"活动广场。2010年，全县有音乐茶座、KTV包厢12家，电子游戏室2家，网吧23家，音像出租店5间，乡镇村舞台18个。

第三节　社会文化活动

一、县城

1991年以来，县内每逢重大节日，都开展一系列丰富多彩的重大文化活动，受到广大群众的欢迎。1994年2月，在县城东风路民贸至县政府路段举办石碌地区元宵节花灯游园活动，有县直属机关单位、厂矿企事业单位等70个单位参加，制作60个花灯，展出时间3天，居民络绎不绝观赏，热闹非凡。经大展赛评委会评选，县邮电局获一等奖，海钢公司和农垦系统获二等奖。1996年，在县文体活动中心举办首届昌江芒果节的同时，开展游艺大型活动，组织8部彩车及100辆各种机动车经装饰后参与游艺。1997年，举办昌江黎族自治县成立10周年暨黎族“三月三”传统节日“双庆”活动，有省专业团体参加演出，县内32支业余文艺队登台献演。白天组织20部彩车，48辆摩托进行游艺，在东风路民贸制作1座大型灯门及83个彩灯展出，时间3天。1999年5月28日，在昌江中学广场举办第二届海南“昌江芒果节”，演出活动由县政府主办，海南省农业厅、海南恒泰公司协办。其间，举办系列芒果文化，招商和新闻发布活动，中央、省及工商界的贵宾800多人参加了节庆活动。著名歌手宋祖英、郁钧剑和著名节目主持人刘小娜分别应邀为开幕式演出。文艺活动由700名演员参加，演出分为“昌江欢迎您”“绿色的辉煌”“奔向新世纪”3个篇章9场节目。2001年2月7日，县政府与省电视台在文体中心共同举办内容丰富的“心心相印”电视焰火文艺晚会，省歌舞团、县歌舞团和业余文艺队登台表演，并由省电视台现场直播。同年12月，由昌江县和中国邮政总局及省邮政局等位联合举办的《长臂猿》特种邮票首发暨昌江优势资源推介会，在昌江中学体育场举行开幕式大型文艺演出，特邀著名相声演员冯巩等14名国家级歌唱演员登台演出，全县20多万各族人民观看开幕式文艺表演。2006年1月，在文体活动中心举办昌江“春之声歌咏”比赛。2007年，举办城乡元宵舞龙舞师、彩车大游行、元宵烟花炮燃放重大活动，观众达11万人。同年12月28—29日，在市民广场庆祝昌江黎族自治县成立20周年庆典活动，举办大型民族歌舞诗《崛起的昌江》演出，中国歌剧院为昌江26万人民献出了“昌江新年音乐会”，海南歌舞团进行了歌舞剧《黄道婆》演出。2009年，县第三届“和谐之声”大合唱比赛和全省生态文明村现场会大型文艺活动在石碌举行，丰富了人民群众的文化生活。

二、乡（镇）

1991年后，随着经济、社会的发展，乡（镇）、村文化活动逐年活跃，每到春节或农闲，各乡镇、村结合实际，组织开展不同的群众性文化娱乐活动。1992年，昌城乡举办具有规模的民间文艺会演，有9个村委代表队参加。1994年农历五月，海尾、新港、昌城、昌化4个乡（镇）分别举办端午节大型龙舟赛，来自全县观众1.6万人次。2002年，昌化镇举办春节文艺晚会——秋千歌演出。2006—20007年，十月田镇连续2年举办“三月三”“三八”“六一”节等文化活动。2007年，叉河镇、十月田镇获“全国服务基层农村基层文化建设先进集体”称号。2009年，海尾镇举办“海尾和谐杯”端午龙舟赛和端午文艺会演，观看群众1.5万余人次。

2010年，乡(镇)、村广场舞日渐兴起，全县大部分乡（镇）、村组建广场舞队伍，大大丰富群众的文化生活。

三、文化下乡

1991年起，县文化局组织开展图书、文艺下乡等多种形式的活动。1993年，县文化局组织一支25人的艺术团走遍全县12个乡（镇）18个村庄演出，并将1.5万册图书赠送给乡（镇）文化站。1995年9月，县委常委带领宣传部、教科局、文化局、科协、图书馆、新华书店等11个单位领导干部组成文化扶贫工作队到叉河镇排岸少数民族村庄开展送书送技术上门的文化扶贫活动，拉开全县文化扶贫工作的序幕，11个单位共捐赠1500多册农技科普书籍。随后，“文化下乡”进入较好的时期。1997年6月28日，在县文体活动中心举行“迎香港回归”歌咏晚会，全县共有社会各界人士4000人参加歌咏晚会，晚会气氛热烈。1998—2004年，以“汽车图书馆”“大篷车”的形式，组织图书、歌舞深入全县黎村苗寨和革命老区、军营、学校，开展文化下乡慰问演出128场次，观众达512万余人，捐赠图书2.5万册。

2005年后，电影进乡村、进校园活动活跃。2006—2009年，电影公司开展面向农村和学校，以农业科技、爱国主义影片巡影等公益放映活动，4年间累计放电影2945场次，观众达111.38万余人次，收入50.26万元。2010年，全年“文化下乡”共25场，观众达1.2万人次，放电影864场，观众达22.74万人次，收入28万元。

四、昌化江爱乐合唱团

2005年3月成立，由县机关各单位人员、音乐教师和各界音乐爱好者自发组织，经县民政局注册的业余合唱团。先后得到海南知名音乐人士的指导，多次参加县内外各类演出。2005年9月，参加省第五届合唱比赛荣获银奖。2006年5月12日，在省合唱协会成立庆典大会上，作为唯一受邀的基层合唱团参加表演，16日，《海南日报》以图文报道该团事迹。同年 12 月，参加首届省室内合唱比赛荣获混声组银奖、纯女声组银奖、纯男生组铜奖、男生四重唱铜奖；2007 年 10 月，参加文化部、中国合唱协会等部门在广东省中山市举办的全国首届社会主义新农村合唱大会荣获金奖。

五、广场文艺会演

20 世纪 90 年代开始，广场文艺兴起，中老年追求健康时尚，早晨和晚上在空旷地跳去各种健身舞，地点和人群逐年增加，有的队伍音响服装整齐，表演水平高。1991-2010 年，县文化部门选拔队伍参加全省广场文艺会演，获得一等奖 3 个，二等奖 4 个，三等奖 7 个，优秀节目奖 1 个，创作和最佳组织优秀奖 5 个。2004 年、2007 年、2010 年分别成功承办海南省西部广场文艺会演。

昌江县参加全省文艺会演部分年度获奖情况一览表

表 21-1-1

年度	活动名称	获奖单位（个人）	节目类别	奖项等级
1991	全省文艺调演		《隆闺情》	优秀节目奖
1994	全省文艺调演	县歌舞团	《情留人间》	创作优秀奖
2000	海南国际椰子节既（东方）黎族“三月三”风情节		民歌对唱	团体一等奖和最佳组织奖
			服饰表演	最佳组织奖和最佳优秀奖
2001	全省文艺调演		《黎家快乐舞》	一等奖
			《少年钱铃舞》	二等奖
			《踢脚舞》《夕阳红》	三等奖
2002	全省西部广场文艺会演		《黎山月情》《昌江春潮》	二等奖
			《三月昌江情似火》	三等奖
2003	全省广场文艺会演		《三月初三月弯弯》	三等奖
2005	全省东西南北中广场文艺会演		《闹锣》《春牛》	一等奖
			《牛鼓舞》	三等奖
2006	全省西部广场文艺会演		《昌江是个好地方》	三等奖
2008	全省西部广场文艺会演		《欢乐三月》	一等奖
			《昌化渔歌》	二等奖
2008	全省西部广场文艺会演		《醉了黎山》	三等奖
2009	全省东西南北中广场文艺会演		《秋千歌》《律动竹竿》	二等奖
			《好人交情不用媒》	三等奖

表 21-1-1 续 1

年度	活动名称	获奖单位（个人）	节目类别	奖项等级
2010	全省东西南北中西部文艺会演		《扒海蚬》	创作优秀奖
			《同饮昌化江水》	创作优秀奖

第四节 文学艺术

一、文学创作

1991 年后，昌江文学创作活动空前活跃，一批较有水准的作者逐步形成了昌江文学创作骨干队伍。文学作者在《中国作家》《诗刊》《天涯》《海南日报》《昌江文艺》等 30 多个报刊杂志发表一定数量的小说、散文和影视文学作品。先后参加全国、省组织的各类大赛并屡有作品获奖，作品入选各类丛书文集。

（一）小说、散文创作

1991—2010 年，小说散文作者队伍较大，发表作品人数多，成果丰硕。多篇作品在《散文选刊》《散文百家》《小说月报》《微型小说选刊》等省内外报刊发表。2003 年，《土地庙的变迁》《椰村风情》入选《中华散文百年经典》。散文《追求高度》获华表奖二等奖等，散文《九月花神》获首届“星光杯”感动中华全国征文一等奖，《中国核电“海南速度”》《热血警魂》获 2010 年第二届中华组委会征文一等奖。《再忆云月湖》被《华文》杂志 2010 年第 2 期发表，编入《2010 年全国散文大赛作品精选》出版。多篇作品入选《中华散文百年精华选》《中华当代散文大观》《中华母亲颂散文精典》《烛窗心影》《秋水微澜》等书集出版。有长篇小说《岛西小记》，小说集《岛魂》，散文集《又做单身汉》《有缘伴我》《天门冬》《九月花神》等，影视文学集《亲情》，长篇人物传记《欧宗清传》出版。2010 年，县文化馆编辑出版了《昌化江潮声》，收入本地作者大量的散文作品。民间文学方面，编辑出版了《海南有个峻灵王》《昌江民间故事》《昌江民间歌谣》等。创作成绩突出，发表并出版作品集的有钟彪、钟绍陵、黄安雄、孙如强等。

（二）诗歌创作

1991—2010 年，诗歌队伍涌现了一大批作者，创作了大量诗歌作品，相继在《诗刊》《绿风》《哲理诗》《天涯》《海南日报》《海南特区报》《椰城》《鹿回头》等报刊发表。诗作《读信》《阳光漫进窗户》《同在蓝天下》《季节风走过》等入选《海南省中学生作品选》《拾来的花季》等书。1992 年，诗作入选春风文艺出版社出版的《最新大学生诗选》。诗歌《蜡烛》获得首届全球通短信文学大赛诗歌优秀奖，入选《扛梯子的人——中国首届全球通短信文学大赛作品选粹》。《几年前的一个下午》《悲剧》入选“海南建省五周年文学文丛”诗歌卷；《阳光岛》《南方的草（外三首）》入选“海南建省十五周年文学作品选集”诗歌卷。诗作入选《中国校园诗精选》《1994 年当代诗人诗历》《五指山星光》《海南诗社诗选》《诗之岛》等。2004 年 5 月，出版诗集《石头的童话》。诗歌创作获得的奖项有江苏《校园文学》诗歌大赛三等奖、第三届全国校园诗歌大赛三等奖、陆游杯全国诗歌大赛优秀奖、海南文化冬令营征文诗歌奖、海南省首届会海杯青年诗歌大奖赛三等奖、海南省作协创新杯诗歌大赛三等奖、中国首届全球通短信文学大赛优秀奖、2009 年诗歌岛大赛优秀奖。

（三）古诗词创作

昌江诗词创作活跃，有珠碧江诗词楹联学会、昌江县诗词楹联学会。作者在《中华诗词》《琼苑》《椰城》《昌江文艺》等报刊发表作品，在各级比赛中获奖。《雨中的白玉兰》获道德杯全国诗歌散文大赛优秀奖等。2003 年，古体诗《中年感怀》被收入《中华诗词精华》等。多名会员的作品入选各类书集。编辑出版《昌化江拾珠》《听心集》《天涯未了情》等。县诗词楹联学会会员 80 多人，珠碧江诗词楹联学会 40 多人，省级以上会员有 16 名。

（四）网络文学创作

网络写手利用互联网发展优势，在网上发表有文学韵味的文字，2005—2010 年，天涯社区等论坛涌现了不少网络写手，县网友发表的作品主要有小说《爱我就别解开我的扣子》《钥匙》《河流的方向》《2001 年未婚证明》《六楼半》等，散文有《苏州缘》《西湖情缘》《五角杨桃》《济南游记》《缘》《西湖》《幸福婚姻 80：20》《爱情和床》《美人》《乡音叩窗》《网游笔记》等，诗歌有《穿过一片庄稼地》《书桌上的一枝花》《南方》《月光下的槟榔》《雨中》等。

截至 2010 年，全县文学爱好者 182 人，县作家协会会员 68 人，加入省作家协会 4 人，理事 1 名；县乡土文化研究会会员 60 多人，加入中国民间文艺家协会 1 人，省民间文艺家协会理事 1 名。

二、歌曲创作

1993 年，县文化馆创作的歌曲《昌江是个好地方》《我们是光荣的水泥工人》在全国“金潮曲”创作大赛中获三等奖。1995 年，文化馆创作的歌曲《棋子湾》在全国“金潮杯”大奖赛评比获三等奖。1999 年 6 月，县文化局组织创作、编导的《警嫂心中的他》文艺作品，代表昌江公安战线出席在北京举办的全国“爱我中华”文艺大会演中荣获二等奖。《我们是跨世纪的热风》《电工阿哥进山来》获得国家、省级系统调演二、三等奖。2003年，全县共创作歌词300首，歌曲100首。《棋子湾之恋》《山清水秀爱唱歌》作曲被选送省群众艺术馆。2006—2007年，《黎家木棉红》获得海南省首届音乐大奖赛金椰奖和第六届中国民歌精品金奖；“和谐校园”获全国校园歌曲大赛三等奖。

三、音乐舞蹈

1991年，县文化馆创作的舞蹈《隆闺情》在全省文艺调演中获优秀节目奖。1994年，县文化馆创作的舞蹈《情留人间》在全省文艺调演中获创作优秀奖。1995—1999年，县文化局（馆）先后创作的《拜考酒家》《果园梦》等舞蹈参加全省文化系统会演获二、三等奖共11个。2001年，参加全省西部广场文艺调演中舞蹈《黎家快乐舞》获一等奖，《少年钱铃舞》获二等奖，《踢脚舞》《夕阳红》获三等奖。2003年，县文化局（馆）创作的《天使颂》《一幅绚丽的画卷》《黎家乐》被省音乐协会采用。2004年，参加全省少数民族文艺调演，县歌舞团表演的舞蹈《昌江春潮》《山韵民风》获得创作优秀奖，声乐双人唱《等待的棋盘》获得二等奖。参加全国第十三届群星奖评选大赛，县少儿组表演的群舞《绿岛秧歌》荣获三等奖，中青年组独唱《纳西篝火》获优秀奖。2008年，县文化馆始办音乐杂志《昌化江歌声》，为昌江音乐作者创作、发表作品提供了一个较好的平台，一大批音乐作品陆续面世。《猴子丢西瓜》《棋子湾之恋》《昌化江水波连波》《海螺姑娘》等音乐作品获得省级、国家级奖项。舞蹈《陶之魂》摘取全省舞蹈大赛一等奖、全省文化广场文艺会演舞蹈一等奖；《陶之魂》获得全国首届农民文艺会演金穗杯，舞蹈《黎家渔歌》《点播舞》获丰收杯奖。2010年，在全省西部广场文艺会演舞蹈《欢乐三月》获一等奖，《昌化渔歌》获二等奖，《醉了黎山》获三等奖。

四、美术书法创作

1991—1998年，昌江美术、书法创作成绩斐然，部分业余作者创作的美术、书法毛笔及硬笔书法作品有20多幅（件）在省内外入选参展比赛中获奖。1999年，组织少儿业余作者创作63幅（件）美术作品参加海南省少年儿童“蒲公英”评选赛，获得1幅二等奖，3幅三等奖，2幅优秀奖。2004年，举办全县元宵节书法大赛，有15位作者创作26件书法作品。组织美术、书法作品16多件参加全省西部美术、书法展，有10多件作品获得二、三等奖。2007年，业余作者创作美术、书法作品231幅（件），有3件发表在国家级刊物。截至2010年年末，有美术协会1个，书法协会1个，有美术和书法爱好者213人，其中省级会员16人。全县美术、书法爱好者，在省级以上刊物发表和书展的作品共有912幅（件），其中获奖作品321幅（件）。

五、摄影

1991年后，从事业余摄影的爱好者增多，拍摄技术也不断地提高。县文化局经常举办摄影培训班，参加每期培训业余作者均有40余人。摄影作品较多、较有名气的摄影者有冯推德等6人。2004年，参加全省西部摄影作品展，摄影“春满人间”“快乐的村童”获优秀奖，2009年，冯推德摄影作品获海南省日报等单位举办的“最美海南”摄影比赛业余组金奖。2010年，有摄影协会1个，省级摄影协会会员6人。从事业余摄影活动的爱好者共243人，有个体照相馆4家。

六、文艺刊物

1991—2003年，《昌江文艺》文学杂志因经费困难停刊。2004年，《昌江文艺》复刊，县财政把《昌江文艺》出版经费列入了县财政年度预算。复刊后的《昌江文艺》改为季刊，内设“小说世界”“散文天地”“诗歌长廊”“非遗大观”“旧律新声”“演艺舞台”“评论看台”等7大栏目，约120页，每年4期。《昌江文艺》受到全省各市县文化界的赞赏，办刊水平和质量不断提高，县内外文艺作者踊跃为《昌江文艺》投稿。2010年，《昌江文艺》出版4期，刊登作品700多篇。此外，县文化馆从2006起，相继创办《昌化江歌声》《昌江诗联》年度及半年度刊物。《昌化江歌声》内设《潮涌新声》《雏燕凌波》《九曲流声》《群星竞渡》等栏目，148页。《昌江诗联》由文化馆与县诗词楹联学会联合主办，内设“八方助澜”“潮涌新声”“雏燕凌波”“联海拾珠”“樵风流韵”“扬帆有路”“江花飞絮”等栏目，约120页。至2010年年底，《昌化江歌声》《昌江诗联》共发刊15期，音乐作品6381首，诗词、楹联作品13250篇（首），为培养昌江县音乐、诗词、楹联创作人才提供平台交流做出了积极贡献。

第五节 民间文化

一、传统文化

昌江民间传统文化丰富，主要包括民间歌曲、民间器乐曲两大类。民间歌曲品种多、分布广；民间器乐曲有吹奏乐、击奏乐、弹弦乐3大类。从1991年起，全县文化事业的发展，传统文化活动逐渐活跃。尤其进入21世纪后，在昌化、乌烈、海尾、七叉等乡镇，群众自发组织拉弹吹唱、荡秋千等。在群众中用光盘的形式来播放，粗犷朴实的军话民歌、村话民歌、黎族民歌、儋州话民歌等较为流行，活动形式多样化。

2005年，县文化广电出版体育局始起广泛收集民间文化，至2007年，收集民间故事167篇，已整理出版。县文化馆对全县民间传统音乐进行普查，在将普查资料上报省文化部门的同时，整理出版了《昌江民间传统音乐》。2010年年底，昌江传统民间文化已成为地方特色的民间文化艺术。

二、传统节日“三月三”

昌江黎族传统节日“三月三”历史悠久。1991年以来，每逢农历三月初三，县委、县政府都拨出一定的活动经费，在县城石碌或由各黎族乡（镇）政府所在地组织举办欢度这一纪念祖先、赞美生活的黎族传统节日。县政府派出有关职能部门人员到各黎族乡（镇）进行组织、督促、指导，节后进行评比表彰。

“三月三”活动的内容丰富多彩，活动门类不仅继承了昔日的对歌、射箭、荡秋千、跳打柴舞、爬竹竿、拉乌龟等黎族传统内容。随着时代的发展，还增加了黎族传统歌舞、现代歌舞、球类、田径比赛等新的内容以及织锦比赛、技艺比赛等项目，使“三月三”成了集民俗、文化、旅游、商贸为一体的节日。至2010年年底，全县举办“三月三”活动19次。

三、民间歌谣

昌江民间歌谣历史悠久，源远流长，民间歌曲品种多、分布广，有黎族民歌、军话民歌、海南话民歌、村话民歌、儋州话民歌、苗话民歌和咸水民歌。

1995年，在县文体活动中心举办全县民族民间文艺会演，全县12个乡镇及各机关、学校、企业代表队演出32个节目。2005年，为继承民间歌谣，县文化广电出版体育局开始广泛收集民歌，同年，收集民歌45首、民曲5首。2007年，县文化馆对散落于该县民族民间的谚语进行普查，共整理出民歌“秋千歌”20首，从民间文艺中提炼和现代社会文化相结合，《头上顶帕飞飞》参加海南电视台《呀呀哒哒》栏目举办的民歌秀场比赛中，进入20强。截至2010年，搜集整理民间歌谣4003首（篇），民间谚语5113条，民间舞蹈6个，民间歌曲（音乐）142首，谜语712条，歇后语322条，完成出版《昌江民间故事荟萃（上册）》、《昌江民间谚语》等。

第六节　文物　古迹

一、文物发掘

1998年，省文物考古队在七叉混雅岭进行挖掘，发现更新世晚古脊椎动物化石遗址，属1998年省文物考古重大发现。

2006年5月，省博物馆和县博物馆联合在七叉镇大仍村昌化江畔进行了大仍村遗址的考古发掘，发掘出大量的石器、铁器、陶片等。同年6月，在1995年的发掘基础上，中国科学院古脊椎动物与古人类研究所、省博物馆、省文体厅和县博物馆再次共同组成的考古队对七叉镇信冲洞进行考古发掘，考古历时1个月，考古发掘出巨猿、熊猫、猩猩、鬣狗、犀牛、貘、象、豪猪等近20种哺乳动物化石，经中国地震局地质研究所地震动力学国家重点实验室电子自旋共振(ESR)法测定为距今40万年至60万年前，洞穴内堆积地质时代为更新世中期。

2007年12月，中国科学院古脊椎动物与古人类研究所、省文物考古研究所和县博物馆联合组成考古队，对燕窝岭旧石器遗址进行了挖掘，考古人员在距离地面1米深的地层中发现2处明显的史前人类用火遗迹及一些夹砂陶片。

二、文物调查

1998年，为编纂《中国文物地图集·海南分册》，县博物馆全体人员进行文物复查工作，新发现文物点28处，将昌江县不可移动文物点增加到68处。1999年，共调查文物线索318条，新发现人类洞穴遗址5处，各类新遗址12处，采集和征集文物136件，发掘探方、探洞115个，编写资料17份上报省《文物地图集》编委会，完成《昌化古城》《更新世晚期化石遗址》等2处申报省级文物保护单位的资料整理。2000年，开展文物复查和补查，征集200多件，文物馆藏由原来的600多件增至800多件。2003年，征集文物31件，其中民族文物10件，历史文物21件。2005年4月，县博物馆协助海南省博物馆在县境内大广坝二期引水渠所经路段进行文物调查，新发现各类文物点11处。

2009年始，开展第三次全国文物普查实地文物调查，县成立第三次全国文物普查领导小组。主要普查田野和海域，对境内5个乡镇46个行政村106个自然村的田野文物调查。调查近代重要史迹点7处，复查38处不可移动文物。对全县沿海区域水下文物进行普查的陆地走访和调查，获得有考价值点25处。至2010年6月，历时1年半，共完成县境内8个乡镇79个行政村的调查。186个自然村普查不可移动文物119处，其中复查点63处，新发现文物点51处，消失点5处。实地采集文物标本500多件，普查的行政村覆盖率达100%，自然村覆盖率达100%，顺利通过省验收组的验收，经全国第三次文物普查领导小组核定，昌江不可移动文物总数为114处。2010年6月，被省文化广电出版体育厅评为“第三次全国文物普查实地文物调查阶段先进集体单位”。

三、馆藏文物

1991年，县博物馆收藏文物有655件，其中展品459件，库藏196件。后经多年发掘收藏，馆藏文物日益增多。文物收藏以石器类、陶器、瓷器、铜器、铁器、其他金属器为主，其中古代文物分为化石类、石器类、陶器、瓷器、铜器、铁器、其它金属器793件;

近现代文物分为陶器、瓷器、武器及其他94件；民族民俗文物分为陶器、竹木器、棉麻制品、饰品及其他339件；货币主要为清代的方孔钱37件。2003年，经省文物局组织专家鉴定的一级文物2件，二级文物4件，三级文物22件。较有价值的藏品有战国时期的绹纹环形器，汉代的铜釜，七叉信冲洞的古脊椎动物化石，叉河新石器时代石斧、石凿，反映黎族生活的独木舟、生活用具、服饰等。2010年年底，县博物馆有馆藏文物1263件，其中展品306件，库藏957件。

四、文物保护

20世纪90年代初以来，昌江不断加强县境内的文物保护工作，每年在“5·18”国际博物馆日，开展形式多样的文物保护宣传日活动，深入贯彻《中华人民共和国文物保护法》，提高民众文物保护工作的责任感，免费开放博物展馆，提高社会文物保护意识。

1991年，昌江县级有文物保护单位11处。1998年6月29日，县政府公布第二批县级文物保护单位2处。1999年3月，县政府公布第三批县级文物保护单位1处。2001年后，始终坚持“有效保护、合理利用、加强管理”的原则，继续做好馆藏室内文物资料的整理建档。同年，对原有的500多件建档检查纠错补漏和馆藏文物“藏品”拍照存档编号，馆藏文物逐步走上科学化的管理轨道。2003年，完善馆藏文物分类整理，将馆藏77件文物分类输入电脑管理化。2005年4月，旧县村村民自筹资金重修赵鼎衣冠墓，在墓前树立1面主碑、2面副碑。至2008年，共向省博物馆移送48件该县出土文物。2010年，“5·18”国际博物馆日，接待观众500多人次，在县城主要街道悬挂宣传横幅8条。至年底，昌江境内国家文物保护单位1处，省级文物保护单位1处，县级文物保护单位12处。其中，古文化遗址7处，古墓群2处，近现代文物5处。

第七节　文物保护单位

一、昌化故城

省级文物保护单位，位于昌化镇昌城村，始建于明洪武二十五年(1392年)，历经19年，永乐九年（1411年）城池修建完成。建筑布局大体为砖土构筑，东西南北四处设4座城门。城门顶部呈半月形，以生铁铸压。由于年代久远，风雨剥蚀，加之年久失修和附近村民建屋盖房，城墙砖石遂被挖走，现仅存一丘丘高低不平的城墙夯土垛。

二、禁采碑

县级文物保护单位，位于石碌镇西部水头村，清政府禁止军民开采亚玉山(今石碌岭)矿石而立，始建于清代乾隆年间。“文化革命”时期被损坏，碑左角残缺，碑身断为两段，至今存放于县博物馆。碑高110厘米（不含碑脚），宽40厘米，厚9厘米，正面碑文，两侧及碑阴无题刻。碑额横书，正文直书，字大3厘米 ×3厘米，楷书阴刻。是考证石碌矿山古代开发的实物史料。

三、治平寺碑

县级文物保护单位，位于昌化镇新城村，高200厘米，宽80厘米，厚10厘米。碑额横书，楷体阴刻，字大12厘米 ×10厘米。碑文直书，楷体阴刻，字大2.5厘米 ×2.5厘米，共724个字，系清代昌化县知县陶元淳撰写，碑身完好，碑文清晰可见。

四、赵鼎衣冠墓

县级文物保护单位，位于昌化镇旧县村北面300米处，始建于宋绍兴十七年（1147年）8月，第二年得旨归葬于浙江石门。赵鼎衣冠墓坐北向南，“文化大革命”期间石碑被毁，墓址仅存少量石炭和方块黑墓石。2005年4月，民间自筹资金重修。

五、南门园墓群

县级文物保护单位，位于昌化镇昌城南门外的坡地，面积约2平方千米。墓群以砖石墓和瓮棺墓为主，土坑墓为次。墓多被盗挖，从该地出土大量的随葬陶瓷，有大陶瓮（棺瓮）小陶罐等器物，可供考古。

六、马地村敬字塔

在海尾镇三联村委会马地村东南70米处，耸立着一座敬字塔，坐北朝南，内中空，由塔座、塔身、塔顶三部分构成，以青砖、珊瑚石砌筑。通高4.5米，刹顶无存，残高3.8米。塔座平面呈八边形，周长8.15米。塔身三层，一二层平面八边形，分别由四个正方形和四个长方形交替围成，二层塔身设有四个方孔。三层塔平面呈方形，东、西两面各开一小长方孔。一层塔身南开一门，上部刻有“敬字亭”三字。塔身彩绘花草图案。据村民介绍，该塔与该村清朝时代重视教育的传统有关联。

考古学家认为，敬字塔是从敬字亭演变而来。至于“敬字”或“纸字”的命名，可能源于我国古代传说，相传文昌帝君曾作《劝敬字纸文》，要人珍惜写过字的纸张，用完后集中焚烧，以免文气流失。昌江的“敬字塔”均刻有“敬字亭”字样，说明这种风俗在最初时是将纸放在亭内焚烧，后来改在塔内焚烧。昌江乃至儋州一带操儋州话的村庄，至今还保留着这个古老传说，儒生用过的废纸和旧书籍不能随意丢弃，只能放在塔内或者门洞内进行焚烧，以示重视文化。儋州山歌有建造敬字亭“千秋敬仲尼，万古钦仓颉”之句。可见，敬字塔供奉的是传说中中华民族文字发明者仓颉和中国古代伟大的教育家、思想家、儒家学派创始人孔子。马地村兴学重教，历史上据传曾出过秀才、举人、贡生，敬字塔可能是村中学士所立；也有一种说法，因马地村是官路途中一个驿站，官家在这个水草丰腴的地方牧马歇息，有感于当地民风朴素，崇文重教，开化文明，礼拜儒家贤人，于是立此塔，以示尊重。

七、信冲洞

国家级重点文物保护单位，位于七叉镇保由村西南约2千米，坐落在混雅岭南部悬崖峭壁上，海拔高近60米。1995年发现，遗址是跨越数十万年的文化遗产，是珍稀资源、旅游资源和科学研究资源。在洞顶的裂隙堆和几个支洞中发现动物化石，经中国地震局地质研究所地震动力学国家重点实验室电子自旋共振（ESR）法测定，信冲洞动物化石年代距今40万—60万年，这是海南已知最早的古生物化石地点，对探讨海南的古气候、古环境、古地理变迁及第四纪地层学提供了新的实物资料。尤其是巨猿牙齿化石的发现，为寻找海南古人类和旧石器时代考古文化提供了重要的信息。

八、钱铁洞

钱铁洞位于王下乡钱铁村钱铁山。在洞内发掘出100多件石制品，有石核、石片、刮削器、砍砸器、手镐、石锤和石钻等。

1992年，考古学家在三亚落笔洞首次发现古人类牙齿化石，将海南岛的人类活动追溯到1万年前。钱铁洞的考古发现，将海南的古人类活动年代又向前推进了1万年，把海南古人类活动的年代提前到2万年前，跟北京的山顶洞人属同一时代，至2010年是海南目前发现的最早古人类活动洞穴遗址。

九、峻灵明王庙

县级文物保护单位，位于昌化镇昌城村西北1千米处，宋代建庙整个庙宇坐东南朝西北，面积34.5米×34.5米。分三个部分：前为门庭，中为五六角祭亭，后为殿堂。殿堂一幢三间，中间供峻灵王神像，左右耳房供悬挂匾额用系，砖土结构。

峻灵王庙缘说昌化海上有一巨石，形似人立状，顶端盖一薄石如冠，雄姿独尊，令人称畏，村民称神山爷爷。南汉敕封为镇海广德王，北宋元丰五年（1082年）昭封峻灵王，清光绪十二年（1886年）八月十八日加封昭德王。1952年庙宇毁于飓风。1984年，临高、儋县、昌江等地渔民出于"结草衔环"之意，捐资在原址重建峻灵王庙。1992年又重新修建，庙内存有南宋建炎二年（公元1128年）昌化县令何适所撰并书的一块断碑，断碑高72厘米，宽66厘米，厚15厘米。碑上残留文字记载了东坡游学昌化县，拜谒峻灵明王庙、治平寺、双溪书院（馆）以及撰写著名的《峻灵王庙碑》文稿的过程。另有"万古流芳"碑记载了清光绪三十四年（1908年）求雨三事。

十、死难矿工纪念碑

县级文物保护单位，位于石碌镇海南铁矿矿山公园内，1965年10月建，碑呈方柱形，水泥石砖建筑。碑高11米，其中座高2米，宽5米，座托高2米，宽4米。碑身高7米，宽5米。正面镌刻15个大字，碑座正面的碑文记述了矿工在日本侵略时期的悲惨和多次反抗斗争的过程，其余三面雕有反映矿工斗争的浮雕。

十一、打显等十三村农民抗捐暴动遗址——里仁桥

县级文物保护单位，位于海尾镇五联村委会里仁村西1.5千米处，桥东西走向，横跨里仁沟。桥身原系木桥，原有护栏。后重建为水泥混凝土结构桥，桥长13米，宽7米，高2.5米。1934年5月，海尾、南罗等地的民众因不满国民党和地主恶霸的盘剥与压榨，以打显村的林芝修和马地村的郑昭明为首自发组织起昌二区的打显、老村、甘塘、木曲、乌高、道隆、北方、里仁、马地、林好、永安、新村等13个村庄的农民抗税代表，聚集在里仁桥边开会，商讨组织群众举行抗税暴动事宜。5月下旬，13个村民众开始了大规模武装反抗国民党收税部队的斗争。迫使国民党昌江县政府减少了摊派苛捐杂税。

十二、才地抗日革命遗址

县级文物保护单位，位于十月田镇才地老村西南300米，十南公路自南向北穿过旧址。该遗址面积南北长200米，东西宽150米。现战场遗址有1棵架机枪的榕树和2条战壕，战壕长200米，呈斜坡形，高约2.4米，下宽约6米，上部宽约2米，两条战壕相距20米。1942年，日本侵略军勾结国民党顽固派，在昌二区到处杀人放火，围攻抗日村庄，屠杀共产党员，迫使昌二区各乡村的党支部转入地下开展秘密活动。为了保存革命力量，更加有效地领导全区人民与敌人作殊死的斗争，区委当机立断，于1942年5月把区的党政领导机关连同区常备队及革命家属一起转移到才地山区，建立才地革命根据地。

此遗址不仅是抗日战争战场遗址，也是解放战争战场遗址，1945年，国民党从五联村强押一批群众到白沙村抢收粮食，昌二区政府派王也期率领正规部队1个连90多人，游击队150多人阻击，战斗中击毙敌团长。

十三、奇袭鸡笼坡遗址

1939年2月，日本军队进犯昌江，选择地形驻扎兵营，构筑堡垒。鸡笼坡位于打显、白沙、海尾三个抗日民主村庄和三架岭之间，海头到新街的公路从该地经过，是兵家必争之地。堡垒建在山坡上，敌人在炮楼上放哨，可以用肉眼看到方圆3千米内的活动目标，直接影响到海尾、五大、白沙、进董、沙渔塘、道隆、打显等民主村庄的抗日活动，严重阻碍昌二区委与县委、特委的地下交通线的畅通。昌二区委制定了战斗方案，2月初的一个拂晓，抗日武装队员化装成民夫接近鸡笼坡，以迅雷不及掩耳之势拔枪袭击鸡笼坡日军指挥部，打死敌军4人，守敌纷纷外逃向驻扎在海尾的日军本部求援。

十四、道隆革命烈士陵园

道隆村是昌江县革命老区村庄。在抗日战争和解放战争中，道隆人民在党的领导下，奋力抗战，流血牺牲，保家卫国，以大量的财力、人力、物力支持革命，广大青年妇女参军参战，为解放海南做出了应有的贡献。

道隆革命烈士陵园，从1953年开始修建，是中共昌感县委为纪念道隆村在抗日战争和解放战争中光荣牺牲的十三位革命烈士而修建的。十三位革命烈士的姓名是：郭日明、邓秉珠、邓长有、颜玉球、郭来顺、郭朝儒、杨日辉、陈多谦、邓秉环、邓秉彰、邓元松、陈多兴、邓秉公。

根据革命烈士家属的要求，把道隆革命烈士从异地迁回故土。以海尾区委上报请示昌感县委得到批准。海尾区在道隆村成立一个殡葬革命烈士领导小组。成员由邓秉珊、吴汀洁、陈多见、陈多文、黄兆忠、林景忠等七人组成，邓秉珊任组长，吴汀洁任副组长，负责烈士尸骨安葬事宜。由道隆村统一安排选用墓地集体安葬。安葬费用全由县民政局拨出专款。经过几年时间的寻找烈士尸骨，至1958年，各个革命烈士尸骨全部找到，但当时仍然没有集中，1960年以后，逐年把烈士尸骨按原规划集中安葬，二十世纪的七十年代初，全部坟墓用砖、水泥硬化，安葬完好。

墓园占地面积0.2公顷余，除安葬烈士尸骨用地外，还有四周种花植草的绿化地带，方位在村之南。北接今之道隆小学，东临道隆村水井旁，西靠大树下，南至南边沟旁。由于，解放后村里人口逐年增多，村庄扩大。农民建房用地村委会无法管理，造成农民建房占用墓地大部分面积，仅留下今之规模。

道隆革命烈士陵园的建设，得到历届县委的重视关照，多次拨款修建加固。原海南黎族苗族自治州民政局直接拨款15000元，昌江县民政局拨款3000元，共计18000元，为道隆革命烈士建立纪念碑。县民政局2008年又拨款5万元，加固、完善园内围墙等设施。

第八节　非物质文化遗产

在长期的生产生活实践中，昌江各族人民创造和传承了数量庞大、独具特色、形态各异、多姿多彩的非物质文化遗产。

2005年始，昌江县启动非物质文化遗产保护工程，县成立非物质文化遗产普查领导小组和工作小组，对全县非物质文化遗产资源进行历时1年的普查，基本摸清全县非物质文化遗产资源概况，确定31个县级非物质文化遗产保护项目和项目传承人。尤其是黎族原始手工制陶技艺，2005年，县文化部门发掘后向国家申报进行保护，2006年6月2日，国务院批准文化部确定第一批国家非物质文化遗产保护名单中，昌江黎族手工艺制陶技艺被正式列入国家级非物质文化遗产名录。同年，县文化馆编辑出版《昌江民间故事》《昌江民间歌谣》《昌江传统音乐》《昌江民间谚语》《黎族原始制陶技艺》等非物质文化遗产丛书。2010年，县文化馆被评为省非物质文化遗产普查“先进集体”。

一、黎族制陶技艺

昌江的黎族制陶术源远流长，石碌镇保突村至今依然传承这门艺术，工艺流程复杂：第一步，选取黏性泥土，放在阳光下晒干；第二步，将晒干后的泥土舂碎，用米筛筛5至7次成泥粉；第三步，用水调匀细泥粉拌成泥团，水与泥粉的比例约为1：2。水多或少都不行，需恰到好处，这一步是制作陶器的关键；第四步，制陶皿。先捣泥直至完全均匀后，将泥团铺成薄饼状做器底，并移到一个倒扣的粗孔竹筛上，然后用螺壳和小木拍等工具，将陶坯做成各种生活用具，如碗、钵、锅、罐、盆、蒸酒器、水缸等。制作好的陶坯置晒6~8天完全晾晒干后，才择日烧陶。经过两个多小时的烧制，方可小心翼翼地从火堆里慢慢挑出烧好的陶器。为了增加陶器的坚硬度，黎族妇女立刻用一种黎语叫“塞柴涯”的植物树皮捣烂后，取其汁液与一种叫“柴构仁”的植物放在一起浸泡，并用树叶淋在刚出火的陶器上，使之起到加固作用。经过淬火后的陶器马上变声，陶器即制作成功。整个制作过程全由妇女完成。

二、黎族织锦技艺

2009年，木棉纺织技艺被昌江县列入县级非物质文化遗产保护名录加以保护。木棉织锦主要有几道工序：摘下木棉棉桃晒干，开裂后取出棉絮；脱去棉籽后用木棍搅动使之蓬松，然后上纺轮捻成棉线；捻好的线团放入开水中熬煮，使之更具韧性；煮过的棉线晒干后呈天然的米黄色，一般无须另外染色，上腰织机织成棉布棉锦，花纹饰样多种。在昌江黎族地区，广泛流行父母为儿子种植木棉的习俗，这一习俗为昌江黎锦延续千年创造条件。

三、黎族絣染技艺

2010年，昌江申报的黎族饼染技艺被列入省级非物质文化遗产保护名录。絣(bing)染是古老的印染方法，黎族称结染、扎染，是先絣染后织布的独特手工技艺。2010年，昌江申报的黎族耕染技艺被列入省级非物质文化遗产保护名录。

工艺特色。絣染技艺先扎经，后染线，再织布，把扎、染、织的工艺巧妙地结合一起是独一无二的，不仅丰富了图案的层次，还有朦胧美的艺术效果，具有很高的艺术欣赏价值。絣染工具、棉线和染料都来自自然，没有污染。现代化的机械纺织染色技术无法取代。

制作方法。把理好的纺线做经，紧缚在绊染架上，然后用青色或棕色的棉线在经线上扎结所需的花纹图案，随后从木框上取下来，放入染缸里着色，染后晾干，摘去所结的棉线，就显出别具一格的朦胧晕色经线。再在经线上织上彩色的纬线，这样就形成了一件精致的黎锦艺术精品。绒染最关键的工艺在扎线，扎结时，线结要扎牢，以免入染时脱落。扎染工序一般有描样、扎制、入染、解结、漂洗等过程。除了扎花，染色是最为重要的了。常使用的染料是靛蓝，靛染是利用从靛类植物中得到的植物染料。将被染物浸入染液之中染色叫入染，一般都要经过几次甚至十几次反复浸染、惊晒，方能达到预期的效果。

传承意义。絣染有重要的纺织学研究价值和艺术价值。我国其他民族也有絣染，但都是先织布后絣染，而黎族的絣染技艺是先絣染后织布，丰富了图案的层次，有朦胧美的艺术效果。苏东坡文章中说到的“结花黎”，指的就是黎族的絣染技艺。元代时“缬花黎布”盘班布”“海南棋盘布”等已是朝廷贡品并行销内地。然而，现今絣染的技艺已十分罕见，海南也只在昌江和东方市黎族美孚方言区有此技艺传世，在黎族妇女中目前掌握此技术的不超过 100 人。

四、黎族民间故事

2009 年，昌江申报的黎族民间故事被列入省级非物质文化遗产保护名录。

基本内容：

1. 神话。昌江黎族神话主要讲述宇宙和人类的起源。如《大力神》讲述天地间一切都是大力神创造的。又如《三月三的来源》，讲述了地球上一次洪水暴发，一对黎族兄妹藏在葫芦中漂到燕窝岭下，为了繁衍后代，兄妹俩结为夫妻。另外有的神话还对人类的文明起源给予了描述，如《雷公教人传种》。

2. 传说。昌江黎族传说主要有人物传说、地方山水传说、动植物传说、风俗传说等。如苏东坡教黎人不要杀牛祭鬼，而要用牛耕田。《霸王岭》传说讲述霸王岭有灵神保佑黎民，表达了人与自然和谐相处的意愿。《文身的来源》《船形屋》等传说反映了黎族百姓的生活习俗。

3. 故事。昌江黎族故事主要有时政故事、动物故事、机智人物故事、神灵故事和生活故事等。如《聪明的色开》《吉贝的故事》《好清村》《陀兴的故事》《为什么要倒挂树枝》等，这些故事讲述了黎族同胞的勤劳、善良及聪明才智，赞扬了惩恶扬善的美德。

五、黎族传统体育与游艺

2010 年，昌江申报的黎族传统体育与游艺被列入省级非物质文化遗产保护名录。

项目内容

1. 射箭比赛。黎族早期的弓箭是“木弓竹箭”。比赛时，在距离30米或50米远的大树上挂着牛腿或猪腿作为靶子，射中者为胜，牛腿或猪腿作为胜者的奖品。中华人民共和国成立后改为射靶子。该比赛多在黎族传统节日“三月三”期间举行。

2. 荡秋千比赛。传统的秋千架是在两根柱子之间绑一横木，用两条藤分开两边绑在横木上，山藤伸长垂下绑在脚踏板两边。比赛有单人荡和双人荡两种，可男女搭配，以荡得高、荡得快或碰到目标者为胜。

3. 拉乌龟。在一块平地上划好界限，以数米长的麻绳或山藤两头分别系在参赛双方的腰间，双方背对背，双手扶地，似乌龟爬行式向前用力拉，不准双手（脚）离地，以将对方拉过规定的界线者为胜。

4. 转石。转石竞赛主要以女性参加为主，分为两队，一般10人为一队。以5人用脚踩石，5人用手拉住踩石者的手进行转动，转得时间长的队伍为胜。

六、军话民歌

2007年，昌江申报的海南军话民歌被列入第二批省级非物质文化遗产保护名录。

主要内容。为纪念马伏波将军征南，军人的后裔每到农历五月初五（传说马伏波部队在东汉建武十九年五月五日渡海登陆），都齐聚在十所村或八所村举办“下南节”，而军歌比赛，就是“下南节”里场面最壮观、参与者最多的一个主要活动内容。这天，每个“军话人”村庄必选出男女歌手参加对歌比赛，直至对出“歌王”“歌仙”。在经历了漫长的历史演变后，军歌逐渐形成为海南民歌艺苑中的一大品种。据《清·昌化县志》记载：“春则秋千，邻峒男女，妆饰来游，携手并肩，同唱军歌，欢歌对答，应付如流。”军话民歌主要有引歌、劳动歌、生活歌、时政歌、情歌、仪式歌、儿歌、故事歌、历史传说歌等。作为汉文化地城现象，军话民歌与很多地方的民歌一样，情歌是其体系内的主体和精华。

民间流传甚广的《秋胡和罗秀》从一个侧面反映了军话人征战海南的历史：“公婆也冇有打骂，邻舍也冇有怨言。我嫁我夫十八天，我夫离我十八年……打打杀杀在战场，十个秋胡九个亡。十个秋胡九个死，能有几个回家乡。”而“鹧鸪鸡啊鹧鸪鸡，你在山中莫乱啼。你多言多语遭弓箭，我无言无语被夫离”则托物寄情，表达了对不幸婚姻的哀怨。“大牛满车小索牵，鶆鹰小小飞半天。不信看看江河里，竹篙小小撑大船”借物喻人，抒发了对生活的坚定信念。《劝勉歌》《十二月谣》《猜谜歌》等很多反映生活中的喜怒哀乐和生活知识的歌谣，不仅记录了军话人的生活面貌，艺术表现手法也达到了一个非常成熟的高度。

第九节 文化市场管理

一、执法队伍

1994年前，文化市场管理由县文化局依法管理，对全县各种文化项目进行检查、登记、发证。1995年12月，将文化市场管理纳入法制轨道，成立县文化市场稽查队，隶属县文化局辖，有自筹编制工作人员6名，负责辖区内的文化市场的稽查。2010年，县文化市场稽查队有工作人员9人，设队长1名，副队长1名。

二、管理和稽查

1991年，县成立文化市场管理小组，专门负责文化市场监管。1996年起，县文化市场监管稽查坚持一手抓繁荣，一手抓管理，把“管而不死，活而不乱”作为文化市场管理工作方针，加强文化市场的监管力度。1997—1999年，县文化市场稽查队开展文化稽查专项行动10次，收缴盗版图书1250册，盗版影碟350盘，取缔电子游戏场所4个。

21世纪初，网吧大量增加。县文化局和文化市场稽查大队加强对音像、书刊点和网吧、歌舞等文化娱乐市场的管理。2000年，以“文化打假”为重点，开展打击非法音像制品专项行动3次，共出动75人次，收缴7种系列盗版VCD片1564盒（张）和淫秽书刊84册，并进行公开焚烧，责令2家网吧和1家歌舞厅停业整顿。2003年后，文化职能部门，不断完善文化市场的管理制度，每年举办经营业主和文化执法队伍学习培训班，提高经营业主守法经营观念和执法队伍的执法水平。至2004年年末，共举办18次学习班，培训业主660人。

2005年起，县文化市场稽查队，加强对全县特别是县城石碌地区的网吧管理，稽查执法大队采取人员分片包干管理的责任制，与全县所有的20家网吧业主签订责任书，严禁接纳未成年人和超时营业。2004—2009年，出动开展稽查文化市场执法检查1880人次，年均313人次，检查文化经营场所3210家。其中，查处违规接纳未成年人和超时营业的网吧101家，给予警告并处罚款7.3万元，检查出版物经营点278家（点），收缴非法音像制品1.87万余盒（张），吊销音像制品经营许可证2家，非法图书报刊1.12万册，有害卡画册和“口袋本”图书1.21万本，罚款2500元，查处无证销售卫星电视地面接收设施经营店7家，取缔违规安装使用地面卫星电视接收设施用户130户，立案25宗，结案12宗。

2010年，开展集中整治和“扫黄打非”及网吧整治“春风”行动。全年出动执法检查320人次，检查店摊点140家，网吧98家、学校周边文化市场经营点40家，查处违规接纳未成年人和超时营业网吧4家，罚款1.1万元，收缴非法盗版音像制品800盒（张）、非法书报刊400多册（张）、淫秽光碟700盒（张）。

第二章 广播·电视

第一节 机 构

1991年，设有县广播电视局。1993年5月28日，昌江电视转播台成立，隶属县广播电视局，为股级全额拨款事业单位。同年10月12日，石碌有线电视站成立，为县广播电视局下属股级事业单位，实行企业管理。1996年，成立广播电视服务中心，隶属广播电视局，自负盈亏企业单位。1998年2月28日，县广播电视局与下属的广播电台、电视转播台、有线电视站实行局台合并成立昌江县广播电视局（台），挂“昌江黎族自治县广播电视局”和“昌江黎族自治县广播电台”一个机构、两块牌子。局为行政主管部门，台为业务单位，局（台）下设为办公室、总编室、广播部、电视部、新闻部、技术部、有线电视部等8个股室。

2001年3月15日，县广播电视局（台）与县文化体育局合并，成立县文化广电体育局，撤销原县广播电视局机构，保留县广播电视台。2002年2月28日，海南省广播电视有线网络有限公司昌江分公司成立，属海南广播电视有线网络有限公司直接管理，人员由原来县有线电视站和广播电视服务中心人员组成。2006年3月，广播电视体制改革，县广播电视台从县文化广电出版体育局分离出来，隶属县政府，为负责广播电视台宣传工作的正科级事业单位。在新闻舆论导向、工作方针、政策方向等方面接受县委宣传部的指导；广播电视行业管理和事业发展由县文化广电出版体育局负责。县广播电视台内设办公室、总编室、广播部、电视部、新闻部和技术部6个股级业务管理机构。2009年，县广播电视面向社会招聘播音员、电视制作、文字编辑、新闻记者共16名，使广播电视质量进一步提高。2010年年末，广播电视台内设有办公室、总编室、广播部、电视部、新闻部和技术部6个股级业务管理机构。县内有广播电视发射台2座，微波站1个和乡镇广播站7个，有线电视站1个（省辖）。县广播电视台有干部职工60人，配有台长1人，副台长1人。

第二节 设施与设备

20世纪90年代初起，随着县域经济快速发展，广播电视事业投入不断加大，设施逐年改善。1991年，县广播电台购进调频发射机1台，采访录音机1部，年底在乌盖岭上安装使用。同年7月，昌江广播电视局购回电视摄像机1部、采访录音机1部，用于摄录重大新闻送往海南电视台播出，广大群众可收看到昌江自己录制的新闻节目。1992年，广播电视局从东风路搬迁至人民北路，办公楼高5层，建筑面积500平方米，投入资金100多万元。1993年，全县12个乡镇共有乡镇广播站11个，村广播室15个。1995年，省文化广电出版体育厅拨给昌江广播电视台2部调频发射机，频率为105.6兆赫、107.7兆赫，用于转播中央和省台1套节目，年底，全县调频广播入户率40%以上。2000年，兴建配套广播电视台发射机房竣工，搬迁并安装馈管天线和调试广播电视发射信号。2001年，省文化广电出版体育厅拨给昌江广播电视台2部调频发射机，转播中央1套和省台1套节目，淘汰调频发射机，使发射功率比原来增大到3倍。同时，购置1部越野牌采访车，添置1部松下牌摄像机、编辑机和配备VCD、DVD播放机，全自动双卡录音等设备。

2002年9月28日，总投资105万元，位于人民北路保梅桥以南约200米东侧的昌江广播电视发射塔建成开播，塔高80米。2003年，添置2部轻便式电视新闻摄像机、新奥特非线性编辑机1套、主机1台、提词器等设备。2007年6月，投入资金560万元，在大坡昌江大道路段建设广播电视发射塔投入使用，塔高118米。同时，新增1台1000千瓦全固态调频广播发射机，将昌江人民广播电台转播中央、省台节目延长播出时间，从以前的转播8小时延长到18小时。总投资415.8万元，动工兴建昌江广播电视大楼。2008年，投入50.6万元，添置1台摄像机、2台高清小摄像机、2台非编机和1套硬盘播出机。2010年5月，添置高清肩扛式摄像机和手持式数字高清摄像机、数字高清非线性编辑机和数字标清非线性编辑机、数字标清播出设备和存储设备，形成较为完备采、编、制、播、存储的工作系统，实现了广播电视设备的整体更新换代，为提高节目质量创造了良好的条件奠定基础。同年12月，广播电视台从人民北路搬迁到昌江大道市民广场二路1号，昌江广播电视大楼高五层，建筑面积2800多平方米，设有电视新闻录音间、电视新闻虚拟演播室、电视实景演播室等工作室，办公、播放条件改善。

第三节 广 播

1991 年，有昌江人民广播电台，属县广播电视局下属部门单位，频率为 103.6 兆赫，自办节目。除中央台与海南台的“新闻与报纸摘要”节目外，还自办信息、文艺、听众来信、天气预报等节目。1992 年，昌江人民广播电台增加了播音时间，扩建了录音播出间，购置了一批广播制作播出设备，自办节目大大提高，播音时间也从 6 小时增至 8 小时，自办节目从录播可以做到在录音间现场直播，许多节目不仅可以复制合成、剪辑加工，而且可以长期保存。从 1998 起，制定广播电视“村村通”规划，加大广播覆盖率面，2001 年 3 月，县广播电视台被省文化广电出版体育厅、省发展计划厅评为“海南省广播电视村村通工程建设先进集体”。2007 年，昌江人民广播电台转播中央、省台节目延长播出时间，从以前的转播 8 小时延长到 18 小时。

至 2008 年年末，县广播电台每年累计播出 94690 小时（包括中央 1 套、省 1 套），总停播率为 759.2 秒 / 百小时，其中台内停播率为 0 秒，台外停播率为 759.2 秒 / 百小时，实现 20 年安全播出无事故。2009 年，全县达到“村村通”广播的目标，广播频道通过无线方式传输，除王下乡外，可以覆盖 7 个乡镇以及邻近东方市、儋州市和白沙黎族自治县部分地区。2010 年 5 月，开播广播频道（接收频率为 103.6 兆赫），广播电台拥有自己独立的广播频道，结束了广播节目插播的历史。10 月 20 日，“昌江政风行风热线”开播，每周播出 1 期，采取“主持人 + 嘉宾 + 热线电话”的直播形式，推出“3 · 15”“服务‘三农’”“乡镇上线”等专题版，重点解决群众关心的热点、难点问题。

第四节 电 视

1991 年，昌江境内有电视转播台（差转台），转播中央 1 台、中央 2 台、珠江台、海南台等 4 套电视节目。1993 年 5 月，昌江电视转播台成立，10 月，石碌有线电视站成立，节目频道由过去的 4 套增加到 30 多套，同年，有线电视安装入户 10960 户。有线电视迅速发展，1995 年，南罗镇新港居委会成为全县第一个户户安装有线电视的村庄。次年，投入 17.8 万元，开通海南十七频道第一套节目，王下乡建起有线电视差转台。全县广播电视综合人口覆盖率达到 90%。2002 年 2 月，开通石碌镇数字电视，网络数字化电视，从过去的模拟有线电视20个频道发展到153个频道。2009年1月，昌江广播电视综合频道正式开播，通过有线电视网络公司的光纤、数字微波和电信网络电视三种方式传输，播出时长18小时，主要栏目有《昌江新闻》《昌化江剧场》《珠碧江剧场》《棋子湾影院》《霸王岭影院》《动画剧场》《科普园地》等10个，其中《昌江新闻》共10分钟，每天滚动播出4次，首播时间为20:00；重播时间22:00，次日上午7:30、12:00重播。周日播出《一周播报》，首播时间为20:00。《昌化江剧场》每天2集。截至2010年年末，昌江有线电视用户达到18500户，其中，数字电视用户14300户。全年公共电视节目播时间8760小时，全县广播电视覆盖人口25万人，广播电视人口综合覆盖率达到98%以上。

第五节 新闻报道

广播、电视充分发挥舆论喉舌和宣传导向的作用，及时宣传党的方针、政策，报道县委、县政府及各条战线的主要工作、重大活动和建设成就，反映人民群众呼声。加大对外宣传力度，为昌江走向外界、外界认识昌江架通桥梁。广播电台的新闻，电视台的《昌江新闻》《昌化江剧场》《棋子湾影院》和昌江风光形象片《昌江风貌》等节目深受好评，“昌江政风行风热线”成为各界关注的焦点，丰富的文艺节目，为全县人民提供了宝贵的精神财富。

1993年始起，昌江广播电视台正式自办10分钟的《昌江新闻》，并把新闻以插播的形式在有线电视站的录像台播出。1994年5月，昌江电视转播台开始制作《昌江新闻》，每天定时播出，时长为5~10分钟。同年，采编制作电视专题片《第二次突破——海尾镇推行股份合作纪实》获海南省广播电视优秀节目三等奖。1995年，电视台全年播出新闻稿件1870篇，拍摄新闻62条被省电视台采用，有2条被中央电视台播出。新闻通讯《黎家致富的领头雁》荣获全省广播新闻三等奖。海南话、普通话《昌江新闻》播音作品，参加全省1994年度广播新闻播音评比分别获得三等奖和优秀奖。1997年，电视台播出的新闻稿件被省电视台采用95篇，摄制的新闻被省、中央电视台分别采用136条和4条。至1999年年末，广播电视台先后采编制作具有时期代表性新闻、摄制专题片《昌江农业综合开发取得显著效益》《昌江农业向高产优质高效发展》《昌江纪念海南解放45周年》《昌江严判一批刑事罪犯》《昌江放生一批珍稀动物》《昌江开发十个芒果扶贫基地》《昌江发展芒果商品生产》《昌江庆祝“三月三”活动》《昌江县高效农业蓬勃发展》等共 117 条在县、省广播电视台播出。采编制作新闻《情系孤老》获海南省广播电视优秀节目三等奖，《探索脱贫致富的年轻人》获广播新闻作品三等奖。摄制专题片《绿色的辉煌》获海南省好新闻三等奖，《乡党委书记》获得全省党员电教片观摩评比一等奖和广播电视优秀节目电视新闻二等奖，在中央电视台《新闻联播》中播出，获得很好的反响，《洪灾中的堡垒》荣获海南省委电教片三等奖。2000 年 12 月，昌江广播电视台被海南人民广播电台评为“1999—2000 年度全省广播通讯报道”三等奖。

2003—2005 年，昌江广播电视台围绕全县工农业重大项目建设与省台合作进行跟踪报道，宣传昌江的发展改革开放和建设成果。先后制作电视专题片《留住青山绿水》《接力》《崛起的家园》《高标准整治交界田洋》等片播出。其中，《接力》获全省党员电教片观摩评比一等奖，海南省广播电视优秀节目社教类二等奖。在开展保持共产党员先进性教育活动中开设“永葆先进性”专栏，对全县各级党组织开展党性教育活动和为民办实事活动，进行跟踪系列报道。与此同时，在全国人大、政协“两会”召开及“七一”纪念活动、国庆重大活动与党的十六届四中全会期间以及博鳌亚洲年会，海南欢乐节期间，县广播电视台圆满完成广播电视传输任务。在 18 号“达维”强台风袭击该县期间，广播电视台新闻采编人员，积极深入灾区进行现场报道县委、县政府指导昌江军民抗击台风的先进事迹。广播电视台从时效性和观赏性结合出发，经常制作一些反映昌江风光和山色风光的专题片头，在新闻节目前播出，扩大对外的宣传的影响，增强了节日的气氛，受到了观众的好评。3 年间，县广播电视台共采写广播新闻稿 2622 条在县电台播出，送省电台 470 条，被采用 310 条，采用率 65.9%；采写电视新闻 2100 条在县电视台播出，送省电台 346 条，被采用 272 条，采用率 78.6%。

2006 年，昌江开始进行数字电视转换。县广播电视台充分发挥舆论导向作用，着力抓好安全播出，保障每天新闻的拍摄、制作和播出效果。县广播电视台与省电视台制作的电视专题片《车轮上的黎村》获全省党员电教片观摩评比二等奖、全国党员电教片观摩评比优秀作品奖。2007 年，以关注民生民情，宣传昌江，优化社会环境，促进昌江经济社会发展，对县委确定“加快发展、实施工业强县战略”重大发展决策和成效，进行全方位、多角度、大容量的宣传报道。在《昌江新闻》中先后开辟关注民生民情“走进三农”和全力做好昌江黎族自治县成立二十周年县庆报道，与省电视台联合采制昌江风光形象片《昌江风貌》，电视专题片《西部崛起话昌江》上、下两集，并连续在县电视台和省电视台播出。与省、县有关部门合作拍摄制作反映昌江20年辉煌成果专题片等节目，相继在省电视台、电台播出，其中县广播电视台配合海南电视台联合国采摄的有关生态补偿、教育扶贫等新闻在中央台播出，影响极大。

2008—2009年，广播电视台坚持新闻“三贴近”（贴近实际、贴近群众、贴近生活）的方向和扩大对外的宣传，先后制作反映昌江惠民政策、发展成果在本台播出外，向省电视台、广播电台发稿496条，被采播297条。其中，2009年，录制的昌江迎春农民运动会和石碌河救援行动2条新闻在中央电视台新闻联播播出。选送的电视专题片《太极情缘》参加全省广播电视节目评选获三等奖。2010年，广播电视台共采写广播、电视新闻稿1400条在县电台播出，送省电视台、广播电台160条，被采用110条，采用率68.7%。

第三章 电影·图书

第一节 电影

一、电影放映改革

1991年，全县领取电影放映营业执照33个。随着人民群众文化生活的日益丰富和娱乐方式的多元化，电影放映票房逐年滑坡，电影放映持续低迷，农村、厂（场）电影放映相继停止营业。1996年，县电影公司停止营业。

至2005年后，电影放映进行深化体制改革，省全面启动实施农村电影“2131工程”，县电影公司农村电影放映恢复，开始农村公益放映和承担中小学义务阶段观看爱国主义教育电影的放映活动。农村公益放映经费由国家和县财政，各负担50%，中小学观看电影经费由学生或学校承担，每间学校每学期放映电影2场次。农村公益放映按全县78个行政村，每个行政村每月放映1场次。2006年，电影公司更新放映设备，购置3部数字电影放映机，开启数字电影放映的先河，结束了胶片电影放映的历史。省文体厅赠送给昌江县电影公司1辆流动电影放映车，1部发电机。此后，电影放映日益活跃，深受广大群众和青少年的欢迎。同年，县电影公司电影下乡392场（次），放映收入6.78万元。2007年“昌江县示范农村电影放映队”被文化部评为“送电影三下乡”活动优秀农村电影放映队。2008—2010年，电影公司开展电影巡映公益放映活动累计2807场次，观众74.4万人，放映收入48.29万元。

二、电影放映队

1991年，全县有电影公司2个，农村放映队47个，企业放映队6个，主要使用16毫米和35毫米放映机。1993年，全县领取营业执照的电影放映队53个。随着时代的发展，电视的普及，电影观众日渐减少，电影放映不景气，收入锐减，县电影公司放映员下岗再就业，个体户放映员自动解散自谋职业。2005年，恢复农村放映。2010年，省文体厅再赠送2部数字电影放映机给县电影公司，截至同年，县电影公司总共有数字电影放映机8部，员工11人。

三、影剧院

1991年，县境内有石碌影剧院，面积4400平方米，木椅座位1650个；海南铁矿电影院，面积2360平方米，木椅座位1050个；昌化影剧院，面积400平方米，木椅座位450个。企业厂（场）矿影剧场6个，总面积8880平方米，水泥板座位8480个；区（镇）村露天影剧场10个，总面积16066平方米，水泥板座位6442个。同年，峨港电影院建成，是全县村级最好的电影院。

20世纪90年代中期后，随着社会的不断发展，大部分城乡露天影剧场被占用和拆除建设其他设施。2006年，县电影公司与海南万家惠超市公司合作，对石碌影剧院进行商业用途改造。至2010年年末，县境内影剧院（场）基本剩余无几。

第二节 图 书

一、县图书馆

1991年，昌江公共图书馆面向公众开展图书借阅业务。1993年6月，投入省、县和“两彩”公共建设基金250万元，在东风路动工兴建县图书馆新馆，高6层、总面积2100平方米，1995年1月1日对外开放，使馆舍面积从原来60平方米扩大35倍，4月，被文化部评定为“国家三级（县级）图书馆”。

1998年后，不断更新藏书柜、目录卡箱、阅览桌椅和办公设备，在全省图书馆同级中推出365天无闭馆日。1999年起，全部实行开架借阅方法，从原来每周开馆借阅48小时，改为每周开馆借阅56小时，并强化管理，提高服务质量。同年，县图书馆被文化部评定为“国家二级（县级）图书馆”。2000年，利用文化部专项资15万元，购置一套ILAS自动化管理系主机电脑1部，电脑终端机4部，将2.5万册图书资料的数据输入电脑，成为全省第二个使用自动化系统管理图书馆业务的县（市）级公共图书馆。同年，被全国知识工程活动领导小组评为“读者喜爱的图书馆”荣誉称号。2003年，开设“军营绿色通道”和“流动图书室”下警营，受到省图书馆的充分肯定，《海南日报》做了专题报道。2004年，县图书馆加快图书馆网络化建设的步伐，从2000年的自动化管理系ILAS升级到ILAS2.0和“宽带电脑1+1”专线。同时，县政府每年从地财拨购书经费从3万元增至6万元，年订阅报纸55种，杂志219种，报刊年入藏量600册，新书入藏量约2000种（册）。2005年，投入5.2万元购置10台电脑和相关配套设备。2007年，县图书馆成为首批海南文化共享工程建设5个试点县之一，投入22.36万元，建成县支中心和16个基层服务点。

2010年，完成全县74个行政村文化信息资源共享工程基层服务点的设备发送工作。县图书馆实现采编、典藏、流通、公共查询等业务和读者服务全程自动化管理。设外借处、报刊阅览室、读者自学室、参考资料室、多功能厅、少儿阅览室、老年人和残疾人阅览室、电子阅览室等8个服务窗口。馆内拥有电脑55台，总藏书11万余册（含电子图书1.2万册）。全年读者点击图书馆县级数字图书馆资源达1500多次，图书馆年流通读者达8.3万人次，日平均接待人数227.4人次，书刊外借册数达6.5万余册。同年，获文化部颁发的“全国全民阅读先进单位”称号。

每逢重大节假日和“图书馆服务宣传周”，县图书馆举办丰富多彩的新书展、猜谜和知识讲座、知识竞赛活动，以及“汽车图书馆”的形式送书进乡村、社区、校园，深受广大群众和学生的欢迎。2004—2010年，较有大型送书下乡活动15次，为全县乡镇和村庄、基层中小学赠送各类书刊资料达1.5万册；举办隆重新展17次、猜谜3次、知识讲座4次、知识竞赛3次，参加活动的人数约5万人次。仅2010年开展“图书馆服务宣传周”活动，吸引读者2700余人。

第三节　新华书店

昌江新华书店位于石碌镇东风路15号，1991年，县新华书店有营业用房120平方米，图书仓库85平方米，工作人员25人。1992年，县新华书店有工作人员增至32人。1999年，新华书店改闭架售书为开架售书，设有文学、经济、哲学、少儿读物、科学技术、大中专教材等种类专柜和阅读区。经营哲学、社会科学、文化、教育（寒暑假作业、练习册）、文学、艺术、自然科学、技术、少儿读物、课本、图片（挂历）、其他、非图书商品等10大类。2008年，昌江新华书店体制改革后称海南凤凰新华出版发行有限责任公司昌江新华书店有限公司。为满足读者需求，新华书店昌江公司努力增加图书品种，提高服务质量，投入73万元对店书门市部重新装修，更新书架、安装空调和监控设备，营造舒适的购书环境。2010年，新华书店昌江公司拥有固定资产115万元，员工22人。 20世纪90年代初期，图书市场逐步开放，个体图书经营发展迅速，全县个体书店单位批量用书自行采购，学生教材仍由县新华书店发行。每年新华书店和县教育局召开征订工作会议，保证教材和教辅用书征订发行，实现“课前到书，人手一册”，课前到书率99.8%。1992年，县新华书店全年销售图书132.3万册，销售金额达146.1万元。1993年，发行《邓小平文选》第三卷3210册。1996年，发行读书活动用书“迎接香港回归祖国”2万册。20世纪90年代末期后，学生学习用书负担过重，国家限制教辅用书过度发行，新华书店按省教育厅要求，确保学生用书质量，促进教学用书销售量增长。2000年，教材销售34万册，销售额467万元。2001年后，实行全员推销活动，调整图书品种结构，图书品种扩大，图书销量持续发展。2005年，各种图书销售45万册，销售额563万元。2010年，各种图书销售21万册，销售额264万元；教材销售38万册，销售额575万元。

第四章 档案·地方志

第一节 档 案

一、机构

1991年，县档案局（馆）负责全县档案管理工作。内设有办公室、业务指导和库房管理3个股室。编制7人，实有工作人员7人，其中局长1名，副局长2名。1993年7月，全县机关实行工资改革，县档案局（馆）划归全额拨款事业单位，正科级。2009年，行政事业单位改革，县档案局（馆）列为参照公务员管理的文化事业单位，县级国家综合档案馆，永久保存昌江县一级机关单位档案的基地。局馆合一，一个机构、两块牌子。2010年，人员编制、领导职位及内设机构沿袭不变。

二、县档案馆建设

1992年，县档案局（馆）搬到东风路县委办公大楼内，馆藏2层，一层为办公室，一层为库房，总面积440平方米，其中库房面积220平方米。设有检索室和阅览室，置铁皮档案柜19套95节，档案厨19个，铁箱25个，安装防盗铁门铁窗，配有吸尘器、灭火器等设备。1998年，档案馆购置电脑、复印机各1台。1999年，添置空调3部。档案办公条件得到改善，被省档案局评定为省三级综合档案馆资格。2004年年初，被省人事劳动厅和省档案局授予“全省档案工作先进集体”荣誉。

2008年9月，县档案局（馆）迁至石碌镇人民北路234号，大楼高3层，占地面积1600平方米，总建筑面积1214平方米。其中，库房面积300平方米。全馆设有办公室、电脑室、查阅室、保安室和档案库房。馆藏档案管理的科学化、现代化程度逐年提高。至2010年，档案馆拥有6台计算机、1部复印机、7部去湿机、2部空调机，配有140.8立方米的档案装密集架和防盗自动报警装置及灭火器等设施。

三、馆藏档案

1991年，馆藏档案52个全宗，4028案卷。有图书资料5206卷（册），书籍163册。1992年，档案搬入县委大楼后，档案馆抓好组卷、立卷归档、理顺档号工作。至1993年年初，完成馆内所藏档案全宗和卷的归档。征集《昌江概况》《昌江文史》《昌江革命史料》《昌江党史文汇》共18册资料进馆。1994—1999年，县档案局（馆）做好档案的保护，对一些字迹模糊、纸张变质的档案材料进行复印、抢救、重新整理装订等工作。2002年，接收档案进馆314件，其中永久15件，长期184件，短期115件。2004年，接收进馆档案957件，其中永久94件，长期489件，短期374件。2005年，接收档案进馆940件，其中永久149件，长期393件，短期404件。其中，县政府666件（其中永久107件，长期312件，短期247件）。2002—2006年，修复破损档案1456卷。2007年，修复破损档案330卷，著录文件级目录6200条，整理陈旧档案资料102卷（册）。接收档案进馆43盒1490件，其中永久353件，长期426件，短期711件。其中，县政府26盒850件（其中永久7盒190件，长期10盒292件，短期9盒368件）。2008—2009年，接收档案进馆94盒3124件，其中永久349件，长期884件，短期1746件。

2010年6月23日，全省档案安全管理工作现场会在昌江召开，县档案局领导在会上作档案安全管理经验介绍。全年共著录案卷级目录和文件级目录2.6万条，接收档案进馆45卷（盒）、1614件，其中县委17卷（盒）、634件（其中永久98件，长期177件，短期359件）。截至2010年，馆藏档案共52个全宗，4700卷、5061件，照片档案145张，电子光盘档案5个，资料2130册。馆藏档案有县委、县政府和县人大、县政协和县直机关主要部门的档案等，档案以文书为主。

四、基层档案管理

1991年后，县档案局（馆）通过宣传、举办培训等方式在全县各单位开展学习《中华人民共和国档案法》（以下简称《档案法》），提高档案管理意识。每年对县直机关各部门年度立卷工作实行电话督促，下基层指导，1991—1993年，督促县各单位严格按照规范化进行立卷归档，共立卷归档803卷，其中永久性206卷，长期377卷，短期220卷，完成立卷归档的单位有79个，占应立卷归档98个单位的80.5%。1994—1995年，全县共立卷归档628卷，其中永久162卷，长期325卷，短期141卷，完成立卷归档工作的单位83个，占应立卷归档97个单位的88%。1996年，全县共立卷归档536卷，其中永久145卷，长期263卷，短期128卷。完成立卷归档工作的单位有79个，占应立卷归档91个单位的86.8%。1997年，开展纪念《档案法》颁布十周年和深入开展档案室升级活动。全县共立卷归档548卷，其中永久149卷，长期267卷，短期132卷。完成立卷归档工作的单位有79个，占应立卷归档91个单位的86.8%。

1998年，县档案局协助有关单位立卷归档，同年协助县委组织部、县人事劳动局等单位归档1996、1997年和历年文书档案。档案局每年都开展《档案法》执法情况检查。同年在检查中，发现一些单位档案管理制度不落实，档案保管条件差、档案管理不规范等问题。县档案局针对存在问题提出整改意见。1999年，县国土局档案室被评为省二级综合档案室。2001年，遵照省档案局的工作部署，有计划、有步骤地开展村级建档案工作，以乡镇为单位，每一乡镇选一村委会作为村级建档工作试点，共有12个村委会建档。2002年，乡镇撤并，县档案局深入撤并的乡镇指导做好变动档案的交接，保证撤并的乡镇档案不遗失。同年，举办1期基层档案新规则培训班，有20多人参加。2004年，县档案局先后对全县60个县直机关和乡镇进行档案执法检查，在检查中发现问题，责令限期整理。同年，县检察院档案室被省档案局被为省二级机关档案室。1998—2004年，7年中全县累计立卷归档4471卷，其中永久1118卷，长期1955卷，短期2596卷，完成立卷归档工作年均占应立卷归档91个单位87.2%。其中2004年，全县有60个单位整理历年档案共立卷归档3300卷（件）。

2005年起，加大《档案法》和《海南省档案管理办法》宣传，基层档案大多数档案室配备铁门、铁窗、铁柜、电脑，个别单位配置密集架，实行电字文档等。全县各机关均按新规则整理文书档案，统一格式、统一装具，使档案工作迈向新台阶。2006年，县公安局、电信公司档案室被省档案局评为省二级机关档案室。2007年，县档案局按照全县行政村建档工作方案，深入石碌镇、十月田镇、昌化镇开展行政村建档工作。全县行政村文书建档从2005年14个增至40个。

2008—2009年，县档案局指导立卷归档29210件，其中永久6600件，长期12730件，短期9925件，归档率达91%。其中，2008年，县档案局配合全县乡镇林改，共整理林改文书档案10100件，林户60279卷。2010年，县档案局指导立卷归档10630件，其中永久2380件，长期4590件，短期3660件，归档率达86%。同年12月，县气象局档案室被评为省一级综合档案室。

五、档案利用

1991年后，县档案局不断搞好档案资源开发，提高档案的经济效益，积极为本县经济建设和社会各方面服务。截至2010年，20年间，县档案局提供档案以查阅、复印、摘抄等方式共利用档案10145卷（册）3338人次，摘抄、复印3.33万页（张）。档案查阅主要利用于个人身份认定，职称评定，史志编写，城市规划，县直机关、乡镇、企业、公司成立或撤销时间等等。其中1991—1996年，县档案局提供利用档案1913卷（册）1057人次，摘抄、复印6355页（张）。

昌江县档案局1997—2010年档案查阅利用情况一览表

表21-4-1

年度	卷（册）	人次	复印（张）	年度	卷（册）	人次	复印（页）
1997	513	186	1820	2004	705	180	2130
1998	516	163	1843	2005	715	173	2010
1999	258	145	921	2006	730	145	2103
2000	525	160	1863	2007	635	152	2133
2001	613	190	1902	2008	605	136	2023
2002	622	153	1950	2009	563	187	2260
2003	640	136	2050	2010	592	175	1930

第二节　地方志

一、机构

1991年，有县地方志编纂委员会及其办公室，财政全额拨款事业单位。2009年，行政事业单位改革，县地方志办公室参照公务员管理。2010年，县志办实有在岗人员7名，办公室内设行秘股、采编股、审编股、年鉴股4个股室。

二、县志编纂

1991年，《昌江县志》在资料搜集等工作的基础上，组织人员对重点卷章进行试写。1992年年初，全县各承编单位有90%资料搜集汇编基本结束，县志总纂条件基本成熟，县志编纂工作转入总纂阶段。1993年，县委批准县志总纂方案，县政府拨给总纂专项经费，与县委组织部组织协调从各单位抽调18名文字功底较好的干部参加总纂。9月，县志总纂工作志稿全面完成，由郭承贤统合修改定稿。全书共42卷185章180万字。1994年3月，《昌江县志》志稿交县地方志编纂委员会评审。5月4日，县地方志编纂委员会进行调整，并规定该届编委会担负《昌江县志》初级审定工作，决定符永光、陈凤生、郭承贤、周文奇等14人为评审小组成员，集中到红田农场招待所进行为期15天的评审。7月，主编郭承贤调离昌江县，县志工作由周文奇主持。1996年1月，县委、县政府重新调整充实县地方志编纂委员会，周文奇继任《昌江县志》主编，继续完成县志后半部

1998年出版的《昌江县志》(谢志勇 摄)

分工作。4月，《昌江县志》稿上送省志办终审。8月，根据省级终审意见，《昌江县志》主编周文奇又组织县志办业务骨干进行一次长达1年多的调整、修改及补充完善工作，全书共38卷169章140万字。1997年8月，由县地方志编纂委员会通过，9月23日，呈送省志办复审验收，批准出版。10月交付新华出版社出版。1998年6月，《昌江县志》的出版发行，标志着昌江县第一轮修志工作全面完成。县志上限自置至来县（公元前110年）起，下限至1990年，内容丰富，资料翔实，为地方百科全书。

2000年始，县志工作转入第二轮修志资料征集，以编纂年鉴为平台，广泛收集资料，为二轮修志做资料储备。2005年年初，根据省地方志办公室《关于启动市县第二轮修志试点工作的通知》精神，昌江县被定为全省市县二轮修志试点单位之一。县委、县政府和县地方志编纂委员会根据省志办要求，以县政府办公室发文，对全县二轮修志工作进行全面部署，县二轮修志工作正式启动。县制定《昌江黎族自治县志（1991—2010）》篇目征求意见稿，并报省志办审编。2006年5月18日，《地方志工作条例》颁布实施，县志办组织干部学习，制作宣传横幅悬挂市区繁华街道，宣传《地方志工作条例》，让各级领导和广大市民了解《地方志工作条例》、贯彻《地方志工作条例》等，使地方志工作走上法制化。2007年，贯彻省、县“十一五”史志工作发展规划，7月18日，县委、县政府召开全县第二轮修志工作动员大会，省史志办领导、县四套班子成员，县地方志编纂委员会成员，各级机关、企事业单位负责人和修志人员共200多人参加会议。会议期间还举办80人修志培训班。会后，县志办组织人员加紧修改昌江县第二轮修志编目大纲。

截至2010年12月，由于各种原因，修志进度缓慢，全县仅搜集完成《昌江黎族自治县志》初稿的有昌江概况、大事记、人物和县人民武装部4部分及县直机关、乡镇数量不多的志稿。

在第一轮修志工作中，昌江县志办工作始终走在全省前列，2004年3月，被省政府评为全省第一轮编修地方志工作先进单位。2005年12月，县志办被人事部、中国地方志指导小组评为“全国地方志系统先进集体”2005年12月，县志办被中国地方志指导小组评为“全国地方志先进集体”。2006 年 10 月，被海南省史志办评为 2001–2005 年修志先进单位。

三、部门、专业志与地情书编纂

1991 年，《昌江县粮食志》《昌江县财政志》等部门志、专业志编纂出版后。1992 年 9 月，《昌江县水利电力志》由南海出版公司出版。10 月，《昌江县税务志》由南海出版公司出版。1993 年 9 月，《群英会萃》由海南出版社出版。12 月，《昌江法院志》由南海出版公司出版。1995 年,《国营红田农场志》由南海出版公司出版。1998 年 12 月,《昌江县土地志》内部出版。2008 年 11 月，《昌江军事志》内部出版，系海南省市县军事志出版较早完成的单位之一。在第一次全国地方志、专业志成果评奖中，《昌江县税务志》《昌江县水利电力志》荣获全国专业志二等奖。截至 2010 年 12 月，全县出版部门志、专业志共 10 部，系全省 18 个市县中，部门志、专业志出版最多的县份。除此之外，县志办在做好《昌江县志》资料搜集和编纂的同时，组织人员参与编写、指导部门专业志和地情书籍及创办《昌江史志》刊物，截至 1992 年年底，全县共编写专业志稿 44 部 650 万字，单位简介 38 篇 150 万字。编纂出版地情书籍《昌江概况》和《昌江二千年事记》等地方史料和出版《昌江史志》4 期。完成《中国市镇概况》《中国市镇总志》《中国市县大辞典》《中国县情大全》等 4 部国家大型工具书中的昌江县部分条目，交国家出版社出版。1995 年，参与编写国家大型工具书，完成《中国地方志大全》《中国新编专业志部门志词典》《中国纪念地大词典》等昌江县中有关部分条目，分别由安徽省科学技术出版社、四川出版社等出版发行。2000 年，完成《中国地方志——市地县概况》昌江条目编写，上送北京。2006 年，完成《海南地情要览》昌江条目编写，送省史志办公室出版。2010 年 10 月，内容出版《昌江改革开放 30 年大事记》。

四、年鉴编纂

1999 年 12 月，县志办制定昌江年鉴编写方案和编目设计，成立《昌江年鉴》编写小组，负责年鉴编纂工作。2000 年 5 月，昌江年鉴编纂工作在全县正式启动。6 月，《昌江年鉴》（1991—2002 合鉴）开始组稿。2002 年，县志办将搜集到的资料，进行分门别类，依照制定的篇目进行编排。至 2003 年 12 月，历经 3 年多的艰苦努力，《昌江年鉴》（1991—2002 合鉴）初稿合拢完成。2004 年年初起，对年鉴初稿进行调整、修改和补充等工作。8 月底，《昌江年鉴》（1991—2002 年合鉴）文字修改和图片征集全面完成，最终形成出版稿，并交付省文化体育出版厅审批，12 月，内部出版发行。

2006 年 5 月 18 日，《地方志工作条例》颁布实施，将地方综合年鉴工作划归地方志部门，从此昌江县地方综合年鉴编纂工作开始步入正轨。2007 年 4 月，第二部《昌江年鉴》（2003—2007合鉴—启动。12月底，完成初稿。2008年年初，将稿卷反馈各有关单位，进行审查。6月以后，在收回反馈稿卷的基础上，接着组织力量对年鉴资料进行修改、调整、充实和完善。11月底，《昌江年鉴》（2003—2007合鉴）终审稿全面完成，于12月内部出版，全书共650千字。2009年4月9—10日，全省史志办公室主任会议暨地方综合年鉴编纂业务培训班在昌江召开。同年5月20日，县志办首次举办全县地方综合年鉴培训班。县直机关、企事业单位及各乡镇、省属条管单位共78人参加培训。会后，启动《昌江黎族自治县年鉴（2009）》编纂工作。12月底，年鉴书稿全面完成，交付海南出版社出版。全书共30万字。至2010年年末，昌江年鉴编纂工作日臻完善，并趋向正规化，基本实现年初签发文件，年中收稿合拢，年底总纂出版的年鉴编纂过程。同年11月，完成《昌江黎族自治县年鉴（2010）》终审稿，上送海南出版社出版。

部分年度《昌江黎族自治县年鉴》 （谢志勇 摄）

五、旧志整理

昌江县仅存的旧志书有清康熙年间（1662—1722年）《昌化县志》和光绪年间（1875—1908年）《昌化县志》2部。1987年年初，县志办开始启动旧志整理工作，以清光绪二十三年（1897年）李有益重修《昌化县志》为底本，对底本繁体字做简化处理，并标点成段，对疑难点加以注释，完成标注版本初稿，因点校不完善经费困难，一直未出版。1994年7月，县志办再次对点校本进行加工，1996年1月，内部出版。

2010年9月，县志办重启《昌化县志》古籍整理工作，聘请"全国优秀教师"、昌江中学退休高级语文教师符世明负责全书的标点、注释及白话文翻译。该次整理以清康熙二十六年（1687年）方岱修撰，康熙三十年（1691年）璩之璨校正重刊《昌化县志》

为版本，采用现行的标点符号对原文断句标点，分篇（段）标点和译注，每篇（段）后，先注释后翻译。历经1年多，以左图右史为鉴，完成全书的标点、译注。最后由县志办对志稿进行全面校核。

清代《昌化县志》整理　　　　　　　　　　（谢志勇　摄）

第五章 体 育

第一节 体育设施

一、县城体育场地

1991年，县城石碌镇建有运动场2个，小运动场4个，足球场6个，小足球场3个，带有固定看台灯光篮球场6个，水泥结构篮球场12个，带有固定看台灯光游泳池2个，旱溜冰场1个。总占地面积为162835平方米，总建筑面积为23435平方米。

1993年5月，投资223多万元，兴建文体活动中心篮球场，场四周建圆形梯级4000多人座观看台，观台下外墙为商业门面用房。中心是进行文化活动和每逢重大节日举办大型体育赛事的场地。

2005年，投入资金100多万元，完成昌江中学高标准塑胶跑道运动场，总占地面积1.33万平方米，建有标准田径场、足球场1个（综合），该场地是全县历届中小学运动会开、闭幕式和比赛场地。

2006年，建成矿区中学400米塑胶跑道田径运动场，建有标准田径场、足球场1个（综合）。

2007年，建成民族中学300米塑胶跑道田径运动场，建有标准田径场、足球场1个（综合）。

2008年，动工兴建昌江文化公园，园馆内建有羽毛球场，园馆外建有成年人游泳池和儿童游泳池（圆形）2个，网球球场1个等体育设施。

2010年末，县城建有标准田径场、足球场3个（综合），游泳池2个，门球场3个，网球球场1个，羽毛球场3个，篮排球场、乒乓球桌遍布县城各中小学校，基本满足县城广大青少年和体育爱好者的需求。

二、基层体育场地

1991年，县境内乡镇、厂（场）矿企业有篮球场102个，其中有灯光设备的24个，排球场45个，足球场3个，游泳池2个，乒乓球室8间，旱溜冰场2个，棋室1间。1996年3月，第二次全县体育场地普查工作，全县体育场地占地面积582811平方米。2004年7月，全县第五次体育场地普查工作，全县共有各类体育场地504个，其中，标准场地337个，非标准场地167个。2007年，开始实施农民体育健身工程，利用国家、省专项资金，建设农村水泥混合结构篮球场并带有灯光设备和配建安装健身器材。2010年年末，县境内乡镇、厂矿、农场（村）有篮球场180个，其中有灯光设备的50个，排球场20个，足球场3个，游泳池1个，乒乓球室1间，棋室1间。其中农村篮球场45个，配建安装健身器材10套。

三、器械器材

20世纪90年代，体育器材和器械的拥有量大幅度增加。进入21世纪初，随着社会的发展，不断加大体育设施的投入。2000年，国家体育总局捐赠的全民健身路径体育器材分别安装在县一小、县委住宅小区。2003年，国家体育总局从体彩公益金中购置全民健身路径体育器材赠送给该县安装在县政府小区。2004年，省文体厅赠送给石碌镇水富村一套室外健身路径运动器材投入使用。2007年，国家体育总局捐赠体育器材3套（每套为1副篮球架、2副室外乒乓球台）分配给石碌镇牙营村、十月田镇王炸村、海尾镇打显村。至2010年，39.5%城镇社区已安装健身器材，方便广大群众参加健身活动。分散于县境内各厂（场）矿企事业单位、学校、乡镇、村的其他体育器械、器材，主要有篮球架、排球网架、单杠、乒乓球台、双杆、跳高架、铅球、铁饼、跳绳、拔河绳、秋千架等器械器材。很多家庭也购置有羽毛球拍、乒乓球拍、拉力器、哑铃及其他健身器材、体育器械。

四、营业性体育场馆

20世纪90年代初期，城乡个体兴起台球经营，由于昌江经济属欠发达县份，营业性体育产业发展滞后，县城仅有海南钢铁公司兴办的游泳场1个和1间旱冰场对外营业经营。同年，两个场所在经营效益下滑后停止营业。2008年后，昌江文化公园园内羽毛球场、游泳池建成对外开放营业。2010年，全县有体育经营馆（场）1个，体育市场经营4家。

第二节 群众体育

一、全民健身运动

昌江县贯彻“发展体育运动，增加人民体质”的方针，加强全民性体育工作的领导，不断推进全民健身周宣传活动的深入，利用电视新闻媒体和挂横额、标语等形式宣传，组织城乡群众开展丰富多彩的群众体育活动，提高全民身体素质。群众体育主要有舞蹈、台球、乒乓球、象棋、羽毛球、篮球、拔河等。1995年6月，国务院正式颁布实施《全民健身计划纲要》，昌江全民健身运动更是蓬勃发展，每天早、晚参加各种锻炼的人数日渐增多。文化公园、昌江中学、红林农场、海钢广场、环城东路、环城西路等地点，跑步、散步、做操、打羽毛球、打篮球、单杠、双杆者络绎不绝。进入21世纪，广场舞成为中老年人特别是妇女喜乐闻见的活动，茶前饭后，数十人自发组织在一起，自娱自乐，强身健体，广大群众自觉参加体育锻炼已蔚然成风，全面普及全民健身运动。

二、职工体育

1991年后，全县职工体育活动频繁，职工体育活动长盛不衰，体育内容丰富多彩。县域内厂（场）矿、公司体育爱好者，平时利用本单位及附近体育设施自由开展体育活动外，机关单位、场矿企业（公司）之间经常进行友谊比赛。每逢重大节日开展体育比赛活动，如元旦、“五一”、“五四”、国庆节等节日，或单位组织，或县体委、总工会组织开展干部、职工篮球、排球、拔河等体育比赛活动，活跃干部职工体育文化生活。南华昌江糖业有限责任公司每年榨季前举行一次职工体育运动会。华润（昌江）水泥厂、昌江电信、昌江移动、昌江武警和边防、县公安局、县财政局、县人民医院、海南矿业、华盛水泥厂、鸿启叉河水泥等单位公司干部职工体育活动活跃。

1997年，县工商银行被国家体委授予“全国全民健身宣传周活动先进单位”称号。1998年，县地税局被国家体育总局授予“全国全民健身宣传周活动先进单位”称号。2000年，县文体局、县人民医院被国家体育总局授予“全国全民健身宣传周活动先进单位”称号。

2001年8月，县委统战部、县总商会举办昌江首届商会杯篮球邀请赛，县地税局荣获冠军。2003年9月20—25日，县文体局在县文体活动中心举办县机关国庆篮球赛。县建环局、县文体局、县邮政局、昌中、海钢子中等单位的8支男女篮球队参加。经过6天12场的争夺，昌江中学男队和县建环局女队分别获得第一名。县邮政局男队、昌中女队分列第二。2004年，是举办最多体育赛事活动和参与干部职工人数最多的一年。

有县委宣传部、县妇联、昌江国税、县总工会、县机关工委、县人武部、县中行、县文体局等主办、协办体育活动共8次，项目有乒乓球、长跑、篮球、拔河等，40个单位的2000多人参加。同年7月25日，海南省退伍军人横渡琼州海峡活动，全省有15人参加，其中该县退伍军人、县环卫清洁站长文甫强参加。当天凌晨3点下水，从广东省徐闻县的海安至海口市白沙门海岸，11时上岸，历时8小时20分钟游完全程。2005年4月23—25日，县总工会举办"'五一'县机关男子篮球赛"。有昌中、邮政、国投、公安等4个队参加，最后，昌中、国投、邮政、公安分获1~4名。2007年，举办昌江首届移动杯职工篮球邀请赛，全县有机关、企业、乡镇16支男队和6支女队参赛。2009年4月20—29日，县总工会举办，国投海南水泥有限公司协办的昌江2009年"'五一'国际劳动节'海岛杯'职工篮球邀请赛"在县文体活动中心举行，来自全县22个单位的28支篮球代表队、350名运动员参加了比赛，经过10天52场的角逐，最后，七叉镇、海尾镇、叉河镇、石碌镇获乡镇组的前4名；昌江中学、党政、矿业社区获女子组的前3名；昌江中学、邮政、国投、青少年中心、党政获机关男子组的前5名。县四套班子领导成员及国投海南水泥有限责任公司董事长出席了闭幕式并观看决赛。同年7月，红林农场职工陈雄姿出资率领干部、职工、师生、个体户组成昌江代表队23人，自费赴河南省焦作市参加第五届中国·焦作国际太极拳交流大赛，获得3金11银的成绩。

2010年，举办"五一'海盛杯'篮球联赛和'南华杯'羽毛球公开赛"，共有22个单位26支篮球代表队和20对羽毛球选手共450名运动员参加，县四套班子领导出席闭幕式并与万余名群众观看决赛，县四套班子领导为获奖单位和运动员颁奖。

三、农民体育

20世纪90年代开始，各乡镇（村）在农闲时节经常组织村与村之间进行有益的体育友谊赛活动。每年昌化、海尾两镇组织舞龙队、龙舟队在元宵和端午节开展活动，尤其是每年的黎族"三月三"，广泛开展形式多样的传统项目体育活动。2005年，"三月三"体育竞赛活动在昌江中学运动场举行，全县共有7个镇210名运动员参加篮球、陀螺、押加、射弩、摔跤、背媳妇、骑牛等7个项目的角逐，石碌、七叉、海尾3镇分别获总分前三名。2010年，在海尾镇新港居委会举行举办，全县共有4支男队、3支女队参加，每支队员35人，参赛运动员共252名，比赛分男子800米×4轮，女子800米×3轮。观看群众达2万余人。

1993年，叉河镇被国家体委授予"全国群众体育先进单位"称号。1995年，叉河镇被国家民委和国家体委授予"全国少数民族体育先进单位"称号。1997年，昌化镇被国家体委授予"全国群众体育先进单位"称号。2000年，太坡镇被国家体育总局和农业部授予“全国亿万农民健身先进单位”称号。2005年，石碌镇被国家体育总局和农业部授予“全国亿万农民健身先进单位”称号。2006年，叉河镇被国家体育总局和农业部授予“全国亿万农民健身先进单位”称号。

四、老年人体育

县委老干局充分发挥老干部活动中心的作用，老人体育活动由县老年人体育协会组织。1992—1997年，共举办门球比赛30次，120余人参加。2001年，县老干局组织老干部到儋州市、东方市、白沙黎族自治县等市县进行球类友谊赛5次。2001年，共举办地区比赛3次，432人参加，到外市县进行友谊赛4次，120人参加，有60人参加全省老年人运动会。老年人体育运动项目主要有体育健身操（舞）、地掷球、柔力球、太极拳（剑）等。2004年，参加全省老干部柔力球比赛获得全省第一名的佳绩。2006年，参加省第六届老年人运动会，共参加7个项目，柔力球和健身操2个项目分别获得第5和第7名。2008年，参加省第七届老年人运动会，昌江代表队总分名列全省第7名。健身球队获第1名，柔力球捧队获第4名，健身舞获梅花奖。象棋、乒乓球队实现零的突破，获得第5名和第7名。

2010年，举办石碌地区门球邀请比赛3次，参加老年人300人。组队参加省“七仙杯”地掷球获得好成绩；参加省在屯昌县举办的“海南省农村基层单位老年人体育健身活动展示大会”，老年健身球队荣获一等奖。

第三节 学校体育

1991年后，全县各级各类学校以增强学生的身体素质为宗旨，不断加强体育锻炼，坚持“两操”（课间广播体操、视力保健操）、“两课”（每周2节体育课）和“两活动”（每周安排2节体育课外活动），保证学生的体育锻炼时间。全县各学校把实施《国家体育锻炼标准》作为一项课程来抓，中小学配有体育专业教师，加强学校体育工作，全县中小学生体育达标率，1996为90.1%，2000年为94.3%，2010年提高到97.4%。中学设立体育教研组，学校主要设立篮球、排球、足球等体育运动队，坚持业余体育训练。昌江中学、矿区中学多次选拔体育优秀生代表县参加省级以上比赛，获得奖项多次。1993年，昌江中学被国家体委授予“全国群众体育先进单位”称号。1999年，县三小、昌江中学被国家体育总局和国家教育部联合授予“全国推行《达标》工作先进集体”称号。2001年3月15—20日，县文体局、县教育局在县民族中学足球场联合举办中学生足球邀请赛。

昌江中学、矿区中学、民族中学、矿区学校等四支足球队参加了比赛，经过6天的角逐，昌江中学、矿区学校分获第一名、第二名。

2007年2月1—2日，县文体局在县中行乒乓球室举办“六一”少儿乒乓球比赛。该次比赛共设甲（1994、1995年出生者）、乙（1996、1997年出生者）、丙（98年后出生者）等3个组，有97名中小学生报名参赛。全县每年举办中学生和小学生运动会，有条件中学也举办校运会。从1991年至2010年，昌江中学、矿区中学、民族中学分别举办过学生运动会20次。历届运动会以田径为主，兼有篮球、排球、足球、乒乓球、羽毛球、广播体操比赛等。

第四节 少数民族体育

昌江民间传统体育项目在黎族乡镇主要以跳竹竿、摔跤、爬竿、打狗棍、顶棍、射弩、粉枪射击、押加（俗称拉乌龟）、陀螺、荡秋千、赛龙舟、舞龙等为主，是集竞技、娱乐、健身为一体的传统体育项目，深受少数民族地区群众的喜爱。尤其赛陀螺从1991年全国第一届少数民族传统体育运动会上被国家体育总局和国家民委列入正式的比赛项目后在该县加大发展。1998年，省开始把它列为正式的比赛项目后，县文体局和县民宗局联合开展此项运动，在黎族乡镇中普及推广，并在每年县里举办的“三月三”活动中把它列为比赛项目。2002年，在全省第二届少数民族传统体育运动会上，该县勇夺男子陀螺团体冠军。2006年，全省第三届少数民族传统体育运动会上，该县又蝉联男子陀螺团体冠军，参赛的3名运动员全部进入个人赛前5名。

第五节 体育赛事

一、承办赛事

1993年5月，由县政府主办，县体委承办的儋州市、东方市、白沙县、昌江县等4市县“昌江杯篮球邀请赛”在新落成的县文体中心举行。来自4市县8支男女篮球队，经过4天12场争夺，昌江县男女队分别获第一名。

2001年12月，由省文体厅、省体育总会主办，在昌江县文体活动中心举行的“2001年力加杯海南省排球联赛”，澄迈、儋州、万宁、昌江等4市县参加角逐，昌江队荣获第一名。

2005—2007年，县先后接待海南省汽车运输总公司男女篮球队、海口市男女篮球队、海口市中老年男子篮球队、五指山市男子篮球队、海南武警二支队男子篮球队、省政协篮球队等到昌江进行6场次篮球友谊比赛，观众达2.4万余人。

2010年10月29—31日，“力加杯”海南省篮球联赛决赛暨颁奖在县文体活动中心举行。来自海南大学、海南师范大学、琼台师范专科学校、乐东黎族自治县、琼中黎族苗族自治县、澄迈县等6支代表队参加昌江赛区决赛。经过3天6场的角逐，海南大学、乐东黎族自治县、澄迈县、琼中黎族苗族自治县分别获1至4名。

同年11月11日，县文体局庞大海、林虎和昌江中学陈荣才等3人，随省体育观摩团一行80人，在省文体厅的组织下，前往广东省广州市、深圳市、珠海市及香港、澳门等地观摩考察第十六届亚洲运动会。

二、县级比赛

1991—2010年，每逢节日全县都举办体育比赛活动，共110次，参赛人数5.5万人次。全县性体育比赛项目以篮球为主，依次是田径、排球、乒乓球、羽毛球。参加比赛人员有中小学生、机关干部、企业（公司）职工和农民，比赛次数和项目不断增多。

1992年1月，举行县第12届长跑比赛。1997年6月29日，县委、县政府举办昌江县庆“七一”暨迎接香港回归环城长跑活动，县机关各单位、学校以及驻县企业、农村、部队共4500人参加活动，县四套班子领导成员参加长跑活动。1999年元旦，举行县第13届长跑比赛，有700多名运动员参加。

2001年2月，县委、县政府举办全县元宵节体育比赛，共设海尾、乌烈、七差和石碌镇4个赛区，比赛项目有男女篮球、男女拔河等。有12个乡镇及县直机关4个党委32支男女篮球队、32支男女拔河队参加角逐，参赛运动员600多人。

2002年9月，县委、县政府在县文体活动中心举办庆祝国庆53周年排球比赛。全县有7个乡镇和县直机关4个党委11支代表队参加，乌烈镇代表队荣获冠军。2003年9月24—30日，县委、县政府举办庆祝国庆54周年体育比赛。设有男女篮球、男子排球、长跑比赛以及象征性长跑项目。全县7个乡镇和县直6个单位13支代表队参加篮球、排球比赛。县机关各单位、学校、企业、驻军部队3000多人参加了长跑，200多人参加了长跑比赛。

2005年2月17日，县委、县政府在县保梅岭林场举办“农行保梅杯，步步高登山健身比赛”。比赛设党政干部、男子成年、女子成年、登顶等4个组，有200多名运动员参加，登山路程分别为3千米、6千米、9千米。9月25日，举办县第十七届长跑比赛，上午8点在县城环城东路举行。县机关、学校、部队345名运动员参加比赛。比赛共设男子成年6千米、男子学生3千米、女子3千米等3个组。县文体局给各组获得前6名的运动员颁发奖金和证书。12月21—29日，县第一届篮球联赛在县文体活动中心举行开幕式。海钢公司、昌江中学、海钢业余篮协、青少年宫、邮政局、国土环境资源局、太平洋人寿保险、光大矿业等8支男子代表队参加。经过9天20场的激烈角逐，海钢公司、昌江中学、昌江邮政局分获前三名，海钢篮协、青少年宫、太平洋保险、光大矿业、国土环资局分别获得4~8名。冠军队获奖金1000元、第二至第八名依次分别600元、500元、300元。

2006年12月30—31日，在县中行乒乓球室举行昌江县元旦少儿乒乓球比赛，石碌地区的6间小学的93名运动员报名参加了比赛，比赛分为甲、乙、丙3个组，比赛结束后，县文体局给获得各组前6名的队员颁发证书及奖金。

2007年4月18—29日，县总工会举办县首届“移动杯”职工邀请赛。全县机关、企业及7个乡镇的16支男队和6支女队参赛。比赛奖金男子第一名为5000元，女子第一名为3000元。经过10天51场的争夺，国土局、昌中、工商、分获女子1~3名；公安、昌中、海钢、昌江糖厂、石碌、国土、邮政、叉河分别获男子1~8名。6月30日，县委宣传部、县文体局主办的“昌江县迎奥运全民健身长跑活动”在县政府大院举行仪式。全县各行各业近6000名群众参加了2千米的长跑活动，县四套班子领导成员参加长跑活动。

2008年5月4日，由县委、县政府举办，海南电网昌江公司协办的县迎奥运千人长跑活动，在县文体活动中心举行仪式。来自全县各行各业的1000多人参加，从文体中心至县政府行政办公大楼，全程4千米象征性慢跑活动。

2009年2月7—8日，县委、县政府举办昌江黎族自治县迎春农民体育运动会在石碌镇片石村隆重举行，全县8个乡镇近900名运动员参加。运动会共设篮球、拔河、挑木薯接力、抗洪接力、背媳妇、三人四足跑、四人木屐走、鼓颠球、七人跳绳、押加、跳远、沙地插秧、沙地种地瓜、合唱等14个项目。吸引了附近乡村的农民群众近万人观看。经过2天紧张、激烈的竞赛，石碌镇、海尾镇、乌烈镇、王下乡分别获得团体总分前四名。9日，昌江县农民体育运动会被中央电视台新闻联播节目播出。《海南日报》头版头条登载昌江县农民体育运动会大幅照片。

2010年2月18—20日，县文体局举办的“迎春羽毛球公开赛”在海钢公司羽毛球场进行，来自石碌地区的80人参加比赛，经过3天6轮35场的角逐，王天雄、谭照军和周敏、唐英和分获男、女双打第一名。

二、省级以上比赛

1991—2010年，昌江体育健儿累计参加省级各类体育竞赛66次，参加运动员1500人次，获省级以上个人第一名40人，第二名35人，第三名43人。被省体育局、省民宗厅抽调为海南省代表多次参加全国各类体育比赛，获得金牌9枚，银牌13枚，铜牌7枚。1992年4月，十月田镇万善村黎族农民吉建光、陈亚亮2人参加在江西九江市举办的全国第六届“屈原杯”龙舟赛。1999年6月，十月田镇黎族农民陈亚亮、卢忠平、吉礼建、卢明辉、吉建光、卢忠保、吉强伟7人参加在北京举办的第六届全国少数传统体育运动会。2003年9月，县残疾运动员邢孔辉参加在江苏省南京市举办的全国残疾人运动会举重比赛。2007年8月，石碌镇山竹沟村农民吉永平、王娟（女）2人参加在广州举办的全国第八届少数民族传统体育运动会陀螺项目比赛。

1991—2010年昌江县参加省级体育竞赛获第一名情况表

表21-5-1

竞赛名称	姓名	性别	组别	项目	名次	成绩	时间
海南省少年足球锦标赛	昌江队	男	少年	足球	1		1991年8月
海南省第一届残疾人运动会	黎祥福	男	T46	400米	1	59.0	1999年11月
海南省第一届残疾人运动会	符家俊	男	T46	800米	1	3：04.1	1999年11月
海南省第一届残疾人运动会	符家俊	男	T46	跳远	1	4.78米	1999年11月
海南省第一届残疾人运动会	廖庆武	男	盲人	铅球	1	6.29米	1999年11月
海南省第一届残疾人运动会	林耀平	男	聋哑	100米蛙泳	1	1：51.52	1999年11月
海南省排球联赛西部赛区	昌江队	男	成年	排球	1		2001年12月
海南省第二届少数民族传统体育运动会	昌江队	男	团体	陀螺	1		2002年4月
海南省第二届少数民族传统体育运动会	刘建辉	男	80公斤	押加	1		2002年4月
海南省第三届残疾人运动会	邢孔耀	男	60公斤	举重	1		2003年7月
海南省第三届残疾人运动会	廖庆武	男	盲人	100米	1		2003年7月
海南省第二届运动会	李小芳	女	成年	800米	1	2：16.7	2004年11月
海南省第二届运动会	李小芳	女	成年	1500米	1	4：51.7	2004年11月
海南省第二届运动会	王少娥	女	成年	5000米	1	20：39.4	2004年11月
海南省第二届运动会	昌江队	女	成年	4×400米接力	1	3：58.4	2004年11月
海南省少儿乒乓球锦标赛	马 壮	男	少丙	乒乓球	1		2005年7月

表 21-5-1 续 1

竞赛名称	姓名	性别	组别	项目	名次	成绩	时间
“品香园”海南省太极拳(剑)比赛	陈雄姿	男	老年	传统太极拳	1	8.80 分	2006 年 6 月
海南省少儿乒乓球锦标赛	马　壮	男	少乙	单打	1		2006 年 4 月
海南省第三届少数民族传统体育运动会	昌江队	男	团体	陀螺	1		2006 年 10 月
海南省少儿乒乓球锦标赛	马　壮	男	少甲	单打	1		2007 年 4 月
海南省少儿乒乓球锦标赛	布升强	男	少丙	单打	1		2007 年 4 月
海南省少年田径锦标赛	吴义福	男	少丙	标枪	1	34.32 米	2007 年 4 月
海南省少年田径锦标赛	吴海翔	女	少丁	400 米	1	1：04.8	2007 年 4 月
海南省少年田径锦标赛	蔡惠凤	女	少丁	800 米	1	3：20.0	2007 年 4 月
海南省第三届运动会	吴　冰	女	少乙	跳高	1	1.50m	2008 年 4 月
海南省第三届运动会	吴海翔	女	少乙	400 米	1	1：01.52	2008 年 4 月
海南省第三届运动会	吴义福	男	少乙	400 栏	1	1:05.15	2008 年 4 月
海南省第三届运动会	陈　妹	女	少乙	标枪	1	42.10m	2008 年 4 月
海南省第三届运动会	王修益	男	少乙	400 米	1	53.72	2008 年 4 月
海南省第三届运动会	许金叶	女	成年	跳远	1	5.30m	2008 年 4 月
海南省第三届运动会	吴义福	男	少乙	跳高	1	1.50m	2008 年 4 月
海南省第三届运动会	林海妮	女	成年	1500 米	1	5：07.10	2008 年 4 月
海南省少年田径锦标赛	李博艺	男	少丙	标枪	1	33.85 米	2009 年 4 月
海南省少儿乒乓球锦标赛	王　鹏	男	少丁	单打	1		2010 年 4 月
海南省少儿乒乓球锦标赛	刘琼滟	女	少丁	单打	1		2010 年 4 月
海南省第四届少数民族传统体育运动会	昌江队	男	团体	陀螺	1		2010 年 8 月
海南省第四届少数民族传统体育运动会	昌江队	女	团体	陀螺	1		2010 年 8 月

1991—2010 年昌江县参加省级体育竞赛获第二名情况表

表 21-5-2

竞赛名称	姓名	性别	组别	项目	名次	成绩	时间
海南省少年儿童乒乓球比赛	吴清宇 李缨花	女	少甲	女子双打	2		1991 年 7 月
海南省少年田径锦标赛	符海山	男	少甲	跳远	2	6.49 米	1991 年 5 月

表 21-5-2 续 1

竞赛名称	姓名	性别	组别	项目	名次	成绩	时间
海南省少年田径锦标赛	符仕江	男	少甲	跳高	2	1.82 米	1991 年 5 月
海南省少年田径锦标赛	符仕江	男	少甲	三级跳远	2	13.50 米	1991 年 5 月
海南省少年田径锦标赛	吴义文	男	少乙	800 米	2	2：13.7	1992 年 4 月
海南省少年田径锦标赛	刘其文	男	少甲	跳高	2	1.80 米	1992 年 4 月
海南省少年田径锦标赛	吴焕莲	女	少甲	跳高	2	1.40 米	1994 年 4 月
海南省少年田径锦标赛	吴焕光	男	少乙	跳高	2	1.60 米	1996 年 4 月
海南省少年儿童乒乓球比赛	昌江队	男	少甲	团体	2		1998 年 4 月
海南省首届横渡琼州海峡游泳比赛	方世牛	男	成年	公开水域	2		2000 年 7 月
海南省第二届少数民族传统体育运动会	陈建荣	男	80 公斤级	押加	2		2002 年 4 月
海南省第三届残疾人运动会	陈楚琼	男	聋哑	标枪	2	30.05	2003 年 7 月
海南省第二届运动会	符花文	女	成年	200 米	2	26.0	2004 年 11 月
海南省第二届运动会	符花文	女	成年	400 米	2	59.5	2004 年 11 月
海南省第二届运动会	王少娥	女	成年	1500 米	2	5:01.7	2004 年 11 月
海南省第二届运动会	林 燕	女	成年	400 米栏	2	1:06.4	2004. 年 11 月
海南省第二届运动会	昌江队	女	总分	团体	2		2004 年 11 月
海南省少儿乒乓球锦标赛	昌江队	男	混合组	团体	2		2006 年 4 月
海南省少儿乒乓球锦标赛	陈思霖	男	少乙	单打	2		2006. 年 4 月
海南省少儿乒乓球锦标赛	郑良睿	男	少丙	单打	2		2006 年 4 月
海南省第三届少数民族传统体育运动会	刘进辉	男	86 公斤级	押加	2		2006 年 10 月
海南省少儿乒乓球锦标赛	昌江队	男	混合组	团体	2		2007 年 4 月
海南省少年田径锦标赛	陈槐照	男	少丙	400 米栏	2	1：08.9	2007 年 4 月
海南省第三届运动会	蔡惠凤	女	少乙	400 米栏	2	1：11.97	2008 年 4 月
海南省第三届运动会	王金杰	女	成年	跳高	2	1.40 米	2008 年 4 月
海南省少年田径锦标赛	吴秋花	女	少乙	标枪	2	27.34 米	2009 年 4 月
海南省少儿乒乓球锦标赛	昌江队	男	混合组	团体	2		2009 年 4 月
海南省少年田径锦标赛	李隆昆	男	少丙	100 米栏	2		2010 年 4 月
海南省少年田径锦标赛	李博艺	男	少乙	标枪	2	38.94 米	2010 年 4 月
海南省第四届少数民族传统体育运动会	昌江队	男	龙舟	250 米	2		2010 年 8 月

1991—2010年昌江县参加省级体育竞赛获第三名情况表

表21-5-3

竞赛名称	姓名	性别	组别	项目	名次	成绩	时间
海南省少年田径锦标赛	田益兴	男	少甲	300米	3	37.0	1992年4月
海南省少年田径锦标赛	田益兴	男	少甲	800米	3	2：07.4	1992年4月
海南省第一届少数民族传统体育运动会	符龙地	男	成年	攀藤摘花	3	25.53	1994年4月
海南省少数民族传统体育项选拔赛	昌江队	男	团体	陀螺	3		1998年3月
海南省少年田径锦标赛	陈晓敏	女	少丙	跳高	3	1.25米	1999年4月
海南省第二届少数民族传统体育运动会	吉志清	男	成年	陀螺	3		2002年4月
海南省第三届残疾人运动会	谢科	男	聋哑	铅球	3	7.52米	2003年7月
海南省第二届运动会	林燕	女	成年	800米	3	2：28.8	2004年11月
海南省第二届运动会	刘森	男	成年	链球	3	62.24米	2004年11月
海南省少儿乒乓球锦标赛	郑良睿	男	少丙	单打	3		2005年7月
海南省少儿乒乓球锦标赛	昌江队	男	混合组	团体	3		2005年7月
海南省少儿乒乓球锦标赛	昌江队	女	混合组	团体	3		2005年7月
海南省少年田径锦标赛	徐俊蔚	男	少乙	100米	3	12.4	2006年4月
“品香园”海南省太极拳（剑）比赛	胡秀英	女	中年	传统太极拳	3	8.51分	2006年6月
海南省第三届少数民族传统体育运动会	吉永平	男	成年	陀螺	3		2006年10月
海南省少儿乒乓球锦标赛	郑良睿	男	少乙	单打	3		2007年4月
海南省少年田径锦标赛	陈益亨	男	少乙	400米栏	3	1：03.0	2007年4月
海南省少年田径锦标赛	吴海翔	女	少丁	三项全能	3	137分	2007年4月
海南省第三届运动会	柏贤志	男	58kg	跆拳道	3		2008年4月
海南省第三届运动会	马 壮	男	少甲单打	乒乓球	3		2008年4月
海南省第三届运动会	马 壮 陈思霖	男	少甲双打	乒乓球	3		2008年4月
海南省第三届运动会	蔡惠凤	女	少乙	400米	3	1：03.86	2008年4月
海南省第三届运动会	林海妮	女	成年	800米	3	2：22.17	2008年4月
海南省第三届运动会	吴 冰	女	少乙	跳远	3	4.90米	2008年4月
海南省第三届运动会	昌江队	男	少甲	4×400米	3	3：49.36	2008年4月
海南省少年田径锦标赛	李隆昆	男	少丁	100米栏	3	18.0	2009年4月

表 21-5-3 续 1

竞赛名称	姓名	性别	组别	项目	名次	成绩	时间
海南省少儿乒乓球锦标赛	陈思霖	男	少甲	单打	3		2009 年 4 月
海南省少儿乒乓球锦标赛	许立君	女	少乙	单打	3		2009 年 4 月
海南省少年田径锦标赛	郑江丹	女	少丙	400 米栏	3		2010 年 4 月
海南省第四届少数民族传统体育运动会	吉志强	男	男单	陀螺	3		2010 年 8 月
海南省第四届少数民族传统体育运动会	昌江队	男	龙舟	500 米	3		2010 年 8 月
海南省第四届少数民族传统体育运动会	昌江队	女	板鞋	60 米	3		2010 年 8 月
海南省第四届少数民族传统体育运动会	昌江队	女	板鞋	100 米	3		2010 年 8 月
海南省第四届少数民族传统体育运动会	昌江队	混	板鞋	200 米	3	44.36	2010 年 8 月

第六节　体育队伍

1991 年，全县有等级裁判员 51 名，其中二级裁判员 28 名，三级裁判员 23 名。截至 2010 年，全县有裁判员 28 人，其中一级裁判员 9 人，二级裁判员 19 人；有二级运动员 38 人，社会体育指导员 17 名。

2010 年昌江县一级裁判员一览表

表 21-5-4

姓名	性别	出生年月	文化程度	工作单位	项目	批准时间	审批单位	备注
黄宏琼	男	1937	中专	县体委	篮球	1991 年 12 月 1 日	省体育局	0057
张　宏	男	1957	中专	个体户	足球	1991 年 12 月 1 日	省体育局	0051
王国庆	男	1964	大专	海钢子中	篮球	1991 年 12 月 1 日	省体育局	0055
王绍珠	男	1955	高中	海钢公司采矿部	篮球	1991 年 12 月 1 日	省体育局	0052
王国庆	男	1964	大专	海钢子中	田径	1992 年 12 月 1 日	省体育局	
林　虎	男	1957 年 11 月	大学	县文体局	足球	1993 年 9 月 30 日	省体育局	0934
胡海添	男	1959	大学	县民族中学	篮球	2005 年 1 月 13 日	省文体厅	（05）71

表 21-5-4 续 1

姓名	性别	出生年月	文化程度	工作单位	项目	批准时间	审批单位	备注
苏红宾	男	1983 年 8 月	大学	昌江中学	田径	2008 年 4 月	江西省体育局	20080206
唐志敏	男	1975 年 4 月	大学	县第二人民医院	篮球	2010 年 8 月	省文体厅	20100014

2010 年昌江县二级裁判员一览表

表 21-5-5

姓名	性别	出生年月	文化程度	工作单位	等级	批准时间	审批单位	备注
张 宏	男	1954	大专	县个体户	足球	1989 年 6 月	省文体厅	
陈 强	男	1954	高中	海钢安全处	足球	1989 年 6 月	省文体厅	
郭建先	男	1953	高中	海钢车队	足球	1989 年 6 月	省文体厅	
林维忠	男	1959	中专	海钢子中	足球	1989 年 6 月	省文体厅	
王家荣	男	1959	高中	海钢二小	足球	1989 年 6 月	省文体厅	
刘 敏	男	1965	大专	昌江中学	足球	1990 年 6 月	县体委	
李国荣	男	1959	高中	海钢铜钴厂	足球	1990 年 6 月	县体委	
谭仲强	男	1959	高中	海钢四中	足球	1990 年 6 月	县体委	
林 平	男	1965	大专	海南钢铁厂	田径	1989 年 12 月	海南师范学院	
周跃俊	男	1960	大专	昌江中学	足球	1991 年 1 月	县体委	
李绍先	男	1924	高小	海钢公司	门球	1991 年 3 月	县体委	
许德昌	男	1960	高中	海钢子中	田径	1991 年 4 月	县体委	
罗章德	男	1950	高中	叉河水泥厂	篮球	1992 年 7 月	县体委	
林 强	男	1958	大专	海钢三建队	武术	1993 年 2 月	县体委	
林 虎	男	1960	大专	海钢团委	武术	1993 年 2 月	县体委	
林炼忠	男	1958	大专	昌江中学	篮球	1997 年 4 月	县文体局	
胡海添	男	1959	大专	县民族中学	篮球、田径	1997 年 10 月	县文体局	
陈继海	男	1969	大学	昌江中学	田径	1999 年 5 月	县文体局	
许德昌	男	1960	高中	海钢子中	足球、篮球	2001 年 5 月	县文体局	
刘立文	男	1961	中师	县一小	篮球	2002 年 6 月	县文体局	
唐志敏	男	1967	大学	海钢医院	篮球	2001 年 9 月	广西百色文体局	

表 21-5-5 续 1

姓名	性别	出生年月	文化程度	工作单位	等级	批准时间	审批单位	备注
黄战勇	男	1971	中专	昌江消防中队	篮球	2003 年 11 月	县文体局	
林 壮	男	1959	高中	海南国投水泥厂	篮球	2003 年 11 月	县文体局	
刘少雄	男	1964	大专	海钢六小	篮球	2003 年 11 月	县文体局	
陈文兴	男	1957	大专	县一小	中国象棋	2005 年 1 月	县文体局	
陈之列	男	1963	大学	县财政局	乒乓球	2006 年 12 月	县文体局	
谢福明	男	1953	高中	海钢公司	乒乓球	2006 年 12 月	县文体局	

2010 年昌江县社会体育指导员一览表

表 21-5-6

姓名	性别	出生年月	文化程度	工作单位	项目	批准时间	审批单位	备注
林 虎	男	1957 年 11 月	大学	县文体局	国家级	1997 年 12 月	国家体委	
林 虎	男	1957 年 11 月	大学	县文体局	一级	1997 年 6 月	省文体厅	
占志岩	男	1955	高中	海钢公司工会	一级	1997 年 6 月	省文体厅	
林炼忠	男	1956	大专	昌江中学	一级	1999 年 3 月	省文体厅	
胡海添	男	1959	大专	县民族中学	一级	1999 年 3 月	省文体厅	
李敏	男	1959	大专	县第三小学	一级	1999 年 3 月	省文体厅	
符启平	男	1973 年 5	中专	县文体局	一级	2006 年 8 月	省文体厅	
刘立文	男	1966	中师	县第一小学	一级	2006 年 8 月	省文体厅	
王云芳	男	1950	大专	县民族中学	二级	1999 年 11 月	县文体局	
胡国珠	男	1965	大专	县民族中学	二级	1999 年 11 月	县文体局	
刘金全	男	1950	大专	县民族中学	二级	1999 年 11 月	县文体局	
刘立文	男	1966	中师	县第一小学	二级	1999 年 11 月	县文体局	
曾祥川	男	1966	大专	县第一小学	二级	1999 年 11 月	县文体局	
郭荣芳	男	1972	大专	县第一小学	二级	1999 年 11 月	县文体局	
李伟志	男	1978	中师	县第一小学	二级	1999 年 11 月	县文体局	
符启平	男	1973	中专	县文体局	二级	1999 年 11 月	县文体局	
柯秀娟	女	1959	高中	县老干活动中心	二级	2003 年 8 月	省文体厅	

第二十二编　医疗·卫生

第一章　医　疗

第一节　机构队伍

一、卫生

1991年，已设立县卫生局。1995年，设立县卫生与计划生育局，编制24名，内设卫生工作室、计划生育工作室（副科）。撤销县卫生局和县计划生育委员会。

2001年，撤销县卫生与计划生育局，设立县计划生育局和卫生局（行政编制10名，其中局长1名，副局长2名，非领导职数7名，机关工勤人员财政预算拨款事业编制1名）。

2008年省拨付昌江县2008年乡镇卫技人员医务人员培训项目经费1.31万元，中央补助地方农村卫生人员培训项目经费6.52万元。2009年，设置县卫生局，为主管全县卫生工作的县政府工作部门。县卫生局行政编制10名，其中：局长1名（兼任党委书记），副局长3名，党委专职副书记1名，机关工勤人员财政预算拨款事业编制1名。

同年，中央补助地方：新型农村合作医疗管理能力项目经费19.2万元，SARS人禽流感防治项目经费1万元，手足口病等肠道传染病防治项目经费0.28万元，登革热防治项目资金0.25万元，妇幼卫生综合项目资金8.97万元，地方结核病防治项目经费10.34万元，职业病防治项目经费20万元，麻风病防治项目经费2.69万元，狂犬病防治项目经费0.41万元，艾滋病防治项目经费5.03万元，碘缺乏防治项目经费2.5万元，疟疾防治项目经费6.02万元，万名医师支援农村卫生工程项目经费10.8万元。

同年，公开招聘60名卫生技术人员。2009年起，昌江县67名村卫生室医生和85名村卫生员每人每月发放生活补贴350元。选送9名技术人才到海南医学院和省级医疗机构进修学习，从县级医疗机构选送5名卫生技术人员到省级医疗机构进行挂职锻炼。

同年，中央补助地方农村卫生人员培训项目资金22.8万元，提升农村医疗卫生队伍整体素质。投资205万元建设的县妇幼保健站产科大楼基本完工。

2010年，中央和省财政补助基本公共卫生服务项目资金277.78万元，其中中央175.9万元，省财政配套101.88万元；省拨结核病防治机构设备购置项目经费16.5万元，艾滋病防治专项经费4万元，农村孕产妇住院分娩救助专项资金2万元。2010年投入900多万元，新建县人民医院内儿科住院大楼项目。投入95万元建设的海尾卫生院、昌化卫生院门诊楼项目完成验收。投入100万元建设的昌城卫生院门诊楼建设完工。

1991—2010年的20年，县卫生局先后贯彻“以农村为重点，预防为主，中西医并重，依靠科学与教育，动员全社会参与，为人民健康服务，为社会主义现代化服务”的新时期卫生工作方针以及“统筹规划、因地制宜、城乡兼顾、重在农村”的卫生工作方针，采取有效措施，抓好各项卫生工作，取得显著成绩。1996年12月5日，县人民医院被卫生部评为“二级甲等”医院。1998年10月，经海南省卫生厅组织专家评审，宣布昌江农村初级卫生保健工作达到“合格”标准，是海南省少数民族市县中除三亚市外的另一个初级卫生保健工作“合格”县。昌江已基本建成一个层次完整、结构比例合理、具有较强健康保障能力的以社会主义公有制卫生服务机构为主体的城乡卫生服务体系。到2002年年底，全县已有各类医疗卫生机构144个，其中县属全民所有制19个，厂、矿、农场、企事业单位办医疗机构24个，村卫生室58个，个体诊所43个，县城地区有二所“二甲”医院(县人民医院、海钢公司职工医院)，形成了覆盖该县城乡的医疗预防保健网，拥有床位504张，平均每千人拥有专业技术人员4.5名，医生1.8名，床位2.1张。全县医疗机构2002年业务收入达1174万元，比1991年增收905.4万元，创历史最高水平平均每年增长2.3%。2003—2007年，昌江卫生积极推进医疗机构基础设施建成，累计投入资金1300多万元。拨款280万元购置医疗设备充实乡镇卫生院。积极探索医疗卫生体制改革，实现农村合作医疗制度全覆盖目标，有效缓解农民“看病难、看病贵”问题。全县基本形成“预防保健、卫生监督、医疗保障”为主的三大服务体系，建立起“县一乡一村”为一体的三级卫生服务体系和网络。仅到2007年年底，全县就有132家医疗卫生机构（其中个体诊所35家，行政村卫生室67家）。共开设开放性病床530张，平均每千人拥有床位数0.57张、拥有专业技术人员3.35名。

2010年年底，全县共135家医疗卫生机构（其中个体诊所37家，行政村卫生室68家），全县开设开放性病床672张，平均每千人拥有专业技术人员3.4名。年末全县有疾控中心1个，妇幼保健站1个，专科防治机构2个，农村乡镇卫生院11个。行政村卫生室覆盖率100%，计划免疫“八苗”（卡介苗、糖丸、白百破、麻疹、乙脑、流脑、甲、乙肝）全程接种率保持90%以上。

二、医疗队伍

1995年，全县卫生医疗机构队伍826人。2002年，拥有1057名卫生专业技术人员和285名乡村医生、卫生员、接生员的卫生队伍，拥有初级卫生专业技术人员952人，中级卫生专业技术人员102名、高级卫生专业技术人员13名。2005年，卫生医疗队伍875人。2007年，经注册的各类卫生技术人员806人，其中副高职称17人，中级职称99人，初级职工690人。2010年，卫生医疗队伍1077人，各类卫生技术人员842人，其中执业（助理）医师260人，注册护士359人，药师（士）45人，技师（士)62人，其他技术人员116人。从专业档次看，高级职称医师13人，中级102人，初级952人。从事医疗工作的专业人员档次不断提高。农村医疗服务的人员和技术水平不断壮大和提高。

1991—2010年昌江县卫生系统职工职称统计表

表22-1-1　　单位：人

年份	副主任级				中级						师级									初级									总合计
	医师	药师	其他技师	合计	医师	药师	护师	检验师	其他技师	合计	中医师	西医师	护师	中药师	西药师	检验师	助产师	其他技师	合计	西医士	中医士	护士	中药士	西药士	检验士	助产士	其他技士	合计	
1991	8	1	0	9	59	4	4	4	1	72	26	57	59	5	10	10	4	5	176	68	12	60	24	24	53	25	32	298	555
1992	8	1	0	9	63	5	6	4	2	80	26	104	70	5	9	12	3	8	237	70	12	65	28	25	53	28	36	317	643
1993	9	1	0	10	67	5	5	4	1	82	28	104	75	6	11	11	4	5	244	72	14	70	29	26	54	28	37	330	666
1994	10	1	0	11	70	5	7	5	2	89	28	105	80	6	10	11	4	5	249	76	14	70	30	24	56	29	39	338	687
1995	10	1	0	11	72	5	9	5	2	93	29	106	82	6	11	10	6	6	256	79	16	85	34	28	56	30	42	370	730
1996	11	1	0	12	75	5	8	5	1	94	29	107	86	6	16	13	6	4	267	80	16	85	32	28	58	32	47	378	751
1997	12	1	0	13	75	6	11	6	2	100	30	108	87	7	14	13	7	4	270	82	19	85	27	30	59	35	46	383	766
1998	12	2	0	14	34	6	13	6	2	61	30	108	89	7	13	14	8	5	274	83	19	90	29	30	55	36	50	392	741
1999	12	2	0	14	76	6	13	7	3	105	30	110	90	7	16	14	9	5	281	84	21	95	30	31	60	32	56	409	809
2000	11	2	0	13	75	6	14	8	3	106	31	110	92	7	17	11	10	5	283	86	21	99	34	31	55	31	58	415	817
2001	13	2	0	15	74	6	14	8	4	106	32	112	99	5	18	15	11	7	299	89	28	105	35	35	62	40	55	449	869
2002	14	2	0	16	77	7	15	8	4	111	32	113	105	6	18	15	13	7	309	92	28	108	38	35	63	45	58	467	903
2003	14	2	0	16	75	7	15	9	4	110	32	114	120	6	18	13	14	7	324	93	26	109	40	36	63	46	60	473	923
2004	16	2	0	18	75	7	17	9	6	114	33	114	140	8	14	10	15	9	343	96	26	120	41	36	69	42	68	498	973
2005	17	2	0	19	70	7	18	9	6	110	33	114	158	8	16	15	16	8	368	94	34	125	42	34	70	50	70	519	1016
2006	17	2	0	19	76	7	19	10	6	118	34	117	163	8	16	15	19	8	380	92	36	140	42	38	72	52	62	534	1051
2007	15	2	0	17	75	7	19	11	6	118	35	117	173	9	16	16	20	8	394	94	36	150	43	38	74	60	70	565	1094

表 22–1–1 续 1

年份	副主任级				中级						师级									初级									总合计
	医师	药师	其他技师	合计	医师	药师	护师	检验师	其他技师	合计	中医师	西医师	护师	中药师	西药师	检验师	助产师	其他技师	合计	西医士	中医士	护士	中药士	西药士	检验士	助产士	其他技士	合计	
2008	16	2	0	18	75	7	22	11	7	122	35	119	180	9	14	17	17	9	400	99	37	200	40	40	76	65	74	631	1171
2009	19	2	0	21	76	7	22	13	8	126	36	120	190	8	17	19	16	10	416	100	38	250	47	40	75	65	76	691	1254
2010	18	2	0	20	76	7	24	13	8	128	36	125	209	10	17	20	16	8	441	109	38	270	48	43	79	72	72	731	1320
合计				318						2237									6788									10071	19414

三、县急救中心

2003 年 7 月 8 日县急救中心成立，设在县人民医院。医疗工作由院前急救组、急诊室、重症监护室三个部分组成，已形成集医疗、培训为一体的综合急诊急救医疗体系，急救设备先进，其中，院前急救医疗组负责全县及周边市县日常急诊与重大灾难事故院外抢救工作。急诊室承担日常急诊病人诊疗任务，实施在急诊诊治过程中的观察治疗、监护抢救医疗以及组织急危重病会诊。拥有全省环境和服务一流的门急诊输液大厅。重症监护室主要对各科急危重症病人和急诊病人进行进一步诊断和治疗，尤其擅长心脑血管急症和各类急性中毒的抢救治疗工作。

急救中心现有医务人员 22 名，其中副主任医师 1 名，主治医师 3 名，住院医师 4 名，护理人员 15 名，主管护师 1 名，拥有 4 辆救护车队，向社会承诺 5 分钟内出诊，配备先进的心电监护除颤仪、呼吸机、心电监护仪等医疗设备，建立“120”特号服务，与该地区 110、119、122 建立形成网络服务体系，中心医护人员均在省人民医院急救中心、海口市人民医院急救中心、海医附属医院急诊科进修学习，且与省级三甲医院建立良好的资源与技术优势互补，2003 年获省级青年文明号，抗击“非典”先进集体称号。2004 年以来，秉承救死扶伤精神，全心全力为患者服务，不断争创县级、省级、国家级文明号。

四、部分医疗机构简介

（一）县人民医院 1961 年 6 月始建，是集医疗急救、预防保健、教学科研、计划生育为一体的综合性“二级甲等”医院。1995 年通过“爱婴医院”评审，1996 年通过“二级甲等医院”评审，2000 年开通母婴绿色安全通道，成立“孕产妇急救中心”，2003 年成立昌江县急救中心和开通 120 急救电话。有正式干部、职工 215 人，专业卫生技术人员 180 人，副高级职称 3 人，中级职称 48 人，初级职称 129 人。医疗设备配置上在同级医院中率先购买螺旋 CT/e、另外配备了数字化 X 光机、全自动生化分析仪、多功能麻醉机、全数字彩色多普勒超声诊断器、B超、电子胃镜、心电监护除颤仪等一批医疗设备，总值1000余万元，并率先在省内建设层流手术室。别具一格的注射大厅，面积200多平方米，配套设施人性化，为门、急诊病人提供了舒适优雅的治疗环境。

医院占地面积72265平方米，医疗用房建筑面积21550平方米，开放病床235张。

2002年县人民医院业务收入755万元，比1991年增收564万元，平均每年增长2.5%。2006年医疗收入1765.1万元，与2003年的1038.5万元相比，提高70%。至2006年，医院各临床科室主要开展的特色诊疗项目有：内科慢性心衰的规范化治疗，高血压、冠心病的综合防治，脑中风的治疗和康复；儿科新生儿疾病、儿童哮喘的综合防治，小儿心衰的诊治等；外科的颅脑损伤手术救治及各类骨关节损伤、骨伤、骨病的手术治疗，肌腱、神经、血管吻合术以及急腹症手术治疗；甲状腺全切除术，肝胆道手术、胃大部切除术、烧伤等外科疾病的手术治疗；妇产科的卵巢肿瘤切除及摘除术、输卵管切除及修复术、子宫肌瘤摘除术、子宫次全切除、子宫全切除术等。2008年，门急诊治疗人数达190168人次，同比增加8.28%；出院人次数达6808人次，同比增加12.31%；开展手术2543例；同比增长6.22%；实现业务收入2778万元，同比增长19.82%；平均每职工实现创收11.92万元；同比增加15.17%；出院人均医疗费2571元；门诊人均费用52元；药品占业务收入比例31.5%。2010年，年门急诊治疗人数达210362人次，同比上升9.01%；入院7648人次，同比增长9.5%，出院人数7551人，同比增长8.44%，开展手术2285例；同比上升8.07%；实现业务总收入3815万元，同比增长13.53%；药品占医疗业务收入33.75%，同比增4.05%。

1991年治愈好转率为91.30%，2002年上升至94.60%。1991年危重病人抢救成功率为89.58%，2002年上升至94.50%。

外科手术是院重点特色科室。1991—2010年，县人民医院能成功开展的外科大手术有：颅脑手术，凹陷性骨折整复术、开窗减压血肿清除术、去骨瓣减压血肿清除术、脑室引流术；骨科手术，股骨颈骨折空心加压螺钉内固定术、股骨颈骨折可折螺钉内固定术、股骨颈骨折内固定带缝匝肌骨瓣植骨术、人工股骨头置换术；普外手术，乳腺癌、结肠癌、胃癌、腮腺癌、肾癌、食道癌等根治术、肾巨大襄肿切除术、肺叶切除术、胆肠吻合术、前列腺摘除术等。海钢公司职工医院能成功开展的大手术主要有：肾切除术、腰椎间盘摘除术、胃癌、乳腺癌等根治术、人工股骨头置换术、腹式阴式全子宫切除术、巨大子宫肿瘤切除术、巨大卵巢囊肿切除术等。

（二）县中医院 在原石碌镇卫生院的基础上成立。是一家具有中医特色和现代医学诊疗及集中医、中西医相结合的综合性医院，是县医疗保险定点单位和新型农村合作医疗定点机构。设有中西医门诊、中医妇科、外科、内儿科、妇产科、骨伤科、急诊科、针灸理疗康复科、住院部，辅助科室设有检验科、放射科、彩色B超、心电图、脑血流图、电子胃镜等20多个科室，开放病床60多张，有高中级等技术人员70多人。住院病房配备空调、电视、24小时太阳能热水供应的套间式温馨病房，能收治内、外、妇、儿各科常见病、多发病病人。手术室设备齐全，配有多功能手术床、多功能麻醉机，还有先进的冷光源手术无影灯以及心电监护仪等一大批先进的医疗设备。外科能够开展的手术包括双侧甲状腺次全切除术、甲状腺腺瘤摘除术、胆囊炎胆石症、泌尿系、胃肠道等各科外科手术,妇产科能够开展的手术有剖宫产、宫外孕、卵巢囊肿及子宫肌瘤摘除术、全宫切除术等各种手术，骨伤科除了能通过手法复位中医中药治疗骨折外，还能够开展多种骨伤手术，并且能够成功抢救各种急危重症的病人。采用中医中药、中西医相结合对内儿科常见病、多发病、奇难杂症、肺心病、糖尿病、高血压病、心脑血管等多种老年病、妇科病、不孕不育症进行治疗，取得较好的效果。采用针灸、拔火罐、九针、理疗、推拿等方法对风湿腰腿痛、颈肩背痛、腰椎间盘突出症以及对痔疮的中西医结合治疗也颇有中医特色，受到患者的好评。

2002年，县中医院业务收入达233.4万元，比1991年增收215.2万元，平均每年增长0.7%，2008年，全院门诊人数7.4万人次，比上年同期增长15%；住院人数2016人次，比上年同期增长16%；平均住院天数8天；总业务收入900万元，比2007年同期增长20%。2010年，县中医院得到极大发展，是昌江县优抚医院，其中老年病科、针灸理疗康复科也相继被确定为“海南省中医重点专科医院”。全院门诊人数100987万人次，比上年同期增长11%；住院人数2629人次，总业务收入1600万元，比2009年同期增长10%。

（三）县第二人民医院 原海南钢铁公司职工医院，兼名海南省第三工人医院，1957年7月建。1996年通过“二级甲等医院”和“爱婴医院”评审。1998年经卫生部批准成为“国际紧急救援网络医院”。2007年9月随着海钢公司重组改制，社会职能剥离而划归昌江县政府管理，更名为昌江黎族自治县第二人民医院。是一所集医疗、康复、急救、预防保健、教学科研于一体的综合性医院。医院职能科室设有：办公室、医务科、护理部、质量感染管理科、财务科、总务科、设备科，临床科室设有：内儿科、外科（含五官科）、妇产科、感染科、安宁科5个住院病区和1个门诊部、1个社区医疗服务中心以及急诊科、中医科、药剂科、检验科、医技科、手术室、放射科、供应室等临床医技科室，另有1个防疫站和1个妇幼保健站。

医院占地面积7.86万平方米，建筑面积2.4万平方米，固定资产3000多万元，医院现有病床150张。医院主要医疗设备有：双排螺旋CT机、彩色B超、三维彩超、阴道B超，电子胃肠镜、500毫安X光机、经颅彩色多普勒、24小时动态心电图、心电监护仪、心电除颤仪、母婴监护仪、自动呼吸机、胰岛素泵、全自动血球计数仪、全自动生化分析仪、尿十项分析仪、全功能麻醉机、双人双目手术显微镜、鼻内窥镜、乳腺扫描仪、体外碎石机、各类微波综合治疗仪等一批先进的医疗设备。

1998年经卫生部批准成为“国际紧急救援网络医院”。1991年治愈好转率为88.36%，2002年上升至90.93%；1991年危重病人抢救成功率为88.04%，2002年上升至93.70%。

2008年，总收入1234万元。比上年同期增加261万元（上年同期为973万元）。收治住院病人1546人次，比上年增加491人。门诊诊疗病人54438人次，比上年增加5320人次。完成各种手术319例，比上年增加66例。2010年，总收入2872万元（其中含财政拨款979.73万元，医疗收入1892万元），比上年同期增加1526万元（上年同期为1234万元）。收治住院病人2251人次，比上年增加597人次，增加36%。完成各种手术393例，比上年增加95人，增加31.9%。

（四）乌烈镇卫生院 担负着全镇7个村委会共计3.1万人口的疾病防治、计划免疫等工作。是政府举办的非营利性医疗机构和新型农村合作医疗定点单位。创建于1961年，发展形成了科室齐全，功能完美，集预防、保健、医疗服务于一体的综合性中心卫生院。医院占地面积为6081平方米、绿化面积为3847平方米，建筑面积2234平方米、其中业务用房1404平方米、固定资产达212万余元。开设床位20张，现有职工48人，其中专业技术人员33人、副主任医师1人。并设有公共卫生科和临床医疗科两大功能科室，其中公共卫生科内设置有公卫办公室、预防接种门诊、儿童体检室等。临床医疗科内设置有内、外、妇、儿、急救站、皮肤性病、眼科及针灸理疗科等7个临床科室和检验、B超、心电、放射等4个医技科室。医院拥有一批先进的现代医疗设备，彩超、B超机、X光机、全自动生化分析仪、新生儿黄疸治疗仪、全自动洗胃机、颈腰椎治疗多功能牵引床、智能型六合治疗仪等。并开展B超、X光照片、肝功能、两对半、血液生化分析、尿液分析、心电图及三大常规及滴虫、念珠菌等辅助检查。该院推行医院各项改革，努力创建“管理一流，服务一流，设备一流，质量一流，环境一流”的乡镇中心卫生院。

（五）海尾镇卫生院 1957年成立，原属瓦房经历了两次的搬迁和经过政府的扶持、规划，成为全县三家中心卫生院之一，卫生院占地1.87公顷。院加强基础设施建设，2003年建立住院部，同时购置必要的医疗设备。2002年业务收入达35万元，比以往每年的几千元收入增长了几十倍，成为全县乡镇卫生院“两个效益”的“排头兵”。至

2010年年底，卫生院业务面积为2204平方米，人员增至28人，中级职称3人，初级职称16人，行政管理人员2人，工勤6人。设有内科、外科、儿科、妇产科、中医科、检验科、影像科、公共卫生科。购置急救车1部，病床10张，B型超声波1台，彩超1台，全自动生化分析仪1台，尿液分析仪1台，血液分析仪1台200毫安医用诊断X光机1台等多种设备。年业务收入100万元。院中医科成立于1998年，现有医师1名，助理医师1名，主要从事于偏瘫、风湿性关节炎与各种关节肿痛的康复理疗。而海尾镇为沿海地区，湿度重，各种关节相关疾病发病率高。中医科的成立为周边地区居民解决了很多困难，受到广大群众的好评。院公共卫生科，主要工作为实行《国家基本公共卫生服务项目》，辖区总人口数为21133人，现已建居民健康档案15565人，电子档案15565人，老年人档案1400人，高血压565人，糖尿病130人，重性精神病41人。每年为辖区居民体检1000人次以上，做到预防为主，治疗为辅的原则。

（六）十月田镇卫生院 1958年6月建，占地面积3500平方米，始建初期业务用房200平方米，生活用房200平方米，全部为砖瓦房，当时全院职工只有9人。1991年后卫生院在原有基础上业务用房扩建为120平方米的平顶房，增设有产房、化验室和中医科，人员增至15人，业务年收入16万元。

2010年，卫生院建筑面积达到1950平方米，其中业务用房1050平方米，生活用房900平方米，医务人员27人，主治医师1人、执业医师2人、助理医师6人、主管护师2人、护理师3人、其他科室及公共卫生技术人员10人、清洁工2人、保安员1人。设有床位10张，门诊有全科门诊、妇产科门诊、发热门诊、肠道门诊、X光室、公共卫生科等多项医疗健康服务项目。

2010年，全院收入上升至65万元，孕产妇保健、儿童保健等公共卫生项目水平在全县中等水平以上。

（七）叉河镇卫生院 1964年成立，时称为叉河公社卫生院。位于叉河老政府旁，当时房屋30间，建筑面积650平方米，干部职工10人。1987年后改名为叉河镇卫生院。1998年后搬迁至现址。随业务量扩大，卫生院注意加强基础设施建设，购置必要的医疗设备，房屋逐年增多。2009年建造一幢800平方米的办公楼和600平方米的职工休息室。至2010年年底，全院干部职工达到19人。中级职称的3人，初级职称11人，工勤人员5人；配置救护车一辆，病床12张；设有综合性科室、妇产科室、计划免疫科室、检验科室、医技科室、公共卫生科室和药房7个科室。有B型超声机、心电图机、血球仪、尿液分析仪、显微镜、水浴箱、制氧机等医疗设备。

第二节 新型合作医疗

2005年10月24日，昌江县为2006年度新型农村合作医疗新增试点市县，12月9日成立县新型农村合作医疗管理委员会。办公室设在县卫生局，为股级事业单位，人员编制6人。各乡（镇）相应成立农村合作医疗工作领导机构，并组织实施。

县积极开展新农合的基金筹备、工作自由度制定、宣传发动农民参加、认定定点医疗机构、加强经办机构能力建设，加强基金监管，开展新农合支付方式改革等，推进新农合试点工作，提高参合农民的医疗补偿待遇和新农合管理水平，解决农民的医疗保障问题。设立定点医疗机构为县内公立医院、农场乡（镇）卫生院、社区卫生服务中心、村卫生室；在县外的省级医疗机构及部分市县的医疗机构，全部实现网上直报，基本实现小病在家门口就可以得到门诊补偿，有大病到各级定点医疗机构治疗也能补偿，农民报销只要支付个人负担的费用，补偿费用直接从医院垫付。

2006—2010年的5年间，全县筹资水平和受益人数逐步提高，共筹集“新农合”资金6379.95万元，369109人次得到“新农合”补偿4414.44万元，累计结余1965.51万元。

2006年，参合人数13.99万人，筹集资金665.62万元；共有15333人次得到新农合补偿金额253.29万元。其中：住院4377人次，医疗总费用592.79万元，补偿金额220.67万元；门诊10708人次，补偿金额33.32万元；慢性病168人次，补偿金额1.33万元；白内障80人次，补偿1.6万元。

2007年，参合人数17.19万人，筹集资金868.82万元；共有10971人次得到“新农合”补偿，补偿金额751.09万元。其中：住院4537人次，医疗总费用1503.12万元，补偿金额652.20万元；门诊3412人次，补偿金额11.40万元；慢性病、白内障等其他补偿3022人次，补偿金额79.51万元。

2008年，参合人数17.0139人，筹集资金1852.16万元；共有69673人次得到“新农合”补偿，补偿金额1038.54万元。其中：住院4889人次，医疗总费用1990.39万元，补偿金额854.08万元；门诊50569人次，补偿金额52.77万元；门诊统筹10936人次，补偿金额15.38万元；慢性病1191人次，补偿金额10.50万元；住院分娩1980人次，补偿148.59万元；二次补偿108人次，补偿34.67万元。

2009年，参合人数109856人，筹集资金987.28万元；共有72487人次得到“新农合”补偿，补偿金额1277.96万元。其中：住院5740人次，医疗总费用2201.42万元，补偿金额1093.56万元；门诊1944人次，补偿金额8.85万元；门诊统筹62836人次，补偿金额 104.03 万元；慢性病 1390 人次，补偿金额 16.93 万元；住院分娩 797 人次，补偿 35.80 万元；二次补偿 50 人次，补偿 18.80 万元。

2010 年，参合人数 135140 人，筹集资金 2006.07 万元；共有 200645 人次得到“新农合”补偿，补偿金额 1906.53 万元。其中：住院 6371 人次，医疗总费用 2936.60 万元，补偿金额 1495.52 万元；门诊 748 人次，补偿金额 18.69 万元；门诊统筹 191156 人次，补偿金额 325.96 万元；慢性病 1575 人次，补偿金额 30.58 万元；住院分娩 795 人次，补偿 35.78 万元。

第三节 医疗设施

一、病床数

1991 年来，昌江各医院的病床有增减。1991 年，病床数 760 张。1995 年，病床数 749 张。2005 年，病床数 642 张。2010 年，病床数 672 张。

二、医疗辅助设备

1991 年起，昌江各院站所配备了很多医疗设备、器械等。彩超、B 超、X 光机、全自动生化分析仪、新生儿黄疸治疗仪、全自动洗胃机、颈腰椎多功能牵引床、智能型六合治疗仪。1991 年，海南钢铁公司工人医院购进先进的 X 光机 (200ma)。2005 年，县人民医院购进主要设备有纤维胃镜、脑电地形图、高频手术电刀、显微镜、痔疮治疗仪、螺旋 CT 等 100 种先进设备。各乡镇卫生院医疗器械也日渐完善。县人民医院医疗设备不断充实更新。至 2006 年，配置一批高精医疗器械设备。(1) 购进螺旋 CT 机。(2) 购置数字化 x 射线机 (3) 购置电子胃镜 (4) 购置 nas-1000hf 彩超。县第二人民医院主要医疗设备有：ge 双排螺旋 CT 机、ge 彩色 B 超、阴道 B 超、500 毫安 X 光机等，各医院都配有常用辅助设备。

三、医药

县医药总公司是县属国有企业，所辖子公司有医药公司、药材公司、医药贸易公司。公司内设机构有人秘教育股、财务股、物价统计股、保卫股。公司为单一的药品经营企业，经营范围：医药、保健品、医疗器械；业务供应范围有白沙黎族自治县、东方市及县内的海钢医院、县人民院、乡镇卫生院、村卫生所、私营诊所等。

1991—1997 年，药品销售总额为 1156.6 万元。1998 年起，出现亏损。2000 年，全行业总销售 141 万元，同比增长 45%。

2001 年 4 月，县城镇从业人员医疗保险改革领导机构指定医药总公司所属企业 2 个门市部为全县城镇从业人员医疗保险定点药店，参保者均可持卡在指定药店购药。全行业药品总销额121.9万元，比上年下降14%，全系统亏损18.55万元，同比增加9.8%。药品批发环节发生变化，依照省卫生厅的规定，各医疗用药单位（县级以上医院）临床用药必须通过网上招标。医药总公司所属企业因各种原因没有上网参加竞标，药品经营业务的开展仅限于乡镇一级卫生院及个体诊所，所以药品销售无法提高。2002年，全行业总销售215万元，同比增长28.7%。医药总公司所属企业因市场和经营原因，全部停止药品批发业务。总公司以医药贸易公司“证照”代销湛江宏华公司的药品，批发药品的费用、“两税”由该公司支付，总公司从总销售中提取1.8%的管理费，并负责药品的监管养护工作。

2003年，根据“海南省药品监督管理局关于加快实施药品经营质量管理规范认证工作通知”的精神，通过药品经营质量管理规范认证（GSP），加强内部事务管理。2003年，全年药品总销售为177万元，同比20%，上缴税收4.8万元，累计亏损达38.9万元。公司的药品销售于2004年起，走出亏损，实现逐年赢利。全年药品总销售210.6万元，同比增长19%，上缴税收3.5万元。2005年，全年药品总销售为187万元，同比增20%，上缴税收3.5万元。到年底，医药总公司所属7个药品零售门市部通过省药品经营质量管理规认证。2006年药品总销售为231万元，同比增长19%，上缴税收4.2万元。7月，昌江设立农村药品配送中心。2007—2010年，公司的药品销售亏损逐年加大，基本上靠出租房子过日子。

第四节 医疗卫生活动

1991年，县人民医院三层门诊大楼投入使用，总投资100万元，建筑面积2900平方米。县医疗事故技术鉴定委员会成立。1993年，县人民医院抢救一名脾脏破裂严重休克伤员获得成功。12月28日，县政府在乌烈镇召开全县第二轮消灭脊髓灰质炎强化免疫工作会议。各乡（镇）、农场分管文卫工作的副乡（镇）长、副场长，卫生院院长、县卫生局、防疫站等有关领导64人参加。

1995年5月10日，建在县人民医院内的昌江干部康复楼落成。1996年1月4日，县人民医院首次选派4名优秀医护人员赴西沙值班。12月5日，县人民医院被卫生部评定为“二级甲等”医院。

1998年5月30日至6月11日，世界卫生组织与中国卫生部联合组织的“视觉第一中国行动”医疗队到昌江开展活动，共免费检查眼疾病人600多人，为114名白内障患者免费施行复明手术。8月8日，实施农村合作医疗工作方案。10月6—9日，省初级卫生保健工作评审组对昌江初级卫生保健工作进行评审。1999年7月28日，世界卫生组织专家组到昌江深入石碌水头村开展沙眼检查工作，专家组为110户500人作了沙眼检查。11月8日，省扶贫汽车流动医院一行18人组成的医疗队，在省人民医院副院长林明忠的带领下到昌江为群众进行六天的义诊活动。

2000年5月16日，国际儿童基金会领导到叉河镇老宏村、县人民医院、防疫站、妇幼保健站、中医院等实地考察消除新生儿破伤风项目终期评审工作情况。国际儿童基金、卫生部、省卫生厅领导对昌江消除新生儿破伤风项目终期评审工作给予高度评价。11月8日，全县进行医药市场整顿，打击取缔非法行医，查处制售假药劣药和无证照生产和经营，清理整顿未经审定擅自刊登、刊播的虚假医药广告专项活动。8月14日，县人民医院筹资288万元购进一台螺旋CT机投入就医使用。10月8日，县人民医院120急救直拨电话投入使用。10月15日，县急救中心在县人民医院建成投入使用。11月13日，县红十字会在县城石碌设点开展公民无偿献血活动，来自各镇及县直机关、企事业单位的干部职工和武警部队官兵近500人报名献血。

2004年2月7日，省禽流感督查组到昌江检查禽流感预防工作。9月10日，省卫生厅厅长简梁盛到昌江调研乡村卫生医疗建设情况。2005年6月21日，全球基金海南省项目办公室与县签署《关于继续实施全球基金第一轮海南省结核病二期执行协议》，在七叉、叉河、十月田、乌烈等卫生院建立痰涂片检查点。6月30日，县人民医院急救中心青年志愿者服务队荣获“海南青年志愿者服务优秀集体”称号。县人民医院急救中心主任陈诗勇荣获“海南优秀青年志愿者”称号。7月21日，全县农村孕产妇住院分娩实行补贴。凡是符合政策生育的农村户籍孕妇，在县指定的医疗机构住院分娩，每例由县政府给予产妇补贴住院分娩费180元。8月27日，县人民医院党支部组织10名医务人员到抗战时期昌江第一个党支部昌化镇浪炳村委会开展义诊活动，前来咨询就诊的村民400多人，接受健康临床检查288人。9月21日，县卫生监督所正式挂牌，隶属县卫生局直辖管理，专门从事卫生执法监督工作。11月24日，全县新型农村合作医疗工作启动会议召开。

2006年1月1日，县政府出台《新型农村合作医疗实施办法（试行）》，在全县范围内开始实施新型农村合作医疗制度。5月22日至23日，省武警总队医院到昌江开展义务义诊活动，为当地妇女免费进行妇科检查。6月15日，省新型农村合作医疗评估组到昌江检查新型农村合作医疗工作。8月17日，昌江荣获海南省新型农村合作医疗试点工作先进市县三等奖。10月26日，致公党海南省委第二支部给十月田镇万善村卫生室捐献医疗器械33件(类)，价值2万元。11月11日，县卫生防疫站综合大楼在石碌镇太坡建成投入使用。该办公楼于2004年10月动工兴建，总投资100万元，建筑面积1100平方米。12月4—8日，县卫生防疫部门在全县范围开展预防小儿麻痹症服糖丸活动。

2007年1月21日，省人民医院医护人员一行10人到十月田镇敬老院看望慰问孤寡老人。4月18日，副县长杨志荣带领县卫生、计生、公安、工商、药监等部门相关人员分别对全县各家医院和药店开展综合治理出生人口性别比专项行动。6月，县政府为全县农民代缴参合金，参合率达100%，在全省率先推行农合“一卡通”。8月23日，省农村合作医疗考核评估组到昌江检查工作。12月12—13日，省打击非法行医专项行动督查组到昌江检查医疗市场整治情况。

2008年3月27—28日，省出生登记管理工作检查组到昌江就落实人口出生登记管理工作情况及执行出生实名登记制度的情况进行专项检查。4月19—20日，台湾医疗专家一行3人到昌江给广大医护人员传授有关医疗知识。4月23日，县红十字会在行政办公大楼开展公务员无偿献血活动。当天有93名公务员自愿献血共2.84万毫升。5月6日，全县夏季传染病防控工作会议在县行政办公大楼召开。5月21—22日，省督导组到昌江检查手足口病防控工作。8月7日，县政府在行政办公大楼九楼会议室举办防治碘缺乏病宣传教育“进村庄、进社区、进家庭”妇女骨干培训班。8月25日，县第二人民医院揭牌仪式暨县第二人民医院与台湾敏盛综合医院结成姐妹医院签约仪式在原海钢医院举行。8月29日，县中医院组织13名医护人员深入十月田镇姜园村开展惠民义诊活动。9月24日，省防治艾滋病专家组到昌江检查工作。11月3日，出席全国关爱女孩行动综合治理出生人口性别比偏高问题工作会议的国家计生委主任李斌到石碌镇片石村和县人民医院妇产科考察。11月3—6日，全国关爱女孩行动综合治理出生人口性别比偏高问题工作会议在昌江召开。

第二章　疾病防疫

第一节　机构设施

一、机构

县疾病预防控制中心（简称县疾控中心）原名为昌江县卫生防疫站。1987 年 12 月 28 日，昌江黎族自治县设立后，名称随之变更为昌江黎族自治县卫生防疫站。2009 年 7 月 30 日，经县编委会会议决定，撤销县卫生防疫站，组建县疾病预防控制中心，同时将县皮肤性病防治所、县结核病防治所划归县疾病预防控制中心统一管理，同年 12 月正式揭牌成立。

县疾控中心为财政预算管理副科级事业单位，隶属县卫生局，核定财政预算管理全额拨款事业编制 35 名。现有卫生技术人员 20 名，其中中级职称 12 人（主管医生 6 人、主管护师 4 名、主管检验师 2 名），初级职称 8 人。预防医学专业 5 人、卫生检验专业 3 人、临床专业 7 人、护理专业 5 人。

二、设施

疾控中心现占地面积 3205.09 平方米，建筑面积 1986.92 平方米，分石碌办公区和太坡实验室区两个工作场所。主办公区办公楼自建立以来，经历了建站 20 世纪 60 年代的三间茅草房、20 世纪 70 年代初的瓦房、1979—1984 年的楼房（其中办公楼为框架混凝土结构、检验楼为石条结构），1994 年新建一栋面积为 408 平方米的办公楼，2003 年“非典”过后，在太坡卫生院大院内新建一栋面积为 1100 平方米的办公楼。

自 1991 年，疾控中心基本上使用的都是传统常规的实验室仪器设备，除分析天平，大型设备寥寥无几。自“非典”过后，国家、省、县对疾病预防控制工作逐年重视，2004—2009 年，省卫生厅先后下拨 1/ 万电子天平、气相色谱仪、原子吸收分光光度计等先进仪器设备，昌江疾控中心也利用县里配套资金，先后自行购置无菌均质器、旋涡混合器等仪器设备，二十年来共有省、县配套A2生物安全柜、原子吸收分光光度计、电冰箱、空调等实验设备85种，基本满足县级实验室日常检验工作需求。

二十年来，疾控中心在疾病预防控制工作方面取得一定的成绩。获得省卫生厅1994年计划免疫工作二等奖，省卫生厅2002年抗洪救灾先进单位，县委，县政府2003年抗击“非典”工作先进集体，2003年通过省卫生厅消除丝虫病评审考核、省政府2008年丝虫病防治先进集体和省卫生厅免疫规划工作先进集体以及省卫生厅2010年艾滋病防治工作综合考评先进市县。

第二节　计划免疫及传染病防控

一、计划免疫

国家规定的儿童基础免疫工作（0～1岁儿童免费疫苗接种）1996年实现了以乡（镇）为单位儿童计划免疫“四苗”接种率达85%的目标。在2003年以前主要以接种“四苗”（指卡介苗、麻疹疫苗、脊髓灰质炎疫苗、百白破混合制剂）为主，可有效预防相应的结核病、麻疹、小儿麻痹症、百日咳、白喉、破伤风等六种疾病，从1991年起，县“四苗”接种率每年均超过85%以上，达到国家（接种率85%）的要求；随着社会的进步与发展和国家财力的增强，2003—2010年，国家将乙肝疫苗纳入基础免疫，统称“五苗”接种，由于家长认识的提升和宣传力度的加大，乙肝疫苗接种率逐年提升；仅2004年，全县计划免疫“五苗”的接种率分别达到卡介苗98.7%，糖丸疫苗98.8%，百白破疫苗98.1%，麻疹疫苗97.8%，乙肝疫苗98.75%。与2002年相比，有显著的提高（2002年最高接种率仅为94.47%，最低为87.13%）。到2008年，国家又将乙脑、A+C群流脑、甲肝纳入基础免疫，统称“八苗”。2008年，全县免疫结果如下：入册率99.35%；建证率100%；卡介苗100%；糖丸全程100%；白破全程99.07%、加强95.56%；麻疹基础98.15%、加强95.56%；乙肝首针及时率96.08%、加强95.56%；乙肝首针及时率96.08%、全程100%；“五苗”全程96.29%；乙型脑类基础95.37%、加强100%；白破二联96.55%。2010年，全县“八苗”接种率达到95%，部分指标达到99%，达到或超过国家90%～95%的标准要求，有效地维护广大儿童的健康成长。年底，省免疫规划综合考评组对该县的考评结果如下：入册率100%、建证率100%，卡证相符率达97.4，“八苗”（卡介苗98%、糖丸100%、白百破98%、麻疹100%、乙脑100%、乙肝94.5%、流脑97.1%、甲肝100%)接种率均达到省的要求。同时，还继续采取有效措施，保持无脊灰状态。

二、传染病防治

根据《中华人民共和国传染病防治法》,国家法定传染病报告共分甲、乙、丙三类25种。

2004年新修订《中华人民共和国传染病防治法》规定了甲、乙、丙37种法定报告传染病，并从2004年起全国实行传染病网络直报系统管理。2008年5月2日、2009年4月30日卫生部又将手足口病、甲型H1N1流感列入法定传染病报告管理，通过系统直报的共有39种传染病。此外，不明原因的肺炎也被纳入报告范围。

2006年，县各医疗卫生单位共有法定报告传染病12种，病例917例，发病例370/10万人，累计死亡1例，死亡率为0.41/10万人，与2005年相比发病率下降11.61%，死亡率下降75.35%，且无甲类传染病报告。2006年4月，省内出现麻疹暴发流行，县采取及时有效措施，控制麻疹疫情的蔓延和扩散，未有1例病例死亡。全县紧急接种麻疹疫苗适龄儿童共5568人，接种率97.72%；接到网络报告疑似病例29例，确诊病例13例。2007年，各医疗卫生单位共有法定报告传染病18种，病例746例，发病例306/10万人，累计死亡4例，死亡率为1.64/10万人，与2002年相比发病率下降9.07%，死亡率下降41.27%。2010年县法定报告传染病发病率为477.53/10万，报告准确率达92%。

2008年，全县无甲类（鼠疫、霍乱）传染病报告，乙丙类传染病报告11种854例，无死亡病例。年发病率为342.75/10万。与上年相比，发病率下降5%。死亡率下降100%，病死率下降100%。发病前三位分别为：肺结核、疟疾、乙肝。2010年，全县无甲类（鼠疫、霍乱）传染病报告，乙类传染病报告11种669例，死亡1种，死亡1例；发病数占总报告发病数的54.79%，年发病率为261.65/10万。丙类传染病5种，共552例，占总病例数的48.21%。发病前5位分别为：手足口、肺结核、乙肝、痢疾、结膜炎，这5种病报告病例总数为822例，占报告病例总数的86.24%。1991—2010年间，在县委、县政府和省疾控中心的指导下，全县成功应对和处置了多起传染病疫情的输入和流行。

（一）皮肤性病和结核病的防治 2006年，共收治性病107例，治愈率达100%。发现并治愈1例麻风病，监测麻风病人2例；归口转诊收治结核病87例，转诊率达60%以上；发现活动性结核病281例，治愈率达97%。继续巩固基本消灭麻风病的成果和消除丝虫病目标。2008年，共收治性病224例，治愈率达95%。跟踪1例麻风病，监测麻风病人1例；归口转诊收治结核病87例，转诊率达76%；发现活动性结核病218例，治愈率达85%。继续巩固基本消灭麻风病的成果和消除丝虫病目标。2010年收治性病95例，治愈率达90%，监测麻风病1例，监测率达100%。强化结核病防治措施，归口转诊收治结核病86例，治愈率达80%，发现活动性结核病250例，治愈率达85%以上。跟踪1例麻风病，监测麻风病人1例；归口转诊收治结核病77例，监测麻风病人1例；归口转诊收治结核病95例，转诊率达80%；发现活动性结核病236例，治愈率达70%。监测丝虫病21095人，未发现病例。由于措施得力，工作到位，该县继续巩固基本消灭麻风病的成果和消除丝虫病目标。

（二）霍乱防控 1993—1994年在儋州市白马井镇和东方市新街、墩头等地出现霍乱暴发期间，全县开展疫情监测，加强口岸把关，积极做好防控，有效地控制住疫情的输入和传播。2008年10月3日至11月2日，全省共发生霍乱病人51例，已治愈出院29例，康复11例，现患病人11例，无死亡病例。由于采取科学有效的防控措施，省内邻近市县暴发的霍乱疫情，均没有输入昌江县。

（三）洪涝灾害传染病防控 组织力量参与1996年9月第“18号”台风和2002年9月27日热带风暴“米克拉”等两次大洪灾的抗洪救灾及灾后传染病监测防控、灾区内外环境消杀灭等工作。

（四）牛炭疽病疫情处置 成功处置1998年3月29日至4月9日大安村暴发的牛炭疽病疫情。共有27头牛被感染（其中死亡16头），共有15人因接触被感染的牛而发病，其中男14人、女1人，最大年龄78岁、最小年龄16岁，无死亡病例。由于防治得当、处置及时，最终疫情得到有效控制。

（五）“非典”防控 2003年，根据全国的统一部署和省卫生厅的统一要求，县委、县政府领导，多部门联防联控，卫生部门加强技术指导、宣传、培训与疫情监测报告，按照“横向到边、纵向到底”的防控要求，确保了全县无“非典”疫情发生。采取的主要措施有：2003年2月12日，县卫生局进一步布置各医疗单位做好“非典”预防控制工作，及时消除群众对非典的恐慌心理。2003年4月16日，昌江黎族自治县成立非典型肺炎防治工作领导小组，组长由县委书记担任。抽调62名干部组成非典宣传资料报送组、流行病学调查组、疾病诊断专家组、疑似病人医疗护理组、喷洒消毒组、疫情收集上报组、经费器械后勤保障组。4月16日、4月22日、5月6日，县卫生局举办三期“非典”防治知识培训班。2003年4月18日，县卫生局印发“非典型肺炎应急处理预案”，成立县卫生局医疗防疫领导小组，指导县内各级医疗机构和县防疫站有效防治非典。2003年4月25日，全县非典防治工作会议在县委五楼会议室召开；县卫生局牵头组织县卫生防疫站、团县委、县妇联等机关单位人员，分别深入县城石碌各街道、公共场所设立咨询点，向群众散发“非典”预防宣传单。4月22日，县长吉廷军召开县防治“非典”领导小组及“非典”防治工作督导小组成员会议，对全县的防治工作进行研究部署，并把每周五下午定为全县防治工作情况汇报会。4月22日发布紧急通知，各有关单位防治领导机构加强对新进的外来人员等进行登记造册，执行24小时值班制度。4月26日县人民医院、县中医院、县防疫站、海钢医院分别在县城各主要街道设立咨询点，向群众解释和宣传“非典”防治知识。4月27日，县卫生局成立“非典”病例流行病学调查小组，省预防“非典”督查检查组一行11人到昌江检查了解防治“非典”工作。4月28日县四套班子领导分别深入昌江中学、县城小学、农贸市场、鸿俊宾馆等场所检查“非典”防治工作；县卫生局转发有关行政干预药品、医疗器械等价格的紧急通知，为做好“非典”防治工作创造良好的价格环境。4月29日，县“非典”防治领导办转发有关做好农村与城市社区预防非典型肺炎工作的通知，进一步做好农村与城市社区预防非典型肺炎工作；县卫生局转发有关医疗服务工作、患者遗体处理和丧葬活动、血液工作的通知，预防“非典”通过血液途径传播；《海南日报》在县城石碌开展预防“非典”爱心大行动，向群众散发防治“非典”手册；4月30日县防治“非典”检查组分成几个小组分别在县四套班子领导的带队下，深入全县各乡（镇）、厂场矿企业检查前一阶段各单位防治“非典”工作落实情况，启动“非典”防治宣传车，到乡（镇）主要街道和场所进行“非典”防治知识的第二次巡回宣传，接受了750名群众的咨询，发放4500张宣传单。4月30日至5月7日，派出80名工作人员在主要街道设卡检查“非典”情况，检查车辆784人次，检查过往人员2729人次。5月3日省委常委、常务副省长吴昌元带领省卫生厅等有关单位负责人到昌江检查“非典”防治工作。5月11日省预防“非典”督查组到昌江开展第二阶段预防“非典”检查工作。5月21—22日，省长汪啸风带领省农业厅、省发展计划厅、省财政厅等部门领导到昌江考察“非典”防治工作和工农业生产情况。5月26日县委主要领导到昌化镇检查计划生育和“非典”防治工作；县卫生局组派医疗队共14人分别进驻各乡镇指导防治“非典”工作，为期一个月。5月29日省疾控中心SARS防治管理技术现场巡回培训班在昌江党校举行，来自石碌地区各医疗卫生单位及各乡镇卫生院150多名医务人员、卫生防疫人员参加了培训。6月5日，县召开“非典”防治工作动员表彰大会，表彰防治“非典”工作中表现突出的单位和个人。2003年县急救中心获省级青年文明号，抗击“非典”先进集体。2004年3月19日起，昌江县结束传染性非典型肺炎应急预案四级响应，非典防治工作转为常态。

（六）人感染禽流感 （甲型H5N1、H7N9流感）防控。按照卫生部和省卫生厅的部署与要求，昌江县全力加强甲型H5N1、H7N9禽流感监测与防控工作，全县无疫情发生。

（七）麻疹暴发疫情处置 成功处置2004年2月25日至3月3日保突村委会麻疹暴发疫情。共发现麻疹病例13例，患者以6~10岁为主，暴发的主要原因麻疹基础免疫空白造成，全县开展麻疹查漏补种工作。2006年4月，在全省麻疹暴发流行期间，县加强防控，在全县范围内紧急为5568名适龄儿童开展麻疹接种，接种率为97.72%。全县累计报告可疑病例 29 例，确诊病例 13 例。

（八）狂犬病疫情处置 2007 年县城石碌镇海钢地区出现狂犬病疫情，有两名男性（年龄为 47 岁、62 岁）感染狂犬病病毒，经医治无效，分别于 3 月 17 日、10 月 2 日死亡，病死率为 100%。县疾控中心现场调查，并对病狗采取杀死、消毒、深埋等无害化处理，有效阻断传染源。

（九）人感染猪流感（甲型 H1N1 流感）防控。2009 年，县按照卫生部、省卫生厅的要求，全力做好甲型 H1N1 流感防控工作，全年无疫情发生。

（十）手足口病疫情防控 2008 年，县网络直报手足口病 49 例，2009 年报告 161 例，2010 年报告 419 例，均无死亡病例。县每年均加强手足口病的监测。

第三节 地方病防治

昌江县的地方病防治主要以碘缺乏病为主。1993 年 9 月，国务院召开“中国 2000 年消除碘缺乏病动员会”，会议确定 5 月 5 日为全国碘缺乏病防治日。1994 年 5 月 5 日起，为全国第一个碘缺乏病宣传日。防治碘缺乏病日自 2000 年起改为 5 月 15 日。

从 1994 年起，县每年加大碘缺乏病宣传，并在儋州市盐务局的指导下，在全县普及和推广使用食盐加碘，多次联合公安、工商等部门深入各乡（镇）（特别是边远地区）开展打击非法制作、贩卖和使用非碘盐等活动。特别是自 2005 年以来，此项活动的力度加大，如 2005 年 5 月，与儋州市盐务局联合，将碘缺乏病危害知识印刷成册或宣传单、宣传画，深入各农村和学校，广泛宣传。涉及 7 个乡镇 27182 名群众，发放宣传资料 17461 份；2006 年 6—9 月份，为提高碘盐覆盖率，县卫生局联合儋州盐务局和县公安局深入各乡（镇）（特别是碘盐低覆盖区）开展打击私盐专项整治活动，共取缔非碘盐贩卖点 7 家，有力地提高昌江县食盐加碘的覆盖率；2007 年 4 次在县城各农贸市场及相关乡（镇）开展联合检查整治行动，共清理整治、没收非碘盐 1.2 吨，同时配合儋州、东方盐务局开展打击涉盐违法行为 17 次，共没收非法私盐 2.7 吨，取得较好的整治效果。

从 2007 年县盐务工作自儋州市移交东方市盐务局管辖后，进一步加大食盐加碘宣传、推广和监测工作力度，深入农村和学校开展碘盐、尿碘监测工作。县碘盐覆盖率从 2007 年的 90% 提高到 2010 年的 95%，居民食用碘盐合格率从 2007 年的 84% 提升到 2010 年的 90%。

第三章 卫生保健

第一节 妇幼保健站

县妇幼保健站位于石碌镇人民北路，分设第一、第二门诊部，两地占地面积2500平方米，有业务用房面积（含第一、二门诊）765平方米。县政府所管的全民所有的事业单位，属于县卫生局的下属单位，为副科级财政全额拨款独立核算事业单位。担负着妇幼卫生“三网”监测、妇女保健、儿童保健、孕产妇保健、婚前保健、生殖健康、新生儿疾病筛查、基层业务指导、健康教育及临床检验、乳腺X光透视等工作。1991年前，工作条件较差、基础设施落后，技术水平较低，后逐渐发展。到2000年发展成为各业务功能基本齐全，具有活力和生机的县级妇幼保健机构，1991—2000年工作用房从300平方米增加800平方米，1997年7月扩大业务用房面积，建筑面积1080平方米，工作用房面积800平方米，生活用房面积280平方米；科室设置基本齐全，为患者提供了良好的就医环境和服务质量；专业技术人员从7人增加到24人，取得主治医师职称的有9人，医师职称有8人，护士、助产士职称有7人；政府投入经费逐年增加，2000年的收入比1991年翻了几番，职工的福利待遇也得到保障，固定资产从1991年的无到2000年949597元，2002年固定资产总值达到100万元；从初始的简陋设备到2000年时增添不少，功能比较齐全。2000—2010年业务用房面积扩大到2030平方米，占地面积2100平方米，职工总数19人，专业技术人员16人，其中中级职称6人，初级职称10人；设置行政办公室、妇女保健科、儿童保健科、基层指导科、信息科、检验、B超等7个职能科室；主要有B超、X光机、酶标仪、半自动生化分析仪、胎心监护仪、儿童视力和听力筛查仪、5W-6IA微波治疗仪、EK-9000C型红外线检查、数码电子宫腔镜等医疗设备；逐步建立县、乡、村三级妇幼保健网络，培养基层妇幼专业队伍，在乡（镇）

卫生院开展妇幼“三网合一”监测工作，孕产妇和儿童保健管理及妇女、儿童常见病的普查、普治等工作。

第二节 孕产妇保健

1991—1999年，县产妇建卡率、产前检查率、产后访视率、产妇系统管理率均达到60%以上。2000—2007年，实施卫生9项项目，到2007年12项指标除了2项，其余10项全达标。

1991—1999年昌江县孕产妇健康管理情况统计表

表22-3-1　　单位：%

年度 指标	1991	1992	1993	1994	1995	1996	1997	1998	1999
产妇建卡率	28.99	26.09	29.67	34.81	53.6	20.88	37.88	67.04	69.02
产前检查率	28.96	26.09	29.67	34.81	53.60	29.23	37.00	65.39	69.02
产后访视率	8.76	13.22	18.84	18.17	11.56	16.17	57.73	62.00	65.00
产妇系统管理率	8.74	13.21	13.82	18.17	11.56	12.78	37.00	34.54	64.97
住院分娩率	13.74	10.76	13.22	22.39	25.57	24.25	28.41	32.33	35.10

1991—2007年昌江县孕产妇死亡率统计表

表22-3-2

年度 指标	孕产妇死亡率1/10万	年度 指标	孕产妇死亡率1/10万	年度 指标	孕产妇死亡率1/10万	年度 指标	孕产妇死亡率1/10万
1991	53.66	1996	28.47	2001	0	2005	31.08
1992	25.43	1997	63.86	2002	0	2006	33.92
1993	53.86	1998	69.16	2003	48.29	2007	0
1994	27.95	1999	115.74	2004	32.73		
1995	28.28	2000	43.57				

2000—2007 年昌江县孕产妇住院分娩及消毒接生情况表

表 22-3-3　　单位：%

年度 指标	2000	2001	2002	2003	2004	2005	2006	2007
住院分娩率	33.62	37.52	47.38	51.54	60.02	66.90	79.31	88.95
农村孕产妇住院分娩率	16.31	18.67	30.33	34.05	50.14	59.10	73.41	85.55
高危孕产妇住院分娩率	93.18	96.96	94.38	95.09	95.89	94.27	99.19	98.83
非住院分娩中消毒接生率	78.99	93.13	91.87	84.41	82.04	81.61	71.50	93.8

2000— 2007 年昌江县孕产妇保健覆盖率和孕产妇系统管理情况表

表 22-3-4　　单位：%

年度 指标	2000	2001	2002	2003	2004	2005	2006	2007
孕产妇保健覆盖率	49.45	49.45	48.81	58.97	67.62	76.54	79.44	77.07
孕产妇系统管理率	33.62	41.88	40.81	44.50	47.99	38.62	47.73	47.78

注：2006—2010 年实施生殖 / 计划生育第六周项目，项目实施 5 年时间，取得良好成效

2006—2010 年昌江县生殖健康项目服务指标完成情况表

表 22-3-5　　单位：人

序号	指　标	2006	2007	2008	2009	2010
1	该地接受产前检查的产妇数	2015	2181	3003	3196	3375
2	产前检查率（B1/A1）%	68.35	70.24	84.95	92.85	96.37
3	同年该地接受产后访视的产妇数	1407	2243	3120	3112	3063
4	产后访视率（B3/A1）%	68.35	72.24	88.26	90.44	87.46
5	同年该地住院分娩的产妇数	2338	2762	3375	3393	3457
6	住院分娩率（B5/A1）%	79.31	88.95	95.47	98.61	98.72
7	同年该地高危产妇总数	248	242	337	493	602
8	同年该地高危管理产妇数	246	233	309	491	602
9	高危管理率（B8/B7）%	99.91	96.28	99.50	99.59	100
10	同年该地应查妇女病人数	10045	1434	7809	12025	12705
11	同年该地实查妇女病人数	2449	1178	1719	2749	3140
12	妇科病普查率（B11/B10）%	24.87	25.4	36.04	68.58	74.14

表 22-3-5 续 1

序号	指　标	2006	2007	2008	2009	2010
13	同年该地查出妇女病人数	968	226	394	1045	1041
14	妇科病检出率（B13/B11）%	38.74	32.18	32.92	38.01	33.15

第三节　儿童保健

昌江县注重先天性疫病检查治疗，着重在学校儿童体检中发现的问题，采取对策。从 1991—1999 年新生儿破伤风发病率达到要求，0~6 岁儿童保健服务效果也在逐年提升，5 岁以下儿童死亡率均呈上升趋势。2006 年 6 月启动实施“降消”项目，即降低孕产妇死亡率和消除新生儿破伤风项目，到 2010 年，新生儿破伤风到 2010 年控制在 1‰以下。

1991—1999 年昌江县新生儿破伤风发病率统计表

表 22-3-6　　单位：%

年度 指标	1991	1992	1993	1994	1995	1996	1997	1998	1999
新生儿破伤风发病率‰	5.90	5.09	4.58	5.03	5.68	3.70	0.64	4.50	0

1991—1999 年昌江县 0–6 岁儿童保健服务情况统计表

表 22-3-7　　单位：%

年度 指标	1991	1992	1993	1994	1995	1996	1997	1998	1999
0–6 岁儿童健康管理率	12.18	12.52	12.29	12.52	13.27	8.65	23.41	31.10	38.01
新生儿访视率	8.76	13.35	18.84	18.17	11.56	16.17	57.73	62.00	65.00
3 岁以下儿童系统管理率	26.43	24.03	25.51	28.99	25.74	33.75	28.75	30.02	41.50

昌江县 1991—1999 年 5 岁以下儿童死亡情况统计表

表 22-3-8　　单位：%

年度 指标	1991	1992	1993	1994	1995	1996	1997	1998	1999
5 岁以下儿童死亡率	34.08	30	28.82	26.27	23.84	21.35	26.18	49.10	36.27

表 22-3-8 续 1

指标＼年度	1991	1992	1993	1994	1995	1996	1997	1998	1999
婴儿死亡率	22.54	17.29	19.39	15.65	21.28	15.66	20.75	37.34	34.34
新生儿死亡率	16.37	12.71	12.93	11.32	11.35	9.10	17.24	20.40	23.53

2000—2007 年昌江县 5 岁以下儿童死亡率及新生儿破伤风发生率情况表

表 22-3-9

年份	新生儿死亡率(%)	婴儿死亡率(%)	5 岁以下儿童死亡率(%)	新生儿破伤风发生率(%)
2000	17.18	17.42	26.29	4.09
2001	14.18	17.42	33.13	2.43
2002	13.43	20.14	28.99	2.94
2003	13.36	18.36	26.07	2.50
2004	21.41	25.36	30.44	2.31
2005	28.28	35.43	37.60	1.24
2006	26.46	34.26	37.65	2.04
2007	16.43	21.58	25.76	0.64

2000—2010 年 昌江县出生缺陷发生率情况表

表 22-3-10

出生缺陷发生率(1/万)		
年度	完成值	指标值
2000	92.92	92.92
2001	33.11	92.92
2002	46.67	92.92
2003	191.33	92.92
2004	165.98	92.92
2005	58.87	92.92
2006	86.96	92.92
2007	74.13	92.92
2008	63.29	92.92
2009	60.34	92.92
2010	104.91	92.92

2000—2010 年昌江县 7 岁以下儿童保健覆盖率情况表

表 22-3-11

7 岁以下儿童保健覆盖		
年度	完成值	指标值
2000	31.48	60
2001	36.09	60
2002	40.09	60
2003	46.28	60
2004	47.41	60
2005	49.21	60
2006	56.4	60
2007	50.51	60
2008	50.64	60
2009	60.23	60
2010	71.52	60

第四节　儿童健康调查

2000 年 1 月，昌江县开始启动实施卫 IX 项目（卫生九项），2008 年 6 月 30 日结束，整个项目执行时间为 8 年。1999 年初昌江县开展基础调查，主要对 1997 年妇幼卫生服务情况和妇女儿童健康状况进行调查，抽查人口共 101179 人，重点调查孕产妇、婴儿、5 岁以下儿童死亡的主要死亡原因，为项目的执行、评价提供了科学的依据。调查结果：1997 年全县住院分娩率为 28.48%，产后访视率为 52.33%，新法接生率为 67.24%，5 岁以下儿童死亡率为 59.39‰，婴儿死亡率为 47.89‰，新生儿死亡率为 28.09‰，孕产妇死亡率为 63.86/10 万，新生儿破伤风发生率为 19.15‰。从以上调查结果得出农村孕产妇和 0~6 岁儿童保健系统管理率低，孕产妇、5 岁以下儿童死亡率均很高，存在妇幼专业技术人员缺乏，技术水平低，群众健康教育知识知晓率低，妇幼机构服务能力低等情况。到 2007 年卫生九项目指标基本达标，通过项目实施后取得很好的成效。

1999年、2007年昌江县妇幼卫生九项目支持性目标完成情况表

表 22-3-12

目标要求	1999年基数	2007年指标	达标情况
1. 孕产妇系统管理率达到50%	27.39	47.18	基本达标
2. 孕产妇保健覆盖率达到80%	50.27	77.07	基本达标
3.0~6岁儿童系统管理率达到50%	26.37	52.09	达标
4.0~6岁儿童保健覆盖率达到80%	23.41	66.40	未达标
5. 住院分娩率提高20%	28.48	88.95	达标
6. 高危住院分娩率达到90%	78.03	96.28	达标
7. 县医院、有10张床位以上的县妇幼保健机构全部成为爱婴医院	2家	2家（县人民医院、县中医院）	达标
8. 有接生条件的乡镇卫生院成为爱婴卫生院	0	0	未达标
9.4~6个月内婴儿母乳喂养率以县为单位达到80%	80	94.58	达标
10. 对肺炎、腹泻、营养不良等儿童疾病管理率达到60%	10.25	70	达标
11. 婚前保健人群，孕产妇、儿童家长有关保健知识健康教育覆盖率达到80%	0	80	达标
12. 新生儿破伤风发病率控制在1‰内	19.15	0.64	达标

第五节 妇女保健

2006年4月，启动实施生殖健康/计划生育第六周期项目，2010年结束，项目实施5年时间，取得成效。政府加大资金的投入，让项目实施得到保障。加大设备投入与使用，截至2010年7月底，县共接收到项目援助医疗保健机构的相关设备共36种，根据各卫生院设备需求，进行了摸底调查，按需分配。2009年政府投入205万元建设保健站综合大楼，共五层，占地面积1550平方米，利用面积1340平方米。狠抓各级医疗保健机构的产科设施建设，并开展青少年保健门诊服务建设，利用各项目资金和政府支持，2008年共投入300多万元用于产科基础设施建设，主要是乡（镇）卫生院的产科用房和基本设备，改善工作环境。强化孕产妇保健管理，提高住院分娩率，2005年5月，县出台了《关于昌江黎族自治县农村孕产妇住院分娩补贴办法》和昌江县新型农村合作医疗住院分娩有关补贴政策规定，卫生、计生部门联手合作，利用乡村级计生专干和保健员这一村级网络的主力军，深入农村加强宣传教育及调查摸底，并做好孕妇早孕普查登记、建档、建册工作，定期产前检查和高危孕产妇的定期随访监管等措施，使全县的孕产妇保

健管理率和住院分娩率逐年上升。项目实施以来，利用项目省级驻点专家的支持和县妇联、计生等部门的合作，组织专业技术人员，深入到各个乡（镇）开展妇科病查治工作，五年来为昌江县4万多名育龄妇女进行妇科常见病、多发病和生殖道感染疾病的检查以及治疗，真正为广大妇女提供了较好的生殖健康服务。开展母婴安全普查，强化高危管理，建立了《高危妊娠管理制度》，对高危妊娠的筛查评分、登记报告、转诊记录、追访复查、安全分娩等环节进行了规范，实行了高危妊娠的分级管理和住院分娩制度，实施高危追踪监测分片责任制度，建立全县孕产妇抢救中心，畅通“绿色通道”，为全县孕产妇修护了一条绿色的“安全屏障”，有效地提高了高危妊娠管理质量。服务对象和服务人员对生殖健康/计划生育第六周期项目内容和目标人群健康知识知晓率在原来的基础上得到进一步提高，达到85%以上。

2006—2010年昌江县生殖健康/计划生育第六周期项目资金投入情况表

表22-3-13

年份 来源		2006年	2007年	2008年	2009年	2010年	合计(元)
昌江县	人口基金资金	无资金下达	下达资金48900元	无资金下达	下达资金7500元	下达资金11500元	67900
	县级配套	无资金配套	县级资金配套4580元	无资金配套	县级资金配套7500元	无资金配套	12080
	其他	开展工作从本单位支付	无其他资金配套	开展工作从本单位支付	无其他资金配套	无	
	合计						79980

	指 标	2006年	2007年	2008年	2009年	2010年
A1	同年该地活产数（人）	2948	3105	3535	3441	3502
A2	同年该地婴儿死亡人数（人）	101	67	57	49	40
A3	婴儿死亡率（A1/A2）（%）	34.36	21.58	16.12	14.24	11.42
A4	同年该地5岁以下儿童死亡数（人）	111	80人	72	63	53
A5	5岁以下儿童死亡率（A4/A1）（‰）	37.60	25.76	20.37	18.31	15.13
A6	同年该地孕产妇死亡人数（人）	1	0	2	0	0
A7	孕产妇死亡率（A6/A1）（1/10万）	33.93	0	56.58	0	0

2006 年—2010 年昌江县生殖健康项目服务指标完成情况表

表 22-3-14

	指标	2006 年	2007 年	2008 年	2009 年	2010 年
B1	同年该地接受产前检查的产妇数（人）	2015	2181	3003	3196	3375
B2	产前检查率（B1/A1）（%）	68.35	70.24	84.95	92.85	96.37
B3	同年该地接受产后访视的产妇数（人）	1407	2243	3120	3112	3063
B4	产后访视率（B3/A1）（%）	68.35	72.24	88.26	90.44	87.46
B5	同年该地住院分娩的产妇数（人）	2338	2762	3375	3393	3457
B6	住院分娩率（B5/A1）（%）	79.31	88.95	95.47	98.61	98.72
B7	同年该地高危产妇总数（人）	248	242	337	493	602
B8	同年该地高危管理产妇数	246	233	309	491	602
B9	高危管理率（B8/B7）（%）	99.91	96.28	99.50	99.59	100
B10	同年该地应查妇女病人数（人）	10045	1434	7809	12025	12705
B11	同年该地实查妇女病人数（人）	2449	1178	1719	2749	3140
B12	妇科病普查率（B11/B10）（%）	24.87	25.4	36.04	68.58	74.14
B13	同年该地查出妇女病人数（人）	968	226	394 人	1045	1041
B14	妇科病检出率（B13/B11）（%）	38.74	32.18	32.92	38.01	33.15

第六节 儿童保健门诊建设

2010 年 9 月，昌江县下发《昌江黎族自治县保健规范化门诊建设试点方案》，随后建设七叉、海尾 2 家单位作为试点，共建设七叉、海尾、保平及妇幼保健院 4 家儿童保健门诊。

第四章 爱国卫生

第一节 机 构

1991 年，县爱卫办配备人员 6 人，爱国卫生监督队 8 人，城监队 4 人，食品卫生监督员 8 人，街道清洁工 42 人，花木工 21 人。1999 年，由分管副县长担任委员会主任，成员由各职能部门主要领导组成，共计 20 余人，下设爱国卫生运动委员会办公室。2010 年，县政府成立了以县长任组长，县委常委、宣传部部长以及分管卫生工作的副县长为副组长，县爱卫办等 32 个相关单位主要负责人为成员的创卫工作领导小组，领导小组办公室下设在县爱卫办（简称“县创卫办”），爱卫办主任兼任县创卫办副主任，具体负责创卫办日常工作，参与组织协调各成员单位开展创卫工作，有效推动创卫工作深入开展。

第二节 爱国卫生宣传

1991 年，开展健康教育工作爱卫会编印 2000 多份资料。1992 年，通过多种方式开展健教宣传，包括广播宣传 29 次，宣传车 23 辆次，张贴标语横幅 1300 多条，一定程度上提升了民众健康知识水平。1993—1998 年，健康卫生知识广播宣传累计 129 次，1998 年在实现二十世纪末人人享有初级卫生保险的“初保”工作中，指定专人开展健教。

1999—2000 年，开展全县爱国卫生月活动。创建卫生达标单位活动，在加强基本卫生设施建设、清除卫生死角、落实“门前三包”“责任区达标”“垃圾归场”“车辆归站”“农贸归市”“禽畜圈养”等活动工作。开展除“四害”活动工作，购买药械、组织人员对农贸市场、粮油仓库、各单位（门店）等鼠害严重的地段进行统一投药，1999—2000 年累计投药 54000 多份，积极开展健康知识和健康行为的宣传活动工作，坚持播放“九亿农民健康教育活动”等教育片 526 次。在县城，利用电视、广播、宣传栏和挂横幅栏杆标语等宣传工具深入社区等公共场所进行健康教育宣传，发动学校上健康教育课，从而提高全民的健康意识行为。开展第十二、十三个世界“无烟日”，全县各个单位和公共场所张贴禁烟标志 2000 余份。

2003—2007 年，全县每年积极开展世界无烟日活动、爱国卫生月活动，并通过条幅、海报、广播等方式加强健康宣传教育。

2007—2010 年，坚持经常性与突击性相结合、全面性与重点性相结合的综合防制措施，全方位地开展“四害”消杀活动，有效地降低“四害”密度，控制了鼠传疾病和虫媒传染病的暴发流行。共投入除“四害”经费 21 万元，开展技术培训 1065 人次，投放灭鼠药物 10.5 吨，使用灭蚊蝇药物 12 箱，灭蟑螂药物 8 箱。以爱国卫生月、迎接博鳌亚洲论坛、建省办经济特区 20 周年庆典等重大喜庆活动和海南国际旅游岛建设为契机，大力开展城乡环境卫生整治。2008 年，开展“椰岛杯”城镇环境综合整治工作，2009 年，开展海南国际旅游岛建设城乡环境卫生综合整治工作，2010 年，围绕创建省级卫生县城目标，启动城乡环境卫生“百日整顿大行动”，城乡环境卫生得到明显改善。普及居民健康知识、提高居民健康素质为核心，利用电视、网络、新闻手机短信、创卫简报、标语、征文活动等形式开展健康教育宣传活动，取得了良好效果，全县开展健康教育知识宣讲及培训活动 24 次，累计办健康教育专栏 30 余期，向机关、企事业单位干部职工、社区居民和学生发放《创卫知识手册》和《健康教育知识手册》共 6 万册、宣传资料共 8 万份，学校健康教育开课率达 100%。

第三节　农村改水改厕

1993 年，开展农村厕所及粪便处理背景调查工作。1997 年，制定“九五”期间改厕改水方案，全年全县完成家庭户厕 4650 户，自来水受益人口 1.2 万人。1998 年，为实现在二十世纪末农村人人享有初级卫生保健的目标，积极抓初保工作指标 6.7 的奋斗目标，开展改水改厕、粪便无害化处理等除暴工作。8 月 5 日，全省农村改水改厕现场会在昌江石碌镇召开。县委书记在会上汇报全县农村改水改厕工作情况，部分乡（镇）及个人作经验介绍。2000 年，开始利用世界银行贷款投资农村卫生项目，在乌烈、保平、峨沟、昌化、昌城等地建水厂。如海尾水厂总投资 299.27 万元，受益 2424 户 16087 人。

2003年，改厕完成797户（含沼气户厕），占年度任务的132.83%，改水完成受益人口12345人，占年度任务的102.87%。2004年，改厕完成805户（含沼气户厕），占年度任务的134%，改水完成受益人口15324人，占年度任务的102%。2005——2006年，改厕完成869户（含沼气户厕）。改水完成受益人口26113人。2008—2009年，先后完成海尾镇沙地村饮水净化工程、海尾镇北方村水塔续建工程和石碌镇片石村70个户厕任务；开展农村饮水消毒示范工作，抽取不同环境卫生的15个大口井实施农村饮水消毒示范；开展农村水质监测工作，督促防疫站完成5个国家监测点和8个省级监测点的水质监测。2009年举办两期农村安全饮水培训班，受训人数80人次，全年完成改厕1000座，每座补助800元。

2010年，完成3500座户厕改造，其中1200座采取补助现金方式，经验收合格公示后，每户发给现金800元；2300座采取补助改厕材料方式，由村委会公示申报农户名单后，爱卫办发给环保砖1000个、水泥8包、铝合金门1扇和厕盆1个，并负责运送到村。

第四节 创建卫生城镇

1991年，开展环境卫生整治活动，参与人数3200多人次，调动汽车60多辆次，清除垃圾淤泥13800多吨，疏通水沟60多条1200多米，疏通下水道38条900多米，清除卫生死角35处。开展以灭鼠为中心的消灭“四害”活动，共发放药饵2吨，凯素灵1.2吨；开展省级卫生单位创建活动，经检评县人民银行、电影院、选矿厂等8个单位被评为省级卫生单位。1992年，开展群众性的卫生清洁卫生突击活动39次，参与突击人数932万次，清除垃圾淤泥980多吨，清除卫生死角360万次，投入车辆540多辆次，疏通水沟740多条2.6千米，除杂草9.7万平方米，为改革开放创造优良环境。1993年全年环境卫生突击活动38次，参与人数3.8万人次，清除垃圾淤泥1200多吨，清理卫生死角360多处，投入车辆580多辆次，疏通水沟630多条。在全省爱国卫生工作检评中，昌江居少数民族市县之首，排在汉族地区屯昌、定安、临高、澄迈等县前面，其中县委大院等4家单位被评为省级卫生单位。1994年全年开展突击整治43次，参与突击人数3.9多万人次，清除垃圾淤泥43次，清除卫生死角380多处。开展灭四害活动3次。县不断探索、改革、创新，抓年头两节带全年、抓节日、检查评比促平时，将全县爱国卫生使之形成制度，规范管理化。经建设部考核，昌江县被评为1998年“全国城市环境综合整治优秀县(市)”。

1995——2002年，继续加强环境卫生优化力度，配备专人清运清扫垃圾，保持县区环境整洁。

2003年，全县累计出动人员10万人次，车辆650部，清理卫生死角2500处，清理垃圾8000多吨，提高全县环境卫生水平。2004—2007年，开展各项环境卫生事业，包括爱国卫生月环境卫生大整治、全县卫生督导工作、世界无烟日活动、健康宣传活动、除“四害”活动。2008年，根据县委、县政府《2008年春季环境综合整治工作行动方案》，结合第20个爱国卫生月活动，围绕“清洁家园、健康教育”的主题，成立县环境卫生整治小组，全县环境卫生有了大改观。2009年，结合“椰岛杯”开展环境整治活动，共组织清理垃圾800吨，清理卫生死角250处，积极开展除四害工作，共投放鼠药1.5吨，灭蚊、蝇、蟑药40千克，有效降低“四害”密度。开展世界“无烟日”活动，通过设立咨询点、发放1000多份宣传资料，让群众对香烟的危害有更深切的认识。

2010年，全县以创建省级卫生县城为工作目标，以环境卫生“百日大整顿”行动为载体，开展市容环境卫生整治工作，出动清扫车200多辆次，清运垃圾100多吨，出动宣传车260多次，清理户外广告牌512块，拆除乱搭乱建123处，取缔占道经营300多处。开展“牛皮癣”清理工作，聘请40名人员对城区“牛皮癣”进行为期2个月的清洗、清除，共清除“牛皮癣”8000多处，清刷面积达到了近6000平方米，解除城市顽疾。组织大规模除“四害”消杀活动，投入除“四害”经费16万元，开展技术培训1065人次，投放灭鼠药物5.5吨，使用灭蚊蝇药物150箱，灭蟑螂药物4箱，并追加除“四害”经费90万元聘请专业公司进行消杀，使灭鼠、灭蚊、灭蝇三项指标均达到国家卫生标准，蟑螂密度控制在国家卫生标准3倍以内。

第二十三编　人物

第一章 人物传

人物传以卒年先后为序，卒年相同者，以生年先后为序。

第一节 县籍人物

符永友（1971—1992 年），昌化镇浪炳村人。1991 年 8 月参军，在武警广东省深圳市边防总队二十中队当战士，1991 年年底，被评为“五好”警士。1992 年元月 8 日 7 时，在执行巡逻任务时，发现 4 名歹徒企图爬过铁丝网进入特区，符永友在距铁丝网约 16 米的树林里隐蔽观察，其中 2 名歹徒越网后被喊站住后又分头逃跑，机智地紧追抓住 1 名，另 1 名由战友许建华追拿，此时，网外的 2 名歹徒从锁住的铁门门缝挤了进去，符永友孤身难以对付 3 名歹徒，勒令首犯跪在原地不准动，与后来的 2 名歹徒搏斗，被歹徒开枪打中头部，岗楼的战友火速赶去，捉住全部越网歹徒，而符永友因流血过多，当场牺牲，年仅 21 岁。武警广东省总队、国家公安部、边防部队给符永友追记一等功；中共广东省委追认某为烈士；深圳市委、市政府授予某“特区忠诚卫士”称号，广东省团委授予“模范共青团员”称号，广东省委组织部追认他为中共正式党员；深圳市公安局社会治安基金委员会颁发给其维护深圳市社会治安而英勇献身的烈士光荣奖章、功勋证书和慰问金 4 万元。

洪信明（1935—1993 年），又名洪打鸡，黎族，七叉镇尼下村人。1957 年到海南黎族苗族自治州师范学校读书，1964 年在澄迈桥头参加“四清”运动，同年加入中国共产党。历任七差公社团委干事、公社革委会常委，叉河公社革委会副主任、副书记，王下公社书记，七差公社（区公所）书记，县人大常委会副主任，县政协主席等职。1993

年7月病逝，享年58岁。

羊礼（1919—1996），又名其礼，海尾镇新港居委会人。1938年秋加入中国共产党，抗战初期曾到琼崖党校学习和琼崖西区军政委员会受训。历任昌二区和儋县二区联络员，昌江游击队七大队一小队长，昌二区委书记，昌（江）白（沙）边区区委书记，白沙三区区长，海山县委常委兼民政科长，儋（县）白（沙）特别区委书记兼区长，儋县县委民运部部长、宣传部部长、副书记；中华人民共和国成立后历任广东番禺县鱼窝头糖厂厂长，临高糖厂筹备处副主任，利国糖厂厂长，海南轻化工业处副处长，海南黎族苗族自治州经委副主任兼工业局局长；1971年退休，1979年4月改为离休。曾获“全国老有所为”个人荣誉证书、中共海南省委颁发的“参加中国共产党五十年荣誉证”。1996年9月病逝，享年77岁。

肖星辉（1927—2002），海尾镇海尾居委会人，1943年8月参加工作，1948年5月加入中国共产党，先后在昌二区、昌白边区、琼公学校、白沙县南叉等地任队员、学员、队长、组织委员、乡党支部书记。当地解放后，历任白沙县打罗区委副书记、书记，光雅、七坊、打安等公社党委书记，白沙县农村部部长，昌江县委办公室主任，海南黎族苗族自治州人大常委会常委，昌江县人大常委会副主任、主任等职务。1987年6月离休后，任县老干部协会主任、县老年人体育运动会主席、县关心下一代工作委员会荣誉主任。2002年8月病逝，享年75岁。

钟德宽（1927—2003年），乌烈镇乌烈村人，13岁入昌感高级小学校就读。1939年2月，日本军队侵占海南岛，学校停办，回乡务农。1942年2月参加革命工作并加入中国共产党，任乌烈村党支部宣传委员；1944年被派往琼崖军政学校训练，结束后被任命为昌感县交通站指导员，秘密从事党的地下活动；1945年12月调入白沙县新区白打等乡开展工作，先后任七坊乡助理、副乡长、乡长；1950年5月，任白沙县三区区委书记；1952年1月成立海南农垦局，调任海南农垦局人事科科长；1965年1月任国营西流农场党委书记；1969年3月广州生产建设兵团成立时，任广州生产建设兵团三师五团副政委、政委；1975年11月调任海南农垦局副局长兼区党委农场部副部长，海南省第一届政协委员；1994年5月离休，享受地专级待遇。2003年10月病逝，享年76岁。

刘益忠（1937—2007），黎族，石碌镇片石村人，1958年3月参加中国人民解放军，1960年11月加入中国共产党，1961年退伍回乡，1962年在红田农场当工人，1963年3月任石碌公社人武部部长；1969年4月至1974年4月先后任大坡公社革委会副主任、石碌镇委副书记；1975年6月任县委组织部副部长；1977年11月至1980年7月任石碌革委会主任、镇委书记，其间，1980年3月任中共昌江县委常委；1981年9月至1984年6月任县农林水办公室副主任；1987年5月任昌江县政府副县长；1990年5月至1993年4月任中共昌江县委常委、县政府副县长；1993年4月任县人大常委会主任。1998年4月退休，2007年10月病逝，享年70岁。

韦允文（1939—2008），海尾镇海尾居委会人，1953年9月就读于海南琼西中学，1956年参加工作，任乡文书；1966年6月任海尾公社管委会副社长，1979年加入中国共产党；1980年10月后，历任海尾公社管委会副主任、党委书记（1982年4月至7月在广东省农业干部学校进修学习）；1984年6月任县政府副县长，1990年5月至1991年12月任中共昌江县委常委。1991年在水利工作中表现突出，曾被省政府评为先进工作者。同年，参加北京林业管理干部学院重点县级领导干部建设专题研究班培训。1993年4月当选昌江县政协主席，直到1998年3月离任，1999年退休。2008年3月病逝，享年69岁。

陈辉（1922—2008），乌烈镇道隆村人，1939年7月加入中国共产党，历任道隆村党支部宣传委员、支部书记；1941年冬初，调任昌江二区交通站站长；1943年5月，参加琼崖独立总队第四支队，历任支队一中队党支部书记、大队副官、六中队指导员、支队政治处组织干事、海南军区五总队军械主任兼指导员、团后勤处主任、团干部管理处处长；1954年2月，从部队转入地方工作，先后任海南农垦干部学校党委委员、科长，国营西华农场党委书记、场长；1961年3月调任乐东县委副书记；1964年5月任海南黎族苗族自治州农垦部部长；1966年8月任海南黎族苗族自治州革命委员会生产组副组长兼计划办公室主任、州计划委员会主任；1983年任海南黎族苗族自治州人大常委会副主任；1988年4月任海南省人大常委会委员、省人大民族宗教委员会副主任。1990年荣获中共海南省委颁发的“五十年党龄荣誉证书”和纪念章。1992年3月离休，享受地专级待遇。2008年5月病逝，享年86岁。

第二节 外县籍人物

符兴贵（1935—1993），又名符亚劳，黎族，东方市东河镇车新村人。少年时在乐东七区小学、东方县小学读书，1952年参加工作，1956年加入中国共产党，先后进入南方大学海南分校、海南黎族苗族自治州、昌江县干校学习。当过售货员、公社革委会主任、县财贸部干事、县委党校校长、县纪委会委员等职。1980年8月后任石碌镇党委书记，1984年6月任昌江县政府副县长1987年5月和1990年5月，分别当选为昌江县第八届和第九届人大常委会主任。1993年病逝，享年58岁。

吉克强（1920—1998），原名吉德智，东方市四更镇下荣村人。1938年加入中国共产党，历任县民众抗日自卫团小队长，诗北区宣传委员，新荣乡党总支书记兼乡长，昌感县武工队队长，乐东县第三区党委书记兼区长，昌感县第一区委书记兼区长，县民政科长、副县长、县委常委，海南西线国防公路建设副总指挥，地质部410工会主席、政工科长，广东省地质陈列馆馆长，昌江县委宣传部部长、县科教办主任、县人大常委会副主任。1985年离休，享受地专级待遇。1998年3月病逝，享年78岁。

陈维彩（1919—2002年），江苏省邮县临泽镇湖水村人,1945年7月加入中国共产党，1946年参加革命工作。中华人民共和国成立后，历任湖北省应城县人民政府副县长，海南铁矿党委常委、工会主席，昌江县委副书记、县长，县生产委员会副主任、县革委会生产组长、县财贸办主任，县委常委、县革委会副主任，县人大常委会主任。1983年10月离休，定居石碌镇。2002年3月病逝，享年83岁。

林诗哲（1934—2004），又名林群，东方市墩头镇人，1950年参加革命工作，历任新墩乡文书，新街镇公社财粮助理，昌感县一区公所文书、团委书记、民政助理，昌感县渔业部主办干事，东方县水产公司经理，昌江县昌化、新港公社副书记，新港盐场党委书记、场长，昌化公社副书记、社长，昌化区委书记，县建委主任，昌江县人大常委会副主任。1993年离休。享受地专级待遇。2004年5月病逝，享年70岁。

陈月宏（1927—2007），儋州市木棠镇陈坊村人，1947年2月参加革命工作，1949年6月加入中国共产党。在解放战争时期参加了琼崖纵队粉碎国民党反动派围剿的琼东伏击战、突围战战役和春季攻势行动等战役。当地解放后先后在海南军区三科、海南军区工兵连、海南公安大队、海南行署公安局人民武装警察支队二中队、昌江县公安局、昌江县五七干校、昌江大风糖厂、海尾边防派出所（1980年10月改编转回入军队）、昌江县公安局边防大队、昌江县公安边防支队司令部工作。历任战士、民警、派出所所长，支队司令部参谋（副团级），曾先后荣获中国人民解放军中南军区第四野战军颁发解放海南岛纪念章一枚、全国人民慰问人解放军代表团荣誉章一枚、中华人民共和国颁发解放华南纪念章一枚、海南行署公安局人民武装警察支队司令部政治处授予三等功勋章一枚以及中华人民共和国中央军事委员会、公安部授予中国人民解放军胜利功勋荣誉章一枚。2000年4月获海南省委、省政府、省军区授予参加渡海作战解放海南岛50周年荣誉证书。1990年12月离休。2007年2月病逝，享年80岁。

文武宪（1930—2008），东方市三家镇水流东村人，1948年2月参加革命工作并加入中国共产党。历任抗日儿童团团长，新宁乡党支部书记、总支书记，昌城区委组织委员，昌感县委组织部干事，海尾公社党委副书记兼组织委员，海尾中学校长，昌城公社革委会主任、书记，昌江县委统战部副部长，县委组织部副部长兼县直属机关党委书记，昌江县政协副主席，中共昌江县第三、四、五、七届党代会代表，第三、四、五届县委委员，第二、三、四、七届人民代表大会代表。1994年离休,2008年8月病逝，享年76岁。

第二章　人物表

第一节　副高级以上职称表

1991—2010年昌江县获得副高级以上职称的人不断增加。

1991-2010年昌江县副高以上职称专家表

表25-2-1

姓名	籍贯	参加工作时间	工作单位	职称	职务	学历	评定时间
陈金雄	海南昌江	1989年7月	县农技中心	高级农艺师	主任	大学	2002年12月
谢益标	广东普宁	1959年8月	县农技中心	高级农艺师	主任	中专	1996年8月
郭祖庆	广东信宜	1987年7月	县国土环资局	高级工程师	副局长	大学	2006年8月
周文奇	海南昌江	1968年10月	县志办	副研究员	主任	大专	1999年2月
王槐胜	海南澄迈	1970年8月	县住建局	高级工程师	副局长	大学	1999年2月
李芳伟	海南昌江	1987年8月	省农林科技学校	高级讲师	校长	大学	2004年12月
林鸿飞	海南临高	1990年7月	县住建局	高级工程师	县建筑设计院主任	大专	2010年6月
郭承贤	海南昌江	1963年8月	儋州市史志办	副研究员	主任科员	大学	1996年8月
符兴生	海南昌江	1973年12月	县水务局	高级工程师	局长	研究生	2002年8月
文兴元	海南昌江	1969年10月	省邮政局	高级工程师	党组书记、总经理	大学	2006年12月
林书杰	海南昌江	1982年7月	清华大学	副教授	教师	博士	2008年6月
吉　虹	海南昌江	1965年7月	陕西日报社	高级记者	记者	大学	1991年12月
陶世平	海南昌江	1969年7月	省第二建筑公司	高级工程师	总工程师、副总经理	大学	1993年6月

表 25-2-2 续 1

姓名	籍贯	参加工作时间	工作单位	职称	职务	学历	评定时间
钟红茂	海南昌江	1970 年 12 月	广东海洋生物研究所	研究员	副主任	大学	1993 年 8 月
陈洪青	海南昌江	1972 年 12 月	海南广播电视大学	教授	校长、党委副书记	大学	1994 年 9 月
周继杰	海南昌江	1976 年 8 月	省住建厅	高级工程师	处长	大学	1996 年 8 月
张高明	海南昌江	1984 年 7 月	省公路勘察设计院	高级工程师		大专	2005 年 10 月
钟桂龙	海南昌江	1969 年 8 月	华南农业大学	副研究员	处长	大学	1991 年 6 月
庄　革	海南昌江	1993 年 7 月	华中科技大学	教授	所长	博士	2000 年 2 月
李朝弟	海南昌江	1991 年 9 月	清华大学	教授	教师	博士	1996 年 8 月
周　铁	海南昌江	1990 年 7 月	海南大学	副教授	教师	博士	2009 年 10 月
王莎莎	海南昌江	1972 年 10 月	省产品质量监督检验所	高级工程师	总工程师	大学	1994 年 2 月
李卫标	海南昌江	1992 年 7 月	省地质调查院	高级工程师		大学	2010 年 6 月
陈大奎	海南昌江	1984 年 7 月	海口市二中	中学高级教师	教师	大学	2009 年 7 月
符振才	海南昌江	1964 年 9 月	昌江中学	中学高级教师	教师	大学	1999 年 10 月
黎之文	海南儋州	1960 年 9 月	昌江中学	中学高级教师	教师	大学	1999 年 10 月
李裕华	广东梅县	1967 年 9 月	昌江中学	中学高级教师	教导主任	大学	1999 年 10 月
谢真文	海南昌江	1986 年 7 月	县教育局	中学高级教师	副股长	大学	2005 年 3 月
陈　涛	海南东方	1990 年 7 月	县教育局	中学高级教师	副主任	大学	2007 年 8 月
符永伟	海南昌江	1980 年 7 月	县教育局	中学高级教师	教研员	大专	2006 年 8 月
邢诒义	海南乐东	1981 年 7 月	县教育局	中学高级教师	教研员	大专	2008 年 8 月
黄振隆	海南昌江	1979 年 9 月	县教育局	中学高级教师	站长	大学	2008 年 12 月
冯　雯	海南昌江	1985 年 9 月	县教育局	中学高级教师	副主任	大学	2008 年 12 月
李　晖	海南昌江	1989 年 9 月	县教育局	中学高级教师	教研员	大学	2009 年 12 月
庞大海	广东湛江	1983 年 7 月	昌江中学	中学高级教师	校长	大学	2000 年 8 月
陈符达	海南昌江	1969 年 9 月	昌江中学	中学高级教师	教师	大专	1999 年 10 月

表 25-2-2 续 2

姓名	籍贯	参加工作时间	工作单位	职称	职务	学历	评定时间
温和喜	广西	1963 年 4 月	昌江中学	中学高级教师	教师	大专	1999 年 10 月
罗以腾	海南乐东	1958 年 5 月	昌江中学	中学高级教师	教师	大专	1999.10 月
罗章程	海南文昌	1969 年 3 月	昌江中学	中学高级教师	副校长	大专	1999.10 月
郭如瑞	海南昌江	1976 年 3 月	昌江中学	中学高级教师	教师	大专	2001.08 月
关贻猷	海南昌江	1972 年 3 月	昌江中学	中学高级教师	教师	大专	1999.10 月
符世明	海南乐东	1975 年 6 月	昌江中学	中学高级教师	工会主席	大专	1999.10 月
符维珍	海南昌江	1964 年 11 月	昌江中学	中学高级教师	政教处主任	大专	2001.02 月
王禄嶙	海南海口	1963 年 7 月	昌江中学	中学高级教师	教师	大专	2001.02 月
张光梓	海南海口	1976 年 8 月	昌江中学	中学高级教师	教务处主任	大学	2001.02 月
谢仁贤	海南昌江	1968 年 7 月	昌江中学	中学高级教师	校长	大专	1999.10 月
陈荣才	海南昌江	1974 年 4 月	昌江中学	中学高级教师	体卫处主任	大专	2001.02 月
钟王亨	海南昌江	1977 年 7 月	昌江中学	中学高级教师	办公室主任	大专	2001.02 月
陈仁忠	海南昌江	1977 年 7 月	昌江中学	中学高级教师	教务处副主任	大专	2001.02 月
林　雄	海南东方	1968 年 12 月	昌江中学	中学高级教师	教师	大专	2001.02 月
孙定兴	海南乐东	1976.07 月	昌江中学	中学高级教师	副校长	大学	1999.10 月
陈昌海	海南昌江	1979.07 月	昌江中学	中学高级教师	教师	大学	2000.10 月
陈作美	海南乐东	1984 年 7 月	昌江中学	中学高级教师	教务处副主任	大学	2005.09 月
李　勇	海南昌江	1985 年 7 月	昌江中学	中学高级教师	教代会主席	大学	2006.08 月
梁永禄	海南乐东	1979 年 7 月	昌江中学	中学高级教师	教务处主任	大学	2005.10 月
林振贤	海南乐东	1981 年 6 月	昌江中学	中学高级教师	教师	大学	2001.09 月
王年红	海南昌江	1981 年 7 月	昌江中学	中学高级教师	教务处副主任	大学	2001.09 月
杨瑞强	海南昌江	1981 年 7 月	昌江中学	中学高级教师	政教处副主任	大学	2001.09 月
张　菁	海南文昌	1984 年 9 月	昌江中学	中学高级教师	教师	大学	2005.03 月

表 25-2-2 续 3

姓名	籍贯	参加工作时间	工作单位	职称	职务	学历	评定时间
钟瑞华	海南昌江	1989 年 7 月	昌江中学	中学高级教师	教师	大学	2006 年 8 月
卓珠娜	海南万宁	1983 年 7 月	昌江中学	中学高级教师	教师	大学	2005 年 3 月
彭伟江	广东陆河	1983 年 7 月	昌江中学	中学高级教师	教师	大学	2008 年 3 月
杨振华	海南昌江	1987 年 7 月	昌江中学	中学高级教师	政教处主任	大学	2008 年 7 月
苏格新	海南东方	1988 年 7 月	昌江中学	中学高级教师	教师	大学	2006 年 8 月
王乐昌	海南乐东	1993 年 7 月	昌江中学	中学高级教师	教研室主任	大学	2007 年 12 月
邱力耘	广东高州	1989 年 7 月	昌江中学	中学高级教师	教师	大学	2006 年 8 月
罗亲健	海南乐东	1989 年 7 月	昌江中学	中学高级教师	教师	大学	2008 年 7 月
张　郁	海南昌江	1989 年 6 月	昌江中学	中学高级教师	教师	大学	2006 年 8 月
施德强	海南昌江	1980 年 7 月	昌江中学	中学高级教师	教师	大学	2006 年 10 月
洪永生	海南乐东	1982 年 7 月	昌江中学	中学高级教师	教师	大学	2010 年 2 月
林高全	海南昌江	1986 年 7 月	昌江中学	中学高级教师	教师	大学	2010 年 2 月
林炼忠	海南昌江	1975 年 9 月	昌江中学	中学高级教师	体卫处主任	大学	2008 年 12 月
文粤斌	海南昌江	1989 年 7 月	昌江中学	中学高级教师	教师	大学	2008 年 12 月
李和英	海南海口	1962 年 1 月	矿区中学	中学高级教师	工会主席	大专	1999 年 10 月
王芳雄	海南定安	1969 年 3 月	矿区中学	中学高级教师	教师	大专	1999 年 10 月
崔展铭	海南陵水	1966 年 12 月	矿区中学	中学高级教师	教师	大学	2008 年 12 月
程演吉	海南定安	1969 年 1 月	矿区中学	中学高级教师	教师	大专	2004 年 12 月
王建光	海南乐东	1973 年 1 月	矿区中学	中学高级教师	教师	大专	2006 年 12 月
钟树材	广东惠州	1966 年 7 月	矿区中学	中学高级教师	教师	大学	2007 年 12 月
裴秉贞	广东三水	1969 年 3 月	矿区中学	中学高级教师	教师	大学	2002 年 10 月
陈业庆	海南琼海	1966 年 9 月	矿区中学	中学高级教师	教师	大学	2003 年 10 月
赵金莲	广东潮州	1968 年 8 月	矿区中学	中学高级教师	教师	大专	2003 年 10 月

表 25-2-2 续 4

姓名	籍贯	参加工作时间	工作单位	职称	职务	学历	评定时间
王植焕	海南定安	1965 年 1 月	矿区中学	中学高级教师	副处长	大学	2003 年 10 月
梁庆兴	广东梅州	1963 年 8 月	矿区中学	中学高级教师	教师	大学	2002 年 10 月
李玉海	广西合浦	1963 年 7 月	矿区中学	中学高级教师	教师	大学	2000 年 10 月
林树森	海南东方	1956 年 3 月	矿区中学	中学高级教师	支部书记	大专	1991 年 2 月
王健石	广东普宁	1969 年 1 月	矿区中学	中学高级教师	处长	大学	1999 年 10 月
冯学瑜	海南文昌	1970.02 月	矿区中学	中学高级教师	教师	大专	2002 年 10 月
符传忠	海南文昌	1975.03 月	矿区中学	中学高级教师	教师	大专	2003 年 10 月
麦来姣	海南三亚	1972 年 9 月	矿区中学	中学高级教师	教师	大专	2004 年 10 月
陈秉廉	广东新会	1969 年 3 月	矿区中学	中学高级教师	教师	大专	1999 年 10 月
许俐娅	广东潮州	1975 年 3 月	矿区中学	中学高级教师	教师	大专	2000 年 12 月
曾德平	海南定安	1970 年 9 月	矿区中学	中学高级教师	教师	大专	2003 年 12 月
徐道逵	海南屯昌	1972 年 3 月	矿区中学	中学高级教师	教师	大专	2003 年 12 月
关林安	海南琼海	1972. 年 9 月	矿区中学	中学高级教师	教师	大学	2003 年 12 月
王海清	海南文昌	1972 年 9 月	矿区中学	中学高级教师	教师	大专	2003 年 12 月
韩月兰	海南文昌	1975 年 8 月	矿区中学	中学高级教师	教师	大学	2004 年 12 月
袁裕芹	广东梅县	1967 年 8 月	矿区中学	中学高级教师	党总支书记	大学	1999 年 10 月
朱若秋	重庆	1972. 年 4 月	矿区中学	中学高级教师	教师	大学	2000 年 10 月
杨清武	海南海口	1962 年 8 月	矿区中学	中学高级教师	教师	大专	2000 年 10 月
杨应统	海南文昌	1959 年 6 月	矿区中学	中学高级教师	支部书记	大专	1999 年 10 月
黄绮玲	广西榕县	1958 年 1 月	矿区中学	中学高级教师	教师	大学	1999 年 10 月
陆建心	海南文昌	1980 年 9 月	矿区中学	中学高级教师	教师	大专	2005 年 12 月
李兰松	海南昌江	1988 年 7 月	矿区中学	中学高级教师	校长	大学	2010 年 8 月
杨庆孝	海南陵水	1980 年 1 月	矿区中学	中学高级教师	教师	大学	1999 年 10 月

表 25-2-2 续 5

姓名	籍贯	参加工作时间	工作单位	职称	职务	学历	评定时间
王 毅	海南昌江	1987 年 7 月	矿区中学	中学高级教师	副校长	大学	2006 年 8 月
黄良谟	海南文昌	1986 年 7 月	矿区中学	中学高级教师	教师	大学	2002 年 12 月
庄光成	海南文昌	1990 年 7 月	矿区中学	中学高级教师	教师	大学	2005 年 3 月
梁振南	海南海口	1973 年 7 月	矿区中学	中学高级教师	教师	大学	2002 年 6 月
陈海平	海南乐东	1993 年 7 月	矿区中学	中学高级教师	教师	大学	2006 年 8 月
王建牛	海南临高	1989 年 7 月	矿区中学	中学高级教师	教师	大专	2006 年 8 月
虞 琦	海南临高	1978 年 1 月	矿区中学	中学高级教师	教师	大学	2003 年 12 月
黄国游	海南万宁	1990 年 8 月	矿区中学	中学高级教师	教师	大学	2005 年 3 月
陈世涛	海南琼海	1979 年 9 月	矿区中学	中学高级教师	教师	大专	2007 年 8 月
王国庆	海南文昌	1985 年 7 月	矿区中学	中学高级教师	教师	大学	2002 年 12 月
吴德强	广东饶平	1984 年 7 月	矿区中学	中学高级教师	教师	大学	2002 年 12 月
陈 川	海南文昌	1989 年 7 月	矿区中学	中学高级教师	教师	大学	2003 年 12 月
陈开红	海南万宁	1982 年 9 月	矿区中学	中学高级教师	教师	大学	2000 年 9 月
陈惠莉	海南文昌	1989 年 2 月	矿区中学	中学高级教师	教师	大专	2003 年 12 月
陈克佳	海南文昌	1975 年 8 月	矿区中学	中学高级教师	教师	大专	2010 年 9 月
陈 通	广东兴宁	1993 年 7 月	矿区中学	中学高级教师	教师	大学	2006 年 8 月
李光良	海南澄迈	1981 年 9 月	矿区中学	中学高级教师	教师	大专	2000 年 12 月
李三儒	四川资中	1992 年 7 月	矿区中学	中学高级教师	教师	大学	2005 年 3 月
王碧英	四川仁寿	1989 年 7 月	矿区中学	中学高级教师	教师	大学	2008 年 1 月
王广学	海南屯昌	1989 年 2 月	矿区中学	中学高级教师	教师	大学	2005 年 3 月
王乃信	海南三亚	1974 年 1 月	矿区中学	中学高级教师	教师	大专	2001 年 2 月
王壮槐	海南儋州	1980 年 2 月	矿区中学	中学高级教师	教师	大专	2003 年 12 月
黄如琴	海南万宁	1990 年 7 月	矿区中学	中学高级教师	教师	大学	2003 年 12 月

表 25-2-2 续 6

姓名	籍贯	参加工作时间	工作单位	职称	职务	学历	评定时间
黄　平	海南三亚	1980 年 12 月	矿区中学	中学高级教师	教师	大专	2002 年 12 月
钟小云	广东兴宁	1983 年 7 月	矿区中学	中学高级教师	教师	大学	2000 年 9 月
林茂纯	广东潮州	1977 年 8 月	矿区中学	中学高级教师	教师	大专	2010 年 2 月
林明萍	海南文昌	1989 年 7 月	矿区中学	中学高级教师	教师	大学	2003 年 12 月
徐子诚	广东揭阳	1993 年 7 月	矿区中学	中学高级教师	教师	大学	2006 年 8 月
张仁吉	海南文昌	1979 年 3 月	矿区中学	中学高级教师	教师	大专	2000 年 12 月
张光利	海南文昌	1984 年 8 月	矿区中学	中学高级教师	教师	大学	2005 年 3 月
刘小红	台湾金门	1990 年 7 月	矿区中学	中学高级教师	教师	大学	2002 年 10 月
苏运丰	海南文昌	1975 年 8 月	矿区中学	中学高级教师	教师	大专	2005 年 3 月
卢明任	海南文昌	1985 年 2 月	矿区中学	中学高级教师	教师	大专	2008 年 1 月
詹志超	海南文昌	1978 年 9 月	矿区中学	中学高级教师	教师	大专	2005 年 3 月
辛志华	海南乐东	1989 年 7 月	矿区中学	中学高级教师	教师	大学	2003 年 12 月
蒲秀清	海南儋州	1988 年 7 月	矿区中学	中学高级教师	教师	大学	2003 年 12 月
翁少珍	海南文昌	1980 年 12 月	矿区中学	中学高级教师	教师	大专	2008 年 1 月
林金兰	海南东方	1989 年 7 月	矿区中学	中学高级教师	教师	大学	2006 年 8 月
符　东	海南昌江	1986 年 7 月	矿区中学	中学高级教师	教师	大学	2008 年 12 月
郭承文	海南昌江	1984 年 9 月	矿区中学	中学高级教师	副校长	大学	2005 年 3 月
许俐娅	广东潮州	1975 年 3 月	矿区中学	中学高级教师	教师	大专	2008 年 8 月
王海清	海南文昌	1972 年 9 月	矿区中学	中学高级教师	教师	大专	2008 年 8 月
徐道逵	海南屯昌	1972 年 3 月	矿区中学	中学高级教师	教师	大专	2009 年 9 月
曾德平	海南定安	1970 年 9 月	矿区中学	中学高级教师	教师	大专	2009 年 9 月
关林安	海南琼海	1974 年 9 月	矿区中学	中学高级教师	教师	大学	2002 年 12 月
韩月兰	海南文昌	1977 年 10 月	矿区中学	中学高级教师	教师	大学	2002 年 12 月

表 25-2-2 续 7

姓名	籍贯	参加工作时间	工作单位	职称	职务	学历	评定时间
钟国义	海南昌江	1984 年 3 月	矿区中学	中学高级教师	教师	大学	2009 年 9 月
吴　强	海南澄迈	1980 年 9 月	矿区中学	中学高级教师	教师	大学	2008 年 8 月
黄丽月	广东揭西	1988 年 7 月	矿区中学	中学高级教师	教师	大学	2008 年 12 月
唐利英	海南昌江	1991 年 7 月	矿区中学	中学高级教师	教师	大学	2008 年 12 月
符崇伟	海南临高	1990 年 7 月	矿区中学	中学高级教师	教师	大学	2009 年 10 月
符玉女	海南白沙	1990 年 7 月	矿区中学	中学高级教师	教师	大专	2008 年 12 月
洪学博	海南文昌	1984 年 8 月	矿区中学	中学高级教师	教师	大专	2008 年 12 月
林书光	海南昌江	1989 年 7 月	矿区中学	中学高级教师	教师	大专	2009 年 10 月
王晓纯	广东揭西	1993 年 1 月	矿区中学	中学高级教师	教师	大学	2010 年 8 月
方世海	海南乐东	1982 年 7 月	昌江民族中学	中学高级教师	校长	大学	2005 年 8 月
陈　季	海南乐东	1980 年 7 月	昌江民族中学	中学高级教师	副校长	大学	2000 年 9 月
李仕彪	海南陵水	1985 年 6 月	昌江民族中学	中学高级教师	副校长	大学	2000 年 12 月
郭京承	海南昌江	1979 年 7 月	昌江民族中学	中学高级教师	教师	大专	2005 年 3 月
肖德化	海南乐东	1979 年 7 月	昌江民族中学	中学高级教师	教师	大专	2005 年 3 月
杨耀宏	海南昌江	1990 年 7 月	昌江民族中学	中学高级教师	教研室主任	大学	2006 年 8 月
陈家乐	海南昌江	1987 年 7 月	昌江民族中学	中学高级教师	教师	大学	2007 年 9 月
林其理	海南昌江	1990 年 7 月	昌江民族中学	中学高级教师	教师	大专	2007 年 8 月
苏权雄	海南昌江	1991 年 7 月	昌江民族中学	中学高级教师	德育处主任	大学	2007 年 8 月
羊凌攀	海南昌江	1986 年 7 月	昌江民族中学	中学高级教师	教师	大学	2007 年 8 月
吉祥华	海南东方	1984 年 7 月	昌江民族中学	中学高级教师	党支部副书记	大学	2008 年 12 月
吴江云	海南澄迈	1989 年 6 月	昌江民族中学	中学高级教师	教研室组长	大学	2008 年 12 月
叶茂发	海南昌江	1986 年 7 月	昌江民族中学	中学高级教师	教务处主任	大学	2008 年 12 月
陈　中	海南昌江	1987 年 7 月	昌江民族中学	中学高级教师	教师	大学	2009 年 10 月

表 25-2-2 续 8

姓名	籍贯	参加工作时间	工作单位	职称	职务	学历	评定时间
林运才	海南昌江	1981 年 7 月	昌江民族中学	中学高级教师	教师	大专	2009 年 8 月
陆燕平	海南三亚	1984 年 7 月	昌江民族中学	中学高级教师	教研室副主任	大学	2009 年 10 月
吴忠文	海南文昌	1989 年 7 月	昌江民族中学	中学高级教师	教师	大学	2009 年 10 月
张开欢	海南昌江	1990 年 7 月	昌江民族中学	中学高级教师	教师	大学	2009 年 10 月
钟志强	海南昌江	1988 年 7 月	昌江民族中学	中学高级教师	教研室副主任	大专	2009 年 10 月
阮国权	海南昌江	1989.0 年	昌江民族中学	中学高级教师	教师	大学	2010 年 8 月
吉华敏	海南东方	1990 年 7 月	昌江民族中学	中学高级教师	教研室副主任	大学	2010 年 8 月
符钟劲	海南昌江	1986 年 7 月	昌江民族中学	中学高级教师	教师	大专	2010 年 8 月
李永能	海南昌江	1992 年 7 月	昌江民族中学	中学高级教师	教师	大专	2010 年 8 月
冯思英	海南海口	1962 年 7 月	昌江民族中学	中学高级教师	教师	大学	2006 年 12 月
陈世才	海南琼海	1961 年 7 月	昌江民族中学	中学高级教师	教师	大专	2006 年 12 月
史　本	海南文昌	1962 年 7 月	昌江矿区学校	中学高级教师	教师	大专	2006 年 12 月
黄良荣	海南文昌	1966 年 7 月	昌江矿区学校	中学高级教师	教师	大专	2007 年 8 月
白玉琼	台湾台中	1973 年 9 月	昌江矿区学校	中学高级教师	教师	大学	2008 年 12 月
张熙扬	海南文昌	1975 年 3 月	昌江矿区学校	中学高级教师	教师	大专	2008 年 12 月
林明绪		1976 年 9 月	昌江矿区学校	中学高级教师	教师	大学	2006 年 12 月
陈丽娃	广东汕头	1975 年 10 月	昌江矿区学校	中学高级教师	教师	大专	2007 年 8 月
钟耀辉	广东信宜	1962 年 6 月	昌江矿区学校	中学高级教师	教师	大专	2005 年 12 月
李廷洲		1962 年 7 月	昌江矿区学校	中学高级教师	教师	大专	2005 年 12 月
符海雄	海南文昌	1986 年 7 月	昌江矿区学校	中学高级教师	校长	大学	2006 年 8 月
陈孝甫	海南文昌	1983 年 8 月	昌江矿区学校	中学高级教师	副校长	大学	2006 年 8 月
林峰雄	海南万宁	1980 年 7 月	昌江矿区学校	中学高级教师	教导	大专	2001 年 9 月
王国梅	海南文昌	1990 年 7 月	昌江矿区学校	中学高级教师	教师	大专	2006 年 8 月

表 25-2-2 续 9

姓名	籍贯	参加工作时间	工作单位	职称	职务	学历	评定时间
林逾萱	广东汕头	1992 年 7 月	昌江矿区学校	中学高级教师	教师	大学	2006 年 8 月
陈香来	海南琼海	1990 年 7 月	昌江矿区学校	中学高级教师	教师	大学	2006 年 8 月
王燕珊	广东汕头	1989 年 7 月	昌江矿区学校	中学高级教师	教师	大学	2006 年 8 月
黄　清	海南东方	1987 年 7 月	昌江矿区学校	中学高级教师	教师	大专	2006 年 8 月
郑琼珊	广东汕头	1988 年 7 月	昌江矿区学校	中学高级教师	教师	大学	2006 年 8 月
唐巧伶	海南琼海	1988 年 7 月	昌江矿区学校	中学高级教师	教师	大学	2006 年 8 月
关忠信	海南乐东	1979 年 8 月	昌江矿区学校	中学高级教师	教师	大专	2001 年 9 月
黎开煌	海南琼海	1983 年 7 月	昌江矿区学校	中学高级教师	教师	大学	2006 年 8 月
李智超	海南昌江	1990 年 7 月	县职教中心	中学高级教师	副主任	大学	2008 年 7 月
陈家英	海南乐东	1981 年 7 月	县一小	中学高级教师	校长	大学	2002 年 9 月
陈小丽	广东徐闻	1989 年 7 月	县一小	中学高级教师	副校长	大学	2010 年 8 月
周继文	海南昌江	1980 年 12 月	县三小	中学高级教师	校长	大学	2006 年 10 月
林　鹰	海南文昌	1984 年 7 月	昌江石碌镇学校	中学高级教师	副校长	大学	2000 年 9 月
谢　勇	海南昌江	1987 年 7 月	昌江石碌镇学校	中学高级教师	督导副主任	大学	2008 年 12 月
林仁光	海南昌江	1984 年 9 月	昌江石碌镇学校	中学高级教师	教师	大学	2009 年 10 月
孙　玄	陕西省	1983 年 7 月	昌江思源实验学校	中学高级教师	校长	大学	2002 年 8 月
林淑芬	陕西省	1981 年 7 月	昌江思源实验学校	中学高级教师	教师	大学	2003 年 6 月
张俊维	湖北省	1981 年 9 月	昌江思源实验学校	中学高级教师	教师	大专	2006 年 12 月
李玉层	河南省	1994 年 7 月	昌江思源实验学校	中学高级教师	主任	研究生	2010 年 11 月
关中南	海南乐东	1968 年 6 月	红林学校	中学高级教师	教师	大专	2008 年 12 月
许美容	海南海口	1982 年 8 月	红林学校	中学高级教师	教师	大专	2006 年 8 月
吉翔燕	海南乐东	1990 年 7 月	红林学校	中学高级教师	教师	大学	2006 年 8 月
黄明生	广西灵山	1978 年 8 月	红林学校	中学高级教师	教师	大学	2008 年 1 月

表 25-2-2 续 10

姓名	籍贯	参加工作时间	工作单位	职称	职务	学历	评定时间
吴顺明	广东电白	1987 年 7 月	红田学校	中学副高	副校长	大学	2009 年 10 月
曾　虹	海南文昌	1980 年 8 月	红田学校	中学副高	教师	大专	2009 年 10 月
林高华	海南昌江	1978 年 7 月	乌烈中学	中学高级教师	教师	大专	2009 年 10 月
钟英权	海南昌江	1983 年 7 月	乌烈中学	中学高级教师	教师	大专	2009 年 10 月
陈世富	海南昌江	1984 年 7 月	乌烈中学	中学高级教师	教师	大专	2009 年 10 月
李诗波	海南昌江	1984 年 7 月	乌烈中学	中学高级教师	教师	大专	2009 年 10 月
关远富	海南昌江	1977 年 9 月	乌烈中学	中学高级教师	教师	大专	2010 年 8 月
李医学	海南昌江	1984 年 7 月	乌烈中学	中学高级教师	教师	大专	2009 年 10 月
符永冰	海南昌江	1990 年 7 月	乌烈中学	中学高级教师	教师	大专	2010 年 8 月
钟才兴	海南昌江	1966 年 7 月	乌烈中学	中学高级教师	教师	大学	1999 年 10 月
林　坚	海南昌江	1984 年 9 月	乌烈中学	中学高级教师	教师	大专	2008 年 12 月
章喜川	海南昌江	1983 年 9 月	乌烈中学	中学高级教师	教师	大专	2009 年 10 月
钟鼎峰	海南昌江	1986 年 7 月	昌化中学	中学高级教师	校长	大学	2010 年 8 月
卢云华	海南昌江	1992 年 7 月	叉河中学	中学高级教师	校长	大学	2009 年 10 月
周海珠	海南琼海	1979 年 9 月	叉河中学	中学高级教师	教师	大专	2009 年 10 月
张坤金	广东信宜	1981 年 7 月	叉河中学	中学高级教师	教导	大专	2008 年 12 月
符祥明	海南东方	1981 年 7 月	叉河中学	中学高级教师	工会主席	大专	2009 年 12 月
谢荣妹	湖南	1990 年 7 月	南罗中学	中学高级教师	教师	大学	2006 年 8 月
黄垂安	海南乐东	1988 年 7 月	霸王岭学校	中学高级教师	教师	大专	2007 年 8 月
郭春杉	海南临高	1990 年 7 月	霸王岭学校	中学高级教师	教师	大学	2008 年 1 月
张世昌	海南昌江	1983 年 7 月	霸王岭学校	中学高级教师	教师	大学	2009 年 10 月
陈　亮	海南乐东	1991 年 7 月	霸王岭学校	中学高级教师	教师	大专	2008 年 12 月
刘忠义	湖南祁阳	1989 年 7 月	霸王岭学校	中学高级教师	教师	大专	2009 年 10 月
符芳红	海南昌江	1984 年 9 月	保平中学	中学高级教师	校长	大学	2009 年 10 月

表 25–2–2 续 11

姓名	籍贯	参加工作时间	工作单位	职称	职务	学历	评定时间
范冠承	海南昌江	1984 年 9 月	王下乡中心学校	中学高级教师	教师	大专	2009 年 10 月
罗锦明	海南昌江	1973 年 10 月	县卫生局	副主任医师	局长	大学	2000 年 10 月
郑振树	海南昌江	1971 年 10 月	县卫生局	副主任医师	副局长	大专	2000 年 10 月
陈钊中	广东信宜	1960 年 10 月	县卫生局	副主任医师	副局长	大专	2009 年 12 月
谢录垂	广东连平	1962 年 7 月	县皮防所	副主任医师	所长	大专	1999 年 10 月
吴祖荣	广东信宜	1992 年 7 月	县疾病预防控制中心	副主任医师	主任	大学	2005 年 12 月
钟国仁	海南昌江	1979 年 9 月	城北社区卫生服务中心	副主任医师	主任	大学	1994 年 7 月
曹显环	海南文昌	1984 年 8 月	城南社区卫生服务中心	副主任医师	主任	大专	2000 年 12 月
廖　云	海南东方	1981 年 11 月	县人民医院	主任医师	院长	大学	2010 年 12 月
麦贻思	海南乐东	1988 年 7 月	县人民医院	主任医师	副院长	大学	2008 年 12 月
陈福寿	海南昌江	1992 年 10 月	县人民医院	副主任医师	副院长	大学	2005 年 12 月
王林明	海南昌江	1992 年 10 月	县人民医院	副主任医师	医务科主任	大学	2009 年 12 月
吴　云	海南昌江	1991 年 8 月	县人民医院	副主任医师	质控科主任	大学	2008 年 3 月
吴英光	海南昌江	1992 年 10 月	县人民医院	副主任医师	外一科主任	大学	2010 年 12 月
林炽明	海南乐东	1984 年 7 月	县中西医结合医院	副主任医师	院长	大学	2001 年 12 月
文国华	海南东方	1988 年 8 月	县中西医结合医院	副主任医师	党委书记	大学	2002 年 12 月
孙树强	海南乐东	1990 年 7 月	县中西医结合医院	副主任医师	副院长	大学	2006 年 12 月
叶创兴	海南定安	1971 年 9 月	县中西医结合医院	副主任医师	医生	大专	2000 年 12 月
赵少锋	广东汕头	1984 年 8 月	县中西医结合医院	副主任医师	医务科科长	大专	2007 年 12 月
刘晓霆	广东揭阳	1993 年 7 月	县中西医结合医院	副主任医师	外一科主任	大学	2004 年 12 月
朱伟平	湖南双峰	1975 年 3 月	县中西医结合医院	副主任医师	医生	大专	2001 年 1 月
翁启旭	海南琼海	1989 年 9 月	县中西医结合医院	副主任医师	内一科主任	大学	2008 年 4 月
吴彦德	海南琼山	1994 年 12 月	县中西医结合医院	副主任医师	内二科主任	大学	2007 年 12 月
林涌祥	广东潮阳	1991 年 7 月	县中西医结合医院	副主任医师	感染科主任	大学	2006 年 12 月
文常英	四川威远	1990 年 7 月	县中西医结合医院	副主任医师	妇产科主任	大学	2006 年 12 月

表 25-2-2 续 12

姓名	籍贯	参加工作时间	工作单位	职称	职务	学历	评定时间
黄明勇	广西浦北	1990 年 7 月	县中西医结合医院	副主任医师	急诊科主任	大学	2007 年 12 月
曾成钦	广东廉江	1990. 年 7 月	县中西医结合医院	副主任医师	二门诊副主任	大学	2004 年 12 月
韩建涛	海南文昌	1990 年 7 月	县中西医结合医院	副主任医师	一门诊主任	大学	1996 年 8 月
吴香坤	海南昌江	1975 年 12 月	县中西医结合医院	副主任医师	医生	大专	2000 年 12 月
郭文华	海南昌江	1969 年 9 月	县中西医结合医院	副主任医师	医生	大学	2000 年 12 月
李　勇	海南乐东	1961 年 7 月	县中西医结合医院	副主任医师	医生	中专	1999 年 12 月
韦　珪	海南乐东	1956 年 3 月	县中西医结合医院	副主任医师	医生	大学	1993 年 9 月
张海涛	江西	1968 年 11 月	县中西医结合医院	副主任医师	医生	大学	1993 年 9 月
吕余芳	湖南	1963 年 9 月	县中西医结合医院	副主任医师	医生	大学	1999 年 4 月
袁泽荣	四川	1967 年 7 月	县中西医结合医院	副主任医师	医生	大学	1988 年 7 月
周秉泉	吉林德惠	1967 年 8 月	县中西医结合医院	副主任医师	医生	大学	1991 年 1 月
谢祖庄	湖北汉川	1969 年 8 月	县中西医结合医院	副主任医师	医生	大学	1991 年 11 月
余文炳	广东海康	1970 年 8 月	县中西医结合医院	副主任医师	医生	大学	1992 年 12 月
张丽娟	河北丰润	1969 年 9 月	县中西医结合医院	副主任医师	医生	大学	1993 年 1 月
孙建柱	辽宁新民	1973 年 7 月	县中西医结合医院	副主任医师	医生	大学	1994 年 12 月
程范超	海南定安	1968 年 4 月	县中西医结合医院	副主任药师	医生	大专	1995 年 2 月
胡素英	湖南临武	1970 年 8 月	县中西医结合医院	副主任医师	医生	大学	2000 年 2 月
莫彬炳	海南万宁	1982 年 12 月	县中西医结合医院	副主任医师	医生	大学	1995 年 12 月
潘　玲	广西龙安	1982 年 12 月	县中西医结合医院	副主任医师	医生	大学	1995 年 12 月
周胜利	浙江东阳	1985 年 7 月	海南矿业股份有限公司	高级工程师	常务副总指挥、副总工程师	大学	2001 年 2 月
刘明东	辽宁新宾	1989 年 8 月	海南矿业股份有限公司	高级经济师	副总经理	研究生	2001 年 2 月
曾学农	广东海康	1984 年 12 月	海南矿业股份有限公司	高级工程师	工程监理	大学	2000 年 1 月

表 25-2-2 续 13

姓名	籍贯	参加工作时间	工作单位	职称	职务	学历	评定时间
王文硕	海南乐东	1995 年 7 月	海南矿业股份有限公司	高级工程师	机械技术	大学	2000 年 12 月
郭风芳	湖南邵东	1989 年 8 月	海南矿业股份有限公司	高级工程师	副总经理、总工程师	大学	2000 年 12 月
郑良喜	浙江江山	1989 年 8 月	海南矿业股份有限公司	高级工程师	副部长	大学	2000 年 12 月
韩献元	海南文昌	1976 年 9 月	海南矿业股份有限公司	高级经济师	干事	大学	2001 年 12 月
兰　舟	四川绵阳	1995 年 2 月	海南矿业股份有限公司	高级工程师	总经理助理、副总工程师	博士	2001 年 12 月
张洪义	重庆梁平	1988 年 7 月	海南矿业股份有限公司	高级工程师	副总经理	大学	2001 年 1 月
唐文寿	湖南邵阳	1995 年 7 月	海南矿业股份有限公司	高级工程师	副主任	大学	2001 年 12 月
林毓强	海南乐东	1981 年 8 月	海南矿业股份有限公司	高级政工师	部长、党委书记	研究生	2001 年 12 月
黄焕爱	广东番禺	1983 年 8 月	海南矿业股份有限公司	高级工程师		大专	2001 年 12 月
黄海进	广东普宁	1987 年 1 月	海南矿业股份有限公司	高级工程师		大专	2001 年 12 月
王雅平	河北博野	1972 年 8 月	海南矿业股份有限公司	高级政工师	顾问	大学	2002 年 12 月
林为国	海南海口	1990 年 7 月	海南矿业股份有限公司	高级工程师	主任	大学	2002 年 12 月
郑国强	广东汕头	1992 年 8 月	海南矿业股份有限公司	高级工程师		大专	2002 年 12 月
卢利军	湖南新宁	1990 年 7 月	海南矿业股份有限公司	高级工程师	副主任	大学	2003 年 6 月
黎陛坚	海南琼海	1985 年 12 月	海南矿业股份有限公司	高级工程师		大专	2003 年 12 月
刘　敏	海南文昌	1982 年 9 月	海南矿业股份有限公司	高级工程师		大专	2003 年 12 月
王运深	海南澄迈	1995 年 7 月	海南矿业股份有限公司	高级工程师		大专	2003 年 12 月
陈学因	海南澄迈	1994 年 7 月	海南矿业股份有限公司	高级工程师		大学	2003 年 12 月
邹立新	湖南望城	1991 年 7 月	海南矿业股份有限公司	高级工程师	主任	大学	2004 年 12 月
谢舒凯	海南临高	1992 年 7 月	海南矿业股份有限公司	高级工程师	科长	大学	2005 年 12 月
孙贻芬	海南东方	1998 年 8 月	海南矿业股份有限公司	高级工程师	机械工程师	大学	2005 年 12 月
管万民	湖北蕲春	1991 年 8 月	海南矿业股份有限公司	高级工程师		大学	2005 年 12 月
林　崧	海南儋州	1998 年 3 月	海南矿业股份有限公司	高级工程师	副主任	大学	2006 年 12 月

表 25-2-2 续 14

姓名	籍贯	参加工作时间	工作单位	职称	职务	学历	评定时间
苏圣明	海南乐东	1989 年 7 月	海南矿业股份有限公司	高级工程师	党支部书记兼副主任、工会主席	大学	2005 年 12 月
谭　杰	海南临高	1992 年 7 月	海南矿业股份有限公司	高级工程师		大学	2005 年 12 月
陈道斌	广东阳江	1990 年 7 月	海南矿业股份有限公司	高级工程师	副主任兼纪委书记	大学	2005 年 12 月
胡志高	广西马山	1991 年 7 月	海南矿业股份有限公司	高级工程师	部长助理	大学	2005 年 12 月
郑振川	广东潮阳	1992 年 7 月	海南矿业股份有限公司	高级工程师	副部长	大学	2005 年 12 月
张兴杰	海南东方	1999 年 8 月	海南矿业股份有限公司	高级经济师		大学	2006 年 11 月
胡海雄	广东潮阳	1991 年 7 月	海南矿业股份有限公司	高级工程师	主任助理	大学	2006 年 12 月
王昌章	海南澄迈	1992 年 7 月	海南矿业股份有限公司	高级工程师	副主任	大学	2006 年 12 月
徐伟程	广东新会	1980 年 8 月	海南矿业股份有限公司	高级工程师	副总工程师兼主任	大学	2006 年 12 月
符永康	海南东方	1983 年 4 月	海南矿业股份有限公司	高级工程师	副总工程师兼厂长	大专	2006 年 12 月
卢兆鸿	海南儋州	1992 年 9 月	海南矿业股份有限公司	高级工程师	科长	大学	2006 年 12 月
郑丽芳	广东潮阳	1991 年 7 月	海南矿业股份有限公司	高级工程师		大学	2006 年 12 月
林芳雄	海南乐东	1986 年 7 月	海南矿业股份有限公司	高级工程师	科长	大学	2006 年 12 月
王　刚	海南乐东	1992 年 7 月	海南矿业股份有限公司	高级工程师	土建设计	大学	2006 年 12 月
王　志	海南临高	1993 年 7 月	海南矿业股份有限公司	高级工程师	副部长	大学	2006 年 12 月
李猛加	广东饶平	1981 年 6 月	海南矿业股份有限公司	高级经济师	主任	大学	2006 年 12 月
王　详	海南澄迈	1993 年 7 月	海南矿业股份有限公司	高级工程师	副主任	大学	2008 年 1 月
叶永盛	广东潮安	1981 年 9 月	海南矿业股份有限公司	高级工程师	主任	大专	2007 年 12 月
鄞松标	广东汕头	1985 年 12 月	海南矿业股份有限公司	高级工程师	党支部书记兼副主任、工会主席	大学	2007 年 12 月
庄智文	广东普宁	1983 年 8 月	海南矿业股份有限公司	高级工程师	主任	大专	2007 年 12 月
李学谟	海南海口	1983 年 12 月	海南矿业股份有限公司	高级工程师	副科级	大学	2007 年 12 月
郑壮志	海南临高	1992 年 7 月	海南矿业股份有限公司	高级工程师	采矿技术	大学	2007 年 12 月

表 25-2-2 续 15

姓名	籍贯	参加工作时间	工作单位	职称	职务	学历	评定时间
张 惠	安徽萧县	1982 年 8 月	海南矿业股份有限公司	高级工程师	建筑高级工程师	大专	2007 年 12 月
徐光辉	海南东方	1975 年 3 月	海南矿业股份有限公司	高级工程师	顾问	大专	2007 年 12 月
陈 智	海南儋州	1992 年 8 月	海南矿业股份有限公司	高级工程师	固资管理	大学	2007 年 12 月
王兴武	海南琼海	1992 年 8 月	海南矿业股份有限公司	高级工程师	科长	大学	2007 年 12 月
陈天奎	湖南衡阳	1993 年 7 月	海南矿业股份有限公司	高级工程师	采矿技术	大学	2007 年 12 月
林 庆	海南文昌	1989 年 7 月	海南矿业股份有限公司	高级工程师	科长	大学	2007 年 12 月
林仕忠	海南乐东	1991 年 7 月	海南矿业股份有限公司	高级工程师	副总工程师兼部长	大学	2007 年 12 月
韦凤珍	广东信宜	1994 年 7 月	海南矿业股份有限公司	高级工程师	配件加工管	大学	2007 年 12 月
何子洪	海南琼海	1980 年 9 月	海南矿业股份有限公司	高级经济师	顾问	大学	2007 年 12 月
吴 民	海南海口	1993 年 8 月	海南矿业股份有限公司	高级经济师	部长	大学	2007 年 12 月
陈 敏	海南文昌	1972 年 8 月	海南矿业股份有限公司	高级工程师	顾问	大学	2007 年 12 月
夏长青	海南乐东	1992 年 7 月	海南矿业股份有限公司	高级工程师	部长助理	大学	2007 年 12 月
王蕾蕾	安徽淮北	1992 年 7 月	海南矿业股份有限公司	高级工程师	配件计划	大学	2008 年 12 月
蔡开徕	海南乐东	1993 年 7 月	海南矿业股份有限公司	高级工程师	党支部副书记、副主任、工会主席	大学	2008 年 12 月
王有能	海南澄迈	1993 年 8 月	海南矿业股份有限公司	高级工程师	主任助理	大学	2009 年 4 月
吴维坤	海南定安	1983 年 8 月	海南矿业股份有限公司	高级工程师	科长	大专	2008 年 12 月
司永刚	海南琼海	1982 年 9 月	海南矿业股份有限公司	高级工程师	副厂长	大专	2008 年 12 月
王诗贤	湖南浏阳	1980 年 11 月	海南矿业股份有限公司	高级工程师	科长	大学	2008 年 12 月
黄若花	海南海口	1993 年 8 月	海南矿业股份有限公司	高级工程师	交换机管理	大学	2008 年 12 月
莫日安	海南海口	1992 年 7 月	海南矿业股份有限公司	高级工程师	副科长	大学	2008 年 12 月
符泉香	海南文昌	1992 年 7 月	海南矿业股份有限公司	高级工程师	科长	大学	2008 年 12 月
詹志为	海南文昌	1977 年 8 月	海南矿业股份有限公司	高级工程师	顾问	大专	2008 年 12 月

表 25-2-2 续 16

姓名	籍贯	参加工作时间	工作单位	职称	职务	学历	评定时间
蔡奕芝	广东揭阳	1989 年 7 月	海南矿业股份有限公司	高级工程师	质量管理	大学	2008 年 12 月
陈子良	广东台山	1991 年 12 月	海南矿业股份有限公司	高级工程师	现场管理	大专	2008 年 12 月
郭文莲	内蒙古伊克昭	1995 年 12 月	海南矿业股份有限公司	高级管理师	干事	大专	2009. 年 4 月
关义尧	海南乐东	1995 年 1 月	海南矿业股份有限公司	高级工程师	采矿技术	大学	2009 年 2 月
陈泽淮	海南文昌	1980 年 12 月	海南矿业股份有限公司	高级工程师	现场管理	大学	1993 年 6 月
杨国青	内蒙古呼和浩特	1991 年 10 月	海南矿业股份有限公司	高级会计师	副科长	大学	1994 年 1 月
游定方	贵州绥阳	1986 年 6 月	海南矿业股份有限公司	高级工程师	部长	研究生	1994 年 12 月
陈国平	浙江	1976 年 3 月	海南矿业股份有限公司	高级工程师	董事长	大学	1997 年 12 月
黄厚敬	广东番禺	1972 年 8 月	海南矿业股份有限公司	高级工程师	总工程师兼技术部部长	大专	1997 年 1 月
罗平凡	广东兴宁	1972 年 8 月	海南矿业股份有限公司	高级工程师	工会主席	大专	1997 年 1 月
薛红娟	陕西咸阳	1990 年 7 月	海南矿业股份有限公司	高级工程师	测量	大学	1997.01 月
吴雨霖	海南儋州	1983 年 8	海南矿业股份有限公司	高级工程师	总经理助理、副总工程师	研究生	1997 年 12
钟海乾	海南儋州	1992 年 7	海南矿业股份有限公司	高级工程师	总指挥助理	大学	1999 年 1
傅　斯	海南文昌	1983 年 2	海南矿业股份有限公司	高级工程师	机械设计	大专	1999 年 1
潘　苏	广东廉江	1982 年 8	海南矿业股份有限公司	高级工程师	科长	大专	1999 年 1
罗凤伟	海南临高	1991 年 8	海南矿业股份有限公司	高级工程师	科长	大专	1999 年 1
杨　康	海南澄迈	1993 年 1	海南矿业股份有限公司	高级工程师	计量管理	大学	1999 年 1
陈卫权	海南文昌	1991 年 8	海南矿业股份有限公司	高级工程师	主任	大学	1999 年 1
付　玉	辽宁营口	1988 年 7	海南矿业股份有限公司	高级工程师	主任	大学	1999 年 12

表 25-2-2 续 17

姓名	籍贯	参加工作时间	工作单位	职称	职务	学历	评定时间
彭华生	广西岑溪	1985 年 7 月	海南矿业股份有限公司	高级工程师	科长	大学	1999 年 12 月
王金亮	辽宁大连	1987 年 10 月	海南矿业股份有限公司	高级工程师	总经理助理、副总工程师	大学	2001 年 12 月
杨祖光	海南海口	1974 年 9 月	海南矿业股份有限公司	高级经济师	副董事长、党委书记	大专	2006 年 12 月
张喜楠	广东普宁	1994 年 9 月	海南矿业股份有限公司	高级工程师	现场技术员	大专	2007 年 12 月
符苏精	海南临高	1992 年 7 月	海南矿业股份有限公司	高级工程师	调度	大学	2009 年 1 月
黄　微	广东潮阳	1983 年 12 月	海南矿业股份有限公司	高级工程师	设备管理	大专	2010 年 12 月
袁昌旭	海南海口	1992 年 8 月	海南矿业股份有限公司	高级工程师	业务员	大专	2010 年 12 月
林旭升	广东电白	1995 年 9 月	海南矿业股份有限公司	高级工程师	总指挥助理	大学	2010 年 12 月
周建良	江苏苏州	1996 年 8 月	海南矿业股份有限公司	高级会计师	董事会秘书兼董事会办公室主任	研究生	2010 年 12 月
李卫花	海南澄迈	1994 年 7 月	海南矿业股份有限公司	高级工程师	机场管理	大学	2010 年 12 月
颜　朝	海南乐东	1997 年 5 月	海南矿业股份有限公司	高级工程师	采矿设计	大学	2010 年 12 月
宋永亮	宁夏中宁	1994 年 7 月	海南矿业股份有限公司	高级工程师	部长助理	大学	2010 年 12 月
王国锦	海南琼海	1983 年 12 月	海南矿业股份有限公司	高级工程师	现场管理	大学	2010 年 12 月
吴宗明	海南文昌	1976 年 12 月	海南矿业股份有限公司	高级工程师	顾问	大专	2010 年 12 月
陈福雄	海南万宁	1991 年 7 月	海南矿业股份有限公司	高级工程师	副部长兼工会主席	大专	2010 年 12 月
陈福雄	海南万宁	1991 年 7 月	海南矿业股份有限公司	高级工程师	副部长兼工会主席	大专	2010 年 12 月
孙一鸣	湖南常德	1986 年 1 月	海钢集团	高级会计师注册会计师	公司副总经理兼财务总监	大学	2005 年 12 月
谢卓新	海南临高	1981 年 7 月	海钢集团	高级政工师	办公室主任	大学	1998 年 11 月
黄兰华	广东信宜	1992 年 8 月	海钢集团	高级会计师	风险控制部财务审计	大专	2008 年 12 月

表 25-2-2 续 18

姓名	籍贯	参加工作时间	工作单位	职称	职务	学历	评定时间
杨照春	海南乐东	1997 年 11 月	海钢集团	高级会计师	财务部部长助理	大学	2008 年 12 月
邓志刚	湖南祁阳	1993 年 8 月	海钢集团	高级工程师	生产部部长助理	大学	2006 年 12 月
林　虎	海南东方	1982 年 9 月	海钢接待服务管理中心	高级政工师	接待服务管理中心党委书记	大学	2001 年 12 月

第二节　获国家级奖励集体和人物表

昌江县在 1991-2010 年间，以高度的责任感和使命感，在各项工作中勇于拼搏、奋勇争先，取得了佳绩。20 年间共有 58 家单位和部门 129 次获得了国家奖励，101 人次获得国家级奖励。

1991— 2010 年昌江县荣获国家级先进集体一览表

表 24-2-2

单位	时间	授予单位	获奖情况	备注
县委党史研究室	1991 年 10 月	中央党史研究室	被评为“全国党史工作先进单位”	
昌城乡文化站	1992 年月	文化部	被授予“全国先进文化站”	
县环境资源局	1993 年 7 月	地矿部矿产开发局	被评为“全国矿管行政执法先进单位”	
叉河镇	1993 年 9 月	国家体委	被评为“全国群众体育先进单位”	
十月田镇中心小学	1993 年 10 月	国家教委、国家民委	被评为“全国民族教育先进集体”	
叉河镇	1993 年 12 月	国家体委	被授予“全国群众体育先进单位”称号	
昌江中学	1993 年 12 月	国家体委	被授予“全国群众体育先进单位”称号	
海南钢铁公司	1994 年 11 月	全国总工会	被评为“全国工会劳动保护先进单位”	
叉河镇	1995 年 10 月	国家民委和国家体委	被授予“全国少数民族体育先进单位”称号	
县图书馆	1995 年 4 月	文化部	被评为国家“三级图书馆”	
县科委	1995 年 7 月	科技部	荣获“全国星火计划管理先进集体”称号	
叉河镇	1995 年 11 月	国家体委	被评为“全国少数民族体育先进单位”	

表 24-2-2 续 1

单位	时间	授予单位	获奖情况	备注
县妇联	1996 年 3 月	全国妇联等 12 个部委	被授予全国农村“双学双比”活动先进单位称号	
县人民医院	1996 年 12 月	卫生部	被评定为“二级甲等”医院	
县法院	1996 年	最高人民法院	被授予“全国司法统计先进单位”称号	
县一小	1996 年	国家环保总局、国家教委	被评为“全国环境教育先进单位”	
县粮食局	1997 年	国家储备办	被授予“精神文明建设先进单位”光荣称号	
县农业综合开发办公室	1997 年 10 月	国家农业综合开发办公室	被评为“全国农业综合开发先进单位”	
昌化镇	1997 年 12 月	国家体委	被评为“全国群众体育先进集体”	
工行昌江支行	1997 年 12 月	国家体委	被授予“全国全民健身宣传周活动先进单位”称号	
昌江黎族自治县	1998 年 6 月	全国环境综合治理委员会	被评为“全国优秀环境整洁先进县城”	
县总工会	1998 年 11 月	全国总工会	被授予“全国先进县工会”称号	
县地税局	1998 年	国家体育总局	被授予“98 全国全民健身宣传周活动先进单位”称号	
县民政局	1999 年	国家民政部、交通部、公安部、建设部	被授予“全国国道设标先进单位”称号	
县地税局	1999 年	国家税务总局	在城镇集体企业清产核资工作中，被评为先进单位	
工行昌江支行	1999 年	工商银行总行	被评为“家庭文化建设先进单位”	
县三小	1999 年 3 月	国家体育总局和教育部	被授予“全国推行《达标》工作先进集体”称号	
昌江黎族自治县	199 年 4 月	建设部	被授予“98 年度全国城市环境综合整治优秀城市（县）”称号	
县文体局	2000 年 1 月	国家体育总局	被授予“99 全国全民健身宣传周活动优秀组织奖”	
县人民医院	2000 年 1 月	国家体育总局	被授予“99 全国全民健身宣传周活动先进单位”称号	
昌江黎族自治县	2000 年月	中央宣传部、司法部	被评为“1999—2000”全国法制宣传教育先进县	
昌江黎族自治县	2000 年 5 月	民政部、交通部、公安部、建设部	被授予“全国国道设标”先进单位	
太坡镇	2000 年 5 月	国家体育总局和农业部	被授予“全国亿万农民健身先进单位”称号	
县总工会女职委	2000 年	全国总工会	被评为“全国工会先进女职工集体”	
海南省农村致富技术函授大学昌江分校	2000 年	中国农函大总校	被评为先进单位	
七差乡	2000 年 12 月	国家计划生育协会	被授予“计划生育协会乡级先进单位”荣誉称号	

表 24–2–2 续 2

单位	时间	授予单位	获奖情况	备注
县法院	2001 年	最高人民法院	荣获“全国法院系统人民满意的好法院”光荣称号	
县法院刑事审判庭	2001 年	最高人民法院和共青团中央	被授予“全国优秀青少年维权岗”光荣称号	
工行昌江支行	2001 年	国家体育总局	被评为“全民健身周先进单位”	
县妇联	2002 年	全国妇联等部委	被评为全国“双学双比”先进集体	
县法院	2002 年	最高人民法院	荣获“全国指导人民调解工作先进集体”称号	
工行昌江支行	2002 年	工商银行总行	被评为“模范职工之家”	
工行昌江支行	2002 年	国家体育总局	被评为“全国健身先进单位”	
县质量技术监督局	2002 年 3 月	国家质检总局	被授予“全国质量技术监督打假联合行动先进集体”荣誉称号	
昌江黎族自治县	2003 年	国家人口和计划生育委员会	被评为“全国计划生育优质服务先进县”	
县人民法院	2003 年 12 月	最高人民法院	荣获“全国模范法院”称号	
县人口与计划生育局	2003 年	国家人口和计划生育委员会	被授予“全国人口与计划生育科技工作先进集体”荣誉称号	
县计划生育协会	2003 年 12 月	中国计划生育协会	被评为“全国协会工作先进单位”	
昌江黎族自治县	2004 年	国家人口和计划生育委员会	被评为“全国计划生育优质服务先进县”	
县中医院妇委会	2004 年 4 月	全国妇联	荣获“全国三八红旗集体”荣誉称号	
县人民法院	2004 年	最高人民法院	被评为“全国少年法庭工作先进集体”	
县人民检察院控告申诉科	2004 年	最高人民检察院	被评为“全国检察机关文明接待室”	
县计划生育协会	2004 年	中国计划生育协会	被评为“中国计划生育协会先进拓展项目点”	
县中医院妇委会	2004 年	全国妇联	被评为“全国三八红旗集体”	
昌江黎族自治县	2005 年	国家人口和计划生育委员会	被评为“全国计划生育优质服务先进县”	
县统计局经济普查办公室	2005 年	国务院第一次全国经济普查领导小组	授予“全国经济普查先进集体”称号	
武警昌江边防支队	2005 年	共青团中央、中国残联	被评为“百万青年志愿者助残行动”先进集体	
石碌镇石碌税务所	2005 年	国家税务总局	被评为“税务系统全国青年文明号”	
县民宗局	2005 年	国家民委	被授予“四五”普法宣传教育先进单位称号	
工行昌江支行	2005 年	中华全国总工会	被评为“全国模范职工小家”荣誉称号	
工行昌江支行	2005 年	工行全国总行	被评为“教育工作先进单位”	

表 24-2-2 续 3

单位	时间	授予单位	获奖情况	备注
县建设局	2005 年	国家环保总局	被授予“全国打击环保违法行为先进集体”荣誉称号	
县建设局	2005 年	国家环保总局	被授予“全国清查放射源专项行动工作先进集体”荣誉称号	
县老干部活动中心	2005 年	国家体育总局	被授予“全国优秀全民健身活动”荣誉称号	
县妇联	2005 年	全国妇联	被评为妇联系统“四五普法”先进集体	
昌江国税局	2005 年	全国妇联	被评为“全国巾帼文明示范岗”荣誉称号	
县机关幼儿园	2005 年	全国妇联	被评为“全国巾帼文明示范岗”荣誉称号	
叉河镇	2005 年	国家人口和计划生育委员会	被评为“全国婚育新风进万家活动先进乡镇”荣誉称号	
县人民检察院	2005 年	最高人民检察院	被评为“服装管理先进单位”	
县邮政局	2005 年	中国通信体协	被评为“全国通信行业体育先进单位”	
县地方志办公室	2005 年 12 月	国家人事部、中国地方志指导小组	被授予“全国地方志系统先进集体”荣誉称号	
县地方志办公室	2005 年 12 月	中国地方志指导小组	被授予“全国方志先进集体”荣誉称号	
昌江黎族自治县	2006 年	国家人口和计划生育委员会	被评为“全国计划生育优质服务先进县”	
昌江中学	2006 年	全国妇联	被评为“全国文明示范岗”荣誉称号	
十月田镇	2006 年	国家人口和计划生育委员会	被评为“全国婚育新风进万家活动先进乡镇”	
叉河镇	2006 年	国家体育总局	被授予“全国全民健身优秀单位奖”	
县商务局	2006 年	商务部	被评为“全国万村千乡市场工程”先进集体	
石碌镇	2006 年	农业部、国家体育总局和中国农民体育协会	被授予“全国亿万农民健身活动”先进乡镇称号	
县保密局	2006 年	中共中央保密委员会办公室、国家保密局	被评为“2005—2006 年全国先进工作”集体	
县民宗局	2006 年	国家民族事务委员会	被评为“2001—2005 年全国民委系统法制宣传教育”先进集体	
石碌镇山竹沟村	2006 年 4 月	司法部、民政部	被授予第二批“全国民主法制示范村”荣誉称号	
县图书馆	2006 年 8 月	文化部	被评为“公共文化设施管理先进单位”	
县公安局	2006 年 10 月	公安部	被评定为“全国二级刑事科学技术室”	

表 24–2–2 续 4

单位	时间	授予单位	获奖情况	备注
县妇联	2006 年 12 月	全国妇联	被评为全国“美德在农家”活动县级先进组织	
昌江黎族自治县	2007 年	国家林业局	被评为“全国海防林建设先进市县”	
县图书馆	2007 年	全国妇联	被评为“全国三八红旗先进集体”	
叉河镇	2007 年	中共中央宣传部、文化部、国家新闻出版广电总局	荣获“全国服务农民服务基层文化建设先进集体”称号	
叉河镇	2007 年	国家计生协会	荣获“国家计划生育协会先进乡镇”称号	
县残联	2007 年	国务院残疾人工作委员会	被评为“第二次全国残疾人抽样调查先进调查队”	
十月田镇	2007 年	中共中央宣传部、文化部、国家新闻出版广电总局	荣获“全国服务农民服务基层文化建设先进集体”荣誉称号	
石碌镇	2007 年	全国妇联、国家信访局	被授予“全国妇联系统信访工作先进集体”荣誉称号	
县人民检察院	2007 年	最高人民检察院	被评为 2007 年度全国检察机关宣传工作先进单位	
县图书馆	2007 年 1 月	文化部	荣获“全国文化设施管理先进单位”称号	
县委保密局	2007 年 3 月	国家保密局	被评为“全国保密工作先进单位”	
团县委	2007 年	团中央	被授予“全国团建先进县”称号	
昌江黎族自治县	2008 年	国家林权制度改革办	被授予“2008 年度全国科技林改服务先进市县”称号	
县图书馆	2008 年	全国文化资源共享工程建设管理中心	被授予“全国文化信息共享工程基层服务站点先进集体”称号	
十月田镇	2008 年	全国妇联	被授予“全国妇女‘双学双比’活动先进单位”称号	
十月田镇	2008 年	中宣部、国家广电总局、文化部、新闻出版总署	被授予“全国服务基层服务农村文化建设先进集体”称号	
县红十字会	2008 年	中国红十字会	被授予“抗震救灾先进集体”荣誉称号	
叉河镇政府	2008 年	国务院第二次全国农业普查领导小组办公室、国家统计局	被授予“第二次全国农业普查先进集体”荣誉称号	
叉河镇政府	2008 年	中宣部、国家广电总局、文化部、新闻出版总署	被授予“全国服务农民服务基层文化建设先进集体”称号	
叉河镇政府	2008 年	计划生育协会	被授予“全国计划生育协会工作先进单位”荣誉称号	

表 24-2-2 续 5

单位	时间	授予单位	获奖情况	备注
县文体局	2008 年	国家文化部	舞蹈《陶之魂》在全国首届农民文艺汇演中，被授予“全国首届农民文艺汇演金穗奖”	
团县委	2008 年	共青团中央	被评为“我与祖国共奋进”主题教育实践活动优秀组织单位	
团县委	2008 年	全国少工委	被评为“民族精神代代传活动创新奖和优秀小课题奖”	
县图书馆	2008 年 3 月	全国妇联	被授予“全国三八红旗集体”称号	
县红十字会	2008 年 8 月	中国红十字会	被授予“全国抗震救灾先进集体”称号	
昌江黎族自治县	2009 年	文化部	被授予“全国文化先进单位”称号	
昌江黎族自治县	2009 年	国土资源部	被评为“地质灾害群测群防十有县”	
团县委	2009 年	共青团中央	被授予“2008 年度全国青年中心设先进县”称号	
团县委	2009 年	共青团中央	被授予“第七届中国十大杰出志愿服务集体”称号	
团县委	2009 年	共青团中央	被授予“2009 年度全国调研奖三等奖”	
县人民检察院	2009 年	检察日报社	被评为“2009 年度检察宣传先进单位”	
县司法局	2009 年	中央宣传部、司法部、全国普法办	被授予“全国‘五五’普法中期先进集体”称号	
县海洋与渔业局	2009 年	农业部南海区渔政局	被评为“2009 年南海区渔业安全生产管理先进集体”	
县文化馆	2009 年	新闻出版总署	被授予“全国农家书屋建设工程先进县”称号	
十月田镇	2009 年	中央精神文明建设指导委员会办公室	被评为“2008 年度全国创建文明村工作先进村镇”	
十月田镇	2009 年	国土资源部、农业部	被评为“2009 年度全国基本农田保护工作先进单位”	
县保密局	2009 年	国家保密局金城出版社、《保密工作》杂志	被评为“2009 年《保密工作》征订工作先进单位”	
县科协（农函大分校）	2009 年	中国农村致富技术函授大学	被授予“开展返乡农民工培训工作先进分校”称号	
县工商局	2009 年	国家工商总局	被评为“全国信息化工作先进单位”	
县检察院反渎职侵权局	2010 年 5 月	最高人民检察院	被评为“深入查办危害能源和生态环境渎职犯罪专项工作中表现突出集体”	
县工商局	2010 年 8 月	国家工商总局	被评为“全国工商行政管理系统法制工作先进集体”	
县委办	2010 年 10 月	中共中央办公厅	被授予“2010 年中共中央办公厅通讯工作一等奖”	

表 24–2–2 续 6

单位	时间	授予单位	获奖情况	备注
县老区促进会	2010 年 11 月	国家老区促进会	被评为“全国先进老区促进会”	
县计划生育协会	2010 年 12 月	全国计划生育协会	被评为“全国计划生育协会县级先进单位”	
县检察院	2010 年 12 月	最高人民检察院《检察日报》社	被评为“2010 年被全国检察宣传先进单位”	
十月田镇敬老院	2010 年	民政部	被授予“全国模范敬老院”荣誉称号	

1991—2010 年昌江县获国家级奖励人物表

表 25–2–3

姓名	性别	民族	籍贯	获奖时工作单位	获奖情况
符振才	男	黎族	海南昌江	昌江中学	1991 年全国优秀教师
钟文诚	男	汉族	海南昌江	县公安局	1991 年“全国优秀民警”
谢志勇	男	汉族	广东陆河	昌江中学	1991 年所撰写的《中学校园与校园文学》获全国中学语文教学研讨会优秀论文
陈文忠	男	汉族	海南昌江	县爱卫办	1991 年国家爱国卫生运动委员会“全国爱国卫生先进工作者”
谢志勇	男	汉族	广东陆河	昌江中学	1992 年全国中学文学社团研究会优秀指导老师
钟军顺	男	汉族	海南昌江	昌江一小	1993 年全国优秀教师
韩惠珠	女	汉族	海南文昌	县公安局	1993 年全国公安系统刑事犯罪情报资料先进个人
李勇	男	汉族	海南乐东	县中医院	1994 年全国卫生系统先进个人
林建松	男	黎族	海南昌江	县人民法院	1995 年最高法院全国法院模范
谭建平	男	黎族	海南昌江	石碌镇香岭村	1995 年全国劳动模范
李勇	男	汉族	海南乐东	县中医院	1995 年全国卫生系统先进工作者
关贻猷	男	汉族	海南昌江	昌江中学	1995 年全国教育系统劳动模范
陈荣才	男	黎族	海南昌江	昌江中学	1995 年全国体育达标先进工作者
林日明	男	汉族	海南澄迈	县财政局	1995 年全国核资清产工作者先进个人
钟文秋	女	汉族	海南昌江	县委	1996 年全国妇联“三八红旗手”、“巾帼建功标兵”
钟文秋	女	汉族	海南昌江	县委	1996 年全国城镇妇女“巾帼建功”活动领导小组“全国巾帼建功”标兵
王喜花	女	汉族	海南澄迈	十月田中心小学	1996 年全国教育系统模范
钟文秋	女	汉族	海南昌江	县委	1997 年中华全国总工会全国先进女职工之友

表 25-2-3 续 1

姓名	性别	民族	籍贯	获奖时工作单位	获奖情况
陈荣才	男	黎族	海南昌江	昌江中学	1997 年国家体委全国推行《体育达标》先进工作者
钟文秋	女	汉族	海南昌江	县政府	1998 年全国总工会全国荣誉工作积极分子
符世明	男	汉族	海南乐东	昌江中学	1998 年全国优秀教师
林炼忠	男	汉族	海南昌江	昌江中学	1999 年教育部、国家体育总局全国推行《体育达标》先进工作者
王应才	男	黎族	海南昌江	县政府	1999 年人事部人民满意公务员
王应才	男	黎族	海南昌江	县政府	2000 年全国先进工作者
陈家英	男	汉族	海南乐东	昌江一小	2000 年教育部全国中小学千名骨干校长
郑冬梅	女	汉族	海南文昌	昌江一小	2000 年全国中小学万名骨干教师
钟文秋	女	汉族	海南昌江	县政府	2000 年国家计生委、国家民委“全国少数民族计划生育先进个人”
钟文秋	女	汉族	海南昌江	县政府	2000 年卫生部、国家计委、农业部、国家环保总局、爱卫会全国农村初级卫生保健先进个人
黎定琦	男	汉族	海南乐东	县公安局	2000 年公安部全国特级优秀人民警察
龚旭光	男	汉族	湖南南县	县委	2000 年全国总工会全国先进女职工之友
钟文秋	女	汉族	海南昌江	县委	2000 年全国总工会全国先进女职工之友
王金女	女	汉族	海南昌江	县百货公司	2000 年全国总工会全国先进女职工之友
韩向梅	女	汉族	海南文昌	县地税局	2001 年人事部、国家税务总局全国税务系统先进工作者
陈如强	男	黎族	海南昌江	县结核病防治所	2001 年卫生部全国结核病防治工作先进个人
张文仁	男	汉族	海南昌江	县供销社	2002 年全国供销总社、全国人事部全国劳模
钟文秋	女	汉族	海南昌江	县政府	2002 年幸福工程全国组委会全国幸福工程优秀管理者
钟文秋	女	汉族	海南昌江	县政府	2002 年国家爱卫会全国农村改水改厕先进工作者
钟文秋	女	汉族	海南昌江	县政府	2002 年国家爱卫会全国爱国卫生先进工作者
郭祖庆	男	汉族	广东信宜	县建环局	2002 年“九五”期间，全国环境保护系统先进监测工作者
豹爱芳	女	黎族	海南昌江	十月田镇	2003 年团中央、全国青联“中国青年‘五四’奖章”
吉年桃	女	汉族	海南昌江	县委保密局	2003 年中央保密局委员会、国家保密局“全国先进保密工作者”
王平	男	汉族	海南临高	县国土局	2003 年国土资源部“全国矿产资源储量统计工作先进个人”
钟启光	男	黎族	海南昌江	县统计局	2003 年国家统计局“2002 年全国投入产出调查先进个人”

表 25-2-3 续 2

姓名	性别	民族	籍贯	获奖时工作单位	获奖情况
吉承科	男	汉族	海南昌江	县统计局	2003 年全国基本单位普查领导小组“第二次全国基本单位普查工作先进个人”
杨飞	男	汉族	海南琼海	县统计局	2003 年全国基本单位普查领导小组“第二次全国基本单位普查工作先进个人”
文承豪	男	汉族	海南东方	县检察院	2003 年最高人民检察院“新闻宣传先进个人”
王松	男	汉族	海南海口	县检察院	2003 年全国优秀“青少年维权岗”创建活动先进个人
符玉霞	女	汉族	海南临高	县水务局	2004 年全国妇联“巾帼建功标兵”称号
钟松月	女	汉族	海南昌江	昌化镇	2004 年全国“三八”绿色奖章
胡昌月	男	汉族	广西	县政协	2004 年“2004 年度全国绿化奖章”
豹爱芳	女	黎族	海南昌江	十月田镇	2005 年国务院“全国劳动模范”
李执勇	男	汉族	海南昌江	县计生局	2005 年国家人口计生委“全国婚育新风进万家活动先进个人”
黎惠红	女	汉族	海南昌江	县计生局	2005 年国家人口计生委“全国新时期可爱的人”
林虎	男	汉族	海南海口	县文化广电出版体育局	2005 年国家体育总局“全国群众体育先进个人”
钟国俊	男	汉族	海南昌江	县计生协	2005 年国家计生协会“全国计生协会先进工作者”
樊国香	女	汉族	海南昌江	昌江中学	2005 年国家体育总局“全国全民健身好家庭”
吉承科	男	汉族	海南昌江	县统计局	2005 年国务院第一次全国经济普查领导小组“第一次全国经济普查先进个人”
杨飞	男	汉族	海南琼海	县统计局	2005 年国务院第一次全国经济普查领导小组“第一次全国经济普查先进个人”
陆文良	男	黎族	海南昌江	十月田镇山竹沟村委会	2005 年国家体育总局“全国群众体育先进个人”
符景宏	男	汉族	海南昌江	县司法局	2005 年中宣部、司法部“全国法制宣传教育先进个人”
孙树秀	男	汉族	海南乐东	县畜牧局	2005 年农业部“全国畜牧兽医工作先进工作者”
江慧	女	黎族	海南昌江	昌江中行	2005 年全国妇联“三八红旗手”
吴增荣	男	汉族	海南昌江	团县委	2005 年全国妇联“五好文明家庭户”
陈国文	男	黎族	海南陵水	县民宗局	2005 年国家民委“全国民族团结进步模范个人”
林海燕	女	黎族	海南昌江	县国土局	2006 年国家环保总局环境监察局“全国排污申报核定工作先进个人”
豹爱芳	女	黎族	海南昌江	十月田镇	2006 年民政部最高荣誉奖“孺子牛奖”

表 25-2-3 续 3

姓名	性别	民族	籍贯	获奖时工作单位	获奖情况
豹爱芳	女	黎族	海南昌江	十月田镇	2006 年全国敬老爱老助老主题教育活动组委会“中华孝老爱亲之星”
任霞	女	汉族	湖南	昌化镇昌城村	2006 年全国敬老爱老助老主题教育活动组委会“中华孝老爱亲之星”
胡昌月	男	汉族	广西	县政协	2006 年“全国绿化劳动模范”
刘小英	女	黎族	海南昌江	十月田镇波兰沟村	2007 年卫生部“全国优秀乡村医生”
豹爱芳	女	黎族	海南昌江	十月田镇	2007 年“全国道德模范提名奖”
任霞	女	汉族	湖南	昌化镇昌城村	2007 年“全国道德模范提名奖”
胡昌月	男	汉族	广西	县商会	2007 年“全国绿化劳动模范”
黎定琦	男	汉族	海南乐东	县公安局	2008 年人力资源和社会保障部、公安部“全国公安系统一级英雄模范”
黎定琦	男	汉族	海南乐东	县公安局	2008 年全国总工会“全国五一劳动奖章”
陶凤交	女	汉族	海南昌江	昌化镇	2008 年全国妇联“全国十大绿化女状元”
陈龙光	男	汉族	海南儋州	县公安局	2008 年全国油气田及输油气管道安全保护工作部联席会议“2007 年整治油气田及输油气管道生产治安秩序专项行动先进个人”
吉承科	男	汉族	海南昌江	县统计局	2008 年国务院第二次全国农业普查领导小组办公室、国家统计局“第二次全国农业普查先进个人”
钟传宁	男	汉族	海南昌江	县统计局	2008 年国务院第二次全国农业普查领导小组办公室、国家统计局“第二次全国农业普查先进个人”
孙定兴	男	汉族	海南乐东	昌江中学	2008 年教育部“全国优秀教师”
钟起朝	男	汉族	海南昌江	县红十字会	2008 年中国红十字会“红十字会员之星”
王斌	男	汉族	海南昌江	县统计局	2009 年国务院第二次全国经济普查领导小组“国家级先进个人”
何丽	女	汉族	海南文昌	县统计局	2009 年国务院第二次全国经济普查领导小组“国家级先进个人”
郭玉光	男	汉族	海南昌江	县图书馆	2009 年文化部全国文化建设工作先进个人
张来谦	女	汉	海南昌江	县三小	2009 年全国总工会“全国女职工建功立业标兵”
符育恒	男	黎族	海南昌江	县司法局	2009 年中宣部、司法部、全国普法办“全国‘五五’普法中期先进个人”
钟德诗	男	汉族	海南昌江	县文体局	2009 年所创作的作品《盼情哥》(郑峰词、钟德诗曲)中国大众音乐协会等单位“2009 中国杯”共和国六十周年优秀词曲、歌手、乐手展示大赛作曲全奖

表 25-2-3 续 4

姓名	性别	民族	籍贯	获奖时工作单位	获奖情况
陈龙光	男	汉族	海南儋州	县公安局	2009 年公安部“全国公安机关排查化解矛盾纠纷先进个人”
陈龙光	男	汉族	海南儋州	县公安局	2009 年公安部等 8 个部门“2008 年全国盗窃破坏电力电信广播电视设施违法犯罪专项斗争先进个人”
黎定琦	男	汉族	海南乐东	县公安局	2009 年全国总工会“时代领跑者——中华人民共和国成立六十年最具影响的劳动模范提名奖”
黎定琦	男	汉族	海南乐东	县公安局	2009 年公安部、中央电视台“第三届我最喜爱的十大人民警察”评选活动提名奖
黎定琦	男	汉族	海南乐东	县公安局	2009 年人力资源和社会保障部、公安部“全国特级优秀人民警察荣誉称号”
黎定琦	男	汉族	海南乐东	县公安局	2009 年中组部、中宣传部、国家人力资源和社会保障部、国家公务员局“人民满意的公务员”
吴增荣	男	汉族	海南昌江	十月田镇	2009 年国家统计局“2009 年度全国统计工作先进个人”
林美珍	女	汉族	海南文昌	十月田镇	2009 年全国妇联“全国三八红旗手”
刘永辉	男	黎族	海南昌江	十月田镇	2009 年国土资源部“地质灾害优秀群测群防员”
王文武	男	汉族	海南昌江	县统计局	1995 年国务院第三产业普查小组“国家级先进个人”
王文武	男	汉族	海南昌江	县统计局	1998 年全国农业普查办公室“国家级先进个人”
陶敏	男	汉族	海南东方	县工商局	2010 年国土资源部、国家发改委、工业和信息化部、公安部、监察部、财政部、环境资源部、商务部、国家工商总局、国家安全生产监督管理局等 10 部委“全国整顿和规范矿产资源开发秩序工作先进个人”
郭玉强	男	汉族	海南昌江	海尾镇	2010 年司法部“全国模范人民调解员”
王贻信	男	汉族	海南临高	县科协	2010 年“中国农村致富技术函授大学优秀校长”
许治飞	男	汉族	海南东方	县邮政局	2010 年国家邮政局全国邮政系统职工素质建设工程“知识型职工标兵”。
苏连胜	男	汉族	海南万宁	县科协	2010 年第十九届中国儿童青少年威盛中国芯计算机表演赛全国总决赛“最佳辅导教师奖”
李执勇	男	汉族	海南昌江	县计生委	2010 年国家人口和计划生育委员会“纪念《公开信》发表 30 周年人口和计划生育事业新闻人物”
李 政	男	汉族	海南儋州	县红十字会	2010 年中国红十字总会“玉树地震抗震救灾先进个人”

说明：由于主客观原因导致本表统计不完全

第三节 50年党龄人员表

1991—2010年的20年间，昌江县的优秀分子加入中国共产党，有下列人员先后达到了五十年党龄。

1991—2010年昌江县五十年党龄人员表

表25-2-4

姓名	性别	民族	籍贯	工作单位	职务	入党时间	参加工作时间
黄有松	男	汉族	广西	县委统战部	股长	1960年12月	1959年3月
崔瑞勋	男	汉族	广东	县农机中心	干部	1960年12月	1958年6月
李保新	男	汉族	海南昌江	耐村		1960年12月	
林芝豪	男	汉族	海南昌江	进董村		1960年11月	
张永勤	女	汉族	海南昌江	县供销社	干部	1960年9月	1957年4月
李永清	男	汉族	海南昌江	新港居委会		1960年9月	
钟佛清	女	汉族	广东兴宁	石碌钢铁厂	职工	1960年7月	1959年5月
黄培木	男	汉族	海南海口	叉河粮所	干部	1960年7月	1958年3月
林启刚	男	汉族	海南昌江	红阳村		1960年7月	
陈兴	男	汉族	海南琼海	叉河社区		1960年7月	
李仁惠	男	汉族	海南昌江	县教育局	干部	1960年7月	1959年1月
何土昌	男	汉族	海南东方	县烟草专卖局	干部	1960年5月	1956年3月
张永安	男	汉族	海南东方	县糖酒公司	干部	1960年3月	1960年1月
王启用	男	汉族	海南海口	县统计局	局长	1960年2月	1960年2月
梁家兴	男	汉族	海南昌江	浪炳村		1960年1月	
赵赞荣	男	汉族	海南昌江	大风村		1960年1月	
张运庆	男	汉族	海南海口	县档案局	干部	1959年12月	1958年12月
杨子政	男	汉族	海南东方	县教育局	股长	1959年12月	1957年10月
谢自忠	男	汉族	海南海口	石碌钢铁厂		1959年12月	1957年6月
陆亚章	男	黎族	海南昌江	山竹沟村		1959年12月	
何克珍	男	汉族	海南昌江	五丰村		1959年12月	
王来欢	女	黎族	海南昌江	峨港村		1959年12月	
梁汉才	男	汉族	海南昌江	新港居委会		1959年12月	

表 25-2-4 续 1

姓名	性别	民族	籍贯	工作单位	职务	入党时间	参加工作时间
钟仁恒	男	汉族	海南昌江	浪炳村		1959 年 11 月	
吴亚琴	男	黎族	海南昌江	尼下村		1959 年 11 月	
陈起存	男	汉族	海南昌江	县商务局	干部	1959 年 1 月	1956 年 12 月
何克珍	男	汉族	海南昌江	乌烈村		1959 年 1 月	
林佩君	女	汉族	广东	县百货公司	干部	1959 年 9 月	
张荣福	男	汉族	广东	县农垦办事处	副主任	1959 年 9 月	1957 年 1 月
欧国祥	男	汉族	广东鹤山	海红糖业公司	干部	1959 年 9 月	1958 年 5 月
符华仔	男	汉族	海南昌江	昌化社区		1959 年 9 月	
钟振兴	男	汉族	海南昌江	县人民医院	医生	1959 年 7 月	1956 年 1 月
符永发	男	黎族	海南昌江	保梅村		1959 年 7 月	
林逢胜	男	汉族	海南昌江	红阳村		1959 年 7 月	
钟承祥	男	汉族	海南昌江	红阳村		1959 年 7 月	
王金花	女	汉族	海南文昌	叉河社区		1959 年 7 月	
曾秀娥	女	汉族	海南东方	叉河社区		1959 年 7 月	
张玉春	女	黎族	海南昌江	乙洞村		1959 年 7 月	
黄开香	女	汉族	海南昌江	五大村		1959 年 7 月	
符茂周	男	黎族	海南昌江	白石村		1959 年 6 月	
李青贞	男	黎族	海南昌江	峨沟村		1959 年 6 月	
梁华兴	男	汉族	海南琼海	县审计局	干部	1959 年 6 月	1958 年 7 月
文武明	男	汉族	海南昌江	县民政局	干部	1959 年 6 月	1957 年 2 月
林日位	男	汉族	海南昌江	沙地村		1959 年 6 月	
刘林清	男	黎族	海南昌江	七叉村		1959 年 6 月	
符卫东	男	黎族	海南昌江	水头村		1959 年 6 月	
黄昌明	男	汉族	海南昌江	镇企事业	干部	1959 年 6 月	1959 年 6 月
刘秀英	女	汉族	海南海口	县百货公司	干部	1959 年 4 月	1959 年 1 月
苏家达	男	汉族	海南昌江	海农村		1959 年 4 月	
文荣钦	女	黎族	海南昌江	峨港村		1959 年 3 月	
韩昌光	男	汉族	海南文昌	县供销社	干部	1959 年 3 月	1958 年 1 月
陈茂安	男	汉族	海南海口	县钢铁厂	工人	1959 年 3 月	1957 年 12 月
郑明仁	男	汉族	海南昌江	南罗供销社	干部	1959 年 3 月	1958 年 1 月
陈教女	女	汉族	海南昌江	南罗村		1959 年 3 月	

表 25-2-4 续 2

姓名	性别	民族	籍贯	工作单位	职务	入党时间	参加工作时间
陈有福	男	汉族	海南昌江	海农村		1959 年 3 月	
胡羊忠	男	汉族	海南昌江	海农村		1959 年 3 月	
符老恩	男	汉族	海南昌江	打显村		1959 年 3 月	
林栋材	男	汉族	海南昌江	打显村		1959 年 3 月	
林栋梁	男	汉族	海南昌江	打显村		1959 年 3 月	
林生才	男	汉族	海南昌江	打显村		1959 年 3 月	
严户元	男	汉族	海南昌江	打显村		1959 年 3 月	
李桂材	男	汉族	海南昌江	白沙村		1959 年 3 月	
符成绪	男	汉族	海南东方	县商务局		1959 年 2 月	
符定轩	女	汉族	海南东方	海尾供销社	干部	1959 年 4 月	1948 年 4 月
卢亚洪	男	黎族	海南昌江	才地村		1959 年 2 月	
文健华	男	汉族	海南昌江	浪炳村		1959 年 2 月	
黄尾女	女	汉族	海南昌江	海尾社区居委会		1959 年 2 月	
苏树联	女	汉族	海南昌江	海尾社区居委会		1959 年 2 月	
钟德荣	男	汉族	海南昌江	黄姜村		1959 年 1 月	
郭振环	男	汉族	海南昌江	乌烈学区	干部	1948 年 5 月	1948 年 5 月
李朝秀	男	汉族	海南昌江	耐村		1959 年 1 月	
郭仁轻	男	汉族	海南昌江	大风村		1959 年 1 月	
曾贵明	男	汉族	海南昌江	沙地村		1959 年 1 月	
符气林	男	汉族	海南昌江	县委老干局	干部	1958 年 12 月	1955 年 12 月
林树蕊	女	汉族	海南昌江	县渔政渔监站	干部	1958 年 12 月	1956 年 10 月
吴若夫	男	汉族	海南定安	县发改委	干部	1958 年 11 月	1958 年 5 月
吴保金	男	汉族	海南昌江	昌城信用社	干部	1958 年 11 月	1957 年 6 月
钟升江	男	汉族	海南昌江	乌烈村		1958 年 11 月	
林明存	男	汉族	海南文昌	县物资总公司	干部	1958 年 10 月	1957 年 6 月
符连排	男	黎族	海南昌江	乙劳村		1958 年 10 月	
符深三	男	黎族	海南昌江	乙劳村		1958 年 10 月	
黄心憬	男	汉族	海南文昌	县教育局	干部	1958 年 9 月	1956 年 12 月
符经福	男	黎族	海南昌江	保平村		1958 年 9 月	
钟发珠	男	汉族	海南昌江	昌化林场	干部	1958 年 9 月	1955 年 10 月
温忠志	男	汉族	海南文昌	县供销社	主任	1958 年 8 月	1959 年 2 月

表 25-2-4 续 3

姓名	性别	民族	籍贯	工作单位	职务	入党时间	参加工作时间
郭能才	男	汉族	海南昌江	大风村		1958 年 7 月	
刘温板	男	黎族	海南昌江	老宏村		1958 年 7 月	
陈彩蓉	女	汉族	海南文昌	叉河社区		1958 年 7 月	
章关宝	男	汉族	海南昌江	大安村		1958 年 7 月	
谢朝臣	男	汉族	海南昌江	海尾粮供	干部	1958 年 6 月	1955 年 1 月
李皖曾	男	汉族	广东梅县	县供销社	干部	1958 年 4 月	1956 年 4 月
钟先学	男	汉族	海南昌江	昌化镇政政	干部	1958 年 4 月	1955 年 9 月
钟仁绍	男	汉族	海南昌江	昌化镇政府	干部	1958 年 3 月	1958 年 1 月
羊亚出	男	黎族	海南昌江	保突村		1958 年 1 月	
张富贵	男	汉族	海南昌江	杨柳村		1958 年 1 月	
李国有	男	汉族	海南昌江	浪炳村		1958 年 1 月	
林其志	男	汉族	海南昌江	进董村		1958 年 1 月	
罗修本	男	汉族	海南昌江	县工商局	副局长	1957 年 12 月	1955 年 12 月
王丁保	男	汉族	海南澄迈	商业局	干部	1957 年 8 月	1955 年 6 月
吉秀梅	男	黎族	海南昌江	乙洞村		1957 年 8 月	
林鸣良	男	汉族	海南昌江	乌烈村		1957 年 8 月	
王作能	男	黎族	海南昌江	皮肤性病防治所	医生	1957 年 7 月	1953 年 6 月
陈善彩	男	黎族	海南昌江	保平村		1957 年 7 月	
刘色开	女	黎族	海南昌江	坎头村		1957 年 7 月	
符败拾炮	女	黎族	海南昌江	水头村		1957 年 7 月	
刘亚旬	男	黎族	海南昌江	保突村		1957 年 7 月	
符地派三	男	黎族	海南昌江	保梅村		1957 年 7 月	
陈官玉	男	汉族	海南昌江	海尾社区居委会		1957 年 7 月	
欧士贤	男	黎族	海南昌江	河南派出所	干部	1957 年 6 月	1956 年 1 月
陈志华	女	汉族	广西	县机械总公司	干部	1957 年 4 月	1954 年 1 月
钟德值	男	汉族	海南昌江	乌烈村		1957 年 4 月	
陈经瑞	男	汉族	海南昌江	五大村		1957 年 3 月	
庞兰英	女	汉族	海南临高	县总工会	干部	1957 年 2 月	1956 年 1 月
柏风来	男	汉族	海南昌江	海尾社区居委会		1957 年 1 月	
叶吉花	女	黎族	海南昌江	峨港村		1956 年 12 月	
符亚法	男	黎族	海南昌江	乙洞村		1956 年 12 月	

表 25-2-4 续 4

姓名	性别	民族	籍贯	工作单位	职务	入党时间	参加工作时间
郭英富	男	汉族	海南昌江	沙地村		1956 年 12 月	
高才志	男	汉族	海南昌江	大安村		1956 年 12 月	
黄秋菊	女	汉族	海南昌江	大安村		1956 年 12 月	
谢圣清	男	汉族	海南昌江	县水务局	干部	1956 年 11 月	1955 年 3 月
张汝贤	男	汉族	广东	县电信公司	干部	1956. 年 11 月	1954 年 6 月
郑庆英	男	汉族	海南乐东	县电信公司	干部	1956 年 11 月	1954 年 12 月
邓甲生	男	汉族	广西	县电信公司	干部	1956 年 11 月	1954 年 12 月
谢高文	男	汉族	广西横县	县委机关工委	干部	1956 年 11 月	1954 年 12 月
林焕强	男	汉族	海南昌江	县委机关工委	干部	1956 年 10 月	1954 年 12 月
文国尧	男	汉族	海南昌江	县企事业工委	干部	1956 年 9 月	1954 年 8 月
吴坤章	男	汉族	海南海口	县糖酒公司	干部	1956 年 9 月	1954 年 10 月
潘祥波	男	汉族	湖北宜昌	县供销社	干部	1956 年 9 月	1954 年 8 月
李开尧	男	汉族	海南昌江	浪炳村		1956 年 9 月	
陈洪才	男	汉族	海南三亚	县五交化公司	干部	1956 年 9 月	1955 年 1 月
郑人华	男	汉族	海南海口	县人民医院	干部	1956 年 9 月	
陈亚崖	男	黎族	海南昌江	七叉派出所	干部	1956 年 7 月	1948 年 6 月
廖其文	男	汉族	广东	县总工会	副主席	1956 年 7 月	1953 年 6 月
周巨榜	男	汉族	海南海口	县食品公司	干部	1956 年 7 月	1954 年 6 月
陈海英	女	汉族	海南文昌	县水泥厂	干部	1956 年 7 月	1955 年 4 月
羊亚造	男	黎族	海南昌江	孔车村		1956 年 7 月	
唐美玲	女	汉族	广东信宜	南岭村		1956 年 7 月	
邢眉欧	女	黎族	海南昌江	老宏村		1956 年 7 月	
叶俊荣	男	汉族	海南琼海	叉河社区		1956 年 7 月	
符地萝才	男	黎族	海南昌江	牙营村		1956 年 7 月	
符败利炮	女	黎族	海南昌江	保梅村		1956 年 7 月	
冯成黎	男	汉族	海南昌江	县畜牧局	干部	1956 年 6 月	1955 年 10 月
吴日新	男	汉族	海南海口	县物资总公司	干部	1956 年 6 月	1954 年 1 月
凌空	男	汉族	广东紫金	石碌钢铁厂	干部	1956 年 6 月	1955 年 10 月
符亚温	男	黎族	海南昌江	乙在村		1956 年 6 月	
黄克昌	男	汉族	海南昌江	五大村		1956 年 6 月	
吴石兰	女	汉族	海南昌江	五大村		1956 年 6 月	

表 25-2-4 续 5

姓名	性别	民族	籍贯	工作单位	职务	入党时间	参加工作时间
姜永仁	男	汉族	广东	县海汽公司	干部	1956 年 5 月	1957 年 12 月
刘亚保	男	黎族	海南昌江	尖岭村		1956 年 4 月	
洪仁瑞	男	汉族	海南昌江	乌烈小学	校长	1954 年 6 月	1942 年 4 月
郭仁烈	男	汉族	海南昌江	大风村		1956 年 4 月	
叶世朗	男	黎族	海南昌江	石碌水库工管局	干部	1956 年 3 月	1955 年 1 月
吴经济	男	汉族	海南海口	县教育局	干部	1956 年 3 月	1956 年 1 月
邓秉潘	男	汉族	海南昌江	县农业局	干部	1956 年 3 月	1955 年 4 月
官瑞光	男	汉族	海南昌江	五丰村		1956 年 3 月	
赵荣球	女	黎族	海南昌江	峨港村		1956 年 3 月	
谭亚二	男	汉族	海南昌江	县水产公司	干部	1956 年 3 月	1955 年 1 月
王远太	男	汉族	海南昌江	大风村		1956 年 1 月	
叶长来	女	黎族	海南昌江	峨港村		1955 年 12 月	
吴天超	男	汉族	海南屯昌	县华侨特供公司	干部	1955 年 12 月	1953 年 6 月
林少英	女	回族	广东	县人民医院	干部	1955 年 10 月	1954 年 8 月
曾业钊	男	汉族	海南澄迈	县二轻总公司	干部	1955 年 10 月	1953 年 2 月
钟明强	男	汉族	海南昌江	黄姜村		1955 年 9 月	
刘亚裕	男	黎族	海南昌江	七叉村		1955 年 9 年月	
符云明	男	黎族	海南昌江	塘坊村		1955 年 7 年月	
刘亚出	男	黎族	海南东方	叉河粮所	所长	1955 年 5 年月	1946 年 3 月
宁锦朝	男	汉族	广西浦北	石碌钢铁厂	干部	1955 年 6 月	1954 年 1 月
符致彪	男	汉族	海南文昌	国土局	干部	1955 年 5 月	1954 年 1 月
赵凤泉	男	汉族	黑龙江	县环保局	副局长	1948 年 5 月	1946 年 7 月
李鸿保	男	汉族	海南昌江	县商业局	股长	1955 年 5 月	1947 年 3 月
樊永生	男	汉族	海南昌江	昌化社区		1955 年 5 月	
陈福林	男	黎族	海南昌江	保平村		1955 年 5 月	
符荣仁	男	汉族	海南东方	县水产公司	干部	1955 年 1 月	1949 年 1 月
林其祥	男	汉族	海南昌江	进董村		1955 年 3 月	
黄成三	男	汉族	海南定安	县公路局	干部	1955 年 2 月	1952 年 12 月
刘冠雄	男	汉族	海南儋州	县档案局	干部	1955 年 1 月	1952 年 6 年月
陈家球	男	汉族	海南海口	县二轻总公司	干部	1955 年 1 月	1952 年 6 年月
郭国昌	男	汉族	海南昌江	县农机中心	干部	1955 年 1 月	1952 年 6 月

表 25-2-4 续 6

姓名	性别	民族	籍贯	工作单位	职务	入党时间	参加工作时间
韩文光	男	汉族	海南文昌	县委老干局	干部	1954 年 10 月	1952 年 6 月
郭周承	男	汉族	海南昌江	县供销社	干部	1954 年 10 月	1952 年 6 月
黄早美	男	汉族	海南昌江	海农村		1954 年 10 月	
李培池	男	汉族	广西防城港	县供销社	干部	1954 年 9 月	1952 年 1 月
何君菊	女	汉族	海南琼海	县供销社	干部	1954 年 8 月	1952 年 3 月
叶世朗	男	黎族	海南昌江	石碌水库工管局	干部	1954 年 7 月	1952 年 1 月
卢绍礼	男	汉族	海南昌江	县农保局	干部	1954 年 7 月	1953 年 1 月
豹亚对	男	黎族	海南昌江	排岸村		1954 年 7 月	
刘争怀	男	汉族	湖南	叉河社区		1954 年 7 年月	
郭维经	男	汉族	海南昌江	县国税局	干部	1954 年 6 月	1953 年 1 月
陈秀生	男	汉族	广西容县	县工信局	干部	1954 年 6 月	1953 年 5 月
曾启绪	男	汉族	海南昌江	姜园村		1954 年 5 月	
杨亚宽	男	黎族	海南昌江	七叉村		1954 年 5 年月	
刘亚物	男	黎族	海南昌江	片石村		1954 年 5 月	
蔡明桂	男	汉族	海南东方	县水务局	干部	1954 年 4 月	1953 年 1 月
陈世俊	男	汉族	海南昌江	县工信局	干部	1954 年 4 年月	1953 年 5 月
郭文普	男	汉族	海南昌江	县医药总公司	干部	1954 年 4 月	1953 年 6 月
符开宏	男	黎族	海南昌江	峨港村		1954 年 4 月	
陈仲芳	男	汉族	辽宁	县医药总公司	干部	1954 年 3 月	1953 年 1 月
陈天华	男	汉族	海南昌江	长塘村		1954 年 2 月	
钟梅花	女	汉族	海南昌江	昌城村		1954 年 2 月	
吴家位	男	汉族	海南文昌	县财政局	干部	1954 年 1 月	1952 年 10 月
郑家富	男	汉族	海南昌江	昌化社区		1954 年 1 月	
陈德兴	男	汉族	海南昌江	白沙村		1954 年 1 月	
符成俊	男	汉族	海南昌江	海尾粮所	干部	1954 年 1 月	1955 年 2 月
吉义妹	女	汉族	海南昌江	白沙村		1954 年 1 月	
刘亚题	男	黎族	海南昌江	片石村		1953 年 12 月	
刘瑞琼	男	汉族	海南昌江	姜园村		1953 年 9 月	
关松芬	男	汉族	海南昌江	长塘村		1953 年 7 月	
刘败除	女	黎族	海南昌江	片石村		1953 年 6 月	
王吉礼	男	黎族	海南昌江	白石村		1953 年 5 月	

表 25–2–4 续 7

姓名	性别	民族	籍贯	工作单位	职务	入党时间	参加工作时间
王德雅	女	汉族	海南海口	县商务局	干部	1953 年 4 月	1951 年 12 月
王振禄	男	汉族	海南澄迈	县教育局	干部	1953 年 4 月	1952 年 6 月
吉亚现	男	黎族	海南昌江	大章村		1953 年 3 月	
文培义	男	汉族	海南东方	县财政局		1952 年 12 月	1951 年 12 月
李开贸	男	汉族	海南临高	县机械总公司		1952 年 10 月	1952 年 6 月
符桂昌	男	黎族	海南东方	县邮政局	干部	1952 年 7 月	1953 年 1 月
郭符翔	男	汉族	海南昌江	县商业总公司	干部	1950 年 10 月	1950 年 1 月
高亚念	男	黎族	海南白沙	县农机公司	副经理	1950 年 10 月	1949 年 4 月
陈鹏	男	汉族	广东	县电信公司	干部	1950 年 5 月	1953 年 1 月
黄雪梅	女	黎族	海南万宁	县总工会	干部	1950 年 2 月	1951 年 3 月
颜柱松	男	黎族	海南昌江	道隆村		1950 年 1 月	
魏学福	男	汉族	海南海口	县供销社	干部	1949 年 12 月	1949 年 5 月
徐天寿	男	汉族	四川	县卫生局	局长	1949 年 11 月	1947 年 6 月
吉进能	男	汉族	海南昌江	昌化供销社	干部	1948 年 2 月	1948 年 2 月
钟尚贵	男	汉族	海南昌江	县总工会	干部	1949 年 7 月	1950 年 12 月
宫玉学	男	汉族	辽宁	县直属工委	书记	1949 年 6 月	1945 年 8 月
羊乃金	男	汉族	海南儋州	县水产局	副局长	1949 年 6 月	1945 年 6 月
文秉富	男	汉族	海南东方	十月田学校	教师	1949 年 6 月	1952 年 1 月
文绍兴	男	汉族	海南昌江	县水电局	干部	1949 年 5 月	1949 年 5 月
钟瑞昌	男	汉族	海南东方	县外贸局	干部	1949 年 3 月	1949 年 3 月
陈桂英	女	汉族	海南文昌	县二轻总公司	干部	1948 年 12 月	1951 年 4 月
黄万轩	男	黎族	海南万宁	县公安局	副局长	1948 年 12 月	1946 年 5 月
梁杏新	男	汉族	海南昌江	南罗学校	教师	1949 年 6 月	1949 年 6 月
文宗基	女	汉族	海南东方	县政协	主席	1943 年 3 月	1943 年 3 月
吴承钦	男	汉族	海南海口	县邮政局	干部	1947 年 10 月	1945 年 2 月
吴以春	男	汉族	海南海口	县卫生局	副局长	1947 年 8 月	1944 年 7 月
李玉兰	女	汉族	海南海口	县商贸公司	干部	1947 年 5 月	1950 年 1 月
王亚周	男	黎族	海南昌江	王炸村		1946 年 9 月	
许振丰	男	汉族	海南昌江	南罗供销社	干部	1946 年 1 月	1944 年 3 月
颜香和	男	汉族	海南文昌	县粮食局	干部	1944 年 5 月	1941 年 5 月
严宏兴	男	汉族	海南昌江	县畜牧局	干部	1944 年 4 月	1943 年 5 月
李永芳	男	汉族	海南昌江	县人大常委会	副主任	1941 年 2 月	1941 年 10 月

表 25-2-4 续 8

姓名	性别	民族	籍贯	工作单位	职务	入党时间	参加工作时间
羊石带	男	汉族	海南昌江	新港居委会	支书	1923 年 9 月	1943 年 6 月
方保	男	汉族	海南文昌	县林业局	副局长	1943 年 1 月	1943 年 2 月
颜文远	男	汉族	海南澄迈	县经委	主任	1947 年 4 月	1947 年 4 月
吉呈颜	男	黎族	海南东方	县经委	副主任	1942 年 2 月	1942 年 2 月
陈洪义	男	汉族	海南昌江	县经委	干部	1950 年 2 月	1948 年 10 月
周玉仁	男	汉族	江苏	县纪委	副书记	1946 年 9 月	1941 年 3 月
谢福生	男	汉族	海南万宁	县人大常委会	副主任	1955 年 7 月	1947 年 1 月
邢国珍	男	汉族	海南乐东	县纪委	副书记	1948 年 3 月	1948 年 3 月
王学文	男	汉族	海南海口	县农委	副主任	1945 年 6 月	1939 年 7 月
李居进	男	汉族	海南琼海	县农委	副主任	1953 年 9 月	1948 年 12 月
曾广珍	男	汉族	海南文昌	县企业局	局长	1947 年 1 月	1947 年 1 月
符美伍	女	黎族	海南东方	县教育局	副局长	1942 年 9 月	1942 年 9 月
颜香芬	男	汉族	海南海口	县财贸部	部长	1939 年 1 月	1939 年 1 月
吴毅南	男	汉族	海南琼海	县整顿办	主任	1956 年 12 月	1949 年 7 月
陈郑民	男	汉族	海南昌江	县民政局	局长	1949 年 4 月	1947 年 6 月
谭超河	男	汉族	海南海口	县司法局	干部	1954 年 6 月	1949 年 1 月
吴英兰	女	汉族	海南东方	县商业局	副局长	1955 年 2 月	1947 年 3 月
邢诒希	男	汉族	海南文昌	县委统战部	干部	1955 年 9 月	1948 年 12 月
陈延英	男	汉族	海南昌江	南罗中学	教师	1949 年 6 月	1949 年 6 月
陈学赞	男	汉族	海南儋州	县食品公司	副经理	1964 年 11 月	1944 年 7 月
林崖龙	男	汉族	海南昌江	十月田粮所	干部	1955 年 5 月	1944 年 3 月
陈秀美	女	汉族	海南三亚	县食品厂	干部	1946 年 10 月	1947 年 3 月
李若	女	汉族	海南琼海	县委办	干部	1948 年 4 月	1947 年 3 月
黄玉梅	女	汉族	海南文昌	县政府办	干部	1939 年 3 月	1939 年 3 月
蔡秀风	女	汉族	海南澄迈	县妇联	干部	1943 年 5 月	1943 年 5 月
文照荣	男	汉族	海南昌江	昌江糖业公司	总务	1959 年 12 月	1946 年 7 月
吴景光	男	汉族	海南琼海	石碌粮所	干部	1948 年 4 月	1949 年 2 月
黄菊英	女	汉族	海南万宁	石碌供销社	干部	1949 年 1 月	1944 年 1 月
邢金梅	女	汉族	海南文昌	县供销社	干部	1952 年 12 月	1948 年 3 月
龙金	女	汉族	海南昌江	县供销社	干部	1946 年 6 月	1945 年 1 月
吉求标	男	汉族	海南昌江	大仍村		1948 年 4 月	

注：由于主客观原因导致统计不完全

第四节 革命烈士表

昌江的英雄儿女为了革命胜利和建设，献出了宝贵的生命。这里记录了上下限内牺牲的烈士，也补记了在第一轮县志里由于各方面原因漏记了的烈士。

1991—2010年昌江县革命烈士表

表25-2-5

姓名	性别	民族	籍贯	出生年月	牺牲时间、地点	生前职务	备注
符永友	男	汉族	昌化镇浪炳村	1971年	1992年1月8日在深圳边防执行巡逻任务时被歹徒杀害	武警广东省深圳市边防总队二十中队战士	
麦寿康	男	汉族	海尾镇大安村	1983年2月	2007年11月20日在琼中黎族苗族自治县因公外出发生意外交通事故，不幸牺牲	武警海南省消防总队琼中黎族苗族自治县消防中队一级士官驾驶员	
钟仁周	男	汉族	昌江县昌城浪炳村	1919年	1938参加革命，1946年2月探听敌情被敌杀害	浪炳党支部宣传委员，自卫队指导员	补漏
王会熙	男	汉族	琼山龙圹镇永巩村	1943年5年	1963年9月30日在昌江，因公下乡途中拯救溺水者光荣牺牲	县昌江农业中学教师	补漏
郭少明	男	汉族	昌化镇耐村	1942年3年	1969年在部队病故	部队战士	补漏

附录

一、重要文献

（一）《昌江黎族自治县自治条例》

（1999 年 4 月 1 日昌江黎族自治县第十一届人民代表大会第二次会议通过 1999 年 5 月 20 日海南省第二届人民代表大会常务委员会第七次会议批准 2006 年 3 月 9 日昌江黎族自治县第十二届人民代表大会第四次会议修订 2006 年 12 月 29 日海南省第三届人民代表大会常务委员会第二十七次会议批准）

第一章 总 则

第一条 根据《中华人民共和国宪法》《中华人民共和国民族区域自治法》和有关法律、法规的规定，结合昌江黎族自治县（以下简称自治县）的政治、经济和文化特点，制定本条例。

第二条 自治县是黎族实行区域自治的地方。自治县内还居住有汉族、苗族等民族。

第三条 自治县设立自治机关，自治机关是国家的一级地方政权机关。

自治机关实行民主集中制原则。

自治机关驻石碌镇。

第四条 自治县各族人民在中国共产党的领导下，坚持以马克思列宁主义、毛泽东思想、邓小平理论和“三个代表”重要思想为指导，坚持和落实科学发展观，以经济建设为中心，坚持四项基本原则，坚持改革开放，集中力量进行社会主义现代化建设，全面推动社会主义经济建设、政治建设、文化建设和社会建设协调发展，建设小康社会，努力把自治县建设成为团结、民主、文明、富裕、和谐的民族自治地方。

第五条 自治县维护民族团结、祖国统一、国家安全、社会稳定，保证宪法、法律和法规的遵守和执行。

第六条 自治县坚持公有制为主体，多种所有制经济共同发展的基本经济制度。鼓励支持和引导非公有制经济的发展，允许非公有资本进入法律、法规未禁入的一切行业和领域。

第七条 自治县维护和发展各民族平等、团结、互助、和谐的社会主义民族关系，禁止对任何民族的歧视，禁止破坏民族团结和制造民族分裂的行为。

第八条 自治县保障各民族公民有信仰宗教的自由，依法管理宗教事务，积极引导宗教与社会主义社会相适应。任何组织和个人不得利用宗教进行破坏社会秩序、损害公民身心健康、妨碍国家教育制度的活动。

宗教团体和宗教事务坚持独立自主自办原则，不受外国势力的支配。

第九条 自治县保护各民族公民的合法私有财产不受侵犯。

自治县依法保障国内外投资者的合法权益。

自治县保障香港、澳门特别行政区居民和台湾同胞、海外侨胞、归侨、侨眷的合法权益。

第二章 自治县的自治机关

第十条 自治机关是自治县的人民代表大会和人民政府。

自治机关依法行使县级地方国家机关的职权，同时行使自治权。

自治机关坚持依法治县，加强社会主义民主与法制建设。

第十一条 自治县人民代表大会是自治县的地方国家权力机关。自治县人民代表大会常务委员会是自治县人民代表大会的常设机关，对自治县人民代表大会负责并报告工作。

自治县人民代表大会常务委员会中应当有黎族公民担任主任或者副主任。

自治县人民代表大会常务委员会委员中应当合理配备黎族和其他少数民族的人员。

自治县人民代表大会常务委员会各工作机构的领导干部中，应当合理配备黎族和其他少数民族的人员。

第十二条 自治县人民代表大会根据本地方民族的政治、经济和文化特点，修改自治条例，制定和修改单行条例，报省人民代表大会常务委员会批准后生效。

自治条例和单行条例可以依照本地方民族的特点，对法律和行政法规的规定作出变通规定，但不得违背法律或者行政法规的基本原则，不得对宪法和民族区域自治法的规定以及其他有关法律、行政法规专门就民族自治地方所作的规定作出变通规定。

第十三条　自治县人民政府是自治县人民代表大会的执行机关，是自治县的地方国家行政机关。

自治县人民政府对本级人民代表大会和上一级人民政府负责并报告工作，在自治县人民代表大会闭会期间，对本级人民代表大会常务委员会负责并报告工作。

自治县人民政府县长由黎族公民担任。

自治县人民政府实行县长负责制。

自治县人民政府的其他组成人员，应当合理配备黎族和其他少数民族的人员。

自治县人民政府所属工作部门的干部中，应当合理配备黎族和其他少数民族的人员。

第十四条　自治机关对上级国家机关的决议、决定、命令和指示，如有不适合自治县实际情况的，可以报经该上级国家机关批准，变通执行或者停止执行。

自治机关根据自治县的实际情况，在不违背宪法和法律的原则下，有权采取特殊政策和灵活措施，加快自治县经济和社会事业的发展。

第十五条　自治机关根据自治县的实际需要，依照国家的有关规定，自主调整自治县国家机关、事业单位的机构设置和编制的名额，并按照规定的程序报批。

第十六条　自治机关根据国家的干部政策和民族政策，采取措施，大量培养各级少数民族干部，逐步使少数民族干部的比例不低于其人口所占的比例，并注重培养少数民族妇女干部。

自治县国家机关在配备领导干部时，应当划定一定的比例从黎族和其他少数民族干部中选拔任用。

自治县国家机关及其工作部门在公开选拔、竞争上岗配备领导干部时，可以划出相应的名额和岗位，定向选拔黎族和其他少数民族人员。

第十七条　自治县的国家机关招考录用国家工作人员时，由自治县提出招录名额和少数民族人员所占的比例，报请上一级国家机关核准。

第十八条　自治机关根据自治县的实际需要，有计划地选送少数民族干部到省内外大专院校学习培训或者经济发达地区挂职锻炼，提高文化素质和管理水平。

第十九条　自治机关尊重劳动、尊重知识、尊重人才、尊重创造，根据经济社会的发展需要，制订优惠政策，引进各种专业技术人才。实行经费包干和经费自筹的事业单位，按照管理权限报批后，招聘专业技术人员可以不受编制限制。

自治县对引进的各种高级专业技术人才提供住房和生活补贴，并照顾其配偶就业，其子女在教育方面享受本地方少数民族的优惠政策，具体办法由自治县人民政府规定。

第二十条 上级国家机关隶属的在自治县的企业、事业单位依照国家规定招收人员时，优先招收自治县内的少数民族人员。

第二十一条 自治县实行津贴制度和工作补助，提高工作人员工资福利，津贴和补助的标准及办法由自治县人民政府规定。

自治县实行退休补助制度，由自治县财政供养的人员，工作年限满30年以上的，退休时按工资发放渠道一次性给予本人退休前的三个月实发工资标准补助，所需资金由自治县财政列支。

自治县直属企业人员退休时，可以根据企业的具体情况，参照本条第二款规定执行。

第三章 自治县的人民法院和人民检察院

第二十二条 自治县人民法院是自治县地方国家审判机关，依法独立行使审判权。自治县人民检察院是自治县地方国家法律监督机关，依法独立行使检察权。

自治县人民法院和人民检察院的组织、职能和工作，依照有关法律的规定执行。

任何行政机关、社会团体和个人不得干涉人民法院依法独立行使审判权和人民检察院依法独立行使检察权，维护法律的权威和尊严。

第二十三条 自治县人民法院、人民检察院，应当有黎族公民担任院长或者副院长、检察长或者副检察长。自治县人民法院、人民检察院的工作人员，应当合理配备黎族和其他少数民族的人员。

第二十四条 自治县人民法院和人民检察院保障各民族公民都有使用本民族语言文字进行诉讼的权利。对不通晓汉语或者当地语言的诉讼参与人，应当为他们提供翻译。

第四章 自治县的经济建设和财政管理

第二十五条 自治机关根据本地方的实际情况，制定国民经济发展规划以及相应的政策措施。自主地安排和管理本地方的经济建设事业。

第二十六条 自治机关遵循国家产业政策和本省经济社会发展规划，在不破坏资源、不污染环境、不低水平重复建设的前提下，自主安排地方固定资产投资项目，管理项目建设资金，合理调整经济结构，增强经济发展活力。

第二十七条 自治县大力发展资源型工业，积极培育钢铁、水泥、矿石冶炼、制糖、特色农副产品加工等支柱产业，提高工业化水平。

第二十八条 自治机关加强昌江工业区的建设和管理，制订发展规划和优惠政策，为招商引资、项目建设、生态建设、环境保护提供优质服务。

自治县人民政府根据昌江工业区发展规划，可以自主审批企业利用自有资金或者国内银行贷款投资于国家非限制类产业等项目，报省人民政府备案。

第二十九条 自治机关深化国有企业体制改革，逐步建立现代企业制度。加强国有资产管理，防止国有资产流失。

第三十条 自治机关依法保护和管理本地方的矿产资源，对矿产资源实行有偿使用制度。根据法律规定和矿产资源统一规划，对可以由本地方开发的矿产资源，优先合理开发利用。开采矿产资源应当防止对环境的污染和破坏。

自治县矿产资源采矿权出让应当实行招投标、拍卖等制度。

自治机关依法征收的矿产资源补偿费除上缴国家部分外，其余部分由自治县自主安排，专项用于矿产资源的管理保护和开发利用。

第三十一条 自治县的能源、交通、通讯、水利、城镇建设等基础建设项目，享受上级国家机关优先安排项目和减免配套资金的照顾。

自治县的县乡公路、农村道路和港口的建设、养护，享受上级国家机关对民族地区的专项扶持和政策优惠照顾。

自治机关依法鼓励公民、法人和其他组织投资兴修公路和建设港口，发展交通运输事业，保护其合法权益。

第三十二条 自治机关编制小城镇建设总体规划，以县城建设为重点，积极发展其他重点城镇，促进城镇一体化协调发展，提高城镇化水平。

自治机关编制农村发展总体规划，建设生产发展、生活宽裕、乡风文明、村容整洁、管理民主的社会主义新农村。

第三十三条 自治机关合理调整农业产业结构，发展热带高效农业，发展家庭养殖、橡胶、种苗等产业，提高畜牧业、水产业、大林产业和热带高效作物在农业产值中的比重。利用现代科技改良品种，促进农副产品更新换代。扶持壮大农业龙头企业。利用国家专项资金，建设生态农业和特色农业示范基地，提高农业综合生产能力，确保农村经济发展和农民增收。

第三十四条 自治机关在坚持土地公有制的前提下，稳定和完善家庭联产承包责任制和统分结合的双层经营体制，建立既有利于发展又充分照顾农民利益的地权、林权制度，鼓励家庭承包土地使用权依法进行有偿转让，提高土地的使用效益。

自治机关实行基本农田保护制度，加强农田水利基础设施建设。积极推广农业科技成果，健全科技网络，加快农业产业化体系建设。

自治机关对上级国家机关安排的农业基础设施建设项目，享受减免配套资金的照顾。

自治县每年对农业资金投入的增长幅度应当高于财政经常性收入的增长幅度。

第三十五条 自治机关统一管理和监督自治县土地资源的保护和开发利用，实行土地储备、招标、挂牌、拍卖制度、土地用途管理制度、土地征收征用有偿使用制度，建立规范的土地资本营运机制。

自治机关在上级国家机关核定的年度国有建设用地计划内，按照省政府批准的供地方案，自主安排建设用地。如需要增加建设用地计划，报请省人民政府土地行政主管部门增加。

自治机关依法缴纳的新增建设用地土地有偿使用费，除上缴国家部分以外，由自治县自主安排，专项用于耕地开发整理和土地资源的管理保护。

第三十六条 自治机关加强林业建设管理，自主制定林业发展规划，坚持营林为基础、普遍护林、大力造林、育重于采、以林为业的方针，建立大林产业体系和生态体系。

自治机关加强护林防火和森林病虫害的防治，保护森林资源。禁止乱占林地和毁林开荒，禁止盗砍滥伐天然林、水源林、防护林等生态公益林。

自治机关实施天然林保护工程和退耕还林工程。鼓励多种经济成分、多种形式依法承包荒山、荒坡植树造林。农村居民在房前屋后种植的树木和承包地退耕还林的林木归个人所有，可以依法采伐、继承和有偿转让。

自治机关对国家安排的育林基金、林业规费、林业生态建设项目和林业专项资金，专项用于发展林业和维护森林生态环境。

自治机关依法征收的林业规费和植被恢复费，由自治县自主安排，专项用于发展林业和维护森林生态环境。

第三十七条 自治机关依法合理开发水资源，鼓励公民、法人和其他组织按照统一规划，采取多种形式投资建设水利水电工程项目，发展水利电力事业。

自治机关依法管理和保护水资源，加强水利基础设施建设，强化水土保持，保护水资源不受污染。

自治县按照本地水电发展规划，经资源论证，专家评审，自主审批小型水电站建设项目，报省政府水行政主管部门备案。

自治县依法征收的水资源费，由自治县自主安排，专项用于水资源的开发和保护。

第三十八条 自治县发挥海洋资源优势，以海洋捕捞和海水养殖相结合，近海与远海捕捞相结合，扶持发展中深海和远洋捕捞业。鼓励公民、法人和其他组织利用海洋资源，发展海水养殖业、捕捞业和水产品加工业。

第三十九条 自治机关积极发展畜牧业。鼓励投资者创办多种形式的饲养企业和畜产品加工企业，逐步实现产业化经营。加强动物疫病的防控工作。

第四十条 自治机关根据本省旅游总体规划，充分利用旅游资源，加快发展热带风光和民族特色旅游业，鼓励国内外客商投资开发旅游资源，建设旅游设施，经营旅游项目，在土地使用方面依法给予优惠和享受自治县的税收优惠政策。

第四十一条 自治机关依照国家优惠政策，积极发展对外经济贸易，鼓励、支持和帮助企业参与国内外市场竞争。

第四十二条 自治机关依法加强环境保护和自然生态建设，积极防治工业污染，控制生活污染，削减农业污染，有效处置危险废弃物，提高大气水体环境质量，保障人民的生产和生活安全。

自治县负责征收在本行政区域内（含农垦）的排污费，除上缴国家部分外，由自治县自主安排，专项用于环境污染整治。

自治县加强对自然保护区的管理，保护自然景点和野生动植物，维护生态平衡，提高生态效益。

第四十三条 自治机关制定扶贫规划，分类指导，动员社会力量，对口扶贫帮困，实施整村推进，整体脱贫，在基础设施建设项目和物资安排方面，对少数民族聚居的贫困村庄重点倾斜。

自治机关采取措施对农村劳动力实行职业技能和实用技术培训，组织农村富余劳动力向非农产业和城镇转移就业，拓宽农民增收渠道。

第四十四条 自治机关依法享有管理自治县地方财政的自主权，自主编制自治县财政预算，自行安排使用财政收入的超收和支出的结余资金。

自治机关通过国家实行的规范的财政转移支付制度，享受一般性财政转移支付、专项财政转移支付、民族地区财政转移支付和国家及海南省确定的其他方式的财政转移支付的照顾。对国家和省下拨的各项专项资金实行专款专用，任何部门不得扣减、截留、挪用。

自治机关依照有关规定享受上级财政的各项补助，在地方财政收入不敷支出时，可报请上一级国家机关增加转移支付的比例。

自治机关根据国家规定，结合自治县的实际情况，制定各项开支标准、定员、定额的补充规定和具体办法，报请上一级国家机关批准执行。

第四十五条 自治县年度财政预算经自治县人民代表大会审查批准后，应当遵守执行，非因特殊情况不应调整或者变更。

第四十六条 自治县依法设立少数民族发展资金、民族工作经费、机动资金、预备费。预备费在预算中要有一定的比例。

第四十七条 自治机关依法享受国家税收返还的照顾，自治县上划中央增值税环比增量税收返还部分，按现行分税制财政管理体制有关规定返还，由自治县自主安排使用。

第四十八条 自治县根据本地方的经济和社会发展需要，可以依法设立地方城乡信用合作组织和融资公司。设在自治县的金融机构应当根据国家对民族自治地方的信贷政策，对自治县符合信贷条件的建设项目给予照顾和扶持。

自治县依法设立各类基金会筹集资金，用于发展自治县的各项社会公益事业。

自治县鼓励和提倡企业、事业单位、社会组织和个人对自治县依法设立的各类基金会提供扶持、捐助。

第五章 自治县的社会事业建设

第四十九条 自治机关依法自主决定自治县各级各类学校的设置、办学形式和办学规模、招生办法。

自治机关完善以县为主的教育管理体制，巩固和提高普及九年义务教育和扫除青壮年文盲成果。鼓励多种形式的社会办学，发展普通高中教育、职业教育、成人教育和学前教育，促进农村基础教育、成人教育、职业教育的统筹发展。

第五十条 自治机关大力发展民族教育事业，办好民族中学、寄宿制少数民族班、少数民族高中班。

自治机关设立少数民族学生的专项补助资金，对少数民族高中班、普通高中和中等职业技术学校少数民族贫困学生给予生活补助，减免学费，为考取普通高等院校的少数民族特困学生提供助学金，奖励考取普通高等院校的少数民族本科生以及考取研究生的少数民族人员。

第五十一条 自治机关加强教师队伍的建设和管理，加强教师道德素质教育和业务培训，提高教师的教学水平。鼓励教师到少数民族聚居地区和贫困村镇支教任教。

自治机关建立教师资格考核制度，依法保护教师的合法权益，对长期从事教育工作成绩显著的，给予表彰和奖励。

第五十二条 自治机关应当增加对教育的投入，每年教育财政拨款的增长幅度应高于财政经常性收入的增长幅度。

自治机关鼓励企业、事业单位及其他社会力量出资或者捐助办学，加强学校危房改造和新校舍的建设，逐步改善学校条件和教师的工作生活条件。

第五十三条　自治机关自主制定科学技术发展规划，管理和发展科学技术事业。自治县每年对科技资金投入的增长幅度应高于财政经常性收入的增长幅度。

自治县开展实用技术推广和科技服务工作，建立健全科技创新体系、科技服务体系和科技普及体系，完善科技推广机制，加强实用技术培训，促进科技事业发展。对在科技研究推广和应用先进技术方面成绩显著的单位和个人给予表彰和奖励。

第五十四条　自治县重视和加快文化事业发展，加强文化基础建设和公共文化服务体系建设，扶持具有民族形式和民族特点的公益性文化事业，培育和发展民族文化产业。

自治县挖掘和保护民族文化遗产，保护历史文物、革命文物、民族文物和名胜古迹。做好地方志编纂，发展档案事业。

自治县重视少数民族优秀文化的继承和发展，扶持民族文化研究机构、文化艺术团体、体育运动队伍和传统文化体育活动，丰富各民族群众的文化生活。

第五十五条　自治机关自主管理自治县医疗卫生事业，逐步增加公共卫生体系和医疗服务体系建设的资金投入，加快自治县医疗卫生事业的发展。

自治机关积极培养和引进医疗卫生专业人才，加强基层医疗队伍建设，采取优惠政策鼓励医务人员到少数民族聚居地区和贫困镇的卫生院工作。

自治机关采取措施预防控制传染病、地方病和做好妇幼保健工作，提高城乡居民健康水平。

自治机关开展爱国卫生运动，推进改水改厕工作，改善城乡卫生环境。开展健康教育，普及卫生科普知识，提高城乡居民自我保健能力。

自治机关保护和发展少数民族传统医药学，对挖掘和开发利用少数民族医药学的单位和个人给予扶持。

第五十六条　自治机关加快建立健全与社会经济发展水平相适应的社会保障体系。逐步完善城镇职工基本养老、基本医疗、失业、工伤、生育保险制度。逐步建立和完善城乡居民最低生活保障制度。

第五十七条　自治机关依法制定计划生育的具体措施，实行计划生育和优生优育，控制人口增长，减少出生缺陷，提高人口素质。

自治县禁止家庭暴力，保护妇女、儿童、智力残疾人、残疾人和老年人的合法权益。

第六章 自治县的民族关系

第五十八条 自治县各民族应当互相尊重、互相学习、互相合作、互相帮助，和睦相处、和衷共济、和谐发展，促进各民族共同团结奋斗，共同繁荣发展。

自治机关保障各民族公民享有宪法和法律赋予的权利，教育公民履行应尽的义务。

第五十九条 自治机关保护少数民族的合法权益，妥善处理影响民族团结和少数民族合法权益的问题，在处理涉及民族的特殊问题时，必须与各民族代表充分协调，尊重其合理意见和要求。

自治县积极推广普通话，保障各民族都有使用和发展自己语言文字的自由，都有保持或者改革自己风俗习惯的自由。提倡少数民族制作和穿戴本民族服饰。

第六十条 自治县开展促进民族团结进步的各项活动，对为民族团结进步事业作出贡献的单位和个人，给予表彰和奖励。

自治机关尊重各民族的传统节日。

每年农历三月初三为黎族、苗族传统节日，全县放假两天。

第七章 附 则

第六十一条 自治县的一切国家机关和武装力量、各政党和社会团体、企业、事业单位和各民族公民都必须遵守本条例。

第六十二条 自治县人民政府应当根据本条例制定其职权范围内的实施办法。

第六十三条 自治县人民代表大会常务委员会对本条例负责解释并监督实施。

第六十四条 本条例自公布之日起施行。

（二）海南省人民政府关于恢复昌江黎族自治县王下乡建制的批复

昌江黎族自治县人民政府：

你县《关于恢复王下乡建制的请示》（昌府[2006]38号）收悉。现批复如下：

一、同意恢复你县王下乡建制，辖三派、钱铁、大炎、洪水4个村委会，行政区域面积约345平方千米。乡人民政府设在原王下乡人民政府驻地。

二、王下乡的机构和人员编制，要坚持精简、效能的原则，严格按照我省新一轮乡镇机构改革的要求设置，所需人员编制和经费由你县自行解决。

三、你县要按照有关规定，在2006年10月31日前完成行政区划调整涉及的行政区域界线勘定工作。

二〇〇六年八月二十五日

二、重大题材报道

（一）《海南省昌江发现旧石器》

李超荣 1, 李 钊 2, 王大新 2, 郝思德 2,
王明忠 2, 蒋 斌 2, 黄兆雪 3, 方小玲 3

（1. 中国科学院古脊椎动物与古人类研究所，北京 100044；2. 海南省文物考古研究所，海口 570206；3. 海南省昌江黎族自治县博物馆，昌江 572700）

摘要 :2006 年 6 月，在海南省大广坝水利工程的文物调查中，笔者在昌江黎族自治县七差乡南阳溪第 2 级阶地里发现石制品。石制品共计 4 件；其中 ,3 件出自阶地上部的黄色黏土层中，包括 1 件石核和 2 件砍砸器；另 1 件石核，采集于地表。根据阶地堆积物和器物类型初步判断，石制品的时代为旧石器时代晚期。

关键词 : 海南昌江；石制品；旧石器时代晚期

中图法分类号 : K871 11 文献标识码 : A 文章编号 : 1000-3193 (2008) 01-0066-03

1 序言

2006 年 5 月至 6 月，在大广坝水利工程的化石和文物地点的保护和发掘中，由海南省文物考古研究所、海南省文体厅和中国科学院古脊椎动物与古人类研究所组成野外考古发掘队对信冲洞化石地点进行了发掘。在考察信冲洞化石地点周边的地质与地貌时，笔者等在南阳溪第 2 级阶地的黄色黏土中发现了混雅岭和燕窝岭 2 处石器地点。

2 遗址地貌与地层

发现的石器地点位于昌江黎族自治县城正南 20 千米处，距离海南省昌江县七差乡保由村约 5 千米。混雅岭地点位于南阳溪的右岸，燕窝岭地点位于南阳溪的左岸，地理坐标分别为东经北纬 19° 05′ 40.4″，109° 01′ 18.1″；北纬 19° 05′ 36. 1″，东经为 109° 01′ 20. 1″，海拔 53 米。南阳溪是昌化江的一条支流，发源于昌江黎族自治县坝王岭一带，溪水从东向西沿遗址旁流过，大约经过 500 米汇入昌化江。

遗址附近出露的基岩主要是二叠系灰岩。灰岩遭风化侵蚀后，有的裸露，有的被树木和河流沉积物覆盖。沿河两岸可以清楚地见到 3 级阶地和比较窄的河漫滩。在河漫滩的堆积中，砾石大小不一，磨圆度中等，岩性主要是灰岩、石英岩、花岗岩和灰绿岩等。第 1 级阶地高出河面 5~7m，形成于全新世；第 2 级阶地高出河面 10~15m，在其后缘发现这两个地点；第 3 级阶地高出河面 20~30m（见图 1）。

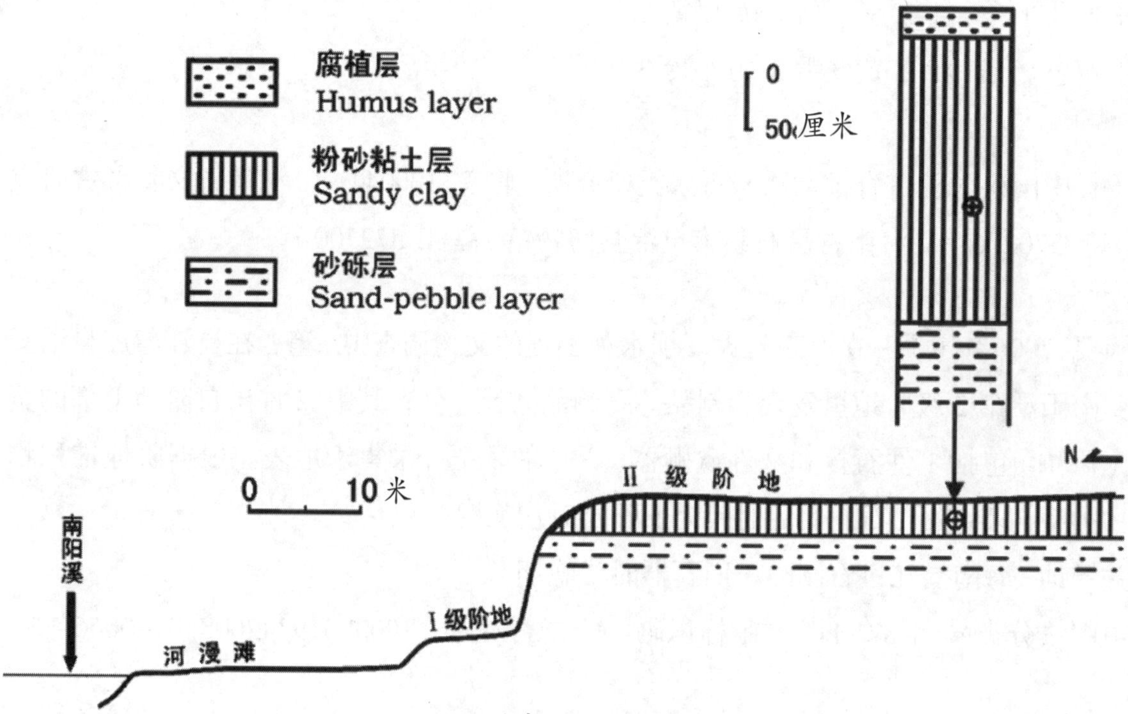

图 1 燕窝岭地层剖面示意图
The section diagram of Yanwoling site

两个地点的堆积物可分为 3 层：

1. 腐殖土，厚 0.2~0.4 米，未见文化遗物。

2 粉砂黏土，厚 2.8 米，呈浅黄色，具有层理，干后坚硬，该层含石制品。

3 沙砾层，以细砾为主，不见底。

3 石制品

石制品 4 件 (图版Ⅰ ,2)。其中 ,2 件出自混雅岭 ,1 件出自燕窝岭 , 另外 1 件采自革命洞外。HNP0003, 单台面石核 , 出自混雅岭。石英岩质 , 重 1222g, 长 124 毫米、宽 129 毫米、厚 75 毫米。台面为一节理面 , 剥片疤 3 个 , 大小不等；台面角 95° 。底端有砍砸使用的痕迹。保留 60% 的砾石面 (图版Ⅰ :3)。HNP0004, 多台面石核 , 采集于南阳溪右岸革命洞外。重 1800 克 , 长 100 毫米、宽 144 毫米 , 厚 111 毫米。3 个台面 , 包括 1 个打制和 2 个自然台面 , 台面角 90° –102° ；核身保留 55% 的砾石面。HNP0001, 多刃砍砸器 , 出自燕窝岭地点 (图版Ⅰ :1)。重 2188g, 长 176 毫米、宽 130 毫米、厚 69 毫米 , 素材为石英岩砾石。上端由背面向腹面加工 , 形成一直刃 , 刃角为 67° , 刃缘匀称且直。右侧交互加工形成一凸刃 , 刃角较陡 , 为 80° ~85° 。左侧交互加工 , 形成一个较直的刃缘 , 刃角在 70° ~ 80° 。左侧的另一条边 , 也交互加工成一支刃。HNP0002, 双刃砍砸器 , 出自混雅岭地点 (图版Ⅰ :2)。素材为石英岩砾石 , 重 1550 课 , 长 149 毫米、宽 112 毫米、厚 88 毫米。砾石的上端经交互打击加工成一个直刃 , 刃角为 75° 。砾石的下端经交互打击加工成一匀称的直刃 , 刃角为 85° 保留 70% 砾石面。

图版Ⅰ 海南昌江发现的石制品

Stone artifacts found in Changjiang, Hainan

1. HNP0001, 砍砸器出自燕窝岭 (Chopping–toolfrom theYanwoling site);
2. HNP0002, 砍砸器出自混亚岭 (Chopping–tool from theHunyaling site);
3. HNP0003, 石核出自混亚岭 (Core from the Hunyaling site)

4 结语

从出土物的堆积情况和文化遗物分析 , 两个石器地点均为旷野遗址 , 是人类临时活动的营地。发现的石制品少 , 但有一些特点 : 原料均为石英岩 , 个体比较大 ; 打片采用锤击法；石器仅有砍砸器类型。素材为砾石 , 加工采用交互方式。第二步加工比较规整 ,

刃缘平齐；在石制品中都保留不同程度的天然面。石制品的特征显示，其石器工业与华南砾石石器工业有密切的关系[1]~[3]。

在燕窝岭地点的地表还采集到有夹粗砂的红陶片。根据地质、地貌和石制品的特征，初步确定两个遗址的地质时代可能为晚更新世，即旧石器时代晚期[4]。

虽然这两个地点出土的石制品数量少，但对今后工作提供了重要线索。今后应在海南省的南渡江、昌化江和万泉河三大河流进行广泛的史前考古调查，并在石灰岩地区的洞穴中寻找古人类化石和旧石器，可能会为探讨古人类的活动与文化交流提供更多的研究材料。

致谢：海南省文物考古研究所、海南省文体厅、海南省昌江黎族自治县博物馆和海南华盛昌江水泥有限公司对此次调查给予了大力支持。海南华盛昌江水泥有限公司的刘学博工程师也给予热情帮助。许勇先生清绘了地质剖面图。

参考文献：

[1] 吴伟鸿，王宏，谭惠忠，等．香港深涌地峒遗址试掘简报 [J]. 人类学学报，2006, 25(1):56–67.

[2] 黄启善．百色旧石器 [M]. 北京：文物出版社，2003, 1–180.

[3] 李超荣．丹江水库区发现的旧石器 [J]. 中国历史博物馆馆刊，1998, 1: 4–12.

[4] 郝思德，黄万波．三亚落笔洞遗址 [M]. 海口：南方出版社，1998, 1–164.

（二）

《海南昌江黎族制陶工艺世代传承 被称为“活化石”》

（作者：蔡汝丹，“人民网”“光明网”“华夏经纬网”2011年10月5日发表）

昌化县江横贯海南岛中西部，在这片土地上，孕育了古老的海南黎族文明。在昌化江畔，一些黎族村庄的妇女至今仍保留着世代传承被考古界称为制陶史上的“活化石”的古老制陶工艺，真实地折射出黎族人民的智慧与聪敏。

村民一直还在使用的自制陶器 （人民网海南视窗供稿）

黎族女性专属的制陶手艺

在久远的传承中，黎族制陶术保留了许多独特的民俗，按黎族风俗，制陶是妇女的工种，只传女不传男，为的是使妇女在生活贫困或家遇不测时能靠这门手艺维持生计。因而有“女制陶男莫近”的习俗，制陶时严防外人或男人偷看。从挖土到制陶坯、烧陶，通通由妇女操作，男子一般只能做一些譬如砍树皮和从火中挑陶器的杂活。

据有关专家考证，由于最初的火种由妇女保存，火塘和炊事也是老年妇女的管理对象，有不少民族把灶神视为妇女形象，这说明妇女与制陶知识的获得有密切的关系。我国有不少保留原始制陶的民族都是由妇女制陶的，如台湾的高山族、海南岛的黎族、西双版纳的傣族，这说明妇女有可能是陶器的发明者和早期制陶技术的掌握者。

黎族妇女为制陶在选土、舂土、筛土、和土　　（人民网海南视窗供稿）

复杂的工艺过程

黎族手工艺制陶工艺流程非常复杂：第一步，选取黏性泥土，放在阳光下晒干；第二步，将晒干后的泥土舂碎，用米筛筛5~7次成泥粉；第三步，用水调匀细泥粉拌成泥团，水与泥粉的比例约为1：2。水多或少都不行，需恰到好处，这一步是制作陶器的关键；第四步，制陶皿。先捣泥直至完全均匀后，将泥团铺成薄饼状做器底，并移到一个倒扣的粗孔竹筛上，然后用螺壳和小木拍等工具，将陶坯做成各种生活用具，如碗、钵、锅、罐、盆、蒸酒器、水缸等。制作好的陶坯置晒6~8天完全晾晒干后，才择日烧陶。

晒陶皿
（人民网海南视窗供稿）

烧陶皿

（人民网海南视窗供稿）

为使烧陶过程顺利，按黎族传统习俗，点火烧陶之前，要由年长的和有技术的妇女祈祷和驱“鬼”，接着挑选一名青年男子钻木取火，再由一位老年妇女接过火种点燃柴架底的易燃物。当木柴烧成炭时，妇女们便从四面八方把事先准备好的一些干稻草盖上正燃烧的陶器上面，加助火力。稻草烧完后，陶器上形成厚厚的火灰，这时火渐渐由表入里，持续着小火状态。

两个多小时的烧制后，可以从火堆里慢慢挑出烧好的陶器。为了增加陶器的坚硬度，黎族妇女立刻用一种黎语叫“塞柴涯”的植物树皮捣烂后，取其汁液与一种叫“柴构仁”的植物放在一起浸泡，并用树叶淋在刚出火的陶器上，使之起到加固作用。经过淬火后的陶器马上变声，陶器即制作成功。

黎族妇女正在制陶皿　　（人民网海南视窗供稿）

黎族制陶技艺的今天

黎族制陶术源于新石器时代，传承了我国新石器时期早期的制陶技艺，具有较高的历史价值、文化价值和工艺价值，在和现代文明的交错融合中，已显出疲态及溃退态势，土陶器早已渐渐远离人们的生活。石碌镇保突村现有 167 户 980 人。过去村里每户人家都会烧陶，在现代工业产品的冲击下，土陶的产量、质量、销量都限制了陶业的发展，如今该村懂得制陶的老艺人已为数不多，今年 86 岁的昌江县石碌镇保突村的羊拜亮老人成了黎族制陶技艺的传承人。

羊拜亮家境贫穷，幼年跟随母亲学习制陶，把用本地黏土制作的陶器作为商品在黎族地区进行物物交换(主要换取稻谷、番薯)。中华人民共和国成立后特别是改革开放后，随着群众生活水平提高，使用黎族陶器的人越来越少，黎族陶器已没有市场。但羊拜亮坚持“祖先传下来的手艺一定要传承下去”这一理念，始终不肯丢弃这一手艺，并把技艺传承给女儿黄玉英、孙媳文阿芬。同时，为了使这一技艺得到传承，羊拜亮还无偿制作陶器送给周边黎民酿酒、泡药、煮饭、腌制食品，努力不让黎族陶器在黎民生活中消失。

由于羊拜亮的努力，黎族原始手工制陶技艺一直得以沿袭，县文化部门 2005 年发掘后向国家申报进行保护。2006 年 6 月 2 日，国务院批准文化部确定的第一批国家级非物质文化遗产名单，海南省昌江黎族手工艺制陶技艺被正式列入国家级非物质文化遗产名录。此后，羊拜亮积极配合科研、文化部门和有关专家、学者进行研究、保护、传承工作，并积极向群众传授制陶技艺，使目前掌握这一技艺的人员达到 32 人。

(三)

《早在 40 万—60 万年前 贡贡舜舜的祖先曾在海南活动》

来源：海南日报 作者：尤梦瑜 时间：2018-11-12，09:24:00

海南史前考古曾发现熊猫犬齿化石

远古海南 熊猫出没

2006 年，昌江信冲洞动物化石发掘现场

（陈若龙 翻拍）

熊猫犬齿化石。 （陈若龙 摄）

红林采石场一角　　　　（陈若龙 翻拍）

文\《海南日报》记者 尤梦瑜

11 月 10 日，海南人民热切期盼的两只国宝熊猫贡贡和舜舜平安抵达海口，等待他们的是琼岛人民的热情迎接以及富有海岛风情的“新家园”。这是大熊猫首次落户琼岛。

今天，人们可以在动物园里看到憨态可掬的萌萌的熊猫，事实上，早在距今约 40 万年至 60 万年前，海南岛上就曾有熊猫出现，沧海桑田，经过数十万年的沉淀，有关史前熊猫的信息都“凝聚”在了一颗小小的熊猫犬齿化石上。如今，这颗珍贵的犬齿化石被摆置在省博物馆“方外封疆”展厅内，与其他多种古动物化石一起，向人们讲述海南的史前故事。

11 月 11 日，《海南日报》记者专访了省博物馆原副馆长、省文物考古研究所首任所长郝思德，同年正是他邀请中科院的相关专家对这颗熊猫犬齿化石进行鉴定，他本人也参加了多次海南史前考古工作。对海南史前文物如数家珍的郝思德向记者详细介绍了这颗熊猫犬齿化石的“前世”与“今生”。

红林农场采矿的意外发现

红林农场位于昌江黎族自治县石碌镇东侧，农场中曾有一处洞穴。2003 年，红林农场的工人们在进行采矿工作时，发现了一些“不是石头”的“石头”。随后，昌江县博物馆的工作人员来到现场考察，并将这近 20 件化石带回了县博物馆。

2006 年，为了配合大广坝灌渠工程的开展，郝思德带领海南省文物考古研究所考古队伍前往昌江七叉镇西南侧的信冲洞进行考古挖掘，在这里，队员们又发现了一批哺乳动物化石。随后，一行人在县博物馆对挖掘出土的化石进行初步的整理，而就在这次整理工作中，昌江县博物馆的工作人员邀请郝思德和队员们对3年前红林农场出土的化石一并进行鉴定。

“考古学是一项科目细分非常严谨、精细的学科。为了让鉴定更加准确、权威，我们特意邀请了当时中科院古脊椎动物与古人类研究所的研究员黄万波老师前来昌江一起鉴定。”郝思德告诉《海南日报》记者，黄万波专注于第四纪哺乳动物研究，当时，对于一些较难确定的动物化石，黄万波将其带回北京并邀请多位专家一起帮助鉴定。也正是这一次的鉴定，确定了红林农场出土的化石中有一件为熊猫犬齿化石；信冲洞遗址出土的化石中有一件为巨猿化石。

经中国地震局地质研究所地震动力国家重点实验室对出土化石堆积底层土壤的电子自旋共振法测定，可初步推测信冲洞发现的化石年代距今约40万年，郝思德介绍，红林化石地点发现的动物化石与信冲洞出土的动物化石年代大致相近，其地质年代也应在中更新世中期。

贡贡、舜舜“远祖”的化石

走进省博物馆“方外封疆”展厅，“洞穴”场景引人入胜，一件件陈列在展柜中的史前文物将人们带回到原始时期的海南岛。展柜中的这件熊猫犬齿化石整体为乳白色，尺寸不大，呈半月形。望着这件犬齿化石，人们不禁会思考，人类由猿人逐步进化到今天的模样，那么，几十万年前的熊猫又是什么样子呢？

这就不得不提熊猫的“家谱”。黄万波与同事魏光飚曾主编出版《大熊猫的起源》一书，在书中，他们提到，熊猫从800万年至今传承了6代之多。回溯熊猫“家谱”，熊猫的“老祖宗”应是排位居首的始熊猫。书中写道，始熊猫的发现是熊猫“史记”中的一个大事件，它不仅论证了熊猫的祖宗在中国，更将熊猫的演化史推前了近100万年。而始熊猫化石的发现是20世纪60年代，成昆铁路修建时所挖掘出土的。由于是在云南禄丰县石灰坝村发现，所以科学家们也将熊猫“祖宗”称为禄丰始熊猫。

按照演化时序，熊猫的谱系上始熊猫是鼻祖，除了禄丰始熊猫，还有元谋始熊猫，而后有了小种熊猫、武陵山熊猫、巴氏熊猫再到今天广受世界人民喜爱的现生熊猫。黄万波在书中特别提到了海南昌江发现的这件熊猫犬齿化石，据他鉴定，这一标本为巴氏熊猫犬齿。而这一发现，也确认了海南岛是迄今所知“广布型”熊猫在我国分布的最南点。巴氏熊猫体型要比现生熊猫稍大些，但在饮食、“颜值”、行为模式等方面，两者几乎没有差别。

所谓“广布型”熊猫，是始熊猫的另一支系。它们为了扩大生存空间，从云贵高原逐步向外扩展。200 万年至 160 万年前的小种熊猫、武陵山熊猫比始熊猫的生活范围就扩大了许多，而再到 100 万年至 1 万年前的巴氏熊猫，它们的领地就更大了，包括华北、西北、东南、西南、华南 5 大区域。

海南古环境研究珍贵资料

同年红林农场和信冲洞出土的化石中，熊猫、巨猿化石仅各有一件，数量上远不如野猪等普通哺乳动物的化石。

“古动物化石的发现可以帮助我们研究古时琼州海峡地质的变迁。由于数量少，所以我们很难去研究熊猫在海南岛上具体的活动，但基本可以推测，熊猫、巨猿等是通过当时的琼州海峡陆桥从大陆迁徙到了海南岛。”郝思德表示，这两处古生物化石地点的发现，为寻找海南古人类和旧石器时代文化提供了新的信息。

信冲洞哺乳动物化石的考古挖掘成果可以说是我省古动物化石的一次较大规模的发现，而红林农场和信冲洞动物化石的挖掘也是我省首次发现巨猿、熊猫等珍稀古动物化石。它们帮助人们推测，在距今约 40 万年至 60 万年的远古时代，海南岛上就曾有熊猫、巨猿生活，这也将这些物种的生活版图再次从大陆向南拓展。

“这些哺乳动物化石的发现对研究海南岛古地理、古气候、古动物等提供了资料，对研究海南岛古动物化石群形成也提供了重要依据。”郝思德介绍。

如今，可爱的“贡贡”“舜舜”来到海南，它们殊不知，早在几十万年前，它们的祖先就曾来到过这片热带岛屿，只是那时的巴氏熊猫可没有福气享受到兄弟俩的“专机”待遇，而是要“步行”爬过陆桥。不管怎样，熊猫与海南岛的情缘由此延续。

编后记

《昌江黎族自治县志（1991—2010）》历经13个年头的编修，终于付梓出版。它是继清康熙年间（1662—1722年）方岱编修的《昌化县志》和光绪二十三年李有益重修的《昌化县志》以及1996年昌江县地方志编纂委员会编修的第一轮志《昌江县志》出版之后又一部继往开来、服务当代的一部地情书。

2005年4月，根据国务院关于我国省、市、县三级志书每20年续修一次的规定和海南省地方志办公室《关于启动市县第二轮修志试点工作的通知》要求，昌江、陵水、三亚、海口4个市县定为全省市县续修试点工作单位之一。昌江县及时成立县志编纂机构，以县政府办公室发文，对全县续修第二轮志工作进行全面部署，同年8月，完成《昌江黎族自治县志（1991—2010）》篇目并报省地方志办公室审批。

2006年12月，县志办主任周文奇离任，符明雄接任县志办主任。2007年7月18日，在分管县地方志工作的县委常委、组织部部长陈业贵的领导下，召开全县第二轮修志动员大会，省地方志办公室副主任符和积、县四套班子成员及县各单位负责人、修志人员共200多人参加会议，会议期间还举办第二轮志书编写培训班，正式启动全县第二轮修志资料收集工作。至2012年9月，已完成志书大事记、昌江概况、人物、县武装部等内容的编写，资料收集工作一度进展缓慢。

2012年9月，县委调整了县志办主要领导，谢志勇接任县志办主任。县志办重新拟定组稿方案，调整制定第二轮志书篇章节条目结合体篇目，2013年7月17日召开全县第二轮修志组稿暨业务培训班，会后县委督查室加大资料收集督查工作力度。2014年8月，经县委组织部下文，从县机关单位抽调了黄唯秀等8名年轻干部充实县志办编辑部，参与县志编辑工作，同年底基本完成全县136个单位志稿征集并修改成初稿。

2015年10月，县志办完成二轮志书二改稿并将样本打印报送省地方志办公室审阅，

2017年完成二轮志书的三改稿、四改稿。

2018年1月11日，在分管县志工作的县委常委许艳军的主持下，县地方志编纂委员会召集县住建局等26个供稿资料残缺较多的单位进行二轮志编纂工作推进会暨约谈会，限期将残缺的资料补充。同年7月，在县志办工作人员的努力下，全县二轮志五改稿完成并交印刷厂打印成评议稿样书。8月10日，县地方志编纂委员会召开《昌江黎族自治县志（1991—2010）》志稿初审会，8月21日在棋子湾开元酒店召开志稿全省评议会。会后，县志办根据评议会意见组织工作人员对志稿进一步修改补充调整。至2019年3月初完成志书六改稿，交印刷厂打印成专家评审稿，同年3月15日在石碌镇银湾美高梅酒店召开志书专家评审会。会后县志办及时集中工作人员根据省地方志办公室副主任秦武军，省地方志办公室市县指导处处长陈家传、副处长符思权以及邢维雄、周文奇、王海云、张贵松等方志专家的评审意见进行修改调整润色，形成志书终审稿报送省地方志办公室审核。2019年下半年，《昌江黎族自治县志（1991—2010）》正式出版发行。

该志的编修出版得到了全县各单位的大力支持，凝结了县志办全体修志人员的心血。全体修志人员不辞劳苦，夜日以继地工作，先后在县志办工作的有符明雄、谢志勇、孙唐康、叶文民、龚定勋、符声聪、符少亨、郭承志、邱星竹、羊国花、李秀珍、黄安雄、杜朝栋、胡健伟。值此《昌江黎族自治县志（1991—2010）》出版问世之际，县志办全体修志人员向支持过昌江二轮志工作的所有人员表示深切的敬意。

本志书编修前后历时13年，经反复修改，数易其稿，但由于时间仓促，编者水平有限，经验不足，加上个别单位因搬迁等原因导致资料散失，部分资料无从查找，而缺漏和错误难免，敬请方志专家、修志同仁和广大读者不吝赐教，待以后有条件再版时，予以更正。

由于部分资料（含图片）的原作者联系不上，没法提供精酬，如看到本志可以与昌江黎族自治县地方地编纂中心联系，以付精酬。

编者

2019年12月